陕西省考古研究院田野考古报告　第68号

陕西省早期长城资源调查报告

上　册

陕西省考古研究院
西北大学文化遗产学院　编著

文物出版社

责任编辑　李　睿
　　　　　王　戈
封面设计　程星涛
责任印制　梁秋卉

图书在版编目（CIP）数据

陕西省早期长城资源调查报告／陕西省考古研究院，
西北大学文化遗产学院编著．—北京：文物出版社，
2015.11　ISBN 978－7－5010－4251－7

Ⅰ．①陕…　Ⅱ．①陕…②西…　Ⅲ．①长城－调查报
告－陕西省　Ⅳ．①K928.77

中国版本图书馆 CIP 数据核字（2015）第 065429 号

陕西省早期长城资源调查报告

陕西省考古研究院　西北大学文化遗产学院　编著
*
文 物 出 版 社 出 版 发 行
（北京市东城区东直门内北小街 2 号楼）
http：//www.wenwu.com
E-mail：web@wenwu.com
北京鹏润伟业印刷有限公司印刷
新 华 书 店 经 销
889×1194　1/16　印张：59.5
2015 年 11 月第 1 版　2015 年 11 月第 1 次印刷
ISBN 978－7－5010－4251－7　定价：880.00 元（上、下册）

序 言

长城是历史留给我们独一无二的历史文化遗产，是中华民族伟大精神的象征。1987 年，长城以悠久的历史、磅礴的气势、绵延万里的雄姿以及独特的历史、科学和艺术价值，被联合国教科文组织列入世界文化遗产名录。

陕西是中华文明的重要发祥地，在中国历史上长期作为政治、经济、文化中心，具有极为重要的地位。在陕西榆林、延安、渭南三个市的十六个县（区）境内保存着从春秋战国、秦汉至明代丰富的长城遗迹。它既是一道独特的历史文化遗存，也成为北部地区中原农耕文明与北方游牧文明长期对峙、民族交流融合的历史见证。

2006 年，国家文物局根据国务院《关于加强文化遗产保护的通知》精神，制定了《长城保护工程（2005 ~ 2014 年）总体工作方案》，明确了长城保护工程的总任务和总目标。2007 年 4 月，国家文物局在全国涉及长城遗迹的十五个省（自治区、直辖市）正式启动开展长城资源调查工作，力争在五年内完成摸清长城家底，建立长城记录档案、地理信息数据等工作，为下一步实施长城保护工程打下坚实的基础。

按照国家文物局《关于合作开展长城资源调查工作的通知》的总体部署，陕西省政府高度重视，组织陕西省文物局、陕西省测绘局联合开展明长城资源调查工作。两局迅速成立了陕西省长城资源调查工作领导小组和项目办公室，由主要领导亲自挂帅，直接领导组织陕西长城资源调查工作。

根据《全国长城资源调查工作总体方案》的工作要求，陕西省文物局制定了《陕西省长城资源调查工作方案》，调查工作由陕西省考古研究院具体负责实施，秦始皇兵马俑博物馆、西安半坡博物馆、榆林市文物研究所、延安市文物研究所、西北大学文博学院、西安建筑科技大学等文博机构、科研单位和大专院校共同参与，抽调 50 多名专业人员组成五个调查队。陕西省测绘局为调查工作提供了 1 : 50000 地形图、1 : 10000 地形图及正射影像图等资料。经过充分准备，2007 年 4 月 10 日，陕西省文物局和陕西省测绘局共同签署了《关于合作开展陕西省长城资源调查及文物保护测量协议书》，同时举行了"陕西省长城资源调查工作启动仪式"。

陕西明长城资源调查从 2007 年 4 月至 2008 年 12 月，历经两年的风霜雪雨，调查队员们凭着坚韧不拔的奋斗精神，克服山高路远、交通不便等困难，踏遍了榆林市、延安市明长城沿线的七个县（区）、八十一个乡镇，以及连接东北内蒙古自治区和山西省境内、连接西南宁夏回族自治区、甘肃省境内的部分区域，对明长城及其附属建筑等文化遗存进行了规范科学、认真严谨的测量，记录采集了大量翔实的信息数据资料，整理形成近五千份田野调查登记表。调查队运用现代科学测量技术手段和地理信息系统，结合传统的文物考古调查方式，圆满完成了陕西境内的"大边"、"二边"明长城调查任务，完成了 398 段、长 1100 余公里的墙体，1497 座单体建筑，115 座关堡，52 处相关遗存，45 座营堡的野外调查和资料整理工作，取得了丰硕的成果。

通过调查，全面准确地掌握了陕西省境内明长城的规模、分布、构成、走向及其时代、自然与人文环境、保护与管理等基础资料，获取了长城沿线及两侧各 1000 米范围内的基础地理信息数据和专题要素数据。通过调查，获得了包括文字、照片、录像以及测绘等大量第一手资料，全面掌握了明长城的保存状况，首次完成明长城长度的精确量测，新发现了一批长城遗迹，取得了多项研究成果。同时，此次调查工作也培养了一批研究长城、保护长城的业务人才，今后将成为长城保护管理方面的中坚。此次长城资源调查的基础信息资料，今后亦将为我省长城保护、研究、管理、利用等工作奠定坚实的科学基础。

在调查期间，省政府主管领导、省文物局各位领导多次亲临调查一线，现场指导、安排部署长城资源调查工作，慰问看望一线队员；多次组织召开省内外专家评审会、工作讨论会、中期质量检查会，确保了我省长城资源调查工作高水平、高质量完成。2009 年 4 月，我省明长城资源调查工作顺利通过了国家文物局长城资源调查项目专家组的全面检查验收。

2009 年 4 月 18 日，国家文物局、国家测绘局在北京八达岭长城举行了明长城资源调查数据发布会，公布明长城总长 8851.8 公里。其中陕西段明长城长达 1100 余公里，跨越山区、荒漠、沙漠和草原等多种地理环境，不仅是全国明长城中建造时间最早的，也是西部长城建造的典范。

长期以来，陕西省委、省政府非常重视长城的保护工作，取得了显著的成效。目前已有 32 处长城遗迹和相关遗存被公布为文物保护单位，其中全国重点文物保护单位 2 处，省级重点文物保护单位 22 处，市县级文物保护单位 8 处。各级政府在长城保护工作中投入了大量人力、物力和财力，设立了专门的保护管理机构，建立了长城"四有"档案，实施一批长城抢救保护项目。在明长城资源调查基础上，我省将加大明长城保护力度，镇北台款贡城、易马城、榆林卫城南段、榆阳区牛家梁—麻黄梁段明长城抢险加固等多个长城保护工程将相继开工实施；《陕西省明长城保护总体规划（大纲）》已经国家文物局批复同意，规划将对榆林、延安两市区域内的 1100 余公里明长城遗址的保护、管理和展示利用工作具有重要的指导意义。

同时，我们也清醒地认识到，长城的保护是一项涉及社会经济发展、城市建设、群众生产生活等多个方面、复杂艰巨、紧迫繁重的综合工程。目前长城依然面临各种人为和自然因素破坏的威胁，个别地方和部门急功近利，片面追求局部经济效益，忽视长城保护，法治观念淡薄，不履行审批程序违规建设，造成长城破坏的事件屡有发生。

当前我国经济建设高速发展，长城保护迎来了难得的历史机遇，同时也面临着前所未有的挑战。要按照依法管理是关键、规划优先是前提、健全体系是基础、科学保护是保障的工作思路，切实做好长城保护工作。

各级政府要严格执行《中华人民共和国文物保护法》和《长城保护条例》，提高长城保护意识，坚决遏制惩治任何破坏长城的违法行为；加快长城保护规划编制工作，科学合理地划定长城保护范围，避免建设性破坏；建立健全长城保护管理体系，进一步明确保护标志，建立管理机构、群保网络和管理设施，完善长城档案资料。同时以长城资源调查为契机，加大考古调查力度，推动开展长城历史文化价值、整体防御体系、保护技术方法、机构管理模式等全面综合研究；建立长城数据库和地理信息系统；保护项目要全面规划，分步实施，抢险加固优先，重点段落维修展示。

二十年前，邓小平倡导的"爱我中华，修我长城"掀开了长城保护的新篇章，如今保护长城就是保护历史，就是守护文明，就是传承文化，已成为全社会的共识。保护长城对于保证我国文化安全，构建和谐社会，建设中华民族共有精神家园，尤其是在我国经济社会高速发展的今天，具有非常重要的现实意义。因此，我们有责任、有义务做好长城保护的各项工作，绝不让长城在我们手中"缩水"。

是为序，并向参与长城资源调查的所有人员和长城保护工作者致以崇高的敬意！

陕西省文物局局长

2014 年 9 月

目　录

上　册

下　册

插图目录

图版目录

一〇〇　横山县塔湾镇清河沟村长城 1 段墙体夯层

一〇一　横山县塔湾镇清河沟村长城 2 段墙体夯窝

一〇二　横山县波罗镇康梁村敌台（北—南）

一〇三　横山县横山镇沙窝庄村敌台（东—西）

一〇四　横山县横山镇城山村敌台（东—西）

一〇五　横山县赵石畔镇石庙沟村 1 号敌台（东—西）

一〇六　横山县赵石畔镇石庙沟村 2 号敌台（南—北）

一〇七　横山县塔湾镇响水塘村 2 号敌台（西南—东北）

一〇八　横山县塔湾镇芦沟村 2 号敌台（南—北）

一〇九　横山县塔湾镇阎渠岔村敌台（北—南）

一一〇　横山县塔湾镇清河沟村 1 号敌台（西—东）

一一一　横山县塔湾镇清河沟村 2 号敌台（西北—东南）

一一二　横山县塔湾镇清河沟村 3 号敌台（东南—西北）

一一三　横山县横山镇李家洼村烽火台（西—东）

一一四　横山县横山镇高家峁村 1 号烽火台（东—西）

一一五　横山县横山镇高家峁村 2 号烽火台（西北—东南）

一一六　横山县横山镇李新庄村烽火台（西—东）

一一七　横山县赵石畔镇桃梨塌村烽火台（南—北）

一一八　横山县塔湾镇响水塘村 1 号烽火台（西南—东北）

一一九　横山县塔湾镇响水塘村 2 号烽火台（南—北）

一二〇　横山县横山镇城山村关远景（西南—东北）

一二一　横山县横山镇城山村关附近散落的瓦片

一二二　横山县塔湾镇清河沟村 1 号关北墙远景（东南—西北）

一二三　横山县塔湾镇清河沟村 2 号关与清河沟村长城 3 段远景（西北—东南）

一二四　横山县塔湾镇石克峁村遗存内堆积的瓦片

一二五　横山县塔湾镇石井村遗存内采集的遗物

一二六　靖边县杨桥畔镇草沟村长城 1 段远景（南—北）

一二七　靖边县杨桥畔镇草沟村长城 2 段墙体（南—北）

一二八　靖边县杨桥畔镇草沟村长城 2 段墙体断面

一二九　靖边县龙洲乡黄草圿村长城远景（西南—东北）

一三〇　靖边县龙洲乡黄草圿村长城墙体（东北—西南）

一三一　靖边县龙洲乡轮则壕村长城墙体（东北—西南）

一三二　靖边县龙洲乡轮则壕村长城墙体（西南—东北）

一三三　靖边县龙洲乡轮则壕村长城墙体断面

一三四　靖边县乔沟湾乡大湾村长城墙体（东北—西南）

一三五　靖边县乔沟湾乡大湾村长城墙体断面

一七二　靖边县乔沟湾乡银湾村长城 2 段远景（西—东）

一七三　靖边县乔沟湾乡银湾村 1 号敌台（南—北）

一七四　靖边县乔沟湾乡银湾村 2 号敌台（西—东）

一七五　靖边县乔沟湾乡银湾村 2 号烽火台（西—东）

一七六　靖边县乔沟湾乡银湾村 6 号敌台（西南—东北）

一七七　靖边县乔沟湾乡银湾村 8 号敌台（东—西）

一七八　靖边县乔沟湾乡银湾村 9 号敌台（西—东）

一七九　吴起县五谷城乡赫家沟村长城 1 段墙体（北—南）

一八〇　吴起县五谷城乡赫家沟长城 1 段远景（东北—西南）

一八一　吴起县五谷城乡赫家沟村长城 2 段墙体（西南—东北）

一八二　吴起县薛岔乡赵家山村长城 1 段墙体（东北—西南）

一八三　吴起县薛岔乡赵家山村长城 1 段附近散落的瓦片

一八四　吴起县薛岔乡赵家山村长城 2 段墙体（北—南）

一八五　吴起县薛岔乡满泉河村长城远景（东南—西北）

一八六　吴起县五谷城乡西沟村长城 1 段墙体（西—东）

一八七　吴起县五谷城乡西沟村长城 2 段远景（东北—西南）

一八八　吴起县五谷城乡西沟村长城 2 段墙体（南—北）

一八九　吴起县五谷城乡杨家沟村长城 1 段墙体（西南—东北）

一九〇　吴起县五谷城乡杨家沟村长城 2 段墙体（北—南）

一九一　吴起县薛岔乡杨新庄村长城 2 段墙体（北—南）

一九二　吴起县薛岔乡杨新庄村长城 4 段墙体（北—南）

一九三　吴起县薛岔乡杨新庄长城 6 段墙体（北—南）

一九四　吴起县薛岔乡双庙长村城 1 段墙体（西北—东南）

一九五　吴起县薛岔乡双庙村长城 2 段墙体（西北—东南）

一九六　吴起县薛岔乡双庙村长城 3 段三道堑远景（北—南）

一九七　吴起县薛岔乡双庙村长城 3 段四道堑远景（北—南）

一九八　吴起县薛岔乡雷坡村长城 1 段墙体（北—南）

一九九　吴起县薛岔乡雷坡村长城 2 段远景（北—南）

二〇〇　吴起县薛岔乡雷坡村长城 3 段墙体与三道堑远景（西—东）

二〇一　吴起县薛岔乡雷坡村长城 5 段墙体（北—南）

二〇二　吴起县薛岔乡贺阳湾村长城堑面底部堆积的瓦片

二〇三　吴起县薛岔乡贺阳湾村长城堑面底部出土的瓦片

二〇四　吴起县吴起镇杨青村长城 1 段及堑远景（东北—西南）

二〇五　吴起县吴起镇杨青村 4 号敌台附近的墙体（东—西）

二〇六　吴起县吴起镇中杨青村长城 1 段墙体（北—南）

二〇七　吴起县吴起镇中杨青村长城 1 段墙体（东南—西北）

二四四　吴起县吴起镇西沟塔村 4 号烽火台（南—北）

二四五　吴起县庙沟乡东涧村烽火台（南—北）

二四六　吴起县薛岔乡双庙村关远景（西—东）

二四七　吴起县薛岔乡双庙村关墙体（北—南）

二四八　吴起县薛岔乡双庙村关附近的敌台（北—南）

二四九　吴起县薛岔乡雷坡村关堑面（北—南）

二五〇　吴起县庙沟乡林沟梁村遗存远景（西北—东南）

二五一　志丹县纸坊乡李畔村长城 2 段墙体（东北—西南）

二五二　志丹县纸坊乡李畔村长城 2 段墙体与敌台（南—北）

二五三　志丹县纸坊乡李畔村长城 3 段崖窑湾 2 号敌台与墙体（西—东）

二五四　志丹县纸坊乡李畔村长城 3 段柳树崾岘 2 号敌台墙体（东—西）

二五五　志丹县金丁镇酸刺沟长城至酸刺沟 1 号敌台之间的墙体（北—南）

二五六　志丹县金丁镇酸刺沟长城至酸刺沟 1 号敌台之间的墙体（东—西）

二五七　志丹县金丁镇黄草坬村长城黄草坬村 4 号敌台附近的墙体（北—南）

二五八　志丹县金丁镇黄草坬村长城黄草坬村 5、6 号敌台之间的墙体（南—北）

二五九　志丹县金丁镇刘庄村长城拐点 4 与刘庄村 5 号敌台之间的墙体（东北—西南）

二六〇　志丹县金丁镇刘庄 6 号敌台台体夯层

二六一　志丹县金丁镇马莲崾岘村长城拐点 2 至断点 2 之间的墙体（东北—西南）

二六二　志丹县金丁镇马莲崾岘村长城断点 6 至马莲崾岘村 3 号敌台之间的墙体（东—西）

二六三　志丹县纸坊乡李畔村 3 号敌台（东—西）

二六四　志丹县纸坊乡李畔村 3 号敌台（东南—西北）

二六五　志丹县纸坊乡柳树崾岘村 1 号敌台（西—东）

二六六　志丹县纸坊乡柳树崾岘村 2 号敌台（北—南）

二六七　志丹县纸坊乡崖窑湾村 2 号敌台（西—东）

二六八　志丹县金丁镇酸刺沟村 2 号敌台（北—南）

二六九　志丹县金丁镇黄草坬村 3 号敌台（东—西）

二七〇　志丹县金丁镇黄草坬村 6 号敌台（南—北）

二七一　志丹县金丁镇刘庄村 3 号敌台（南—北）

二七二　志丹县金丁镇刘庄村 6 号敌台（北—南）

二七三　志丹县金丁镇马莲崾岘村 1 号敌台（北—南）

二七四　志丹县金丁镇马莲崾岘村 2 号敌台（南—北）

二七五　志丹县金丁镇马莲崾岘村 3 号敌台（北—南）

二七六　志丹县金丁镇马莲崾岘村 5 号敌台（北—南）

二七七　志丹县金丁镇马莲崾岘村 6 号敌台（东—西）

二七八　吴起县金丁镇大营盘遗存远景（南—北）

二七九　吴起县金丁镇大营盘遗存附近散落的瓦片

前　言

　　历经战国、秦汉、南北朝、隋、唐、五代、宋、西夏、辽、金、明等朝代修建、总长度21196.18千米，分布于北京、天津、河北、山西、内蒙古、辽宁、吉林、黑龙江、山东、河南、陕西、甘肃、青海、宁夏、新疆等15个省、市、自治区的403个区县，包括长城墙体、壕堑、单体建筑、关堡和相关设施等43721处的中国历代长城，无疑是世界上延续时间最长、分布范围最广、体系最复杂、规模最大、影响最大的文化遗产类型。

　　作为中国境内性质最特殊、内容最复杂、社会影响最大的线性文化遗产，长期以来我们对各时代长城的修建始末、行经线路、布局结构、军防体系等基本状况却知之不多，这不仅严重阻滞了对其基本认知，也在一定程度上限制了长城保护、管理等事业的发展。由于客观的原因，1949年后几代人梦寐以求"摸清长城家底"的夙愿一直未能实现。

　　有鉴于此，国家文物局启动了经国务院批准的"长城保护工程"项目。工程的第一阶段是动员涉及长城的省、市、自治区，用五年的时间完成长城资源基本状况的调查任务。《"长城保护工程（2005～2014年）"总体工作方案》中此阶段的目标是争取用较短的时间摸清长城家底。

　　摸清长城家底并建立记录档案，必须是在全面科学调查的基础上才能完成。国家文物局为了统一规范和加强管理，制定出《长城资源调查手册》。工作进展上按照首先调查明代长城资源、其次调查秦汉时代长城资源、最后调查其他时代长城资源的步骤在全国范围内同时展开调查工作。

　　陕西省早期长城资源调查工作是在明长城资源调查结束后，按照国家文物局、陕西省文物局和长城资源调查项目组的安排依次展开的。此次调查的对象是陕西省境内的早期长城资源，即除明长城外其他时代的所有长城资源，包括战国秦长城、战国魏长城、汉长城（汉"故塞"）、隋长城等基本状况、长城分布区域自然与人文环境、长城保护管理现状等。本报告就是这次调查成果的集中体现。

　　长城资源调查不是简单对在田野调查过程中所获资料的客观描述，是在调查过程中将文献资料和文物考古资料结合起来进行综合研究的过程，尤其是早期长城资源调查过程更是如此。随着调查工作的不断深入，在调查中经常会遇到诸如长城的概念、长城体系中各要素的内涵与外延、不同时代长城要素的特征，以及不同时代长城分布与地理环境关系、各时代长城存续期间民族文化与交流状况、影响长城保护与管理的自然和人为因素等问题。虽然此阶段进行的是田野长城资源调查，但同时也是或多或少地对上述诸问题逐渐开展综合研究的过程。

　　关于历代长城综合研究的思路，是在调查过程中逐步成熟和明确的。明长城资源调查伊始，我们设计了一些需要关注的研究课题。随着调查工作的不断深入，新的遗存现象不断地发现，东西部长城的差异性也不断地显现出来，这使我们认识到即使是明长城，东、西部在不同的时期也有着区域性的特征，这或许是因为建造长城的时间、主持建造长城者的军事防御理念、区域社会经济状况，甚或是不同时期大明皇帝本人对国家北部防御态势认知等存在差异造成的。在早期长城，尤其是战国长城资源调查中，我们不断地纠结于"何为长城"。原本我们以为"连绵不断墙体"是构成长城要素之一的必要条件，但这却很难在早期长城中得到体现。随着时代的演进，由于战争规模、战争形势、兵器种类、甚或防御双方军事指挥者认知的不同，早期长城资源会呈现出不同的特质来，比如墙体长度规模从点上的逐渐发展到一定长度再发展到连绵不断，空间位置的分布上有在山地从低到高、直到明代分布在山脊的发展历程。随着思考不断加深，我们逐渐认识到历代长城研究的复杂性超出预料。

目前，长城保护工程已经进入第二和第三个阶段，也即长城保护、管理和长城研究阶段。历代长城因其延续时间之长、分布范围之广、体系之复杂的特殊性，研究所涉及的资料基础与理论储备、保护理念与保护方式、技术、管理理念等问题，涵盖自然与人文地理学、历史学、考古学、文物保护学、人类学、建筑学、军事学、管理学、区域社会经济发展等诸多领域与学科，这些特点显示出长城研究具有多学科综合研究的开放性。我们认为历代长城综合研究，大概应该包括历代长城体系、长城地带文化、长城保护技术、长城管理等方面的内容。

1. 历代长城体系研究

长城是从战国到明清，不同时代数十个政治实体基于统治区域内防卫的需要，针对相对固定的作战对象，以人工筑墙为主的方式，利用自然地理环境，形成长墙与山险、关堡相连，达到点线结合、纵深梯次配备的巨型军事设防体系。各时期长城的走向、结构特征、体系等是长城研究的基本问题之一。只有在对历代长城体系进行综合研究后，才能对许多有关长城的重要问题，如长城的概念、构成长城要素的起源与演变、长城与天险、边壕等问题进行合理地概括和总结。

不充分占有历代长城的基本资料，就无法对广泛分布在国土上的长城实施科学管理和有效保护。国人对长城有着特殊的情怀可谓人人皆知，但目前却连最基本的长城定义都没有形成共识，对长城基本概念的阐释与厘清并不仅仅是一个可有可无的基础问题，有时甚至会影响到长城保护管理的实践过程，前几年陕西省靖边县对长城沿线的一座明代烽火台采取用水泥、红砖进行所谓的破坏性修缮，就是一个典型的因对长城概念理解不清造成的案例。

由于不能全面和翔实地占有历代长城的基本资料，长期以来关于长城的理论方面研究存在着严重的不足，包括对长城军事防御功能、长城建筑遗存、长城在民族融合中的历史作用、长城文化和长城精神等方面的研究，建构长城学的迫切性尚未被学术界和各级政府普遍认同，对长城学的研究对象、内涵、范围、体系、方法论和学科体系等诸多方面的研究还远远不够，这不仅影响到各学科充分发掘长城的综合价值，也影响到地方政府和一般公众对长城价值的认知以及对长城的保护。

2. 长城地带文化变迁与中华文明进程关系的研究

从历代长城修建的社会背景看，既有农业民族彼此之间为防御而修建的现象，如战国时期的魏长城、齐长城等；也有游牧民族之间防御彼此而修建的现象，如金界壕。多数时代的长城是农业民族为防御游牧民族而修建，举凡战国秦长城、赵北长城、燕北长城、秦汉长城、南北朝长城、隋长城、唐长城、宋长城、西夏长城、明长城等均如此。

农业民族为防御游牧民族而建造的长城，所分布的区域和我国温湿区向半温湿区、半干旱区向干旱区的过渡地带大体重合，也是大致的农牧交错地带。两千年来生活在长城地带南、北两侧的农业民族和游牧民族，在各种条件的作用下彼此进退，上演了一幕幕惊心动魄、绚丽多彩的大戏，直接的结果就是影响到中华文明的进展历程和进展方式。广而言之，在近代革命之前，世界范围内的文明进程中，农业文明和游牧文明的彼此互动，构成人类文明史最辉煌的篇章之一。那么研究中国长城地带的环境与气候变迁、人种或民族变迁、农牧文明变迁与文化交流等，就更具有世界性文化学的意义。同时，开展中国长城与其他国家的古代长城进行对比研究也应是题中之意。

3. 针对不同类别长城遗存的保护技术研究亟待深入

长城由军事防御的实用工事转变为文化遗产，首先需要解决的是如何保护的问题，长城遗址之大，非一般遗址可比，对于如此庞大的遗址进行保护，尚无先例。从长城的保护现状看，各地积累的传统经验和现有的保护理念不足以应对长城遗产的保护问题。当今面临的迫切问题之一就是针对世界遗产的常规监测和技术保护工作如何有效开展和实施。

由于长城分布区域广阔，其赋存的外部环境和内部环境各不相同。长城遗址呈现出种类繁多、组成多样、数量巨大的特点，处在复杂的自然与人文环境中，自身病害又十分严重，因而保护工作困难重重。技术层面的长城保护工作涉及区域环境的监测与治理、不同类型遗存的保护技术问题。目前，对大量的、分布在田野的长城保护环境监测尚未开展。历年来，随着对不同长城遗存类型点的维修、加固，我们积累了一些经验，尤其是土遗址保护技术取得了长足的进步。尽管如此，我们现有的保护技术和保护力量仍然满足不了长城保护的需求。

从技术方面来讲，土遗址保护就是通过理化的、生物的、地质的或者相互结合的方法，增强土遗址的本身抵抗不良外在环境的能力及改善土遗址的保存环境，使土遗址能长久地保存下去。敦煌研究院土遗址保护团队长期以来采用多学科联合攻关的方式，系统地揭示了干旱环境下土遗址病害的形成机理及演化模式。采用锚杆加固、PS 材料渗透及灌浆等手段对土遗址进行保护，这些方法体系在西部土遗址上已经进行过大量的实践应用。

不可否认的是土遗址保护技术是一项世界性的难题，到目前为止，各国都还没有形成一套完整的、可以广泛应用的技术方法体系。这一领域的研究起步较晚，岩土工程中常用的锚固技术用于文物保护加固始于 20 世纪 80 年代初，虽然在麦积山石窟、云冈石窟、龙门石窟等进行过实践，采用黏接力较小的 PS 系列浆液对西部土遗址进行过许多加固保护，但这些方法体系还不成熟，难以得到大范围的推广应用。

土遗址保护同其他文物保护的领域一样，因其研究理论和方法体系呈现出多学科的综合性质，需要用心构建一支跨学科的常规研究团队。这是因为其他领域的专家学者对文化遗产保护的理念有一个认知的过程，远非突击补课就能完成。虽然此前土遗址保护技术也列入国家科技支撑计划，但文化遗产保护行业外的专家介入不足和不持久，影响到研究成果的深化，于是从国家层面设立联合攻关的科技计划势在必行。

4. 解放思想，开展管理理念的创新研究

作为特大型遗址的历代长城，如何开展有序和有效的保护，从理论层面研究长城的遗产属性、长城保护与利用之间的关系，研究新时期长城保护管理的创新理念，研究针对不同保存状况的长城给予不同的保护措施、方法体系，是我们这代人的历史使命。

分布在 15 个省市自治区、403 个县区的 21000 多千米的历代长城，依据《文物保护法》和《长城管理条例》，其管理归属长城所在地域的地方人民政府负责，区县一级的文物保护管理机构代表地方政府行使管理长城的职能。但现实状况是大部分长城处于无力监管的局面，这表现在全国范围内没有专职的长城保护管理指导机构；区县一级的文物保护管理机构没有专职的长城保护人员；长城分布的多数区县属于贫困地区，现有的财政政策使得日常的长城管理和监测因为缺乏经费而时断时续；长城的

"四有"档案严重缺失；抢救性长城保护工程缺乏科学的计划性；历代长城的保护规划进展缓慢；长城的保护和利用之间冲突日益剧烈；"修旧如旧"保护原则因理解不同而造成的争议日渐强烈；一些能带来巨大社会效益和经济效益的重要关隘，行业管理职能基本全部失守，不得改变文物管理体制的申令几乎形同虚设。

上述这些情况说明，在取得巨大成就的同时，也应充分认识到我们尚未在文化遗产保护、区域社会经济统筹发展和广大人民群众精神文化需求之间建立良性的互动关系。从理论层面上，包括法制、体制、政策等关于文化遗产保护的一些重大原则问题，并没有随着社会发展而得到更加合理和科学的解释。科学发展观的理念在文化遗产保护领域的诉求，也还没有得到社会各界的广泛认同。这一领域的研究事关中国文化遗产保护事业的未来，但研究进展与现状之间严重脱节。

面对点多、线长、面广的历代长城，其保护和管理的难度、复杂程度是不言而喻的，过去的经验和已有的管理模式可以借鉴，但在管理理念和体制上需要鼓励和支持创新，需要突破已有的思路去研究如何化解长城管理与保护的难题，寄希望于文博行业大包大揽的管理方式去对待历代长城，可以预见，既管不好也管不了。同时也需要认识到，作为全民的文化遗产，没有中央政府的财政支持和完善的监管，长城的保护管理最终仍可能是纸上谈兵。

5. 强化宣传，掀起长城保护认知的新局面

长城作为历史文化遗产，是中华文明的重要组成部分，加大发掘历代长城的综合价值，向社会传递丰富的历史文化信息及独特的人文价值，广泛地宣传长城文化价值对当代社会的现实意义，是一项重要的工作。

设立关于长城的专题博物馆在长城保护事业中有重要的现实意义，应该开始着手考虑创建国家级的"中国长城博物馆"。历经两千多年的历代长城，其形成和发展，其实也就是古代文明演进的一个缩影。从长城地带的文明发展更能真切地看到这一变化，集中展示历代长城及长城所蕴含的综合价值，有着巨大的影响力。

长城研究是一项内容复杂的开放性事业，需要从国家层面有计划、有组织地整合力量来开展。在顶层设计的规划下，有步骤地推出一批对长城保护有促进作用的长城专著是一种历史使命。

历代长城的综合价值在国人和世界人民心目中有着广泛的认同，这是新时期我们推介长城文化的基础，选择如何从更有利于长城保护的角度，多维度地宣传长城文化则需认真研究和实施。

长城研究和保护任重道远。

中国历代长城作为特殊的、特大型历史文化遗产，时至今日，和其他类别的文化遗产一样，数十年来，我们没有从哲学、理念和科学的层面阐释清楚其概念、功能和价值，大而化之的空话、套话比比皆是，遗址类的文化遗产尤其如此，这或许是我们文化遗产事业在兴旺发达的同时又举步维艰的根本原因。如果假以时日，我们能够论述清楚文化遗产在个体、区域、国家中的价值，犹如空气、阳光和水于生命中的价值。换言之，历史文化遗产是我们生命中须臾不可分离的元素，中国文化遗产事业的未来应该会更加辉煌。

我们满怀信心地期待着。

第一章　陕西省早期长城综述

第一节　地理环境

陕西省简称陕或秦，也称三秦，是中国西北地区的一个内陆省，省会为西安市。地处于黄河中游和长江上游，地理坐标处于东经 105°29′~111°15′，北纬 31°42′~39°35′。东邻山西、河南，西连宁夏、甘肃，南抵四川、重庆、湖北，北接内蒙古，居于连接中国东、中部地区和西北、西南地区的重要区位。

陕西南北呈狭长状，由北向南可分为三大地区：陕北黄土高原（最北部分为毛乌素沙漠区）、关中平原区、陕南山区。境内的主要山脉有东西走向的秦岭山脉、北山山脉和白于山山脉，还有南北走向的子午岭，另外还有东西走向的黄龙山；主要河流有黄河及其支流渭河、泾河、洛河，还有属于长江水系的汉水和丹江。由于陕西省超过三分之一的面积和人口均位于秦岭以南，因此陕西省是真正意义上跨越南北方的省份之一。

陕西整体上属温带大陆季风性气候，四季分明，冬季寒冷，夏季炎热，春季升温较快，秋季降温迅速，干湿季节分明，秋末冬春少雨，夏季初秋多雨。但由于南北延伸达 800 公里以上，所跨纬度较大，再加上东西向秦岭山脉对北方冷空气的阻挡作用，从而引起境内南北间气候的明显差异。长城沿线以北为温带干旱半干旱气候、陕北其余地区和关中平原为暖温带半干旱或半湿润气候、陕南盆地为北亚热带湿润气候、山地大部为暖温带湿润气候。

陕西早期长城分布环境主要是有三类地区，即毛乌素沙漠区、黄土高原区、关中平原区；榆林市早期长城资源绝大部分位于白于山以北、毛乌素沙漠东南缘；铜川市和延安市早期长城资源绝大部分位于白于山以南、黄龙山以北的黄土高原区；渭南市早期长城资源分布于关中平原。

榆林市位于陕西省最北部，地处黄土高原和毛乌素沙漠的交界地带，全市总面积 43578 平方千米，总人口 335.144 万。在地质构造单元上属鄂尔多斯台斜，位于陕北台凹的中北部。地势由西部向东倾斜，西南部平均海拔 1600~1800 米，其他各地平均海拔 1000~1200 米。地貌分为风沙草滩区、黄土丘陵沟壑区、梁状低山丘陵区三大类。大体以长城为界，北部是毛乌素沙漠南缘风沙草滩区，南部是黄土高原的腹地，沟壑纵横，丘陵峁梁交错。梁状低山丘陵区主要分布在西南部白于山区一带无定河、大理河、延河、洛河的发源地。

延安市位于陕西北部，北接榆林市，南邻铜川市和渭南市，处于黄土高原腹地，属于黄土丘陵沟壑区，是首批国家级历史文化名城，全市总面积 37037 平方千米，总人口 193.88 万。境内主要河流有洛河、延河、葫芦河、沮水等。

铜川市处于关中平原的北部、黄土高原南缘，属于两者的过渡区，西部和北部是广阔的山区，中部和东部为沟塬相间的残塬区，南部是地势平坦的台塬区。境内主要河流有洛河、石川河、漆水、沮水。全市总面积3882平方千米，总人口86万。

渭南市处于关中平原东部，东濒黄河，北依黄土高原，南抵秦岭，土地平坦广阔，境内主要河流有洛河、渭河、大峪河等。全市总面积13134平方千米，总人口556万。

第二节　历史沿革

陕西省，古为雍州、梁州之地（今陕北、关中属雍州，陕南为梁州），又称为三秦大地，纵贯南北，贯通东西，位于中国地理版图的中心区，地处黄河中游和汉江中上游。陕西省历史悠久，是中华民族的摇篮和中华文明的发祥地之一。这里有人类诞生初期的西安蓝田猿人，这里是仰韶文化最集中的发现地，夏商时为周人活动的地方。陕是指河南陕县，古称陕塬，孔子论《武》乐曰"五成而分陕，周公左，召公右"[1]，西周武王时就有"陕西"这样的地理概念。陕西境内先后有十四个封建王朝建都，分别为西周（都丰镐）、秦（都咸阳）、西汉（都长安）、新（都长安）、东汉（汉献帝西迁关中时代都长安）、西晋（都长安）、前赵（都长安）、前秦（都长安）、大夏（都统万）、后秦（都长安）、西魏（都长安）、北周（都长安）、隋（都大兴）、唐（都长安）。周时关中丰镐为宗周之地，陕北为戎狄之地；秦汉时陕西关中为京畿之地内史，陕北为上郡，陕南属汉中郡；唐时关中为京兆府、同、邠、岐、陇等州，属京畿道，陕北为银、绥、延、鄜等州，属关内道，陕南为商、金、洋、凤、梁等州，分属山南东道和山南西道；元、明、清时为陕西行省；民国时为陕西省，今因之。

榆林市的部分地方（神木、府谷、佳县等地）夏商时在雍翟族境内，周代为雍州白翟的一部分，春秋时属晋国，战国时先为赵国属地，后归秦国上郡地。秦统一后，仍属上郡。汉时，榆林地区属于上郡和西河郡两郡。三国时期，上郡、西河郡为匈奴占据，未设置郡县。东晋时期，匈奴王赫连勃勃在统万城（今靖边白城子）建立大夏国。北魏设立统万镇，后改设夏州。隋末唐初，本市为地方豪族梁师都占据，自称梁国，僭皇帝位。唐设银、绥、夏、麟四州，均属关内道管辖。北宋时，属永兴军路，绥州、宥州被西夏占据。宋高宗南渡后，又沦为金有，属鄜延路的一部分。元代绥德州、佳州属延安路。明初，置绥德卫，成化七年（1471年），在长城一带增设榆林卫。清设榆林府。民国设榆林道，1949年后设榆林分区。2000年，设立地级榆林市。

延安市夏时属雍州，商时为鬼方，西周时为犬戎、猃狁、白狄之地，后属晋国，战国时属魏国，后属秦国。秦统一后，归上郡，汉因之。三国时为羌胡所据，后归大夏。北朝时设延州、鄜州、丹州。隋代始有延安之名，唐时设延州、鄜州。宋代，属永兴军路，设延州、富州、丹州、坊州。金置彰武军部管府，金夏在保安军（今志丹）置榷场互市。元设延安路。明改设延安府，设延安卫。清仍设延安府。1996年撤销地区建制设延安市。

铜川市古称铜官，夏、商隶属古雍州。秦属内史地。西汉置祋祤县，隶属左冯翊。三国魏时隶属北地郡。北魏设置铜官县，属北地郡。北周改为同官县，隶属宜州。隋、唐曾隶属雍州、京兆郡。宋、金、元、明、清，均隶属耀州。民国时属陕西省关中道，1946年改称铜川。1958年撤县建市。

渭南市夏属雍州，为有扈氏族活动区。商为骊戎国之地。西周属当时的京城郊区。春秋时属晋、

[1]　《史记·乐书》，中华书局，1982年，1229页。

秦。战国时属魏、秦。秦统一后属内史。汉属京兆尹、左冯翊。北魏设渭南郡。北周属雍州京兆尹。隋置雍州，不久改为京兆郡。唐时渭南改隶华州。五代一直隶属京兆府。北宋改华州为镇国军、镇潼军，渭南属之。金改镇潼军为金安军。元改金安军为华州，北部并入同州。明代设华州、同州等，隶陕西省等处承宣布政使司西安府。清代仍之。民国初属关中道。1994 年撤地区，设渭南市。

第三节　调查研究现状综述

陕西早期长城资源包括战国时期的秦长城、魏长城、汉"故塞"和隋长城等。这些资源在古代文献中有大略的记载，其中涉及春秋战国之交，诸侯并立，开始在自己的疆土上修筑城墙的记录，也包括之后朝代对前代长城的修缮、扩建进而加以利用的记录，或是出于某种原因的新建长城的记载，还有对长城沿线的水文环境的记述等等。例如，《竹书纪年》、《史记》、《汉书》、《水经注》、《隋书》、《资治通鉴》、《元和郡县图志》、《太平寰宇记》等史籍中均可见相关记载（图一）。

在陕西早期长城所分布地理区域的地方志中，也有部分关于本地长城修建历史和地理分布的记载，如《榆林市志》、《府谷县志》、《神木县志》、《靖边县志》、《横山县志》、《定边县志》、《延安府志》、《鄜州志》、《洛川县志》、《黄龙县地名志》、《韩城市志》、《合阳县志》、《澄城县志》、《大荔县志》、《华阴县志》、《华山志》等。

近现代对陕西省早期长城的调查和研究可分为 1949 年前和 1949 年后两个阶段。1949 年前对长城的研究多以历史文献互相参考佐证进行研究；1949 年后开始组织各种规模的实地调查，学者们在考古资料的基础上佐以历史文献对陕西省早期长城进行了更为丰富和深入的研究。

长城作为我国古代相邻政权间的军防设施，在近代中国内忧外患的危急关头，引起很多希望鉴古事以资当世之用的学者们的重视。张筱衡《梁惠王西河长城考》，是对部分早期长城的考察；张维华《中国长城建置考（上编）》主要考证战国时期的各国长城，计有齐长城、楚长城、魏长城、赵长城（附中山长城）、秦昭王长城、燕长城等六篇，另外两篇分别为秦统一后之长城、汉边塞，并附有 12 幅插图，指明各段长城经行的路线；王国良在《中国长城沿革考》（商务印书馆，1930 年）中针对历史文献中关于历代长城记载的文字含糊、缺少精确调查统计和时代及地理概念错误而导致混乱谬误的状况，将文献相互参照详加考辨，并将古今地名进行考辨，对历代长城位置、建筑年代与沿革进行讨论，其中有一些是涉及早期长城的。1941 年寿鹏飞自刊《得天庐存稿》之二《历代长城考》，对历代长城的年代、位置、沿革以及起讫点详加考证，其中包括东周长城、秦长城、汉长城等早期长城，书后还附有历代长城路线图。杨守敬《历代舆地图》中的春秋列国图、战国疆域图等，对本地早期长城也都有所涉及。

新中国成立后，文化事业得到新的发展机遇，对于长城的研究也开创许多新的领域和方向，涉及历史、考古、军事、历史地理、环境变迁、文物保护等学科。彭曦首次徒步考察战国秦简公"堑洛"和秦昭王长城，结合考古调查和历史文献发表《战国秦长城考察与研究》；史念海对陕西早期长城的历史地理方面有诸多研究，发表了《黄河中游战国及秦时诸长城遗迹的探索》、《洛河右岸战国时期秦长城遗迹的探索》、《再论关中东部战国时期秦魏诸长城》、《论西北地区诸长城的分布及其军事地理》等论著。此外，还有国家或相关单位和学者通过对长城的调查和研究出版的论著，如国家文物局《中国文物地图集·陕西分册》，相关单位和学者发表的调查成果，如《陕西华阴、大荔魏长城勘查记》（中国社会科学院考古研究所陕西工作队）、《渭南地区秦魏诸长城考辨》（张文江）、《陕西渭南地区

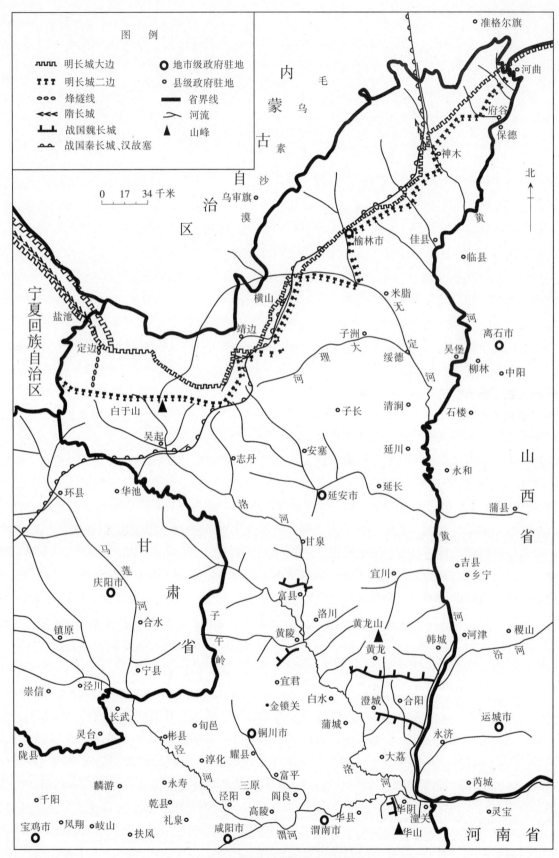

图一　陕西省长城分布示意图

的秦魏长城及城址考查》（史党社）、《魏国西长城调查》（陈孟冬、刘合心），深入研究如《陕西华阴境内秦魏长城考》（夏振英、呼林贵）、《"上郡塞"与"堑洛"长城辨》（欧燕、叶万松）、《论魏国西长城的走向》（辛德勇、李诚）等等，此不一一列举；一些综合性研究长城的著作中对本地区早期长城资源也有介绍，如罗哲文《长城》、艾冲《中国的万里长城》、景爱《长城》和《中国长城史》等等。

目前，学术界对陕西省早期长城资源所进行的调查研究主要关注的是长城的分布地域、线路、建筑选址、构造方法、建造与修缮时间以及对长城本身属性的研究判断。经过前人坚持不懈的努力，对陕西省早期长城资源相关问题的研究取得了一定的成果，进而对长城的认识也得到进一步的深化。

（一）战国秦长城

陕西省境内战国秦长城指的是秦昭襄王长城[2]，主要分布在榆林市神木县、榆阳区、横山县、靖边县和延安市吴起县、志丹县等地，长453千米，另外有研究者认为陕西境内的战国秦长城还包括有"上郡塞"[3]、"堑洛"长城、合阳—澄城长城和华阴长城[4]，这些长城分布在延安市富县、黄龙县和渭南市白水县、蒲城县、澄城县、合阳县、华阴市等地。

1. 历史上有关秦昭王长城的文献记载

秦昭王时期筑长城之事，最早见于《史记·匈奴列传》，其后《汉书·匈奴列传上》也有基本相同的记载。记录虽简单，但却提供了许多重要的信息，从中不仅能够了解到秦国在昭王时期筑有长城，而且也能大致了解此段长城修筑的背景、目的、位置等信息。

关于秦昭王长城开始修筑的时间，《后汉书·西羌传》载："及昭王立，义渠王朝秦，遂与昭王母宣太后通，生二子。至赧王四十三年（秦昭王三十五年，即公元前272年），宣太后诱杀义渠王于甘泉宫，因起兵灭之，始置陇西、北地、上郡焉。"[5]《资治通鉴》卷6载："秦昭王三十五年（公元前272年），遂发兵伐义渠，灭之，始于陇西、北地、上郡，筑长城以拒胡。"依据以上两条文献记载，董耀会、张耀民认为，秦昭王长城修建应在昭王三十五年，即公元前272年[6]。而白音查干认为，秦昭王长城开始修筑于昭王三十六年，即公元前271年[7]。《水经注·河水·洮水注》卷2载："汉陇西郡治，秦昭王二十八年置。"[8]秦昭王二十八年，即公元前279年。据此文献，姚连学认为秦昭王长城筑于昭王二十八年，即公元前279年[9]。罗庆康也认为秦昭王长城可能建于秦昭王二十八年，但其把秦昭王二十八年误认为是公元前287年了[10]。吴礽骧认为该长城筑于公元前279年前后[11]。何钰

---

〔2〕《史记·匈奴列传》记秦昭襄王时，"宣太后诈而杀义渠戎王于甘泉，遂起兵伐残义渠。于是秦有陇西、北地、上郡，筑长城以拒胡。"

〔3〕《史记·张仪列传》记秦惠文王更元元年（前324年），张仪"为秦将，取陕。筑上郡塞。"论述见姬乃军《陕西富县秦"上郡塞"长城踏察》，《考古》1996年3期。

〔4〕《史记·秦本纪》记，秦简公六年（前409年）"堑洛，城重泉"。具体论述见：史念海《黄河中游战国及秦时诸长城遗迹的探索》，《陕西师范大学学报》（哲学社会科学版）1978年2期；彭曦《秦简公"堑洛"遗迹考察简报》，《文物》1996年4期。

〔5〕《后汉书·西羌传》，中华书局，1959年，2874页。

〔6〕董耀会：《瓦合集》，科学出版社，2004年，121页；张耀民：《义渠都城考证琐记》，《西北史地》1996年2期。

〔7〕白音查干：《战国时期燕、赵、秦长城新论》，《内蒙古社会科学》（汉文版）1999年5期。

〔8〕（北魏）郦道元著，陈桥驿校证：《水经注校证·河水·洮水注》卷2，中华书局，2007年。

〔9〕姚连学：《甘肃的古长城》，《丝绸之路》2001年2期。

〔10〕罗庆康：《战国及秦汉长城修建原因浅析》，《内蒙古社会科学》（汉文版）1988年6期。

〔11〕吴礽骧：《战国秦长城与秦始皇长城》，《西北史地》1990年2期。

认为，秦昭襄王长城修建于秦昭王二十八年至三十五年（前279～前272年）[12]。

对于此段长城的修建背景，《史记·匈奴列传》中明确指出是在灭掉义渠后修筑的，"秦昭王时，义渠戎王与宣太后乱，有二子。宣太后诈而杀义渠王于甘泉，遂起兵伐残义渠。于是秦有陇西、北地、上郡，筑长城以拒胡。"[13]义渠是西戎的一支，进入战国后，势力强盛，与秦国的关系较为复杂，时叛时降，成为秦国东进中原的背后隐患。为了更为顺利地用兵中原，秦国不断打击义渠，直到昭王时期才将其灭掉。灭掉义渠后，为了维护新的领地的安全，昭王便修筑了长城。

此段长城的修建目的，文中指出是为了"拒胡"，但这里的胡人具体所指，并无详细说明。景爱、罗庆康认为修筑长城主要是为了防御义渠卷土重来[14]；史念海、彭曦、马建华、张力华、董耀会、史党社、田静、李崖等均认为长城修建是为了防御匈奴南下[15]；白音查干认为秦昭王长城是秦国与西戎长期斗争的产物，而传统观点认为长城是为防御匈奴南下的观点，是不符合历史事实的[16]。

此段长城的位置，《史记·匈奴列传》中指出，长城是秦国"有陇西、北地、上郡"后修筑的，由于筑长城是为了防御北族内侵，所以长城应修筑在三郡的北边。史念海、李文信考证，陇西郡在今甘肃省中部，北地郡在今甘肃省东北部和宁夏回族自治区的东南部，上郡则在今陕西省的北部及鄂尔多斯旗部分地区[17]。对于此段长城在陕西地区的分布情况主要有以下记载：

《水经注·河水》卷3载："圁水，出上郡白土县圁谷，东迳其县南……东至长城，与神衔水合，水出县南神衔山，出峡，东至长城，入于圁……圁水又东迳圁阳县南，东流注于河。"[18]陈可畏认为，"圁水"就是今陕西省神木县窟野河[19]。汉圁阳县故城，在今神木县南。"神衔水"，即今神木县麻家塔河。可见，今神木县南窟野河上有战国秦城。

《水经注·河水》卷3载："河水又南，诸次之水入焉，水出上郡诸次山……其水东迳榆林塞，世又谓之榆林山，即《汉书》所谓榆溪旧塞者也。自溪西去，悉榆柳之薮矣……其水东入长城，小榆水合焉。"[20]陈可畏认为，"诸次水"，即今陕西佳县北之秃尾河[21]。这说明，在今秃尾河上游，即神木县西南有秦长城。

《水经注·河水》卷3载："奢延水又东迳肤施县，帝原水西北出龟兹县，东南流。县因处龟兹降

〔12〕　何钰：《秦长城西部起首崆峒山刍议》，《社科纵横》1994年1期。

〔13〕　《史记·秦本纪》卷5，中华书局，1959年，2885页。

〔14〕　景爱：《中国长城史》，上海人民出版社，2006年；罗庆康：《战国及秦汉长城修建原因浅析》，《内蒙古社会科学》（汉文版）1988年6期。

〔15〕　史念海：《黄河中游战国及秦时诸长城遗迹的探索》，《陕西师范大学学报》（哲学社会科学版）1978年2期；彭曦：《战国秦长城考察与研究》，西北大学出版社，1990年；马建华、张力华：《长城》，敦煌文艺出版社，2004年；董耀会：《瓦合集》，科学出版社，2004年，154页。其文载：秦国建立北地郡后"疆域紧邻匈奴、林胡等游牧民族，为防其南下，并便于东进，就在陇西、北地、上郡等地修筑了秦北长城"；史党社、田静：《追寻秦昭王长城》，《文博》2004年6期；李崖：《秦长城纪》，《朔方》1978年5期。

〔16〕　白音查干：《战国时期燕、赵、秦长城新论》，《内蒙古社会科学》（汉文版）1998年5期。

〔17〕　史念海《论西北地区诸长城的分布及其历史军事地理（上篇）》（《中国历史地理论丛》1994年2期）一文中论述：陇西郡在今甘肃省中部，北地郡在今甘肃省东北部和宁夏回族自治区的东南部，上郡则在今陕西省的北部，其东北还稍伸入今内蒙古自治区（今鄂尔多斯市）的东南部。其《黄河中游战国及秦时诸长城遗迹的探索》（《陕西师范大学学报·哲学社会科学版》1978年2期）一文也有此段论述。李文信《中国北部长城沿革考（上）》（《社会科学辑刊》1979年1期）中考证三郡："陇西"是兰州及其东南到渭河上源一带，首府在狄道，今该县西南；"北地"是宁夏黄河东南到甘肃东北部，首府在义渠，今环县西北；"上郡"是陕西北部及鄂尔多斯旗一部，首府在肤施，今延安县东。

〔18〕　（北魏）郦道元著，陈桥驿校证：《水经注校证》，中华书局，2007年，83页。

〔19〕　陈可畏：《论战国时期秦、赵、燕北部长城》，中国长城学会编《长城国际学术研讨会论文集》，吉林人民出版社，1994年。

〔20〕　（北魏）郦道元著，陈桥驿校证：《水经注校证》，中华书局，2007年，85页。

〔21〕　陈可畏：《论战国时期秦、赵、燕北部长城》，中国长城学会编《长城国际学术研讨会论文集》，吉林人民出版社，1994年。

胡著称。又东南注奢延水。奢延水又东迳肤施县南……东入五龙山……历长城东，出于白翟之中。又有平水，出西北平溪，东南入奢延水。奢延水又东，走马水注之，水出西南长城北阳周县故城南桥山，昔二世赐蒙恬死于此……其水东流，昔段颎追羌出桥门至走马水，闻羌在奢延泽，即此处也。门，即桥山之长城门也……其水东北流入长城，又东北注奢延水……奢延水又东入于河。"[22]陈可畏认为[23]，"奢延水"即今陕西无定河。"帝原水"即今榆林河。"平水"即今无定河支流大理河。"走马水"，今无定河支流怀宁河。汉肤施故城，在今榆林市南部鱼河峁。"桥山"，在今怀宁河发源处，阳周故城南。可见，在今榆林市南鱼河峁南及怀宁河发源处，均有战国秦长城。

《水经注·河水》卷3载："河水又右会区水……世谓之清水，东流入上郡长城。""清水"，今延河，可见其上游有战国秦长城。

《元和郡县图志》夏州宁朔县下载："秦长城，在县北十里。"唐宁朔县，在今陕西靖边县东杨桥畔镇。可见，今靖边县杨桥畔镇北十里有战国秦长城。

《宋史·郭逵传》卷290载："二砦之北，旧有三十六堡，且以长城岭为界。"二砦指塞门、安远，塞门在今陕西安塞县北延河上游镰刀湾，长城岭指今横山山脉。可见，在陕、甘之横山山脉上有战国秦长城。

《宋史·王文郁传》卷350载："夏人逾屈野河掠塞上，文郁追至长城坂，尽夺所掠而还。"屈野河，即今神木县窟野河。长城坂，即今横山山脉。这也说明，今神木县城西横山山脉上有战国秦长城。

《太平寰宇记·绥州废龙泉县下》卷38载："长城，一在州西一十五里大力川，一在州北二十五里无定河，并是蒙恬所筑之遗迹。"陈可畏按：唐龙泉县故城，即今陕西绥德县城；大力川，今大理河。绥德城北二十五里之长城和城西十五里之长城，非蒙恬所筑，而是战国秦长城[24]。

由此可知，长城从陕甘交界处开始，经延河上游镰刀湾、靖边县杨桥畔、榆林市南鱼河峁南，走横山山脉，过神木县秃尾河、窟野河。同时在在绥德城西、北也有长城分布。

2. 秦昭王长城的调查研究现状

此前，学术界对秦昭王长城进行了或全面或局部的调查与研究，取得了一些阶段性的研究成果。

对陕西省境内的秦昭王长城调查主要进行过两次。

第一次是1988年元月，延安地区文物普查队姬乃军、王沛、袁继民、袁继锋、宿玉成、吕军、王贵等同志在1987年延安地区文化普查队调查的基础上，对该地秦长城又进行了一次实地考察，基本查清了该段长城的走向，并且对长城建制、长城沿线遗迹遗物作了论述[25]。

第二次是20世纪80年代，陕西省考古研究所陕北考古队、榆林地区文物管理委员会对神木县窟野河上游秦长城进行了实地考察，详细地介绍了窟野河上游长城沿线的地形地貌、长城走向、遗迹、建制等，并认为此段长城是在战国末期秦昭襄王时期所筑，从遗物也说明，汉代还继续使用这道长城[26]。

除了以上两次调查外，1990年9月，榆林市文管会在榆林市榆阳区巴拉素镇进行了调查，在乔家

〔22〕（北魏）郦道元著，陈桥驿校证：《水经注校证》，中华书局，2007年，85页。

〔23〕陈可畏：《论战国时期秦、赵、燕北部长城》，中国长城学会编《长城国际学术研讨会论文集》，吉林人民出版社，1994年。

〔24〕陈可畏：《论战国时期秦、赵、燕北部长城》，中国长城学会编《长城国际学术研讨会论文集》，吉林人民出版社，1994年。

〔25〕延安地区文物普查队：《延安地区战国秦长城考察简报》，《考古与文物》1990年6期。

〔26〕陕西省考古研究所陕北考古队、榆林地区文物管理委员会：《神木县窟野河上游秦长城调查记》，《考古与文物》1988年2期。

峁西发现了一段秦汉长城遗址。长城从红石桥乡的井界村西向东北蜿蜒曲折延伸至巴拉素镇乔家峁西侧的吴沙，长城为黄土夯筑，夯层厚度15~20厘米，夯窝平印、半圆印皆有，半圆形夯印的直径为9厘米，平底夯印的直径为20厘米。长城遗址沿线两侧地面上遗留有大量的秦汉时期的遗物，其中遗留最多的是秦汉时期的建筑材料和生活用具残陶片，这些陶片的纹饰多为粗绳纹、篮纹、方格纹和麻点纹等，陶片质地为夹砂黑陶、灰陶、夹砂灰陶等[27]。

位于延安市富县境内发现有长城遗迹[28]，学者们认为，其是魏国献出上郡十五县后，秦国为巩固新占领区、防御北方民族南下而修筑的，也即《史记·张仪列传》中记载的"上郡塞"，是秦惠文王更元元年（前324年）由张仪主持修建的军事性工事。有研究认为该长城是秦国整体防御的一部分，正好封堵了关中北部的缺口——洛河河谷[29]，但也有研究认为该长城不是秦国修建的，而是魏国修建的长城[30]。

3. 关于"堑洛"的研究

《史记》中还记载，处于守势中的秦国为防御魏国的西进，分别于秦灵公八年（前417年）与秦简公七年（前408年），修筑了"城堑河濒"和"堑洛"工事，有学者认为这两处工事属长城[31]。

此阶段秦魏之间形势是秦退魏进，拉锯的地方就在河洛之间的西河地区，直至秦出子二年（前385年），"秦以往者数易君，君臣乖乱，故晋复强，夺秦河西地。"[32]"城堑河濒"就是秦国利用黄河天险、稍加修整形成防御工事来防御魏国越河西进；假如黄河天险防御失守，就退守洛河一线，"堑洛"大概是和"城堑河濒"相类似的防御工事。从后来发展的形势看，"堑洛"似乎达到防御的目的，因为魏国自始至终没有越过洛河，两国之间的界线在一段时间内沿洛河一线固定下来。

以当时的情势看，秦国会着力利用洛河天然的防线来防御魏国的前进，但沿线并没有发现多少遗迹。通过实地调查发现，利用洛河防御东方的魏国，可能并不需要修建过多的人工设施。洛河流经关中一段的黄土两岸直立性相当好，洛河两岸大多呈陡直的壁立状，那是由于洛河侧蚀，致使两岸崩塌造成，由此可以推断，利用洛河防御多数情况是不需要加以人工堑削的。

现今在沿岸发现一些外形瘦高的夯土墩台，与可以确定的任何时代的敌台或烽火台都有明显的区别。经过走访当地村民，此类墩台在关中东部比较常见，是近代当地村民迷信堪舆风水之说而修建的，与长城无涉。

蒲城发现的"洛渭漕渠"被一些学者认为是"堑洛"遗迹，其依据是渠壁发现一些包含汉代遗物的灰坑，两岸也发现战国秦遗址，并且位于西岸的遗址明显多于东岸。但依据漕渠与灰坑应该是打破关系看，显然漕渠时代晚于灰坑，其时代不会早于汉代，当然也就与"堑洛"无关。

以"堑洛、城重泉"的记载看，所堑地方应该是位于渡口便于通行之处，目的是为切断往来通道，据实地考察，这样的地方在战国时只有重泉和元里附近的洛河可能性最大。重泉位于商原铁镰山

〔27〕　戴志尚、刘合心：《榆林市境内新发现一段秦汉长城遗址》，《文博》1993年2期。

〔28〕　延安地区文物普查队：《延安地区战国秦长城考察简报》，《考古与文物》1990年6期。

〔29〕　史念海：《黄河中游战国及秦时诸长城遗迹的探索》，《陕西师范大学学报》（哲学社会科学版）1978年2期。

〔30〕　欧燕、叶万松：《"上郡塞"与"堑洛"长城辨》，《考古与文物》1997年第2期。

〔31〕　史念海：《黄河中游战国及秦时诸长城遗迹的探索》，《中国长城遗迹调查报告集》，文物出版社，1981年；彭曦：《秦简公"堑洛"遗迹考察简报》，《文物》1996年4期；《中国文物地图集·陕西分册》（下册），西安地图出版社，1998年，521页，"渭南市·蒲城县·洛渭漕渠遗址蒲城段"；史念海：《再论关中东部战国时期秦魏诸长城》，《中国历史地理论丛》1985年2期。

〔32〕　《史记》卷5《秦本纪》，中华书局，1959年，200页。

南侧洛河对岸，附近尚有船舍村之村名，附近的洛河也应容易渡过。以秦晋数次在元里发生战争和会谈看，此处应该是当时的交通咽喉，这两处地方现在仍然是桥梁道路跨越洛河的地方。

由此看来，秦国以洛河为前线并利用天险防御魏国，不能等同于曾经修建过长城。"城堑河濒"也是类似的情况，这样的工程最多算作路障，不能视为长城。

（二）战国魏长城

陕西境内的战国魏长城是秦、魏两国对峙的后期，处于守势的魏国为防御秦国进攻而修筑的长城，或称河西长城。陕西境内的魏长城主要包括富县长城、黄陵—宜君长城、黄龙山南麓长城、合阳—澄城长城、华阴长城和"滨洛"长城等，大多分布在关中东部的渭南市境内，少数分布在延安市与铜川市。

1. 相关文献记载

春秋时期秦晋两国在河西地区有过诸多交锋。"当此时晋强，西有河西，与秦接境，北有翟，东至河北"[33]。公元前645年秦晋交战，"兴兵将攻秦。缪公发兵，使丕豹将，自往击之。九月壬戌，与晋惠公夷吾合战于韩地……十一月，归晋夷吾，夷吾献其河西之地，使太子圉为质于秦，秦妻子圉以宗女，是时秦地东至河"[34]。韩原之战，秦如愿以偿，获得了河西八城，以至"饮马黄河"[35]。春秋后期秦晋之间战争次数减少，以对峙为主，"晋公室卑而六卿强，欲内相攻，是以久秦晋不相攻"[36]。但晋国在河西争霸中还是居上风。"二十四年，晋厉公初立，与秦桓公夹河而盟。归而秦倍盟，与翟合谋击晋"；"二十六年，晋率诸侯伐秦，秦军败走，追至泾而还"[37]。

秦魏的河西之争持续了三百余年。河西辖境包括了今陕西的渭北地区和渭南地区的河曲地带，相当于今陕西华阴以北，黄龙以南，洛河以东，黄河以西的地区，以及华阴至河南邓县的崤函地带[38]。河西襟带咽喉，有着重要的战略地位。"秦之与魏，譬如人之有腹心疾，非魏并秦，秦即并魏，何者？魏居岭阨之西……与秦界河而独擅山东之利。利则西侵秦，病则东收地"[39]。

战国时魏文侯嗣立后，大举改革，兴修水利，国力日渐强盛，一度成为了中原的霸主。"魏文侯六年，城少梁"；"十三年，使子击围繁、庞，出其民"；"十六年，伐秦，筑临晋元里"；"十七年，西攻秦，至郑而还，筑雒阴、合阳"[40]。魏在公元前409年先后修筑了临晋、元里、雒阴、合阳四城，使秦国败退到洛河西岸，而"堑洛，城重泉"。这一阶段，秦国在河西的发展空间受到魏国的强力挤压。

魏惠王时期，魏国国力不济，而此时的秦国励精图治，国力获得长足的发展，向魏国重新发起夺取河西的战争。"秦献公十九年，败韩魏洛阴"。"二十二年，与晋战于石门，斩首六万"。"二十三年，与魏战少梁，虏其将公孙痤"。面对秦国的步步东侵，魏国采取了避其锋芒的策略，于河西之界修筑长城以御敌，"孝公元年（即魏惠王九年），楚魏与秦接界，魏筑长城，自郑滨洛以北，有上郡"[41]。

〔33〕《史记·晋世家》，中华书局，1959年，1648页。

〔34〕《史记·秦本纪》，中华书局，1959年，188~189页。

〔35〕蔡锋：《春秋战国时的秦晋河西之争》，《青海师范大学学报》1998年4期。

〔36〕《史记·秦本纪》，中华书局，1959年，197页。

〔37〕《史记·秦本纪》，中华书局，1959年，196页。

〔38〕蔡锋：《春秋战国时的秦晋河西之争》，《青海师范大学学报》1998年4期。

〔39〕《史记·商君列传》，中华书局，1959年，2232页。

〔40〕《史记·魏世家》，中华书局，1959年，1838页。

〔41〕《史记·秦本记》，中华书局，1959年，202页。

"梁惠成王十二年（前359年），龙贾帅师筑长城于西边"[42]。尽管魏国在河西大肆修建防御工事，但面临秦国咄咄逼人之势，基本上一筹莫展节节败退。"魏惠王十七年，与秦战元里，秦取我少梁"；"秦孝公十年，卫鞅为大良造，将兵围魏安邑，降之"。面对秦国的节节逼近，魏于公元前352年，"筑长城，塞固阳"[43]。

与此同时，魏国在东方的战场上也是损失惨重，以马陵之战为节点，魏国国力从此一蹶不振，这为秦国制造了可趁之机，于是它在河西针对魏国发动了大规模的战争，"二十二年，卫鞅击魏，虏魏公子卬"，"襄王五年，秦败我龙贾军四万五千于雕阴，围我焦、曲沃。予秦河西之地"，"六年，与秦会应。秦取我汾阴、皮氏、焦"，"七年，魏尽入上郡于秦。秦降我蒲阳"，"十三年，张仪围陕"。魏国的河西之地渐渐丧失殆尽。"魏滨洛筑城，阻山带河，以保晋国"[44]，然而这个庞大的防御工事，并未有效地阻止秦人继续东进，没有起到挽回魏国衰败的局势。

魏国在河西所筑三段长城的走向，史籍中有零星记载。"魏筑长城，自郑滨洛以北，有上郡。"[45]魏河西长城，在今陕西省华阴县、大荔、澄城、韩城等地诸县均有遗址可寻，方志中也有详细的记载。

2. 陕西魏长城的调查研究现状

20世纪二三十年代，鉴于国家面临的严重危局，一些学者开始有意识地对历代长城开始进行研究，但限于财力、人力、物力以及研究方法，走出书斋进行田野调查的活动基本没有，研究方法是对历代长城文献进行的梳理和考证。1949年后，一些学者和科研机构慢慢地将长城的研究纳入视野，逐步开展了小规模的野外调查活动。

1955年秋，黄河水库考古队在陕西华阴县进行考古调查时，勘察了华阴县长涧河一带的魏长城遗址。1959年春，黄河水库考古队陕西分队在陕西大荔县进行考古调查时，勘察了今大荔县西北党川村至长城村附近的魏长城遗址。同年春又复查了华阴魏长城，并对华阴、大荔魏长城进行了全面的勘察和钻探，还对华阴长城进行了局部试掘[46]。

20世纪80年代初，史念海在黄河中游地区考察黄土高原侵蚀问题时，发现大量的古代长城遗迹，并结合文献对其进行了考证[47]。

1980年8月至9月，陈孟冬和刘合心对河洛之间的长城遗迹进行勘察，发现了若干段新的长城遗迹[48]。

1985年，辛德勇、李诚等人对大荔、澄城、合阳、韩城等县的长城遗迹进行了实地调查[49]。

20世纪80年代，第二次全国范围的文物普查期间，陕西省文物部门对魏长城进行了首次全面的调查[50]。

1988年4月和1991年4月，姬乃军等人曾两次对富县境内的长城进行了考察。长城分布范围为富县境所属的3个乡、镇，即钳二乡、城关镇和茶坊镇，全长约30千米。

---

[42] 《竹书纪年》又见《战国策·魏策》；顾炎武：《日知录》；嘉庆《洛川县志》卷二。

[43] 《史记·魏世家》，中华书局，1959年，1645页。

[44] 《史记·魏世家》，中华书局，1959年，1648页。

[45] 《史记·秦本纪》，中华书局，1959年，202页。

[46] 中国社会科学院考古研究所陕西工作队：《陕西华阴、大荔魏长城勘查记》，《考古》1980年6期。

[47] 史念海：《洛河右岸战国时期秦长城遗迹的探索》，《文物》1985年11期。

[48] 陈孟冬、刘合心：《魏国西长城调查》，《人文杂志》1983年6期。

[49] 辛德勇、李诚：《论魏国西长城的走向——与陈孟冬、刘合心同志商榷》，《人文杂志》1985年1期。

[50] 国家文物局：《中国文物地图集·陕西分册》，西安地图出版社，1998年。

1988 年 10 月 30 号，齐鸿浩、袁继民等对黄龙县与澄城县境内的长城做了一次贯通性的徒步考察。1989 年 4 月 23 号又进行了一次复查，搞清了这段长城的走向和建筑方式，以及防御方式等[51]。

2002 年 10～11 月，史党社等人对渭南地区的秦魏长城以及相关的古城址进行了学术考察[52]。

结合历史文献学者们对田野调查资料进行了充分的研究，但对魏长城所涉及的许多问题存有争议，主要集中在富县长城是否是魏长城、黄龙山南麓长城的防御方向、合阳—澄城长城是否是魏长城以及"滨洛"是否为长城等问题上。

富县长城分布在延安市富县横跨洛河两岸的台地上，有学者依据现代地名，考证出富县以北的洛河两岸就是战国时期魏国和秦国发生"雕阴之战"的地方[53]。

黄陵—宜君之间发现的长城没有文献记载，20 世纪 80 年代曾有零星发现，推测该长城属于秦简公"堑洛"遗迹[54]。此次调查发现，该长城的建筑结构与韩城、合阳的魏长城结构相似，应属魏长城无疑。这一区间的洛河河谷较为险峻，南北之间的通道主要为石泉河和沮河区域，在此修建长城是为阻断这条南北通道，防御南侧的秦人北上。

黄龙山南麓的魏长城分布在渭南市韩城市、合阳县、澄城县和延安市黄龙县之间，是魏国为防御秦国修建的长城。学界对于该长城的分歧主要在于该长城西端的延伸问题，有研究认为该段长城西端连接所谓"滨洛"长城，该长城是为了防御秦国从北方进攻[55]；也有学者认为"滨洛"长城直接沿洛河向北，与该长城西端无涉[56]。调查发现该长城并没有沿孔宙河东岸向西南延伸，而是沿黄龙山断崖继续向西延伸，经秦关，越洛河，与黄陵—宜君长城连成一线。

洛川县的秦关遗址是一处战国至秦汉时期的大型遗址，位于黄龙山西侧洛河东岸台地上，附近由于沟壑水流侵蚀，有数条较大的东北—西南向条状台地，秦关遗址所在台地分布有较多的同时期遗址。该遗址周围沟壑纵横，地形复杂，交通不便；向东为黄龙山南麓断崖，再东是澄城县北部的魏长城；向西下临洛河，该段洛河河谷狭窄，两岸为壁立岩石山体，越过洛河与黄陵—宜君长城相望。

合阳—澄城长城分布在合阳县和澄城县南部，整体呈东西走向，东起黄河西岸，西至澄城县城之西、县西河汇入洛河处的东岸，是魏国为防御秦国自上郡南下，以保有关中东部而修建的长城。文献中关于该段长城的记载不是很清楚，最早的是《通典·州郡三》"同州河西"条下所记，其后的《太平寰宇记·同州》卷 28 "夏阳县" 亦有记载[57]，都认为该长城为"魏惠王所筑以备秦"。乾隆版《合阳县全志》认为，"俗谓皆秦长城遗址"是不确定的，也不是魏长城，而可能是《后汉书·西羌传》记任尚屯三辅时于冯翊北界所筑候坞五百所之未尽泯者。当代学者认为该长城属"塞固阳"之长城[58]。调查发现，该长城建于红垆土层上，具有明显的魏长城特征。

华阴市魏长城分布于华阴市区西侧，整体呈北南走向，北起渭河南岸，南至华山北麓。《史记·秦

〔51〕 齐鸿浩、袁继民：《陕西澄城县、黄龙县交界处战国魏长城》，《考古》1991 年 3 期。

〔52〕 史党社：《陕西渭南地区的秦魏长城及城址考察》《秦文化论丛》2003 年 10 辑。

〔53〕 富县地方志编纂委员会：《富县志·附录》第三部分《雕阴考》，陕西人民出版社，1994 年。

〔54〕 史念海：《洛河右岸战国时期秦长城遗迹的探索》，《文物》1985 年 11 期。

〔55〕 史念海：《黄河中游战国及秦时诸长城遗迹的探索》，《中国长城遗迹调查报告集》，文物出版社，1981 年，56～60 页（又见《河山集》二，1981 年）。

〔56〕 张维华：《中国长城建置考》（上编），中华书局，1979 年，115 页。

〔57〕 唐代河西县即宋代夏阳县，在今合阳县东南部。

〔58〕 张筱衡：《梁惠王西河长城考》，《人文杂志》1958 年 6 期。

本纪》载"魏筑长城"即是,《水经·渭水注》也有相关记载。或认为该长城是"滨洛"长城渭河以南的部分遗存,或认为属魏、秦两国先后共用之长城[59]。经调查,发现该长城自成体系,与"滨洛"无涉。修建此长城是魏秦两国为了阻断华山与渭河之间的东西通道,防御彼此而先后使用的。

"滨洛"被认为属长城是缘于《史记·秦本纪》所描述"魏筑长城,自郑滨洛以北,有上郡"的一段记载,"滨洛"标明了这段长城的行进线路是沿着洛河东岸一直向北延伸。学界对"滨洛"认识的分歧在于"滨洛"长城如何越过沙苑和向北到达黄龙山后的走向。《括地志》记载"魏筑长城界秦,自华州郑县以北,滨洛至庆州洛源县白于山。"依据杨守敬编绘的《历代舆地图》显示,该长城北沿洛河溯流而上,经富县、吴起,折而向东北至米脂折北行,经神木出陕西进入内蒙古,越黄河至固阳县。也有学者经过调查认为该长城沿洛河北上经铜川,出陕西进入甘肃庆阳,再折向东北经富县安塞至绥德[60]。张维华则认为该长城至富县折向东北直至绥德、佳县黄河岸边为止[61]。现在更多学者倾向于认为该长城北到黄龙山前就折向东行,与黄龙山南麓长城连成一线[62]。对于洛河下游沙苑段长城,有学者研究认为一直沿洛河东岸南行过渭河连接华阴长城[63]。也有学者认为"滨洛"是从大荔县党川村过洛河经沙苑南下,过渭河连接华阴长城[64]。研究者认为,这段长城是魏国为了保有河西而修筑,用于防御秦国的。但在调查过程中,在富县以下沿洛河直至渭河,并没有发现任何与长城有关的遗物遗迹,因此,我们判定所谓"滨洛"长城并不存在。洛河本身就是一道可以防御进攻的天险,魏国利用洛河防御秦国,并没有修筑"滨洛"长城,"滨洛"是指魏国上郡以南河西的疆界,而非长城路线。

(三)汉"故塞"长城

依据文献记载,汉武帝之前在帝国北部曾经有过一道"故塞",用来防御越过阴山骋马河南的匈奴[65],长期以来学术界并不清楚这道"故塞"的位置、走向及特征。

"故塞"是汉代前期对所沿用修缮的前代长城的一种称呼,史籍中所见主要有"河南故塞"或"故河南塞"、"辽东故塞"。经过此次调查,我们认为陕西省境内的汉"故塞"长城就是"河南故塞"长城的一部分,是在秦昭王长城的基础上重新修缮并完善的长城,这条长城从内蒙古准格尔旗沿**牸**牛川西岸入陕西境,经神木县、榆阳区、横山县、靖边县、吴起县、志丹县等地,从吴起县子午岭出境,进入甘肃省华池县境内,陕西境内全长463千米,在对该长城陕西段、甘肃段的调查中,全线均发现战国秦、统一秦和汉初的遗物,表明该长城从临洮到内蒙古之间,在并不太长的时间段内,均先后历经战国秦、统一秦和汉代三个时期的沿用,并且还发现汉代至少经历过两次修缮和新建的地层证据。

秦始皇三十三年(前214年),已并天下的帝国皇帝使蒙恬将三十万众北逐戎狄,收复被匈奴侵占

〔59〕 史念海:《黄河中游战国及秦时诸长城遗迹的探索》,《中国长城遗迹调查报告集》,文物出版社,1981年,56~60页(又见《河山集》二,1981年);夏振英、呼林贵:《陕西华阴境内秦魏长城考》,《文博》1958年3期。

〔60〕 张耀民:《战国魏长城暨在甘肃庆阳遗址的考察》,《西北史地》1997年3期。

〔61〕 张维华:《中国长城建置考》(上编),中华书局,1979年。

〔62〕 史念海:《黄河中游战国及秦时诸长城遗迹的探索》,《中国长城遗迹调查报告集》,文物出版社,1981年,56~60页(又见《河山集》二,1981年);陈孟冬、刘合心:《魏国西长城调查》,《人文杂志》1983年6期。

〔63〕 史念海:《黄河中游战国及秦时诸长城遗迹的探索》,《中国长城遗迹调查报告集》,文物出版社,1981年,56~60页(又见《河山集》二,1981年)。

〔64〕 陈孟冬、刘合心:《魏国西长城调查》,《人文杂志》1983年6期。

〔65〕 《史记·匈奴列传》记,秦亡后,楚汉战争期间"悉复收秦所使蒙恬所夺匈奴地者,与汉关故河南塞,至朝那、肤施,遂侵燕、代。是时汉兵与项羽相距,中国罢于兵革,以故冒顿得自强,控弦之士三十余万"。

的河南之地，将帝国的北部防线伸展到阴山一线。楚汉战争之际，匈奴趁中原内乱，又越过阴山回到河套地区。"头曼不胜秦，北徙。十余年而蒙恬死，诸侯畔秦，中国扰乱，诸秦所徙适戍边者皆复去，于是匈奴得宽，复稍度河南与中国界于故塞。"[66]汉初国力疲惫，政府无力与匈奴进行大规模的抗争，也无力新修防御工事，这样也就只能利用前朝留下的长城，并稍加修缮以作为与匈奴之间的分界线。从该地之前长城的文献资料分析，汉文帝与老上单于往来书信中提到的"长城以北，引弓之国，受命单于；长城以内，冠带之室，朕亦制之"，此长城应该就是秦昭襄王长城。直到汉武帝对匈奴采取战略进攻后这条长城才被废弃，此后，汉朝在陇西、北地、上郡、朔方、云中五郡故塞外置属国安置南匈奴诸部。

（四）隋长城

隋长城是隋朝为防御突厥等游牧民族南下中原而修建于北方边境的长城，在短暂的三十多年间前后修建七次，形成东达河北省山海关附近的海滨、西至宁夏回族自治区灵武市黄河东岸的北边防御工事。虽说总体长度绵延数千里，但保存下来的遗迹却少之又少。我们分析，隋长城之所以在历代长城中面貌最不清楚，部分原因是因为隋代每次修建长城的时间都很短，难以形成完善体系和宏大的规模，部分原因是隋长城部分沿用秦汉魏晋时期长城，而大部分线段被明长城等后代长城沿用，难以仅凭田野调查资料进行科学的时代属性判断。据已有的调查成果，陕西省境内的隋长城主要分布于榆林市的神木县、榆阳区、横山县、靖边县、定边县等地[67]，全长约 500 千米。这次实地调查发现残存段 18.403 千米。

1. 相关文献记载

陕西地区的隋长城是司农少卿崔仲方于隋开皇五年（585 年）和开皇六年分两次修建完成的。

"令发丁三万，于朔方、灵武筑长城，东至黄河、西拒绥州，南至勃出岭，绵亘七百里。明年，上复令仲方发丁十五万，于朔方已东缘边险要筑数十城，以遏胡寇。"[68]有研究指出"东至黄河、西距绥州"欠妥，应改为西至黄河、东距绥州。崔仲方在开皇五年所修筑的长城，分布在今陕西北部，向西经宁夏灵武一带直达黄河东岸。夏州为靖边县，勃出岭即今靖边县南部的白于山。开皇六年在朔方以东沿边境修建数十座城堡，向东延伸直到云州总管府榆关附近（今内蒙古托克托县东南黄河岸边），主要分布在今陕西北部和内蒙古河套东部[69]。

隋代修筑这段长城的目的很明确，就是"以遏胡寇"。隋朝初年，中原北部已经统一，遂对北方的突厥部落不再倚重，而是采取了逐步强硬的政策，突厥沙钵略可汗对此非常不满，就号称为北周复仇，联合故齐营州刺史高宝宁对隋朝发动战争。隋朝为防御突厥，遏制其进一步南下，就在当时隋朝北部边境修筑了长城。隋长城部分沿用前代长城，部分新筑。当时截断河套这一突厥南下通道的长城就是由司农少卿崔仲方在开皇五年和开皇六年主持新修的，这段长城分布在内蒙古、陕西、宁夏三地，从内蒙古准格尔旗入境，沿神木县窟野河西岸向南，到神木县城附近拐向西南，大体与明长城大边相

[66]《史记·匈奴列传》，中华书局，1959 年，2887 页。

[67]《隋书·崔仲方传》卷 60 记：令发丁三万，于朔方、灵武筑长城，东至黄河，西拒绥州，南至勃出岭，绵亘七百里。明年，上复令仲方发丁十五万，于朔方已东缘边险要筑数十城，以遏胡寇。中国长城学会编《历代长城概况》认为，隋长城应该经靖边、横山诸县向东沿大理河到绥德县。

[68]《隋书·崔仲方传》卷 60，中华书局，1973 年，635 页。

[69] 艾冲：《隋代万里长城述论》，《艾冲文集》第一卷《中国古长城探析——古代长城的历史地理学研究》，西安地图出版社，2006 年。

近平行，再蜿蜒向西，大部分段落线路与明长城大边重合，经过榆阳区、横山县、靖边县、定边县出境，进入宁夏境内。

横截河套的隋长城正位于隋朝都城大兴城的正北方向，是隋朝重点防御的区域。再向东部，基本是将北齐长城稍加修缮后沿用；在阴山一线可能沿用的是秦汉长城。

2. 隋长城的调查研究现状

由于隋代短祚，隋长城保存遗迹又较少，且在经历千余年风雨之后，所存不多，且文献记载也相对贫乏，所以对隋长城的研究、调查也就比较少，且观点各异。

对隋长城的研究论著集中在考证讨论隋长城修筑的时间次数、分布走向、建筑方式、影响隋长城建筑的原因和与前后代长城的关系等方面。

集中陕西隋长城的研究主要是修筑时间、走向分布、建筑方法与沿用关系等方面。

对于陕西隋长城修建的时间次数，由于史籍记载比较明确，所以基本没有争议，有两次修筑，分别是开皇五年（585 年），在朔方、灵武筑长城；开皇六年二月，在朔方东筑数十城。

对于隋长城走向分布的研究主要是有艾冲[70]、李文信[71]、史念海[72]、景爱[73]等学者，对于陕西段隋长城，其中艾冲和李文信均认为隋长城自东向西从紫河分支向南经榆林至灵武，只是李文信认为南支线还有一道向南伸出的支线，即史籍所载"南出勃出岭"段，只是不知所在。而史念海则认为隋长城从西到东分为两段不相连接，陕西段即是其中之一：由朔方（治所在今陕西靖边县北）、灵武（治所在今宁夏灵武县）修起，东至黄河，西拒绥州（治所在今陕西绥德县），南至勃出岭（在今绥德县东南），绵亘七百里。景爱则认为隋长城是四段不相连接的长城，陕西段是其中第三段：宁夏灵武到陕西绥德；这又和艾冲、李文信所持观点接近，李文信观点中提到的朔方灵武段就是陕西境内段。

对陕西境内隋长城的建筑方式基本没有研究，但对于邻近宁夏和内蒙古两区隋长城建筑方式的研究可以作为参考，因为都属于上文提到的"朔方灵武段"。该项研究有宁夏文物考古研究所[74]、甄自鸣。二者均认为隋长城是堆筑修成，但宁夏考古所认为该长城是用大平面硬物拍打而成，而甄自鸣认为是堆土加以人踩马踏形成，但这都是针对河套部分或者说朔方灵武段长城进行的研究。另外，李文信则根据《九宫私记》与《癸辛杂识》的记载，认为隋长城修建方式还有"铲销诸山"和"以楗坚木为城杆夯筑"的方式。

宁夏文物考古研究所认为隋长城之所以堆筑而成，其主要原因是由于当地土质为极不易黏结的红砂岩土，无法像其他时代修建长城进行夯筑；甄自鸣则认为是由于工期短，难以进行精细的施工；而李鸿宾通过对隋代北部边防政策的向西研究后认为是隋代不需要强大坚固的长城，认为对长城的利用，只是隋朝处理北方关系的手段之一，它尤其重视利用军事和政治来处理对外关系。

在隋长城和前后代长城的关系研究中，陕西段隋长城主要是针对明代长城对隋长城的沿用问题。隋长城被后代沿用的情况，艾冲[75]是通过对文献的释读来研究的。他通过对张四维《修边记》

〔70〕 艾冲：《隋代万里长城述论》，《艾冲文集》第一卷《中国古长城探析——古代长城的历史地理学研究》，西安地图出版社，2006 年 11 月。

〔71〕 李文信：《中国北部长城沿革考》（下），《社会科学辑刊》1979 年 2 期。

〔72〕 史念海：《隋唐时期黄河上中游的农牧业地区》，《唐史论丛》第二辑，1987 年。

〔73〕 景爱：《中国长城史》，上海人民出版社，2006 年。

〔74〕 宁夏文物考古研究所、盐池县博物馆：《宁夏盐池县古长城调查与试掘》，《考古与文物》2000 年 3 期；宁夏文物考古研究所、内蒙古鄂托克前旗文化局、灵武市文物管理所：《宁夏灵武市古长城调查与试掘》，《考古与文物》，2006 年 2 期。

〔75〕 艾冲：《余子俊督筑延绥边墙的几个问题》，《陕西师范大学学报》（哲学社会科学版）1986 年 1 期。

中"缮塞为垣"的说法，认为这是明代对隋长城的修缮利用。宁夏文物考古研究所则是通过考古调查与发掘的方式认为隋长城被明长城叠压，二者存在利用关系。甄自鸣也是通过调查持该观点。

以上对于隋长城的研究都不可避免地会涉及一个问题，即隋长城是什么？所有研究者，除宁夏文物考古研究所和甄自鸣、高旺[76]是直接指认了地面上存在的遗迹外，其他研究者都是对文献进行考证，隋长城只是一个概念。但在上述三位对隋长城遗迹指认的研究者对于隋长城的确认方面，高旺是应用史学家的说法和方志的记载，并没有给出具体的证据；宁夏文物考古研究所和甄自鸣二者都是依据地层关系认为该长城时代早于明长城，再结合史籍记载，该地还有隋长城，便将二者对应在一起，而在调查和发掘过程中并没有得到可资断代的典型遗物。由于隋长城自身修建过程较短及建筑结构特征，致使长期以来在田野调查中很少有所收获。分布在内蒙古鄂托克前旗与宁夏回族自治区盐池县相邻的隋长城，是为数甚少的隋长城遗迹。

调查过程中，在神木县、靖边县和定边县发现有隋长城遗迹，而在榆阳区和横山县则没有发现明显的遗迹。

隋长城几次修建都是用很短的时间进行，遗留下的迹象非常少，对陕西隋长城的考古调查与发掘没有进行过，而对其他地区的调查发掘也仅有如下几次：

1997 年九十月，宁夏文物考古研究所在盐池县博物馆的配合下，对管道所穿过盐池县境内的古长城地点进行了钻探和试掘，同时对长城沿线进行了考古调查。

为配合敖银公路建设，切实保护好古长城，2004 年八九月，经国家文物局批准，宁夏文物局委托宁夏文物考古研究所与内蒙古自治区鄂托克前旗文化局，在灵武市文管所的配合下，对公路所穿过灵武市境内的古长城地点进行了试掘，同时对长城沿线进行考古调查。

另外，还包括甄自鸣的调查，即《鄂尔多斯南部发现隋长城遗迹》(《鄂尔多斯日报》2008 年 5 月 14 日)，这是全国进行长城资源调查中的一部分。作者总结了隋长城的建筑特点，并分析了遗存较少且不易被发现的原因。

历次调查与发掘活动都是集中在宁夏与内蒙古交界黄河以东，显示该处隋长城是堆筑而成，多与明长城接近并行或被明长城沿用。这样的观点都被学者借用来作为看待陕西段隋长城的看法，根据已有的研究，这种借用观点似乎也并无不妥。

（五）陕鄂界石墙

在陕西省商洛市丹凤县与商南县交界处的四道岭山脊上有一段片石砌筑的墙体，整体呈南北走向，残存长 200 米，宽 1.5 米，南端有内夯土、外片石包砌的圆台两座，自西向东防御，一说为战国时秦楚分界武关东侧屏墙，一说建于明清之际[77]。《中国文物地图集·陕西分册》在《专题文物图·陕西长城遗存图》中虽对该石墙有标注，但并未命名为长城。从相对应的文字描述看，该墙体不属于长城范畴。

安康市旬阳、白河两县与湖北省竹山县交界处山梁上，有一道东北—西南走向的绵延长达 110 余千米的石砌墙体。白河县石墙以片石、毛石、块石砌筑，残高 0.5～5、宽 1～5 米，部分墙段存有门、箭楼、箭垛和瞭望孔。有学者认为，该墙体就是战国时期楚国修筑用以防御秦国的长城，修建时间大

〔76〕　高旺：《隋长城》，《内蒙古社会科学》1982 年 2 期。

〔77〕　国家文物局主编：《中国文物地图集·陕西分册》下，西安地图出版社，1998 年，1188 页。

约在楚怀王二十三年（前304年）至楚顷襄王二十一年（前278年）[78]。也有学者据白河、旬阳县志中的有关记载，认为该石墙并非楚长城，而是清代嘉庆年间用来防御白莲教起义的设施[79]。《中国文物地图集·陕西分册》上册"专题文物图·陕西长城遗存图"中对该石墙的标注也显示是明清时期。当地人俗称该石墙为"秦楚长城"，认为此地是战国时期秦楚争强拉锯之地。该墙体曾被秦楚轮流占有，各有所用，朝暮即变，即所谓"朝秦暮楚"之来历。

艾文仲经过调查研究后认为该石墙并非楚长城[80]，论据充足，论证严谨，本调查队认同该观点，且石墙附近及其中也没有明确的可资断代的证据，故此次调查未将之归入长城资源进行调查。

---

〔78〕　艾冲：《中国的万里长城》，三秦出版社，1994年，9～10页。

〔79〕　国家文物局主编：《中国文物地图集·陕西分册》下，"安康地区·旬阳县（旬阳石墙遗址）"、"白河县（白河石墙遗址）"条，西安地图出版社，1998年。

〔80〕　艾文仲：《并非"楚长城"——陕鄂交界地白河、竹山边墙考》，《汉中师范学院学报》2000年4期。

第二章　长城各要素简介^[1]

此次长城资源调查是一次空前的全国性对单一对象所进行的调查，为了规范十五个省、市、自治区的长城调查，做到全国各地调查队员对调查过程中遗存现象的认识基本一致，采集数据标准统一，国家文物局长城项目办制定了《长城资源调查工作手册》（以下简称《手册》），《手册》里对长城资源调查的各种标准和规范作了详细说明和规定。本次对陕西省早期长城资源的调查也是完全按照《手册》规定的标准和要求进行各项数据的采集与整理的，依照《手册》规定，长城资源包括长城的墙体、单体建筑、关堡、相关遗存、界壕/壕堑本体、采（征）集文物。

墙体类别对照表

类别	说明	明细
土墙	构筑时的墙体外观以土筑为主	夯筑：经夯打筑成的墙体
		堆土：直接堆土而成
		红柳（芦苇）夹沙：将红柳、芦苇等植物和泥沙相互叠压，渐次堆高的墙体
		土坯垒砌：用黏土做成土坯，垒砌而成，墙面外再抹一层黄泥作保护层
石墙	构筑时的墙体外观以石筑为主	毛石干垒：使用较大的石料垒筑，墙体中不夹泥土的石墙
		土石混筑：泥土和石头混合筑成墙体
		砌筑：用条石、块石砌筑的墙体
砖墙	构筑时的墙体外观以砖筑为主	包土：墙体内部由夯土构成，外部以青砖包砌
		包石：墙体内部由泥土夹碎石构成，外部以青砖包砌
		砖石混砌：以条石作基础，砌筑到一定高度后，上面再用青砖砌筑城墙的上层
山险墙	利用险要经人为加工形成的险阻，如铲削墙、劈山墙等	

---

〔1〕　本部分主要内容依照《长城资源调查工作手册》规定形成。

续表

类别	说明	明细
山险	指在地势险要之处，与墙体共同构成防御体系的山体、河流、沟壑等自然地物	
木障墙	指用木制栅栏修筑的墙体	
壕堑/界壕	墙体和壕沟的组合防御体。汉代称壕堑，金代称界壕	

单体建筑类别对照表

标准定名	其他用名	说明
敌台	敌楼、墩台	凸出于城墙的高台，可分为空心和实心两种
马面	城垛、墙台、墙垛	依附于城墙外侧、与城墙同高的台子
烽火台	烽燧、墩台、烽堠、烟墩、狼烟台、狼烟墩	指在长城沿线用于点燃烟火传递重要信息的高台，是长城防御系统的重要组成部分

关堡类别对照表

标准定名	其他用名	说明
关	口	一般指筑有城、围的屯兵地，一般依托于墙体
堡	城障、障城、镇城、障塞、城堡、寨、戍堡、边堡、军堡、屯堡、民堡	一般指筑有城、围的屯兵、居住地，为长城防御系统的重要组成部分，与墙体不发生直接关联

相关遗存是指除长城墙体、关堡、烽火台之外与长城有关的其他遗存，包括碑碣、刻石、题刻、石雕、戍卒墓地、"品"字窖、壕沟、挡马墙、砖瓦窑、采石场、居住址等，其他不能归入上述各类的统归为其他相关遗存类。

采（征）集文物是指调查过程中征集、采集的，与长城研究有关的实物标本，分为生产工具、生活用具、武器装备、古代文书、建筑构件和其他类。

第一编
战国秦长城与汉"故塞"

　　本次调查的陕西省境内战国秦昭王长城（因汉代沿用此长城，故又称汉"故塞"）分布在榆林市神木县、榆阳区、横山县、靖边县和延安市志丹县、吴起县等地，北接内蒙古自治区的秦长城[1]，西南接甘肃省秦长城，全长463千米，整体呈东北—西南走向，整个长城系统中包括墙体228段，共计463161.1米，单体建筑451座，关堡22座，相关遗存44处。详见下表：

表一　　　　　　　　　　　陕西省秦昭王、汉"故塞"各县长度统计　　　　　　　　　　单位：米

	神木	榆阳	横山	靖边	吴起	志丹	总计
秦汉长城	105246	87886.2	61364.7	103119	92807.2	12738	463161.1

表二　　　　　　　　　　　秦昭王、汉"故塞"单体建筑统计表　　　　　　　　　　单位：座

单体	神木	榆阳	横山	靖边	吴起	志丹	总计
马面	0	5	0	0	10	0	15
敌台	47	12	19	105	133	31	347
烽火台	32	6	10	3	38	0	89
总计	79	23	29	108	181	31	451

表三　　　　　　　　　　　秦昭王、汉"故塞"单体建筑统计表　　　　　　　　　　单位：座

	神木	榆阳	横山	靖边	吴起	志丹	总计
关	1	0	3	7	3	0	14
堡	2	0	0	5	1	0	8
总计	3	0	3	12	4	0	22

表四　　　　　　　　　　　秦昭王、汉"故塞"相关遗存统计表　　　　　　　　　　单位：处

	神木	榆阳	横山	靖边	吴起	志丹	总计
遗存	17	9	6	3	7	2	43
总计	17	9	6	3	7	2	43

---

[1]　为行文方便，本报告中提到的战国秦长城、秦长城均指战国秦昭襄王长城。

第三章　神木县战国秦长城资源

神木县位于黄河中游陕西省的东北端，北与内蒙古自治区接壤，东隔黄河与山西省相望，总面积7700平方千米。西北部分为毛乌素沙漠区，东南部分为黄土高原沟壑区。全县地形西北高东南低，最大相对高差700米。境内河流主要有窟野河、秃尾河，湖泊有红碱淖。

本县以农牧生产为主，近年来，采矿业与煤炭化工业逐渐占据经济主导地位。

商周时神木县为鬼方等戎狄所居，春秋战国时为林胡之地，战国时曾一度被赵国占领，战国末期归秦，设立上郡。汉代属西河郡，西汉时在秃尾河上游置白土县，下游置圜阴、圜阳、鸿门县，疆域无考。西汉时的六大军马场"天封苑"就设在县西大保当一带。王莽时改上郡为增山，东汉复为上郡。西魏设石城县，后改为银城县。北周在今解家堡一带置归真郡，隋置银城县，县界难稽。唐初设银城县，后期合并为麟州，领属新秦、连谷、银城三县。宋沿袭麟州，金改为神木寨，元为神木县。明设神木县，并设置营堡，归延绥镇统辖。清置神木县，民国因之。

神木县秦长城资源的调查工作主要由任宝磊、黄永美、周慧清、祁远虎、白炳锋等完成，于春雷、张振峰、牛新龙、张海报、杨方方、储清磊、李宁、赵志强、王世伟、刘亮、王茂迎、吕强、陈江峰等参与完成。调查时间为2009年6～9月。

秦长城全长105246米，整体呈东北—西南走向，自大柳塔镇贾家畔与内蒙古交界处开始，沿特牛川西岸向南延伸，到与乌兰木伦河交汇处向西南越过乌兰木伦河，再沿窟野河西岸向南延伸。经店塔镇碾房湾村后越过可可乌素河，沿麻家塔镇老虎沟畔村边墙梁至神木镇西沟村半切墩、大砭窑煤矿，再沿窟野河系与秃尾河系之间的分水岭向西南延伸，沿团团沟与喇嘛沟之间的山梁向西南至秃尾河东岸，越过秃尾河后经芦沟与红柳沟之间沙漠区域进入榆阳区境（图二）。

神木县战国秦长城以前就有发现，自内蒙古入境处直至店塔镇边墙梁和神木镇二郎山至雷石畔段，就是以前已经发现的段落。此前调查认为神木县境的其余部分都是与明长城重合并为明长城所沿用，经此次调查，发现并非如此，店塔镇边墙梁至二郎山段和雷石畔至高家堡镇芦沟村段长城是此次调查中新发现的线段。从芦沟村向西南直至出神木县境段，因地处沙漠区域，线路走向不明。另外，前此认为高家堡石峁遗址的石墙为战国秦长城，经此次调查后认为该石墙不是战国秦长城，秦长城位于其北侧的团团沟一带。

神木县战国秦长城整体位于明长城以西、以北，隋长城和秦长城有交叉。该县秦长城由墙体、单体建筑、关堡和相关遗存组成，其中墙体105246米、单体建筑79座、关堡3座、相关遗存17处。

神木县战国秦长城由神木县文物管理委员会办公室负责管理，该机构为全民事业单位，行政关系隶属神木县文化局，有工作人员18名，负责人先后有乔子荣、张裕福，目前由屈凤鸣主持工作。

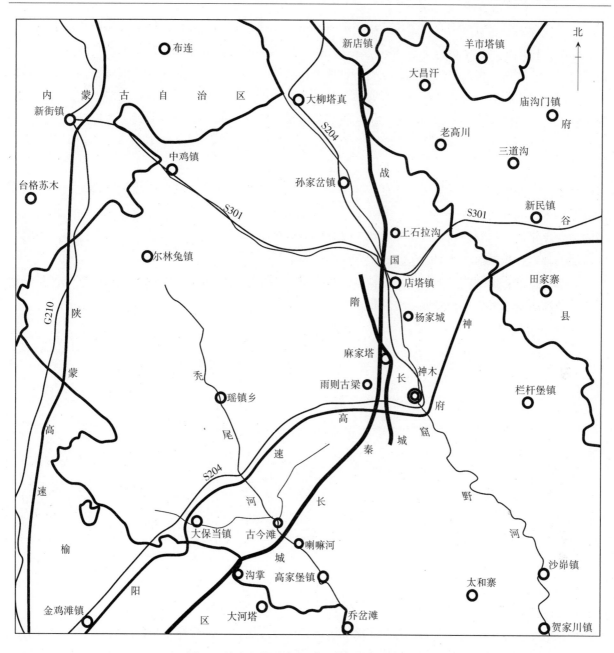

图二 神木县战国秦长城、隋长城位置示意图

该县秦长城保护单位的保护标志、保护范围、建设控制地带及记录档案、专职保护机构等目前均无。

第一节 战国秦长城墙体

战国秦长城墙体全长 105246 米，共分 70 段，主要为夯土筑成。另外，还有土石混筑成的石墙和直接利用河流形成的河险。有一些墙体消失段，建筑类型与材质均不详。

神木县秦长城中夯土墙体 31 段，长度占全县秦长城长度的 38.4%，石墙 24 段，占 19.2%，河险 6 段，占 6.2%，消失段 9 段，占 36.2%。

神木县战国秦长城与陕北其余各县相区别的特点主要在于其构筑方式，神木秦长城的许多段落都是因地制宜地采用片石垒筑或土石混筑的方式，如**秃**牛川西岸的大部分墙体都是如此。而在团团沟与喇嘛沟之间的墙体，也有一些段落是石墙。石墙的构筑方式，或为中间夯土、两侧砌石；或为中间填碎石、两侧砌片石；或为沙地上以片石为基，基上再夯土构建；或为一层片石中间垫一层土砌筑，或为一侧砌石，一侧夯土。因地制宜，不拘一格。除石墙外，其余段落均为夯土墙，夯层厚度大部分为0.06～0.11米，只有极少段落夯层较薄，为0.03～0.06米。该地域的墙体和敌台夯层中偶见夹杂有秦汉时期瓦片。

神木县战国秦长城现状为断续残存，大部分墙体互不相连，残存的墙体段落长度都很短，在数米至数十百米，高度基本在3米以下，多为1～2米，宽度在2～10米，大多集中在6米左右。消失段大多因两千余年的风雨侵蚀和流沙掩埋所致，残存部分大多被风沙侵蚀呈鱼脊状。近几年由于人类生产生活活动频繁，长城损坏状况的人为原因有逐渐加剧之势。

调查中发现，遭到侵蚀损坏消失的长城线段之间，有呈线状分布的大量瓦片。据此推测，为保护墙体不受风雨侵蚀，当年在墙体上曾经覆盖有板瓦、筒瓦。

神木秦昭王、汉"故塞"长度统计表

单位：米

类别	保存较好	保存一般	保存较差	保存差	消失	小计
山险	0	0	0	0	0	0
河险	0	6600	0	0	0	6600
山险墙	0	0	0	0	0	0
石墙	0	0	1954	3799	14498	20251
土墙	0	0	1423	8319	30624	40366
消失段	0	0	0	0	38029	38029
总计	0	6600	3377	12118	83151	105246

一 贾家畔村长城（610821382102020001）

该段长城位于大柳塔镇贾家畔村1组北551米处的沙土山梁上，沿**秃**牛川西岸山体，顺山势而建。所处地区为沙土沟壑区，**秃**牛川自北向南流过，山多为沙土山，沙土下有基岩。起于大柳塔镇贾家畔村1组东北551米，止于大柳塔镇贾家畔村东南108米，全长642米，整体呈北—南走向。起点坐标为东经：110°22′22.10″，北纬：39°19′03.06″，高程：1109.7米；止点坐标为东经：110°22′23.38″，北纬：39°18′42.58″，高程：1120.4米（图三）。

该段墙体整体保存差，坍塌、损毁严重，部分墙体埋于沙土之下，残存墙体上都长有多年生蒿类植物及矮灌木。其中保存差105米，消失537米。依其保存状况分4个自然段。

第1段　起点至断点1，长87米，保存差，整体呈北—南走向。墙体呈斜坡状，起点处立电线杆一根，且断面处暴露大量片石，可推测此处墙体为片石垒筑而成。由起点向南77米处的墙体上现建有现代小庙一间，砖砌而成，占地面积约6平方米（2米×3米），高约1.5米。小庙西侧墙体断面暴露明显夯层，厚0.1～0.13米。墙体东临**秃**牛川，西侧25米处有一条乡村土路，沿线可见大量片石。

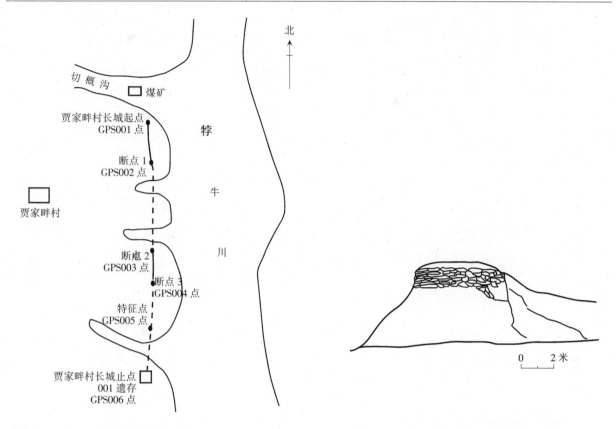

图三　贾家畔村长城位置示意图　　　　图四　贾家畔村长城墙体断面图

第2段　断点1至断点2，长301米，墙体消失。村庄建设、修路及沟壑破坏是其消失的主要原因。

第3段　断点2至断点3，长18米，保存差，整体呈北—南走向。墙体沿线可见大量片石及零星瓦片，瓦片外饰绳纹，内饰麻点纹。墙体周围为沙地，坡度较缓，长有杨树、杏树、榆树、沙棘、沙柳、柠条等。

第4段　断点3至止点（贾家畔村遗存），长236米，墙体消失。断点3向南138米为特征点，此处散落大量瓦片，瓦片外饰绳纹，内饰麻点纹。沟壑、道路、平整土地破坏是其消失的主要原因。

现存墙体为自然基础上用片石垒筑而成，内填土石，墙体顶宽4.9、高5.2米，夯层厚0.1~0.13米（图四）。

此段长城墙体起点北接内蒙古自治区秦昭王长城，向南642米为贾家畔村遗存，止点南接贾家畔村—特麻沟村长城起点。

该段墙体所在的贾家畔村有居民近200户，800余人，主要种植玉米、苜蓿等。墙体起点处有一条上山土路。

二　贾家畔村—特麻沟村长城（6108213382301020002）

该段长城位于大柳塔镇贾家畔村东南与特麻沟村之间的沙土山梁上，所处地区为沙土沟壑区，东侧为牸牛川，自北向南汇入窟野河，山多为沙土山，沙土下有基岩。起于大柳塔镇贾家畔村东南108米，沿牸牛川西岸山体，顺山势经蛮兔沟、三不拉沟，止于大柳塔镇特麻沟村北1.68千米，全长3500米，整体呈北—南走向。起点坐标为东经：110°22′23.38″，北纬：39°18′42.58″，高程：1120.4米；止点坐标为东经：110°22′31.82″，北纬：39°17′06.04″，高程：1132.1米（图五）。

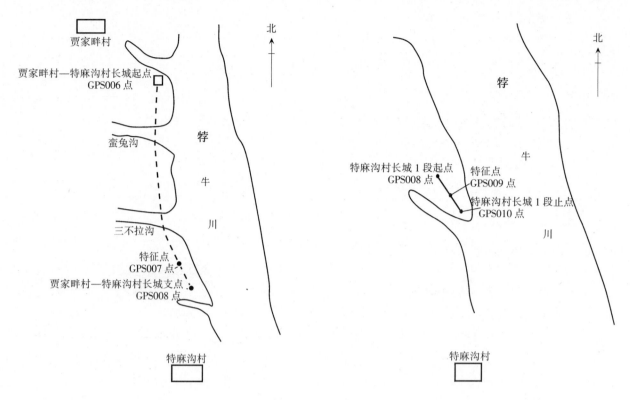

图五　贾家畔村—特麻沟村长城位置示意图　　　　图六　特麻沟村长城1段位置示意图

由于风沙侵蚀覆盖、沟壑发育、修建养猪场等原因，该段墙体整体消失。

起点向南3373米为特征点，该处有大量板瓦、筒瓦瓦片堆积，分布面积约30平方米，瓦片外饰绳纹、弦纹，内饰麻点纹、布纹、网格纹。

该段长城起点西北接贾家畔村长城止点，止点东南接特麻沟村长城1段起点。

三　特麻沟村长城1段（6108213821020020003）

该段长城位于大柳塔镇特麻沟村北，地处哈拉沟东岸、牸牛川西岸的缓坡地带。墙体两侧紧邻山体缓坡地带，西缓坡布满了坍塌滑落的片石、石块，种满沙棘，东紧邻缓坡略呈阶梯形杨树林，东距牸牛川川底100米，西距哈拉沟沟底105米，南418米有东西向输电线路通过。所处地区为黄土沟壑区，沟深坡陡。起于大柳塔镇特麻沟村西北1.68千米，止于大柳塔镇特麻沟村北1.45千米，全长235米，整体呈西北—东南走向。起点坐标为东经：110°22′31.82″，北纬：39°17′06.04″，高程：1132.1米；止点坐标为东经：110°22′38.22″，北纬：39°17′00.79″，高程：1102.3米（图六）。

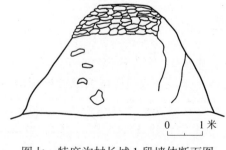

图七　特麻沟村长城1段墙体断面图

由于沙土覆盖、坍塌等，墙体整体保存较差，四周杂草丛生，唯部分墙基石尚存，部分墙体断面片石层清晰可见。其中保存较差95米，差140米。依其保存状况分2个自然段。

第1段　起点至特征点，长95米，墙体保存较差，呈西北—东南走向。特征点处为石墙断面，呈梯形，顶宽1.5、底宽3、高1.4米（图七）。在断面处尚可见清晰的片石层，片石长 9 ~ 13、厚 4 ~ 5 厘米。此点东南石层已消失，仅部分石墙基可见，且多被沙土湮没。墙体周围没有瓦片。

第 2 段　特征点至止点，长 140 米，墙体保存差，这段墙体只有部分在沙土下可见石墙基，墙体、墙基多已被沙土淹没。止点处清晰可见有两层片石墙基，片石厚约 0.05 米，长度不详。在片石层上面现有人为用石块堆积成的半圆状石头堆，止点东、西、南紧邻山体缓坡，东缓坡下为**犄**牛川、西缓坡下为哈拉沟，东南距**犄**牛川与哈拉沟交汇处 81 米。

现存墙体两侧用片石垒砌（片石间加土填实）、中部为大小不等的块石叠加构筑而成。

该段长城西北接贾家畔村—特麻沟村长城止点，东南接特麻沟村长城 2 段起点。

该段墙体所在的特麻沟村有居民约 20 户，90 余人。以农业为主，种植马铃薯、糜子、荞麦、玉米等。

四　特麻沟村长城 2 段（610821382101020004）

该段长城位于大柳塔镇特麻沟村北沙土梁上，自北向南沿**犄**牛川西岸山体，顺山势而建。所在地区为沙土沟壑区，**犄**牛川自北向南流过，山多为沙土山，沙土下有基岩。起于大柳塔镇特麻沟村东北 1.46 千米，止于大柳塔镇特麻沟村东北 318 米，全长 1140 米，整体呈北—南走向。起点坐标为东经：110°22′38.22″，北纬：39°17′00.79″，高程：1102.3 米；止点坐标为东经：110°22′43.00″，北纬：39°16′25.00″，高程：1143 米（图八）。

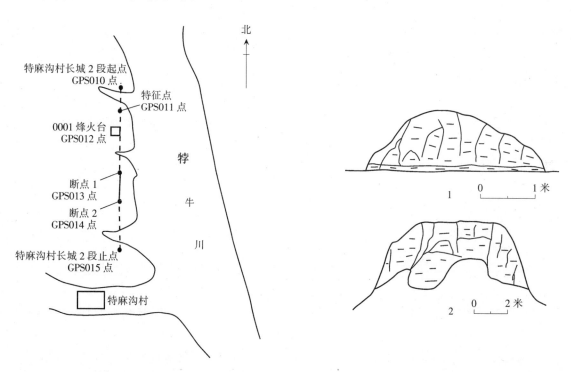

图八　特麻沟村长城 2 段位置示意图　　　　　图九　特麻沟村长城 2 段墙体断面图

该段墙体整体保存差，墙体坍塌、剥落较严重，大部分已消失，残存墙体上长有多年生蒿类植物。其中保存较差 85 米，消失 1055 米。依其保存状况分 3 个自然段。

第 1 段　起点至断点 1，长 694 米，消失 690 米，保存较差 4 米，整体呈北—南走向。消失原因为沟壑及山体滑坡破坏。起点向南 261 米处为特征点，再向南 144 米为特麻沟村烽火台。特征点处保留有长约4米的夯土墙体，底宽3.3、顶宽1.3、高1.1米，夯层厚0.07~0.1米（图九·1）。周围有少量瓦片及器物残片，瓦片外饰绳纹，内饰麻点纹。山梁上长有杨树、榆树、柠条及多年生蒿类植物等。

第2段　断点1至断点2，长81米，保存较差，整体呈北—南走向。墙体底宽9.2、顶宽7.5、高4米，夯层厚0.09~0.11米（图九·2）。墙体为细沙土夯筑而成，沿线散落较多瓦片，瓦片外饰绳纹，内饰麻点纹。该地为沙土山梁，坡度较缓，长有杨树、杏树、榆树、沙棘、沙柳、柠条等。

第3段　断点2至止点，长365米，墙体消失，沟壑、风沙侵蚀等是其消失的主要原因。

该段墙体起点北接特麻沟村长城1段止点，向南409米为特麻沟村烽火台，止点南接特麻沟村长城3段起点。

五　特麻沟村长城3段（610821382102020005）

该段长城位于大柳塔镇特麻沟村北沙土梁上，自北向南沿犇牛川西岸山体，顺山势而建，中间经过特麻沟。起于大柳塔镇特麻沟村东北318米，止于大柳塔镇特麻沟村东南946米，全长1264米，整体呈西北—东南走向。起点坐标为东经：110°22′43.00″，北纬：39°16′25.00″，高程：1143米；止点坐标为东经：110°23′06.08″，北纬：39°15′49.22″，高程：1170.1米（图一〇）。

该段墙体整体保存差，墙体坍塌、剥落较严重，部分墙体上的片石现已散落两侧，残存墙体上都长有多年生蒿类植物及大量柠条。其中保存较差265米，差437米，消失562米。依其保存状况分8个自然段。

第1段　起点至拐点，长89米，墙体保存差，呈东北—西南走向。墙体坍塌、损毁严重，底宽2.6、顶宽1.2、高0.9米。残存墙体顶部散落大量鹅卵石。墙体沿线可见少量瓦片，外饰绳纹，内饰麻点纹、方格纹、网格纹。

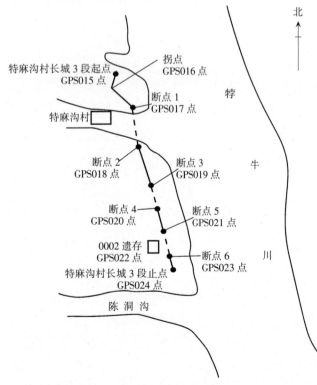

图一〇　特麻沟村长城3段位置示意图

第2段　拐点至断点1，长145米，保存差，墙体由拐点处变为西北—东南走向。墙体坍塌、损毁严重，顶部散落大量鹅卵石。断点1处散落大量瓦片，外饰绳纹，内饰麻点纹、布纹。

第3段　断点1至断点2（折点），长326米，墙体消失，沟壑（特麻沟）及道路破坏是其消失的主要原因。

第4段　断点2（折点）至断点3，长265米，保存较差，呈西北—东南走向。墙体为块石、片石垒筑，高1.2、宽1.6米，坍塌、损毁较严重，墙体从特麻沟南侧沟边沿山梁上坡直至山顶并向南一直延续。断点2、折点北距特麻沟村201米，距东侧犇牛川105米，墙体上长有大量柠条，周围生长有沙棘、榆树、柠条及大量蒿类植物。

第5段　断点3至断点4，长36米，墙体消失，附近村民开垦耕地过程中对此处墙体块石、片石进行了破坏。

第 6 段 断点 4 至断点 5，长 164 米，保存差。墙体坍塌、损毁严重，残存墙体顶部长有大量柠条，与周围植被有明显区别。

第 7 段 断点 5 至断点 6，长 200 米，墙体消失，修建高压电线铁塔、平整土地、地质勘探及冲沟破坏是其消失的主要原因；断点 5 向南 39 米为特麻沟村遗存，旁边竖立高压电线铁塔一座。周围散落大量瓦片，外饰绳纹、弦纹，内饰麻点纹、网格纹、布纹。另发现卷云纹瓦当残片一枚（图一一）。

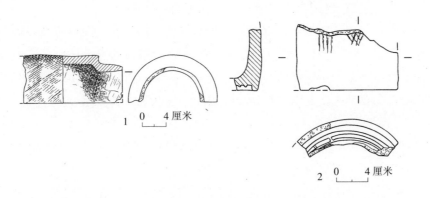

图一一 特麻沟村长城 3 段附近采集的筒瓦及瓦当残片
1. 筒瓦残片 2. 瓦当残片

第 8 段 断点 6 至止点，长 39 米，保存差，墙体坍塌、损毁严重。止点处紧邻冲沟，东距𥐻牛川 122 米，残存墙体顶部长有大量柠条，与周围植被有明显区别。

现存墙体为自然基础之上用片石、块石垒筑而成的石墙，底宽 1.6 ~ 2.6、顶宽 1.2、高 0.9 ~ 1.2 米。

该段墙体起点北接特麻沟村长城 2 段，向南 1.06 千米为特麻沟村遗存，止点东南接陈洞沟村长城起点。

六 陈洞沟村长城（6108213821020300006）

该段长城位于大柳塔镇城洞沟村北 234 米陈洞沟东岸、𥐻牛川西岸的缓坡地带地上。墙体两侧紧邻山体缓坡地带，西缓坡种满沙棘，东距𥐻牛川 335 米，西距陈洞沟 40 米。所处地区为黄土沟壑区，沟深坡陡。起于大柳塔镇特麻沟村东南 946 米，止于大柳塔镇杨旺塔村西北 133 米，全长 1911 米，整体呈西北—东南走向。起点坐标为东经：110°23′06.08″，北纬：39°15′49.22″，高程：1170.1 米；止点坐标为东经：110°23′13.05″，北纬：39°14′46.35″，高程：1121.7 米（图一二）。

该段墙体整体保存较差，沙土覆盖严重，坍塌严重，墙基石尚留，部分墙体断面条石层清晰可见。其中保存较差 77 米，差 90 米，消失 1744 米。依其保存状况分 6 个自然段。

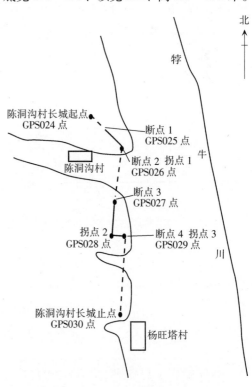

图一二 陈洞沟村长城位置示意图

第1段　起点至断点1，长231米，墙体因沙土覆盖、植物根系生长而消失。

第2段　断点1至断点2（拐点1），长61米，保存较差，呈西北—东南走向。墙体整体坍塌严重，现在可见叠加的条石若干层，层数因坍塌多少不等。墙体剖面呈梯形，底宽7、顶宽1.9、高3.5米。断点1处可见条石层，此点东南石层已消失。墙体上长满芦苇、沙棘、柠条等植物，并散有大量条石、瓦片。墙体周围发现有外饰绳纹内饰麻点纹的瓦片。

第3段　断点2（拐点1）至断点3，长289米，消失段，由拐点1处变为北—南走向。墙体因陈洞沟的不断侵蚀、村庄房屋建设与山体表面植物根系的破坏而消失。

第4段　断点3至拐点2，长90米，保存差，呈北—南走向。此段墙体可见石墙基，大部分墙基现多已被沙土与杂草湮没。墙体整较为低矮，已濒临消失。目前在断点3还可见石墙基，但因坍塌严重已无法测量，故长度不详。坍塌处可见墙体底部有片石叠加，而在条石层上面现有坍塌堆积而成的半圆形土墙。墙体周围杂草丛生，发现少量外绳纹内麻点纹瓦片。拐点东、西、南紧邻山体缓坡，东缓坡下为**㹀**牛川。

第5段　拐点2至断点4（拐点3），长16米，保存较差，呈西—东走向。墙体两侧为片石叠加修砌而成，中部为大小不等的块石叠加构筑而成。部分墙体已坍塌，现在可见叠加的条石2~5层不等。叠加的片石尺寸为66厘米×14厘米或14厘米×9厘米。墙体剖面为近似矩形，顶宽3.4、高0.8米，四周散落有少量外绳纹内麻点纹瓦片。

第6段断点4（拐点3）至止点，长1224米，消失段，由拐点3处变为北—南走向。墙体因沟壑不断侵蚀破坏与山体表面植物根系的破坏而消失，消失墙体所临的山体缓坡上发现有少量片石。

现存墙体构筑方式为两种：其一，墙体两侧为片石叠加、片石中间加土填实，墙体中部为大小不等的块石叠加构筑而成，底宽7、顶宽1.9、高3.5米（图一三·1）。其二，墙体整体为石墙，为片石叠加修砌而成，剖面近似矩形，顶宽3.4、高0.8米（图一三·2）。

该段长城西北接贾家畔村—特麻沟村长城3段，东南接杨旺塔村长城1段。

该段墙体所在的陈洞沟村有居民五六户，30余人，以煤炭开采和农业为主，种植马铃薯、糜子、荞麦、玉米等，**㹀**牛川东岸有运煤土路。

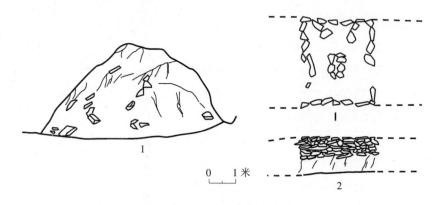

图一三　陈洞沟村长城墙体断面图及平、剖面图

七　杨旺塔村长城1段（610821382102020007）

该段长城位于大柳塔镇杨旺塔村西沙土山梁上，自北向南沿**㹀**牛川西岸山体，顺山势而建，西岸山体坡度较陡，墙体东、西两侧为水冲沟。所处地区为沙土沟壑区，**㹀**牛川自北向南流过。山多为沙土

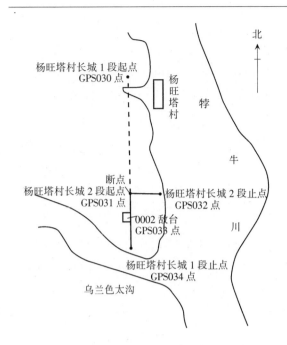

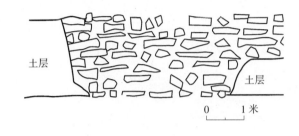

图一四　杨旺塔村长城 1、2 段位置示意图　　　　图一五　杨旺塔村长城 1 段墙体剖面图

山，沙土下有基岩。起于大柳塔镇杨旺塔村西 133 米的沙土山梁上，止于大柳塔镇杨旺塔村西南 351 米，全长 650 米，整体呈北—南走向。起点坐标为东经：110°23′13.05″，北纬：39°14′46.35″，高程：1121.7 米；止点坐标为东经：110°23′11.64″，北纬：39°14′25.62″，高程：1107.3 米（图一四）。

该段墙体整体保存差，大部分已消失，保存较差 72 米，消失长 578 米。依其保存状况分 2 个自然段。

第 1 段　起点至断点，长 578 米，因为风沙侵蚀及沟壑、山体滑坡破坏墙体消失。

第 2 段　断点至止点，长 72 米，保存较差，呈北—南走向。墙体为片石垒筑，墙体坍塌、损毁较严重，保存相对较好段墙体宽 3.6、高 2 米（图一五）。

现存墙体为石墙，墙体周围局部可见少量瓦片，瓦片外饰绳纹内饰麻点纹或素面。

该段长城起点北接陈洞沟村长城，断点向南 12 米为杨旺塔村敌台，止点南接杨旺塔村长城 2 段起点。

该段墙体所在的杨旺塔村有居民 30 余户，180 余人。以农业为主，种植玉米、苜蓿、马铃薯等。墙体东侧山根处为郭敏路，交通较为便利。

八　杨旺塔村长城 2 段（610821382102020008）

该段长城位于大柳塔镇杨旺塔村西南 287 米处的山梁上，郭（家湾村）敏（盖兔村）路在断崖下方南北向通过，墙体正对牸牛川，所在位置地势险要。该地为沙土沟壑区，牸牛川自北向南流过，山多为沙土山，沙土下有基岩。起点位于大柳塔镇杨旺塔村西南 287 米，止点位于大柳塔镇杨旺塔村南 263 米，全长 52 米，整体呈西—东走向。起点坐标为东经：110°23′11.22″，北纬：39°14′27.75″，高程：1125.3 米；止点坐标为东经：110°23′12.66″，北纬：39°14′28.18″，高程：1120.7 米（图一四）。

该段墙体整体保存差，仅 52 米。墙体坍塌、损毁严重，大量片石散落在两侧。

该段墙体与杨旺塔村长城 1 段垂直，直至沟边断崖，有资料记载此种形式的城墙又名横城。墙体上长有多年生蒿类植物。

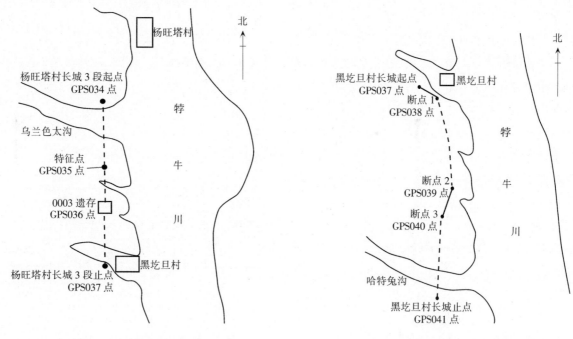

图一六 杨旺塔村长城3段位置示意图　　　图一七 黑圪旦村长城位置示意图

现存墙体两侧为自然基础之上用片石垒筑而成，墙体内侧填碎石，墙体宽2.8、高0.65米。该段墙体起点即为杨旺塔村长城断点，止点下接杨旺塔村长城3段起点。

九　杨旺塔村长城3段（610821382301020009）

该段长城位于𥑮牛川西岸、大柳塔镇杨旺塔村西南351米处的山体东侧山腰的缓坡地带，东距𥑮牛川川底328米，东距电厂1.48千米。所处地区为黄土沟壑区，沟深坡陡，多沙土。起点大柳塔镇杨旺塔村西南351米，止点位于大柳塔镇黑圪旦村西280米，全长2000米，整体呈北—南走向。起点坐标为东经：110°23′11.64″，北纬：39°14′25.62″，高程：1107.3米；止点坐标为东经：110°23′33.56″，北纬：39°13′29.29″，高程：1097.3米（图一六）。

该段墙体整体保存差，因风雨侵蚀、黄沙湮没、自然坍塌、经济建设等原因，已全部消失。现根据山体残留的瓦片、器物残片和遗存可辨别消失墙体的走向。起点南900米为特征点，以特征点为中心，南北约8、东西约10米的范围内有大量瓦片，外饰绳纹，内饰麻点纹、布纹。另见有器物口沿，器物残片多为灰陶。特征点南272米处为直径24米的遗存，散落大量的瓦片、器物残片。瓦片外饰绳纹内饰麻点纹、布纹。

该段消失长城北接杨旺塔村长城2段，南接黑圪旦村长城。

一○　黑圪旦村长城（610821382102020010）

该段长城位于大柳塔黑圪旦村西280米𥑮牛川西岸的缓坡地带地上。墙体两侧紧邻山体缓坡地带，东距𥑮牛川川底291米，东南距发电厂891米，北距盘山土路385米。所处地区为黄土沟壑区，沟深坡陡。起于大柳塔黑圪旦村西280米，止于大柳塔镇哈特兔村西南115米，全长1229米，整体呈西北—东南走向。起点坐标为东经：110°23′33.56″，北纬：39°13′29.29″，高程：1097.3米；止点坐标为东经：110°23′42.47″，北纬：39°12′55.02″，高程：1114.6米（图一七）。

该段墙体整体保存差，由于沙土覆盖、坍塌严重，部分仅尚存墙基石。保存差 52 米，消失 1177 米。依其保存状况分 4 个自然段。

第 1 段　起点至断点 1，长 21 米，墙体保存差，呈西北—东南走向。墙体沿山坡向下延伸。墙体坍塌严重，现仅剩一层石层，起点断面处可见叠加的片石若干层，高为 2.7 米。墙体北缓坡布满了坍塌滑落的片石、石块。断点 1 断面处可见叠加的片石若干层，高为 1.3 米。片石长 19～33、厚 4～20 厘米，因叠加在一起使得宽不详。墙体周围有零星的瓦片，外饰绳纹内饰麻点纹。

第 2 段　断点 1 至断点 2，长 224 米，消失段。墙体因冲沟和高压线塔架设消失，在高压线塔建设工地断面处可见墙体石层断面。

第 3 段　断点 2 至断点 3，长 31 米，墙体保存差，呈东北—西南走向，只在断点 2 和断点 3 断面处可见石层，大部分已被湮没在沙土下。墙体基本与山体齐平，现可见顶部仅留一层断断续续的片石。现墙体上方有一南北向输电线路通过。墙体四周杂草丛生，发现大量瓦片及器物残片，瓦片外饰绳纹、内饰布纹、麻点纹、网纹。

第 4 段　断点 3 至止点，长 953 米，墙体消失。

现存墙体为石墙，墙体两侧为片石叠加而成、片石中间加土填实，墙体中部用大小不等的块石叠加构筑而成。

该段长城北接杨旺塔长城 3 段，南接哈特兔村长城。

该段墙体所在的黑圪旦村有居民六七户，20 余人。以农业为主，主要种植马铃薯、糜子、荞麦、玉米等。深入山地，没有道路，交通不便。

—— 哈特兔村长城（6108213821020200011）

该段长城位于大柳塔镇哈特兔村西 115 米处的沙土山梁上，自北向南沿𬙊牛川西岸山体，顺山势而建。所处地区为沙土沟壑区，𬙊牛川自北向南流过，河谷地带有少量耕地，山多为沙土山，沙土下有基岩，墙体上及其周边杂草丛生。起于大柳塔镇哈特兔村西南 115 米，止于大柳塔镇石窑塔村西 61 米，全长 1558 米，整体呈北—南走向。起点坐标为东经：110°23′42.47″，北纬：39°12′55.02″，高程：1114.6 米；止点坐标为东经：110°23′00.49″，北纬：39°15′55.61″，高程：1172 米（图一八）。

该段墙体整体保存差，大部分消失，保存差 215 米，消失 1343 米。依其保存状况分 5 个自然段。

第 1 段　起点至断点 1，长 497 米，墙体消失，起点处北侧紧邻沟边，分布较多瓦片及少量器物残片，瓦片外饰绳纹，内饰麻点纹。

第 2 段　断点 1 至断点 2，长 36 米，墙体保存差，整体呈北—南走向。残存墙体底宽 4.3、顶宽 3.2、高 1.5 米，夯层厚 0.07～0.08 米（图一九·1）。墙体顶部

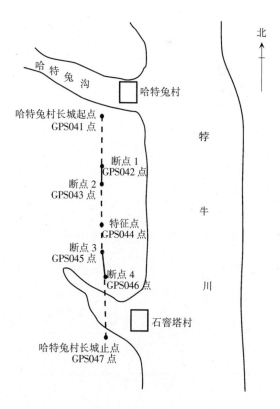

图一八　哈特兔村长城位置示意图

长满杂草，并散落较多瓦片。瓦片外饰绳纹，内饰麻点纹。从断面看，墙体为夯筑，底部疑铺有一层片石以稳定墙基。

第3段　断点2至断点3，长653米，墙体消失。断点2向南243米为特征点。此处分布大量板瓦、筒瓦残片及少量器物残片。分布区域东西80、南北62米，占地面积4960平方米。瓦片外饰绳纹、弦纹，内饰麻点纹、布纹及少量内素面瓦片，陶片可辨器物有罐、盆等。

第4段　断点3至断点4，长179米，保存差，呈北—南走向。片石垒筑，墙体坍塌损毁严重，断点3处散落大量片石。残存墙体高1.6、底宽4.2、顶宽2.2米（图一九·2）。此处为沙土山梁，墙体被沙土掩埋严重，墙体顶部一线可见散落的片石及零星瓦片，瓦片外饰绳纹，内饰麻点纹。

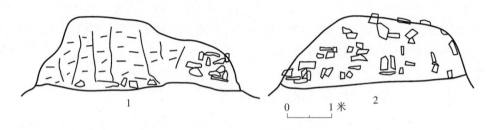

图一九　哈特兔村长城墙体断面图

第5段　断点4至止点，长193米，因为沟壑发育墙体消失。

该段长城起点北接黑圪旦村长城起点，止点南接石窨塔村长城1段起点。

该段墙体所在的哈特兔村有居民30余户，120余人。以农业为主，主要种植玉米、苜蓿、马铃薯等。交通不便，无直达道路。

一二　石窨塔村长城1段（610821382102020012）

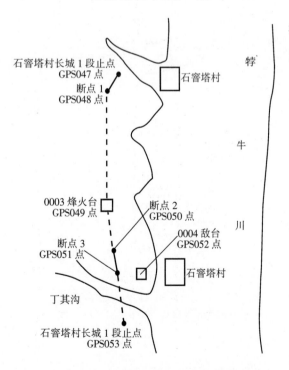

图二〇　石窨塔村长城1段位置示意图

该段长城位于大柳塔镇石窨塔村西61米、**牸牛川**西岸的缓坡地带，西临丁其沟。所处地区为黄土沟壑区，沟深坡陡。起于大柳塔镇石窨塔村西61米，止于大柳塔镇石窨塔村西南190米，全长1514米，整体呈北—南走向。起点坐标为东经：110°23′48.00″，北纬：39°12′08.29″，高程：1049.8米；止点坐标为东经：110°23′47.82″，北纬：39°11′19.78″，高程：972.5米（图二〇）。

该段墙体整体保存差，大部分消失。其中保存差69米，消失1445米。依其保存状况分4个自然段。

第1段　起点至断点1，长27米，墙体保存差，呈东北—西南走向。墙体坍塌严重，断断续续，仅在起点断面处可见叠加的片石8层，高0.53米。起点四周散落大量片石及少量瓦片。瓦片外饰绳纹，内饰麻点纹。

第2段　断点1至断点2，长1085米，墙体因冲沟、黄沙湮没消失。

第3段　断点2至断点3，长42米，墙体保存差，呈北—南走向。断点2断面处石层明显，高1.2米。墙体大部分已被湮没在沙土下，基本与山体齐平，顶部仅留一层断断续续稀少的片石。断点3周围有大量瓦片及器物残片。瓦片外饰绳纹，内饰布纹、麻点纹。

第4段　断点3至止点，长360米，墙体因冲沟毁坏、风沙侵蚀和村庄建房破坏等原因消失。

现存墙体为自然基础上用片石垒筑而成，内填沙土夯筑。墙体底宽4.2～4.3、顶宽2.2～3.2、高1.5～1.6米，内填夯土层厚0.07～0.08米。

该段长城北接哈特兔村长城，南接石窨塔村长城2段。断点1南728米为石窨塔村烽火台，断点3东南43米为石窨塔村1号敌台。

该段墙体所在的石窨塔村有居民30余户，180余人。以农业为主，主要种植马铃薯、糜子、荞麦、玉米等。深入山地，没有道路，交通不便。

一三　石窨塔村长城2段（610821382101020013）

该段长城位于柳塔镇石窨塔村南190米处的沙土山梁上，自北向南沿犇牛川西岸山体，顺山势而建。所处地区为沙土沟壑区，犇牛川自北向南流过，河谷地带有少量耕地，山多为沙土山，沙土下有基岩。起于大柳塔镇石窨塔村西南190米，止于大柳塔镇阿沙峁村南147米，全长1734米，整体呈北—南走向。起点坐标为东经：110°23′47.82″，北纬：39°11′19.78″，高程：972.5米；止点坐标为东经：110°23′49.52″，北纬：39°10′26.58″，高程：1087.1米（图二一）。

该段墙体整体保存差，大部分消失，墙体为褐色沙土夯筑而成，部分墙段外侧可能有包石，夯层厚0.06～0.14厘米。保存差162米，消失1572米。依其保存状况分6个自然段。

第1段　起点至断点1（石窨塔村2号敌台），长68米，墙体保存差，呈北—南走向。残存墙体宽2.3、高1.9米，夯层厚0.06～0.1米。周围散落较多瓦片，外饰绳纹、弦纹，内饰麻点纹、方格纹、布纹。

第2段　断点1（石窨塔村2号敌台）至断点2，长175米，墙体消失。沿线有零星瓦片，外饰绳纹，内饰麻点纹。

第3段　断点2至断点3，长58米，墙体保存差，呈北—南走向。墙体大部分沙土覆盖，暴露断面处墙体高1.3、宽4.2米，夯层厚0.08～0.14米（图二二）。墙体周围散落少量瓦片，外饰绳纹，内饰麻点纹、网格纹、布纹。

第4段　断点3至断点4（拐点1），长412米，墙体消失，风沙侵蚀覆盖及沟壑破坏是其消失的主要原因。

第5段　断点4（拐点1）至断点5（拐点2），长36米，墙体保存差。墙体由拐点1处变为西北—东南走向。断点5处散落少量瓦片及器物残片，瓦片外饰

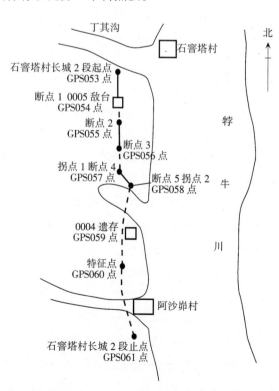

图二一　石窨塔村长城2段位置示意图

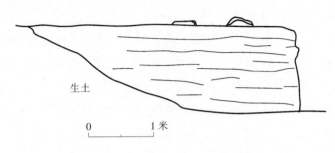

生土

0　　　　1米

图二二　石窑塔村长城 2 段墙体断面图

绳纹，内饰麻点纹。暴露墙体断面宽 1.9、高 0.8 米，夯层厚 0.08~0.09 米。

第 6 段　断点 5（拐点 2）至止点，长 985 米，墙体消失。由拐点 2 处变为北—南走向。断点 5（拐点 2）向南 216 米为石窑塔村遗存。该处残存夯土层，发现大量片石及瓦片、器物残片堆积，瓦片外饰绳纹，内饰麻点纹、布纹。石窑塔村遗存向南 472 米为特征点，分布较多片石及瓦片。瓦片外饰绳纹，内饰麻点纹、布纹。

该段墙体起点北接石窑塔村长城 1 段起点，向南 68 米为石窑塔村 2 号敌台，向南 965 米为石窑塔村遗存，止点南接阿沙岇村长城起点。

一四　阿沙岇村长城（6108213821020200014）

该段长城位于大柳塔镇阿沙岇村东南 225 米、牸牛川西岸的缓坡地带。墙体两侧紧邻山体缓坡地带，南 83 米为高压线塔。所处地域为黄土沟壑区，沟深坡陡。起于大柳塔镇油房梁阿沙岇村南 225 米，止于大柳塔镇油房梁村东 1.18 千米，全长 1066 米，整体呈北—南走向。起点坐标为东经：110°23′49.52″，北纬：39°10′26.58″，高程：1087.1 米；止点坐标为东经：110°23′48.95″，北纬：39°09′54.03″，高程：1149.4 米（图二三）。

该段墙体整体保存差，大部分消失，保存较差 112 米，差 71 米，消失 883 米。依其状况分 5 个自然段。

第 1 段　起点至特征点，长 83 米，墙体保存较差，呈北—南走向。墙体沿着山坡向上延伸，坍塌严重，高出山体的片石层高度不等，最高处 0.56 米。墙体两侧紧邻山体缓坡，东缓坡布满了坍塌滑落的片石、石块，西侧缓坡因架设高压线塔修筑得较为平整。起点四周散落大量片石。墙体周围有少量瓦片，外饰绳纹，内饰麻点纹。

第 2 段　特征点至断点 1，长 71 米，保存差，呈北—南走向。这段墙体只有在特征点处略见石层，大部分墙体已湮没在沙土下，墙体基本与山体齐平，现顶部仅留一层断断续续的片石。墙体上方有东西向高压线通过，墙体西因架设高压线塔片石被破坏后堆积成堆。墙体周围发现零星瓦片及器物残片。瓦片外饰绳纹，内饰麻点纹。

第 3 段　断点 1 至断点 2，长 170 米，墙体因冲沟毁坏、风沙侵蚀和黄沙湮没等原因消失。

第 4 段　断点 2 至断点 3，长 29 米，保存较差，呈北—南走向。墙体坍塌严重，高出山体的片石层高度不等，最高处 1.3 米。墙体两侧紧邻山体缓坡，西缓坡上种满沙棘、零星柠条，东缓坡种满杨树、松柏，且东缓坡布满了坍塌滑落的片石、石块。墙体周围无瓦片。

第 5 段　断点 3 至止点，长 713 米，墙体因冲沟毁坏、风沙侵蚀和黄沙湮没等原因消失。该段长城北接石窑塔长城 2 段，南接油房梁长城，断点 2 南 22 米为阿沙岇村敌台。

现存墙体为自然基础之上人工用片石垒砌而成的石墙。墙体两侧用片石叠加、片石中间加土填实

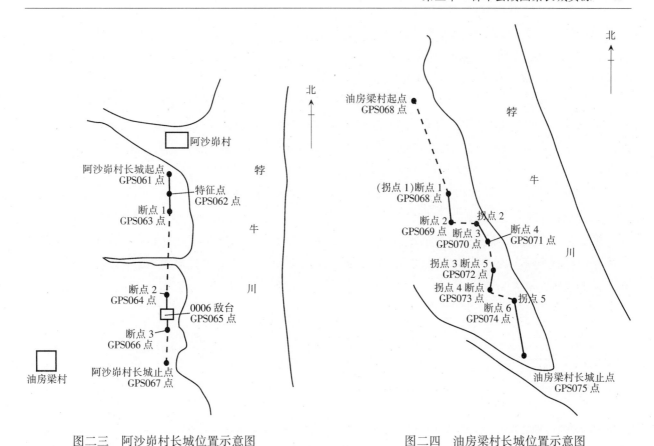

图二三 阿沙峁村长城位置示意图　　　　图二四 油房梁村长城位置示意图

构筑而成。保存较差的墙体略高于山体 0.56～1.3 米，部分断面处还可见片石层 6～8 层。

该段墙体所在的阿沙峁村有居民 3 余户，10 余人。以农业为主，主要种植马铃薯、糜子、荞麦、玉米等。深入山地，没有道路，交通不便。

一五　油房梁村长城（610821382102020015）

该段长城位于大柳塔镇油房梁村东沙土山梁上，自北向南沿牸牛川西岸山体，顺山势而建。所处地区为沙土沟壑区，牸牛川自北向南流过，河谷地带有少量耕地，山多为沙土山，沙土下有基岩。起于大柳塔镇油房梁村东 1.18 千米，止于大柳塔镇油房梁村东南 3.1 千米，全长 1917 米，整体呈北—南走向。起点坐标为东经：110°23′48.95″，北纬：39°09′54.03″，高程：1149.4 米；止点坐标为东经：110°24′14.79″，北纬：39°08′59.55″，高程：1090.6 米（图二四）。

该段墙体整体保存差，大部分消失，保存较差 468 米，消失 1449 米。依其保存状况分 8 个自然段。

第 1 段　起点至断点 1，长 1096 米，墙体消失，沟壑、山体滑坡、风沙侵蚀覆盖及道路破坏是其消失的主要原因。

第 2 段　断点 1 到断点 2（拐点 1），长 47 米，保存较差，呈北—南走向。墙体坍塌较严重，墙体外侧为片石垒筑，内为褐色沙土夯筑，墙体底宽 3.4、顶宽 3、高 1～1.5 米，夯层不明显。墙体顶部长有蒿类植物及少量柠条。周围散落零星器物残片外饰篮纹。

第 3 段　断点 2（拐点 1）至断点 3（拐点 2），长 240 米，消失段。由拐点 1 处变为西—东走向。因为山体滑坡及沟壑破坏墙体消失。断点 3 处墙体出现。

第4段　断点3（拐点2）至断点4，长19米，保存较差，由拐点2处变为西北—东南走向。墙体坍塌较严重，沙土夯筑，外侧散落较多片石，残存墙体底宽3.6、顶宽3.2、高1.8米，夯层厚0.08～0.12米。墙体顶部长有蒿类植物及少量柠条。

第5段　断点4到断点5（拐点3），长58米，墙体消失，沟壑破坏是其消失的主要原因。

第6段　断点5（拐点3）至断点6（拐点4），长19米，保存较差，有拐点3处变为东北—西南走向。墙体为黄土夯筑而成，土质密实，夯层明显，东北侧紧邻冲沟，墙体坍塌、剥落较严重，内侧散落较多片石，残存墙体底宽2.9～5.9、顶宽0.6、高2.8米，夯层厚0.12～0.13米。

第7段　断点6（拐点4）至断点7（拐点5），长55米，墙体消失，原因为山体滑坡破坏由拐点4处变为西北—东南走向。

第8段　断点7（拐点5）至止点，长383米，保存较差，由拐点5处变为北—南走向。墙体外侧为片石、块石垒筑，内部为沙土夯筑，土质密实，夯层不明显。残存墙体底宽8.5、顶宽0.6～6.5、高2.3米（图二五）。

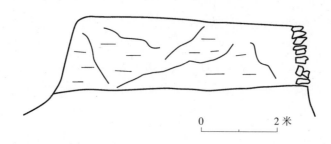

0　　　　2米

图二五　油房梁村长城1段墙体断面图

该段长城起点西北接阿沙峁村村长城，止点南接油房梁村—刘城嶂山村长城止点。

该段墙体所在的油房梁村有居民约27户，150余人。以农业为主，种植玉米、苜蓿、马铃薯等。西侧10米处为上山土路，交通不便。

一六　油房梁村—刘城嶂山村长城（610821382301020016）

该段长城位于犸牛川西岸、大柳塔镇油房梁村东南3.1千米处山体东侧山腰的缓坡地带。该地为黄土沟壑区，沟深坡陡，多沙土。起于大柳塔镇油房梁村东南3.1千米，止于孙家岔镇刘城嶂山村东南1.75千米，全长5597米，整体呈北—南走向。起点坐标为东经：110°24′14.79″，北纬：39°08′59.55″，高程：1090.6米；止点坐标为东经：110°25′53.11″，北纬：39°06′40.72″，高程：1111.4米（图二六）。

由于风雨侵蚀、黄沙湮没、自然坍塌、沟壑发育、经济建设中的建路、开垦耕地、开山采沙等原因，该段墙体整体消失，现根据沿线残留的少许瓦片基本可确定墙体的走向。

该段长城北接油房梁长城，南接刘城嶂山长城1段。

该段长城所在地深入山地，没有道路，交通不便。

一七　刘城嶂山村长城1段（610821382101020017）

该段长城位于孙家岔镇刘城嶂山村东南土山梁上，自北向南沿犸牛川西岸山体，顺山势而建。所处地区为沙土沟壑区，犸牛川自北向南流过，河谷地带有少量耕地，山多为沙土山，沙土下有基岩。

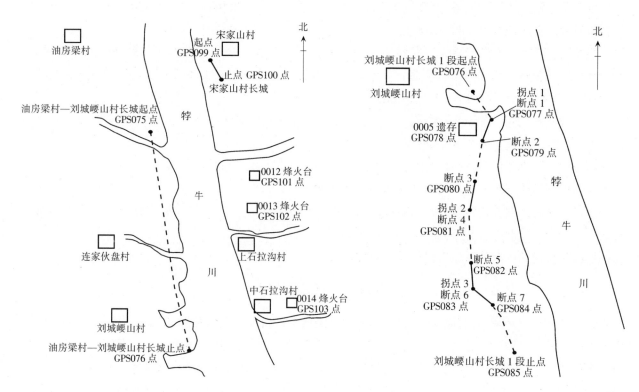

图二六　油房梁村—刘城嶬山村长城、宋家山长城位置示意图　　图二七　刘城嶬山村长城 1 段位置关系示意图

起于孙家岔镇刘城嶬山村东南 1.75 千米，止于孙家岔镇刘城嶬山村东南 3.15 千米，全长 1594 米，整体呈北—南走向。起点坐标为东经：110°25′53.11″，北纬：39°06′40.72″，高程：1111.4 米；止点坐标为东经：110°26′02.70″，北纬：39°05′57.03″，高程：1147.1 米（图二七）。

该段墙体整体保存差，一半已消失，保存较差 415 米，差 216 米，消失 963 米。依其保存状况分 8 个自然段。

第 1 段　起点至断点 1（拐点 1），长 57 米，墙体消失。水土流失及山体滑坡是消失的主要原因。

第 2 段　断点 1（拐点 1）至断点 2，长 183 米，保存较差，墙体由拐点 1 处变为东北—西南走向。墙体为褐色沙土夯筑而成，坍塌较严重，东侧山下为𬇙牛川河谷谷地，墙体断面宽 6.2 米，高 1.4 米，夯层 0.08 ~ 0.1 米（图二八·1）。断点 1 向西南 78 米，墙体西侧为刘城嶬山村遗存。

第 3 段　断点 2 至断点 3，长 135 米，墙体原因为山体滑坡消失。

第 4 段　断点 3 到断点 4（拐点 2），长 216 米，保存差，呈东北—西南走向。墙体坍塌、损毁严重，基本与地表齐平。

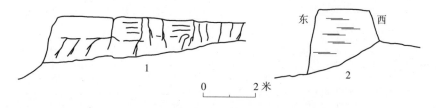

图二八　刘城嶬山村长城 1 段墙体断面图

第 5 段　断点 4（拐点 2）至断点 5，长 225 米，墙体消失，由拐点 2 处变为北—南走向。风沙侵蚀及山体滑坡破坏是其消失的主要原因。

第 6 段　断点 5 至断点 6（拐点 3），长 156 米，保存较差，呈北—南走向。褐色沙土夯筑而成，夹杂有少量料礓石；墙体坍塌较严重，东侧山下为特牛川河谷谷地，墙体底宽 5.6、顶宽 4、东侧高 5、西侧高 2.4 米，夯层 0.09 ~ 0.1 米（图二八·2）。

第 7 段　断点 6（拐点 3）至断点 7，长 76 米，保存较差，墙体由拐点 3 处变为西北—东南走向，为褐色沙土夯筑而成，夹杂有少量料礓石。

第 8 段　断点 7 至止点，长 546 米，因为风沙侵蚀，水土流失破坏墙体消失。

墙体周围散落零星瓦片，瓦片外饰绳纹，内饰麻点纹、布纹。

该段长城起点西北油房梁村—刘城崾山村长城，向西南 135 米处为刘城崾山村遗存，止点东南接刘城崾山长城 2 段起点。

该段长城接所在的刘城崾山村现无人居住，交通不便，无直达道路。

一八　刘城崾山村长城 2 段（6108213821020200018）

该段长城位于孙家岔镇刘城崾山村东南的沙土山梁上，自北向南沿特牛川西岸山体，顺山势而建。所处地区为沙土沟壑区，特牛川自北向南流过，山多为沙土山，沙土下有基岩。起于孙家岔镇刘城崾山村东南 3.15 千米，止于孙家岔镇平士梁村西北 11.62 千米，全长 696 米，整体呈北—南走向。起点坐标为东经：110°26′02.70″，北纬：39°05′57.03″，高程：1147.1 米；止点坐标为东经：110°26′03.87″，北纬：39°05′35.06″，高程：1139.7 米（图二九）。

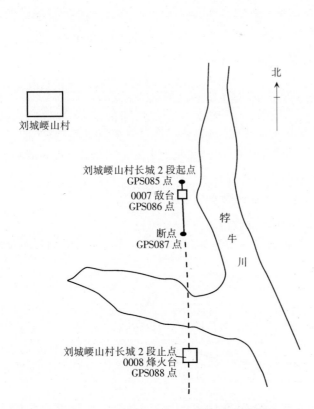

图二九　刘城崾山村长城 2 段位置示意图

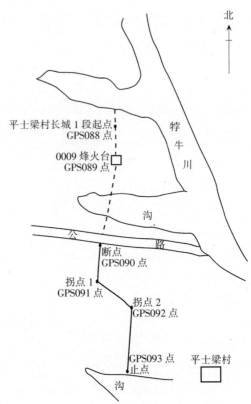

图三〇　平士梁村长城 1 段位置示意图

该段墙体整体保存差，大多消失，保存较差 156 米，消失 540 米。依其保存状况分 2 个自然段。

第 1 段　起点至断点，长 156 米，保存较差，整体呈北—南走向，墙体坍塌较严重，顶宽 2.5 米，底宽 5.2 米，高 1.2 米，夯层不明显，顶部长有蒿类植物及少量柠条。

第 2 段　断点至止点（平土梁村 1 号烽火台），长 540 米，消失段。因沟壑发育、水土流失等墙体消失。

墙体起点北接刘城崾山村长城 1 段，向南 27 米为刘城崾山村敌台，止点南接平土梁村长城 1 段起点。

一九　平土梁村长城 1 段（6108213821020200019）

该段长城位于孙家岔镇平土梁村西北、犇牛川西岸的缓坡上。墙体两侧紧邻山体缓坡地带，缓坡上散落了坍塌滑落的片石、石块。所处地区为黄土沟壑区，沟深坡陡。起于孙家岔镇平土梁村西北 1.62 千米，止于平土梁村西 510 米，全长 1105 米，整体呈北—南走向。起点坐标为东经：110°26′03.87″，北纬：39°05′35.06″，高程：1139.7 米；止点坐标为东经：110°25′57.99″，北纬：39°05′00.15″，高程：1085.4 米（图三○）。

该段墙体整体保存差，多一半已消失，其中保存较差 422 米，消失 683 米。依其保存状况分 4 个自然段。

第 1 段　起点至断点，长 683 米，消失段。墙体因山体陡峭、冲沟毁坏、沟壑发育、盘山土路的建设、风沙侵蚀和黄沙湮没等原因消失。

第 2 段　断点到拐点 1，长 74 米，墙体保存较差，呈北—南走向。石墙位于山顶，随山势而起伏，坍塌严重。墙体剖面呈梯形，底宽 7.6、顶宽 2.2、外侧高 2.8、内侧高 1.6 米（图三一·1）。墙体两侧紧邻山体缓坡，缓坡上布满了坍塌滑落的片石。墙体周围有较多的瓦片，外饰绳纹，内饰麻点纹。

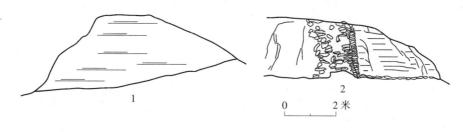

图三一　平土梁村长城 1 段墙体断面图

第 3 段　拐点 1 至拐点 2，长 99 米，墙体保存差，由拐点 1 处变为西北—东南走向。墙体为土石混筑而成，中间被一宽约 5 米的盘山土路截断，断面处可见一宽 3.1、高 1.8 米的夯土层，夯层厚 0.1～0.18 米；夯土层东为层次清晰的片石层，片石 30 层，宽 1.4、高 2.2 米，片石厚 0.02～0.14 米（图三一·2）。墙体周围有零星瓦片、器物口沿及器物残片，外饰绳纹，内饰麻点纹。

第 4 段　拐点 2 至止点，长 249 米，保存较差，有拐点 2 处变为北—南走向。墙体为土石混筑，现墙体坍塌严重，片石层高度不等，最多为 8 层。又因人为破坏严重，墙体被宽 5 米的盘山土路截断两次，在墙体上有近人建筑的庙宇一座，供奉三喇嘛、青云大仙、黑云大仙、白云大仙四位神仙。墙体东侧盘山土路和煤厂占地平整削减使之与山体垂直，且暴露出石层若干，西缓坡上散落大量片石。墙体周围有少量瓦片，外饰绳纹，内饰麻点纹。

该段长城北接刘城嶂山村长城 2 段，南接平士梁村长城 2 段。起点即为平士梁村 1 号烽火台，起点南 179 米为平士梁村 2 号烽火台。

该段长城所在的平士梁村有居民 15 余户，30 余人。以农业为主，主要种植马铃薯、糜子、荞麦、玉米等。深入山地，没有道路，交通不便。

二〇　平士梁村长城 2 段（610821382102020020）

该段长城位于孙家岔镇平士梁村西北犊牛川西岸的缓坡地带。墙体两侧紧邻山体缓坡地带，缓坡上散落了坍塌滑落的片石、石块，墙体东距犊牛川川底 511 米，所处地区为黄土沟壑区，沟深坡陡。起于孙家岔镇平士梁村西 510 米，止于平士梁村西南 458 米，全长 590 米，整体呈北—南走向。起点坐标为东经：110°25′57.99″，北纬：39°05′00.15″，高程：1085.4 米；止点坐标为东经：110°25′54.34″，北纬：39°04′41.28″，高程：1087.4 米（图三二）。

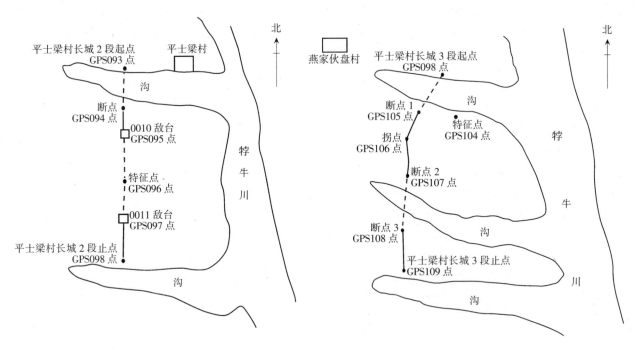

图三二　平士梁村长城 2 段位置示意图　　　　图三三　平士梁村长城 3 段位置示意图

该段墙体整体保存差，多半消失，保存差 169 米，消失 421 米。依其保存状况分 4 个自然段。

第 1 段　起点至断点，长 258 米，墙体因沟壑发育、水土流失、风沙侵蚀和黄沙湮没等原因消失。

第 2 段　断点至平士梁村 1 号敌台，长 52 米，保存差，呈北—南走向。石墙坍塌严重，仅留不连续的片石若干。墙体两侧紧邻山体缓坡，缓坡上布满了坍塌滑落的片石，缓坡上长满蒿类植物和少量沙棘。断点北散落大量片石，墙体周围有较多的陶器残片，外饰绳纹，内素面。

第 3 段　平士梁村 1 号敌台至平士梁村 2 号敌台，长 163 米，墙体因沟壑发育、风沙侵蚀和黄沙湮没等原因消失。平士梁村 1 号敌台南 72 米为特征点。该点处有部分夯土、瓦片，瓦片有外饰绳纹内素面，外素面内布纹。

第 4 段　平士梁村 2 号敌台至止点，长 117 米，墙体保存差，呈北—南走向。石墙濒临消失，仅留表层不连续的片石若干。墙体四周杂草丛生，有少量沙棘及零星瓦片，瓦片外饰绳纹，内饰麻点纹。

该段墙体起点北接平士梁村长城 1 段，南 310 米处为平士梁村 1 号敌台，南 473 米处为平士梁村 2 号敌台，止点南接平士梁村长城 3 段起点。

二一 平士梁村长城 3 段（6108213821020020021）

该段长城位于孙家岔镇平士梁村西南、牸牛川西岸的缓坡地带。墙体两侧紧邻山体缓坡地带，墙体东距牸牛川川底 531 米，所处地区为黄土沟壑区，沟深坡陡。起于孙家岔镇平士梁村西南 458 米，止于孙家岔镇燕家伙盘村东南 1.06 千米，全长 875 米，整体呈北—南走向。起点坐标为东经：110°25′54.34″，北纬：39°04′41.28″，高程：1087.4 米；止点坐标为东经：110°25′36.55″，北纬：39°04′14.89″，高程：1088.5 米（图三三）。

该段墙体整体保存差，其中保存差 311 米，消失 564 米。依其保存状况分 5 个自然段。

第 1 段 起点至断点 1，长 372 米，墙体因水土流失、沟壑发育、风沙侵蚀和黄沙湮没等原因消失。特征点位于断点 1 东 34 米处，附近有大量瓦片、器物残片，瓦片纹饰外绳纹，内麻点纹、布纹、素面。

第 2 段 断点 1 至拐点，长 112 米，墙体保存差，呈东北—西南走向。石墙山坡向上延伸，坍塌严重，仅留不连续的片石 1~3 层（图三四）。墙体两侧紧邻山体缓坡，上面布满了坍塌滑落的片石以及蒿类植物、少量沙棘、柠条和樟子松。

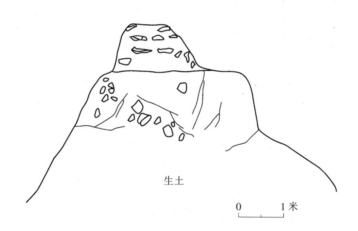

生土

0   1 米

图三四 平士梁村长城 3 段墙体断面图

第 3 段 拐点至断点 2，长 124 米，墙体保存差，由拐点处变为北—南走向。石墙山坡向下延伸，濒临消失，仅留一层不连续的片石，沙化严重。

第 4 段 断点 2 至断点 3，长 192 米，墙体因水土流失、沟壑发育、风沙侵蚀等原因消失。

第 5 段 断点 3 至止点，长 75 米，保存差，呈北—南走向。石墙仅留表层不连续的片石 1~4 层，最高处高 0.3 米。

该段长城北接平士梁村长城 2 段，南接燕家伙盘村长城。

二二 燕家伙盘村长城（6108213821010020022）

该段长城位于孙家岔镇燕家伙盘村牸牛川西岸的缓坡地带。墙体经过三道沟壑，两侧紧邻山体缓坡地带，西缓坡上散落了坍塌滑落的片石、石块。起于孙家岔镇燕家伙盘村东南 1.06 千米，止于孙

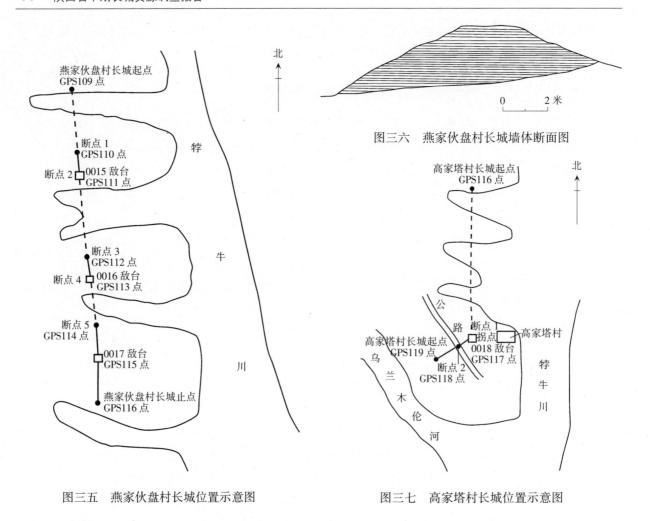

图三六　燕家伙盘村长城墙体断面图

图三五　燕家伙盘村长城位置示意图

图三七　高家塔村长城位置示意图

家岔镇燕家伙盘村东南2.02千米，全长1693米，整体呈北—南走向。起点坐标为东经：110°25′36.55″，北纬：39°04′14.89″，高程：1088.5米；止点坐标为东经：110°25′33.37″，北纬：39°03′22.65″，高程：1108.2米（图三五）。

整体保存差，坍塌严重，东侧能看到夯层，部分墙体可见不连续的片石层。其中保存差553米，消失1140米。依其保存状况分7个自然段。

第1段　起点至断点1，长341米，消失段。墙体经过沟壑，因水土流失、沟壑发育、风沙侵蚀等原因消失。

第2段　断点1到断点2（燕家伙盘村1号敌台），长69米，保存差，呈北—南走向。墙体坍塌严重，夯层不明显，墙体上及两侧缓坡上可见少量片石。墙体周围散落有少量的器物残片、瓦片，外饰绳纹，内素面和麻点纹。

第3段　断点2（燕家伙盘村1号敌台）至断点3，长371米。墙体经过沟壑，因水土流失、风沙侵蚀等原因消失。

第4段　断点3到断点4（燕家伙盘村2号敌台），长45米，保存差，呈北—南走向。墙体上可见部分不连续的石层。

第5段　断点4（燕家伙盘村2号敌台）至断点5，长428米，墙体经过沟壑因水土流失、沟壑发育原因消失。

第 6 段　断点 5 至断点 6（燕家伙盘村 3 号敌台），长 124 米，保存差，呈北—南走向。墙体是沙土夯筑而成，夯层厚 0.09 ~ 0.1 米。墙体周围散落有很多的板瓦、筒瓦瓦片，主要是外饰绳纹，内饰麻点纹。

第 7 段　断点 6 至止点（燕家伙盘村 3 号敌台），长 315 米，保存差，呈北—南走向。墙体坍塌严重，几乎与坡面平齐，濒临消失。其上可见少量料礓石、石片。

现存墙体为自然基础上人工用沙土夯筑而成，夯层厚 0.09 ~ 0.1 米，底宽 11.6 米，顶宽 2.6 米，外侧高 3 米，内侧高 1.5 米（图三六）。

该段长城起点北接平土梁村长城 3 段，止点南接高家塔村长城起点。

二三　高家塔村长城（610821382101020023）

该段长城位于孙家岔镇高家塔村东北 149 米处的缓坡上。消失段墙体四周多沙地及破碎的沟壑，墙体沿山体呈下坡走势，两侧为缓坡，西南侧为乌兰木伦河，东侧为犇牛川。起于孙家岔镇高家塔村西北 340 米，止于孙家岔镇燕家伙盘村东北 149 米，全长 1455 米，整体呈北—南走向。起点坐标为东经：110°25′33.37″，北纬：39°03′22.65″，高程：1108.2 米；止点坐标为东经：110°25′34.57″，北纬：39°02′36.95″，高程：1058.4 米（图三七）。

该段墙体整体保存状况差，坍塌严重，濒临消失，其中保存差 191 米，消失 1264 米。依其保存状况分 3 个自然段。

第 1 段　起点至断点 1（拐点），长 1264 米，消失段，呈北—南走向。墙体经过犇牛川西岸三道自然沟壑，因水土流失等原因消失。沿线散落有少量瓦片，外绳纹，内素面。

第 2 段　断点 1（拐点）至断点 2（高家塔村敌台），长 46 米，保存差，由拐点处变为东北—西南走向。墙体坍塌严重，濒临消失，几乎与两侧的缓坡齐平。

第 3 段　断点 2（高家塔村敌台）至止点，长 145 米，保存差。断点 2 处有一条公路穿过墙体，断面处可见夯层，夯层厚 0.06 ~ 0.09 米。止点处的土层中夹杂有瓦片，附近散落有大量的板瓦、筒瓦瓦片，外饰绳纹，内饰麻点纹、素面。

该段长城起点北接燕家伙盘村长城，止点东北距高家塔村 149 米，西南距乌兰木伦河河底 276 米；止点西南接乌兰木伦河河险起点。

二四　乌兰木伦河河险（610821382107020024）

该段河险位于孙家岔镇高家塔村东北 149 米处，西北侧为河谷切成的断崖，东南侧为河漫滩。河川中有公路、房屋采石厂、耕地等，河中几乎断流。起于孙家岔镇燕家伙盘村 149 米，止于店塔镇碾房湾村东南 1.06 千米，全长 1150 米，整体呈东北—西南走向。起点坐标为东经：110°25′34.57″，北纬：39°02′36.95″，高程：1058.4 米；止点坐标为东经：110°25′20.29″，北纬：39°01′26.41″，高程：1159.7 米（图三八）。

该河险利用乌兰木伦河，具有天然的防御功能。整体保存状况一般，因年代久远，人为改造、风雨侵蚀、河道下切等原因，河险已有改变。

该河险北接高家塔村长城，止点南接碾房湾村长城起点。

二五　碾房湾村长城（610821382102020025）

该段长城位于乌兰木伦河西岸 502 米处的山顶上，东接乌兰木伦河河险。所在地区为黄土沟壑区，

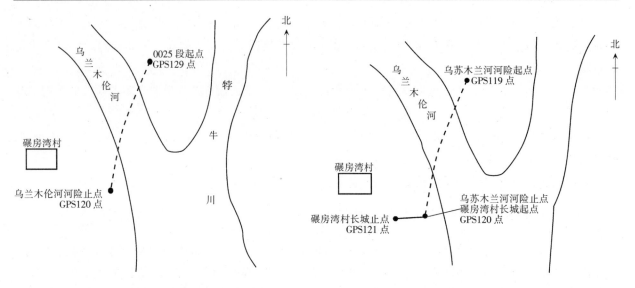

图三八　乌兰木伦河河险位置示意图　　　　图三九　碾房湾村长城位置示意图

沟深坡陡。起于店塔镇碾房湾村东南 1.06 千米，止于碾房湾村东南 2.02 千米，全长 47 米，整体呈东—西走向。起点坐标为东经：110°25′20.29″，北纬：39°01′26.41″，高程：1159.7 米；止点坐标为东经：110°25′19.08″，北纬 39°01′25.89″，高程：1148.7 米（图三九）。

该段墙体整体保存差，坍塌严重，长 47 米。现存墙体为片石堆积而成的石墙，呈鱼脊梁状。墙体上散落有大量的片石，顶部有宽 2 米的片石堆积，底宽 9.2 米。墙体两侧为缓坡，起点紧邻盘山公路。

该段墙体北接乌兰木伦河河险，南接可可乌素河河险。

所在地居民状况不详。交通不便。

二六　可可乌素河河险（6108213821 07020026）

该段河险位于店塔镇碾房湾村东南 2.02 千米，两侧为河谷切成的断崖。河川中有公路、房屋采石厂、铁路、耕地等，河中几乎断流。起点位于店塔镇碾房湾村东南 2.02 千米，止点位于麻家塔乡王家沟村边墙梁西北 3.43 千米，全长 1650 米，整体呈北—南走向。起点坐标为东经：110°25′19.08″，北纬：39°01′25.89″，高程：1148.7 米；止点坐标为东经：110°24′13.57″，北纬：39°01′10.31″，高程：1105.3 米（图四〇）。

该河险利用可可乌素河，具有天然的防御功能。整体保存状况一般，因年代久远，人为改造、风雨侵蚀、河道下切等原因，河险已有改变。

此段河险北接碾房湾村长城，南接王家沟村边墙梁长城 1 段。

二七　王家沟村边墙梁长城 1 段（6108213821 01020027）

该段长城位于麻家塔乡王家沟村边墙梁东北 3.43 千米、可可乌素河西岸的缓坡地带，东距可可乌素河河底 50 米。墙体两侧紧邻山体缓坡地带，缓坡上散落了大量瓦片。所在地区为黄土沟壑区，沟深坡陡。起于王家沟村边墙梁东北 3.43 千米，止于王家沟村边墙梁东北 1.98 千米，全长 1454 米，整体呈北—南走向。起点坐标为东经：110°24′13.57″，北纬：39°01′10.31″，高程：1105.3 米；止点坐标为东经：110°23′56.11″，北纬：39°00′32.77″，高程：1201.6 米（图四一）。

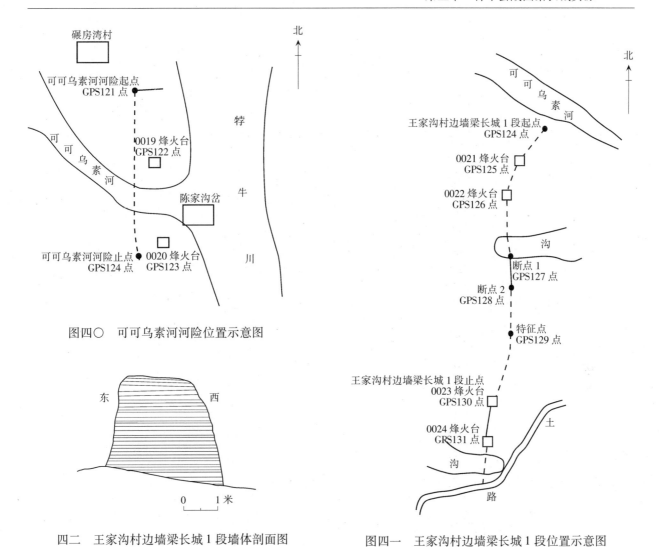

图四〇　可可乌素河河险位置示意图

四二　王家沟村边墙梁长城 1 段墙体剖面图

图四一　王家沟村边墙梁长城 1 段位置示意图

该段墙体整体保存差，坍塌严重，大多消失。其中保存差 117 米，消失 1337 米。依其保存状况分 3 个自然段。

第 1 段，起点至断点 1，长 580 米，消失段。墙体因水土流失、道路建设、沟壑发育、风沙侵蚀和黄沙湮没等原因消失。中间有王家沟村边墙梁 1、2 号烽火台，王家沟村边墙梁 1 号烽火台距起点 333 米，王家沟村边墙梁 2 号烽火台距王家沟村边墙梁 1 号烽火台 112 米。烽火台周围有大量瓦片，外绳纹，内麻点、布纹、素面。

第 2 段　断点 1 至断点 2，长 98 米，保存差，呈北—南走向。墙体坍塌严重，高低不等，最高 1.5 米，暴露夯层 0.06 ~ 0.09 米，部分墙体上散落有料礓石和石块。墙体两侧紧邻山体缓坡，缓坡上长满蒿类植物、少量沙棘、柠条和樟子松。断点 1 北紧邻冲沟。墙体周围有少量的瓦片，外饰绳纹，内素面和麻点纹。

第 3 段　断点 2 至止点，长 776 米，其中消失 757 米，保存差 19 米。断点 2 南 175 米处为特征点，该点有长 19 米的土墙，明显高于两侧山体缓坡，呈东北—西南走向。墙体剖面呈梯形，底宽 3.5、顶宽 1.6、西侧高 3.2、东侧高 2.6 米（图四二）。墙体西南段西侧底部有人为挖掘过的痕迹，暴露夯土层厚 0.07 ~ 0.09 米，夯土中夹杂有大量瓦片，瓦片外饰绳纹，内饰麻点纹、素面。

该段长城东北接可可乌素河河险，南接王家沟村边墙梁长城2段。止点为王家沟村边墙梁3号烽火台。

该段墙体所在的王家沟村有居民50~60户，300余人。以农业为主，主要种植马铃薯、糜子、荞麦、玉米等。深入山地，没有道路，交通不便。

二八　王家沟村边墙梁长城2段（610821382101020028）

该段长城位于窟野河西岸、麻家塔乡王家沟村边墙梁东北1.98千米处山顶的平整地带。在消失墙体中间有烽火台穿插，盘山土路在消失墙体中间穿过。四周沟壑纵横，所在地区为黄土沟壑区，沟深坡陡，沙化严重。起于王家沟村边墙梁东北1.98千米，止于王家沟村边墙梁东北1.01千米，全长1422米，整体呈北—南走向。起点坐标为东经：110°23′56.11″，北纬：39°00′32.77″，高程：1201.6米；止点坐标为东经：110°24′16.18″，北纬：38°59′49.23″，高程：1179.5米（图四三）。

该段墙体整体保存差，因风雨侵蚀、黄沙湮没、耕地开垦、盘山道路建设、高压线架设等原因，现已整体消失。起点南1053米处为特征点，该段发现有夯土层，高0.55米，夯层厚0.08~0.09米。根据沿线残留的少许瓦片和中间的烽火台可辨别其走向。

起点南148米为王家沟村边墙梁4号烽火台，再向南580米为王家沟村边墙梁5号烽火台，再向南164米为王家沟村边墙梁6号烽火台，再向南269米为王家沟村边墙梁7号烽火台，再向南229米为王家沟村边墙梁8号烽火台。

墙体起点北接王家沟村边墙梁长城1段，止点南接王家沟村边墙梁长城3段起点。

二九　王家沟村边墙梁长城3段（610821382101020029）

该段长城位于麻家塔乡王家沟村边墙梁东北1.01千米、窟野河西岸的缓坡地带。墙体两侧紧邻山体缓坡地带，西侧紧邻盘山土路。所在地区为黄土沟壑区，沟壑纵横，沟深坡陡，沙化严重。起于王家沟村边墙梁东北1.01千米，止于王家沟村边墙梁东北950米，全长475米，整体呈北—南走向。起点坐标为东经：110°24′16.18″，北纬：38°59′49.23″，高程：1179.5米；止点坐标为东经：110°24′20.32″，北纬：38°59′34.05″，高程：1164.3米（图四四）。

该段墙体整体保存较差，连续存在，高低参差不齐，但明显高于两侧山体缓坡，长475米。墙体为黄土夯筑而成的土墙，剥落严重，夯层厚0.06~0.1米，墙体剖面呈梯形，底宽4.3、顶宽2.2、高0.1~1.8米（图四五）。墙体西侧因盘山道路的建设使得墙基有所铲削。墙体周围瓦片较少，仅在敌台周围有少量瓦片，外饰绳纹，内饰麻点或素面。

该段长城起点北接王家沟村边墙梁长城2段，南174米为王家沟村边墙梁1号敌台，止点南接王家沟村边墙梁长城4段起点。

三〇　王家沟村边墙梁长城4段（610821382101020030）

该段长城位于麻家塔乡王家沟村边墙梁东北950米、窟野河河西岸的缓坡地带。墙体紧邻盘山土路，两侧紧邻山体缓坡。所处地区为黄土沟壑区，沟壑纵横，沟深坡陡，沙化严重。起于王家沟村边墙梁东北950米，止于王家沟村边墙梁西21米，全长1378米，整体呈北—南走向。起点坐标为东经：110°24′20.32″，北纬：38°59′34.05″，高程：1164.3米；止点坐标为东经：110°24′13.90″，北纬：38°58′54.64″，

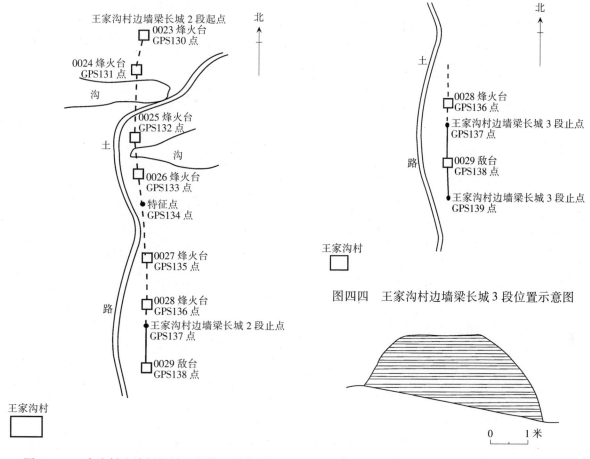

图四三　王家沟村边墙梁长城 2 段位置示意图

图四四　王家沟村边墙梁长城 3 段位置示意图

图四五　王家沟村边墙梁长城 3 段墙体剖面图

高程：1046.9 米（图四六）。

该段墙体整体保存较差，其中较差 141 米，差 249 米，消失 988 米。依其保存状况分 6 个自然段。

第 1 段　起点至断点 1，长 136 米，因道路建设、沟壑发育，墙体消失。

第 2 段　断点 1 至拐点，长 161 米，墙体保存差，呈东北—西南走向。墙体依山势起伏，坍塌剥落严重，高低不等，最高处西侧高 1.3、东侧高 0.8 米。墙体底宽 1.7、顶宽 0.8 米。墙体西紧邻盘山土路，东侧紧邻山体缓坡，墙体及缓坡上长满蒿类植物、少量酸枣树和槐树。

第 3 段　拐点到断点 2，长 141 米，保存较差，有拐点处变为北—南走向。墙体位于山顶平整地带，坍塌、剥落严重，墙体明显高于两侧山体，剖面呈不规则梯形，顶宽 0.7、东侧高 2.2、西侧高 0.5 米，夯层厚 0.06~0.1 米（图四七）。拐点南 109 米为王家沟村边墙梁 2 号敌台。敌台周围可见少量瓦片，外饰绳纹，内麻点、素面。

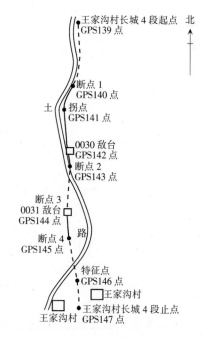

图四六　王家沟村边墙梁长城
4 段位置示意图

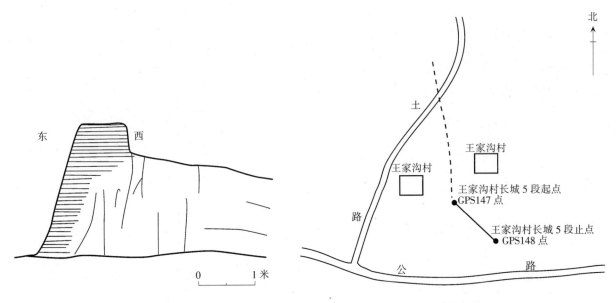

图四七　王家沟村边墙梁长城4段墙体剖面图　　　　图四八　王家沟村边墙梁长城5段位置示意图

　　第4段　断点2到断点3（王家沟村边墙梁2号敌台），长165米，因道路建设、耕地开垦、沟壑发育导致墙体消失。

　　第5段　断点3（王家沟村边墙梁2号敌台）至断点4，长76米，保存差，呈北—南走向。墙体略高于两侧山体，坍塌严重，可见夯层0.04~0.09米。墙体周围有大量瓦片，外饰绳纹内饰麻点纹、素面。

　　第6段　断点4至止点，长699米，其中消失687米，保存差12米。在断点4南100米为特征点，该点处有长12米土墙，整体呈北—南走向，剥落严重，底宽1.3、高2.8米，夯土厚0.08~0.12米。

　　该段长城北接王家沟村边墙梁长城3段，南接王家沟村边墙梁长城5段。

三一　王家沟村边墙梁长城5段（610821382102020031）

　　该段长城位于麻家塔乡王家沟村边墙梁西21米处窟野河西岸的坡地上。墙体西紧邻村间小路，东紧邻小冲沟。起于王家沟村边墙梁西21米，止于王家沟村边墙梁西52米，全长31米，整体呈西北—东南走向。起点坐标为东经：110°24′13.90″，北纬：38°58′54.64″，高程：1046.9米；止点坐标为东经：110°24′14.73″，北纬：38°58′54.07″，高程：1041.6米（图四八）。

　　该段墙体保存较差，长31米，连续存在。墙体为在自然基础上人工用片石叠加、以土填实构筑而成的土石混筑的石墙，现可见石层8~18层，高1.2~2.6米。墙体剖面呈梯形，底宽4.8、顶宽2.4、高1.8米（图四九）。墙体止点西北因盖房、开路有明显人为挖掘的痕迹，形成明显的断面。其西紧邻村间小路，石层清晰；东紧邻小冲沟，冲沟中栽种有槐树、枣树、杨树、桃树。墙体顶上及四周杂草丛生。

　　该段长城西北接王家沟村边墙梁长城4段，东南接常家沟河险。

三二　常家沟河险（610821382107020032）

　　该段河险位于麻家塔乡王家沟村边墙梁西52米，两侧为河谷切成的断崖，紧邻断崖为河滩地，河川中有公路、村落、耕地等。河中有少量水流。起于王家沟村边墙梁西52米，止于麻家塔乡老虎沟畔

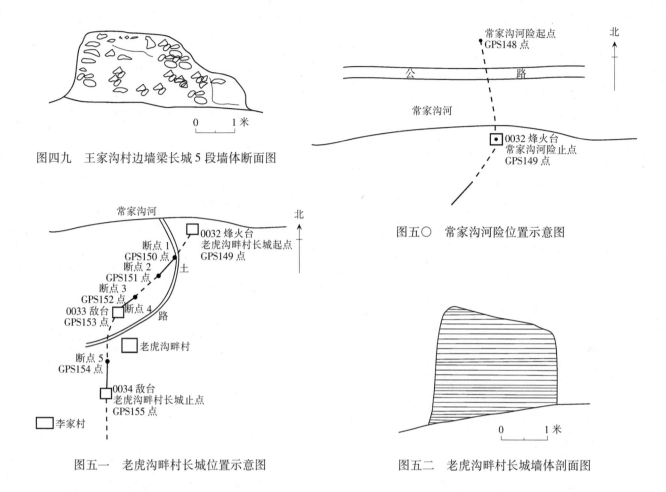

图四九 王家沟村边墙梁长城 5 段墙体断面图

图五〇 常家沟河险位置示意图

图五一 老虎沟畔村长城位置示意图

图五二 老虎沟畔村长城墙体剖面图

村东北 453 米，全长 900 米，整体呈北—南走向。起点坐标为东经：110°24′14.73″，北纬：38°58′54.07″，高程：1041.6 米；止点坐标为东经：110°24′24.61″，北纬：38°58′38.99″，高程：1127.4 米（图五〇）。

该河险利用常家沟天然地形，形成防御功能。整体保存状况较差，因年代久远、人为改造、风雨侵蚀、河道下切、道路建设、村民居住等原因，常家沟河险已有改变。

该段长城北接王家沟村边墙梁长城 5 段，南接老虎沟畔村长城 1 段。

三三 老虎沟畔村长城（610821382101020033）

该段长城位于麻家塔乡老虎沟畔村北 453 米处窟野河河西岸、常家沟南山顶缓坡地带。墙体紧邻盘山土路，两侧紧邻山体缓坡地带。起于麻家塔乡老虎沟畔村东北 453 米，止于麻家塔乡李家村东北 750 米，全长 1199 米，整体呈东北—西南走向。起点坐标为东经：110°24′24.61″，北纬：38°58′38.99″，高程：1127.4 米；止点坐标为东经：110°24′16.50″，北纬：38°58′03.51″，高程：1217.7 米（图五一）。

该段墙体整体保存差，坍塌严重，因耕地、道路、坍塌等原因墙体大多消失。其中保存差 239 米，消失 960 米。依其保存状况分 6 个自然段。

第 1 段 起点至断点 1，长 165 米，因黄沙湮没、道路建设、沟壑发育导致墙体消失。

第 2 段 断点 1 至断点 2，长 22 米，保存差，呈东北—西南走向。墙体位于山体缓坡地带，略高于两侧山体缓坡。断点 1 处有大量的石块、瓦片。瓦片外饰绳纹，内饰麻点。墙体东邻盘山土路，西邻山体缓坡。墙体周围有少量瓦片，外饰绳纹，内饰麻点、素面。

第3段　断点2至断点3，长79米，因沟壑发育、自然坍塌、黄沙湮没消失。

第4段　断点3至断点4（老虎沟畔村敌台），长129米，保存差，呈东北—西南走向。墙体位于山体缓坡地带，高0.1～2.4米，剖面呈不规则梯形，底宽2.8、顶宽2.4、东侧高1.4、西侧高2.4米，夯层厚0.07～0.11米（图五二）。仅在老虎沟畔村敌台周围可见少量瓦片，外饰绳纹，内麻点、素面。

第5段　断点4（老虎沟畔村敌台）至断点5，长716米，因道路建设、黄沙湮没、沟壑发育消失。

第6段　断点5到止点，长88米，墙体保存差，呈北—南走向。墙体略高于两侧山体，凸凹不平，濒临消失。墙体两侧紧邻山体缓坡，墙体及缓坡上长满蒿类植物、少量柠条。

该段长城北接常家沟河险，南接李家村长城，起点为老虎沟畔村烽火台、止点为李家村敌台。

该段墙体所在的老虎沟畔村有居民六七户，20余人。以农业为主，主要种植马铃薯、糜子、荞麦、玉米等。墙体紧邻盘山土路，交通不便。

三四　李家村长城　（610821382101020034）

该段长城位于麻家塔乡李家村东北750米处窟野河河西岸、常家沟南的山顶和缓坡地带。墙体紧邻盘山土路，两侧紧邻山体缓坡。起于麻家塔乡李家村东北750米，止于麻家塔乡淖泥沟村东250米，全长1228米，整体呈北—南走向。起点坐标为东经：110°24′16.50″，北纬：38°58′03.51″，高程：1217.7米；止点坐标为东经：110°24′25.17″，北纬：38°57′33.14″，高程：1210.6米（图五三）。

该段墙体保存差，呈土梁状，黄沙掩埋，濒临消失。其中保存差432米，消失796米。依其保存状况分4个自然段。

第1段　起点至断点1，长714米，因黄沙湮没、人为栽种松树林、沟壑发育等原因墙体消失。

第2段　断点1至断点2，长313米，墙体保存差，呈北—南走向。墙体少部分略高于两侧山体缓坡，多已濒临消失。墙体上有少量料礓石和大量的瓦片。瓦片外饰绳纹内饰麻点纹或素面。墙体西紧邻小冲沟和盘山土路，东侧紧邻山体缓坡。墙体及缓坡上长满蒿类植物、大量柠条。

第3段　断点2至断点3，长82米，因沟壑发育、自然坍塌、黄沙湮没等原因消失。

第4段　断点3至止点，长119米，墙体保存差，呈北—南走向。墙体因黄沙湮没、植被覆盖，现呈低矮的土梁状，墙体周围可见大量瓦片，外饰绳纹内麻点。

墙体为自然基础上人工用黄土夯筑而成的土墙，夯层厚0.08～0.11米。

该段长城北接老虎沟畔村长城，南接淖泥沟村—缸房梁村长城，起点为李家村1号敌台。

三五　淖泥沟村—缸房梁村长城　（610821382301020035）

该段长城位于窟野河西岸、麻家塔乡淖泥沟村东250米处的沙漠中和沙化严重的山顶及其缓坡地带，有盘山土路在消失墙体中间穿过，四周沟壑纵横。起于麻家塔乡淖泥沟村东250米，止于麻家塔乡缸房梁村西北3.39千米，全长5350米，整体呈北—南走向。起点坐标为东经：110°24′25.17″，北纬：38°57′33.14″，高程：1210.6米；止点坐标为东经：110°25′33.93″，北纬：38°54′36.60″，高程：1189.7米（图五四）。

该段墙体整体保存差，因风雨侵蚀、黄沙湮没、矿业开发占地、盘山道路建设、高压线架设等原因整体消失。现仅根据沿线残留的大量瓦片可辨别其基本走向。

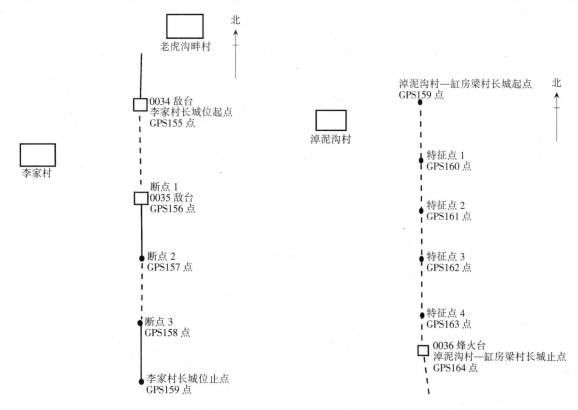

图五三　李家村长城位置示意图　　　图五四　淖泥沟村—缸房梁村长城位置示意图

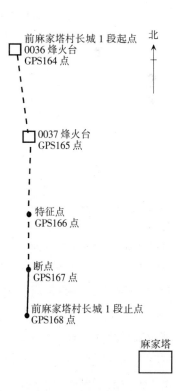

起点南 1000 米为特征点 1，该点附近有少量外绳纹、内麻点的筒瓦和板瓦；再南 500 米为特征点 2，该点所在缓坡上有大量的瓦片，外绳纹、内布纹和外绳纹、内麻点纹的筒瓦和板瓦；再南 400 米为特征点 3，该点附近有较多的瓦片，外绳纹、内麻点纹，南距红柳林矿业厂 526 米；再南 1000 米为特征点 4，该点有大量瓦片，外饰绳纹，内饰麻点纹；再南 2450 米为止点。

该段长城北接李家村长城，南接前麻家塔村长城 1 段，止点即为前麻家塔村 1 号烽火台。

三六　前麻家塔村长城 1 段（6108213821010020036）

该段长城位于麻家塔乡前麻家塔村西北 3.35 千米、窟野河西岸、麻家塔沟北的山体缓坡地带。墙体紧邻盘山土路，两侧紧邻山体缓坡。起于麻家塔乡前麻家塔村西北 3.35 千米，止于麻家塔乡前麻家塔村西北 2 千米，全长 1517 米，整体呈北—南走向。起点坐标为东经：110°25′33.93″，北纬：38°54′36.60″，高程：1189.7 米；止点坐标为东经：110°26′00.36″，北纬：38°53′52.57″，高程：1125.2 米（图五五）。

该段墙体整体保存差，坍塌严重。其中保存差 80 米，消失 1437 米。依其保存状况分 2 个自然段。

图五五　前麻家塔村长城 1 段
位置示意图

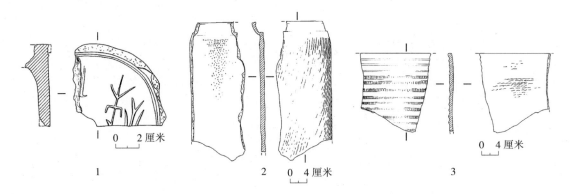

图五六　前麻家塔 1 段附近采集的瓦当残片及瓦片

1. 瓦当残片　2、3. 瓦片

第 1 段　起点至断点，长 1450 米，其中消失 1437 米，保存差 13 米。因水土流失、沟壑发育、盘山道路建设、耕地开垦、风沙侵蚀和黄沙湮没等原因消失。起点即为前麻家塔村 1 号烽火台，起点东南 700 米为前麻家塔村 2 号烽火台，前麻家塔村 2 号烽火台南 650 米特征点，在特征点处可见高 2、长 13 米的夯土墙，夯层厚 0.05 ~ 0.12 米。夯土墙上及墙西侧整个山坡上散落了大量瓦片，外饰绳纹，内饰麻点纹、绳纹、布纹（图五六）。

第 2 段　断点至止点，长 67 米，保存差，呈北—南走向。墙体东侧呈立面，西侧坍塌呈缓坡状，最高处东侧高 1.5、西侧高 0.5 米，夯层厚 0.07 ~ 0.09 米（图五七）。墙体周围有大量的瓦片，外饰绳纹，内饰麻点纹。

该段长城北接淖泥沟村—缸房梁村长城，南接前麻家塔村长城 2 段，起点为前麻家塔村 1 号烽火台。

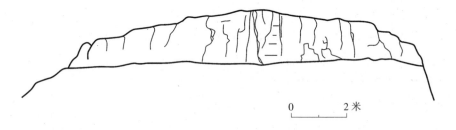

图五七　前麻家塔村长城 1 段墙体断面图

三七　前麻家塔村长城 2 段（6108213821010 20037）

该段长城位于麻家塔乡前麻家塔村西北 3.35 千米、窟野河西岸、麻家塔沟北的山体缓坡地带。墙体紧邻盘山土路，两侧紧邻山体缓坡地带。起于前麻家塔村西北 2 千米，止于前麻家塔村西北 1.8 千米，全长 827 米，整体呈北—南走向。起点坐标为东经：110°26′00.36″，北纬：38°53′52.57″，高程：1125.2 米；止点坐标为东经：110°25′44.14″，北纬：38°53′30.53″，高程：1057 米（图五八）。

该段墙体整体保存差，部分墙体明显高于两侧山体缓坡，濒临消失。其中保存差 93 米，消失 734 米。依其保存状况分 3 个自然段。

第 1 段　起点至断点 1 点，长 587 米，其中消失 574 米，保存差 13 米。起点南 202 米为特征点 1，特征点 1 处有长 13、宽 6、高 1.6 米的南北向墙体。墙体四周约 400 米范围内有大量的瓦片，瓦片为外绳纹、内麻点纹、素面、布纹，以及外弦纹，内素。特征点 1 南 228 米处为特征点 2，特征点 2 处可

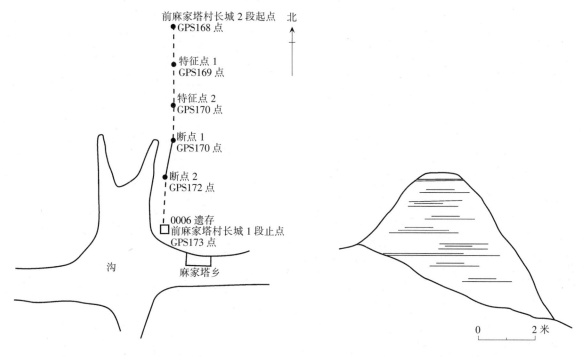

<table>
<tr><td>图五八　前麻家塔村长城 2 段位置示意图</td><td>图五九　前麻家塔村长城 2 段墙体剖面图</td></tr>
</table>

见部分夯土，夯层 0.06～0.09 米。夯土南侧山坡上散落零星瓦片，外饰绳纹，内饰麻点纹。

第 2 段　断点 1 至断点 2，长 80 米，墙体保存差，呈东北—西南走向。断点 1 处夯土明显，剖面呈弧拱形，底宽 7、东侧高 2.5、西侧高 5 米，夯层厚 0.05～0.12 米（图五九）。西侧呈立面，东侧坍塌呈缓坡状。墙体周围有少量的瓦片，外绳纹内麻点纹，外弦纹内素面。

第 3 段　断点 2 至止点，长 160 米，墙体消失。

该段长城北接前麻家塔村长城 1 段，南接麻家塔沟河险，止点为前麻家塔村遗存。

三八　麻家塔沟河险（610821382107020038）

该段河险位于麻家塔乡前麻家塔村西北 1.8 千米，两侧为河谷切成的断崖，紧邻断崖为河滩地。河川中有公路、村落等，河中有少量水流。起点前麻家塔村西北 1.8 千米，止于后麻家塔村南 350 米，全长 1250 米，整体呈北—南走向。起点坐标为东经：110°25′44.14″，北纬：38°53′30.53″，高程：1057 米；止点坐标为东经：110°25′37.02″，北纬：38°52′51.30″，高程：1078.8 米（图六〇）。

该河险利用麻家塔沟，形成天然防御功能。整体保存状况一般。因年代久远、人为改造、风雨侵蚀、河道下切、道路建设、耕地开垦、村民居住等原因，麻家塔沟河险已有改变。

该段河险北接前麻家塔村长城 2 段，南接后麻家塔村长城 1 段。

三九　后麻家塔村长城 1 段（610821382101020039）

该段长城位于麻家塔乡后麻家塔村南 350 米、窟野河西岸、麻家塔沟南的山体缓坡地带。墙体附近有盘山土路，两侧紧邻山体缓坡地带。起于麻家塔乡后麻家塔村南 350 米，止于麻家塔乡后麻家塔村南 1.45 千米，全长 1265 米，整体呈北—南走向。起点坐标为东经：110°25′44.14″，北纬：38°53′30.53″，高程：1057 米；止点坐标为东经：110°25′38.32″，北纬：38°52′15.25″，高程：1151.8 米（图六一）。

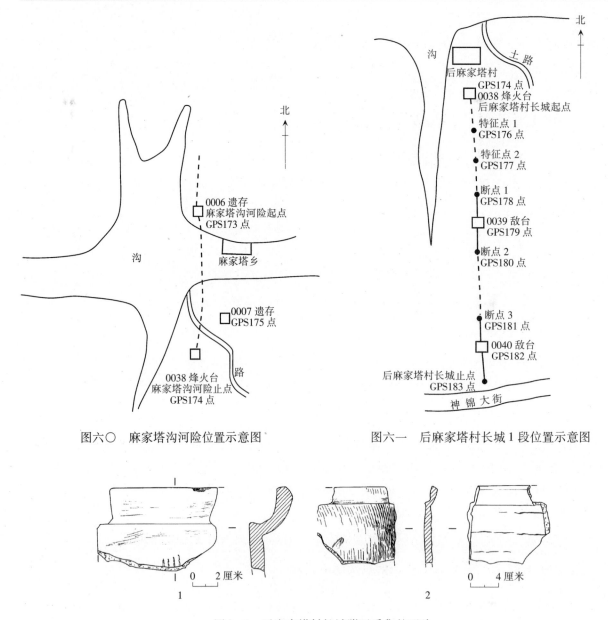

图六〇　麻家塔沟河险位置示意图　　　　　　图六一　后麻家塔村长城1段位置示意图

图六二　后麻家塔村长城附近采集的瓦片

　　该段墙体保存差，坍塌严重。墙体略高于两侧山体缓坡，濒临消失。保存差348米，消失917米。依其保存状况分4个自然段。

　　第1段　起点至断点1，长317米，因水土流失、沟壑发育、盘山道路建设、风沙侵蚀和黄沙湮没等原因消失。起点南165米为特征点1，特征点1南100米处为特征点2，两特征点处均有大量的瓦片。瓦片外绳纹，内麻点纹、素面（图六二）。

　　第2段　断点1至断点2，长139米，墙体保存差，呈北—南走向。墙体依山势而建，多濒临消失。西侧坍塌呈缓坡状，坍塌的松土中夹杂有少量料礓石。墙体周围有大量的瓦片，外绳纹，内麻点纹。断点1南85米为后麻家塔村1号敌台。

　　第3段　断点2至断点3，长600米，因水土流失、沟壑发育和黄沙湮没等原因消失。

　　第4段　断点3至止点，长209米，墙体保存差，呈北—南走向。墙体高低不等，最高处高2.2、底宽7米。墙体顶上杂草丛生，有大量蒿类植物。墙体东侧及墙体四周有大量的瓦片，外饰绳纹内饰麻点纹、素面，内外弦纹。断点3南55米为后麻家塔村2号敌台。

该段墙体北接麻家塔沟河险，南接后麻塔村长城2段，墙体上有后麻家塔村1号烽火台、后麻家塔村1号敌台、后麻家塔村2号敌台。

四〇　后麻家塔村长城2段（610821382101020040）

该段长城位于麻家塔乡后麻家塔村南1.45千米、窟野河西岸、麻家塔沟南沙化严重的山体缓坡及山顶平整地带。起于麻家塔乡后麻家塔村南1.45千米，止于神木镇瓜地渠村北1.8千米，全长2750米，整体呈北—南走向。起点坐标为东经：110°25′38.32″，北纬：38°52′15.25″，高程：1151.8米；止点坐标为东经：110°25′39.76″，北纬：38°50′45.66″，高程：1170.5米（图六三）。

该段墙体保存差，因风雨侵蚀、黄沙湮没、神锦大街公路的铺设、高压线架设等原因，整体消失，现仅根据沿线的烽火台、遗存和残留的大量瓦片辨别消失墙体的位置关系。

起点南269米为特征点，在其附近有大量外绳纹内麻点纹、素面的筒瓦和板瓦；特征点南129米为后麻家塔村2号烽火台，后麻家塔村2号烽火台南143米为后麻家塔村2号遗存，再向南2209米为止点（瓜地渠村1号烽火台）。

该段消失墙体北接后麻塔村长城1段，南接瓜地渠村长城1段，墙体上有后麻家塔村2号烽火台、后麻家塔村2号遗存。

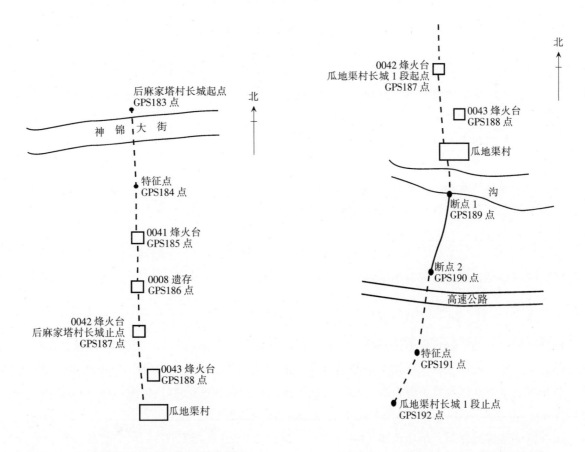

图六三　后麻家塔村长城2段位置示意图　　　　图六四　瓜地渠村长城1段位置示意图

四一　瓜地渠村长城 1 段（610821382101020041）

该段长城位于神木镇瓜地渠村东北 1.8 千米、窟野河西岸、麻家塔沟南、西沟北的山体缓坡上。起于瓜地渠村北 1.8 千米，止于瓜地渠村西南 600 米，全长 2196 米，整体呈北—南走向。起点坐标为东经：110°25′39.76″，北纬：38°50′45.66″，高程：1170.5 米；止点坐标为东经：110°24′53.67″，北纬：38°49′44.70″，高程：1119.1 米（图六四）。

该段墙体整体保存差，坍塌严重，大多消失。保存差 361 米，消失 1835 米。依其保存状况分 3 个自然段。

第 1 段　起点至断点 1，长 1363 米，因水土流失、沟壑发育、黄沙湮没、耕地开垦等原因消失。起点为瓜地渠村 1 号烽火台，起点东南 162 米为瓜地渠村 2 号烽火台。

第 2 段　断点 1 至断点 2，长 361 米，墙体保存差，呈东北—西南走向。墙体依山势起伏，坍塌严重，最高处高 0.55 米，底宽 2.4 米（图六五），部分墙体上散落有大片石块，多已濒临消失。墙体周围有大量的瓦片和少量器物残片，瓦片外饰绳纹内饰麻点纹，器物残片为素面。

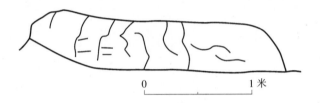

0　　　　　　　　1 米

图六五　瓜地渠村长城 1 段墙体断面图

第 3 段，断点 2 至止点，长 472 米，因水土流失、沟壑发育、黄沙湮没、高速公路建设等原因消失。断点 2 南 427 米处为特征点，在特征点断面处可见夯土，夯土中夹杂有少量瓦片，断面周围有大量瓦片，外饰绳纹，内饰麻点纹或素面。2008 年配合榆（林）神（木）高速公路建设，陕西省考古研究院在断点 2 处进行考古发掘，发现长城墙体墙基宽 15、厚 0.2～0.7 米；墙体两侧踩踏面宽 1.1～3 米；墙体位于墙基中部，宽 3.3～3.7、残高 0.08～0.24 米，夯层厚 0.08～0.2 米，黄沙土夯筑（《神木县西沟秦长城遗址发掘、调查报告》，《考古与文物》2011 年 3 期，20 页）。

该段长城北接后麻塔村长城 2 段，南接瓜地渠村长城 2 段。墙体上有瓜地渠村 1 号烽火台、瓜地渠村 2 号烽火台。

该段长城所在的瓜地渠村有 10 余户，70～80 人。以农业为主，主要种植马铃薯、糜子、荞麦、玉米等。深入山地，墙体紧邻盘山土路。

四二　瓜地渠村长城 2 段（610821382102020042）

该段长城位于神木镇瓜地渠村西南 600 米、窟野河西岸、麻家塔沟南、西沟北的山体缓坡上。墙体紧邻盘山土路，两侧紧邻山体缓坡地带或冲沟。起于瓜地渠村西南 600 米，止于瓜地渠村西南 950 米，全长 778 米，整体呈北—南走向。起点坐标为东经：110°24′53.67″，北纬：38°49′44.70″，高程：1119.1 米；止点坐标为东经：110°24′56.50″，北纬：38°49′29.54″，高程：1103.3 米（图六六）。

该段墙体整体保存差，坍塌严重，濒临消失。保存差 284 米，消失 494 米。依其保存状况分 5 个自然段。

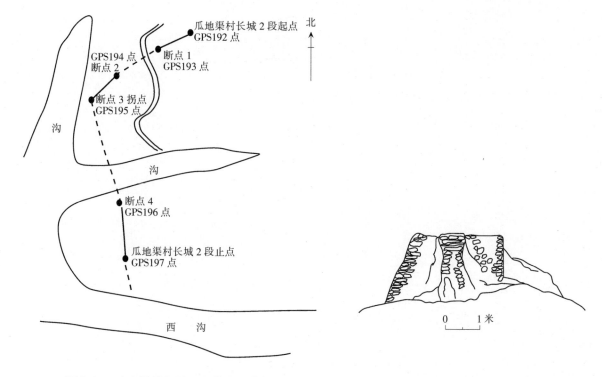

图六六　瓜地渠村长城 2 段位置示意图　　　　图六七　瓜地渠村长城 2 段墙体断面图

第 1 段　起点至断点 1，长 126 米，墙体保存差，呈东北—西南走向。坍塌严重，高低不等，最高处高 1.5 米，仅在断面处可见石层，剖面图呈梯形，底宽 3.5、西侧高 2、东侧高 1.2 米（图六七）。墙体上及四周散落有大片石块，西侧紧邻山间小路，东侧紧邻耕地、墓地。

第 2 段　断点 1 至断点 2，长 94 米，因盘山道路建设消失。

第 3 段　断点 2 至断点 3（拐点），长 35 米，墙体保存差，呈东北—西南走向。墙体位于山体缓坡地带，坍塌严重，可见构筑方式为若干夯土上加一层石层，依次构筑。墙体上散落有大量片石，两侧紧邻冲沟。

第 4 段　断点 3（拐点）至断点 4，长 400 米，因水土流失、沟壑发育、风沙侵蚀、黄沙湮没等原因消失，在拐点处变为西北—东南走向。

第 5 段　断点 4 至止点，长 123 米，保存差，略呈西北—东南走向。墙体沿着山坡向下延伸。石墙可见石层 4~7 层，剖面呈弧形，底宽 7、西侧高 2、东侧高 1 米。墙体上及四周散落有大片石块。墙体周围有大量的瓦片，外饰绳纹，内饰麻点纹或素面。

该段长城北接瓜地渠村长城 1 段，南接西沟河险。

四三　西沟河险（610821382107020043）

该段河险位于神木镇灰昌沟（西沟）村，两侧为河谷切成的断崖，紧邻断崖为河滩地。河川中有公路、村落、田地等，河中有少量水流。起于神木镇瓜地渠村西南 950 米，止于神木镇灰昌沟（西沟）村南 1.25 千米，全长 850 米，整体呈北—南走向。起点坐标为东经：110°24′56.50″，北纬：38°49′29.54″，高程：1103.3 米；止点坐标为东经：110°24′39.01″，北纬：38°49′15.10″，高程：1181.1 米（图六八）。

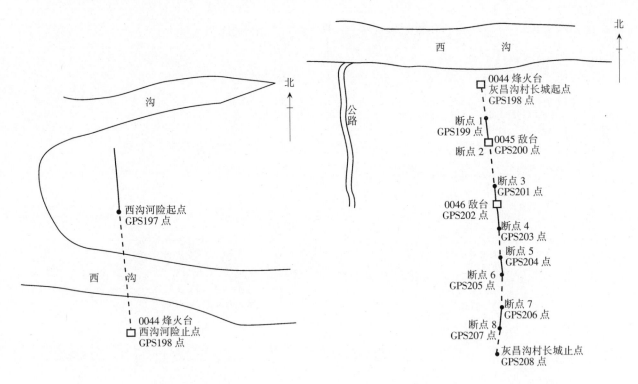

图六八　西沟河险位置示意图　　　　图六九　灰昌沟村长城位置示意图

该河险利用西沟河，形成天然防御功能。整体保存状况一般。因年代久远、人为改造、风雨侵蚀、河道下切、道路建设、耕地开垦、村民居住等原因，西沟河险已有改变。

该段河险北接瓜地渠村长城2段，南接灰昌沟村长城。交通较便利。

四四　灰昌沟村长城（6108213821010200044）

该段长城位于神木镇灰昌沟（西沟）村南1.25千米山体缓坡地带。墙体紧邻盘山土路，两侧紧邻山体缓坡地带。所在地区沟壑纵横，沟深坡陡。起于神木镇灰昌沟（西沟）村南1.25千米，止点神木镇新圪崂村东北250米，全长1039米，整体呈北—南走向。起点坐标为东经：110°24′39.01″，北纬：38°49′15.10″，高程：1181.1米；止点坐标为东经：110°24′48.37″，北纬：38°48′43.00″，高程：1198.3米（图六九）。

该段墙体整体保存差，坍塌严重，濒临消失。其中保存差198米，消失841米。依其保存状况分9个自然段。

第1段　起点至断点1，长269米，因沟壑发育、雨水冲刷、自然坍塌、盘山道路建设、耕地开垦等原因消失。

第2段　断点1至断点2，长44米，保存差，呈北—南走向。墙体位于山体缓坡地带，略凸出为一道土梁，东侧坍塌几乎与地表齐平，西侧坍塌呈缓坡状。墙体西紧邻山间小路，东紧邻平地。

第3段　断点2至断点3，长311米，因沟壑发育、雨水冲刷、自然坍塌等原因消失。

第4段　断点3至断点4，长90米，墙体保存差，呈北—南走向。墙体几乎与两侧山坡齐平，仅在断面处可见夯土，夯层厚0.08～0.12米，最高为0.6米。断点3南41米为灰昌沟村2号敌台。

第5段　断点4至断点5，长81米，因雨水冲刷、自然坍塌、山间小路开辟、耕地开垦等原因消失。

第6段 断点5至断点6，长33米，墙体保存差，呈北—南走向。东侧坍塌为直立面，暴露出夯土，夯层厚0.05~0.12米，夯土中夹杂有大量的料礓石；西侧墙体坍塌呈缓坡状，几乎与山体齐平，墙体最高为1.8米。

第7段 断点6至断点7，长100米，因沟壑发育、雨水冲刷、自然坍塌等原因消失。

第8段 断点7至断点8，长31米，墙体保存差，呈北—南走向。东侧坍塌呈立面，西侧墙体坍塌呈缓坡状，几乎与山体齐平。

第9段 断点8至止点，长80米，因沟壑发育、雨水冲刷、自然坍塌等原因消失。

现存墙体为在自然基础上人工用黄土夯筑而成的土墙，夯土中夹杂有料礓石。夯层厚0.05~0.12米。墙体周围有少量的瓦片，外饰绳纹，内饰麻点纹。

该段长城北接西沟河险，南接新圪崂村长城，墙体起点为灰昌沟村1号烽火台，向南313米为灰昌沟村1号敌台，再向南352米为灰昌沟村2号敌台。

四五 新圪崂村长城 （610821382101020045）

该段长城位于神木镇新圪崂村西沟南的山体缓坡地带。墙体紧邻盘山土路，两侧紧邻山体缓坡地带。所在地区为黄土沟壑区，沟壑纵横，沟深坡陡，沙化严重。起于神木镇新圪崂村东北150米，止于神木镇新圪崂村东南600米，全长1368米，整体呈北—南走向。起点坐标为东经：110°24′48.37″，北纬：38°48′43.00″，高程：1198.3米；止点坐标为东经：110°24′35.92″，北纬：38°48′01.48″，高程：1196.4米（图七〇）。

该段墙体整体保存差，仅有10米墙体明显高于两侧山体缓坡，余略高于两侧山体，几乎与两侧山体齐平，濒临消失。保存差480米，消失888米。依其保存状况分5个自然段。

第1段 起点至断点1，长288米，墙体保存差，呈北—南走向。墙体几乎与两侧缓坡上的平地齐平，略凸出为一道土梁。墙体西紧邻山间小路，东紧邻平地。起点南234米为新圪崂村敌台。

第2段 断点1至断点2，长761米，消失段。因水土流失、沟壑发育、黄沙湮没、盘山道路建设、耕地开垦等原因消失。断点1南384米为特征点1。在特征点1有大量的瓦片，被堆积成一堆，外饰绳纹，内饰麻点、布纹。特征点1南97米为特征点2。该点附近有少量较为集中的瓦片，外饰绳纹，内饰麻点纹。特征点2南229米为特征点3。在该点附近断面处有夯土，夯层厚0.09~0.1米，有大量的瓦片，瓦片外饰绳纹，内饰菱格纹、麻点纹。

第3段 断点2至断点3，长52米，墙体保存差，呈北—南走向。依山势起伏，有10余米的墙体明显高于两侧山体，余已濒临消失。

第4段 断点3至断点4，长127米，因沟壑发育、雨水冲刷、自然坍塌等原因消失。

第5段 断点4至止点，长140米，墙体保存差，呈北—南走向。东侧紧邻冲沟，坍塌严重，暴露出夯土；西侧墙体坍塌成缓坡，几乎与山体齐平，濒临消失。

该段长城北接灰昌沟村长城止点，南接三道沟村长城1段。

四六 三道沟村长城1段 （610821382101020046）

该段长城位于神木镇新圪崂村南西沟南的山体缓坡地带。墙体紧邻盘山土路，两侧紧邻山体缓坡地带。起点位于神木镇新圪崂村南600米，止点位于神木镇三道沟村东北650米，全长1336米，整体呈北—南走向。起点坐标为东经：110°24′35.92″，北纬：38°48′01.48″，高程：1196.4米；止点坐

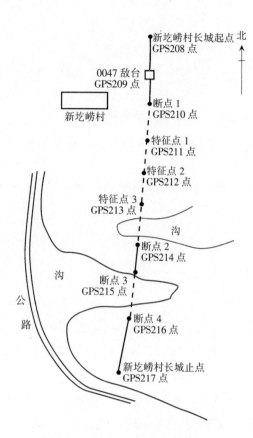

图七〇　新圪崂村长城位置示意图

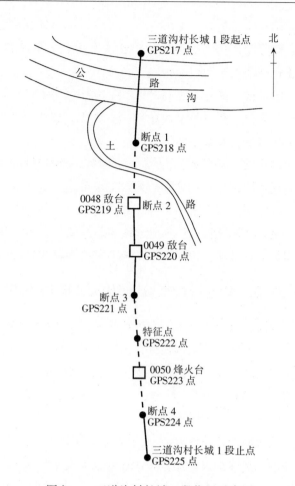

图七一　三道沟村长城 1 段位置示意图

标为东经：110°24′30.07″，北纬：38°47′23.11″，高程：1184.8 米（图七一）。

该段墙体整体保存差，坍塌严重，多略显一道土梁，断面处可见夯土，濒临消失。其中保存差 645 米，消失 691 米。依其保存状况分 5 个自然段。

第 1 段　起点至断点 1，长 273 米，墙体保存差，呈北—南走向。墙体两侧紧邻山体缓坡，依山势起伏，起点处因道路断开 10 米，断开处断面可见夯土，夯层厚 0.05～0.09 米，剖面图呈梯形，底宽 2、顶宽 1.5、高 2 米（图七二）。

第 2 段　断点 1 至断点 2（三道沟村 2 号敌台），长 208 米，因修建道路、雨水冲刷、自然坍塌、黄沙覆盖等原因消失。

第 3 段　断点 2（三道沟村 2 号敌台）至断点 3，长 230 米，保存差，呈北—南走向。墙体略高于两侧山体，最高处为 0.5 米，夯土中夹杂大量的瓦片，多为一道土梁。墙体东侧 13 米处为三道沟村 2 号敌台。

第 4 段　断点 3 至断点 4，长 483 米，因水

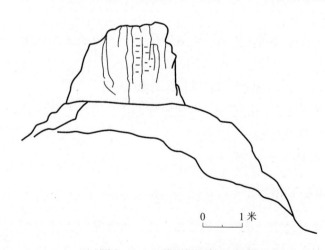

0　　　1 米

图七二　三道沟村长城 1 段断面图

土流失、沟壑发育、风沙侵蚀、黄沙湮没、耕地开垦、煤矿采空导致山体下陷、墓地等原因消失。断点3南178米为特征点。该点断面处有夯土、大量瓦片，外饰绳纹，内饰麻点或素面。特征点南233米为三道沟村1号烽火台。

第5段 断点4至止点，长142米，保存差，呈北—南走向。墙体略高于两侧山体，最高为1.2米，底宽4米。墙体东侧坍塌严重，垂直于山体；西侧墙体坍塌呈缓坡状，几乎与山体齐平。

现存墙体为自然基础上人工用黄土夯筑而成的土墙，部分段夯土中夹杂有瓦片，夯层厚0.05～0.09米。墙体周围有大量的瓦片，外饰绳纹，内饰麻点纹或素面（图七三）。

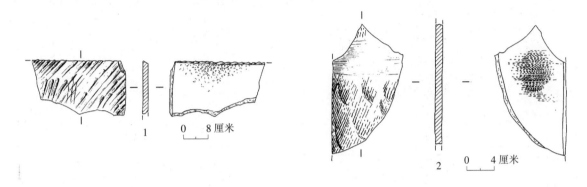

图七三 三道沟村长城1段附近采集的瓦片

该段长城北接新圪崂村长城，南接三道沟村长城2段。

该段墙体所在的三道沟村有30余户，180余人。以农业为主，主要种植马铃薯、糜子、荞麦、玉米等。墙体紧邻盘山土路。

四七 三道沟村长城2段（610821382102020047）

该段长城位于神木镇三道沟村东北650米西沟南的山体缓坡地带。所处地区为黄土沟壑区，沟壑纵横，沟深坡陡，沙化严重。起于三道沟村东北650米，止于三道沟村东北400米，全长308米，整体呈北—南走向。起点坐标为东经：110°24′30.07″，北纬：38°47′23.11″，高程：1184.8米；止点坐标为东经：110°24′26.96″，北纬：38°47′13.48″，高程：1174.4米（图七四）。

该段墙体保存差，坍塌严重，石层明显。其中保存差105米，消失203米。依其保存状况分4个自然段。

第1段 起点至断点1，长20米，墙体保存差，呈北—南走向。墙体西紧邻山间小路，东紧邻缓坡，最高处高2米。

第2段 断点1至断点2，长52米，因道路建设消失。

第3段 断点2至断点3，长85米，保存差，呈北—南走向。墙体西紧邻山间小路，东紧邻缓坡，断面处可见清晰石层，石层22层。墙体剖面底宽3.5、东侧高1.8、西侧高1.6米（图七五）。

第4段 断点3至止点，长151米，因水土流失、沟壑发育、风沙侵蚀、黄沙湮没、盘山道路建设等原因消失。

该段长城北接三道沟村长城1段，南接三道沟村长城3段。

四八 三道沟村长城3段（610821382101020048）

该段长城位于神木镇三道沟村东北、西沟南的山体缓坡地带。起于三道沟村东北400米，止于

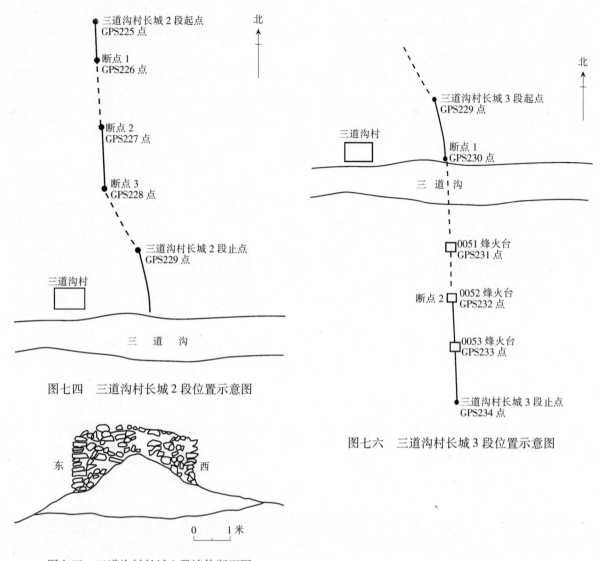

图七四 三道沟村长城 2 段位置示意图

图七五 三道沟村长城 2 段墙体断面图

图七六 三道沟村长城 3 段位置示意图

三道沟村东南 700 米，全长 1084 米，整体呈北—南走向。起点坐标为东经：110°24′26.96″，北纬：38°47′13.48″，高程：1174.4 米；止点坐标为东经：110°24′11.04″，北纬：38°46′31.46″，高程：1160 米（图七六）。

该段墙体整体保存差，坍塌严重，其中保存差 358 米，消失 726 米。依其保存状况分 3 个自然段。

第 1 段 起点至断点 1，长 73 米，墙体保存差，呈北—南走向，依山势起伏。墙体上有大量的料礓石和石块。

第 2 段 断点 1 至断点 2（三道沟村 3 号敌台），长 726 米，消失段。因沟壑发育、雨水冲刷、自然坍塌、黄沙覆盖、耕地开垦、道路建设、居民居住建房等原因消失。断点 1 南 600 米为三道沟村 2 号烽火台。

第 3 段 断点 2（三道沟村 3 号敌台）至止点，长 285 米，墙体保存差，呈北—南走向。墙体位于山体缓坡地带，依山势起伏，部分明显高于两侧山体。断面处可见夯土，夯层厚 0.07 ~ 0.09 米，夯土中夹杂少量的瓦片。墙体底宽 2、顶宽 0.4、高 1.5 米（图七七）。墙体周围有大量的瓦片，外绳纹，内麻点纹、菱格纹、素面、布纹。

该段长城北接三道沟村长城 2 段，南接瓦窑沟村长城。墙体起点南 673 米为三道沟村 2 号烽火台，再南 126 米为三道沟村 3 号敌台，再南 168 米为三道沟村 4 号敌台。

四九　瓦窑沟村长城

（610821382101020049）

该段长城位于神木镇瓦窑沟村南山体缓坡地带。其地处黄土沟壑区，沟壑纵横，沟深坡陡，沙化严重。起于神木镇三道沟村东南 700 米，止于神木镇瓦窑沟村南 750 米，全长 2401 米，整体呈东北—西南走向。起点坐标为东经：110°24′11.04″，北纬：38°46′31.46″，高程：1160 米；止点坐标为东经：110°23′59.37″，北纬：38°45′16.06″，高程：1211.8 米（图七八）。

该段墙体整体保存差，墙体大多消失。其中保存差 158 米，消失 2243 米。依其保存状况分 2 个自然段。

第 1 段　起点至断点，长 2243 米，墙体经过两条自然冲沟，因水土流失、沟壑发育、黄沙湮没、水库建设、庙宇建设等原因消失。起点南 968 米为瓦窑沟村 1 号烽火台；再南 200 米为瓦窑沟村 1 号遗存；再南 459 米为瓦窑沟村 2 号烽火台，同时此点也是个拐点，墙体由此点拐向西南方向。

第 2 段　断点至止点，长 158 米，保存差，呈东北—西南走向。墙体依山势起伏，有 30 余米的墙体明显高于两侧山体缓坡。断面处可见夯土，夯层厚 0.07～0.12 米。墙体底宽 6.5、顶宽 0.5、高 4.5 米（图七九）。周围有大量的瓦片，外绳纹，内麻点纹、素面（图八〇）。

该段长城北接三道沟村长城 3 段，南接瓦窑沟村—崔家畔村长城。

该段墙体所在的瓦窑沟村有 30 余户，180 余人。以农业为主，主要种植马铃薯、糜子、荞麦、玉米等。墙体紧邻盘山土路。

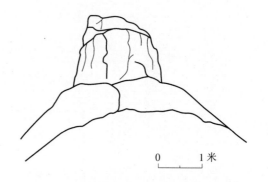

图七七　三道沟村长城 3 段墙体断面图

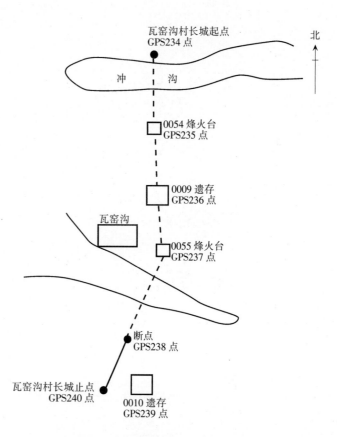

图七八　瓦窑沟村长城位置示意图

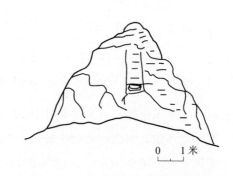

图七九　瓦窑沟村长城墙体断面图

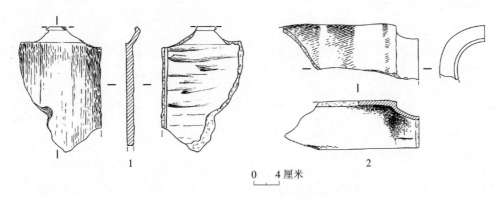

图八〇　瓦窑沟村长城附近采集的瓦片

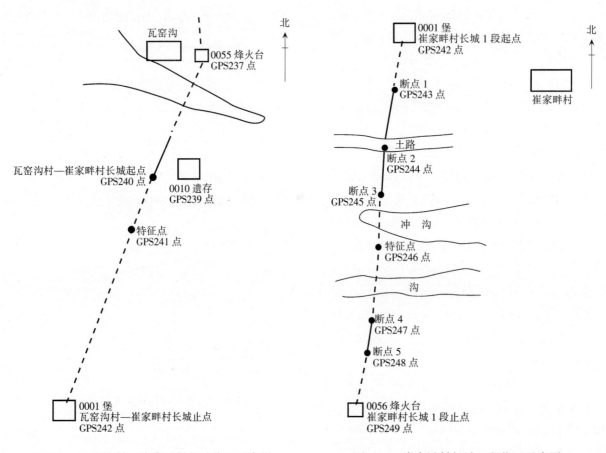

图八一　瓦窑沟村—崔家畔村长城位置示意图　　　　图八二　崔家畔村长城 1 段位置示意图

五〇　瓦窑沟村—崔家畔村长城（610821382301020050）

　　该段长城位于神木镇瓦窑沟村南的山体缓坡上。所处地区为黄土沟壑区，沟深坡陡，支离破碎，沙化严重。起于神木镇瓦窑沟村南 750 米，止于高家堡镇崔家畔村西北 750 米，全长 7850 米，整体呈东北—西南走向。起点坐标为东经：110°23′59.37″，北纬：38°45′16.06″，高程：1211.8 米；止点坐标为东经：110°18′12.26″，北纬：38°42′25.01″，高程：1287.8 米（图八一）。

该段墙整体保存差，因风雨侵蚀、黄沙湮没、自然坍塌、沟壑发育、经济建设中的建路和开垦耕地等原因，整体消失，仅根据沿线残留的瓦片可辨别消失墙体走向。起点西南90米为特征点，以特征点为圆点，在其半径9米的范围内散落大量瓦片，有板瓦、筒瓦，外饰绳纹，内饰麻点纹、素面、布纹。在特征点西南方向仍有零星的瓦片，但因沙化严重，已被沙漠覆盖。

该段消失长城北接瓦窑沟村长城，南接崔家畔村长城1段。

五一 崔家畔村长城1段（610821382101020051）

该段长城位于秃尾河东岸化湾沟西、高家堡镇崔家畔村西南的山体缓坡地带。墙体地处黄土沟壑区，支离破碎，沟壑纵横、沙化严重，沟深坡陡。起于崔家畔村西北750米，止于崔家畔村西南1.25千米，全长1114米，整体呈东北—西南走向。起点坐标为东经：110°18′12.26″，北纬：38°42′25.01″，高程：1287.8米；止点坐标为东经：110°17′52.82″，北纬：38°41′53.58″，高程：1279.9米（图八二）。

该段墙体保存差，坍塌严重，墙体较差段明显高于两侧山体缓坡，差段略高于两侧山坡，大多已消失。保存较差37米，保存差161米，消失916米。依其保存状况分5个自然段。

第1段 起点至断点1，长31米，因沟壑发育、自然坍塌、耕地开垦消失，起点为崔家畔村堡。

第2段 断点1至断点3，长161米，保存差，呈东北—西南走向。墙体呈驼峰状。墙体中间断点2处有宽11米盘山土路穿过，断点2东北有6米的墙体高度0.6~2.6米，顶宽2.5米，夯土厚0.06~0.1米。盘山土路西南墙体坍塌、剥落严重，因冲沟偶有中断，且高低不等，最高1.6米，夯层厚0.05~0.1米。

第3段 断点3至断点4，长745米，墙体经过两条冲沟，因沟壑发育、黄沙湮没、自然坍塌、耕地开垦等原因消失。断点3西南578米处为特征点，在特征点所在的两侧沟断面上及沟断面土层内有大量的瓦片散落，外饰绳纹，内饰麻点。

第4段 断点4至断点5，长37米，墙体保存较差，呈东北—西南走向。墙体位于山顶平整地带，东紧邻冲沟，西紧邻山体缓坡。墙体两端略高于中间，坍塌、剥落严重，墙体底宽9、顶宽4.3米，西侧高2.6米，东侧高3.5米，夯层厚0.06~0.1米。墙体周围有大量瓦片，外饰绳纹、弦纹，内饰麻点纹、网格纹。

第5段 断点5至止点，长140米，墙体消失。

该段长城起点为崔家畔村堡，东北接瓦窑沟村—崔家畔村长城，西南接崔家畔村长城2段。

五二 崔家畔村长城2段（610821382101020052）

该段长城位于秃尾河东岸、高家堡镇崔家畔村西南的山体缓坡地带，为黄土沟壑区，支离破碎，沟壑纵横，沙化严重，沟深坡陡。起于崔家畔村西南1.25千米，止于崔家畔村西南2.6千米，全长1923米，整体呈北—南走向。起点坐标为东经：110°17′52.82″，北纬：38°41′53.58″，高程：1279.9米；止点坐标为东经：110°17′33.44″，北纬：38°40′59.93″，高程：1253米（图八三）。

该段墙体整体保存差，坍塌严重，已濒临消失。其中保存差49米，消失1874米。

第1段 起点至断点1（崔家畔村敌台），长691米，因沟壑发育、黄沙湮没、自然坍塌、耕地开垦消失，起点为崔家畔村烽火台。

第2段 断点1（崔家畔村敌台）至断点2，长30米，墙体保存差，呈北—南走向。墙体略高于两侧山体，夯层厚0.09~0.11米。墙体西侧因道路建设有部分被削减，东侧为山顶凸凹不平地带，长有

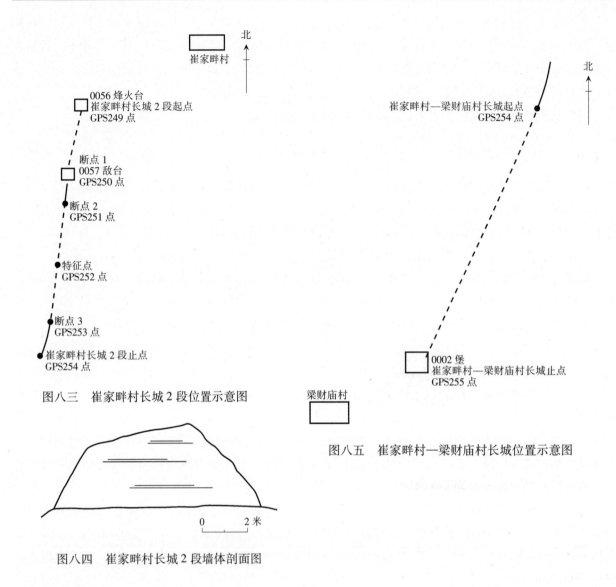

图八三　崔家畔村长城 2 段位置示意图

图八五　崔家畔村—梁财庙村长城位置示意图

图八四　崔家畔村长城 2 段墙体剖面图

大量蒿类植物。

第 3 段　断点 2 至断点 3，长 1183 米，因沟壑发育、黄沙湮没、自然坍塌、道路建设、耕地开垦等原因消失。断点 2 南 171 米处为特征点，以特征点为圆心，在直径 8 米的范围内散落大量瓦片，外绳纹，内麻点、布纹、素面。

第 4 段　断点 3 至止点，长 19 米，保存差，呈东北—西南走向。墙体略高于两侧山体缓坡，因坍塌、黄沙湮没使得墙体西侧已有部分消失。墙体剖面：底宽 8、顶宽 4.2、高 2.2～3 米，夯层厚 0.05～0.1 米（图八四）。夯土中夹杂有瓦片、石片。墙体上及周围散落有大量瓦片，外绳纹、弦纹、素面，内麻点纹、布纹、素面。

该段长城起点为崔家畔村烽火台，东北接崔家畔村长城 1 段，西南接崔家畔村—梁财庙村长城。

五三　崔家畔村—梁财庙村长城（6108213823010200053）

该段长城位于秃尾河东岸、高家堡镇崔家畔村西南 2.6 千米的山体缓坡地带。所处地区为黄土沟壑区，沟深坡陡，支离破碎，沙化严重。起于高家堡镇崔家畔村西南 2.6 千米，止于高家堡镇梁财庙村东

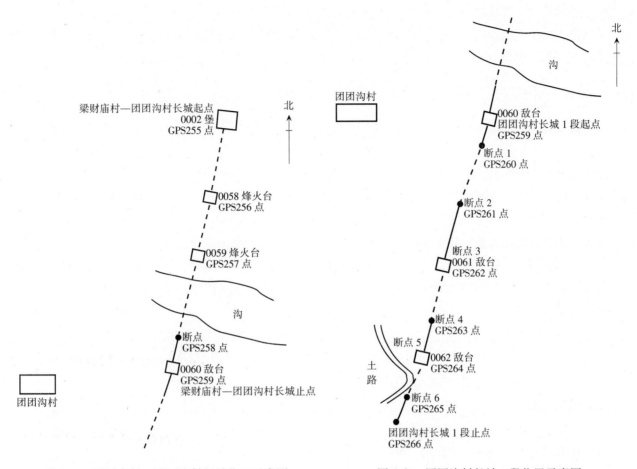

<table>
<tr><td>图八六　梁财庙村—团团沟村长城位置示意图</td><td>图八七　团团沟村长城 1 段位置示意图</td></tr>
</table>

北 500 米，全长 1900 米，整体呈东北—西南走向。起点坐标为东经：110°17′33.44″，北纬：38°40′59.93″，高程：1253 米；止点坐标为东经：110°16′37.89″，北纬：38°40′16.55″，高程：1277.3 米（图八五）。

该段墙体整体保存差，因风雨侵蚀、黄沙湮没、自然坍塌、沟壑发育、开垦耕地等原因，现已整体消失，仅根据沿线残留的零星瓦片可辨别消失墙体走向。

该段消失长城东北接崔家畔村长城 2 段，西南接梁财庙村—团团沟村长城。

五四　梁财庙村—团团沟村长城（610821382101020054）

该段长城位于秃尾河东岸、高家堡镇梁财庙村东北的山体缓坡地带，西距团团沟约 750 米。起于高家堡镇梁财庙村东北 500 米，止于高家堡镇团团沟村东 750 米，全长 1873 米，整体呈东北—西南走向。起点坐标为东经：110°16′37.89″，北纬：38°40′16.55″，高程：1277.3 米；止点坐标为东经：110°16′21.30″，北纬：38°39′22.27″，高程：1219 米（图八六）。

该段墙体整体保存差，坍塌严重，墙体大多消失。其中保存差 63 米，消失 1810 米。依其保存状况分 2 个自然段。

第 1 段　起点至断点，长 1810 米。墙体因山间小路、耕地开垦、栽种松柏、沟壑发育、黄沙湮没等原因而消失。沿线有两座烽火台。

第 2 段　断点至止点，长 63 米，保存差，走向东北—西南。墙体坍塌严重，大多略高于两侧山体缓坡，还因冲沟偶有缺口，凹凸不平，已濒临消失。周围有零星瓦片，外饰绳纹，内饰麻点纹。

该段长城东北接崔家畔村—梁财庙村长城，长城起点为梁财庙村堡，起点西南 700 米处为梁财庙村 1 号烽火台，再向西南 750 米处为梁财庙村 2 号烽火台。止点西南接团团沟村长城 1 段。

五五　团团沟村长城 1 段 （610821382101020055）

该段长城位于尾河东岸、高家堡镇团团沟村东的山体缓坡地带，南距喇嘛沟约 1 千米，西距团团沟约 750 米，所处地区为黄土沟壑区，支离破碎，沟壑纵横、沙化严重。起于团团沟村东 750 米，止于团团沟村东南 800 米，全长 1019 米，整体呈东北—西南走向。起点坐标为东经：110°16′21.30″，北纬：38°39′22.27″，高程：1219 米；止点坐标为东经：110°16′04.10″，北纬：38°38′52.39″，高程：1202.1 米（图八七）。

该段墙体整体保存差，其中保存差 434 米，消失 585 米。依其保存状况分 7 个自然段。

第 1 段　起点（团团沟村 1 号敌台）至断点 1，长 65 米，保存差，呈东北—西南走向。墙体因冲沟破坏而断断续续，且凸凹不平，夯土厚 0.06～0.07 米。墙体两侧紧邻山体缓坡，缓坡上栽满松柏，并长有大量蒿类植物。

第 2 段　断点 1 至断点 2，长 200 米，因沟壑发育、黄沙湮没、自然坍塌消失。

第 3 段　断点 2 到断点 3（团团沟村 2 号敌台），长 182 米，保存差，呈东北—西南走向。墙体略高于两侧山体缓坡，因坍塌、黄沙湮没使得墙体断断续续，多濒临消失。

第 4 段　断点 3（团团沟村 2 号敌台）至断点 4，长 100 米，因冲沟发育、黄沙掩埋消失。

第 5 段　断点 4 至断点 5，长 85 米。墙体保存差，呈东北—西南走向，整体略高于两侧山体缓坡，顺着山坡向下延伸。西缓坡为耕地，东紧邻沟壑。

第 6 段　断点 5（团团沟村 3 号敌台）至断点 6，长 285 米，因冲沟发育、黄沙掩埋消失。

第 7 段　断点 6 至止点，长 102 米，保存差，呈东北—西南走向。由于沟壑冲断使得墙体断断续续，大部分已濒临消失。墙体中间有大量瓦片的堆积，外饰绳纹，内饰麻点纹，厚 3 厘米（图八八）。

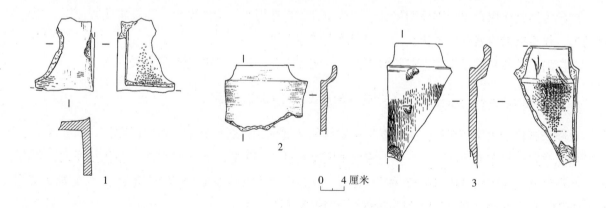

图八八　团团沟村长城 1 段附近采集的瓦片

现存墙体为自然基础上人工用黄沙土夯筑而成的土墙，夯土层厚 0.06～0.07 米。墙体周围发现少量瓦片，外饰绳纹或素面，内饰方格纹或麻点纹，其中外素面、内素面的厚 3 厘米。

该段长城起点为团团沟村 1 号敌台，东北接梁财庙村—团团沟村长城，西南接团团沟村长城 2 段。

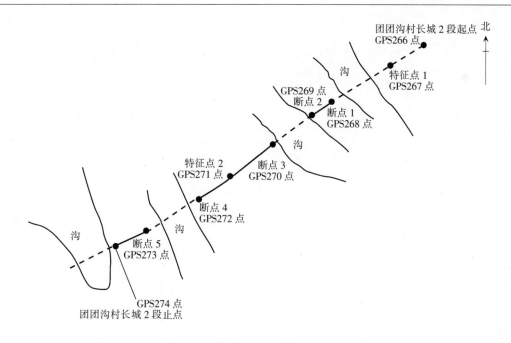

图八九　团团沟村长城 2 段位置示意图

该段墙体所在的团团沟村有居民 80 余户，400 余人。以农业为主，主要种植马铃薯、糜子、荞麦、玉米等。附近没有道路，交通不便。

五六　团团沟村长城 2 段（610821382101020056）

该段长城位于秃尾河东岸、高家堡镇团团沟村东南的山体缓坡地带，南距喇嘛沟约 1 千米，北距团团沟约 1 千米。起于团团沟村东南 800 米，止于团团沟村西南 750 米，全长 1089 米，整体呈东北—西南走向。起点坐标为东经：110°16′04.10″，北纬：38°38′52.39″，高程：1202.1 米；止点坐标为东经：110°15′35.60″，北纬：38°38′25.72″，高程：1190.5 米（图八九）。

该段墙体整体保存差。其中保存差 395 米，消失 694 米。依其保存状况分 6 个自然段。

第 1 段　起点至断点 1，长 299 米。其中保存差 10 米，消失 289 米。起点西南 174 米为特征点 1。该点处有长 10 米的黄土墙体，保存差，濒临消失。

第 2 段　断点 1 至断点 2，长 36 米，保存差，呈东北—西南走向。墙体沿山坡向上延伸，两侧紧缓坡上栽满松柏，长有大量蒿类植物。因冲沟破坏，墙体不连续，且墙体上有石堆一座。

第 3 段　断点 2 至断点 3，长 145 米。墙体经过一条自然冲沟，因冲沟发育、黄沙侵蚀消失。

第 4 段　断点 3 至断点 4，长 269 米，墙体保存差，呈东北—西南走向。断点 3 西南 60 米为特征点 2，该处断面底宽 3 米，顶宽 1.3、高 4.2 米，夯土层厚 0.03～0.06 米（图九〇）。周围瓦片外饰绳纹，内饰麻点纹、方格纹。

第 5 段　断点 4 至断点 5，长 260 米。墙体经过一条冲沟，因冲沟发育、黄沙侵蚀、山间小路而消失。

0　　　　1 米

图九〇　团团沟村长城 2 段断面图

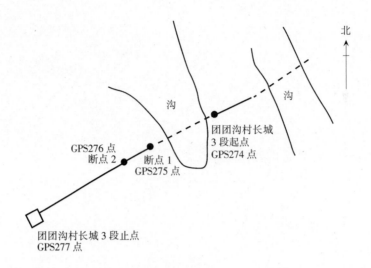

图九一　团团沟村长城 3 段位置示意图

第 6 段　断点 5 至止点，长 80 米，保存差，呈东北—西南走向。墙体几乎与两侧山体缓坡齐平，大部分已濒临消失。墙体周围有少量瓦片，外饰绳纹，内麻点纹、素面、布纹。

该段长城东北接团团沟村长城 1 段，西南接团团沟村长城 3 段。

五七　团团沟村长城 3 段（610821382101020057）

该段长城位于秃尾河东岸、高家堡镇团团沟村西南的山体缓坡地带，南距喇嘛沟约 1 千米，北距团团沟 750 米，中间偶有盘山土路穿越。起于团团沟村西南 750 米，止于团团沟村西南 950 米，全长 227 米，整体呈东北—西南走向。起点坐标为东经：110°15′35.60″，北纬：38°38′25.72″，高程：1190.5 米；止点坐标为东经：110°15′29.43″，北纬：38°38′18.30″，高程：1147.7 米（图九一）。

该段墙体整体保存较差，坍塌严重，部分墙体濒临消失。其中保存较差 159 米，消失 68 米。依其保存状况分 2 个自然段。

第 1 段　起点至断点 1，长 68 米。墙体经过一条冲沟，因沟壑发育、盘山小路、黄沙湮没等消失。

第 2 段　断点 1 至止点，长 159 米。墙体保存较差，呈东北—西南走向。断点 1 西南 112 米处为断点 2。该处有盘山小路穿过墙体，在断面处可见墙体两侧片石叠加，中间为夯土。断面处墙体底宽 6.7、外侧高 0.2、内侧高 2.5 米（图九二）。墙体周围有大量瓦片，外绳纹，内麻点纹。

该段长城东北接团团沟村长城 2 段，西南接团团沟村长城 4 段。

五八　团团沟村长城 4 段（610821382101020058）

该段长城位于秃尾河东岸、高家堡镇团团沟村西南 950 米的山体缓坡地带，南距喇嘛沟约 1 千米，北距团团沟 95 千米。所处地区为黄土沟壑区，沙化严重。起于团团沟村西南 950 米，止于高团团沟村西南 1.25 千米，全长 346 米，整体呈东北—西南走向。起点坐标为东经：110°15′29.43″，北纬：38°38′18.30″，高程：1147.7 米；止点坐标为东经：110°15′22.44″，北纬：38°38′10.35″，高程：1204.9 米（图九三）。

该段墙体整体保存差，坍塌严重。保存差 275 米，消失 71 米。依其保存状况分 3 个自然段。

第 1 段　起点至断点 1，长 140 米，墙体保存差，呈东北—西南走向。因冲沟破坏，墙体不连续。墙体两侧缓坡上长满蒿类植物、少量沙棘和松柏。墙体底宽 6.8、顶宽 4.4、高 2.8 米（图九四）。在断点 1 处断面可见夯层厚 0.08 ~ 0.1 米。

第 2 段 断点 1 至断点 2，长 71 米，因黄沙湮没、自然坍塌而消失。

第 3 段 断点 2 至止点，长 135 米，保存差，呈东北—西南走向。墙体略高于地表，依山势起伏，两侧缓坡上长满蒿类植物、松柏、少量沙棘和樟子松。墙体为自然基础上人工用黄沙土夯筑而成。周围有大量瓦片，外饰绳纹，内饰麻点纹、方格纹、布纹。

该段长城起点为团团沟村 4 号敌台，东北接团团沟村长城 3 段，西南接团团沟村长城 5 段。

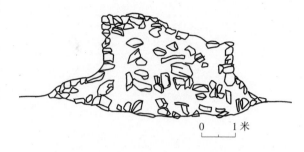

图九二 团团沟村长城 3 段墙体断面图

五九 团团沟村长城 5 段
（610821382101020059）

该段长城位于秃尾河东岸、神木县高家堡镇团团沟村南西南 1.25 千米处的山体缓坡地带，南距喇嘛沟约 1 千米，北距团团沟村 1.25 千米，中间偶有盘山土路穿越。起于高家堡镇团团沟村西南 1.25 千米，止于高家堡镇团团村西南 1 千米，全长 317 米，整体呈东北—西南走向。起点坐标为东经：110°15′22.44″，北纬：38°38′10.35″，高程：1204.9 米；止点坐标为东经：110°15′16.44″，北纬：38°37′59.09″，高程：1198.5 米（图九五）。

该段墙体整体保存差，坍塌严重，部分濒临消失。其中保存较差 97 米，保存差 27 米，消失 193 米。依其保存状况分 4 个自然段。

第 1 段 起点至断点 1，长 27 米，保存差，呈东北—西南走向。墙体已濒临消失，现表层仅留连续的若干石层。墙体两侧紧邻山体缓坡，缓坡上长满蒿类植物、少量沙棘和松柏。

第 2 段 断点 1 至断点 2，长 37 米，因黄沙湮没、自然坍塌而消失。

第 3 段 断点 2 至断点 3，长 97 米，保存较差，呈东北—西南走向。该段墙体有两种构筑方式，一种为两侧夯土，中间填土、石混筑；另一种为两侧片石垒砌，中间填土夯实。起点处断面明显，两侧夯土部分高 1.5、宽 3 米；中间土石混筑部分，高 1.2、宽 1.5 米（图九六）。断点 3 处有用 11 层片石

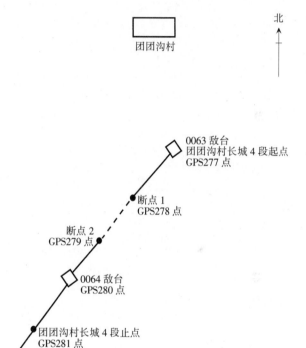

图九三 团团沟村长城 4 段位置示意图

团团沟村

北

0063 敌台
团团沟村长城 4 段起点
GPS277 点

断点 1
GPS278 点

断点 2
GPS279 点

0064 敌台
GPS280 点

团团沟村长城 4 段止点
GPS281 点

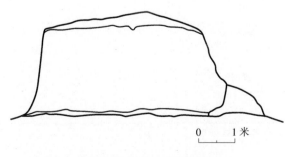

图九四 团团沟村长城 4 段墙体断面图

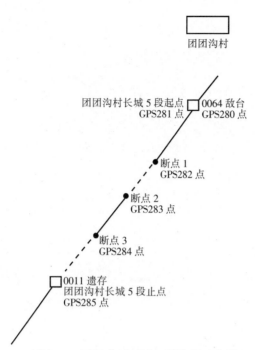

图九五　团团沟村长城 5 段位置示意图

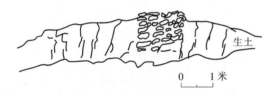

图九六　团团沟村长城 5 段墙体断面图

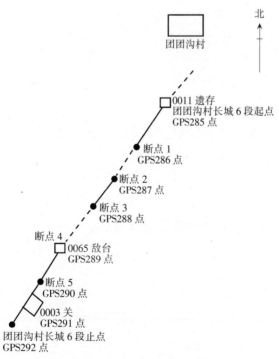

图九七　团团沟村长城 6 段位置示意图

叠加、中间以土夯实的石墙，高 1.8 米。墙体夯土中夹杂外绳纹、内麻点纹瓦片。墙体周围有大量瓦片，外饰绳纹，内麻点纹、素面。

第 4 段　断点 3 至止点，长 156 米，因冲沟发育、黄沙侵蚀、道路建设而消失。

该段长城东北接团团沟村长城 4 段，西南接团团沟村长城 6 段。

六〇　团团沟村长城 6 段
（610821382101020060）

该段长城位于秃尾河东岸、神木县高家堡镇团团沟村南的山体缓坡地带，南距喇嘛沟约 1 千米。北距团团沟约 1 千米。所处地区为黄土沟壑区，沙化严重。起于高家堡镇团团沟村西南 1 千米，止于高家堡镇南圪崂村东南 2.25 千米，全长 758 米，整体呈东北—西南走向。起点坐标为东经：110°15′16.44″，北纬：38°37′59.09″，高程：1198.5 米；止点坐标为东经：110°15′08.12″，北纬：38°37′38.98″，高程：1208.5 米（图九七）。

该段墙体保存差，其中保存较差 141 米，保存差 387 米，消失 230 米。依其保存状况分 6 个自然段。

第 1 段　起点至断点 1，长 151 米，墙体保存差，呈东北—西南走向。墙体时断时续，沿着山坡向下延伸。土墙夯土中夹杂外饰绳纹、内饰麻点纹筒片。另见有砖块（图九八）。

第 2 段　断点 1 至断点 2，长 61 米，因黄沙湮没、自然坍塌而消失。

第 3 段　断点 2 至断点 3，长 111 米，保存差，呈东北—西南走向。墙体表层留有若干叠加片石层，两侧为缓坡。

第 4 段　断点 3 至断点 4，长 169 米，因冲沟发育、黄沙侵蚀而消失。

第 5 段　断点 4 至断点 5，长 125 米，墙体保存差，呈东北—西南走向。因雨水冲刷、坍塌、黄沙湮没使得墙体断断续续。

第 6 段　断点 5 至止点，长 141 米，保存较差，呈东北—西南走向。墙体沿着山坡向上延伸，因坍塌、冲刷墙体上有一断面。墙体底宽 6、外侧高 4、内

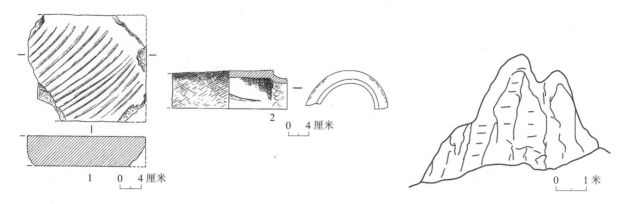

图九八　团团沟村长城6段附近采集的瓦片　　　图九九　团团沟村长城6段墙体断面图

侧高3米，夯层厚0.07~0.09米（图九九）。墙体周围有零星瓦片及器物残片。瓦片外饰绳纹、素面，内饰布纹、麻点纹，其中外绳纹内麻点瓦片厚1厘米，外素面内布纹的瓦片厚2厘米。

该段长城起点东缓坡上有团团沟村关，东北接团团沟村长城5段，西南接南圪崂村长城1段。

六一　南圪崂村长城1段（6108213821010200061）

该段长城位于秃尾河东岸、高家堡镇南圪崂村东南的山体缓坡地带，南距喇嘛沟约1千米，北距团团沟约1.1千米，西南距秃尾河河底1.95千米。所处地区为黄土沟壑区，沙化严重。起于南圪崂村东南2.25千米，止于南圪崂村西南1.5千米，全长924米，整体略呈东北—西南走向。起点坐标为东经：110°15′08.12″，北纬：38°37′38.98″，高程：1208.5米；止点坐标为东经：110°14′35.91″，北纬：38°37′22.81″，高程：1162.8米（图一〇〇）。

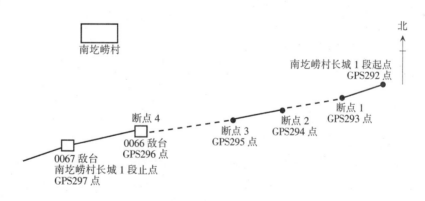

图一〇〇　南圪崂村长城1段位置示意图

该段墙体整体保存差，坍塌严重，大部分已被黄沙湮没，多为地表不连续的土墙。其中保存差502米，消失422米。依其保存状况分5个自然段。

第1段　起点至断点1，长138米，墙体保存差，略呈东北—西南走向。墙体两侧为山体缓坡，中间有两处因小冲沟过墙体。

第2段　断点1至断点2，长173米，因黄沙湮没而消失。在消失段中可以看见少许瓦片，外饰绳纹内饰麻点纹。断点2处散落有大量的瓦片，外饰绳纹、素面，内饰麻点、布纹、素面。

第3段　断点2至断点3，长126米，墙体保存差，略呈东—西走向。墙体顺着山坡向下延伸，大部

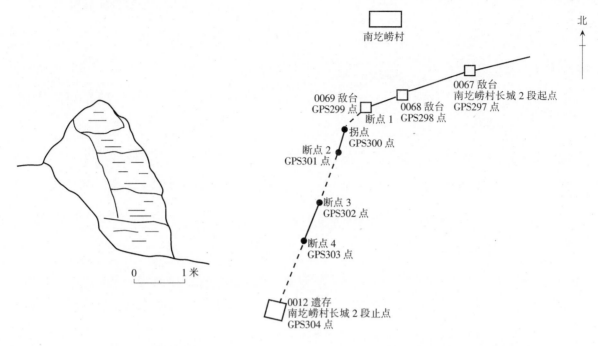

图一〇一　南圪崂村长城 1 段墙体断面图　　　　图一〇二　南圪崂村长城 2 段位置示意图

分墙体濒临消失，仅剩部分略高于两侧缓坡，墙体断面处夯土明显，底宽 2.6、高 3 米（图一〇一）。墙体北侧缓坡上散落有大量的瓦片。

第 4 段　断点 3 至断点 4，长 249 米，因人为开垦、栽种桃树、黄沙侵蚀而消失。

第 5 段　断点 4 至止点，长 238 米，墙体保存差，呈东北—西南走向。墙体呈驼峰状，高度不等，较高的墙体高 2 米，夯土明显，夯层厚 0.07～0.13 米。墙体周围有大量筒瓦、板瓦瓦片和器物残片，外饰绳纹，内素面、麻点纹、布纹。

该段长城止点为南圪崂村 2 号敌台，西南接南圪崂村长城 2 段，东北接团团沟村长城 6 段。

该段墙体所在的南圪崂村有居民十四五户，100 余人。以农业为主，主要种植马铃薯、糜子、荞麦、玉米等。附近没有道路，交通不便。

六二　南圪崂村长城 2 段（6108213821010200 62）

该段长城位于秃尾河东岸、高家堡镇南圪崂村东南的山体缓坡地带，南距喇嘛沟约 1 千米，北距团团沟约 1.1 千米。所在地区为黄土沟壑区，沙化严重。起于南圪崂村西南 1.5 千米，止于南圪崂村西南 1.25 千米，全长 1081 米，整体呈东北—西南走向。起点坐标为东经：110°14′35.91″，北纬：38°37′22.81″，高程：1162.8 米；止点坐标为东经：110°13′57.87″，北纬：38°37′06.01″，高程：1151.2 米（图一〇二）。

该段墙体整体保存差，其中保存较差 204 米，保存差 432 米，消失 445 米。依其保存状况分 6 个自然段。

第 1 段　起点至断点 1，长 399 米，墙体保存差，呈东北—西南走向。墙体因山势起伏，局部因冲沟损毁，墙体时断时续。

第 2 段　断点 1 至拐点，长 74 米，因黄沙湮没、自然破坏和人为栽种沙棘而消失。

第 3 段　拐点至断点 2，长 33 米，墙体保存差，从拐点处变为东北—西南走向。墙体两侧缓坡上长满蒿类植物及少量沙棘、柠条和樟子松。

第4段　断点2至断点3，长181米，因冲沟发育、黄沙掩埋消失。

第5段　断点3至断点4，长204米，保存较差，呈东北—西南走向。墙体沿着山坡向上延伸，局部有因雨水冲刷、坍塌的缺口，缺口断面处墙体底宽4.2、顶宽2.2、高5米，夯层厚0.1~0.12米（图一〇三）。墙体周围有大量筒瓦、板瓦瓦片和器物残片，外饰绳纹，内素面、麻点纹、布纹。另见有大量绳纹砖。

第6段　断点4至止点，长190米，因自然坍塌、黄沙掩埋墙体消失。

该段长城起点为南圪崂村2号敌台，东北接南圪崂村长城1段，西南接喇嘛沟村长城1段。

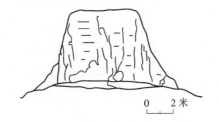

0　　2米

图一〇三　南圪崂村长城2段墙体断面图

六三　喇嘛沟村长城1段（610821382101020063）

该段长城位于秃尾河东岸、高家堡镇喇嘛村西北的山体缓坡地带，西南距秃尾河河底1.67千米，止点西南距锦界至高家堡公路576米。起于喇嘛沟村西北1.5千米，止于喇嘛沟村西北1.25千米，全

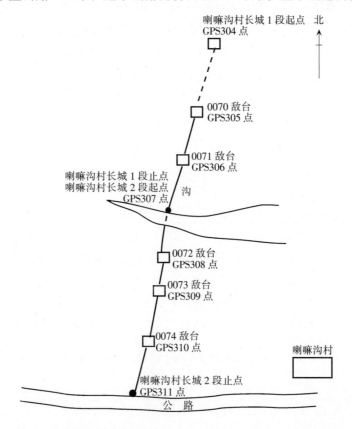

图一〇四　喇嘛沟村长城1段、喇嘛沟村长城2段位置示意图

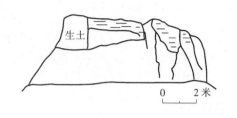

图一〇五　喇嘛沟村长城1段墙体断面图

长767米，整体呈东北—西南走向。起点坐标为东经：110°13′57.87″，北纬：38°37′06.01″，高程：1151.2米；止点坐标为东经：110°13′35.22″，北纬：38°36′51.07″，高程：1073.6米（图一〇四）。

该段墙体整体保存差，坍塌严重，大部分已被黄沙湮没，仅剩表面不连续的土墙，其中保存差468米，消失299米。依其保存状况分2个自然段。

第1段　起点到断点，长299米，因黄沙覆盖、流水冲沟、人为破坏而消失。

第2段　断点至止点，长468米，墙体保存差，呈东北—西南走向。土墙沿着山坡向下延伸，部分已被黄沙湮没，墙体时断时续，断面处可见夯土和夯土层，夯土层厚0.08~0.1米。断面底宽6.2、顶宽4.2、高3.7米（图一〇五）。墙体周围散落大量瓦片及器物残片。瓦片外饰绳纹，内饰麻点纹、素面。

该段长城东北接南圪崂村长城2段，西南接喇嘛沟村长城2段。

六四　喇嘛沟村长城2段（610821382102020064）

该段长城位于秃尾河东岸、高家堡镇喇嘛沟村西北的山体缓坡地带，南距喇嘛沟约1千米，北距团团沟约1.1千米。起于喇嘛沟村西北1.25千米，止于喇嘛沟村西南1.83千米，全长576米。整体呈东北—西南走向。起点坐标为东经：110°13′35.22″，北纬：38°36′51.07″，高程：1073.6米；止点坐标为东经：110°13′23.93″，北纬：38°36′35.09″，高程：1004.1米。

该段墙体整体保存差，长度为576米。墙体沿着山坡向下延伸，部分被黄沙掩埋，濒临消失，现存墙体为片石或石块叠筑、石与石中间以土填实构筑而成的石墙，有的墙体片石被人为挪动。墙体两侧山体缓坡栽有大量沙棘、沙柳及少量沙槐、桃树等，周围散落大量瓦片，外饰绳纹，内饰麻点纹或素面（图一〇六）。

该段长城东北接喇嘛沟村长城1段，西南接喇嘛沟村长城3段。

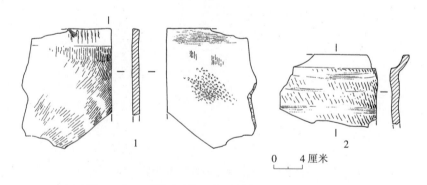

图一〇六　喇嘛沟村长城2段附近采集的瓦片

六五　喇嘛沟村长城3段（610821382101020065）

该段长城位于秃尾河东岸、高家堡镇喇嘛沟村西北的山体缓坡地带，南距喇嘛沟约1千米，北距

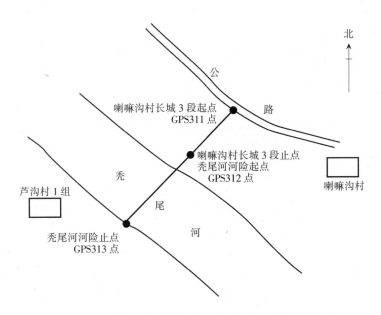

图一〇七　喇嘛沟村长城3段、秃尾河河险位置示意图

团团沟约1.1千米。起于喇嘛沟村西北1.83千米，止于喇嘛沟村西南2.11米，全长281米，整体呈东北—西南走向。起点坐标为东经：110°13′23.93″，北纬：38°36′35.09″，高程：1004.1米；止点坐标为东经：110°13′17.83″，北纬：38°36′27.77″，高程：997.6米（图一〇七）。

该段墙体整体保存差，长281米。现存墙体为自然基础上用黄土夯筑而成的土墙，大部分已被黄沙湮没，仅剩表面不连续略高于两侧山体缓坡的墙体。墙体起点位于锦界至高家堡公路上，西南距秃尾河河底381米，整体呈一路下山的趋势。墙体顶上杂草丛生，两侧山体缓坡栽有大量沙棘、沙柳等，山体沙漠化严重。周围散落有少量瓦片，外饰绳纹，内饰麻点纹。

该段长城东北接喇嘛沟村长城2段，西南接秃尾河河险。

六六　秃尾河河险（610821382107020066）

该段河险位于高家堡镇喇嘛沟村西北2.11千米处的秃尾河，东北、西南岸为连续起伏的沙丘，河川中东北为芦苇、杨树苗杂草等植物，河水流量较大。起于高家堡镇喇嘛沟村西北2.11千米，止于高家堡镇芦沟村1组秃尾河西岸，全长800米，整体呈东北—西南走向。起点坐标为东经：110°13′17.83″，北纬：38°36′27.77″，高程：997.6米；止点坐标为东经：110°13′05.58″，北纬：38°36′11.46″，高程：986米（图一〇七）。

该段河险整体保存状况一般，因年代久远、人为改造、风雨侵蚀，河道下切等原因，秃尾河险已有改变。

该段河险东北接喇嘛沟村长城3段，西南接芦沟村长城1段。

六七　芦沟村长城1段（610821382102020067）

该段长城位于秃尾河西岸芦沟南侧的山梁上，周围为连绵的小沙梁和沙丘，墙体多为流沙掩埋。起于芦沟村1组秃尾河西岸，止于芦沟村1组南1千米，全长1185米，整体呈东北—西南走向。起点坐标为东经：110°13′05.58″，北纬：38°36′11.46″，高程：986米；止点坐标为东经：110°12′43.44″，

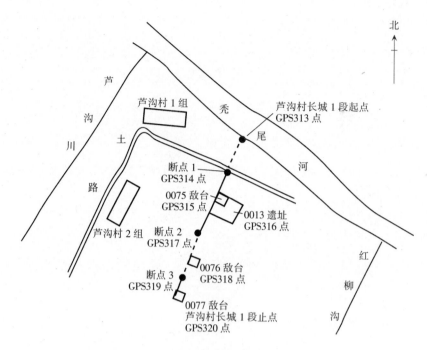

图一〇八　芦沟村长城 1 段位置示意图

北纬：38°35′47.28″，高程：1087 米（图一〇八）。

该段墙体整体保存差，部分被流沙掩埋，其中保存差 784 米，消失 401 米。依其保存状况分 4 个自然段。

第 1 段　起点至断点 1，长 200 米，呈东北—西南走向，墙体已消失。起点处紧邻秃尾河，没有发现瓦片、陶片等遗物，起点西即为芦沟村 1 组所在，墙体由于村庄及西南山梁底部土路的通行消失。

第 2 段　断点 1 至断点 2，长 700 米，墙体保存差，呈东北—西南走向。沿断点 1 西南山梁上呈鱼脊状的墙体向上 200 米为芦沟村 1 号敌台，墙体明显高于两侧坡面，表面长有荒草，两侧散落有大量的石块、石板。芦沟村 1 号敌台向西南墙体原应石砌而成，现在由于黄沙掩埋，仅可见墙体内侧（南侧）边缘整齐的石砌基础，外侧（北侧）边缘现坍塌严重，仅可见沿墙体外侧石块大量散落，在保存较好的地方可以看到墙体宽度应该在 3 米左右。此段墙体两侧都为大大小小的沙丘，长有沙柳、柠条等。

第 3 段　断点 2 至断点 3，长 201 米，消失段，呈东北—西南走向。断点 2 向西南为沙梁，未发现墙体。断点 2 处发现有一陶器甑口沿残片。断点 2 西南 140 米为芦沟村 2 号敌台。

第 4 段　断点 3 至止点（芦沟村 3 号敌台），长 84 米，墙体保存差，呈东北—西南走向。断点 3 西南墙体轮廓可见。

该段长城起点东北接秃尾河河险，西南接芦沟村长城 2 段长城。起点西南 400 米处的墙体上为芦沟村 1 号敌台，西南 1.04 千米的墙体上为芦沟村 2 号敌台，西南 1.19 千米的墙体上为芦沟村 3 号敌台。

该段墙体所在的芦沟村有 120 多户，500 余人。以农业种植和煤炭开采为主，种植有马铃薯、糜子、荞麦、苜蓿等。此段墙体起点西南 300 米为秃尾河西岸乡村土路，墙体北侧的芦沟内有土路通行。

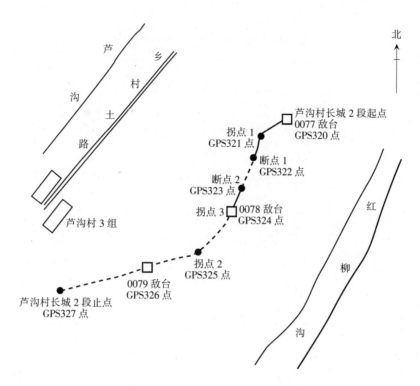

图一○九 芦沟村长城 2 段位置示意图

六八 芦沟村长城 2 段（610821382102020068）

该段长城位于高家堡镇芦沟村南沙梁上，墙体周围为沙丘，东为秃尾河，北为芦沟。起点位于芦沟村 1 组南 1 千米，止点位于芦沟村 3 组南 700 米，全长 1584 米，整体呈东北—西南走向。起点坐标为东经：110°12′43.44″，北纬：38°35′47.28″，高程：1087 米；止点坐标为东经：110°11′48.08″，北纬：38°35′24.72″，高程：1083 米（图一○九）。

该段墙体整体保存差，其中保存差为 231 米，消失 1353 米，墙体现已被流沙掩埋，不可见。依其保存状况分 5 个自然段。

第 1 段 起点至拐点 1，长 140 米，墙体保存差，呈东北—西南走向。此段墙体大部分已经被流沙掩埋，沿墙体方向散落有石块和石板等，零星可见有外绳纹、内麻点纹的瓦片和一些陶器残片。

第 2 段 拐点 1 至断点 1，长 91 米，其中保存差 48 米，消失 43 米，呈东北—西南走向，拐点 1 处为一沙丘，墙体被掩埋 43 米现不可见，43 米处墙体基础重新出现。

第 3 段 断点 1 至断点 2，长 190 米，由于流沙掩埋，墙体消失。

第 4 段 断点 2 至断点 3（芦沟村 4 号敌台），长 43 米，墙体保存差，呈东北—西南走向，沿墙体可见有石板和石块。

第 5 段 断点 3（芦沟村 4 号敌台）至止点，长 1120 米，整体现已被流沙掩埋，墙体消失。断点 3 向西南 80 米处墙体附近散落有外绳纹、内麻点纹的板瓦和筒瓦，拐点 2 处发现一块保存较好的外绳纹内麻点纹的板瓦，拐点 2 西南 120 米处为芦沟村 5 号敌台。

该段长城起点东北接芦沟村长城 1 段止点，止点西南接芦沟村长城 3 段长城起点。

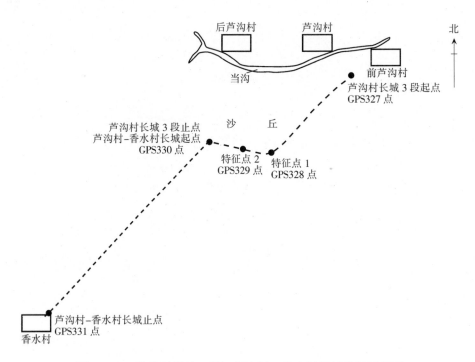

图一一〇　芦沟村长城 3 段、芦沟村—香水村长城位置示意图

六九　芦沟村长城 3 段（6108213821020200069）

该段长城位于高家堡镇芦沟村西南的沙漠中，周围是沙丘、沙梁。起于芦沟村三组南 700 米，止于芦沟村四组南 900 米，全长 1910 米，整体呈东北—西南走向。起点坐标为东经：110°11′49.08″，北纬：38°35′24.72″，高程：1083 米；止点坐标为东经：110°10′33.18″，北纬：38°35′14.28″，高程：1116 米（图一一〇）。

该段墙体由于地处沙漠之中，墙体整体被黄沙掩埋消失，消失长 1910 米。沿线可见有瓦片散落的特征点，依此来判断墙体的走向。其分 3 个自然段。

第 1 段　起点 1 至特征点 1，长 1490 米，呈东北—西南走向。此地区现已为沙漠掩埋，故墙体的具体情况不详。起点处地面上散落有大量外绳纹内麻点纹的瓦片、外绳纹的陶器残片和建筑用石块，推测此处原应为一个敌台。起点向西南墙体的经过路线上，发现散落有许多外绳纹内麻点纹的瓦片和石块。

第 2 段　特征点 1 至特征点 2，长 150 米，呈东南—西北走向。此段墙体现已为沙漠掩埋，故其具体情况不详。特征点 1 处的地面上散落有大量外绳纹内麻点纹的瓦片、一些外绳纹的陶缸残片（陶片中夹杂有大量的粗沙）和建筑用石块，推测此处原应为一个敌台。在墙体的经过地段散落有一些外绳纹内麻点纹、外绳纹内布纹的瓦片和石块。

第 3 段　特征点 2 至止点，长 270 米，呈东南—西北走向。此段墙体现已为沙漠掩埋，故其具体情况不详。特征点 2 处散落有大量外绳纹内麻点纹的瓦片、外绳纹内布纹的瓦片、外绳纹的陶器（陶甑）残片和石块，推测此处原应为一个敌台。在特征点 2 至止点路线上，随处可见散落的外绳纹内麻点纹的瓦片和石块。止点处现存有大量的外绳纹内麻点纹的瓦片、外饰绳纹的陶片及石块，推测原为一个敌台。

现存墙体沿线可见瓦片、陶片、石块等遗物，墙体周围现为沙梁地，生长有沙柳、红柳、臭柏、柠条等沙地植物。

该段长城东北接芦沟村长城2段，西南接芦沟村—香水村长城。

七〇　芦沟村—香水村长城（610821382301020070）

该段长城位于秃尾河西、高家堡镇芦沟村四组南900米的沙漠中，南为红柳沟，北为芦沟。起点位于高家堡镇芦沟村四组南900米，止点位于大河塔乡红柳沟南岸香水村中，全长8500米，整体呈东北—西南走向。起点坐标为东经：110°11′49.08″，北纬：38°35′24.72″，高程：1083米；止点坐标为东经：110°05′33.42″，北纬：38°34′41.46″，高程：1088米。

该段墙体位于秃尾河西的沙漠中，由于风雨侵蚀、黄沙湮没、自然坍塌、沟壑发育、经济建设中的建路、开垦耕地等原因而使其整体消失，现仅根据沿线残留的零星瓦片可辨别消失墙体的走向和位置（图一一〇）。

该段长城东北接芦沟村长城3段，西南接榆阳区大河塌乡香水村长城。

第二节　战国秦长城单体建筑

神木县秦长城单体建筑共79座，其中敌台47座，烽火台32座。本县单体建筑现大多已坍塌，呈不规则形，部分被形象地比喻为"卧鲸状"或圆锥状。平面尺寸在2.2~28米，大多集中在5~15米，约有44座；小于该尺寸的单体建筑共有6座（其中1座只剩下地表的一堆瓦片）；大于该尺寸的单体建筑共有29座。台体高度在1~8.2米，大多集中在5米以下，约有68座（消失只剩下一堆瓦片的不计在内）。

该县所有单体建筑皆为夯土筑就，唯部分单体建筑周围或其上散落有较多的石片。三类单体建筑中，不依墙体而建的烽火台体量较大，平面尺寸均大于15米，其中有两座能看到明显的基座。推测这些大型的单体建筑上或周围原来可能还有其他的建筑，只是现在已圮毁不见。

秦长城单体建筑在经历多年风雨之后，均遭到严重的损毁破坏。

一　杨旺塔村敌台（610821352101020002）

该敌台位于大柳塔镇杨旺塔村西南299米处向南凸出的鱼背状山梁上、杨旺塔村长城1段内（西）侧，面对冲沟，南距乌兰太色沟165米。所在地区为沙土沟壑区，特牛川自北向南流过，山多为沙土山，沙土下有基岩。地理坐标为东经：110°23′10.77″，北纬：39°14′27.28″，高程：1129.6米。

敌台整体保存较差。台体顶部坍塌严重，西侧紧邻冲沟。台体外侧散落有大量片石。

台体平面略呈矩形，剖面呈梯形。底东西7.6、南北8米，顶东西4.6、南北5.7米，台体高3.2米（图一一一）。

该敌台由两部分组成，下部为自然基础上人工夯筑而成，夯层厚0.08~0.1米，夯土层高1.8米；上部为片石垒筑而成，片石层高1.4米。台体西侧散落有少量瓦片，外绳纹、内麻点纹、素面。

该敌台北距杨旺塔村长城1段起点590米，杨旺塔村长城2段起点12米。

该敌台所在的杨旺塔村有居民近30余户，180余人。以农业为主，种植玉米、苜蓿、马铃薯等。台体南侧断崖下方为郭敏路（郭家湾村至敏盖兔村），交通较为便利。

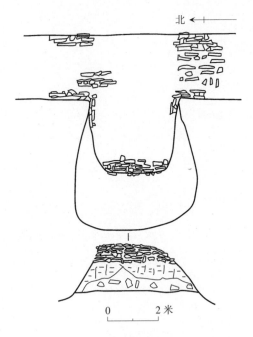

图——一   杨旺塔村敌台平、立面图

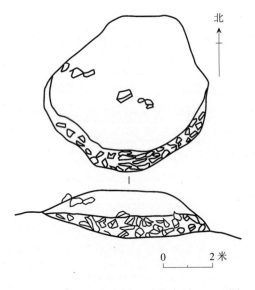

图一一二   石窨塔村1号敌台平、立面图

二   石窨塔村1号敌台（610821352101020004）

该敌台位于大柳塔镇石窨塔村南108米处的山梁上，台体西侧为山坡，坡度较陡。其下为丁其沟，东侧为缓坡荒坡。南距丁其沟131米，东距**犴**牛川378米，西距盘山公路207米。所在地区为山地，沟壑坡度较大。地理坐标为东经：110°23′46.02″，北纬：39°11′32.51″，高程：1024.8米。

敌台整体保存差，坍塌严重，西侧有土路通过。台体南侧发现有大量石片的堆积叠加，石块总厚度为0.6米，而其余各侧面也发现有零星石片散落。台体平、剖面均呈不规则形状，石片垒筑而成，底东西5.6、南北6米，顶东西4.8、南北5.2米，高1.8米（图一一二）。

该敌台位于石窨塔村长城1段的东南43米处，北距石窨塔村烽火台442米。

该敌台所在的石窨塔村，有村民30多户，180多口人，以农业为主，种植荞麦。敌台东侧**犴**牛川东岸有一条乡村公路。

三   石窨塔村2号敌台（610821352101020005）

该敌台位于大柳塔镇石窨塔村南258米处的山体缓坡地带，北临丁其沟，东距**犴**牛川西岸254米。所在地区为山地沟壑区，沟壑坡度较为陡峭。地理坐标为东经：110°23′48.28″，北纬：39°11′19.73″，高程：1068.3米。

台体整体保存较差，损毁较严重。由于风雨侵蚀、植物生长等原因，台体四周坍塌呈缓坡状。

台体呈不规则矩形，剖面呈梯形。底东西17、南北21米，顶东西4、南北9.2米，高2.8米（图一一三）。该敌台为自然基础上人工用沙土夯筑而成，台体东、西两侧散布很多片石，夯层厚0.06~0.1米。据此推测原敌台当是内部夯筑而成，外部包石。

台体东、西两侧散落若干板瓦、筒瓦瓦片，外饰绳纹、弦纹，内饰麻点纹、布纹、方格纹。
该敌台位于石窨塔村长城2段墙体之上，北距该段墙体起点68米。

四   阿沙峁村敌台（610821352101020006）

该敌台位于大柳塔镇阿沙峁村南571米处的山梁上，台体西侧、东侧均为山坡，坡度较陡，东侧坡下为**犴**牛川冲积河道。东距**犴**牛川302米，东距盘山公路211米，北距变电塔273米。地理坐标为东经：110°23′50.22″，北纬：39°10′15.30″，高程：1113.3 米。

敌台整体保存较差，坍塌严重，台体周围杂草丛生。敌台北、南两侧均与墙体相连，据墙体的走向，敌台位于墙体的内侧。敌台东、西两侧均紧邻山体缓坡，其中西侧面敌台底部坍塌严重，现呈一断面，并有沙土堆积。敌台东侧面缓坡沿山势而下，表面长有蒿草和榆树。敌台南侧面底部因雨水冲刷而坍塌严重。敌台东北侧、南侧因台体坍塌现裸露出一些石块，石块厚 0.6 米。

台体平、剖面均呈不规则形，底南北 11.2、东西 9.6 米，顶东西 5.4、南北 3.5 米，东高 1.3、西高 1.6 米（图一一四）。敌台以含沙量较高的黄土夯筑而成。

该敌台位于阿沙峁村长城起点南 1.11 千米的墙体内侧。

该敌台所在的阿沙峁村，有村民 3 余户，10 多人，主要种植荞麦。敌台东侧**牸**牛川东岸有一条乡村公路。

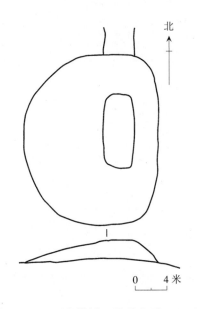

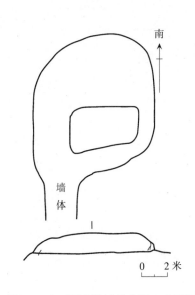

图一一三　石窨塔村 2 号敌台平、立面图　　　　图一一四　阿沙峁村敌台平、立面图

五　刘城嶕山村敌台 （610821352101020007）

该敌台位于孙家岔镇刘城嶕山村东南 3.18 千米处的山梁上。台体西侧、东侧均为山坡，坡度较陡，南、北与墙体相连。敌台东距**牸**牛川 550 米，东距开发区水泥公路 600 米。地理坐标为东经：110°26′03.07″，北纬：39°05′56.47″，高程：1142.2 米。

敌台整体保存较差，坍塌严重。台体周围杂草丛生，顶部有一堆叠加的石片，石片厚度为 0.49 米。东侧紧邻山体缓坡，表面长有杂草。南侧与墙体相连，现为一缓坡，坡面上长有沙棘，并有石片的叠加。西侧台体遭风雨侵蚀严重，现表面沙化明显。北侧现为一立面，表面长有沙棘。

台体整体呈卧鲸状，剖面为不规则状，底东西 8、南北 13.4 米，顶东西 4、南北 8 米，高 2.2 米（图一一五）。该敌台以本地含沙量较大且夹杂有少量料礓石的黄土夯筑而成。同时，在敌台的东、西两侧发现有外包的石片，但大部分已散落于地表。

敌台四周发现散落有外饰绳纹、内饰麻点纹的板瓦瓦片。

该敌台位于刘城嶕山村长城上，南北与墙体相连，北距刘城嶕山遗存 984 米。

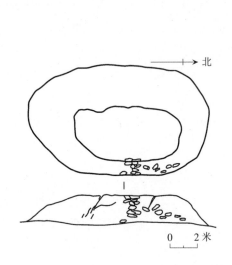

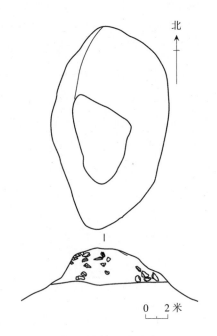

图一一五　刘城嶂山村敌台平、立面图　　　　　图一一六　平士梁村 1 号敌台平、立面图

该敌台所在的刘城嶂山村外迁，无人居住，以开采煤炭为主。敌台东侧**犇**牛川东岸为开发区水泥公路。

六　平士梁村 1 号敌台（610821352101020010）

该敌台位于孙家岔镇平士梁村西南 270 米处的缓坡上，东距**犇**牛川 511 米，两侧为水冲沟，西距沟底 36 米，东距沟底 23 米。地理坐标为东经：110°25′54.41″，北纬：39°04′50.04″，高程：1068.6 米。

该敌台整体保存现状较差。台体南、北坍塌呈缓坡状，东、西面与山体垂直，台体呈卧鲸状。

台体平面呈椭圆形，剖面呈弧拱形。底东西 10.7、南北 18 米，顶东西 5.3、南北 8 米，高 3.2 米（图一一六）。该敌台由黄土筑成，周围散布大量片石，由此推测原敌台当是内部土筑，外侧包石。

台体周围散落少量板瓦、筒瓦瓦片，外饰绳纹，内饰麻点纹。

该敌台位于平士梁村长城 2 段墙体上，北距该段长城起点 310 米，南距平士梁村 2 号敌台 163 米。

该敌台所在的平士梁村有村民十五六户，80 多人。以农业种植和煤炭开采为主，农业主要种植有马铃薯、糜子、荞麦、苜蓿等。该地为山地沟壑河流区，主要为土路。

七　平士梁村 2 号敌台（610821352101020011）

该敌台位于孙家岔镇平士梁村西南 341 米处**犇**牛川西岸的山顶上。台体四周为缓坡。地理坐标为东经：110°25′54.54″，北纬：39°04′44.99″，高程：1109.6 米。

该敌台整体保存现状差，四面坍塌呈缓坡状，东南侧被沙土掩埋。顶部和北侧有少量片石。

台体平面略呈圆形，剖面呈不规则形。底东西 20、南北 19 米，顶东西 3、南北 3.5 米，高 4 米（图一一七）。该敌台为自然基础上人工夯筑而成。

台体周围散落很多板瓦、筒瓦残片，外饰绳纹，内饰麻点纹、布纹。

该敌台位于平士梁村长城 2 段墙体上，北距该段长城起点 473 米，北距平士梁村 1 号敌台 163 米。

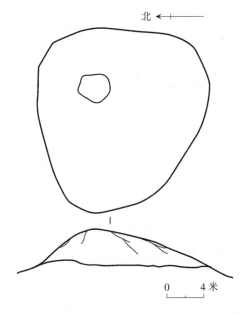

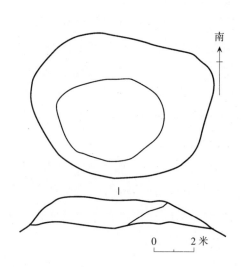

图一一七　平士梁村 2 号敌台平、立面图　　　　　图一一八　燕家伙盘村 1 号敌台平、立面图

八　燕家伙盘村 1 号敌台 （610821352101020015）

该敌台位于孙家岔镇燕家伙盘村东南 750 米处的缓坡上，东距**犊**牛川 534 米，南、北临深沟，东、西接山体。地理坐标为东经：110°25′35.31″，北纬：39°04′01.54″，高程：1117.2 米。

该敌台保存较差，整体坍塌呈圆丘状。台体南、西面坍塌呈缓坡状，东、西面几乎与地面垂直。台体周围散布大量鹅卵石及少量料礓石和片石。

台体平面呈不规则圆形，剖面呈梯形。底东西 9.4、南北 7.2 米，顶东西 5.5、南北 4.1 米，高 1.5 米（图一一八）。该敌台为黄土夯筑而成，土层中夹杂有鹅卵石和料礓石，夯层不明显。

台体周围散落少量板瓦、筒瓦瓦片，主要是外饰绳纹，内素面。其中一件外绳纹内麻点的板瓦瓦片内侧有戳印。还有一些内外皆素面的器物瓦片。

该敌台位于燕家伙盘村长城墙体上，北距该段长城起点 410 米，南距燕家伙盘村 2 号敌台 416 米。

九　燕家伙盘村 2 号敌台 （610821352101020016）

该敌台位于孙家岔镇燕家伙盘村东南 1.17 千米处的缓坡上，东距**犊**牛川 310 米，南、北临深沟，东、西接山体。地理坐标为东经：110°25′34.12″，北纬：39°03′48.91″，高程：1120 米。

敌台整体保存较差，台体四面坍塌呈缓坡状，南面有盗洞，宽 1.3、高 1.7、进深 2.8 米。台体顶部栽有数棵沙棘，育树坑对台体造成了破坏。

台体平面呈不规则状，剖面呈弧拱形。底东西 18、南北 19 米，顶东西 3、南北 5 米，高 4 米（图一一九）。该敌台由黄土夯筑而成，夯层中夹杂有鹅卵石和料礓石，夯层厚 0.1～0.12 米。

台体周围散落大量板瓦、筒瓦瓦片，外饰绳纹，内饰麻点纹、素面。

该敌台建在燕家伙盘村长城墙体上，北距该段长城起点 826 米，北距燕家伙盘村 1 号敌台 416 米，南距燕家伙盘村 3 号敌台 552 米。

一〇　燕家伙盘村 3 号敌台（610821352101020017）

该敌台位于孙家岔镇燕家伙盘村东南 1.72 千米处的山顶上。台体周围是平坦的荒草地，东距**犄牛**川 536 米。地理坐标为东经：110°25′30.65″，北纬：39°03′32.59″，高程：1140.3 米。

该敌台保存较差。台体北面坍塌呈缓坡状，东南面上部坍塌呈缓坡状，下部人为挖掘成直立面，可见清晰的夯层，西面靠顶部位置栽有一根电线杆，台体顶部窄小，有人为垒筑的石堆，高约 0.27米。台体周围散布少量片石。

台体平面近似圆形，剖面呈弧拱形，底东西 10.6、南北 17.3 米，顶东西 2.2、南北 2 米，北侧高3.2、南侧高 5.8 米（图一二〇）。敌台由黄土夯筑而成，夹杂有少量的料礓石，东南面可见清晰的夯层，夯层厚 0.06~0.1 米。

台体周围散落很多板瓦、筒瓦瓦片，外饰绳纹，内饰麻点纹、布纹、素面纹。

该敌台建在燕家伙盘村长城墙体上，北距该段长城起点 1.38 千米，北距燕家伙盘村 1 号敌台 968米，北距燕家伙盘村 2 号敌台 552 米。

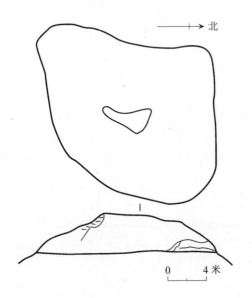

图一一九　燕家伙盘村 2 号敌台平、立面图

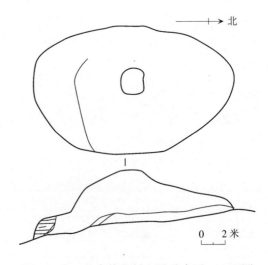

图一二〇　燕家伙盘村 3 号敌台平、立面图

一一　高家塔村敌台（610821352101020018）

该敌台位于孙家岔镇高家塔村东北 340 米、乌兰木伦河与**犄牛**川交汇处西的山顶平整地带上。台体东为山体缓坡，栽种大量沙棘，北为山顶平整地带，西北 15 米有高压线塔一座，西为山顶平整地带，现为墓地，南为高家塔村长城，南距盘山土路 38 米。地理坐标为东经：110°25′39.92″，北纬：39°02′42.30″，高程：1092.7 米。

该敌台整体保存差，坍塌严重，四周呈缓坡状，易登到顶部，南侧有盗洞，洞长 2.4、宽 0.7、进深 1.3 米。台体顶部坍塌，呈半月牙形，堆积少量石块，北侧因坍塌已缺失。台体上有少量沙蒿类植物，偶有动物洞穴。

台体平面呈不规则形，剖面呈梯形。底东西 10.5、南北 10.5 米，顶东西 4、南北 2.5 米，高 1.5

米（图一二一）。

台体周围散落有零星瓦片，外饰绳纹，内饰麻点纹。敌台建在高家塔村长城上。

该敌台所在的高家塔村有村民 15 余户，30 余人。以农业为主，主要种植马铃薯、糜子、荞麦、玉米等。仅有盘山土路可达，交通不便。

一二　王家沟村边墙梁 1 号敌台（610821352101020029）

该敌台位于王家沟村边墙梁东北 1 千米处。台体西侧紧邻一条环山土路，在西 45 米处有沟壑发育；南、北两侧同墙体相连，在西南 54 米处发育有沟壑；东侧是平坦的缓坡，上面生长有蒿类、柠条、荒草等。地理坐标为东经：110°24′17.16″，北纬：38°59′43.63″，高程：1179.4 米。

敌台整体保存差，损毁严重。台体整体坍塌，呈土梁状，底部南、北两侧同墙体相连。台体西侧因人工开路铲削严重，东侧雨水冲刷痕迹严重，顶部因风雨侵蚀现凹凸不平。台体顶部及侧面上长有沙棘、荒草、蒿类等植物。壁面分布昆虫洞穴。

台体呈狭长的不规则状，底东西 5.6、南北 20 米，顶东西 2.2、南北 7.4 米，高 2.5 米（图一二二）。该敌台由黄土夯筑而成，夯层中夹杂有大量的料礓石和沙石及外饰绳纹、内饰麻点纹的板瓦残片。夯层厚 0.07～0.09 米。

台体周围散落少量板瓦、筒瓦残片，外饰绳纹，内饰麻点纹。

该敌台北距王家沟村边墙梁 8 号烽火台 215 米。

该敌台所在的王家沟村有村民 50～60 户，300 多人。以农业种植为主，主要种植有马铃薯、糜子、荞麦、苜蓿等农作物。该地为黄土高原山地沟壑区，主要为盘山土路。

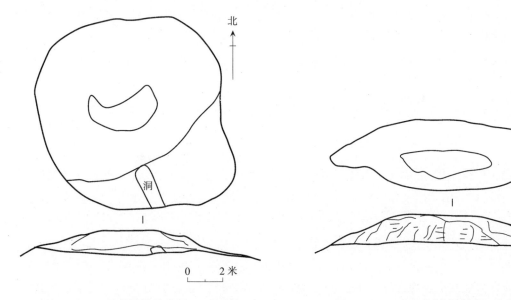

图一二一　高家塔村敌台平、立面图　　　　图一二二　王家沟村边墙梁 1 号敌台平、立面图

一三　王家沟村边墙梁 2 号敌台（610821352101020030）

该敌台位于窟野河西岸 3.01 千米处的山体缓坡上，西南距王家沟村边墙梁 835 米。台体南、北两侧同墙体相连，东南侧 6 米处发育有沟壑，东侧是平坦的缓坡，上面生长有蒿类、柠条、荒草等。台体西侧紧邻一条环山土路，在西侧 51 米处有沟壑发育，东北侧 224 米处有一高压线塔。地理坐标为东

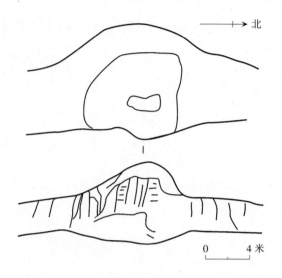

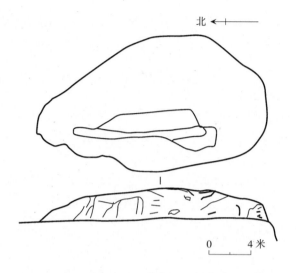

图一二三　王家沟村边墙梁 2 号敌台平、立面图　　　图一二四　王家沟村边墙梁 3 号敌台平、立面图

经：110°24′14.81″，北纬：38°59′22.56″，高程：1148.2 米。

敌台整体保存差，损毁严重，坍塌呈圆丘状，底部南、北两侧同墙体相连；顶部因风雨侵蚀、植物根系生长而凹凸不平；南侧坍塌呈缓坡状；西侧因人工开路铲削严重；东侧雨水冲刷损毁严重。台体顶部及侧面上的植物根系生长和昆虫洞穴对台体破坏严重。

台体平、剖面呈不规则形，底东西 7.8、南北 9 米，顶东西 1.4、南北 3 米，高 2.8 米（图一二三）。敌台利用本地黄土夯筑而成，夹杂有少量的沙石，台体东侧夯层清晰，夯层厚度为 0.07 ~ 0.1 米。

台体周围散落大量外饰绳纹，内饰麻点纹、素纹板瓦、筒瓦残片。筒瓦多为外切，筒瓦厚 1 厘米，板瓦多为内切而成。

该敌台北距王家沟村边墙梁长城 4 段的起点 406 米。

一四　王家沟村边墙梁 3 号敌台（610821352101020031）

该敌台位于窟野河西岸 3.05 千米处的山体缓坡上，西南距王家沟村边墙梁 638 米处。台体周围多沟壑发育，东侧 47 米处有一条环山土路。台体东、西两侧分布有耕地，种植有荞麦等。台体南侧同墙体相连，西侧 96 米处有坟地。所在地区为黄土高原丘陵沟壑地带，地形较为复杂。地理坐标为东经：110°24′16.03″，北纬：38°59′16.92″，高程：115.4 米。

敌台整体保存差，坍塌、剥落严重。其东侧因雨水冲刷坍塌成缓坡；西侧因农业用地而铲削严重；南侧与长城墙体相连；顶部因风雨侵蚀、昆虫洞穴等因素而凹凸不平，顶部东侧和西南侧略低。植物根系和昆虫洞穴对台体破坏严重。

台体整体呈卧鲸状，底东西 13、南北 22.5 米，顶东西 4、南北 14 米，高 3.2 米（图一二四）。用黄土人工夯筑而成，夹杂有大量的料礓石和沙石，夯层中有外饰绳纹、内饰麻点纹的板瓦。夯层厚 0.04 ~ 0.09 米。

台体周围散落有外饰绳纹、内饰麻点纹的板瓦和筒瓦残片。

该敌台北距王家沟村边墙梁 3 号敌台 197 米。

一五 老虎沟畔村敌台 （610821352101020033）

该敌台位于窟野河西岸 2.8 千米的丘陵沟壑地带的山体缓坡上，周围多开垦为耕地，东南距老虎沟畔村 71 米，台体东侧 62 米处发育有沟壑，西侧为山体缓坡，杂草丛生，种植有松柏，东侧 24 米处为一条环山土路，南侧紧邻土路，北侧 35 米处发现有一个烧焦炭用的圆柱形的坑。地理坐标为东经：110°24′20.43″，北纬：38°58′28.48″，高程：1153.9 米。

敌台整体保存差，损坏严重，坍塌呈不规则形。台体东、西两侧因农田而铲削严重，种植有黄豆、荞麦等；南侧因修路而被铲削，并有雨水冲刷痕迹；东北侧与墙体相连；顶部因风雨侵蚀现凹凸不平，顶部西南侧形成一个小豁口。植物根系和昆虫洞穴对台体破坏严重。

台体平、剖面均呈不规则形，底东西 4.3、南北 5.3 米，顶东西 2.3、南北 3 米，高 2.2 米（图一二五）。用本地黄土夯筑而成，在夯层中夹杂有外饰绳纹、内饰麻点纹的板瓦，以及大量料礓石和沙石，东侧夯层清晰，夯层厚 0.06~0.08 米。

台体周围散落大量外饰绳纹、内饰麻点纹的板瓦和筒瓦残片。

该敌台东北距老虎沟畔村烽火台 382 米。

该敌台所在的老虎沟畔村有村民 7 户，20 多人。以农业种植为主，种植马铃薯、糜子。

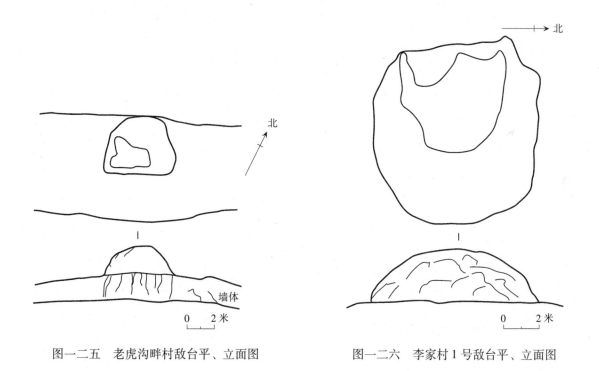

图一二五 老虎沟畔村敌台平、立面图　　　图一二六 李家村 1 号敌台平、立面图

一六 李家村 1 号敌台 （610821352101020034）

该敌台位于李家村东北 1.5 千米、窟野河西岸 3.5 千米处的丘陵沟壑地带的山体缓坡上，周围为山体缓坡，杂草丛生。东北 58 米处发育有沟壑，西南 67 米处为墓地，周围种植有大片松柏，西侧 37 米处为环山土路。地理坐标为东经：110°24′16.50″，北纬：38°58′03.51″，高程：1217.7 米。

敌台整体保存差，损坏严重，坍塌呈圆丘状。台体西北侧雨水冲刷形成一个小豁口；西侧因柠条根系生长、雨水冲刷等因素严重剥落；东侧坍塌成缓坡；北侧同墙体相连；顶部因风雨侵蚀、植物根系生长等原因凹凸不平。植物根系和昆虫洞穴对台体破坏严重。

台体平面呈不规则形，东侧立面呈弧拱形。底东西 10.3、南北 9.6 米，顶东西 5.5、南北 6 米，高 3 米（图一二六）。夯土中夹杂有料礓石和沙石，夯层厚 0.07～0.09 米。

台体周围散落有大量外饰绳纹、内饰麻点纹或素面板瓦和筒瓦残片，瓦片为泥条盘筑。

该敌台北距老虎沟畔村敌台 817 米。

一七　李家村 2 号敌台 （610821352101020035）

该敌台位于麻家塔乡李家村东 550 米、窟野河西岸 3.85 千米的丘陵沟壑地带的山体缓坡上。台体东 52 米处有沟壑，东北 118 米处有沟壑，南 68 米处有沟壑，西侧为山体缓坡，种有松柏，北 110 米处有环山土路通过。地理坐标为东经：110°24′20.92″，北纬：38°57′48.59″，高程：1215.3 米。

敌台整体保存差，损坏严重，坍塌呈不规则形。其顶部因风雨侵蚀而变得凹凸不平；南侧同墙体相连；西侧因雨水冲刷形成两个豁口；东侧雨水冲刷形成缓坡；北侧可见裸露的夯层。台体顶部及侧面上的植物根系和昆虫洞穴对台体破坏严重。

台体平面呈不规则形，北侧立面呈弧拱形。底东西 7、南北 8.8 米，顶东西 3、南北 6.6 米，高 2 米（图一二七）。夯层中夹杂有料礓石和外饰绳纹、内饰麻点纹的板瓦残片，夯层厚 0.07～0.11 米。

台体及周围散落大量外饰绳纹、内饰麻点纹的板瓦和筒瓦残片。

该敌台北距李家村 1 号敌台 714 米。

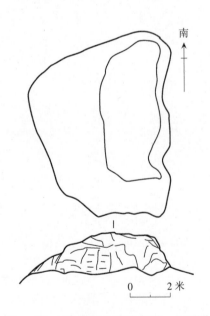

图一二七　李家村 2 号敌台平、立面图

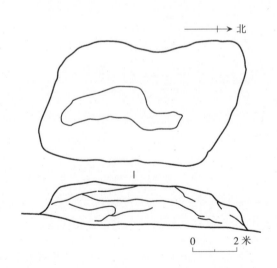

图一二八　后麻家塔村 1 号敌台平、立面图

一八　后麻家塔村 1 号敌台 （610821352101020039）

该敌台位于麻家塔乡后麻家塔村南 850 米、窟野河西岸的黄土高原沟壑地带的山坡上。台体及周围长满蒿类植物，东 49 米处为环山土路，西侧发育有沟壑，东北 223 米处为一个砖厂，南侧为沙丘地形，长满沙柳。地理坐标为东经：110°25′39.57″，北纬：38°52′38.54″，高程：1114 米。

敌台整体保存差，损坏严重，南、北两侧连接墙体；东、西两侧坍塌呈缓坡状，因为雨水冲刷和植物根系生长，壁面凸凹不平。

台体平面呈不规则形，剖面呈梯形。底东西 5.6、南北 9.6 米，顶南北 5.6、东西 2 米，北侧高 2.3、南侧高 1.5 米（图一二八）。黄土人工夯筑而成，夯层已不清晰。

台体周围散落有大量的外饰绳纹内饰麻点纹的筒瓦和板瓦残片。

该敌台北距后麻家塔村 1 号烽火台 420 米。

该敌台所在的后麻家塔村有村民 130 多户，670 多人，以农业种植为主，种植有马铃薯、糜子、荞麦、苜蓿等农作物。该地为黄土高原山地沟壑区，主要为盘山土路。

一九　后麻家塔村 2 号敌台（610821352101020040）

该敌台位于麻家塔乡后麻家塔村西南 1.3 千米处、窟野河西岸。台体周围为沙丘地形，种植有沙柳，流沙对台体的侵蚀严重，东北 655 米处有一个工厂，东侧 150 米处为神井大道，东南 264 米处为一条沙路。地理坐标为东经：110°25′35.21″，北纬：38°52′19.43″，高程：1163 米。

敌台整体保存差，坍塌严重，台体南、北两侧连接墙体；东、西两侧坍塌呈缓坡状，长有大柠条；顶部为不规则形，长满杂草。植物根系生长、流沙侵蚀、昆虫洞穴等因素对台体破坏严重。

台体整体呈不规则形，底东西 8.6、南北 10 米，顶东西 4.6、南北 5 米，东侧高 3.2、西侧高 4.6 米（图一二九）。夯土中夹杂有少量沙石和料礓石，夯层厚 0.04 ~ 0.1 米。

台体周围散落有大量的外绳纹，内麻点纹、布纹、素面纹筒瓦和板瓦残片及陶器残片。

该敌台东北距后麻家塔村 1 号敌台 600 米。

二〇　灰昌沟村 1 号敌台（610821352101020045）

该敌台位于神木镇灰昌沟村西南 1.35 千米处的山坡上。台体西侧紧邻环山土路，南侧紧邻冲沟，北侧连墙体，东紧邻山体缓坡，缓坡山长满酸枣树，北距高线压塔 120 米。地理坐标为东经：110°24′44.68″，北纬：38°49′06.19″，高程：1152.3 米。

敌台整体保存差，坍塌严重。东侧由于雨水冲刷和酸枣树的生长而坍塌呈缓坡状；南侧因雨水冲刷、植物根系生长坍塌严重；西侧因人为的开路和耕地利用而被切削；北侧因雨水冲刷坍塌呈缓坡状；顶部因雨水冲刷而凹凸不平，南、北两端略低于中间。

台体平、剖面均呈不规则形，底东西 5.4、南北 13.6 米，顶东西 2、南北 6.8 米，高 1 ~ 3.6 米（图一三〇）。夯土中夹杂有大量沙石和料礓石，夯层厚 0.06 ~ 0.9 米。

台体周围散落有少量的外绳纹、内麻点纹和内素纹的筒瓦和板瓦残片。

二一　灰昌沟村 2 号敌台（610821352101020046）

该敌台位于神木镇灰昌沟村西南 1.4 千米处的山坡上，周围多沟壑发育。台体北 25 米处发育有沟壑，东北 35 米处发育有沟壑，西 36 米处为环山土路。台体周围为坟地。地理坐标为东经：110°24′48.16″，北纬：38°48′55.07″，高程：1204.2 米。

敌台整体保存差，坍塌严重。东侧因雨水冲刷、植物根系生长坍塌呈缓坡状；西侧因雨水冲刷，凹凸不平；北侧因雨水冲刷和植物根系的生长，变得得坑坑注注；顶部因雨水冲刷，凹凸不平，南、北两端略低于中间。

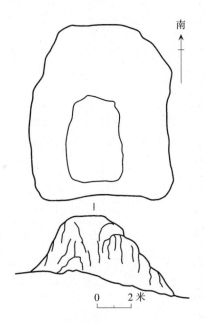

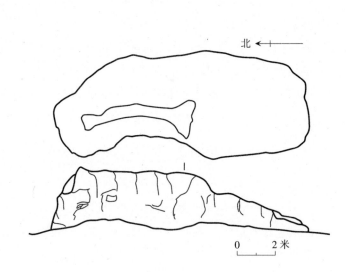

图一二九　后麻家塔村2号敌台平、立面图　　　　图一三〇　灰昌沟村1号敌台平、立面图

台体平面呈不规则形，剖面呈梯形。底东西9、南北10.5米，顶东西4、南北6米，高1.3～2.4米（图一三一）。夯土中夹杂有沙石和料礓石，夯层厚0.08～0.11米。

台体周围散落有少量的外绳纹、内麻点纹和内素纹的筒瓦和板瓦残片。

该敌台西北距灰昌沟村1号敌台250米。

二二　新圪崂村敌台（6108213521010020047）

该敌台位于神木镇新圪崂村东北350米处的山坡上，周围多沟壑发育。台体及周围长满蒿类植物，西北23米处发育有沟壑，东南26米处发育有沟壑，西南27米处发育有沟壑，西58米处发育有沟壑，北侧紧邻环山土路，南侧连接墙体。地理坐标为东经：110°24′49.09″，北纬：38°48′35.71″，高程：1215.5米。

敌台整体保存差，损坏严重，东侧因沟壑发育和植物根系生长坍塌变得坑坑洼洼；南侧连接墙体处坍塌成缓坡；西侧雨水冲刷成一个大的豁口，豁口长6.8米，宽1.8米，进深1.2米；北侧因人为开路、雨水冲刷而坍塌得凹凸不平，残留0.6米长的墙体。

台体平面呈不规则形，剖面略呈梯形。底东西10.5、南北16米，顶东西3、南北5.5米，高8米（图一三二）。夯土中夹杂有沙石和料礓石及外绳纹内麻点纹的瓦片，夯层裸露明显，夯层厚0.06～0.11米。

台体周围散落有大量的外绳纹、内麻点纹、内素纹的筒瓦和板瓦残片。另见有陶器残片。

该敌台北距灰昌沟村2号敌台603米。

二三　三道沟村1号敌台（6108213521010020048）

该敌台位于神木镇三道沟村北1.75千米处的山坡上，周围多沟壑发育。台体及周围长满蒿类植物，西北17米处发育有沟壑，东北36米处发育有沟壑，西南45米处发育有沟壑，东南31米处发育有沟壑，西北717米处有一个工厂，东侧紧邻环山土路。地理坐标为东经：110°24′31.06″，北纬：38°47′50.49″，高程：1221.1米。

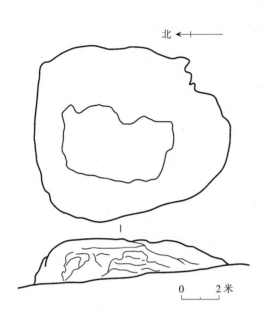

图一三一　灰昌沟村 2 号敌台平、立面图

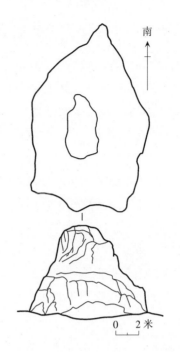

图一三二　新圪崂村敌台平、立面图

图一三三　三道沟村 1 号敌台平、立面图

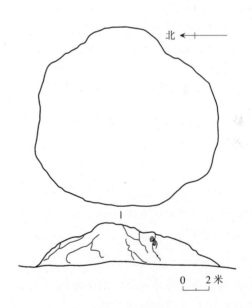

图一三四　三道沟村 2 号敌台平、立面图

　　台体整体保存差，坍塌严重。其东侧因修路被铲削；南侧连接墙体处坍塌呈缓坡状；西侧坍塌，凹凸不平；北侧因雨水冲刷变得坑坑洼洼。

　　台体平面呈不规则形，剖面呈梯形。底东西 12、南北 13.5 米，顶东西 5、南北 5.4 米，高 5.4 米（图一三三）。夯土中夹杂有沙石和料礓石及外绳纹内麻点纹的瓦片，夯层厚 0.07～0.1 米。

　　台体周围散落有大量的外绳纹、内麻点纹和素纹的筒瓦及板瓦残片。

　　该敌台南距三道沟村 2 号敌台 150 米。

二四　三道沟村 2 号敌台　（610821352101020049）

该敌台位于神木镇三道沟村北 1.5 千米处的山坡上，周围长满蒿类植物，北 29 米处为山间土路，南 79 米处为墓地。地理坐标为东经：110°24′31.31″，北纬：38°47′44.95″，高程：1232.8 米。

敌台整体保存差，坍塌严重，四周凹凸不平，已坍塌，呈圆丘状，流沙覆盖严重。

台体平面呈圆形，平面呈弧拱形。底东西 13.5、南北 14.5、高 3.3 米（图一三四）。黄土夯筑而成，夯层已不清晰。

台体周围散落有大量的外绳纹内麻点纹、内素纹、内布纹筒瓦和板瓦残片。

该敌台南距三道沟村 1 号烽火台 450 米。

二五　三道沟村 3 号敌台　（610821352101020052）

该敌台位于神木镇三道沟村南 513 米处的山坡上，周围长满蒿类、柠条等植物，北 5 米处为山间土路，南侧土壤沙化严重，东 85 米处有一个庙，西北 38 米处有沟壑发育，西南 54 米处发育有沟壑。地理坐标为东经：110°24′13.28″，北纬：38°46′43.39″，高程：1169.4 米。

敌台整体保存差，坍塌严重。台体四侧均由于雨水冲刷而坍塌，呈斜坡状，杂草丛生。雨水冲刷、植物根系生长等因素对台体的损坏严重。

台体平、剖面均呈不规则矩形，底东西 3.5、南北 3、高 1.2 米（图一三五）。夯层中夹杂有沙石，夯层厚度已不清晰。

台体四周零星散落有少量料礓石和外绳纹、内麻点纹筒瓦和板瓦残片。

该敌台北距三道沟村 2 号烽火台 126 米。

二六　三道沟村 4 号敌台　（610821352101020053）

该敌台位于神木镇三道沟村南 680 米处的山坡上，四周多沟壑发育。台体周围长满蒿类、柠条等植物，西南 101 米处有山间土路，西北 39 米处发育有沟壑，东南 91 米处有电线杆。地理坐标为东经：110°24′11.35″，北纬：38°46′38.23″，高程：1163.4 米。

敌台整体保存差，坍塌严重，现剩原台体的三分之一。台体四周均由于雨水冲刷、植物根系生长、流沙侵蚀而坍塌严重。台体长满杂草、蒿类植物，顶部已基本看不出台体原来的形制。

台体呈不规则形，底东西 7、南北 5 米，顶东西 5、南北 3.5、高 3 米（图一三六）。夯土中夹杂有料礓石和沙石，夯层裸露清晰，夯层厚 0.07 ~ 0.12 米。

台体周围散落有外绳纹，内麻点纹、内布纹、回纹、素纹筒瓦和板瓦残片及陶器残片。

该敌台北距三道沟村 3 号敌台 168 米。

二七　崔家畔村敌台　〔610821352101020057〕

该敌台位于高家堡镇崔家畔村西南 1.94 千米处的缓坡地带，四周有沟壑发育，西南 117 米及东南 91 米处有沟。台体西 32 米处有山间土路，北部 334 米处有高压线塔；东为坡面。地理坐标为东经：110°17′48.60″，北纬：38°41′30.09″，高程：1273 米。

敌台整体保存差，坍塌呈南北狭长的鱼脊梁状。台体南接墙体；北面的墙体消失；东、西壁面上部 1 米呈直立面，下部坍塌呈缓坡状。

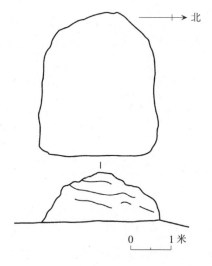

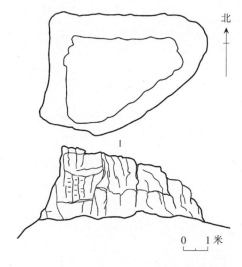

一三五　三道沟村 3 号敌台平、立面图　　图一三六　三道沟村 4 号敌台平、立面图

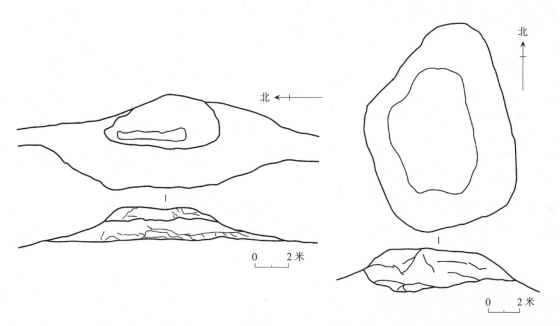

图一三七　崔家畔村敌台平、立面图　　图一三八　团团沟村 1 号敌台平、立面图

台体平、剖面均呈不规则形，底东西 5.6、南北 15 米，顶东西 0.8、南北 4.2 米，高 2 米（图一三七）。夯层中夹杂有瓦片多料礓石，夯层厚 0.09 ~ 0.1 米。

台体周围散落很多板瓦、筒瓦瓦片，外饰绳纹，内饰麻点纹。

该敌台位于梁财庙—崔家畔村长城上，东北距崔家畔村烽火台 691 米。

二八　团团沟村 1 号敌台（610821352101020060）

该敌台位于高家堡镇团团沟村东 750 米处的坡底处，周围有沟壑发育。台体东、西两侧土壤沙化严重，可见成片的沙丘。所在地区为典型的黄土高原沟壑地貌，地形较为复杂。地理坐标为东经：110°16′21.30″，北纬：38°39′22.27″，高程：1219 米。

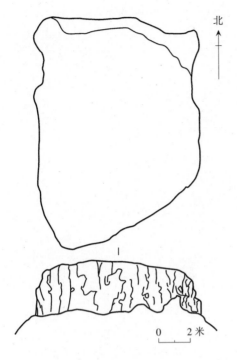

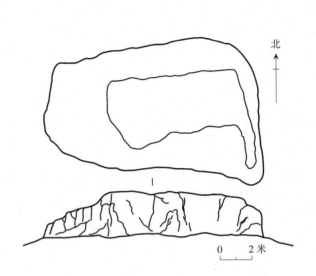

图一三九　团团沟村 2 号敌台平、立面图　　　　图一四〇　团团沟村 3 号敌台平、立面图

　　敌台整体保存差，北侧面几乎与长城墙体齐平，其他面坍塌，与坡面形成自然走势的缓坡。顶部四面高中间低。

　　台体平面、剖面皆呈不规则形。底东西 9.9、南北 13 米，顶东西 7.8、南北 5.8 米，高 2.7 米（图一三八）。黄土夯筑而成，夯层不明显。

　　台体周围散落大量板瓦、筒瓦瓦片，外饰绳纹，内饰麻点纹、布纹、素面纹。

　　该敌台位于团团沟村长城 1 段墙体上，东北距梁财庙村 2 号烽火台 423 米。

二九　团团沟村 2 号敌台（610821352101020061）

　　该敌台位于高家堡镇团团沟村东 1.2 千米处的缓坡地带。台体北侧面下部紧邻深沟，西北面 50 米处有沟壑发育，东面紧邻山间土路，南面的缓坡上有开垦的农田，周围的土壤沙化严重。地理坐标为东经：110°16′14.62″，北纬：38°39′08.86″，高程：1219.1 米。

　　敌台整体保存较差，南、北、西侧面直立，夯层裸露；东侧面坍塌呈缓坡状，东北面有 "U" 形豁口，北侧面中部垮塌成面积较大的 "V" 形豁口，南侧面上部直立，下部垮塌成缓坡。台体顶部坍塌呈不规则状，边缘破碎。

　　台体平、剖面皆呈不规则形，底东西 10.5、南北 14 米，顶东西 10.5、南北 13 米，高 3.3 米（图一三九）。夯层中夹杂有瓦片和少量片石，夯层厚 0.07 ～ 0.09 米。

　　台体周围散落很多板瓦、筒瓦瓦片，多外饰绳纹，内麻点纹、布纹、素面。

　　该敌台位于团团沟村长城 1 段墙体上，西南距团团沟村 3 号敌台 185 米，东北距团团沟村 1 号敌台 480 米。

三〇 团团沟村 3 号敌台 （6108213521010200062）

该敌台位于高家堡镇团团沟村东 1.39 千米处的缓坡地带，周围临沟，地形破碎。西、西北两面为开垦的农田，种植有大豆、高粱等作物，西北侧紧邻一条山间土路，东、南两侧土壤沙化严重，可见成片的沙地。西北距沟 54 米，东距沟 42 米。台体地理坐标为东经：110°16′12.16″，北纬：38°39′03.03″，高程：1204.8 米。

敌台整体保存差，东侧面仅高出地面 0.5 米，坍塌呈缓坡状；西南侧被雨水冲成两个大的豁口；西侧面垮塌呈"V"形豁口；北侧面坍塌，与坡面呈 60°角的缓坡。台体顶部坍塌呈东西狭长的卧鲸状。

台体平、剖面均呈不规则形，底东西 14、南北 8.5 米，顶东西 9.5、南北 6 米，高 2.8 米（图一四〇）。该敌台为黄土夯筑而成，夯层厚 0.07 ~ 0.09 米。

台体周围散落很多板瓦、筒瓦残片，外饰绳纹，内麻点纹、布纹、素面。板瓦厚约 3 厘米。

该敌台位于团团沟村长城 1 段墙体上，西南距团团沟村 4 号敌台 1.7 千米，东北距团团沟村 2 号敌台 185 米。

三一 团团沟村 4 号敌台 （6108213521010200063）

该敌台位于高家堡镇团团沟村南 977 米处的缓坡地带。敌台东南面地势平坦，附近土壤沙化严重；东、东北两面有缓坡，土壤沙化；西、西北两面地势平缓，缓坡外围地形破碎、沟壑发育。地理坐标为东经：110°15′29.43″，北纬：38°38′18.30″，高程：1174.7 米。

敌台整体保存差，西、北、南三立面，上部直立，夯层裸露，底部有坍塌的夯土；东面坍塌呈缓坡状。台体四周散落有大量圆形石头。

台体平面呈不规则形，剖面呈梯形。底东西 4.2、南北 13.8 米，顶东西 4.2、南北 5.4 米，高 4.2 米（图一四一）。夯土中夹杂有少量的片石，夯层厚 0.07 ~ 0.1 米。

台体周围散落很多板瓦、筒瓦瓦片，外饰绳纹、内饰麻点纹、布纹、素面。瓦片厚 1 ~ 3 厘米不等。另有素面陶器残片。

该敌台所处位置是团团沟村长城 3 段的止点，西南距团团沟村 5 号敌台 279 米，东北距团团沟村 3 号敌台 1.7 千米。

三二 团团沟村 5 号敌台 （6108213521010200064）

该敌台位于高家堡镇团团沟村东南 1.32 千米处的山顶。台体四面为平坦的坡地，坡地外围沟壑发育，台体东、西两侧土壤沙化严重。地理坐标为东经：110°15′23.61″，北纬：38°38′12.16″，高程：1187.2 米。

敌台整体保存差，东、南、北三面上部坍塌呈缓坡状，下部几乎与地面垂直。台体顶部坍塌呈缓坡状。台体四周散落有少量石块。

台体平面、剖面皆呈不规则形。底东西 15.6、南北 11.6 米，顶东西 3.6、南北 8.4 米，高 3.2 米（图一四二）。黄土夯筑而成，夯土中夹杂有少量的瓦片和片石，夯层厚 0.09 ~ 0.1 米。

台体周围散落有外饰绳纹、内饰麻点纹的瓦片。

该敌台骑墙建于团团沟村长城 4 段上，西南距团团沟村 6 号敌台 876 米，东北距团团沟村 4 号敌台 279 米。

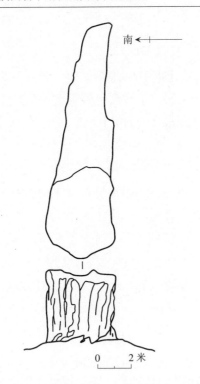

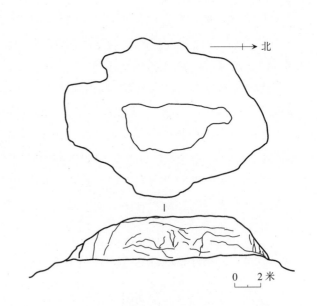

图一四一　团团沟村 4 号敌台平、立面图　　　　　图一四二　团团沟村 5 号敌台平、立面图

三三　团团沟村 6 号敌台（610821352101020065）

该敌台位于高家堡镇团团沟村西南 1.23 千米处的缓坡地带，四周地形破碎，沟壑发育，东北土壤沙化严重，可见到成片的沙地分布。地理坐标为东经：110°15′11.65″，北纬：38°37′46.90″，高程：1190.6 米。

敌台整体保存差，南侧坍塌呈缓坡状；西、北两侧上部成较缓的坡面，下部几乎与地面垂直；西北面被雨水冲成"U"形豁口，宽 5、高 2.4、进深 6.2 米；东北面被冲成开口较大的"V"形豁口，宽 6、高 1.5、进深 2.8 米；台体顶部坍塌呈不规则状，中间有一个人为挖掘的方形坑，宽 0.5、长 1.2、深 0.5 米。

台体平面、剖面皆呈不规则形。底东西 18、南北 17 米，顶东西 16.9、南北 15 米，高 4.8 米（图一四三）。黄土夯筑而成，夯层厚 0.06 ~ 0.1 米。

台体周围散落有外饰绳纹，内素面的瓦片。

该敌台骑墙建于团团沟村长城 6 段上，西南距团团沟村关 492 米，东北距团团沟村 5 号敌台 876 米。

三四　南圪崂村 1 号敌台（610821352101020066）

该敌台位于高家堡镇南圪崂村东南 1.69 千米处的山顶平缓坡地带。台体西部地形破碎，沟壑发育，西距沟 128 米；南、东两面土地沙化严重。地理坐标为东经：110°14′43.69″，北纬：38°37′27.58″，高程：1151.8 米。

敌台整体保存较差，台体南侧坍塌呈缓坡状；其余三侧呈直立状，夯层裸露。风雨侵蚀等原因是造成损害的主要原因。

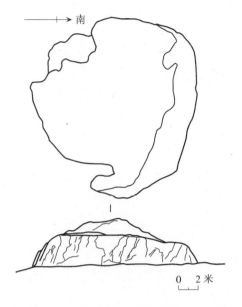

图一四三　团团沟村 6 号敌台平、立面图　　　　图一四四　南圪崂村 1 号敌台平、立面图

台体平面呈不规则形，剖面呈梯形。底东西 6.6 米、南北 9.5 米，顶东西 4 米、南北 5 米，高 4.8 米（图一四四）。为黄沙土夯筑而成，夯层中夹杂有瓦片和少量的料礓石，夯层厚 0.06 ~ 0.11 米。

台体周围散落大量板瓦、筒瓦瓦片，外饰绳纹，内饰麻点纹、布纹、素面纹、方格纹。

该敌台位于南圪崂村长城 1 段墙体上，西南距南圪崂村 2 号敌台 238 米，东北距团团沟村 6 号敌台 686 米。

三五　南圪崂村 2 号敌台 （610821352101020067）

该敌台位于高家堡镇南圪崂村东南 1.5 千米处的山顶平缓坡地带。台体周围地形破碎，沟壑纵横。地理坐标为东经：110°14′35.91″，北纬：38°37′22.81″，高程：1162.8 米。

敌台整体保存较差，因风雨侵蚀严重，四壁上部 3 米呈直立状，夯层裸露，下部坍塌呈缓坡状。

台体平面呈不规则形，剖面呈梯形。底部东西 12、南北 15 米，顶东西 10、南北 12.5 米，高 4.8 米（图一四五）。黄沙土夯筑而成，夯层中夹杂有瓦片和少量的料礓石，夯层厚 0.07 ~ 0.09 米。

台体周围散落少量板瓦、筒瓦瓦片，外饰绳纹，内麻点、素面。

该敌台位于南圪崂村长城 1 段止点、南圪崂村长城 2 段起点上，西南距南圪崂村 3 号敌台 184 米，东北距南圪崂村 1 号敌台 238 米。

三六　南圪崂村 3 号敌台 （610821352101020068）

该敌台位于高家堡镇南圪崂村西南 1.68 千米处的山顶平缓坡地带，西面为缓坡地带，栽有成片的樟子松树苗，南 5 米处有一条山间小路，30 米处有沟，东北 40 米处、北 28 米处均有沟壑。地理坐标为东经：110°14′29.16″，北纬：38°37′20.20″，高程：1153.1 米。

敌台整体保存较差，损坏严重。其南壁面呈直立状，清晰可见裸露的夯层；东、西壁面上部直立，下部坍塌成较陡的坡面；西北面坍塌严重，下部堆积有塌下来的夯土。台体顶部坍塌呈东西狭长的梁状，边缘破碎。

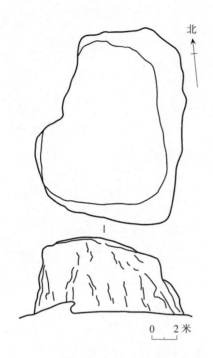

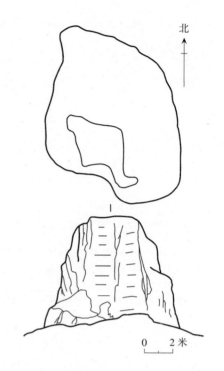

图一四五　南圪崂村 2 号敌台平、立面图　　　　图一四六　南圪崂村 3 号敌台平、立面图

台体平面呈不规则状，剖面呈梯形。底东西 9.5、南北 12 米，顶东西 5、南北 5 米，高 7.6 米（图一四六）。为黄土夯筑而成，夯层厚 0.07 ~ 0.09 米。

台体上和周围散落少量板瓦、筒瓦瓦片，外饰绳纹，内素面。

该敌台位于南圪崂村长城 2 段上，西南距南圪崂村 4 号敌台 213 米，东北距南圪崂村 2 号敌台 184 米。

三七　南圪崂村 4 号敌台 （610821352101020069）

该敌台位于高家堡镇南圪崂村西南 1.9 千米处的山顶平缓坡地带。台体四周有沟壑发育，南 55 米、西南 110 米、西 65 米处均有沟壑。地理坐标为东经：110°14′21.14″，北纬：38°37′17.64″，高程：1160.5 米。

敌台整体保存较差，周壁坍塌成缓坡。南壁面上有一个人为挖掘的坑，宽 1.6、高 1.7、进深 3.8 米。西壁面上部坍塌成缓坡，下部形成直立面。

台体平面呈不规则形，剖面略呈梯形。底东西 12.6、南北 11 米，顶东西 4、南北 2 米，高 3.5 米（图一四七）。黄土夯筑而成，夯层不明显。

台体周围散落少量板瓦、筒瓦瓦片，外饰绳纹，内麻点纹、布纹、素面。

该敌台位于南圪崂村长城 2 段上，西南距喇嘛沟村遗存 682 米，东北距南圪崂村 3 号敌台 213 米。

三八　喇嘛沟村 1 号敌台 （610821352101020070）

该敌台位于高家堡镇喇嘛沟村西北 1.72 千米、秃尾河东北岸 1.37 千米的缓坡上。台体周围是平坦的沙地，东、西、东北三面有沟壑发育。地理坐标为东经：110°13′50.25″，北纬：38°37′01.01″，高程：1111.5 米。

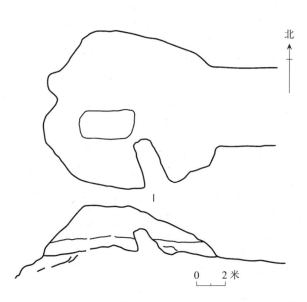

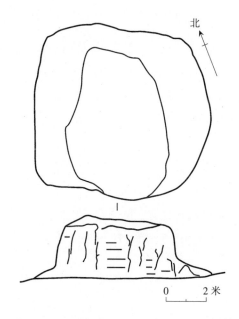

图一四七　南圪崂村4号敌台平、立面图　　　　图一四八　喇嘛沟村1号敌台平、立面图

敌台整体保存较差，西南、西北壁面垂直，夯层裸露，东北、东南断面坍塌呈缓坡状。台体周围散布有少量片石。

台体平面呈不规则形，剖面呈梯形。底东西8.8、南北8.4米，顶东西5.2、南北7.3米，西南侧高3、东北侧高0.8米（图一四八）。黄沙土夯筑而成，夯层中夹杂有少量的料礓石，夯层厚0.1~0.14米。

台体周围散落大量板瓦、筒瓦瓦片，外饰绳纹，内饰麻点纹、布纹、素面纹。

该敌台位于喇嘛沟村长城1段墙体上，东北距该段长城起点226米，西南距喇嘛沟村2号敌台222米，东北距喇嘛沟村遗存226米。

三九　喇嘛沟村2号敌台（610821352101020071）

该敌台位于高家堡镇喇嘛沟村西北1.5千米、秃尾河东北岸1.47千米的缓坡上。台体四周为沙地，西侧有一个冲沟，东侧为喇嘛沟古城。地理坐标为东经：110°13′42.67″，北纬：38°36′56.62″，高程：1100.5米。

敌台整体保存较差，台体坍塌成三个部分，即两个墩台和西侧狭窄的梁。墩台与梁之间的西南侧有一个宽4.6米的豁口；北面的墩台顶部南北4、东西2.6米；南面的墩台顶部南北3.8、东西3.4米，两墩之间2.8米；墩台西面的梁长3.6、宽0.8米。台体西南、东北侧断面上部与地面垂直；西部坍塌呈缓坡状；西北侧坍塌严重，几乎与地面齐平。

台体平面、剖面皆呈不规则形，底部东西12.5、南北17、高3.5米（图一四九）。黄沙土夯筑而成，夯层中夹杂有少量的料礓石，夯层厚0.09~0.1米。

台体周围散落少量筒瓦瓦片，外饰绳纹，内饰布纹。另发现一枚青铜箭头。

该敌台位于喇嘛沟村长城1段墙体上，西南距喇嘛沟村3号敌台246米，东北距喇嘛沟村1号敌台222米。

四〇　喇嘛沟村 3 号敌台（610821352101020072）

该敌台位于高家堡镇喇嘛沟村西北 1.4 千米、秃尾河东北岸 959 米的缓坡上，台体四周为沙地。地理坐标为东经：110°13′34.26″，北纬：38°36′49.51″，高程：1076.8 米。

敌台整体保存较差，四壁坍塌呈缓坡状，东、东北两侧壁面较陡。西壁面有 2 个人为挖掘的坑，南面的坑进深 4.8、宽 1.8、高 1.9 米；北面的坑进深 1.6、宽 2、高 1.1 米。东北壁面底部有一个盗洞，宽 0.5、高 1.4 米。

台体平面呈不规则形，剖面呈弧拱形。底东西 12.8、南北 13.1 米，顶东西 3、南北 3.8 米，高 4.7 米（图一五〇）。黄沙土夯筑而成，夯层中夹杂有少量的料礓石，夯层厚 0.09 ~ 0.1 米。

台体周围散落大量筒瓦、板瓦瓦片，外饰绳纹，内饰麻点纹、布纹。

该敌台位于喇嘛沟村长城 2 段墙体上，西南距喇嘛沟村 4 号敌台 21 米，东北距喇嘛沟村 2 号敌台 305 米。

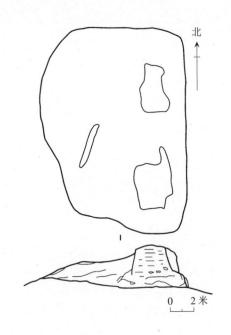

图一四九　喇嘛沟村 2 号敌台平、立面图

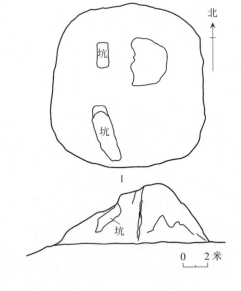

图一五〇　喇嘛沟村 3 号敌台平、立面图

四一　喇嘛沟村 4 号敌台（610821352101020073）

该敌台位于高家堡镇喇嘛沟村西北 1.33 千米、秃尾河东北岸 980 米的缓坡上，四周为起伏的沙丘。地理坐标为东经：110°13′33.75″，北纬：38°36′48.67″，高程：1058.5 米。

敌台整体保存较差，台体顶部支离破碎，西南、西面几乎与地面垂直，其他面坍塌呈缓坡状。台体四周有动物洞穴，散布少量片石。

台体平面、剖面皆呈不规则形。底部东西 10.5、南北 9.2 米，顶部东西 3、南北 7.6 米，高 4 米（图一五一）。黄沙土夯筑而成，夯层中夹杂有少量的料礓石，夯层厚 0.1 ~ 0.11 米。

台体周围散落大量板瓦、筒瓦瓦片，外绳纹，内饰麻点纹、布纹、素面纹。

该敌台位于喇嘛沟村长城 2 段墙体上，西南距喇嘛沟村 5 号敌台 171 米，东北距喇嘛沟村 3 号敌台 21 米。

四二　喇嘛沟村 5 号敌台（610821352101020074）

该敌台位于高家堡镇喇嘛沟村西北 1.5 千米、秃尾河东北岸 1.15 千米的缓坡上，周围是起伏的沙地，东南距喇嘛沟古城 450 米。地理坐标为东经：110°13′30.85″，北纬：38°36′43.53″，高程：1048 米。

敌台整体保存差，整体坍塌成低矮的圆丘，顶部、底部几乎重合。台体周围散布少量片石。

台体平面近呈椭圆形，剖面呈弧拱形，底部东西 6、南北 4.5、高 1 米（图一五二）。该敌台为黄沙土夯筑而成，夯层不明显。

台体周围散落很多板瓦、筒瓦瓦片，外饰绳纹，内麻点纹、布纹、素面。

该敌台位于喇嘛沟村长城 2 段墙体上，东北距喇嘛沟村 4 号敌台 171 米。

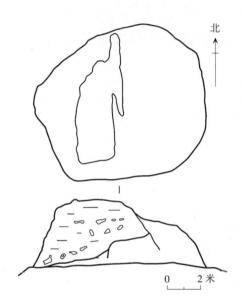

图一五一　喇嘛沟村 4 号敌台平、立面图

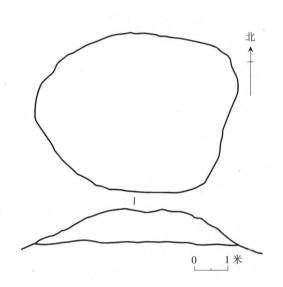

图一五二　喇嘛沟村 5 号敌台平、立面图

四三　芦沟村 1 号敌台（610821352101020075）

该敌台位于高家堡镇芦沟村 1 组西 200 米、秃尾河西岸芦沟村南侧山梁的东端，周围地势起伏较大，东 400 米为秃尾河。敌台南侧 40 米处的山梁顶部有一道人工筑起的东西走向的石墙，为现代人所修坟墓的照壁。地理坐标为东经：110°12′59.22″，北纬：38°36′02.58″，高程：1072 米。

敌台整体保存差，现已坍塌成一个土石堆。台体顶部及侧面上堆积有大量的石块石片，西侧有一人为垒成的石堆，东侧临坡，北侧底部有石块垒砌的墙基。

台体平面呈圆形，剖面呈不规则形，底径 11、顶径 3.6、南高 1.2、北高 1.6 米（图一五三）。该敌台应为石块、石板垒砌而成。

台体顶部及周围散落大量的石板、石块，零星有外绳纹、内麻点纹的瓦片。

敌台位于芦沟村遗址的东北角上，建立在芦沟村长城 1 段起点西南 400 米的墙体上，并向墙体内侧（南侧）凸出，西距芦沟村 2 号敌台 640 米。

四四　芦沟村 2 号敌台（610821352101020076）

该敌台位于高家堡镇芦沟村 1 组西南 850 米、秃尾河西岸芦沟南侧山梁上，周围全部为沙丘，长

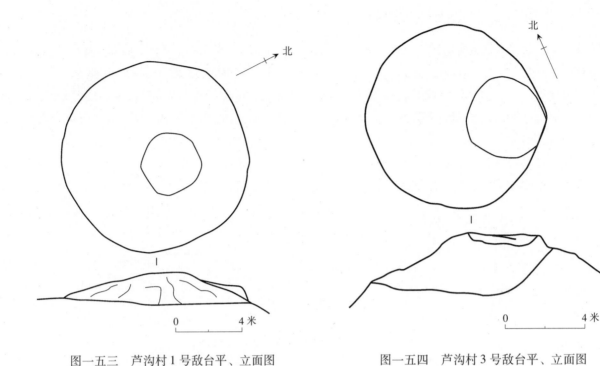

图一五三　芦沟村 1 号敌台平、立面图　　　　图一五四　芦沟村 3 号敌台平、立面图

有沙柳、沙蒿及茅草。地理坐标为东经：110°12′47.04″，北纬：38°35′50.94″，高程：1069 米。

敌台整体保存差，现已坍塌，与周围地表持平，仅见散落大量石块、石片和外绳纹内麻点纹的板瓦、筒瓦。形制不详，尺寸不清。

该敌台建立在芦沟村长城 1 段起点西南 1.04 千米的墙体上，东距芦沟村 1 号敌台 640 米，西距芦沟村 3 号敌台 145 米。

四五　芦沟村 3 号敌台　（610821352101020077）

该敌台位于高家堡镇芦沟村 1 组西南 1 千米处的山梁南侧的沙地内，周围为连绵的小沙丘。地理坐标为东经：110°12′43.44″，北纬：38°35′47.28″，高程：1087 米。

由于被流沙掩埋严重，台体东侧散落大量的瓦片、石块；南侧植被略少，全为流沙；西侧长有茅草及沙蒿，裸露地表上有外绳纹内麻点纹的瓦片、石块散落；北侧长满柠条及蒿草。

台体平面呈圆形，剖面呈不规则形。底径 9、顶径 4、高 2.4 米（图一五四）。该敌台为石块、石板垒砌而成。敌台顶部及周围沙地内散落大量的石板、石块，零星有外绳纹内麻点纹的瓦片。

敌台建立在芦沟村长城 2 段起点处的墙体上，并向墙体内侧（东南侧）凸出。西距芦沟村 4 号敌台 464 米，东距芦沟村 2 号敌台 145 米。

四六　芦沟村 4 号敌台　（610821352101020078）

该敌台位于高家堡镇芦沟村 1 组西南 1.5 千米处的山梁南侧的沙地内，周围为连绵的小沙丘。地理坐标为东经：110°12′33.06″，北纬：38°35′35.46″，高程：1084 米。

该敌台被流沙掩埋严重，保存差。敌台东侧散落有石块和瓦片，现在的台体表面长有沙蒿；西侧、南侧长有茅草及沙蒿；北侧长满柠条及蒿草，散落大量的石块。敌台东侧与石砌墙体基础相连，墙体现已坍塌被掩埋，只可见内侧（东南侧）边缘一线显露的石砌基础，外侧（西北侧）墙体基础塌成石垄。台体西侧墙体不可见。

台体平面呈椭圆形，剖面呈弧拱形，底东西12、南北8米，顶东西1.2、南北4米，东高3.6、西高4米（图一五五）。该敌台为石块、石板垒砌而成。台体周围尤其北侧散落大量外绳纹内麻点纹的瓦片。

敌台建立在芦沟村长城2段起点西南464米的墙体上，并向墙体内侧（东南侧）凸出。西距芦沟村5号敌台370米，东距芦沟村3号敌台464米。

四七　芦沟村5号敌台（610821352101020079）

该敌台位于高家堡镇芦沟村3组东南1千米、秃尾河西岸芦沟南侧山梁南侧的沙地内，周围为连绵的小沙丘。地理坐标为东经：110°12′18.84″，北纬：38°35′30.78″，高程：1098米。

该敌台被流沙掩埋严重，整体保存差。顶部及各个侧面长有沙蒿、柠条及沙棘，地表都为流沙所覆盖。台体东北侧为沙沟。

台体平、剖面均呈不规则形，底东西8、南北8米，顶东西3、南北3米，西高2.2、东高1米（图一五六）。敌台为石块、石板垒砌而成。

敌台顶部及周围沙地内散落大量的石板、石块，台体周围散落大量外绳纹、内麻点纹的瓦片。

敌台建立在芦沟村长城2段起点西南834米的墙体上，东距芦沟村4号敌台370米，西距芦沟村6号敌台750米。

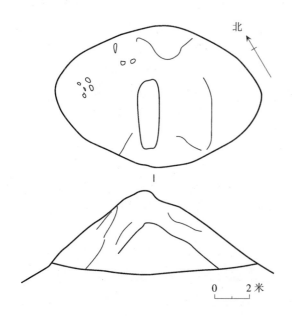

图一五五　芦沟村4号敌台平、立面图

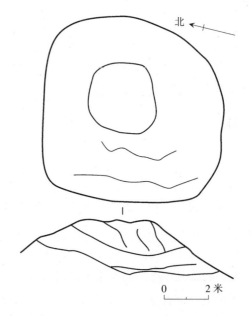

图一五六　芦沟村5号敌台平、立面图

四八　特麻沟村烽火台（610821353201020001）

该烽火台位于大柳塔特麻沟村北1.87千米、牸牛川西岸126米处的山峁上，依山体而建，东距牸牛川126米，东南隔河川距漠源煤业厂房1.09千米。地理坐标为东经：110°22′40.93″，北纬：39°16′47.56″，高程：1138.5米。

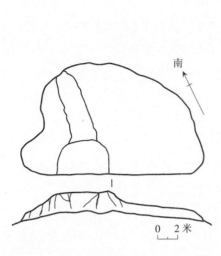
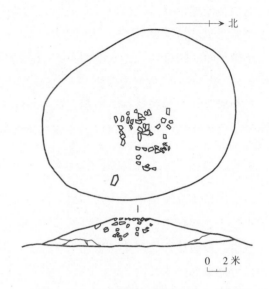

图一五七　特麻沟村烽火台平、立面图　　　　图一五八　石窨塔村烽火台平、立面图

烽火台整体保存差。台体顶部呈不规则形，表面长满杂草；东侧现为缓坡，表面长有耐旱植物，底部与山体缓坡相连；南侧表面长有杂草，底部紧邻荒草地，近旁长有杨树；西侧有部分坍塌，底部有堆土；北侧坍塌严重，现已成断面，断面上现发现有动物洞穴存在；北、西两侧坍塌严重。

台体平、剖面均呈不规则形。底部长 18.7、宽 11.2 米，顶部长 3.5、宽 5.4 米，断面残高 3 米（图一五七）。黄土夯筑而成，土质较疏松，夯层不明显。

台体东侧底部坍塌处发现有大量外饰绳纹、内饰麻点纹的板瓦残片与陶器残片。台体西、北、南三侧底部发现散落少量外饰绳纹、内饰麻点纹的板瓦瓦片，以及台体坍塌后散落的堆砌石块。

烽火台北距特麻沟村长城 1 段 144 米。

四九　石窨塔村烽火台（610821353201020003）

该烽火台位于大柳塔镇石窨塔村北 498 米、牸牛川西岸 498 米处的山梁最高处，依山体而建。同时，位于石窨塔村长城墙体的内侧，东距牸牛川 457 米。地理坐标为东经：110°23′14.80″，北纬：39°11′44.55″，高程：1115 米。

烽火台整体保存差，台基整体坍塌，与山体连呈缓坡状。台体四周均为山体的缓坡荒地，表面长满蒿草、沙棘和柠条。烽火台顶部目前为叠加堆积的石片，表面长有柠条和蒿草。

该烽火台由台基和台体两部分构成。台基平面呈矩形。台体平面略呈圆形，剖面呈不规则形，底部东西 18、南北 20.7 米，顶部东西 3.6、南北 4.3 米，断面残高 3 米（图一五八）。台基以含沙量较高的黄土、褐色沙土夯筑而成，台体为片石垒砌而成。

台体底部周边发现散落少量外饰绳纹内饰麻点纹板瓦残片与陶器残片。

烽火台南距石窨塔村 1 号敌台 442 米。

五〇　平士梁村 1 号烽火台（610821353201020008）

该烽火台位于孙家岔镇平士梁村西北 1.62 千米处的山顶上，东距牸牛川西岸约 400 米，北临深沟，南至盘山公路81米。台体周围除西、南部的山坡上有小片沙地外，均是杂草丛生的荒地。地理坐标为东经：110°26′03.87″，北纬：39°05′35.06″，高程：1139.7米。

烽火台整体保存差。台体四面坍塌呈缓坡状，顶部凹凸不平。台体南部基座已不可见，与坡面齐平。

该烽火台呈不规则形，北、西、东三面可见基座。现存基座平面呈矩形，南北42、东西28、高1.8米。台体底东西14、南北20米，顶东西1.2、南北1.8米，高4米（图一五九）。烽火台为土石混筑而成，台体北部及基座处散落若干片石。由此推测，该烽火台为外侧包石，内部夯土。台体及基座周围散落很多板瓦、筒瓦瓦片，外饰绳纹，内饰麻点纹、布纹。

该烽火台为刘城崾山村长城的止点，平士梁村长城1段的起点，南距平士梁村2号烽火台179米。

五一　平士梁村2号烽火台（6108213532010 20009）

该烽火台位于孙家岔镇平士梁村西北1.44千米处的缓坡上，周围是杂草丛生的荒地。东距犊牛川川底494米，南临深沟，西北距盘山公路167米，北距采石场101米。地理坐标为东经：110°26′04.80″，北纬：39°05′29.32″，高程：1122.8米。

烽火台整体保持差，坍塌严重，现呈南北狭长的卧鲸状，南、北两面坍塌呈缓坡状，东、西两面几乎为直立面，顶部窄长。

台体整体现呈南北狭长的条形，剖面呈梯形。底东西9.7、南北16米，顶东西2.2、南北5.6米，西侧高2.5、东侧高3.6米（图一六〇）。烽火台为土石混筑而成。台体内部为黄土筑成，外侧包石。

台体周围散落若干板瓦、筒瓦瓦片，外饰绳纹，内麻点纹、布纹、素面。

该烽火台位于平士梁村长城1段墙体上，北距该段长城起点即平士梁村1号烽火台179米。

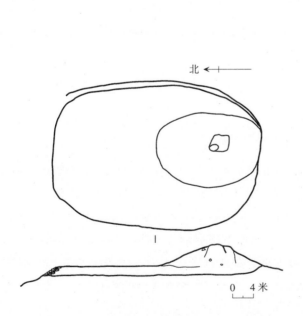

图一五九　平士梁村1号烽火台平、立面图

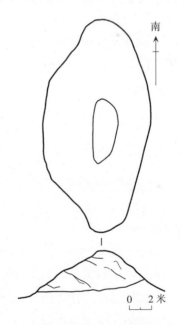

图一六〇　平士梁村2号烽火台平、立面图

五二　上石拉沟村1号烽火台（610821353201020012）

该烽火台位于店塔镇上石拉沟村东北833米处的山顶上，东、北两面为较平坦的荒地，西、南两面为

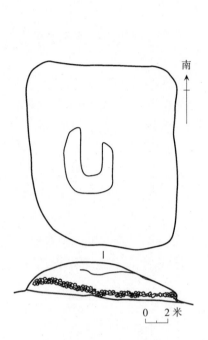

图一六一　上石拉沟村 1 号烽火台平、立面图　　　　图一六二　上石拉沟村 2 号烽火台平、立面图

缓坡。西距牸牛川 500 米，东南距电线杆 43 米。地理坐标为东经：110°27′10.80″，北纬：39°04′55.29″，高程：1155.6 米。

烽火台整体保存较差。台体四面坍塌呈缓坡状，顶部有一个人为挖掘的南北走向的盗坑，进深 4.4、宽 2、深 1.4 米。

台体平面呈不规则矩形，剖面呈不规则梯形，底东西 14、南北 17 米，顶东西 4.6、南北 6 米，西侧高 3.5、东侧高 2.4 米（图一六一）。黄土夯筑而成，夯层厚 0.08~0.1 米，台体四周及夯土中有大量的料礓石和少量的片石。

台体周围散落少量板瓦瓦片，外素面，内饰布纹，厚约 2 厘米。

五三　上石拉沟村 2 号烽火台（610821353201020013）

该烽火台位于店塔镇上石拉沟村东北 500 米、牸牛川东岸 473 米处的山峁上，与平士梁村长城 1 段、2 段遥相呼应，南距上石拉沟 410 米。地理坐标为东经：110°26′57.94″，北纬：39°04′51.16″，高程：1122.9 米。

烽火台整体保存较差，西、东两面坍塌成缓坡，南、北面上部坍塌呈缓坡状，下部因有垒筑的片石而与地面垂直，顶部坍塌为东西狭长的鱼脊梁。台体呈卧鲸状，底东西 16、南北 8 米，顶东西 3、南北 2 米，高 2.3 米（图一六二）。烽火台为片石垒砌而成，南面可见高 0.8 米的片石垒筑。台体上散落有大量的片石。片石厚度 0.02~0.13 米。

该烽火台东距上石拉沟村 1 号烽火台 333 米。

五四　中石拉沟村烽火台（610821353201020014）

该烽火台位于店塔镇中石拉沟村东 411 米、牸牛川东岸 592 米处的山峁上，周围为开垦的农田，

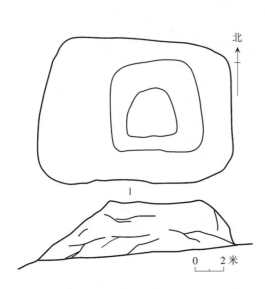

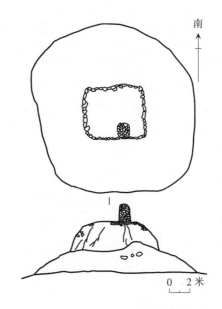

图一六三　中石拉沟村烽火台平、立面图　　　图一六四　碾房湾村寨峁烽火台平、立面图

种植有玉米、大豆等作物。西北临深沟，距深沟中的联发兰碳公司（煤矿公司）380米，南距深沟345米。地理坐标为东经：110°26′42.54″，北纬：39°04′01.89″，高程：1130.1米。

烽火台整体保存较差，台体西、南面坍塌呈缓坡状，东、北两面保存较完好，几乎与地面垂直，台体四周因开垦农田而受到破坏，台体顶部中央有一个人为挖掘的近似方形的树坑，长3.4、宽3.3、深0.7米，里面栽有松树一棵。

台体平面略呈矩形，剖面呈梯形。底东西13.5、南北10米，顶部东西6.4、南北6.2米，东侧高3、西侧高4米。（图一六三）。黄土夯筑而成，夯层厚0.08～0.1米，台体四周及夯土中有大量料礓石和少量片石。

台体周围散落少量板瓦瓦片，外素面，内布纹，厚约2.3厘米。另见有少量陶器残片，外素面，内网格。

五五　碾房湾村寨峁烽火台（6108213532010 20019）

该烽火台位于塔镇碾房湾村寨峁西南800米、窟野河与可可乌素河交汇处北侧的山顶上。台体四周为山顶平整地带，西距高压线塔31米，北距沟130米，北距可可乌素河河底175米。所在地区为黄土沟壑区，沟深坡陡。地理坐标为东经：110°25′48.84″，北纬：39°00′20.62″，高程：1104.2米。

烽火台整体保存较差，台基外石块严重坍塌，台体外石块保存较好。台体略呈圆柱状，周壁几乎与台基相垂直，不易登到顶部。台体顶部因叠加的石块大小不同，变得凹凸不平，北部略高于南部。顶部西北部有人为堆积的石堆一座，高1.6、宽1.2米。台体上有少量沙蒿类植物和沙棘，顶部正中长有一株蔓藤植物，蔓延至人为堆积的石块堆四周。

台体平面略呈圆形，剖面呈梯形。底宽16、长16米，顶长6.3、宽5.3米，高11米（图一六四）。烽火台内部为黄土夯筑而成，外部包石，石块厚0.15～0.2米。

台体周围散落有零星瓦片，外饰绳纹，内饰麻点纹。

烽火台东南距碾房湾村陈家沟岔烽火台1.65千米。

五六　碾房湾村陈家沟岔烽火台（610821353201020020）

该烽火台位于店塔镇碾房湾村陈家沟岔西南 1.1 千米、窟野河与可可乌素河交汇处西南的山顶上。台体四周为山顶缓坡地带，西距高压线塔 232 米，南距沟边 239 米，东、西、南三面有墓地。所在地区为黄土沟壑区，沟深坡陡。地理坐标为东经：110°25′59.03″，北纬：38°59′45.61″，高程：1160.6 米。

该烽火台整体保存一般，因风雨侵蚀，部分部位有剥落现象，尤其是北侧剥落较为严重。台体四壁竖直，不易攀登。顶部因雨水冲刷凹凸不平，中间有一条宽 1～3 米水冲沟，西北部略高于其他部位。台体上有少量沙蒿类植物，顶部长满蒿类植物、少量白苇和沙棘。

台体平面呈四边形，剖面呈梯形，底长 26.5、宽 24.7 米，顶长 14.6、宽 14 米，高 4.9 米（图一六五）。黄沙土夯筑而成，夯层不明显。

台体周围散落有零星瓦片，外素面，内布纹。

该烽火台西北距碾房湾村寨峁烽火台 1.65 千米。

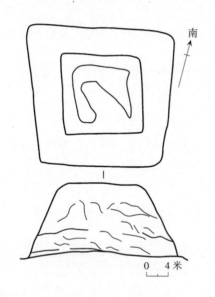

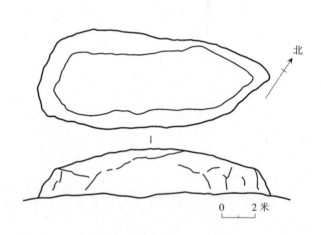

图一六五　碾房湾村陈家沟岔烽火台平、立面图　　　　图一六六　王家沟村边墙梁 1 号烽火台平、立面图

五七　王家沟村边墙梁 1 号烽火台（610821353201020021）

该烽火台位于麻家塔乡王家沟村边墙梁西北 3.1 千米、可可乌素河西岸 350 米的缓坡上，台体周围是平坦的缓坡，上面荒草丛生，缓坡外侧地形破碎，沟壑发育，其中台体西南距沟 84 米。地理坐标为东经：110°24′07.25″，北纬：39°01′00.59″，高程：1154.3 米。

烽火台整体保存差，顶部因人为踩踏、风雨侵蚀等原因凹凸不平；东、西两面上部坍塌，形成约 5°的缓坡，下部与地面垂直；南、北两面为直立状，可见裸露的夯层。台体周围散布有少量片石。

台体呈东西狭长的卧鲸状，底东西 14、南北 5.8 米，顶东西 12、南北 4 米，高 2.8 米（图一六六）。烽火台为黄土夯筑而成，夯层中夹杂有少量的料礓石，夯层厚 0.06～0.08 米。

台体周围散落很多板瓦、筒瓦瓦片，外绳纹，内麻点纹、素面。

该烽火台南距王家沟村边墙梁 2 号烽火台 112 米。

五八 王家沟村边墙梁 2 号烽火台 （610821353201020022）

该烽火台位于麻家塔乡王家沟村边墙梁西北 2.99 千米、可可乌素河西岸 462 米的平缓地带上。台体周围是平缓的坡地，上面荒草丛生，缓坡地东、南、西三侧地形破碎，沟壑发育。台体东、南分别距沟 32 米、40 米，西侧紧邻盘山土路。地理坐标为东经：110°24′05.28″，北纬：39°00′57.19″，高程：1147.9 米。

烽火台整体保存差，四面坍塌成缓坡，东立面较之其他面略陡。

台体平面近圆形，剖面呈弧拱形。底部东西 10、南北 12.5 米，高 2.6 米（图一六七）。烽火台为黄土夯筑而成，夯层不明显，周围散落少量料礓石。

台体周围散落少量板瓦、筒瓦残片，外饰绳纹，内素面。

该烽火台北距王家沟村边墙梁 1 号烽火台 112 米，南距王家沟村边墙梁 3 号烽火台 1 千米。

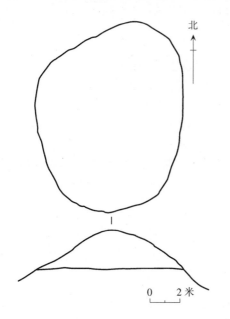

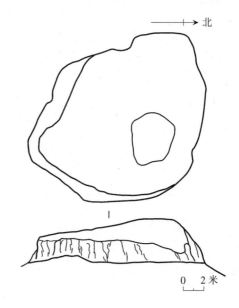

图一六七 王家沟村边墙梁 2 号烽火台南立面图　　　图一六八 王家梁村边墙梁 3 号烽火台平、立面图

五九 王家沟村边墙梁 3 号烽火台 （610821353201020023）

该烽火台位于麻家塔乡王家沟村边墙梁西北 1.98 千米、可可乌素河西岸 1.47 千米的平缓地带上。其东、北两面紧邻深沟，西、南两面是平缓的坡地。台体西北距沟 47 米，北距土路 88 米，西距高压线塔 165 米。地理坐标为东经：110°23′56.11″，北纬：39°00′32.77″，高程：1210.6 米。

烽火台整体保存差。台体南壁面竖直，底部有坍塌的夯土；西面坍塌成缓坡，坡面因雨水冲刷等原因破碎，可见多个小豁口，上面长有 2 棵柠条；北、东两面呈直立面，夯层裸露。

台体平、剖面皆呈不规则形，底东西 16、南北 17.5 米。台体顶部高低不平，较高的部分呈不规则圆形，东西 5、南北 4.4 米，低的部分南北 9.1 米。台体通高 4.2 米（图一六八）。该烽火台为黄土夯筑而成，夯层厚 0.07～0.09 米。

台体周围散落大量板瓦、筒瓦残片，外饰绳纹，内麻点、布纹、素面。

该烽火台北距王家沟村边墙梁 2 号烽火台 1 千米。

六〇　王家沟村边墙梁 4 号烽火台 （610821353201020024）

该烽火台位于麻家塔乡王家沟村边墙梁东北 1.5 千米处。台体北侧是平坦的缓坡，缓坡上荒草丛生，北侧和东侧有盘山公路通过，南距高压线塔 145 米，在高压线塔附近开垦为梯田，种植有松柏等，西侧 11 米处发育有沟壑，西南侧 122 米处有一块墓地。地理坐标为东经：110°23′58.41″，北纬：39°00′28.47″，高程：1209.4 米。

烽火台整体保存差，台体坍塌严重。台体北侧因人为开路而被铲削；东、西两侧坍塌成缓坡；顶部因为植物根系、风雨侵蚀等原因凹凸不平。

台体整体呈狭长的卧鲸状，底东西 24、南北 10 米，顶东西 6、南北 2 米，高 4.7 米（图一六九）。烽火台为黄土夯筑而成，夯层中夹杂有少量的沙石及外绳纹、内麻点纹的板瓦残片。夯层厚 0.07 ~ 0.09 米。

台体周围散落少量板瓦、筒瓦残片，外饰绳纹，内饰麻点纹。

该烽火台西北距王家沟村边墙梁 3 号烽火台 148 米。

六一　王家沟村边墙梁 5 号烽火台 （610821353201020025）

该烽火台位于麻家塔乡王家沟村边墙梁东北 1.4 千米处。台体西侧是平坦的缓坡，缓坡上荒草丛生。紧邻台体北侧和西侧有盘山公路通过。除西北侧外，台体四周都有沟壑，南侧距沟壑 13 米，北侧距高压线塔 179 米。地理坐标为东经：110°24′06.68″，北纬：39°00′09.90″，高程：1214.7 米。

烽火台整体保存差，北侧和东侧坍塌呈缓坡状；西侧因雨水冲刷凹凸不平；顶部因植物根系生长、风雨侵蚀等损毁严重。

台体呈圆丘状，底东西 17.8、南北 23.4 米，顶东西 4、南北 6 米，高 7 米（图一七〇）。

烽火台为黄土夯筑而成，夯层中夹杂有少量的沙石及外绳纹、内麻点纹的板瓦残片（板瓦多为内切而成，板瓦厚度为 1 ~ 2 厘米）。夯层厚 0.07 ~ 0.08 米。

台体周围散落大量板瓦、筒瓦残片，外饰绳纹，内饰麻点纹。

该烽火台西北距王家沟村边墙梁 4 号烽火台 580 米。

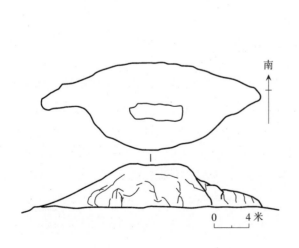

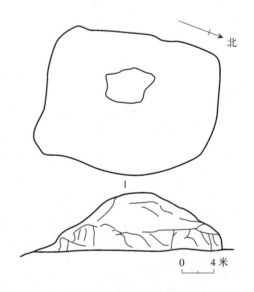

图一六九　王家沟村边墙梁 4 号烽火台平、立面图　　　　图一七〇　王家沟村边墙梁 5 号烽火台平、立面图

六二　王家沟村边墙梁 6 号烽火台（610821353201020026）

该烽火台位于麻家塔乡王家沟村边墙梁东北 1.25 千米处。台体四周都有沟壑发育。台体北距沟壑 45 米，西距沟壑 41 米，东距沟壑 87 米。其西侧 27 米处有一条盘山土路通过。地理坐标为东经：110°24′12.78″，北纬：39°00′06.44″，高程：1218.2 米。

烽火台整体保存差。东、南两侧保留有台基，北侧和西侧基座现已不可见，与坡面齐平。台体北侧和西侧坍塌成缓坡；顶部和南侧有人工挖掘而成的洞口，顶部洞口直径 1.2、进深 1.8 米，南侧洞口直通顶部洞口，洞口宽 1.2、进深 5 米；东侧坍塌成一大豁口，豁口进深 7 米。

该烽火台由台体和基座两部分组成，台基平面呈不规则形，东西 31、南北 55、高 1~2 米。台体平面呈不规则形，剖面呈梯形，底东西 18.1、南北 19 米，顶东西 7.1、南北 5 米，北侧高 7.6、南侧高 4 米（图一七一）。台体由黄土夯筑而成，土层中夹杂有少量的沙石及外绳纹、内素面纹的板瓦，夯层厚 0.06~0.08 米。

台体周围散落大量板瓦、筒瓦残片，外饰绳纹，内饰麻点纹、素面；内、外皆为环轮纹。在台体南侧发现数块外绳纹残砖，残砖宽为 16、厚为 5 厘米，长度不详。

该烽火台西北距王家沟村边墙梁 5 号烽火台 164 米。

六三　王家沟村边墙梁 7 号烽火台（610821353201020027）

该烽火台位于麻家塔乡王家沟村边墙梁东北 1.1 千米处。台体东侧是平坦的缓坡，缓坡上荒草丛生，东侧 25 米处为沟壑。台体西侧紧邻一条土路，西侧 3 米处为沟壑，北距沟壑 29 米。台体南 203 米处为高压线铁架。地理坐标为东经：110°24′13.14″，北纬：38°59′57.49″，高程：1197.6 米。

烽火台整体保存差，西北侧坍塌成缓坡；西侧因人工开路而被铲削；顶部因为植物根系、风雨侵蚀等变得坑坑洼洼、凹凸不平。

台体平、剖面均呈不规则形，底东西 8.3、南北 13.5 米，顶东西 3、南北 4 米，东侧高 4、西侧高 3 米（图一七二）。烽火台为黄土夯筑而成，夯层中夹杂少量的沙石，夯层厚 0.08~0.09 米。

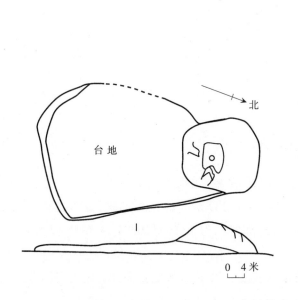

图一七一　王家沟村边墙梁 6 号烽火台平、立面图

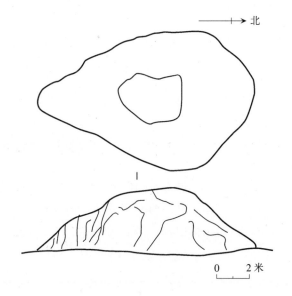

图一七二　王家沟村边墙梁 7 号烽火台平、立面图

台体周围散落少量板瓦、筒瓦残片，外饰绳纹、内饰麻点纹。

该烽火台西北距王家沟村边墙梁 6 号烽火台 269 米。

六四　王家沟村边墙梁 8 号烽火台（610821353201020028）

该烽火台位于麻家塔乡王家沟村边墙梁东北 1.05 千米处。台体西南侧生长有大片的柠条，西 17 米处有一条环山土路，西 73 米处为高压线塔，在塔西侧为沟壑；东侧是平坦的缓坡，上面荒草丛生，东 56 米处有沟壑。地理坐标为东经：110°24′16.06″，北纬：38°59′50.56″，高程：1184.7 米。

烽火台整体保存差，台体南侧因为雨水冲刷而出现缺口；台体西侧和东侧坍塌严重，呈缓坡状；顶部因植物根系生长、风雨侵蚀凹凸不平。

台体平、剖面均呈不规则形。底东西 5.8、南北 9 米，顶东西 3、南北 4.2 米，高 2.8 米（图一七三）。烽火台为黄土夯筑而成，夯土中夹杂有少量的沙石，夯层厚 0.06~0.08 米。

台体周围散落大量外饰绳纹，内饰麻点纹、麻点纹、绳纹或素面的板瓦和筒瓦残片。

该烽火台北距王家沟村边墙梁 7 号烽火台 220 米。

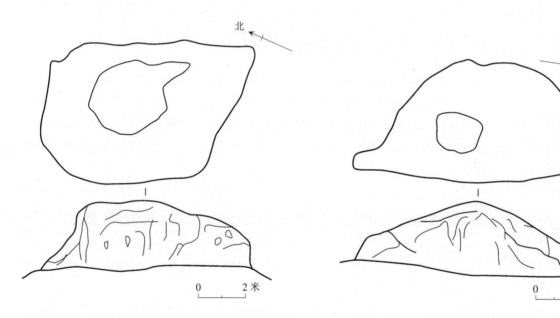

图一七三　王家沟村边墙梁 8 号烽火台平、立面图　　　　图一七四　老虎沟畔村烽火台平、立面图

六五　老虎沟畔村烽火台（610821353201020032）

该烽火台位于麻家塔乡老虎沟畔村北 453 米处。台体东侧是平坦的缓坡，上面荒草丛生，南侧 103 米处有一条环山土路，西南侧 70 米处发育有沟壑，北侧山坡下 329 米处有一条公路，北侧山坡下有一条常家沟河沿山体流动，后穿过公路往西侧蜿蜒延伸。地理坐标为东经：110°24′24.61″，北纬：38°58′38.99″，高程：1127.4 米。

烽火台整体保存差，台体坍塌、剥落严重，整体呈卧鲸状。顶部因为植物根系、风雨侵蚀等原因凹凸不平；东南侧坍塌，呈缓坡状，坡长约 5 米；西北侧凹凸不平。台体上的植物根系生长和昆虫洞穴对台体破坏严重。

台体平、剖面呈不规则形。底东西 13、南北 26 米，顶东西 4.6、南北 5 米，高 8.2 米（图一七四）。台体为黄土夯筑而成，夯层中夹杂大量的沙石、料礓石、小石块及外绳纹内麻点纹的板瓦和筒瓦残片（筒瓦瓦唇厚 3~4 厘米），夯层厚 0.05~0.09 米。

台体周围散落大量外饰绳纹、内饰麻点纹的板瓦和筒瓦残片，还有几片外绳纹，内布纹瓦片。

该烽火台西南距老虎沟畔村敌台 382 米。

六六　前麻家塔村 1 号烽火台（610821353201020036）

该烽火台位于麻家塔乡前麻家塔村西北 3.35 千米处。台体周围缓坡处，杂草丛生，多沟壑发育，南距庙 378 米，东侧紧邻南北向的输电线路，东 94 米处为环山土路，北 120 米处为沟壑，西南 72 米处为沟壑。地理坐标为东经：110°25′33.93″，北纬：38°54′36.60″，高程：1189.7 米。

烽火台整体保存差，台体四周坍塌严重，杂草丛生。西南侧由于雨水冲刷坍塌出几个豁口。雨水冲刷、植物根系生长、昆虫洞穴等因素对台体的破坏严重。

台体平面呈圆形，剖面呈不规则形。底东西 18.5、南北 16 米，顶东西 3.5、南北 4 米，高 7.5 米（图一七五）。黄土夯筑而成，夯土中夹杂有大量沙石和料礓石，夯层厚 0.06~0.09 米。

台体周围散落大量的外绳纹，内麻点纹、布纹、素面、环轮纹的筒瓦和板瓦残片及陶器残片。

该烽火台东南距前麻家塔村 2 号烽火台 700 米。

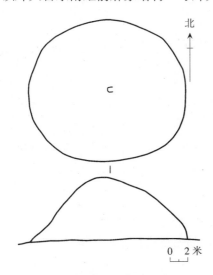

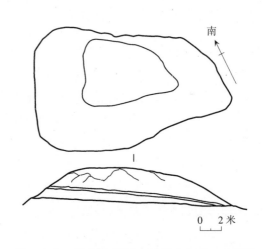

图一七五　前麻家塔村 1 号烽火台平、立面图　　　图一七六　前麻家塔村 2 号烽火台平、立面图

六七　前麻家塔村 2 号烽火台（610821353201020037）

该烽火台位于麻家塔乡前麻家塔村西北 2.72 千米处。台体周围为缓坡，杂草丛生，多沟壑发育，西北距庙 418 米，东北侧紧邻环山土路，东 35 米处为电线杆，北 30 米处有沟壑，西南 18 米处有西北—东南走向的沟壑。地理坐标为东经：110°25′44.77″，北纬：38°54′15.46″，高程：1158 米。

烽火台整体保存差，周围杂草丛生。台体西北侧因雨水冲刷而凹凸不平；西侧因雨水冲刷而形成多个小豁口；东南坍塌呈缓坡状；东北侧因修路而被铲削；顶部呈不规则形，凹凸不平，西北侧略低于东南。

台体平、剖面均呈不规则形，底东西 18.5、南北 11 米，顶东西 9、南北 6 米，高 3.3 米（图一七六）。

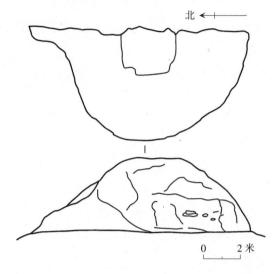

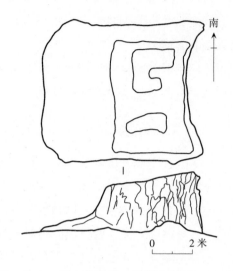

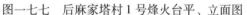

图一七七　后麻家塔村 1 号烽火台平、立面图　　　　图一七八　后麻家塔村 2 号烽火台平、立面图

由黄土夯筑而成，夯土中夹杂有大量沙石和料礓石，夯层厚 0.07～0.1 米。

台体周围散落有大量的外绳纹内麻点纹板瓦和外绳纹内素面的筒瓦。

该烽火台西北距前麻家塔村 1 号烽火台 700 米。

六八　后麻家塔村 1 号烽火台（610821353201020038）

该烽火台位于麻家塔乡后麻家塔村南 350 米处，周围为缓坡，杂草丛生，东 54 米处为环山土路，西南 105 米处有沟壑，东 226 米为后麻家塔村 1 号遗存。西北 524 米处为一个信号塔。地理坐标为东经：110°25′37.02″，北纬：38°52′51.30″，高程：1078.8 米。

烽火台整体保存差，台体东侧因沟壑发育坍塌，仅剩原台体的二分之一；西北侧塌成缓坡；顶部呈不规则形，凸凹不平。雨水冲刷、植物根系生长、沟壑发育等因素对台体破坏严重。

台体平、剖面均呈不规则形，底东西 6、南北 12 米，顶东西 2.6、南北 3 米，西侧高 4 米（图一七七）。黄土夯筑而成，夯土中夹杂有少量沙石和料礓石，夯层厚 0.06～0.09 米。

台体周围散落有大量的外绳纹内麻点纹板瓦、外绳纹内素面的筒瓦残片及陶器残片。

该烽火台南距后麻家塔村 1 号敌台 420 米。

六九　后麻家塔村 2 号烽火台（61082135321020041）

该烽火台位于麻家塔乡后麻家塔村南 1.85 千米处，周围为沙丘地形，种植有沙柳，流沙对台体的侵蚀严重。台体西 269 米为神井大道，西北 169 米处为环山土路。地理坐标为东经：110°25′43.84″，北纬：38°52′03.26″，高程：1172.4 米。

烽火台整体保存差，台体东侧塌成缓坡，并有人为挖出的两个洞，南侧洞呈"凹"字形，底长 2.6、宽 0.7～0.9、深 1.3 米；北侧洞宽 1、深 2 米。西侧坍塌仅剩原台体的二分之一。南侧长有一棵大柠条。顶部呈不规则形，西侧高于东侧。台体上长满杂草。

台体平、剖面均呈不规则形。底东西 8.1、南北 7 米，顶东西 4.2、南北 5.5 米，北高 3 米（图一七八）。黄土夯筑而成，夯土中夹杂有大量沙石和料礓石，夯层厚 0.05～0.1 米。

台体周围散落有大量的外绳纹内麻点纹、内素面、内布纹筒瓦和板瓦残片及陶器残片。

该烽火台南距后麻家塔村 1 号敌台 420 米。

七〇　瓜地渠村 1 号烽火台（610821353201020042）

该烽火台位于神木镇瓜地渠村（半切墩村）东北 1.8 千米处，周围缓坡处杂草丛生。东北 146 米处有一个电线杆，东 41 米处有一条土路，西侧 224 米处有一个砖厂，西北 56 米处有沟壑，西南 107 米处有沟壑，南 443 米处是神木—榆林的高速公路。地理坐标为东经：110°25′39.76″，北纬：38°50′45.66″，高程：1170.5 米。

烽火台整体保存差，台体四周坍塌严重。东、南两侧凹凸不平，台体底部生长有柠条；西侧坍塌成缓坡；东北侧和西南侧由于开垦农田和修路而被铲削；顶部呈不规则形，凹凸不平，西侧高于东侧。

台体平面略呈圆形，剖面呈不规则形。底东西 17.6、南北 22.6 米，顶东西 3.6、南北 3.6 米，高 5.5 米（图一七九）。黄土夯筑而成，夯土中夹料礓石和沙石，夯层厚 0.06～0.11 米。

台体周围散落有大量的料礓石、陶器残片及外素面和内布纹的瓦片。另有绳纹残砖，长 35.5、宽 17、厚 5.5 厘米。

该烽火台东南距瓜地渠（半切墩）2 号烽火台 162 米。

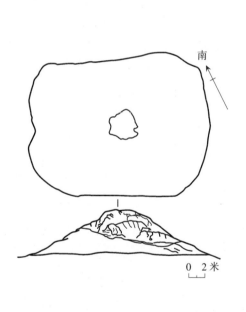

图一七九　瓜地渠村 1 号烽火台平、立面图

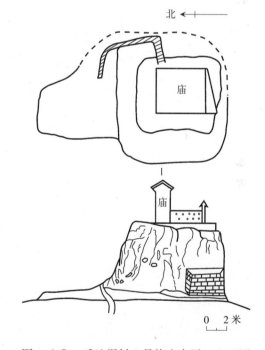

图一八〇　瓜地渠村 2 号烽火台平、立面图

七一　瓜地渠村 2 号烽火台（610821353201020043）

该烽火台位于神木镇瓜地渠村（半切墩村）东北 1.92 千米处。东 49 米处有一棵大柳树，西侧紧邻的是一条土路，西南侧长满柠条，东南 281 米处是神木—榆林的高速公路。地理坐标为东经：110°25′42.12″，北纬：38°50′40.63″，高程：1172.2 米。

烽火台整体保存差，台体四周坍塌严重。在烽火台之上建有一座庙宇，对台体损坏严重。台体西侧可看出夯土痕迹,其余各面皆用砖包筑而成。台体东侧建有台阶;南侧因雨水冲刷而变得坑坑洼洼,裂痕较多。

台体平面呈不规则形,剖面呈梯形,底东西13、南北11.2米,顶东西7.6、南北8.7米,高7.8米(图一八〇)。黄土夯筑而成,夯土中夹杂料礓石和沙石,夯层厚0.06~0.09米。

台体周围散落有大量的料礓石和建庙的残砖、陶器残片。

该烽火台西北距瓜地渠村1号烽火台162米。

七二　灰昌沟村烽火台　(610821353201020044)

该烽火台位于神木镇灰昌沟村西南1.25千米处,东北215米处有一个水池,东南180米处为高压线塔,西侧101米处为一个信号塔,南45米处为盘山土路,北侧112米处为神木—榆林公路。地理坐标为东经:110°24′39.01″,北纬:38°49′15.10″,高程:1118.1米。

烽火台整体保存差,四周坍塌严重,现仅剩原台体的三分之一。东侧因耕地利用而被修成缓坡;南侧雨水冲刷多个缺口;西侧因沟壑发育坍塌严重;北侧雨水冲刷凸凹不平;顶部呈不规则形,西侧略高于东侧。

台体平、剖面均呈不规则形,底东西13.5、南北5.5米,顶东西6、南北2米,高3.2米,夯层厚0.06~0.1米(图一八一)。

台体周围散落有大量外绳纹、内麻点纹筒瓦和板瓦残片。

该烽火台东南距灰昌沟村1号敌台450米。

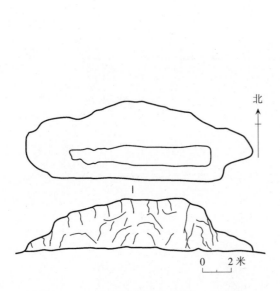

图一八一　灰昌沟村烽火台平、立面图

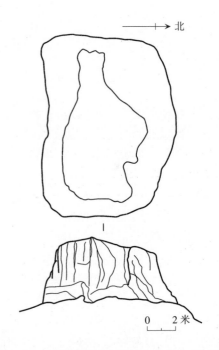

图一八二　三道沟村1号烽火台平、立面图

七三　三道沟村1号烽火台　(610821353201020050)

该烽火台位于神木镇三道沟村北850米处,周围多沟壑发育,杂草丛生,北149米处有沟壑,南

37 米处有沟壑，西 17 米处有沟壑，东 78 米处有一墓地，西北 60 米处为高压线塔。地理坐标为东经：110°24′31.27″，北纬：38°47′30.13″，高程：1201.5 米。

烽火台整体保存差，台体被雨水冲刷四周塌土较多，东侧坍塌严重；南侧因雨水冲刷多个缺口；西侧坍塌呈缓坡状，可供攀登；顶部呈不规则形，凹凸不平，东侧略高于西侧。

台体平面略呈矩形，剖面呈梯形，顶部呈不规则形。底东西 12.5、南北 8.5 米，顶东西 10.5、南北 6 米，高 4.6 米（图一八二）。黄土夯筑而成，夯土中夹杂料礓石、瓦片和沙石，夯层厚 0.08～0.11 米。

台体周围散落有大量外绳纹、内麻点纹的筒瓦和板瓦残片。

该烽火台北距三道沟 2 号敌台 450 米。

七四　三道沟村 2 号烽火台 （610821353201020051）

该烽火台位于神木镇三道沟村南 387 米处，南侧缓坡处杂草丛生。周围多沟壑发育，北 304 米处有河流，东 27 米处有沟壑，西侧紧邻沟壑，四周长满蒿类植物。地理坐标为东经：110°24′14.79″，北纬：38°46′47.29″，高程：1148.4 米。

烽火台整体保存差，四周坍塌严重，由于流水冲刷形成多裂痕；南侧坍塌呈缓坡状；北侧因沟壑发育而坍塌；北、西、东侧皆呈断面。

台体平、剖面均呈不规则形。底东西 5.5、南北 4 米，顶东西 3.5、南北 2.5 米，北侧高 2.4、南侧高 1.1 米（图一八三）。黄土沙夯筑而成，夯层厚 0.07～0.11 米。

该烽火台南距三道沟村 3 号敌台 126 米。

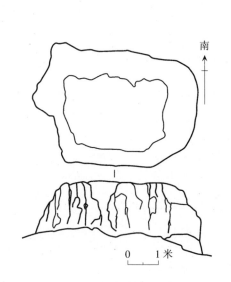

图一八三　三道沟村 2 号烽火台平、立面图

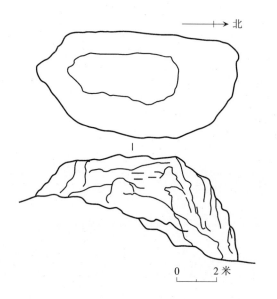

图一八四　瓦窑沟村 1 号烽火台平、立面图

七五　瓦窑沟村 1 号烽火台 （610821353201020054）

该烽火台位于神木镇瓦窑沟村北 550 米处，周围多沟壑发育，东 36 米处有沟壑，东 522 米处有一个庙，西侧紧邻沟壑。东北 502 米处为上中咀峁水库。地理坐标为东经：110°24′10.38″，北纬：38°46′00.87″，高程：1195.7 米。

烽火台整体保存差，台体西北、西、西南三面由于沟壑发育而稍有坍塌；东侧因植被根系生长、雨水冲刷等因素而坍塌，坑坑注注；顶部呈尖状，长满杂草。

台体底部略呈椭圆形，剖面呈不规则形。底东西5、南北10米，顶东西2.4、南北5.5米，高2～5米（图一八四）。黄沙土夯筑而成，夯土中夹杂有料礓石，夯层厚0.08～0.11米。

该烽火台南距瓦窑沟1号遗存200米。

七六　瓦窑沟村2号烽火台（610821353201020055）

该烽火台位于神木镇瓦窑沟村东250米处，周围多沟壑发育。台体东侧紧邻沟壑，南距乡间土路213米，西南63米处有沟壑，西侧缓坡处杂草丛生，南侧有一庙。地理坐标为东经：110°24′15.03″，北纬：38°45′41.62″，高程：1255.5米。

烽火台整体保存差，顶部平缓，堆有一些板石和砖块；南侧因为一座庙而被切削，且因雨水冲刷、植被根系生长等因素而坍塌出进深2米和进深1.5米的两个豁口；西侧坍塌，凹凸不平；北侧坍塌呈缓坡状。台体周围长满了蒿类植物。

台体平、剖面均呈不规则形，底东西6、南北10米，顶东西5、南北6米，高2.2米（图一八五）。黄土夯筑而成，夯层中夹杂有外绳纹、内麻点纹瓦片，夯层厚0.06～0.09米。

该烽火台北距瓦窑沟1号遗存459米。

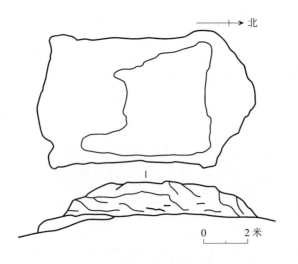

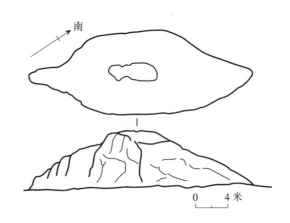

图一八五　瓦窑沟村2号烽火台平、立面图　　　　图一八六　崔家畔村烽火台平、立面图

七七　崔家畔村烽火台（610821353201020056）

该烽火台位于高家堡镇崔家畔村西南1.25千米处的缓坡地带。台体四周地形破碎，沟壑纵横。地理坐标为东经：110°17′52.82″，北纬：38°41′53.58″，高程：1279.9米。

烽火台整体保存差，顶部狭窄。台体南侧为缓坡；北侧下方紧邻深沟，坍塌坡度较陡；西侧呈直立状，因雨水侵蚀、冲刷出现多处小豁口；顶部东北角有一个豁口，宽1.4、进深0.5米。

台体整体坍塌，呈南—北狭长的鱼脊梁状。底东西10.2、南北28米，顶东西2.2、南北6米，高7.2米（图一八六）。黄土夯筑而成，夯层中夹杂有瓦片和少量料礓石，夯层厚0.07～0.11米。

台体周围散落少量板瓦、筒瓦瓦片，外饰绳纹，内饰麻点纹。

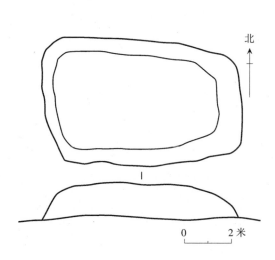

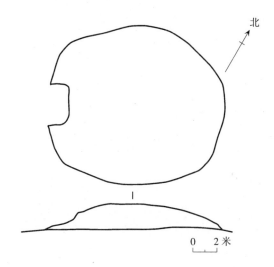

图一八七　梁财庙村 1 号烽火台平、立面图　　　　图一八八　梁财庙村 2 号烽火台平、立面图

该烽火台西南距崔家畔村敌台 691 米。

七八　梁财庙村 1 号烽火台（610821353201020058）

该烽火台位于高家堡镇梁财庙村西南 1.2 千米处的山顶平缓地带，台体四周是缓坡地带，缓坡下部地形破碎，土壤沙化严重，可见大片沙丘地。地理坐标为东经：110°16′34.12″，北纬：38°39′57.07″，高程：1244 米。

烽火台整体保存差，坍塌呈不规则形，四周有蚁穴。南、北、东三面坍塌成缓坡，西侧上部直立，下部为缓坡，并有一个人为挖掘的洞穴，直径 0.3、进深 0.2 米。

台体平面近呈矩形，剖面近呈梯形，底东西 8、南北 5 米，顶东西 6、南北 4 米，高 1.5 米（图一八七）。黄土夯筑而成，夹杂有少量的料礓石，夯层不明显。

台体周围散落少量板瓦、筒瓦残片，外绳纹，内麻点纹、素面。另有少量素面陶器残片。

该烽火台西南距梁财庙村 2 号烽火台 750 米，东北距梁财庙村堡 700 米。

七九　梁财庙村 2 号烽火台（610821353201020059）

该烽火台位于高家堡镇梁财庙村西南 2.05 千米处的缓坡地带。台体东侧为沿山势上升的缓坡；南侧的山坡上沟壑纵横，地形破碎；西侧为下坡走势的缓坡，缓底为沟壑；北侧临深沟。地理坐标为东经：110°16′28.45″，北纬：38°39′34.35″，高程：1227 米。

烽火台整体保存差，南侧面底部有一个人为挖掘的矩形坑，宽 2、长 3.5、深 2.1 米；西北侧底部有一个长 1.5、宽 0.8、深 0.4 米的人为挖掘的坑。

台体呈圆堆状，底东西 15、南北 13、高 2.1 米（图一八八）。黄土夯筑而成，夯层不明显，台体周围散布有少量片石和料礓石。

台体周围散落较多筒瓦残片，外饰绳纹，内饰麻点纹。

第三节　战国秦长城关堡

神木县战国秦昭王长城沿线共有关堡 3 座，其中关 1 座、堡 2 座。

一　崔家畔村堡（610821353102020001）

该堡位于高家堡镇崔家畔村西南 750 米处的山顶平缓坡面上，坡面外围沟壑发育，西、南两面分别距沟 97、85 米，西南距山间小路 135 米。地理坐标为东经：110°18′12.26″，北纬：38°42′25.01″，高程：1287.8 米。

堡址整体保存状况差。堡东墙保存状况较好，最高处 5 米，墙外壁由于风雨侵蚀、人为破坏等原因已出现坍塌的痕迹，墙体断面夯层裸露；南、西两墙坍塌呈缓坡状，墙体已不可见；北堡墙被雨水冲刷成很多小的豁口，墙的最高处 2 米，墙外侧地形破碎，沟壑发育。

该堡平面呈矩形，堡墙底部东西 73.5、南北 88 米，顶部东西 67.5、南北 82 米，周长 323 米，占地面积 6468 平方米。堡墙为夯土筑成，夯层厚 0.08～0.1 米；现存最高为 5 米。其中，东墙整体呈直立面，墙的外侧为延伸到沟底的陡立的坡面。墙与坡面自然连接，形成天然的军事屏障。堡南墙上有一座马面，马面东 31 米处有一座角楼。另外，堡内还有一座现已坍塌为低矮缓坡状的楼台（图一八九）。详述如下：

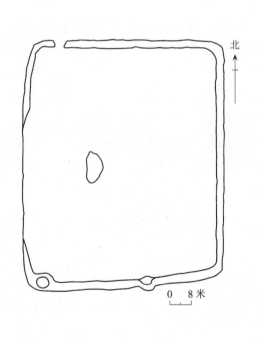

图一八九　崔家畔村堡平面图

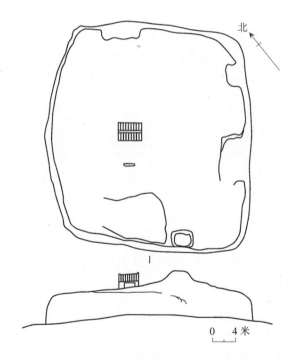

图一九〇　梁财庙村堡平、立面图

马面：位于堡南墙上，距东墙 23 米处。现已坍塌呈低矮的缓坡状，南侧面高出地面 1.5 米，北侧几乎与地面齐平。马面平面呈不规则形，东西 6、南北 4.5 米。其上散落有少量瓦片和片石，瓦片为弦纹内素面的筒瓦。

角楼：位于堡墙西南角，现已坍塌呈低矮的圆丘状，濒临消失。角楼平面略呈矩形，东西 5、南北6、南侧高1米。顶部散落有少量外弦纹内素面筒瓦残片。

楼台：位于堡中，距堡北墙36米，距堡东墙41米。夯层不明显，现坍塌呈平缓低矮的圆丘状，底部东西6.5、南北11、残高1.4米，楼台上及周围散落有大量片石和瓦片，瓦片为外绳纹内麻点、内外皆弦纹、外绳纹内网格纹的筒瓦。

堡址周围散落有大量筒瓦、板瓦瓦片。外饰绳纹、弦纹，内饰麻点纹、绳纹、布纹、素面、网格纹、弦纹等。还有素面陶器物残片。

该堡位于自然山峁顶部平坦处，是崔家畔村长城1段的起点。

二　梁财庙村堡（610821353102020002）

该堡位于高家堡镇梁财庙村东北500米处的山顶上，堡南、东墙外为缓坡，坡面上杂草丛生，还有新近栽种的樟子松，缓坡外侧地形破碎，沟壑纵横，土壤沙化。堡东墙西50米处有深沟，北墙下有较大的沟壑。地理坐标为东经：110°16′37.89″，北纬：38°40′16.55″，高程：1277.3米。

堡址整体保持状况较差，堡内较平坦，杂草丛生。西墙上有一个不规则状的水冲坑，长19、宽3.8、深6米；西墙靠北侧还有一个进深2.5、深2、宽1.5米的水冲沟；北墙垮塌严重，因风雨侵蚀等原因形成一个较大的"U"形豁口。

该堡平面略呈矩形，东西向堡墙长37米，南北向墙长33米，高6米，周长约为140米，面积约为1221平方米。堡墙为夯土筑成，四面墙体现几乎都呈直立状，夯层裸露，夯层厚度为0.06～0.10米。堡内北侧略高于南侧，中间部位有一今人建造的寺庙，庙前堆积有大量建庙筒瓦、板瓦，庙后有两座类似塔的附属物，庙东有残存的大约两间屋子的墙基，疑其为堡之附属设施。堡南墙（东距东墙8米处）有一个残存的墩台，平面呈矩形，剖面呈梯形，底东西3.6、南北3米，顶部东西2.8、南北2.3米，高1.4米。堡东墙中部有一个宽8米的缓坡，由此可到堡顶，疑其为堡的东门。堡南墙下部有宽3～5米的沟，疑为壕沟（图一九○）。

堡址周围散落有大量外饰绳纹、弦纹，内饰麻点纹、绳纹、布纹、素面、网格纹、弦纹等的筒瓦、板瓦残片。还有相当数量的素面陶器残片。

该堡位于一处自然山梁上，是梁财庙村—团团沟村长城的止点。

三　团团沟村关（610821353101020003）

该关位于高家堡镇团团沟村东南2.25千米处的山顶缓坡地带、团团沟长城6段墙体的内侧，堡西北侧墙体利用了长城墙体。关墙外围为缓坡，缓坡外是深沟。深沟外围土壤沙化严重，可见成片的沙地。东北关墙外侧与坡面自然连接。地理坐标为东经：110°15′08.97″，北纬：38°37′39.01″，高程：1203米。

由于风雨侵蚀、人为破坏等原因，关址整体保存状况差，关墙坍塌严重，西南、东北墙角可见堆积的片石，东北侧墙上也散落很多片石。地势西北高东南低，中间形成洼地，关东北角有一个人为挖掘的坑，长2、宽1米。关西北角建有一座铁塔。

该关平面呈矩形，周长116米，占地面积718平方米。现存墙体仅部分凸出地面，高度最高1.5米。关南墙中间有一个宽2米的豁口，疑为关门所在，但由于流水作用，豁口有下切现象。此处墙体宽3.2米（图一九一）。

关址周围散落大量瓦片，有厚度为1厘米的筒瓦，外素面，内布纹；厚度为2厘米的板瓦残片，

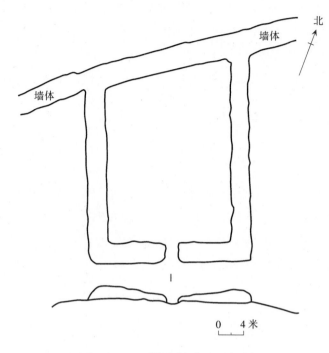

图一九一　团团沟村关平、立面图

外弦纹，内素面；以及外绳纹，内麻点、网格、素面的板瓦和筒瓦瓦片。

　　该关东北距团团沟村 6 号敌台 492 米，西南距南圪崂村 1 号敌台 686 米。

第四节　战国秦长城相关遗存

　　神木县战国秦昭王长城沿线调查发现相关遗存共 17 处，都属于其他性质的遗存。

一　贾家畔村遗存（610821354199020001）

　　该遗存位于大柳塔镇贾家畔村西北 108 米、牸牛川的西岸山体缓坡上，东、北两面紧邻山体缓坡。缓坡表面长有大量杂草与杨树，南为草地，西为缓坡上的耕地。地理坐标为东经：110°22′23.38″，北纬：39°18′42.58″，高程：1120.4 米。

　　该遗存整体保持差，目前仅见部分墙体，东侧墙保持较好，存在石块堆砌的墙基及夯土筑成的墙体。目前墙基叠砌的石块仍可见 2～3 层，厚 0.13 米。

　　该遗存平面整体略呈矩形，长 14.5、宽 8.8 米，周长 46.6 米，面积 127.6 平方米。现存墙体为自然沙地上用片石叠砌，并在片石上以黄土夯筑而成。夯土土质以含沙量较高的黄土为主，夯层不明显，高 1.6 米。

　　遗存东侧发现有少量外饰绳纹、内饰麻点纹的瓦片。

　　该遗存北距 001 贾家畔长城 1 段起点 642 米。

　　遗存所在的贾家畔村现有村民 200 余户，800 多人。以农业和煤炭开采为主，主要种植有马铃薯、糜子、荞麦、苜蓿等。遗存西侧有通往内蒙古自治区和榆林的公路，交通方便。

二　特麻沟村遗存（610821354199020002）

该遗存位于大柳塔镇特麻沟村南 625 米处的山体缓坡上，东距牸牛川西岸 230 米。地理坐标为东经：110°23′18.36″，北纬：39°15′53.89″，高程：1178.7 米。

遗存整体保存状况差，墙体损毁严重，目前只能从南侧坍塌断面上看到夹杂有瓦片和石块的夯土，夯层不明显。

该遗存平面略呈矩形，墙基东西 31、南北 15 米，周长 268 米，面积 3193 平方米。墙体为夯土筑成。

遗存内发现有大量内饰绳纹外饰麻点纹、网格纹、布纹的板瓦、筒瓦残片，以及一个卷云纹瓦当残片。

该遗存建在特麻沟村长城 3 段内，北距特麻沟村长城 3 段起点 1.06 千米。

该遗存所在的特麻沟村现有居民约 20 户，90 余人。以农业种植和煤炭开采为主，种植有糜子、荞麦、马铃薯、苜蓿等。遗存北侧有公路，交通方便。

三　杨旺塔村遗存（610821354199020003）

该遗存位于大柳塔镇杨旺塔村西南 1.52 千米、牸牛川的西岸山体缓坡上。南为草地，西为缓坡，缓坡表面长有大量杂草、柠条、沙棘和杨树。东距牸牛川 321 米，东南距发电厂 1.33 千米，南距盘山公路 126 米。地理坐标为东经：110°23′20.07″，北纬：39°13′48.97″，高程：1131.4 米。

遗存整体保存状况差，目前除散落的大量陶器碎片、瓦片等遗物外，无其他遗迹。

遗存内发现有大量外绳纹内麻点纹、布纹的板瓦，以及外绳纹内麻点纹的筒瓦和陶器碎片。根据其分布范围，大致可确定遗存的基本形状。其平面略呈圆形，直径 24 米，周长 75.36 米，面积 452.1 平方米。

该遗存北距杨旺塔村长城 3 段起点 1.17 千米。

该遗存所在的杨旺塔村现有村民近 30 余户，180 多人。以农业和煤炭开采为主，种植有马铃薯、荞麦、苜蓿等。遗存西侧有通往内蒙古自治区和榆林的公路，交通方便。

四　石窖塔村遗存（610821354199020004）

该遗存位于大柳塔镇石窖塔村南 971 米处的山体缓坡上，东距牸牛川西岸 260 米，东南距 1171 龙郭 1 线 26 高压线塔 56 米。地理坐标为东经：110°23′45.13″，北纬：39°10′50.93″，高程：1106.3 米。

遗存整体保存状况差，墙体损毁严重，四周是沙地。

该遗存复原周长 180 米，面积 1989 平方米。现仅存一道西北—东南走向的墙体，长 17、高 1.85 米。墙体为沙土夯筑而成，东南、西南两侧断面可见夯土，夯土中夹杂有片石和瓦片，夯层不明显；西北侧断面由片石垒筑。

遗存内发现有大量瓦片，以内绳纹外麻点纹的板瓦、筒瓦为主，其他还有外绳纹内网格、布纹的板瓦、筒瓦瓦片，以及一些外绳纹内素面的陶器残片。

该遗存位于石窖塔村长城 2 段内，距此段长城起点 781 米。

该遗存所在的石窖塔村有村民 30 余户，180 余人。以农业种植和煤炭开采为主，种植有马铃薯、糜子、荞麦、苜蓿等。该地为山地沟壑河流区，主要为土路，交通不便。

五　刘城崾山村遗存（610821354199020005）

该遗存位于孙家岔乡刘城崾山村东南 1.7 千米处、**犆**牛川的西岸山体上，西面紧邻山体缓坡，缓坡表面长有大量杂草、柠条、沙棘和杨树。东距**犆**牛川 621 米，东距水泥公路 655 米。地理坐标为东经：110°25′49.42″，北纬：39°06′37.58″，高程：1116.4 米。

遗址整体保存差，因北侧紧邻山体沟壑，沟壑发育，遗存出现坍塌，并裸露出山体石块。东侧遗存土壤沙化明显，地表现仅长有少量沙棘，并有一处因雨水冲刷的沟壑。西侧紧邻山体缓坡，表面长满杂草。

该遗存平面略呈矩形，东西 69、南北 49、周长 236 米，面积 3381 平方米。遗存内其他遗迹现已无存，仅在地表向下 0.1 米处发现有踩踏面。

遗存内发现有零星外粗绳纹内饰麻点纹的板瓦残片。

该遗存南距刘城崾山村敌台 984 米。

六　前麻家塔村遗存（610821354199020006）

该遗存位于麻家塔乡前麻家塔村西北 1.8 千米处的山坡上。北侧 43 米和东北 54 米处为环山土路，西侧 226 米处为朱家庙沟村，东南侧为农业用地，东 400 米处为高压线塔。地理坐标为东经：110°25′44.14″，北纬：38°53′30.53″，高程：1057.7 米。

该遗存整体保存差，地表未发现任何遗迹。仅在 15 米×66 米的范围内散落有大量的瓦片，为外绳纹内布纹、麻点及内素面筒瓦和板瓦残片，并有陶器残片。

该遗存位于前麻家塔村长城 2 段墙体内侧（东侧），西北距前麻家塔村 2 号烽火台 1.35 千米。

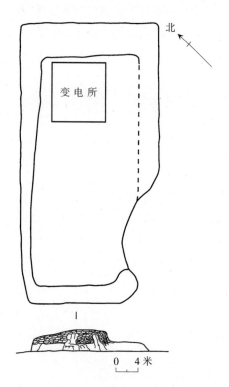

图一九二　后麻家塔村 1 号遗存平、立面图

七　后麻家塔村 1 号遗存（610821354199020007）

该遗存位于后麻家塔村西南 350 米处的山顶上，周围多沟壑发育。北 310 米处为后麻家塔村，北 595 米处为麻家塔沟，东南 195 米处有沟壑，南侧为砖厂，西北 163 米处为环山土路，东北 103 米处为墓地。地理坐标为东经：110°25′47.11″，北纬：38°52′52.29″，高程：1108.4 米。

遗存整体保存差，地面建筑现已不存在。仅西侧、北侧还残存部分墙基，东侧墙基由于雨水冲刷、植物根系生长等因素而坍塌到沟内，顶部因建有变电站和雨水冲刷等因素的破坏而变得坑坑注注。遗存上长满蒿类、杂草等植物。

该遗存在 26 米×50 米的范围内残存有墙基，地表散落大量的外绳纹、内麻点的筒瓦和板瓦残片及现代建筑材料残块。墙基为沙石混筑而成，保存较好，石板层裸露清晰。大概延续 3～50 米，北侧残高 1.9 米，南侧由于建筑砖厂而被人为损坏。墙基底部为黄土，立面石层明显。南侧墙残高为 3.8 米（图一九二）。

该遗存西 226 米处为后麻家塔村 1 号烽火台。

该遗存所在的后麻家塔村 130 多户，670 多人。以农业为主，主要副业为养殖业，种植的主要作物有谷子、马铃薯等；养殖牛、羊、马、驴等家畜。有乡间土路和公路从附近经过。

八　后麻家塔村 2 号遗存　（610821354199190008）

该遗存位于后麻家塔村南 2.05 千米处，周围为沙丘地形，种植有沙柳。西 252 米为神井大道，西北 150 米处为环山土路。地理坐标为东经：110°25′41.43″，北纬：38°51′58.93″，高程：1173.2 米。

遗存整体保存状况较差，现仅存中部一不规则形的土台。台体北侧稍高于南侧，因为雨水冲刷、植物根系生长、流沙侵蚀的原因而严重坍塌；南侧则由于雨水冲刷和流沙侵蚀等因素而坍塌成缺口；台顶凹凸不平。

该遗存平面呈矩形，面积 1280 平方米。遗存中部的土台为夯土筑成，夯层厚 0.05～0.1 米。台体平面呈不规则形，底部长 40、宽 32 米，顶部东西 15、南北 13 米。

在 26 米×50 米的遗存范围内散落有大量的外绳纹内麻点纹、内素纹的板瓦和筒瓦残片，以及大量的生活器具残片。

该遗存东北距后麻家塔村 2 号烽火台 143 米。

九　瓦窑沟村 1 号遗存　（610821354199020009）

该遗存位于神木镇瓦窑沟村北 450 米处的山顶上，周围杂草丛生，多沟壑发育。南为中咀峁水库，西侧和南侧紧邻山间小道，西侧缓坡上长满蒿类植物。地理坐标为东经：110°24′11.68″，北纬：38°45′54.39″，高程：1227 米。

遗存整体保存状况较差，现地面除一土台外，已无任何遗迹。台体四周因为雨水冲刷、植物根系生长、昆虫洞穴等原因而严重坍塌。台体南侧垂直于地面；北侧则由于雨水冲刷和植物根系生长等因素而坍塌出缺口；顶部凹凸不平，北侧稍低于中间和南侧。

该遗存面积为 1240 平方米，内有一个不规则矩形的土台。台体为自然基础上利用本地黄土人工夯筑而成，夯层中夹杂有大量的瓦片和料礓石，夯层厚 0.08～0.11 米。台体底部长 64、宽 22，顶部长 62、宽 20 米（图一九三）。

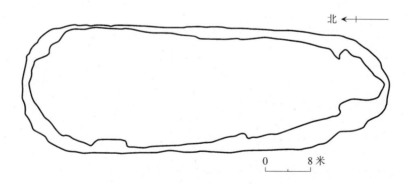

北 ←

0　　8 米

图一九三　瓦窑沟村 1 号遗存平面图

遗存范围内散落有大量的外绳纹内麻点纹、内素面、内布纹、内方格纹，外环轮纹内素面的板瓦和筒瓦残片，以及大量陶器残片。

该遗存南距瓦窑沟村 1 号烽火台 200 米。

该遗存所在的瓦窑沟村有村民 20 余户，130 多人。以农业和养殖业为主，种植的主要作物有谷子、马铃薯等；养殖牛、羊、马、驴等家畜。附近有乡间土路和公路经过。

一〇　瓦窑沟村 2 号遗存　（610821354199020010）

该遗存位于神木镇瓦窑沟村南 350 米处的山顶上，周围杂草丛生，多沟壑发育。山顶下的土壤沙化严重，南侧山坡下有一条土路。地理坐标为东经：110°24′05.97″，北纬：38°45′16.88″，高程：1228.8 米。

该遗存整体保存状况较差，地面现已无任何遗迹现象。因雨水冲刷、植物根系生长、昆虫洞穴、沟壑发育等原因，遗存范围内地面凹凸不平。

该遗存面积为 5024 平方米。在直径 40 米的范围内散落有大量的外绳纹内麻点纹、内素面、内布纹，外环轮纹内素面板瓦和筒瓦残片，以及大量的陶器残片。

该遗存位于瓦窑沟村长城东南 73 米处，北距瓦窑沟村 2 号烽火台 706 米。

一一　团团沟村遗存　（610821354199020011）

该遗存位于高家堡镇团团沟村南 1 千米处秃尾河东岸的山坡上，两侧缓坡上散落了大量石块，南距喇嘛沟约 1 千米，北距团团沟约 1.1 千米。所在地区为黄土沟壑区，沙化严重，沟深坡陡。地理坐标为东经：110°15′16.44″，北纬：38°37′59.09″，高程：1198.5 米。

遗存整体保存状况较差，平面略呈矩形，南北 92、东西 17 米，面积 1564 平方米，仅存部分墙体和一夯土圆峁，坍塌严重。圆峁顶部有一座人为堆积高约 1 米的石堆。现存墙体东侧紧邻山体缓坡，西紧邻山间小路，呈东北—西南走向，墙体高 3~4 米。夯土墙部分长 14 米，夯层厚 0.1~0.14 米。土石混筑墙体长 61 米，石层厚 1.3 米，同时部分可见夯土层和大量夹杂的瓦片。土墙最西南端与土石混筑的墙错位相连，土石混筑墙体西紧邻山间小路，东紧邻山体缓坡。小路上散落大量片石、瓦片，西紧邻冲沟，将土石混筑墙截断。土石混筑墙体西南侧紧邻山顶圆峁，在长 17、宽 17 米的矩形范围内存有大量夯土，夯土表面散落大量瓦片，外绳纹、素面，内麻点纹、素面。

遗存四周发现较多的瓦片及器物残片，瓦片外饰绳纹、素面，内饰麻点纹、素面。另外，还发现较大的素面砖。

推测该遗存应为一大型建筑遗址，构筑年代为战国—秦。

该遗存位于团团沟村长城 6 段起点、长城墙体的外侧。

该遗存所在的团团沟村有村民 80 余户，400 余人。以农业为主，主要种植马铃薯、糜子、荞麦、玉米等。深入山地，没有道路，交通不便。

一二　喇嘛沟村遗存　（610821354199020012）

该遗存位于高家堡镇喇嘛沟村北 1.5 千米处的秃尾河东岸山坡上，两侧缓坡上散落了大量石块。南距喇嘛沟约 1 千米，北距团团沟约 1.1 千米，西南距秃尾河河底 1.68 千米，西南距锦界至高家堡公路 576 米。所在地区为黄土沟壑区，沙化严重，沟深坡陡。地理坐标为东经：108°13′57.87″，北纬：36°37′01.01″，高程：1111.5 米。

该遗存整体保存状况差，现仅存部分墙基。四周沙化严重，栽满了沙棘。墙顶部凹凸不平，中间坍塌低于两侧，形成长 6.5 米的缓坡带，使得两侧外形似两墩，现存最高处 5.4 米。南侧墙顶部上有两个盗坑，一个长4、宽2.7、深2.5米，另一个长5、宽3.6、深1.5米，顶部还有人为堆积的石堆两座，高0.7～1.6米，夯土层厚0.09～0.1米。北侧墩形似烽火台，底部平面呈矩形，东西17.5、南北17、高5.4米，顶部有三个树坑，宽1、长1.2米，西南面坍塌严重，东南面垂直于地面，夯土层厚0.1～0.12米。

该遗存平面呈不规则形，东西52、南北45米，面积2340平方米（图一九四）。现存墙基为自然基础上用夯土筑成，夯土土质以黄沙土为主，夯层厚0.09～0.12米，质地相对疏松。

遗存四周散落有大量外绳纹或素面、内麻点纹或素面的瓦片和器物口沿。另外，还发现素面砖两块，长42、宽20、厚8厘米。

推测该遗存可能为大型建筑遗址，构筑年代为战国—秦。

该遗存位于喇嘛沟村长城2段内侧，西南距喇嘛沟村1号敌台299米。

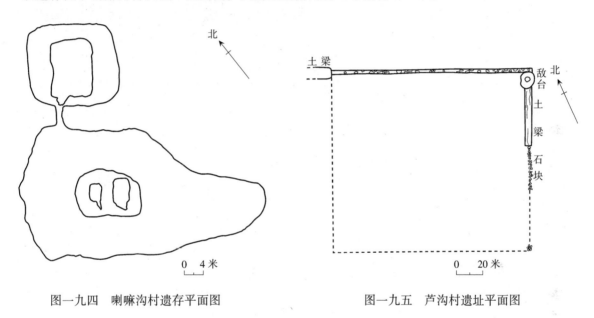

图一九四　喇嘛沟村遗存平面图　　　　　图一九五　芦沟村遗址平面图

一三　芦沟村遗址（610821354199190013）

该遗址位于高家堡镇芦沟村1组南300米处的山梁东端，周围地势起伏较大，东200米为芦沟村1组，东400米为秃尾河。地理坐标为东经：110°12′58.12″，北纬：38°36′01.46″，高程：1065米。

该遗址整体保存状况差，墙体损毁严重。遗址内有现代人所修的坟墓，长有大量的沙棘、沙蒿和柠条。

遗址内现存北墙长140米，东墙长121米，南、西两侧墙体已不可见，基本与北、东两侧墙体对应，因而遗址范围约16940平方米。此外，还有一道与芦沟村1号敌台相接的长41、宽5米的土梁。土梁南为一段长30、宽1.2米的石块散落带，再向南50米至所在山梁最高台地的边缘。地表没有墙体痕迹，仅零星散落有外绳纹、内麻点纹的瓦片和陶器残片。芦沟村1号敌台西南140米为一道土梁，推测应为该遗址北墙边缘（图一九五）。

遗址内发现有外绳纹内麻点纹板瓦、外绳纹内布纹筒瓦和陶器残片，以及少量石块和石片，应为遗址内的墙体坍塌后遗物。根据其地理位置，推测应为战国秦长城内侧的一座城址或关。

该遗址位于芦沟村长城1段墙体内侧（南侧），紧依墙体。遗址东北角为芦沟村1号敌台，西南500米芦沟村2号敌台。

一四　堡瓠村寨子遗存（610821354199190014）

该遗存位于乔岔滩乡堡瓠村，周围为沟壑地貌。地理坐标为东经：110°21′04.02″，北纬：38°28′29.64″，高程：1060 米。

该遗存整体保存状况差，墙体损毁严重。墙体西南角、东南角各残存一台体，台体周围还遗留有黑色的陶片、瓦片和石块。西南角台体顶部有一石堆。东南角台体西侧底部被掏挖出一个宽 1.8 米的洞，并延伸到底部中央，里面有废弃坍塌的土炕和灶台，证明曾有人在此居住。台体北侧底部有一个长 4、宽 3、深 2 米的坑。墙体西北角有一建筑遗存，底部为长 6、宽 4 米的矩形，上部坍塌成一石堆。

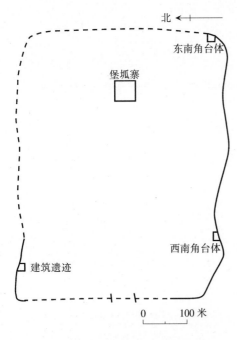

图一九六　堡瓠寨子遗存平面图

该遗存东西 603.5、南北 489 米，面积 295111.5 平方米。残存墙体为石块垒筑而成。西侧寨门已不存，原寨门北侧山坡上存有一段长 28 米的石墙。从寨门消失处向东南顺山坡而上，残存有一段长 152.5 米长的石墙，墙体的残高不一，最高处为 2、宽 1.7 米。墙体从石墙止点处折向东为南墙，先是一段 140 米长的土石堆筑墙，顶宽 1.2、底宽 4.2 米，高 1～2 米；再向东有一段 463.5 米长的土墙。墙体从土墙结束处折向北为东墙，现已被耕地和道路破坏消失，长度为 489 米。北墙仅在西侧还残留有一段 40 米长的土墙，其余墙体已遭破坏。

西南角台体：台体底部北侧长 11.3、南侧长 13.8、东侧长 10.7、西侧长 9 米；台体顶部为方形，边长为 2.5 米；台体残高 1.2 米。

东南角台体：底部以土石为台基，高度在 1 米左右；台体底部东西 9、南北 9.5 米，顶部东西 4、南北宽 3 米，西侧的高度为 6 米（图一九六）。

当地村民乔高升（70 岁）介绍，此遗存为民国时期国民党所修建，东、西各有寨门一座，还建有三四个放哨楼子。当时国民党的大部队驻在乔岔滩，小部分驻在寨子里，寨门天黑关闭。村民越梁到两边种地，天黑寨门关闭之前必须赶回，如在寨门关闭后翻墙而入被抓则会遭到痛打。寨门在 1949 年后被拆毁，仅西门两侧的石墙现还有残存。放哨楼子也受到了破坏。

一五　斜马沟村遗址（610821354199190016）

该遗址位于高家堡镇斜马沟村西北 2 千米处的山梁上，东为秃尾河，西北侧是一座明代敌台，周围地势起伏较大。地理坐标为东经：110°17′25.18″，北纬：38°34′45.06″，高程：1285 米。

该遗址为寨子，平面呈四边形，东墙长 66、南墙长 36.6、西墙长 37.6、北墙长 34.6 米，面积 1912 平方米（图一九七）。东墙由于风雨侵蚀、沟壑发育等原因，有多个豁口，其中有一个豁口宽达 10 余米。南墙外侧坍塌严重，几乎与地面相平，墙体外侧已被开垦为农田。寨门位于南墙西端，寨子的西北角有坍塌的土堆，推测当时可能有建筑存在。西墙外侧是一条宽 3～4 米的土路，墙体

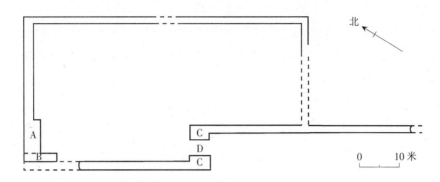

图一九七　斜马沟寨子平面图

内侧由于农田开发而被铲削。北墙外侧是一条小沟壑，墙体侵蚀剥落严重，长有蒿草和沙棘，西北角由于开垦农田、修路墙体已消失。

遗址内部地势自东向西依次抬升，形成三级阶地。其中，东侧的两级阶地长满荒草，最西侧的一级阶地被开垦为农田。

据当地老乡介绍，该寨为当年国民党所建，但未经历战火。

一六　沟岔村寨子（610821354199190017）

该寨位于高家堡镇沟岔村南 50 米处的山梁上，北侧为红柳沟，沟内水资源较为丰富；西南侧为一沟谷地，沟谷内为沟岔村。寨子所在地区周围为沙丘带，沙丘地带内长有柠条、沙柳等耐旱植物。地理坐标为东经：110°08′32.34″，北纬：38°33′54.66″，高程：1107 米。

寨子平面呈不规则形，东西 21、南北 35 米，现仅残

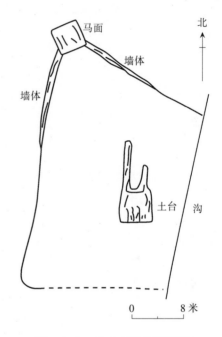

图一九八　沟岔村寨子平面图

存一部分北墙和西墙。寨墙西北角有马面，呈四方体，底边长 6.4、顶边长 4、台体高 3 米。寨子内有一坍塌不规则的土台，底 6.5、顶长 4.5、高 4 米。台体侧面上有大量的动物洞穴。寨子已开垦为农田（图一九八）。

该寨子所在的沟岔村有村民有 80～90 户，400 余人。以农业为主，种植马铃薯、玉米、大豆、糜子等，家中主要养殖牛、驴、羊、鸡等。遗址附近的沟谷内有土路。

一七　宋家山村遗存（610821382101020021）

该段遗存位于**牸**牛川东岸、大柳塔镇宋家山村西 268 米处的山体西侧山腰的缓坡地带。起点位于店塔镇宋家山村西 268 米，止点位于宋家山村西 319 米，全长 51 米，整体呈北—南走向。起点坐标为东经：110°25′51.43″，北纬：39°08′25.73″，高程：1157.5 米；止点坐标为东经：110°25′52.97″，北纬：39°08′24.66″，高程：1157.1 米。

　　该遗存为一段长51米的夯土墙体，与**特**牛川西岸油房梁村长城2段（战国秦长城）隔川相望。墙体保存差，墙底宽5.5米，顶部因坍塌而呈弧形，高0.5~2.1米。墙体下部为夯土，上部为料礓石。墙体周围散落有大量瓦片和器物残片，瓦片为外绳纹内素面、外素面内绳纹。

　　从地理位置来看，其位于**特**牛川河东，战国秦长城内侧，附近散落有大量的麻点纹瓦片，推断应为战国秦长城的防戍遗址。

第四章　榆阳区战国秦长城资源

榆阳区地处毛乌素沙漠东南缘与陕北黄土高原北缘的交接地带，境内西北部为沙漠草滩地带，地势较平坦；东南部为黄土高原丘陵沟壑地带，梁峁起伏，沟壑纵横。主要河流有无定河及其支流榆溪河、海流兔河、常乐川等。

榆阳区三代时为戎狄所居，秦时属上郡，汉因之。十六国时属大夏国，隋唐属朔方郡，明初设榆林寨，属绥德卫，后设延绥镇，治所在今辖区。

榆阳区早期长城资源的调查工作由张振峰、杨方方、王晓博、陈探戈、贺慧慧等完成，调查时间为 2009 年 7～8 月。

战国秦昭王长城从红柳沟南岸的香水村开始进入榆阳区境，再向西长城墙体行进在头道川的南岸；至木柱柱梁的制高点后长城拐向南进入沙漠草滩地带，在沙漠草滩地中长城断断续续前行，大部分已被黄沙掩埋，直至十八墩水库南岸的明代墩台后与明代大边重合。该段秦长城位于明长城的北侧。越过钵钵梁再沿头道河（常乐川）南岸向西南延伸，在红石峡处越过榆溪河，向西南进入沙漠地带，再沿无定河北侧支流向西南至乔家峁折向南延伸，至无定河北岸越河进入横山县境，再沿芦河西岸向南延伸（图一九九）。

榆阳区战国秦长城全部位于沙漠区域，部分遗迹已经被流沙掩埋，只能依据地面上散落分布的一些绳纹瓦片来确定秦长城的分布与走向以及单体建筑的位置。

榆阳区战国秦长城主要由墙体、单体建筑和相关遗存组成，长城沿线发现大量的绳纹瓦片，且单体建筑附近的分布密度明显大于墙体附近。战国秦长城全长 87886.2 米，整体呈东北—西南走向。

此次调查发现，在六处墙体断面中存在明代大边墙体沿用早期长城墙体的证据，对应的六段大边墙体分别为十八墩、石峁、常乐堡、边墙村、镇北台和三十台。根据调查中发现的各种遗迹、遗物我们认为，此段长城存在汉故塞沿用战国秦长城、隋长城沿用战国秦长城与汉故塞，明代大边长城又沿用隋长城的情况。

黄沙七墩村南侧 1 千米处明大边墩台的西侧为战国秦长城，向西沿线散落有外饰绳纹、内饰麻点纹的瓦片。该点为战国秦长城与明大边长城的重合点，由此点开始明大边与战国秦长城分离，战国秦长城位于明大边西北侧。其走向基本与明大边平行。

从乔家峁村向西南至井界间，均发现了秦长城，但在具体走向和与村落的位置关系上，经向老乡询问和实地调查核实，墙体经肖家峁，过硬地梁河经古城界，再向西南经井界到无定河北岸，过无定河进入横山界。此段长城线路清楚，墙体大多被黄沙掩埋，时断时续，现已发现有三座形制明显的墩台和几段可见夯土的墙体。

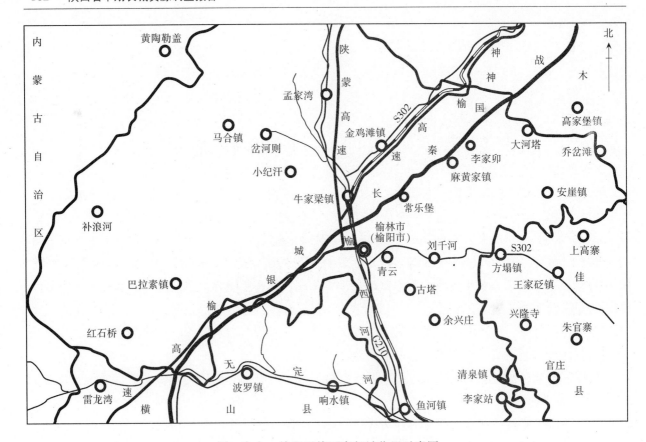

图一九九　榆阳区战国秦长城位置示意图

　　此前的调查认为，本区域的秦长城大部分被明长城沿用，并且在补浪河—巴拉素间还存在秦长城。经此次调查发现，榆阳区秦长城被明大边长城沿用段只存在于麻黄梁镇十八墩至芹河乡黄沙七墩段，并未发现巴拉素镇乔家峁至红石桥乡井界段的墙体及相关建筑。原认为位于榆林市区以西补浪河乡方家海子至巴拉素镇何家梁村段的秦长城不是长城遗存，可能属魏晋时期前秦、大夏的城址。

　　这次调查的新发现段长城有麻黄梁乡断桥至十八墩段、黄沙七墩至乔家峁段、井界至无定河岸边曹家沟村，全长共36千米。

　　榆阳区战国秦长城的起点段钵钵梁长城，位于红柳沟支流草湾沟东南的钵钵梁上。钵钵梁处于榆溪河与秃尾河的分水岭上，钵钵梁以东战国秦长城墙体位于红柳沟南岸，以西长城墙体处在头道川的南岸。长城至木柱柱梁的制高点后，折向南进入沙漠草滩地带，大部分墙体已被黄沙掩埋。

　　麻黄梁镇断桥至十八墩段新发现的长城基本呈东北—西南向，至头道川与十八墩水库的相交处。

　　黄沙七墩至乔家峁长城，从黄沙七墩至曹家沟村长城行进在沙漠中，墙体多被黄沙掩埋而不可见。沿墙体一线仅能找到外饰绳纹、内饰麻点和布纹的板瓦及筒瓦。外饰绳纹的器物残片，为灰陶，器形可辨的有陶罐、陶缸和陶盆。黄沙七墩村南1千米处发现明长城与秦长城的交汇点。

　　从乔家峁村向西南至井界段的战国秦长城，走向为经肖家峁，过硬地梁河经古城界，再向西南经井界到无定河北岸，过无定河进入横山界。此段长城线路清楚，墙体大多被黄沙掩埋，时断时续，现已发现有三个形制明显的墩台和几段可见夯土的墙体。

　　榆阳区秦长城属榆阳区文物管理委员会办公室管理，文物管理委员会办公室主任戴锋，编制5人。长城的保护机构、保护标志、保护范围、建设控制地带及记录档案目前均无。

第一节　战国秦长城墙体

榆阳区秦长城位于沙漠之中，主要是夯土墙体，在越过河流时利用河流自然险要作为防御依凭。本区墙体主要分布在毛乌素沙漠之南缘，大多起伏穿行于沙丘、沙垄之间，或隐或现。墙体全部为夯土筑成，夯土土质含沙量较大，部分夯层中含有料礓石，墙体底部宽度最宽为6.2米，高度最高为2.7米，夯层厚度在0.06~0.1米。由于多年的风雨流沙侵蚀墙体消失较多，残存段落部分被流沙掩埋，现地表以上部分都呈土垄状或鱼脊状。

该区秦长城墙体可分为三部分，东段部分为起点处至十八墩长城止点（麻黄梁镇十八墩水库西南侧），该段长城大体与明大边长城墙体并行，位于明大边墙体北侧，最远处相距5千米，至十八墩长城止点处与明大边长城墙体相交；中段部分为十八墩至黄沙碛墩长城，在现存明大边长城沿线发现有战国秦的绳纹瓦片分布，说明该段秦长城被后期的明大边长城叠压，并且在该段墙体中发现明显的不同时代长城叠压的情况，推断应为隋长城沿用战国秦长城；西段部分位于明长城北西侧，与明长城大体并行直至无定河岸边，最远相距达6千米。

该区长城墙体共28段。河险部分长度占该区墙体总长度的0.3%；夯土墙占该区墙体39.7%，共22段；消失墙体占该区墙体的60%，共5段。

榆阳区秦昭王、汉"故塞"长度统计　　　　　　　　　　　　单位：米

类别	保存较好	保存一般	保存较差	保存差	消失	总计
山险	0	0	0	0	0	0
河险	0	270	0	0	0	270
山险墙	0	0	0	0	0	0
石墙	0	0	0	0	0	0
土墙	0	0	1592	2381	30915.2	34888.2
消失长城	0	0	0	0[2]	52728	52728
总计	0	270	1592	2381	83643.2	87886.2

一　香水村长城　（6108023821010200001）

该段长城位于大河塔乡红柳沟南岸香水村和大河塔乡小河岔村之间，起点位于红柳沟南岸香水村中，止点位于小河岔村东南690米，全长2700.6米，整体呈东—西走向。起点坐标为东经：110°05′33.42″，北纬：38°34′41.16″，高程：1088米；止点坐标为东经：110°03′47.94″，北纬：38°34′24.66″，高程：1207米（图二〇〇）。

由于该段长城所处地势起伏较大，为黄土梁区和沙漠草滩交汇区，红柳沟南岸的诸多支沟发育明显，水土流失严重，对墙体的破坏较大，现大多已消失。残存墙体部分保存差，长度为3.8米，消失2696.8米。

---

〔2〕　本段墙体被明长城沿用，现存明长城整体保存状况差，故归入保存程度为差的部分，但因为已经成为明长城的一部分，故也是整体消失段。

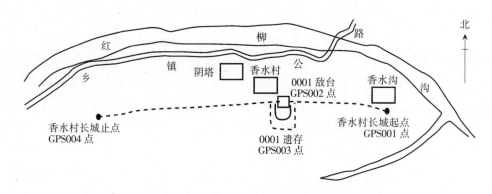

图二〇〇　香水村长城位置示意图

现存的墙体为人工夯筑而成的土墙，夯土为黄沙土夹有料礓石，夯层厚0.08~0.1米。墙体上下基本同宽，剖面呈矩形，宽2.5、高4米。

该段长城起点北接神木县长城止点，东南距明大边8.25千米；止点接小河岔村长城起点，东南距明大边9.65千米。起点西827米为香水村敌台，墙体内侧（南侧）的山梁上为香水村相关遗存。

该段墙体所在的香水村有6个村民小组，200来户，900多人。以农业为主，种植玉米、黑豆、马铃薯等。香水村所在的红柳沟南岸有乡村土路通行。

二　小河岔村长城（610802382101020002）

该段长城位于大河塔乡小河岔村东南的沙土梁上，起点位于大河塔乡小河岔村东南690米，止点位于大河塔乡方家畔村三队东北510米，全长875米，整体呈东北—西南走向。起点坐标为东经：110°03′47.94″，北纬：38°34′24.66″，高程：1207米；止点坐标为东经：110°03′15.24″，北纬：38°34′

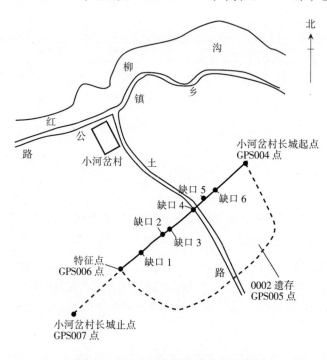

图二〇一　小河岔村长城位置示意图

12.90″，高程：1206米（图二〇一）。

该段墙体整体保存差，现存墙体大多坍塌呈土梁状。其中，保存较差158.6米，消失716.4米。依其保存状况分2个自然段。

第1段　起点至断点，长245米，其中保存较差158.6米，消失86.4米，呈东北—西南走向。起点处东临红柳沟的一条支沟，南108米为南北向沙梁，北侧为沙漠草滩地，向西为一道低矮的黄土梁，原为墙体，断面处可见清晰夯层。现有6处缺口，自起点向特征点方向依次为：缺口1，宽16.2米，缺口之间散落有大量自南侧山梁顶部冲下来的绳纹瓦片，主要是内麻点纹板瓦、内布纹筒瓦、内素面筒瓦和内麻点纹筒瓦；缺口2，为宽4米的水冲豁口；缺口3，为一条贯穿墙体的小路，宽6米；缺口4，宽4.2米，缺口西端的北侧有一段长3.3米的墙体，夯土部分与下层生土界限清晰，夯土部分高1~1.4米，下为生土基础，底部坍塌下来的堆土（图二〇二·1）；缺口5，宽23米，为一水冲的大豁口；缺口6，宽33米，中间有多条水冲的小细沟，散落有瓦片，缺口6东端墙体断面夯层清晰，夯层厚0.06~0.1米，墙体底宽4.9、顶宽2.3米，北高0.8、南高1.2米（图二〇二·2）。断点为土梁的结束处，西为沙梁，最西端为一条由北向南发育的沟；北为沙梁；南侧有一条由西向东发育的沟；东侧为黄土梁，间有隆起的沙土包和多处水冲小沟。起点至断点间墙体顶部及两侧长有柠条、沙蒿等，墙体周围散落有大量的绳纹瓦片。

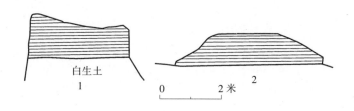

图二〇二　小河岔村长城墙体剖面图

第2段　断点至止点，长630米，消失段。此段因沟壑发育及黄沙掩埋，墙体消失。该段地处沙地草滩地中，周围有大量人工栽种的杨树，东北边为红柳沟的支沟。该点散落少量瓦片。

该段长城起点东接香水村长城止点，止点西南接后畔村长城起点。小河岔村相关遗存紧依墙体内侧。

该段墙体所在的小河岔村有2个队，30多户，270余人，以农业为主，种植玉米、糜子、马铃薯等。小河岔村至村东南墙体所在的山梁上有土路。

三　方家畔村长城 （6108023821010200003）

该段长城位于大河塔乡方家畔村，红柳沟南岸山坡上。所处地区从东北向西南为沙漠草滩区与黄土山梁区相交地带，地势起伏较小。起点位于大河塔乡方家畔村三队东北510米，止点位于大河塔乡后畔村东北1.27千米，全长1566米，整体呈东北—西南走向。起点坐标为东经：110°03′15.24″，北纬：38°34′12.90″，高程：1206米；止点坐标为东经：110°02′29.88″，北纬：38°33′26.70″，高程：1197米（图二〇三）。

该段墙体整体保存差，大多已消失，现存墙体也大多坍塌成土梁。其中，保存较差86米，消失1480米。依其保存状况分5个自然段。

第1段　起点至断点1，长130米。墙体被黄沙掩埋，消失不见，沿线仅见少量绳纹瓦片。

第2段　断点1至断点2，长38米，保存较差，现为低矮的黄土梁子，呈东北—西南走向。黄土梁上层为疏松的黄土，下层即为夯土，夯土部分底宽6、残高0.7米（图二〇四·1）。两侧散落大量瓦片，以外绳纹、内麻点纹为主。

第3段　断点2至断点3，长24米，由于黄沙掩埋，墙体消失。

第4段　断点3至断点4，长48米，保存较差，呈东北—西南走向。墙体底宽5、顶宽1.3~2.5、残高0.8~1米，夯层厚0.06~0.09米（图二〇四·2）。墙体中间有缺口，内、外两侧底部都有坍塌土堆积。断点3所在的黄土山梁顶部有一瓦片散落区，有外绳纹内麻点纹板瓦、外绳纹内布纹筒瓦。该点东边是向下倾斜的缓坡，西边有一条小土路。

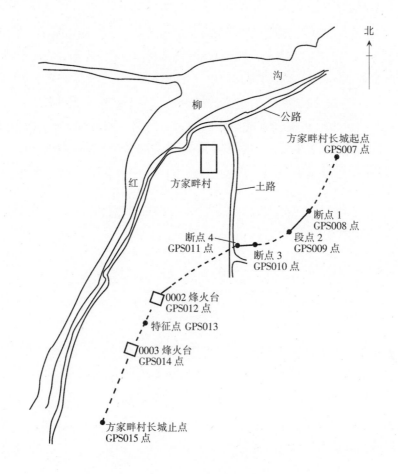

图二〇三　方家畔村长城位置示意图

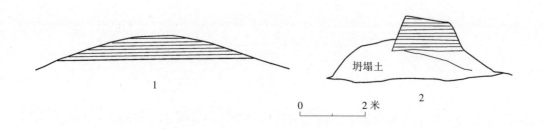

图二〇四　方家畔村长城墙体剖面图

　　第5段　断点4至止点，长1326米，由于沟壑发育、沙土掩埋，墙体消失，沿线散落有少量外绳纹内麻点纹板瓦、外绳纹内布纹筒瓦。

　　现存墙体为自然基础上人工用黄沙土夯筑而成的土墙，夯层厚0.06~0.1米。

　　该段长城起点北接小河岔村长城止点，止点南接后畔村长城起点。起点西南820米为方家畔村1号烽火台，西南1.14千米为方家畔村2号烽火台。起点东南距明大边8.95千米，止点东南距明大边7.5千米。

　　该段墙体所在的方家畔村，有村民50多户，400余人。以农业为主，种植玉米、糜子、马铃薯等。兰家峁—方家畔乡村公路通至方家畔村。

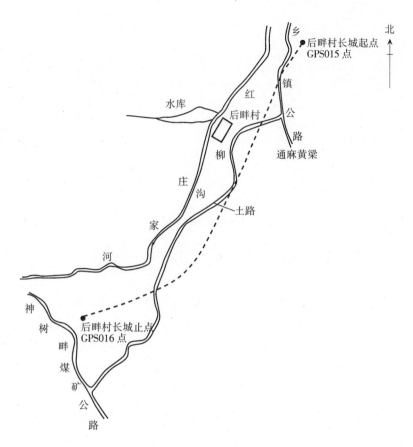

图二○五　后畔村长城位置示意图

四　后畔村长城（610802382301020004）

该段长城位于大河塔乡后畔村南沙漠和黄土梁上。地处红柳沟南岸，地势起伏较小。起于大河塔乡后畔村东北 1.27 千米，止于麻黄梁镇断桥村贾石畔村（组）东北 660 米，全长 3899 米，整体呈东北—西南走向。起点坐标为东经：110°02′29.88″，北纬：38°33′26.70″，高程：1197 米；止点坐标为东经：110°00′32.58″，北纬：38°31′43.86″，高程：1258 米（图二○五）。

该段墙体由于黄沙掩埋、沟壑发育，墙体已全部消失。沿线仅见少量外绳纹内麻点纹板瓦、外绳纹内布纹筒瓦。

该段长城起点北接方家畔村长城止点，止点南接贾石畔村长城起点。

该段墙体所在的后畔村，有村民 20 多户，160 余人。以农业为主，种植玉米、糜子、马铃薯等。

五　贾石畔村长城（610802382101020005）

该段长城位于麻黄梁镇断桥村贾石畔村（组）西北边的沙梁上，地处红柳沟南岸，地势起伏较小。起点位于麻黄梁镇断桥村贾石畔村（组）东北 660 米，止点位于麻黄梁镇磨庄村后钵钵梁村（组）东 270 米，全长 4331 米，整体呈东北—西南走向。起点坐标为东经：110°00′32.58″，北纬：38°31′43.86″，高程：1258 米；止点坐标为东经：109°57′58.68″，北纬：38°30′45.54″，高程：1337 米（图二○六）。

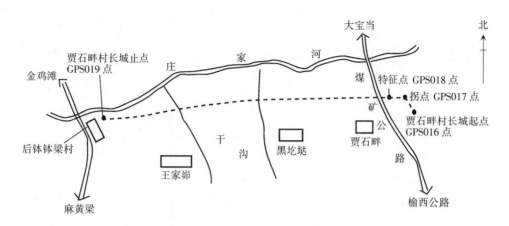

图二〇六　贾石畔村长城位置示意图

该段墙体整体保存差，因地处沙漠草滩向黄土沟壑过渡区域，黄沙掩埋、沟壑发育、人为破坏等原因致使墙体现已消失，仅有裸露地表的土梁。根据沿线散落外绳纹内布纹筒瓦、外绳纹内麻点纹板瓦，墙体走向基本明确。

该段长城起点东北接后畔村长城止点，止点西南接钵钵梁村长城起点，即后钵钵梁村烽火台。

该段墙体所在的贾石畔村有村民10多户，100余人。以农业为主，种植玉米、糜子、马铃薯等。墙体起点处西面有土路，附近有正在修建的"神树畔煤矿"运煤公路。止点处有盘山土路通行。

六　磨庄村钵钵梁长城（610802382101020006）

该段长城位于麻黄梁镇磨庄村钵钵梁（山名）上，钵钵梁处于榆溪河与秃尾河的分水岭上，以东长城墙体处在红柳沟南岸上，以西长城墙体处在头道川的南岸。长城沿钵钵梁向南至前钵钵梁村的烽火台，后向西南跨沟至地势稍低团窝梁。起点位于麻黄梁镇磨庄村后钵钵梁村（组）东270米，止点位于麻黄梁镇磨庄村吴家窑子（组）西北1千米，全长2845.6米，整体呈东北—西南走向。起点坐标为东经：109°57′58.68″，北纬：38°30′45.54″，高程：1337米；止点坐标为东经：110°57′26.16″，北纬：38°29′34.80″，高程：1353米（图二〇七）。

该段长城整体保持差，墙体大多消失，抑或原来就没有墙体。其中保存较差22.6米，消失2823米。依其保存状况分5个自然段。

第1段　起点（后钵钵梁村烽火台）至特征点1，长1013米，墙体整体消失，呈北—南走向。

第2段　特征点1至拐点（前钵钵梁村烽火台），长323.6米，墙体消失310米。特征点1处有一段长22.6米的夯土墙，底宽6.2、顶宽3.7、西高4.6、东高1.8米。墙体东、西两侧夯层明显不同，西侧夯层厚0.06～0.12米，东侧夯层厚0.12～0.14米（图二〇八）。墙体底部散落有大量外绳纹内麻点纹板瓦、外绳纹内布纹筒瓦。

第3段　拐点（前钵钵梁村烽火台）至特征点2，长570米，墙体消失。墙体由拐点处变为东北—西南走向。特征点2所在的断崖边有绳纹瓦片，为内麻点纹板瓦和内绳纹筒瓦，南、北两侧都为由西向东发育的沟。此两点间有一条村际土路穿过，公路下为康家窑子村。

第4段　特征点2至特征点3，长150米，墙体消失。特征点3处散落有绳纹瓦片，为内麻点板瓦和内绳纹筒瓦，以及夹沙素面陶片。此点正处在一黄土梁断面的西侧底部，南、北两侧由西向东发育的

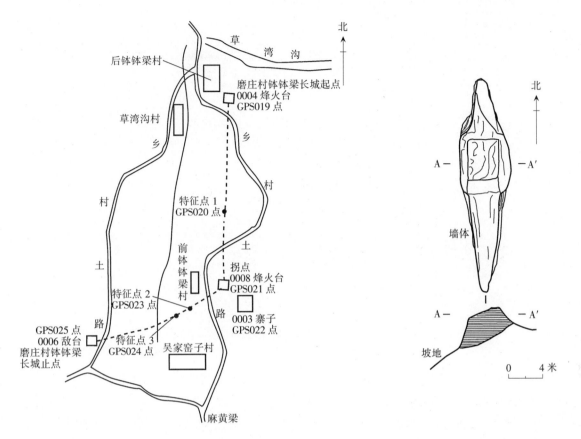

图二〇七　磨庄村钵钵梁长城位置示意图　　　　图二〇八　磨庄村钵钵梁长城墙体平、剖面图

沟在此点前汇入西侧南北向大沟。

第5段　特征点3至止点（吴家窑子村团窝梁敌台），长780米，由于沟壑发育墙体消失。

现存墙体为自然基础上人工用黄沙土夹杂料礓石夯筑而成的土墙，夯层厚0.06～0.14米。

该段长城起点北接贾石畔村长城止点，止点南接吴家窑子村团窝梁长城起点。起点处为后钵钵梁村烽火台，起点南1.35千米为前钵钵梁村烽火台，止点处为吴家窑子村团窝梁敌台。

该段墙体所在的磨庄村有村民400人。以农业为主，种植玉米、大豆、糜子、马铃薯等。墙体起点处的山梁上有盘山土路，至止点山间也有土路通行。

七　吴家窑子村团窝梁长城（610802382101020007）

该段长城位于麻黄梁镇磨庄村吴家窑子（组）西侧团窝梁（山名）上，整个墙体沿线，都有发育较完整的沟壑、水冲刷痕迹。所在地区为黄土沟壑区与沙漠草滩区的交接地带。起于麻黄梁镇磨庄村吴家窑子（组）西北500米，止于麻黄梁镇王家湾村杜家窑子（组）东北900米，全长828米，整体呈东北—西南走向。起点坐标为东经：109°57′26.16″，北纬：38°29′34.80″，高程：1353米；止点坐标为东经：109°57′02.58″，北纬：38°29′16.62″，高程：1360米（图二〇九）。

该段墙体整体保存差。由于沟壑发育、沙子掩埋、道路修建，墙体大部分不可见，仅部分残留。墙体上有蚂蚁洞穴，底部有坍塌土堆积。其中保存较差59米，差41米，消失728米。依其保存状况分4个自然段。

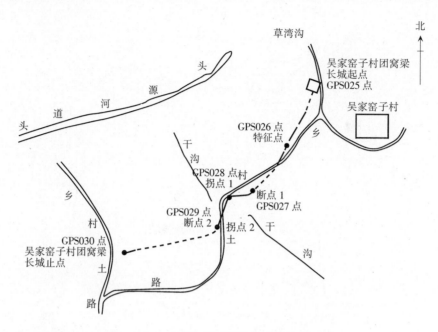

图二○九　吴家窑子团窝梁长城位置示意图

第1段　起点至断点1，长350米，消失段，呈东北—西南走向。该段墙体处于团窝梁山坡上，由于北边山地沟壑和南边黄土交接，地形比较复杂，墙体不可见，沿线散落零星的外绳纹、内麻点板瓦和外绳纹、内布纹筒瓦，以及内外绳纹板瓦残片。起点西南320米处为特征点，该点周围散落大量的外绳纹陶器残片。特征点1西南120米处为断点1，该点处周围散落有大量外绳纹内麻点纹板瓦、外绳纹内布纹筒瓦，以及器物陶片。

第2段　断点1至拐点1，长94米，保存较差46米，消失48米，呈东北—西南走向。断点向西南为一段长24米的墙体，西南24米处为一宽14米的缺口，西南38米处为一段长6米的墙体，西南44米有一宽9米的缺口，西南53米处为一段长11米的墙体，西南64米处为一宽25米的缺口，西南89米直至拐点为一段长5米的墙体。

第3段　拐点1至断点2（拐点2），长74米，保存较差13米，保存差41米，消失20米，墙体由拐点1变为呈北—南走向。拐点南15米处为一段长13米的保存较差的墙体，墙体底部宽4.2、顶部宽2.3、残高2.2米，夯层厚0.07米（图二一○·1）。墙体两侧散落有外绳纹内麻点纹板瓦、外绳纹内布纹筒瓦，外侧瓦片尤多。拐点西28米有一条宽5米土路穿过，墙体消失。拐点西33米处至特征点3，墙体保存差41米，北断面残高1.4～2.8米（图二一○·2）。

第4段　断点2（拐点2）至止点，长310米，消失段。墙体由拐点2变为东北—西南走向。该段处于山梁的斜坡上，由于沟壑发育和人为铲削而消失。止点处于山梁腰部，散落有外绳纹内麻点板瓦、外绳纹内布纹筒瓦及麻点纹板瓦较多。另外，还发现器物口沿陶残片，质地为夹砂灰陶，为外素面、内绳纹和外绳纹，其中外绳纹陶片数量较多。

现存墙体为自然基础上依地势人工夯筑而成的土墙，夯土土质以黄土为主，夹杂沙土、料礓石，夯层厚0.07米。

该段长城起点东北接磨庄村钵钵梁长城止点，止点西南接杜家窑子村长城起点。墙体起点东南距明大边3.6千米，止点东南距明大边3.5千米。

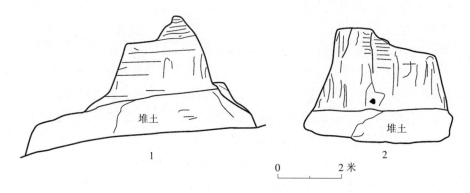

图二一〇　吴家窑子村团窝梁长城墙体立面图

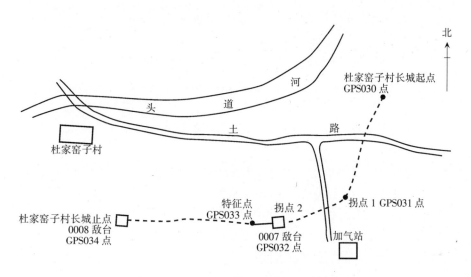

图二一一　杜家窑子村长城位置示意图

该段长城所在的磨庄村有村民 400 人。以农业为主，种植玉米、大豆、糜子、马铃薯等。墙体所在的团窝梁上有盘山土路。

八　杜家窑子村长城（6108023382101020008）

该段长城位于杜家窑子村南边的山梁上，山梁北侧水土流失严重，所在地区为黄土与沙漠交接地带。起于麻黄梁镇王家湾村杜家窑子村（组）东北 900 米，止于麻黄梁镇王家湾村杜家窑子村（组）东南 400 米，全长 945 米，整体呈东北—西南走向。起点坐标为东经：109°57′02.58″，北纬：38°29′16.62″，高程：1360 米；止点坐标为东经：109°56′33.42″，北纬：38°29′01.08″，高程：1353 米（图二一一）。

该段墙体整体保存差，因地处山梁、水土流失、沟壑发育等原因，大部分墙体已消失。其中保存较差 61 米，消失 884 米。依其保存状况分 4 个自然段。

第 1 段　起点至拐点 1，长 460 米，其中消失 439 米，保存较差 21 米，呈东北—西南走向。起点向西南有一段长 21 米夯土墙，墙体呈东北低西南高，西北坍塌呈缓坡状，底宽 4.7、顶宽 2.9、残高 1.2~2.4 米（图二一二·1）；南断面夯层清晰，厚 0.07~0.1 米；东面夯层厚 0.07~0.09 米。墙体上有柠条、杂草、蚂蚁洞穴。墙体及周围散落有外绳纹内麻点纹板瓦、外绳纹内布纹筒瓦及麻点纹板瓦较多。另有器物口沿残陶片，质地为夹砂灰陶，纹饰有外素面内绳纹、外绳纹内素面，其中外绳纹陶片数量很大。

第 2 段　拐点 1 至杜家窑子村敌台（拐点 2），长 140 米，消失段，墙体由拐点 1 变为东北—西南（近呈东—西）走向。由于沙土掩埋，墙体已不可见，但从周围零星散落的外绳纹、内麻点纹板瓦和外绳纹、内布纹筒瓦分布来看，墙体沿团窝梁下，穿过土路，直至杜家窑子村敌台。

第 3 段杜家窑子村敌台（拐点 2）至特征点，长 35 米，其中消失 9 米，保存差 26 米。墙体由拐点 2 处变为东—西走向。墙体底宽 6、顶宽 4、残高 2 米，夯层厚 0.09 米（图二一二·2）。墙体的北面呈缓坡状，南面底部有坍塌土堆积，西面是断面。墙体中部有暴露在外的长 8、高 1.6 米的断面，南侧面夯层比较清晰，厚 0.06 ~ 0.08 米。

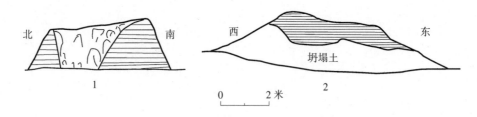

图二一二　杜家窑子村长城墙体剖面图

第 4 段杜家窑子村敌台（拐点 2）至止点（柳巷村敌台），长 310 米，其中消失 296 米，保存较差 14 米，呈东—西走向。止点（柳巷村敌台）东面连着一段长 14 米的夯土墙，墙体宽 6、残高 0.8 ~ 1.2 米。墙体由止点变为北—南走向。墙体顶部及周围散落有外绳纹内布纹、外绳纹内麻点纹瓦片，以麻点纹居多，还有少量内外绳纹的筒瓦，以及外绳纹陶片。

墙体为自然基础上依地势人工夯筑而成的土墙，夯土为黄沙土质夹杂有料礓石，夯层厚 0.07 ~ 0.1 米。

该段长城起点东接吴家窑子村团窝梁长城止点，止点西南接柳巷村长城 1 段的起点。起点西距杜家窑子村敌台 600 米，东南距明大边 3.5 千米，西南距柳巷村敌台 945 米；止点东南距明大边 3.4 千米。

该段墙体所在的王家湾村有村民 70 多户，330 人。以农业为主。种植玉米、马铃薯等。山梁顶部中间有一条宽 9 米的土路。

九　柳巷村长城 1 段（6108023821010200009）

该段长城位于麻黄梁镇王家湾村柳巷村（组）西北的木柱柱梁（山名）上，属于黄土区向沙漠区过渡的地带。起于王家湾村杜家窑子（组）东南 400 米，止于王家湾村柳巷组村（组）西北 1.8 千米，全长 486 米，整体呈北—南走向。起点坐标为东经：109°56′33.42″，北纬：38°29′10.80″，高程：1353 米；止点坐标为东经：109°56′36.36″，北纬：38°28′43.32″，高程：1332 米（图二一三）。

该段墙体整体保持差，由于沙子掩埋、雨水冲刷，墙体大部分已无存，间或有裸露地表的黄土垄。其中保存较差 9 米，消失 477 米。依其保存状况分 3 个自然段。

第 1 段　起点（柳巷村敌台）至特征点 1，长 78 米，消失段，呈北—南走向。由于平整土地，修路，黄沙掩埋等，墙体消失。

第 2 段　特征点 1 至特征点 2，长 208 米，其中消失 199 米，保存较差 9 米，呈北—南走向。特征

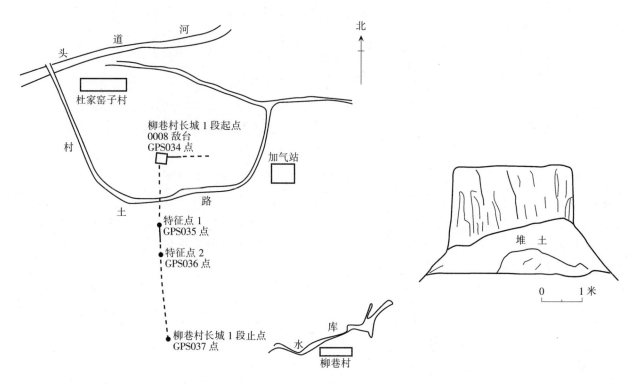

图二一三　柳巷村长城 1 段位置示意图　　　　图二一四　柳巷村长城 1 段墙体断面图

点 1 向南 9 米为保存较差的长 9 米夯土墙，底宽 3、顶宽 3、残高 1.9 米，夯层厚 0.09 米（图二一四）。墙体周围散落有外绳纹内布纹、外绳纹内麻点纹瓦片，以麻点纹居多。另有外绳纹陶片。

第 3 段　特征点 2 至止点，长 200 米，墙体消失。特征点 2 处散落大量瓦片，以外绳纹内麻点纹瓦片居多，还有少量外绳纹内方格纹板瓦和内外绳纹的筒瓦。此处原来可能为台体，后被夷为平地。止点所在处也有大堆瓦片，外绳纹、内麻点纹板瓦和外绳纹、内布纹筒瓦，麻点纹瓦片居多。

墙体为自然基础上依地势人工夯土而成的土墙，夯土以黄沙土为主，夹杂少量料礓石，夯层厚 0.09 米。

该段长城起点东接杜家窑子村长城止点，止点南接柳巷村长城 2 段的起点。起点东南距明大边 3.4 千米，止点东南距明大边 2.9 千米。起点处为柳巷村敌台。

该段墙体所在的柳巷村（组）属王家湾村，有 70 多户村民，330 人。以农业为主，种植玉米、马铃薯等。墙体所在的木柱柱梁上有土路。

一〇　柳巷村长城 2 段（6108023821010 20010）

该段长城位于麻黄梁镇王家湾村柳巷村（组）西沙梁上，所在地区为沙漠地带。起于王家湾村柳巷村（组）西北 1.8 千米，止于王家湾村柳巷村（组）西南 2.1 千米，全长 916 米，整体呈东北—西南走向。起点坐标为东经：109°56′36.36″，北纬：38°28′43.32″，高程：1332 米；止点坐标为东经：109°56′25.56″，北纬：38°28′13.50″，高程：1274 米（图二一五）。

该段墙体整体保存差，由于沙子掩埋墙体大部分现不可见，沙梁间偶有裸露的土垄，坍塌严重，仅某些段有墙体残留。其中保存较差 3 米，差 47 米，消失 866 米。依其保存状况分 6 个自然段。

第 1 段　起点至特征点 1，长 100 米，有黄沙掩埋，地表墙体无存。起点散落有外绳纹、内麻点纹

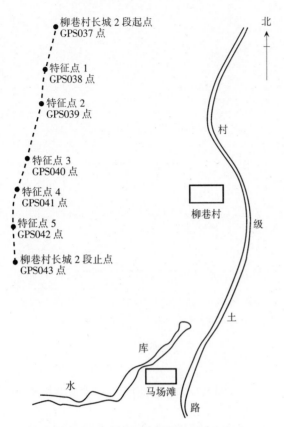

图二一五　柳巷村长城 2 段位置示意图

板瓦和外绳纹、内布纹筒瓦，以麻点纹瓦片居多。

第 2 段　特征点 1 至特征点 2，长 86 米，消失段。特征点 1 处有一个高 1.7、宽 1.6 米的土梁，长度不详，周围零星散落瓦片。

第 3 段　特征点 2 至特征点 3，长 190 米，其中消失 177 米，保存差 13 米，东北—西南走向。特征点 2 处保存长 13 米的土梁，残高 1.5 米。墙体南侧是沙梁，其余三面都是沙地。周围散落有外绳纹内麻点纹板瓦、外绳纹内布纹筒瓦及外绳纹内方格纹瓦片，以麻点纹居多。另有外弦纹和外绳纹的陶片，并采集有一块大板瓦，夹砂灰陶，靠近口沿部有一钉孔，外表饰弦纹间饰竖向短绳纹，瓦内饰绳纹，有抹痕。残长 34、残宽 18～21 厘米，钉孔直径 1.1、唇厚 1.2、壁厚 1.7 厘米。瓦为内切（图二一六）。

第 4 段　特征点 3 至特征点 4，长 94 米，消失 91 米。特征点 3 沙梁间的低洼处有一道长 3 米的土垄状墙，保存较差。垄上及周围散落外绳纹内麻点纹板瓦、外绳纹内布纹筒瓦，以麻点纹居多。另有器物残片、红青石块、红砂岩石块。

第 5 段　特征点 4 至特征点 5，长 66 米，墙体大部分被沙子掩埋，消失 60 米，保存差 6 米。特征点 4 有一段 6 米的土墙，周围散落有外绳纹、内麻点纹板瓦和外绳纹、内布纹筒瓦。另外，还发现外绳纹内素面的器物口沿、大量的外绳纹陶片。另有 1 件小箭杆和两片有钉孔的板瓦残片，瓦片 1 外饰凸弦纹，靠口沿处有以直径 1.8 厘米的钉孔；瓦片 2 外饰绳纹，中部有直径 1.3 厘米的钉孔。

第 6 段　特征点 5 至止点，长 380 米，消失 374 米，保存差 28 米。特征点 5 处有一道长 3 米土墙，墙体呈东高西低缓坡状，底宽 0.7、顶宽 0.1、残高 0.3 米。止点处保存差 25 米，墙体底宽 2、顶宽

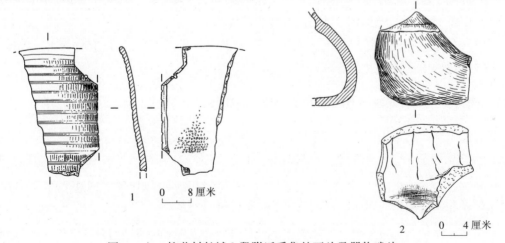

1　　　　　　　　0　　8 厘米

2　　　　　　　0　　4 厘米

图二一六　柳巷村长城 2 段附近采集的瓦片及器物残片

1. 瓦片　2. 器物残片

1.5、高1.6米（图二一七）。墙体上散落外绳纹内麻点纹板瓦、外绳纹内布纹筒瓦。止点处还发现2件铜铤。铤1，长6.5厘米；铤2，长3.3厘米，通体锈蚀严重。

该段长城起点北接柳巷长城1段的止点，东南距明大边2.9千米；止点南接柳巷长城3段的起点，东南距明大边2.25千米。

—— 柳巷村长城3段
（610802382101020011）

该段长城位于麻黄梁镇王家湾村柳巷村（组）西南沙丘中，所在地区为沙漠草滩地带。起于麻王家湾村柳巷村（组）西南2.1千米，止于镇王家湾村柳巷村（组）西南3千米，全长895米，整体呈东北—西南走向。起点坐标为东经：109°56′25.56″，北纬：38°28′13.50″，高程：1274米；止点坐标为东经：109°56′09.96″，北纬：38°27′46.86″，高程：1271米（图二一八）。

该段墙体由于沙子掩埋，现均已消失不见，仅可见沿线散落有战国秦时瓦片特征点，墙体走向基本明确。依其特征点分5个自然段。

第1段　起点至特征点1，长320米。起点散落零星外绳纹内布纹筒瓦，并发现两根短小的铤。特征点1处散落一堆瓦片，以外饰绳纹内饰麻点纹为主，另有零星外绳纹内麻点纹筒瓦。

第2段　特征点1至特征点2，长180米。沿线有少量外饰绳纹内饰麻点纹的瓦片。特征点2处有大量瓦片，外饰绳纹内饰麻点纹的板瓦最多，另有少量陶片及外饰绳纹内饰布纹的筒瓦。该点西侧有一断面，散落大量瓦片，断面处可见夯土，夯层厚0.07~0.08米。

第3段　特征点2至特征点3，长65米。特征点3处散落的瓦片、陶片数量很大，种类与特征点2区别不大。

第4段　特征点3至特征点4，长120米。特征点4在沙梁间一片低洼的地方，散落较多的瓦片，类型同上，散落的区域地面为黄土，与周围沙漠形成鲜明对比。

第5段　特征点4至止点，长210米。止点处在漩水湾东岸沙梁下，散落瓦片的面积非常大，瓦片仍以外绳纹内麻点纹板瓦为主，其次为外绳纹内布纹筒瓦以及零星外绳纹内方格纹板瓦。另外，还发现较多的器物碎片。采集到铁铤铜镞一件，镞头长3.8厘米，三个柳叶翼长1.5厘米，铁铤径1厘米。

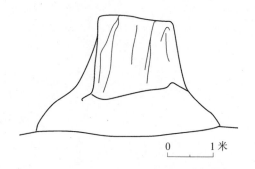

图二一七　柳巷村长城2段墙体断面图

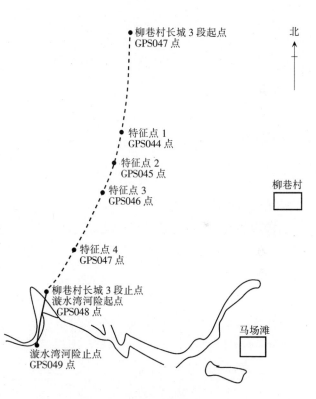

图二一八　柳巷村长城3段、
漩水湾河险位置示意图

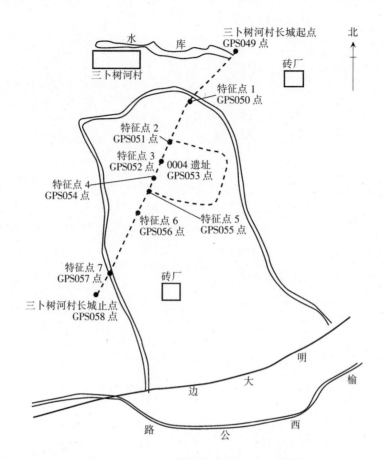

图二一九　三卜树河村长城位置示意图

该段长城起点北接柳巷村长城 2 段起点，止点南接漩水湾河险起点。

一二　漩水湾河险（6108023821070200012）

该段河险位于麻黄梁镇王家湾马场滩（组）西。起点位于王家湾马场滩（组）西北 1.55 千米，止点位于王家湾村马场滩组西 1.6 千米，全长 270 米，整体呈东北—西南走向。起点坐标为东经：109°56′09.96″，北纬：38°27′46.86″，高程：1271 米；止点坐标为东经：109°56′04.02″，北纬：38°27′39.18″，高程：1261 米（图二一八）。

该段长城乃是利用了当地河道的险要，现在河道内水流较大。河东、西两侧沙梁较高，三卜树河在此形成一个弯，当地叫漩水湾，水周围有大片耕地，较为平坦。河两岸均有战国秦时期瓦片分布。

该段长城起点北接柳巷村长城 3 段止点，止点西南接三卜树河村长城起点。

该段河险所在的马场滩组属王家湾村，有村民 70 多户，330 人。以农业为主，种植玉米、马铃薯等。河边有土路。

一三　三卜树河村长城（6108023821010200013）

该段长城位于麻黄梁镇王家湾村三卜树河村（组）东南的沙土梁上，南侧为明代大边长城，明代大边位于梁顶制高点上。此段墙体则处在大边以北稍低地带，周围多为沙漠草滩地。起于麻黄梁镇王家湾村三卜树河村（组）东 600 米，止于麻黄梁镇王家湾村三卜树河组西南 1.5 千米，全长 1687 米，

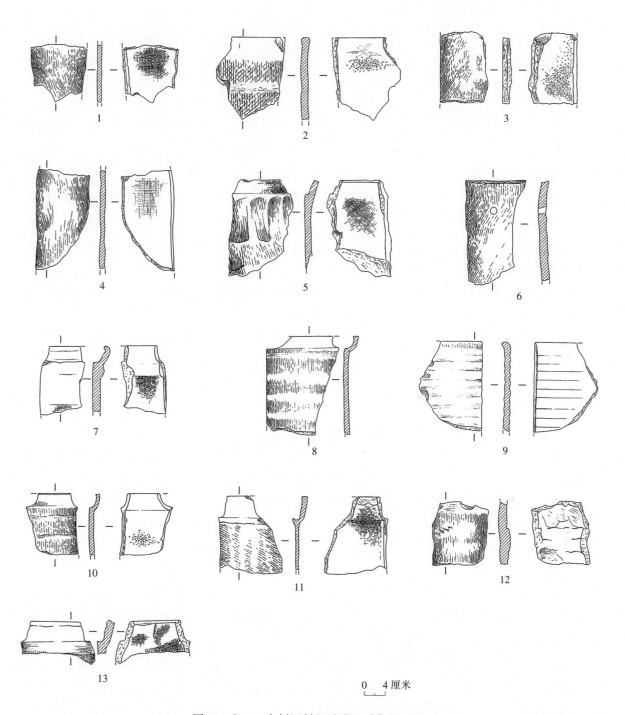

图二二〇 三卜树河村长城附近采集的瓦片

整体呈东北—西南走向。起点坐标为东经：109°56′04.02″，北纬：38°27′39.18″，高程：1261米；止点坐标为东经：109°55′21.90″，北纬：38°26′55.44″，高程：1291米（图二一九）。

此段墙体整体保存差，墙体大部分被沙漠草滩掩埋，间有略高出地表的土垄，现地表仅见保存较差的7米，余1680米消失。依其保存状况分8个自然段。

第1段 起点至特征点1，长505米，消失段。起点处为漩水湾南岸，河岸上可见清晰的墙体断面，由起点向西南进入沙地之中，据柳巷村民王高财讲，原墙体沿梁而上向西南直至通往三卜树河村

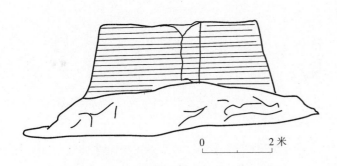

图二二一　三卜树河村长城墙体断面图

的土路上。特征点 1 位于土路西侧的梁面上，周围散落有外绳纹内麻点纹的瓦片。

第 2 段　特征点 1 至特征点 2，长 170 米，消失段，沿线有少量外绳纹内麻点纹的瓦片。特征点 2 处有一处墙体断面，底部有大量夹砂灰陶质的瓦片，板瓦以外绳纹内麻点纹为多，筒瓦以外绳纹内绳纹为多，有少量外绳纹内麻点纹、篮纹、素面的筒瓦和外饰绳纹内方格纹板瓦。另外，还发现外绳纹、凹弦纹及内绳纹抹痕的板瓦。特征点 2 处有大量的夹砂灰陶片，器形可辨的有罐、缸等，纹饰有绳纹、弦纹等（图二二〇）。

第 3 段　特征点 2 至特征点 3，长 92 米。特征点 2 向上的沙梁上有大量瓦片，特征点 3 处数量更多，种类与上点区别不大。

第 4 段　特征点 3 至特征点 4，长 88 米。特征点 4 处瓦片、陶片散落范围直径为 13 米，类型同上。

第 5 段　特征点 4 至特征点 5，长 47 米，特征点 5 处有一处夯土墙体断面，墙体底宽 4.2、顶宽 3、高 1.2 米，夯层厚 0.09 米。断面南 5 米豁口外有一土梁。此段墙体北侧有大量瓦片，类型同上。另有夹砂红陶、外弦纹陶缸残片、夹砂灰陶细绳纹陶器残片。

第 6 段　特征点 5 至特征点 6，长 105 米，消失 98 米，特征点 6 处有一段长 7 米的保存较差的夯土墙，现存墙体底宽 1.8、顶宽 0.8、高 0.5 米。散落有大量的瓦片和陶片，板瓦以外绳纹内麻点纹为多，筒瓦以外绳纹内布纹为多。另外，还发现外弦纹的陶缸和陶罐残片。

第 7 段　特征点 6 至特征点 7，长 260 米，特征点 7 处北临一条土路。此处有一个夯土墙体断面，原墙体已被黄沙掩埋，断面底宽 5.3、顶宽 4.6、高 1.6 米，夯层清晰，厚 0.08～0.09 米（图二二一）。墙体底部散落有外绳纹内麻点纹的板瓦和外绳纹内布纹的筒瓦。

第 8 段　特征点 7 至止点，长 420 米。墙体由特征点 7 处的断面开始消失，未见散落瓦片，中间有土路穿行，对墙体有一定破坏。止点位于沙土梁高处，散落大量瓦片，有外绳纹内麻点纹板瓦、外绳纹内布纹筒瓦，以及外饰绳纹的陶罐残片。

该段长城起点东北接潡水湾河险止点，南距明代大边 500 米；止点西南接二墩村长城起点，南距明代大边 300 米。

该段墙体所在三卜树河有村民 9 户，30 余人。以农业为主，主要种植玉米、马铃薯等。墙体南侧有通往三卜树河的乡村土路，土路穿过墙体，沙地中有人行小路。

一四　二墩村长城　（6108023821010200014）

该段长城位于麻黄梁镇十八墩村二墩村（组）南沙土梁北坡上，周围多为沙漠草滩地。起于麻黄梁镇王家湾村三卜树河村（组）西南 1.5 千米，止于麻黄梁镇十八墩村二墩村（组）西南 480 米二墩煤矿西墙外，全长 2043 米，整体呈东北—西南走向。起点坐标为东经：109°55′21.90″，北纬：38°26′55.44″，高程：1291 米；止点坐标为东经：109°54′14.10″，北纬：38°26′33.00″，高程：1260 米（图二二二）。

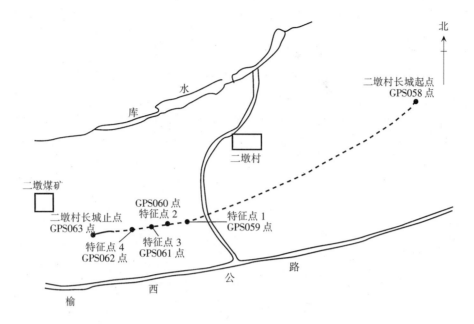

图二二二　二墩村长城位置示意图

　　该段墙体整体保存差，墙体大部分被沙漠草滩掩埋，间有略高出地表的土垄，仅有小部分裸露地表的墙体。其中保存较差42米，保存差7米，消失1994米。依其保存状况分5个自然段。

　　第1段　起点至特征点1，长1621米，消失段。起点位于沙土梁高处，散落大量瓦片，有外绳纹内麻点纹板瓦、外绳纹内布纹筒瓦。另见有外绳纹的陶罐残片。

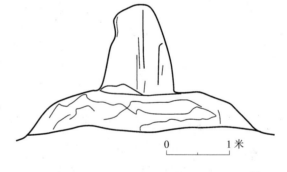

图二二三　二墩村长城墙体断面图

　　第2段　特征点1至特征点2，长120米，消失段。特征点1处有一小段黄沙土梁，坍塌严重，未见夯层。

　　第3段　特征点2至特征点3，长55米，墙体由于黄沙掩埋而消失48米。特征点2处有一高出地表的长7米的土梁，保存差，未发现夯层，地表散落外饰绳纹的瓦片。

　　第4段　特征点3至特征点4，长160米，其中消失145米。特征点3处有一段长15米的夯土墙，保存较差，墙体底宽1.7、顶宽0.6、高1.3米，夯层厚0.07~0.09米，为黄沙土夹杂料礓石夯筑而成（图二二三）。

　　第5段，特征点4至止点，长87米，消失60米。特征点4有一段长27米的夯土墙，保存较差。沿线散见外绳纹内麻点纹板瓦和外绳纹内布纹的筒瓦。止点处可见夯土墙体痕迹，裸露的夯土墙仅剩顶部，夯层不明显。

　　该段长城起点东北接三卜树河村长城止点，南距明代大边300米；止点西南接砖窑河村长城起点，南距明大边250米。该段长城基本与南侧的明大边平行。

　　该段墙体所在的二墩村有村民100余人。以农业为主，主要种植玉米、马铃薯等。南侧为榆西公路，南北向的二墩村土路穿过墙体。

一五　砖窑河村长城（610802382101020015）

该段长城位于麻黄梁镇十八墩村砖窑河村（组）南黄土梁上，其北为榆溪河支流头道河，所在地区为沙漠草滩地和黄土区相夹区域。起于麻黄梁镇十八墩村二墩村（组）西南480米二墩煤矿西墙外，止于麻黄梁镇十八墩村砖窑河村（组）东北130米，全长1798米，整体呈东北—西南走向。起点坐标为东经：109°54′14.10″，北纬：38°26′33.00″，高程：1260米；止点坐标为东经：109°52′21.18″，北纬：38°26′12.03″，高程：1203米（图二二四）。

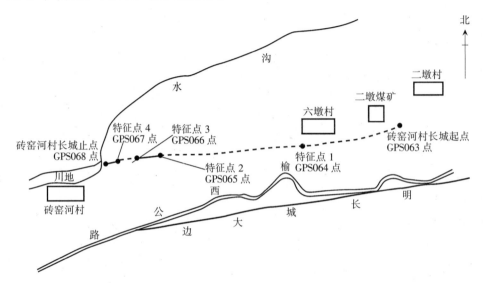

图二二四　砖窑河村长城位置示意图

该段墙体整体保存差，大部分墙体已被黄沙掩埋，仅在地势较高的黄土梁顶部存有断断续续的凸起的小土梁。其中保存较差103米，消失1695米。依其保存状况分5个自然段。

第1段　起点至特征点1，长840米，消失段。起点处位于二墩煤矿东墙外的沙梁上，裸露的夯土墙仅剩顶部一角。起点向西墙体为煤矿所阻断。特征点1周围散落有内麻点纹的瓦片和陶甑残片。

第2段　特征点1至特征点2，长660米。此段墙体由于道路通行、黄沙掩埋而消失。

第3段　特征点2至特征点3，长72米，保存较差，呈土梁状，偶有豁口。墙体底宽3、顶宽0.22、南高2.2、北高0.5米。沿墙体有大量的绳纹陶片散落，没有发现瓦片。

第4段　特征点3至特征点4，长195米，消失段。由于人为修建道路和洪水冲刷，墙体消失，沿线散见外绳纹内麻点纹板瓦和外绳纹内布纹筒瓦。

第5段　特征点4至止点，长31米，保存较差，东北—西南走向。止点处夯土墙断面分层明显，北侧夯层厚于南侧夯层，北侧夯层厚0.1~0.12米，夯窝直径0.06米，墙顶底宽1、宽0.8、高2米；南侧夯层厚0.06~0.08米，底宽2.1、顶宽1.2、高2米（图二二五）。

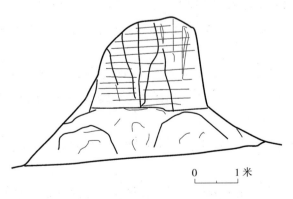

图二二五　砖窑河村长城墙体断面图

该段长城起点东接二墩村长城止点，西南接十八墩村长城 1 段起点。起点南距明大边 250 米，止点北距明大边 800 米。

该段墙体所在的砖窑河村有村民 10 余户，54 人。以农业为主，种植玉米、马铃薯等。南侧为榆西公路，墙体在公路北侧延伸，有多条自公路通向村中的乡村土路穿过墙体。

一六　十八墩村长城（610802382301020016）

该段长城位于麻黄梁镇十八墩村，地处榆溪河支流头道河南岸沙滩地和黄土区相夹区域。起于麻黄梁镇十八墩村砖窑河（组）东北 130 米，止于十八墩村水库西南，全长 2100 米，整体呈东北—西南走向。起点坐标为东经：109°52′21.18″，北纬：38°26′12.03″，高程：1203 米；止点坐标为东经：109°05′12.12″，北纬：38°25′15.64″，高程：1188.2 米（图二二六）。

该段墙体由于黄沙掩埋，洪水冲刷，修建房屋等原因，地表墙体现已无存，消失殆尽。沿线也未发现遗物。

该段长城起点东北接砖窑河村长城止点，西南接十八墩村至黄沙七墩村长城起点。起点南距明大边 800 米。止点位于明大边线上，战国秦长城在此处与明大边交叉并重合，墙体宽 5、高 2.2 米，其中间为战国秦长城墙体宽 1.5 米，两侧为明代补夯墙体（图二二七）。

该段长城所在的十八墩村有村民 80～90 户，400 余人。以农业为主。南临榆西公路，间有乡村公路穿行。

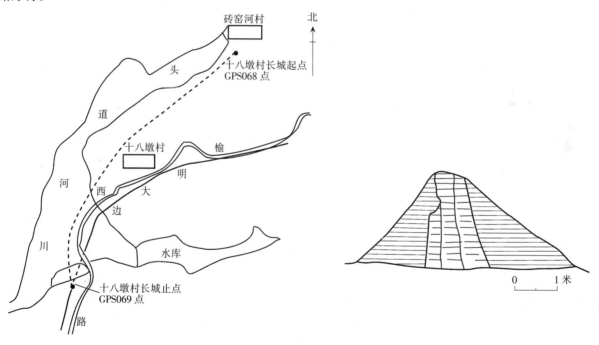

图二二六　十八墩村长城位置示意图　　　　图二二七　十八墩村长城沿用段墙体剖面图

一七　十八墩村至黄沙七墩村长城（610802382101020017）

该段长城位于麻黄镇十八墩村水库西南与芹河乡黄沙七墩村之间，途经麻黄梁镇十八墩村，牛家梁镇常乐堡村石峁组、常乐堡村、刘家房子村、三台界村、塌崖畔村、古城滩村、边墙村、走马梁汉墓群，榆阳镇孙家沟村、红石峡、口子队村、麻地湾村，芹河乡谷地峁村、麻界村、前湾滩村、十六台村、三十台村、黄沙七墩村。所在地域为毛乌素沙漠南缘的沙漠草滩地带。起于麻黄梁镇十八墩村水库西南，止于芹河乡黄沙七墩村西南1.8千米，全长41503米，整体呈东北—西南走向。起点坐标为东经：109°51′21.29″，北纬：38°25′15.64″，高程：1188.2米；止点坐标为东经：109°31′59.46″，北纬：38°11′58.74″，高程：1169米（图二二八）。

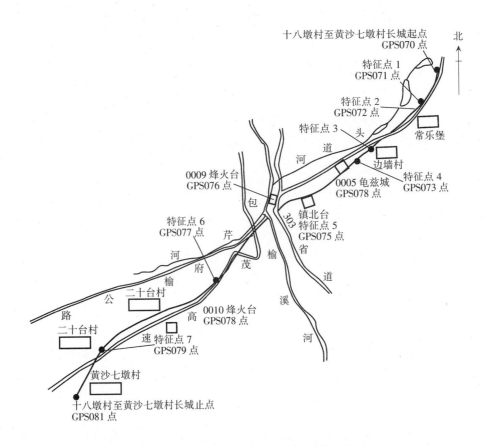

图二二八　十八墩村—黄沙七墩村长城位置示意图

该段长城与明代大边重合，明代大边在战国秦长城原有墙体基础上加筑、补筑，重复利用。战国秦长城墙体现地表已不可见，在该段长城发现有七处明长城沿用战国秦长城特征点。

特征点1位于十八墩村西南山梁脊上，有一段墙体，呈北—南走向，由内、外两侧夯筑而成，中间墙芯底部宽1.5、顶宽0.7、高2.2米，夯层厚0.1~0.14米。墙体两侧都有坍塌土堆积，东面堆土宽1.95、高1.75米，西面堆土宽1.8、高1.1米，外侧加夯部分夯层厚0.1~0.12米。墙体北断面有裂缝。

特征点2位于石峁村东北，该墙体由内、外两侧夯筑而成，墙芯顶宽0.8、底宽1.3、高1.8米，夯层厚0.08~0.15米，土质为河床、湖泊淤积泥灰白土，含沙量较大，夯层密实，质地坚硬，外层加夯部分东、西各宽1.9米，高0.7米，夯层厚0.07~0.11米（图二二九·1）。

特征点3位于常乐堡村西南，有一段东北—西南向的夯土墙，墙体底宽2.2、顶宽0.8、高2.94米，夯层厚0.13~0.2米，夯土土质为灰白土（图二二九·2）。

特征点4位于边墙村村民赵恩泽家旧房后院，现存墙体长18、底部宽2、顶部宽0.5、高3.7米，夯层厚0.07米（图二二九·3），墙体现为赵恩泽家窑洞的后墙，有多道裂缝，坍塌严重。

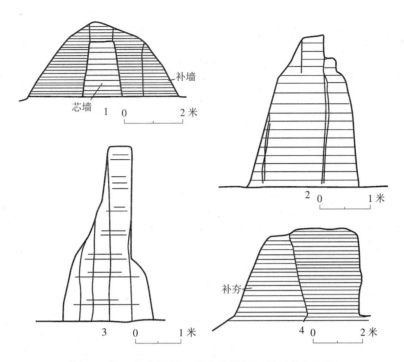

图二二九　十八墩村—黄沙七墩村长城墙体剖面图

1. 石峁村长城沿用段　2. 常乐堡村长城沿用段　3. 边墙村长城沿用段　4. 三十台村长城沿用段

特征点5位于为镇北台，此处有一敌台位于款贡城城内的西北部，敌台距款贡城东墙161米，距西墙23米，距北墙32米，南距镇北台北墙60米。敌台顶部坍塌严重，整体呈不规则状。台体下为基座平面呈矩形，东西22米，南北6米；基座的东北角处有围墙残存，墙高0.6米，仅剩一角；台体平面呈矩形，剖面呈梯形，底部东西7.7、南北9.4米；顶部东西2.4、南北2.1米；东侧残高3.8、西侧残高4.4米。敌台坍塌处夯层厚0.08~0.12米。款贡城东、南、西墙夯层厚为0.07~0.12米，而明大边其他地域墙体夯层厚度为0.15~0.2米。另在款贡城发现有少量战国秦时期的外绳纹内麻点瓦片，疑明款贡城沿用战国秦长城的关址。

特征点6位于明代大边麻界村关内部，在关内部发现一块外绳纹内麻点纹的板瓦瓦片。该关平面呈矩形，东西28、南北20米；关墙底宽0.5~1.2、顶宽0.2~0.7、残高0.7米。

特征点7位于三十台村西南600米，在明代大边墙体断面上可见二次夯筑痕迹，墙体底宽4.9、顶宽2.1、高2米。内侧夯土土质为红砂岩土夹杂料礓石，夯层厚0.1~0.14米；外侧夯土土质为黄沙土，夯层厚0.08~0.1米（图二二九·4）。墙体周围可见外绳纹内麻点纹板瓦。

止点位于黄沙七墩村南1.8千米处，明代大边西侧底部。战国秦长城与明代大边在此分离，向西延伸。此点周围散落有外绳纹内麻点纹板瓦、外绳纹内麻点筒瓦及器物口沿残片。

该段长城起点东北接十八墩村长城止点，止点西南黄沙七墩村长城起点。由此重合段长城的几处墙体断面分析，战国—秦长城沿此线路，隋代长城在战国—秦长城的基础上筑墙，明代修建大边时在隋代长城基础上在两侧加夯而成。

该段长城途径麻黄梁镇、牛家梁镇、榆阳镇、芹河乡4个乡镇村组，总计有人口27270人。大多以农业为主，另有建筑、煤炭等。该段长城沿线有榆（林）西（沟）公路、府（谷）榆（林）公路、西（安）包（头）公路、神（木）延（安）铁路、榆（林）靖（边）高速公路。

一八 黄沙七墩村长城 （610802382101020018）

该段长城位于芹河乡黄沙七墩村西南侧的风沙草滩地中，周围地势起伏较小。起于芹河乡黄沙七墩村西南 1.8 千米，止于横山县波罗镇龙泉墩村后高家峁组东北 2.6 千米，全长 752 米，整体呈东—西走向。起点坐标为东经：109°31′59.46″，北纬：38°11′58.74″，高程：1169 米；止点坐标为东经：109°31′30.22″，北纬：38°11′55.51″，高程：1171.8 米（图二三〇）。

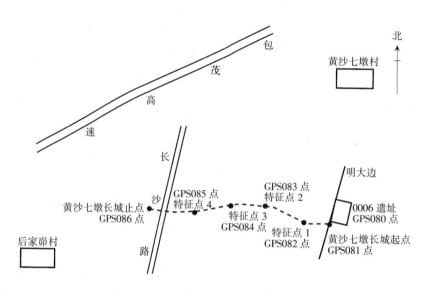

图二三〇 黄沙七墩村长城位置示意图

该段墙体整体保存差，因地处波状沙丘中，黄沙将墙体大部分已掩埋，该段长城沿线散落有数量不等的外绳纹、内麻点纹筒瓦和外绳纹、内方格纹板瓦散落，墙体走向明确。仅有 50 米墙体裸露出顶部，保存差，余 702 米消失。依其保存状况分 5 个自然段。

第 1 段 起点至特征点 1，长 113 米，消失段。起点位于明代大边西侧，北距黄沙七墩村 1.8 千米，战国秦长城与明代大边在此分离，战国秦长城向西延伸，明代大边基本向正南延伸。起点周围散落有外绳纹内麻点纹板瓦、外绳纹内麻点筒瓦、器物口沿残片。起点至特征点 1，沿线有外绳纹内麻点纹瓦片散落。特征点 1 处散落有外绳纹内麻点纹瓦片。

第 2 段 特征点 1 至特征点 2，长 200 米，消失段。特征点 2 处散落有瓦片，为外绳纹内麻点纹板瓦、外绳纹内素面筒瓦和一些夹砂灰陶器物残片。

第 3 段 特征点 2 至特征点 3，长 53 米，消失段。特征点 3 处散落有大量的夹砂灰陶器物残片，以外饰绳纹、素面为主。另外，还发现少量的外绳纹内麻点纹板瓦残片。

第 4 段 特征点 3 至特征点 4，长 226 米，消失段。沿线有外绳纹内麻点纹板瓦残片。

第 5 段 特征点 4 至止点，长 161 米，消失 111 米，特征点 4 向西残存有一段长 50 米呈灰褐色的土梁，保存差。

该段长城起点东接十八墩至黄沙七墩长城止点，西接横山县后高家峁村长城 1 段起点。

该段墙体所在的黄沙七墩村有居民 600 余人。以农业为主，种植有豌豆、绿豆、马铃薯、玉米等。墙体起点东临为一条自黄沙七墩村延伸过来的乡村土路，长沙路穿过墙体。

一九　张家湾村长城1段（610802382101020019）

该段长城位于巴拉素镇乔家峁村张家湾村（组）北沙漠中。起于巴拉素镇乔家峁村张家湾村（组）东北1.55千米，止点乔家峁村张家湾村（组）西北600米，全长1758米，整体呈东北—西南走向。起点坐标为东经：109°25′09.00″，北纬：38°11′18.24″，高程：1149米；止点坐标为东经：109°24′01.83″，北纬：38°10′53.60″，高程：1147米（图二三一）。

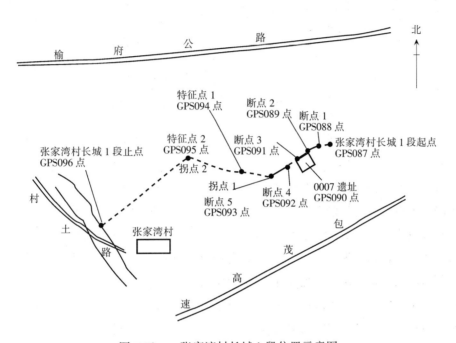

图二三一　张家湾村长城1段位置示意图

该段墙体整体保存较差，因地处沙漠地区，墙体大部分已被黄沙掩埋，仅见断断续续的小土梁。其中保存较差98米，差120米，消失1540米。依其保存状况分8个自然段。

第1段　起点至断点1，长86米，消失段。处于沙梁间低洼地，由于沙子掩埋，此点向西的墙体不可见。

第2段　断点1至断点2，长55米，保存差，呈土梁状，呈东北—西南走向。断点1处于东、南、北三面沙梁包围地带，向西有墙体，土质为灰白土，坍塌严重。墙体南侧散落大量瓦片，有外绳纹内布纹筒瓦、外绳纹内麻点纹板瓦、外绳纹内方格纹板瓦、内外环轮纹板瓦和外绳纹内绳纹、麻点纹交错的板瓦，其中布纹、方格纹瓦片较多，麻点纹瓦片较少。另有夹砂灰陶器口沿残片，纹饰为外绳纹、弦纹相间（图二三二）。

第3段　断点2至断点3，长98米，保存较差，呈东北—西南走向。墙体最高处残高1.6米，断点3向东13米处有一断面：底宽4.6、顶宽3.8、高1.15、夯层厚0.07~0.11米。墙体及周围散落大量外绳纹内方格纹板瓦和外绳纹内麻点纹板瓦。

第4段　断点3至断点4，长83米，消失段。墙体被黄沙掩埋，沿线散落瓦片。

第5段　断点4至断点5（拐点1），长65米，保存差，呈东北—西南走向。墙体底部散落大量瓦片。特征点5（拐点1）处的墙体坍塌严重，呈土梁状，内、外两侧都散落大量瓦片，以外绳纹内麻点纹板瓦居多，外绳纹内布纹筒瓦次之。

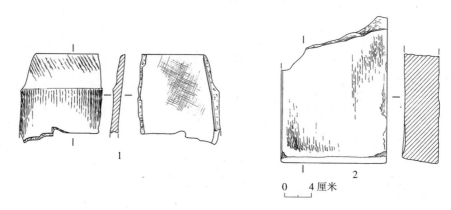

0 　 4 厘米

图二三二　张家湾村长城 1 段附近采集的瓦片

第 6 段　断点 5（拐点 1）至特征点 1，长 120 米，消失段，墙体由拐点 1 处变为东南—西北走向。特征点 1 散落有大量瓦片。

第 7 段　特征点 1 至特征点 2（拐点 2），长 70 米，消失段。特征点 7（拐点 2）四周都是沙梁，西侧有一条土路，该点散落瓦片较多。

第 8 段　特征点 2（拐点 2）至止点，长 1181 米，消失段，墙体由拐点 2 处变为东北—西南走向。止点位于张家湾川东岸，川道种有玉米。该点有裸露在外的墙体断面，土质为灰白土。

止点处于张家湾川东岸，该点有裸露在外的墙体断面，土质为灰白土。

现存墙体为自然基础上人工用灰白沙土夹杂料礓石夯筑而成的土墙，夯层厚 0.07～0.11 米。

该段长城起点东接横山县波罗镇康梁村长城止点，西南接张家湾长城 2 段起点，张家湾遗存建于该段墙体的内侧。

该段墙体所在的张家湾村有村民 80 户，300 余人。以农业为主，主要种植玉米。墙体止点有乡村道路通行。

二〇　张家湾村长城 2 段（6108023821010200020）

该段长城位于巴拉素镇乔家峁村张家湾村（组）北沙漠中。起于巴拉素镇乔家峁村张家湾村（组）西北 600 米，止于巴拉素镇乔家峁村张家湾组西南 1.5 千米，全长 1251 米，整体呈东北—西南走向。起点坐标为东经：109°24′01.83″，北纬：38°10′53.60″，高程：1146 米；止点坐标为东经：109°23′21.36″，北纬：38°10′32.04″，高程：1148 米（图二三三）。

该段墙体整体保存差，因地处风沙草滩地带，由于黄沙掩埋、道路通行、开垦耕地等原因，墙体大多现已消失，断断续续残存有部分墙体。其中保存差 370 米，消失 881 米。依其保存状况分 7 个自然段。

第 1 段　起点至断点 1，长 151 米，消失段，墙体经过三道川，起点和断点 1 分别位于三道川两岸，两点处均有墙体断面，土质为灰白沙土。

第 2 段　断点 1 至断点 2，长 370 米，保存差，呈东北—西南走向。断点 1 墙体底宽 6.8、顶宽 3.3、残高 1.2 米，夯层厚 0.08 米。断点 1 西侧墙体被黄沙掩埋，墙体呈土梁状。沿线散落有外绳纹内布纹筒瓦、外绳纹内麻点纹筒瓦、外绳纹内方格纹板瓦、外绳纹内布纹板瓦。

第 3 段　断点 2 至特征点 1，长 150 米，消失段。沿线有外绳纹内布纹筒瓦、外绳纹内麻点纹筒

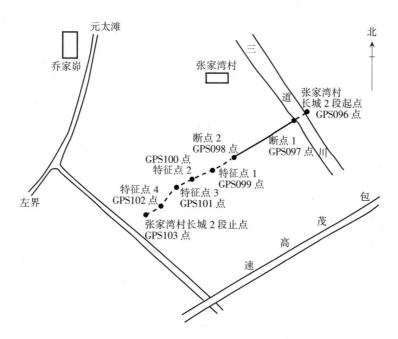

图二三三　张家湾村长城 2 段位置示意图

瓦、环轮纹筒瓦、外绳纹抹痕内麻点纹筒瓦。

第 4 段　特征点 1 至特征点 2，长 150 米，消失段。沿线散落大量瓦片，有外绳纹内素面筒瓦、外绳纹内布纹或方格纹筒瓦、外绳纹内麻点纹板瓦。

第 5 段　特征点 2 至特征点 3，长 150 米，消失段，西南 150 米为特征点 5，特征点 2 与特征点 3 之间有一大片灰白沙土区，灰白沙土区高出周围地表。周围散落瓦片，主要是外绳纹、内麻点纹板瓦。

第 6 段　特征点 3 至特征点 4，长 140 米，消失段。特征点 4 位于沙梁中间的凹地，地势较平坦，南北沙梁较低。沿线可见外绳纹及内麻点纹、素面、方格纹筒瓦。

第 7 段　特征点 4 至止点，长 140 米，消失段。沿线可见外绳纹及内麻点纹、绳纹筒瓦，外绳纹及内麻点纹、绳纹板瓦。止点西侧为一新建成的水泥路。

该段长城起点东北接张家湾长城 1 段止点，西南接东左界村长城起点。

二一　东左界村长城（6108023382101020021）

该段长城位于红石桥乡左界村东左界村（组）北沙漠中，所在地区为风沙草滩地带。起于巴拉素镇乔家峁村张家湾村（组）西南 1.5 千米，止于红石桥乡左界村东左界村（组）西北，全长 3146 米，整体呈东北—西南走向。起点坐标为东经：109°23′21.36″，北纬：38°10′32.04″，高程：1148 米；止点坐标为东经：109°21′43.17″，北纬：38°09′16.97″，高程：1143.8 米（图二三四）。

此段墙体整体保存差，由于黄沙掩埋、道路通行、开垦耕地等，墙体大多已消失，仅断断续续残存有部分墙体。沿线散落瓦片，墙体走向明确。其中保存较差 56 米，保存差 689 米，消失 2401 米。依其保存状况分 13 个自然段。

第 1 段　起点至特征点 1，长 150 米，消失段。特征点 1 散落有外绳纹内素面、布纹筒瓦，外绳纹内麻点纹板瓦。

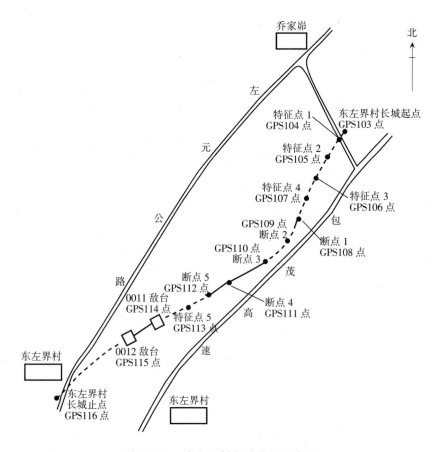

图二三四　东左界村长城位置示意图

　　第2段　特征点1至特征点2，长75米，消失段。特征点2可见外绳纹内方格纹板瓦、外环轮纹内素面板瓦、外绳纹间弦纹内方格纹板瓦。

　　第3段　特征点2至特征点3，长256米，消失段。特征点3位于沙梁间低洼地，散落外绳纹内麻点纹板瓦。沿线西南20米处的沙梁低洼处散落外绳纹内麻点纹板瓦、外绳纹内麻点纹筒瓦、外绳纹内绳纹板瓦和红砂岩石块。

　　第4段　特征点3至特征点4，长100米，消失段。特征点4散落有外绳纹内麻点纹板瓦、内外环轮纹筒瓦、红砂岩石块。向西南沿线有外绳纹内布纹筒瓦、外绳纹内麻点纹板瓦。

　　第5段　特征点4至断点1，长72米，消失段。沿线有外绳纹内麻点纹、布纹筒瓦，外绳纹内麻点纹、绳纹、素面板瓦。

　　第6段　断点1至断点2，长127米，消失57米，保存差70米，呈东北—西南走向。断点1向西南有一道长70米的土梁，散落有内外环轮纹、麻点纹板瓦。该点东距高速路268米。

　　第7段　断点2至断点3，长658米，消失段。断点3散落有内外环轮纹板瓦、外绳纹内素面、布纹间方格纹、布纹板瓦（内切）、麻点纹、菱格纹板瓦。

　　第8段　断点3至断点4，长258米，保存较差28米，保存差204米，消失26米，呈东北—西南走向。墙体呈驼峰状，时断时续。周围散落有外绳纹内布纹筒瓦。

　　第9段　断点4至断点5，长232米，其中保存较差28米，保存差204米，呈东南—西北走向。

断点4向西南为长5米的墙体，顶宽0.1~0.5、高0.6~0.8米；西南27米处为长23米墙体，剖面如下：底宽4.8、顶宽1、东侧高2、西侧高2.5米（图二三五·1）；再向西南由于黄沙掩埋，墙体呈土梁状，保存差。墙体沿线散落外绳纹内麻点纹、布纹、素面、环轮纹板瓦及红砂岩石块和器物口沿残片。

第10段　断点5至特征点5，长127米，消失段。特征点5位于土梁上，底部散见外绳纹内麻点纹筒瓦和板瓦。

第11段　特征点5至东左界村1号敌台，长135米，消失段。沿线有外绳纹内麻点纹板瓦。

第12段　东左界村1号敌台至东左界村2号敌台，长211米，保存差，呈东北—西南走向。由于黄沙掩埋现仅可见墙体顶部，呈土梁状。墙体剖面如下：底宽2.8、顶宽1.3、东高1.2、西高1.6米，东侧断面处夯层厚0.08~0.1米（图二三五·2）。

第13段　东左界村2号敌台至止点，长745米，消失段。止点东临元大滩—至井界乡村公路，由于黄沙掩埋，墙体不可见。

该段长城起点东北接张家湾长城1段止点，止点西南接西左界村长城段起点。止点东北745米为东左界村1号敌台，东北956米为东左界村2号敌台。

该段墙体所在的左界村有400余人。以农业为主，主要种植玉米、马铃薯等。墙体起点北侧有一条新建成的水泥路，止点东临元大滩—井界乡村公路。

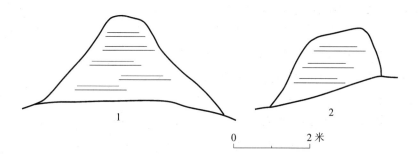

图二三五　东左界村长城墙体剖面图

二二　西左界村长城（610802382101020022）

该段长城位于红石桥乡左界村西左界村（组）西北沙漠中，起于红石桥乡左界村东左界村（组）西北，止点位于红石桥乡左界村西左界村（组）西1.5千米，全长2028米，整体呈东北—西南走向。起点坐标为东经：109°21′43.17″，北纬：38°09′16.97″，高程：1143.8米；止点坐标为东经：109°20′24.91″，北纬：38°08′37.39″，高程：1143.1米（图二三六）。

此段墙体整体保存差，由于黄沙掩埋，墙体大多现已消失，仅断断续续残存部分墙体。其中保存较差165米，保存差21米，消失1842米。依其保存状况分6个自然段。

第1段　起点至特征点，长842米，消失段。特征点1散落外饰绳纹内饰麻点纹板瓦。起点至特征点1之间的墙体因黄沙掩埋、农田开垦、村庄建设而消失。

第2段　特征点至断点1，长783米，消失段。断点1位于沙梁间低洼地，南距高压线杆218米。

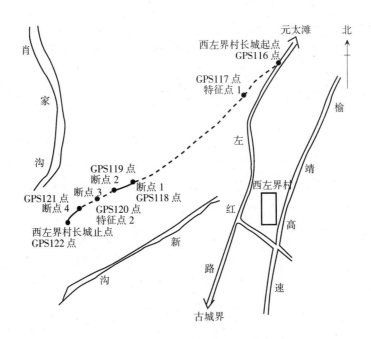

图二三六　西左界村长城位置示意图

第 3 段　断点 1 至断点 2，长 81 米，其中保存较差 60 米，保存差 21 米，呈东北—西南走向。断点 1 向西 60 米处墙体底宽 3.2、顶宽 0.7、南高 1.5、北高 1.4 米，夯层厚 0.08 米（图二三七·1）。墙体周围散落有外环轮纹内环轮纹板瓦、外绳纹内麻点纹板瓦。

第 4 段　断点 2 至断点 3，长 120 米，两点之间为沙梁，墙体消失。

第 5 段　断点 3 至断点 4，长 144 米，其中消失 97 米，保存较差 47 米，呈东北—西南走向。墙体底宽 4.7～6.6、顶宽 0.4～1、内高 1.5 米。

第 6 段　断点 4 至止点，长 58 米，墙体保存较差，底宽 4.6、顶宽 1.2、高 2.1 米（图二三七·2）。墙体两侧坍塌严重，西侧有堆土。墙体周围发现外绳纹内麻点纹筒瓦、内外环轮纹板瓦。止点处墙体仅呈为沙梁掩埋的黄土梁，依稀可见墙体走向。

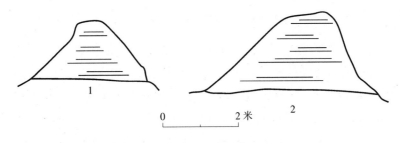

图二三七　西左界村长城墙体剖面图

该段长城起点东北接东左界村长城止点，止点西南接肖家峁村长城起点。

该段墙体所在的左界村有村民 400 余人。以农业为主，主要种植玉米、马铃薯等。墙体起点北东临元大滩—井界乡村公路。

二三　肖家峁村长城（610802382101020023）

该段长城位于红石桥乡肖家峁村硬地梁河东、西两岸，东岸为风沙草滩地，西岸为黄土梁区。起于红石桥乡左界村（组）西1.5千米，止于红石桥乡肖家峁村东南550米，全长2143米，整体呈东北—西南走向。起点坐标为东经：109°20′24.91″，北纬：38°08′37.38″，高程：1143.1米；止点坐标为东经：109°19′13.28″，北纬：38°08′01.84″，高程：1103.4米（图二三八）。

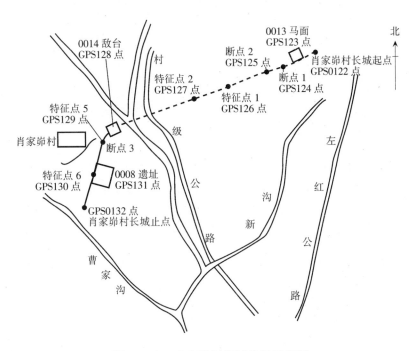

图二三八　肖家峁村长城位置示意图

此段墙体整体保存较差，其中保存较差356米，保存差242米，消失1545米。依其保存状况分5个自然段。

第1段　起点至肖家峁村马面，长143米，其中保存较差115米，保存差28米，两者之间墙体呈土梁状。沿线散落内外绳纹筒瓦、板瓦和外绳纹饰麻点纹板瓦、筒瓦，另有外细绳纹陶片。墙体断面底部宽2.95、顶部宽1.6、残高0.8～1.3米，夯层厚0.09米（图二三九·1）。

第2段　肖家峁村马面至断点1，长76米，地表为沙梁，墙体消失。

第3段　断点1至断点2，长106米，其中保存较差74米，消失32米。特征点1向西南先是长6.6米保存较差的土梁，底宽3～4、顶宽0.8～2、残高1～1.5米，夯层厚0.09米。墙体中夹有外绳纹内麻点纹板瓦。西南6.6米处是一道长32米的沙梁，墙体消失。西南38.6米处沙梁西南端接一段长67.4米的土梁，墙体保存较差，两侧都有坍塌土堆积。墙体底部宽3.9、顶部宽1、高0.5～1.4米，顶部及周围散落外绳纹内麻点纹板瓦、外绳纹内素面板瓦。

第4段　断点2至断点3，长1469米，消失段。断点2西南139米为特征点1，间为沙梁。特征点1西南540米为特征点2。由于黄沙掩埋，墙体都消失，沿线仅可见散落的外绳纹内麻点纹板瓦、外绳纹内布纹筒瓦、外环轮纹内素面板瓦和外弦纹内布纹筒瓦，以及器物口沿残片。特征点2西南748米为肖家峁村敌台（拐点）。墙体由拐点处转为近北—南走向。肖家峁村敌台（拐点）西南42米为断点

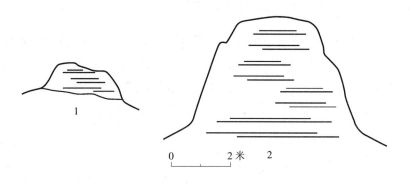

图二三九　肖家峁村长城墙体剖面图

3，由于修建房屋、猪圈，墙体消失。

　　第 5 段　断点 3 至止点，长 349 米，其中保存较差 167 米，差 182 米。断点 3 西南 167 米为特征点 3，两点墙体保存较差，墙体西侧坍塌呈缓坡状，周围散落外绳纹及内麻点、方格纹板瓦，外环轮纹、绳纹及内素面筒瓦。断点 3 处墙体坍塌断面，底宽 5.6、顶宽 2.6、残高 3.2 米、夯层厚 0.08~0.1 米（图二三九·2）。特征点 3 南 182 米为止点，墙体坍塌严重，保存差，顶宽、底宽、高都无法测量，沿线散落有大量绳纹瓦片。

　　该段长城起点东北接西左界村长城止点，止点西南接古城界村长城 1 段起点。起点西南 143 米为肖家峁村马面，止点东北 391 米为肖家峁村敌台。

　　该段墙体所在的肖家峁村有村民 270 余人。以农业为主，种植玉米。沿硬地梁河有自肖家沟通向肖家峁的公路。

二四　古城界村长城 1 段（6108023821010 20024）

　　该段长城位于红石桥乡古城界村西山梁上，所在地区为黄土梁与风沙草滩区相间地带。起于红石桥乡肖家峁村东南 550 米，止于红石桥乡古城界村西 1.1 千米，全长 1463 米，整体呈东北—西南走向。起点坐标为东经：109°19′13.28″，北纬：38°08′01.84″，高程：1103.4 米；止点坐标为东经：109°18′35.28″，北纬：38°07′15.24″，高程：1171 米（图二四○）。

　　此段墙体整体保存较差，由于黄沙掩埋、沟壑发育等原因，墙体大多消失，沿线散落有瓦片。其中保存较差 202 米，保存差 65 米，消失 1196 米。依其保存状况分 6 个自然段。

　　第 1 段　起点至断点，长 66 米，由于沟道发育，墙体消失。

　　第 2 段　断点至古城界村 1 号敌台，长 28 米，墙体保存较差。从断点 1 开始墙体沿曹家沟南侧坡面向上延伸，墙体两侧都为由曹家沟向南侧山梁发育的沟，对墙体有严重破坏。墙体底部坍塌严重宽度不详，顶宽 0.3~0.8、高 0.5~1.3 米，墙体东侧坍塌成一断面，西侧呈缓坡状，顶部及底部长有杂草。

　　第 3 段　古城界村 1 号敌台至古城界村 2 号敌台，长 179 米，其中保存较差 174 米，消失 5 米。沿线散落有零星外绳纹内麻点纹筒瓦、外绳纹内麻点纹板瓦，墙体上多有水冲、坍塌的豁口。古城界村 1 号敌台西南 169 米处墙体出现一宽 5 米的豁口，豁口北侧断面：底宽 4.4、顶宽 4、高 0.9 米，夯层厚 0.08~0.1 米（图二四一）。

　　第 4 段　古城界村 2 号敌台至古城界村 3 号敌台，长 121 米，其中保存差 65 米，消失 56 米。由于黄

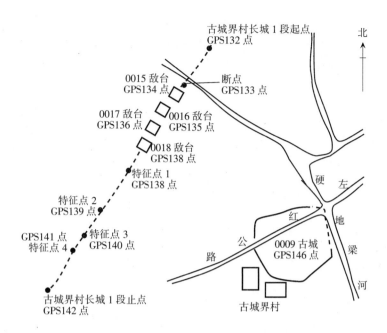

图二四〇　古城界村长城1段位置示意图

沙掩埋、自然坍塌，现呈低矮土垄状，个别段已基本与地表持平。墙体沿线散落少量外绳纹内麻点纹筒瓦、外绳纹内麻点纹板瓦，靠近敌台处瓦片较多。

第5段　古城界村3号敌台至古城界村4号敌台，长78米，墙体消失。沿线有外绳纹内麻点纹板瓦，外绳纹、内素面、麻点纹筒瓦。古城界村4号敌台处瓦片较多，有外绳纹内麻点纹筒板瓦、内外环轮纹筒瓦、外绳纹内布纹筒瓦和红砂岩石块。

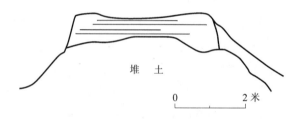

图二四一　古城界村长城1段墙体剖面图

第6段　古城界村4号敌台至止点，长991米，消失段，沿线有绳纹瓦片。该段有4个特征点（遗存大量瓦片），依次为古城界村4号敌台向西南340米为特征点1；再向西南262米为特征点2；再向西南176米为特征点3；再向西南103米为特征点4，有一道长11米的土梁，底部散落有外绳纹内素面筒瓦、外绳纹内布纹筒瓦和内外环轮纹板瓦。止点处在山梁顶部。此处原应有一敌台，散落有大量瓦片和红砂岩石块，以外绳纹内麻点纹筒瓦、板瓦为多，还有外绳纹内素面筒瓦和外绳纹内布纹板瓦。

该段长城起点东北接肖家峁村长城止点，止点西南接古城界村长城2段起点。起点西南94米为古城界村1号敌台，西南273米为古城界村2号敌台，西南394米为古城界村3号敌台，西南472米为古城界村4号敌台。

该段墙体所在的古城界村有村民400余人。以农业为主，种植玉米。墙体两侧间有乡村土路穿行。

二五　古城界村长城2段（610802382101020025）

该段长城位于红石桥乡古城界村西山梁上，所在地区为黄土梁与风沙草滩区的相间地带。起于红石桥乡古城界村西1.1千米，止于红石桥乡古城界村西南1.6千米，全长936米，整体呈东北—西南走向。起点坐标为东经：109°18′35.28″，北纬：38°07′15.24″，高程：1171米；止点坐标为东经：109°18′19.64″，

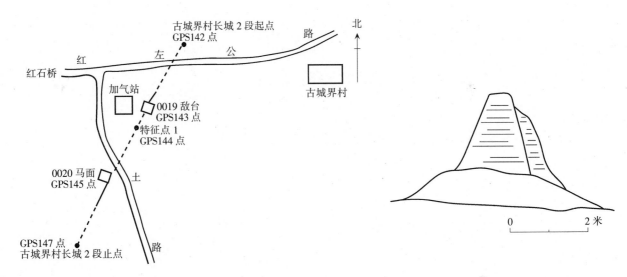

图二四二　古城界村长城 2 段位置示意图　　　图二四三　古城界村长城 2 段墙体剖面图

北纬：38°06′45.72″，高程：1164.2 米（图二四二）。

该段墙体整体保存差，由于黄沙掩埋、自然坍塌等原因，墙体大多消失。保存较差 28 米，差 15 米，消失 893 米。依其保存状况分 4 个自然段。

第 1 段　起点至古城界村 5 号敌台，长 400 米，消失段。由于黄沙掩埋墙体消失，墙体西侧有一天然气管道待建的加气站。古城界村 5 号敌台处散落有外绳纹内麻点纹板瓦，外绳纹内方格纹板瓦，外绳纹内布纹筒瓦、内麻点纹筒瓦，以及红砂岩石块。

第 2 段　古城界村 5 号敌台至特征点，长 163 米，墙体消失。特征点处墙体出现。

第 3 段　特征点至古城界村马面，长 217 米，其中保存较差 28 米，消失 198 米。特征点处墙体长 17 米，墙体底部坍塌严重，数据不可测，顶部宽 0.3～0.8 米，最高处高 1 米；西南 17 米处有一宽 43 米的缺口，墙体消失；西南 60 米处有一段长 11 米的保存较差的墙体，剖面如下：底宽 1.85、顶宽 0.6、东高 1.95、西高 2 米，夯层厚 0.07～0.1 米（图二四三）；再向西南至古城界村马面，墙体由于黄沙掩埋消失。沿沙梁散见外绳纹内麻点纹板瓦、外绳纹内方格纹板瓦、外绳纹内素面板瓦、外绳纹内麻点纹筒瓦。

第 4 段　古城界村马面至止点，长 157 米，其中保存差 15 米，消失 132 米。马面向西南可见 15 米土梁状的墙体，其余因黄沙掩埋和雨水冲蚀而消失，止点南为一条底部为风沙草滩地的低洼地带。此段墙体沿线有外绳纹内麻点纹瓦片散落。

该段长城起点东北接古城界村长城 1 段止点，止点西南接井界村长城 1 段起点。起点西南 400 为古城界村 5 号敌台，西南 780 为古城界村马面。

二六　井界村长城 1 段（6108023821010200026）

该段长城位于红石桥乡井界村西北的沙漠地带，周围地势起伏较大。起于红石桥乡古城界村西南 1.6 千米，止于红石桥乡井界村西北 700 米，全长 1270 米，整体呈东北—西南走向。起点坐标为东经：109°18′19.64″，北纬：38°06′45.72″，高程：1164.2 米；止点坐标为东经：109°18′08.95″，北纬：38°05′56.16″，高程：1116 米（图二四四）。

此段墙体整体保存差，墙体大多被黄沙掩埋而消失。其中，保存差 15 米，消失 1255 米。依其保存状况分 3 个自然段。

第 1 段　起点至特征点 1，长 80 米，墙体黄沙掩埋，地表墙体无存。

第 2 段　特征点 1 至特征点 2，长 956 米，消失 946 米，特征点 1 处有一道长 10 米的墙体，呈土梁状，残高 0.8、残宽 3.5 米（图二四五·1），夯层不清晰。底部散落有外绳纹内麻点纹板瓦、外环轮纹内素面板瓦、外绳纹内方格纹板瓦、外绳纹内布纹筒瓦瓦片。

第 3 段　特征点 2 至止点，长 234 米，消失 229 米。特征点 2 处出现一段 5 米长的夯土墙体，墙体底宽 3.1、顶宽 2.2、西高 1.5、东高 1.2 米，夯层厚 0.08～0.09 米（图二四五·2）。特征点 2 向西南经过一条土路至南侧的草滩地中，隐约可见一道土梁痕迹。止点处散落有外绳纹内麻点纹、内素面板瓦和外绳纹内麻点纹筒瓦。

该段长城起点东北接古城界村长城 2 段止点，止点西南接井界村长城 2 段起点。

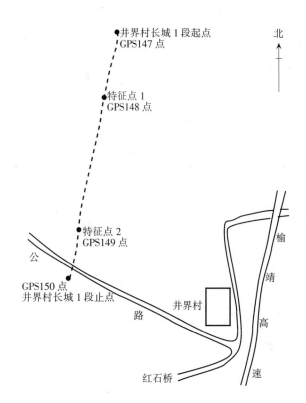

图二四四　井界村长城 1 段位置示意图

该段墙体所在的井界村有村民 400 余人。以农业为主，种植玉米、西瓜、洋芋。起点东侧有一条土路向南至井界村。

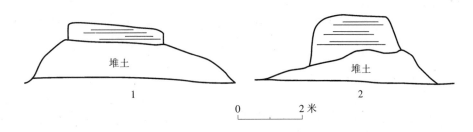

图二四五　井界村长城 1 段墙体剖面图

二七　井界村长城 2 段（610802382101020027）

该段长城位于红石桥乡井界村西的沙漠地带，周围地势起伏较大。起于井界村西北 700 米，止于井界村西南 1.15 千米，全长 1187 米，整体呈东北—西南走向。起点坐标为东经：109°18′08.95″，北纬：38°05′56.16″，高程：1116 米；止点坐标为东经：109°18′03.07″，北纬：38°05′10.29″，高程：1088.7 米（图二四六）。

此段墙体整体保存较差，由于黄沙掩埋、公路通行、铺设天然气管道等原因，墙体大多现已消失，沿线散落有瓦片，基本走向明确。其中保存较差 36 米，保存差 195 米，消失 956 米。依其保存状况分 9 个自然段。

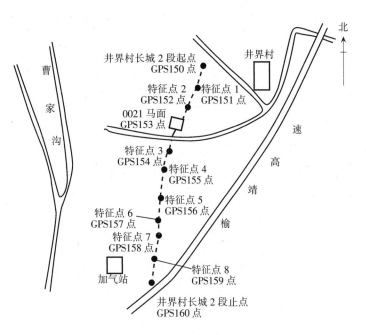

图二四六　井界村长城 2 段位置示意图

第 1 段　起点至特征点 1，长 142 米，消失段。起点位于一道黄土梁上，周围散落有外绳纹内麻点纹、内素面板瓦和外绳纹内麻点纹筒瓦；向南沿线有外环轮纹内素面板瓦（有钉孔）、外绳纹夹砂灰陶陶片和素面陶片。

第 2 段　特征点 1 至特征点 2，长 209 米，消失 183 米，保存差 26 米。特征点 1 向西南 26 米墙体呈土梁状，宽 3、残高 0.5 米，夯层厚 0.08 米。墙体坍塌严重，顶部长有柠条、蒿草和杂草；底部有坍塌下来的堆土，昆虫洞穴分布密集。西侧呈一断崖状；底部散见夹砂灰陶残片、外绳纹内麻点纹的板瓦瓦片。再西南 183 米至特征点 2，墙体消失。

第 3 段　特征点 2 至特征点 3，长 252 米，其中保存差 118 米，消失 134

米，呈东北—西南走向。特征点 2 西南有长 118 米的墙体现已坍塌成一土梁；再向西南 134 米至特征点 3，墙体消失。沿线有外绳纹内麻点纹筒、板瓦瓦片，外绳纹内布纹筒瓦瓦片及陶器残片（图二四七）。特征点 2 西南 28 米为井界村马面。

第 4 段　特征点 3 至特征点 4，长 92 米，消失 82 米，保存差 10 米，现存墙体呈土梁状。

第 5 段　特征点 4 至特征点 5，长 73 米，消失 45 米，保存差 28 米。特征点 4 向西南为长 28 米墙体，呈土梁状。底部散落有外绳纹内麻点纹板瓦、外绳纹内布纹筒瓦瓦片。

第 6 段　特征点 5 至特征点 6，长 95 米，消失 82 米，保存差 13 米。特征点 5 西南有长 13 米墙体，呈土梁状，墙体顶部及周围散落有外绳纹内麻点纹板瓦、筒瓦，外绳纹内布纹筒瓦，以及夹砂灰陶质器物残片。

第 7 段　特征点 6 至特征点 7，长 65 米，消失 56 米，保存较差 9 米。墙体底宽 1.7、顶宽 0.5、

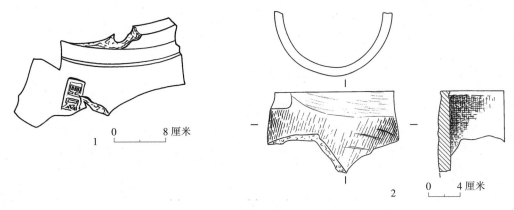

图二四七　井界村长城 2 段附近采集的器物残片及瓦片

1. 器物残片　2. 瓦片

西高 1.8、东高 0.8 米，夯层厚 0.09 米（图二四八）。墙体底部尤其是南端散落有大量的瓦片和陶片。

第 8 段　特征点 7 至特征点 8，长 92 米，消失 82 米，保存较差 10 米。特征点 7 向西南有长 10 米的夯土墙，墙体坍塌剥落严重，底宽 5、顶宽 2.2、残高 1.1 米。

第 9 段　特征点 8 至止点，长 167 米，消失 150 米，保存较差 17 米。特征点 8 向西南有一段长 17 米的夯土墙体，顶宽 0.2 ~ 0.5、东侧高 0.7 ~ 1.45 米。西侧现成缓坡，由于黄沙掩埋高度和底宽不详。东侧呈凹槽状，底部散见外绳纹瓦片。止点处于榆（林）靖（边）高速公路北的沙梁上，散见外绳纹内布纹筒瓦和外绳纹内素面陶片。

该段长城起点东北接井界村长城 1 段止点，止点西南接曹家沟村长城起点，起点西南 377 米为井界村马面。

二八　曹家沟村长城
（610802382101020028）

该段长城位于红石桥乡井界村曹家沟村（组）东南曹家沟川东岸无定河南岸的沙梁上。起于红石桥乡井界村西南 1.15 千米，止于红石桥乡井界村曹家沟村（组）东南 1.75 千米，全长 2264 米，整体呈东北—西南走向。起点坐标为东经：109°18′03.07″，北纬：38°05′10.29″，高程：1088.7 米；止点坐标为东经：109°17′46.96″，北纬：38°03′42.57″，高程：1041.6 米（图二四九）。

此段墙体整体保存较差，多被黄沙掩埋消失。其中保存较差 96 米，保存差 504 米，消失 1664 米。依其保存状况分 12 个自然段。

第 1 段，起点至特征点 1，长 529 米，其中保存差 329 米，消失 200 米。起点向西南 200 米间由于榆（林）靖（边）高速公路通过和黄沙掩埋，墙体消失。西南 329 米至特征点 1，墙体由于黄沙掩埋呈土梁状，散见外绳纹内布纹筒瓦和外绳纹内素面陶片。

第 2 段　特征点 1 至特征点 2，长 168 米，墙体因黄沙掩埋而消失。

第 3 段　特征点 2 至特征点 3，长 102 米，其中

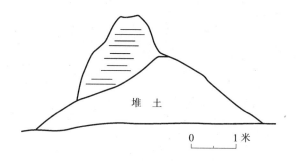

图二四八　井界村长城 2 段墙体剖面图

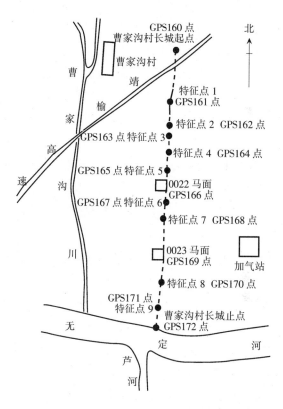

图二四九　曹家沟村长城位置示意图

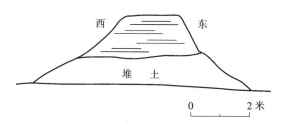

图二五〇　曹家沟村长城墙体剖面图

保存较差51米，消失51米。墙体两侧坍塌严重，底宽4.2、顶宽2、西高1.6、东高1.8米，夯层厚0.09米（图二五○）。

第4段　特征点3至特征点4，长78米，其中保存差15米，消失63米。特征点3西南有一段长15米保存差的墙体。墙体现已坍塌呈土梁状，底部散见外绳纹内麻点纹板瓦、外绳纹陶片和红砂岩石块。

第5段　特征点4至特征点5，长113米，保存差40米，消失73米。墙体底部有少量外绳纹内麻点纹板瓦瓦片。

第6段　特征点5至曹家沟村1号马面，长202米，保存差110米，消失92米。现存墙体坍塌成一土梁，土梁顶部及底部散落大量外绳纹内麻点纹板瓦、内外环轮纹板瓦和红砂岩石块。

第7段　曹家沟村1号马面至特征点6，长35米，墙体保存较差。曹家沟村1号马面北侧断面及西侧底部散落大量瓦片，有外绳纹内麻点纹板瓦、筒瓦，外弦纹、绳纹内绳纹板瓦，外绳纹内布纹筒瓦。外绳纹内麻点纹（泥条盘筑）筒瓦，筒瓦直径17.5、厚2厘米。外绳纹内麻点纹板瓦，板瓦宽30、厚1.7厘米。

第8段　特征点6至特征点7，长132米，此段墙体消失。

第9段　特征点7至曹家沟村2号马面，长324米，消失314米，保存差10米。特征点7西南10米墙体底残宽2.7、顶残宽1.6、残高1米，夯层厚0.08~0.09米。墙体向西南有外绳纹内麻点纹板瓦、筒瓦瓦片散落。

第10段　曹家沟村2号马面至特征点8，长170米，消失160米，保存较差10米。马面向南墙体底部散见外绳纹内麻点纹、内外环轮纹板瓦，外绳纹内布纹筒瓦。特征点8处于沙梁顶部，散落有外绳纹内麻点纹板瓦和外绳纹内布纹筒瓦片。

第11段　特征点8至特征点9，长226米，墙体消失。特征点9处于沙梁半腰部，散落有外绳纹内麻点纹板瓦、绳纹板瓦和外绳纹内麻点纹筒瓦残片。

第12段　特征点9至止点，长185米，墙体消失。特征点9向西南沿线散落有外绳纹内麻点纹板瓦。止点位于无定河北岸，散见外绳纹内麻点纹板瓦、内外绳纹筒瓦和外绳纹、内麻点纹筒瓦。

该段长城起点东北接井界村长城2段止点，止点西南接横山县横山镇无定河河险起点。止点东北581米为曹家沟村1号马面，东北1.07千米为曹家沟村2号马面。

该段墙体所在的曹家沟村有村民24户，90余人。以农业为主，种植玉米、西瓜、洋芋。墙体起点处南临榆（林）靖（边）高速公路，曹家沟川中有乡村土路通行。

第二节　战国秦长城单体建筑

榆阳区战国秦长城单体建筑共发现23座，其中敌台12座、马面5座、烽火台6座。

该区单体建筑只在东段和西段墙体沿线发现，中段墙体沿线被明长城沿用，没有发现单体建筑。从建筑外貌特征来看，中段沿线分布的单体建筑均为明代建筑，推测其中应当有部分明代单体建筑是在战国秦的单体建筑上修缮利用的，但现已不能辨认。

由于受长期的风雨流沙侵蚀，这些单体建筑现多已严重坍塌，呈不规则形状，仅有少数可辨认出形制。其中形状为矩形的有5座，包括马面3座、敌台1座、烽火台1座。根据遗址周边的遗物（不仅有战国秦的绳纹瓦片，还有明代砖瓦、瓷片遗留）判断，其应为明代修缮沿用的结果。另外，还有

4座单体建筑，平面呈圆形或不规则圆形，包括烽火台3座、敌台1座。

单体建筑的规模不大，残留的高度为1～6米，多集中在2～4米的范围内。底边尺寸相距甚大，为3～23.5米。其中矩形的马面边长相对较小，为3～5米。经过明代修缮的烽火台尺寸为23.5米左右，其余为9～16.4米（坍塌后的尺寸）。

单体建筑周围散落有较多的秦文化特有的绳纹瓦片，数量明显较墙体沿线为多，推测原单体建筑上或周围应有铺舍类的建筑存在。

一　香水村敌台（6108023521010202020001）

该敌台位于香水村南340米处的黄土梁上，台体东侧紧邻一乡村土路，北侧340米处为香水村，590米处为红柳沟；东、西两侧紧邻沟壑；南侧是大片田地；台体西面接一道长3.8米的夯土墙地。所在地区属于黄土高原丘陵沟壑地带，周边地势起伏较大，地形复杂。地理坐标为东经：110°05′00.36″，北纬：38°34′40.56″，高程：1188.0米。

敌台整体保存差。由于雨水冲刷侵蚀，台体坍塌严重。东侧由于雨水冲刷、人为铲削，台体受损严重；南侧坍塌严重，形成断面；西侧有明显水冲痕迹；北侧有一条石头垒砌的登台小路；底部有挖掘的小洞穴。

台体平面呈矩形，剖面呈梯形。底部东西9、南北9米，顶东西6.7、南北5.7米，高5.8米。台体东面有一宽6.7米缺口，缺口东端有一道长15.4米的夯土墙，墙体底宽1.7、顶宽0.6、高1.7～2.0米；台体西连接一道长3.8米的夯土墙，墙体底宽2.5、顶宽2.5、高4米；北侧有一条石头垒砌的宽0.8米登台小路（图二五一）。该敌台为黄土夯筑而成，夯层中夹杂有泥质素面灰陶片，夯层厚0.07～0.08米。

墙体内侧发现外绳纹、内麻点纹板瓦。台体南侧的山梁顶部散落大量器物陶片，外侧纹饰为绳纹和素面两种。

该敌台东北827米为香水村长城起点，西南1.54千米为香水村长城止点，南边紧邻香水村相关遗存。

该敌台所在的香水村有6个村民小组，200余户，900多人。以农业为主，种植玉米、黑豆、马铃薯等。香水村所在的红柳沟南岸有乡村土路通行。

二　吴家窑子村团窝梁敌台（6108023521010202020006）

该敌台位于麻黄梁镇磨庄村吴家窑子村（组）西500米处的山梁上，台体东侧有一条土路通过。所在地区属于沙漠草滩地貌与黄土山地沟壑地貌的交接地带，地势起伏较大，沟壑纵横交错，地形复杂。地理坐标为东经：109°57′26.16″，北纬：38°29′34.80″，高程：1353.0米。

敌台整体保存差，由于长年风雨侵蚀及自然坍塌，现已成为一个圆丘状土堆。台体北侧、西侧与山坡齐平，成为一体；东侧紧邻一乡村土路，由于修路时曾对台体东侧进行铲削，因此东侧形成一断面。台体东侧、南侧、西侧均有较大的盗洞，尤其南侧两个盗洞的开挖，使台体极不规整。东侧盗洞宽1、长3.7、深2米；南侧一个盗洞宽1.2、长3、深1.2米，另一个盗洞宽1.8、长1.5、深1.2米；西侧一个盗洞宽1.4、长1.8、深0.9米，另一个盗洞宽2.1、长2.5、深1.3米。

台体平面略呈圆形，剖面呈不规则形，底径14.5、残高2米（图二五二）。该敌台为黄土夯筑而成，夯层厚0.06～0.07米。

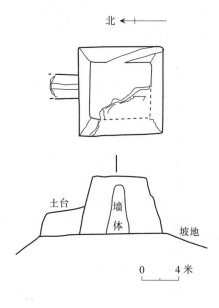

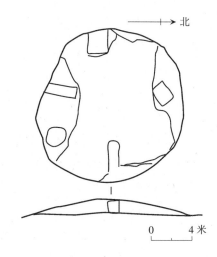

图二五一　香水村敌台平、立面图　　　　图二五二　吴家窑子村团窝梁敌台平、立面图

台体及四周散落有较多瓦片，以外绳纹内麻点纹板瓦、外绳纹内布纹筒瓦为主，在南侧发现楔形子母砖，砖长 17.2、宽 17.6、厚 4~6、母孔径 5 厘米。

该敌台位于吴家窑子村团窝梁长城起点处，西南距杜家窑子村敌台 1.43 千米。

该敌台所在的磨庄村有村民 400 余人。以农业为主，种植玉米等。台体东侧有一条土路通过。

三　杜家窑子村敌台（610802352101020007）

该敌台位于麻黄梁镇王家湾村杜家窑子村（组）南 680 米的木柱柱梁（山名）半坡上，木柱柱梁因其上生长有木柱柱草而得名。台体周围为山坡，南侧有一土路。台体东南 140 米处为一加气站的房屋，东南 440 米处为一片松林。所在地区属于黄土丘陵沟壑区，山梁上地势平坦开阔。地理坐标为东经：109°56′47.82″，北纬：38°29′02.46″，高程：1331 米。

敌台整体保存差，由于风雨侵蚀及杂草生长等原因，台体有多处缺口。台体东面由于坍塌形成一断面，有雨水冲刷痕迹；南、西、北三面由于坍塌及风雨侵蚀呈缓坡状。台顶呈南高北低坡状。

台体平面略呈圆形，剖面呈不规则形。底部东西 13、南北 15 米，顶部东西 5、南北 5 米，残高 5.6 米。其中直立的高 3.4 米，坍塌的高 2.2 米（图二五三）。该敌台用黄土夯筑而成，夯层厚 0.05~0.08 米。

台体东南侧发现较薄的外绳纹内布纹筒瓦瓦片，厚度为 1 厘米，台体顶部东侧夯土层中夹有绳纹瓦片。

该敌台东北距吴家窑子村敌台 1.43 千米，西南距柳巷村敌台 345 米。

该敌台所在的王家湾村有村民 70 多户，330 人。以农业为主，种植玉米、马铃薯等。敌台南侧有一条上山的土路。

四　柳巷村敌台（610802352101020008）

该敌台位于麻黄梁镇王家湾村柳巷村（组）西北 2 千米处的木柱柱梁（山名）顶上，台体四周为山坡，南侧有一条土路。所在地区属于黄土丘陵沟壑区，地形较为复杂。地理坐标为东经：109°56′

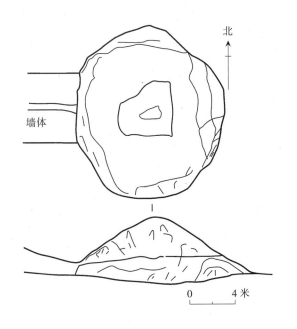

图二五三　杜家窑子村敌台平、立面图

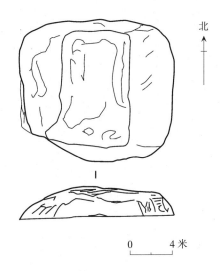

图二五四　柳巷村敌台平、立面图

33.42″，北纬：38°28′57.42″，高程：1348.0 米。

敌台整体保存差，由于雨水冲刷侵蚀现已坍塌成一个土堆，东侧呈缓坡状，西侧坍塌严重，西南侧因坍塌形成一断面，高 2.7 米。台体上杂草丛生，土质疏松。

台体平面略呈矩形，剖面略呈梯形。底东西长 13、南北宽 9 米，顶东西 11、南北宽 6.7 米，残高2.7 米（图二五四）。该敌台用黄土夯筑而成，夯层厚 0.08～0.11 米。台体上及四周散见外绳纹内麻点纹板瓦。

该敌台位于柳巷村长城 1 段起点处的墙体上，东距杜家窑子村敌台 345 米。

该敌台所在的柳巷村（组）属王家湾村，有村民 70 多户，330 人。以农业为主，种植玉米、马铃薯等。墙体所在的木柱柱梁有土路。

五　东左界村 1 号敌台（6108023521010202011）

该敌台位于红石桥乡左界村东左界组东北 950 米沙漠里，东面是榆（林）靖（边）高速公路，西南面有人工栽种的杨树林，西面和北面是沙梁。地理坐标为东经：109°22′14.87″，北纬：38°09′38.34″，高程：1164.7 米。

敌台整体保存差，由于黄沙掩埋、道路修建、自然坍塌，现已成为一个土堆。东侧形成一断面。台体上杂草丛生，土质疏松。

台体平面略呈不规则状，剖面略呈梯形。底东西 3.1、南北 11 米，顶东西 0.5、南北 4.9 米，东残高 1.1 米，西残高 2.7 米（图二五五）。该敌台为黄土夯筑而成，夯层厚 0.08～0.11 米。

台体上及四周有外绳纹内麻点纹板瓦、外绳纹内布纹筒瓦及绳纹陶片。

该敌台位于东左界村长城止点东北 956 米处的墙体上，西南 211 米处为东左界村 2 号敌台。

该敌台所在的左界村有村民 400 余人，以农业为主，主要种植玉米、马铃薯等。台体东侧为榆（林）靖（边）高速公路。

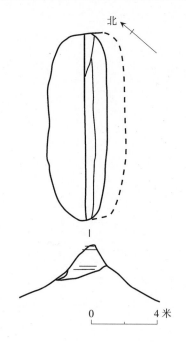

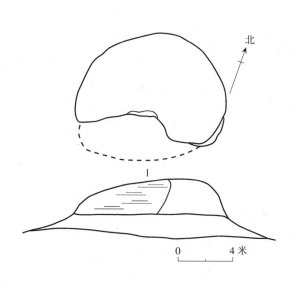

图二五五　东左界村1号敌台平、剖面图　　　　图二五六　东左界村2号敌台平、剖面图

六　东左界村2号敌台（610802352101020012）

该敌台位于红石桥乡左界村东左界村组东北745米沙漠里，东侧98米处是榆（林）靖（边）高速公路，西侧有人工栽种的杨树林，南侧是较开阔的沙地。地理坐标为东经：109°22′07.89″，北纬：38°09′33.58″，高程：1176.4米。

敌台整体保存差，由于黄沙掩埋、道路修建、坍塌已成为一个土堆，东南侧坍塌严重，东侧形成一断面。台体上杂草丛生，土质疏松。

台体平面呈不规则状，剖面略呈弧拱形。底东西宽7.6、南北11米。顶部坍塌严重，东断面处残高2.5、西侧残高3米（图二五六）。该敌台为黄土夯筑而成，夯层厚0.09～0.1米。

台体上及四周有外绳纹、内麻点纹板瓦和外绳纹、内方格纹板瓦。

该敌台位于东左界村长城止点东北745米的墙体上，东北211米处为东左界村1号敌台。

七　肖家峁村敌台（610802352101020014）

该敌台位于红石桥乡肖家峁村中的黄土梁上，地处硬地梁河西岸边，东侧为一雨水冲沟，南侧为盘山公路，西侧长有杨树，有一户人家，北侧为一打谷场。地理坐标为东经：109°19′19.04″，北纬：38°08′15.01″，高程：1114.1米。

敌台整体保存差，由于修建道路、人为铲削，现已成为一个土堆。东、北两侧有村民立起的栅栏，北侧呈断崖，底部有一晒谷场；东侧因道路修建被铲削严重，底部有坍塌土；南侧由于村庄建设被铲削，底部有大量的堆土；西侧剥落严重，夯层清晰，底部有一条村中小路。敌台顶部有一东西向凹槽，表面长有杂草。敌台南侧下方有一猪圈。

台体平面略呈不规则状，剖面略呈梯形。底边长20米，顶东西7.8、南北4.2米，高10.4米（图二五七）。该敌台为黄土夯筑而成，夯层厚0.07～0.1米。

台体及四周有大量外绳纹内方格纹、内麻点纹、内绳纹板瓦残片。

该敌台位于肖家峁村长城止点北 391 米的墙体上。东北 1.61 千米处为肖家峁村马面。

该敌台所在的肖家峁村有村民 270 余人。以农业为主，种植玉米。沿硬地梁河有自肖家沟通向肖家峁的公路。

八　古城界村 1 号敌台（610802352101020015）

该敌台位于红石桥乡古城界村西北 1.4 千米处的黄土梁上，地处山梁的腰部，北侧紧邻曹家沟，沟内种植有柳树，东侧和西侧都是较深的冲沟，西南面山梁上有一座房子。地理坐标为东经：109°19′09.63″，北纬：38°07′56.12″，高程：1115.4 米。

敌台整体保存状况差，由于沟壑发育、冲刷坍塌现已成为一个不规则的土堆，顶部呈东高西低不规则状矩形，长满杂草；东侧和西侧坍塌、剥落严重，底部均有堆积土，东侧形成断面；南、北两侧连接墙体。台体周围长有柠条、沙蒿、杨树、杂草。

台体平面略呈不规则形，剖面略呈梯形。底东西 10.6、南北 13.5 米，顶东西 6.6、南北 9.8 米，东侧残高 3.6、西侧残高 1.4 米（图二五八）。该敌台为黄土夯筑而成，夯层厚 0.06 ～ 0.08 米。台体及四周有大量外绳纹内方格纹、内麻点纹，内外绳纹，内外环轮纹板瓦，以及外绳纹内麻点纹筒瓦。

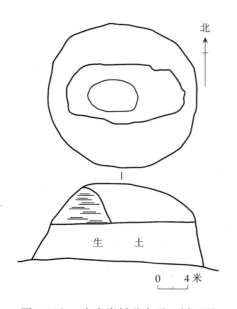

图二五七　肖家峁村敌台平、剖面图

图二五八　古城界村 1 号敌台平、剖面图

该敌台建在古城界村长城 1 段起点西南 28 米的墙体上，西南 179 米为古城界村 2 号敌台，西南 300 米为古城界村 3 号敌台，西南 378 米处古城界村 4 号敌台。

该敌台所在的古城界村有村民 400 余人。以农业为主，种植玉米。台体东、西两面为盘山公路。

九　古城界村 2 号敌台（610802352101020016）

该敌台位于红石桥乡古城界村西北 1.35 千米处的黄土梁腰部，东侧地势较为平坦，西侧是较深的冲沟，南侧是上升的缓坡。地理坐标为东经：109°19′05.25″，北纬：38°07′50.38″，高程：1130.7 米。

敌台整体保存状况较差。由于沟壑发育、冲刷坍塌，顶部呈东高西低不规则状长条形，长有柠条、杂草；东侧坍塌、剥落严重，底部有堆积土；西侧中部至底部坍塌形成断面，底部紧邻深沟；南、北两侧均与墙体相连。台体周围植被有沙蒿、杂草。

　　台体平面呈不规则状，剖面略呈梯形。底东西 10.4、南北 14 米，顶东西 6、南北 8.5 米，东残高 2.6、西残高 3.2 米（图二五九）。该敌台为黄土夯筑而成，夯层厚 0.08～0.1 米。

　　敌台及四周散落大量外绳纹内麻点纹、内方格纹、内绳纹、内素面板瓦，外绳纹内麻点纹、内布纹筒瓦及器物口沿残片。

　　该敌台建在古城界村长城 1 段起点西南 273 米的墙体上，东北 179 米为古城界村 1 号敌台，西南 121 米为古城界村 3 号敌台。

一〇　古城界村 3 号敌台　（610802352101020017）

　　该敌台位于红石桥乡古城界村西北 1.3 千米处黄土梁腰部，东侧堆土下方地势较为平坦，南侧为天然气管道线，西侧是耕地。地理坐标为东经：109°19′03.44″，北纬：38°07′46.83″，高程：1133.6 米。

　　敌台整体保存较差，由于冲刷坍塌成为一个不规则的土堆，顶部呈东高西低不规则状长条形；东侧坍塌呈缓坡；西侧坍塌严重，形成断面，断面下有堆积土；南侧有明显冲刷痕迹；南、北两侧呈缓坡。周围植被有柠条、沙蒿、杂草。

　　台体平面呈不规则状，剖面略呈梯形。底东西 8.8、南北 12.3 米，顶东西 3.3、南北 7 米，东残高 3.3、西残高 1.4 米（图二六〇）。该敌台为黄土夯筑而成，夯层厚 0.08～0.1 米。

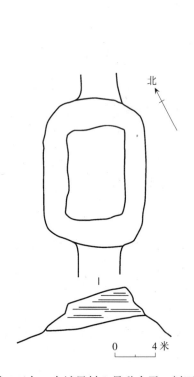

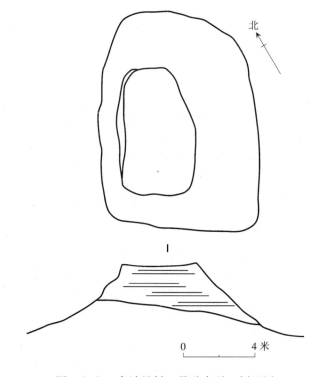

图二五九　古城界村 2 号敌台平、剖面图　　　　图二六〇　古城界村 3 号敌台平、剖面图

　　敌台及四周散落大量外绳纹内麻点纹、内方格纹、内绳纹、内素面板瓦，外绳纹内麻点纹筒瓦，其中麻点纹板瓦居多。

该敌台建于古城界村长城 1 段起点西南 394 米处的墙体上，东北 121 米为古城界村 2 号敌台，西南 78 米为古城界村 4 号敌台。

一一　古城界村 4 号敌台（6108023521010200018）

该敌台位于红石桥乡古城界村西北 1.25 千米处的黄土梁腰部，东侧地势较为平坦，有南北向天然气管道线穿过，西南侧和南侧是沙梁，沙梁上种有杨树，西面山梁顶上有一座房子。地理坐标为东经：109°19′01.81″，北纬：38°07′44.35″，高程：1149.3 米。

敌台整体保存差，由于沟壑发育、冲刷坍塌，现已成为一个不规则的土堆，顶部呈不规则状，有多处豁口，豁口内长有柠条、沙蒿、杂草；西面坍塌呈缓坡，几乎与地面持平，东面和北面坍塌成断面，东断面底部有堆积土；南面有两道明显的水冲痕；台体周围长有柠条、杂草、杨树。

台体平、剖面呈不规则状。底东西 10.5、南北 13.5、残高 1.3~1.8 米（图二六一）。

该敌台为黄土夯筑而成，夯层厚 0.08~0.10 米。

敌台及四周散落大量外绳纹内麻点纹、内布纹筒瓦，外环轮纹内麻点纹、内素面板瓦，另有红砂岩石块。该点向西南沿线散落有大量绳纹瓦片和较多的外绳纹内素面陶片，质地为泥质灰陶和夹砂灰陶。

该敌台建于古城界村长城 1 段起点西南 472 米的墙体上，东北 121 米为古城界村 3 号敌台，西南 1.06 千米为古城界村 5 号敌台。

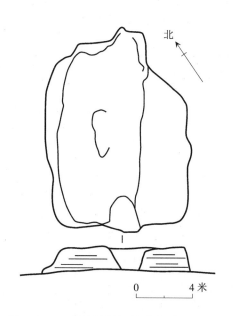

图二六一　古城界村 4 号敌台平、立面图

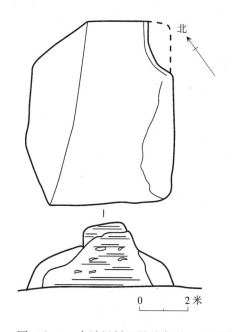

图二六二　古城界村 5 号敌台平、立面图

一二　古城界村 5 号敌台（6108023521010200019）

该敌台位于红石桥乡古城界村西南 1.25 千米处的山梁顶上，东侧和西侧均是沙地，西南 65 米处是天然气加气站，北侧土梁下是从左界到红石桥乡的柏油路。所在地区为黄土区与风沙草滩地的相间地带。地理坐标为东经：109°18′28.09″，北纬：38°07′04.66″，高程：1062.8 米。

敌台整体保存状况较差，由于风沙侵蚀、冲刷坍塌，顶部呈不规则状长条形；东侧坍塌、剥落严重，形成断面，底部有堆积土；西侧坍塌呈缓坡状，几乎与地面持平；南、北两侧坍塌呈断面，北断面有多道裂缝，南断面动物洞穴分布密集。

台体平面呈不规则状，剖面略呈梯形。底东西 6.2、南北 7.2 米，顶东西 1.7、南北 4.7 米，残高 3 米（图二六二）。该敌台为黄土夯筑而成，夯层厚 0.06 ~ 0.11 米。

敌台及四周散落外绳纹内麻点纹、内方格纹、内素面、内绳纹板瓦，外绳纹内麻点纹、内布纹筒瓦及器物口沿残片。

该敌台建于古城界村长城 2 段起点西南 400 米的墙体上，西南 380 米为古城界村马面。

一三　肖家峁村马面（6108023521020200013）

该马面位于红石桥乡肖家峁村东北 1.25 千米处的沙梁中，四周为沟壑地带。马面东、西、南三侧长有杨树、沙柳。地理坐标为东经：109°20′19.07″，北纬：38°08′36.22″，高程：1118.8 米。

马面整体保存较差，由于黄沙掩埋、道路修建、坍塌等原因，现已成为一个土堆。东、北两面坍塌成断崖，断崖底部为堆土；西面坍塌，呈缓坡状。顶部呈南高北低缓坡状，略低于墙体顶部。台顶现长满柠条、杂草，周围长有沙柳、杨树。

台体平面呈矩形，剖面呈梯形。底边长 4.5 米，顶东西 4.3、南北 4 米，北侧残高 1.5 米（图二六三）。该马面为黄土夯筑而成，夯层厚 0.09 ~ 0.12 米。

马面及四周有细绳纹陶片、外绳纹内绳纹筒瓦和板瓦及外绳纹内麻点纹板瓦、筒瓦。

该马面建于肖家峁村长城起点西南 143 米的墙体上，并向墙体外侧凸出。西南 1.61 千米处为肖家峁村敌台。

该马面所在的肖家峁村有村民 270 余人。以农业为主，种植玉米。沿硬地梁河有自肖家沟通向肖家峁的公路。

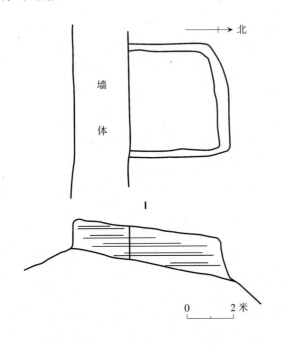

图二六三　肖家峁村马面平、剖面图

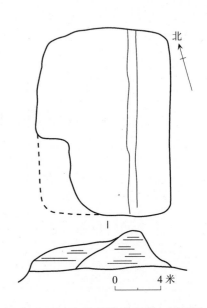

图二六四　古城界村马面平、剖面图

一四　古城界村马面（610802352102020020）

该马面位于红石桥乡古城界村西南 1.4 千米处的黄土梁顶上，东侧有一条土路，南侧有一排杨树林，西侧为沟壑，北侧地势较平坦。地理坐标为东经：109°18′22.37″，北纬：38°06′53.25″，高程：1183.8 米。

马面整体保存差，台体损毁严重，顶部呈东高西低；东断面有动物洞穴，底部有坍塌土堆积；西面坍塌呈缓坡状，几乎与地面持平；南面有多道冲痕，且动物洞穴较多，底部堆积土。台顶及周围长有柠条、沙柳、杂草、杨树。

台体平面呈不规则状，剖面略呈梯形，底部东西 12、南北 16 米，顶部坍塌严重，长度和宽度不详，残高 4 米（图二六四）。该马面用黄土夯筑而成，夯层厚 0.07～0.1 米。

马面及四周有外绳纹内麻点纹板瓦，外弦纹和绳纹内绳纹板瓦。

该马面建于古城界村长城 2 段起点西南 780 米的墙体上，东北 380 米处为古城界村 5 号敌台。

该马面所在的古城界村有村民 400 余人。以农业为主，种植玉米。马面所在沙梁上有土路。

一五　井界村马面（610802352102020021）

该马面位于红石桥乡井界村西 750 米处的沙土梁上，东为农田，南 118 米为乡村柏油公路，西有沙地，北 30 米为沙梁。地理坐标为东经：109°18′07.27″，北纬：38°05′41.14″，高程：1111.7 米。

马面整体保存差，现顶部极不规整，仅中部尚存，整体呈一土堆状；北侧与墙体相接处仅剩一窄段，底部有坍塌堆积的红砂岩石块和大量瓦片；西北角整体消失，西侧受沙土掩埋严重；南侧尚存的顶部上长有柠条、沙棘、杂草，底部有大量的绳纹小瓦片。

台体现已坍塌成一不规则的土堆，东西 16、南北 22、高 1 米（图二六五）。该马面用黄土夯筑而成，夯层厚度不详。

马面附近散落有大量瓦片，有外绳纹内麻点纹板瓦、筒瓦，外弦纹、绳纹内绳纹板瓦，外绳纹内方格纹筒瓦。

该马面建于井界村长城 2 段起点西南 379 米的墙体上，并向墙体外侧凸出。

该马面所在的井界村有村民 400 余人。以农业为主，种植玉米、西瓜、洋芋。马面北侧有左界—红石桥乡柏油公路。

一六　曹家沟村 1 号马面（610802352102020022）

该马面位于红石桥乡曹家沟村东南 2 千米沙漠中，四周为沙梁，地势起伏较大。地理坐标为东经：109°17′57.26″，北纬：38°04′23.00″，高程：1059.1 米。

马面整体保存差，坍塌严重。马面西侧呈缓坡状，长有沙蒿和杂草；北侧为一断面，底部有坍塌堆土；南侧与墙体相连；顶部不规整。

台体平面呈矩形，剖面呈梯形。底东西 3.6、南北 7.5 米，顶东西 2.3、南北 7.5 米，东侧高 0.9、西侧高 1.2 米（图二六六）。该马面用黄土夯筑而成，夯层厚度不详。

马面附近散落有大量外绳纹内麻点纹板瓦、筒瓦，外弦纹、绳纹和内绳纹板瓦，外绳纹内布纹筒瓦。外绳纹内麻点纹（泥条盘筑）筒瓦，筒瓦直径 17.5、厚 2 厘米；外绳纹内麻点纹板瓦，板瓦宽 30 厘米，厚 1.7 厘米。

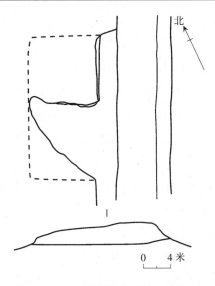

图二六五　井界村马面平、剖面图

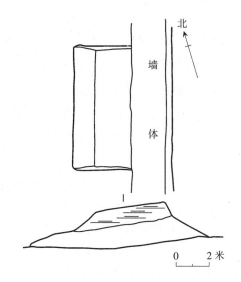

图二六六　曹家沟村 1 号马面平、剖面图

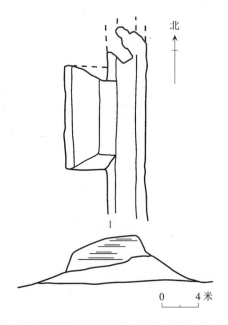

图二六七　曹家沟村 2 号马面平、剖面图

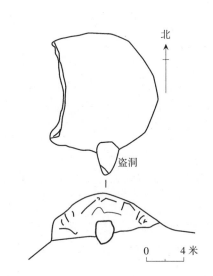

图二六八　方家畔村 1 号烽火台平、立面图

该马面建于曹家沟村长城起点西南 1.19 千米的墙体上，并向墙体外侧凸出。

该马面所在的曹家沟村有村民 24 户，90 余人。以农业为主，种植玉米、西瓜、洋芋。马面北侧临榆（林）靖（边）高速公路，曹家沟川中有乡村土路通行。

一七　曹家沟村 2 号马面（6108023521020020023）

该马面位于红石桥乡曹家沟村东南 1.5 千米处的沙漠中，四周为沙梁，地势起伏较大。地理坐标为东经：109°17′53.98″，北纬：38°04′04.62″，高程：1060.1 米。

马面整体保存差。台体顶部东高西低，略呈缓坡状；西侧基本呈一直立面，夯土剥落严重，且有动物洞穴分布；南北与墙体相连，北侧与墙体相接处有一水冲豁口自顶部延伸至墙底部，间有水冲沟向马面凹进。

台体平面呈矩形，剖面呈梯形。底东西4.5、南北11米，顶东西2、南北8米，西侧高3.3米（图二六七）。该马面用黄土夯筑而成，夯层厚0.1米。

台体附近散落有外绳纹内麻点纹、内外环轮纹板瓦，外绳纹内布纹筒瓦以及夹砂灰陶陶片。

该马面依墙体而建，位曹家沟村长城起点西南1.68千米的墙体上，南北两侧与墙体相连，并向墙体外侧凸出。

一八　方家畔村1号烽火台（610802353201020002）

该烽火台位于大河塔乡方家畔村东110米处的自然山峁上，东侧是山坡，南、北两面都是沟壑；西侧水土流失、冲沟发育明显，山坡下有公路，公路西边有红柳沟。所在地区为黄土高原丘陵沟壑地带，地形较为复杂。地理坐标为东经：110°02′41.70″，北纬：38°33′53.52″，高程：1192米。

烽火台整体保存差，由于沟壑发育、雨水冲刷、坍塌，现呈圆丘状，南面沟壑、雨水冲刷，地形破碎，形成断面；南面底部有盗墓贼挖掘的盗洞，东西2.4、南北3.4、深1.8米。

台体平面略呈圆形，剖面呈弧形。底东西径11、南北径12.4米，南侧断面残高1.7米（图二六八）。该烽火台用红胶土、黄沙土夯筑而成，夯层厚0.06～0.08米。

台体顶部及周围散落大量外绳纹内麻点纹板瓦、外绳纹内布纹筒瓦及器物残片。

该烽火台东北距方家畔村长城起点820米，西南距方家畔村2号烽火台324米。

该烽火台墙体所在的方家畔村有村民50多户，400余人。以农业为主，种植玉米、糜子、马铃薯等。台体西侧山坡下有兰家峁—方家畔乡村公路。

一九　方家畔村2号烽火台（610802353201020003）

该烽火台位于大河塔乡方家畔村东148米处的自然山峁上，地势东高西低，东、西、南三面都是沙地，东面沙地和台体间有人工种植杨树林；南面沙土相接处有松树；西面紧邻沟壑；北面是断崖，断崖下有东—西向乡村道路通过，路北为红柳沟。所在地区属于黄土高原丘陵沟壑地带，地形较为复杂。台体地理坐标为东经：110°02′36.06″，北纬：38°33′42.42″，高程：1195米。

烽火台整体保存差，由于雨水冲刷侵蚀及坍塌现已呈不规则状，四面坍塌呈断面，顶部有鼠洞，并长满杂草。

台体平面略呈长条形，剖面呈梯形。底部长11.9、宽2.2～2.5米，高2.4米（图二六九）。

该烽火台为沙土夯筑而成，夯层厚0.07～0.08米。台体底部周围散落零星的外绳纹内麻点纹板瓦、外绳纹内布纹筒瓦。

该烽火台东北324米为方家畔村1号烽火台，西南422米为方家畔村长城止点。

二〇　后钵钵梁村烽火台（610802353201020004）

该烽火台位于麻黄梁镇磨庄村后钵钵梁村（组）南278米山坡上，周围为山坡，东侧为一废弃砖瓦窑；西侧有开垦的斜坡耕地，北侧为红柳沟源头草湾沟。所在地区属于黄土高原丘陵沟壑地带，地形较为复杂。台体地理坐标为东经：109°57′58.68″，北纬：38°30′45.54″，高程：1337米。

烽火台整体保存差。由于风雨侵蚀和坍塌，台体现已和周围山坡连成一体，仅北侧断面上可见夯层，断面处有雨水冲刷痕迹。

台体平面略呈圆形，剖面呈弧形。底东西14.5、南北16.1米，顶东西7.2、南北8米，残高2.2

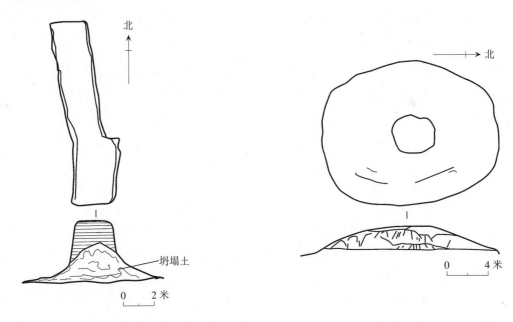

图二六九　方家畔村 2 号烽火台平、剖面图　　　　图二七〇　后钵钵梁村烽火台平、立面图

米（图二七〇）。该烽火台用黄土夯筑而成，夯层厚 0.08 ~ 0.11 米。

台体周围散落大量瓦片、陶片，瓦片有外绳纹内麻点纹板瓦、外绳纹内布纹筒瓦，陶片纹饰有绳纹和篮纹，器型有罐、盆等。

该烽火台位于磨庄村钵钵梁长城起点处，南距前钵钵梁村烽火台 1.32 千米。

该烽火台所在的磨庄村有村民 400 人。以农业为主，种植玉米、大豆、糜子、马铃薯等。台体西侧有盘山土路。

二一　前钵钵梁村烽火台（610802353201020005）

该烽火台位于麻黄梁镇磨庄村前钵钵梁村（组）东南 300 米处的梁顶上，东、北、西三侧均为沟壑，西侧有一条通村土路。所在地区属于黄土高原丘陵沟壑地带，地形较为复杂。地理坐标为东经：109°58′03.00″，北纬：38°29′52.02″，高程：1332 米。

烽火台整体保存差，由于雨水冲刷侵蚀及坍塌现已呈圆丘状，东面由于人为铲削严重；南侧有一盗洞，洞口长有一棵杏树；西侧被人为挖开一个缺口，深 1.3 米。台体上有种树挖的坑。

台体平面略呈圆形，剖面呈不规则形。底径 16.4、南北 11 米；顶东西 4.5、南北 4.7 米；残高 4 米（图二七一）。该烽火台为黄土夯筑而成，夯层厚 0.08 ~ 0.11 米。

台体周围散落有大量瓦片、陶片，瓦片有外绳纹内麻点纹板瓦，外绳纹内布纹筒瓦，陶片纹饰有绳纹和篮纹，器形有罐、盆等。

该烽火台西与吴家窑子村团窝梁敌台隔沟相望，北距后钵钵梁村烽火台 1.32 千米。

该烽火台所在的磨庄村有村民 400 人。以农业为主，种植玉米、大豆、糜子、马铃薯等。台体西侧有通村土路。

二二　桥头村烽火台（610802353201020009）

该烽火台位于榆阳镇吴家梁村桥头村（组）东北 220 米处的红石峡东岸的山梁上，西为红石峡水

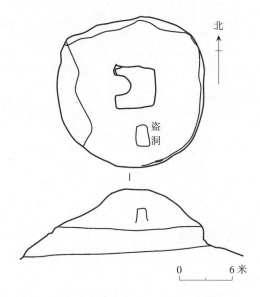

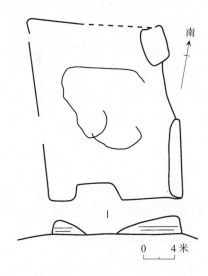

图二七一　前钵钵梁村烽火台平、立面图　　　　图二七二　桥头村烽火台平、立面图

库，东临一水泥板砌成的水渠，南 20 米为广播电视塔。地理坐标为东经：109°43′30.15″，北纬：38°20′11.42″，高程：1152.7 米。

烽火台整体保存差，由于雨水冲刷侵蚀及坍塌，台体已不可见，仅见台体基座残段，基座北侧中部有一宽 6.6 米的缺口，东端残留 3.8 米，西端残留 8.4 米；基座西侧处于红石峡东岸崖体边，北端残留长 10 米，中间有宽 7.3 米的水冲坍塌面形成的豁口，南端残留 4.5 米；基座南侧由于南侧广播电视信号塔修建时人为铲土，坍塌严重，西端残留 2 米，中间有宽 7 米缺口，东端残留 7.2 米；基座东侧南端残留 1 米，北端残留 7 米，中间消失 15 米。

该烽火台由台体和基座两部分组成，台体被毁，基座平面呈四边形，东边长 23、南边长 16.2、西边长 21.8、北边长 18.8、西残高 2.6、北残高 0.9 米（图二七二）。基座为红胶土、黄土夯筑而成，夯层厚度不详。

烽火台周围散落有大量的外绳纹内麻点纹、内素面板瓦，外绳纹内布纹、内麻点纹（泥条盘筑）、内方格纹筒瓦。另有夹砂灰陶质器物残片。

该烽火台所在的桥头村有村民 25 户，110 人。以农业为主，种植玉米、马铃薯等。台体东侧为榆（林）西（沟）公路。

二三　麻界村烽火台（610802353201020010）

该烽火台位于芹河乡麻界村东北 2 千米处的山峁上，北距明大边 100 米，周边是较为平缓的波状沙丘地貌。台体西南角和西侧各有一条冲沟，东侧山坡有两条冲沟，西北约 560 米处是一砖厂，西南274 米处较低的山峁上有一座小庙。地理坐标为东经：109°39′53.18″，北纬：38°16′42.75″，高程：1235.7 米。

烽火台整体保存较差，台体顶部和侧面上都经过铲削和修建，顶部有藏传佛教徒所立石碑 5 座，台体四周有 10 座。台体西南角向外侧凸出，东南角坍塌下陷；北侧顶部以下 1 米为立碑铲削形成的平台。台体四面坍塌，表面植有大量树木和杂草，并有多条冲蚀裂缝。

台体底呈矩形，顶呈圆角方形，剖面呈不规则梯形。底部东西 23.5、南北 21 米，顶部边长 7 米，通高 6 米。该烽火台为黄土夯筑而成，夯层中内含少量白色料礓石、瓦片（外绳纹内麻点纹）等，夯层厚 0.08 ~ 0.12 米。

明代在此基础上重复修建利用，台体及周围散落有明代砖块、瓦片、碎瓷片、石灰等和战国秦时期的外绳纹内麻点纹板瓦、外绳纹内麻点纹筒瓦及内外绳纹板瓦。

该烽火台所在的麻界村有村民 110 余人。以农业为主，种植玉米、马铃薯、各种谷类以及蔬菜等。台体南侧有一条东西向的便道，山梁下南 330 米处为榆（林）靖（边）高速公路。

第三节　战国秦长城相关遗存

榆阳区早期长城沿线调查共发现相关遗存 9 处，都属于其他性质的遗存。

一　香水村遗存（610802354199190001）

该遗存位于大河塔乡香水村南 380 米处的山梁上，东侧紧邻一乡村土路，北 630 米处为红柳沟，南侧为平坦的耕地。所在地区属于黄土高原丘陵沟壑地带，周边地势起伏较大。地理坐标为东经：110°04′58.36″，北纬：38°34′38.40″，高程：1180 米。

遗存整体保存差，由于沟壑发育等原因遗存内部地面凹凸不平，现仅存东墙和南墙。墙体外侧的山梁顶部散落有大量的绳纹和素面的陶器残片，墙体内侧的低洼地带散见外绳纹内麻点纹的瓦片。

遗存内东墙长 54、南墙长 80 米（图二七三），不见夯层，年代不详。

根据附近种田的当地老乡讲，墙体为 20 世纪六七十年代引水上山灌溉耕地所建设施的遗迹，但在墙体土梁内侧的低洼处和土梁外侧的山梁顶部散落大量器物残片，外绳纹和素面都有，因而此处原应有一早期遗址。山梁顶部现已经全被人为铲削成平地，看不出原有地形、地貌。

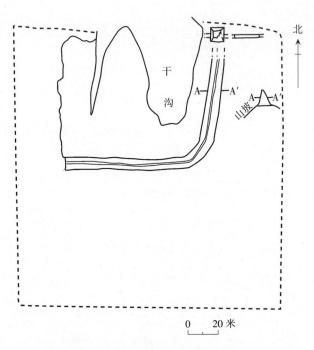

0　　20 米

图二七三　香水村遗存平面图

根据其地理位置推测，该遗存当为战国秦时期的一处城址。

该遗存位于香水村长城墙体内侧（南侧），北距香水村敌台100米。

该遗存所在的香水村有6个村民小组，共计200余户，900多人。以农业为主，种植玉米、黑豆、马铃薯等。香水村所在的红柳沟南岸有乡村土路通行。

二　小河岔村遗存（610802354199020002）

该遗存位于大河塔乡小河岔村东南450米处的沙土梁顶部，北依小河岔村长城墙体，南、东、西三面都临沟，北为沙梁。地理坐标为东经：110°03′42.84″，北纬：38°34′23.04″，高程：1196米。

遗存整体保存差，风沙掩埋及南侧沟壑发育是遗存继续损毁的主要原因之一。

遗址内现均被黄沙覆盖，未发现任何遗迹，唯地表散落有大量的瓦片和陶片，遗存范围东西245、南北130米，面积31850平方米。瓦片以外绳纹内麻点纹板瓦、外绳纹内布纹筒瓦为多，也有少量的内素面筒瓦。陶器残片为夹砂灰陶质，器形以陶罐和陶钵为主，纹饰主要有外素面和细绳纹。

根据该遗存散落的遗物和所处的地理位置分析，应为战国秦长城内侧的一座城址。

该遗存所在的小河岔村有2个村民小组，30多户，270余人。以农业为主，种植玉米、糜子、马铃薯等。山梁上有土路。

三　前钵钵村梁遗址（610802354199190003）

该遗址位于麻黄梁镇磨庄村前钵钵梁村（组）东北263米处的山峁顶部，西侧有一条土路，沿山梁延伸，西南268米处有一户人家。地理坐标为东经：109°58′06.66″，北纬：38°29′52.08″，高程：1381米。

该遗址整体保存状况较差，内有一座清末民初城址，东墙、西墙和北墙都可见，南墙几乎坍塌为平地。西墙中间有一个豁口，推测为门道所在。遗址四角角楼尚存，东北角楼和东南角楼保存较好，西北角楼和西南角楼坍塌严重。

该城址坐北向南，平面呈矩形，辟西门，四角有角楼。东墙长31.7、内高1~2.2、外高2.6~4.8米，南墙长22.8米，北墙长21.4、内高0.6~1.6、外高1.5~3.35米，西墙长28.7、内高1.2~2.2、外高2~3.6米，面积722.76平方米。西门豁口北侧断面顶宽4、底宽2米。西北角楼与墙体相接，底东边长3.4、南边长3.1、西边长5.2米，顶东边长2.3、南边长2.3、西边长2.2、北边长1.6米，残高4.2米。东北角楼也与墙连接，底东边长4.7、南边长3.2、西边长3.1、北边长4.9米，顶东边长2.3、南边长2.1、西边长1.9、北边长1.8米，残高4.1米。西南角楼底部西边长3.1、北边长2.6米，残高2.85米。东南角楼底东边长3.4、北边长3.9米，顶部北边长2.2、残高4米（图二七四）。

城址内外散落有大量外绳纹内麻点纹板瓦、外绳纹内布纹筒瓦以及陶器残片，器形可辨的有罐和盆。另外，还可见酱釉瓷片。

该遗址位于磨庄村钵钵梁长城墙体内侧，西北75米处为前钵钵梁烽火台。

该遗址所在的磨庄村有400人。以农业为主，种植玉米、大豆、糜子、马铃薯等。台体西侧有通村土路。

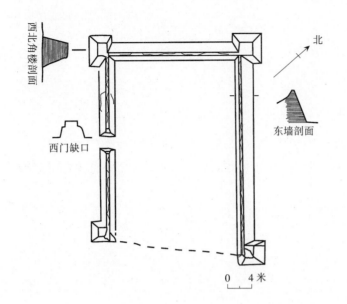

图二七四　前钵钵梁村遗址平面图及角楼、城墙剖面图

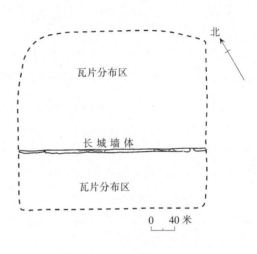

图二七五　三卜树河村遗址平面图

四　三卜树河村遗存（610802354199020004）

该遗存位于麻黄梁镇王家湾村三卜树河村（组）南730米处的沙土梁上，东、西两侧有南北向冲沟。所在地区地属沙漠地带，土地沙化严重。地理坐标为东经：109°55′45.88″，北纬：38°27′17.78″，高程：1293米。

该遗存位于卜树河村长城南、北两侧，由于黄沙掩埋，遗址内地表未发现任何遗迹，仅存大量的瓦片和陶片等遗物。遗物的散落范围为东西332、南北299米（图二七五）。瓦片为外饰绳纹，以内麻点纹板瓦、内布纹筒瓦为多，也有少量的内素面筒瓦。陶器残片为夹砂灰陶质，器形以陶罐和陶钵为主，纹饰主要有外素面和细绳纹。

根据散落的遗物及所处的地理位置分析，此遗存应为战国秦长城内侧的一个防戍城址的所在地。

该遗存所在的三卜树河村有村民9户，30余人。以农业为主，主要种植玉米、马铃薯等。墙体南侧有通往三卜树河的乡村土路，土路穿过墙体，沙地中有人行小路。

五　古城滩村遗址（610802354199040005）

该遗址位于牛家梁乡古城滩村缸房村（组）南侧，地处沙漠与黄土高原交汇地带，地势起伏不大。地理坐标为东经：109°45′43.88″，北纬：38°21′14.09″，高程：1129.8米。

遗址整体保持差，现仅见西墙残段。遗址内部由于道路通过、房屋修建、开垦农田等未发现其他遗迹。

据《榆林市志》记载，遗址南北1324、东西900米，面积1191600平方米。现存西墙北段长36米，墙体顶宽1.3、底宽2.4、西高1.1、东高1米；向南消失542米；再向南为长34米的墙体残段，墙体顶宽0.8、底宽0.8、高1.4米，夯层厚0.08~0.1米，北端呈一断面，顶部长有杨树，东临土路；再向南至明大边墙体消失，长712米。

西墙有外绳纹内布纹板瓦。墙体坍塌，土中散落有外绳纹内布纹板瓦和筒瓦，筒瓦长 40、厚 1.5 厘米。

曾有学者认为该遗址为汉时的"龟兹城"所在地。

该遗址位于古城滩村缸房村（组）南侧，南临十八墩至黄沙七墩长城墙体。

该遗址所在的古城滩村有居民 2000 余人。以农业为主，种植有玉米、谷子、西瓜等。遗址北有榆西公路，原榆（林）神（木）公路由东南向西北穿过遗址。

六　黄沙七墩村遗存（610802354199020006）

该遗存位于芹河乡黄沙七墩村西南 1.5 千米沙丘中，地势起伏不大。地理坐标为东经：109°32′15.56″，北纬：38°11′56.45″，高程：1154.4 米。

由于黄沙掩埋等原因，现遗存地表除大量的瓦片和陶片等遗物外，未发现任何建筑遗迹。

遗物的散落范围为东西 204、南北 178 米，面积 36312 平方米。瓦片有外绳纹内麻点纹板瓦，外绳纹间弦纹内麻点纹板瓦，外绳纹有抹痕内麻点纹筒瓦、外绳纹内素面筒瓦、外绳纹内布纹筒瓦。陶器残片为夹砂灰陶质，器形不详，纹饰主要有外素面和细绳纹。

遗存内有一处高台，周围散落有明代的砖块和瓦片，原应有一明代建筑。

该遗存西北依十八墩至黄沙七墩长城墙体而建。

该遗存所在的黄沙七墩村有居民 600 余人。以农业为主，种植有豌豆、绿豆、马铃薯、玉米等。遗存西侧为一条建在明代大边墙体上的乡村土路。

七　张家湾村遗址（610802354199020007）

该遗址位于巴拉素镇乔家峁村张家湾村（组）东北 1.25 千米沙丘中，周围为沙梁，地势起伏较大。地理坐标为东经：109°25′01.35″，北纬：38°11′15.02″，高程：1152 米。

由于黄沙掩埋、雨水冲刷、植被生长等原因，遗址整体保持差，现仅残存少许墙体，其他遗迹已不可见。遗址内散落有大量的瓦片和陶片。

该遗存东西 98 米，南北范围无法确定。遗址内东侧仅残存一段长 37 米的南北向夯土墙，底宽 1.15、顶宽 0.4、高 0.8 米，夯层厚 0.09~0.1 米（图二七六）。

东侧夯土墙底部和北侧长城墙体沿线有大量瓦片。板瓦纹饰有外绳纹内麻点纹、外绳纹内方格纹，筒瓦纹饰有外绳纹内布纹、外绳纹内麻点纹、外绳纹内素面。另有外细绳纹有抹痕和素面的陶器口沿及底部残片。

该遗址位于张家湾村长城 1 段墙体南侧，遗存北墙借用长城墙体。

该遗址所在的张家湾村有村民 80 余户，300 余人。以农业为主，种植玉米、豌豆、绿豆、马铃薯等。该遗存处在沙漠中，周围没有道路通行。

八　肖家峁村遗址（610802354199020008）

该遗址位于红石桥乡肖家峁村硬地梁河东岸的黄土台地上，风沙覆盖较多。地势为西高东低的缓坡，西侧底部有村民住房，靠南有现代砖瓦窑，东、南两侧临硬地梁河，由于河谷发育遗址东侧及东南侧极不规整。地理坐标为东经：109°19′27.66″，北纬：38°08′04.15″，高程：1110.6 米。

遗址整体保存差。遗址内现为风沙草滩地，部分被黄沙掩埋，西侧紧依长城墙体，底部有村民住

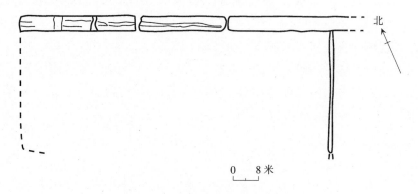

0 ⊢─┤ 8 米

图二七六　张家湾村遗址平面图

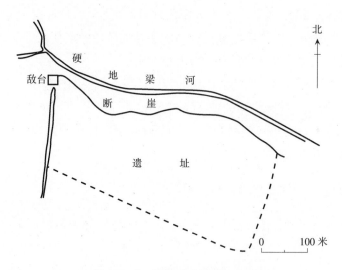

0 ⊢────┤ 100 米

图二七七　肖家峁村遗址平面图

房，靠南有现代砖瓦窑残留。东、南两侧临硬地梁河，由于河谷发育遗址东侧及东南侧极不规整，北侧坍塌严重。

遗址东墙长 260、南墙长 517、西墙长 167 米（图二七七）。遗址内遗迹已无存，仅存瓦片和陶片等遗物。瓦片有外绳纹内麻点纹板瓦、外绳纹内布纹筒瓦。陶器残片为夹砂灰陶质，器形不详，纹饰主要有外素面和细绳纹。

该遗址位于肖家峁村长城墙体南侧。

该遗址所在的肖家峁村有村民 270 余人。以农业为主，种植玉米。沿硬地梁河有自肖家沟通向肖家峁的公路。

九　古城界城址（610802354199020009）

该城址位于红石桥乡古城界村硬地梁河东岸的黄土台地上。城址内地势较平坦，西墙依山梁而建。地理坐标为东经：109°19′34.74″，北纬：38°07′26.71″，高程：1109.1 米。

城址整体保存差，现仅存四周围墙，其他遗迹已无存。城址东墙由于左界至红石桥乡柏油公路通行及硬地梁河的侵蚀消失 353 米，现仅存长 14 米的夯土墙；南墙外侧即为古城界村民住处，由于农田开垦及田间小路的通行，墙体消失 305 米，保存的 202 米墙体现也坍塌剥落严重；西墙沿山梁顶部而建，由于公路穿过消失 6 米；北墙外临硬梁河支沟，间有长 90 米的水冲豁口，保存的 212 米墙体顶部及侧面长有植物，东端有一水塔。遗址内现为开垦的农田，有通向古城界村的乡村土路。

该城址平面呈四边形，面积为 141575 平方米。东墙总长 346 米，东临硬梁河；南墙体总长 507 米，中部有一处墙体断面，墙顶宽 2.4、底宽 5.2、高 2 米，夯层厚 0.1~0.11 米，推测此处向东为一宽 8 米城门；西墙总长 328、北端残长 107 米，墙体断面底宽 9、顶宽 1.2、高 3.5 米，夯层厚 0.1~0.11 米；北墙总长 338 米，西端残存长 90 米墙体，东端残长 122、底宽 2.8、顶宽 0.7、内高 1.4、外高 4 米，夯层厚 0.1 米。

城址内散见瓦片和陶片等遗物。瓦片有外绳纹内麻点纹板瓦、外绳纹内布纹筒瓦。陶器残片为夹砂灰陶质，器形不详，纹饰主要有外素面和细绳纹。

遗址内立有一花岗岩保护碑，碑体为矩形，宽 1.2、高 0.8、厚 0.18 米；碑座呈"工"字形，上长 1.5、宽 0.19、厚 0.35 米，中部长 1.2、宽 0.27、厚 0.26 米，下长 1.5、宽 0.34、厚 0.44 米。碑阳题刻有"陕西省重点文物保护单位古城界遗址"，落款为"陕西省人民政府 二〇〇三年九月公布 榆林市人民政府立"。

该城址西距古城界村长城 1 段 950 米。该城址所在的古城界村有村民 400 余人。以农业为主，种植玉米。城址内有左界至红石桥乡柏油公路穿过。

第五章　横山县战国秦长城资源

　　横山县位于内蒙古、陕西交界处毛乌素沙漠的南缘，地势西南及中部高，东北及南部低，西南部海拔 1200～1400 米，东北部海拔 1000～1200 米。地形大致分为：无定河、芦河以北以西，为毛乌素沙漠的风沙草滩区；无定河、芦河以南以东，为黄土梁状沟壑区。横山山脉横亘县境南部，海拔 1400 米左右。河流主要有无定河、芦河、黑木头川、野子沟、大理河、小理河等，均具有沟深、坡陡、冲刷强、暴涨暴落、涨沙多等特点。年均降水量 397 毫米，无霜期 146 天。冬春多西北风，沙暴日数约 38 天。农作物主要有糜谷、高粱、小麦、大豆、洋芋、水稻、绿豆等。近年来，煤炭资源开发已经成为主要的经济支柱产业。

　　该地最早属鬼方，秦汉属上郡，北魏置岩绿县，唐为朔方县，明置怀远堡，取"怀柔边远"之意，清雍正九年（1731 年）置怀远县，后因与安徽省怀远县重名，1914 年内务部下令改为横山县，以境内横山山脉命名。

　　横山县境内早期长城资源调查由牛新龙、金迪、杨婷、杨丙君、陈探戈、赵学江等完成，调查时间为 2009 年 7～8 月。

　　此前的调查认为，横山县境内的战国秦长城全部被明长城沿用。经过此次调查发现，秦长城并没有被明长城沿用，而是从榆阳区南下越过无定河与明长城相交叉后，二者平行向南延伸，秦长城位于明长城东侧芦河西岸，相距 2～5 千米，地面仍可以见到长城遗存。

　　境内战国秦长城全长 61364.7 米，总体呈东北—西南走向，战国秦长城在黄沙七墩自东北向西南出榆阳区进入横山县后，又于横山县康梁村进入榆阳区，继续向南跨无定河入横山县境，沿芦河西岸向南延伸至塔湾镇清河村后转为向西延伸，再至猫窝梁后转向南出横山县进入靖边县境（图二七八）。

　　横山县秦长城现存包括墙体、单体建筑、关和相关遗存等，其中墙体长 61364.7 米，单体建筑 29 座（敌台 19 座、烽火台 10 座），关 3 座，相关遗存 6 处。该县秦长城少部分利用自然山河险要，大部分为夯土筑成。由于当地处于沙漠边缘，风沙侵蚀严重，加之沿线居民较多，生产、生活活动对长城的影响也非常严重，道路、房屋、耕地等，都对长城造成严重损坏，大部分长城已消失，残存少部分断续隐现于起伏的沙梁之间。从沿线散落的秦文化特征的绳纹瓦片，可以判断出当年长城的分布与走向。

　　分布于芦河西岸的秦长城，墙体两侧地形呈西高东低状，从防御角度看明显有利于西侧防守东侧，与秦国所处东南、戎胡之人处于西北的情势相悖，我们怀疑，此段长城最初可能是为战国时期赵国所建，后来被秦国利用、修缮而沿用。

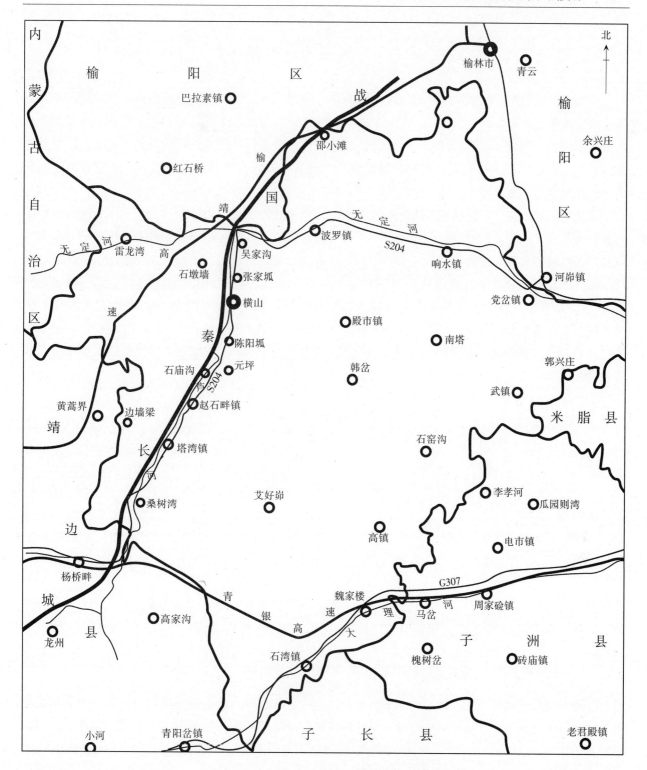

图二七八 横山县战国秦长城位置示意图

横山县秦长城资源由横山县文化馆负责保护管理，隶属横山县文体事业局，负责人孟涛。该单位属正科级事业单位性质，经费由财政全额拨付。单位在编人员有6人，初级职称3人。单位建设占地600平方米。

该县长城没有专门的保护机构、保护标志、保护范围、建设控制地带及记录档案。

第一节　战国秦长城墙体

战国秦长城自北向南两次由榆阳区进入横山县，向南跨无定河后，沿芦河西岸依次经过陈圪堵农场、李家洼村、高家峁村、东峁村、沙窝庄村、李新庄村、城山村、南盘道梁村。在赵石畔镇自北向南依次经过石庙沟村、郭家湾村、木耳峁村、程家沟村、庙塌村。在赵石畔镇自北向南依次经过欢喜梁村、石克峁村、石井村至清河村后，战国秦长城走向由南—北向转为东—西向，再至猫窝梁后转南—北向出横山县进入靖边县。

该县秦长城墙体位于芦河西岸的沙地边缘地带，损毁现象严重，大部分已消失不见，残存部分也只是断续的夯土残迹，但沿线多有外绳纹内麻点的瓦片分布，据此可以寻找到残存的夯土遗迹，也可以确定秦长城的分布与走向。

该县秦长城墙体建于沙漠边缘与河岸，主要是夯土墙体，也有利用河流天险作为防御的部分。共分30段，其中河险只有1段，占本区墙体总长度的2%；夯土墙共22段，占本区墙体58%；消失7段，占本区墙体的40%。残存的墙体最宽达9.3米，最高达4.4米，多数集中在宽2～5、高1～3米范围内。墙体夯层0.06～0.1米，夯土含沙量较大，有的段落夯土中包含有外绳纹内麻点纹或布纹的瓦片。

横山县秦昭王、汉"故塞"墙体长度统计表　　　　　　　　单位：米

类别	保存较好	保存一般	保存较差	保存差	消失	小计
山险	0	0	0	0	0	0
河险	0	1105	0	0	0	1105
山险墙	0	0	0	0	0	0
石墙	0	0	0	0	0	0
土墙	0	0	1782.5	3456.8	30657.4	35896.7
消失段	0	0	0	0	24363	24363
总计	0	1105	1782.5	3456.8	55020.4	61364.7

一　后高家峁村长城1段（610823382101020001）

该段长城位于波罗镇龙泉墩村后高家峁组北沙漠中，其周围为起伏较小的沙丘。起于龙泉墩村后高家峁组东北2.6千米，止于龙泉墩村后高家峁组西北600米，全长2809米，呈东北—西南走向。起点坐标为东经：109°31′30.22″，北纬：38°11′55.51″，高程：1171.8；止点坐标为东经：109°29′45.99″，北纬：38°11′19.45″，高程：1144.9米（图二七九）。

该段墙体处于沙漠中，由于黄沙掩埋，特征点14处仅存5米夯土墙体，余2804米墙体消失，现存墙体为黄沙土夯筑，夯层厚0.09米。沿线可见战国秦时期瓦片散落特征点，走向基本明确。依其保存现状分15个自然段。

第1段　起点至特征点1，长183米，消失段。此段处在长庆油田长沙路与开发区金银路相夹的沙地中，为风沙草滩地，长有沙蒿、沙柳及茅草等。起点与特征点1处散落有外绳纹内麻点纹瓦片。

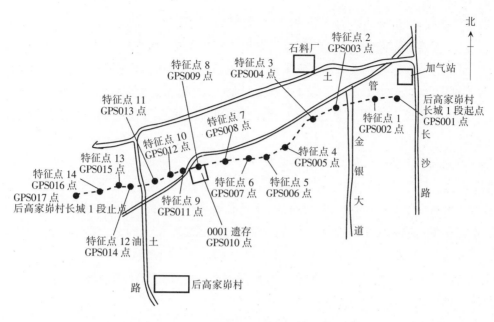

图二七九　后高家峁村长城1段位置示意图

第2段　特征点1至特征点2，长314米，消失段。特征点2东110米为开发区金银路，散落有外绳纹内麻点纹板瓦、外绳纹内布纹筒瓦、外内饰弦纹瓦片及夹砂灰陶器残片。

第3段　特征点2至特征点3，长215米，消失段。特征点2西66米的沙地上散落有绳纹瓦片，有内布纹筒瓦与内麻点纹筒瓦；西118米处也散落有绳纹瓦片；再向西南至特征点3之间散见零星瓦片。特征点3处散落有大量外绳纹瓦片，内麻点纹板瓦和内布纹板瓦、筒瓦。另有夹砂灰陶盆残片，外弦纹内素面。周围长有沙柳、杂草，处在沙梁间的低洼地带。

第4段　特征点3至特征点4，长498米，消失段。沿线散落有大量的碎瓦片。特征点4处散落有红砂岩石块与外绳纹、内麻点纹板瓦与内布纹筒瓦。

第5段　特征点4至特征点5，长123米，消失段。特征点5处在沙梁底部，周围为沙地，植被较少，仅有少量沙柳，散见外绳纹内麻点纹板瓦片。

第6段　特征点5至特征点6，长348米，消失段。特征点6处长有荒草，南、北两侧都为沙梁，散落有大量外绳纹内麻点纹与内方格纹瓦片以及器物残片。

第7段　特征点6至特征点7，长798米，消失段。特征点7西临一沙梁，周围长有大量沙柳，散落外绳纹内布纹筒瓦、内素面板瓦和内麻点纹板瓦以及外饰细绳纹的陶罐口沿。

第8段　特征点7至特征点8，长263米，消失段。特征点8位于一沙梁顶部，长有沙柳，北15米有新埋天然气管道后形成的裸露黄沙带，北30米为一条沙土路，北50米有一石料场。沙梁顶部及底部散落有外绳纹瓦片，以内麻点纹板瓦为主，也有内布纹筒瓦、内麻点纹筒瓦、内素面板瓦和内布纹板瓦，还有夹砂灰陶外饰弦纹及素面的陶器残片，器形不详。

第9段　特征点8至特征点9，长233米，消失段。特征点9北200米有一东西向的土路，周围有杨树、小洋槐和沙柳。散落瓦片与上同，内麻点纹板瓦较普遍。另外，还发现陶罐口沿及少量的石片。

第10段　特征点9至特征点10，长100米，消失段。特征点10北侧为一沙梁，上有沙柳。此点所处的低洼地带也长有沙柳及杨树，南临管道线。周围散落有大量外绳纹瓦片，疑为自南侧低沙梁上被雨水冲刷下来的。

第 11 段　特征点 10 至特征点 11，长 80 米，消失段。特征点 11 西 230 米有一条自石料场延伸而来的南北向土路，散落有外绳纹内麻点纹瓦片，夹砂灰陶外绳纹、外绳纹有抹痕弦纹陶片。

第 12 段　特征点 11 至特征点 12，长 306 米，消失段。特征点 12 处散见少量外绳纹瓦片。

第 13 段　特征点 12 至特征点 13，长 139 米，特征点 13 处在呈缓坡状的沙梁腰部，长有稀疏的沙柳和小洋槐，散落的瓦片主要以外绳纹内麻点纹板瓦和外绳纹内布纹筒瓦为主，还有外弦纹的陶器残片和红砂岩石块。

第 14 段　特征点 13 至特征点 14，长 144 米，消失 139 米，保存较差 5 米。特征点 14 处有一段残长 5 米的夯土墙体，墙体由沙土夯筑而成，坍塌严重，处在东北侧一沙梁的底部，西为一低洼沙地，周围长有沙柳、杨树。周围散落有外绳纹内麻点纹板瓦瓦片以及夹砂灰陶外细绳纹、弦纹的陶片。现存墙体西端顶宽 0.5、底宽 2、高 1.5 米，夯层厚 0.09 米（图二八〇·1）；东端底宽 2.8、顶宽 2.45、高 0.42 米（图二八〇·2）。

第 15 段　特征点 14 至止点，长 165 米，消失段。止点地处一低洼的沙地中，北侧为一沙梁，长有杨树、沙柳，散落有外绳纹内麻点纹瓦片。

该段长城东北接榆阳区黄沙七墩村长城止点，西南接后高家峁村长城 2 段起点。

该段长城所在的龙泉墩村后高家峁组有居民 130 人。以农业为主，种植玉米、土豆等。墙体起点处为长庆油田长沙路，中间有开发区的金银路穿过，北侧有一条沙土路基本与墙体平行。

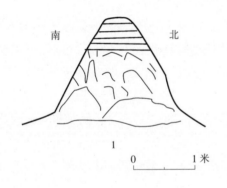

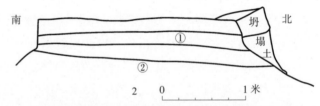

① 夯土层：褐色沙土夯筑，质地较硬，层厚 0.1~0.2 米，墙残，底宽 2.8、顶宽 2.45、高 0.42 米
② 沙层：黄细沙，质纯，厚 1.6 米，黄沙层下为较粗沙层，质纯，略呈白色

图二八〇　后高家峁村长城 1 段墙体剖面图

二　后高家峁村长城 2 段（610823382101020002）

该段长城位于波罗镇龙泉墩村后高家峁组北沙漠中，周围为起伏较小的沙丘。起于龙泉墩村后高家峁组西北 600 米，止于龙泉墩村后高家峁组西 1.75 千米，全长 1351 米，呈东—西走向。起点坐标为东经：109°29′45.99″，北纬：38°11′19.45″，高程：1144.9 米；止点坐标为东经：109°28′57.36″，北纬：38°11′09.12″，高程：1145 米（图二八一）。

该段墙体处于沙漠中，由于黄沙掩埋，现仅存保存较差的 68 米夯土墙体，余 1283 米墙体消失，沿线可见战国秦时期瓦片散落特征点，走向基本明确。依其保存现状分 9 个自然段。

第 1 段　起点至特征点 1，长 186 米，消失段。起点地处一低洼的沙地中，北侧为一沙梁，长有杨树、沙柳，散落有外绳纹内麻点纹瓦片。特征点 1 处在沙梁底部，北侧为沙梁，散见外绳纹内麻点纹、

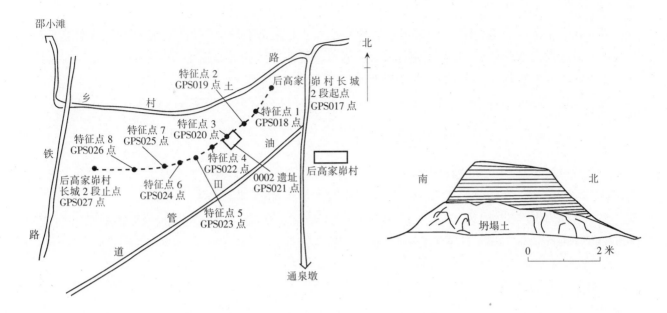

图二八一　后高家峁村长城 2 段位置示意图　　　　图二八二　后高家峁村长城 2 段墙体剖面图

内外弦纹板瓦残片及夹砂红陶外饰绳纹陶片、红砂岩石块。

　　第 2 段　特征点 1 至特征点 2，长 75 米，其中消失 52 米，保存较差 23 米，呈沙土梁状，保存较好处顶宽 0.3、底宽 1.7、高 0.5 米。梁底部散落外绳纹有抹痕内麻点纹板瓦片、外抹弦内素面板瓦、外绳纹内布纹板瓦、外绳纹内方格纹板瓦、外细绳纹有抹痕陶片，以及一个素面的半瓦当。

　　第 3 段　特征点 2 至特征点 3，长 96 米，其中消失 51 米，保存较差 45 米。特征点 3 处散落大量瓦片，类型与特征点 2 没有大的区别，瓦片散落东西 14、南北 7 米；西 25 米处有一段长 45 米的夯土墙，残高 2.5 米，保存较差，墙体基本连续，间有宽约 1 米的豁口存在。特征点 3 西 28 米处墙体剖面如下：现存墙体顶宽 2.3、底宽 4.5、南高 1.1、北高 1.5 米，夯层厚 0.07～0.08 米（图二八二）。墙体内、外两侧有坍塌下来的堆土，断面处夯层清晰。墙体内侧（南侧）散落有大量的瓦片，南面直达东西向沙沟的北端。此处墙体内侧应有一处秦汉时期遗址。墙体消失处有一坍塌的断面，西紧邻一沙梁。

　　第 4 段　特征点 3 至特征点 4，长 129 米，消失段，特征点 4 处沙土堆底部散落有外绳纹瓦片，类型同上。

　　第 5 段　特征点 4 至特征点 5，长 69 米，消失段。特征点 5 处散落有外绳纹内麻点纹板瓦、外绳纹内布纹筒瓦。另见有红砂岩石块。

　　第 6 段　特征点 5 至特征点 6，长 119 米，消失段。特征点 6 西临土路，处在一沙梁上，底部坍塌下来的堆土中有外绳纹、内麻点纹板瓦，外绳纹内麻点纹、内布纹筒瓦，还有夹砂灰陶片和红砂岩石块。

　　第 7 段　特征点 6 至特征点 7，长 160 米，消失段。特征点 7 地表呈灰白色，地势较平坦，散落少量的外绳纹瓦片，为内布纹筒瓦和内麻点纹板瓦。西 80 米为土路，周围有人工种植的小洋槐和樟子松，树坑周围被挖出的土呈黑灰色。

　　第 8 段　特征点 7 至特征点 8，长 415 米，消失段。特征点 8 处散落有外绳纹内麻点纹板瓦、内外弦纹板瓦。

第9段 特征点8至止点，长102米，消失段。止点处散落有外绳纹瓦片，由于受风沙影响，瓦片破碎，内部纹饰多不清晰，仅可见麻点纹。另外，还发现一筒瓦唇部残片，也散见少量器物口沿残片。止点西250米处为一条正在修建的运煤专线。

该段长城东接后高家峁村长城2段起点，西接邵小滩村长城起点。特征点2南侧为后高家峁村。

三 邵小滩村长城 （6108233382101020003）

该段长城位于波罗镇邵小滩村西南沙漠中，为风沙草滩区，地势较平坦。起于波罗镇邵小滩村后高家峁组村西1.75千米，止于波罗镇邵小滩村康梁组东1.65千米，全长3349米，呈东北—西南走向。起点坐标为东经：109°28′57.36″，北纬：38°11′09.12″，高程：1145米；止点坐标为东经：109°26′53.88″，北纬：38°11′27.48″，高程：1151米（图二八三）。

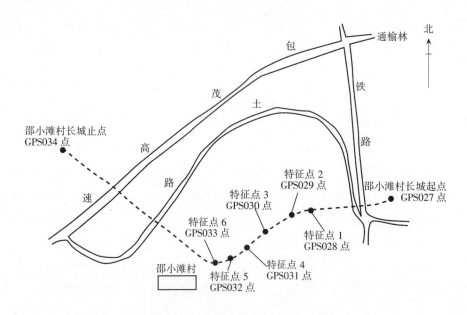

图二八三 邵小滩村长城位置示意图

该段长城位于邵小滩村东面的沙地，由于沙子掩埋、植被覆盖、农田开垦、道路修建，墙体消失，沿线散落外绳纹内麻点纹板瓦、外绳纹内布纹筒瓦，推测墙体走向为东北—西南。依其保存状况分7个自然段。

第1段 起点至特征点1，长830米，消失段。起点位于沙梁间的凹地，南侧有土路，西侧有大沙梁，植被有沙柳、杂草，散落有外绳纹瓦片。由于风沙侵蚀，瓦片内部纹饰看不清楚。另有绳纹陶片。特征点1位于一所新建房屋的东北方向60米处，土质为灰白土，散落外绳纹内麻点纹板瓦、外绳纹内布纹筒瓦，数量较少。另见有陶器残片。

第2段 特征点1至特征点2，长335米，消失段。特征点2位于沙梁间的凹地，西侧紧邻沙梁。周围散落大量瓦片，有外绳纹内麻点纹板瓦、外绳纹内布纹筒瓦。另见有外弦纹、内绳纹陶残片。

第3段 特征点2至特征点3，长140米，消失段。特征点3处土质为灰白土，散落外绳纹内麻点纹板瓦、外绳纹内布纹筒瓦。另见有外弦纹内素面陶片和外绳纹内布纹陶片，器形无法辨认。

第4段 特征点3至特征点4，长380米，消失段。特征点4散落外绳纹内麻点纹板瓦。另见有外弦纹内素面器物残片。

第5段　特征点4至特征点5，长160米，消失段。特征点5散落外绳纹内麻点纹板瓦。

第6段　特征点5至特征点6，长190米，消失段。特征点6位于乡村土路边，路面中间及路两侧荒草地都散落有外绳纹内麻点纹板瓦、外绳纹内布纹筒瓦。另见有器物残片，器形无法辨认。

第7段　特征点6至止点，长1314米。止点散落零星小块绳纹瓦片，东侧为乡村土路，西侧为沙梁，南侧为玉米地，未见墙体。

该段墙体起点东接后高家峁村长城2段止点，止点西接康梁村长城起点。

该段长城所在的邵小滩村130人。以农业为主，种植玉米、土豆等。止点南为包茂高速公路。

四　康梁村长城（610823382101020004）

该段长城位于波罗镇邵小滩大队康梁组，地处沙漠地带，地势起伏较小，起于波罗镇邵小滩大队康梁组东1.65千米，止于榆阳区乔家峁村张家湾组东1.55千米，全长2630米，略呈东北—西南走向。起点坐标为东经：109°26′53.88″，北纬：38°11′27.48″，高程：1151米；止点坐标为东经：109°25′09.00″，北纬：38°11′18.24″，高程：1149米（图二八四）。

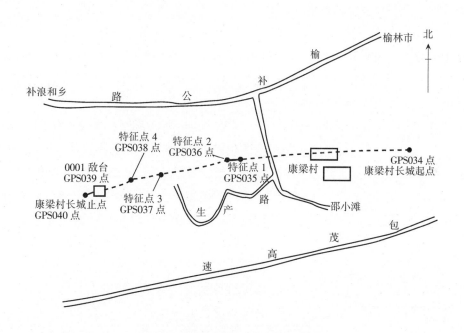

图二八四　康梁村长城位置示意图

该段墙体地处沙漠中，由于黄沙掩埋，开垦耕种，修建道路、村舍等原因，现仅存较差的175米夯土墙体，余2455米墙体消失，沿线可见战国秦时期瓦片散落和夯土墙体断面，走向基本明确。依其保存状况分5个自然段。

第1段　起点至特征点1，长1502米，消失段。起点散落零星小块绳纹瓦片，东侧为乡村土路，西侧为沙梁，南侧为玉米地，未见墙体。特征点1处于沙梁间低洼地，土质为灰白色，周围散落少量绳纹瓦片，植被有杨树、柠条、杂草，南侧植被覆盖较好。

第2段　特征点1至特征点2，长88米，特征点2处于沙梁间的低洼地，有一段白沙土质的夯墙，呈东—西向，长13、断面底宽2.5、顶宽2.8、高1米（图二八五·1）。墙体长有柠条、杂草、沙柳，

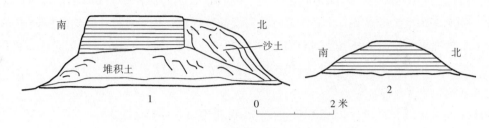

图二八五　康梁村长城墙体剖面图

周围有沙柳，墙体及周围散落外绳纹内素面、内麻点纹和内方格纹板瓦，以内麻点纹和内方格纹瓦片居多。该点往西沿线散落外绳纹、内麻点纹筒瓦和内外环轮纹板瓦，以及内方格纹板瓦和外绳纹、内布纹筒瓦，板瓦厚 1～1.2 厘米。

　　第 3 段　特征点 2 至特征点 3，长 520 米。特征点 3 处于沙梁间低洼地，北边有杨树，南边有土路。有一段夯墙，长 12 米，东剖面底宽 5.4、高 1.5 米。墙体建于村民康正军家老房址下面，周围散落零星外绳纹抹痕板瓦、外绳纹内方格纹板瓦。

　　第 4 段　特征点 3 至特征点 4，长 220 米，特征点 4 东面是刚铲削过的平地，南、北两侧是沙梁，有一段长 130 米的夯墙，底宽 3.4～12.3、高 0.8～1.6 米，坍塌成土梁，无顶宽。东断面底宽 3.4、残高 0.8 米，夯层厚 0.08 米（图二八五·2）。墙体底部散落外交叉绳纹、内方格纹板瓦，墙体南侧外环轮纹内绳纹抹痕板瓦、外绳纹内方格纹板瓦较多。

　　第 5 段　特征点 4 至止点，长 300 米。特征点 4 西南 280 米为康梁村敌台。敌台西南 20 米为止点，墙体顶宽 1.2、底宽 3.5、南高 0.55、北高 1.95 米，断面处夯层上部厚 0.07～0.08、下部厚 0.12～0.14 米。

　　现存墙体以白沙土为主，夹杂料礓石夯筑而成，夯层厚 0.07～0.08、0.12～0.14 米。

　　该段长城起点东北接邵小滩村长城，止点西南接榆阳区张家湾村长城 1 段起点。止点东北 20 米的墙体上为康梁村敌台。

　　该段长城所在的康梁组有 20 余户，100 余人。以农业为主，种植玉米、西瓜等。墙体起点处有乡村土路。

五　无定河河险（610823382107020005）

　　该河险位于横山县横山镇陈圪堵农场北，起于横山镇陈圪堵农场北 1.11 千米，止于陈圪堵农场北 5 米，全长 1105 米，呈北—南走向。起点坐标为东经：109°17′46.95″，北纬：38°03′42.57″，高程：1041.6 米；止点坐标为东经：109°17′36.21″，北纬：38°03′09.46″，高程：1016.4 米（图二八六）。

　　该段河险整体保存程度一般，以无定河为险。因年

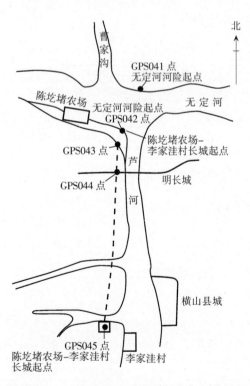

图二八六　无定河险、陈圪堵农场—李家洼村
长城位置示意图

代久远，人为改造、风雨侵蚀，河道改道等原因，无定河河险已有所改变。北侧为沙土山梁，坡度较陡，坡下为河漫滩，芦河自南向北在此处汇入无定河。此处河面较宽，水流较急。河道南岸为陈圪堵农场，地势呈阶梯形台地。无定河现宽约 110 米，河道两侧的河滩地均已被开垦，种有水稻、西瓜、玉米等农作物。河险起点处散落较多瓦片，外饰绳纹内饰麻点纹，并采集到素面残瓦当一枚。

起点北接榆阳区曹家沟村长城止点，止点南接陈圪堵农场—李家洼村长城起点。

该河险所在的陈圪堵农场有居民 560 多户，2000 多人，主要种植水稻、土豆、玉米、西瓜等。无定河南岸有柏油路。

六 陈圪堵农场—李家洼村长城 （610823382301020006）

该段长城位于无定河以南、芦河以西的沙化黄土沟壑地带，地势比较平缓，起于横山镇陈圪堵农场北 5 米，途经陈圪堵农场、二楼湾、红墙湾、满山沟、王照峁、稻地沟、砖梁峁、王窑子，止于横山镇李家洼村西 574 米，全长约 10300 米，呈北—南走向。起点坐标为东经：109°17′36.21″，北纬：38°03′09.46″，高程：1016.4 米；止点坐标为东经：109°16′06.28″，北纬：37°57′39.12″，高程：1123.1 米（图二八六）。

由于风沙侵蚀覆盖、沟壑发育、耕地破坏、水土流失、村庄建设、修筑道路等，此段墙体整体消失。依其现存状况分 3 个自然段。

第 1 段 起点至特征点 1，长 850 米。特征点 1 东距芦河 138 米，堆积有少量瓦片，外饰弦纹、绳纹，内饰麻点纹、布纹等。

第 2 段 特征点 1 至特征点 2，长 476 米，特征点 2 处是战国秦长城与明长城交汇点，明长城呈东—西向由此经过。

第 3 段 特征点 2 至止点，长 8974 米。该段长城地处芦河西岸山梁上，整体消失。

该段墙体起点北接无定河险止点，止点南接李家洼村长城起点（李家洼村烽火台）。

七 李家洼村长城 （610823382101020007）

该段长城位于横山镇李家洼村西。该地为沙土沟壑区，芦河自北向南流过，山多为沙土山，沙土下有基岩。起于横山镇李家洼村西 574 米，止于横山镇高家峁村西南 126 米，全长 1526.6 米，整体基本呈东北—西南走向。起点至高家峁村 2 号烽火台，为东—西走向。高家峁村 2 号烽火台至止点，为东北—西南走向。起点坐标为东经：109°16′06.28″，北纬：37°57′39.12″，高程：1123.1 米；止点坐标为东经：109°15′17.05″，北纬：37°57′12.94″，高程：1179 米（图二八七）。

该段墙体由于沟壑发育、耕地破坏、水土流失、村庄建设、修筑道路等，墙体几乎消失殆尽。现仅残存高家峁村 2 号烽火台北侧 11.8 米处墙体，长 8.6 米，保存状况差，其余 1518 米墙体全部消失。现存墙体为黄土夯筑而成，底宽 1.1、顶宽 0.25、外高 0.9、内高 0.4 米，夯层不明显。沿线残存有四座烽火台。高家峁村 1、2 号烽火台均残存有外饰绳纹内饰麻点纹瓦片。

该段长城起点北接陈圪堵农场—李家洼村长城止点，止点西南接高家峁村长城起点。墙体起点为李家洼村烽火台，起点向西 910 米处为高家峁村 1 号烽火台，再向西 137.6 米为高家峁村 2 号烽火台，再向西南 251 米为高家峁村 3 号烽火台，再向西南 228 米为止点。

该段长城所在的李家洼村有居民 20 多户，120 余人。以农业和畜牧业为主要产业，主要种植玉米、土豆、谷子等，牧业以圈养羊为主。紧邻横山县城，有一条乡村公路通往城里。

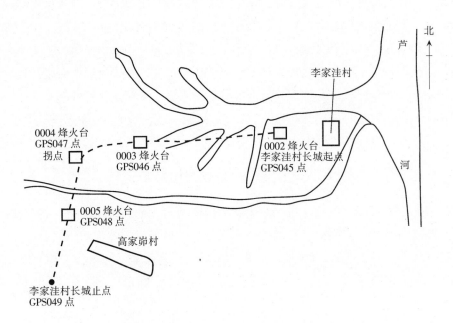

图二八七　李家洼村长城位置示意图

八　高家峁村长城（610823382101020008）

该段长城位于横山镇高家峁村西。该地为沙土沟壑区，芦河自北向南流过，山多为沙土山，沙土下有基岩。起于横山镇高家峁村西南126米，止于横山镇东峁村西241米，全长2142米，呈东北—西南走向。起点坐标为东经：109°15′17.05″，北纬：37°57′12.94″，高程：1179米；止点坐标为东经：109°15′11.21″，北纬：37°56′07.03″，高程：1193.7米（图二八八）。

该段长城由于沟壑发育、耕地破坏、人为铲削、村庄建设等原因，现仅存28米保存差的墙体和一座烽火台，余2114米墙体消失。依其保存状况分2个自然段。

第1段　起点至断点，长28米，墙体保存状况差，走向为东北—西南。现存墙体为黄土夯筑而成，顶宽3.8、底宽5.2、高1.8米，夯层厚0.08～0.1米（图二八九）。墙体南侧有一棵杨树，根系伸入墙体。周围杂草丛生。另见有杏树、桃树、柠条等。墙体沿线可见零星瓦片，外饰绳纹，内饰麻点纹。

第2段　断点至止点长2114米，整体消失。断点向西南176米为高家峁村4号烽火台，台体周围散落零星瓦片，外饰绳纹，内饰麻点纹。

该段长城东北接李家洼村长城止点，西南接东峁村长城起点。

该段长城所在的高家峁村有居民13户，56人。以农业为主，主要种植玉米、土豆、谷子等。村中有一条土路与乡村公路相连。

九　东峁村长城（610823382101020009）

该段长城位于横山镇东峁村西南。该地为沙土沟壑区，芦河自南向北流过。起于横山镇东峁村西南126米，止于横山镇李新庄村北213米，全线长1282米，呈北—南走向。起点坐标为东经：109°15′11.21″，北纬：37°56′07.03″，高程：1193.7米；止点坐标为东经：109°15′13.43″，北纬：37°55′28.19″，高程：1127.9米（图二九〇）。

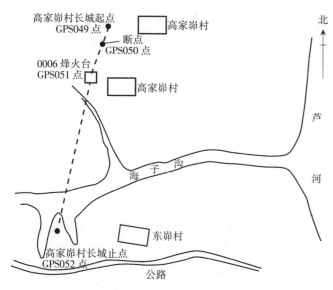

图二八八　高家峁村长城位置示意图

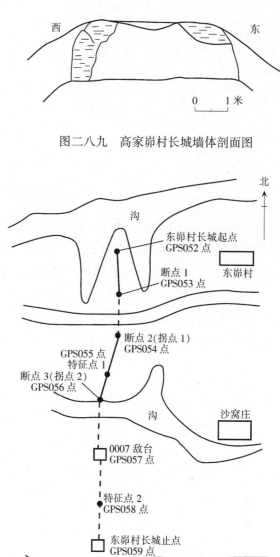

图二八九　高家峁村长城墙体剖面图

图二九〇　东峁村长城位置示意图

该段墙体整体保存状况差，较差 80 米，差 79 米，消失 1123 米。依其保存状况分 5 个自然段。

第 1 段　起点至断点 1，长 38 米，墙体保存状况较差，走向为北—南，顶宽 0.4、底宽 2.1、高 2.4 米，夯层厚 0.06～0.08 米（图二九一）。墙体起点东距东峁村 241 米，南距乡村公路 98 米。墙体东侧 61 米处高压线杆下的山梁上，散布大量筒、板瓦残片，外饰弦纹、绳纹，内饰麻点纹。另外，还发现器物残片，可辨器形为钵、罐等（图二九二）。

第 2 段　断点 1 至断点 2、拐点 1，长 77 米，消失段。消失原因为耕地破坏、道路建设等。

第 3 段　断点 2、拐点 1 至特征点 1，长 42 米，墙体保存较差，走向为东北—西南。墙顶宽 1.3、底宽 4.3、高 1.9 米，夯层厚 0.08～0.1 米。墙体上生长柠条、酸枣等植物，周围散落零星瓦片，外饰绳纹，内饰麻点纹。

第 4 段　特征点 1 至断点 3、拐点 2，长 79 米。墙体保存差，基本与地表齐平，两侧为深沟，走向为东北—西南。

第 5 段　断点 3、拐点 2 至止点，长 1046 米，为消失段，走向为北—南，消失原因为耕地破坏、沟壑发育等。断点 3、拐点 2 向南 151 米为沙窝庄敌台。台体周围散落零星瓦片，外饰绳纹，内饰麻点

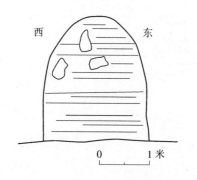

图二九一　东峁村长城墙体剖面图

图二九二　东峁村长城附近采集的器物残片及瓦片
1、3. 器物残片　2. 瓦片

纹。敌台向南 297 米为特征点 2。该处残存大量筒、板瓦残片，外饰弦纹、绳纹，内饰麻点纹。另外，还发现器物残片（可辨器形有罐等），分布面积约 1368 平方米。

墙体为自然基础上人工用黄土夯筑而成，夯层厚 0.06～0.1 米。

该段长城起点北接高家峁村长城止点，止点南接李新庄村长城 1 段起点。墙体起点向西南 387 米处为沙窝庄村敌台，再南 905 米处为李新庄村烽火台。

该段长城所在的东峁村有居民 20 余户，100 多人。以农业为主，主要种植玉米、土豆、谷子等。村中有一条土路与乡村公路相连。

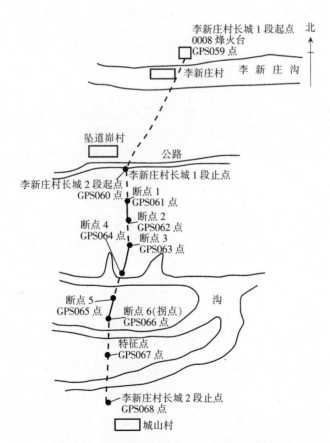

图二九三　李新庄村长城 1、2 段位置示意图

一〇　李新庄村长城 1 段
（6108233382301020010）

该段长城位于横山镇李新庄村北。该地为沙土沟壑区，芦河自北向南流过，梁峁纵横，地势起伏较大。起于横山镇李新庄村北 213 米，止于横山镇李新庄村坠道峁东南 189 米，全长 2452 米，呈东北—西南走向。起点坐标为东经：109°15′13.43″，北纬：37°55′28.19″，高程：1127.9 米；止点坐标为东经：109°14′24.39″，北纬：37°54′35.09″，高程：1236.1 米（图二九三）。

由于风沙侵蚀覆盖、沟壑发育、耕地破坏、水土流失、村庄建设、修筑道路等，该段长城墙体全部消失。

该段长城起点北接东峁村长城止点，墙体起点为李新庄烽火台，止点南接李新庄村长城 2 段起点。

该段长城所在的李新庄村有居民 100 余户，500 多人。以农业为主，主要种植玉米、土豆、大豆等。有一条乡村公路从村中通过。

—— 李新庄村长城 2 段

（61082338 2301020011）

该段长城位于横山镇李新庄村坠道峁山峁上，墙体沿山体南坡而下，自北向南延伸，墙体两侧为退耕还林后的荒坡，或为沟壑。起于横山镇李新庄村坠道峁东南 198 米，止于横山镇城山村北 89 米，全长 1783 米，整体呈北—南走向。起点坐标为东经：109°14′24.39″，北纬：37°54′35.09″，高程：1236.1 米；止点坐标为东经：109°14′36.51″，北纬：37°53′36.95″，高程：1232 米（图二九三）。

该段墙体整体保存状况差，其中保存较差 88 米，差 117 米，消失 1578 米。依其保存状况分 7 个自然段。

第 1 段　起点至断点 1，长 142 米，为消失段，消失原因为土地平整。

第 2 段　断点 1 至断点 2，长 88 米，墙体保存较差，呈北—南走向。两侧均为平缓坡地，生长有土豆等农作物及柠条等多年生草本植物。墙体顶宽 0.9~1.8、底宽 2.7、东侧高 1.6 米，西侧高 2.8 米，夯层厚 0.06~0.1 米。

第 3 段　断点 2 至断点 3、拐点 1，长 286 米，墙体消失，呈北—南走向，消失原因为土地平整、雨水冲刷等。

第 4 段　断点 3、拐点 1 至断点 4，长 32 米，墙体保存差，呈东北—西南走向，东、西两侧均为沟壑。

第 5 段　断点 4 至断点 5，长 45 米，消失段，消失原因为沟壑发育。

第 6 段　断点 5 至断点 6、拐点 2，长 85 米。墙体保存差，呈东北—西南走向，两侧均为缓坡。该段墙体上长有柠条、茅草等多年生草本植物以及人为栽种的杨树。在断点 5 南 35 米处作剖面，墙体为两次夯筑，内侧为主墙，顶宽 0.3、底宽 2.4、高 2 米，夯层厚 0.1~0.17 米；外侧为二次，顶宽 1.1、底宽 2.28、高 2 米，夯层厚 0.1~0.21 米。补夯墙外分别为坍塌土和黄沙覆盖层（图二九四）。

第 7 段　断点 6、拐点 2 至止点，长 1105 米，消失段，呈南—北走向。消失原因为土地平整、沟壑发育。断点 6、拐点 2 向南为特征点。该点遗存有绳纹瓦片。

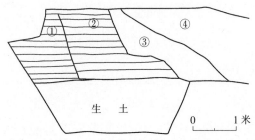

① 主墙顶宽 0.3、底宽 2.4、高 1~2 米、夯层厚 0.1~0.17 米
② 补夯墙顶宽 1.1、底宽 2.28、高 2 米、夯层 0.1~0.21 米
③ 坍塌土层
④ 黄沙覆盖层

图二九四　李新庄村长城 2 段墙体剖面图

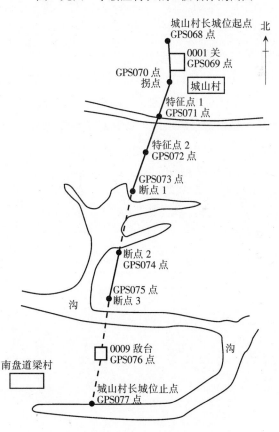

图二九五　城山村长城位置示意图

沿墙体可见瓦片及器物残片，瓦片外饰绳纹、弦纹，内饰麻点纹、方格纹、菱格纹、布纹。

该段长城起点北接李新庄村长城 1 段止点，止点南接城山村长城起点。止点南侧 41 米为城山村关。墙体止点西侧 112 米处为古巴公路。

一二　城山村长城（610823382101020012）

该段长城位于横山镇城山村，地处黄土沟壑地带。起于横山镇城山村北 89 米，止于横山镇南盘道梁村东 646 米，全长 1066 米，呈东北—西南走向。起点坐标为东经：109°14′36.51″，北纬：37°53′36.95″，高程：1232 米；止点坐标为东经：109°14′10.96″，北纬：37°53′13.30″，高程：1183.7 米（图二九五）。

该段墙体整体保存状况差，其中保存较差 339 米，差 233 米，消失 494 米。依其保存状况分 6 个自然段。

第 1 段　起点至拐点，长 111 米。墙体保存较差，呈北—南走向。起点南距城山村 89 米，西距古巴路 112 米，北临土路，过土路为深沟，断面处墙顶宽 1.1、底宽 6.8、高 5.8 米，夯层厚 0.05～0.08 米。墙体东侧城山村关内辟为农田，散布大量瓦片，外饰绳纹、弦纹，内饰麻点纹、布纹、方格纹等及云纹瓦当（图二九六）。

第 2 段　拐点至特征点 2，长 228 米。墙体保存较差，呈东北—西南走向。墙体从城山村中经过，古巴路由特征点 1 处通过。特征点 1 至特征点 2 下部墙体有若干人为挖掘的窑洞，墙体上生长酸枣及杂草，并有人为平整痕迹。特征点 2 墙体下部有一棵榆树，根系伸入墙体。墙体南侧断面顶宽 2.2、底

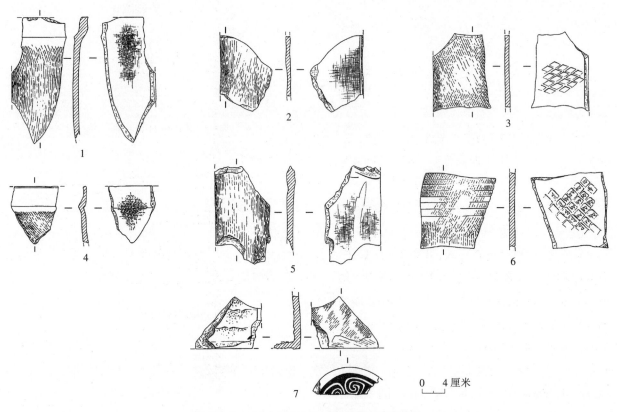

图二九六　城山村长城采集瓦片及瓦当残片

1～6. 瓦片　7. 瓦当残片

宽3.1、高4.4米，夯层厚0.06～0.08米。

第3段　特征点2至断点1，长135米。墙体保存差，呈东北—西南走向。断点1处的墙体剖面为夯土墙，残高0.8米，夯层厚0.07～0.1米。

第4段　断点1至断点2，长217米。因沟壑发育导致墙体消失。

第5段　断点2至断点3，长98米。墙体保存差，呈东北—西南走向，两侧为深沟。因水土流失，墙体基本与地面齐平。

第6段　断点3至止点，长277米。因水土流失、沟壑发育导致墙体消失，呈东北—西南走向。止点保留9米残墙，顶宽1.5、底宽3.7、高2.4米，夯层厚0.07～0.08米（图二九七）。沿线墙体生长酸枣、柠条等。

该段长城起点北接李新庄村长城2段止点，止点为西南街南盘道梁村长城起点。起点向南41米为城山村关，止点向东北96米为城山村敌台。

该段长城所在的城山村有居民近13户，55人。以农业和畜牧业为主要产业，农作物主要有土豆、玉米等，牧业以圈养羊为主，种植苹果树、杏树等。墙体起点西112米处为古巴路。

一三　南盘道梁村长城
（610823382101020013）

该段长城位于横山镇南盘道梁村东山坡及山梁上，为黄土沟壑地带，平缓坡地上有大片农田。起于横山镇南盘道梁村东646米，止于赵石畔镇石庙沟村西北1.655千米，全长1178米，呈北—西走向。起点坐标为东经：109°14′10.96″，北纬：37°53′13.30″，高程：1183.7米；止点坐标为东经：109°13′53.77″，北纬：37°52′41.52″，高程：1185.3米（图二九八）。

该段墙体整体保存状况差，坍塌、剥落严重，其中保存较差68米，差113米，消失997米。依其保存状况分7个自然段。

第1段　起点至断点1，长88米，因沟壑发育消失。

第2段　断点1至断点2，长78米。墙体保存差，略呈东北—西南走向，残存夯层高0.1～0.2米。墙体上生有柠条、茅草等，两侧紧邻深沟。沿线有零星瓦片，外饰绳纹内饰麻点纹等。

第3段　断点2至断点3（石庙沟村1号敌台），长799米，消失段，消失原因主要是沟壑发育、梯田、道路等。断点2西南308米为特征点、拐点1。该点处散布大量板瓦、筒瓦残片，外饰绳纹、弦

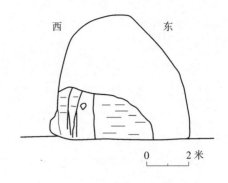

图二九七　城山村长城墙体剖面图

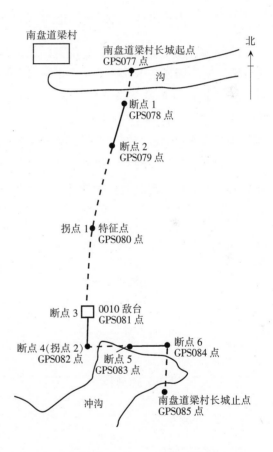

图二九八　南盘道梁村长城位置示意图

纹，内饰麻点纹及少量布纹等。另外，还发现一些器物残片，可辨器形有罐等。

第4段　断点3（石庙沟村1号敌台）至断点4（拐点2），长35米。墙体保存差，基本与地面齐平。墙体由拐点1变为北—走向南。

第5段　断点4（拐点2）至断点5，长48米，因沟壑发育消失。墙体由拐点2变为东—西走向。

第6段　断点5至断点6（拐点3），长68米，墙体保存较差，呈东—西走向。残墙底宽2米，顶宽0.4米，高1.1米。墙体两侧紧邻深沟，墙体上生有柠条、酸枣等。

第7段　断点6（拐点3）至止点，长62米。该点紧邻深沟，因沟壑发育墙体消失。沿墙体一线，有杨树、柳树、榆树、沙棘、柠条等植物，并有大量农田，墙体上生长有酸枣、柠条等。

该段长城起点东北接城山村长城止点，止点南接石庙沟村长城起点。起点向西南950米为石庙沟村1号敌台。

该段长城所在的南盘道梁村有居民近40户，200余人。以农业和畜牧业为主要产业，农作物主要有土豆、玉米等，牧业以圈养羊为主，种植苹果树、杏树等。有数条土路与公路连接。

一四　石庙沟村长城（610823382101020014）

该段长城位于赵石畔镇石庙沟村西北山坡及山梁上，为黄土沟壑地带，山坡大多被开垦。起于赵石畔镇石庙沟村西北1.655千米，止于赵石畔镇郭家湾村西北1.475千米，全长1453米，呈北—南走向。起点坐标为东经：109°13′53.77″，北纬：37°52′41.52″，高程：1185.3米；止点坐标为东经：109°13′53.77″，北纬：37°52′41.52″，高程：1185.3米（图二九九）。

该段墙体整体保存差，现存较差墙体15米，其余1438米全部消失。依其保存状况分2个自然段。

第1段　起点至断点，长15米，保存较差。墙体底宽2.3、顶宽0.7、残高2.2米（图三〇〇）。夯层中夹有瓦片。起点处有少量板瓦、筒瓦残片，外饰绳纹，内饰麻点纹、布纹等。

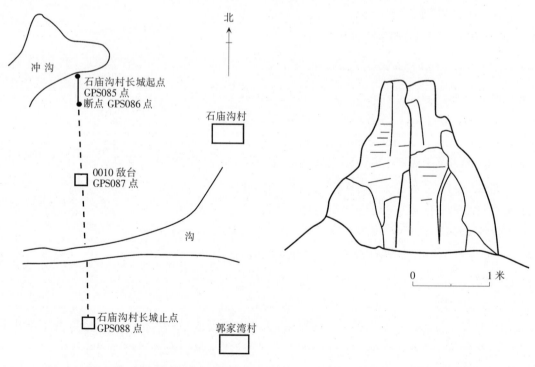

图二九九　石庙沟村长城位置示意图　　　　图三〇〇　石庙沟村长城墙体断面图

第2段　断点至止点，长1438米，消失段，因沟壑发育、耕地破坏等导致墙体消失。沿线的山坡上，种植有槐树、柳树、杏树、桑树等，生长蒿草、柠条等。止点为郭家湾村遗存，位于一独立山包顶部，面积大约2300平方米，散布大量板瓦、筒瓦残片，外饰绳纹、弦纹，内饰麻点纹、菱形纹、布纹等。此外，还见有一些器物残片，可辨器形为罐等。另外，还发现几块红砂岩石块。

墙体为自然基础上人工用黄土夯筑而成，夯层厚0.08~0.11米。

该段长城起点北接南盘道梁村长城止点，止点南接郭家湾村长城起点。起点向南234米为石庙沟村2号敌台，止点为郭家湾村遗存。

该段长城所在的南盘道梁村有居民80多户，500余人，以农业和畜牧业为主要产业，农作物主要有土豆、玉米等，牧业以圈养羊为主，种植苹果树、杏树等。有数条土路与公路连接。

一五　郭家湾村长城（610823382101020015）

该段长城位于赵石畔镇郭家湾村西北山坡上，为黄土沟壑地带。起于镇郭家湾村西北1.475千米，止于赵石畔镇木耳峁村南381米，全长2158米，整体呈北—南走向。起点坐标为东经：109°13′21.61″，北纬：37°52′02.16″，高程：1063米；止点坐标为东经：109°12′34.80″，北纬：37°51′04.87″，高程：1137.8米（图三〇一）。

该段墙体整体保存差，现仅残存17米差的墙体，其余2141米墙体全部消失。依其保存状况分3个自然段。

第1段　起点至断点1（拐点1），长285米。因沟壑发育、水土流失等导致墙体消失，呈北—南走向。

第2段　断点1（拐点1）至断点2（拐点2），长17米。墙体保存状况差，由拐点1处变为东—西走向，两侧剥落，坍塌严重，夯层不明显。

第3段　断点2（拐点2）至止点，长1856米，消失段，由拐点2处变为北—南走向。断点2（拐点2）向南776米为特征点1。该点散布大量板瓦、筒瓦及器物（可辨器形为罐等）残片，瓦片外饰绳纹、弦纹，内饰麻点纹及零星布纹等，还有少量石块。再向南107米为特征点2。该点处有墙体残存断面，东西宽3.1、高2米，夯层厚0.05~0.12米。夯层中夹有瓦片。此处残存大量板瓦、筒瓦残片，外饰绳纹，内饰麻点纹等。沿消失墙体可见零星外饰绳纹、内饰麻点纹瓦片及石块。

该段长城起点北接石庙沟村长城止点，止点南接木耳峁村长城起点。起点为郭家湾村遗存。

该段长城所在的郭家湾村有居民40多户，200余人。以农业和畜牧业为主要产业，农作物主要有土豆、玉米等，牧业以圈养羊为主，种植苹果树、杏树等。有数条土路与公路连接。

一六　木耳峁村长城（610823382101020016）

该段长城位于赵石畔镇木耳峁村南山坡上，为黄土沟壑地带。起于赵石畔镇木耳峁村南381米，止于赵石畔镇程家沟村南228米，全长1260米，整体呈北—南走向。起点坐标为东经：109°12′34.80″，北纬：37°51′04.87″，高程：1137.8米；止点坐标为东经：109°12′28.75″，北纬：37°50′30.05″，高程：1210.1米（图三〇二）。

该段墙体整体保存差，其中保存较差139米，差69米，消失1052米。依其保存状况分7个自然段。

第1段　起点至木耳峁村敌台，长125米，墙体保存状况较差，北—南走向。起点紧邻断崖，剥落坍塌严重。起点向南18米，墙体底宽7.8、顶宽1.3、高3.8米。此处残存少量瓦片，外饰绳纹，内

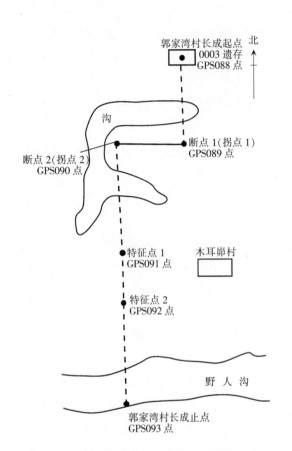

图三〇一　郭家湾村长城位置示意图

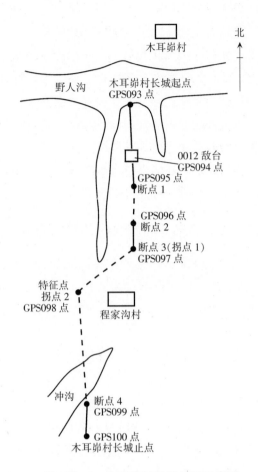

图三〇二　木耳峁村长城位置示意图

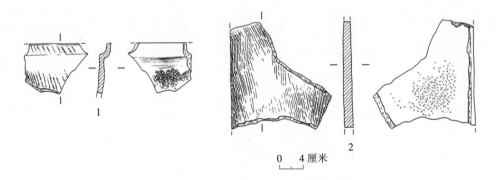

图三〇三　木耳峁村长城附近采集的瓦片

饰麻点纹及零星布纹等。墙体上杂草丛生，主要生长有柠条、茅草等。

　　第 2 段　木耳峁村敌台至断点 1，长 36 米，墙体保存状况差，呈北—南走向。东侧与山坡相连，西临断崖，墙体基本与地表齐平。木耳峁村敌台散落零星瓦片，外饰绳纹，内饰麻点纹等。

　　第 3 段　断点 1 至断点 2，长 176 米，由于沟壑发育、水土流失导致墙体消失。此段散落零星瓦片，外饰绳纹，内饰麻点纹等。

　　第 4 段　断点 2 至断点 3（拐点 1），长 33 米。墙体保存差，呈北—南走向。东侧与山坡相连，和地表齐平，西侧临深沟，形成断面，残存夯土层最高3.1米，夯层厚0.08~0.09米，夯窝直径0.07米，周围有零星瓦片，外饰绳纹，内饰麻点纹、零星布纹等。墙体上生长着茅草、柠条、酸枣等植物。

第5段　断点3（拐点1）至特征点（拐点2），长515米，为消失段。墙体由拐点1变为东北—西南走向。由于沟壑发育、水土流失、耕地破坏等导致墙体消失，沿线生长柳树、柠条等植物。

第6段　特征点（拐点2）至断点4，长361米。因村庄建设、耕地破坏等导致墙体消失。墙体由拐点2处变为北—南走向。特征点、拐点2处，散布大量板瓦、筒瓦及器物（可辨器形为罐等）残片，瓦片外饰绳纹、弦纹，内饰麻点纹及零星布纹等（图三〇三）。

第7段　断点4至止点之间为一段保存较差的墙体，长14米，呈北—南走向。此段墙体底宽4.8、顶宽1.4、高3米，夯层厚0.07~0.09米，夯窝直径0.06米（图三〇四）。墙体上生长有柠条、酸枣等植物。

该段长城起点北接郭家湾村长城止点，止点南接赵石畔镇程家沟村—刘家洼村长城起点。起点南125米为木耳峁村敌台。

该段长城所在的木耳峁村有居民20多户，80人。以农业和畜牧业为主要产业，农作物主要有土豆、玉米、大豆等，牧业以圈养羊为主。有数条土路与公路连接。

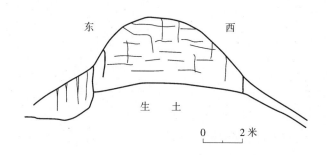

图三〇四　木耳峁村长城墙体断面图

一七　程家沟村—刘家洼村长城（610823382301020017）

该段长城位于赵石畔镇刘家洼村西与赵石畔镇程家沟村南之间。该地为黄土沟壑区，芦河自北向南流过，梁峁纵横。起于赵石畔镇程家沟村南87米，途经程家沟村、大湾村、小峁则，止于横山县赵石畔镇刘家洼村西136米，全长2794米，呈北—南走向。起点坐标为东经：109°12′28.75″，北纬：37°50′30.05″，高程：1210.1米；止点坐标为东经：109°12′47.10″，北纬：37°49′03.52″，高程：1116.6米（图三〇五）。

由于沟壑发育、耕地破坏、水土流失、村庄建设、修筑道路等原因，该段墙体全部消失。

该段长城起点北接木耳峁村长城止点，止点南接刘家洼村长城起点。止点为刘家洼烽火台，周围残存有大量瓦片，瓦片外饰绳纹、弦纹，内饰麻点纹、布纹。另外，还发现少量器物残片。

该段长城所在的程家沟村有居民20余户，80余人。以农业为主，主要种植土豆、玉米、大豆等。止点东189米处为204省道。

一八　刘家洼村长城（610823382101020018）

该段长城位于赵石畔镇刘家洼村西山峁上，东138米为芦河，距204省道189米。墙体沿芦河西侧

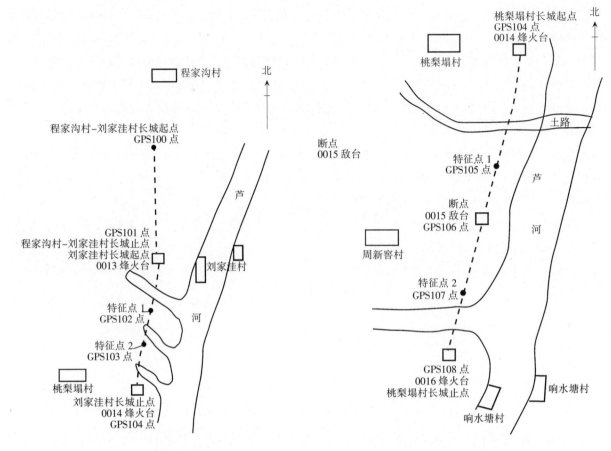

图三〇五　程家沟村—刘家洼村长城位置示意图　　　图三〇六　桃梨塌村长城位置示意图

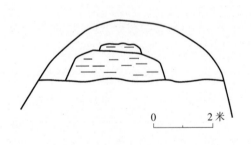

图三〇七　桃梨塌村长城墙体剖面图

的山梁延伸，起于赵石畔镇刘家洼村西 136 米，止于赵石畔镇桃梨塌村东 352 米，全长 1755 米，呈东北—西南走向。起点坐标为东经：109°12′47.10″，北纬：37°49′03.52″，高程：1116.6 米；止点坐标为东经：109°11′57.21″，北纬：37°48′22.84″，高程：1123.6 米（图三〇五）。

由于雨水冲刷、风蚀、平整土地、村庄建设、修路等原因，该段墙体全部消失。沿线有两处瓦片分布区和 1 座烽火台。依其保存状况分 3 个自然段。

第 1 段　起点至特征点 1，长 712 米，消失段，呈东北—西南走向。特征点 1 位于距芦河 63 米的山梁上，东距 204 省道 193 米。该点瓦片分布面积为 6 米×8 米，有大量板瓦及筒瓦残片，外饰绳纹，内饰麻点纹、布纹。另发现素面残瓦当一枚。

第 2 段　特征点 1 至特征点 2，长 151 米，消失段，呈东北—西南走向。特征点 2 东距芦河西侧断崖 9 米，距 204 省道 223 米。该点发现大量瓦片，分布面积为 56 米×10 米，外饰绳纹，内饰麻点纹、菱格纹、布纹。此外，还发现器物残片和大量石块。

第 3 段　特征点 2 至止点（刘家洼村烽火台），长 892 米，消失段，呈东北—西南走向。止点位于

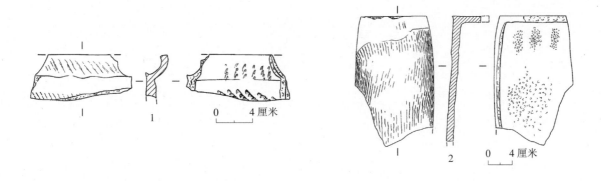

图三〇八　桃梨塌村长城附近采集的瓦片

桃梨塌村东 352 米、芦河西岸 124 米的山梁上，距 204 省道 316 米。该点周围发现大量瓦片，外饰绳纹，内饰麻点纹和布纹。

该段长城起点北接程家沟村—刘家洼村长城止点，止点西南接桃梨塌村长城起点。起点同时为刘家洼烽火台，止点同时为桃梨塌烽火台。

该段长城所在的刘家洼村有 30 户，150 余人。以农业为主，主要种植土豆、玉米、大豆等。墙体东侧 200 米左右为 204 省道。

一九　桃梨塌村长城（610823382101020019）

该段长城位于赵石畔镇桃梨塌村东的山坡上，东距芦河 124 米，距 204 省道 316 米。墙体沿芦河西侧的山梁延伸，起于赵石畔镇桃梨塌村东 352 米，止于塔湾镇响水塘村北 263 米，全长 1654 米，呈东北—西南走向。起点坐标为东经：109°11′57.21″，北纬：37°48′22.84″，高程：1123.6 米；止点坐标为东经：109°11′21.69″，北纬：37°47′34.37″，高程：1134.7 米（图三〇六）。

该段墙体由于雨水冲刷、风蚀、平整土地、村庄建设、修路等原因，现仅存 4.1 米保存差的墙体，余 1649.9 米消失。依其保存状况分 4 个自然段。

第 1 段　起点至特征点 1，长 855 米，消失段。特征点 1 位于距芦河西侧一处狭长山梁上，两侧均为水冲沟。在山梁平缓处分布大量瓦片，外饰绳纹，内饰麻点纹、布纹。同时，还发现少量器物残片。

第 2 段　特征点 1 至断点（桃梨塌村敌台），长 69 米，消失段。断点处发现大量瓦片，外饰绳纹、弦纹，内饰麻点纹、布纹、弦纹。同时，还发现少量器物残片。

第 3 段断点（桃梨塌村敌台）至特征点 2，长 74 米，消失 69.9 米，消失 4.1 米。特征点 2 处残存一段长 4.1 米的墙体，底宽 3.1 米，顶宽无法测量，残高仅 1 米，墙体为黄土夯筑，夯层厚 0.08 ~ 0.1 米。墙体的西侧为平缓坡地，长有柠条、酸枣、苜蓿等（图三〇七）。

第 4 段　特征点 2 至止点（响水 1 号塘烽火台），长 656 米，消失段。止点周围发现大量板瓦、筒瓦残片，外饰绳纹，内饰麻点纹、布纹或素面。同时，还发现少量器物残片和大量石块（图三〇八）。

该段长城起点东北接刘家洼村长城止点，止点西南接响水塘村长城起点。起点同时为桃梨塌烽火台，西南 924 米为周新窑敌台，止点同时为响水 1 号塘烽火台。

该段长城所在的桃梨塌村有 30 户，180 余人。以农业为主，种植土豆、玉米、荞麦、高粱，及圈养羊等。墙体东侧 200 米左右为 204 省道。

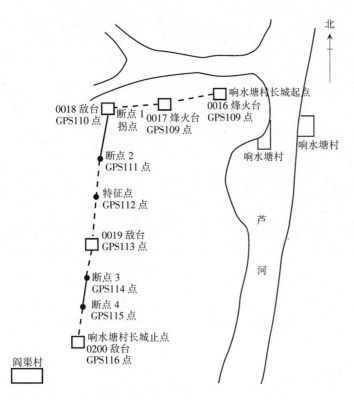

图三〇九　响水塘村长城位置示意图

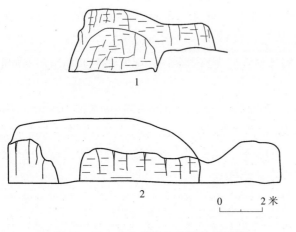

图三一〇　响水塘村长城墙体断面图

二〇　响水塘村长城

（6108233821010200020）

　　该段长城位于塔湾镇响水塘村西北的山梁上，靠近芦河西岸，顺山势而建，墙体两侧均为较平缓坡地。起于塔湾镇响水塘村北263米，止于塔湾镇阎渠村东北794米，全长980米，呈东北—西南走向。起点坐标为东经：109°11′21.69″，北纬：37°47′34.37″，高程：1134.7米；止点坐标为东经：109°10′51.83″，北纬：37°47′17.02″，高程：1152.6米（图三〇九）。

　　该段墙体整体保存差，较差131.5米，差68米，消失780.5米。依其保存状况分5个自然段。

　　第1段　起点（响水塘村1号烽火台）至断点1（拐点、响水塘村1号敌台），长349米，消失段，呈东—西走向。由于土地平整、沟壑发育，导致墙体消失。

　　第2段　断点1至断点2，长68米，墙体保存差，由拐点变为东北—西南走向。该段墙体两侧均为平缓坡地。因为土地平整、雨水冲刷等原因，墙体基本与地表平齐。

　　第3段　断点2至断点3，长280米，其中消失260.5米，保存较差19.5米。断点2处有长约10米的墙体，墙体顶宽2.7、底宽3.5米，夯土层残高0.6米，夯层厚0.08～0.09米。断点2向西南139米为特征点。该处残存一段长9.5米保存较差的墙体，底宽7、顶宽1.9～6.3、残高2.8米，夯层厚0.07～0.09米（图三一〇·1）。墙体两侧均为平缓坡地，周围散落大量瓦片，外饰绳纹，内饰麻点纹、布纹。同时，还发现少量器物残片（可辨器形为罐等）。

　　第4段　断点3至断点4，长112米，墙体保存较差，呈东北—西南走向。墙体底宽9、顶宽2.5、高2.9米。黄土夯筑，夯层厚0.06～0.09米（图三一〇·2）。墙体两侧均为平缓坡地，东侧282米处为芦河西岸断崖，周围散落零星瓦片，外饰绳纹、弦纹，内饰麻点纹。同时，还发现少量器物残片。

　　第5段　断点4至止点（阎渠村敌台），长171米，消失段。消失原因为平整土地及风沙掩埋。

该段长城起点东北接桃梨塌村长城止点，止点西南接阎渠村长城起点。起点也是响水塘村1号烽火台，西南144米为响水塘村2号烽火台，再向西南205米为响水塘村1号敌台，再向西南256米为响水塘村2号敌台，再向西南374米为阎渠村敌台。

该段长城所在的响水塘村有居民30户，200余人。以农业和畜牧业为主要产业，农作物主要有土豆、玉米等，牧业以圈养羊、猪为主。墙体起点东距204省道316米。

二一　阎渠村长城（6108233382101020021）

该段长城位于塔湾镇阎渠村北山坡上，山势较为平缓，芦河自北向南流过。山多为沙土山，沙土下有基岩。起于塔湾镇阎渠村东北794米，止于塔湾镇石克峁村东北278米，全长2266米，呈东北—西南走向。起点坐标为东经：109°10′51.83″，北纬：37°47′17.02″，高程：1152.6米；止点坐标为东经：109°10′12.31″，北纬：37°46′24.66″，高程：1098.8米（图三一一）。

该段墙体整体保存状况差，差58米，消失2208米。依其保存状况分3个自然段。

第1段　起点（阎渠村敌台）至断点1，长736米，消失段。起点西南530米为特征点。该点散布大量板瓦、筒瓦残片及器物残片，瓦片外饰绳纹、弦纹，内饰麻点纹及素面等，分布面积约1155平方米。

第2段　断点1至断点2，长58米。墙体保存状况差，呈东北—西南走向。墙体顶宽3.5、底宽7.5、高3.7米（图三一二）。东侧由于长期水土流失而形成斜坡，现为农田。断点2处有一现代砖瓦窑，直径为1.8米。墙体沿线可见零星瓦片，外饰绳纹，内饰麻点纹。

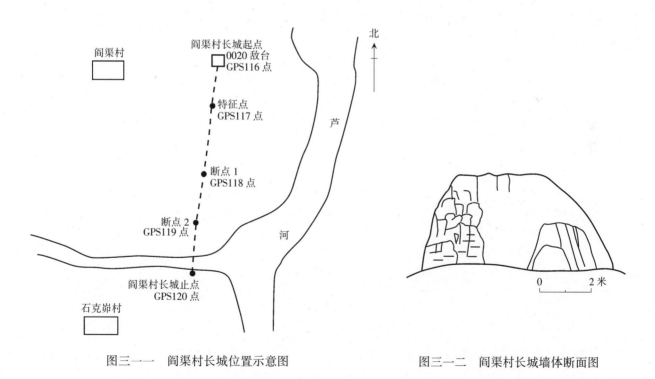

图三一一　阎渠村长城位置示意图　　　　　图三一二　阎渠村长城墙体断面图

第3段　断点2至止点，长1472米，消失段。因沟壑发育、水土流失、耕地破坏、村庄建设、人为铲削等导致墙体消失。

该段长城起点东北接响水塘村长城止点，止点西南接石克峁村长城1段起点。起点处为高家峁村4号烽火台，台体周围残存有零星瓦片，瓦片外饰绳纹，内饰麻点纹。

该段长城所在的阎渠村居民 40 多户，300 人。以农业为主，种植玉米、土豆、谷子等。村中有一条土路与乡村公路相连。

二二　石克峁村长城 1 段 （6108233382101020022）

该段长城位于塔湾镇石克峁村，山势较为平缓，芦河自北向南流过，山多为沙土山。起于塔湾镇石克峁村东北 278 米，止于石克峁村西南 446 米，全长 1440 米，呈东北—西南走向。起点坐标为东经：109°10′12.31″，北纬：37°46′24.66″，高程：1098.8 米；止点坐标为东经：109°09′34.53″，北纬：37°45′47.29″，高程：1029.5 米（图三一三）。

该段墙体整体保存状况差，其中保存较差 272 米，差 11 米，消失 1157 米。依其保存状况分 4 个自然段。

第 1 段　起点至断点 1，长 272 米，墙体保存状况较差。墙体底宽 4.2、顶宽 0.7、高 0.8~2 米，夯层厚 0.06~0.08 米（图三一四）。墙体上生长有柠条等，部分墙体经平整土地，种有大豆、荞麦、小米等农作物。西侧为坡地，东侧与地面齐平。起点西南 198 米处为石克峁村遗存。该处散布大量板瓦、筒瓦及器物残片，瓦片外饰绳纹、弦纹等，内饰麻点纹或素面等。石克峁村遗存瓦片分布面积约40136 平方米。

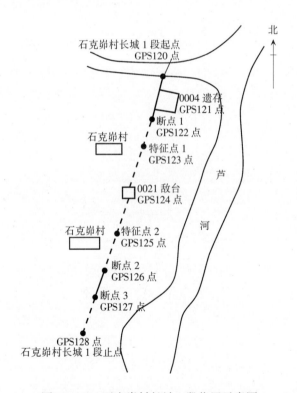

图三一三　石克峁村长城 1 段位置示意图

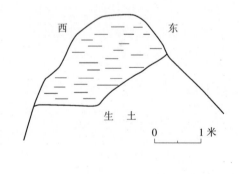

图三一四　石克峁村长城 1 段墙体剖面图

第 2 段　断点 1 至断点 2，长 871 米，消失段。因水土流失、耕地破坏、村庄建设、人为铲削等导致墙体消失。断点 1 西南 98 米为特征点 1。该点可见夯土块，夯窝呈圆形，直径 0.13 米。据当地居民讲，原为台体，高约 2 米，今年春季刚推平，现种植绿豆。特征点 1 西南 512 米处为特征点 2。该点可见少量瓦片及石块，瓦片外饰绳纹、弦纹，内饰麻点纹及布纹等。

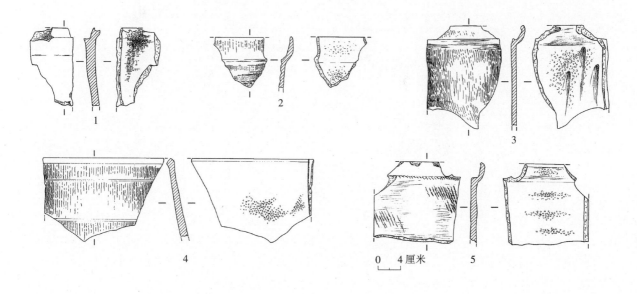

图三一五 石克峁村长城 1 段附近采集的瓦片

第 3 段 断点 2 至断点 3，长 11 米，墙体保存差。此段墙体基本与地面齐平，墙体上生长有柠条、茅草等，种植有桃树苗。

第 4 段 断点 3 至止点，长 286 米，消失段。由于水土流失、耕地破坏、村庄建设、人为铲削等，导致墙体消失。止点处明显高于四周，地面仍可见到夯土块。据当地居民讲，此处原为台体，但现已夷为平地。四周有少量农田，散落少量板瓦、筒瓦残片及石块，瓦片外饰绳纹、弦纹，内饰麻点纹及布纹等（图三一五）。

该段长城起点东北接阁渠村长城止点，止点西南接石克峁村长城 2 段起点。起点向西南 198 米处的墙体东面为石克峁村遗存，向西南 693 米处为石克峁村敌台。

该段长城所在的石克峁村有居民 30 多户，200 余人。以农业和畜牧业为主要产业，农作物主要有土豆、玉米、大豆等，牧业以圈养羊为主。有一条土路与外界相通。

二三 石克峁村长城 2 段
（610823382101020023）

该段长城位于塔湾镇石克峁村山峁上，墙体途经缓坡、梯田、村庄。起于塔湾镇石克峁村西南 446 米，止于塔湾镇四里圪村西南 211 米，全长 1152 米，呈东北—西南走向。起点坐标为东经：109°09′34.53″，北纬：37°45′47.29″，高程：1029.5 米；止点坐标为东经：109°09′10.51″，北纬：37°45′14.67″，高程：1170.1 米（图三一六）。

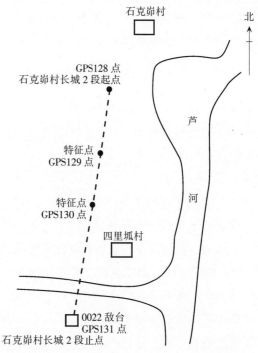

图三一六 石克峁村长城 2 段位置示意图

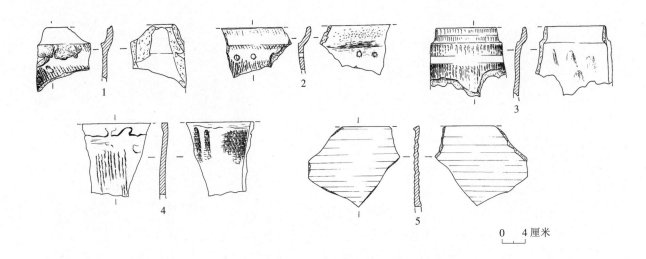

0 ____ 4 厘米

图三一七　石克峁村长城 2 段附近采集的瓦片

该段墙体由于雨水冲刷、风蚀、平整土地、村庄建设、修路等原因，已全部消失。沿线发现两处有瓦片散落的特征点。

起点西南 283 米为特征点 1，发现有大量石块及筒瓦、板瓦残片，外饰绳纹、弦纹，内饰麻点纹、方格纹。周围地势平缓，长有杨树以及柠条等杂草。再向西南 346 米为特征点 2，位于山梁较高处的梯田上，发现大量石块及筒瓦、板瓦残片，外饰绳纹、弦纹，内饰麻点纹、方格纹或为素面。据村民讲，原来存在一个台体，由于土地平整已被推平。再向西南 523 米为止点（四里疙村敌台），位于塔湾镇四里疙村西南 211 米山梁的缓坡上。台体周围发现大量石块及筒瓦、板瓦残片，瓦片外饰绳纹，内饰麻点或素面。另外，还发现少量器物残片，可辨器形为罐（图三一七）。

该段长城起点东北接石克峁长城 1 段止点，止点西南接四里疙村长城起点，同时为四里疙村敌台。

二四　四里疙村长城（610823382101020024）

该段长城位于塔湾镇四里疙村南的山梁上，近芦河西岸，顺山势而建，两侧均为平缓坡地。起于塔湾镇四里疙村西南 211 米，止于塔湾镇芦沟村东南 736 米，全长 1162 米，呈北—南走向。起点坐标为东经：109°09′10.51″，北纬：37°45′14.67″，高程：1170.1 米；止点坐标为东经：109°08′52.89″，北纬：37°44′39.44″，高程：1153.8 米（图三一八）。

该段墙体整体保存差，较差 156、差 107、消失 899 米。依其保存状况分 6 个自然段。

第 1 段　起点（四里疙村敌台）至断点 1，长 82 米，墙体保存较差，呈东北—西南走向。两侧均为平缓坡地，散落大量石块、瓦片，外饰绳纹、弦纹，内饰麻点或素面。该段墙体因人为铲削底宽仅存 2.8、顶宽 0.07、高 1.4 米，夯层暴露明显，厚 0.08～0.09 米。

第 2 段　断点 1 至断点 2，长 45 米，消失段，呈东北—西南走向，消失原因为土地平整。

第 3 段　断点 2 至断点 3，长 107 米，墙体保存差，呈东北—西南走向。断点 3 处为修建乡村公路铲削形成断面，可见宽约 4.1 米，高约 0.08 米夯土层，夯层暴露明显，厚 0.8～0.11 米。

第 4 段　断点 3 至断点 4（拐点），长 105 米，消失段。因土地平整、修建道路消失，墙体由拐点处变为北—南走向。

第5段　断点4（拐点）至断点5（芦沟村1
号敌台），长74米，保存墙体较差，呈北—南走
向。两侧均为平缓坡地，墙体底宽2.9、顶宽1.2、
残高1.4米，夯层厚0.07～0.09米（图三一九）。

第6段　断点5（芦沟村1号敌台）至止点，
长749米，消失段，呈北—南走向。北侧为一条
乡村土路，西侧为芦沟新村，消失原因是修建梯
田、沟壑发育。断点5（芦沟村1号敌台）南251
米为芦沟村2号敌台。

该段长城起点东北接石克峁村长城2段止点，
止点南接杜新庄村长城起点。起点也为四里圪村
敌台，向西南413米为芦沟村1号敌台，再向南
251米为芦沟村2号敌台。

该段长城所在的四里圪村有居民20余户，
100余人。以农业和畜牧业为主要产业，农作物
主要有土豆、玉米等，牧业以圈养羊、猪为主。
墙体断点3处有一条乡村土路

二五　杜新庄村长城
（610823382101020025）

该段长城位于塔湾镇杜新庄村西坡地上，地势
较平缓，大多为农田。起于塔湾镇杜新庄村西323
米，止于塔湾镇石井村东北268米，全长2431米，
呈北—南走向。起点坐标为东经：109°08′52.89″，
北纬：37°44′39.44″，高程：1153.8米；止点坐标
为东经：109°08′09.64″，北纬：37°43′27.89″，高
程：1166.7米（图三二○）。

该段墙体整体保存差，差285米，消失2146
米。依其保存状况分3个自然段。

第1段　起点至断点，长285米，墙体保存

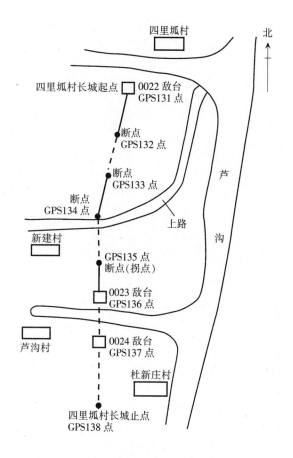

图三一八　四里圪村长城位置示意图

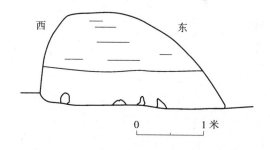

图三一九　四里圪村长城墙体断面图

差，北—南走向。其上杂草丛生，起点南152米处一条乡间土路穿墙体而过，路宽4米，断面暴露明
显夯层，残高0.8米。墙体沿线被开垦为农田，种植大豆、土豆、荞麦、小米及苜蓿等。周围散落少
量板瓦、筒瓦残片，瓦片外饰绳纹，内饰麻点纹、布纹或素面等。

第2段　断点至特征点，长147米，消失段。墙体因为耕地破坏、水土流失等消失。其中特征点
明显高于周围，上部散落大量瓦片及器物残片，瓦片外饰绳纹、弦纹，内饰麻点纹、布纹、菱形纹或
素面等。

第3段　特征点至止点，长1999米，消失段。由于水土流失、耕地破坏、风沙侵蚀、植树造林等墙体
消失。此段处于地势平缓的荒地，其间杂草丛生，主要有柠条、茅草、蒿草等，并种植有杨树、柳树等。

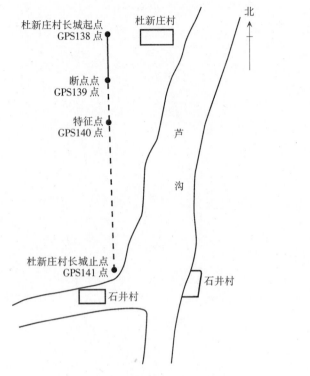

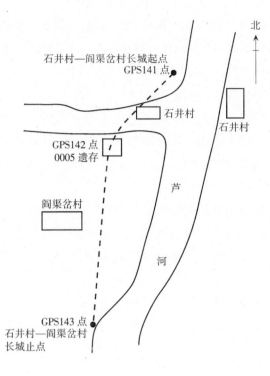

图三二〇　杜新庄村长城位置示意图　　　　图三二一　石井村—阎渠岔村长城位置示意图

该段长城起点北接四里圪村长城止点，止点南接石井村长城起点。

该段长城所在的杜新庄村有居民近30户，200余人。居民以农业和畜牧业为主要产业，农作物主要有土豆、玉米、大豆等，牧业以圈养羊为主。交通不方便，仅有一条土路与外界相通。

二六　石井村—阎渠岔村长城（610823382301020026）

该段长城位于塔湾镇石井村与阎渠岔村之间，地处芦河以西的沙化黄土沟壑地带，地势比较平缓。起于塔湾镇石井村东北268米，止于塔湾镇阎渠岔村南260米，全长2561米，呈东北—西南走向。起点坐标为东经：109°08′09.64″，北纬：37°43′27.89″，高程：1166.7米；止点坐标为东经：109°07′24.49″，北纬：37°42′14.71″，高程：1156米（图三二一）。

由于风沙侵蚀覆盖、沟壑发育、水土流失、修筑道路、植树造林等，导致该段墙体整体消失。

起点向西南526米为石井村遗存。该遗存位于石井村西南331米处的山梁顶部，整体保存状况差。中间有一圆形土包，土包上部残存有大量碎砖块，周围散布大量瓦片及器物残片。内部杂草丛生，主要有柠条、茅草、沙柳等。

该段长城起点东北接杜新庄村长城止点，止点南接阎渠岔村长城起点。

该段长城所在的石井村有居民30余户，近150人。以农业和畜牧业为主要产业，农作物主要有禾谷类，如谷子、玉米、大土豆及饲料作物等。该村位于204省道旁。

二七　阎渠岔村长城（610823382101020027）

该段长城位于塔湾镇阎渠岔村南，东临芦河，地势较平缓，沙土地区，附近有大片杨树林。墙体及周围杂草丛生，东侧生态较好，有大片农田。起于塔湾镇阎渠岔村南 260 米，止于塔湾镇清河沟村东 425 米，全线长 1478.1 米，呈北—南走向，起点坐标为东经：109°07′24.49″，北纬：37°42′14.71″，高程：1156 米；止点坐标为东经：109°07′14.50″，北纬：37°41′25.22″，高程：1187.5 米（图三二二）。

　　该段墙体整体保存状况差，较差 44 米，差 3.1 米，消失 1431 米。依其保存状况分 5 个自然段。

　　第 1 段　起点至断点 1，长 511.1 米，由于长期的雨水冲刷，水土流失严重，致使墙体消失 508 米。起点处残存有 3.1 米墙体，坍塌、剥落严重，四周暴露明显夯层，顶宽 0.6、底宽 2.2、高 1.4 米，夯层厚 0.07~0.11 米（图三二三·1）。起点南 132 米为阎渠岔村敌台。该敌台残存少量瓦片，外饰细、粗绳纹，内饰麻点等。

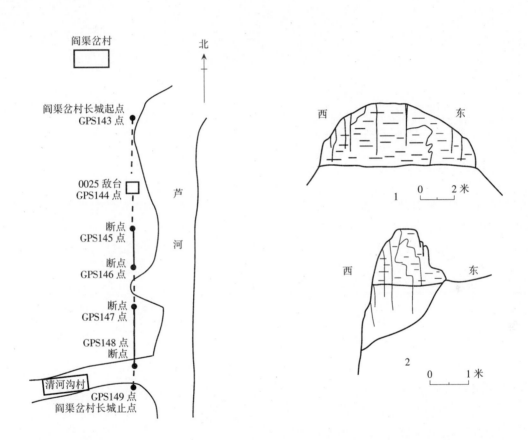

图三二二　阎渠岔村长城位置示意图　　　　图三二三　阎渠岔村长城墙体断面图

　　第 2 段　断点 1 至断点 2，长 17 米，墙体保存较差，呈北—南走向。墙体顶宽 4.2、底宽 6.2、高 2.8 米，夯层厚 0.08~0.1 米。墙体上杂草丛生，北侧有两棵榆树根系生长对墙体有一定破坏（图三二四）。

　　第 3 段　断点 2 至断点 3，长 660 米，消失段。原因主要是风沙侵蚀掩埋及植树造林等。

　　第 4 段　断点 3 至断点 4，长 27 米，墙体保存较差，呈北—南走向。墙体顶宽 2.2、底宽 9.3、高 3.6 米，夯层厚 0.07~0.1 米（图三二三·2）。墙体上杂草丛生，并种植有杨树、桃树、杏树等。

　　第 5 段　断点 4 至止点，长 263 米，消失段。此段之间为一自然形成的沟壑，沟底草木茂盛，有大片杨树林。

　　墙体为自然基础上人工用黄沙土夹料礓石夯筑而成，夯层厚 0.06~0.11 米。

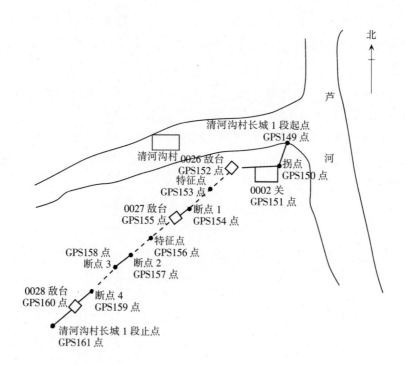

图三二四　清河沟村长城 1 段位置示意图

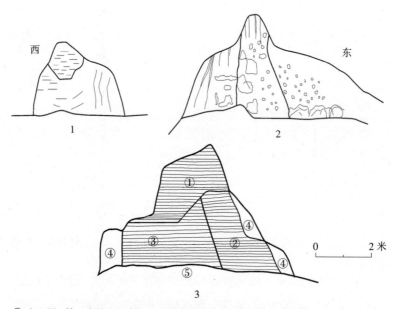

① 夯土层：第三次补夯,五花土,夯层夹杂灰土,质地坚硬。夯层厚 0.09~0.14 米
② 夯土层：第二次补夯,灰褐色土,加有细黄沙,质地坚硬。夯层厚 0.08~0.12 米
③ 夯土层：主墙,灰褐色花土夯筑,质地坚硬。夯层厚 0.09~0.15 米
④ 坍塌土：墙体垮塌后形成,呈斜坡状,质地松散
⑤ 沙层：黄沙,质地纯净、松软

图三二五　清河沟村长城 1 段墙体断、剖面图
1、2. 断面图　3. 剖面图

该段长城起点北接石井村—阎渠岔村长城止点，止点南接清河沟村长城 1 段起点。起点南 132 米为阎渠岔村敌台。

该段长城所在的阎渠岔村有居民 20 多户，160 余人。以农业和畜牧业为主要产业，农作物主要有土豆、玉米等，牧业以圈养羊、猪为主。村东过芦河为 204 省道（榆林至靖边）。

二八　清河沟村长城 1 段（6108233821010200028）

该段长城位于塔湾镇清河沟村东南的山梁上，顺山势而建，墙体南侧为平缓坡地，北临清河沟，清河沟两岸草木茂盛，并有少量农田。起于塔湾镇清河沟村东 425 米，止于塔湾镇清河沟村西南 456 米，全长 742 米，呈东北—西南走向。起点坐标为东经：109°07′14.50″，北纬：37°41′25.22″，高程：1187.5 米；止点坐标为东经：109°06′58.55″，北纬：37°41′06.58″，高程：1178.5 米（图三二四）。

该段墙体整体保存差，较差 90 米，差 240 米，消失 412 米。依其保存状况分 8 个自然段。

第 1 段　起点至拐点 1，长 33 米，墙体保存较差，东北—西南走向。墙体顶宽 0.35～1.8、底宽 3.7、高 2.4 米，夯层厚 0.07～0.99 米（图三二五·1）。墙体位于清河沟南侧的山梁上，周围为荒地，杂草丛生。另有杏树、桃树、柠条等。墙体沿线可见少量瓦片，外饰绳纹、弦纹，内饰麻点纹、方格纹。

第 2 段　拐点 1 至断点 1（拐点 2、清河沟村 1 号敌台），长 57 米，墙体保存较差，墙体由拐点 1 处变为东—西走向。墙体顶宽 1.4～3.2、底宽 8.4、高 2.6 米（图三二五·2），夯土层不明显，周围散落大量瓦片，外饰绳纹、弦纹，内饰麻点纹、方格纹，以及少量器物残片（图三二六）。墙体南侧为清河沟村关。

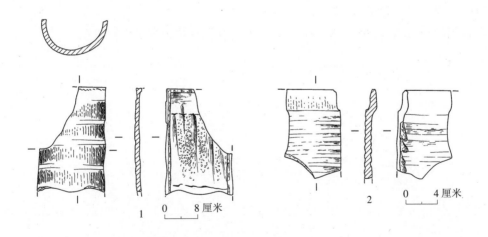

图三二六　清河沟村长城 1 段附近采集的瓦片

第 3 段　断点 1（拐点 2、清河沟村 1 号敌台）至断点 2，长 255 米，消失段。墙体由拐点 2 变为东北—西南走向。周围为平缓坡地，消失原因是土地平整和雨水冲刷。拐点 2 西南 158 米处为特征点 1。该处散落大量瓦片，外饰绳纹、弦纹，内饰麻点纹、方格纹。另见有少量器物残片。

第 4 段　断点 2 至断点 3（清河沟村 2 号敌台），长 21 米。墙体保存差，呈东北—西南走向。墙体底宽 4 米，褐色土夯筑，夯层不明显，残存夯土层高 0.9 米。周围散落零星瓦片，外饰绳纹、弦纹，内饰麻点纹。另见有少量器物残片（可辨器形为罐等）。

第 5 段　断点 3 至断点 4，长 102 米，其中消失 90 米，保存差 12 米。断点 3 西南 54 米为特征点

2，该处保留有 12 米残墙，高 1.2 米，夯层厚 0.08～0.09 米，褐色沙土夯筑。周围散落大量瓦片，外饰绳纹、弦纹，内饰麻点纹、方格纹。

第 6 段　断点 4 至断点 5，长 26 米，墙体保存差，呈东北—西南走向。墙体底宽 6.7、顶宽 1.4 米，夯层厚 0.06～0.09 米，墙体上有蜂窝及洞穴。

第 7 段　断点 5 至断点 6，长 67 米，消失段。因是土地平整和雨水冲刷墙体消失。

第 8 段　断点 6 至止点，长 181 米，墙体保存差，墙体基本与地面齐平。断点 6 西南方向 15 米剖面：墙体为两次夯筑，一次建筑高 2.3、宽 6.1 米，夯层厚 0.07～0.08 米，为褐色沙土夯筑；二次建筑高 1.4、宽 6.3 米，黄沙土夯筑，夯层厚 0.09～0.1 米（图三二五·3）。

该段长城起点东北接阎渠岔村长城止点，止点西南接清河沟村长城 2 段起点。起点向西南 90 米为清河沟村 1 号敌台，再向西南 276 米为清河沟村 2 号敌台，再向西南 266 米为清河沟村 3 号敌台。拐点 1 至清河沟村 1 号敌台墙体南侧为清河沟村关。

该段长城所在的清河沟村有居民近 30 户，150 余人。以农业和畜牧业为主要产业，农作物主要有土豆、玉米等，牧业以圈养羊、猪为主。墙体起点北 94 米处有一条盘山土路可以行车与 204 省道（榆林至靖边）连接。

二九　清河沟村长城 2 段（6108233382101020029）

该段长城位于塔湾镇清河沟村南山梁上，顺山势延伸，两侧为缓坡。起于塔湾镇清河沟村西南 456 米，止于清河沟村东南 1.228 千米，全长 953 米，呈东北—西南走向。起点坐标为东经：109°06′58.55″，北纬：37°41′06.58″，高程：1178.5 米；止点坐标为东经：109°06′44.71″，北纬：37°40′37.93″，高程：1274.7 米（图三二七）。

该段墙体整体保存差，较差 21 米，差 932 米。依其保存状况分 3 个自然段。

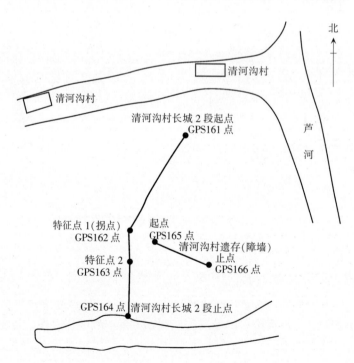

图三二七　清河沟村长城 2 段位置示意图

第 1 段 起点至特征点 1（拐点），长 792 米，墙体保存差，呈东北—西南走向。墙体断续被沙梁掩埋，没有被掩埋的部分坍塌严重，表面覆盖苜蓿、柠条等植被。

第 2 段 特征点 1（拐点）至特征点 2，长 21 米，墙体保存较差，墙体由拐点处变为北—南走向。墙体底宽 9、顶宽 3.1、残高 2.6 米，夯层厚 0.08～0.1 米（图三二八）。墙体周围发现有大量筒瓦、板瓦残片，外饰绳纹，内饰麻点纹、布纹、麻点方格纹。墙体上长有柠条、苜蓿等多年草本植物，以及人为栽种的杨树。

第 3 段 特征点 2 至止点，长 140 米，向南 140 米，墙体保存差，呈北—南走向。特征点 2 处因雨水冲形成豁口，墙体表面覆盖有柠条、苜蓿等植被，以及人为栽种的杨树等。

墙体为自然基础上人工用黄沙土夹料礓石夯筑而成，夯层厚 0.08～0.1 米。

该段长城起点东北接清河村长城 1 段止点，止点南接清河沟村长城 4 段起点，东 60 米为清河沟村横城遗址。

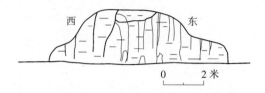

图三二八 清河沟村长城 2 段墙体断面图

三〇 清河沟村长城 3 段

（6108233821010200300）

该段长城位于塔湾镇清河沟村，清河沟南侧，芦河西侧，周围地势较平缓。起于塔湾镇清河沟村东南 1.228 千米，止于靖边县杨桥畔镇草沟村东北 2.25 千米，全长 2151 米，呈东北—西南走向。起点坐标为东经：109°06′44.71″，北纬：37°40′37.93″，高程：1274.7 米；止点坐标为东经：109°06′15.00″，北纬：37°39′33.00″，高程：1264 米（图三二九）。

该段墙体整体保存差，较差 68 米，差 1107 米，消失 976 米。依其保存状况分 9 个自然段。

第 1 段 起点至清河沟村 4 号敌台，长 301 米，消失段，呈北—南走向。清河沟村 4 号敌台周围散布大量板瓦、筒瓦残片，外饰绳纹、弦纹，内饰麻点纹、布纹、弦纹、方格纹及素面，还有少量器物残片及素面瓦当等。

第 2 段 清河沟村 4 号敌台至断点 1，长 94 米，

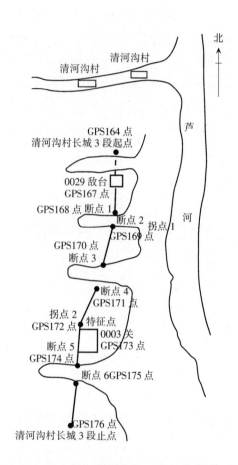

图三二九 清河沟村长城 3 段位置示意图

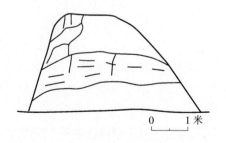

图三三〇 清河沟村长城 3 段墙体断面图

墙体保存差，呈北—南走向。因水土流失墙体基本与地面齐平。沿线可见少量瓦片，外饰绳纹、内饰麻点纹等。墙体上杂草丛生，主要有柠条等植物。

第3段　断点1至断点2（拐点1），长370米，消失段。因沟壑发育、风沙侵蚀掩埋等致使墙体消失。沿线可见零星瓦片，外饰绳纹，内饰麻点纹等。

第4段　断点2（拐点1）至断点3，长68米，墙体保存较差，墙体由拐点1处变为东北—西南走向。墙体底宽4.8、顶宽1.4、残高2.6米，夯层厚0.07~0.09米，黄沙土夯筑（图三三〇）。

第5段　断点3至断点4，长147米，消失段。沿线可见零星瓦片，外饰绳纹，内饰麻点纹等。断点3处有两个盗洞，一盗洞直径1.4、径深0.5米；另一盗洞直径0.6米，深不可知。

第6段　断点4至拐点2（特征点），长540米，墙体保存差，墙体由拐点2处变成北—西走向。因长期风沙侵蚀掩埋，现仅露出墙体顶部。墙体沿线残存大量板瓦、筒瓦残片，外饰绳纹、内饰麻点纹等，还残存少量石块及器物残片。

第7段　拐点2（特征点）至断点5，长92米，墙体保存差，呈北—南走向。墙体基本与地面齐平。墙体东侧为清河沟村2号关，地表散落大量瓦片，外饰绳纹、弦纹，内饰布纹、麻点纹，还残存有少量器物残片，可辨器形为罐、甑等（图三三一）。

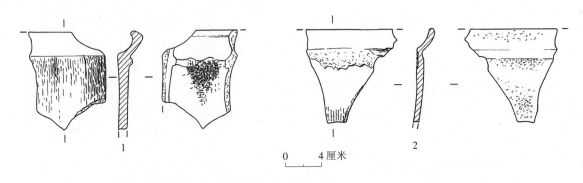

图三三一　清河沟村长城3段附近采集的瓦片及器物残片

1. 瓦片　2. 器物残片

第8段　断点5至断点6，长158米，消失段。因沟壑发育墙体消失。

第9段　断点6至止点，长381米，墙体保存差，呈北—南走向。墙体现呈鱼脊状。

该段长城起点北接清河沟村长城2段止点，止点南接靖边县杨桥畔镇草沟村长城1段起点。起点向南301米为清河沟村4号敌台，再向西南约1119米为清河沟村2号关。

第二节　战国秦长城单体建筑

横山县战国秦长城沿线现存单体建筑共有29座，包括敌台19座、烽火台10座。本县单体建筑由于所处位置大多受到现代人类活动的影响，特别是耕地、房屋等方面的影响尤为严重，单体建筑平面大多呈矩形，有22座，底部边长2.8~13.8米不等，多集中在5~11米。另有7座单体建筑平面呈不规则形或近似圆形，长7.2~19.6米。单体建筑高度最高达4.8米，大多集中在2.4~3.5米。

单体建筑均为夯土筑成，夯层厚0.06~0.1米，内含料礓石，含沙量较大。部分单体建筑经过二次夯筑，或者曾在明代被修葺利用。

一　康梁村敌台（610823352101020001）

该敌台位于波罗镇邵小滩村康梁组西900米沙漠中，两侧为沙梁，地势起伏较小。地理坐标为东经：109°25′09.72″，北纬：38°11′18.36″，高程：1152米。

敌台整体保存较差，由于风沙侵蚀，呈不规则形土台；顶部长有柠条；东、西两侧与墙体相连；南部坍塌成断面，自顶部延伸出两处豁口，下方堆土上长有柠条；北侧坍塌呈缓坡状，长有杨树、沙柳。

台体平面呈不规则状，剖面略呈梯形，底部东西12.3、南北10.9米；顶部东西7.9、南北4米；残高4.6米（图三三二）。台体为白沙土夯筑而成，夯层厚0.08～0.1米。

敌台上及四周散落外绳纹内方格纹板瓦、内外弦纹板瓦、外绳纹内布纹板瓦。

该敌台建在康梁村长城止点东北20米的墙体上。

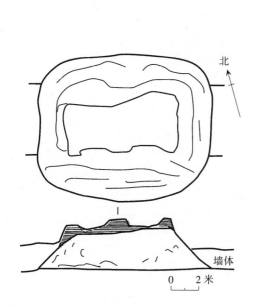

图三三二　康梁村敌台平、立面图

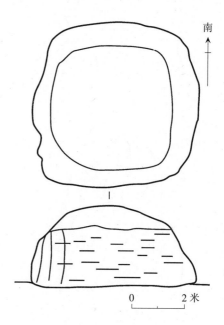

图三三三　沙窝庄村敌台平、立面图

二　沙窝庄村敌台（610823352101020007）

该敌台位于横山镇沙窝庄村西北435米处山梁上，台体周围为坡地，坡度较缓。地理坐标为东经：109°15′07.83″，北纬：37°55′57.03″，高程：1189.7米。

该敌台整体保存差，损毁严重，现为一个圆角方形土包，四周坍塌严重，暴露出明显夯层。台体东侧下有盗洞，宽1.2、高0.5、深1.2米，坡度较缓；南侧有少量动物洞穴；西侧坍塌呈圆丘状，夯层模糊，有盗洞，直径0.4、深1.1米；北侧夯层模糊。

台体整体呈圆丘形，平面略呈圆角四边形，剖面呈梯形，底部长径14.6、短径7.4米，残高2.45米（图三三三）。台体为黄沙土夯筑而成，夯层厚0.06～0.09米。

敌台东侧残存零星瓦片，外饰绳纹，内饰麻点纹。

该敌台位于墩梁村长城上，南距李新庄村烽火台598米。

三 城山村敌台（610823352101020009）

该敌台位于横山镇城山村东南 606 米处山梁上。台体西侧是与山体相连的缓坡，北侧 20 米、南侧 45 米、东侧 44 米处均为水冲沟。地理坐标为东经：109°07′14.13″，北纬：37°53′14.91″，高程：1184.4 米。

该敌台整体保存较差，坍塌比较严重，四侧均形成断面，夯层暴露明显。因风蚀、雨水冲刷、蜂窝等原因，台体表面布满明显裂纹，南面裂纹宽 0.03 米。西侧有一条约 0.04 米宽的水冲沟。台顶因风蚀等裂成两半。

台体平面呈矩形，剖面呈梯形，现存底东西 2.8、南北 2.2 米，顶东西 1.2、南北 1.1 米，残高 4.5 米（图三三四）。台体为黄沙土夯筑而成，夯层厚 0.06 ~ 0.08 米。

该敌台位于城山村长城上，西北距城山村关 855 米。

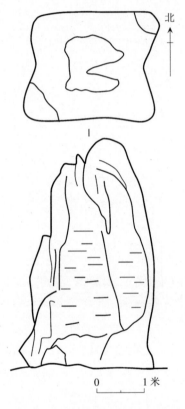

图三三四　城山村敌台平、立面图

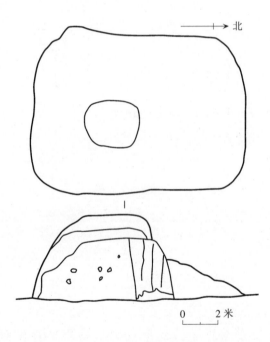

图三三五　石庙村 1 号敌台平、立面图

四 石庙沟村 1 号敌台（610823352101020010）

该敌台位于赵石畔镇石庙沟村南 356 米处山梁的缓坡上，墙体北侧下临深沟，其他三侧均为开垦的农田。地理坐标为东经：109°13′52.15″，北纬：37°52′46.61″，高程：1203.3 米。

该敌台整体保存较差，东侧夯层暴露明显，西侧坍塌比较严重。因风蚀、雨水冲刷、蜂窝等原因，台体表面布满明显裂纹。台体上长有柠条等杂草，根系生长造成表层土质松动。

台体平面呈矩形，剖面呈梯形。台底南北长 12.3、东西宽 9.6 米，台顶南北 3.1、东西 2.6 米，残高 4.8 米（图三三五）。台体为黄沙土夯筑而成，夯层厚 0.11 米。

敌台周围散落大量瓦片，外饰绳纹，内饰麻点、布纹，以及少量器物残片，可辨器形为罐。

该敌台位于石庙沟村长城上，南356米为石庙沟村2号敌台。

五　石庙沟村2号敌台（610823352101020011）

该敌台位于赵石畔镇石庙沟村西北1.715千米处山梁上的缓坡上，北侧为与山体相连的缓坡，东侧2米、南侧9米、西侧25米处均为深沟，对台体形成合围之势。地理坐标为东经：109°13′48.52″，北纬：37°52′35.20″，高程：1188.3米。

该敌台整体保存差，坍塌严重，因风蚀、雨水冲刷、蜂窝等原因，台体表面布满明显裂纹，台体上长有柠条等杂草，根系生长造成表层土质松动。

台体由于坍塌严重，现为椭圆形土堆，台底东西5、南北10.4、残高2.5米（图三三六）。台体为黄沙土夯筑而成，夯层厚0.08～0.1米。

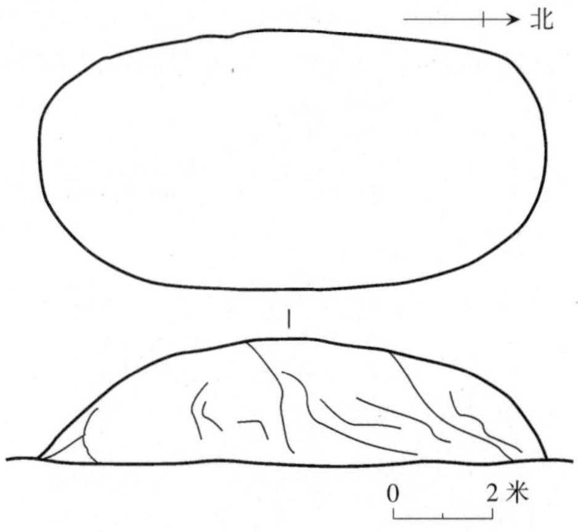

敌台周围散落大量瓦片，外饰绳纹，内饰麻点、布纹。另见有少量器物残片，可辨器形为罐。

该敌台位于石庙沟村长城上，北356米为石庙沟村1号敌台。

六　木耳峁村敌台（610823352101020012）

该敌台位于赵石畔镇木耳峁村南491米处山坡上，台体西侧为断崖，坡度较陡，东侧山坡下芦河，北距野人沟沟边108米。地理坐标为东经：109°12′33.85″，北纬：37°51′01.47″，高程：1156.6米。

该敌台整体保存差，东、西两侧坍塌严重。台体上杂草丛生，引起土层普遍松动。

台体平面略呈矩形，剖面呈梯形，底南北10.8、东西4.2米，顶南北6.9、东西1.7米，高5.3米（图三三七）。台体为黄沙土夯筑，夯层厚0.06～0.11米。

敌台周围散见零星瓦片，外饰绳纹，内饰麻点纹。

该敌台位于木耳峁村长城上。

七　周新窑村敌台（610823352101020015）

该敌台位于赵石畔镇周新窑村东492米处山梁的缓坡上，西侧为平缓的坡地，长有柠条、苜蓿、酸枣及杂草等，植被茂密，东侧132米处为芦河，236米处为204省道。地理坐标为东经：109°11′

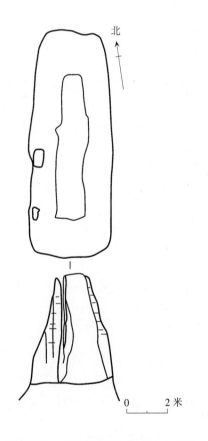

图三三六　石庙村2号敌台平、立面图

图三三七　木耳卯村敌台平、立面图

27.15″，北纬：37°47′54.97″，高程：1135.2 米。

该敌台整体保存差，整体坍塌严重，现成一土台。台体上长有柠条等杂草，根系生长造成表层土质松动。

台体平面近呈矩形，剖面呈梯形，底南北 7.4、东西 6.6 米，顶南北 3.2、东西 2.8 米，残高 1.2 米（图三三八）。台体为黄沙土夯筑而成，夯层厚 0.08~0.1 米。

敌台周围散落大量瓦片，外饰绳纹、弦纹，内饰麻点、布纹、弦纹。另见有少量器物残片，可辨器形为罐。

该敌台位于桃梨塌村长城上，东北 924 米为桃梨塌村烽火台。

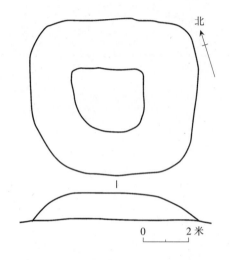

图三三八　周新窑村敌台平、立面图

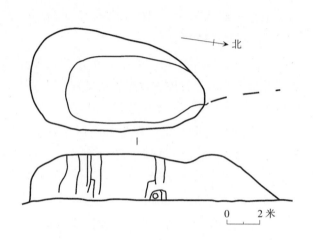

图三三九　响水塘村 1 号敌台平、立面图

八　响水塘村 1 号敌台（610823352101020018）

该敌台位于塔湾镇响水塘村西 270 米的山坡上，周围为坡地，坡度较缓，东距芦河 270 米。地理坐标为东经：109°11′07.45″，北纬：37°47′32.44″，高程：1173.4 米。

该敌台整体保存差，整体剥落、坍塌严重，现为一个圆角方形土包。东侧坍塌形成直立断面，夯层暴露明显。墙体下部有一动物洞穴，直径约 0.2 米。北侧台体因长期雨水冲刷坍塌成斜面与坡地相接。台体上杂草丛生，对台体夯土层造成一定破坏。

现存台体平面呈不规则形，剖面呈梯形，底南北 10.6、东西 6 米，顶部南北 8.4、东西 3.9 米，残高 2.8 米（图三三九）。台体为黄沙土夯筑而成，夯层厚 0.07~0.09 米。

敌台周围散落少量瓦片及器物残片，瓦片外饰绳纹、弦纹，内饰麻点纹等。

该敌台位于响水塘村长城上，东北距响水塘村 2 号烽火台 205 米。

九　响水塘村 2 号敌台（610823352101020019）

该敌台位于塔湾镇响水塘村西北 301 米的山坡上，周围为坡地，坡度较缓，东南距芦河 779 米。地理坐标为东经：109°10′59.99″，北纬：37°47′26.72″，高程：1167.7 米。

该敌台整体保存差，整体剥落、坍塌严重，各侧夯层暴露明显。台体西侧断面有土蜂窝，墙体下部有盗洞，直径约 0.9、径深 3.3 米。由于盗洞危害，台体出现明显裂纹，致使台体分裂为南、北两部分，有倒塌的可能。

现存台体为一个圆角方形土包，平面略呈不规则形，剖面呈梯形，底南北8.6、东西5.8米，顶南北6.9、东西2.3米，残高4.8米（图三四〇）。台体为黄沙土夯筑而成，夯层厚0.06～0.12米。

敌台周围散落少量瓦片，外饰绳纹、弦纹，内饰麻点纹、布纹及素面等。

该敌台位于响水塘村长城上，东北距响水塘村1号敌台256米。

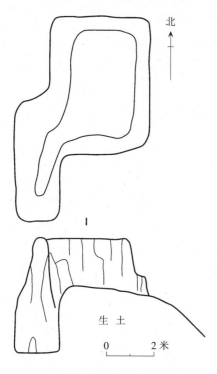 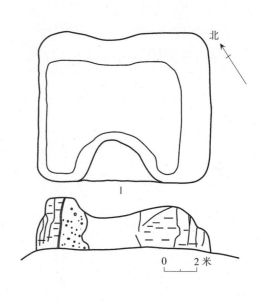

图三四〇　响水塘村2号敌台平、立面图　　　　图三四一　阎渠村敌台平、剖面图

一〇　阎渠村敌台（610823352101020020）

该敌台位于塔湾镇阎渠村东北794米的山坡上，周围为坡地，坡度较缓，东南为芦河。地理坐标为东经：109°10′51.83″，北纬：37°47′17.02″，高程：1152.6米。

该敌台整体保存较差，坍塌严重，东南侧因长期雨水冲刷坍塌成斜面与坡地相连接；西南侧由于长期雨水冲刷形成5米宽的豁口；西侧断面有土蜂窝，墙体下部有动物洞穴。台体上杂草丛生，对台体夯土层造成一定破坏。

现存台体整体略呈长方体，平面略呈矩形，剖面呈梯形，底部南北10.9、东西9米，顶部南北8.5、东西6.7米，残高3.2米。台体系两次夯筑而成，南侧为黄土夯筑，夯土较为细密，夯层厚0.08～0.11米，底南北8.1、顶南北8、残高2.4米，底部与顶部东西长度为台体整体的东西长度；北侧以黄土夯筑，夯土较为松散，夯层厚0.07～0.1米，底南北2.8、顶南北1.9、残高3.2米（图三四一）。

敌台周围散落零星瓦片，外饰绳纹内饰麻点纹等。

该敌台位于阎渠村长城上，东北距响水塘村2号敌台374米。

—— 石克峁村敌台（610823352101020021）

该敌台位于塔湾镇石克峁村南 261 米的相对平缓的坡地上。台体东侧芦河沿岸生态环境较好，杂草生长茂盛，植有柳树、杨树等，并有大片农田，种植有玉米等农作物。地理坐标为东经：109°09′53.22″，北纬：37°46′03.94″，高程：1151 米。

该敌台整体保存差，整体剥落、坍塌严重，因长期雨水冲刷，各侧面坍塌为斜面，与坡地相连接。台体上杂草丛生，对台体夯土层造成一定破坏。植有桃树、杏树等。

现存台体整体略呈方形土堆，平面略呈矩形，剖面呈梯形，底部南北 12.3、东西 7.2 米，顶部南北 2.05、东西 1.5 米，残高 3.2 米（图三四二）。台体为黄沙土夯筑而成，夯层厚 0.07 ~ 0.08 米。

敌台周围散落零星瓦片，外饰绳纹，内饰麻点纹等。

该敌台位于石克峁村长城上，东北距石克峁村遗存 693 米。

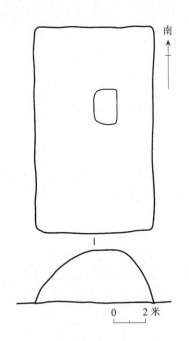

图三四二　石克峁村敌台平、剖面图

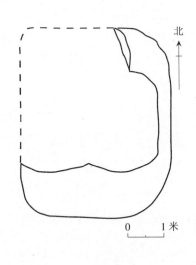

图三四三　四里坬村敌台平面图

一二　四里坬敌台（610823352101020022）

该敌台位于塔湾镇四里坬村西南 211 米处山梁的缓坡上，四周为平缓坡地，东南距芦河 576 米。地理坐标为东经：109°09′10.51″，北纬：37°45′14.67″，高程：1170.1 米。

该敌台整体保存差，台体因为人为铲削而损毁严重，现仅在东边残存夯土，西南侧残存台体一角。

台体平面略呈矩形，剖面略呈梯形。台体原东西 8.7、南北 10.6 米，但因为人为铲削而损毁严重，东边残存夯土高 0.8 米，西南侧残存台体一角，高 1.5、宽 3.1 米（图三四三）。台体为褐色沙土夯筑而成，夯层厚 0.07 ~ 0.09 米。

敌台周围散落大量石块及瓦片，外饰绳纹，内饰麻点或素面。另见少量器物残片，可辨器形为罐。

该敌台位于四里坬村长城上，西南 388 米为芦沟村 1 号敌台。

一三　芦沟村 1 号敌台（610823352101020023）

该敌台位于塔湾镇卢沟村新建组东南 120 米处山峁上。台体南侧紧邻深沟，其他三面均为平缓坡地。地理坐标为东经：109°09′03.98″，北纬：37°45′01.57″，高程：1150 米。

该敌台整体保存差，东北侧坍塌严重；南侧和西侧形成断面，夯层暴露明显。台体表面长有柠条等杂草，根系生长和马蜂窝等造成表层土质松动。

台体平面呈矩形，剖面呈梯形，底东西 9、南北 8.4 米，顶东西 5.6、南北 7.3 米，高 3.5 米（图三四四）。台体为褐色沙土夯筑而成，夯层厚 0.08 ~ 0.12 米，东南侧夯层中夹有外饰绳纹、内饰麻点方格纹的瓦片。

敌台周围散落大量石块及瓦片，外饰绳纹，内饰麻点、布纹、绳纹。

该敌台位于四里垱村长城上，东北 388 米为四里垱村敌台，南 251 米为芦沟村 2 号敌台。

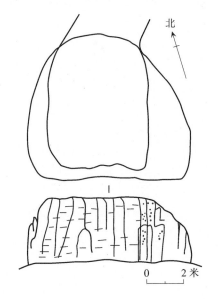

图三四四　芦沟村 1 号敌台平、立面图

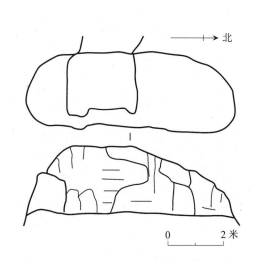

图三四五　芦沟村 2 号敌台平、立面图

一四　芦沟村 2 号敌台（610823352101020024）

该敌台位于塔湾镇卢沟村新建队东南 332 米处山峁梁的缓坡上。台体东、北、南三侧紧邻深沟，西侧是一道平缓的山梁。地理坐标为东经：109°09′01.84″，北纬：37°44′53.54″，高程：1153.2 米。

该敌台整体保存较差，由于紧邻沟壑，东侧和南侧坍塌成断面，夯层暴露明显。台体表面长有柠条等杂草，根系生长和马蜂窝等造成表层土质松动。

台体平面呈矩形，剖面呈梯形，底东西 4.2、南北 7.7 米，顶东西 2.4、南北 2.5 米，高 2.6 米（图三四五）。台体为褐色沙土夯筑而成，夯层厚 0.08 ~ 0.1 米。

该敌台位于四里垱村长城上，北 251 米为芦沟村 1 号敌台。

一五　阎渠岔村敌台（610823352101020025）

该敌台位于塔湾镇阎渠岔村南 392 米处，东侧紧邻芦河，芦河东岸为 204 省道；西侧为坡地，坡度较缓。地理坐标为东经：109°07′22.23″，北纬：37°42′10.72″，高程：1184.8 米。

该敌台整体保存差，因东侧紧邻芦河，剥落、坍塌严重，暴露明显夯层；西侧由于长期雨水冲刷坍塌为斜面，与坡地相连接。台体现为圆角方形土包。其上杂草丛生，对台体夯土层造成一定破坏，并存在育林坑，植有杨树等。

台体平面略呈矩形，剖面呈梯形，底南北 10.1、东西 5 米，顶南北 1.5、东西 1.3 米，残高 3.2 米（图三四六）。台体为黄沙土夯筑而成，夯层厚 0.07~0.09 米。

敌台周围散落零星瓦片，外饰绳纹，内饰麻点纹等。

该敌台位于阎渠岔村长城上，西南距清河沟村关约 1.248 千米

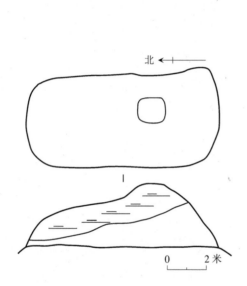

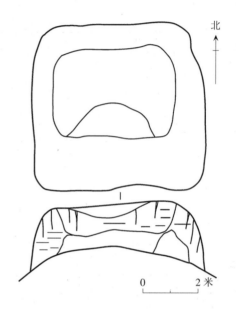

图三四六   阎渠岔村敌台平、立面图   图三四七   清河沟村 1 号敌台平、立面图

一六   清河沟村 1 号敌台   （6108233352101020026）

该敌台位于塔湾乡清河沟村东南 334 米处山梁上，北侧为断崖，坡度较陡，距清河沟 129 米，南侧为坡地，坡度较缓。地理坐标为东经：109°07′11.55″，北纬：37°41′23.22″，高程：1196.8 米。

该敌台整体保存较差，南侧坡度较缓；北侧紧邻断崖，坡度较陡，坍塌严重。雨水冲刷的痕迹处处可见。台体上杂草丛生，引起土层普遍松动。

台体平面略呈矩形，剖面呈梯形，底南北 6、东西 6.4 米，顶南北 3.4、东西 4.5 米，残高 2.5 米（图三四七）。台体为黄土夯筑而成，夯层厚 0.08~0.09 米。

该敌台位于清河沟村长城上，西南距清河沟村 2 号敌台 276 米。

一七   清河沟村 2 号敌台   （6108233352101020027）

该敌台位于塔湾乡清河沟村南 254 米处山梁上，北侧为断崖，坡度较陡，距清河沟 231 米，南侧为坡地，坡度较缓。地理坐标为东经：109°07′05.67″，北纬：37°41′15.85″，高程：1196.8 米。

该敌台整体保存较差，台体损毁严重。西侧因雨水冲刷，形成一个缺口，缺口宽 3.8 米，进深 2.6 米；南侧坡度较缓；北侧紧邻断崖，坡度较陡。台体上杂草丛生，并生长少量柠条，引起土层普遍

松动。

台体平面呈不规则形，剖面呈梯形，底东西 19.6、南北 14.6 米，顶东西 11.6、南北 6 米，残高 3 米（图三四八）。台体为黄沙土夯筑而成，夯层厚不明显。

敌台周围散落大量瓦片，外饰绳纹、弦纹，内饰麻点纹、布纹、方格纹、菱纹。

该敌台位于清河沟村长城上，东北距清河沟村 1 号敌台 276 米，西南距清河沟村 3 号敌台 266 米。

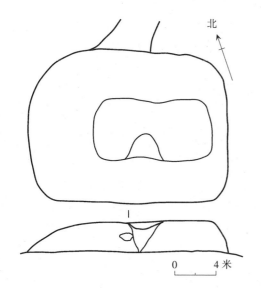 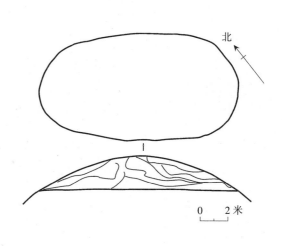

图三四八　清河沟村 2 号敌台平、立面图　　　　图三四九　清河沟村 3 号敌台平、立面图

一八　清河沟村 3 号敌台 （6108233352101020028）

该敌台位于塔湾镇清河沟村南 384 米处山梁上，北临清河沟，河岸草木茂盛且有少量农田。台体覆盖少量杂草，两侧坡地生长柠条、蒿草及桃树、杏树等。地理坐标为东经：109°06′59.98″，北纬：37°41′08.30″，高程：1178.3 米。

该敌台整体保存较差，四周坍塌严重，呈圆丘形，南侧坡度较缓。周围雨水冲刷的痕迹处处可见。台体上杂草丛生，引起土层普遍松动。

台体平面略呈椭圆形，剖面呈弧形，底部长直径 14.6、短直径 7.4、残高 2.45 米（图三四九）。台体为黄沙土夯筑而成，夯层厚 0.06～0.09 米。

敌台周围散见零星瓦片，外饰绳纹，内饰麻点纹。

该敌台位于清河沟村长城上，东北距清河沟村 2 号敌台 266 米。

一九　清河沟村 4 号敌台 （6108233352101020029）

该敌台位于塔湾镇清河沟村东南 1.51 千米平缓的山坡上，北侧山坡下为清河沟。地理坐标为东经：109°06′43.27″，北纬：37°40′28.20″，高程：1296 米。

该敌台整体保存较差，西侧断面暴露明显夯层，断面处有土蜂窝及其他动物洞穴，下部有一盗洞，直径 1.4、深 1.2 米。台体顶部有育林坑。由于长期雨水冲刷，现存台体整体为圆角方形台体。其上杂草丛生，引起土层普遍松动。

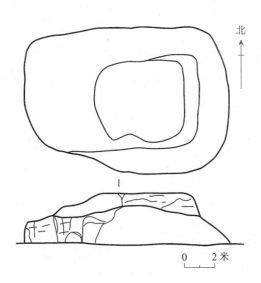

图三五〇 清河沟村 4 号敌台平、立面图

台体平面近呈矩形，剖面呈梯形，底东西 13.8、南北 9.4 米，顶东西 6.1、南北 5.3 米，残高 3.2 米（图三五〇）。台体为黄沙土夯筑而成，夯层厚 0.07 ~ 0.1 米。

敌台周围散布大量板瓦、筒瓦残片，外饰绳纹、弦纹，内饰麻点纹、布纹、弦纹、方格纹或素面。另外，还发现少量器物残片及素面瓦当等。

该敌台位于清河沟村长城 4 段上，东北距清河沟村 3 号敌台约 1.364 千米。

二〇 李家洼村烽火台
（610823353201020002）

该烽火台位于横山镇李家洼村西 574 米山峁北侧的缓坡上，东侧 144 米处为一水冲沟，南侧为与山体相连的缓坡，西侧 127 米处为一水冲沟，西北 513 米处为一蔬菜基地，北侧坡度较陡，下临深沟。地理坐标为东经：109° 16′ 06.28″，北纬：37° 57′ 39.12″，高程：1123.1 米。

该烽火台整体保存较差，东、西、北三侧因冲沟发育，已对台体形成合围之势。台体坍塌严重，西侧已形成断面。其表面有蜂窝、明显裂纹及水冲沟，杂草丛生，土层松动，加剧了雨水对台体的冲刷侵蚀。

台体平面为矩形，剖面呈梯形，底东西 6.8、南北 4 米，顶东西 5.7、南北 3.2 米，南侧高 4.1 米，北侧高 2.2 米（图三五一）。台体为黄土夯筑而成，夯层厚 0.08 ~ 0.1 米。

烽火台周围散落较多板瓦、筒瓦残片，瓦片外饰绳纹，内饰麻点纹，以及少量器物残片，可辨器形为罐。

该烽火台东距高家峁村 1 号烽火台 910 米。

二一 高家峁村 1 号烽火台
（610823353201020003）

该烽火台位于横山镇高家峁村东北 721 米山峁半腰的缓坡上，东侧 172 米处为雨水冲沟，南侧 52 米处为雨水冲沟，西侧与山体相连，北侧 152 米处为一雨水冲沟。地理坐标为东经：109° 15′31.92″，北纬：37° 57′27.32″，高程：1178.7 米。

该烽火台整体保存较差，东、南、西三侧坍塌严

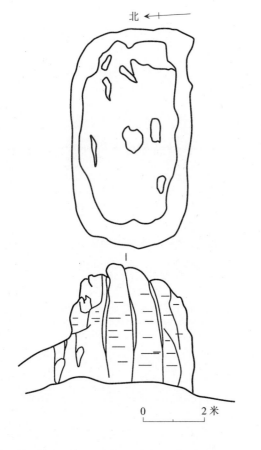

图三五一 李家洼村烽火台平、立面图

重，夯层暴露明显，形成断面。东、南、北三侧均有雨水冲沟。因雨水冲刷、风蚀，台体表面布满明显裂纹，东、北两侧有雨水冲刷及人为踩踏形成的小路。

台体平面近呈矩形，剖面呈梯形，底东西 5.2、南北 3.8 米，顶东西 3.5、南北 1.6 米，残高为 3.3 米（图三五二）。台体为黄土夯筑而成，夯层厚 0.06～0.1 米。

烽火台周围散落零星瓦片，外饰绳纹，内饰麻点纹。

该烽火台东距李家洼村烽火台 910 米，西南距高家峁 2 号烽火台 129 米。

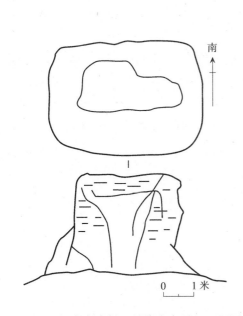

图三五二　高家峁村 1 号烽火台平、立面图

图三五三　高家峁村 2 号烽火台平、立面图

二二　高家峁村 2 号烽火台（610823353201020004）

该烽火台位于横山镇高家峁村北 624 米处的山梁上，东侧 62 米处为一水冲沟，西、南、北三侧均为平缓坡地，南侧 91 米处为一村村通等级柏油路，西北侧 226 米为一高压线杆。地理坐标为东经：109°15′27.30″，北纬：37°57′25.94″，高程：1226.1 米。

该烽火台整体保存较差，因雨水冲刷、风蚀等，台体表面布满明显裂纹。东北侧坍塌严重，下为平缓坡地，东侧 62 米处为一水冲沟；西北侧因坍塌形成陡坡；西南至东北有一条因雨水冲刷和人为踩踏形成的宽约 1.6 米的小径。

台体平面呈矩形，剖面呈梯形，底东西 7.2、南北 6.7 米，顶东西 5.8、南北 5.2 米，残高 3.2 米（图三五三）。台体为黄土夯筑而成，夯层厚 0.06～0.1 米。

烽火台周围散落较多板瓦、筒瓦残片，瓦片外饰绳纹、内饰麻点纹。另见有少量陶罐残片。

该烽火台东北距高家峁村 1 号烽火台 129 米，西南距高家峁 3 号烽火台 191 米。

二三　高家峁村 3 号烽火台（610823353201020005）

该烽火台位于横山镇高家峁村东北 64 米山峁半腰的缓坡上，东北侧为较平缓的坡地，东侧 61 米处为一水冲沟，南侧为一片耕地，西北 114 米处为一高压线杆，北侧 116 米处为村村通等级柏油路。

地理坐标为东经：109°15′21.74″，北纬：37°57′19.44″，高程：1181.2米。

该烽火台整体保存差，东侧61米处为一水冲沟；南侧因土地平整对台体有所损坏；西侧坍塌严重，夯层暴露明显。台体壁面有蜂窝、明显裂纹及水冲沟。其上杂草丛生，土层松动，加剧了雨水对台体的冲刷侵蚀。

台体现坍塌呈圆丘状土台，平面呈椭圆形，剖面呈弧拱形，底长径8.8、短径5.6、残高2.2米（图三五四）。台体为黄土夯筑而成，夯层厚0.07~0.08米。

该烽火台东北距高家峁村2号敌台191米，西南距高家峁村4号敌台426米。

二四　高家峁村4号烽火台（610823353201020006）

该烽火台位于横山镇高家峁村西侧的耕地上，东侧紧邻农户，南、北两侧为一片耕地，西侧紧邻一条乡间土路，再往西53米处为一家农户。地理坐标为东经：109°15′14.25″，北纬：37°57′07.02″，高程：1194.2米。

该烽火台整体保存差，台体南侧形成断面，夯层暴露明显。因土地平整、房屋修建、雨水冲刷等原因，台体坍塌严重。台体上有一条东西向人为踩踏形成的小径。

台体平面略呈矩形，剖面呈梯形，底东西5.9、南北5.8米，顶东西4.2、南北3.3米，残高1.6米（图三五五）。台体为黄土夯筑而成，夯层厚0.07~0.09米。

烽火台周围散落零星瓦片，外饰绳纹，内饰麻点纹。

该烽火台东北距高家峁村3号敌台426米。

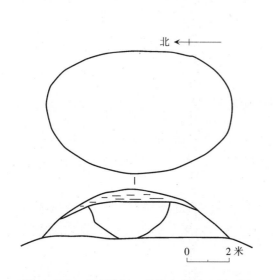

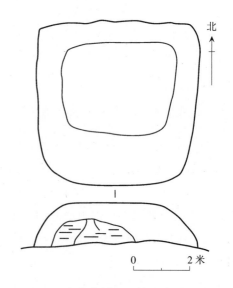

图三五四　高家峁村3号烽火台平、立面图　　　　三五五　高家峁村4号烽火台平、立面图

二五　李新庄村烽火台（610823353201020008）

该烽火台位于横山镇李新庄村北侧213米的山峁缓坡上，西侧与山体缓坡相连，其他三侧均为断崖，下临雨水冲刷形成的深沟，南侧261米处为李新庄沟，周围长有柳树、杨树及柠条、酸枣等。地理坐标为东经：109°15′13.43″，北纬：37°55′28.19″，高程：1127.9米。

该烽火台整体保存较差，东、北两侧坍塌严重；北侧形成断面，夯层暴露明显。因沟壑发育，烽火台的东、南、北三侧都被深沟包围。台体表面长有柠条、酸枣等植被。

台体平面略呈矩形，剖面呈梯形，底南北5.1、东西3.6米，顶南北4.2、东西2.3米，残高2.4米（图三五六）。台体为黄土夯筑而成，夯层厚0.08~0.09米。

烽火台周围散落零星瓦片，外饰绳纹，内饰麻点纹。

二六　刘家洼村烽火台（610823353201020013）

该烽火台位于赵石畔镇刘家洼村西侧136米山梁上，东侧138米处为芦河自南向北流过，东189米处为204省道；南侧为耕地，种有土豆等农作物；西侧为一打谷场，西22米处为一水冲沟，西216米处有一通信塔；北侧紧邻陡坡。地理坐标为东经：109°12′47.10″，北纬：37°49′03.52″，高程：1116.6米。

该烽火台整体保存差，因人为铲削现成椭圆形土台，仅余上方0.5米厚的夯土层，台体表面长有柠条、茅草等少量植被，其根系的生长对台体有破坏作用。

台体平面呈椭圆形，剖面呈梯形，底长径7.2、短径3.4米；顶长径6.4、短径3.1米；残高1.2米（图三五七）。台体为黄土夯筑而成，夯层厚0.08~0.1米。

烽火台周围散落大量外饰绳纹、弦纹，内饰麻点纹、布纹瓦片，以及少量器物残片。

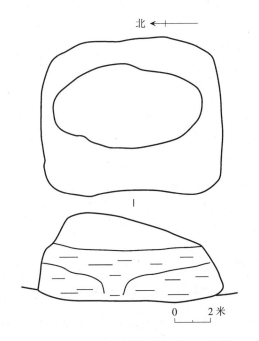

图三五六　李新庄村烽火台平、立面图

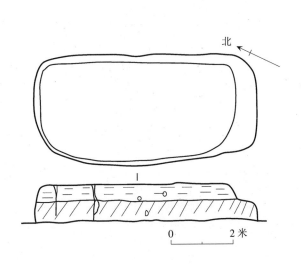

图三五七　刘家洼村烽火台平、立面图

二七　桃梨塌村烽火台（610823353201020014）

该烽火台位于赵石畔镇桃梨塌村东352米处的山坡上，台体及西侧长有大量杂草，主要为柠条、蒿草等；东侧的芦河岸边生态环境较好，两岸湿地有大片农田。地理坐标为东经：109°11′57.21″，北纬：37°48′22.84″，高程：1123.6米。

该烽火台整体保存差，损毁严重，现为一个圆角方形土包。台体南侧坍塌严重，暴露出明显夯层，

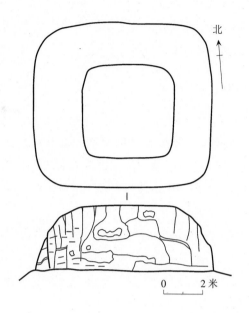

图三五八　桃梨塌村烽火台平、立面图

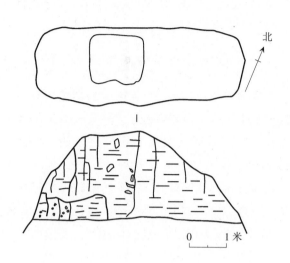

图三五九　响水塘村 1 号烽火台平、立面图

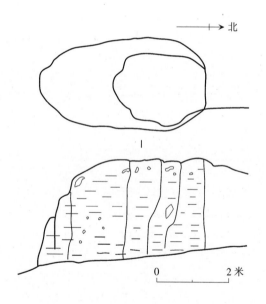

图三六〇　响水塘村 2 号烽火台平、立面图

断面处可见到有几处蜂窝，其他三壁面因雨水冲刷坍塌成斜坡。台体上杂草丛生。

台体平面呈矩形，剖面呈梯形，底东西 9.3、南北 8.2 米，顶东西 4.8、南北 4.6 米，残高 3.3 米（图三五八）。台体为褐色沙土夯筑而成，夯层厚 0.07～0.13 米。

烽火台周围及南侧坡地散落少量瓦片，外饰绳纹、弦纹，内饰麻点纹、布纹、菱格纹等。

该烽火台位于桃梨塌村长城起点处，西南距周新窑村敌台 924 米。

二八　响水塘村 1 号烽火台
（610823353201020016）

该烽火台位于塔湾镇响水塘村北 263 米的山坡上。台体东侧深沟以东为赵石畔镇地界，深沟以西为塔湾镇地界。周围长有大量杂草，主要有柠条、蒿草等。地理坐标为东经：109°11′21.69″，北纬：37°47′34.37″，高程：1134.7 米。

该烽火台整体保存差，台体剥落、坍塌严重，夯层暴露明显。其北临深沟，断面处可见到蜂窝。台体上杂草丛生，断面处可见植物根系伸入墙体。

台体平面略呈矩形，剖面呈梯形，底东西 5.8、南北 2.1 米，顶东西 1.5、南北 1.3 米，残高 2.4 米（图三五九）。台体为两次夯筑而成。西侧墙体底部东西 1.4、南北 2.1 米，顶部东西 0.8、南北 1.3 米，残高 2.4 米。褐色沙土夯筑，夯层厚 0.11～0.13 米。东侧墙体底部东西 4.4、南北 2.1 米，顶部东西 0.7、南北 1.3 米，残高 2.4 米。黄土夯筑，夯层厚 0.06~0.09 米。

烽火台围散落少量瓦片、石块及器物残片，瓦片外饰绳纹，内饰麻点纹或素面等。

该烽火台位于响水塘村长城起点处，西距响水塘村 2 号烽火台 144 米。

二九　响水塘村 2 号烽火台（610823353201020017）

该烽火台位于塔湾镇响水塘村西北 367 米的山坡上，北距边沟 32 米，北侧坍塌形成斜坡与坡地相连接。台体东侧深沟生态环境较好，杂草生长茂盛，并有柳树、杨树等。地理坐标为东经：109°11′16.29″，北纬：37°47′33.00″，高程：1145.3 米。

该烽火台整体保存差，台体剥落、坍塌严重，暴露明显夯层，南侧坍塌形成直立断面，北侧因长期雨水冲刷坍塌成斜坡。台体上杂草丛生。

台体平面呈不规则形，剖面呈梯形，底南北 4.5、东西 2.4 米，顶南北 2.5、东西 1.9 米，残高 2.6 米（图三六〇）。台体为黄沙土夯筑，夯层厚 0.08~0.14 米。

烽火台周围散落少量瓦片，外饰绳纹，内饰麻点纹等。

该烽火台位于响水塘村长城线上，东距响水塘村 1 号烽火台 144 米。

第三节　战国秦长城关堡

横山县战国秦长城沿线残存关堡共有 3 座，全部依长城墙体修建。

一　城山村关（610823353101020001）

该关位于横山镇城山村东 36 米的平缓坡地上，西北角 23 米以外是一条水冲沟，南侧和东侧均为一片耕地，西侧紧邻农户屋顶。东北方 359 米处为芦河，南侧 77 米处为古巴路，南侧 3.5 公里处为芦河。地理坐标为东经：109°14′39.26″，北纬：37°53′34.90″，高程：1234.8 米。

该关整体保存状况差。其在夯筑时首先将东、南、北三边铲削为立面，再在外部包裹上一层夯土。关西墙为城山村长城一段墙体，但由于土地平整及房屋修建，四周关墙现与地表齐平。关东墙因雨水冲刷和人为挖掘形成一个宽约 2.5 米的豁口，西北角有一座高压塔。关堡周长 264 米，占地面积 3956 平方米。平面呈矩形，四周围墙为黄土夯筑，夯层厚 0.04~0.08 米，关墙南北 86、东西 46、高 4.5 米。现地表已被平整为耕地，种有土豆、豆角等农作物，设施情况已无法考证。

该关位于城山村长城 1 段墙体东侧，西墙利用城山村长城 1 段墙体，关东南角 855 米为城山村敌台，其他设施不详。

关内及东侧散落大量板瓦、筒瓦及器物残片。瓦片外饰绳纹、弦纹，内饰麻点纹、布纹、弦纹、方格纹、菱形纹。此外还发现卷云纹残瓦当一枚。

该关所在的城山村居民近 13 户，50 多人。以农业为主，种植土豆、玉米、荞麦、谷子黑豆等。关西北 778 米处为古巴路。

二　清河沟村 1 号关（610823353101020002）

该关位于塔湾镇清河沟村东 336 米山梁上，北临清河沟，坡度较陡；南部坡度较缓；东北方 359 米处为芦河。地理坐标为东经：109°07′11.88″，北纬：37°41′23.05″，高程：1199.8 米。

　　该关整体保存状况差，坍塌严重，西侧墙体基本与地表齐平，因雨水冲刷，顶部有较多水冲沟，或有豁口。周长176米，占地面积1872平方米。平面呈矩形，四周围墙为黄土夯筑，其中东墙长36、底宽2.6米，顶宽0.8、高0.8米；北墙利用清河沟村长城1段墙体，长52、底宽8.4米，顶宽1.4~3.2、高2.6米；西墙长28米，基本与地表齐平，宽7.6米；南侧墙体因冲沟破坏已基本消失，仅与东墙相连处残存一段，长6、底宽3.5、顶宽1米。推测南墙应存在关门，其他设施不详（图三六一）。

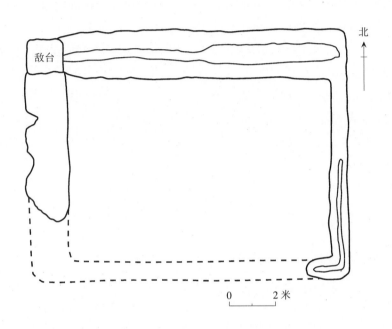

图三六一　清河沟村1号关平面图

　　该关位于清河沟村长城1段墙体内侧（南侧），北墙利用清河沟村长城1段一段墙体，关西北角现为清河沟村1号敌台。

　　该关内部及西侧散落大量板瓦、筒瓦及器物残片，可辨器形有罐等，瓦片外饰绳纹、弦纹，内饰麻点纹、布纹。

　　该关所在的清河沟村居民近30户，150多人。以农业为主，种植土豆、玉米、荞麦、谷子、黑豆等。关北侧77米处有一条东西向的乡村土路与204省道（榆林至靖边）。

三　清河沟村2号关（6108233353101020003）

　　该关位于塔湾镇清河沟村东南1.83千米的山峁顶部，西墙系利用清河沟村长城4段一段墙体。关内地势平缓，杂草丛生，生长有柠条、蒿草、茅草等植物。地理坐标为东经：109°06′23.62″，北纬：37°39′50.98″，高程：1326.3米。

　　该关整体保存状况差，东墙、南墙消失，消失墙体向下斜坡有水冲沟；北墙现仅残存长33米，坍塌为鱼脊状。关的西北角为斜坡，推测此处原应为关门位置，东北角残墙南北7.9、东西6.4、高2.8米，夯层厚0.08~0.12米，周长264米，占地面积4340平方米。

　　该关建在清河沟村长城4段墙体内侧，东北距清河沟村4号敌台1119米。

　　关内及西南角坡面上散落大量外饰绳纹、弦纹，内饰布纹、麻点纹的瓦片，以及少量器物残片，可辨器形为罐、甑等。

该关的南侧有一条东西向的乡村土路与 204 省道（榆林至靖边）连接。

第四节　战国秦长城相关遗存

横山县战国秦长城沿线相关遗存共有 6 处，包括居住址 3 处和其他遗存 3 处。依据 3 处居住址遗物大多是外绳纹内麻点纹瓦片和同时期的陶片，判断是战国和西汉早期沿长城一线的居住遗址。

一　后高家峁村遗存 1（610823354199020001）

该遗存位于波罗镇龙泉墩村后高家峁村东北 1.25 千米沙漠中，周围为沙梁。地理坐标为东经：109°30′29.52″，北纬：38°11′33.50″，高程：1154 米。

该遗存整体保存状况差，西侧有推土机铲削的痕迹，无建筑遗迹。遗存东西 60、南北 17 米，面积 1020 平方米。遗址内散落大量外绳纹内麻点纹板瓦、外绳纹内布纹筒瓦和绳纹器物残片。

该遗存位于 0001 后高家峁村长城 1 段内侧，西南接邵小滩村长城。

该遗存所在的龙泉墩村后高家峁组有居民 130 人。以农业为主，种植玉米、土豆等。东侧为金银路和长沙路。

二　后高家峁村遗存 2（610823354199020002）

该遗存位于波罗镇龙泉墩村后高家峁村西北 790 米沙漠中，周围为沙梁。地理坐标为东经：109°29′33.80″，北纬：38°11′14.26″，高程：1147 米。

该遗存整体保存状况差，遗存内建筑遗迹无存，仅存大量的瓦片和陶片等遗物。北依后高家峁村长城 2 段墙体而建，南为一条东西向的沟。遗址内西侧残存一段长 15 米的土梁，宽 12.7、残高 1.5 米。遗物的散落范围为东西 50、南北 60 米，面积 3000 平方米。瓦片外饰绳纹，以内饰麻点纹板瓦、内饰布纹筒瓦为多，也有少量的内素面筒瓦。陶器残片为夹砂灰陶质，器形以陶罐和陶钵为主，纹饰主要为外素面和细绳纹。根据散落的遗物及所处的地形分析，此遗存应为战国秦长城内侧的一个城址所在。

此遗存处于后高家峁村长城墙体内侧。

该遗存北 80 米有一条东西向乡村土路通行。

三　郭家湾村遗存（610823354107020003）

该遗存位于赵石畔镇郭家湾村西北 1.475 千米，附近有较低的山梁，所在地势较为平缓。地理坐标为东经：109°13′21.61″，北纬：37°52′02.16″，高程：1063 米。

该遗存整体保存状况差，仅西侧断面部分可见到夯土，南、北、东三侧与缓坡相连。遗存南北 46、东西 50 米，面积约 2300 平方米。西侧残存有夯层，最高处 2.8 米，夯层厚 0.1～0.18 米。基础为自然地面，建筑方法为对台地进行铲削，再进行夯筑，土质以黄土为主。

遗存内散布大量板瓦、筒瓦残片，外饰绳纹、弦纹，内饰麻点纹、菱形纹、布纹等。另见有一些器物残片（可辨器形为罐等）和几块红色砂岩石块。

该遗存北距石庙沟村 2 号敌台 1.22 千米。

该遗存所在的郭家湾村有 40 余户，200 余人。以农业为主，种植有糜子、荞麦、土豆、苜蓿等。西侧为一条盘山土路。

四　石克峁村遗存（610823354107020004）

该遗存位于塔湾镇石克峁村东北 272 米，附近有较低的山梁，所在地势较为平缓，西南侧为石克峁村长城一段，东临芦河，中间是石克峁村通往外界的土路。内部经过平整土地，平坦开阔，杂草丛生，主要有柠条、茅草等。地理坐标为东经：109°10′13.20″，北纬：37°46′18.66″，高程：1143.6 米。

该遗存整体保存状况差，内部无建筑遗迹，南北 232、东西 173 米，面积 40136 平方米。现地表散落大量板瓦、筒瓦残片，外饰绳纹、弦纹，内饰麻点纹、方格纹、布纹、素面及方格纹内带麻点纹等。此外，还有一些器物残片，可辨器形为罐、甑等。另外，还可见红色砂岩石块。

该遗存西依石克峁村长城墙体，西南 693 米为石克峁村敌台。

该遗存所在的石克峁村有居民 30 多户，200 余人。以农牧业为主，农作物主要有土豆、玉米、大豆等，牧业以圈养羊为主。该村交通不方便，仅有一条土路与外界相通。

五　石井村遗存（610823354107020005）

该遗存位于塔湾镇石井村西南 331 米处的山梁顶部，地势较平缓。地理坐标为东经：109°07′54.07″，北纬：37°43′16.33″，高程：1182.7 米。

该遗存整体保存状况差，中间有一圆形土包，没有发现任何残存墙体、夯层及其他遗迹。土包上部残存有大量碎砖块，周围散布大量筒板、瓦片，外饰绳纹、弦纹，内饰麻点纹、菱形纹、布纹及素面等，以内饰绳纹瓦片居多。另见一些器物残片，可辨器形为罐、甑。遗存南北 36、东西 32 米，面积约 1152 平方米。

遗存南 1.603 千米为阎渠岔村敌台。

该遗存所在的石井村现有村民 30 余户，150 余人。以农业为主，种植有谷子、玉米、大土豆及饲料作物等。遗存东约 520 米处为 204 省道（榆林至靖边）。

六　清河沟村遗存（610823354107020006）

该遗存位于塔湾镇清河沟村东南山梁上，墙体周围为沙土坡地。起于塔湾镇清河沟村东南 1.148 千米，止于塔湾镇清河沟村东南 1.19 千米，全线长 42 千米，呈西北—东南走向。起点坐标为东经：109°06′47.04″，北纬：37°40′39.94″，高程：1283.1 米；止点坐标为东经：109°06′48.51″，北纬：37°40′39.18″，高程：1278.5 米（图三二七）。

该遗存为一段障墙，位于清河沟村长城 2 段内侧，并与其近呈垂直状，障墙起点西距清河沟村长城 2 段墙体 40 米。该段墙体为土梁状，坍塌、剥落严重，保存较差。其以黄沙土夯筑而成，墙体底宽 6.2 米，顶宽 1.4 米，残高 2.6 米，夯层厚 0.08～0.1 米。墙体表面覆盖有柠条、苜蓿等植被。周围为沙土地，长有红柳、杨树及柠条、茅草、蒿草、苜蓿等植物。墙体周围发现大量瓦片，外饰绳纹、弦纹，内饰麻点纹、菱格纹或素面。

第六章　靖边县战国秦长城资源

　　靖边县位于榆林市西南部的无定河上游，地势呈南高北低状，北部是毛乌素沙漠的南缘，南部是黄土高原的北部边缘白于山。海拔高度介于 1123～1823 米，平均海拔 1473 米。其可分为三大类地形区，西部属风沙滩地，地表形态平缓，有流动、半固定、固定沙丘和湖盆滩地；中部为梁峁涧地，是黄土梁峁形成的开阔谷地；南部白于山两侧为丘陵沟壑区，水土流失严重，南部黄土山区多为南北纵向发育的沟壑。气候属大陆性半干旱季风气候，多风、多沙暴，年平均降水量 395.4 毫米。境内河流主要有红柳河（无定河上游）、大理河、芦河、黑河等。农作物主要有糜子、谷子、黑豆、洋芋、荞麦、小麻等。近年来，石油等资源开发成为主要经济支柱。

　　靖边县商周时为戎狄所居，战国时长城以外为匈奴、林胡所居之地。秦汉时为上郡，十六国时赫连勃勃在本县白城子建大夏国，隋唐属朔方郡、夏州，唐宋时增设宥州，一度为西夏所占据，元代属陕西行省。明代属延绥镇，本地分设西路靖边道，置靖边营，有靖边守御千户所。清设靖边县属榆林府，后改属延安府。1937 年靖边县属陕甘宁边区，1949 年后属榆林地区（市）。

　　靖边县秦长城资源的调查工作主要由于春雷、王茂迎、方琳、杨帆、李宁、陈江峰、苏锦平等完成，牛新龙、张振峰、唐海峰、赵学江、陈探戈、金迪、杨婷、贺慧慧等参与完成。调查时间为 2009 年 7～9 月。

　　靖边县秦长城总长 103119 米，长城遗存包括墙体、单体建筑、关堡和相关遗存，大部分墙体为夯土筑成，小部分为堑削山坡形成山险。长城从横山县塔湾镇鱼沟山进入靖边县境，越过草沟村瓦渣梁向西南至杨桥畔乡砖窑峁（瓦渣梁），至龙州乡黄草坬与明大边长城相交后继续向西南延伸。再向南沿芦河与大理河分水岭至天赐湾折向西南，沿芦河和延河的分水岭白于山脉向西偏南延伸，经新城乡老坟嶙岘进入吴起县境。整体走向为东北—西南，天赐湾以北部分是北—南走向，沿芦河西岸边、芦河与大理河分水岭分布；天赐湾以西部分为东—西走向，沿芦河与延河、洛河分水岭分布（图三六二）。

　　靖边县秦长城的分布是整个秦长城从沙漠区分布向黄土山区分布的关键地段。东北部分仍然沿芦河西岸分布于沙漠之中，向南越过芦河后沿分水岭黄土梁区分布，部分地方可以看出墙体西侧有堑削的痕迹。该区段长城防御利用黄土山势堑削成山险墙形式的数量逐渐增多，墙体走向虽然仍大体采取直线式分布，但由于受地形的限制，也有了较多的弯曲之处。单体建筑也从沙漠中简单的大约等距离分布向监控西北侧沟道布设的形式变化。长城墙体沿山体西北侧山腰分布的防御特征也逐渐明显。

　　靖边县大路沟乡城墙梁至新城乡老坟嶙岘段的秦长城是此前调查已经发现的部分。这次调查新发

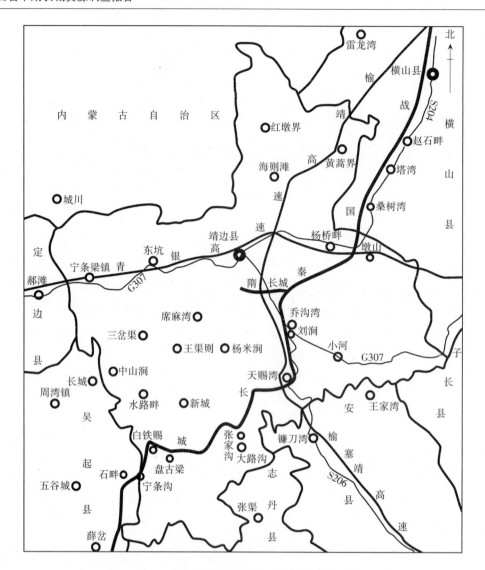

图三六二　靖边县战国秦长城、隋长城位置示意图

现的有草沟村至杨桥畔乡砖窑峁（瓦渣梁）段、龙州乡黄草坬至轮则壕段和小河乡乔家坬则村至大路
沟乡城墙梁段等。从杨桥畔乡砖窑峁至龙州乡黄草坬段和小河乡乔家坬则村至龙州乡轮则壕村段没有
发现明显的长城迹象，线路走向不明。

　　此前的调查认为，分布在该县的部分明长城沿用了秦长城，这次调查时并没有发现相关迹象。以
现存遗迹看，二者应该不存在沿用关系，但全线有两次交叉现象。过去的研究认为，银湾段长城是明
代沿用秦长城，经此次调查，该段长城是明代沿用和修缮的隋长城。过去曾有学者认为，从镇靖乡火
场洼至大路沟乡城墙梁，从城墙梁向东南至高峁山入安塞县，沿大理河南岸分布，至绥德折向北，沿
无定河西岸分布至鱼河堡段的长城，经此次调查发现并不存在。

　　靖边县秦长城由靖边县文物管理委员会办公室，负责人为李文海，该单位属事业性质，经费由财
政提供。单位在编人员有 13 人。

　　该县长城没有专职的保护机构、保护标志、保护范围、建设控制地带及记录档案。

第一节　战国秦长城墙体

靖边县战国秦长城全长 103119 米，共分 33 段，墙体处于沙漠区和黄土山区，主要是夯土筑成，也有利用山形地势辅以人工形成山险墙的形式，在历经两千年风沙雨雪后，部分墙体已经消失。

由于自然环境的原因，战国秦长城在此县存在从沙漠区的夯土墙体向黄土山区的"三道堑"形制的转变。东北部，长城墙体仍分布于沙漠之中，由于受到的风沙侵蚀比较严重，现存断断续续的墙体仅可以根据沿线散布的外绳纹内麻点纹瓦片和隆起的地形辨认出长城分布的具体线路，残存的墙体宽度在 0.6~7 米，但多集中在 2~4 米；高度在 0.4~3.8 米，大多集中在 1~2.5 米。西南部，墙体分布于白于山区，地表沟壑纵横，长城墙体多分布于分水岭山脊的西北侧山腰，并多有堑削的痕迹，大多为上夯下堑的构筑方式。此类墙体受到雨水侵蚀和沟壑发育的影响更大，残存墙体夯土部分宽度在 2~5.9 米，但多处于 4~5 米；高度在 1~4.5 米，多为 2~3 米。夯土部分西北侧下方就是堑削部分，被堑削成数层台阶状，从 1~4 级不等，多为 3 级，俗称"三道堑"，每级堑的高度在 10 米左右，宽度 10~20 米，因地形而异。至于三道堑是否为战国时抑或秦汉时期的遗存，尚存疑，因为堑削黄土而形成的防御工程不可能历两千年风雨仍然清晰可见。

全县战国秦长城墙体共分 33 段，其中山险墙占 54.9%，有 17 段；夯土墙占 18.1%，有 12 段；消失段长城占 27%，有 4 段。

靖边县秦昭王、汉长城长度统计表

单位：米

类别	保存较好	保存一般	保存较差	保存差	消失	小计
山险	0	0	0	0	0	0
河险	0	0	0	0	0	0
山险墙	0	0	400	20364	35856	56620
石墙	0	0	0	0	0	0
土墙	0	0	139	11866	6619	18624
消失段	0	0	0	0	27875	27875
总计	0	0	539	32230	70350	103119

一　草沟村长城 1 段（6108243821010 20001）

该段长城位于靖边县杨桥畔镇草沟村东北，在靖边县靠近横山县的山间，起于靖边县杨桥畔镇草沟村东北 2.25 千米，止于杨桥畔镇草沟村西北 1.2 千米，呈东北—西南走向，全长 1722 米。起点坐标为东经：109°06′15.00″，北纬：37°39′33.00″，高程：1264 米；止点坐标为东经：109°05′17.00″，北纬：37°39′02.00″，高程：1267 米（图三六三）。

该段墙体整体保存程度差，大多消失，其中保存差 506 米，消失 1216 米。依其保存状况分 9 个自然段。

第 1 段　起点至断点 1，长 38 米，保存差，呈东北—西南向。起点为靖边县与横山县交界，交界处为一条土路，东北为鱼沟山，西南为瓦渣梁。断点 1 处墙体因雨水冲刷成沟壑而断开，断面处底宽 2.2、顶宽 1.3、高 1.4 米（图三六四）。

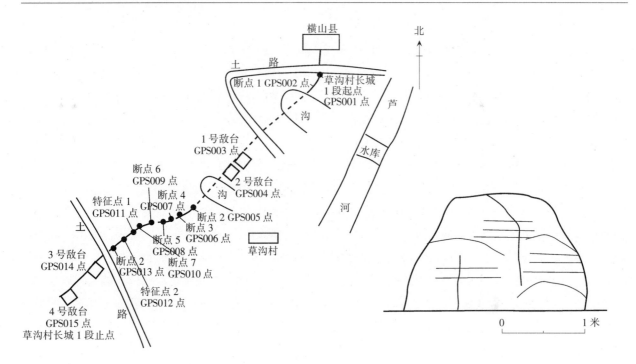

图三六三　草沟村长城1段位置示意图　　　图三六四　草沟村长城1段墙体剖面图

该段墙体有沙化现象，北侧为平地，南侧为沟壑，局部为流沙覆盖。墙体上生有蒿、沙棘、柠条等植物。

第2段　断点1至断点2，长418米，消失段。风雨侵蚀，沟壑、道路、耕地和植物根系生长及土壤沙化造成墙体消失。沿线发现外饰绳纹、内饰麻点纹的瓦片及陶器残片。墙体沿线保存草沟村1、2号敌台，两敌台之间及周边地区有大量外饰绳纹、内饰麻点纹的残瓦片。该地段内生有柠条、沙棘、蒿等植物。

第3段　断点2至断点3，长67米，保存差，呈东北—西南走向。墙体底宽6.4、残高1.2米。

第4段　断点3至断点4，长212米，墙体因沟壑发育、土质沙化、植物生长等原因消失。

第5段　断点4至断点5，长115米，保存差，呈东北—西南走向。墙体剖面：底宽2.2、顶宽0.64、残高1.4米。

第6段　断点5至断点6，长37米。墙体因土质沙化、雨水冲刷、植物根系破坏消失。

第7段　断点6至断点7，长116米，保存差，呈东北—西南走向。在断点6向西南方向延伸10米处有一段长25米的墙体缺口，墙基尚存。沿线发现大量外饰绳纹、内饰麻点纹瓦片。

第8段　断点7至断点8，长559米，其中墙体消失549米，保存差10米。消失原因为风沙侵蚀，植物根系生长破坏。特征点1处有长10米的墙体，保存差，呈东北—西南走向。特征点2处发现大量外饰绳纹、内饰麻点纹的瓦片，外饰绳纹的陶器残片。另在此点处发现一铁锸。

第9段　断点8与止点，长160米，保存差，呈东北—西南走向。墙体受损严重，多呈驼峰状，有沙化现象。周边多为沙地，生有沙棘、沙柳等植物。断点8处有一条土路穿过墙体。

该段墙体为自然基础之上的人工夯筑，夯层厚度0.07～0.11米。夯土土质为褐色沙土和本地黄沙土，包含物有小石子等。

墙体沿线发现大量外饰绳纹、内饰麻点纹和布纹瓦片及外饰绳纹的陶器残片。

该段墙体起点东北接横山县战国秦长城止点，西南接草沟村长城 2 段，断点 1 西南 298 米处为草沟村 1 号敌台，再向西南 55 米处为草沟村 2 号敌台。断点 8 西南 20 米为草沟村 3 号敌台，再向西南 140 米为草沟村 4 号敌台。

该段墙体所处的草沟村有居民 30 多户，约 180 人，以汉族为主，主营农业。该地处于毛乌素沙漠中，墙体上及周边多为沙梁、沙丘地貌，生有沙棘、沙柳等耐旱植物。交通不便，旁有一条土路，可以行车。

二　草沟村长城 2 段（610824382101020002）

该段长城位于靖边县杨桥畔镇草沟村西北毛乌素沙漠中，断断续续，时有消失。起于杨桥畔镇草沟村西北 1.2 千米，止于杨桥畔镇砖窑峁村北 500 米，呈东北—西南走向，全长 4010 米。起点坐标为东经：109°05′17.00″，北纬：37°39′02.00″，高程：1267 米；止点坐标为东经：109°03′38.00″，北纬：37°37′28.00″，高程：1273 米（图三六五）。

该段墙体整体保存程度差，一半因风雨侵蚀、植物根系生长、道路建设等原因消失。其中保存差 2022 米，消失 1988 米。依其保存状况分 16 个自然段。

第 1 段　起点（草沟树 5 号敌台）至草沟村 5 号敌台，长 230 米，墙体保存差，呈东北—西南走向。草沟村 5 号敌台西南 137 米处墙体西侧散落有大量外饰绳纹、内饰麻点纹的瓦片及陶器残片。

第 2 段　草沟村 5 号敌台至断点 1，长 170 米，保存差，墙体呈驼峰状。

第 3 段　断点 1 至断点 2，长 54 米，消失段。沿途散落有大量外绳纹内麻点的瓦片。

第 4 段　断点 2 至断点 3，长 348 米，保存差，呈东北—西南走向，流沙侵蚀严重。断点 3 处的墙体因土路通过而被破坏，因雨水冲刷成沟壑而断开，沟壑延伸为东西走向，形成一个墙体的断面。断面处有昆虫洞穴的破坏。墙体呈梯形，底宽 5.8、顶宽 1.2、高 3.8 米，收分处左为 2.2 米、右为 1.2 米，夯层厚 0.06 ~ 0.09 米（图三六六）。

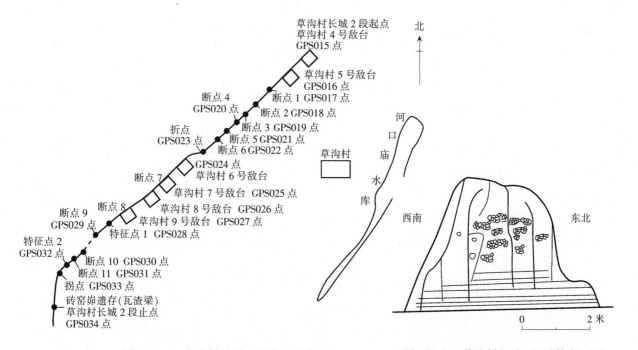

图三六五　草沟村长城 2 段位置示意图　　　　图三六六　草沟村长城 2 段墙体断面图

第 5 段　断点 3 至断点 4，长 120 米，消失段。风雨侵蚀、沟壑发育、流沙侵蚀等因素造成墙体消失。断点 3 西南 45 米处散落有大量外绳纹内麻点的瓦片和陶器残片，推测此地应为一个敌台，估计因雨水冲刷、流沙侵蚀而消失。断点 4 所处散落有大量外绳纹内麻点的瓦片和陶器具残片，分布面积大概有 1000 多平方米，推测此处可能原有一关。

第 6 段　断点 4 至断点 5，长 150 米，保存差，呈东北—西南走向。墙体呈驼峰状。

第 7 段　断点 5 至断点 6，长 90 米，消失段。断点 6 处散落有大量外绳纹内麻点的瓦片和陶器残片、料礓石等。

第 8 段　断点 6 至折点，长 160 米，保存差，呈东北—西南走向。在此段墙体周围散落有大量的瓦片，并发现一枚汉代半两铜钱。折点处散落有 1000 多平方米的瓦片和陶器残片，陶器可辨器形有罐、甑、鬲、缸等。另外，还见有一些炼铁的残渣。推测此处为一个关口。整体破坏严重，现已看不出关的形制。

第 9 段　折点至草沟村 6 号敌台，长 90 米，因流沙侵蚀，沟壑发育等原因墙体消失。

第 10 段　草沟村 6 号敌台至断点 7（草沟村 7 号敌台），长 111 米，墙体保存差，多为流沙覆盖。

第 11 段　断点 7（草沟村 7 号敌台）至断点 8（草沟 9 村号敌台），长 1005 米，消失段。草沟村 7 号敌台西南 855 米为草沟村 8 号敌台，该敌台西南侧 130 米处有大量的料礓石和绳纹瓦片分布。

第 12 段　断点 8（草沟村 9 号敌台）至断点 9，长 758 米，保存差，呈东北—西南走向。墙体高出两侧地表，两侧为起伏的沙丘地形。断点 8（草沟村 9 号敌台）西南侧 80 米处有大量绳纹瓦片分布。断点 8 西南 410 米处为特征点 1。该点散落有大量的绳纹麻点纹瓦片、料礓石等。

第 13 段　断点 9 至断点 10，长 60 米。墙体因道路通过、沟壑发育等原因消失。断点 10 西侧和西南侧有大量瓦片分布。

第 14 段　断点 10 至断点 11，长 80 米，保存差。墙体多为流沙覆盖。断点 11 处西南侧有芦河穿过，河宽有 20 米。

第 15 段　断点 11 至止点，长 379 米，消失段。断点 11 西南 226 米为特征点 2。该点散落有大量绳纹麻点纹瓦片。特征点 2 西南 153 米，墙体由此变为北—南走向，拐点处有一条沙路通过，附近散落有大量绳纹、麻点纹瓦片及布纹瓦片。此处为砖梁峁（瓦渣梁），南距砖窑峁村 500 米左右。

第 16 段　该点至止点，长 165 米，其中消失 150 米，保存差 15 米，呈北—南走向。止点处保存墙体 15 米，呈土梁状。

该段墙体为在自然基础上人工夯筑而成，夯土土质为褐色沙土和本地黄沙土，包含物有小石子、料礓石等。夯层厚 0.06～0.09 米，

该段长城东北接草沟村长城 1 段，止点南接砖窑峁村—黄草坬村长城起点。起点西南 230 米为草沟村 5 号敌台，再向西南 842 米为草沟村 6 号敌台，再向西南 111 米为草沟村 7 号敌台，再向西南 855 米为草沟村 8 号敌台，再西南 150 米为草沟村 9 号敌台。

该地处于毛乌素沙漠中，交通不便，墙体东侧约 1 千米处有公路，可以行车。

三　砖窑峁村—黄草坬村长城（610824382101020003）

该段长城位于杨桥畔镇砖窑峁村与龙洲乡黄草坬村之间，整体消失，起于杨桥畔镇砖窑峁村北 500 米，止于龙洲乡黄草坬村东北 1.6 千米，呈北—西南走向，全长 11200 米。起点坐标为东经：109°03′38.00″，北纬：37°37′28.00″，高程：1273 米；止点坐标为东经：108°58′27.00″，北纬：37°33′

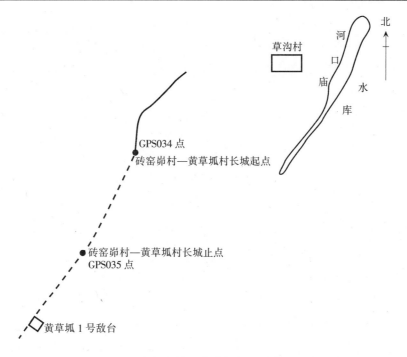

图三六七　砖窑峁村—黄草垇村长城位置示意图

21.00″，高程：1426 米（图三六七）。

墙体整体消失，消失长 11200 米。消失原因系建筑（道路、房屋等）用地、耕地开垦、土壤沙化、风雨侵蚀、沙漠侵蚀、植物根系生长。在砖窑峁村和黄草垇村长城起点处均发现大量外绳纹内麻点纹的瓦片残片，中间地段只在龙洲乡营盘梁处发现少量外绳纹内麻点纹的瓦片残片。

起点北接草沟村长城 2 段的止点，止点西南接黄草垇村长城的起点。

该段墙体所处的砖窑峁村有 76 户，270 多人。主要经营农业、养殖业。砖窑峁村南有大桥畔村通往靖边县城的公路，其他地段交通不便，有土路可以行车。

四　黄草垇村长城（6108243821010020004）

该段长城位于龙洲乡黄草垇村东北，起于黄草垇村东北 1.6 千米，止于黄草垇村东 100 米，呈东北—西南走向，全长 1518 米。起点坐标为东经：108°58′27.00″，北纬：37°33′21.00″，高程：1426 米；止点坐标为东经：108°57′48.37″，北纬：37°32′43.62″，高程：1462.8 米（图三六八）。

墙体保存程度为差，高低起伏，坍塌严重。整体呈串珠状存在，有部分墙体濒临消失，仅残存一小部分夯土。保存差 1498 米，消失 20 米。依其保存状况分 3 个自然段。

第 1 段　起点至特征点，长 528 米，保存差，呈东北—西南走向。只残存一小部分夯土，残宽 1~3、高 0.2 ~1.5 米。起点为草湾沟西岸边，西北距明大边长城约 600 米。附近为草滩地，长有苜蓿、柠条等植物。在墙体东南侧有一条沟壑顺墙体发育，向东北流入草湾沟。该沟宽 60~100、深约 20 米，沟壑发育侧蚀对墙体影响很大。

第 2 段　特征点至断点，长 420 米，保存差。墙体呈串珠状，时断时续。特征点向西南有 20 米段墙体被耕地破坏，仅残存墙基部分。墙体西北侧与明大边长城之间有一道沟壑，宽 30~60、深 10~20 米。特征点处剖面：底宽 6 米，顶部呈弧形，高 2.6 米，夯层厚 0.08 ~0.1 米。特征点处墙

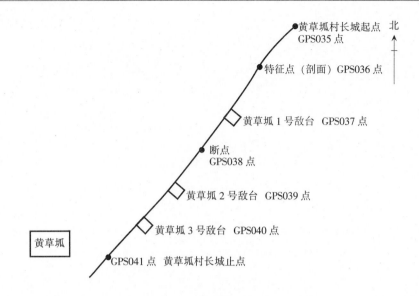

图三六八　黄草圿村长城位置示意图

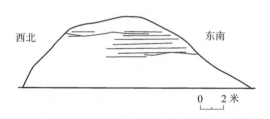

图三六九　黄草圿村长城墙体剖面图

体在剖面点向西南 130 米处，墙体底宽 20 米，顶部呈弧形，高 6 米（图三六九）。

第 3 段　断点至止点，长 570 米，其中消失 20 米，保存差 550 米，呈东北—西南走向。断点向西南为宽 20 米，深 2 米冲沟，造成墙体消失。其余长 550 米墙体为夯土墙体呈串珠状，继续向西北穿过明大边长城止点处与明长城交会。在黄草圿 3 号敌台东侧 20 米处采集到铁削 1 件，墙体附近散落大量的外绳纹内麻点纹瓦片和少量的外绳纹内布纹瓦片，以及大量的粗、细绳纹及素面陶片，可辨器形有甑、鬲、罐、缸等（图三七〇）。

该段墙体为自然基础堆夯而成，墙体夯层为 0.08 ~ 0.1 米，夯土比较纯净，部分段落墙体夯层中包含有少量的外绳纹、内麻点纹瓦片。

墙体起点接砖窑峁村—黄草圿村长城止点，位于沟边，北侧就是明大边长城，相距 200 米，并在

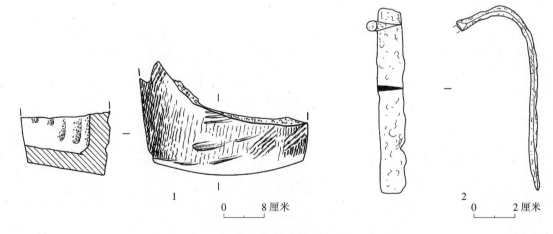

图三七〇　黄草圿村长城附近采集的瓦片及铁器残片
1. 瓦片　2. 铁器残片

止点处相交。止点西南连接轮则壕村长城起点。该段长城有敌台 3 座，起点西南 828 米处为黄草圪村 1 号敌台，再西南 140 米为黄草圪村 2 号敌台，再向西南 70 米为黄草圪村 3 号敌台。

该地居民主要以农业为主，种植的主要作物有谷子、土豆、糜子、荞麦等；养殖有羊、驴等家畜。

该地为黄土高原边缘靠近毛乌素沙漠处，附近以乡村土路为主，向南 5 千米有五棵杨柏油公路穿过，路面弯度、坡度起伏均较大。

五　轮则壕村长城 （610824382101020005）

该段长城位于龙洲乡甘沟则轮则壕村东，与明代大边相望，且有两处交会点。起于龙洲乡黄草圪村东 100 米，龙洲乡甘沟则轮则壕村西南 1.5 千米，呈东北—西南走向，全长 2421 米。起点坐标为东经：108°57′48.37″，北纬：37°32′43.62″，高程：1462.8 米；止点坐标为东经：108°56′43.69″，北纬：37°31′42.79″，高程：1567.9 米（图三七一）。

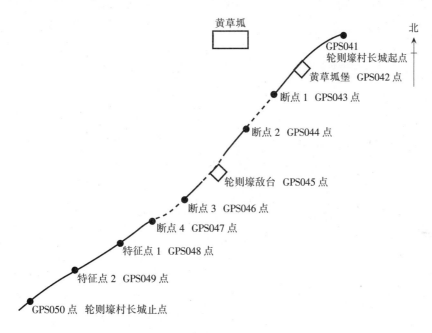

图三七一　轮则壕村长城位置示意图

该段墙体保存差，因风雨侵蚀、土地沙化、植物生长、道路建设、沟壑发育等原因损坏严重。其中保存差 2009 米，消失 412 米。依其保存状况分 8 个自然段。

第 1 段　起点至断点 1，长 124 米，其中保存差 109 米，消失 15 米，呈东北—西南走向。起点为秦长城同明长城的交会处，起点向西南 91 米处有一个 15 米缺口，由于修路、农田开垦而被破坏。

第 2 段　断点 1 至断点 2，长 55 米，风雨侵蚀、道路、耕地，植物根系生长造成墙体消失。

第 3 段　断点 2 至轮则壕村敌台，长 146 米，其中保存差 96 米，消失 50 米。从断点 2 开始墙体保存长 96 米，多呈鱼脊状，外侧残高 1.4、内侧残高 1.8 米，余 50 米消失。

第 4 段　轮则壕村敌台至断点 3，长 421 米，保存差 376 米，消失 50 米。从轮则壕村敌台开始向西南方向墙体消失 50 米，然后是保存的墙体至断点 3 长 376 米，呈东北—西南走向。墙体两侧有农田耕作。

第 5 段　断点 3 至断点 4，长 125 米，由于雨水冲刷、沟壑发育等因素破坏，墙体消失。

第 6 段　断点 4 至特征点 1，长 338 米，其中保存差 269 米，消失 69 米。断点 4 向西南延伸 23 米处有一个豁口，豁口宽为 5 米。在豁口处斜坡上散落有大量外绳纹内麻点纹的瓦片和陶器残片。再向西南 35 米处因为沟壑发育而断开了 20 米。再向西南 129 米处消失 34 米。再向西南 25 米处出现一个 10 米宽的缺口，人工取土和农田开发所致。再向西南侧 126 米处为特征点 1。该点处夯土宽度为 8 米，西南侧散落有大量的外绳纹内麻点的瓦片和陶器残片，推测此处为一个敌台，夯层厚度为 0.06～0.1 米。

　　第 7 段　特征点 1 至特征点 2，长 548 米，其中保存差 505 米，消失 48 米。特征点 1 西南 236 米处因人工取土和农田开发而断开 48 米，此段墙体两侧零星散落有少量外绳纹内麻点纹瓦片。从断开处到特征点 2 之间保存墙体 269 米，该段墙体由于雨水冲刷，植被根系等因素破坏严重。特征点 2 东侧 88 米处散落有大量绳纹麻点纹瓦片、陶器残片及铁铲 1 件（图三七二），分布面积大概有 1000 多平方米，推测此处为一个关。

　　第 8 段　特征点 2，长 654 米，保存差，东北—西南走向。由于周围生长有大片的柠条、沙棘，根系深入墙体，墙体受到严重损坏，夯层不清晰。并有墙体时隐时现。墙体周围散落有大量的外绳纹内麻点纹的瓦片。墙体到止点处，再次与明长城（大边）交会。墙体在该点以后消失。

　　该段墙体为自然基础上的人工夯筑，夯层厚度 0.08～0.11 米，夯土土质为褐色沙土和本地黄沙土，包含物有小石子等。断点 4 向西方向延伸 201 米处有一断面，断面南侧坍塌严重，断面处底宽 7、顶宽 3、高为 3.2 米（图三七三）。

　　该段墙体位于明大边长城西北（外侧）。起点为秦长城同明长城（大边）的交会处，起点向西南 325 米为轮则壕村敌台，墙体在止点处再次与明代长城交会，西南接轮则壕村—乔家圪则村长城起点。

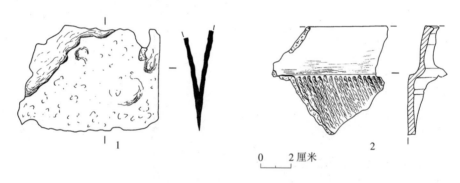

图三七二　轮则壕村长城附近采集的铁铲残片及瓦片

1. 铁铲残片　2. 瓦片

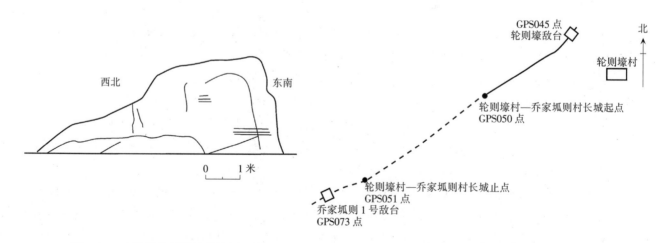

图三七三　轮则壕村长城墙体剖面图　　　　图三七四　轮则壕村—乔家圪则村长城位置示意图

该段墙体所处的轮则壕村有居民 30 多户，约 190 人。主要经营农业、养殖业，种植洋芋、玉米、荞麦等作物，养羊。交通不便，有一条土路可以行车，坎坷不平。

六　轮则壕村—乔家圪则村长城（610824382301020008）

该段长城位于龙洲乡轮则壕村与小河乡乔家圪则村之间，整体消失。起于龙洲乡甘沟则轮则壕村西南 1.5 千米，止于小河乡乔家圪则村西北 980 米，呈东北—西南走向，全长 14000 米。起点坐标为东经：108°56′43.69″，北纬：37°31′42.79″，高程：1567.9 米；止点坐标为东经：108°57′08.00″，北纬：37°24′38.00″，高程：1529 米（图三七四）。

该段长城整体消失，消失长度为 14000 米。该地段北部一小段处于三种地貌交界地带，沙地、平原、沟壑相间，土壤沙化、水土流失严重，未开发区域多生长沙棘、柠条等野生植物，上述种种原因导致墙体消失。长城路线所在区域的主体地貌为黄土高原梁峁沟壑区域，经过实地访问调查，当地老乡未曾听说过该区域内有秦长城，可能是年代久远，加之这一区域长城消失的缘故。调查中也未发现山间有长城的迹象，所以认定为消失段。只是在轮则壕长城止点及乔家圪则长城起点处均发现外饰绳纹、内麻点纹的瓦片残片，中间地段未发现遗迹、遗物。

起点接东北轮则壕村长城的止点，止点西南接乔家圪则村长城的起点。

该消失段所处的轮则壕村有居民 30 多户，约 190 人；乔家圪则村有居民 10 多户，100 多人。主要经营农业，养殖业。山间有公路，但多交通不便，上山只能徒步。

七　乔家圪则村长城（610824382101020009）

该段长城位于小河乡乔家圪则村西，地处乔沟湾乡和小河乡交界处的山间。起于小河乡乔家圪则村西北 980 米，止于乔沟湾乡雪畔村东北 400 米，呈东北—西南走向，全长 1084 米。起点坐标为东经：108°57′08.00″，北纬：37°24′38.00″，高程：1529 米；止点坐标为东经：108°56′41.00″，北纬：37°24′20.00″，高程：1543 米（图三七五）。

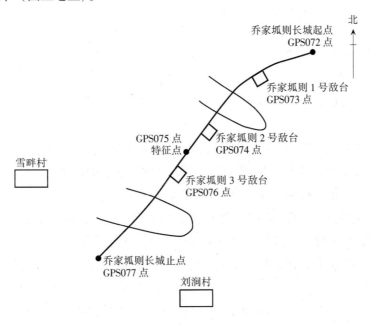

图三七五　乔家圪则村长城位置示意图

该段长城墙体基本消失，保存程度差的有23米，消失1061米。依其保存状况分4个自然段。

第1段　起点至乔家圪则村1号敌台，长218米，其中消失200米，保存差18米，呈东北—西南走向。起点处残存夯土墙长度18、最宽处为1.2、高0.4~1米，内侧夯土出露，外侧与地表齐平。其上及周边生有杂草、柠条。在起点处散落大量外绳纹内麻点纹的瓦片及少量陶器残片。夯土墙内侧发育了一条沟壑，造成夯土层塌陷。乔家圪则村1号敌台处发现少量外绳纹内麻点纹的瓦片。然后至乔家圪则村1号敌台长200米段墙体消失。

第2段　乔家圪则村1号敌台至乔家圪则村2号敌台，长260米，消失段，墙体经过一沟壑，因坡地平整、植物生长、耕地破坏等原因消失。乔家圪则村2号敌台处发现大量外绳纹内麻点纹的筒瓦和板瓦残片。

第3段　乔家圪则村2号敌台到特征点，长35米，消失30米，保存差5米。从乔家圪则2号敌台开始向西南30米，墙体因土质沙化、雨水冲刷、植物根系破坏消失。然后至特征点2处有长5米夯土墙体，宽残存0.6、残高0.4米。

第4段　特征点至止点，长571米，消失段。因风雨侵蚀、植物根系生长、沟壑发育、坡地平整、开垦耕地等消失。特征点2西南121米为乔家圪则村3号敌台，敌台周边散落有外绳纹内麻点纹的筒瓦和板瓦残片。

该段墙体为自然基础上的人工夯筑，夯层厚度0.07~0.1米。夯土土质为本地黄土，包含物有杂草、小石子等。

起点东北接轮则壕村—乔家圪则村长城止点，西南200米为乔家圪则村1号敌台，再向西南260米为乔家圪则村2号敌台，再向西南152米为乔家圪则村3号敌台，止点西南接雪畔村—刘涧村长城起点。

该段墙体所处的乔家圪则村有居民10余户，100多人。主要经营农业、养殖业。长城东北侧有307国道经过，山上交通不便，只能徒步上山。

八　雪畔村—刘涧村长城（610824382101020010）

该段长城位于乔沟湾乡刘涧村和雪畔村之间，在山梁之间起伏延伸。起于乔沟湾乡雪畔村东北400米，止于乔沟湾乡刘涧村北150米，呈东北—西南走向，全长1320。起点坐标为东经：108°56′41.00″，北纬：37°24′20.00″，高程：1543米；止点坐标为东经：108°56′08.00″，北纬：37°23′50.00″，高程：1624米（图三七六）。

该段墙体整体保存程度差，大多消失，其中保存差132米，消失1188米。依其保存状况分5个自然段。

第1段　起点至断点1，长148米，消失132米，保存差16米。起点断面处暴露夯土墙体的斜向断面，残长16、最高2.5米，夯层为0.08~0.11米，周围散落有少量的外绳纹、内麻点纹的瓦片。由于风雨侵蚀，沟壑发育，植物根系等因素造成132米墙体消失。

第2段　断点1至断点2，长106米，保存差，呈东北—西南走向。墙体坍塌严重，呈鱼脊状。断点1西南70米为雪畔村敌台，墙体及周围生长有蒿类、地椒等植物。雪畔村敌台西南26米为断点2。该点西南侧有一条土路，西北侧由于农业耕作受损，东侧由于沟壑发育致使墙体坍塌。断点2处的夯土底宽2、顶宽1.6、高1.2米，夯层厚0.08~0.1米（图三七七）。

第3段　断点2与特征点1，长230米，消失段。特征点1处西南侧散落有大量的外绳纹、内麻点纹瓦片，外绳纹的陶器残片。

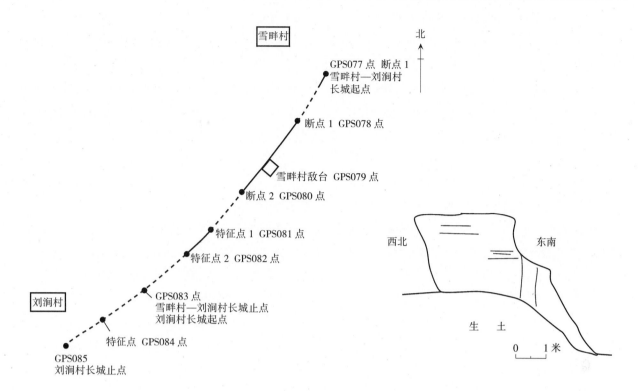

图三七六　雪畔村—刘涧村长城位置示意图　　图三七七　雪畔村—刘涧村长城墙体剖面图

第 4 段　特征点 1 至特征点 2，长 40 米，消失 30 米，保存差 10 米。特征点 2 处夯土长度有 10、宽 2.1、高 1.1 米，夯层厚 0.08～0.1 米。特征点 1 和特征点 2 附近地表生长大量柠条，土壤有沙化现象。根据瓦片的分布面积推测，此地可能为一关，但由于风雨侵蚀、土壤沙化、植物生长等原因，地面建筑形制已经看不出来。

第 5 段　特征点 2 至止点，长 796 米，墙体因雨水冲刷、植物根系生长、农田耕作、开通道路破坏消失。

该段长城为自然基础上的人工夯筑，夯层厚度 0.08～0.11 米。夯土土质为褐色沙土和本地黄沙土，包含物有小石子等。

起点东北接乔家圪则村长城止点，止点西南接刘涧长城的起点（刘涧敌台）。该段长城起点西南 218 米处为雪畔村敌台。

该段长城所处的雪畔村有居民 40 多户，200 多人。主要经营农业、养殖业。该段墙体特征点 2 西南侧 250 米处有乔沟湾乡通往李家城则的公路通过。在断点 3 的西南侧有一条土路通过。

九　刘涧村长城（610824382301020011）

该段长城位于黄土高原梁峁沟壑地貌，山间沟壑遍布，起于乔沟湾乡刘涧村北 150 米，止与乔沟湾乡高元峁村，整体消失，呈北—南走向，全长 1753 米。起点坐标为东经：108°56′08.00″，北纬：37°23′50.00″，高程：1624 米，止点坐标为东经：108°56′10.00″，北纬：37°22′54.00″，高程：1501 米（图三七六）。

该段墙体的起点为刘涧村敌台，起点位于大路梁的山坡上，东侧有一条土路经过。在东北侧有一条公路通过。该起点南侧的山坡下为大路梁沟，其向北流入芦河。起点（敌台）北侧和西北侧散落有大量外绳纹内麻点纹的瓦片及陶器残片。起点西南 214 米为特征点。该点处发现夯土墙残迹，时断时续，最薄处只剩有 0.15 米，夯层厚 0.07 ~ 0.09 米。附近散落有少量外绳纹内麻点纹瓦片。止点位于高元峁村中，有一条土路经过。

该段长城的起点东北接雪畔村—刘涧村长城止点，止点南接高元峁村—大湾村长城起点。

该段长城所处的刘涧村有居民 10 多户，50 多人。主要经营农业、养殖业。附近为山间土路，交通不便，墙体东侧约 200 米处有乔沟湾乡通往李家城则的公路。

一〇　高元峁村—大湾村长城 （610824382105020012）

该段长城位于乔沟湾乡高元峁村与大湾村之间，起于乔沟湾乡高元峁村，止于乔沟湾乡大湾村西 500 米，呈北—南走向，全长 2200 米。起点坐标为东经：108°56′10.00″，北纬：37°22′54.00″，高程：1501 米；止点坐标为东经：108°55′50.65″，北纬：37°21′38.53″，高程：1600.9 米（图三七八）。

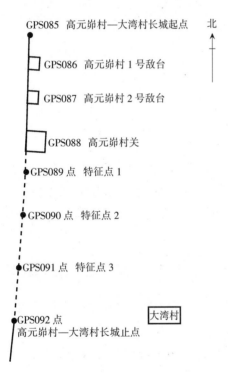

图三七八　高元峁村—大湾村
长城位置示意图

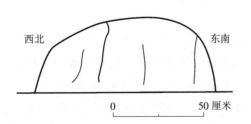

图三七九　高元峁村—大湾村
长城墙体断面图

该段墙体整体保存程度差，其中保存差 1300 米，消失 900 米。依其保存状况分 2 个自然段。

第 1 段　起点至高元峁村关，长 1300 米，保存差，呈北—南走向。起点南 300 米为高元峁村 1 号敌台，再向南 700 米为高元峁村 2 号敌台，两敌台之间及周边地区有少量外绳纹内麻点纹的瓦片；再向南 300 米高元峁村关，由于风雨侵蚀，沟壑、道路、耕地等原因，墙体损毁严重，关内散落大量瓦片，外绳纹，内布纹、麻点纹等。

第 2 段　高元峁村关至止点，长 900 米，消失段。在这段长城发现有 3 处零星分布的少量夯土，因无墙体长度，按特征点 1、2、3 标记。高元峁村关到特征点 1 间距 100 米，特征点 1 与特征点 2 间距 300 米，特征点 2 到特征点 3 间距 300 米，特征点 3 到止点间距 200 米。

该段长城为堑削自然基础上再进行人工夯筑而成，夯层厚 0.08 ~ 0.09 米。夯土土质为褐色沙土和黄沙土，包含物有小石子等。墙体因雨水冲刷及开垦耕地而断开，部分段落墙体内侧（东南侧）有对山坡进行堑削的痕迹。墙内堑削的台面宽 18、堑高 6 米，墙体所在的一道堑高 2 ~ 3 米（图三七九）。

该长城北接刘涧村长城，南接大湾村长城。起点南 300 米为高元峁村 1 号敌台，再向南 700 米为高元峁村 2 号敌台，再向南 300 米为高元峁村关。

该段长城所处的高元峁村有居民 40 多户，约 200 人，以汉族为主。主要经营农业、养殖业。附近为山间土路，交通不便。墙体东侧约 400 米处有 206 省道和高速路穿过。

　　—— 大湾村长城（610824382105020013）

　　该段长城位于乔沟湾乡大湾村西侧山梁上，即乔沟湾乡与天赐湾乡的交界处。起于大湾村西500米的山梁上，止于大湾村西南1.4千米的山梁上，呈东北—西南走向，全长1384米。起点坐标为东经：108°55′50.65″，北纬：37°21′38.53″，高程：1600.9米；止点坐标为东经：108°55′34.23″，北纬：37°20′56.78″，高程：1570米（图三八〇）。

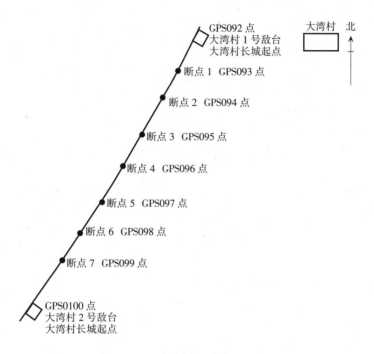

图三八〇　大湾村长城位置示意图

　　该段墙体整体保存程度差，近三分之二墙体消失，保存388米，消失996米。依其保存状况分8个自然段。

　　第1段　起点（大湾村敌台）至断点1，长110米，消失段。墙体由于沟壑发育、土地耕作、雨水冲刷而破坏。起点（大湾村敌台）周围发现大量的外绳纹内麻点纹瓦片及外绳纹陶片。

　　第2段　断点1至断点2，长30米，保存差，呈东北—西南走向。墙体西、东南、南三侧为沟壑，东侧为坡地。墙体为铲削山体成立面后夯筑而成，三道堑明显，夯土层清晰，夯层厚0.07~0.1米。墙体上生长有蒿类、柠条等植被。

　　第3段　断点2至断点3，长34米。墙体因沟壑发育、植物生长等原因消失。

　　第4段　断点3至断点4，长199米，其中保存差182米，消失17米，呈东北—西南走向。墙体受到的危害主要来自植物根系、昆虫洞穴等因素的破坏，在墙体上长有蒿类等杂草。断点3西南48米处，出现一个17米宽的沟壑。墙体西侧有沟壑，东侧为山梁，下方隐约可见三道堑的迹象。

　　第5段　断点4至断点5，长810米，消失段。在此消失段内有一条50米宽沟，呈西北—东南走向，同此沟壑相汇的南北走向的沟壑为大沙湾沟。此消失段内零星散落有外绳纹内麻点纹的瓦片。

　　第6段　断点5至断点6，长146米，保存差。断点6东北侧为沟壑，东侧沟壑汇入中阻沟，西侧也有沟壑发育，沟壑对面有油田开发。散落有少量的外绳纹内麻点纹瓦片。

第7段　断点6至断点7，长25米。因雨水侵蚀、沟壑发育导致墙体消失。

第8段　断点7至止点（大湾2号敌台），长30米，保存差。此段墙体西南侧与敌台相连，东北侧为沟壑发育。墙体上长有蒿类、麻黄、柠条等。止点（大湾2号敌台）发现大量的外绳纹内麻点纹的瓦片及陶器残片（图三八一）。

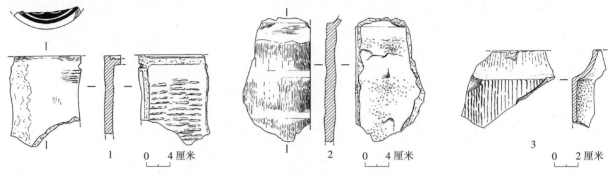

图三八一　大湾村长城附近采集的瓦当残片及瓦片

1. 瓦当残片　2、3. 瓦片

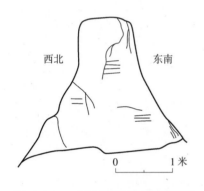

图三八二　大湾村长城墙体断面图

该段长城为自然基础上的人工夯筑，夯土土质为褐色沙土和黄沙土，包含有小石子等。断点2处墙体因雨水冲刷形成沟壑而断开，断面处底宽2.6、顶宽0.9、内高2、外高2.3米，夯层厚0.07~0.1米（图三八二）。

该墙体的起点（大湾村1号敌台）东北接高元峁村—大湾村长城止点，止点（大湾村2号敌台）西南接大沙湾村长城起点。

该段长城所处的大湾村有居民近40户，约300人。主要经营农业、养殖业。该墙体东侧1000米处有206省道。

一二　大沙湾村长城（610824382105020014）

该段长城位于乔沟湾乡与天赐湾乡交界处。起于乔沟湾乡大湾村西南1.4千米的山梁上，止于天赐湾乡政府西北250米的瓦渣梁上，呈东北—西南，全长2499米。起点坐标为东经：108°55′34.23″，北纬：37°20′56.78″，高程：1570.0米；止点坐标为东经：108°55′29.00″，北纬：37°19′34.00″，高程：1601米（图三八三）。

该段长城整体保存程度差，其中保存差200米，消失2299米。依其保存状况分3个自然段。

第1段　起点至断点1，长1407米，消失段。因风雨侵蚀、沟壑发育、开采石油、坡地平整、道路建设等导致墙体消失。起点东南394米为拐点1（大沙湾村1号敌台）。该段长城走向在拐点处由西北—东南转为东北—西南。消失段内发现少量外绳纹内麻点纹的瓦片。

第2段　断点1至断点2，长240米，其中保存差200米，消失40米。断点1附近有延长石油的一个采油作业区，据采油区工作人员讲，该地以前有一个墩，采油区建设时，推土机曾推出很多外绳纹内麻点纹的瓦片及外饰绳纹的陶罐，均已被破坏。断点1向西南延伸100米段为夯土墙体，外侧高1.6米，内侧与台地平，夯层厚0.06~0.1米。再向西南为宽40米的沟壑，墙体消失。再向西南50米为大沙湾村2号敌台，墙体外侧与坡地平。内侧被沟壑破坏，再向西南50米为断点2，墙体略微高出地表。

断点 2 是被推土机推路时推开的断面，断面宽 3.5、高 2 米。

第 3 段　断点 2 至止点，长 852 米，消失段。长城沿庙圪塔山山腰处可见三道堑迹象，现在已被开垦为台地。断点 2 西南方向 282 米处为月牙口沟，通向杨米涧乡，沟内无水。月牙口沟西南为天赐湾乡张家圪村西北的瓦渣梁，瓦渣梁上散落有大量外绳纹内麻点纹的筒瓦和板瓦残片。另见有外绳纹内布纹的瓦片，外环轮纹及内麻点纹、菱格纹板瓦残片。该处也可以看出三道堑的迹象。

该段长城系在堑削自然基础上再进行人工夯筑，夯土土质为褐色沙土和黄沙土，夯层厚 0.06 ~ 0.1 米，

该墙体起点东北接大湾村长城止点（张家圪村 1 号敌台），止点西南接张家圪村—谷家畔长城起点。起点东南 394 米处为大沙湾村 1 号敌台，再向西南 1.2 千米处为大沙湾村 2 号敌台。

该段长城所处的大沙湾村有居民八九户，40 多

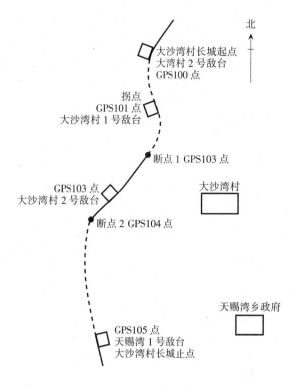

图三八三　大沙湾村长城位置示意图

人，大部分已迁居到靖边县城，只剩下一户居住在此地。主要经营农业、养殖业。该墙体东侧 700 米处有 206 省道，在墙体附近有土路通过。

一三　张家圪村—谷家畔村长城（610824382105020015）

该段长城位于天赐湾乡张家圪村东，沿山腰处及山间嶙峋由东向西延伸，经过新庄，止于谷家畔。起于天赐湾乡政府西北 250 米的瓦渣梁上，止于天赐湾乡谷家畔村，整体呈东—西走向，全长 3576 米。起点坐标为东经：108°55′29.00″，北纬：37°19′34.00″，高程：1601 米；止点坐标为东经：108° 53′26.00″，北纬：37°19′06.00″，高程：1579 米（图三八四）。

该段长城整体保存程度差，濒临消失，保存差 238 米，消失 3338 米。依其保存状况分个自然段。

第 1 段　起点至断点 1，长度 310 米，消失段。因风雨侵蚀、开垦耕地、住房及道路建设造成墙体

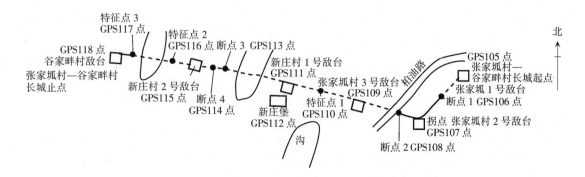

图三八四　张家圪村—谷家畔村长城位置示意图

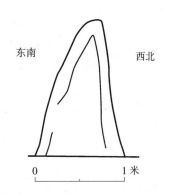

图三八五　张家圪村—谷家畔村
长城墙体断面图

第2段　断点1至断点2，长度为213米，保存差。断点1向西南168米为拐点（张家圪2号敌台），墙体由拐点处东北—西南走向变为东—西之走向。断面处墙体底宽1、内高1、外高1.5米（图三八五）。当地老乡称该段墙体所在山梁为大墩梁，山梁上有大量外绳纹，内麻点纹、布纹筒瓦和板瓦残片，夯层中夹杂有外绳纹、内麻点纹瓦片（图三八六）。

第3段　断点2至断点3，长2008米，消失段。特征点1临公路，位于山间嶂嶮处。该点处发现大量外绳纹内麻点纹的筒瓦和板瓦瓦片，地表已被采油厂生活区破坏。沿线均发现外绳纹内麻点纹的瓦片。

第4段　断点3与断点4，长22米，保存程度差。墙体位于山腰处，底宽2.5、顶宽1.2、内高0.8、外高1.8米。断点4处有大量外绳纹内麻点纹的筒瓦和板瓦残片，推测应该有一个敌台。墙下有两道堑，第一道堑台面宽4、堑高4米，第二道堑台面宽4、堑高6米。

第5段　断点4至特征点3，长990米，消失段。因风雨侵蚀，耕地开垦，沟壑发育等原因造成墙体消失。特征点2处发现外绳纹、内麻点纹瓦片。

第6段　特征点3至止点（谷家畔敌台），长35米，消失30米，保存差5米，呈东—西走向。特征点3向西有长5米的墙体，夯层厚0.06~0.09米。

该墙体东北接大沙湾村长城止点，西南接谷家畔村—前山村长城起点。该墙体的起点（张家圪村1号敌台）西南478米处为张家圪村2号敌台；再拐向西北805米为张家圪村3号敌台；再向西928米为新庄村1号敌台；再向西532米为新庄村2号敌台；再向西830为谷家畔村敌台（止点）。新庄堡村北距新庄村1号敌台205米。

该段长城所处的张家圪没有居民；新庄村有居民十四五户，60多人；谷家畔有居民十二三户，70多人。主要经营农业、养殖业，种植荞麦、土豆、玉米，饲养羊、驴等家畜。

一四　谷家畔村—前山村长城（6108243821010220016）

该段长城位于天赐湾乡谷家畔村西，沿山腰及山间嶂嶮向前延伸，经过姬家畔，止于前山村。起于天赐湾乡谷家畔村，止于天赐湾乡前山村东北316米，呈东北—西南走向，全长5191米。起点坐标

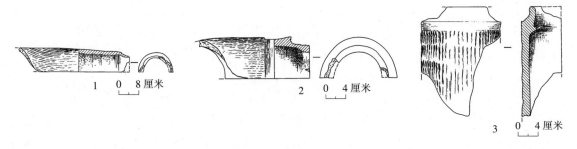

图三八六　张家圪村—谷家畔村长城附近采集的瓦片

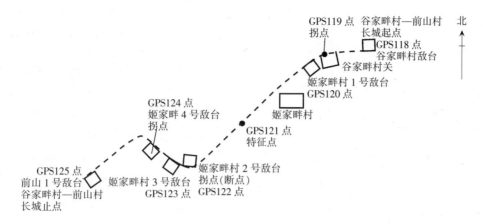

图三八七　谷家畔村—前山村长城位置示意图

为东经：108°53′26.00″，北纬：37°19′06.00″，高程：1579 米；止点坐标为东经：108°51′17.00″，北纬：37°17′39.00″，高程：1658 米（图三八七）。

该段长城墙体绝大部分墙体消失，保存差 38 米，消失 5153 米。依其保存状况分 3 个自然段。

第 1 段　起点至断点 1，长 3138 米，消失段。起点（谷家畔村敌台）至拐点 1（谷家畔关）长 223 米，长城走向在拐点 1 处由东—西走向转为东北—西南走向，拐点 1 东南侧 50 米有一处长 3 米的白灰面。拐点 1 至姬家畔 1 号敌台长 1070 米。敌台建在姬家畔东北 150 米左右峁山顶上，向西南方向延伸 200 米处有一凸起普通地面的土梁，周围有少量外饰绳纹内饰麻点纹的瓦片，

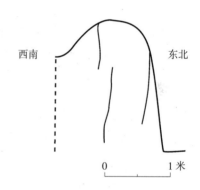

图三八八　谷家畔村—
前山村长城墙体剖面图

疑似敌台。特征点处散落有少量外绳纹内麻点纹的筒瓦和板瓦残片，推测长城应从此处经过。夯土遗迹无存，山峁西侧山腰处为姬家畔变电站。

第 2 段　断点 1（姬家畔村 2 号敌台、拐点 2）与断点 2（为姬家畔 3 号敌台），长 53 米，其中保存差 38 米，消失 15 米。黄土夯筑，墙体顶宽 0.6、东侧高 1.8、西侧高 0.4 米，夯层厚 0.06～0.09 米（图三八八）。拐点 2 长城走向在此处由东北—西南走向转为东南—西北走向。姬家畔 3 号敌台（断点 2）至姬家畔 4 号敌台（拐点 3）长 15 米墙体消失。

第 3 段　拐点 3（姬家畔村 4 号敌台）至止点（前山村 1 号敌台）长 2000 米，拐点 3 处长城走向由东南—西北走向转为东北—西南走向。

该段长城东北接张家砭村—谷家畔村长城止点，止点西南接前山村—小墩山村长城起点。

该墙体的起点（谷家畔村敌台）西 223 米为谷家畔村关，再向西南 1.07 千米为姬家畔村 1 号敌台，再向西南 1.85 千米为姬家畔村 2 号敌台，拐向西北 38 米为姬家畔村 3 号敌台，在向西北 15 米为姬家畔村 4 号敌台，拐向西南 2 千米为前山村 1 号敌台。

该段长城所处的姬家畔没有居民；前山村有居民十几户，五六十人，现在只有两户在此地居住，其余搬迁；谷家畔有居民十二三户，70 多口人。主要经营农业、养殖业，种植荞麦、土豆、玉米，养羊、驴等家畜。有土路可以上山，交通不便。

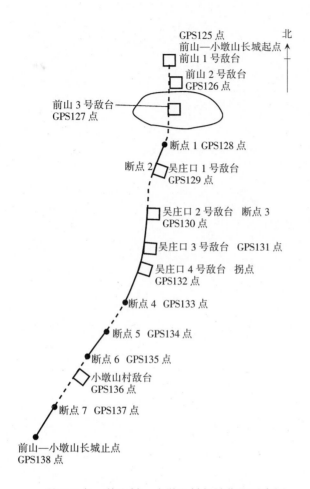

GPS125 点
前山—小墩山长城起点
前山 1 号敌台
前山 2 号敌台
GPS126 点
前山 3 号敌台
GPS127 点
断点 1 GPS128 点
断点 2　吴庄口 1 号敌台
GPS129 点
吴庄口 2 号敌台　断点 3
GPS130 点
吴庄口 3 号敌台　GPS131 点
吴庄口 4 号敌台　拐点
GPS132 点
断点 4　GPS133 点
断点 5　GPS134 点
断点 6　GPS135 点
小墩山村敌台
GPS136 点
断点 7　GPS137 点
前山—小墩山长城止点
GPS138 点
北

图三八九　前山村—小墩山村长城位置示意图

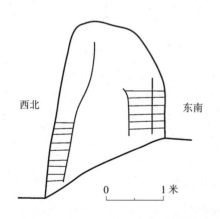

西北　　　　　东南

0　　　　1 米

图三九〇　前山村—小墩山村长城墙体断面图

一五　前山村—小墩山村长城
（610824382101020017）

该段长城位于天赐湾乡前山村西，沿山腰及山间崾嶮向西南延伸，经过吴庄口村，止于小墩山村西南。起于天赐湾乡前山村东北 316 米，止于天赐湾乡小墩山村西南 405 米，呈东北—西南走向，全长 3694 米。起点坐标为东经：108°51′17.00″，北纬：37°17′39.00″，高程：1658 米；止点坐标为东经：108°50′26.00″，北纬：37°15′50.00″，高程：1680 米（图三八九）。

该段长城墙体保存程度差，保存差 1081 米，消失 2613 米。依其保存状况分 8 个自然段。

第 1 段　起点（前山村 1 号敌台）至断点 1，长 1275 米，消失段。风雨侵蚀、坡地平整、沟壑发育等原因造成墙体消失。

第 2 段　断点 1 至断点 2（吴庄口 1 号敌台），长 175 米，保存程度差。断点 1 位于山腰处，周围散落很多外绳纹内麻点纹的板瓦和筒瓦残片。该段墙体西侧为沟，东侧略高于坡地，东侧高 1、西侧高 1.2、顶宽 1 米，夯层厚 0.06 ~ 0.09 米。

第 3 段　断点 2（吴庄口 1 号敌台）至断点 3（吴庄口 2 号敌台），消失 500 米。因道路建设和坡地平整墙体消失。

第 4 段　断点 3（吴庄口 2 号敌台）至断点 4，长 450 米，保存差。断点 3 与拐点之间的墙体长 250、东侧高 0.8、西侧高 0.5、顶宽 1 米；拐点与断点 4 之间的墙体长 200、底宽 4、顶宽 2、西侧高 3、东侧高 1.8 米，夯层厚 0.06 ~ 0.08 米（图三九〇）。在断点 4 处，墙体因沟壑发育而断开。

第 5 段　断点 4 至断点 5，长 153 米，因沟壑发育墙体消失。

第 6 段　断点 5 至断点 6，长 346 米，保存差，呈东北—西南走向。墙体沿山势向上，两侧略高出坡地地表，上生有杂草，周围种植少量杏树、杨树。断点 6 处发现大量瓦片及外饰绳纹的陶片，推测此处原应有个敌台。

第 7 段　断点 6 至断点 7，长 685 米，消失段。断点 6 向西南 300 米为小墩山敌台。

第 8 段　断点 7 至止点，长 110 米，保存差。墙体西侧高 2 米，东侧与坡地平。其上及周边生有杂草。

该段长城为自然基础上再进行人工夯筑。夯层厚度 0.06～0.09 米，夯土土质为本地黄土。该段长城起点东北接谷家畔村—前山村长城，止点西南接小墩山村—柠条湾村长城。

该墙体的起点（前山村 1 号敌台）西南 136 米为前山村 2 号敌台，再向西南 439 米为前山村 3 号敌台，西南 835 米为吴庄口 1 号敌台，西南 500 米为吴庄口村 2 号敌台，西南 200 米为吴庄口村 3 号敌台，西南 50 米为吴庄口村 4 号敌台，西南 999 米为小墩山村敌台。

该段长城所处的前山村有居民 10 多户，60 人左右，现在只有 2 户在此地居住，其余搬迁；吴庄口有居民 18 户，97 人；小墩山有居民 20 多人。主要经营农业、养殖业，种植荞麦、土豆、玉米，饲养羊、驴等家畜。该段长城穿插在一条土路左右。山上多交通不便。

一六　小墩山村—柠条湾村长城（610824382101020018）

该段长城位于天赐湾乡小墩山村西南，天赐湾乡与杨米涧乡交界处，沿山腰及山间崾崄东北—西南延伸，翻过寨板山，到柠条湾村西南。起于天赐湾乡小墩山村西南 405 米，止于杨米涧乡柠条湾村西南 140 米，呈东北—西南走向，全长 1591 米。起点坐标为东经：108°50′26.00″，北纬：37°15′50.00″，高程：1680 米；止点坐标为东经：108°49′32.00″，北纬：37°15′30.00″，高程：1573 米（图三九一）。

该段长城墙体保存程度差，一半已消失，其中保存差 850 米，消失 741 米。依其保存状况分 8 个自然段。

第 1 段　起点至断点 1，长 135 米。因沟壑发育造成墙体消失。

第 2 段　断点 1 至断点 2，长 200 米，其中保存差 90 米，消失 110 米。断点 1 向西南 90 米为夯土墙体，墙体略高出两侧地表。然后至断点 2，因沟壑发育导致墙体消失 110 米。

第 3 段　断点 2 至断点 3，长 60 米，保存差。墙体略高出两侧地表，发现少量瓦片。

第 4 段　断点 3 至断点 4，长 126 米。墙体因沟壑发育消失。

第 5 段　断点 4 至柠条湾村 1 号敌台，长 295 米，保存差 200 米，消失 95 米。断点 4 向西南 200米为夯土墙体，断面处宽 2.8、西侧高 1、东侧高 0.8 米，夯层厚 0.06～0.09 米（图三九二）。至柠条湾村 1 号敌台长 95 米墙体消失。

第 6 段　柠条湾村 1 号敌台至断点 6，长 135 米。因沟壑发育墙体消失。

第 7 段　断点 6 至断点 7，长 500 米，保存差。该段墙体从山间崾崄处顺山势而上，翻越寨板山顶，顺山势而下。柠条湾村 2 号敌台向西南 130 米处墙体附近有少量外绳纹内麻点纹的瓦片，疑似敌台。柠条湾 3 号敌台至断点 7 之间墙体长 250 米，顺山势而下，在柠条湾村处断开。

第 8 段　断点 7 至止点（柠条湾 4 号敌台），长 140 米。因道路、村庄建设，耕地开垦，沟壑发育等原因导致墙体消失。

该段长城起点东北接前山村—小墩山长城，止点西南接碾道湾村长城。柠条湾村 1 号敌台西南 135米处为柠条湾村 2 号敌台，西南 250 米为柠条湾村 3 号敌台、柠条湾村关，西南 390 米为柠条湾村 4号敌台。

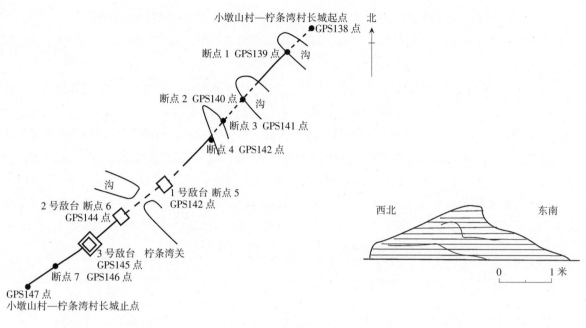

图三九一　小墩山村—柠条湾村长城位置示意图　　　　图三九二　小墩山村—柠条湾村
　　　　　　　　　　　　　　　　　　　　　　　　　　　　　　　　长城墙体剖面图

该段长城所处的小墩山有居民 20 多人，柠条湾村有居民 30 多人。主要经营农业、养殖业，种植荞麦、土豆、玉米，饲养羊、驴等家畜。该段长城穿插在一条土路左右。山上多交通不便。

一七　碾道湾村长城（610824382105020019）

该段长城位于杨米涧乡柠条湾村西南，沿山腰及山间嵝崄东北—西南延伸，止于杨米涧乡碾道湾村东北。起于杨米涧乡柠条湾村西南 140 米，止于杨米涧乡碾道湾村东北 738 米，呈东北—西南走向，全长 1941 米。起点坐标为东经：108°49′32.00″，北纬：37°15′30.00″，高程：1573 米；止点坐标为东经：108°49′05.00″，北纬：37°14′40.00″，高程：1651 米（图三九三）。

该段长城墙体保存程度差，墙体大多消失，其中保存差 275 米，消失 1666 米。依其保存状况分 3 个自然段。

第 1 段　起点至碾道湾村 1 号敌台，长 1550 米，消失段。墙体经过一沟壑，因道路建设、沟壑发育等原因造成墙体消失。根据长城走势特点判断长城应该是从起点处向西南延伸，顺山势而下，再到碾道湾 1 号敌台所在的山上。敌台东侧有一条长 130 米的沟壑。

第 2 段　碾道湾村 1 号敌台至断点，长 116 米，消失段。从断点开始山坡上开始有两道堑，第一道堑台面宽 15、高 3 米，第二道堑台面宽 10、高 5 米。

第 3 段　断点到止点（碾道湾村 3 号敌台），长 275 米，保存差。断点处为道路切断的墙体断面，宽 3、高 2.2 米，夯层厚 0.07～0.12 米（图三九四）。断点到碾道湾村 2 号敌台之间墙体长 27 米，碾道湾村 2 号敌台与止点之间墙体长 248 米，略高出两侧地表，坍塌剥蚀严重，呈串珠状。该段长城为黄土夯筑而成。

该段长城起点东北接小墩山村—柠条湾村长城，止点西南接碾道湾村—凤凰山长城。起点西南 1.55 千米为碾道湾村 1 号敌台，再向西南 143 米为碾道湾村 2 号敌台，再西南 248 米为碾道湾村 3 号

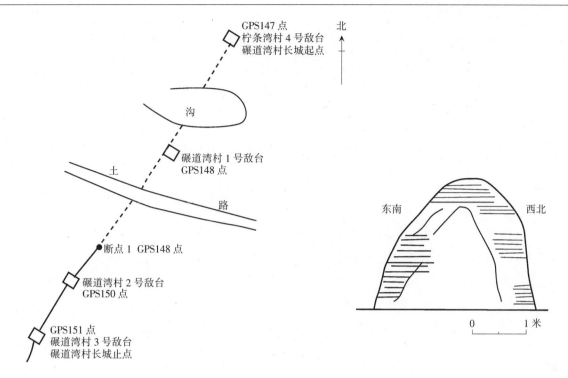

図三九三　碾道湾村长城位置示意图　　　图三九四　碾道湾村长城墙体断面图

敌台（止点）。

　　该段长城所处的碾道湾村现有居民3户，7人。主要经营农业、养殖业，种植荞麦、土豆、玉米，饲养羊、驴等家畜。该段长城穿插在一条土路左右。山上多交通不便。

一八　碾道湾村—凤凰山长城（6108243821050200020）

　　该段长城位于杨米涧乡碾道湾村东北，长城沿山腰及山间嵝崄向前延伸，经杨米涧乡碾道湾村，算坪堂村东，由东北—西南向转为东—西向，经朱界南，止于大路沟乡的凤凰山。起于杨米涧乡碾道湾村东北738米，止于大路沟乡凤凰山，呈东北—西南走向，全长5088米。起点坐标为东经：108°49′05.00″，北纬：37°14′40.00″，高程：1651米；止点坐标为东经：108°47′39.00″，北纬：37°13′21.00″，高程：1733米（图三九五）。

　　该段长城墙体整体保存程度差，其中保存差2043米，消失3045米。依其保存状况分11个自然段。

　　第1段　起点至断点1，长878米，保存差，东北—西南走向。起点到碾道湾村关之间的墙体长175米，碾道湾村关到碾道湾村4号敌台之间墙体长194米，保存相对较好的墙体外高5、内高1、顶宽1米，相对差处墙体内外高均为0.6、顶宽0.7米。因为有长城的缘故，当地老乡称此山梁为城墙梁。该段墙下有堑，第一道堑台面宽8、高10米，第二道堑台面宽10、高8米。断点1处断面：底宽4、顶宽1、高3米（图三九六）。墙体沿线有外绳纹内麻点的瓦片。

　　第2段　断点1至断点2（碾道湾村5号敌台），长203米。因风雨侵蚀、沟壑发育、道路及坡地平整导致墙体消失。

　　第3段　断点2至断点3，长298米，保存差。长城墙体只有堑部分存在，夯土部分消失。第一道堑台面宽13、高5米，第二道堑台面宽13、高7米。断点3处两道堑消失。断点2与断点3所在的山叫小花山。该山北侧的沟叫朱界沟。

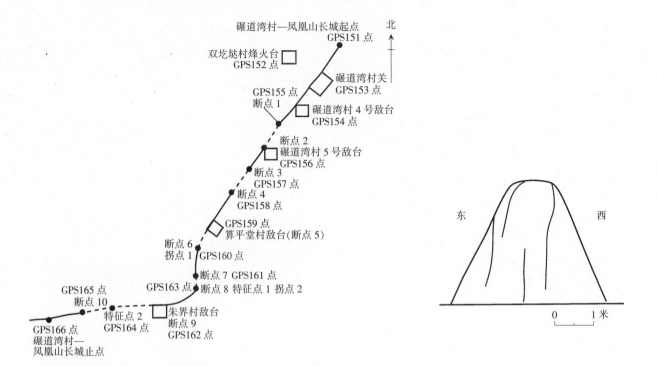

图三九五　碾道湾村—凤凰山长城位置示意图　　　　图三九六　碾道湾村—凤凰山长城墙体断面图

第4段　断点3至断点4，长120米，墙体因沟壑和道路消失。

第5段　断点4至断点5（算坪堂敌台），长100米，保存差。墙体东侧为一条土路，西侧为生有杂草的坡地。

第6段　断点5至断点6（拐点1），长515米，墙体因沟壑发育，道路建设，风雨侵蚀，坡地平整等原因消失。

第7段　断点6（拐点1）至断点7，长322米，保存程度差，墙体走向在拐点1处由东北—西南转为北—南走向。附近一户人家曾在该点附近捡到两个青铜马饰。据他们讲，此处外绳纹、内麻点纹的瓦片很多，可能是个关。现在只剩下一段夯土墙，墙的东侧已被开垦为耕地，种植土豆，其他建筑遗迹已经难以见到。墙体从此处沿山势而下，在断点7处被沟壑切断。

第8段　断点7至断点8（拐点2），长1600米，消失段。因为沟壑发育、公路建设、坡地平整、风雨侵蚀等原因消失。从消失段的山腰及山间崾崄处，局部可看出堑的迹象，但已濒临消失，零星有外绳纹内麻点纹的瓦片，长城走向在此消失段内由北—南转为东—西走向。

第9段　断点8至断点9（朱界敌台），长195米，保存差。墙体略高出两侧地表，上及两侧均生有杂草。墙体所在的山梁当地称为于家梁。

第10段　断点9至断点10，长505米。由于风雨侵蚀、耕地开垦、坡地平整、道路建设、沟壑发育、植物生长等原因造成墙体消失。特征点2位于断点9西400米，在一座山峁相对平坦的山顶上。该点处发现一段长9米夯土，底宽2、顶宽0.6、高1米，夯层厚0.07～0.09米。顶部生有艾蒿，周围生有地椒等植物。北侧山梁正对一条沟壑。周边发现几片绳纹瓦片，推测可能是敌台。

第11段　断点10至止点，长352米，保存差250米，消失102米。保存差的墙体从断点10处沿山势而上，到凤凰山顶，然后因凤凰山采油建筑用地消失102米至止点。

该段长城起点东北接碾道湾村长城，止点西南接凤凰山—火石梁村长城。起点（碾道湾村 3 号敌台）西 600 米为双圪塔烽火台，西南 175 米为碾道湾村关，再向西南 194 米为碾道湾村 4 号敌台，西南 712 米为碾道湾村 5 号敌台，西南 518 米为坪堂村敌台，西南 1.5 千米为朱界村敌台。

该段长城所处的碾道湾村有居民 3 户，7 人；算坪堂村有居民 6 户，33 人；凤凰山以前名墩山。主要经营农业、养殖业，种植荞麦、土豆、玉米，饲养羊、驴等家畜。该段长城前段穿插在一条土路和一条公路左右。山上多交通不便。

一九　凤凰山—火石梁村长城（610824382105020021）

该段长城位于大路沟乡凤凰山，东北—西南向经凤凰山西南的大峁盖，转为东—西向，沿山间嵝崾及山腰、山顶等处向前延伸。起于大路沟乡凤凰山，止于大路沟乡火石梁村东南 700 米，整体呈东北—西南走向，全长 3680 米。起点坐标为东经：108°47′39.00″，北纬：37°13′21.00″，高程 1733 米；止点坐标为东经：108°46′17.00″，北纬：37°12′44.00″，高程：1728 米（图三九七）。

该段长城墙体保存差，其中保存较差 400 米，保存差 970 米，消失 2310 米。依其保存状况分 4 个自然段。

第 1 段　起点至断点（拐点），长 2100 米，消失段。该段基本位于凤凰山。凤凰山原名墩山，是因油田开发最近兴起的居民点，附近道路修建，生产、生活用地，再加上风雨侵蚀、沟壑发育等原因，已经找不到长城痕迹，只能在沿线发现很少外绳纹内麻点纹的瓦片。

第 2 段　断点（拐点）至火石梁村 1 号敌台，长 595 米，其中保存差 385 米，消失 210 米。墙体从拐点处走向由东北—西南转为东—西走向。从断点起有 80 米长的墙体，墙体外侧高 1 米，内侧基本与地表平。其上及周边杂草丛生。墙体顺山势而下，再向西因为沟壑、道路断开，消失 60 米；再向西 195 米，保存差；墙体过沟壑向西顺山势而上，在山梁顶有一段保存相对较好的墙体，北侧高 2、南侧高 1、顶宽 1 米，夯层厚度 0.06 ~ 0.09 米；再向西墙体因沟壑断开 150 米；过沟后有长 110 米墙体，略高出两侧地表，顺山势而上，一直到火石梁村 1 号敌台。该段墙体下有堑的迹象。

第 3 段　火石梁村 1 号敌台至火石梁村 2 号敌台，长 585 米，保存差。位于两山之间，从火石梁 1 号敌台所在的山顶顺山势而下，沿山间嵝崾东—西向延伸到火石梁村 2 号敌台所在的山梁上。

第 4 段　火石梁村 2 号敌台至止点（火石梁村 3 号敌台、火石梁村关），长 400 米，保存程度较差。墙体从山梁处向西延伸，经山间嵝崾，到止点所在的山顶，墙体剖面：底宽 4、顶宽 2、东高 3.4、西高 1.4 米（图三九八）。

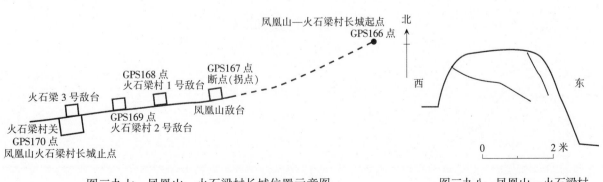

图三九七　凤凰山—火石梁村长城位置示意图　　　图三九八　凤凰山—火石梁村长城墙体断面图

该段长城起点东北接碾道湾村—凤凰山长城，止点西接火石梁村长城。起点西南 2.1 千米为凤凰山敌台，向西 595 米为火石梁村 1 号敌台，再向西 585 米为火石梁村 2 号敌台，向西 400 米为火石梁村 3 号敌台、火石梁村关。

二〇　火石梁村长城（610824382101020022）

该段长城起点位于大路沟乡火石梁村东南，沿山间崾崄、山腰、山顶处向前延伸，经火石梁村南，止于后阳湾东北。起于大路沟乡火石梁村东南 700 米，止于大路沟乡后阳湾村东北 950 米，整体呈东—西走向，全长 3962 米。起点坐标为东经：108°46′17.00″，北纬：37°12′44.00″，高程：1728 米；止点坐标为东经：108°44′09.00″，北纬：37°12′26.00″，高程：1700 米（图三九九）。

该段长城墙体保存程度差，其中保存差 3712 米，消失 250 米。依其保存状况分 10 个自然段。

第 1 段　起点至特征点 1，长 1200 米，保存差，呈东—西走向。整体从火石梁关沿山势而下，经过两山之间的一座相对较低的山峁，山峁顶部有一段夯土凸出于一般的墙体，但因道路破坏，已经看不出形制，周边有少量外饰绳纹、内饰麻点纹的瓦片，推测可能是一个敌台。墙体经过山峁顺山势延伸到特征点 1 所在的山顶。特征点 1 为高仅 0.8 米的圆丘状夯土堆，周围发现几片瓦片。根据其位置判断，可能是个敌台。

第 2 段　特征点 1 至火石梁 4 号敌台，长 770 米，其中保存差 595 米，消失 175 米。墙体从特征点 1 处顺山势而下，向西因沟壑发育消失 175 米。在沟壑西侧，保存 595 米，墙体沿东—西走向翻越一座山到火石梁 4 号敌台所在的山峁顶部。

第 3 段　火石梁 4 号敌台至拐点 1，长 175 米，保存差。拐点 1 在乏驴峁顶部，墙体在该点处走向由东—西转为北—南。墙体损坏严重，略高出两侧地表，只剩下高约 0.2、顶宽约 0.5 米的土埂，周围有少量瓦片。

第 4 段　拐点 1 到拐点 2，长 568 米，保存程度差，呈北—南走向。墙体外侧高 1 米，内侧与地表平。拐点 1 南 158 米为火石梁 5 号敌台，发现少量外绳纹内麻点纹的瓦片，左、右两侧有两条沟壑。

第 5 段　拐点 2 至火石梁村 6 号敌台，长 271 米，其中保存差 246 米，消失 25 米。拐点 2 处墙体走向由北—南转为东—西。从拐点 2 开始，墙体因沟壑发育消失 25 米，然后直到火石梁村 6 号敌台墙体保存 246 米。该段墙体内侧由于取土形成了一条壕沟，底宽 15、顶宽 30、深 6 米。

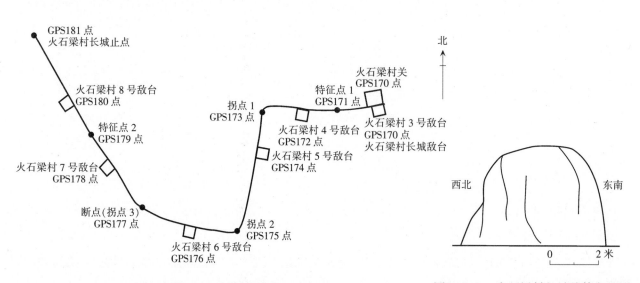

图三九九　火石梁村长城位置示意图　　　　　　图四〇〇　火石梁村长城墙体断面图

第 6 段　火石梁村 6 号敌台至断点（拐点 3），长 354 米，保存差，基本与地表平。其上及周边生有地椒等植物。墙体绕过山顶，顺山势而下，到断点（拐点 3）处因沟壑断开。墙体方向在该点处由东—西转为东南—西北。

第 7 段　断点（拐点 3）至火石梁村 7 号敌台，长 175 米，其中保存差 125 米，消失 50 米。断点西侧沟壑发育，墙体断开 50 米，然后有 125 米的墙体顺山势而上到火石梁 7 号敌台。断点处剖面：底宽 6.2、顶宽 3、高 4 米（图四〇〇）。

第 8 段　火石梁村 7 号敌台至特征点 2，长 82 米，保存差，顺山势而下。特征点 2 在两山之间的嶙峋处，左右为沟壑，南侧坍塌严重，周围无瓦片，夯层厚 0.06～0.09 米。从地势判断，可能是个敌台。

第 9 段　特征点 2 至火石梁村 8 号敌台，长 217 米，保存差，基本与地表平，只剩下一道土埂。

第 10 段　火石梁村 8 号敌台至止点，长 150 米，保存差，墙体顺山势而下，在止点处因沟壑断开。

该段长城为自然基础上的人工夯筑，夯层厚度 0.06～0.09 米，夯土土质为本地黄土。

该段长城起点东接凤凰山—火石梁村长城，止点西北接后阳湾村—柴嵝崄村长城。起点（火石梁村 3 号敌台、火石梁村关）西 2.24 千米为火石梁村 4 号敌台，再向西南 235 米为火石梁村 5 号敌台，西南 490 米为火石梁村 6 号敌台，西北 510 米为火石梁村 7 号敌台，西北 299 米为火石梁村 8 号敌台。

二一　后阳湾村—柴嵝崄村长城（610824382101020023）

该段长城起点位于大路沟乡后阳湾东北，沿山间嶙峋、山腰、山顶处向前延伸，经台子沟南，止于柴嵝崄西南。该段长城是大路沟乡与新城乡的分界线，长城外侧为新城乡，长城内侧为大路沟乡。起于大路沟乡后阳湾村东北 950 米，止于大路沟乡柴嵝崄村西南 250 米，整体呈东北—西南走向，全长 5688 米。起点坐标为东经：108°44′09.00″，北纬：37°12′26.00″，高程：1700 米；止点坐标为东经：108°41′51.00″，北纬：37°11′13.00″，高程：1695 米（图四〇一）。

该段长城保存程度差，多半消失，其中保存差 2348 米，消失 3340 米。依其保存状况分 11 个自然段。

第 1 段　起点至拐点（后阳湾关），长 440 米，其中保存差 126 米，消失 314 米，呈东南—西北走向。起点开始向西北因沟壑断开墙体消失 70 米，然后保存 126 米，保存的墙体略高出两侧地表。其上及周边生有杂草。后又有 244 米的墙体因为沟壑发育消失，直到拐点。拐点（后阳湾关），当地老乡称此山为城墙山。山顶发现大量外绳纹内麻点纹的瓦片及陶器残片，以及外绳纹内布纹的瓦片。

第 2 段　拐点至断点 1，长 1030 米，其中保存差 55 米，消失 975 米。墙体从拐点 1 处由东南—西北向变为东北—西南走向。拐点 1 向西南保存 55 米，此后消失 975 米。据当地老乡讲，长城从城墙山山顶顺山势而下，从山间嶙峋处至后阳湾所在的山梁上，现在均已消失。嶙峋为分水岭，西北侧是韩家沟，属芦河水系；东南侧为卧虎沟，属延河水系。

第 3 段　断点 1 至后阳湾村敌台，长 170 米，保存差，呈东北—西南走向。断点 1 位于后阳湾一户人家西南 50 米处。该段墙体底宽 2、顶宽 1、外高 0.8、内高 1.5 米。墙体内侧沟壑发育。其上及周边杂草丛生。

第 4 段　后阳湾村敌台到断点 2，长 518 米，其中保存差 493 米，消失 25 米。后阳湾村敌台西南有 115 米长的墙体，后因沟壑消失 25 米，再有 378 米长的墙体保存。墙体均损坏严重，杂草丛生。

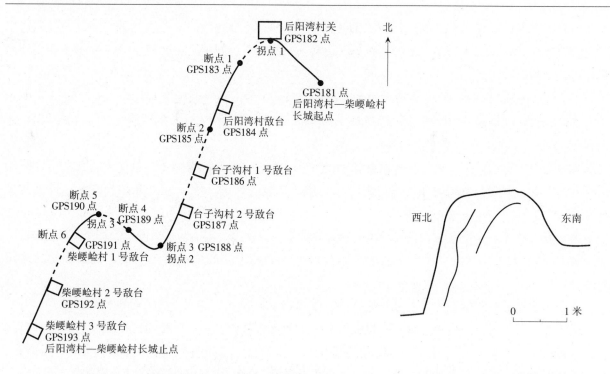

图四〇一 后阳湾村—柴崾崄村长城位置示意图

图四〇二 后阳湾村—柴崾
崄村长城墙体断面图

第 5 段 断点 2 至台子沟 2 号敌台，长 682 米。因为沟壑发育、道路修建、耕地开垦、采油作业等原因消失。

第 6 段 台子沟 2 号敌台至断点 3（拐点 2），长 340 米，保存差 40 米，消失 300 米。台子沟 2 号敌台开始有墙体 40 米，后消失 300 米到断点 3，消失原因为风雨侵蚀、道路建设、沟壑发育。

第 7 段 断点 3（拐点 2）至断点 4，长 720 米，其中保存差 470 米，消失 250 米。长城走向从拐点 2 处由东北—西南转为东南—西北向。从断点 3（拐点 2）处开始有 330 米长的墙体，墙体底宽 1.5、顶宽 0.4、外高 1、内高 0.8 米。墙体经此山所在的山梁，到两山之间的崾崄处，由于风雨侵蚀、山间沟壑发育消失 250 米，然后到断点 4 之间墙体保存 140 米。

第 8 段 断点 4 至断点 5（拐点 3），长 90 米。因耕地开垦消失 90 米，两点均位于山顶。山顶耕地种植荞麦。

第 9 段 断点 5（拐点 3）至断点 6（柴崾崄村 1 号敌台），长 1155 米，其中保存差 795 米，消失 360 米。从断点 5（拐点 3）处长城又转为东北—西南向，顺山势而下。墙体保存 250 米，外侧略高出坡地地表，内侧有沟壑发育。因沟壑发育，消失 100 米。过沟壑后，墙体继续存在，沿云盘山东坡而上，保存 150 米，略高出两侧坡地地表。再因耕地开垦，墙体消失 140 米，开垦的耕地上外绳纹内麻点纹的瓦片处处可见。然后耕地西侧，墙体又开始存在，长 180 米，顺云盘山的西坡而下；到两山之间的沟壑处断开 120 米；后继续存在，保存 215 米，一直到断点 6 所在的山梁上。

第 10 段 断点 6 至柴崾崄 2 号敌台，长 176 米，因沟壑发育导致墙体消失。

第 11 段 柴崾崄 2 号敌台至止点（柴崾崄 3 号敌台），长 367 米，其中保存差 199 米，消失 168 米。柴崾崄 2 号敌台西南，因采油作业和沟壑发育，墙体消失 84 米；后有 133 米的墙体存在；然后又因沟壑发育断开 84 米；沟壑西南侧与止点之间墙体有 66 米。该段墙体断面底宽 3.5、顶宽 1.5、外高

1、内高2.2米，夯层厚0.06~0.08米（图四〇二）。

该段长城起点东南接火石梁村长城，止点西南接柴家湾村—湫沟村长城。

该段长城所处的后阳湾有居民10多户，40多人；台子沟有居民10户左右，50多人；柴嶂崄没有居民。主要经营农业、养殖业，种植荞麦、土豆、玉米，饲养羊、驴等家畜。长城穿插在一条公路左右，有的地段不能行车，只能徒步上山。

二二 柴家湾村—湫沟村长城 （610824382101020024）

该段长城起点位于大路沟乡柴家湾村东北，沿山间嶂崄、山腰、山顶处向前延伸，止于湫沟东南。该段长城是大路沟乡与新城乡的分界线，长城西北侧为新城乡，长城东南侧为大路沟乡。起于大路沟乡柴嶂崄村西南250米，止于新城乡湫沟村东北560米，整体呈东北—西南，全长4325米。起点坐标为东经：108°41′51.00″，北纬：37°11′13.00″，高程：1695米；止点坐标为东经：108°40′45.00″，北纬：37°09′38.00″，高程：1790米（图四〇三）。

该段长城保存程度差，其中保存差1878米，消失2447米。依其保存状况可分为13个自然段。

第1段 起点至柴家湾村1号敌台，长302米，其中保存差242米，消失60米。起点始有92米的墙体，后因沟壑有60米的墙体消失。沟壑西南侧有150米的墙体顺山势而上到柴家湾村1号敌台。墙体略高出两侧坡地地表。其上及周边杂草丛生，上有踩踏痕迹。

第2段 柴家湾村1号敌台至柴家湾关，长75米，其中保存差15米，消失60米。先有15米的墙体保存，墙体顶宽2、底宽5、高1.5米，后有60米的墙体消失。山梁上有大量外绳纹及内麻点纹、布纹的筒瓦和板瓦残片，以及其他纹饰的瓦片。当地老乡称此山梁为古城壕梁。从其与长城的关系看，应是长城上的关。

第3段 柴家湾村关与柴家湾村2号敌台，长250米，其中保存差50米，消失200米。先有50米的关墙保存，后因道路建设、耕地开垦、沟壑发育等原因消失200米。

第4段 柴家湾村2号敌台至断点1，长50米，保存程度差。

第5段 断点1至断点2，长102米，因沟壑发育和道路建设墙体消失

第6段 断点2至柴家湾村3号敌台，长30米，保存程度差。

第7段 柴家湾村3号敌台至拐点1（柴家湾4号敌台），长473米，保存差。墙体由于在公路边上，损坏严重。其上杂草丛生。柴家湾村3号敌台西南283米为柴家湾4号敌台。

第8段 拐点1至拐点2（柴家湾村5号敌台），长230米，保存差。从拐点1处变为东—西走向。保存状况相对其他段较好，墙体剖面底宽3、顶宽1、高2.5米（图四〇四）。

第9段 拐点2至柴家湾村6号敌台，长210米，其中保存差85米，消失125米。从拐点2处变为东北—西南走向，保存25米，后因道路建设墙体消失125米，再有60米的墙体保存到柴家湾村6号敌台。

第10段 柴家湾村6号敌台至柴家湾7村号敌台，长480米，其中保存差280米，消失200米。先有90米的墙体因道路建设、风雨侵蚀消失，后有100米的墙体保存，再因为沟壑发育断开，造成墙体消失110米，然后沟壑西南侧有180米的墙体到柴家湾村7号敌台。保存的墙体坍塌剥落严重，有的呈串珠状，有的略高出两侧坡地地表，接近消失。

第11段 柴家湾村7号敌台至断点3，长340米，其中保存差240米，消失100米。先有40米的墙体保存，后因建筑用地墙体消失100米，再有200米的墙体保存延伸至断点3，保存程度差，内侧

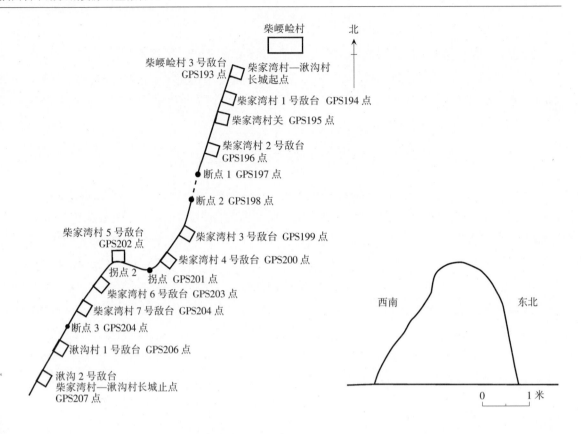

图四〇三 柴家湾村—漱沟村长城位置示意图　　图四〇四 柴家湾村—漱沟村
长城墙体剖面图

与坡地平，外侧高 1.5 米。

第 12 段　断点 3 至漱沟村 1 号敌台，长 1480 米，其中消失 1430 米，保存差 50 米。断点 3 开始墙体消失长 1430 米，从周围的地形可以看出长城的具体走向，但因沟壑发育、道路建设等原因已找不出墙体遗迹，只在个别地段发现很少的外绳纹内麻点纹的瓦片。然后有 50 米墙体保存，延伸至漱沟村 1 号敌台。

第 13 段　漱沟村 1 号敌台至止点（漱沟村 2 号敌台），长 330 米，其中保存差 160 米，消失 170 米。先有 70 米墙体，后由于沟壑发育，道路建设等原因消失 170 米，再有 90 米的墙体到止点。现存墙体略高出两侧地表，坍塌剥落严重，有踩踏痕迹。

该段长城起点接后阳湾村—柴嵝崄村长城，止点西南接漱沟村长城。

该段长城所处的柴家湾有居民 10 多户，80 人左右；漱沟有居民 20 多户，200 多人。主要经营农业、养殖业、种植荞麦、土豆、玉米，饲养羊、驴等家畜。长城附近有一条公路和一条土路，有的地段不能行车，只能徒步上山。

二三　漱沟村长城（610824382101020025）

该段长城位于新城乡漱沟村东南，沿山间崾崄、山腰、山顶处向前延伸。起于新城乡漱沟东北 560 米，止于新城乡李家崾岘村东南 900 米，整体呈东南—西北，全长 4771 米。起点坐标为东经：108°40′45.00″，北纬：37°09′38.00″，高程：1790 米；止点坐标为东经：108°38′29.65″，北纬：37°09′47.31″，高程：1775.5 米（图四〇五）。

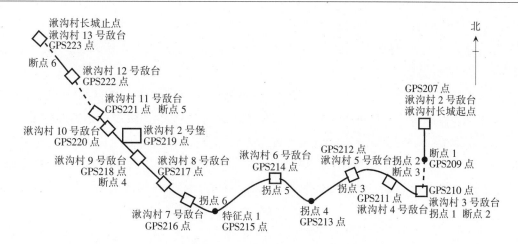

图四〇五 湫沟村长城位置示意图

该段长城墙体保存差，其中保存差2576米，消失2195米。依其保存状况分13个自然段。

第1段 起点至断点1，长320米，其中保存差215米，消失105米。先有25米墙体因道路而消失，后有95米长的墙体保存，又因沟壑断开消失80米，再有120米的墙体存在到断点1。墙体被耕地破坏，基本成一条土埂，东侧台地种植糜子，西侧为陡坡。

第2段 断点1至断点2（湫沟村3号敌台、拐点1），长240米，因沟壑发育消失。长城走向在拐点1处由北—南转为东南—西北。

第3段 断点2至断点3（拐点2、湫沟村4号敌台），长355米，其中保存差290米，消失65米。先有90米的墙体保存，墙东北侧为耕地，种有土豆，西南侧是一条土路；后因耕地、道路消失65米；然后有200米的墙体保存，当地居民将土墙筑在了一部分墙体之上。长城走向在拐点2处由东南—西北转为东—西。

第4段 拐点2与拐点4，长240米，保存差，墙体基本与地表平。前120米墙外为坡地，生有杂草，墙内为台地，种有黄芥（油菜）；后120米墙外坡地生有杂草，内侧有沟壑发育。拐点3处长城走向由东—西转为东北—西南。

第5段 拐点4与拐点5（湫沟村6号敌台），长320米，保存差。墙体顺山势而下，略高于两侧地表。长城在拐点4处走向由东北—西南转为东南—西北。

第6段 拐点5至湫沟村7号敌台，长410米，其中保存差380米，消失30米。拐点5西南180米为特征点（拐点6）由拐点6处变为东南—西北走向。特征点处发现夯土，夯土宽9、高1~3、长20米，周围有少量瓦片。因道路破坏，判断不出是墙体还是敌台。拐点5处开始因道路墙体消失30米，后有380米的墙体顺山势而上，到湫沟村7号敌台处。墙体内侧发育沟壑，外侧与地表平。

第7段 湫沟村7号敌台至断点3（湫沟村8号敌台），长400米，保存差。墙体从湫沟村7号敌台所在的山顶下坡然后顺山势而上，到断点3，略高出两侧地表。

第8段 湫沟村8号敌台至断点4（湫沟村9号敌台），长350米。因风雨侵蚀、沟壑发育、植物生长等原因消失。当地老乡因山顶有堡，称此山为营盘山。

第9段 断点4至湫沟村10号敌台，长370米，保存差。略高于两侧地表，上有踩踏痕迹，形成一条小路，从断点4所在的山顶到湫沟10号敌台所在的山顶。

第10段 湫沟村10号敌台至断点5（湫沟村11号敌台），长250米，保存差，墙体从湫沟村10

号敌台所在的山顶顺山势而下，又沿着山梁爬上断点 5 所在的山顶。

第 11 段　断点 5 至漱沟村 12 号敌台，长 975 米，消失段。根据周围地形地势，墙体顺山势而下，应沿山腰处一直延伸，到漱沟村 12 号敌台。

第 12 段　漱沟村 12 号敌台至断点 6（漱沟村 13 号敌台），长 400 米，保存差 60 米，消失 340 米。从漱沟村 12 号敌台开始由于开垦耕地墙体消失 120 米，后保存 60 米，然后由于道路建设、风雨侵蚀等原因有 220 米的墙体消失至断点 6。当地人称此山为大墩梁。

第 13 段　断点 6 至止点，长 141 米，保存差 51 米，消失 90 米。从断点 6 先有 51 米的墙体保存，后因沟壑发育消失 90 米至止点。长城沿线发现外绳纹及内麻点、布纹的筒瓦和板瓦（图四〇六）。

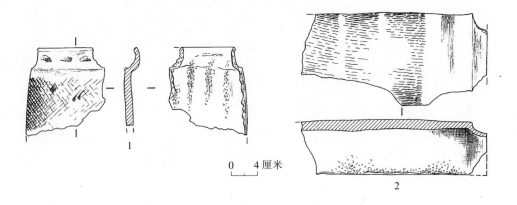

0　　4 厘米

图四〇六　漱沟村长城附近采集的瓦片

该段长城起点西北接柴家湾村—漱沟村长城，止点东南接李家嵯岘村长城。

该段长城所处的漱沟村有居民 20 多户，200 多人。主要经营农业、养殖业，种植荞麦、土豆、玉米，饲养羊、驴等家畜。长城附近有一条土路，有的地段不能行车，只能徒步上山。

二四　李家嵯岘村长城（610824382101020026）

该段长城位于白于山地区、新城乡李家嵯岘村东南的山顶平整地带和山体缓坡上。起于李家嵯岘村东南 900 米，止于李家嵯岘村南 560 米，呈东南—西北走向，全长 1125 米。起点坐标为东经：108°38′29.65″，北纬：37°09′47.31″，高程：1775.5 米；止点坐标为东经：108°37′56.02″，北纬：37°09′50.40″，高程：1733 米（图四〇七）。

该段墙体整体保存程度差，其中保存差 918 米，消失 207 米。依其保存状况分 6 个自然段。

第 1 段　起点至断点 1，长 298 米，墙体保存差，走向为南—北。墙体位于山体缓坡地带，坍塌严重、剥落严重，夯层已不清晰。该段墙体宽 3.5、高 0.8 ~ 1 米（图四〇八）。少部分略高于两侧山体缓坡，多已濒临消失。墙体周围散落有少量外绳纹、内麻点纹瓦片残片。墙体西紧邻小冲沟和盘山土路，东侧紧邻山体缓坡，缓坡上有农田，墙体及周围长满蒿类、柠条等植物。

第 2 段　断点 1 至断点 2，长 57 米。墙体因沟壑发育而消失。

第 3 段　断点 2 至断点 3，长 250 米，保存差。墙体沿山体蜿蜒起伏，少部分略高于两侧山体缓坡，大部分由于油田作业、农田利用而坍塌，同地表平，多已濒临消失。断点 3 周围散落有少量外绳纹、内麻点纹的瓦片残片，断点 3 有一条盘山公路穿过墙体。

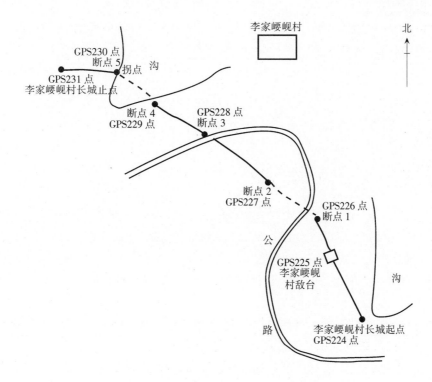

图四〇七　李家崾岘村长城位置示意图

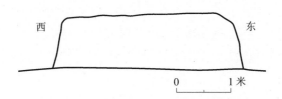

图四〇八　李家崾岘村长城墙体剖面图

第4段　断点3至断点4，长200米，保存差。墙体沿山体向下延伸，因农田利用、自然坍塌损毁严重。

第5段　断点4至断点5，长150米。墙体经过沟壑而消失。

第6段　断点5（拐点）至止点，长170米，保存差。长城走向在断点5（拐点）处由东南—西北转为东—西，沿山体蜿蜒起伏。墙体位于山体缓坡地带，坍塌严重，现仅剩一道土梁，濒临消失。墙体两侧有少量的外绳纹、内麻点纹瓦片残片。

该段长城起点东南接湫沟村长城止点，止点西接黑龙沟村长城。该段墙体起点西北190米为李家崾岘村敌台。

该段长城所处的李家崾岘村有居民30多户，170多人。主要经营农业。附近为山地沟壑区，有一条环山公路。

二五　黑龙沟村长城（610824382101020027）

该段长城位于白于山地区、新城乡黑龙沟村的山顶平整地带和山体缓坡上。起于新城乡李家崾岘村南560米，止于新城乡黑龙沟村盘古梁村西北950米，呈东北—西南走向，全长2684米。起点坐标为东经：108°37′56.02″，北纬：37°09′50.40″，高程：1733米；止点坐标为东经：108°36′18.33″，北纬：37°09′56.67″，高程：1673.5米（图四〇九）。

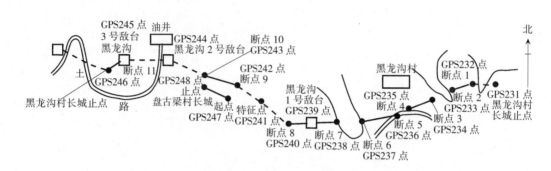

图四〇九　黑龙沟村长城、盘古梁村长城位置示意图

该段墙体保存差，其中保存差821米，消失1863米。依其保存状况分12个自然段。

第1段　起点至断点1，长70米。因修路、沟壑发育等墙体消失。

第2段　断点1至断点2，长130米，保存差，呈东北—西南走向。墙体位于山体缓坡地带，坍塌、剥落严重，少部分略高于两侧山体缓坡，多已濒临消失。墙体周围零星散落有外绳纹内麻点纹的瓦片残片。

第3段　断点2至断点3，长75米，因沟壑发育和开垦耕地而消失。

第4段　断点3至断点4，长60米，保存差，大部分由于农田利用而坍塌，同地表平，多已濒临消失，只在周围散落有少量外绳纹内麻点纹的瓦片残片。墙体两侧发育有沟壑，墙体及周围长满蒿类、柠条等植物。

第5段　断点4至断点5，长50米，由于民房建设、修路墙体消失。

第6段　断点5至断点6，长144米，保存差。墙体沿山体向下延伸，坍塌、剥落严重，少部分略高于两侧山体缓坡，多已濒临消失。墙体周围散落有大量的外绳纹内麻点纹的板瓦和筒瓦残片。

第7段　断点6至断点7，长70米，墙体因为农田利用和沟壑发育等因素而消失。

第8段　断点7至断点8，长254米，保存差，墙体沿山体蜿蜒起伏，坍塌严重，因农田利用、植被覆盖、雨水冲刷等因素，现仅剩一道土梁，濒临消失。墙体周围散落少量的外绳纹内麻点纹的瓦片残片。

第9段　断点8至断点9，长598米，由于沟壑发育、开路、修建输油管道等因素而消失。

第10段　断点9至断点10，长158米，保存差，呈东南—西北走向。墙体沿山体蜿蜒起伏，濒临消失。周围零星散落有少量的外绳纹内麻点纹的瓦片残片。

第11段　断点10至断点11，长1000米，之间墙体由于沟壑发育、修路、耕地利用等因素而消失。

第12段　断点11至止点，长75米，保存差，墙体沿山体往下延伸，现仅剩一道土梁，濒临消失。墙体周围零星散落有少量外绳纹内麻点纹的瓦片残片。

该段长城为自然基础上用黄土夯筑而成。墙顶宽1.4、底宽2.2、高1.3~1.4米，夯层厚0.07~0.1米（图四一〇）。

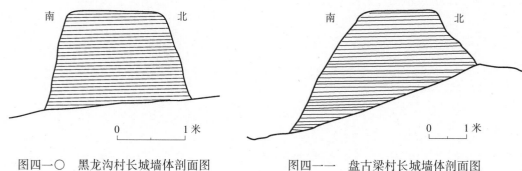

图四一〇　黑龙沟村长城墙体剖面图　　　图四一一　盘古梁村长城墙体剖面图

该段长城东接李家崾岘村长城，西南接榆树台村长城1段；沿线有黑龙沟村1、2、3号敌台，黑龙沟村2号敌台西距黑龙沟村1号敌台930米；黑龙沟村3号敌台东南距黑龙沟村2号敌台571米。

该段长城所处的黑龙沟村没有居民；盘古梁村30多户，120多人；何峁村10多户，60多人。主要经营农业，附近为山地沟壑区，有一条环山公路。

二六　盘古梁村长城（610824382101020028）

该段长城的墙体位于白于山地区、新城乡黑龙沟村盘古梁村（组）缓坡上，平行于新城乡黑龙沟村长城，南距黑龙沟村长城25米。起于黑龙沟村盘古梁（组），止于黑龙沟村盘古梁（组），呈东南—西北走向，全长44米。起点坐标为东经：108°37′00.24″，北纬：37°09′42.74″，高程：1782.4米；止点坐标为东经：108°36′59.16″，北纬：37°09′43.52″，高程：1777.7米。

该段墙体保存差，长44米，呈东南—西北走向，墙体由于雨水冲刷、沟壑发育、人类活动的破坏等原因而损坏严重。该段墙体平行于新城乡黑龙沟村城墙，南距黑龙沟村长城25米。在墙体周围的耕地内零星散落有外绳纹内麻点纹的瓦片残片。

该段长城为自然基础上的人工黄土夯筑而成，夯层裸露清晰，夯层厚度为0.06～0.08米。该段长城墙体底宽5、顶宽2、内高1.7、外高3米（图四一一）。

该段长城所处的盘古梁村30多户，120多人。主要经营农业。附近为山地沟壑区，有一条环山公路经过。

二七　榆树台村长城1段（610824382101020029）

该段长城位于白于山地区、新城乡黑龙沟村盘古梁组西北950米的山顶平整地带和山体缓坡上。起于新城乡黑龙沟村盘古梁村西北950米，止于中山涧乡二姐畔榆树台村西84米，呈东北—西南走向，全长2746米。起点坐标为东经：108°36′18.33″，北纬：37°09′56.67″，高程：1673.5米；止点坐标为东经：108°35′00.30″，北纬：37°10′49.80″，高程：1799米（图四一二）。

该段墙体保存差，梯田严重，濒临消失。保存差1500米，消失1246米。依其保存状况分10个自然段。

第1段　起点至断点1，长421米。因水土流失、沟壑发育、盘山道路建设、耕地开垦等原因导致墙体消失。

第2段　断点1至断点2，长82米，保存差，呈东—西走向。墙体位于山顶及山体缓坡地带，一路呈下山趋势，坍塌、剥落严重。墙体底宽5、最高处高3米，夯层厚0.07～0.1米。周围有少量的瓦

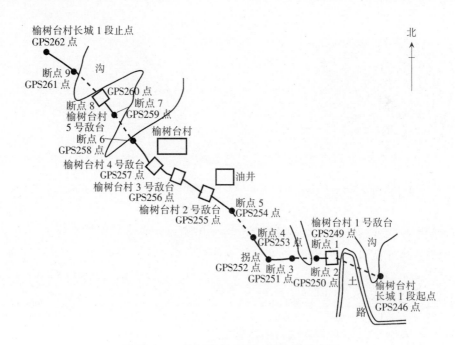

图四一二　榆树台村长城1段位置示意图

片，外绳纹、内麻点纹或素面。墙体南紧邻冲沟，北紧邻耕地。

第3段　断点2至断点3，长60米。因水土流失、沟壑发育消失。

第4段　断点3至断点4，长156米，保存差。断点3西75米为拐点，墙体从拐点处由东—西走向变为东南—西北向。墙体位于山体缓坡地带，依山势起伏。墙体剖面呈弧形，底宽5、高4.5米（图四一三·1）。墙体上长有少量沙棘、大量蒿类植物。墙体周围有零星瓦片，外绳纹，内布纹或素面。墙体南紧邻冲沟，北紧邻耕地。

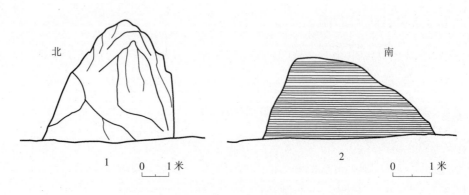

图四一三　榆树台村长城1段墙体断、剖面图

第5段　断点4至断点5，长178米。因水土流失、沟壑发育、风沙侵蚀、耕地开垦等原因导致墙体消失。

第6段　断点5至断点6，长987米，保存差，东南—西北走向。墙体位于山顶及山体缓坡地带，依山势起伏，坍塌严重、剥落严重，呈驼峰状，高1～1.8、底宽1.5～3、夯层厚0.06～0.11米。断点6处墙体剖面呈梯形，底宽4.4、顶宽1.6、高2米（图四一三·2）。墙体周围有大量瓦片，外绳纹，内布纹、麻点、素面；外弦纹，内素面等。墙体两侧紧邻道路、油井。

第7段 断点6至断点7，长311米，因水土流失、沟壑发育、风沙侵蚀、耕地开垦等原因导致墙体消失。

第8段 断点7至断点8，长65米，保存差。墙体位于山体缓坡地带，略高于两侧山体，南紧邻冲沟，北紧邻耕地。墙体上长有少量沙棘、大量蒿类植物。墙体周围有少量瓦片，外绳纹，内布纹、素面。

第9段 断点8至断点9，长276米，因水土流失、沟壑发育墙体消失。

第10段 断点9至止点，长210米，保存差，走向为东南—西北。墙体沿着山体向上延伸，略高于两侧山体，西紧邻冲沟，东紧邻缓坡、耕地、住户。墙体中间因道路、居户中断20米。周围有少量瓦片，外绳纹，内布纹。

该段墙体东南接黑龙沟村长城。止点西北接榆树台村长城2段。断点1处为榆树台村1号敌台；断点5西北226米为榆树台村2号敌台，榆树台村2号敌台西北433米为榆树台村3号敌台，榆树台村3号敌台西北91米为榆树台村4号敌台；断点8处为榆树台村5号敌台。

该段长城所处的榆树台村40多户，160多人。主要经营农业。附近为山地沟壑区，有一条环山公路经过。

二八 榆树台村长城2段 （610824382101020030）

该段长城起点位于靖边县中山涧乡二姐畔榆树台村西，起点处立有靖惠管道标志。起于中山涧乡二姐畔村西84米，止于中山涧乡白天赐村南627米，呈东—西走向，全长1387米。起点坐标为东经：108°35′00.30″，北纬：37°10′49.80″，高程：1799米；止点坐标为东经：108°34′17.70″，北纬：37°10′43.60″，高程：1774米（图四一四）。

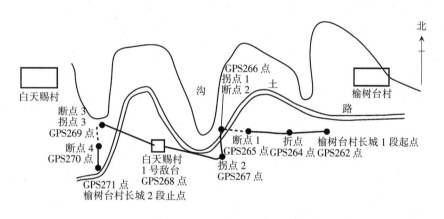

图四一四 榆树台村长城2段位置示意图

该段墙体整体保存程度差，保存较差100米，差1092米，消失195米。依其保存状况分7个自然段。

第1段 起点至折点，长100米，保存程度较差，呈东—西走向。墙体底宽4.5、顶宽1.32、南侧高2.5、北侧高1米，夯层厚0.08~0.1米，黄沙土夯筑。墙体上有踩踏痕迹，并生长茅草、蒿草等植物，周围有少量农田。榆树台村烽火台，北距墙体48米，周围残存少量瓦片，外饰绳纹、弦纹，内饰麻点纹、布纹、弦纹等。

第2段 折点至断点1，长194米，保存状况差，呈东—西走向，因长期雨水冲刷，现为鱼脊状，仅残存少部分夯层。

第3段　断点1到断点2（拐点1），长125米，消失段，呈东—西走向。该段处于沟壑的斜坡上，因长期雨水冲刷再加上新修筑道路而消失。

第4段　断点2（拐点1）到断点3（拐点2），长213米，保存状况差。从拐点1处由东—西走向变为东北—西南走向，断点2向西南93米为道路截断，路宽5米。断面处暴露明显夯层，高3米，夯层厚度0.08～0.11米，黄沙土夯筑。过路再西南120米至拐点2。此段墙体外侧形成直立断面，内侧与地表齐平。

第5段　拐点2至断点3（拐点3），长495米，保存状况差。墙体由拐点2处变为东南—西北走向。墙体基本与地表齐平，生长有茅草等植物。白天赐村1号敌台西北约245米处土路穿墙而过，路面宽5米。

第6段　断点3（拐点3）至断点4，长70米，因沟壑发育而消失。由拐点3处变为北—南走向。

第7段　断点4至止点，长190米，保存差，呈北—南走向。墙体基本与地表齐平，生长有茅草等植物。

该段墙体起点东接榆树台村长城1段，止点南接白天赐村长城。该段长城起点向西约790米为白天赐村1号敌台；榆树台村烽火台，北距墙体48米。

该段长城所处的榆树台村40多户，160多人。主要经营农业。附近为山地沟壑区，交通不便，旁有一条土路，可以行车。

二九　白天赐村长城（6108243821010200031）

该段长城起于中山涧乡白天赐村南627米，止于中山涧乡代响梁村北40米，整体呈东北—西南走向，全长1942米。起点坐标为东经：108°34′17.70″，北纬：37°10′43.60″，高程：1774米；止点坐标为东经：108°33′13.03″，北纬：37°10′43.09″，高程：1778.7米（图四一五）。

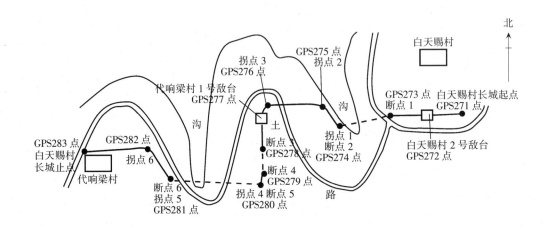

图四一五　白天赐村长城位置示意图

该段墙体整体保存程度差，其中保存差1440米，消失502米。依其保存状况分10个自然段。

第1段　起点至断点1，长196米，保存差，呈东—西走向。墙体基本与地表齐平，生长茅草、蒿草等植物。白天赐村2号敌台周围残存零星瓦片，为外绳纹、内麻点纹等。

第2段　断点1至断点2（拐点1），长100米，因修筑道路及沟壑发育而消失。

第3段　断点2（拐点1）至拐点2，长100米，保存差，由拐点1处变为东南—西北走向。墙体东临深沟，长期雨水冲刷，水土流失严重；西侧平整土地对墙体造成破坏，墙体上有踩踏的小路。墙体周围残存零星瓦片，外绳纹，内麻点纹、布纹等。

第4段　拐点2至拐点3，长169米，保存差，由拐点2处变为东—西走向。修筑道路及村庄建设对墙体有一定影响，因长期雨水冲刷，基本与地表齐平。

第5段　拐点3至断点3，长268米，保存差，由拐点3处变为北—南走向。代响梁村敌台周围散布大量板瓦、筒瓦残片，外绳纹，内麻点纹、布纹等。另见少量器物残片。代响梁村敌台南约126米的墙体，东侧与地表齐平，西侧形成直立断面。墙体沿线残存少量瓦片，外绳纹，内麻点纹、布纹等。

第6段　断点3至断点4，长74米，因沟壑发育而消失。

第7段　断点4至断点5（拐点4），长58米，保存差，呈北—南走向。断点5断面处暴露明显夯层，底宽4.4、顶宽3.5、残高1.8～2.5米，夯层厚0.08～0.11米（图四一六），黄沙土夯筑。该段墙体位于山的缓坡处，因长期雨水冲刷及平整土地，东侧与地表齐平，西侧形成直立断面。墙体上杂草丛生。

第8段　断点5至断点6（拐点5），长328米，主要因沟壑发育而消失。

第9段　断点6（拐点5）至拐点6，长276米，保存差，墙体由拐点5变为东南—西北走向。墙体上杂草丛生，有踩踏的小路，并立有电线杆。沿线墙体残存少量瓦片及石块，外绳纹，内麻点纹、布纹等。

第10段　拐点6至止点，长373米，保存差，由拐点6处变为东—西向。墙体上有踩踏的小路。

该段长城起点东接榆树台村长城2段，止点西接代响梁村长城。该段长城起点西约152米为白天赐村2号敌台，再向西约440米为代响梁村敌台。

该段长城所处的白天赐村有居民近20户，80余人，以汉族为主。主要经营农业、养殖业。交通不便，旁有一条土路，可以行车。

三〇　代响梁村长城

（610824382105020032）

该段长城位于中山涧乡代响梁村北的缓坡地带，墙体顺地势修建，墙体的外侧有三道堑，属于山险墙。起于中山涧乡代响梁村北40米，止于周河镇杨家沟村老坟嶙岈（组）西北639米，整体呈东北—西南走向，全长2414米。起点坐标为东经：108°33′13.03″，北纬：37°10′43.09″，高程：1778.7米；止点坐标为东经：108°32′30.40″，北纬：37°09′35.30″，高程：1767米（图四一七）。

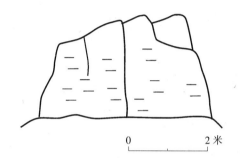

图四一六　白天赐村长城墙体断面图

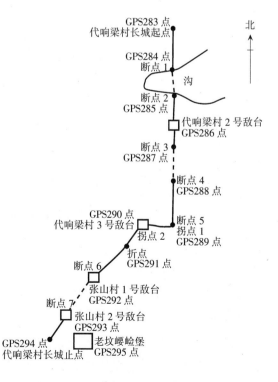

图四一七　代响梁村长城位置示意图

该段墙体整体保存差，近一半消失，墙体坍塌、剥落严重。保存差1839米，消失575米。依其保存状况分9个自然段。

第1段　起点至断点1，长210米，保存差，北—南走向。墙体的外侧有三道堑。墙体底宽4、顶宽2、高为3米，堑面宽10.5、高7米（图四一八·1）。距起点165米处的夯层中夹有少量瓦片，外饰绳纹，内饰麻点纹。夯层厚0.08~0.1米。

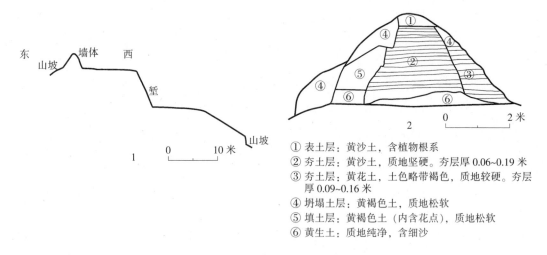

① 表土层：黄沙土，含植物根系
② 夯土层：黄沙土，质地坚硬。夯层厚0.06~0.19米
③ 夯土层：黄花土，土色略带褐色，质地较硬。夯层厚0.09~0.16米
④ 坍塌土层：黄褐色土，质地松软
⑤ 填土层：黄褐色土（内含花点），质地松软
⑥ 黄生土：质地纯净，含细沙

图四一八　代响梁村长城墙体与堑剖面图

第2段　断点1至断点2，长35米，因是沟壑发育墙体消失。

第3段　断点2至断点3，长261米，保存差，呈北—南走向。断点2处墙体剖面：底宽6.8、顶宽0.7、高2.8米（图四一八·2）。断点3处的夯层中夹有外绳纹内布纹的筒瓦残片。

第4段　断点3至断点4，长120米，因沟壑发育墙体消失。

第5段　断点4至拐点1，长305米，保存差，呈北—南走向。墙体两侧因为沟壑发育及土地平整、雨水冲刷等原因，剥落严重，基本与地表齐平，顶部呈鱼脊状。

第6段　拐点1至拐点2（代响梁村3号敌台），长160米，保存差，由拐点1处变为东—西走向。因沟壑发育及土地平整等原因，墙体损毁破碎严重，仅存断续少量夯土。

第7段　拐点2至断点5，长640米，保存差，由拐点2处变为东北—西南走向。因沟壑发育土地平整等原因仅存少量夯土。

第8段　断点5（张山1号敌台）至断点6（张山2号敌台），长420米。因为土地平整、村庄建设、修路等导致墙体消失。

第9段　断点6至止点，长263米，保存差，呈东北—西南走向。在止点东侧52米处为老坟崾岘堡。该段墙体沿山势而建，沿墙体散落少量瓦片，外绳纹，内麻点纹、布纹。

该段长城为自然基础上的人工夯筑，夯层大致厚0.08~0.1米。墙体高为3、顶宽2、底宽4米，夯层厚0.08~0.1米。

该段长城北接白天赐村长城，南连老坟崾岘村长城1段，拐点2处为代响梁3号敌台，断点5处为张三村1号敌台，断点6处为张三村2号敌台，在止点东侧52米处为老坟崾岘堡。

该段长城所处的高台村有居民近10户，40余人。主要经营农业。沿墙体可见一条乡村土路。

三一　老坟嶙岘村长城 1 段（610824382105020033）

该段长城位于周河镇老坟嶙岘西北方向，起于杨家沟村老坟嶙岘西北 639 米，止于杨家沟村老坟嶙岘西北 341 米，呈东北—西南走向，全长 396 米。起点坐标为东经：108°32′30.40″，北纬：37°09′35.30″，高程：1767 米；止点坐标为东经：108°32′30.50″，北纬：37°09′22.50″，高程：1737 米（图四一九）。

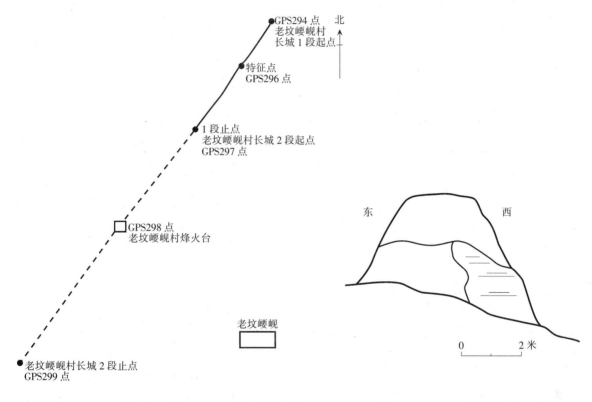

图四一九　老坟嶙岘村长城 1、2 段位置示意图　　　　图四二〇　老坟嶙岘村长城 1 段墙体断面图

该段墙体整体保存差，其中保存较差 107 米，差 289 米。依其保存状况分 2 个自然段。

第 1 段　起点至特征点，长 107 米，保存较差，呈东北—西南走向。西侧高 3 米，东侧高 1 米，两侧是耕地，西侧耕地外是雨水侵蚀深沟。特征点顶宽 0.9、底宽 3.7 米。

第 2 段　特征点至止点，长 289 米，保存差。墙体东侧与耕地齐平，西侧高出地表 3 米。只能从断面看出夯土痕迹。起点到止点墙体东侧有与墙体齐平的台面宽 12 米。台面上方有高 18 米相对直立的坡面到山体顶部，此处为一座堡，在两者之间的土路上散落有大量的外绳纹、内麻点纹的瓦片。起点到止点墙体西北侧有堑遗存，墙体底端到第 1 道堑 11 米，堑宽 9 米。

该段长城为堑削自然基础上再加以人工夯筑。墙体底宽 5.9、顶宽 2.2、东侧高 2.5、西侧高 4.5 米，夯层厚 0.1～0.12 米（图四二〇）。墙体沿线有外绳纹及内麻点纹、布纹的板瓦、筒瓦残片。

该段长城起点接代响梁村长城，止点接老坟嶙岘长城 2 段。

该段长城所处的老坟嶙岘村有居民 13 户，50 多人，以汉族为主，主要经营农业，附近为山地沟壑区，交通不便。

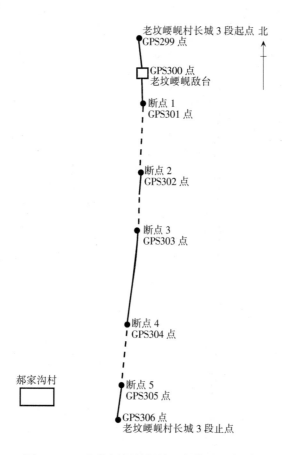

图四二一 老坟嶙岘村长城 3 段位置示意图

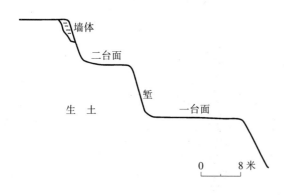

图四二二 老坟嶙岘村长城 3 段
墙体与堑剖面图

三二 老坟嶙岘村长城 2 段
（610824382301020034）

该段长城位于周河镇杨家沟村老坟嶙岘南。起于杨家沟村老坟嶙岘西北 341 米，止于杨家沟村老坟嶙岘西南 100 米，呈东北—西南走向，全长 922 米。起点坐标为东经：108°32′30.50″，北纬：37°09′22.50″，高程：1737 米；止点坐标为东经：108°32′11.00″，北纬：37°08′57.20″，高程：1739 米（图四一九）。

该段墙体整体消失，长 922 米。消失沿线发现有外绳纹及内麻点纹、布纹的板瓦、筒瓦残片。起点接老坟嶙岘长城 1 段，止点接老坟嶙岘长城 3 段。起点西南 260 米处为老坟嶙岘村烽火台。

三三 老坟嶙岘村长城 3 段
（610824382105020035）

该段长城位周河镇杨家沟村老坟嶙岘村西南。墙体建在山坡缓坡上，西部为沟壑。起于杨家沟村老坟嶙岘西南 100 米，止于杨家沟村老坟嶙岘西南 941 米，呈北—南走向，全长 841 米。起点坐标为东经：108°32′11.00″，北纬：37°08′57.20″，高程：1739 米；止点坐标为东经：108°32′13.30″，北纬：37°08′33.50″，高程：1703 米（图四二一）。

该段墙体整体保存差，其中保存较差 39 米，差 382 米，消失 420 米。依其保存状况分 6 个自然段。

第 1 段 起点至断点 1，长 39 米，保存较差。墙体底宽 2.9、顶宽 1.8 ~ 11.2、外高（西侧）2.8 ~ 3.1、内高（东侧）1.5 ~ 2.3 米。西侧紧邻两道堑，第一道堑高 15 米，第一层台面宽 13.8 米；第二道堑高 7.9 米，第二层台面宽 11.3 米。该段墙体距西侧沟壑 80 米，距东侧油井 78 米，北侧紧邻石油公司的一间铁皮房。

第 2 段 断点 1 至断点 3，长 316 米，墙体消失。其中断点 1 到断点 2 长 290 米，消失原因为采油公司平整场地、老坟嶙岘村村民开垦耕地等；断点 2 到断点 3 长 26 米，消失原因为道路及冲沟破坏。

第 3 段 断点 3 至断点 4，长 356 米，保存差。东侧因耕地削减残存部分墙体，高 1 ~ 1.5 米，夯层厚 0.09～0.11 米。西侧紧邻连续的两道堑，第一道堑高 9.7 米，第一层台面宽 19.5 米；第二道堑高 9.4 米，第二层台面宽 10.8 米（图四二二）。台面上散落大量瓦片，外绳纹内饰麻点纹、布纹，另有少量器物残片。

第 4 段　断点 4 至断点 5，长 104 米，因修路破坏墙体消失。东侧紧邻乡村土路，西侧紧邻沟壑。

第 5 段　断点 5 至止点，长 26 米，保存差。东、西两侧可见明显夯层，夯层厚 0.1～0.12 米。顶部树有电线杆一根。东侧紧邻乡村小路，西侧距赫家沟村 242 米，南侧为断崖，南距山顶油井约 368 米。周围生长有柠条、沙柳、沙棘等灌木。

该段长城起点北接老坟嵘岘长城 2 段，向南 27 米为老坟嵘险敌台，止点南接吴起县战国秦长城。

第二节　战国秦长城单体建筑

靖边县战国秦长城沿线现存单体建筑共 108 座，包括敌台 105 座、烽火台 3 座。

该区域的单体建筑由于经过长时间风雨侵蚀，圮毁严重，大部分坍塌严重，呈不规则圆形，或呈卧鲸状，调查时尚能看到单体建筑上部的夯土，但是敌台下部多被上部坍塌滑落的浮土覆盖，无法确定其准确的底部边缘所在。由于有些线段墙体消失，致使部分台体附近已不见墙体，只能根据消失段前后墙体的连线来判断台体与墙体之间的关系，如果在一条线上就被当做敌台。另外，有一小部分台体被建在墙体东南侧近处，与墙体相距只有几十米，甚至十几米，这种情况也被当做敌台来对待。烽火台一般远离墙体达数百米，建在另外一座山上。从周边发现外绳纹内布纹的瓦片分析，这些台体可能是汉初修建的。

单体建筑底部边缘尺寸最大达 28.6 米，但大多处于 9～15 米；高度最高达 9 米，大多处于 1～4 米。

一　草沟村 1 号敌台（610824352101020001）

该敌台建在杨桥畔镇草沟村东北 1.95 千米的瓦渣梁上，东南距河口庙水库 1.5 千米。台体建在瓦渣梁的最高处，南侧为坡地地形，在南北侧的坡底下有沟壑发育。地理坐标为东经：109°06′06.57″，北纬：37°39′25.53″，高程：1320.8 米。

该台体整体损坏严重，保存差。台体西南侧窄于东北侧，顶部四周有坍塌，呈缓坡状，周壁存在昆虫洞穴，根系深入夯土中，造成严重破坏，夯土层现已经不清晰。

敌台底部略呈椭圆形，长径 6、短径 5 米，顶部四周有坍塌，呈缓坡状，残长 5、宽 1.8、高 1.2 米（图四二三）。

台体为黄沙土夯筑，夯土中包含物有小石子，由于雨水冲刷，夯层现已经不清晰。台体周围发现大量的外绳纹内麻点纹的瓦片和陶片残片。

该敌台位于草沟村长城 1 段起点西南 336 米处，其西南距草沟村 2 号敌台 55 米。

二　草沟村 2 号敌台（610824352101020002）

该敌台建在草沟村东北 1.91 千米的瓦渣梁上，在南北侧的坡底下发育有沟壑，南侧为坡地，东南距河口庙水库 1.5 千米。地理坐标为东经：109°06′04.89″，北纬：37°39′24.41″，高程：1319.3 米。

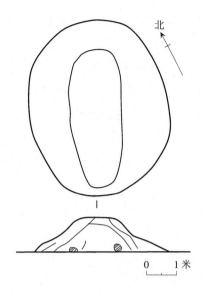

图四二三　草沟村1号敌台平、立面图

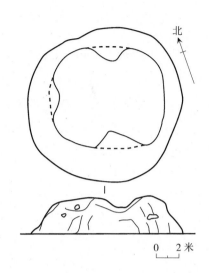

图四二四　草沟村2号敌台平、立面图

该台体整体保存差。顶部四周有坍塌，西南侧呈缓坡状。台体西南部有一个由于雨水冲刷而形成的大豁口，进深为4.5、高为3.4、最宽处为4.2米。北侧也坍塌严重。植物根系、昆虫洞穴对台体造成严重破坏。

敌台平面呈圆形，底直径14米，顶部四周有坍塌，呈不规则形，现残存最宽处为7米，台体西南侧高3.4米（图四二四）。黄沙土夯筑，夯土包含有小沙石、料礓石等，夯层厚0.08～0.13米。台体周围发现大量的外饰绳纹、内饰麻点纹瓦片。

该敌台位于草沟村长城1段墙体上，东北距草沟村1号敌台55米。

三　草沟村3号敌台（610824352101020003）

该敌台建在杨桥畔镇草沟村东北1.3千米，四周多为沙丘地形。地理坐标为东经：109°05′22.27″，北纬：37°39′05.09″，高程：1302.2米。

该台体整体损坏严重，保存差。敌台底部略呈长方形，顶部四周有坍塌，略呈鱼脊状。台体由于沟壑发育、雨水冲刷等因素损坏严重，西侧坍塌严重，西南侧由于雨水冲刷而形成一条条的小水沟。东北侧与墙体相连，呈缓坡状。台体四周为沙丘地形，沙漠侵蚀及流沙掩埋严重。

敌台底部略呈梯形，西南断面处有3米高的坍塌浮土。顶部四周有坍塌，略呈鱼脊状，底东西14、南北9、高6米，顶部最宽处3.6、窄处为1.8米（图四二五）。

自然基础上人工夯筑而成，夯土以黄沙土为主，包含物有小石子、料礓石等，夯层厚度为0.06～0.11米。台体周围发现有大量的外饰绳纹、内饰麻点纹的瓦片、陶片残存，且发现一块铁锸残片。

该敌台位于草沟村长城1段墙体上，西南距草沟4号村敌台150米。

四　草沟村4号敌台（610824352101020004）

该敌台建在杨桥畔镇草沟村西北1.2千米处，四周为沙丘地形，西南侧与墙体相连。地理坐标为东经：109°05′17.27″，北纬：37°39′02.42″，高程：1267.2米。

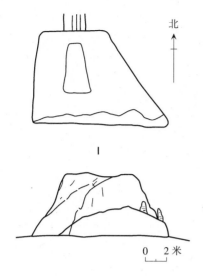

图四二五　草沟村 3 号敌台平、立面图

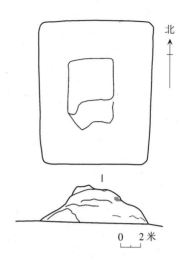

图四二六　草沟村 4 号敌台平、立面图

　　该台体整体损坏严重，保存差。敌台底部略呈长方形，顶部四周有坍塌，略呈不规则形，台体由于沟壑发育、雨水冲刷等因素损坏严重，西南侧坍塌严重，低于东北侧 1.2 米。西南侧与墙体相连。台体四周为沙丘地形，沙漠侵蚀及流沙掩埋严重。

　　敌台底部略呈矩形，顶部四周有坍塌，呈不规则形，底长 13、宽 9 米，高 3.5 米，顶长 5、宽 4.2 米（图四二六）。黄沙土夯筑，夯层厚 0.07～0.11 米。

　　台体北侧发现有大量的外绳纹内麻点纹的瓦片，以及一块铁制品残片。台体南侧发现了瓦当、筒瓦残片（图四二七）。

　　该敌台位于草沟村 1 长城段墙体上，东北距草沟村 3 号敌台 150 米。

　　该敌台东侧约 700 米处有公路一条。

五　草沟村 5 号敌台（610824352101020005）

　　该敌台建在杨桥畔镇草沟村西北 1.13 千米处，四周多为沙丘地形。台体及周围长有沙棘、荒草、蒿类、柠条等耐旱植物。地理坐标为东经：109°05′09.00″，北纬：37°38′57.00″，高程：1251 米。

　　该台体整体损坏严重，保存差。顶部四周有坍塌，呈不规则形，西侧塌为缓坡。台体四周为沙丘地形，沙漠侵蚀及流沙掩埋严重。台体上的昆虫洞穴及植物根系深入夯土中，对夯土层造成严重破坏。

　　敌台平面呈长条形，剖面呈不规则形，底长 9、宽 7 米，高 3 米，顶东侧长 1.5、北侧长 2、南侧长 1.1 米。西侧塌为缓坡（图四二八）。

　　该敌台为自然基础上人工夯筑而成，夯土土质以黄沙土为主，包含有小石子、料礓石等，夯层厚度为 0.07～0.09 米，夯层中夹杂有外绳纹内麻点纹的瓦片。台体周围发现有大量的外绳纹内麻点纹的瓦片及陶片。

　　该敌台位于草沟村长城 2 段墙体上，东北距草沟村 4 号敌台 230 米。

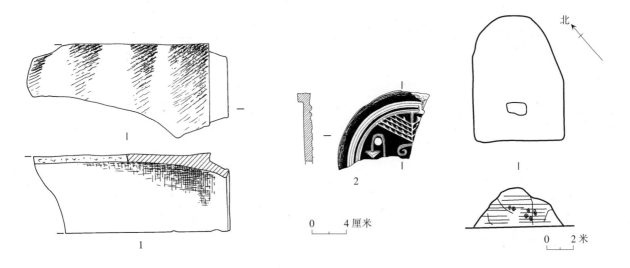

图四二七　草沟村4号敌台附近采集的瓦片及瓦当残片
1. 筒瓦残片　2. 瓦当残片

图四二八　草沟村5号敌台平、立面图

六　草沟村6号敌台〔610824352101020006〕

该敌台建在杨桥畔镇草沟村西北1.52千米处，四周多为沙丘地形，台体周围的流沙侵蚀及掩埋现象严重，周围土壤已经严重沙化，生长有沙棘、蒿类等耐旱植物。地理坐标为东经：109°04′32.00″，北纬：37°38′36.00″，高程：1345米。

该台体整体保存差，坍塌呈不规则形土台，顶部长有柠条等植物，坍塌严重；西侧坍塌严重；南侧呈缓坡状。台体四周为沙丘地形，沙漠侵蚀及流沙掩埋严重，昆虫洞穴及植物根系深入夯土中，对夯土层造成严重破坏。

该敌台平面呈不规则形，剖面呈弧拱形。台体底西侧边长4、南侧边长5、东侧边长4.6米，高2米（图四二九）。黄沙土夯筑而成，夯层厚0.06~0.08米。

台体西南侧散落有大量外绳纹内麻点纹瓦片及陶片。另发现一外绳纹、内三角纹板瓦，上有戳印。

该敌台位于草沟村长城2段墙体上，东北距草沟村长城2段折点90米。西南距草沟村7号敌台101米。

七　草沟村7号敌台〔610824352101020007〕

该敌台位于杨桥畔镇草沟村西北1.57千米处，四周多为沙丘地形，周围被流沙侵蚀及掩埋现象严重。地理坐标为东经：109°04′29.00″，北纬：37°38′33.00″，高程：1335米。

该敌台整体损坏严重，保存差。台体顶部平缓，长柠条、蒿类等植物。台体被流沙掩埋严重。台体及周围长有沙棘、荒草、蒿类、柠条等耐旱植物。

台体坍塌成圆形土台，底直径6、高2米（图四三〇）。由黄沙土夯筑而成，包含物有小石子、料礓石等，夯层不明显。

台体西侧和北侧散落有大量的外饰绳纹内饰麻点纹的瓦片及陶片。

该敌台位于草沟村长城2段中墙体上，东北距草沟村6号敌台101米。

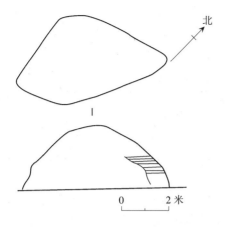
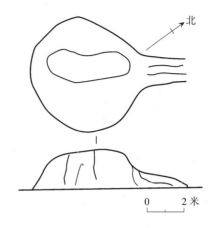

图四二九　草沟村 6 号敌台平、立面图　　　图四三〇　草沟村 7 号敌台平、立面图

八　草沟村 8 号敌台（610824352101020008）

该敌台位于杨桥畔镇草沟村西南 1.9 千米处，四周多为沙丘地形，流沙对台体的侵蚀及流沙掩埋现象严重。地理坐标为东经：109°04′12.00″，北纬：37°38′09.00″，高程：1301 米。

该敌台整体保存差。台体西侧有一个小豁口，应该是植物根系和雨水冲刷所致。台体西侧和北侧由于植物根系、雨水冲刷、流沙侵蚀等因素损坏严重，夯层不清晰。

该敌台呈圆形土台，底直径 9.8、顶 2.3～3、高 2.6 米（图四三一）。由于风蚀及黄沙掩埋，夯层不明显。台体西南侧和东北北侧散落有大量的外绳纹内麻点纹的瓦片。

该敌台位于草沟村长城 2 段墙体上，东北距草沟村 7 号敌台 855 米。

九　草沟村 9 号敌台（610824352101020009）

该敌台建在杨桥畔镇草沟村西南 2 千米处。该地区是风沙滩地区。敌台四周为沙丘地形，台体西南侧同墙体相连。地理坐标为东经：109°04′10.00″，北纬：37°38′05.00″，高程：1302 米。

该敌台整体损坏严重，保存差，现呈圆形土台。台体周围为沙丘地形，流沙掩埋严重，台体上有昆虫洞穴及植物根系，对夯土层造成严重破坏。

敌台平面圆形，剖面呈弧拱形，底直径 12、顶直径 4 米，高 3 米，夯层厚 0.08～0.1 米（图四三二）。黄沙土夯筑，包含有小石子、料礓石等。台体西侧和北侧散落有大量的外绳纹内麻点纹的瓦片。

该敌台位于草沟村长城 2 段墙体上，东北距草沟村 8 号敌台 150 米。

一〇　黄草坬村 1 号敌台（610824352101020010）

该敌台位于龙洲乡黄草坬东北 800 米处，四周为平缓草地地貌，附近长有苜蓿、柠条等大量耐旱植物。台体北侧 20 米处有一条沟壑发育，向东北沿墙体流入草湾沟，沟宽 70 米。地理坐标为东经：108°58′05.00″，北纬：37°33′00.00″，高程：1444 米。

该敌台和相连接的墙体坍塌为一体，已经不能看出二者之间界限。残存台体呈馒头状，表面因放牧羊群踩踏而剥落严重，长有柠条等植物。

台体平面呈椭圆形，剖面呈弧形，底长 16、宽 13 米，顶长 8.4、宽 4.4 米，高 4 米，夯层厚 0.07～0.09 米（图四三三）。黄土夯筑。附近散落有大量外绳纹内麻点纹的瓦片和少量外绳纹内布纹的瓦片。另

图四三一 草沟村8号敌台平、立面图

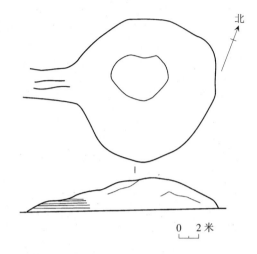

图四三二 草沟村9号敌台平、立面图

图四三三 黄草坬村1号敌台平、立面图

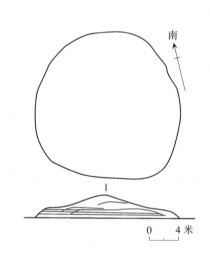

图四三四 黄草坬村2号敌台平、立面图

有外绳纹陶片，可辨器形有罐、鬲、瓿、缸等。

该敌台位于黄草坬村长城起点西南828米处的墙体上，北距明大边长城100米，西南140米处为黄草坬村2号敌台。

—— 黄草坬村2号敌台（610824352101020011）

该敌台位于龙洲乡黄草坬东北700米，所处地貌较平缓，周围长有苜蓿、柠条等大量耐旱植物。台体东北侧有一条沟壑发育，向北穿过墙体流走，沟宽20、深1米。地理坐标为东经：108°58′01.00″，北纬：37°32′56.00″，高程：1449米。

该敌台坍塌严重，周壁均呈缓坡状，长有杂草，残存台体呈馒头状。

敌台平面呈近似圆形，剖面呈弧形，底直径20、高3米，夯层厚0.07～0.09米（图四三四）。黄土夯筑。附近散落有较多外绳纹内麻点纹的瓦片和少量外绳纹内布纹的瓦片。

该敌台位于黄草坬村长城起点西南968米处的墙体上，北距明大边长城90米，东北140米处为黄草圪村 1 号敌台，西南 460 米处为黄草圪村 3 号敌台。

一二 黄草圪村 3 号敌台（610824352101020012）

该敌台位于龙洲乡黄草圪村东 200 米处，周围为平缓草地，长有苜蓿、柠条等大量耐旱植物。台体南侧有一条沟壑发育，向东流走，沟宽 2、深 1 米。地理坐标为东经：108°57′50.00″，北纬：37°32′45.00″，高程：1454 米。

该敌台坍塌为不规则的夯土堆，南侧呈断面，其他三侧呈缓坡，其中东侧缓坡有人为挖掘的坑穴。已经不能看出二者具体位置关系。台体保存较差，残存台体只有一堆夯土。

台体平面略呈矩形，平面呈不规则形，底长 20、宽 15 米，顶长 5、宽 4 米，高 5 米，夯层厚 0.08～0.1 米（图四三五）。黄土夯筑为主，夯层中夹有外绳纹、内麻点纹瓦片。附近散落有较多外绳纹、内麻点纹瓦片和少量外绳纹、内布纹瓦片。

该敌台位于黄草圪村长城起点西南 1.42 千米处的墙体上，北距明大边长城 10 米，东北 460 米处为黄草圪村 2 号敌台，西南 90 米处为黄草圪村长城止点，也就是秦长城与明长城交点。

一三 轮则壕村敌台（610824352101020013）

该敌台位于龙洲乡甘沟则轮则壕村东北 940 米处，东距龙洲河约 2 千米。该地带位于毛乌素沙漠与黄土梁峁地区的交界处。台体四周因雨水冲刷而发育沟壑，台体北侧沟壑的对岸由于土地耕作，损坏严重。地理坐标为东经：108°57′37.89″，北纬：37°32′36.22″，高程：1470 米。

该敌台整体损坏严重，保存差。台体四周有沟壑发育，坍塌呈不规则土梁状。南侧和北侧坍塌严重，形成小缺口，有昆虫洞穴。台体上长有柠条、地椒、荒草。

敌台平面呈长条形，剖面呈不规则形，底长 17、宽 6.4 米，顶长 8、最大宽 4 米，高 2.8 米。夯层厚 0.07～0.1 米（图四三六）。黄沙土夯筑，由于雨水冲刷，夯层现不清晰。附近发现大量的外绳纹、内麻点纹瓦片。

图四三五 黄草圪村 3 号敌台平、剖面图

图四三六 轮则壕村敌台平、立面图

一四　乔家圪则村 1 号敌台 （610824352101020030）

该敌台位于小河乡乔家圪则村西北 1.12 千米一座山的山腰处，台体上及周边生有蒿类、地椒等植物，南侧 10 米处有一条沟壑发育，西侧 70 米处有一条沟壑。两条沟壑在台体西南 80 米处相交。台体所在地域为山地沟壑地貌。地理坐标为东经：108°57′01.00″，北纬：37°24′37.00″，高程：1540 米。

该敌台整体保存差，剥落严重，整体呈卧鲸状，西南侧紧邻沟壑上部成断面，下部为凸凹不平的斜坡；西北、东南、东北呈缓坡，长有杂草。

敌台平面近呈椭圆形，剖面近呈梯形，底长 17.8、宽 9.6 米，顶长 7.8、宽 4 米，高 4.7 米，夯层厚 0.06 ~ 0.09 米（图四三七）。黄土夯筑。台体附近发现外绳纹内麻点纹的瓦片，以及一块外绳纹内布纹的瓦片。

该敌台位于乔家圪则村长城起点西南 200 米处，其西南距乔家圪则村 2 号敌台 260 米。

一五　乔家圪则村 2 号敌台 （610824352101020031）

该敌台建在小河乡乔家圪则村西北 1.33 千米一座山的山腰平坦处，台体上及周边生有柠条、锦鸡儿、蒿类、地椒等植物，北侧坡地被开垦为耕地，种植有荞麦等作物。台体东北侧有宽约 150 米的沟壑发育，台体所在地域为山地沟壑地貌。地理坐标为东经：108°56′53.00″，北纬：37°24′33.00″，高程：1540 米。

敌台保存差，坍塌呈土台状，北侧略有坍塌；西侧有一豁口，豁口长 2.4、深 1.5、进深 1.2 米；南侧下部铲削成断面；东侧呈较平坦的缓坡。

敌台平面近呈圆形，剖面呈不规则形。底直径 15、顶直径 6、西南侧高 3.5、东北侧高 5.5 米，夯层厚 0.06 ~ 0.1 米（图四三八）。黄沙土夯筑。附近发现大量外饰绳纹内饰麻点纹的筒瓦和板瓦残片。

该敌台位于乔家圪则村长城墙体上，西南距乔家圪则村 3 号敌台 151 米，东北距乔家圪则村 1 号敌台 260 米。

该敌台北侧 500 米处有 307 国道。

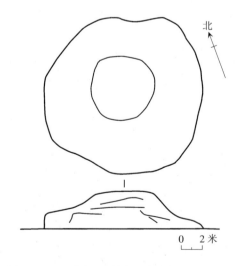

图四三七　乔家圪则村 1 号敌台平、立面图　　　图四三八　乔家圪则村 2 号敌台平、立面图

一六　乔家圪则村3号敌台（610824352101020032）

该敌台建在小河乡乔家圪则村西北1.42千米山腰平坦处。台体地势东北高、西南低，周围坡地多被开垦，种植有荞麦、土豆等作物，台体上及周边生有蒿类、地椒等植物，西南侧50米外有一条沟壑。台体所在地域为山地沟壑地貌。地理坐标为东经：108°56′51.00″，北纬：37°24′28.00″，高程：1542米。

该敌台整体保存差，整体呈土梁状，台体上生有蒿类、地椒等植物，有昆虫洞穴。北侧有人为挖掘的缺口，缺口长3、深1.5、进深1.5米。

敌台平面近呈椭圆形，平面呈梯形，底最大径为12.8米，顶南北4.1、东西5.1米，西南侧高5、东北侧高1.2米，夯层厚0.06~0.09米（图四三九）。黄沙土夯筑。台体附近发现大量外绳纹内麻点纹的筒瓦和板瓦瓦片。

该敌台位于乔家圪则村长城墙体上，东北距乔家圪则村2号敌台151米。

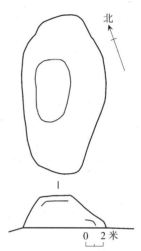

图四三九　乔家圪则村3号
敌台平、立面图

一七　雪畔村敌台（610824352101020033）

该敌台建于雪畔村东300米处山梁上。台体东北侧和西南侧与墙体相连，西侧、西北侧为农业用地。台体东侧因雨水冲刷而发育为沟壑，沟壑内生长有杨树、杂草等，东北侧坡底下有雨水冲刷而发育的井沟。地理坐标为东经：108°56′34.00″，北纬：37°24′17.00″，高程：1619米。

该敌台整体损坏严重，台体西侧、西北侧因雨水冲刷、耕地造成墙体坍塌。在台体东侧因沟壑发育而形成一个小豁口。

敌台平面呈不规则的柳叶形，剖面呈弧形，底长11、宽5米，东侧高4、西侧高2米，夯层厚0.06~0.1米（图四四〇）。黄沙土夯筑，包含有小石子。周围散落有少量的外绳纹内麻点纹的瓦片。

该敌台位于雪畔村—刘涧村长城起点西南218米处，西南距刘涧村敌台1.06千米。在该敌台西南侧36米处有一条土路通过。

一八　刘涧村敌台（610824352101020034）

该敌台位于刘涧村北150米处的山梁上，周围多沟壑发育，南侧的山坡下为大路梁沟，其向北流入芦河。该敌台东侧山梁上有一个电线杆，北侧坡底下有雨水冲刷而发育的沟壑——薛家畔沟。地理坐标为东经：108°56′08.00″，北纬：37°23′50.00″，高程：1624米。

该敌台整体呈卧鲸状，保存程度差。台体西侧、西南侧及东侧因雨水冲刷和耕地铲削而造成台体坍塌。台体上长有柠条、地椒，根系深入夯土中。

敌台平面略呈椭圆形，剖面呈梯形，底长16.5、宽10米，顶长6、宽4米，高3米，夯层厚0.08~0.1米（图四四一）。黄沙土夯筑，包含有小石子。西北侧发现大量外绳纹内麻点纹的瓦片。敌台东侧约100米处有乔沟湾乡通往李家城则的公路，206省道和高速路穿过。

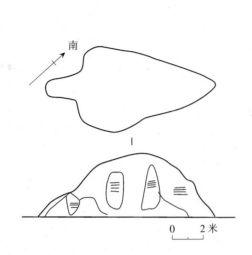

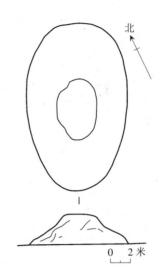

图四四○ 雪畔村敌台平、立面图　　　　图四四一 刘涧村敌台平、立面图

一九　高元峁村 1 号敌台 （610824352101020035）

该敌台位于高元峁村南 300 米。台体及周围种植有荞麦、玉米、黍、土豆等耐旱植物。地理坐标为东经：108°56′09.00″，北纬：37°22′47.00″，高程：1541.0 米。

该敌台整体保存差，西侧与墙体堑面相接，斜坡较长，且立陡；南、北两侧被耕种铲削呈缓坡状；东侧因耕种铲削严重。

敌台底平面略呈椭圆形，剖面呈不规则形，底长 9、宽 7 米，顶长 3、宽 2 米，内侧高 1.8、外侧高 4 米，夯层厚 0.06 ~ 0.08 米（图四四二）。黄沙土夯筑，包含有小石子。台体周围有大量外绳纹、内麻点纹瓦片。

该敌台位于高元峁村—大湾村长城起点南 300 米处，南距高元峁村 2 号敌台 700 米。

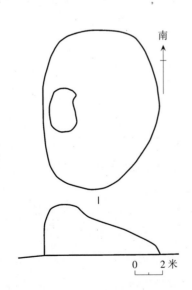

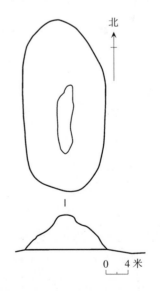

图四四二　高元峁村 1 号敌台平、剖面图　　　　图四四三　高元峁村 2 号敌台平、剖面图

二〇 高元峁村2号敌台 （610824352101020036）

该敌台位于高元峁村南1千米。其位于云盘山东麓，台体两侧有沟壑发育，周围为耕地，耕种荞麦、玉米等作物。地理坐标为东经：108°56′06.00″，北纬：37°22′25.00″，高程：1633米。

该敌台整体保存差，坍塌呈土梁状。台体北侧坍塌，凸凹不平；东侧呈缓坡状；南侧与地表平齐；西侧斜坡面立陡。台体长满杂草。

敌台平面略呈椭圆形，剖面近呈梯形，底长30、宽14.8米，顶长12、宽2米，高6米（图四四三），夯层厚0.07~0.08米。顶部及周围散落有一些外绳纹内麻点纹的瓦片。

该敌台位于高元峁村—大湾村长城起点南1000米处，北距高元峁村1号敌台700米。

二一 大湾村1号敌台 （610824352101020037）

该敌台位于乔沟湾乡大湾村西500米的山梁上。台体西北侧为一个缓坡，种植有小杏树苗，北侧和东侧为坡地，长有蒿类、杨树等植物，西侧有一条沟壑，西南侧30米处也发育有沟壑。地理坐标为东经：108°55′50.65″，北纬：37°21′38.53″，高程：1600.9米。

该敌台整体保存差，由台基和台体两部分组成，东侧和东南侧的台基已经不存在。台基有花土，但无夯层，应为人工堆土而形成台基。台体在山梁的最高处，坍塌呈不规则形土台状。

该敌台平、剖面均呈不规则形，台基西侧长18、西南侧长14、高1.4米，台体底西侧长6.8、北侧长3、西南侧长8、东侧长11.6米，顶东长4.5、南长2.4、西侧长4米，高2.4米（图四四四）。由于杂草覆盖，夯层不清。台体周围发现大量外绳纹、内麻点纹的瓦片及陶片。

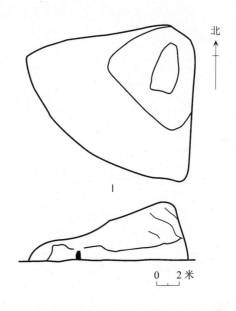

北

0 2米

图四四四 大湾村1号敌台平、立面图

该敌台位于大湾村长城起点处，西南距大湾村2号敌台1384米。该敌台东500米处有206省道通过。

二二 大湾村2号敌台 （610824352101020038）

该敌台建在乔沟湾乡大湾村西500米的山梁上。台体西北侧为一个缓坡，种植有小杏树苗，北侧和东侧为坡地，长有蒿类、杨树等植物，西侧有一条沟壑，西南侧30米处，也发育有沟壑。地理坐标为东经：108°55′34.23″，北纬：37°20′56.78″，高程：1600.9米。

该敌台保存差，坍塌呈不规则土梁状。台体东侧呈缓坡状；西侧因沟壑发育，坍塌为断面；南、北两侧与长城墙体相连，呈缓坡状。

敌台平面略呈椭圆形，剖面呈弧形。底长15、宽8米，顶长13、宽2.5米，高3.5米，夯层厚0.07~0.1米（图四四五）。台体周围发现少量的外绳纹内麻点纹的瓦片及外饰绳纹陶片，夯层中夹杂一些外绳纹内麻点纹的瓦片。

该敌台位于大湾村长城止点处，东北距大湾村1号敌台1.38千米。

二三　大沙湾村1号敌台（610824352101020039）

该敌台位于天赐湾乡大沙湾村东北900米一座山的山顶平坦处，周围经过平整，东侧50米外有一条沟，南侧10米处有一座坟墓。附近为黄土沟壑地貌。地理坐标为东经：108°55′39.00″，北纬：37°20′45.00″，高程：1563米。

该敌台保存程度差，坍塌剥落严重，整体呈卧鲸状。台体顶部略呈长条形，底部不规则。东侧和南侧均有人为挖掘的豁口，东侧豁口宽1.5、深1.8、进深1.5米；南侧三个豁口中左侧豁口进深1、宽1、深0.5米；中部豁口进深1、宽1.5、深1米；右侧豁口进深0.5、宽1.5、深1米。

该敌台平、剖面均呈不规则形，底东西19、南北11米，顶东西5、南北2.5米，北高1.8、南高3.5米，夯层厚0.06～0.09米（图四四六）。黄土夯筑。附近散落有少量外绳纹内麻点纹的瓦片及外绳纹内布纹的瓦片。

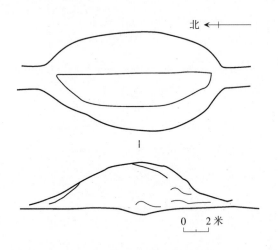

图四四五　大湾村2号敌台平、立面图

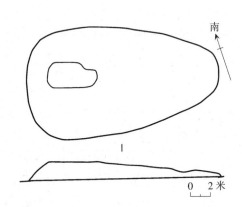

图四四六　大沙湾村1号敌台平、剖面图

该敌台西北距大湾村2号敌台（起点）394米，西南距大沙湾村2号敌台1.2千米。东侧700多米处有206省道。

二四　大沙湾村2号敌台（610824352101020040）

该敌台建在天赐湾乡大沙湾村西南340米一座山的山腰处，西侧坡地经过平整，生有杂草。台体上有蒿类、地椒、苔藓等植物，东侧为沟壑侧蚀，西侧40米外有一条土路。附近为黄土沟壑地貌。地理坐标为东经：108°55′32.00″，北纬：37°20′09.00″，高程：1601米。

该敌台保存程度差，坍塌剥落严重，整体呈土梁状。南、北两侧均与墙体相连；东侧沟壑侧蚀，西侧底部被铲削。

该敌台平面呈椭圆形，剖面呈弧形，底长28、宽11、西高7米，夯层厚0.06～0.09米（图四四七）。黄土夯筑。台体附近散落有大量外绳纹、内麻点纹筒瓦及板瓦瓦片，少量的绳纹陶片。

该敌台东北距大沙湾村2号敌台1.2千米，西南距张家圪村敌台902米。东侧600多米处有206省道。

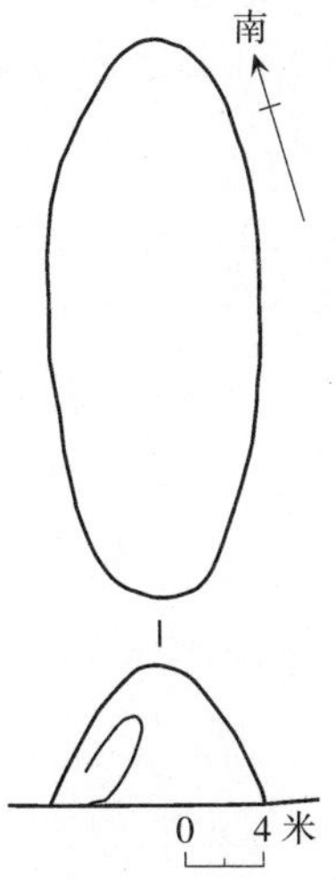

图四四七 大沙湾村2号敌台平、立面图

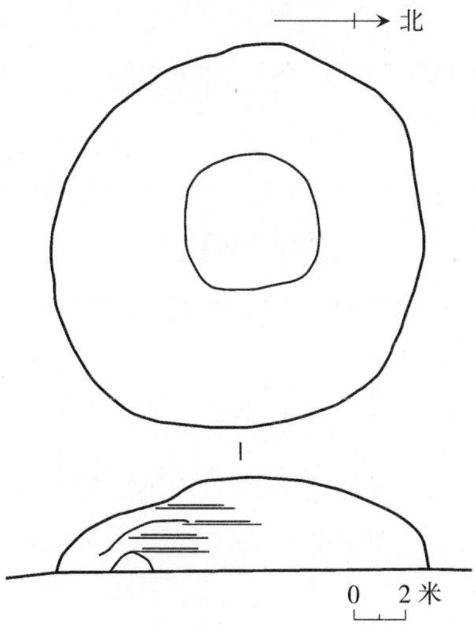

图四四八 张家坬村1号敌台平、立面图

二五 张家坬村1号敌台（610824352101020041）

该敌台位于天赐湾乡政府西北250米的瓦渣梁上，周围经过平整，地势相对平坦，西侧为耕地，种有糜子、土豆；东侧台地种有沙棘、槐树，东南250米为天赐湾乡政府，南侧250米有一条公路。附近为黄土沟壑地貌。地理坐标为东经：108°55′29.00″，北纬：37°19′34.00″，高程：1601米。

该敌台保存程度差，坍塌剥落严重，整体呈圆丘状。南侧有一个人为挖掘的豁口，豁口宽1.5、深1、进深0.5米。南侧底部有一个盗洞，高0.7、宽0.8米。

该敌台平面略呈圆形，剖面呈弧形。底直径15、顶直径5米，西高3.4、东高6米，夯层厚0.08米（图四四八）。台体附近散落有大量外绳纹、内麻点纹筒瓦和板瓦残片。

该敌台位于张家坬村—谷家畔村长城起点处，西南距张家坬村2号敌台478米。南侧250米为一条公路。

二六 张家坬村2号敌台（610824352101020042）

该敌台位于天赐湾乡张家坬村西南150米的山梁上，西侧50米为206国道，南侧有一条沟壑。地理坐标为东经：108°55′22.00″，北纬：37°19′20.00″，高程：1619米。

该敌台保存差，坍塌呈土梁状，台体坍塌剥蚀严重。台体南侧为沟壑，坍塌呈立面，东、西两侧因铲销，断面不平整。台体上长有沙棘、地椒等植物，所在山梁种植有柳树、榆树。

敌台平面略呈椭圆形，剖面呈不规则形，底东西8、南北14米，顶东西1.7、南北4.2米，高3米，夯层厚0.06～0.09米（图四四九）。敌台周围有外绳纹内麻点纹的瓦片及外绳纹陶器残片。

该敌台东北距张家坬村1号敌台478米。该敌台西侧50米为206国道，只能徒步上山。

二七 张家坬村3号敌台（610824352101020043）

该敌台建在天赐湾乡张家坬村西南900米黑圪塔峁的山梁上，西侧200米为采油作业区，南侧100米处有条公路。所处地域为黄土高原梁峁沟壑地貌，周围众多沟壑发育，水土流失严重。地理坐标为东经：108°54′56.00″，北纬：37°19′14.00″，高程：1613 米。

该敌台保存差，坍塌剥蚀严重，呈圆形土台。台体南侧有一个顶部呈弧形的盗洞，高 0.9、宽 0.7 米，其他三侧呈斜坡状，西、北两侧底部呈断面。台体上生有艾蒿、地椒等植物，周边坡地上种植有杏树、杨树。

敌台平面近呈圆形，剖面呈弧形，底最大径 16、顶最大径 5、高 3 米，夯层厚 0.06 ~ 0.08 米（图四五〇）。黄土夯筑。发现有外绳纹内麻点纹的瓦片。

该敌台东北距张家峁村 2 号敌台 805 米。敌台南侧 100 米有条公路，上山只能徒步。

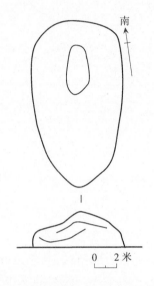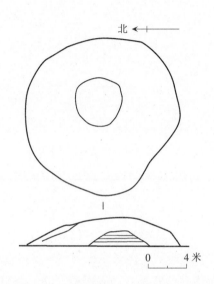

图四四九　张家峁村 2 号敌台平、立面图　　　　图四五〇　张家峁村 3 号敌台平、立面图

二八　新庄村 1 号敌台（610824352101020044）

该敌台建在天赐湾乡新庄村东 500 米的营盘山上，东侧山脚下为公路，公路两侧为团峁沟和东沟，南侧为种有荞麦的坡地。所处地域为黄土高原梁峁沟壑地貌，周围众多沟壑发育，水土流失严重。地理坐标为东经：108°54′21.00″，北纬：37°19′06.00″，高程：1631 米。

该敌台保存差，整体呈卧鲸状，坍塌剥蚀严重。南侧呈缓坡状；台体东侧有一个豁口，宽 0.8、深 1.5、进深 2.2 米，北侧坍塌严重，坡度较陡。台体上生有杂草，周边种有柠条、杏树、杨树。

敌台平面近呈椭圆形，剖面呈梯形，底东西 6、南北 5 米，顶东西 2.5、南北 2 米，高 2.5 米，夯层厚 0.06 ~ 0.09 米（图四五一）。黄土夯筑。发现遗物有外绳纹内麻点纹及布纹的瓦片。东距张家峁 3 号敌台 928 米。

二九　新庄村 2 号敌台（610824352101020045）

该敌台建在天赐湾乡新庄村一户人家房后，位于山间嵝崄处，两侧没有墙体。北侧道路外为种有土豆的坡地，西侧道路外为沟壑。所处地域为黄土高原梁峁沟壑地貌，周围众多沟壑发育，水土流失严重。地理坐标为东经：108°54′00.00″，北纬：37°19′00.00″，高程：1590 米。

该敌台保存差，坍塌剥蚀严重。台体上生有柠条、杂草。台体西、南、北侧均有破坏，西、北两侧因道路被铲削；南侧凿有一孔小窑，修成了羊圈；东南侧为住房。

该敌台平面略呈椭圆形，剖面呈梯形，底长 15、宽 7 米，顶长 6、宽 3 米，东高 2、西高 4.5 米，夯层厚 0.06～0.1 米（图四五二）。黄土夯筑。发现遗物有外绳纹、内麻点纹及布纹的瓦片。

该敌台东距新庄村 1 号敌台 532 米。台体北侧 200 米外有一条公路。

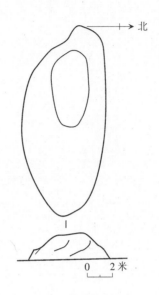

图四五一　新庄村 1 号敌台平、立面图　　　图四五二　新庄村 2 号敌台平、立面图

三〇　谷家畔村敌台（610824352101020046）

该敌台建在天赐湾乡谷家畔村一家住户的房后，位于山间崾崄处，北侧为耕地，种有土豆，北侧 20 米外是一条公路，西侧的坡地种有荞麦，东侧坡地生有杂草。所处地域为黄土高原梁峁沟壑地貌，周围众多沟壑发育，水土流失严重。地理坐标为东经：108°53′26.00″，北纬：37°19′06.00″，高程：1579 米。

该敌台保存差，坍塌、铲削成土梁。南侧一半的台体被破坏呈断面，现为居民房屋院落。北侧呈斜坡，凸凹不平，东、西两侧被挖成断面。台体上杂草丛生。

敌台平面呈不规则长条形，剖面略呈弧形，底东西 14、南北 3、高 3 米，夯层厚 0.06～0.09 米（图四五三）。黄土夯筑。发现遗物有外绳纹、内麻点纹及布纹的瓦片。

该敌台东距新庄村 2 号敌台 830 米。台体北侧 20 米外是一条公路。

三一　姬家畔村 1 号敌台（610824352101020047）

该敌台建在天赐湾乡姬家畔村东北 150 米左家峁山顶上，南侧 50 米处为公路，公路外为沟壑，周围坡地有稀疏的杂草。所处地域为黄土高原梁峁沟壑地貌，周围众多沟壑发育，水土流失严重。地理坐标为东经：108°52′34.00″，北纬：37°19′07.00″，高程：1627 米。

该敌台保存差，台体坍塌剥落呈低矮不规则的土堆状。台体上生有杂草，西南侧夯层露出。

敌台平面略呈椭圆形，剖面呈弧形，底长 5.6、宽 4.6 米，顶长 2.5、宽北 0.6～1 米，高 1.2 米，夯层厚 0.06～0.08 米（图四五四）。发现遗物有外绳纹、内麻点纹及布纹瓦片。

该敌台位于谷家畔村—前山村长城起点西南 1293 米处，东北距谷家畔村关 1.07 千米。

台体南侧 50 米处为公路。

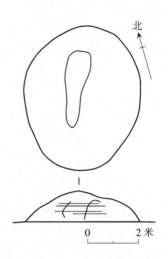

图四五三　谷家畔村敌台平、立面图　　　　图四五四　姬家畔村1号敌台平、立面图

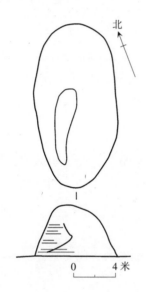
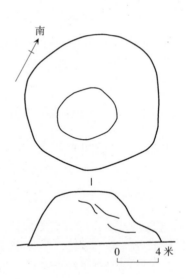

图四五五　姬家畔村2号敌台平、立面图　　　　图四五六　姬家畔村3号敌台平、立面图

三二　姬家畔村2号敌台（610824352101020048）

该敌台建在天赐湾乡姬家畔村西北150米一座山峁顶部，同姬家畔3号敌台、姬家畔4号敌台在一座山上，西北侧与墙体相连。西侧30米外为沟壑，东侧150米处有一条公路。所处地域为黄土高原梁峁沟壑地貌，周围众多沟壑发育，水土流失严重。地理坐标为东经：108°51′54.00″，北纬：37°18′33.00″，高程：1629米。

该敌台保存差，台体坍塌剥蚀严重，呈不规则形土台，台体上生有沙棘、地椒等植物，周围坡地有槐树、杏树、杂草。

敌台平面呈长条形，剖面略梯形，底长15、宽8米，顶长7、宽1～2米，高4.5米，夯层厚0.08～0.09米（图四五五）。发现遗物有外绳纹、内麻点纹及布纹瓦片和陶片。

该敌台东北距姬家畔村1号敌台1.85千米。台体东侧150米处有一条公路。

三三　姬家畔村 3 号敌台（610824352101020049）

该敌台建在天赐湾乡姬家畔村西北 180 米一座山峁顶部，同姬家畔 2 号敌台、姬家畔 4 号敌台在一座山上，东南侧与墙体相连。西侧 30 米外为沟壑，东侧 150 米处有一条公路，东南距输电塔 10 米。所处地域为黄土高原梁峁沟壑地貌，周围众多沟壑发育，水土流失严重。地理坐标为东经：108°51′53.00″，北纬：37°18′34.00″，高程：1628 米。

该敌台保存差，坍塌剥蚀严重。呈不规则形土台，台体上生有杂草，南侧有一个圆洞，直径 3、深 2 米，夯层出露。台体上生有杂草，周围坡地有槐树、杏树、杂草。

敌台平面略呈圆形，剖面呈梯形，底南北 13、东西 13 米，顶径 3 米，高 4.5 米，夯层厚 0.08～0.09 米（图四五六）。发现遗物有外绳纹、内麻点纹及布纹瓦片和陶片。

该敌台东南距姬家畔村 2 号敌台 38 米。

三四　姬家畔村 4 号敌台（610824352101020050）

该敌台建在天赐湾乡姬家畔村西北 195 米一座山峁顶部，同姬家畔 2 号敌台、姬家畔 3 号敌台在一座山上。西侧 30 米外为沟壑，东侧 150 米处有一条公路。所处地域为黄土高原梁峁沟壑地貌，周围众多沟壑发育，水土流失严重。地理坐标为东经：108°51′53.00″，北纬：37°18′34.00″，高程：1634 米。

该敌台保存差，坍塌剥蚀严重，呈土梁状，北侧有豁口，宽 1.5、深 0.8、进深 1 米；西北侧因修输电线路塔底部被铲削，夯层出露。台体上生有杂草，周围坡地有槐树、杏树。

敌台平面呈长条形，剖面呈弧形，底长 17、宽 6 米，顶长 4、宽 1 米，高 3.5 米；夯层厚 0.07～0.1 米（图四五七）。发现遗物有外绳纹、内麻点纹及布纹瓦片。

该敌台东南距姬家畔村 3 号敌台 15 米。

三五　前山村 1 号敌台（610824352101020051）

该敌台位于天赐湾乡前山村东北 316 米的山峁上，同前山村 2 号敌台在一座山上。所在山峁上杂草丛生，北侧 60 米为采油作业区，东侧沟名叫柠条嘴，西北侧 100 米处有条公路。所处地域为黄土高原梁峁沟壑地貌，周围众多沟壑发育，水土流失严重。地理坐标为东经：108°51′17.00″，北纬：37°17′39.00″，高程：1658 米。

该敌台保存差，坍塌剥蚀严重。整体呈圆丘状，底部被铲削成断面，上部成斜坡，东侧坡较长。台体上有稀疏的杂草。

敌台平面略圆形，剖面呈弧形，底直径为 15、顶直径 6、高 3 米，夯层厚 0.06～0.09 米（图四五八）。黄土夯筑。发现遗物有外饰绳纹、内麻点纹及布纹瓦片。

该敌台东位于前山村—小墩山村长城起点处，北距姬家畔村 4 号敌台 2 千米。台体西北侧 100 米处有条公路。

三六　前山村 2 号敌台（610824352101020052）

该敌台位于天赐湾乡前山村东北 180 米的山梁顶部，同前村山 1 号敌台在一座山上，东侧沟名叫柠条嘴，西侧沟名叫东山沟。西北侧 100 米处有条公路。所处地域为黄土高原梁峁沟壑地貌，周围众

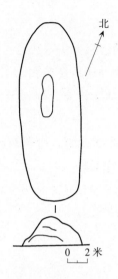

图四五七　姬家畔村 4 号敌台平、立面图

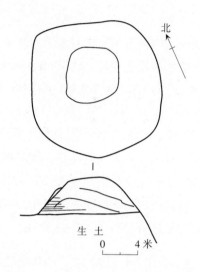

图四五八　前山村 1 号敌台平、立面图

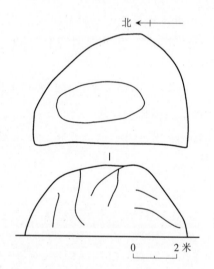

图四五九　前山村 2 号敌台平、立面图

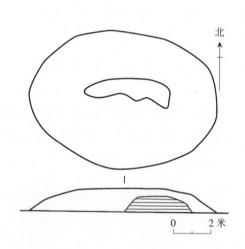

图四六〇　前山村 3 号敌台平、立面图

多沟壑发育，水土流失严重。地理坐标为东经：108°51′18.00″，北纬：37°17′34.00″，高程：1647 米。

　　该敌台保存差，坍塌重西侧因耕地及铺设管道，台体近三分之一被破坏；南、北两侧被堆土覆盖；东侧呈斜坡，坡面上杂草丛生。

　　敌台平面呈不规则形，剖面呈弧形，顶部为圆形，底 7、顶 4、高 3.2 米，夯层厚 0.08～0.09 米（图四五九）。发现遗物有外饰绳纹、内麻点纹及布纹瓦片。

　　该敌台东北距前山村 1 号敌台 136 米。

三七　前山村 3 号敌台（610824352101020053）

　　该敌台位于天赐湾乡前山村西南 259 米的山顶上，当地老乡称此山顶为前山粉刺圪塔，周围山顶上有杏树、槐树、杂草，前山东侧沟名叫柠条嘴，汇到南沟，西侧沟名叫东山沟。西北侧 250 米处有条公路。所处地域为黄土高原梁峁沟壑地貌，周围众多沟壑发育，水土流失严重。地理坐标为东经：

108°51′23.00″，北纬：37°17′16.00″，高程：1656 米。

该敌台保存差，坍塌呈低矮的土台状，西南侧有一个豁口，宽2、高1.2、进深1.5 米。台体上生有杂草。

敌台平面呈椭圆形，剖面弧形，底长10、宽7.2 米，顶长4.4、宽1.3 米，高1.2 米，夯层厚0.06～0.09 米（图四六〇）。发现遗物有外绳纹、内麻点纹及布纹瓦片。

该敌台东北距前山村2 号敌台439 米。台体西北侧250 米处有条公路。

三八　吴庄口村1 号敌台（610824352101020054）

该敌台位于天赐湾乡吴庄口村北350 米的山腰处。东侧为种有荞麦的耕地，北侧为土路的三岔路口，所处地域为黄土高原梁峁沟壑地貌，周围众多沟壑发育，水土流失严重。地理坐标为东经：108°51′07.00″，北纬：37°16′46.00″，高程：1635 米。

该敌台保存差，坍塌剥蚀严重。整体呈圆丘状，东北侧与墙体相连；东侧底部被挖成断面，其他三侧为斜坡，耕种对台体蚕食严重。敌台所在的山可以看出三道堑的迹象。

敌台平面略呈椭圆形，剖面呈梯形，底长10.5、宽9.5 米，顶长4.5、宽2.5 米，高4 米，夯层厚0.06～0.08 米（图四六一）。黄土夯筑。发现遗物有外绳纹、内麻点纹及布纹瓦片。

该敌台东北距前山村3 号敌台835 米。台体北侧为土路的三岔路口。

三九　吴庄口村2 号敌台（610824352101020055）

该敌台位于天赐湾乡吴庄口村西南400 米的山间崾崄处，两侧台地种有土豆、糜子，旁边有条土路。所处地域为黄土高原梁峁沟壑地貌，周围众多沟壑发育，水土流失严重。地理坐标为东经：108°51′08.00″，北纬：37°16′26.00″，高程：1611 米。

台体保存差，坍塌剥蚀严重，整体呈卧鲸状。东侧为断面，西侧为缓坡，南、北两侧呈斜坡，其上生有杂草，两侧台地种有土豆、糜子。

敌台平面呈椭圆形，剖面呈弧形，底长15、宽7 米，顶长8、宽4 米，高5 米，夯层厚0.06～0.08 米（图四六二）。发现遗物有外绳纹、内麻点纹及布纹瓦片。

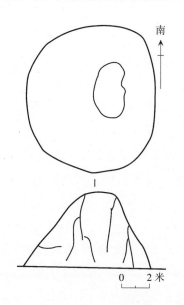
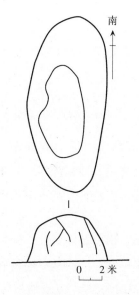

图四六一　吴庄口村1 号敌台平、立面图　　　图四六二　吴庄口村2 号敌台平、立面图

该敌台东北距吴庄口村1号敌台500米。

四〇 吴庄口村3号敌台（610824352101020056）

该敌台位于天赐湾乡吴庄口村西南500米的山梁上，西侧60米处有一条沟，西侧坡地上生有柠条、杂草，南侧耕地种有黄芥，东侧50米外有条土路。所处地域为黄土高原梁峁沟壑地貌，周围众多沟壑发育，水土流失严重。地理坐标为东经：108°51′06.00″，北纬：37°16′20.00″，高程：1650米。

台体保存差，坍塌剥蚀严重，呈土梁状。东、西两侧底部呈断面，南、北侧呈斜坡，其上生有柠条、杂草。

敌台平、剖面呈不规则形，顶部呈圆形，底东西8.5、南北14米，顶径3.5米，高3.5米，夯层厚0.05~0.08米（图四六三）。发现遗物有外绳纹、内麻点纹及布纹瓦片。

该敌台东北距吴庄口村2号敌台200米。台体东侧50米有土路。

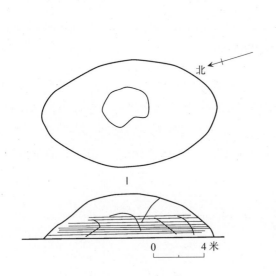

图四六三 吴庄口村3号敌台平、立面图

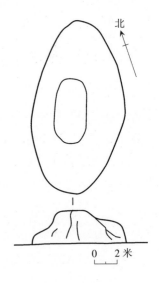

图四六四 吴庄口村4号敌台平、立面图

四一 吴庄口村4号敌台（610824352101020057）

该敌台建在天赐湾乡吴庄口村西南550米的山梁上，西侧60米处有一条沟，西侧坡地上生有柠条、杂草，东侧为耕地，种有黄芥，50米有土路，东南侧种有几棵柳树。所处地域为黄土高原梁峁沟壑地貌，周围众多沟壑发育，水土流失严重。地理坐标为东经：108°50′41.00″，北纬：37°15′55.00″，高程：1731米。

该敌台保存差，坍塌剥蚀严重，呈椭圆形土台，四壁呈斜坡，凸凹不平其上生有柠条、杂草。

敌台平面略呈椭圆，剖面呈不规则形，底长15、宽8.4米，顶长5.6、宽3米，高3米，夯层厚0.05~0.08米（图四六四）。发现遗物有外绳纹、内麻点纹及布纹瓦片。

该敌台东北距吴庄口村3号敌台50米。

四二　小墩山村敌台（610824352101020058）

该敌台位于天赐湾乡小墩山村西北150米的小墩山山顶上，南侧50米有条土路。所处地域为黄土高原梁峁沟壑地貌，周围众多沟壑发育，水土流失严重。地理坐标为东经：108°50′41.00″，北纬：37°15′55.00″，高程：1731米。

该敌台保存差，坍塌剥蚀严重，整体呈圆台状。台体上生有柠条、杂草，台体东南侧有个盗洞断面，断面高1米，宽1米。

敌台平面近呈圆形，剖面呈弧形，底直径14、顶直径3、高3米，夯层厚0.06～0.09米（图四六五）。发现遗物有外绳纹、内麻点纹及布纹的瓦片。

该敌台北距吴庄口村4号敌台999米。台体南侧50米有条土路。

四三　柠条湾村1号敌台（610824352101020059）

该敌台位于杨米涧乡柠条湾村东北565米，建在山间崾崄处，南侧及东侧底部因耕地被铲削，耕地里种有糜子等作物，西侧40米有一条土路。所处地域为黄土高原梁峁沟壑地貌，周围众多沟壑发育，水土流失严重。地理坐标为东经：108°49′58.00″，北纬：37°15′43.00″，高程：1615米。

该敌台保存差，坍塌呈土梁状。南侧及东侧底部因耕地被铲削，西南侧坍塌。台体上生有地椒等杂草。

敌台平面呈椭圆形，剖面呈弧拱形，底长18、宽8米，顶长6、宽3米，高4.4米，夯层厚0.07～0.09米（图四六六）。黄土夯筑。发现遗物有外绳纹、内麻点纹及布纹瓦片，另有陶器残片。

该敌台位于小墩山—柠条湾村长城断点5处，西南距柠条湾村2号敌台135米。台体西侧40米有一条土路。

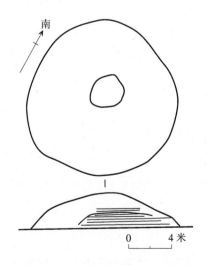

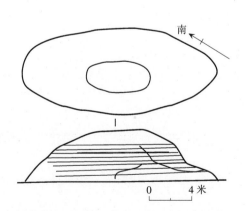

图四六五　小墩山村敌台平、立面图　　　　图四六六　柠条湾村1号敌台平、立面图

四四　柠条湾村2号敌台（610824352101020060）

该敌台位于杨米涧乡柠条湾村东北430米，山间崾崄处，南侧是一条土路。所处地域为黄土高原梁峁沟壑地貌，周围众多沟壑发育，水土流失严重。地理坐标为东经：108°49′55.00″，北纬：37°15′

40.00″，高程：1623 米。

该敌台保存差，坍塌呈圆形土台状，南侧底部损坏严重，底部被铲削，铲削高度为3米。铲削后的台体上又挖了两孔窑洞，窑洞宽1.2、高1.5、进深4米。铲削断面上露出夯层。台体上生有柠条、地椒。

该敌台平面呈椭圆形，剖面呈弧拱形，底直径22、顶径3~5米，高6米，夯层厚0.06~0.09米（图四六七）。发现遗物有外绳纹、内麻点纹及布纹的瓦片。

该敌台东北距柠条湾村1号敌台135米。台体南侧是一条土路。

四五 柠条湾村3号敌台 （610824352101020061）

该敌台位于杨米涧乡柠条湾村东北250米处，寨板山山顶上，所在山当地老乡称为寨板圪塔，寨板山下有条土路。所处地域为黄土高原梁峁沟壑地貌，周围众多沟壑发育，水土流失严重。地理坐标为东经：108°49′42.00″，北纬：37°15′38.00″，高程：1700米。

该敌台保存差，坍塌呈土梁状，东北侧有豁口，宽1.6、高0.6、进深1.2米。东南侧剥蚀严重，暴露夯层。台体上生有杂草。

敌台平、剖面呈不规则形，底长15、宽5米，顶长6、宽1米，高1.5米，夯层厚0.06~0.1米（图四六八）。黄土夯筑。发现遗物有外绳纹、内麻点纹及布纹瓦片。

该敌台东北距柠条湾村2号敌台250米。

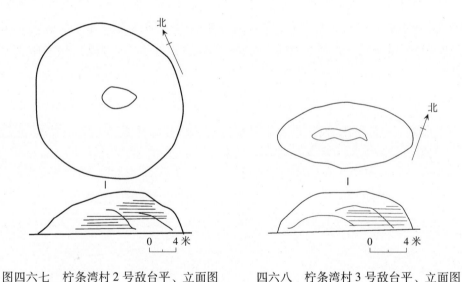

图四六七　柠条湾村2号敌台平、立面图　　四六八　柠条湾村3号敌台平、立面图

四六 柠条湾村4号敌台 （610824352101020062）

该敌台位于杨米涧乡柠条湾村西南140米的山腰处，台体西侧、北侧均为耕地，种有土豆，东为坡地，南为台地，东北140米处有一条土路。台体周围种有苹果树、栗树。所处地域为黄土高原梁峁沟壑地貌，周围众多沟壑发育，水土流失严重。地理坐标为东经：108°49′32.00″，北纬：37°15′30.00″，高程：1573米。

该敌台保存差，坍塌土梁状，周壁坍塌、铲削成断面，西南侧夯层明显。其上生有杂草。

敌台平面略呈椭圆形，剖面呈弧形，底长24、宽10、高4.5米，夯层厚0.06~0.09米（图四六九）。发现遗物有外绳纹、内麻点纹及布纹瓦片。

该敌台位于小墩山—柠条湾村长城止点处，东北距柠条湾 3 村号敌台 390 米。台体东北 140 米处有一条土路。

四七　碾道湾村 1 号敌台 （610824352101020063）

该敌台位于杨米涧乡碾道湾村东北 1.13 千米的山梁上，东北侧 60 米处是一条土路，160 米处为采油作业区，西北侧为沟，东南侧为沟。所处地域为黄土高原梁峁沟壑地貌，周围众多沟壑发育，水土流失严重。地理坐标为东经：108°49′11.00″，北纬：37°14′52.00″，高程：1614 米。

该敌台保存差，坍塌呈土梁状，东、西两侧为沟壑，坍塌成断面，南北两侧与长城墙体相连，呈斜坡。东南侧断面上夯层明显。其上生有地椒、蒿类等杂草。

敌台平、剖面均不规则，底长 12、宽 6 米，顶长 5、宽 3.5 米，东北高 5、西南高 1 米，夯层厚 0.07~0.09 米（图四七〇）。发现遗物有外绳纹、内麻点纹及布纹瓦片。

该敌台东北距碾道湾村长城起点（柠条湾村 4 号敌台）1.55 千米。台体东北侧 60 米处是一条土路。

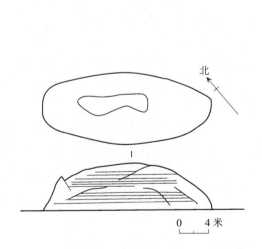

图四六九　柠条湾村 4 号敌台平、立面图

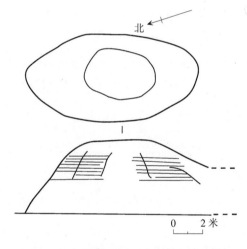

图四七〇　碾道湾村 1 号敌台平、立面图

四八　碾道湾村 2 号敌台 （610824352101020064）

该敌台建在杨米涧乡碾道湾村东北 986 米山的西坡上。西侧为坡地，生有杂草，西侧 50 米有条土路；东侧为建筑台体时取土形成的壕沟。所处地域为黄土高原梁峁沟壑地貌，周围众多沟壑发育，水土流失严重。地理坐标为东经：108°49′08.00″，北纬：37°14′47.00″，高程：1650 米。

该敌台台体保存差，现呈圆形土堆，台体上生有杂草，顶部东南侧被铲削，夯层出露，西侧底部坍塌剥蚀严重。

该敌台平面略呈圆形，剖面不规则，底东西 9、南北 9 米，顶东西 2、南北 1 米，高 2 米，夯层厚 0.07~0.11 米（图四七一）。台体周围有外绳纹、内麻点纹及布纹瓦片。

该敌台东北距碾道湾村 1 号敌台 143 米。台体西侧 50 米有条土路。

四九　碾道湾村 3 号敌台 （610824352101020065）

该敌台位于杨米涧乡碾道湾村东北 738 米的山间崾崄处，西侧坡地生有杂草，东侧台地种有糜子，西侧 20 米为一条土路。所处地域为黄土高原梁峁沟壑地貌，周围众多沟壑发育，水土流失严重。地理坐标为东经：108°49′05.00″，北纬：37°14′40.00″，高程：1651 米。

该敌台保存差，坍塌剥蚀严重，整体呈卧鲸状，东、西两侧底部因耕种铲削断面，南、北两端与长城墙体相连，呈缓坡。

敌台平、剖面均不规则，底长 8.5、宽 4、高 2 米，夯层厚 0.07～0.11 米（图四七二）。黄土夯筑。台体周围散落有外绳纹、内麻点纹及布纹瓦片。

该敌台东北距碾道湾村 2 号敌台 248 米。台体西侧 20 米有一条土路。

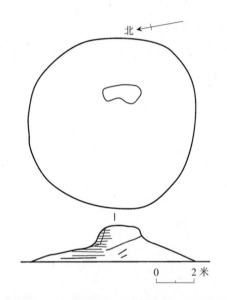

图四七一　碾道湾村 2 号敌台平、立面图　　　　图四七二　碾道湾村 3 号敌台平、立面图

五〇　碾道湾村 4 号敌台 （610824352101020067）

该敌台位于杨米涧乡碾道湾村东北 369 米的山梁上，东侧 20 米有一条土路。所处地域为黄土高原梁峁沟壑地貌，周围众多沟壑发育，水土流失严重。地理坐标为东经：108°49′02.00″，北纬：37°14′25.00″，高程：1674 米。

该敌台保存差，坍塌剥蚀严重，生有杂草，因耕地西侧底部被铲削，台体东侧和南侧有两个窑洞，一个宽 1.2、高 1、进深 1.5 米；一个宽 1、高 1、进深 1.5 米。

该敌台平面略呈椭圆形，剖面不规则；底长 13、宽 9 米，顶长 3、宽 2 米，高 4 米，夯层厚0.06～0.09 米（图四七三）。台体周围散落有外绳纹、内麻点纹及布纹瓦片。

该敌台东北距碾道湾村关 194 米。台体东侧 20 米有一条土路。

五一　碾道湾村 5 号敌台 （610824352101020068）

该敌台位于杨米涧乡碾道湾村西南 403 米一座山的西侧山坡上，西侧坡地生有杂草，东侧为建筑敌台时取土形成的壕沟，现在埋有管道。台体东北 203 米有一条土路。所处地域为黄土高原梁峁沟壑地貌，周围众多沟壑发育，水土流失严重。地理坐标为东经：108°48′56.00″，北纬：37°14′03.00″，高程：1661 米。

其骑墙坍塌呈不规则形土台状，西南侧与墙体相连呈缓坡状，东侧呈断崖，西侧呈斜坡，坡度较陡。

敌台平面呈不规则形，剖面呈弧形，底长 15、宽 10 米，顶径 3 米，高 4 米，夯层厚 0.06～0.08 米（图四七四）。发现遗物有外绳纹、内麻点纹及布纹瓦片。

该敌台东北距碾道湾村 4 号敌台 712 米。

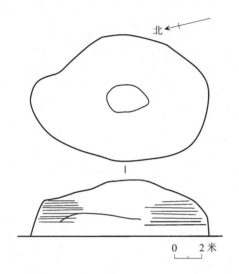

图四七三　碾道湾村 4 号敌台平、立面图

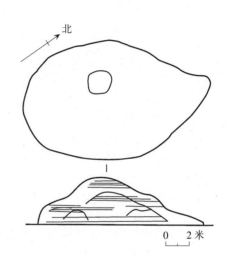

图四七四　碾道湾村 5 号敌台平、立面图

五二　算坪堂村敌台（610824352101020069）

该敌台位于杨米涧乡算坪堂村东北 525 米山间嵝嶮处，周边坡地生有杂草。台体两侧 20 米分别有一条土路和公路。所处地域为黄土高原梁峁沟壑地貌，周围众多沟壑发育，水土流失严重。地理坐标为东经：108°49′04.00″，北纬：37°13′49.00″，高程：1668 米。

该敌台保存差，东北侧呈缓坡，其上栽有电线杆；东南呈斜坡状，底部因修路形成断面；西南侧被严重切削；西北被挖成凸凹不平的断面。

该敌台平、剖面均不规则，底长 8.5、宽 5 米，顶直径 2 米，西高 2、东高 1.8 米，夯层厚 0.06～0.08 米（图四七五）。台体周围散落有外绳纹、内麻点纹及布纹瓦片。

该敌台东北距碾道湾村 5 号敌台 518 米。

五三　朱界村敌台（610824352101020070）

该敌台建在杨米涧乡于家梁的山腰处，北距朱界 750 米。其上及所在山腰生有杂草。台体南 30 米为公路。所处地域为黄土高原梁峁沟壑地貌，周围众多沟壑发育，水土流失严重。地理坐标为东经：108°48′12.00″，北纬：37°13′16.00″，高程：1644 米。

该敌台保存差，呈不规则的土台状，北侧坍塌严重，东侧有铲削成的断面，南侧底部为断面，西侧坍塌呈陡立的斜坡状。台体上杂草丛生。

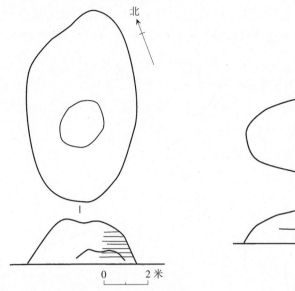

图四七五　算坪堂村敌台平、立面图　　　图四七六　朱界村敌台平、立面图

敌台平面不规则，剖面呈弧形，底长 11、宽 4.5 米，顶长 3、宽 2.1 米，高 2.2 米，夯层厚 0.06 ~ 0.09 米（图四七六）。发现遗物有外绳纹、内麻点纹及布纹瓦片。

该敌台东北距算坪堂村敌台 1.5 千米。

五四　凤凰山敌台（610824352101020071）

该敌台位于凤凰山西南 2.1 千米大峁盖的山腰处，所在山腰处生有杂草、柠条。台体北距公路 10 米，公路外即一条沟壑。所处地域为黄土高原梁峁沟壑地貌，周围众多沟壑发育，水土流失严重。地理坐标为东经：108°47′09.00″，北纬：37°12′34.00″，高程：1708 米。

该敌台保存差，呈不规则的土台，西侧与墙体相连，呈斜坡；北侧紧邻沟壑，断面上有豁口，豁口宽 5、高 5、进深 2 米；东、南两侧铲削成断崖，壁面凹凸不平。其上生有地椒、柠条等植物。

该敌台平面近呈长条形，剖面不规则，底长 17、宽 7 米，顶长 4、宽 2.5 米，高 5 米，夯层厚 0.06 ~ 0.09 米（图四七七）。台体周围散落有外绳纹、内麻点纹及布纹瓦片。

该敌台西距火石梁村 1 号敌台 595 米。

五五　火石梁村 1 号敌台（610824352101020072）

该敌台位于火石梁村东南 1.4 千米一座山的山顶上，周围地势相对平坦。台体北侧 50 米有取土形成的土壕，其北正对一条沟壑，北侧山腰处有三道堑迹象。所处地域为黄土高原梁峁沟壑地貌，周围众多沟壑发育，水土流失严重。地理坐标为东经：108°46′47.00″，北纬：37°12′34.00″，高程：1742 米。

该敌台台体保存差，损毁严重，呈不规则三棱状，其上及周边山顶生有地椒、蒿类、沙棘等植物。

该敌台平、剖面均不规则，底东北—西南长 72、东—西长 44、南—北长 60 米，顶东北—西南长 8.8、东南—西北长 8、南—北长 11 米，高 10.8 米，夯层厚 0.06 ~ 0.09 米（图四七八）。台体周围散落有外绳纹、内麻点纹及布纹瓦片。

该敌台西距火石梁村 2 号敌台 585 米。

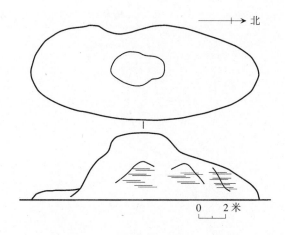

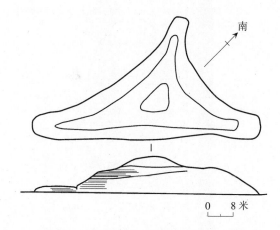

图四七七　凤凰山敌台平、立面图　　　　　图四七八　火石梁村1号敌台平、立面图

五六　火石梁村2号敌台（610824352101020073）

该敌台建在火石梁村东南1千米一座山的山梁上。台体所在的山梁北侧正对一条沟壑，山梁相对平坦，南侧为山顶。所处地域为黄土高原梁峁沟壑地貌，周围众多沟壑发育，水土流失严重。地理坐标为东经：108°46′28.00″，北纬：37°12′37.00″，高程：1748米。

该敌台保存差，整体呈卧鲸状，东侧呈斜坡状，中部有断面；南侧底部铲削成断面，壁面竖直；西侧与长城墙体相连，呈斜坡状；北侧呈缓坡状，底部为断面。台体上长有地椒、蒿类等植物。

敌台平面略呈椭圆形，剖面呈弧形，底长18、宽11米，顶长7、宽3米，高4米，夯层厚0.06～0.09米（图四七九）。台体周围散落有外绳纹、内麻点纹及布纹瓦片。

该敌台西距火石梁村3号敌台400米。

五七　火石梁村3号敌台（610824352101020074）

该敌台位于火石梁村东南700米的山顶处，火石梁关北墙上，关位于墙体南侧。台体所在的山梁正对一条沟壑。所处地域为黄土高原梁峁沟壑地貌，周围众多沟壑发育，水土流失严重。地理坐标为东经：108°46′17.00″，北纬：37°12′44.00″，高程：1728米。

该敌台坍塌剥蚀严重，整体呈卧鲸状，南、北两侧垮塌呈斜坡状，东、西两侧铲削成断崖。

该敌台平面呈椭圆形，剖面呈梯形，底长16、宽10.5米，顶长5、宽3.5米，南侧高9、北侧高4米，夯层厚0.06～0.09米（图四八〇）。台体周围散落大量外绳纹、内麻点纹及布纹瓦片。

该敌台西距火石梁村4号敌台2.24千米。

五八　火石梁村4号敌台（610824352101020075）

该敌台位于大路沟乡火石梁村西南950米两山之间的一座山峁上，东侧山脚下为公路，公路两侧为团峁沟和东沟，南侧为种有荞麦的坡地。所处地域为黄土高原梁峁沟壑地貌，周围众多沟壑发育，水土流失严重。地理坐标为东经：108°45′06.00″，北纬：37°12′31.00″，高程：1721米。

该敌台保存差，坍塌呈低矮的不规则土堆状，四壁均为缓坡。台体上生有杂草，周边种有柠条、杏树、杨树。东侧有一个豁口，宽0.8、高1.5、进深2.2米，种有一棵榆树。

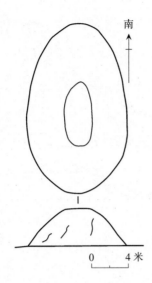

图四七九　火石梁村 2 号敌台平、立面图

图四八〇　火石梁村 3 号敌台平、剖面图

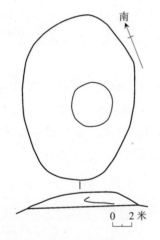

图四八一　火石梁村 4 号敌台平、立面图

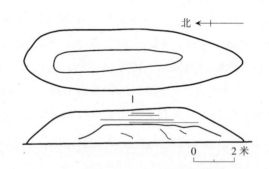

图四八二　火石梁村 5 号敌台平、立面图

敌台顶平面呈椭圆形，剖面不规则，底长 17、宽 12 米，顶直径 4.5 米，高 1.5 米，夯层厚 0.06～0.09 米（图四八一）。发现遗物有外绳纹、内麻点纹及布纹瓦片。

该敌台东距火石梁村 3 号敌台 2.24 千米。

五九　火石梁村 5 号敌台（610824352101020076）

该敌台位于大路沟乡火石梁村西南 1.3 千米乏驴峁顶的西坡上。台体东侧为平坦的坡地，西侧为稍陡的坡地，坡地外是一条南—北向的沟壑。所处地域为黄土高原梁峁沟壑地貌，周围众多沟壑发育，水土流失严重。地理坐标为东经：108°44′59.00″，北纬：37°12′25.00″，高程：1743 米。

该敌台台体保存差，坍塌呈土梁状，略高于地表，其上生有杂草，周边坡地上生有地椒等植物。

敌台剖面呈长条形，剖面呈梯形，底东西 3、南北 11 米，顶东西 1、南北 6.5 米，东高 0.4、西高 1.6 米，夯层厚 0.06～0.09 米（图四八二）。发现遗物有外绳纹、内麻点纹及布纹瓦片。

该敌台东北距火石梁村 4 号敌台 235 米。

六〇 火石梁村 6 号敌台 (610824352101020077)

该敌台建在大路沟乡火石梁村西南 1.7 千米山的东坡上。台体西侧与墙体相连，东侧为沟壑。所处地域为黄土高原梁峁沟壑地貌，周围众多沟壑发育，水土流失严重。地理坐标为东经：108°44′42.00″，北纬：37°12′13.00″，高程：1759 米。

该敌台保存差，剥蚀严重，整体不规则。台体西侧与墙体相连，东侧、南侧为沟壑切断断崖，北侧坍塌呈台阶状斜坡，西侧为斜坡，其上及周边坡地上生有地椒、蒿类等植物。

敌台平、剖面均不规则，底东西 10.5、南北 9 米，顶东西、南北 3 米，高 2 米，夯层厚 0.06 ~ 0.09 米（图四八三）。黄土夯筑。台体周围散落有外绳纹、内麻点纹及布纹瓦片。

该敌台东北距火石梁村 5 号敌台 490 米。

六一 火石梁村 7 号敌台 (610824352101020078)

该敌台位于大路沟乡火石梁村西南 2.1 千米的山峁顶上，台体所在的山梁正北方向有一条沟。所处地域为黄土高原梁峁沟壑地貌，周围众多沟壑发育，水土流失严重。地理坐标为东经：108°44′23.00″，北纬：37°12′22.00″，高程：1758 米。

该敌台保存差，坍塌剥蚀严重，整体呈不规则丘状，其上及周边坡地上生有地椒、蒿类等杂草。

敌台平面近呈椭圆形，剖面不规则，底长 11、宽 5.5 米，顶长 4、宽 3 米，高 1.2 米，夯层厚 0.06 ~ 0.09 米（图四八四）。台体周围散落有外绳纹、内麻点纹及布纹瓦片。

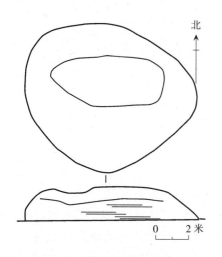

图四八三 火石梁村 6 号敌台平、立面图

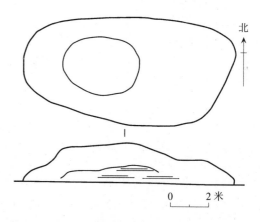

图四八四 火石梁村 7 号敌台平、立面图

该敌台东南距火石梁村 6 号敌台 510 米。

六二 火石梁村 8 号敌台 (610824352101020079)

该敌台位于大路沟乡火石梁村西南 2.38 千米一座山的西坡上，西侧 100 米处有一条沟壑。所处地域为黄土高原梁峁沟壑地貌，周围众多沟壑发育，水土流失严重。地理坐标为东经：108°44′13.00″，北纬：37°12′26.00″，高程：1756 米。

该敌台保存差，坍塌呈斜坡状，壁面凹凸不平，其上生有地椒、蒿草。

敌台平、剖面均不规则，底长 10、宽 7.5 米，顶东西 4、南北 2.5 米，高 2 米，夯层厚 0.06 ~ 0.09 米（图四八五）。台体周围散落外绳纹、内麻点纹及布纹瓦片。

该敌台东南距火石梁村 7 号敌台 299 米。

六三　后阳湾村敌台（610824352101020080）

该敌台位于大路沟乡后阳湾村西南 200 米一座山峁的西坡上，东侧 30 米外是一条土路，土路东为采油作业区。西侧山坡上生有杂草，坡外为一条叫韩家沟的沟壑。所处地域为黄土高原梁峁沟壑地貌，周围众多沟壑发育，水土流失严重。地理坐标为东经：108°43′38.00″，北纬：37°12′13.00″，高程：1741 米。

该敌台保存差，坍塌剥蚀成低矮的土梁。东侧因耕地被铲削，破坏了三分之一的台体。耕种对台体蚕食严重。

敌台平面呈长条形，剖面呈弧形，底长 13、宽 4.5 米，顶长 4、宽 1 米，高 2 米，夯层厚 0.06 ~ 0.09 米（图四八六）。发现遗物有外绳纹、内麻点纹及布纹瓦片。

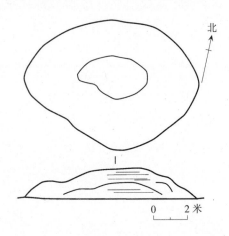

图四八五　火石梁村 8 号敌台平、立面图

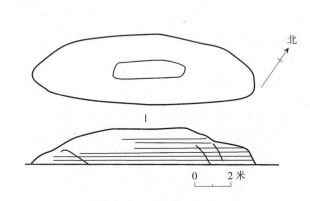

图四八六　后阳湾村敌台平、立面图

该敌台东北距后阳湾村关 1.15 千米。

六四　台子沟村 1 号敌台（610824352101020081）

该敌台位于新城乡台子沟村南 40 米一座山梁的西侧，山梁两边均有沟壑。该段长城为靖边县新城乡与大路沟乡的分界，长城外侧为新城乡，内侧为大路沟乡。所处地域为黄土高原梁峁沟壑地貌，周围众多沟壑发育，水土流失严重。地理坐标为东经：108°43′22.00″，北纬：37°11′53.00″，高程：1760 米。

该敌台保存差，坍塌剥蚀严重，整体呈卧鲸状。台体南北均为耕地，南侧坡地种有土豆，北侧坡地种有荞麦，底部被铲削成断面，东北侧墙体被耕地破坏，西南侧连有墙体。

该敌台平面呈长条形，剖面近呈梯形，底长 15、宽 6 米，顶长 4.5、宽 2 米，高 2 米，夯层厚 0.06 ~ 0.08 米（图四八七）。台体周围散落有外绳纹、内麻点纹及布纹瓦片。

该敌台东北距后阳湾村敌台 920 米。敌台南侧 40 米有一条公路。

六五　台子沟村 2 号敌台（610824352101020082）

该敌台位于新城乡台子沟村西南 300 米的山峁上。其所在山峁的北侧山梁被推为平地，现为采油作业区，台体也遭到破坏，南侧 20 米外为公路，公路外为沟壑，西侧 40 米外是一条南—北向的沟壑。该段长城为靖边县新城乡与大路沟乡的分界，长城外侧为新城乡，内侧为大路沟乡。地理坐标为东经：108°43′15.00″，北纬：37°11′49.00″，高程：1774 米。

该敌台保存差，坍塌剥蚀严重，现呈半圆形土台，其上生有杂草。西南侧连接墙体，东侧和北侧因采油建设被铲削，有三分之一的台体消失。

敌台平面略呈圆形，底直径 7、顶直径 3、高 5 米，夯层厚 0.06～0.09 米（图四八八）。

台体周围散落有外绳纹、内麻点纹及布纹瓦片。

该敌台东北距台子沟村 1 号敌台 280 米。

图四八七　台子沟村 1 号敌台平、立面图　　　　图四八八　台子沟村 2 号敌台平、立面图

六六　柴嵝崄村 1 号敌台（610824352101020083）

该敌台位于大路沟乡柴嵝崄村北 350 米的山梁上，山梁正对北侧的一条沟壑，南侧 10 米处是一条公路，50 米外是采油厂生活区；东北侧有 20 米的墙体被耕地破坏。该段长城为靖边县新城乡与大路沟乡的分界，长城外侧为新城乡，内侧为大路沟乡。地理坐标为东经：108°42′07.00″，北纬：37°11′25.00″，高程：1745 米。

该敌台保存差，坍塌剥落严重，整体呈卧鲸状，其上生有杂草，东北侧有 20 米的墙体被耕地破坏，西南侧连有墙体，耕种在不断地蚕食台体。

敌台平、剖面均不规则，底长 25、宽 12 米，顶长 6、宽 3.5 米，高 2 米，夯层厚 0.06～0.09 米（图四八九）。台体周围散落大量外绳纹、内麻点纹及布纹瓦片。

该敌台东北距台子沟 2 号敌台 1.8 千米。

六七　柴嵝崄村 2 号敌台（610824352101020084）

该敌台位于大路沟乡柴嵝崄村东北 100 米的山梁北坡，种有荞麦，山梁正对一条沟壑，南侧 20 米是一条公路，西南为采油作业区。该段长城为靖边县新城乡与大路沟乡的分界，长城外侧为新城乡，内侧为大路沟乡。地理坐标为东经：108°42′01.00″，北纬：37°11′22.00″，高程：1745 米。

　　该敌台保存差，坍塌剥落严重，整体呈不规则土台，其上生有杂草。西南侧因采油建设被铲削三分之二，形成了一个断面。从断面处看，台体两侧有塌土，耕种不断蚕食台体。

　　敌台平面略呈半圆形，底半径 6 米，顶被铲削成矩形，东西 4、南北 3 米，高 1.8 米，夯层厚 0.06～0.09 米（图四九〇）。发现遗物有外绳纹、内麻点纹及布纹瓦片。

　　该敌台东北距柴嵚峁村 1 号敌台 176 米。

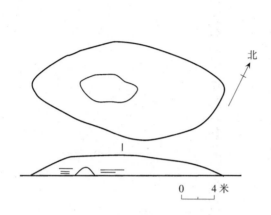

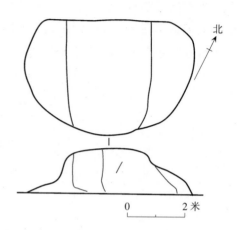

图四八九　柴嵚峁村 1 号敌台平、立面图　　　　　　图四九〇　柴嵚峁村 2 号敌台平、立面图

六八　柴嵚峁村 3 号敌台（610824352101020085）

　　该敌台建在大路沟乡柴嵚峁村西南 200 米的山梁上，所在山梁北侧正对一条沟壑，南侧为耕地，种植有土豆、白菜等作物，耕地外是一条公路。所处地域为黄土高原梁峁沟壑地貌，周围众多沟壑发育，水土流失严重。地理坐标为东经：108°41′51.00″，北纬：37°11′13.00″，高程：1695 米。

　　该敌台保存差，坍塌剥落严重，呈狭长的土梁状，台体北侧底部有铲削。其上生有杂草。

　　敌台平面呈长条形，剖面呈弧形，底长 20.4、宽 6.5 米，顶长 11、宽 1 米，高 3.5 米，夯层厚 0.06～0.09 米（图四九一）。台体周围发现有外绳纹、内麻点纹及布纹瓦片。

　　该敌台东北距柴嵚峁村 2 号敌台 367 米。敌台南侧 10 米有一条公路。

六九　柴家湾村 1 号敌台（610824352101020086）

　　该敌台位于大路沟乡柴家湾村东北 507 米的山顶东侧，北侧坡地上种有土豆，南侧坡地种有糜子，西北距公路 40 米，东北侧是条沟壑。所处地域为黄土高原梁峁沟壑地貌，周围众多沟壑发育，水土流失严重。地理坐标为东经：108°41′41.00″，北纬：37°11′07.00″，高程：1777 米。

　　该敌台整体保存差，整体呈卧鲸状。东侧剥落冲蚀严重，夯层有裸露，坡度立陡；西侧低矮，耕种不断蚕食；北侧坡地底部有铲削；南侧呈缓坡。顶上有电线杆。

　　敌台平、剖面均不规则，底长 13、宽 9 米，顶长 4、宽 3 米，西高 1、东高 6 米，夯层厚 0.06～0.09 米（图四九二）。发现有外绳纹、内麻点纹及布纹瓦片。

　　该敌台东北距柴嵚峁村 3 号敌台 302 米，西南距柴家湾村 2 号敌台 325 米。

七〇　柴家湾村 2 号敌台（610824352101020087）

　　该敌台位于柴家湾村东北 182 米古城壕梁西坡上，建在柴家湾—湫沟长城墙体上，两侧均为耕地，种植有土豆、糜子。东侧 50 米外有条公路；西侧 40 米外为沟壑。所处地域为黄土高原梁峁沟壑地貌，周围众多沟壑发育，水土流失严重。地理坐标为东经：108°41′39.00″，北纬：37°10′59.00″，高程：1778 米。

该敌台整体保存差，现呈卧鲸状，坍塌严重。东侧坍塌成断崖，崖面较高，夯层出露；西侧底部因耕种被铲削，坡面较短；南、北两侧与长城墙体相连，呈凸凹不平的缓坡状。台体顶部长有杂草。

敌台平面近呈长条形，剖面呈弧形，底长 16、宽 7.5 米，顶长 6、宽 3 米，高 3.5 米，夯层厚 0.06～0.09 米（图四九三）。周边发现大量外绳纹、内麻点纹和布纹瓦片。

该敌台东北距柴家湾村 1 号敌台 325 米。

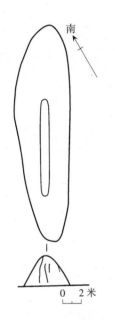
图四九一　柴嵝岿村 3 号
敌台平、立面图

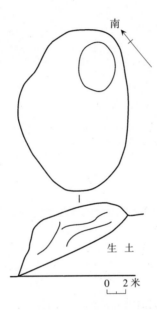
图四九二　柴家湾村 1 号
敌台平、立面图

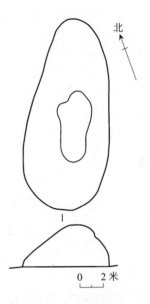
图四九三　柴家湾村 2 号
敌台平、立面图

七一　柴家湾村 3 号敌台（610824352101020088）

该敌台位于大路沟乡柴家湾村山坡西侧，西侧 70 米外为采油作业区，东侧是一条土路，50 米外是一条公路。所处地域为黄土高原梁峁沟壑地貌，周围众多沟壑发育，水土流失严重。地理坐标为东经：108°41′38.00″，北纬：37°10′53.00″，高程：1782 米。

该敌台整体保存差，呈不规则形土台。东侧敌台底部被铲削，坡面立陡；西侧被铲削成断面，柴家湾村一户人家房屋依台体而建；南、北两侧与长城墙体相连，呈斜坡状。

敌台平、剖面均呈不规则形，底长 12.5、宽 7.5 米，顶呈不规则的三角形，边长 3～5、高 4 米，夯层厚 0.06～0.09 米（图四九四）。台体附近散落有外绳纹内麻点纹板瓦、外绳纹内布纹筒瓦。

该敌台东北距柴家湾村 2 号敌台 182 米。

七二　柴家湾村 4 号敌台（610824352101020089）

该敌台位于大路沟乡柴家湾村西南 283 米的山间崾崄处，建在柴家湾村—湫沟村长城墙体上，东侧旁边即是公路，西侧坡地种有荞麦，100 米外是条沟壑。所处地域为黄土高原梁峁沟壑地貌，周围众多沟壑发育，水土流失严重。地理坐标为东经：108°41′37.00″，北纬：37°10′44.00″，高程：1770 米。

该敌台整体保存差，呈条形土梁状，东侧因公路建设被铲削一半，壁面垮塌凸凹不平，西侧紧邻冲沟，呈立陡的斜坡，坡面较长，南、北两侧与长城墙体相连，呈缓坡状。其上生有柠条、地椒、蒿类等植物。

敌台平面呈不规则形，剖面呈三角形，长 8.5、宽 4~7、高 4 米，夯层厚 0.06~0.09 米（图四九五）。附近散落有外绳纹内麻点纹、外绳纹内布纹瓦片。

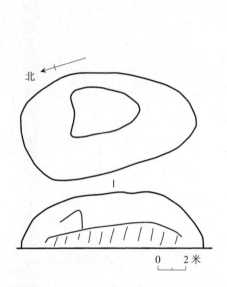

图四九四　柴家湾村 3 号敌台平、立面图

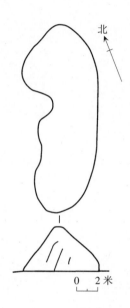

图四九五　柴家湾村 4 号敌台平、立面图

该敌台东北距柴家湾村 3 号敌台 283 米。

七三　柴家湾村 5 号敌台 （610824352101020090）

该敌台位于大路沟乡柴家湾村西南 526 米的山间崾崄处，东侧为耕地，种有荞麦，30 米外是一条公路。所处地域为黄土高原梁峁沟壑地貌，周围众多沟壑发育，水土流失严重。地理坐标为东经：108°41′28.00″，北纬：37°10′42.00″，高程：1758 米。

该敌台整体保存差，西北侧坍塌形成断面，面上有多道裂缝，夯层清晰，台体西侧近一半被破坏。

敌台平面不规则，剖面呈弧形，底南北 8、东西 5 米，东高 1.5、西高 2.5 米，夯层厚 0.07~0.09 米（图四九六）。附近散落有外绳纹内麻点纹、外绳纹内布纹瓦片。

该敌台东北距柴家湾村 4 号敌台 298 米。

七四　柴家湾村 6 号敌台 （610824352101020091）

该敌台位于大路沟乡柴家湾村西南 736 米一座山的山坡西侧，东侧为取土形成的壕沟，壕沟东即是山顶，西侧为公路，因公路西侧底部有铲削，公路外是条沟壑。所处地域为黄土高原梁峁沟壑地貌，周围众多沟壑发育，水土流失严重。地理坐标为东经：108°41′22.00″，北纬：37°10′37.00″，高程：

1758 米。

　　该敌台整体保存差，台体修路，沟壑发育、坍塌剥蚀严重，整体呈不规则的土梁状，西侧底部有铲削，上有地椒等植物。

　　该敌台平面略呈椭圆形，剖面呈梯形，底长 3.7、宽 2 米，顶长 2、宽 1 米，高 1 米，夯层厚 0.07～0.08 米（图四九七）。台体附近散落有外绳纹内麻点纹、外绳纹内布纹瓦片。

　　该敌台东北距柴家湾村 5 号敌台 210 米。

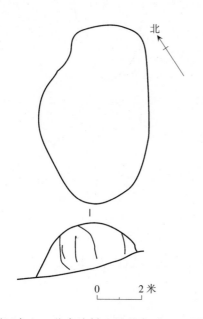

图四九六　柴家湾村 5 号敌台平、立面图

图四九七　柴家湾村 6 号敌台平、立面图

七五　柴家湾村 7 号敌台（610824352101020092）

　　该敌台位于大路沟乡柴家湾西南 1.22 千米黑墩梁两山之间的崾崄处，西侧耕地种有糜子，东侧耕地里种有土豆，南侧 50 米有条公路。所处地域为黄土高原梁峁沟壑地貌，周围众多沟壑发育，水土流失严重。地理坐标为东经：108°41′12.00″，北纬：37°10′25.00″，高程：1768 米。

　　该敌台台体坍塌剥蚀严重，整体呈不规则土台，西侧因耕地底部有铲削，东侧有豁口，豁口宽 3、高 4、进深 3.5 米。其上生有杂草。

　　敌台平面近呈圆形，剖面呈弧形，底直径 11、顶直径 5 米，高 3.5 米，夯层厚 0.06～0.08 米（图四九八）。散落有外绳纹内麻点纹、外绳纹内布纹瓦片。

　　该敌台东北距柴家湾村 6 号敌台 480 米。

七六　湫沟村 1 号敌台（610824352101020093）

　　该敌台位于新城乡湫沟村东北 890 米一座山峁的顶上，所在山梁西侧正对一条沟壑，东侧 30 米处有条土路。所处地域为黄土高原梁峁沟壑区，周围众多沟壑发育，水土流失严重。地理坐标为东经：108°40′53.00″，北纬：37°09′46.00″，高程：1763 米。

　　该敌台整体保存差，台体整体呈土梁状，东、西两侧底部有铲削。耕种对台体蚕食严重。南、北两端与长城墙体相连，呈缓坡状。

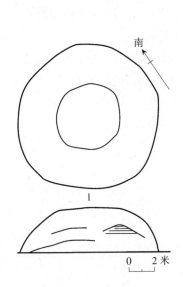

图四九八　柴家湾村 7 号敌台平、立面图　　　图四九九　湫沟村 1 号敌台平、立面图

敌台平面呈长条形，剖面呈弧形，底长 18.8、宽 7 米，顶长 3、宽 2 米，高 3 米，夯层厚 0.06 ~ 0.09 米（图四九九）。周边发现外饰绳纹、内饰麻点纹瓦片。

该敌台东北距柴家湾村 7 号敌台 1.82 千米，西南距湫沟 2 号敌台 330 米。

七七　湫沟村 2 号敌台〔610824352101020094〕

该敌台位于新城乡湫沟村东北 560 米的大路山的山顶上，所在山顶杂草丛生，南侧有条土路，土路外是条沟壑，当地人称为边儿沟。所处地域为黄土高原梁峁沟壑区，周围众多沟壑发育，水土流失严重。地理坐标为东经：108°40′45.00″，北纬：37°09′38.00″，高程：1790 米。

该敌台整体保存差，坍塌剥蚀严重，整体呈狭长的土梁状。南侧有豁口，长 9、宽 6、进深 3.5 米。东侧垮塌严重。上生有蒿类、地椒等植物。

敌台平面不规则，剖面近呈梯形，底长 32、宽 12 米，顶长 8、宽 4 米，高 7 米，夯层厚 0.06 ~ 0.1 米（图五○○）。周边发现大量外饰绳纹、内饰麻点纹瓦片，在敌台附近发现一处瓦片集中堆积层。

该敌台东北距湫沟村 1 号敌台 330 米，东南距湫沟村 1 号堡 37 米。

七八　湫沟村 3 号敌台〔610824352101020095〕

该敌台位于新城乡湫沟村东南 245 米处一座山峁的西侧，东北侧为一条沟壑，西南侧是条土路。所处地域为黄土高原梁峁沟壑地貌，周围众多沟壑发育，水土流失严重。地理坐标为东经：108°40′44.00″，北纬：37°09′22.00″，高程：1760 米。

该敌台保存差，坍塌呈不规则的土堆状。其上及周边坡地上杂草丛生。台体内侧因道路底部有铲削，北侧、西北侧因耕地也有铲削。

该敌台平面不规则，剖面略呈梯形，底长 15、宽 6.5 米，顶长 4、宽 2 米，高 4 米，夯层厚 0.06 ~ 0.09 米（图五○一）。发现有外绳纹、内麻点纹及布纹瓦片。

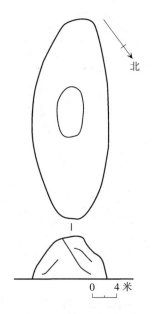

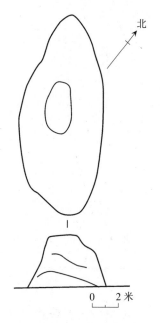

图五〇〇　湫沟村 2 号敌台平、立面图　　　图五〇一　湫沟村 3 号敌台平、立面图

该敌台北距湫沟村 2 号敌台 560 米。

七九　湫沟村 4 号敌台（610824352101020096）

该敌台位于新城乡湫沟村西北 110 米一座山的西侧，西南侧是建筑敌台时取土形成的壕沟，已被开垦为耕地，种植黄芥，旁有一个水窖。所处地域为黄土高原梁峁沟壑地貌，周围众多沟壑发育，水土流失严重。地理坐标为东经：108°40′33.00″，北纬：37°09′21.00″，高程：1760 米。

该敌台保存差，坍塌剥蚀严重，呈土梁状。东侧被铲削，形成断崖；南侧呈斜坡状；西侧坍塌成鱼脊状；北侧因人为取土、雨水冲刷而坍塌、剥落，凹凸不平。

该敌台平面呈梭形，剖面近呈三角形，底长 13.5、宽 5.5 米，顶长 3、宽 1 米，高 4 米，夯层厚 0.06～0.08 米（图五〇二）。发现有外绳纹、内麻点纹及布纹瓦片。

该敌台东南距湫沟村 3 号敌台 255 米。敌台北侧有条土路。

八〇　湫沟村 5 号敌台（610824352101020097）

该敌台位于新城乡湫沟村西 230 米的西侧山坡上，西北侧山梁正对一条沟壑，东南侧台地上种有黄芥，10 米处有条土路。所处地域为黄土高原梁峁沟壑地貌，周围众多沟壑发育，水土流失严重。地理坐标为东经：108°40′30.00″，北纬：37°09′18.00″，高程：1745 米。

该敌台保存差，坍塌剥蚀严重，整体呈卧鲸状，台体西北侧底部被铲削。其上生有地椒等杂草。

该敌台平面呈椭圆形，剖面呈弧拱形，底部长 12、宽 8 米，顶长 4、宽 1 米，高 3.4 米，夯层厚 0.06～0.09 米（图五〇三）。发现有外绳纹、内麻点纹及布纹瓦片。

该敌台东北距湫沟村 4 号敌台 120 米。

八一　湫沟村 6 号敌台（610824352101020098）

该敌台建在新城乡湫沟村西 600 米的西侧山梁上，西侧山梁正对一条沟壑，山梁坡地上种植有糜

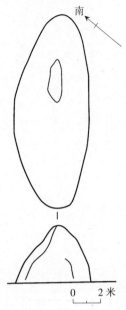

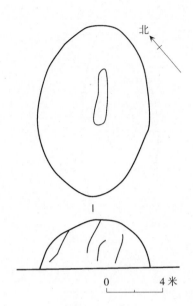

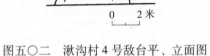

图五〇二　湫沟村 4 号敌台平、立面图　　　图五〇三　湫沟村 5 号敌台平、立面图

子。西南侧 100 米处有条土路。东侧 50 米处为山顶，因为采油建设已经被推平。所处地域为黄土高原梁峁沟壑地貌，周围众多沟壑发育，水土流失严重。地理坐标为东经：108°40′18.00″，北纬：37°09′22.00″，高程：1779 米。

该敌台保存差，坍塌剥蚀严重，整体低矮的土梁状，东、西两侧耕种不断蚕食台体，濒临消失。其上生有杂草。

该敌台顶平面呈长条形，剖面呈弧形，底长 23、宽 9 米，顶径 4 米，高 2 米（图五〇四）。夯层不清晰。台体周围散落有外饰绳纹、内饰麻点纹及布纹瓦片。

该敌台东距湫沟村 5 号敌台 350 米。

八二　湫沟村 7 号敌台（610824352101020099）

该敌台位于新城乡湫沟村西 1.1 千米处一座山的山顶西侧，东北侧因耕地略有铲削，比较陡峭，开垦的山梁坡地种有黄芥，山梁北正对一条沟壑，西北侧 60 米有一条土路。内侧取土形成壕沟。所处地域为黄土高原梁峁沟壑地貌，周围众多沟壑发育，水土流失严重。地理坐标为东经：108°39′58.00″，北纬：37°09′24.00″，高程：1781 米。

该敌台保存差，呈不规则狭长的土梁状，南北两端与长城墙体混为一体，界限不清；东、西两侧因耕种被铲削，坡度陡峭。其上生有杂草。

该敌台平面呈长条形，剖面近呈梯形，底长 58、宽 6.5 米，顶长 35、宽 2.5 米，高 3.5 米，夯层厚 0.06~0.09 米（图五〇五）。台体周围散落有外绳纹、内麻点纹及布纹瓦片。

该敌台东南距湫沟村 6 号敌台 500 米。

八三　湫沟村 8 号敌台（610824352101020100）

该敌台位于新城乡湫沟村西北 1.35 千米一座山的北侧山梁上，东北侧山梁坡地种有荞麦，山梁北正对一条沟壑。西南侧取土形成敌台与山顶之间的壕沟，西北侧 150 米有一条土路。所处地域为黄土

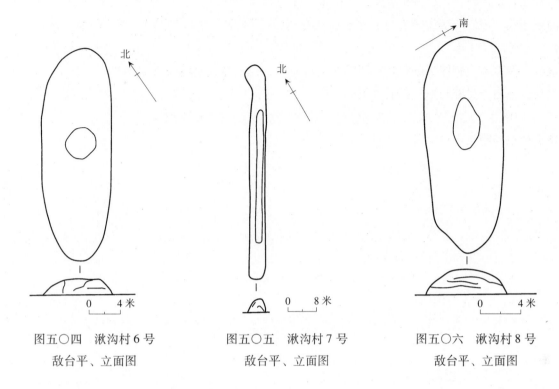

图五〇四　湫沟村 6 号
敌台平、立面图

图五〇五　湫沟村 7 号
敌台平、立面图

图五〇六　湫沟村 8 号
敌台平、立面图

高原梁峁沟壑地貌，周围众多沟壑发育，水土流失严重。地理坐标为东经：108°39′45.00″，北纬：37°09′30.00″，高程：1759 米。

该敌台坍塌呈土梁状，顶部东南侧坍塌，东北侧有两个豁口，一个宽 1.5、高 0.5、进深 0.8 米，另一个宽 1.5、高 0.5、进深 1.5 米。其上生有地椒、蒿类等杂草。

该敌台平面呈长条形，剖面呈弧形，底长 21、宽 8 米，顶长 5、宽 2.6 米，高 3 米，夯层厚 0.06～0.09 米（图五〇六）。台体周围散落有外绳纹、内麻点纹及布纹瓦片。

该敌台东南距湫沟村 7 号敌台 400 米。

八四　湫沟村 9 号敌台（610824352101020101）

该敌台位于新城乡湫沟村西北 1.65 千米的营盘山山顶，西北 100 米处有条土路，东北侧为坡地，种植荞麦，东北 150 米处为采油作业区。西南侧取土形成敌台与湫沟村 2 号堡之间的壕沟，杂草丛生。所处地域为黄土高原梁峁沟壑地貌，周围众多沟壑发育，水土流失严重。地理坐标为东经：108°39′32.00″，北纬：37°09′31.00″，高程：1791 米。

该敌台保存差，坍塌剥蚀严重，呈不规则土台，四面呈缓坡状，壁面凸凹不平，其上生有地椒、蒿类等杂草。

该敌台平面呈不规则形，剖面呈弧形，底长 11.5、宽 8 米，顶长 8.5、宽 3 米，高 2.8 米，夯层厚 0.06～0.08 米（图五〇七）。台体周围散落有外绳纹、内麻点纹及布纹瓦片。

该敌台东南距湫沟村 8 号敌台 350 米。

八五　湫沟村 10 号敌台（610824352101020102）

该敌台建在新城乡湫沟村西北 1.95 千米的山顶上，台体及其周边山坡上生长有地椒等杂草。西南侧 100 米处有条土路，东北侧相对陡，西南侧取土形成壕沟，山顶上生有杂草。所处地域为黄土高原梁峁沟壑地貌，周围众多沟壑发育，水土流失严重。地理坐标为东经：108°39′18.00″，北纬：37°09′34.00″，高程：1781 米。

该敌台保存差，整体呈卧鲸状，四壁面呈斜坡状，其上生有地椒等杂草。

该敌台平面近呈椭圆形，剖面呈弧形，底长 24、宽 11 米，顶长 7.2，宽 2.4 米，高 3.4 米，夯层厚 0.07～0.09 米（图五〇八）。发现遗物有外绳纹、内麻点纹及布纹瓦片。

该敌台东南距湫沟村 9 号敌台 370 米。

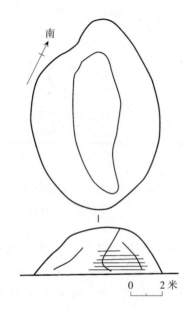

图五〇七　湫沟村 9 号敌台平、立面图

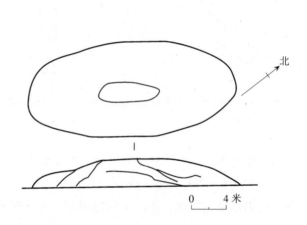

图五〇八　湫沟村 10 号敌台平、立面图

八六　湫沟村 11 号敌台（610824352101020103）

该敌台位于新城乡湫沟村西北 2.15 千米一座山的山顶北侧，台体上及周边山坡上生有杂草。台体所在山梁北侧正对一条沟壑，内侧取土形成敌台与山顶之间的壕沟，东南侧 150 米处有条土路。所处地域为黄土高原梁峁沟壑地貌，周围众多沟壑发育，水土流失严重。地理坐标为东经：108°39′09.00″，北纬：37°09′35.00″，高程：1790 米。

该敌台保存差，台体坍塌剥蚀严重，整体呈卧鲸状，上有踩踏痕迹，其上生有杂草。西侧有圈现代四方形土墙，将敌台西侧切成长 4、宽 3 米的缺口。

该敌台平面近呈椭圆形，剖面呈弧形，底长 21、宽 6 米，顶长 7、宽 2 米，高 2.2 米，夯层厚 0.07～0.08 米（图五〇九）。发现的遗物有外饰绳纹、内饰麻点纹及布纹的瓦片。

该敌台东南距湫沟村 10 号敌台 250 米。

八七　湫沟村 12 号敌台（610824352101020104）

该敌台位于新城乡湫沟村西北 2.98 千米一座山东北侧的山腰处，台体上及周边山坡上生有杂草。台体东北侧正对一条沟壑，东南侧发育一条沟壑，北侧、西侧坡地种有土豆。西南侧 150 米处有条公路，旁边有条土路。所处地域为黄土高原梁峁沟壑地貌，周围众多沟壑发育，水土流失严重。地理坐标为东经：108°38′51.00″，北纬：37°09′44.00″，高程：1785 米。

该敌台保存差，台体坍塌剥蚀呈不规则的土台状，顶上有一电线杆。四面呈斜坡状，坡面凸凹不平，有踩踏痕迹，其上生有杂草。

敌台平面呈不规则形，剖面近呈弧形，底长 15、宽 11 米，顶长 4、宽 3 米，高 3.5 米，夯层厚 0.07 ~ 0.09 米（图五一○）。台体周围散落有外绳纹、内麻点纹及布纹瓦片。

该敌台东南距湫沟村 11 号敌台 975 米。

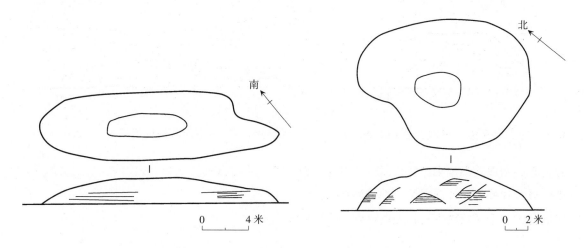

图五○九　湫沟村 11 号敌台平、立面图　　　图五一○　湫沟村 12 号敌台平、立面图

八八　湫沟村 13 号敌台（610824352101020105）

该敌台位于新城乡湫沟村西北 3.38 千米的大墩梁塬面边缘的荞麦地中。台体北侧为荞麦地和两根电线杆；南侧为一片坡地，现今长满杂草；东侧临一条柏油公路；西侧也为公路；西北方约 300 米处有一炼油厂，同样东南方约 200 米处也有一家炼油厂。所处地域为黄土高原梁峁沟壑地貌，周围众多沟壑发育，水土流失严重。地理坐标为东经：108°38′37.00″，北纬：37°09′48.00″，高程：1785 米。

该敌台整体保存差，呈圆丘状，台体周身布满植被，顶部被铲削平整，也长满杂草，还有一个人工挖成的椭圆形坑。

该敌台整体呈土堆状，底、顶部平面均呈圆形，剖面为梯形。底直径 13、顶直径 6.5、高 4.6 米，夯层厚 0.08 ~ 0.09 米（图五一一）。在敌台顶部采集到外素面内麻点纹瓦片，还遗留有一块红色砂岩石块，敌台周边的麦地里，采集到外素面内布纹瓦片。

该敌台东南距湫沟村 12 号敌台 400 米。

八九　李家坟嵝岘村敌台（610824352101020106）

该台体位于李家坟嵝岘村东南 450 米山体缓坡上，西北 30 米处为环山公路，东侧 23 米处发育有沟壑，东侧和西侧缓坡上杂草丛生，且有农田利用。地理坐标为东经：108°38′24.96″，北纬：37°09′51.31″，高程：1772.7 米。

该敌台保存差，整体呈卧鲸状。台体因风雨侵蚀四面剥落、坍塌严重；东侧因农田利用而被切割；西侧因为小冲沟的发育而被冲刷得坑坑洼洼；顶部平缓，四周坍塌严重呈不规则形。

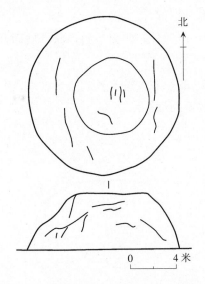

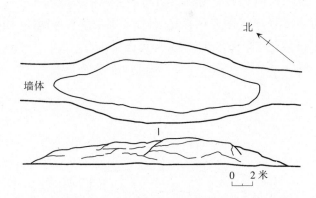

图五一一　湫沟村 13 号敌台平、立面图　　　　图五一二　李家嵝岘村敌台平、立面图

敌台平、剖面均不规则，底长 20、宽 8 米，顶长 4.5 米，残高 2.6 米（图五一二）。夯层不清。周围发现少量瓦片残片，外饰绳纹，内饰麻点纹。

该敌台位于李家坟嵝岘村长城起点西北 190 米处。

九〇　黑龙沟村 1 号敌台　（610824352101020107）

该台体位于黑龙沟村何峁村西 500 米的山体缓坡上，东 18 米处为公路，北为缓坡，长满杂草。西北侧、东南侧为农田。台体东有一条东西走向的高压线路，周围多电线杆。地理坐标为东经：108°37′24.39″，北纬：37°09′38.79″，高程：1777.5 米。

该敌台保存差，坍塌呈不规则的土台状，北侧为缓坡，且少有凸出；西北、西侧因雨水冲刷、植物根系生长等因素而坍塌得凹凸不平；东南侧和南侧坍塌呈缓坡状，且因为耕地利用而被切割；顶部不平整，顶部西侧有一个长 2.6、宽 0.9 米的人为铲削的土坑。

该敌台平、剖面均呈不规则形，底长 16、宽 14 米，顶长 10.5、宽 5.5 米，残高 3 米（图五一三）。夯层清晰。周围发现少量瓦片残片，外饰绳纹，内饰麻点纹。

该敌台西南距黑龙沟村 2 号敌台 1.28 千米。

九一　黑龙沟村 2 号敌台　（610824352101020108）

该台体位于黑龙沟村盘古梁村西 343 米的山体缓坡上，西侧紧邻公路，北 209 米处为油田，东 155 米处发育有沟壑，西南 180 米处有信息塔，东侧缓坡，长满杂草。东南侧有农田。地理坐标为东经：108°36′41.74″，北纬：37°09′52.20″，高程：1778.7 米。

该敌台保存差，坍塌呈不规则形土堆状。西侧因人为的开路而被铲削得坑坑洼洼；东侧由于雨水冲刷、植物根系生长、人为取土等因素而使台体严重坍塌，现台体只剩原台体的二分之一；北侧和南侧坍塌呈狭长的缓坡状。

敌台平、剖面均呈不规则形，底长 23、宽 5 米，顶长 7、宽 2.5 米，西侧残高 3 米，夯层厚 0.06～0.1 米（图五一四）。黄土夹杂沙石夯筑而成。周围发现少量瓦片，外饰绳纹，内饰麻点纹。

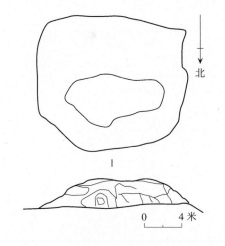

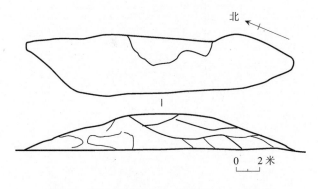

图五一三　黑龙沟村1号敌台平、立面图　　　图五一四　黑龙沟村2号敌台平、立面图

该敌台东北距黑龙沟村1号敌台1.28千米。

九二　黑龙沟村3号敌台（610824352101020109）

该台体位于黑龙沟村盘古梁村西北1千米的山体缓坡上，西南112米处为公路，东北367米处为油田，南22米处发育有沟壑，南侧缓坡上长满杂草。周围多农田利用。地理坐标为东经：108°36′20.24″，北纬：37°09′58.15″，高程：1691.3米。

该敌台保存差，植物根系生长、雨水冲刷、农田利用等因素对台体破坏严重，整体为不规则土台。西侧、北侧、东侧因农田利用被铲削呈缓坡状，坑坑洼洼；南侧因为沟壑发育坍塌，凹凸不平。

敌台平面呈不规则形，剖面略呈梯形，底长13、宽7米，顶长6、宽4米，西侧残高3.2米，夯层厚0.06～0.11米（图五一五）。黄土夯筑而成。夯层裸露清晰。台体周围零星散落有外绳纹、内麻点纹的残瓦片。

该敌台西南距黑龙沟村2号敌台566米。

九三　榆树台村1号敌台（610824352101020110）

该敌台位于中山涧乡榆树台村东900米，北侧、东侧、南侧为坡地，种植土豆，东南侧10米为一条公路。地理坐标为东经：108°36′03.15″，北纬：37°10′02.98″，高程：1767.2米。

该敌台保存差，整体呈圆丘状。坍塌剥蚀严重，其上杂草丛生，夯层已不清晰。北侧、东侧、南侧为坡地，对台体底部造成破坏。

敌台平面略呈椭圆形，剖面呈弧拱形，底长17、宽12米，顶长6、宽4米，残高4.5米（图五一六）。黄土夹杂沙石夯筑，夯层已不清晰。台体周围的耕地内散落有大量外绳纹、内麻点纹的残瓦片。

该敌台西北距榆树台村2号敌台950米。

九四　榆树台村2号敌台（610824352101020111）

该敌台建在中山涧乡榆树台村东（最近的住户）305米的山体缓坡处，西北135米处为盘山土路，北距油井420米。周围多农田耕作。地理坐标为东经：108°35′44.26″，北纬：37°10′13.41″，高程：1798.6米。

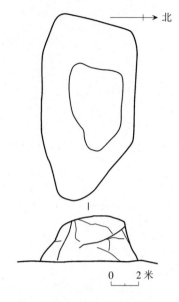

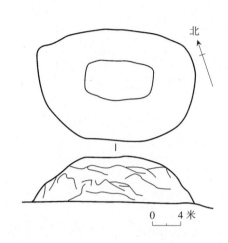

图五一五　黑龙沟村 3 号敌台平、立面图　　　　图五一六　榆树台村 1 号敌台平、立面图

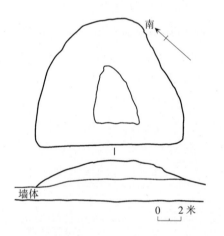

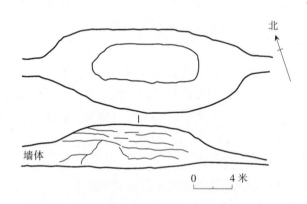

图五一七　榆树台村 2 号敌台平、立面图　　　　图五一八　榆树台村 3 号敌台平、立面图

该敌台保存差，坍塌严重，呈不规则土台。东侧因为农业用地而被切割；西侧因雨水冲刷、植物根系生长形成缓坡；顶部不平坦，最北端略高。向西南方向缓坡散开；顶部长有一棵柠条。

敌台平、剖面均不规则，底长 13、宽 11 米，顶长 5、宽 4 米，残高 1.5 米（图五一七）。黄土夹杂沙石夯筑，夯层已不清晰。周围耕地内散落有大量外绳纹、内麻点纹残瓦片。

该敌台西北距榆树台村 3 号敌台 433 米。

九五　榆树台村 3 号敌台（610824352101020112）

该敌台位于中山涧乡榆树台村西南（最近的住户）200 米的山体缓坡处，东侧紧邻油田，西 41 米处为盘山土路。台体及周围长满杂草。地理坐标为东经：108°35′35.46″，北纬：37°10′24.76″，高程：1793.5 米。

该敌台保存差，坍塌严重，整体呈卧鲸状，东、西两侧连接墙体，由于雨水冲刷、植物根系生长而坍塌呈缓坡状；南侧、北侧因农田利用而被切割；顶部不平整，坑坑洼洼，长满杂草。

敌台平面呈不规则长条形，剖面呈弧形，底部长 21、宽 8.5 米，顶长 11、宽 4 米，残高 4.5 米

（图五一八）。夯层不清晰。台体周围散落有少量外绳纹、内麻点纹筒瓦和板瓦残片。

该敌台西北距榆树台村 4 号敌台 91 米。

九六 榆树台村 4 号敌台（610824352101020113）

该敌台位于中山涧乡榆树台村南（最近的住户）30 米的山体缓坡处，东侧 50 米处为盘山土路。台体及周围多为耕地利用。地理坐标为东经：108°35′31.84″，北纬：37°10′25.74″，高程：1778.5 米。

该敌台保存差，坍塌严重，整体呈不规则土台状。西北侧连接墙体，台体四周由于耕地利用而被严重铲削，北侧垂直于耕地，其余各侧坍塌呈缓坡状；台体顶部较平整，长满杂草。

敌台平面呈不规则形，剖面呈弧形，底长 21、宽 17.5 米，顶长 5、宽 5 米，高 3.5 米（图五一九）。夯层不清晰。台体周围散落有少量外绳纹、内布纹筒瓦和板瓦残片。

该敌台东南距榆树台村 3 号敌台 91 米。

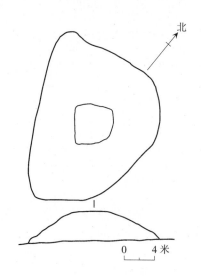

图五一九 榆树台村 4 号敌台平、剖面图

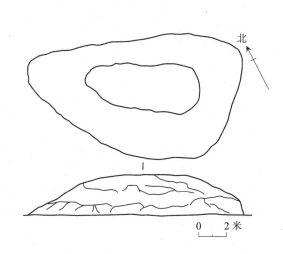

图五二○ 榆树台村 5 号敌台平、立面图

九七 榆树台村 5 号敌台（610824352101020114）

该敌台位于中山涧乡榆树台村南（最近的住户）620 米的山体缓坡处，西 40 米处发育有沟壑。四周长满杂草，周围多为耕地利用。地理坐标为东经：108°35′35.15″，北纬：37°10′41.25″，高程：1747.8 米。

该敌台保存差，坍塌严重，呈不规则形土台状。台体北侧由于耕地利用而被铲削；其余各侧由于雨水冲刷、植物根系生长而坍塌呈缓坡状；顶部凹凸不平，中间略高于南、北两侧，长满杂草。

敌台平面不规则，剖面呈弧形，底长 15、宽 8.5 米，顶长 8、宽 3.5 米，高 2.8 米（图五二○）。黄土夹杂沙石夯筑，夯层已不清晰。台体周围散落有大量外绳纹、内素布纹筒瓦和板瓦残片。

该敌台东南距榆树台村 4 号敌台 623 米。

九八 白天赐村 1 号敌台（610824352101020116）

该敌台位于中山涧乡二姐畔村白天赐村东南 700 米处山梁上，两侧均为耕地。地理坐标为东经：

108°34′31.70″，北纬：37°10′49.40″，高程：1788米。

该敌台整体保存差，坍塌比较严重，呈卧鲸状，周壁呈缓坡状，顶较平。两侧均为耕地。

敌台平面椭圆形，剖面略呈梯形，底长14.8、宽6.6米，顶长6.2、宽2.5米，残高2.6米，夯层厚0.07~0.09米（图五二一）。黄土夯筑而成。

该敌台东距榆树台村烽火台673米。

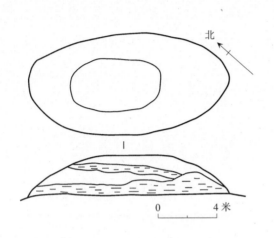
图五二一　白天赐村1号敌台平、立面图

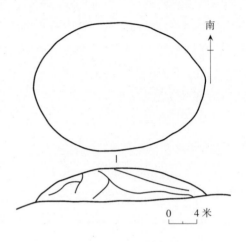
图五二二　白天赐村2号敌台平、立面图

九九　白天赐村2号敌台　（610824352101020117）

该敌台位于中山涧乡二姐畔村白天赐村南627米处山梁的缓坡上，南侧坡度较陡，紧邻一条土路，北侧为缓坡，西侧39米处为一条水冲沟，地理坐标为东经：108°34′11.17″，北纬：37°10′44.68″，高程：1791.6米。

该敌台整体保存较差，台体损毁严重，坍塌呈馒头形土台状。南侧坍塌形成坡度较陡，台体上长有茅草等杂草，根系生长造成表层土质松动；北侧为一缓坡。

该敌台平面近呈椭圆形，剖面呈弧拱形，底长24.5、宽17.4米，残高4.5米（图五二二）。黄沙土夯筑而成，夯层不清。台体周围散落大量瓦片，外饰绳纹，内饰麻点纹。

该敌台东702米为代响梁村1号敌台。

一〇〇　代响梁村1号敌台　（610824352101020118）

该敌台位于周河乡杨家沟村代响梁村西南56米处的山梁上，台体东侧、南侧、西侧都是耕地，种有玉米、荞麦等，北侧为一缓坡，西侧39米处有一条水冲沟。地理坐标为东经：108°34′11.17″，北纬：37°10′44.68″，高程：1791.6米。

该敌台整体保存差，坍塌严重，南、北两壁呈缓坡状，东、西两壁坍塌凸凹不平。表面长有茅草等杂草，根系生长造成表层土质松动。

该敌台平面略呈椭圆形，剖面呈弧形，底长28.6、宽8.5米，顶长8.4、宽3.2米，残高2.4米，夯层厚0.08~0.1米（图五二三）。台体周围散落大量瓦片，外饰绳纹，内饰麻点、布纹。另见少量器物残片，可辨器形有罐。

该敌台西距白天赐村 1 号敌台 702 米。

一〇一 代响梁村 2 号敌台（610824352101020119）

该敌台位于周河乡杨家沟村代响梁村西北 2.45 千米处的山梁上，台体底部紧邻一条乡间土路，土路东侧是沟壑。台体西侧底部紧邻农田，种植有玉米等。地理坐标为东经：108°33′12.00″，北纬：37°10′25.00″，高程：1785 米。

该敌台保存差，呈狭长的土梁状，南、北两侧均与墙体连接，东侧由于坍塌等原因，形成断面，顶部坍塌严重。

敌台平面呈梭形，剖面呈弧形。底长 24、宽 5、残高 6 米（图五二四）。黄土夯筑而成，夯层模糊不清。台体周围散落有外饰绳纹、内麻点纹瓦片。

该敌台南 605 米处为代响梁村 3 号敌台。

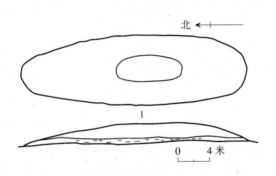

图五二三 代响梁村 1 号敌台平、立面图

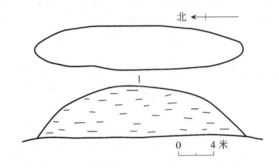

图五二四 代响梁村 2 号敌台平、立面图

一〇二 代响梁村 3 号敌台（610824352101020120）

该敌台位于周河乡杨家沟村代响梁村西南 2 千米处的山梁上，东侧底部紧邻开垦的农田，种植有油菜和黄豆，农田东侧是南北向的乡村土路。台体西侧底部紧邻农田，种植有玉米等，农田的西北侧是沟壑。地理坐标为东经：108°33′04.00″，北纬：37°10′10.00″，高程：1735 米。

该敌台整体保存差，坍塌呈圆丘状。台体南、北两侧都与墙体连接，敌台顶部及底部周围长满杂草，南北两侧坍塌严重，几乎与地面平齐。

该敌台平面呈椭圆形，剖面呈弧形，底长 14、宽 11 米，顶部长 2.3、宽 1.6 米，东侧残高 4 米（图五二五）。黄土夯筑而成，夯层模糊不清。台体周围散落有外绳纹、内布纹瓦片。

该敌台北 605 米处为代响梁村 2 号敌台。

一〇三 张山村 1 号敌台（610824352101020121）

该敌台位于周河乡沙洼沟大队张山组村西南的山腰上，台体南北两侧均与墙体连接，东侧是一片开垦的农田，种植有黄豆，农田的东侧是一条大致南北的乡村土路，台体的西侧是一条南北向的乡村土路。地理坐标为东经：108°32′50.00″，北纬：37°09′53.00″，高程：1745 米。

该敌台整体保存差，坍塌呈不规则土台状，壁面凸凹不平。其上长有杂草，根系生长造成表层土质松动。

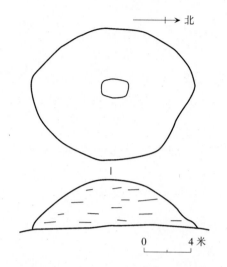

图五二五　代响梁村 3 号敌台平、立面图

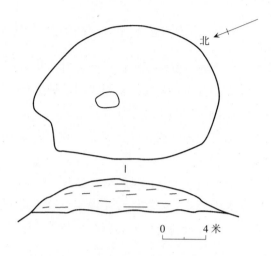

图五二六　张山村 1 号敌台平、立面图

敌台平面略呈椭圆形，剖面呈弧形，底长 14、宽 11 米，顶长 2.3、宽 1.6 米，东侧残高 4 米（图五二六）。黄土夯筑而成，夯层厚 0.08～0.1 米。台体周围散落有外绳纹、内麻点纹瓦片。

该敌台西南 420 米处为张山村 2 号敌台。

一〇四　张山村 2 号敌台　（610824352101020122）

该敌台位于周河乡张山组村西南 375 米的山腰上。东侧是一条自南向北发育的沟壑，台体的西侧是开垦的农田，种植有荞麦，农田的西侧是一条自南向北发育的沟壑，北侧农田边是乡村土路。地理坐标为东经：108°32′41.00″，北纬：37°09′41.00″，高程：1739 米。

该敌台整体保存差，呈低矮的土梁状，台面及底部周围长满杂草，南、北两侧坍塌严重，南侧略高于北侧。

敌台平面呈梭形，剖面呈弧形，底长 23、宽 7 米，顶长 1.5、宽 0.8 米，残高 2 米（图五二七）。黄土夯筑而成，夯层模糊不清。台体周围散落有外绳纹内布纹瓦片、外绳纹内麻点纹瓦片和外绳纹内方格纹瓦片。

该敌台东北 420 米处为张山村 1 号敌台。

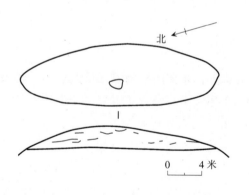

图五二七　张山村 2 号敌台平、立面图

一〇五　老坟嵝岘村敌台　（610824352101020124）

该敌台位于老坟嵝岘村西南 127 米山顶缓坡地带，台体东临采油厂，西邻沟壑。地理坐标为东经：108°32′11.40″，北纬：37°08′56.30″，高程：1764 米。

该敌台保存差，台体因风雨侵蚀四面剥落、坍塌严重，台体上长有旱地植被，根系深入夯土层中，造成一定破坏。敌台东侧部分基座因石油公司平整场地破坏严重；西侧紧邻沟壑，垮塌成不规则的台阶状，南、北两壁为斜坡。

敌台平面略呈不规则形，剖面呈弧形，底长 11.2、宽 13 米，顶长 4.8、宽 4.3 米，残高 2.6 米，夯层厚0.09～0.1米（图五二八）。周围发现少量瓦片，外饰绳纹，内饰麻点纹。

该敌台位于老坟嵝岘村长城3段之上，北距该段墙体起点27米。

一〇六　双圪塔村烽火台（610824353201020066）

该烽火台位于杨米涧乡双圪塔村东南300米一座山的山顶上，西侧50米处有条土路。所在山顶东侧为沟壑，位于碾道湾村—凤凰山长城外侧300米处。所处地域为黄土高原梁峁沟壑地貌，周围众多沟壑发育，水土流失严重。地理坐标为东经：108°48′57.00″，北纬：37°15′05.00″，高程：1653米。

该烽火台整体呈圆丘状，坍塌剥蚀严重。其上及所在山顶均遍生杂草，西侧夯层出露。平面略呈椭圆形，剖面呈弧形，底长8.5、宽5.5米，顶直径2.5米，高2.2米，夯层厚0.06～0.08米（图五二九）。台体周围散落外饰绳纹、弦纹，内饰麻点纹、菱格纹、弦纹板瓦和筒瓦残片。

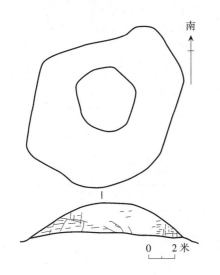

图五二八　老坟嵝岘村敌台平、立面图

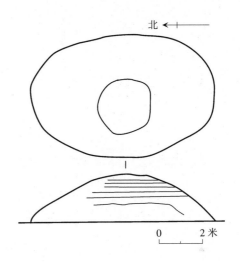

图五二九　双圪塔村烽火台平、立面图

一〇七　榆树台村烽火台（610824353201020115）

该烽火台位于中山涧乡二姐畔村榆树台组村西142米的坡地内，榆树台村长城南侧48米，四周均为耕地。所处地域为黄土高原梁峁沟壑地貌，周围众多沟壑发育，水土流失严重。地理坐标为东经：108°34′58.60″，北纬：37°10′48.10″，高程：1793米。

该烽火台保存较差，台体长有大量杂草，坍塌严重，顶部有人为挖掘形成的大坑，东西2.6、南北2.4、深0.7米。

烽火台平面略呈矩形，剖面呈梯形，底长11、宽9.1米，顶长3.6、宽3.3米，高2.2米，夯层厚0.08～0.11米（图五三〇）。黄沙土夯筑。台体周围散落较多板瓦、筒瓦残片，瓦片外饰绳纹、弦纹，内饰麻点纹、方格纹、布纹、弦纹。

该烽火台西距白天赐村1号敌台673米。

一〇八　老坟嵝岘村烽火台（610824353201020123）

该烽火台位于周河镇杨家沟老坟嵝岘村南约260米的独立山峁上，地处黄土梁峁丘陵宽谷区，山腰有乡村土路环绕。台体四周为开垦的农田,北距乡村土路约130米,南距油井约274米。地理坐标为东经:108°32′20.10″,北纬:37°09′05.60″,高程:1756米。

该烽火台呈土丘状,整体保存差,塌陷严重,且东南角有明显残缺。台体顶面较平整。

烽火台平面呈矩形,剖面呈弧形,底长16.9、宽13.4米,顶长5.8、宽4米,通高6米,夯层厚0.09~0.12米(图五三一)。台体四周散落少量瓦片,外饰绳纹,内饰麻点纹。

该烽火台西南距老坟嶂岘村敌台356米。

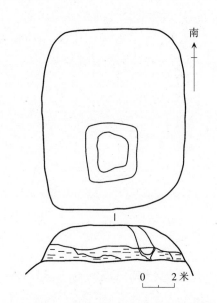

图五三〇 榆树台村烽火台平、立面图

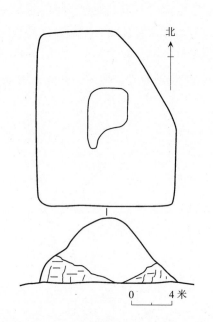

图五三一 老坟嶂岘村烽火台平、立面图

第三节 战国秦长城关堡

靖边县秦长城沿线发现12座关堡,包括关7座、堡5座,均为矩行平面格局,尺寸25~135米,大多尺寸为40~70米。围墙多已垮塌,仅残存拐角处或墙基处,最大高度达6米。墙体大多夯土筑成,有一座关西墙以堑削而成的山险墙代替。

一 黄草垯村堡 (610824353102020001)

该堡位于龙洲乡黄草垯村东北850米,为平缓草地地貌,周围长有苜蓿、柠条等大量耐旱植物。堡南侧有一条沟壑发育,向东北沿墙体流入草湾沟,该沟宽20米。地理坐标为东经:108°58′09.00″,北纬:37°33′01.00″,高程:1441米。

堡建于黄草垯村长城内侧(东南),平面略呈矩形,整体保存差,只有三面的墙体可以看出痕迹。占地面积3360平方米,周长232米。堡内全部垦为耕地,墙体顶部长有柠条、荒草等植物。依据堡的平面形状及与墙体位置关系推断朝向应该向东南(图五三二)。

堡墙整体东北—西南长60米,东南—西北残长56米。其中北侧角残存墙体南北最长16.5、东西最长12.5米,最高2米。西角残存墙体东西最长20、南北最长20米,最高2米。西南墙南段残长30、宽10、高1米。东南侧墙由于垦为耕地,只能隐约看出一道土垄。全部墙体因坍塌严重,夯层不清晰。

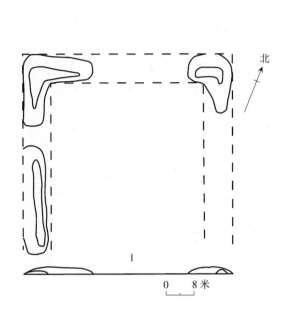 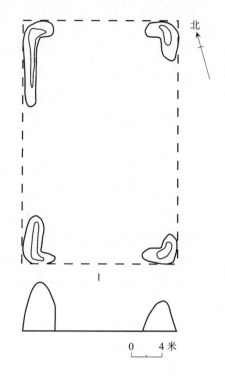

图五三二　黄草圪村堡平、立面图　　　　　图五三三　高元峁村关平、剖面图

堡内散落有秦汉时期的外绳纹、内麻点纹和内布纹的瓦片，以及绳纹陶器残片。

堡西北距黄草圪村长城 30 米。

该堡附近的黄草圪村居民状况不详。主要以农业为主，种植谷子、土豆、糜子、荞麦等，养殖羊、驴等家畜。该地为黄土高原边缘靠近毛乌素沙漠处，附近以乡村土路为主，向南 5 千米有五杨柏油公路穿过，路面弯度、坡度起伏均较大。

二　高元峁村关（610824353101020002）

该关地处黄土梁峁丘陵宽谷区，位于乔沟湾乡李家城则村高元峁（组）南 950 米的云盘山上，关东侧为耕地，南北梁顶均为荒草地。南、北两侧有不同程度的沟壑发育，均向西流入芦河。南侧沟底有高速路和 206 省道穿过。地理坐标为东经：108°56′07.00″，北纬：37°22′02.40″，高程：1637 米。

该关平面呈长方形，东西 39、南北 70 米，周长 218 米，占地面积 2730 平方米。保存差，仅剩夯土围墙，高低不齐，围墙坍塌呈土垄状。墙体内高 2、外高 6 米，断续残存。夯土夯层厚 0.07~0.08 米（图五三三）。关内散落有大量的外绳纹、内麻点纹和外绳纹、内布纹瓦片残片。

该关位于高元峁村 2 号敌台的北侧。关西墙利用高元峁村长城墙体。

三　新庄村堡（610824353102020003）

该堡位于营盘山的山顶（因山顶有堡，当地老乡称此山为营盘山），建立在张家圪村—谷家畔村长城内侧（南）。堡内以前为耕地，现已退耕还草，杂草丛生。另有沙棘、杨树。堡外也有大量的沙棘、杂草。地理坐标为东经：108°54′19.00″，北纬：37°19′00.00″，高程：1640 米。

该堡整体保存差，平面呈矩形，整体东西向为 40、南北向为 40 米，周长 160 米，占地面积 1600

平方米。西墙保存相对较好，其他墙体内侧与堡内地表齐平。依据堡的平面形状及与墙体位置关系推断，朝向应该向南（图五三四）。

堡西墙长40、宽1、外高3、内高0.4米；北墙内侧与堡内地表平，长40、外高1.5米；东墙与南墙均只能看出痕迹。夯层厚0.06～0.1米。周边有大量外绳纹、内麻点纹、布纹瓦片及陶器残片。在堡内发现一枚汉代半两钱，并在一位老乡家中看到其在新庄堡内捡到的汉代五铢钱和铜车马器。

该堡北距新庄村1号敌台205米。

四　谷家畔村关（610824353101020004）

该关位于天赐湾乡谷家畔村西223米一座山的山顶北侧，当地老乡称此山为营盘山。该关所处地域为黄土高原梁峁沟壑区，周围众多沟壑发育，水土流失严重。地理坐标为东经：108°53′16.00″，北纬：37°19′08.00″，高程：1671米。

该关保存差，平面呈长方形。根据瓦片的分布范围及墙体痕迹推测，此关应为边长40米的方形建筑遗存，占地面积1600平方米，周长160米（图五三五）。现在关内杂草丛生，种有几棵杏树。关北墙即长城墙体。

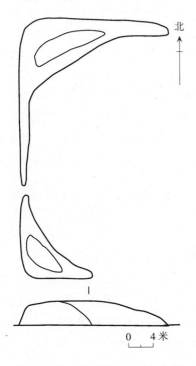

图五三四　新庄村堡平、立面图

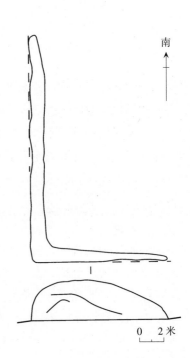

图五三五　谷家畔村关平、立面图

关东墙残存18米；北墙残存11、外高3.2米，宽度不详，东北角处夯层明显，夯层厚0.05～0.09米；西墙、南墙消失。关内地表散落大量外绳纹、内麻点纹和布纹瓦片及陶器残片，可辨器形有鬲、罐、甑等。

该关东距谷家畔村敌台223米。

该关附近的谷家畔村有居民十二三户，70多人。农作物主要有谷子、玉米、洋芋、豆类等。该关所在的营盘山下南侧有一条公路。

五　柠条湾村关（610824353101020005）

该关位于杨米涧乡柠条湾村东北 250 米的寨板山山顶上。所在山顶相对平坦，生有稀疏的杂草，关北侧为平缓坡地，东侧为坡地，南侧和西侧为沟壑。该关所处地域为黄土高原梁峁沟壑区，周围众多沟壑发育，水土流失严重。地理坐标为东经：108°49′42.00″，北纬：37°15′38.00″，高程：1700 米。

该关保存差，平面呈长方形，周长 240 米，占地面积 3600 平方米。该关现仅存东墙和北墙，南墙消失，西墙以堑的方式存在，东南角有一座角楼，北墙中间有一座敌台，所在山顶相对平坦，生有稀疏的杂草。关内南侧有 15 米宽的推土缺口，相对关内其他地势为低，可能是因关门在南侧，风雨侵蚀所致（图五三六）。

该关的北墙长 60 米，中间有一座敌台，即柠条湾 3 号敌台；东墙保存 60 米，最宽处底宽 4.5、顶宽 1 米；东南角的角楼底长 6、宽 3.5、高 2 米，夯层厚 0.06～0.1 米；西墙以堑的方式存在，第一道堑台面宽 15、堑高 10 米，第二道堑台面宽 5、堑高 10 米。关的北墙即是小墩山村—柠条湾村长城墙体。

关内及周边散落大量外绳纹、内麻点纹、布纹瓦片，还发现外素纹内布纹瓦片，厚 0.02 米。另有陶器残片，器形有鬲、罐、甑等。

该关附近的柠条湾村有居民 30 多人。农作物主要有谷子、玉米、洋芋、豆类等。该关所在的寨板山下有一条土路。

六　碾道湾村关（610824353101020006）

该关位于杨米涧乡碾道湾村东北 563 米的山顶平坦处，碾道湾—凤凰山长城内侧（东南）。关内除东南墙处沟壑发育地势较低外，其余地势相对平坦。该关所处地域为黄土高原梁峁沟壑区，周围众多沟壑发育，水土流失严重。地理坐标为东经：108°49′03.00″，北纬：37°14′34.00″，高程：1679 米。

该关在碾道湾—凤凰山长城内侧（东南），朝向为东南，根据东、南角楼和碾道湾—凤凰山长城的位置关系，推测为矩形建筑，周长 220 米，占地面积 3000 平方米。关内被开垦为耕地，种有玉米、土豆等作物，东南墙因沟壑发育消失，西南墙因开垦耕地、风雨侵蚀而消失（图五三七）。

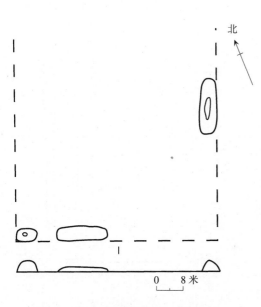

图五三六　柠条湾村关平、剖面图

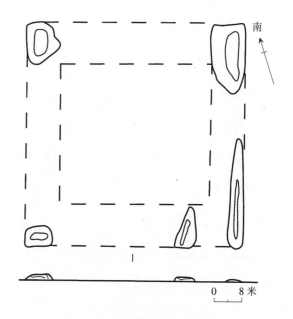

图五三七　碾道湾村关平、立面图

根据东、南角楼和碾道湾—凤凰山长城的位置关系，推测关西北—东南长60、东北—西南长50米，东北墙大部分消失，中间残存5.5米，西北墙为碾道湾—凤凰山长城墙体。东角楼底长8、宽6米，顶长5、宽2米，高1.5米；南角楼底长12、宽10米，顶长5、宽4米，高2.5米。关内及周边散落大量外绳纹，内麻点纹、布纹的瓦片。另有陶器残片，器形有鬲、罐子、甑等。在该关附近发现一枚汉代榆荚钱。

该关东北距碾道湾村3号敌台175米。

该关附近的碾道湾村有居民3户，7人。农作物主要有谷子、玉米、洋芋、豆类等。关东北170米处有一条土路。

七　火石梁村关（610824353101020007）

该关位于大路沟乡火石梁村东南700米的山顶处，凤凰山村—火石梁村长城内侧（南）。所在山顶相对平坦，生有杂草，北侧山梁正对一条沟壑，南侧和西侧为沟壑。该关所处地域为黄土高原梁峁沟壑区，周围众多沟壑发育，水土流失严重。地理坐标为东经：108°46′17.00″，北纬：37°12′44.00″，高程：1728米。

该关整体保存差。关内地势较平坦，生有稀疏的杂草，南侧沟壑发育，地势偏低。其朝向为南。根据东墙、北墙、西墙的位置关系推测，关东墙长90、北墙长80、西墙长100、南墙长135米，周长405米。其形制不规则，占地面积7500平方米（图五三八）。

关东墙和北墙保存相对较好，东墙长90、底宽4、顶宽2、外高3.4、内高1.4米；北墙长80米，上有火石梁3号敌台；南墙因沟壑发育断开，大部分消失，保存32米，消失103米；西墙坍塌呈串珠状，长100米。关内及周边散落大量外绳纹、内麻点纹及布纹瓦片。另见有陶器残片，器形有鬲、罐子、甑等。

该关东距火石梁村2号敌台400米。

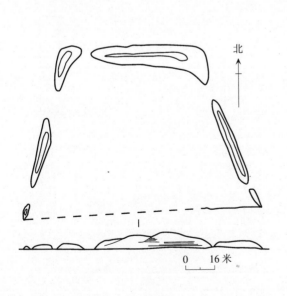

图五三八　火石梁村关平、立面图

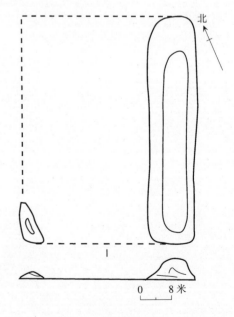

图五三九　后阳湾村关平、立面图

八 后阳湾村关（610824353101020008）

该关位于大路沟乡后阳湾村东北 900 米，在城墙山的山顶上，当地老乡因山顶有长城墙体故称此山为城墙山。所处地域为黄土高原梁峁沟壑区，周围众多沟壑发育，水土流失严重。关内生长有蒿类、地椒等植物。地理坐标为东经：108°43′54.00″，北纬：37°12′34.00″，高程：1771 米。

该关整体保存差，内地势不平，西高东低，西墙和东墙消失，北墙保存一小部分，南墙保存相对较好。从南墙和北墙的长度以及瓦片分布的范围来看，关平面呈矩形，东西约 55、南北 45 米左右，周长 200 米，占地面积 2400 平方米（图五三九）。

关南墙保存相对较好，长 55、底宽 2~12、顶宽 0.8~2、高 0.5~6 米。北墙只剩下一小部分，夯土长 10、高 1.5 米。东墙和西墙已经消失。南墙西端夯土宽度 12 米，高 6 米，疑似敌台。墙体为本地黄土夯筑而成，夯层厚 0.06~0.09 米。关内地表有外绳纹，内麻点纹、布纹的筒瓦和板瓦。另见有外绳纹、内菱格纹板瓦。

该关西南距后阳湾村敌台 1.15 千米。

该关附近的后阳湾村有居民 10 多户，40 多人。农作物主要有谷子、玉米、洋芋、豆类等。由于土路塌陷，交通不便，南侧 1500 米处有一条公路。

九 柴家湾村关（610824353101020009）

该关位于柴家湾村东北 432 米的古城壕梁上，因山梁上有墙体遗存，当地老乡称此山梁为古城壕梁。关内被开垦为耕地，种有土豆，随处可见花土及瓦片。关东侧坡地种有黄芥，坡地外为沟壑，南侧坡地种有荞麦、黄芥，公路绕关的北侧和西侧。地理坐标为东经：108°41′38.00″，北纬：37°11′05.00″，高程：1789 米。

该关整体保存差。仅残存北墙，西墙残缺不全，东墙、南墙因耕地开垦而消失。关内被开垦为耕地，种有土豆，随处可见花土及瓦片。根据瓦片分布范围以及北墙的长度，推测此关为边长 50 米的方形建筑。占地面积 2500 平方米，周长 200 米。

残存北墙长 50 米，西墙残缺不全，只剩下一道土埂，时断时续，东墙、南墙因耕地开垦而消失。该关的西墙为柴家湾村—湫沟村长城的墙体。关内地表有外绳纹，内麻点纹、布纹筒瓦和板瓦，另有外绳纹、内菱格纹板瓦以及陶器残片，并发现了几块锈铁。

该关东北距柴家湾村 1 号敌台 75 米。

该关附近的柴家湾有居民 10 多户，七八十人。农作物主要有谷子、玉米、马铃薯、豆类等。关北侧、西侧有一条公路环绕。

一〇 湫沟村 1 号堡（610824353102020010）

该堡建在新城乡湫沟村东北 550 米的大路山山顶上，位于柴家湾村—湫沟村长城内侧（东南），堡内杂草丛生，东侧有 20 几株小槐树。堡东侧 20 米处有条土路，路外有条边儿沟。地理坐标为东经：108°40′46.00″，北纬：37°09′37.00″，高程：1786 米。

该堡整体保存差，平面呈方形，整体东南—西北向为 45 米，东北—西南向为 40 米。依据堡的平面形状及与墙体位置关系推断，朝向应该为东南。周长 180 米，占地面积 2025 平方米（图五四〇）。

堡东北墙长 45 米，西北墙存在 30 米，西南墙、东南墙消失。北角处夯土基础高 6 米，其他各角处夯土基础高约2米，夯层厚度0.06~0.09米。周边有大量外绳纹，内麻点纹、布纹瓦片及陶器残片。

该堡西北距湫沟村2号敌台37米。

该堡附近的湫沟村有居民20多户，200多人。主要以农业为主，种植的主要作物有谷子、马铃薯、糜子、荞麦等，养殖羊、驴等家畜。堡东侧20米处有条土路。

一一　湫沟村2号堡（6108243531020200011）

该堡位于新城乡湫沟村西北1.65千米营盘山山顶，当地老乡称此山为营盘山。堡内及山顶四周杂草丛生，堡与湫沟村9号敌台间为建筑敌台和堡时取土形成的壕沟，生有杂草，西北侧100米处有条土路，东北侧180米处是采油作业区，在营盘山东北侧的山梁上。地理坐标为东经：108°39′32.00″，北纬：37°09′30.00″，高程：1782米。

该堡建在湫沟村长城内侧（东南），平面呈方形，整体保存差，堡墙均已消失，只剩堡基存在，高2米，夯层厚0.06~0.1米。根据堡基的尺寸，可知堡为边长40米的方形建筑。依据堡的平面形状及与墙体位置关系推断，其朝向应该为东南。周长160米，占地面积1600平方米。周围散落有外绳纹，内饰麻点纹、布纹瓦片。

该堡北距湫沟村长城30米，北距湫沟村9号敌台30米。堡西北侧100米处有条土路。

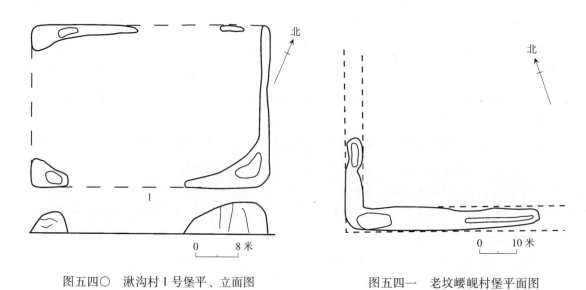

图五四〇　湫沟村1号堡平、立面图　　　　图五四一　老坟嵝岘村堡平面图

一二　老坟嵝岘村堡（6108243531020200012）

该堡范围内为平缓农田地貌，种植有荞麦。堡西侧有一条南北向的乡村小土路，南、北、东三侧都已开垦为农田，种植有玉米、黄豆等。地理坐标为东经：108°32′32.00″，北纬：37°09′34.00″，高程：1764米。

该堡整体保存差，破坏十分严重，堡内全部垦为耕地，墙体的顶部长有杂草。堡建在老坟嵝岘村长城2段内侧（东南），平面呈长方形，东北向西南长25、东南向西北残长53米。西墙残损严重，最高处可达6米；南墙靠近西角处长9.5米的墙体，顶部宽4.5米，再往东有20米墙体消失，29.5米处墙体保存相对较好，顶宽1.5~4.5、底宽4.5~6.5米，夯层清晰，厚0.09~0.1米。依据堡的平面形状及与墙体位置关系推断朝向应该向东南。占地面积 1325 平方米，周长 156 米（图五四一）。堡西墙外侧土路上散落较多外绳纹瓦片。

该堡西南距张山村 2 号敌台 300 米。

该堡附近的老坟嶙岘村有村民 13 余户，60 余口人。主要种植荞麦、马铃薯，该地为黄土高原边缘靠近毛乌素沙漠处，附近以乡村土路为主，路面弯度、坡度起伏均较大。

第四节　战国秦长城相关遗存

靖边县战国秦长城沿线相关遗存共 3 处，有砖瓦窑、居住址和其他遗存各 1 处。

一　砖窑峁村遗存（610824354107020001）

该遗存位于靖边县杨桥畔镇砖窑峁村，处于毛乌素沙漠与靖边平原的交界地带上，地势平坦，水资源丰富，绿树成荫。村子周围多被开垦为耕地，种植有玉米、马铃薯、荞麦、向日葵等作物。地理坐标为东经：109°03′38.00″，北纬：37°37′28.00″，高程：1273 米。

该遗存整体保存为差，现地表没有发现建筑痕迹，仅存大量的外绳纹、环轮纹，内麻点纹、菱格纹、布纹的瓦片及陶器残片，瓦片分布面积约 40000 平方米。当地人称为瓦渣梁。

该遗存北侧即为草沟村长城 2 段。

该遗存附近的砖窑峁村有 76 户，270 多人。主要经营农业、养殖业。此遗址南侧 500 米处有一条公路经过砖窑峁村南，东南通往靖边县城。

二　万历四年窑址遗存（610824354102020002）

该遗存位于龙洲乡甘沟则村西侧 100 米，地处毛乌素沙漠、靖边平原与梁峁涧地区交界处，附近地势起伏不大，窑址在土山的一侧，周围为窑洞和耕地，种植有玉米、马铃薯、向日葵等作物。地理坐标为东经：108°55′39.00″，北纬：37°31′33.00″，高程：1587 米。

该遗存整体保存差，只剩窑圆球体的四分之一，南侧和东南侧的窑壁已经不存在，顶部也已经被毁坏。在北侧窑壁上残存一个烟道。东北侧塌陷严重（图五四二）。

窑平面略呈半圆形，残宽 4、残高 3.4、进深 4.25 米，窑壁厚为 0.15 米。北侧残存的烟道高 2.5、宽 0.4、进深 0.34 米。窑外残存有砖块，长 41、宽 20、厚 0.36 米。窑壁西侧上有"木匠烧砖□，万历四年"字样。

该遗存东北侧 1 千米为轮则壕村长城和明长城交会处。

该遗存附近的甘沟村有 130 多户，700～800 人。主要经营农业、养殖业。此遗址东侧 20 米处有一条土路。

三　小墩山村遗存（610824354199020003）

该遗存在天赐湾乡小墩山村西北 1 千米的大墩梁上，杂草丛生。所处地域为黄土高原梁峁沟壑区，周围众多沟壑发育，水土流失严重。地理坐标为东经：108°50′12.00″，北纬：37°16′00.00″，高程：1727 米。

该遗存整体保存差，可能为明代的烽火台，是一个方形的夯土建筑，边长 14 米。其上及所在山顶

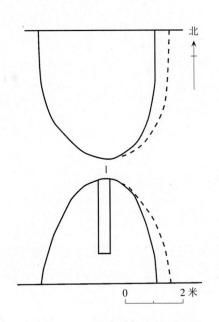

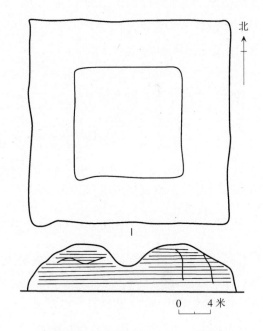

图五四二   万历四年窑址平、剖面图   图五四三   小墩山遗存平、立面图

遍生柠条与杂草。台体上西高东低，东侧有2孔窑洞，一孔高1、宽1、进深0.5米，另一孔高2、宽
1.5、进深6米。周边遗留明砖残块及明代瓦片（图五四三）。

该遗存东侧900米为战国—秦长城。

该遗存附近的小墩山村有居民20余人。主要经营农业、养殖业。此遗存西南侧50米有一条土路。

第七章 吴起县战国秦长城资源

吴起县位于延安市西北部，属黄土高原梁状丘陵沟壑区。县东北的长城乡、周湾镇，位于白于山北侧，属无定河流域，地势略向北倾斜；其余区域位于白于山南麓，属洛河流域，沿河多涧地，地势向洛河川道倾斜，梁面狭长起伏，沟壑深窄陡峻。气候属暖温带大陆性季风气候。年平均气温7.8℃，极端最高气温37.1℃，极端最低气温 –25.1℃，平均降水量483毫米，无霜期136天。境内八里庄沟、麻子沟、石拐子沟为无定河水系；头道川、二道川、三道川、宁塞川、乱石头川、白豹川、杨青川属洛河水系。石油资源的开发利用为该县支柱产业。

吴起县商周时为戎狄所居，秦汉时属北地郡，隋唐属延安郡、延州总管府。后归属西夏，元置延安路。明清属延安府保安镇，1942年设吴起县至今。

吴起县地表沟壑纵横，地下石油资源丰富，中国石油长庆油田在此地进行采油作业，为此长庆公司将道路修及所有有油井的地方，多数道路傍长城而行，甚至位于长城遗址之上，虽给调查带来一定方便，但也使长城遗址本体受到了一定程度的破坏。

吴起县秦长城资源的调查工作由段清波、李恭、于春雷、张振峰、牛新龙、张海报、杨方方、储清磊、唐海峰、赵志强、吕强、王世伟、杨丙君、赵戈、黄永美、刘亮、王茂迎、周慧清、王晓博、陈江峰、白炳锋等完成，调查时间为2009年4～5月。

吴起县战国秦长城全长92808.2米，整体呈东北—西南走向，均分布在白于山区，长城从五谷城乡赫家沟与靖边交界处入境，沿洛河和红柳河分水岭向西偏南延伸，到薛岔乡大路沟村沿大路沟出境。越洛河支流薛岔沟进入志丹县境，基本沿两县分界区分布，由贺阳湾再次进入吴起县境，沿中子沟和排子沟之间梁地延伸到杨青川南岸，再向西延伸到小桥嵝岘越过杨青川，再沿北岸向西延伸并越过洛河，继续沿洛河西侧支流三道川北岸向西南延伸，至长官庙乡阳洼村，越过三道川南侧支流杨畔沟和郭咀沟间梁地向西南延伸至梨树掌，再沿洛河和泾河的分水岭向西偏北延伸，至庙沟乡曹儿畔大涧出境进入甘肃省境（图五四四）。

吴起县秦长城的保护管理机构为吴起县文物管理委员会办公室，行政关系隶属吴起县文体事业局，负责人为马燕。该单位属事业单位性质，经费由县财政提供。单位在编人员有14人。

该县有秦长城的保护标志共2处，保护范围只涉及部分墙体，建设控制地带无，记录档案亦不全面。

吴起县秦长城由墙体、单体建筑（敌台、马面、烽火台）、关堡和相关遗存组成。墙体长92808.2米，单体建筑181座，关堡4座，相关遗存7处。长城分布在白于山区，多数区段的长城墙体为夯土筑成，部分为利用山形地势并施以人工形成山险墙，也有部分为直接利用山河险要。

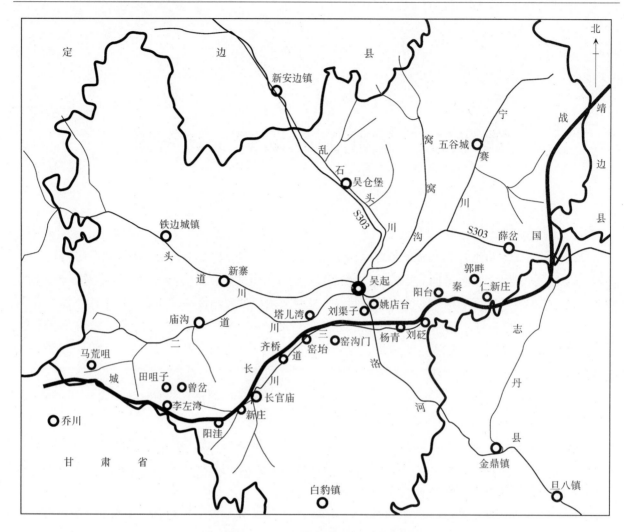

图五四四　吴起县战国秦长城位置示意图

吴起县秦昭王、汉"故塞"长度统计表　　　　　　　　　　　　　单位：米

类别	保存较好	保存一般	保存较差	保存差	消失	小计
山险	0	4112	0	0	0	4112
山险墙	0	382	2158.5	13938.9	14590	31069.4
石墙	0	0	0	0	0	0
土墙	0	734	3710.1	9126.7	44056	57626.8
消失段	0	0	0	0	0	0
总计	0	5228	5868.6	23065.6	58646	92808.2

　　吴起县秦长城保存程度相对较好，此前对本县长城的调查研究也比较多，长城自赫家沟开始，经志丹县至洛河西岸阳台角段与自阳洼村至大涧段是之前就已经发现并经此次调查证实的。而自洛河西岸阳台角至阳洼段，以前认为长城是沿洛河南岸延伸的，此次调查发现长城在这里是沿洛河北岸延伸的，是新的发现。

吴起县秦长城最显著的特点是其独特的建筑形式，部分段落为上夯下堑的山险墙，称为"三道堑"。三道堑是在山坡西北侧依据山坡的陡缓程度堑削出 1~4 级不等的人工堑（多数为 3 级），呈台阶状。在最上一层台面上外缘修筑夯土墙体，夯土墙体上每隔 200~300 米夯筑一座墩台（敌台或者马面）。这种上夯下堑的形制，增加了长城的高度和宽度，加强了墙体的防御性能，还节约了修筑长城的人力、物力，是秦长城在白于山区的黄土山地的一种独创性的建筑形制。

第一节　战国秦长城墙体

吴起县战国秦长城墙体长 92808.2 米，共分 59 段。其中山险 2 段长 4112 米，占全长 4.4%；山险墙 22 段长 31069.4 米，占全长 33.5%；夯土墙 35 段长 57626.8 米，占全长 62.1%。

吴起县长城墙体中的山险墙是利用自然山坡地形，加以人工修整形成的"三道堑"，当地称为"三道塄"。"三道堑"形制的墙体在靖边县、志丹县都有，分布于白于山区腹地，成为这片缺水的黄土山区长城墙体的一大特征。"三道堑"剖面呈台阶状，级数为 1~4 级，大体是依据所在山坡的陡缓程度而定，山坡较陡的地方级数偏少，而在山坡较缓的地方级数偏多。每级台面宽度在 9~20 米，并向外有 1~3 米的落差。每级堑高度在 6~15 米，向上有 1~6.6 米的收分。三道堑整体非常宽，宽度达 60 多米，高度达 30 米。现存的堑台面部分被开垦为耕地，或修成道路。

三道堑最上一层台面外缘加筑夯土墙，内侧部分就是当时守边将士的活动场所。在对杨新庄长城 5 段夯土墙体内侧台面进行解剖时，发现最上层为堆积土层，包含有大量木炭粒，以及少量陶制器物残片和绳纹瓦片。据此判断，墙体内侧台面为当时驻守此地兵士的主要活动场所。

吴起县秦长城墙体以夯土筑成，这样的墙体在山坡和平地均有分布，墙体的宽度都较小，在 3~6 米，夯层厚度 0.06~0.11 米，现存墙体呈鱼脊状，最大高度 4 米。

一　赫家沟村长城 1 段（6106263821010200001）

该段墙体位于五谷城乡四河堡村赫家沟村（组）南，周围是黄土沟壑地貌。起于五谷城乡四河堡村赫家沟村（组）南 210 米，止于五谷城乡四河堡村赫家沟村（组）中，全长 751.60 米，东—西走向。起点地理坐标为东经：108°32′11.04″，北纬：37°08′28.21″，高程：1674.3 米；止点坐标东经：108°32′51.80″，北纬：37°08′12.40″，高程：1737.0 米（图五四五）。

该段墙体整体保存差，其中保存较差的长 319.6 米，消失段 432 米。依其保存状况，可以分为以下 10 个自然段。

第 1 段　起点至断点 1，长 26.6 米，保存较差，东—西走向。该段墙体顶宽 4.15、底宽 4.4、高 3.2 米，墙体北侧断面有夯层暴露，厚 0.06~0.09 米（图五四六·1）。墙体周边发现有绳纹、麻点纹瓦片。墙体南侧与地表齐平，已开垦为耕地；北侧为缓坡；东侧断面处为赫家沟，是靖边县与吴起县县界。

第 2 段　断点 1 至断点 2，长 39 米，消失段。断点 2 东部墙体坍塌严重。

第 3 段　断点 2 至断点 3，长 37 米，保存较差，东—西走向。此段墙体南侧与地表齐平，北侧因耕种被铲削成梯田。

第 4 段　断点 3 至断点 4，长 222 米，消失段，东—西走向。消失原因为开垦耕地与道路建设。走势沿山的缓坡由东向西经特征点延伸至瓦渣梁（山顶）。特征点（赫家沟村马面）建于鱼脊状的墙体

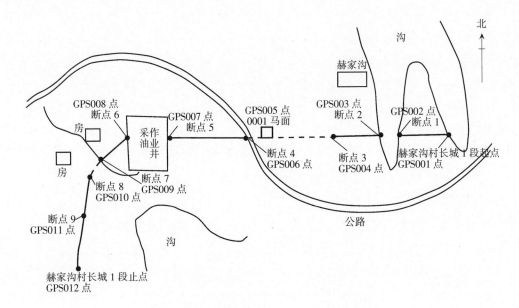

图五四五　赫家沟村长城1段位置示意图

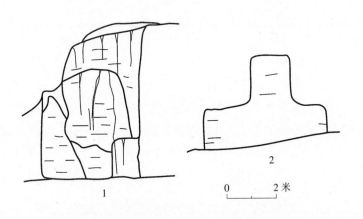

图五四六　赫家沟村长城1段墙体断面图

上，呈圆丘状，东西长6.1、南北长8、西高1.6、东侧高3米，顶部南北宽2.8、东西长3米，东距断点3为79米，西距断点4为143米。

第5段　断点4至断点5，长72米，消失段，东—西走向。该段墙体因建设采油厂导致墙体消失。断点4处的断面上发现夯层，又发现外绳纹内麻点纹、布纹板瓦及筒瓦等大量瓦片。据当地居民讲，该山顶在石油开采前有大量瓦片残存，所以名瓦渣梁。现被一座采油厂的作业区占据并推为平台，断层中可见灰土和瓦砾层，推测为一大型建筑遗址，建筑尺寸无法测量。

第6段　断点5至断点6，长35米，保存较差，东—西走向。该段墙体位于采油作业区的西侧，东北—西南走向。墙体东侧已被采油厂破坏，但是从断面可以看见明显夯层，厚0.07～0.1米。该墙体南侧高8米，北侧高4.8米。

第7段　断点6至断点7，长61米，消失段，东—西走向。该段墙体因道路穿过而消失。

第8段　断点7至断点8（拐点），长32米，保存较差，东—西走向；该段墙体南、北两侧被铲削成断面，呈台阶状，南侧临沟，北侧为沙石路。该段墙体高4.2、顶宽1～2、底宽5米，夯层厚0.09～0.11米（图五四六·2）。

第 9 段　断点 8（拐点）至断点 9，长 38 米，消失段，呈东北—西南走向。该段墙体因道路穿过而消失。

第 10 段　断点 9 至止点，长 189 米，保存较差，呈东北—西南走向。墙体沿着向上的山坡向西南方向延伸 58 米，后顺着山势转为下坡。其中上坡处墙体南侧为耕地，北侧为油厂建筑用地，下坡处两侧均为沟壑。墙体残高 3.9、顶宽 3.9 米，夯层厚 0.08～0.09 米。

该段墙体所经过的沿线有大量外饰绳纹、内饰麻点纹、布纹的板瓦、筒瓦残片等。

该段墙体起点接靖边县老坟嶷岘长城 3 段，止点紧接赫家沟长城 2 段。赫家沟村马面位于该段墙体上。

该段墙体所在的赫家沟村有居民 20 多户，100 多人。以农业为主，种植马铃薯、糜谷、荞麦等作物。墙体附近为山地沟壑区，山腰处有土路，可以行车。

二　赫家沟村长城 2 段（610626382101020002）

该段墙体位于五谷城乡四河堡村赫家沟村（组）南的黄土山梁缓坡地带，顺山势高低起伏，两侧大部分已开垦为耕地。该地为山地沟壑区，沟壑较大，山梁坡度陡峭。起于五谷城乡四河堡村赫家沟村（组），止于薛岔乡杨兴庄村赵家山村（组）东南 145 米，全长 907 米，呈北—南走向。起点坐标东经：108°31′51.80″，北纬：37°08′12.40″，高程：1737 米；止点坐标东经：108°31′36.84″，北纬：37°07′50.80″，高程：1748 米（图五四七）。

该段墙体整体保存状况差，其中保存较差 41 米，差 520 米，消失 346 米。依其保存状况，可以分为以下 8 个自然段。

第 1 段　起点至断点 1，长 145 米，消失段。耕种土地致使墙体消失。

第 2 段　断点 1 到断点 2，长 123 米，保存差，呈北—南走向。该段墙体北距赫家沟 145 米，西侧紧邻乡村土路，断点 2 西距乡间土路 48 米，西南距油井 241 米。墙体西侧紧邻两道堑，第一道堑高 11 米，第一层台面宽 10.8～12 米。第二道堑高 8～10 米，第二层台面宽 13.4 米，二层台面上散落少量瓦片，外绳纹，内麻点纹。

第 3 段　断点 2 到断点 3，长 151 米，消失段，由于水土流失及冲沟破坏。

第 4 段　断点 3 到断点 4，保存差，长 92 米，呈北—南走向，沿着山坡走势向下。断点 3 西侧 18 米竖立电线杆一根，西南距油井 174 米，保留相对较好的墙体长约 5、高约 1.5 米。其上长满杂草，夯层不明显。西、北两面为荒地，长满杂草及沙棘。东侧紧邻冲沟，冲沟对墙体破坏

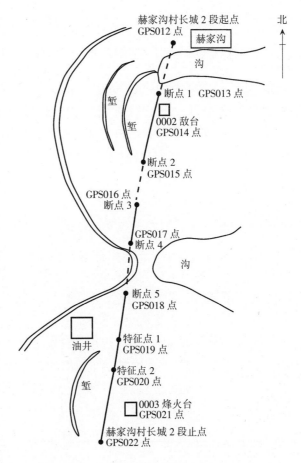

图五四七　赫家沟村长城 2 段位置示意图

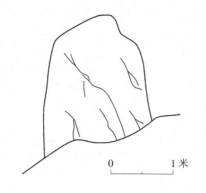

图五四八　赫家沟村长城2段墙体断面图

严重。沿墙体一线有少量瓦片散布，外饰绳纹，内饰麻点纹。

第5段　断点4到断点5，长50米，消失段。道路破坏致使墙体消失。

第6段　断点5（折点）到特征点1，长172米，保存差，呈北—南走向。沿着山坡走势向上，东侧紧邻冲沟，西侧距油井22米，保存相对较好处的墙体底宽4.3、顶宽1.9、高1.5米。

第7段　特征点1到特征点2，长41米，保存较差，呈北—南走向。顶部长满杂草，底宽1.7、顶宽1.4、外高2、内高1.6米（图五四八），夯层不明显。墙体东、西两侧均为耕地，西北距油井66米，北4米处有电线杆一根。西侧有一道南—北向的堑，堑高5米，台面宽10.3米。

第8段　特征点2到止点，保存差，长133米，呈北—南走向。墙体东、西两侧为耕地，西距沟25米，西北距油井396米。墙体西侧有一道南—北向的堑，堑高5米，台面宽10.3米。堑南端已被道路破坏。

该段墙体起点接赫家沟村长城1段，止点接赵家山村长城1段。墙体东侧有赫家沟村敌台，距该段城墙8.30米。

该段墙体所处为山地沟壑区，以乡村土路为主，断点1西侧紧邻乡村土路。

三　赵家山村长城1段（610626382101020003）

该段墙体位于薛岔乡杨兴庄村赵家山村（组）附近的缓坡处，为黄土沟壑区。起于薛岔乡杨兴庄村赵家山（组）东南145米，止于薛岔乡杨兴庄村赵家山村（组）东南557米，全长412米，北—南走向。起点坐标东经：108°31′36.84″，北纬：37°07′50.80″，高程：1748米；止点坐标东经：108°31′32.95″，北纬：37°07′35.61″，高程：1771.6米（图五四九）。

该段墙体整体保存状况差，其中保存差251米，消失161米。依其保存状况分5个自然段。

第1段　起点至断点1，长72米，保存差，东北—西南走向。前段34米墙体两侧都为耕地，后段38米墙体西侧为耕地，与农田齐平，东侧为水冲沟。墙体宽度无法测量，高4米，夯层厚0.06～0.08米。

第2段　断点1至断点3（拐点），长140米，消失段，东北—西南走向。其中断点1至断点2，因水冲沟造成墙体消失40米。断点2至断点3（拐点），因耕地破坏造成墙体消失100米。

第3段　断点3至断点4，长78米，保存差，断点3向西南19米处长城拐为北—南走向。该段墙体是将坡地铲削成立面，后以夯土包在外侧使之坚固的构筑方式，墙体是否高出内侧地表，已不可知。顶部平整，现存顶宽7.8、底宽10.4、最高处5.2米，夯层厚0.11米。

第4段　断点4至断点5，长21米，消失段。该段墙体因雨水冲蚀断开成沟壑，导致墙体消失。

第5段　断点5至止点，长101米，保存差，呈北—南走向。墙体因为破坏严重，宽、高等数值已无法测量。沿线发现瓦片，外绳纹，内麻点纹、布纹。断点5向南延伸47米处的断面发现夯层，厚0.11米，断面处夯土宽度3.2米。止点处断面处夯层高0.07、长5.1、厚0.06～0.08米。

该段墙体起点东北接赫家沟村长城2段，西北70米处有赵家山村烽火台。断点2至断点4之间的

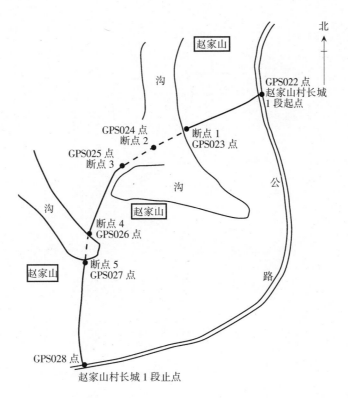

图五四九　赵家山村长城 1 段位置示意图

墙体西侧有一道堑，现存堑台面宽 8.4、堑高 10、堑长 178 米。止点西南接赵家山村长城 2 段。

该段墙体所在的赵家山村有居民 20 余户，100 余人，当地居民以农业生产为主，种植小麦、玉米、糜子、马铃薯等作物。

该段墙体附近为山地沟壑区，以乡村土路为主，断点 1 东距乡村土路 17 米，断点 2 至断点 3 的长城北侧紧邻一条东南—西北向乡村土路。

四　赵家山村长城 2 段（610626382101020004）

该段墙体位于薛岔乡杨兴庄村赵家山村（组）东南山坡上，顺向下的山坡呈下坡状，墙体两侧为沟壑，附近为沟壑地区。起于薛岔乡杨兴庄村赵家山村（组）中，止于薛岔乡杨兴庄村满泉河村（组）东 330 米，全长 1411 米，呈东北—西南走向。起点坐标东经：108°31′32.95″，北纬：37°07′35.61″，高程：1771.6 米；止点坐标东经：108°30′49.03″，北纬：37°07′37.65″，高程：1723.2 米（图五五〇）。

该段墙体整体保存较差，其中保存一般长 255 米，保存差 245 米，消失 911 米。残存墙段大部分呈锯齿状。依其保存状况分 9 个自然段。

第 1 段　起点至断点 1，长 265 米，消失段。因耕地破坏、村庄建设等造成墙体消失。

第 2 段　断点 1 至断点 2（拐点），长 175 米，保存差，呈东北—西南走向。墙体东距乡村土路 17 米，西距沟 54 米；前段 40 米的墙体底宽 23、高 2.15 米，夯层厚 0.09～0.13 米（图五五一·1），顶部呈锯齿状。墙体东侧为耕地，耕地对墙体东壁破坏较严重，西侧为荒地，长满杂草及沙棘。中段约 9 米被盘山道路严重破坏。后段 126 米的墙体沿山势呈下坡状，东临冲沟。西侧为乡村土路，墙体损

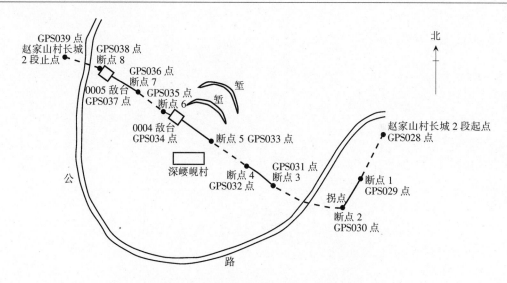

图五五〇　赵家山村长城 2 段位置示意图

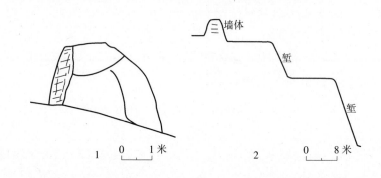

图五五一　赵家山村长城 2 段墙体断面图及墙体与堑剖面图

毁塌陷严重。

　　第 3 段　断点 2（拐点）至断点 3，长 133 米，消失段。因为水土流失及道路破坏造成墙体消失。

　　第 4 段　断点 3 至断点 4，长 70 米，保存差，呈东南—西北走向。墙体南侧为荒地，长满杂草及沙棘，北侧紧邻东南—西北向乡村土路，距沟约 87 米。

　　第 5 段　断点 4 至断点 5，长 286 米，消失段。因道路破坏及采油公司平整场地造成墙体消失。

　　第 6 段　断点 5 至断点 6，长 136 米，保存一般，呈东南—西北走向。墙体顶部及两侧为耕地，顶部竖立电线杆 4 根。墙体东距长涧沟 200 米，东南紧邻深嵝岘村。顶部及北侧散落大量瓦片，有外绳纹、篮纹，内麻点纹、粗布纹的板瓦和筒瓦残片、器物残片及少量兽骨。东南断面有盗洞一个，直径 1.5、进深 1.3 米。盗洞造成了墙体部分坍塌。墙体北侧有两道堑，第一道堑高 18、台面宽 11 米；第二道堑高 10、台面宽 15 米（图五五一·2）。

　　第 7 段　断点 6 至断点 7，长 152 米，消失段，因耕地破坏。

　　第 8 段　断点 7 至断点 8，长 119 米，保存一般，东南—西北走向。墙体沿山势呈下坡状，南侧紧邻冲沟，北侧为耕地，沿山势向下直至土路。

　　第 9 段　断点 8 至止点，长 75 米，消失段。因道路破坏墙体消失。

　　该段墙体起点东北接赵家山村长城 1 段，止点西南接满泉河村长城。

　　该段墙体所处的地区属于山区，山腰处有土路，可行车。

五　满泉河村长城（610626382101020005）

该段墙体位于薛岔乡杨兴庄村满泉河村（组）附近，建在山的缓坡与嵥崄处。该地为黄土沟壑区。起于薛岔乡杨兴庄村满泉河村（组）东330米，止于薛岔乡杨兴庄村柳家湾村（组），长1187米，大体呈东—西走向。起点坐标为东经：108°30′49.03″，北纬：37°07′37.65″，高程：1723.2米；止点坐标为东经：108°30′15.04″，北纬：37°07′19.65″，高程：1730.3米（图五五二）。

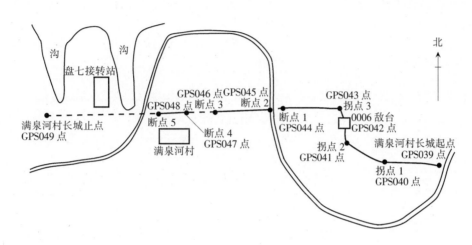

图五五二　满泉河村长城位置示意图

该段墙体整体保存较差。其中保存较差306米，差90米，消失791米。依其保存状况分6个自然段。

第1段　起点至断点1，长290米，保存较差。其中起点到拐点1，东—西走向，长126米，现存墙体顶宽2.6、北侧高2、南侧高3米，夯层厚0.07~0.09米（图五五三·1）。拐点1至拐点2，墙体走向转为东南—西北。拐点2到拐点3，墙体走向大致为南—北。拐点1到拐点3长143米，东侧为坡，西侧为沟壑，中间经过满泉河村敌台。拐点3到断点1，墙体走向为东北—西南，长21米，已坍塌，呈鱼脊状，两侧为坡地，数据无法测量。墙体周边发现瓦片，外绳纹，内麻点纹、布纹。

第2段　断点1至断点2，长80米，消失段，东北—西南走向，因房屋、道路建设墙体消失。

第3段　断点2至断点3，长90米，保存差，东北—西南走向。墙体高度与地表齐平，数据无法测量。从断点2处可见，墙体两侧因埋石油管道被破坏，现存夯层宽3.8、高1、厚0.1~0.11米。

第4段　断点3至断点4，长46米，消失段，因修路铲削墙体被毁。

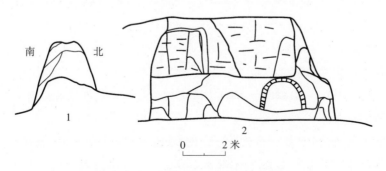

图五五三　满泉河村长城墙体断面图

第5段　断点4至断点5，长16米，保存较差，东北—西南走向，顶宽6、底宽8、高4.6米，夯层厚0.08～0.15米（图五五三·2）。墙体两面剥落，上有鼠穴和杂草，并有人为挖掘的窑洞。墙体西侧为耕地，东侧为村民住房，周围发现外绳纹、内麻点纹、布纹瓦片。

第6段　断点5至止点，长665米，消失段。因道路建设，耕地破坏，风雨侵蚀等造成墙体消失。

该段墙体起点东北接赵家山村长城2段，止点接柳家湾村长城。拐点2北距满泉河村敌台41米，拐点3南距该敌台37米。

该敌台所在的满泉河村，有20多户，100多口人，当地居民以农业生产为主，种植小麦、玉米、糜子、马铃薯等作物。

六　柳家湾村长城（610626382101020006）

该段墙体位于薛岔乡杨兴庄柳家湾村（组）北，墙体建在山坡缓坡上，沿山势呈下坡状，南、北两侧均有沟壑。起于薛岔乡杨兴庄村柳家湾村（组），止于五谷城乡四河堡村西沟村（组）东北381米，全线长689米，大体呈东—西走向。起点坐标东经：108°30′15.04″，北纬：37°07′19.65″，高程：1730.3米；止点坐标东经：108°29′51.88″，北纬：37°07′16.17″，高程：1631.5米（图五五四）。

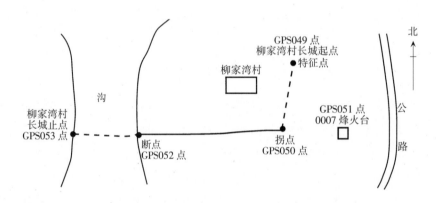

图五五四　柳家湾村长城位置示意图

该段墙体整体保存较差，残存墙段大部分呈锯齿形。墙体上都生有荒草、苔藓等，其中保存较差368米，消失321米。依其保存状况分3个自然段。

第1段　起点（特征点）至拐点，158米，消失段，因村庄建设和耕地、道路破坏。特征点处有一段长2.1米的残存墙体，底宽3.7、顶宽2、高1.2米，东北—西南走向。墙体西距电线杆69米，南距柳家湾村35米，东北距中石油盘七接转站414米。墙体东、西两侧有东北—西南向的输电线路平行经过。

第2段　拐点至断点，长368米，保存较差，东—西走向。墙体位于山包北侧的缓坡上，沿山坡走势向下一直至沟底，东北距柳家湾村93米，北侧紧邻下山小路，残存墙体保存较好处底宽1.95、顶宽1.5、高2.2米，夯层厚0.1～0.12米。墙体沿线可见少量瓦片，外绳纹、内麻点纹、粗布纹。墙体周围为荒地，杂草丛生。

第3段　断点至止点，长163米，消失段，因南北向沟壑发育造成墙体消失。

该段墙体起点接满泉河长城，起点140米处墙体南71米为柳家湾烽火台。止点接西沟村长城1段。

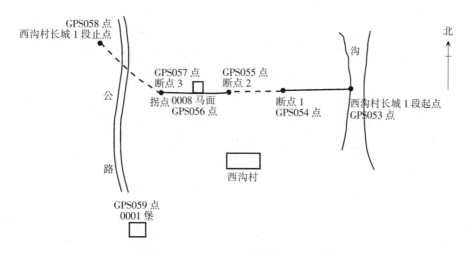

图五五五　西沟村长城 1 段位置示意图

该段墙体所在的柳家湾村有居民 7 户，30 口人。当地居民以农业生产为主，种植小麦、玉米、糜子、马铃薯等农作物。该段墙体附近为山地沟壑区，道路均为土路，拐点北侧有下山小路。

七　西沟村长城 1 段（6106263821010200007）

该段墙体位于五谷城乡四河堡村西沟村（组）北部山坡与嵯峨处。该地为黄土沟壑区。起于五谷城乡四河堡村西沟村（组）东北 381 米，止于五谷城乡四河堡村西沟村（组）西北 199 米，全长 584 米，大体呈东南—西北走向。起点坐标东经：108°29′51.88″，北纬：37°07′16.17″，高程：1631.5 米；止点坐标东经：108°29′31.57″，北纬：37°07′17.71″，高程：1761.4 米（图五五五）。

墙体整体保存差，其中保存较差 275 米，消失 309 米。依其保存状况分 4 个自然段。

第 1 段　起点至断点 1，长 235 米，保存差，东—西走向。起点处残存墙体断面夯层高度 2.95 米，夯层厚 0.06～0.09 米，墙体前段 60 米的两侧为雨水冲刷的沟壑，造成墙体大面积坍塌。起点以东 60 米处墙体南侧断面夯层明显，以东 173 米以后的墙体南侧为耕地，北侧为坡地、沟壑。整段墙体雨水冲蚀破坏严重。墙体周边发现绳纹、麻点纹、布纹瓦片。

第 2 段　断点 1 至断点 2，长 146 米，消失段。因雨水侵蚀、沟壑发育、道路建设造成墙体消失。

第 3 段　断点 2 至断点 3，长 40 米，保存差，东—西走向。墙体南侧为沟壑，北侧为坡地，坡地下是沙土路，由于开辟道路造成墙体破坏严重。

第 4 段　断点 3（拐点）至止点，长 163 米，消失段。因道路建设，铲削坡地而消失。但仍可依稀看出墙体走向在拐点处由东—西向变为东南—西北走向。

该段墙体止点东南 165 米处为西沟村 1 号马面，止点东南 1.07 千米处是西沟村堡。墙体起点为柳家湾村长城止点，止点接西沟村长城 2 段。

该段墙体所在的西沟村有居民 100 多人。以农业生产为主，主要种植马铃薯、糜子、荞麦等作物。该地位于山区，交通不便，山腰处有土路，可行车。

八　西沟村长城 2 段（6106263821010200008）

该段墙体位于五谷城乡四河堡村西沟村（组）西北山坡处，周边沟壑纵横，部分墙体紧邻盘山土

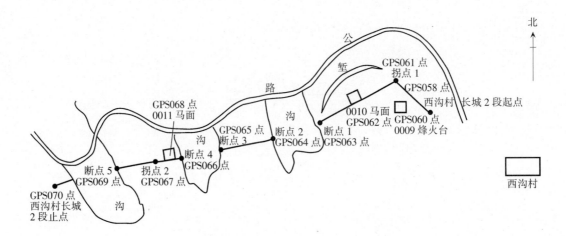

图五五六　西沟村长城2段位置示意图

路，两侧耕地较多。起于五谷城乡四河堡村西沟村（组）西北199米，止于五谷城乡白草沟村杨家沟村（组）东北856米，全长1009米，北—南走向。起点坐标为东经：108°29′31.57″，北纬：37°07′17.71″，高程：1761.4米；止点坐标为东经：108°29′12.27″，北纬：37°06′55.69″，高程：1635.7米（图五五六）。

该段墙体整体保存较差，残存墙段大部分呈锯齿形，并且生有苔藓等植物。其中保存一般长96米，较差76米，差517米，消失320米。依其保存状况分8个自然段。

第1段　起点到拐点1，长96米，保存一般，东南—西北走向。墙体高2~3.8、底宽3、顶宽1.3米，夯层厚0.1~0.14米。墙体东北侧下方紧邻盘山路，南侧为耕地，东南距西沟村211米，东距东南—西北向的输电线路17米。墙体表层由于长满苔藓等植物而呈深褐色。

第2段　拐点1（折点1）至断点1，长262米，保存差，东北—西南走向。墙体西侧有一道堑，堑高13、台面宽10米。

第3段　断点1至断点2，长69米，消失段，东北—西南走向。因冲沟破坏，墙体被毁。

第4段　断点2至断点3，保存差，长148米，北—南走向。墙体东、西两侧现为耕地，对墙基破坏较严重。墙体外西侧有一道堑，堑高12.5、台面宽10米。沿墙体两侧可见少量外绳纹、内麻点纹瓦片。

第5段　断点3至断点4，长71米，消失段。因冲沟破坏造成墙体消失。

第6段　断点4至拐点2，长76米，保存较差，东北—西南走向。沿墙体两侧可见少量外绳纹、内布纹、麻点纹瓦片。

第7段　拐点2至断点5，长107米，保存差，东北—西南走向。该段墙体坍塌严重，顶部与地表齐平；东南侧紧邻深沟，故对墙基造成严重破坏；西侧为荒地，其上长满沙棘、柠条的植物；西北侧紧邻乡村土路。墙体上方有东南—西北向输电线路一条。

第8段　断点5至止点，长180米，消失段，东北—西南走向。因为冲沟及道路破坏墙体消失。

该段墙体起点接西沟村长城1段，止点接杨家沟村长城1段，南侧26米为西沟烽火台。

该段墙体所在地有盘山土路，也有部分墙体位于沟壑中，拐点2至断点5这段长城北侧有一条乡村土路，大部分地区只能依靠乡间土路交通。

九　杨家沟村长城 1 段（6106263821 01020009）

该段墙体位于五谷城乡白草沟村杨家沟村（组）东南山腰与嵝崄处，该地为黄土沟壑区。起于五谷城乡白草沟村杨家沟村（组）东北 856 米，止于五谷城乡白草沟村杨家沟村（组）东南 819 米，全长 823 米，东北—西南走向。起点坐标东经：108°29′12.27″，北纬：37°06′55.69″，高程：1635.7 米；止点坐标东经：108°28′51.70″，北纬：37°06′41.40″，高程：1674.0 米（图五五七）。

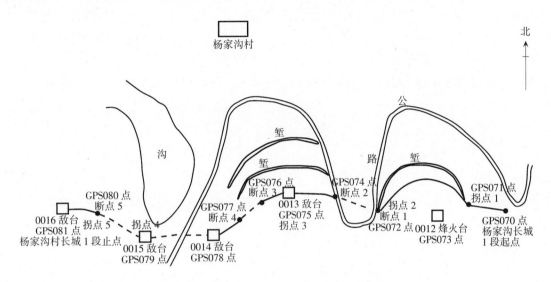

图五五七　杨家沟村长城 1 段位置示意图

该段墙体整体保存差，其中保存较差 51 米，差 468 米，消失段 304 米。依其保存状况分 8 个自然段。

第 1 段　起点至拐点 2，长 189 米，保存差，墙体由起点沿东南—西北走向上山，在拐点 1 处呈圆弧状转为东北—西南向，沿山腰一直到断点 1 处断开。其中起点到拐点 1，长 100 米，破坏严重，南侧为水冲深沟，北侧为缓坡，上有杂草、鼠穴，沟壑造成的墙体断面处可见夯层，夯层厚 0.06 ~ 0.08 米。拐点 1 到断点 1（拐点 2）长 89 米，拐点 1 沿西北向延伸 45 米的这段墙体与南侧的耕地齐平，北侧为山腰坡地；之后的 44 米的墙体高出地面，南侧高 1.5、北侧高 5.6、顶宽 1.6 米。在拐点 2 处墙体转为东—西向。

第 2 段　拐点 2 至断点 2，长 60 米，消失段。因道路建设、雨水冲沟造成墙体消失。

第 3 段　断点 2 至断点 3，长 269 米，保存差。其中断点 2 至杨家沟村 1 号敌台（拐点 3），长 45 米，墙体南北两侧均建在缓坡上，与坡地齐平，墙体周边发现外绳纹、内麻点纹板瓦碎片。杨家沟村 1 号敌台拐点 3 到断点 3 之间是一段长为 224 米的墙体，转为东北—西南走向。此段墙体北侧夯层明显，夯层厚度为 0.06 ~ 0.1 米；西侧为断面；东侧与耕地齐平。断点 3 东北 33 米处，墙体东侧水冲成沟形成断面，墙体西侧是垂直断面，下方有一条路通过。

第 4 段　断点 3 至断点 4，长 17 米，消失段，因雨水冲沟造成墙体消失。

第 5 段　断点 4 至杨家沟村 2 号敌台，长 48 米，保存差 10、消失 38 米，东北—西南走向。因沟壑发育造成墙体消失。

第 6 段　杨家沟村 2 号敌台至杨家沟村 3 号敌台（拐点 4），长 119 米，消失段，东北—西南走向。

在杨家沟村 3 号敌台（拐点 4）处墙体转为东南—西北走向。

第 7 段　杨家沟村 3 号敌台（拐点 4）至断点 5（拐点 5），长 70 米，消失段，东—西走向。因道路建设造成墙体被毁。

第 8 段　断点 5（拐点 5）至止点（杨家沟村 4 号敌台），长 51 米，保存较差。墙体走向在断点 5（拐点 5）处呈弧形转为北—南向，剥蚀严重。此段墙体外侧为耕地，内侧为山腰坡地。其上生长杂草、沙棘，周围发现外绳纹，内布纹、麻点纹瓦片。

该段墙体起点接西沟村长城 2 段，止点接杨家沟村长城 2 段。杨家沟村 1 号敌台（拐点 3）东距杨家沟村烽火台 142 米，西南距杨家沟村 2 号敌台 289 米。杨家沟村 2 号敌台西南距杨家沟村 3 号敌台 119 米，杨家沟村 3 号敌台（拐点 4）西南距杨家沟村 4 号敌台 95 米。

该段墙体所在的杨家沟村有居民 20 户左右，100 多人，主要种植马铃薯、糜子、荞麦等。山腰处有土路，可行车。

一〇　杨家沟村长城 2 段（610626382101020010）

该段墙体位于五谷城乡白草沟村杨家沟村（组）东南山梁西侧山坡上。该地为黄土沟壑区。起于五谷城乡白草沟村杨家沟村（组）东南 819 米，止于薛岔乡杨新庄村林湾村（组）西北 1 千米，全长 1039 米，东—西走向。起点坐标东经：108°28′51.70″，北纬：37°06′41.40″，高程：1674 米；止点坐标东经：108°28′51.60″，北纬：37°06′08.30″，高程：1691 米（图五五八）。

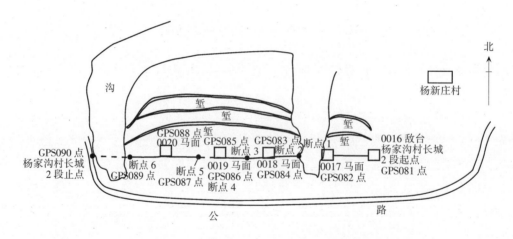

图五五八　杨家沟村长城 2 段位置示意图

该段墙体整体保存差，其中保存差 872 米，消失 167 米。依其保存状况分 7 个自然段。

第 1 段　起点（杨家沟村 4 号敌台）至断点 1（杨家沟村 5 号敌台），长 217 米，保存差，东—西走向。

第 2 段　断点 1（杨家沟村 5 号敌台）至断点 2，长 62 米，消失段，由于雨水冲沟造成墙体消失。

第 3 段　断点 2 至断点 3，长 325 米，保存差，东—西走向。断点 2 北侧为水冲沟壑，断点 3 附近墙体由于雨水冲蚀消失 16 米。

第 4 段　断点 3 至断点 4（杨家沟村 2 号马面），长 95 米，保存差，东—西走向。

第 5 段　断点 4（杨家沟村 2 号马面）至断点 5，长 36 米，消失段。由于沟壑发育造成墙体消失。

第 6 段　断点 5 至断点 6，长 235 米，保存差，东—西走向。杨家沟村 3 号马面向南延伸 100 米左

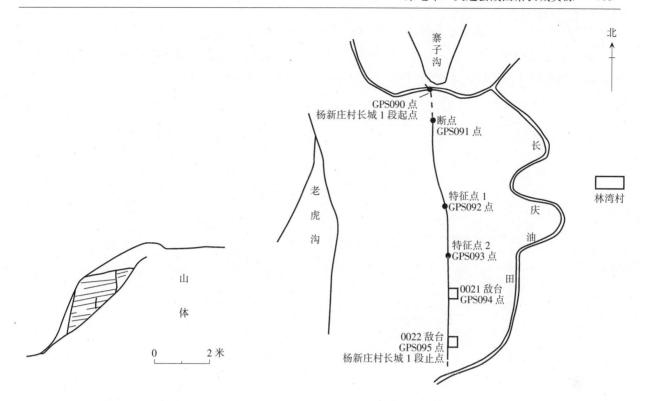

图五五九　杨家沟村长城2段墙体断面图　　　　图五六〇　杨新庄村长城1段位置示意图

右的墙体高出东侧耕地地表，剖面顶宽1.1、东侧高1.3、西侧高5米（图五五九）。

第7段　断点6至止点，长53米，消失段。由于沟壑和道路造成墙体消失。

该段墙体沿线两侧可见少量瓦片，外饰绳纹，内饰麻点纹、布纹。

该段西侧自始至终为三道堑建筑方式，堑台面上或种植沙棘，或开垦为耕地。第一道堑高14、台面宽8米；第二道堑高16、台面宽10米；第三道堑高13、台面宽12米。墙体东侧耕地台面宽24米，台面上方7米为山梁顶部。

起点接杨家沟村长城1段，止点接杨新庄长城1段。该段墙体起点为杨家沟村4号敌台，东北距杨家沟村3号敌台95米，南距杨家沟村5号敌台217米；杨家沟村5号敌台南距杨家沟村1号马面187米。杨家沟村1号马面南距杨家沟村2号马面（断点4）211米；杨家沟村2号马面（断点4）南距杨家沟村3号马面118米。

—— 杨新庄村长城1段（610626382105020011）

该段墙体位于薛岔乡杨新庄村林湾村（组）西北的山梁上，起点处的墙体西侧北为寨子沟，南为老虎沟，西北侧有一条西北—东南走向的山梁。起点东面56米处有一个经警驻地，墙体东侧为窖子湾沟。起于薛岔乡杨新庄村林湾村（组）西北1千米，止于薛岔乡杨新庄村林湾村（组）西北800米，全长410米，北—南走向。起点坐标东经：108°28′05.16″，北纬：37°06′00.82″，高程：1691.6米；止点坐标东经：108°28′05.64″，北纬：37°05′59.64″，高程：1741.4米（图五六〇）。

该段墙体整体保存较差，其中保存较差253米，差146米，消失11米。墙体修建在山坡上，整体为下堑上夯的修建方式，先利用自然山坡由低向高依次铲削成堑，最上一道堑的顶部是墙体的夯土部分，夯层厚0.09~0.12米。墙体夯土部分断续存在，多已成为一道土垄，高度为2米左右。夯土墙体外侧山坡铲削而成的三道堑基本保存完整。依其保存状况分4个自然段。

第1段 起点至断点,长11米,消失段,北—南走向。起点处有一条东西向的道路通过,路宽7.5米。起点处墙体断面底宽6.5、顶宽2、西高2、东高2.5米(图五六一·1)。

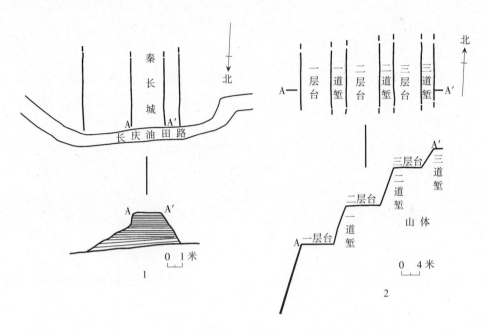

图五六一 杨新庄村长城1段墙体及三道堑平、剖面图

第2段 断点至特征点1,长157米,保存较差,北—南走向。该段墙体外为三道堑建筑形式,一层台面高15、宽6.5米,一道堑面斜高8米;二层台宽7米,二道堑面斜高9米;三层台宽6米,三道堑面斜高4米(图五六一·2)。台面和堑面上长有沙棘、柠条和蒿类植物,并散落有少量的外绳纹、内麻点纹瓦片和陶片。

第3段 特征点1至特征点2,长146米,保存差,北—南走向。由于人工铲削造成墙体破坏,特征点2向南83米是杨新庄1号敌台,此段墙体因人为破坏保存差。

第4段 特征点2至止点(杨新庄村2号敌台),长53米,保存较差,北—南走向。墙体呈土垄状,该段墙体起点接五谷城乡杨家沟村长城2段,止点接杨新庄村长城2段。起点以南314米处夯土墙体上为杨新庄村1号敌台,南410米处夯土墙体上为止点(杨新庄村2号敌台)。明代对杨新庄村1号敌台加以修筑再利用。

从杨新庄村林湾组村民黄岐忠处了解到,他的祖父曾在该段墙体附近捡到了几把青铜刀,但在"文革"中被收走。他本人于过去的几十年中,在墙体和敌台周围陆续发现了一些秦汉时代的箭镞和铜钱(包括一件完整的铁铤铜镞和秦汉时代的半两钱),并于十几年前在窑子沟捡拾到了一件新石器时代的石斧。

该段墙体所在的杨新庄村林湾组有六七户人家,20余人,主要种植大豆、荞麦、马铃薯、玉米等作物。该段墙体起点有宽约7.5米的东西向土路穿过,墙体西侧的崾崄处也有土路通行。

一二 杨新庄村长城2段 (610626382105020012)

该段墙体位于薛岔乡杨新庄村林湾村(组)西北的山梁上,西面为老虎沟,东面为窑子湾沟。起于薛岔乡杨新庄村林湾村(组)西北800米,止于薛岔乡杨新庄村林湾村(组)西南1.3千米,全长

444.5 米，西北—东南走向。起点坐标东经：108°28′05.64″，北纬：37°05′59.64″，高程：1741.4 米；止点坐标东经：108°29′04.13″，北纬：37°05′45.05″，高程：1704.6 米（图五六二）。

该段墙体整体保存较差，其中保存一般 102 米，较差 23 米，差 129 米，消失 190.5 米。

墙体修建在山坡上，整体为下堑上夯的建筑方式，利用自然山坡由低向高依次铲削成堑，最上一道堑的顶部则是墙体的夯土部分，夯层厚 0.08~0.14 米。夯土墙体外侧山坡铲削而成的三道堑，东西向的堑体由三道堑转变为两道堑。依其保存状况分 7 个自然段。

第 1 段　起点（杨新庄村 2 号敌台）至特征点，长 72.5 米，保存一般，东北—西南走向。起点处外侧三道堑的台面上生长有沙棘、柠条和蒿类植物，墙体上有人工栽种的松树，墙体东侧有一条南北向的小路，再向东为荒坡地。

第 2 段　特征点至断点 1，长 23 米，保存较差，东北—西南走向。特征点向南 14.5 米处的墙体外侧有一洞，洞宽 0.8、高 1.1、进深 1.2 米，洞距墙体底部 0.3 米，距墙体上部 0.6 米。此段墙体内侧有 50 多米宽的沙棘林带。

第 3 段　断点 1 至断点 2（拐点 1、杨新庄 3 号敌台），长 93.5 米，保存差。其中断点 1 向南由于开挖通道造成墙体消失 11.5 米，但消失段墙体下面的三道堑依然存在。断点 1 向南 31.5 米处墙体外侧有一洞，洞高 0.9、宽 0.8、进深 0.4 米。洞距墙体底部 1 米，距墙体顶部 2.4 米。下层台面上长满荒草，无沙棘和柠条。之后墙体由断点 2（拐点 1、杨新庄 3 号敌台）向南 9 米后断开，但是下面的堑体保存较完整，并且三道堑在拐点处变向后转变为两道堑（一、二道堑合并）。

第 4 段　断点 2（拐点 1、杨新庄村 3 号敌台）至拐点 2，长 53 米，消失段，西北—东南走向。杨新庄村 3 号敌台北侧的墙体及三道堑剖面：夯土墙墙体顶宽 1.2、底宽 3、东高 3.4、西高 4.6 米；一道堑高 6.2、宽 5.4 米，一层台宽 12 米；二道堑高 8.8、宽 6.6 米，二层台宽 9.8 米；三道堑高 6.2、宽 3.4 米，三层台宽 11.7 米（图五六三）。

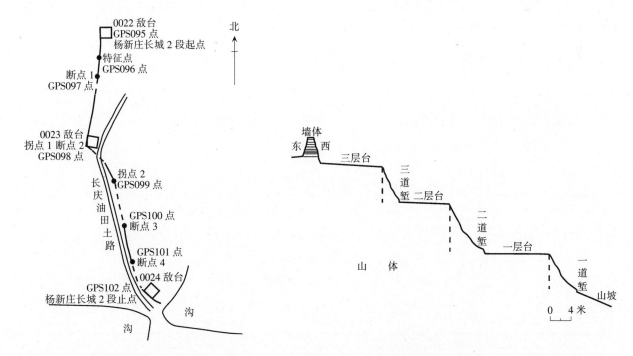

图五六二　杨新庄村长城 2 段位置示意图　　　　图五六三　杨新庄村长城 2 段墙体与三道堑剖面图

第5段　拐点2至断点3，长66米，消失段，墙体走向又复变为西北—东南走向。因沟壑发育和修建道路、开垦农田等造成墙体消失。

第6段　断点3至断点4，长39米，保存差，西北—东南走向；前段14米残存有低矮的墙体，后段25米只有一层高约0.2米的夯土痕迹，沿线散落有少量的绳纹瓦片。断点3处的墙体剖面：顶宽1、底宽2.6、外高0.5、内高0.3米。断点3向南14米处的墙体剖面：顶宽0.8、底宽2.8、外高2、内高0.5米。

第7段　断点4至止点（杨新庄4号敌台），长60米，消失段。因开垦耕地和开辟道路墙体消失。该段墙体沿线有少量外绳纹、内麻点纹瓦片。

该段墙体起点接杨新庄村长城1段，止点接杨新庄村长城3段。起点南189米处的墙体上为杨新庄村3号敌台；起点向南444.5米处的墙体上为杨新庄村4号敌台。

该段墙体的拐点2以北墙体的东面有一条南北向的土路，紧邻断点3以南墙体的西侧也有南北向的土路通过。

一三　杨新庄村长城3段（610626382105020013）

该段墙体位于薛岔乡杨新庄村林湾村（组）西南山梁上，西侧为老虎沟，东侧为窨子湾沟。墙体内侧有一条便道，外侧紧邻一条南北向的土路，土路西侧下邻老虎沟。墙体内侧山梁上是耕地。起于薛岔乡杨新庄村林湾村（组）西南1.3千米，止于薛岔乡杨新庄村林湾村（组）西南1千米，全长235米，整体呈北—南走向。起点坐标东经：108°29′04.13″，北纬：37°05′45.05″，高程：1704.6米；止点坐标东经：108°29′08.30″，北纬：37°05′39.76″，高程：1697.4米（图五六四）。

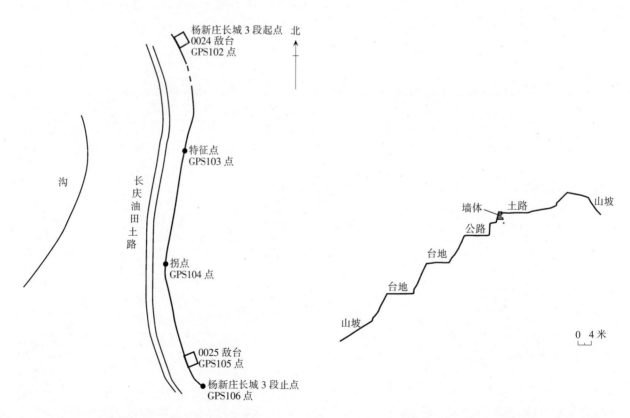

图五六四　杨新庄村长城3段位置示意图　　　图五六五　杨新庄村长城3段墙体与三道堑剖面图

该段墙体整体保存较差，墙体夯土部分断续存在，墙体外侧有三道堑。其中保存较差173米，差35米，消失27米。依其保存状况分3个自然段。

第1段　起点（杨新庄4号敌台）至特征点，长55米，其中保存差28米，消失27米，北—南走向。起点（杨新庄4号敌台）敌台长17米，自起点向南17米之后，墙体消失于崾崄处，消失段，长13米。接着长11米的墙体，保存较差，墙体外高约1米，西侧被道路破坏，东侧墙体保留。墙体西侧与路相邻处墙体夯层可见但不清晰，墙体最高处距路面2.2、上宽2.4、下宽3.4米。之后由于沟壑发育、道路通行等造成墙体消失14米，两侧发育的沟面上鼠洞密布。

第2段　特征点至拐点，长106米，保存较差99米，差7米，东北—西南走向。其中特征点向南34米长的墙体，西半部分被道路破坏，高2.6米，夯层中夹杂有石块，夯层厚0.07～0.12米。墙体上有多道裂缝以及由于雨水冲刷形成的豁口，还生长有沙棘等植物。另外，墙体顶部被踩踏出一条宽约3.4米的便道，也对墙体造成一定破坏。特征点处夯土墙及四道堑剖面：一道堑高8、宽4.2米，一级台面宽8米；二道堑高8.5、宽3.8米，二级台面宽7米；三道堑高7.2、宽4.5米，三级台面宽9.5米（公路宽7.50米，台面余宽2米）；四道堑高3.8米；断面高3.4米，夯土墙高3.2、顶宽0.8、底宽2米；墙体东侧台面宽12米，山梁高3.6、顶宽7米（图五六五）。

第3段　拐点至止点，长74米，在拐点处墙体转为西北—东南走向，拐点向东南22米处坍塌，坍塌厚度为0.8～1米。在距离拐点东南8米的墙体上有相隔2米的两个豁口，豁口1：上宽3.5、下宽1、高3米；豁口2：上宽1、下宽1.6、高3米。拐点向东南46米为杨新庄5号敌台，该敌台向东南28米为止点。止点处断面上有一灰坑，灰坑高1.6、宽1.2米，内包含有一些陶片、瓦片。在距地面0.6米有一灰土堆积层，其下为生土。

该段墙体沿线有少量外绳纹、内麻点纹瓦片，止点处的灰坑中包含一些陶片和瓦片残片。

该段墙体起点接杨新庄长城2段，止点接杨新庄长城4段。起点处即是杨新庄4号敌台，起点向南207米处为杨新庄5号敌台。

一四　杨新庄村长城4段（6106263821050200014）

该段墙体位于薛岔乡杨新庄村林湾村（组）西北的山梁上，周围塬梁峁发育，沟壑众多。北对寨子沟，寨子沟由北向南发育，西临老虎沟，老虎沟由南向北发育，东有窨子沟。起于薛岔乡杨新庄村林湾村（组）西南1千米，止于薛岔乡杨新庄村西沟村（组）西北1.2千米，全长885米，北—南走向。起点坐标东经：108°29′08.30″，北纬：37°05′39.76″，高程：1697.4米；止点坐标东经：108°29′13.75″，北纬：37°05′11.07″，高程：1641.6米（图五六六）。

该段墙体整体保存差，夯土墙体多已成为一道土垄，墙体外侧由山坡铲削而成的三道堑基本保存完整。其中保存较差长488.5米，差199米，消失197.5米。依其保存状况分7个自然段。

第1段　起点至断点2，长108米，保存差，北—南走向。其中起点向南有一长12米的豁口，外宽12、内宽5米，破坏严重；豁口向南80米至特征点，此段墙体外高3.8米，顶部有一宽3米的土路通过，墙体外侧的断面可见夯层0.08～0.1米，长有沙棘、荒草等。特征点向南有长16米的墙体被南—北向道路在断点1处隔断。断点1至断点2，长40米，西北—东南走向。该段墙体保存较好的部分墙高3、底宽2.5米，周围发现饰有绳纹、弦纹瓦片和陶片。墙体布满沙棘、杂草等。断点2向西南第三道堑面上部外侧上有当地人放羊时所挖的小窑洞一个。

第2段　断点2至断点3，长106米，消失段，西北—东南走向。断点2向南由于沟壑发育，墙体连同三道堑全被冲断，沟继续由西南向东北发育。

　　第3段　断点3至断点5，长161米，保存差81米，消失80米，西北—东南走向。其中断点3到断点4，长81米，仅存二道堑。断点4到断点5，长80米，墙体及二道堑均消失。断点4向南有一处宽24米的豁口，豁口进深14米，将二道堑冲毁，之间残存一层台面，台面上长满荒草，也有人工种植的杏树。

　　第4段　断点5至杨新庄6号敌台，长40米，保存较差，西北—东南走向。断点5附近墙体外高2.8~3.2米，墙体顶部与地平齐，长有杂草。断点5向南墙体保存最好处底宽2.6、顶宽1.5、内高1米。顶部长有蒿草、茅草，墙体外侧发现有经制作过的石块。此段墙体外侧的二层台面宽13米，其上发现内麻点纹、外绳纹的秦代瓦片，长有沙棘、杂草。一道堑堑面斜高9、堑宽4、堑高8米。墙体所在的二道堑面上有可上下的小径，由于受到雨水冲刷产生多处豁口。

　　第5段　杨新庄6号敌台至杨新庄7号敌台，长191米，保存较差179.5、消失11.5米，西北—东南走向。杨新庄6号敌台向南21.5米有一长3米的水冲豁口，向南49.5米墙体消失11.5米。该段墙体外高2.4~2.8、内高0.6~1、底宽2.8、顶宽0.2~1.2米。墙体东侧还有一山梁，两者间有公路通过。

　　第6段　杨新庄7号敌台至杨新庄8号敌台，长203米，保存较差，西北—东南走向。杨新庄8号敌台距墙体东侧一油井200米北附近墙体上出现一豁口。该段墙体东侧为耕地，一条南北向宽约4米的道路折向东后到达山梁上部的油井。此段墙体所在的一、二层台面上为耕地，三层台宽约8米，长有沙棘、荒草，台面上有豁口。墙体内高度基本为零，外高约3.8米。

　　第7段　杨新庄8号敌台至止点，长76米，保存较差66米，差10米。此段墙体走向稍微有变化，北—南向，止点向北10米被土路破坏，仅剩墙基。杨新庄8号敌台处墙体及四道堑剖面：一道堑高10、宽5米，一层台宽6米；二道堑高12、宽8米，二层台宽6.6米；三道堑高9.1、宽7.5米，三层台宽5.1米；四道堑高4.8、宽1.2米；敌台高3.9米（图五六七）。

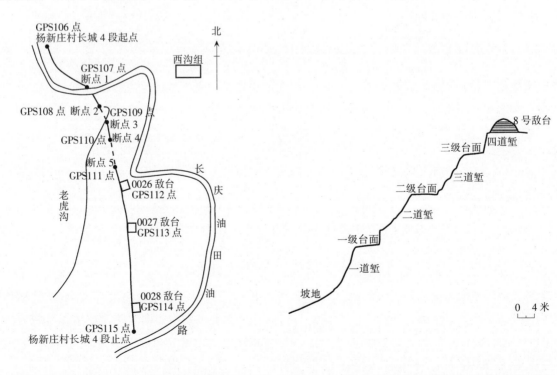

图五六六　杨新庄村长城4段位置示意图　　　　图五六七　杨新庄村长城4段敌台与四道堑剖面图

该段墙体沿线发现少量外绳纹、内麻点纹瓦片。

该段墙体起点接杨新庄长城 3 段，止点接杨新庄长城 5 段。起点向南 415 米为杨新庄 6 号敌台，向南 606 米为杨新庄 7 号敌台，向南 809 米为杨新庄 8 号敌台。

一五　杨新庄村长城 5 段
（610626382105020015）

该段墙体位于薛岔乡杨新庄大队西沟村（组）西面的山梁上，周围塬梁峁发育，沟壑众多。墙体西侧为老虎沟的支沟腰腰湾，东侧为西沟的一条支沟。墙体两侧的山梁和山坡上多被开垦为耕地。起于薛岔乡杨新庄村西沟村（组）西北 1.2 千米，止于薛岔乡杨新庄村西沟村（组）西南 400 米，全长 1994 米，北—南走向。起点东经：108°29′13.75″，北纬：37°05′11.07″，高程：1641.6 米；止点东经：108°29′11.87″，北纬：37°04′22.29″，高程：1651.1 米（图五六八）。

该段墙体整体保存差，其中保存差 1243 米，消失 691 米。依其保存状况分 8 个自然段。

第 1 段　起点至断点 1，长 103 米，消失段，北—南走向。因墙体两侧的沟壑发育、道路穿过和开垦耕地等致使墙体和三道堑消失。断点 1 东北 180 米处有一采油井。

第 2 段　断点 1 至断点 2（折点 1），长 237 米，保存差，北—南走向。断点 1 至杨新庄 9 号敌台，长 55 米，现存仅剩一条低矮的土垄。杨新庄 9 号敌台处的三道堑剖面：一道堑高 8、宽 1 米，一层台面宽 9 米；二道堑高 7、宽 4 米，二层台面宽 8 米；三道堑高 5、宽 3 米，三层台面宽 20 米（图五六九·1）。

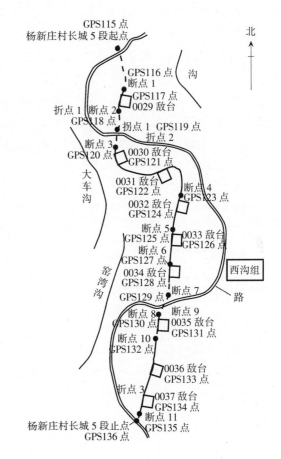

图五六八　杨新庄村长城 5 段位置示意图

第 3 段　断点 2（折点 1）至折点 2（拐点 1），长 153 米，消失段，墙体下面的堑面为沟壑发育所冲毁。断点 2（折点 1）南面临一条公路，公路北侧因开垦耕地造成墙体消失 34 米；再向南 54 米处即折点 2（拐点 1）有一宽 1、高 1、厚 0.75 米的夯土痕迹，成为墙体从此通过的证明，墙体由此沿山坡而上同时拐向西南；在夯土痕迹存在处的铲削断面上可以看到有一自南向北倾斜与南侧坡面平行且高度为 0.4 米的灰土层，里面包含有大量的木炭粒，推测此斜面可能就是秦时的地面。

第 4 段　折点 2（拐点 1）至断点 3，长 60 米，消失段。因嵝崄处沟壑发育侵蚀和中间道路修建对墙体的铲削破坏。

第 5 段　断点 3 至断点 4，长 256 米，保存差。其中断点 3 至杨新庄 10 号敌台长 23 米，夯层厚度为 0.1～0.15 米，墙体下面有夯土堑面，墙体西侧为自然形成的斜坡。杨新庄 10 号敌台向南 103 米处的墙体西侧有一个马铃薯洞，洞长 2、宽 1.5、深 2 米，洞口周围散落有大量瓦片和陶片。杨新庄 10

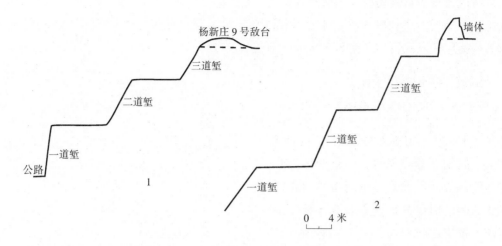

图五六九　杨新庄村长城 5 段 9 号敌台和三道堑剖面图及墙体与三道堑剖面图

号敌台向南 140 米为杨新庄 11 号敌台。

第 6 段　断点 4 至断点 7，长 281 米，保存差 233 米，消失 48 米。断点 4 向南 75 米为杨新庄 12 号敌台，此段墙体上面的夯土墙已经消失，只有夯土墙下的堑面还存在。杨新庄 12 号敌台向南 92 米到断点 5，此段墙体的保存状况和周围环境同断点 4 至杨新庄 12 号敌台段的情况基本相同。断点 5 向南 13 米处为杨新庄 13 号敌台，此段墙体因沟壑发育而消失。杨新庄 13 号敌台向南 48 米处为断点 6，向南有一个 4 米宽的豁口，再向南 28 米为杨新庄 14 号敌台，其西侧有一采油井，造成对墙体外侧三道堑的破坏，此段墙体上有人工栽种的松树。杨新庄 14 号敌台向南 21 米为断点 7，此段墙体消失，在因开垦耕地对墙体破坏的断面上，夹杂有较多的绳纹瓦片。

第 7 段　断点 7 至杨新庄 16 号敌台，长 379 米，保存差 27、消失 352 米。断点 7 与断点 8，消失 181 米，消失原因：开垦耕地、沟壑发育和修建道路。断点 8 与断点 9，长 27 米，墙体东侧有一条便道；墙体的断面上看，上部有 1.8 米厚的灰土层，下部 1.2 米为生土层，夯土层的夯层厚为 0.1 ~ 0.15 米。断点 9 至断点 10，长 30 米，墙体消失。断点 10 向南至杨新庄 16 号敌台，长 141 米，消失段，只有墙体西侧的三道堑还存在。

第 8 段　杨新庄 16 号敌台至止点，长 513 米，保存差 490、消失 23 米。杨新庄 16 号敌台向南 100 米处的墙体上有一个 5 米宽的水冲豁口，豁口向南到杨新庄 17 号敌台、折点 3 之间的墙体上有一宽 1 米左右的小豁口。杨新庄 17 号敌台、折点 3 向南有 34 米段只有夯土墙体存在，墙体西面的三道堑消失。断点 11 向南 23 米至止点，墙体消失。杨新庄 16 号敌台处三道堑的剖面为：一道堑高 10.6、宽 6.5 米，一层台面宽 9 米；二道堑高 6.5、宽 4 米，二层台面宽 9.5 米；三道堑高 7、宽 4.8 米，三层台面宽 7.20 米（图五六九·2）。

该段墙体所经沿线发现较多的绳纹瓦片。在断点 7 南发现一个残的带瓦当的筒瓦，瓦当面上有一道与筒瓦切面平行的刻槽（图五七〇）。

该段墙体起点接杨新庄长城 4 段，止点接杨新庄长城 6 段。起点向南 158 米处为杨新庄 9 号敌台，向南 363 米处为杨新庄 10 号敌台，向南 515 米处为杨新庄 11 号敌台，向南 676 米处为杨新庄 12 号敌台，向南 788.5 米处为杨新庄 13 号敌台，向南 878.5 米处为杨新庄 14 号敌台，向南 1.12 千米处为杨新庄 15 号敌台，向南 1.31 千米处为杨新庄 16 号敌台，向南 1.57 千米处为杨新庄 17 号敌台。

一六 杨新庄村长城 6 段

(610626382105020016)

该段墙体位于薛岔乡杨新庄村西沟村（组）西南，为黄土高原沟壑地貌，地势起伏较大。山间沟壑发育，大部分已经被开垦为梯田。墙体周围长有蒿草、沙棘、柠条等植物。起于薛岔乡杨新庄村西沟村（组）西南 400 米，止于薛岔乡杨新庄村西沟村（组）西南 1.5 千米，全长 1033.6 米，呈北—南走向。起点坐标东经：108°29′11.87″，北纬：37°04′22.29″，高程：1651.1 米；止点坐标东经：108°28′53.00″，北纬：37°03′54.43″，高程：1699.8 米（图五七一）。

该段墙体整体保存差，其中保存差的部分长 724.6 米，消失 309 米。依其保存状况分 9 个自然段。

第 1 段 起点至断点 1，长 77 米，消失段，北—南走向。墙体因沟壑发育和柏油路穿过而消失。

第 2 段 断点 1 至断点 3，长 153 米，保存差，北—南走向。其中断点 1 向南 54 米处为杨新庄 18 号敌台，此段墙体上部的夯土墙消失，但三道堑还存在，现为荒地，长满杂草。墙体东侧因雨水冲刷形成了一道与墙体方向平行的浅沟。杨新庄 18 号敌台向南 19 米为断点 2，因沟壑发育和开垦梯田消失。断点 2 向南 80 米为断点 3，此段墙体保存差，高矮不齐，墙体上有一些大大小小的豁口，墙体西侧的三道堑因沟壑发育侵蚀而部分消失。

第 3 段 断点 3 至断点 4，长 27.6 米，保存差，北—南走向。断点 3 南侧有一个宽 10、进深 5 米的豁口。

第 4 段 断点 4 至断点 5，长 67 米，消失段，北—南走向，因沟壑发育而造成墙体消失。

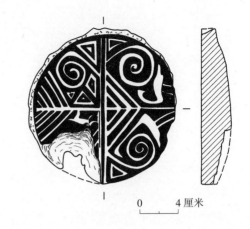

图五七〇 杨新庄村长城 5 段附近采集的瓦当

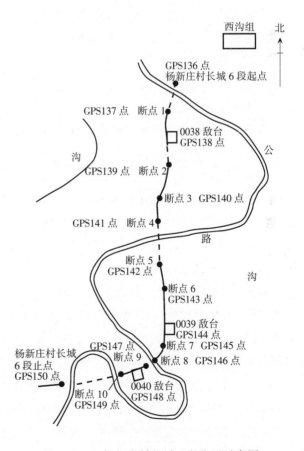

图五七一 杨新庄村长城 6 段位置示意图

第 5 段 断点 5 至杨新庄 19 号敌台，保存差，长 225 米，北—南走向；断点 5 向南 28 米处发现有大量的绳纹瓦片和陶片，推测此处原来应建有一个敌台；断点 6 向南 150 米处为杨新庄 19 号敌台。

第 6 段 杨新庄 19 号敌台至断点 8，保存差，59 米，北—南走向；杨新庄 19 号敌台向南 15 米处

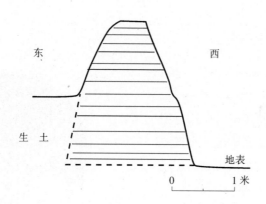

图五七二　杨新庄村长城6段墙体剖面图

为断点7，断点7向南44米处为断点8，三道堑上长满沙棘和荒草。杨新庄19号敌台南20米处墙体剖面：顶宽0.4、底宽2、东高1.2、西高2.3米（图五七二）。

第7段　断点8至断点9，长53米，消失段，因现代油井的修建导致墙体消失。

第8段　断点9至断点10，保存差，长260米，北—南走向；断点9向南142米处为杨新庄20号敌台，杨新庄20号敌台向南118米处为断点10，三道堑上长满沙棘和荒草。

第9段　断点10至止点，长112米，消失段。因沟壑发育造成墙体消失。

该段墙体起点北接杨新庄长城5段，止点南接双庙村长城1段。起点南131米处为杨新庄18号敌台，南549.6米处为杨新庄19号敌台，南833.6米处为杨新庄20号敌台。

该段墙体所处的山间有柏油公路穿过，路面弯度、坡度起伏均较大。

一七　双庙村长城1段（6106263821 05020017）

该段墙体位于薛岔乡双庙村老庄村（组）西北，为黄土高原沟壑地貌，地势起伏较大。山间内有沟壑发育，大部分均被开垦为梯田。墙体周围长有蒿草、沙棘、柠条等植物。起于薛岔乡双庙村老庄村（组）西北1.6千米，止于薛岔乡双庙村老庄村（组）西北800米，全长843米，北—南走向。起点坐标东经：108°28′53.00″，北纬：37°03′54.43″，高程：1699.8米；止点坐标东经：108°28′48.34″，北纬：37°03′35.93″，高程：1738.1米（图五七三）。

该段墙体整体保存差，其中保存一般长86米，差442米，消失315米。依其保存状况分6个自然段。

第1段　起点至双庙村1号敌台，长94米，保存差，东—西走向。现存墙体坍塌，呈驼峰状。起点向西南29米处有一宽6米的豁口。从墙体西侧的侧面上可以看到，墙体的夯土部分前半段夯层呈水平方向，后半部分夯层随山势而倾斜，夯层的厚度为0.07～0.08米。

第2段　双庙村1号敌台至拐点，长85米，保存差，转为北—南走向，并从此处顺山坡而下。

第3段　拐点至断点1，长86米，保存一般，北—南走向。此段墙体高6米左右，长有柠条和杂草，内、外两侧为耕地。

第4段　断点1至断点2，保存差，长81米，北—南走向。此段墙体夯土部分因开垦耕地而消失，下面的堑面还存在。断点1向北30米处的夯土墙和三道堑的剖面为：墙体顶宽1.4、底宽8.2、东高6.4、西高5.4米；一道堑高10、宽7米，一层台面宽9米；二道堑高9.5、宽6米，二层台宽8米；三道堑高9、宽3米，三层台宽12米。断点2向南51米处的墙体剖面为：顶宽2、底宽5、东高4、西

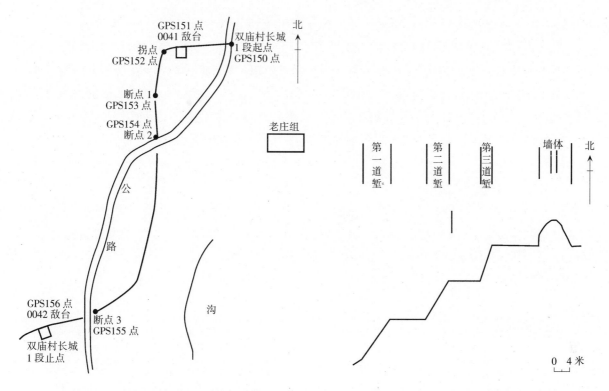

图五七三　双庙村长城1段位置示意图　　　　图五七四　双庙村长城1段墙体及三道堑平、剖面图

高5米（图五七四）。

第5段　断点2至断点3，长213米，保存差182米，消失31米。断点2向南因修建道路的铲削破坏造成墙体消失了31米。在断面上可以看到，距现代路面1.5米以下为生土层，生土层上有1.8米高的夯土层，夯土层上有0.4米厚的瓦、石堆积层，推测此处原来有一个单体，后来由于自然和人为因素破坏消失。从墙体消失的断面向南182米为断点3，保存差。墙体西侧的台面下为一条南北向的柏油路，墙体东侧的荒地上种植有沙棘。

第6段　断点3至止点（双庙村2号敌台），长284米，消失段。因为沟壑发育、开垦耕地和油井建设墙体消失。

该段墙体起点接杨新庄长城6段，止点接双庙村长城2段。起点南94米处为双庙村1号敌台，止点处为双庙村2号敌台。

该段墙体所在的双庙村有14个自然组，居民共189户，761人。以农业为主，种植大豆和荞麦、马铃薯、玉米等。该段墙体所处的地区位于黄土高原沟壑处，有乡间公路通过。

一八　双庙村长城2段（6106263821050020018）

该段墙体位于薛岔乡双庙村老庄村（组）西北山坡上，周围为黄土高原沟壑地貌，地势起伏较大。山间内有沟壑发育，大部分已经开垦为梯田。墙体周围长有蒿草、沙棘、柠条等植物。起于薛岔乡双庙村老庄村（组）西北800米，止于薛岔乡双庙村老庄村（组）南1千米，全长1714米，呈北—南走向。起点坐标东经：108°28′48.34″，北纬：37°03′35.93″，高程：1738.1米；止点坐标东经：108°28′54.72″，北纬：37°02′48.09″，高程：1794.5米（图五七五）。

　　该段墙体整体保存差，墙体夯土部分断续存在，高低不齐；墙体外侧三道堑部分保存一般。其中保存较差 97 米，差 439 米，消失 1178 米。依其保存状况分 16 个自然段。

　　第 1 段　起点（双庙村 2 号敌台）至双庙村 3 号敌台，长 50 米，保存差，东北—西南走向。该段墙体的西侧堑面上长有柠条和荒草，三层台面上被开垦为农田，墙体东侧的台面上也被开垦为耕地。

　　第 2 段　双庙村 3 号敌台至断点 1，长 40 米，保存较差，北—南走向。该段墙体保存相对较好，夯土墙高度为 3 米左右，墙体上长有柠条和杂草。双庙村 3 号敌台向南 35 米处的墙体剖面为：顶宽 1.2、底宽 4.6、东高 3、西高 2.8 米，夯层厚度为 0.08 ~ 0.12 米（图五七六·1）。

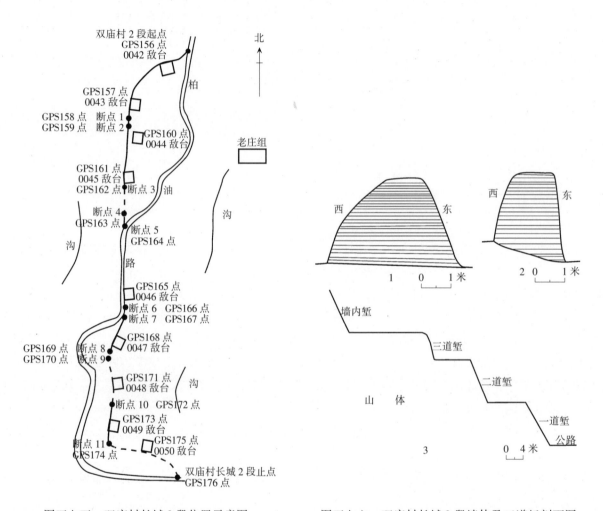

　　图五七五　双庙村长城 2 段位置示意图　　　　　图五七六　双庙村长城 2 段墙体及三道堑剖面图

　　第 3 段　断点 1 至断点 2，长 34 米，保存差。此段墙体上的夯土墙消失，墙体下面的堑面还存在。

　　第 4 段　断点 2 至双庙村 5 号敌台，长 67 米，保存差，北—南走向。断点 2 东侧 11 米处为双庙村 4 号敌台。断点 2 向南 67 米处为双庙村 5 号敌台。此段墙体夯土墙体消失，下面的堑面还存在，墙体内外为耕地。

　　第 5 段　双庙村 5 号敌台至断点 3，长 30 米，保存差，北—南走向。断点 3 处的墙体断面上有铲削痕迹。

　　第 6 段　断点 3 至断点 4，长 72 米，消失段。因两侧沟壑发育和东西向土路的修建造成墙体消失。

　　第 7 段　断点 4 至断点 5，长 20 米，保存差，北—南走向。该段墙体高 1 米左右，呈驼峰状。墙体西侧为荒坡地，种植有沙棘、柠条，长有杂草。墙体东侧有一条南北向的公路通过。

第8段　断点5至双庙村6号敌台，长389米，消失段，北—南走向。因为西侧沟壑发育、南北向公路通过等原因造成墙体消失，沟壑内的平坦坡面上被开垦为梯田，公路西侧有杨树种植。

第9段　双庙村6号敌台至断点6，长80米，消失段，北—南走向。此段墙体因村庄建设、修建道路而消失，双庙村6号敌台向南54米处可以看到一个夯土断面，夯层厚度0.07~0.09米。

第10段　断点6至断点7，长30米，保存差，北—南走向。其中断点6向南2米处的墙体西侧有两个小窑洞，相距1米，两个窑洞均为宽0.8、高1、进深1.5米。

第11段　断点7至断点8，长192米，消失段。断点7向南96米是双庙村7号敌台。因开垦梯田而造成墙体消失。

第12段　断点8至断点9，长57米，保存较差，北—南走向。墙体现存高度1~3米，顶部有一条踩踏出的小径，东侧为耕地，西侧有一条便道通过。断点8南45米处的墙体剖面为：顶宽1.2、底宽2.4、西高2.2、东高3米（图五七六·2）。

第13段　断点9至断点10，长268米，消失段。因沟壑发育、村庄建设和开垦耕地造成墙体消失。

第14段　断点10至双庙村9号敌台，长29米，保存差，北—南走向。墙体上长有沙棘，墙体东侧为荒地，西侧为开垦的耕地。

第15段　双庙村9号敌台至断点11，长179米，保存差，北—南走向。此段墙体的夯土墙已无存，三道堑仍存在，墙体两侧的台面上被开垦为耕地。双庙村9号敌台南124米处三道堑剖面为：一道堑宽6、高10米，一层台面现为公路；二道堑宽4.2、高10米，二层台面宽9米；三道堑宽3、高6.4米，三层台面宽8.6米；墙体内侧的堑宽6、高10米，台面宽18米（图五七六·3）。

第16段　断点11至止点，长177米，消失段。其中断点11向南至双庙村10号敌台，因沟壑发育、修建道路、开垦耕地等造成墙体消失。

该段墙体经过的沿线遗物很少。

该段墙体起点北接双庙村长城1段，止点南接双庙村长城3段。起点处为双庙村2号敌台，南109米处为双庙村3号敌台，南143米处向东11米为双庙村4号敌台，南210米处为双庙村5号敌台，南736米处为双庙村6号敌台，南953.5米处为双庙村7号敌台，南1.81千米处为双庙村8号敌台，南1.36千米处为双庙村9号敌台，南1.76千米处为双庙村10号敌台。

该段墙体所处的地区位于黄土高原沟壑处，有乡间公路通过。

一九　双庙村长城3段（6106263821050020019）

该段墙体位于薛岔乡双庙村石咀沟村（组）北山坡上，周围为黄土高原沟壑地貌，地势起伏较大。山间内沟壑发育，大部分均被开垦为梯田。墙体周围长有蒿草、沙棘、柠条等植物。起于薛岔乡双庙村石咀沟村（组）北270米，止于薛岔乡双庙村石咀沟村（组）东南1.1千米，全线长2012米，呈西北—东南走向。起点坐标为东经：108°28′57.76″，北纬：37°02′45.09″，高程：1676.6米；止点坐标为东经：108°29′27.79″，北纬：37°01′51.40″，高程：1601.8米（图五七七）。

该段墙体整体保存差，其中保存差1485米，消失527米。依其保存状况分9个自然段。

第1段　起点至双庙村11号敌台，长65米，保存差25米，消失40米。墙体为东北—西南走向。起点向南长40米的墙体因沟壑发育和道路修建消失。

第2段　双庙村11号敌台至双庙村12号敌台（断点1、拐点1），长190米，保存差。墙体为北—南走向。此段墙体有明显的三道堑，三道堑的台面上均被开垦为农田，对墙体造成了破坏。在双庙村2号敌台处的一道堑面上发现有绳纹瓦片、陶罐残片、器物口沿残片。

第3段　双庙村12号敌台（断点1、拐点1）至拐点2，长155米，保存差90米，消失65米，西北—东南走向。双庙村12号敌台（断点1、拐点1）东南65米为断点2。此段墙体因为水冲沟发育和道路修建而消失。断点2东南90米为拐点2，保存差，墙体在断点2处开始由原来的三道堑变成四道堑，堑的台面上为开垦的农田。双庙村12号敌台处墙体一道堑高8、收分8.5米，一层台宽10米；二道堑高8.5、收分3米，二层台宽9.2米（图五七八）。

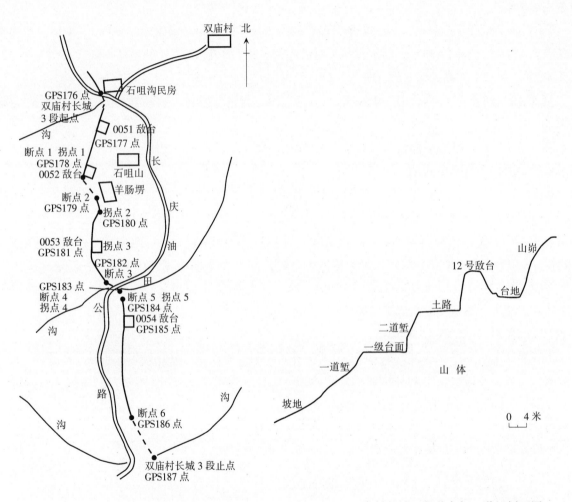

图五七七　双庙村长城3段位置示意图　　　　图五七八　双庙村长城3段敌台与三道堑剖面图

第4段　拐点2至双庙村13号敌台（拐点3），长225米，保存差195米，消失30米，北—南走向。拐点2向南105米有一个水冲沟发育，造成墙体消失30米。向南225米处为拐点3，墙体在拐点3处由之前的四道堑变成三道堑。

第5段　双庙村13号敌台（拐点3）至断点3，长230米，保存差，西北—东南走向。有明显的三道堑。墙体内侧的平台上为开垦的农田，东5～13米处有一道梁。西侧为沟壑发育，其中一层台、二层台上为开垦的农田。

第6段　断点3至断点4（拐点4），长90米，消失段。墙体已被推整成为一个平台，并把一、二道堑掩埋。平台南侧有一由南向北发育的沟壑。在平台上发现有外绳纹、内麻点纹的瓦片残片。

第7段　断点4（拐点4）至断点5（拐点5），长90米，消失段，此段墙体位于嵝崄处，因道路穿行和沟壑发育造成墙体消失。

第8段　断点5（拐点5）至断点6，长755米，保存差，西北—东南走向。为三道堑的构筑方式，其中一层台、三层台上为开垦的农田，二层台上为柏油路。三层台面上还有一道梁，梁顶上有农田和乡村土路通行。断点5（拐点5）东南140米为双庙村14号敌台。

第9段　断点6至止点，长212米，墙体因农田开垦而消失，止点在一嵝崄处。

墙体起点东北接双庙村长城2段止点，止点西南接双庙村长城4段起点。起点西南65米处的墙体上为双庙村11号敌台，南255米处的墙体上为双庙村12号敌台，拐点2南225米处的墙体上为双庙村13号敌台。

二〇　双庙村长城4段（610626382105020020）

该段墙体位于薛岔乡双庙村石咀沟村（组）东南山坡上，地处黄土高原沟壑地区，地势起伏较大。山间内有沟壑发育，人工梯田。墙体周围长有蒿草、沙棘、柠条等大量耐旱植物。起于薛岔乡双庙村石咀沟村（组）东南1.1千米，止于薛岔乡双庙村石咀沟村（组）东南2600米，全线长1503米，总体呈北—南走向。起点东经：108°29′27.79″，北纬：37°01′51.40″，高程：1601.8米；止点东经：108°28′56.45″，北纬：37°01′16.72″，高程：1600.6米（图五七九）。

该段墙体整体保存差，保存较差54米，差932米，消失517米。依其保存状况分11个自然段。

第1段　起点至双庙村15号敌台，长278米，其中保存差216米，消失62米，西北—东南走向。起点西侧有柏油路，起点向南长45米的墙体因道路修建和沟壑发育而消失，南90米处的墙体外侧有一人为挖掘的洞，洞口散有绳纹、麻点纹瓦片。墙体从起点南45米处开始顺山梁蜿蜒而上，起点东南128米处有一个宽9米的豁口，因水冲沟造成。起点东南171米处有一因道路穿过造成的宽8米的豁口。

第2段　双庙村15号敌台至断点1，长120米，消失段。其中双庙村15号敌台至拐点1，此段墙体因沟壑发育致使墙体消失50米。双庙村15号敌台西侧有一个"U"形沟围绕的平台，平台顶部长满沙棘、柠条。"U"形

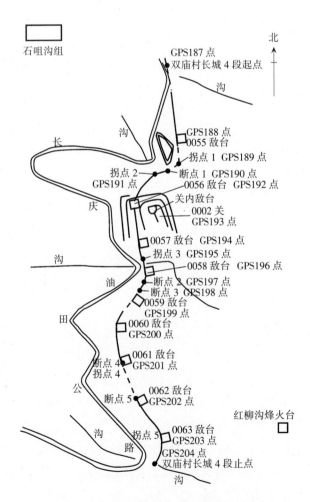

图五七九　双庙村长城4段位置示意图

沟口方向朝北，与对面沟壑相对。从"U"形沟的现状看，沟应为雨水冲刷形成。拐点1西南70米处为断点1，此段墙体因水冲沟破坏而消失。

第3段 断点1至拐点2，长90米，保存差，东—西走向。墙体上长满柠条、杂草。断点1向西20米处的墙体为三道堑形式。

第4段 拐点2至拐点3，长269米，保存差255米，消失14米，墙体在拐点2处变成东北—西南走向，其中拐点2南55米为双庙村16号敌台，双庙村16号敌台南154米处为双庙村17号敌台。再往南60米处为拐点3，墙体在拐点3处变成北—南走向。该段墙体及台面上长满沙棘、柠条。双庙村16号敌台处的墙体剖面情况：一道堑高7.2、收分5.3米，一层台宽10米；二道堑高6.8、收分5.3米，二层平台11.6米；16号敌台顶部距二层平台为3.4米（图五八〇）。

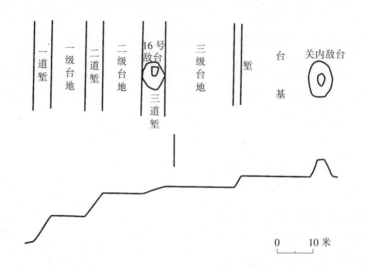

图五八〇 双庙村长城4段敌台与三道堑平、剖面图

第5段 拐点3至断点2，长68米，其中保存差47米，消失21米，北—南走向。拐点3处有一宽8米的水冲沟。其西为一段长22米的墙体，保存差。接着由于乡村土路斜穿墙体而过，造成墙体消失13米。拐点3南43米为双庙村18号敌台。此敌台西南25米处为断点2，墙体保存差，南侧为一道宽5~12米的沟壑，北侧为一条柏油路与墙体并行。

第6段 断点2至断点3，长56米，消失段，东—西走向，墙体处在嵯峨处，墙体在断点3处开始顺山势而上。

第7段 断点3至双庙村20号敌台，长175米，其中保存较差54米，消失121米，为东北—西南走向。断点3西50米处的墙体因农田开垦断开6米，从断面中发现墙体中包含有瓦片。西60米处为双庙村19号敌台。双庙村19号敌台西115米为双庙村20号敌台，两敌台间的墙体因农田开垦消失。

第8段 双庙村20号敌台至双庙村21号敌台（断点4、拐点4），长158米，保存差，东北—西南走向。此段墙体由于开垦农田造成墙体夯土层不可见，仅可见一点墙体的痕迹。

第9段 双庙村21号敌台（断点4、拐点4）至双庙村22号敌台（断点5），长110米，消失段。由于农田开垦、沟壑发育使得墙体消失。

第10段 双庙村22号敌台（断点5）至双庙村23号敌台（拐点5），长124米，其中保存差111米，消失13米，西北—东南走向。双庙村22号敌台向西南仅有一道堑存在，向西南97米处由于开垦耕地墙体被断开一高 3 米的断面，向西南有 111 米的保存差的墙体，但被农田冲断 13 米，向南至双庙村 23 号敌台（拐点 5）。

第 11 段 双庙村 23 号敌台（拐点 5）至止点，长 55 米，保存差，东北—西南走向。双庙村 23 号敌台西侧崾崄处有公路通过，墙体的三道堑在止点处由于沟壑发育而消失。

该段墙体起点北接双庙村长城 3 段，止点南接雷坡村长城 1 段。起点东南 278 米为双庙村 15 号敌台，拐点 2 南 55 米为双庙村 16 号敌台，再往南 154 米处为双庙村 17 号敌台，东南 41.5 米处为双庙村关，拐点 3 西 43 米为双庙村 18 号敌台，断点 3 西 60 米处为双庙村 19 号敌台，其西 115 米为双庙村 20 号敌台。双庙村 20 号敌台西南 158 米处为双庙村 21 号敌台，其西南 110 米为双庙村 22 号敌台，西南 234 米为双庙村 23 号敌台。

该段墙体所处的地区位于黄土高原沟壑处，有乡间公路通过。

二一 雷坡村长城 1 段 （6106263821050200021）

该段墙体位于薛岔乡雷坡村鸟湾村（组）周围的山梁腰部及山峁上，周围地势起伏较大。墙体所在山梁的底部沟壑发育，因此冲刷墙体及三道堑，造成一定破坏。起于薛岔乡雷坡村鸟湾村（组）东北 360 米，止于薛岔乡雷坡村鸟湾村（组）西南 1.3 千米，全长 1439 米，东北—西南走向。起点坐标东经：108°28′56.45″，北纬：37°01′16.72″，高程：1600.6 米；止点坐标东经：108°28′37.02″，北纬：37°00′37.30″，高程：1640.3 米（图五八一）。

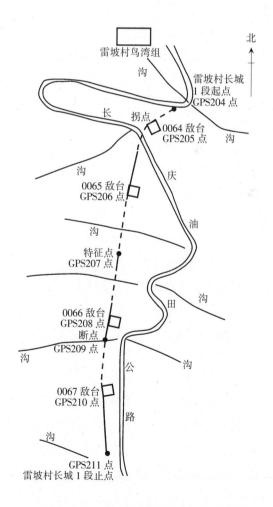

图五八一 雷坡村长城 1 段位置示意图

该段墙体整体保存差，其中保存较差 109 米，差 304 米，消失 1026 米。依其保存状况分 7 个自然段。

第 1 段 起点至雷坡村 1 号敌台（拐点），长 200 米，消失段。起点位于一崾崄处，此处有自北延伸过来的柏油公路将墙体隔断后折向西北，绕过雷坡村 1 号敌台后向南。崾崄向西为一山梁，墙体与三道堑都已不可见。

第 2 段 雷坡村 1 号敌台（拐点）至雷坡村 2 号敌台，长 182 米，保存差 68 米，消失 114 米，东北—西南走向。墙体由西—东走向变为东北—西南走向，雷坡村 1 号敌台西南 90 米处公路下方有一道堑存在，堑面上长满荒草，堑面下台面被开垦为农田，台面下侧坡地上也长有沙棘、荒草等。雷坡村 1 号敌台西南 158 米处堑面消失，堑面消失处被冲出一个宽 24 米的豁口，再向南仅有坡面。豁口的南侧即为雷坡村 2 号敌台。

第 3 段 雷坡村 2 号敌台至特征点，长 345 米，其中消失 330 米，保存较差 15 米，北—南走

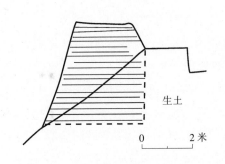

图五八二　雷坡村长城 1 段墙体剖面图

向。雷坡村 2 号敌台向西南 115 米为宽 25 米的东西向沟壑，冲断了墙体；再往南距其西南 330 米处，这一段墙体因为开垦农田而消失。特征点处有一段 15 米夯土墙，底宽 3、顶宽 1.4、西侧残高 1.8 米，顶部至东侧的沟底 14 米。此段残存墙体东侧有一条南北向的小沟，沟底有一小路可通上下，沟东侧为一南北向的山梁，北、南两侧全为当地人开垦的农田。

第 4 段　特征点至雷坡村 3 号敌台，长 108 米，其中消失 62 米，保存差 46 米，东北—西南走向。自特征点向西南墙体消失，之后堑面出现，止于雷坡村 3 号敌台。堑面上方的台面开垦为农田，但一条发育中的沟向它贴近，对堑面存在威胁。

第 5 段　雷坡村 3 号敌台至断点，长 104 米，保存较差 64 米，差 40 米，东北—西南走向。雷坡村 3 号敌台向西南的一段夯土墙，保存较差，之后墙体消失，但堑面仍在。此段东侧有一条柏油公路，上方有一道山梁。雷坡村 3 号敌台夯土墙，底宽 3.5、顶宽 2、东侧高 1.4、西侧高 4 米，夯层 0.06～0.08 米（图五八二）。

第 6 段　断点至雷坡村 4 号敌台，长 350 米，其中消失 320 米，保存较差 30 米，东北—西南走向。断点向西南由于沟壑发育而造成墙体消失 20 米，沟底部有一条东西向的土路穿过。经过这段消失段墙体之后，有一段长 30 米的墙体，保存较差。由于西侧土路通行使得墙体西半部分已经被破坏，残存墙体顶部长有沙棘。该段墙体东侧为柏油公路，公路在此处由北拐向东。这段夯土墙再向西南则由于沟壑发育，导致墙体消失 300 米。据地势原有墙体应沿坡而上，直至建立在山峁上的雷坡村 4 号敌台，中间三道堑不可见。

第 7 段　雷坡村 4 号敌台至止点，长 150 米，保存差，西北—东南走向。由雷坡村 4 号敌台所在的山峁顶部向南沿坡而下，向南 150 米处隐约有一道土梁，应为原有墙体的遗留。土梁所在位置的西侧 30 米处有一道高 5～10 米的堑面，止点北 40 米处有一段夯土痕迹。此段墙体有二道堑存在，止点处为雷坡村鸟湾组的几户居民居所。

该段墙体起点东接双庙村长城 4 段，起点西 200 米为雷坡村 1 号敌台，西南 382 米为雷坡村 2 号敌台，西南 835 米为雷坡村 3 号敌台；断点西南 350 米为雷坡村 4 号敌台；止点南接雷坡村长城 2 段。

该段墙体所在的雷坡村鸟湾组有居民 20 多户，110 多口人。以农业和养殖业为主，种植的主要作物有谷子、马铃薯、糜子、荞麦等；养殖牛、羊、马、驴等家畜。墙体两侧道路很多，有柏油公路，也有乡间土路，交通比较方便。

二二　雷坡村长城 2 段（610626382105020022）

该段墙体位于薛岔乡雷坡村鸟湾村（组）西南山坡上，周围地势起伏较大。墙体所在的山梁有沟壑发育，故冲刷墙体及三道堑。起于薛岔乡雷坡村鸟湾村（组）西南 1.3 千米，止于薛岔乡雷坡村鸟湾村（组）西南 1.9 千米，全长 784 米，呈北—南走向。起点坐标东经：108°28′37.02″，北纬：37°00′37.30″，高程：1640.3 米；止点坐标东经：108°28′18.68″，北纬：37°00′21.31″，高程：1636.1 米（图五八三）。

该段墙体整体保存差，其中保存较差 42 米，差 604 米，消失 138 米。依其保存状况分 4 个自然段。

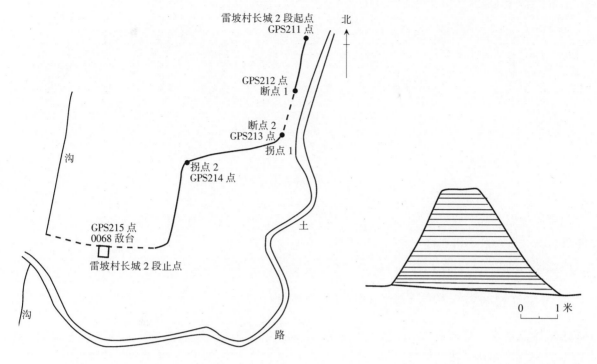

图五八三　雷坡村长城2段位置示意图　　　　　图五八四　雷坡村长城2段墙体剖面图

第1段　起点至断点1，长262米，其中保存较差10米，差222米，消失30米，东北—西南走向。起点向西南有162米的夯土墙体，保存差。此段墙体夯土层消失，仅留一堑面。墙体内侧为农田，东侧山梁腰部为一条柏油公路，西侧底部台面上为当地人开垦的农田，墙体所在的台面高出下侧农田20米。这段墙体之后由于开垦农田，造成墙体消失30米。之后西南长60米的墙体，保存差。距离起点252米处开始有夯土墙，止于断点1，保存较差，长10、底宽1~1.2、顶宽0.4~1、东高0.2~2.8米。该段墙体由于西侧下方为沟，高度不详。

第2段　断点1至断点2（拐点1），长140米，其中保存较差20米，消失120米，东北—西南走向。断点1向南，由于沟壑发育、道路通行造成墙体消失40米。之南有一段长20米的夯土墙，该段墙体保存较差，剖面底宽4.8、顶宽1、西高2.6、东高2.8米（图五八四）。墙体西侧面长满沙棘，东侧、南侧沟的上方为一土路，北临一沟。该段墙体之后，墙体消失段向西南延伸80米，止于断点2（拐点1）。

第3段　断点2（拐点1）至拐点2，长142米，其中保存较差12米，差130米，东—西走向。断点2处为一长12米的夯土墙，顶部及周围长有荒草，墙体外侧的堆积土中包含有外绳纹、内麻点纹的瓦片，墙体周围也散落有瓦片（图五八五）。此段墙体顶宽3、东高2.1、西高2.8米，夯层厚0.09~0.1米，东侧墙下有一户人家，西侧有一个水窖。自此段残墙沿坡而上，但是由于人为因素导致该段墙体消失130米，至拐点2处墙体由西—东走向折为北—南走向。

第4段　拐点2至止点（雷坡村5号敌台），长240米，保存差222米，消失18米，北—南走向。拐点2处三道堑出现，坡面上长有沙棘、杂草，三个台面上长满沙棘、柠条及蒿类植物，并且三道堑的上方还有一道南北向的山梁。拐点2向南170米这段三道堑中第一、二道堑消失，仅剩第三道堑，这段保存差的墙体从拐点2一直向南延伸184米，然后堑面上出现了一道水冲沟，致使墙体消失12米。此沟南1米处又有一宽6米的豁口，也造成墙体消失6米，之后又有夯土墙体出现。

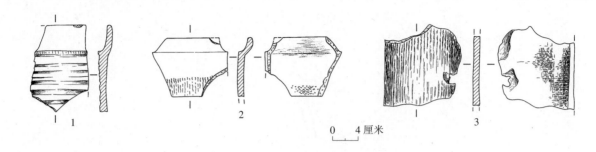

0　　4厘米

图五八五　雷坡村长城 2 段附近采集的瓦片

该段墙体起点北接雷坡村长城 1 段，止点南接雷坡村长城 3 段，拐点 2 南 240 米为雷坡村 5 号敌台，雷坡村 5 号敌台西距雷坡村 6 号敌台 172 米。

该段墙体的两侧道路较多，有柏油公路、乡间土路等，交通较为便利。

二三　雷坡村长城 3 段（610626382105020023）

该段墙体位于薛岔乡雷坡村鸟湾村（组）西南山坡上，周围地势起伏较大。墙体所在山梁的底部沟壑发育。起于薛岔乡雷坡村鸟湾村（组）西南 1.9 千米，止于薛岔乡雷坡村周嵝岘村（组）北 500 米，全长 1565 米，呈东北—西南走向。起点坐标为东经：108°28′18.68″，北纬：37°00′21.31″，高程：1636.1 米；止点坐标为东经：108°27′55.29″，北纬：36°59′46.33″，高程：1693.5 米（图五八六）。

该段墙体整体保存差，其中保存较差 237 米，差 702 米，消失 626 米。依其保存状况分 8 个自然段。

第 1 段　起点至断点 1，长 50 米，其中消失 28 米，保存较差 22 米，东—西走向。起点向西有 16 米的夯土墙体，保存较差。墙体止点处有一条宽 3 米的土路穿墙而过，造成墙体消失 3 米。继而是一段长 6 米的墙体，保存较差。距离起点西 25 米，有一段长 15 米的现代夯土墙体，造成长城墙体消失 15 米。接着由于人为破坏，形成一个长 10 米的豁口，止于断点 1，该段豁口主要是因为农田开垦而破坏。

第 2 段　断点 1 至雷坡村 6 号敌台（拐点 1），长 122 米，保存较差，东—西走向。此段墙体顺山坡而上，墙体两侧及墙体上长满沙棘和柠条，墙体外高为 1.5～3、内高 0.7～3、底宽 2.5、顶宽 0.3～1 米（图五八七·1）。在墙体的北侧有垂直于墙体的三道堑，向北延伸，其中一道堑长 115、高 2.4、宽 1.2 米；二道堑长 72、高 3、宽 1.2 米；三道堑长 70、高 1.4、宽 0.6 米。

第 3 段　雷坡村 6 号敌台（拐点 1）至断点 2，长 93 米，保存较差，东北—西南走向。四周环境同上自然段，墙体外高 1～5、内高 0.5～3、底宽 3～4.4、顶宽 0.2～1 米。此段墙体有四道堑，但在断点 2 处四道堑变成一道堑，堑面上和台面上长有柠条、杂草、沙棘。

第 4 段　断点 2 至拐点 2，长 350 米，消失段。根据地形判断此段墙体是从嵝岘处延伸到梁上，但现在因沟壑发育、道路修建、农田开垦造成墙体消失。

第 5 段　拐点 2 至断点 3，长 525 米，其中保存差 462 米，消失 63 米，北—南走向。拐点 2 南 60 米处有一道宽 22 米的沟壑，南 297 米处有一道宽 26 米的沟壑，南 460 米处有一道宽 15 米的沟壑，三道沟壑共造成墙体消失 63 米。此段为三道堑形式，二层台面上有开垦的农田。从墙体断点 3 处的断

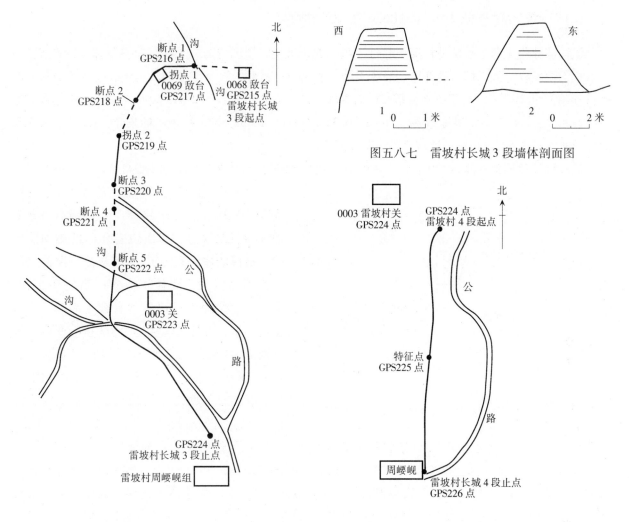

图五八七　雷坡村长城3段墙体剖面图

图五八六　雷坡村长城3段位置示意图

图五八八　雷坡村长城4段位置示意图

面上能清晰地看到夯土层，夯层厚为0.06～0.08米，断面处的墙体底宽6、顶宽1.5、高4米（图五八七·2）。

第6段　断点3至断点4，长125米，消失段。墙体因沟壑发育造成墙体消失，沟壑两侧陡峭。

第7段　断点4至断点5，长110米，其中保存差50米，消失60米，东北—西南走向。断点4向西南长60米的墙体因沟壑发育、水土流失而消失。之后有长50米的墙体，直至断点5，墙体上长满柠条和沙棘。

第8段　断点5至止点，长190米，保存差，西北—东南走向；一道堑存在，二道堑被公路破坏，三道堑因平整土地而破坏。止点处立有一通石碑，为红砂岩须弥式碑座、花岗岩碑体，碑座高0.75米，碑体宽1.2、高0.8、厚0.16米，碑正面刻有文字，上写："全国重点文物保护单位长城"，下面落款的三行文字："中华人民共和国国务院　二〇〇一年六月二十五日公布　陕西省人民政府立"。

该段墙体起点北接雷坡村长城2段，止点南接雷坡村长城4段。起点西172米的墙体上为雷坡村6号敌台，止点西北120米处为雷坡村关。

该段墙体起点处南侧有一条柏油路，交通较为便利。

二四　雷坡村长城 4 段（610626382105020024）

该段墙体位于薛岔乡雷坡村周崾岘村（组）北山坡上，周围均为黄土高原沟壑地貌，地势起伏较大，有沟壑发育、人工修筑的梯田。墙体周围长有蒿草、沙棘、柠条等植物。起于薛岔乡雷坡村周崾岘村（组）北 500 米，止于薛岔乡雷坡村周崾岘村（组）中，全长 512 米，略呈东北—西南走向。起点坐标东经：108°27′55.29″，北纬：36°59′46.33″，高程：1693.5 米；止点坐标东经：108°27′59.61″，北纬：36°59′32.83″，高程：1533.4 米（图五八八）。

该段墙体整体保存差，其中保存差 480 米，消失 32 米。依其保存状况分 2 个自然段。

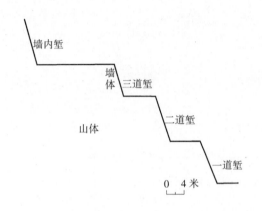

图五八九　雷坡村长城 4 段墙体与三道堑剖面图

第 1 段　起点至特征点，长 272 米，其中保存差 240 米，消失 32 米。起点南有一条东西向沙石路穿过，与东边南北向的柏油路相接，造成墙体消失了 12 米。从沙石路面向南夯土墙体消失，墙体下面的三道堑还存在，在第三道堑面上可以看到有夯土墙基，夯土层高 3 米，夯层的厚度为 0.07 ~ 0.09 米。起点南 56 米处的第三道堑面的底部有一层长 1.5、厚 0.1 米的红烧土，中间夹杂有木炭粒。红烧土上面为一层长 0.8、厚 0.03 米的白灰层，推测此处原来应该有一个石灰窑。

在此处的二层台面上还发现一带有半个戳印的陶片，并且周围散落有大量外绳纹、内麻点纹的瓦片。起点南 83 米处三道堑面上发现有夯土，夯层厚度比较均匀，为 0.15 米，推测此处墙体附近原来有一个敌台，后来遭人为和自然因素所破坏。此处向南有 13 米的墙体夯土层比较厚，夯层也很结实，明代应对此处进行过重修。南 194 米处的三道堑上有一个宽 20、进深 18 米的豁口，造成墙体消失 20 米。起点南 170 米处的墙体剖面为：一道堑高 9.5、宽 4 米，一层台宽 7 米；二道堑高 10、宽 3 米，二层台宽 7.6 米；三道堑高 7、宽 2 米，三层台宽 18 米。墙体内侧堑面高 10、宽 3 米（图五八九）。

第 2 段　特征点至止点，长 240 米，保存差。三道堑沿山坡自北而南顺势而下，墙体西侧的三层台面上被开垦为南北狭长的耕地，墙体东侧到东边的山梁之间也被开垦为南北向的层层梯田。止点处为雷坡村周崾岘村（组）所在。

该段墙体沿线发现遗物较多，为外绳纹内麻点纹瓦片。

该段墙体起点北接雷坡村长城 3 段，止点南接雷坡村长城 5 段。起点西北 120 米处为雷坡村关。夯层明显、均匀，并且较厚段的墙体可能为明代对其进行过重修。

二五　雷坡村长城 5 段（610626382105020025）

该段墙体位于薛岔乡雷坡村周崾岘村（组）南山坡上，位于黄土高原沟壑区，地势起伏较大，有沟壑发育、人工修筑的梯田。墙体周围长有蒿草、沙棘、柠条等植物。起于薛岔乡雷坡村周崾岘村（组）中，止于薛岔乡雷坡村周崾岘村（组）南 1.5 千米，全长 1593 米，北—南走向。起点坐标东经：108°27′59.61″，北纬：36°59′32.83″，高程：1533.4 米；止点坐标东经：108°28′00.34″，北纬：

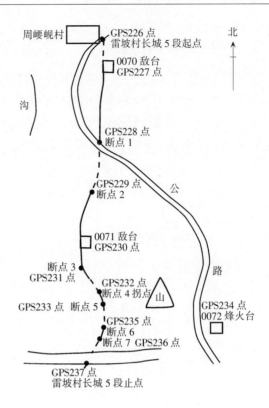

36°58′42.52″，高程：1675.5 米（图五九〇）。

该段墙体整体保存差，其中保存较差 104 米，差 743 米，消失 746 米。依其保存状况分 7 个自然段。

第 1 段　起点至雷坡村 7 号敌台，长 214 米，消失段。因嵝峻处沟壑发育、村庄建设、道路穿过和开垦耕地造成墙体消失。

第 2 段　雷坡村 7 号敌台至断点 1，长 275 米，保存差。雷坡村 7 号敌台南侧的夯土墙体已经消失，但三道堑还可以看出，一层台宽 5 米，一道堑高 3 米；二层台宽 5 米，二道堑高 5 米；三层台宽 15 米，三道堑高 3 米。雷坡村 7 号敌台南 75 米处到断点 1 之间的三道堑因被附近村民修建梯田的破坏，已看不出其形制，但从与北面山梁上三道堑的对应关系上可以推测其大概位置。

第 3 段　断点 1 至断点 2，长 108 米，消失段，因沟壑发育而消失。

第 4 段　断点 2 至雷坡村 8 号敌台，长 214 米，保存差。断点 2 处的夯土墙体被挖开了一个 13 米宽的半圆形豁口，从其断面上可看出夯土层上部由东向西倾斜，夯层厚度为 0.09～0.13 米，其上面已被开垦为耕地，豁口内散落有许多外绳纹、内麻点纹的瓦片，由此推测此处原应有一个敌台。断点 2 向南 127 米处的第三道堑外侧可以明显看到 1.4 米高的生土层上面为高 1 米的夯土层，夯层厚度为 0.12 米。此处的二、三层台面上还散落有外绳纹、内麻点纹的瓦片。

图五九〇　雷坡村长城 5 段位置示意图

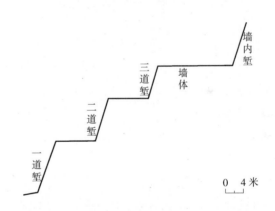

图五九一　雷坡村长城 5 段墙体与三道堑剖面图

第 5 段　雷坡村 8 号敌台至断点 3，长 223 米，保存差，前段 122 米的一层台和三层台上为耕地，二层台上为荒地，三道堑面上长有沙棘、柠条和杂草；后段 101 米只有第三层台上被开垦为耕地，一、二层台面上为荒地。雷坡村 8 号敌台南 25 米处的墙体剖面：一层台宽 8.8 米，一道堑高 11、宽 4 米；二层台宽 9 米，二道堑高 9、宽 3 米；三层台宽 17 米，三道堑高 7、宽 2 米（图五九一）。

第 6 段　断点 3 至断点 4，长 204 米，消失段。长墙体在断点 3 处断开，三道堑向南继续延伸了 31 米后因沟壑发育而断开，并在此处由北—南走向转为西北—东南走向。在断点 4 处的水冲断面上，可以看到一个下宽上窄、高 3.2 米的夯土层，夯土层的底宽 4.9、顶宽 2.9 米，夯层厚度为 0.1～0.12 米。

第 7 段　断点 4（拐点）至止点，长 355 米，其中保存较差 104 米，差 31 米，消失 220 米。断点

4（拐点）至断点 5，保存较差，墙体高 3 米，墙体西侧为一道斜坡，斜坡上长有沙棘；断点 5 向西南有 108 米的墙体因沟壑发育而冲毁消失，在沟壑之间的小山梁上发现有许多绳纹瓦片和器物残片；再向前 49 米至断点 6，此间因沟壑发育而造成墙体被冲断消失。断点 6 至断点 7 之间的夯土墙可见，保存差，高矮不齐，高度在 1～1.7 米。断点 7 至止点之间的长度为 63 米，此段墙体消失，现为荒坡地。

该段墙体沿线发现遗物较多，大部分是外饰绳纹、内饰麻点纹的瓦片残片。

该段墙体起点北接雷坡村长城 4 段，止点南接薛岔村长城 1 段。起点南 214 米处为雷坡村 7 号敌台，南 821 米处为雷坡村 8 号敌台。

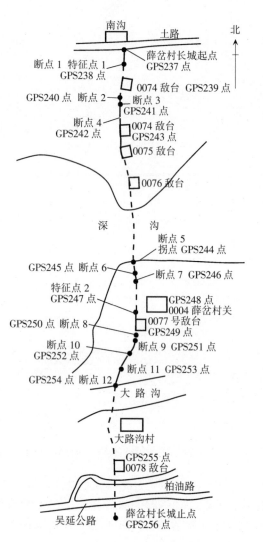

图五九二　薛岔村长城位置示意图

二六　薛岔村长城（610626382105020026）

该段墙体位于薛岔乡薛岔村南沟村（组）山坡上，所处范围为黄土高原沟壑地貌，地势起伏较大。有沟壑发育，修筑梯田。起点处西北侧为崖畔沟，西侧为南沟。墙体周围长有蒿草、沙棘、柠条等植物。起于薛岔乡薛岔村南沟村（组），止于薛岔乡薛岔村大路沟村（组），全长 1893.5 米，呈北—南走向。起点坐标东经：108°28′00.34″，北纬：36°58′42.52″，高程：1675.5 米；止点坐标东经：108°28′10.96″，北纬：36°57′45.37″，高程：1463.1 米（图五九二）。

该段墙体整体保存差，其中保存较差 59.5 米，保存差 279 米，消失 1555 米。依其保存状况分 12 个自然段。

第 1 段　起点至断点 1（特征点 1），长 10.5 米，保存较差，墙高 1.5 米，夯层厚 0.1～0.12 米。墙体内外的荒地上均种植有杨树。在断点 1（折点）处墙体从此处顺山坡而下。

第 2 段　断点 1（特征点 1）至薛岔村 1 号敌台，长 66 米，消失段，由于开垦农田以及种植杏树等原因造成墙体消失。

第 3 段　薛岔村 1 号敌台至断点 2，长 49 米，保存较差。此段墙体的夯土墙还存在，墙体内外发育为沟壑，沟内植有沙棘和柠条。

第 4 段　断点 2 至断点 3，长 63 米，保存差，夯土墙部分仅存断断续续一道土垄，墙体内、外为沟壑。

第 5 段　断点 3 至断点 4，长 158 米，消失段。此段现为一道斜坡，坡面上密布动物洞穴，还有种植的桃树等。

第 6 段　断点 4 至薛岔村 2 号敌台，长 36 米，保存差，北—南走向。墙体两侧外部均为沟壑。薛岔村 2 号敌台北 15 米处的墙体剖面：顶宽 3、底宽 4.4、东高 2.4、西高 3.6 米，夯层厚度为 0.07～0.08 米（图五九三）。

第7段 薛岔村2号敌台至断点6，消失段，长551米。其中薛岔村2号敌台向南67米是断点5（薛岔村3号敌台），再向南61米则是薛岔村4号敌台，再向南100米是拐点（特征点2）。本段墙体由于位于沟壑中受到沟壑发育以及雨水冲刷消失。拐点（特征点2）至断点6，消失段，由于沟壑发育造成墙体消失263米，但是根据地表散落的少量瓦片可以推测墙体从这里经过。

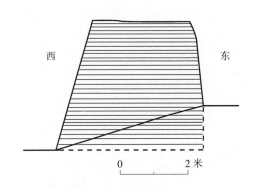

图五九三 薛岔村长城墙体剖面图

第8段 断点6至断点7，长17米，保存差。在此段墙体上发现有少量的绳纹瓦片，推测此处原来有一个敌台，后损毁消失，墙体两侧有沟壑发育。

第9段 断点7至特征点2，消失段，长250米，消失的原因为沟壑发育和开垦耕地和道路穿过。

第10段 特征点2至薛岔村5号敌台，长39米，保存差，处于沟壑之中，沟壑发育为其潜在威胁；再向南35米处为薛岔村5号敌台，此段墙体因雨水冲刷、沟壑发育而消失。

第11段 薛岔村5号敌台至断点12，长126米，保存差；薛岔村5号敌台向南36米为断点8，断点8向南5米为断点9，再向南32.6米处为断点10，继而向南20米处为断点11，断点11向南32.4米处为断点12。该段墙体均由于两侧的沟壑发育，造成两侧坍塌严重，存在多处豁口。

第12段 断点12至止点，消失段，长515米。其中断点12至薛岔村6号敌台，长430米，此段墙体因沟壑发育、修建道路和村庄建设而消失，沟壑内只有杨树和杏树等。薛岔村6号敌台向南85米处为止点，此段墙体消失，是由于吴延二级公路的穿过，公路北侧的沟渠中有少量存水。

该段墙体起点北接雷坡村长城5段，止点南接志丹县纸坊乡李畔村长城1段。起点南76.5米处为薛岔村1号敌台，南381.5米处薛岔村2号敌台，南448.5米处薛岔村3号敌台，南509.5米处为薛岔村4号敌台，南1252.5米处为薛岔村5号敌台，向南1.81千米处为薛岔村6号敌台。

该段墙体所在的薛岔村有25个组，952人。以农业人口为主，种植的主要作物有谷子、马铃薯、糜子、荞麦等；养殖有羊、马等家畜。山间有柏油公路穿过，路面弯度、坡度起伏均较大。

二七 柳沟村长城（610626382105020027）

该段墙体位于南沟村柳沟村（组）东南山坡上，位于黄土高原沟壑地貌区，地势起伏较大。山间内有沟壑发育，以及梯田开垦。墙体周围长有蒿草、沙棘、柠条等植物。起于南沟村柳沟村（组）东南1.5千米，止于南沟村柳沟村（组）西南1.8千米，全长1738米，呈东北—西南走向。起点坐标为东经：108°25′45.12″，北纬：36°58′42.52″，高程：1675.5米；止点坐标为东经：108°28′10.96″，北纬：36°57′45.37″，高程：1463.1米（图五九四）。

该段墙体整体保存差，其中保存较差344米，保存差475米，消失919米。依其保存状况分15个自然段。

第1段 起点至断点1，长216米，消失段。此处墙体和三道堑完全消失。该段位于一崾崄处，有一条东北—西南走向的土路通过，路北侧开发为农田，再向下是一条自北向南发育的沟壑；路南是一条自南向北发育的沟壑。由于农田开发、道路修建等原因导致墙体消失。

第2段 断点1至柳沟1号敌台（断点2），长107米，保存较差，东北—西南走向。从断点1处

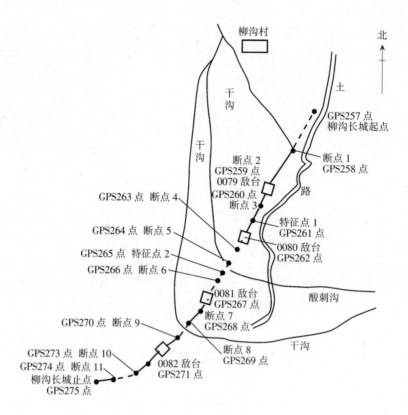

图五九四　柳沟村长城位置示意图

开始出现墙体和二道堑。墙体位于山脊上，仅留残迹，略高于地面。一层台和二层台台面和堑面上长有荒草和沙棘等植物。断点1西68米至断点2仅保留有一道堑，墙体消失，堑面北侧散落有瓦片和器物口沿；堑外是荒地，长有荒草、沙棘等植物。

　　第3段　柳沟1号敌台（断点2）至断点3，长98米，消失段。该段墙体和三道堑完全消失。断点2以西是一片荒地，长满荒草；再向西是农田。该段墙体和三道堑由于农田开发等原因已完全消失。

　　第4段　断点3至特征点1，长43米，保存差，东北—西南走向。该段有三道堑，断点3南17米处墙体剖面：一道堑高10、收分6.6米，一层台面宽9米；二道堑高6、收分3米，二层台宽18米；三道堑高6、收分3米（图五九五）。

　　第5段　特征点1至断点4，长78米，保存较差，东北—西南走向。自特征点1起，三道堑变为两道堑，墙体开始出现。该处堑面和一层台上均长满蒿草和绿树，墙体受风雨侵蚀损坏严重，呈驼峰状，夯层0.06~0.08米。墙体西侧散落有瓦片，夯层内夹杂有瓦片和红砂岩。特征点1向南52米是柳沟2号敌台。

　　第6段　断点4至断点5，长245米，消失段。该段墙体和三道堑全部消失，位于一崾崄处，崾崄南北均为沟壑，其中北侧沟壑宽70米。崾崄上有一条土路通过。

　　第7段　断点5至特征点2，长103米，其中保存较差95米，消失段8米，东北—西南走向。该段墙体位于一处山脊上，墙高1~3米。墙北侧是荒地，长满蒿草。墙南侧是一条土路。断点5有向西延伸29米的墙体，保存较差；向南是一处豁口，造成墙体消失8米。其西有长66米的墙体止于特征点2。

　　第8段　特征点2至柳沟3号敌台，长179米，其中保存差160米，消失19米，东北—西南走向。

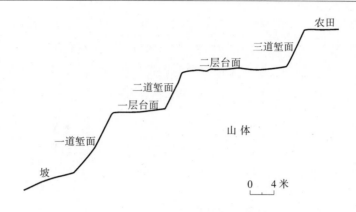

图五九五　柳沟村长城三道堑剖面图

该段只有两道堑，堑面上长有荒草。特征点 2 向西有 61 米的墙体，保存差；其西南的一个豁口，导致墙体消失 19 米；向西又有一段墙体止于柳沟 3 号敌台，该段墙体保存差，长 99 米。

第 9 段　柳沟 3 号敌台至断点 7，长 38 米，消失段。由于本范围内已被开垦为农田，墙体和三道堑完全消失。

第 10 段　断点 7 至断点 8，长 64 米，保存较差，东北—西南走向。该段墙体由于后期破坏高低不平，并且有多处豁口。墙体东侧是一条与墙体平行的沟壑，西侧是缓坡，长有蒿草。断点 8 处，沟壑将墙体冲断。

第 11 段　断点 8 至断点 9，长 117 米，消失段。此两点之间的墙体和三道堑因沟壑发育已完全消失。

第 12 段　断点 9 至柳沟 4 号敌台，长 45 米，保存差，东北—西南走向。该处墙体由崾崄爬上山坡，坍塌严重，呈驼峰状，中间有一条小路多次穿过墙体。

第 13 段　柳沟 4 号敌台至断点 10，长 199 米，其中保存差 161 米，消失 38 米，东北—西南走向。柳沟 4 号敌台向西南有一段墙体，长 20 米，保存差。现存墙体为三道堑结构，堑面和一层台、二层台上长有荒草。再西南为一处豁口，致使墙体消失 28 米。继而向南至特征点 3，长 26 米，保存差，三道堑变为两道堑。特征点 3 处也有一处豁口，致使墙体消失 10 米。由此豁口起至断点 10，长 115 米的部分保存差，两道堑变为一道堑。

第 14 段　断点 10 至断点 11，长 140 米，消失段。此两点间大部分是一条大沟壑，墙体与三道堑完全消失。

第 15 段　断点 11 至止点，长 66 米，保存差，东北—西南走向。断点 11 至止点之间存在有一道堑。

该段墙体起点北接志丹县纸坊乡李畔村长城 3 段，止点南接志丹县金丁镇卜鱼沟村酸刺沟长城。起点西南 323 米为柳沟 1 号敌台，西南 518 米为柳沟 2 号敌台，西南 1063 米为柳沟 3 号敌台，西南 1327 米为柳沟 4 号敌台。

该段墙体所在的柳沟组有居民 50 余人。主要从事农业与养殖业，种植谷子、马铃薯、糜子、荞麦等，养殖牛、羊、马、驴等家畜。山间有柏油公路穿过，路面高低起伏较大。

二八　小木界村长城（610626382105020028）

该段墙体位于薛岔乡郭畔村小木界村（组）东南山坡上，东北为卜鱼沟，西南为小木界沟。该段墙体处于黄土高原沟壑地貌区，地势起伏较大，沟壑发育。墙体周围长有蒿草、沙棘、茅草等植物。起于薛岔乡郭畔村小木界村（组）东南1.8千米，止于薛岔乡郭畔村小木界村（组）西南1.7千米，全线长858米，呈东北—西南走向。起点坐标东经：108°24′02.82″，北纬：36°53′49.08″，高程：1634米；止点坐标东经：108°23′40.26″，北纬：36°53′39.78″，高程：1554米（图五九六）。

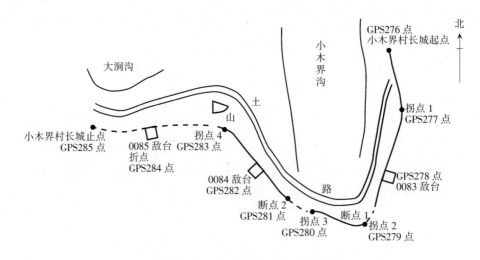

图五九六　小木界村长城位置示意图

该段墙体整体保存较差，其中保存一般长194米，较差309米，消失段355米。依其保存状况分5个自然段。

第1段　起点至拐点1，长83米，保存一般，东北—西南走向。起点处的夯土墙高1.5、顶宽0.8、底宽2.4米，夯层厚0.07~0.08米。此段墙体外侧的堑、台面上为荒地，长有沙棘、苜蓿和蒿草；墙体内侧有一条与墙体平行的便道。起点向南29米处有一个1米宽的豁口，豁口处的夯土墙体残高0.5米；再向南19米处有一3米宽的豁口，豁口处的夯土墙体残高0.5米。起点向南66米处墙体剖面：夯土墙顶宽1.8、底宽5.4、东高5、外高5、内高3.5米，夯层厚度为0.07~0.08米；一层台宽8米，一道堑高5米；二层台（为斜面）宽25、高1.6米，二道堑高6、宽3米（图五九七·2）。

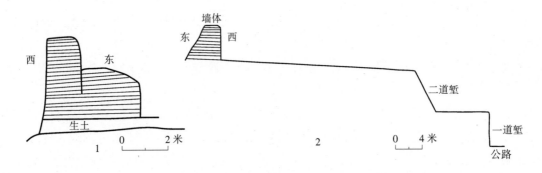

图五九七　小木界村长城墙体及墙体与三道堑剖面图

第2段　拐点1至拐点2，长188米，保存较差155米，消失33米，东北—西南走向。墙体内外的水平高差为1.6米，墙体夯层厚度为0.07~0.09米。拐点1南41米处有一个宽1米的豁口，再向南20米处为一个3米宽的豁口。此段墙体外侧为荒地，内侧有一条沙棘林带，林带外为与墙体平行的便道。拐点 1 向西南 111 米处为小木界 1 号敌台，小木界 1 号敌台向西南的夯土墙体明显降低，内侧残高为 0.2、顶宽 0.8 米。小木界 1 号敌台向西南 57 米处为一水冲豁口，墙体消失 33 米，从豁口处的墙体断面上可以看到，墙体夯土部分宽 2.6 米，从灰土层向上有 1.4 米高的堆积土，可知当时修筑长城时的地面在现有地面的 1.4 米以下。

第 3 段　拐点 2 至拐点 4，长 256 米，其中保存一般 73 米，差 159 米，消失 24 米，东南—西北走向。该段墙体时断时续，局部仅存墙基，濒临消失。从断点 2 处的墙体断面上看，夯土墙底宽 4 米，夯土层高 3.4 米（图五九七·1）。断点 2 处向西北 24 米处的墙体断面上部可以看到一个 0.3～0.5 米厚的石块堆积层。

第 4 段　拐点 4 至小木界 3 号敌台，长 86 米，保存较差 33 米，消失 53 米，东北—西南走向。此段墙体内外均为荒地，夯土墙体时有时无，但墙体外侧的三道堑保存还较完整。拐点 4 西南 22 米处向下有 16 米段夯土墙消失，继而夯土墙体存在了 6 米后出现 14 米的消失段，向西存在 5 米的夯土墙，又消失了 23 米后至小木界 3 号敌台。

第 5 段　小木界 3 号敌台至止点，长 245 米，消失段。此段墙体应为顺山坡而下，由于雨水冲刷、沟壑发育造成墙体消失。

该段墙体起点东北接志丹县黄草堀长城，止点西南接志丹县刘庄长城。起点西南 194 米处为小木界 1 号敌台，断点 2 西北 84 米处为小木界 2 号敌台，拐点 4 向西南 86 米处为小木界 3 号敌台。

该段墙体所在的郭畔村有 44 个组，1075 人，其中小木界现有 10 余户，80～90 人。以农业为主，种植的主要作物有谷子、马铃薯、糜子、荞麦等。村民的收入除了农业收入外，每人每年还能得到 1700 元的国家退耕还林补贴。以乡村土路为主，路面弯度、坡度起伏均较大。

二九　贺阳湾村长城
（610626382105020029）

该段墙体位于薛岔乡郭畔村贺阳湾村（组）山坡上起点处的贺阳湾嵯峨，东侧为溜土沟，西侧为楼子沟，后沿排子沟和中子沟之间的山梁北侧延伸。起于薛岔乡郭畔村贺阳湾村（组）东南 1 千米，止于薛岔乡郭畔村贺阳湾村（组）西北 1.2 千米；全长 2427 米，呈东南—西北走向。起点处坐标为东经：108°22′19.56″，北纬：36°53′00.60″，高程：1615 米；止点处坐标为东经：108°21′23.34″，北纬：36°54′01.14″，高程：1575 米（图五九八）。

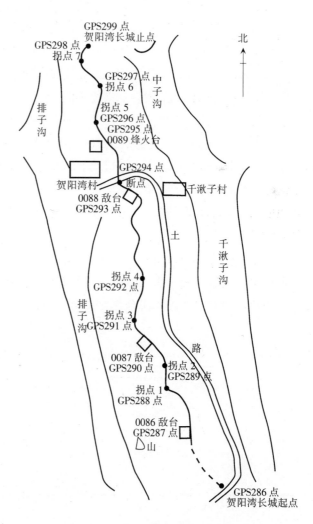

图五九八　贺阳湾村长城位置示意图

该段墙体整体保存差，其中保存差 2368 米，消失 59 米。依其保存状况分 5 个自然段。

第 1 段　起点至拐点 1，全长 345 米，其中保存差 302 米，消失 43 米。东南—西北走向。起点向前 65 米处有一个 35 米宽的水冲豁口，造成墙体消失，豁口南 5 米处为贺阳湾 1 号敌台。此段墙体内侧为耕地，堑面上为荒地，生长有柠条和蒿类植物。贺阳湾 1 号敌台向西北 24 米处有一个 8 米宽的豁口，保存差。豁口处向西北 208 米至拐点 1，墙体在拐点 1 处转为南—北走向，保存差，顺内侧山峁的弧度弯曲前行。其内外的台面上为耕地，堑面上长有柠条和蒿草。

第 2 段　拐点 1 至拐点 3，长 329 米，保存差，拐点 1 与拐点 2 之间的长度为 50 米，南—北走向；拐点 2 向西北 104 米为贺阳湾 2 号敌台，墙体改为东南—西北走向。墙体内、外两侧台面上为耕地，外侧堑面上生长有柠条、枸杞和蒿草。贺阳湾 2 号敌台向西北 175 米处为拐点 3。此段墙体保存差，前段 100 米墙体内外的台地上均为耕地，后段 75 米墙体内侧为耕地，外侧台面上为荒地。在拐点 3 处发现有大量的瓦片、大型陶器残片，根据其正对沟壑的位置和与两侧敌台的距离，推测此处原应有一个敌台，现已无存。

第 3 段　拐点 3 至断点，长 575 米，保存差，东南—西北走向。拐点 3 西北 100 米处为拐点 4，该段墙体内外台面上为耕地；拐点 4 向西北 20 米处的第三道堑面底部发掘出一块较为完整的筒瓦，一块稍有残缺的拱形瓦片和一些陶器残片；拐点 4 向西北 175 米处为贺阳湾 3 号敌台，墙体内侧为耕地，外侧台面和堑面上长荒草；贺阳湾 3 号敌台向西北 300 米处为断点。

第 4 段　断点至拐点 5，长 463 米，其中保存差 447 米，消失 16 米，东南—西北走向。断点处有一条宽约 8 米的土路通过，西北 110 米处有一水冲豁口造成墙体消失 16 米，在豁口处散落有少量的绳纹瓦片。墙体内外的台面上均为开垦的耕地。

第 5 段　拐点 5 至止点，长 715 米，保存差，东南—西北走向。拐点 5 三道堑和台面上都散落有一些绳纹瓦片。其西北 180 米处为拐点 6，再西北 40 米处为拐点 7，继而西北 495 米处为止点。该段墙体内外的台面上为开垦的农田，三道堑下为中子沟，沟内种植沙棘和杏树。从当地群众处了解到，止点处原有一个敌台，后因平整土地而被推平，现已无迹可寻。拐点 5 处三道堑的剖面：一道堑高 11、收分 6 米，一层台面宽 9 米；二道堑高 12、收分 5 米，二层台宽 6 米；三道堑高 8、收分 2 米，三层台宽 20 米（图五九九）。

在拐点 4 西北 20 米处的三层台边缘散落有一些绳纹瓦片，进而发现在第三道堑面底部的土层中夹杂有瓦块。经过发掘，出土了一块残长 50、宽 10.06 厘米的外饰绳纹的筒瓦和一些外饰绳纹的拱形瓦器碎片。经对这些碎片拼合修复，得一筒瓦，全长 65、拱高 10、弧开口宽 10.06 厘米，瓦片厚度为 1.8～2 厘米（图六〇〇）。

该段墙体起点东南接志丹县马莲嵕崄长城，止点西北接李拜寺长城。起点西北 105 米处为贺阳湾 1 号敌台，拐点 2 西北 104 米处为贺阳湾 2 号敌台，拐点 4 西北 175 米处为贺阳湾 3 号敌台，断点西北 306 米处墙体内侧的山梁顶部为贺阳湾烽火台。

该段墙体所在的郭畔村有 44 个组，1075 人，其中贺阳湾村现有 18 户，70 余人。以农业为主，种植的主要作物有谷子、马铃薯、糜子、

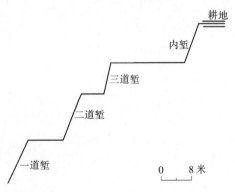

图五九九　贺阳湾村长城三道堑剖面图

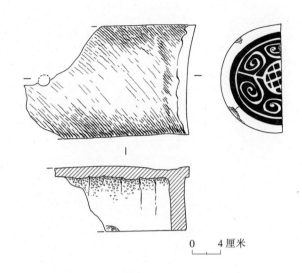

图六〇〇 贺阳湾村长城附近采集的瓦当

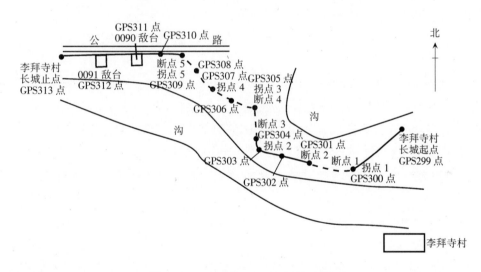

图六〇一 李拜寺村长城位置示意图

荞麦等。村民的收入除了农业收入外，每人每年还能得到1700元的国家退耕还林补贴。以乡村土路为主，路面弯度、坡度起伏均较大。

三〇 李拜寺村长城（610626382105020030）

该段墙体位于薛岔乡郭畔村李拜寺村（组）山坡上，西临排子沟，北为杨青川。墙体沿排子沟东面山梁的东腰而行，向北至杨青川时拐向西，再向西越过狼儿子沟。起于薛岔乡郭畔村李拜寺村（组）东南1.5千米，止于薛岔乡郭畔村李拜寺村（组）西1.4千米，全长2887米，东南—西北走向。起点坐标东经：108°21′23.34″，北纬：36°54′01.14″，高程：1575米；止点坐标东经：108°20′05.80″，北纬：36°54′44.80″，高程：1390米（图六〇一）。

该段墙体整体保存差，其中保存差1517米，消失1370米。依其保存状况分7个自然段。

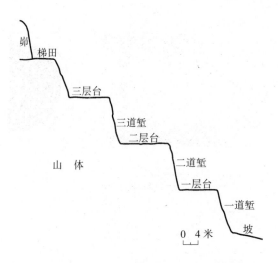

图六〇二　李拜寺村长城三道堑剖面图

第 1 段　起点至拐点 1（断点 1），长 100 米，保存差，东北—西南走向。此段墙体仅存堑面，东面为坡，西侧为开垦的耕地。坡面和堑面上长有荒草。

第 2 段　拐点 1（断点 1）至断点 2，长 60 米，消失段，东南—西北走向。由于宽 30 米的沟壑的发育，堑面被冲断，造成墙体消失。

第 3 段　断点 2 至拐点 2，长 538 米，保存差，东南—西北走向。断点 2 向西北 310 米处，据当地老乡讲，这里原有一敌台，今由于开垦耕地已经被推平。台地上也发现有瓦片存在。此段墙体以三道堑的形式存在，各层台面上都为开垦的农田，东侧堑面坡下有一条宽 5 米的土路。

第 4 段　拐点 2 至断点 4（拐点 3），长 253 米，其中保存差 87 米，消失 166 米，南—北走向。拐点 2 至断点 3，保存差，长 87 米，堑面尚在。从断点 3 至断点 4（拐点 3），长 166 米，因开垦耕地消失。

第 5 段　断点 4（拐点 3）至拐点 4，长 391 米，保存差，东南—西北走向。断点 4（拐点 3）向北三道堑保存完好，西侧坡面上长有大量的沙棘，也有杨树、槐树。东侧坡面下一土路沿堑的方向向北延伸，二层台上散落有外绳纹、内麻点纹的瓦片。断点 4（拐点 3）北 105 米处三道堑剖面：一道堑高 11 米，一层台宽 10 米；二道堑高 12、宽 3 米，二层台宽 13 米；三道堑高 12、宽 4 米，三层台宽 11 米（图六〇二）。

第 6 段　拐点 4 至断点 5（拐点 5），长 175 米，保存差，东南—西北走向。拐点 4 开始仅有一道堑，由此点向前堑绕西面山梁北坡拐向排子沟，台面上发现有外绳纹、内麻点纹的瓦片存在，堑面上长有大量的沙棘。

第 7 段　断点 5（拐点 5）至止点，长 1370 米，其中保存差 226 米，消失 1144 米，东—西走向。断点 5（拐点 5）处正处排子沟与杨青川交叉处的西侧，三道堑被冲断，至断点 6，消失段，长 302 米；断点 6 处始三道堑重新出现，向西至李拜寺村 1 号敌台，墙体保存差，长 226 米；李拜寺村 1 号敌台向西至止点，消失段，长 842 米。消失原因为杨青川川道发育和修筑公路、开挖山体等。

长城所经过的墙体两侧可见少量外绳纹、内麻点纹瓦片。

该段墙体起点南接贺阳湾长城，止点西北接瓦社长城。止点东 842 米处为李拜寺村 1 号敌台，东 532 米处为李拜寺村 2 号敌台。

该段墙体所在的郭畔村有44个组，1075人，其中李拜寺村现有四五十户，长住的有100多人。以农业为主，种植的主要作物有谷子、马铃薯、糜子、荞麦等。以乡村土路为主，路面弯度、坡度起伏均较大。

三一 瓦社村长城（6106263821010020031）

该段墙体位于吴起镇西沟塔瓦社村（组）东南山坡上。该地为黄土沟壑区，北侧为杨青川河谷，河谷下切严重，南侧为沟壑、断崖。起于吴起镇西沟塔瓦社村（组）东南784米，止于吴起镇西沟塔阳台村（组）东南401米，全长2379米，东—西走向。起点处坐标为东经：108°20′05.80″，北纬：36°54′44.80″，高程：1390米；止点处坐标为东经：108°18′30.70″，北纬：36°55′02.20″，高程：1506米（图六〇三）。

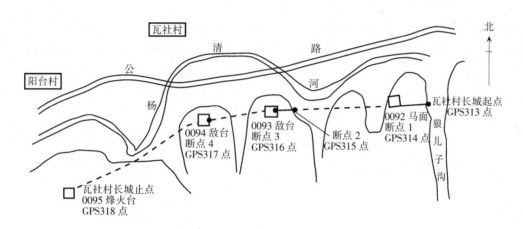

图六〇三 瓦社村长城位置示意图

该段墙体整体保存差，其中保存差的部分长57、消失段2322米。依其保存状况分5个自然段。

建筑方式是先把山体铲削成堑，后用夯土包层，夯层厚0.06～0.11米。断点2到断点3之间墙体构造方式较为特殊，是将山坡铲削为立面，后夯土夯筑包在立面外。断点3、瓦社村1号敌台北侧断面处夯土厚度为0.06～0.11米，墙高1.5～2.8、底宽4.6米（图六〇四）。

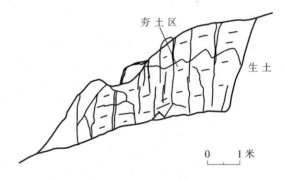

图六〇四 瓦社村长城墙体断面图

第1段 起点至断点1（瓦社村马面），长26米，保存差，东—西走向。该段墙体建在山坡上，其东侧距狼儿子沟（吴起镇与薛岔乡分界线）16米，北侧为杨青川，南侧为缓坡。由于后期破坏，该段墙体与地面齐平，墙身上有蒿类植物。起点断面处夯层厚0.06～0.1米，夯层宽1.47、高1.5米，周边发现绳纹瓦片。

第2段 断点1（瓦社村马面）至断点2，长403米，消失段。因沟壑、耕地、风雨侵蚀等造成墙体消失。

第3段 断点2至断点3（瓦社村1号敌台），长31米，保存差，东—西走向。墙体周围发现绳纹瓦片，墙体上生有荒草。该段墙体由于后期破坏，顶部与坡面齐平。墙体北侧为陡坡，南侧为缓坡。

第4段　断点3（瓦社村1号敌台）至断点4（瓦社村2号敌台），长934米，消失段，由于雨水冲蚀、人为垦荒造成墙体消失。

第5段　断点4（瓦社村2号敌台）至止点（阳台村烽火台），长985米，消失段，人为破坏造成墙体消失。

该段墙体起点接李拜寺长城，止点接西北沟塔村山险。断点1为瓦社村马面，该马面西距瓦社村1号敌台434米。瓦社村1号敌台，西距瓦社村2号敌台934米，该敌台西距阳台村烽火台985米。

该段墙体所在的瓦社村有30多户，100多人，主要种植马铃薯、糜子、荞麦等。该村南部有一条吴起通往薛岔的公路，山上多是小路，只能徒步上山。

三二　西沟塔村山险（6106263382106020032）

该段山险位于吴起镇西沟塔村西沟塔村（组）南，建在西沟塔村（组）南部山坡上，为黄土沟壑区。北侧为杨青川河谷，河谷下切严重。南侧为沟壑、断崖，形成天然的防御地形，易守难攻。起于吴起镇西沟塔阳台村（组）东南401米，止于吴起镇西沟塔村西沟塔村（组）南55米，全长3127米，东—西走向。起点坐标东经：108°18′30.70″，北纬：36°55′02.20″，高程：1506米；止点坐标东经：108°16′46.80″，北纬：36°54′24.00″，高程：1372米（图六〇五）。

该段山险保存一般，以杨青川为堑，川南侧的沟壑、断崖为山险。山险由马面、敌台、烽火台等台体连接起来。沿线散落有少量绳纹、麻点纹板瓦瓦片（图六〇六）。依其保存状况分5个自然段。

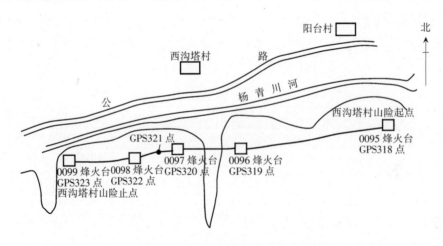

图六〇五　西沟塔村山险位置示意图

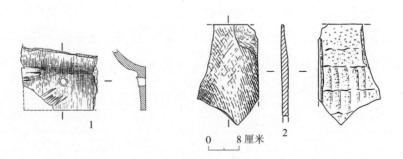

图六〇六　西沟塔村山险附近采集的瓦片

第 1 段　起点（阳台村烽火台）至西沟塔村 1 号烽火台，长 1398 米，保存一般。起点即是阳台村烽火台，建在吴起镇西沟塔西沟塔村南 98 米山体缓坡地带，北距吴起通往薛岔的公路 95 米，距杨青川 41 米。

第 2 段　西沟塔村 1 号烽火台至西沟塔村 2 号烽火台，长 215 米，保存一般，东—西走向。西沟塔村 2 号烽火台，建在吴起镇西沟塔村西沟塔东南 153 米处山体缓坡地带，北距吴起通往薛岔的公路 125 米，北距杨青川 117 米。

第 3 段　西沟塔村 2 号烽火台至特征点，长 328 米，保存一般，东—西走向。该点断面土层中发现大量外绳纹，内麻点纹、布纹板瓦、筒瓦瓦片。

第 4 段　特征点至西沟塔村 3 号烽火台，长 770 米，保存一般，东—西走向。西沟塔村 3 号烽火台，建在吴起镇西沟塔村西沟塔东南山体缓坡地带上，东距西沟塔村马面 1.1 千米。北距吴起通往薛岔的公路 95 米，北距杨青川 85 米。

第 5 段　西沟塔村 3 号烽火台至止点（西沟塔村 4 号烽火台），长 416 米，保存一般，东—西走向。西沟塔村 4 号烽火台的东面与山体缓坡相连，北距西沟塔村 55 米，北距吴起通往薛岔的公路 39 米，北距杨青川 29 米，沟中散落大量瓦片，台体四周杂草丛生。

该山险起点接瓦社村长城，止点接西沟塔村长城。

该段山险所在的西沟塔村有居民三四十户，140 余人。主要种植马铃薯、糜子、荞麦等。村南有一条吴起通往薛岔的公路，山上多是小路，只能徒步上山。

三三　西沟塔村长城（610626382101020033）

该段墙体位于吴起镇西沟塔村西沟塔村（组）西群山间，为黄土沟壑区。山多为黄土山，黄土下有基岩。起于吴起镇西沟塔村西沟塔村（组）南 55 米，止于吴起镇西沟塔村西沟塔村（组）西 2.95 千米，全长 3118 米，东—西走向。起点坐标东经：108°16′46.80″，北纬：36°54′24.00″，高程：1372 米；止点坐标东经：108°14′59.60″，北纬：36°53′45.80″，高程：1491 米（图六〇七）。

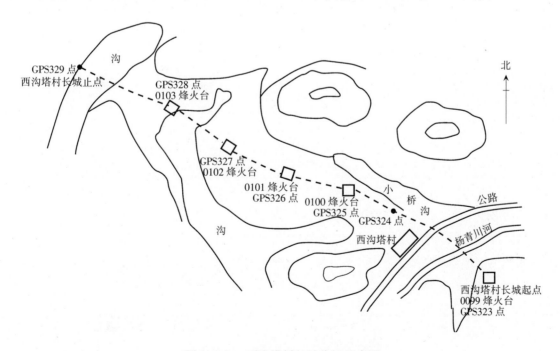

图六〇七　西沟塔村长城位置示意图

该段墙体由于沟壑发育、雨水冲刷、耕地开垦、采油破坏、道路建设等原因，导致墙体被毁。但是沿线可见 5 座烽火台和大量外饰绳纹、内饰麻点纹的瓦片，以及一处有夯土的特征点。该特征点位于山顶六阶台地的第三阶边缘，此点以下的三阶台地上也发现有大量绳纹、麻点纹、布纹等板瓦、筒瓦残片和器物残片等。

该段墙体起点接西沟塔村山险，为西沟塔村 4 号烽火台，止点接刘砭村长城。起点西距西沟塔村 5 号烽火台 1370 米，西距西沟塔村 6 号烽火台 1700 千米，西距西沟塔村 7 号烽火台 2400 米，西距西沟塔村 8 号烽火台 2510 千米。

三四　刘砭村长城（610626382101020034）

该段墙体位于吴起镇刘砭村西北的山梁上，为黄土沟壑区，山多为黄土山，黄土下有基岩。墙体建在山坡、山腰或山间崾崄处。起于吴起镇西沟塔村西 2.95 千米，止于吴起镇杨青村西北 1.38 千米，全长 742 米，东—西走向。起点坐标东经：108°14′59.60″，北纬：36°53′45.80″，高程：1491 米；止点坐标东经：108°14′33.00″，北纬：36°53′45.00″，高程：1553 米（图六〇八）。

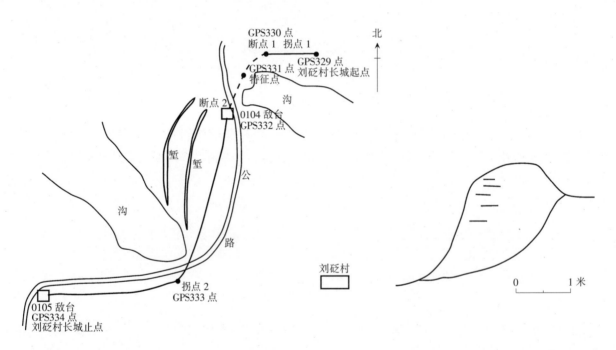

图六〇八　刘砭村长城位置示意图　　　　图六〇九　刘砭村长城墙体剖面图

该段墙体整体保存差，墙体坍塌、剥落严重，残存墙体上杂草、苔藓很多。其中保存较差 79 米，差 489 米，消失 174 米。依其保存状况分 4 个自然段。

第 1 段　起点至断点 1（拐点 1），长 79 米，保存较差，东—西走向。该段墙体位于山体南侧的缓坡地带，周围为荒地，杂草丛生，生长有沙棘、柳树、杨树、柠条等。墙体起点东距沟边 13 米，顶宽 0.7、内高 0.6、外高 2.1 米，夯层厚 0.08 ~ 0.1 米（图六〇九）。墙体沿线可见少量瓦片，均外饰绳纹、内饰麻点纹。墙体在拐点 1 处开始转为东北—西南走向。

第 2 段　断点 1（拐点 1）至断点 2，长 174 米，消失段。因冲沟及道路破坏墙体消失。其中断点 1 向西南 83 米为特征点 1，墙体外高 3 米，内与地面齐平，夯层厚 0.08 ~ 0.11 米。

第3段 断点2至拐点2,长165米,保存差,东北—西南走向。墙体位于山体北侧的缓坡地带,周围为荒地,杂草丛生。北侧临沟,有两道堑,堑长113米,第一道堑高13、台面宽11米;第二道堑高11、台面宽6米。墙体在拐点2处开始转为东—西走向。

第4段 拐点2至止点,长324米,保存差,东—西走向。墙体南距油井69米,距盘山土路45米,夯层厚度0.08~0.13米,沿墙体可见少量瓦片,外饰绳纹,内饰麻点纹。墙体周围为荒地。

该长城起点接西沟塔村长城,止点接杨青村长城1段起点。

该段墙体所在的刘砭村有居民49户,235口人。主要种植马铃薯、糜子、荞麦等。交通不便,旁有一条盘山土路可以行车,其他为徒步上山的小路。

三五 杨青村长城1段 (610626382101020035)

该段墙体位于吴起镇杨青村西北的山梁上,顺山势而建。该地为黄土沟壑区,山多为黄土山,黄土下有基岩。起于吴起镇杨青村西北1.38千米,止于吴起镇杨青村西北2.05千米,全长722米,东—西走向。起点坐标东经:108°14′33.00″,北纬:36°53′45.00″,高程:1553米;止点坐标东经:108°14′04.50″,北纬:36°53′45.70″,高程:1523米(图六一〇)。

该段墙体保存差,墙体坍塌、剥落严重,残存墙体上都长有多年生草本植物及苔藓。其中保存较差437米,差183米,消失102米。依其保存状况分4个自然段。

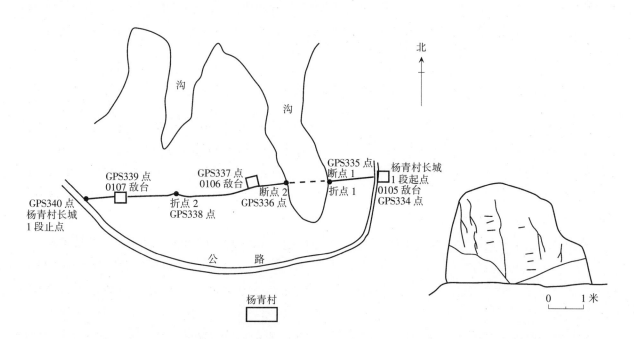

图六一〇 杨青村长城1段位置示意图　　　图六一一 杨青村长城1段墙体断面图

第1段 起点(杨青村1号敌台)至断点1(折点1),长98米,保存较差,东—西走向。墙体呈下坡状,底宽4.4、顶宽2.8、高3米(图六一一)。墙体起点东距油井383米,北侧紧邻盘山土路。墙体沿线可见少量瓦片,外饰绳纹,内饰麻点纹。周围为荒地,杂草丛生。

第2段 断点1(折点1)至断点2,长102米,消失段。由于冲沟破坏导致墙体消失。

第3段 断点2至折点2,长339米,保存较差,东—西走向。南距盘山土路50米。墙体北侧有二道堑,第一道堑高13、台面宽14米;第二道堑高10、台面宽19米。墙体周围为荒地,杂草丛生。

另见有侧柏、杨树、松树、杏树、柠条、沙棘等。

第4段 折点2至止点，长183米，保存差，东—西走向。墙体从坡底延伸至山包顶部的杨青村2号敌台后沿山坡向下至路边止点。

该段墙体沿线可见少量瓦片，外饰绳纹，内饰麻点纹（图六一二）。

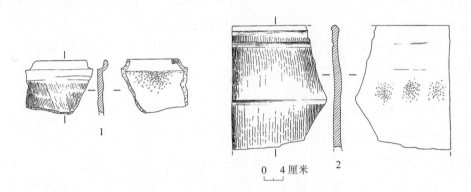

图六一二 杨青村长城1段附近采集的瓦片

该段墙体起点即为杨青村1号敌台，接刘砭村长城，止点接杨青村长城2段。起点向西至252米处为杨青村马面，该马面向西389米为杨青村2号敌台，

该段墙体所在的杨青村有居民200余户，800余人，种植马铃薯、糜子、荞麦等。墙体附近有一条盘山土路可以行车，其他为徒步上山的小路。

三六 杨青村长城2段（6106263821010200036）

该段墙体位于吴起镇杨青村西北群山间，多建在山腰及崾崄处。其上周边杂草遍布，也有果树经济林等。该地为黄土沟壑区，山多为黄土山，黄土下有基岩。起于吴起镇杨青村西北2.05千米，止于吴起镇杨青村西北2.08千米，全长1221米，东—西走向。起点坐标东经：108°14′04.50″，北纬：36°53′45.74″，高程：1523.6米；止点坐标东经：108°13′33.00″，北纬：36°53′28.00″，高程：1502米（图六一三）。

该段墙体整体保存程度为差，其中保存差218米，消失1003米。依其保存状况分7个自然段。

第1段 起点至断点1，长403米，消失段，东—西走向。因道路、平整土地破坏导致墙体消失。地表发现外弦纹、绳纹等的瓦片。该段墙体的起点为杨青村3号敌台，敌台东距杨青村2号敌台267米。

第2段 断点1至断点2，长41米，保存差，东北—西南走向。墙体剥蚀严重，上有洋槐、蒿等植物，墙体北高3.4、南高1.7、顶宽2、夯层厚度0.08～0.11米（图六一四）。北侧为陡坡，南侧为山腰处土路，可行车。

第3段 断点2至断点3，长137米，消失段，东北—西南走向。本消失段位于土路与陡坡之间。

第4段 断点3至断点4，长30米，保存差，东北—西南走向。墙体上有沙棘、蒿等植物，北侧为沟壑，南侧5米外为山腰处土路。墙体坍塌严重。

第5段 断点4至断点5，长357米，消失段。因山间沟壑发育、道路建设破坏导致墙体消失。

第6段 断点5至断点6，长147米，保存差，东—西走向。墙体破坏严重，北侧凸出地表，为山

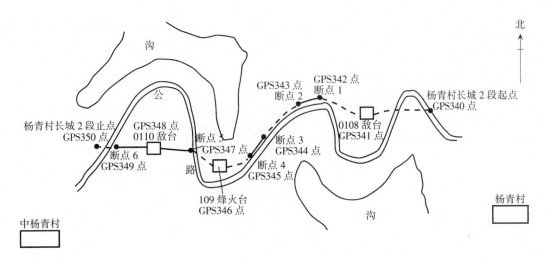

图六一三　杨青村长城 2 段位置示意图

体缓坡，南侧与地表齐平，土地已被平整，种植沙棘、柠条、杏树等作物，墙体上有蒿、蒲公英等。周边发现有绳纹、麻点纹等瓦片。

第 7 段　断点 6 至止点，长 106 米，消失段。该段由于雨水冲毁、沟壑发育、道路建设等原因造成墙体消失。

该段墙体起点接杨青村长城 1 段，止点接中杨青村长城 1 段。起点向西 211 米为杨青村 3 号敌台，东距杨青村 2 号敌台 267 米，西距杨青村烽火台 577 米。该烽火台西北距杨青村 4 号敌台 215 米。

该段墙体所处为黄土高原沟壑区，只在墙体旁边有一条土路可以行车。

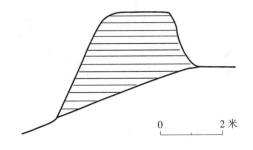

图六一四　杨青村长城 2 段墙体剖面图

三七　中杨青村长城 1 段（610626382101030037）

该段墙体位于吴起镇杨青村西北山北腰的缓坡地带，墙体顺山势高低起伏。该地为黄土沟壑区，沟深坡陡。起于吴起镇杨青村西北 2.08 千米，止于吴起镇中杨青村西北 2.06 千米，全长 947 米，东南—西北走向。起点坐标东经：108°13′33.00″，北纬：36°53′28.00″，高程：1502 米；止点坐标东经：108°13′02.26″，北纬：36°53′32.35″，高程：1529 米（图六一五）。

该段墙体整体保存差，坍塌严重，墙基尚留，墙体部分可辨，外侧有两道堑。其中保存一般长 54 米，较差 175 米，差 359 米，消失 359 米。依其保存状况分 7 个自然段。

第 1 段　起点至断点 1，长 175 米，保存较差，东南—西北走向，墙体沿着山坡呈上坡趋势；起点北距杨青村 4 号敌台 201 米，东距盘山土路 34 米，东紧邻冲沟；断点 1 南紧邻盘山土路，西北 57 米处有长 1.2、宽 0.8、厚 0.16 米的保护碑横置在地，该保护碑正面楷书"全国重点文物保护单位　长城　中华人民共和国二零零一年六月二十五日公布，陕西省人民政府立"。墙体北为荒地，南为栽种沙棘、刺槐等植物的林地。墙体周围散落少量板瓦瓦片，均为外绳纹、内麻点纹。

第 2 段　断点 1 至断点 2（拐点 1），长 84 米，消失段，东南—西北走向。因道路建设破坏造成墙体消失。墙体走向在断点 2（拐点 1）变成东北—西南走向。

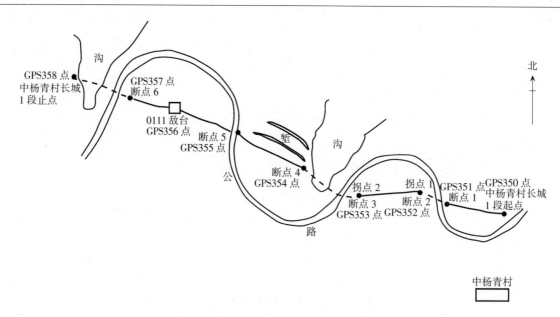

图六一五   中杨青村长城 1 段位置示意图

第 3 段   断点 2（拐点 1）至断点 3（拐点 2），长 119 米，保存差，东北—西南走向，略呈上坡趋势，墙基尚存，与山体相平。行至拐点 2，变为东南—西北走向。墙体北紧贴盘山土路，南为山体缓坡地带。

第 4 段   断点 3（拐点 2）至断点 4，长 121 米，消失段，东南—西北走向。因道路建设和流水冲刷消失。

第 5 段   断点 4 至断点 5，长 54 米，保存一般，东南—西北走向。呈上坡趋势，墙体顶宽 2、底宽 3.6、北高 2.5、南高 1.6 米（图六一六·1）。墙体北紧邻两道堑，第一道堑高 10 米，台面宽 9 米；第二道堑高 8 米，台面宽 7 米（图六一六·2）。台面上栽种有沙棘、槐树、松柏。墙体南紧邻流水冲沟。

第 6 段   断点 5 至断点 6，长 240 米，保存差，东南—西北走向。该段墙体墙基尚存，基本与山体相平。北紧邻一道堑，南为山体缓坡地带。

第 7 段   断点 6 至止点，长 154 米，消失段，东南—西北走向，因道路建设和流水冲沟破坏。墙体沿线均散布少量外绳纹、内麻点纹瓦片。

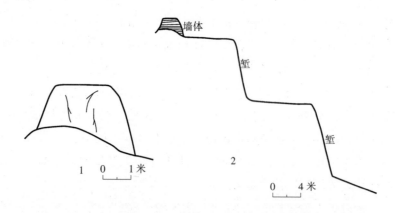

图六一六   中杨青村长城 1 段墙体断面图及墙体与堑剖面图

该段墙体起点接杨青村长城 2 段，止点接中杨青村长城 2 段。西南距该段墙体止点东北 60 米处是中杨青村 1 号敌台。

该段墙体所在的中杨青村有居民 128 户，598 人，种植马铃薯、糜子、荞麦、大棚菜、玉米等。该村南部有一条吴起通往薛岔的公路，山上有盘山土路可到达墙体。

三八　中杨青村长城 2 段
（6106263821010300038）

该段墙体位于吴起镇中杨青村西北部山间的城墙岭，因旧时有秦长城故得名。该地为黄土沟壑区，山多为黄土山，黄土下有基岩。起于吴起镇中杨青村西北 1.95 千米，止于吴起镇中杨青村西北 2.05 千米，全长 927 米。东北—西南走向。起点坐标东经：108°13′02.26″，北纬：36°53′32.35″，高程：1529.7 米；止点坐标东经：108°12′31.98″，北纬：36°53′19.91″，高程：1463.7 米（图六一七）。

该段墙体整体保存一般。其中保存一般 268 米，差 237 米，消失 422 米。依其保存状况分 5 个自然段。

墙体构筑方法是先把山体铲削成立面，后用夯土包筑，夯层厚 0.06～0.12 米。墙体外侧有一道堑。

第 1 段　起点（折点）至断点 2（拐点 2），长 305 米，其中保存一般 268 米，差 27 米，消失 10 米，东南—西北走向。起点（折点）至特征点，保存差，长 27 米，墙体南为因雨水冲刷形成的沟壑，造成南侧墙体坍塌，北侧为缓坡，缓坡外为沟壑。墙体南侧残高 0～1.6 米，北侧残高 0～1.2 米。墙体上及周边生有杂草，墙体上有鼠穴。特征点至断点 2，保存一般，其中断点 1（拐点 1）位于特征点西北 22 米，且在此处由于山腰间土路的开辟，造成墙体消失 10 米，走向近乎东—西。拐点 2 位于断点 1（拐点 1）以西 122 米，此处墙体走向转为北—南，断点 1 处墙体底宽 4.4、顶宽 2.8、高 3 米（图六一八·1）。拐点 2 处墙体向南 134 米，墙体断开至断点 2 处。本段墙体北高 2～4 米，断面处发现夯层，厚度 0.06～0.12 米。墙体外侧有一道堑，堑与墙体之间的台面宽 17.6、堑高 6.6 米，堑与下方坡地之间的台面宽 10.5 米，墙体内侧与墙体齐平的台面宽 27.5 米，山顶台面高 4.2 米（图六一八·2）。

第 2 段　断点 2 至断点 3（拐点 3），长 260 米，消失段。由于沟壑发育、道路修建、平整土地、种植等原因造成墙体消失。

第 3 段　断点 3（拐点 3）至断点 4，长 82 米，保存差，东北—西南走向。其南侧与台地齐平，台地上种植有沙棘、杏树，北侧高出地表 0.8 米。

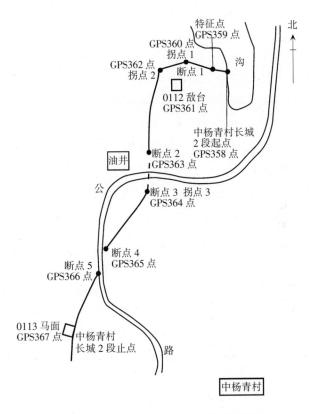

图六一七　中杨青村长城 2 段位置示意图

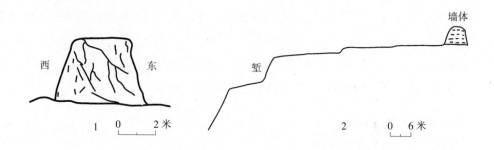

图六一八　中杨青村长城 2 段墙体断面图及墙体与堑剖面图

第 4 段　断点 4 至断点 5，152 米，消失段，东北—西南走向。因道路修建、铲削山体、沟壑发育等造成墙体消失。

第 5 段　断点 5 至止点（中杨青村马面），长 128 米，保存差，东北—西南走向。墙体断面处发现夯层，厚度 0.05～0.12 米。墙体北高 3.7 米，南高与地表齐平。整段墙体建在两山之间平缓的山坡上。墙体西北方为两条沟壑相交处，东南方为平缓山坡。

该段墙体起点接中杨青村长城 1 段，止点接石碑湾村长城 1 段。中杨青村 2 号敌台，北距墙体 3.50 米，东距中杨青村 1 号敌台 314 米。中杨青村马面，西南距石碑湾敌台 292 米。

该段墙体位于黄土高原沟壑区，墙体旁边有一条土路可以行车。

三九　石碑湾村长城 1 段（610626382101020039）

该段墙体位于吴起镇石碑湾村东北部的山腰及山沟处，周边多杂草、苜蓿、果树林木等。该地为黄土沟壑区，山多为黄土山，黄土下有基岩。起于吴起镇中杨青村西北 2.05 千米，止于吴起镇石碑湾村北 1.05 千米，全长 1018 米，东北—西南走向。起点坐标东经：108°12′31.98″，北纬：36°53′19.91″，高程：1463.7 米；止点东经：108°11′57.13″，北纬：36°53′09.93″，高程：1288.6 米（图六一九）。

该段墙体整体保存差，其中保存差 385 米，消失 633 米。依其保存状况分 4 个自然段。

第 1 段　起点至断点 1，长 205 米，保存差，东北—西南走向。墙体外侧陡立，高 2.5 米，外侧是台地，台地外为两条沟壑相交处，内侧与坡地齐平。墙体上杂草丛生，坍塌剥蚀严重，并且有雨水冲刷形成多处缺口。起点西南 78 米处有一宽为 6 米的缺口，在缺口处做一剖面可知：墙体剖面底宽 2、顶宽 1.4、外高 3.2、内高 1.7 米，夯层厚度 0.06～0.1 米（图六二〇）。

第 2 段　断点 1 至断点 2（拐点 1），长 90 米，消失段，东北—西南走向。因道路修建、沟壑发育、平整土地等造成墙体消失。在拐点 1 处，墙体开始转为东—西。

第 3 段　断点 2（拐点 1）至断点 3，长 180 米，保存差。断点 2 到石碑湾村敌台（拐点 2），长 55 米，保存差，在拐点 2 处墙体走向开始变为东北—西南。该段墙体两侧为山腰坡地，在坡地上种植有沙棘、杏树等。石碑湾村敌台（拐点 2）至断点 3，保存差，长 125 米，东北—西南走向。夯土层仅遗留薄层，外侧陡立，高 4.8 米，面临陡坡，其下方为沟壑，内侧与台地齐平，台地上种植沙棘、柏树、杨树。墙体在断点 3 处被沟壑切断。

第 4 段　断点 3 到止点，543 米，消失段，东北—西南走向。因雨水冲刷、沟壑发育等造成墙体消失。该沟壑造成两边山体大面积塌方，沟壑下段两侧为河谷下切形成的层层石崖。

该段墙体起点接中杨青村长城 2 段，止点接石碑湾村长城 2 段。拐点 2 是石碑湾村敌台，东北距中杨青村马面 292 米。南距石碑湾村遗存 32 米。

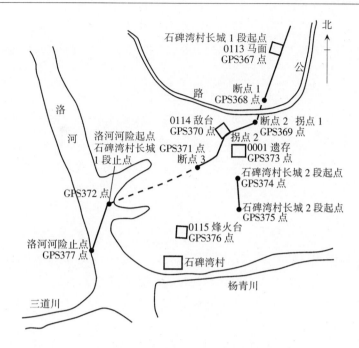

图六一九　石碑湾村长城 1、2 段及洛河河险位置示意图

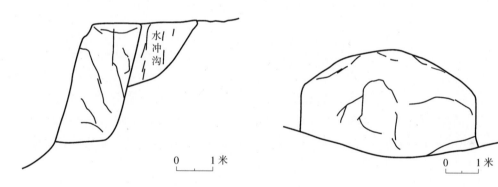

图六二〇　石碑湾村长城 1 段墙体断面图　　　图六二一　石碑湾村长城 2 段墙体断面图

该段墙体所在的石碑湾村有居民 40 余户，200 余人，主要种植马铃薯、大棚蔬菜等。墙体位于黄土高原沟壑区，交通不便，旁有一条土路可以行车，其他为徒步上山的小路。

四〇　石碑湾村长城 2 段（6106263821010 20040）

该段墙体位于吴起镇中杨青石碑湾村北山梁顶部，该地为黄土沟壑区，山多为黄土山，黄土下有基岩，墙体上及周边杂草丛生，并且种有沙棘、槐树、杏树、桃树等。起于吴起镇中杨青石碑湾村北 851 米，止于吴起镇中杨青石碑湾村北 827 米，全长 24 米，北—南走向。起点坐标东经：108°12′21.54″，北纬：36°53′06.53″，高程：1519.0 米；止点坐标东经：108°12′21.91″，北纬：36°53′05.82″，高程：1520.8 米（图六一九）。

该段墙体整体保存差。墙体坍塌严重，残存墙体上长有杂草及苔藓。该段墙体为自然基础上黄土夯筑，夯层厚 0.07 ~ 0.11 米。墙体周围为荒山，杂草丛生，并且栽种有沙棘、槐树、杏树、桃树等。墙体东北距盘山土路 629 米，南距石碑湾村 827 米，西距洛河 816 米，东距沟边 13 米。墙体顶宽 2、底宽 5.4、高 3.2 米（图六二一）。墙体两侧可见少量石块，以及外绳纹、弦纹和内麻点纹的瓦片。该段墙体为横城。

该段墙体位于石碑湾村长城1段内侧，与其几乎垂直。北距石碑湾村敌台235米。

四一 洛河河险（610626382107020041）

该段河险位于吴起镇城壕湾村东北洛河上及其两岸，该地为黄土沟壑区，东侧为洛河河谷东切形成的断崖，西侧为河漫滩地，洛河从西北流向东南，形成天然的防御地形。起于吴起镇石碑湾村北1.05千米，止于吴起镇城壕湾村，全长985米，东北—西南走向。起点坐标东经：108°11′57.13″，北纬：36°53′09.93″，高程：1288.6米；止点坐标东经：108°11′27.07″，北纬：36°52′49.53″，高程：1278.6米（图六一九）。

该段河险保存一般，是利用洛河自然天险为障的形式，现有洛河河道被人工修建的河坝加固，河道宽121米，河道与东侧断崖之间是通往吴起县城的公路，宽10米。河道西侧为洛河河滩地，现为吴起县城开发区，滩地还在不断平整中，在这一区域没有发现城墙遗迹。

该段河险起点接石碑湾村长城2段，止点接城壕湾村长城1段。止点西南190米为城壕湾村1号敌台。

该段河险所在的城壕湾村有居民20多户，200多人。由于经济建设，外来人口较多，居民主要种植马铃薯、大棚蔬菜等。墙体所在的地区交通较为便利，洛河东侧为通往吴起县城的公路，西侧平整滩地也可行车。

四二 城壕湾村长城1段（610626382101020042）

该段墙体位于吴起镇城壕湾村西南的山梁上，该地为黄土沟壑区，多为黄土山，黄土下有基岩。起于吴起镇城壕湾村内，止于吴起镇石碑湾村西南644米，全长644米，东北—西南走向。起点坐标东经：108°11′27.07″，北纬：36°52′49.53″，高程：1278.6米；止点坐标东经：108°11′04.13″，北纬：36°52′41.89″，高程：1484.9米（图六二二）。

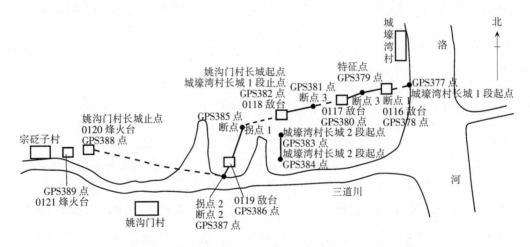

图六二二　城壕湾村长城1、2段及姚沟门村长城位置示意图

该段墙体整体保存差，大部分坍塌呈鱼脊状。其中保存差长400米，消失244米。依其保存状况分4个自然段。

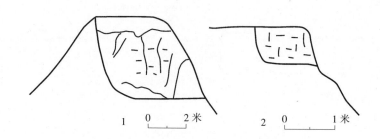

图六二三　城壕湾村长城1段墙体断面图

第1段　起点至断点1（城壕湾村1号敌台），长190米，消失段，因山间道路、沟壑发育、坡地平整墙体消失。

第2段　断点1（城壕湾村1号敌台）至断点2（城壕湾村2号敌台），长324米，保存差，东北—西南走向。墙体内外均高出两侧地表，高4.2、顶宽3米，夯层厚度0.07～0.1米（图六二三·1）。两侧均为坡地，坡地上种植有杨树、洋槐、沙棘、桃树、柠条等。整段墙体剥蚀严重，已坍塌呈鱼脊状，走势上沿山梁上山，墙体及周边多杂草。

第3段　断点2（城壕湾村2号敌台）至断点3，长54米，消失段。因山腰处建中国联通信号发射塔及亭子铲削出道路，以及沟壑发育、坡地平整致使墙体消失。

第4段　断点3至止点，长76米，保存差，东北—西南走向。该段墙体外部夯筑，高2米，内侧与地表齐平（图六二三·2）。墙体在山顶平缓的台地上修建，外侧因雨水冲刷侵蚀严重。

该段墙体沿线有外饰绳纹，内饰麻点纹、布纹瓦片残片。

该段墙体起点接洛河河险止点，止点接城壕湾村长城2段。城壕湾村1号敌台，西南距城壕湾村2号敌台324米。城壕湾村2号敌台，西南距城壕湾村3号敌台130米。

四三　城壕湾村长城2段（610626382101020043）

该段墙体位于吴起镇姚沟门村城壕湾村（组）西南山体顶部的平整区，南距沟边24米，西距沟边20米，西北距盘山土路229米。该地为黄土沟壑区，沟深坡陡。起于吴起镇姚沟门村城壕湾村（组）西南671米，止于吴起镇姚沟门村城壕湾村（组）西南697米，全长26米，北—南走向。起点坐标为东经：108°11′04.16″，北纬：36°52′41.92″，高程：1493.9米；止点坐标为东经：108°11′04.66″，北纬：36°52′40.04″，高程：1473.5米（图六二二）。

该段墙体整体保存一般，长26米，由于封山育林栽树对墙体构成威胁和破坏。墙体北高南低，从北端起有一段长8.2米的墙体明显高于其南部墙体，高8.3米。其南高3.85米，墙体由此呈缓下坡趋势，直到南端。墙体高3、底宽12.6、顶宽5.2米。起点处夯层明显，墙体剖面呈不规则梯形（图六二四）。

该段墙体两侧散落大量外绳纹、弦纹、绳纹加弦纹，内布纹、麻点纹等瓦片及陶器物残片。

该段墙体位于城壕湾村长城1段内侧，几乎与其垂直，止点接姚沟门村长城。该段墙体北距城壕湾村3号敌台27米。

四四　姚沟门村长城（610626382101020044）

该段墙体位于吴起镇姚沟门村东的山梁上，沿自然山势向下呈下坡状直至坡底。该地为黄土沟壑

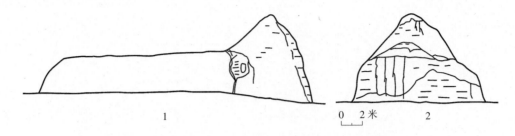

图六二四　城壕湾村长城 2 段墙体侧立面图及墙体断面图

区。起于吴起镇姚沟门村城壕湾村西南 644 米，止于吴起镇蔺砭子村宗砭子村（组）西 170 米，全长 3164 米，东—西走向。起点坐标东经：108°11′04.13″，北纬：36°52′41.89″，高程：1484.9 米；止点坐标东经：108°09′08.55″，北纬：36°52′50.65″，高程：1298.6 米（图六二二）。

　　该段墙体整体保存差，墙体坍塌，剥落严重，残存墙体基本与地表齐平。其中保存差 407 米，消失 2757 米。依其保存状况分 3 个自然段。

　　第 1 段　起点（城壕湾村 3 号敌台）至断点 1（拐点 1），长 190 米，消失段，东—西走向。消失原因为冲沟及山体滑坡破坏。墙体在拐点 1 处开始转为东北—西南走向。

　　第 2 段　断点 1（拐点 1）至断点 2（拐点 2），长 407 米，保存差，东北—西南走向。该段墙体坍塌严重，顶部基本与地表齐平。断点 1（拐点 1）处可见明显夯层及大量瓦片堆积，夯层厚 0.07～0.1 米。瓦片外饰绳纹、弦纹，内饰麻点纹、弦纹。向西 312 米为姚沟门村敌台。该敌台向西 95 米为断点 2（拐点 2），敌台至止点间墙体两侧为冲沟，墙体两侧剥落严重，顶部呈锯齿状。断点 2（拐点 2）南距三道川河 117 米，西距姚沟门村 414 米，北距宏岩砖厂 430 米，北侧下方紧邻采石厂。墙体行至拐点 2 处开始转为东南—西北走向。

　　第 3 段　断点 2（拐点 2）至止点（宗砭子村 1 号烽火台），长 2567 米，消失段，东南—西北走向。由于沟壑发育、水土流失、村庄建设等原因造成墙体消失。

　　该段墙体起点接城壕湾村长城 2 段，止点接宗砭子村长城。起点即为城壕湾村 3 号敌台，向西至 502 米处为姚沟门村敌台；断点 2、拐点 2 沿三道川河向西 2567 米为宗砭子村 1 号烽火台。

　　该段墙体所在的姚沟门村有居民 70 余户，350 人。当地居民主要经营农业，种植马铃薯、糜子、荞麦、苜蓿等。该段墙体的指点南侧 219 米处是吴起县至长官庙乡的公路，交通较为便利。

四五　宗砭子村长城（610626382101020045）

　　该段墙体位于吴起镇蔺砭子村宗砭子村（组）西，三道川北岸山体南侧，北岸河滩地有居民居住，河滩地外为沟壑、陡坡。该地为黄土沟壑区，南侧为三道川河谷，河谷下切深，为沟壑、断崖。起于吴起镇蔺砭子村宗砭子村（组）西 170 米，止于吴起镇蔺砭子村西 119 米，全长 5230 米，东—西走向。起点坐标东经：108°07′55.18″，北纬：36°52′56.49″，高程：1436.4 米；止点坐标东经：108°06′37.76″，北纬：36°52′34.45″，高程：1331.2 米（图六二五）。

　　该段墙体由于风雨侵蚀、封山育林、房屋建设、开垦耕地、流水冲沟等原因，造成 5230 米墙体整体消失。沿线可见 7 座烽火台和大量瓦片遗存，瓦片外绳纹、弦纹，内麻点纹（图六二六）。因此可以推测原有长城墙体经过。

　　该段墙体东连接吴起镇姚沟门村长城，西连接长官庙乡蔺新庄长城。起点为宗砭子村 1 号烽火台，

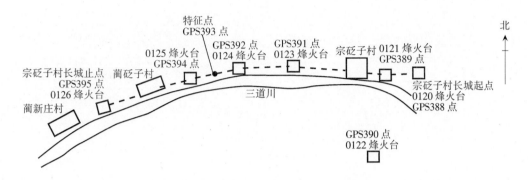

图六二五 宗砭子村长城位置示意图

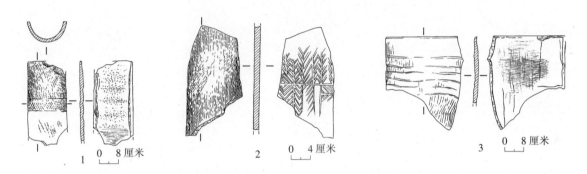

图六二六 宗砭子村长城附近采集的瓦片

西距宗砭子村 2 号烽火台 160 米,宗砭子村 3 号烽火台 581 米。蔺砭子村 1 号烽火台东距宗砭子村 2 号烽火台 1.62 千米,西距蔺砭子村 2 号烽火台 713 米,蔺砭子村 3 号烽火 988 米,蔺砭子村 4 号烽火台 2 千米(止点)。

该段墙体所在的宗砭子村有 30 余户,100 余人。以农业生产为主,种植小麦、玉米、荞麦、糜子等。南紧邻县城至长官庙乡的公路。

四六 蔺新庄村长城(610626382101020046)

该段墙体位于长官庙乡齐桥村蔺新庄村(组)北,三道川北岸,下方为三道川河谷地带,川南侧多为沟壑、断崖,北侧有一定宽度的河滩地,河滩地上有居民居住,河滩地北侧即为沟壑、陡坡,形成天然的防御地形。起于吴起镇蔺砭子村西 119 米,止于长官庙乡齐桥村高台村(组)西北 117 米,全长 3312 米,东—西走向。起点坐标东经:108°06′37.76″,北纬:36°52′34.45″,高程:1331.2 米;止点坐标东经:108°04′22.20″,北纬:36°51′26.89″,高程:1378.7 米(图六二七)。

该段墙体由于风雨侵蚀、封山育林、房屋建设、开垦耕地、流水冲沟等原因,造成 3312 米墙体整体消失。沿线可见 7 座烽火台和两处遗存。

蔺新庄村遗存,东距蔺砭子村 4 号烽火台 200 米,西距石窑台村遗存 1.1 千米。齐砭子村烽火台,东距石窑台村遗存 689 米。高台村 1 号烽火台,东距槐树庄村烽火台 439 米,西距高台村 2 号烽火台 131 米。高台村 3 号烽火台,东距高台村 2 号烽火台 141 米。

该段墙体起点东接宗砭子村长城,止点西接高台村长城。

该段墙体所在的蔺新庄村有居民四五户,20 多人,主要种植马铃薯、糜子、荞麦、苜蓿等。南侧

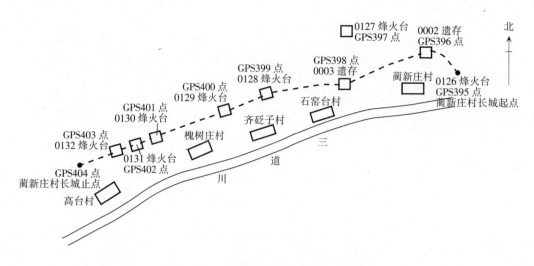

图六二七　蔺新庄村长城位置示意图

有一条吴起通往长官庙乡的公路，山上是小路，只能徒步上山。

四七　高台村长城（610626382101020047）

该段墙体位于长官庙乡齐桥村高台村（组）西北的山体南侧山腰上、三道川北岸，墙体顺山势而建，现因开垦耕地的影响，部分夯层位于梯田中间。该地为黄土沟壑区，沟深坡陡。起于长官庙乡齐桥村高台村（组）西北117米，止于长官庙乡齐桥村阳庄村（组）东507米，全长1027米，东北—西南走向。起点坐标东经：108°04′22.20″，北纬：36°51′26.89″，高程：1378.7米；止点坐标东经：108°03′53.41″，北纬：36°51′08.58″，高程：1406.1米（图六二八）。

该段墙体整体保存差，其中保存差114米，消失913米。墙体因开垦耕地铲削严重，加上自然坍塌，现仅可见部分夯土层，夯土层宽度仅3米。依其保存状况分4个自然段。

第1段　起点至断点1，长97米，保存差，东北—西南走向。墙体南侧高为6.8米，内侧顶部与

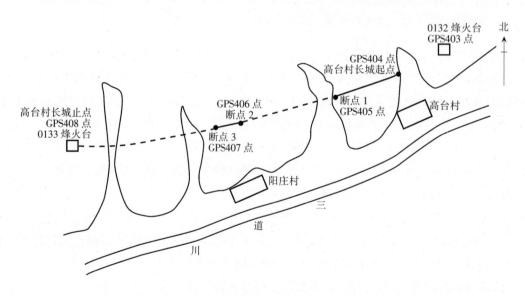

图六二八　高台村长城位置示意图

山体齐平。墙体建筑形式为铲削山体为堑形式，堑外侧夯层厚 0.09～0.13 米（图六二九）。起点东距高台村 3 号烽火台 91 米，南距公路 160 米，南距三道川 238 米，东紧邻冲沟。断点 1 西紧邻冲沟，南紧邻山体缓坡，缓坡下至公路。墙体南、北紧邻山体缓坡，南侧散落大量瓦片。

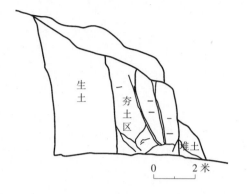

图六二九　高台村长城墙体断面图

第 2 段　断点 1 至断点 2，长 387 米，消失段，因冲沟和开垦耕地造成墙体消失。

第 3 段　断点 2 至断点 3，长 17 米，保存差，东北—西南走向。墙体建筑形式为铲削山体为堑形式，堑外侧夯层厚 0.07～0.1 米。墙体位于山体缓坡的梯田中间，南、北部分地方已被开垦为耕地，南部可见大量外饰绳纹、弦纹，内饰麻点纹、网纹的瓦片。采集一件瓦片标本，长 40.05、宽 30、厚 1.05 厘米，外弦纹，内网纹。

第 4 段　断点 3 至止点，长 526 米，消失段，东北—西南走向。因冲沟和开垦耕地造成墙体消失。

该段墙体东接蔺新庄村长城，止点接阳庄村长城。墙体起点东 91 米处是高台村 3 号烽火台。

该段墙体所在的高台村有居民 20 余户，100 余人。当地居民多种植马铃薯、糜子、荞麦、大棚菜、玉米等。该村南部有一条县城通往长官庙的公路，但山势陡峭，无路到达墙体，交通不便。

四八　阳庄村长城（610626382101020048）

该段墙体位于三道川北岸、长官庙乡齐桥村阳庄村（组）东山体南侧山腰的缓坡地带，西侧紧邻山体缓坡芦苇地，东侧紧邻呈台面状的一片荒地，荒地下层为种植在梯田上的沙棘林。该地为黄土沟壑区，沟深坡陡。起于长官庙乡齐桥村阳庄村（组）东 507 米，止于长官庙乡长官庙村张沟门村（组）东北 20 米，全长 7945 米，北—南走向。起点坐标东经：108°03′53.41″，北纬：36°51′08.58″，高程：1406.1 米；止点坐标东经：108°00′33.88″，北纬：36°47′47.83″，高程：1377.2 米（图六三〇）。

该段墙体整体保存差，坍塌严重，墙基尚留，夯层明显暴露，其中保存差 18 米，消失 7927 米。依其保存状况分 3 个自然段。

第 1 段　起点（阳庄村烽火台点）至断点 1，长 7500 米，消失段。因冲沟和开垦耕地等造成墙体消失。其中在特征点处可见大量夯土，包裹在断面最外面。特征点南距公路 120 米，距三道川 127 米。其西 63 米处发现类似特征点的夯土墙。

第 2 段　断点 1 至断点 2，长 18 米，保存差，东北—西南走向。墙体外侧高为 1.4 米，内侧与山体齐平。墙体建筑形式：铲削山体为堑形式，堑外侧夯层厚 0.12～0.15 米。断点 1 南距张沟门村敌台 2 米；断点 2 北距张沟门敌台 6 米，西南距村庄 429 米。

墙体位于山体缓坡梯田中间，西侧紧邻山体缓坡芦苇地，东侧紧邻台面荒地。台面宽 11 米，台面下层为梯田式沙棘林，台面上散落大量瓦片。

第 3 段　断点 2 至止点，长 427 米，消失段。因冲沟和耕地开垦造成墙体消失。

该段墙体所经地段发现较多外饰绳纹、弦纹，内饰麻点纹瓦片。

该段墙体起点接高台村长城，止点接张沟门村长城。墙体起点即阳庄村烽火台，墙体经过柳庄烽

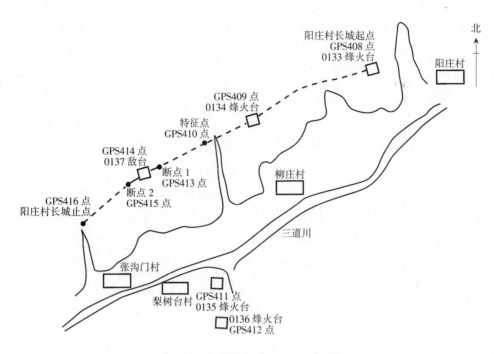

图六三〇　阳庄村长城位置示意图

火台和张沟门敌台。

　　该段墙体所在的阳庄村有居民 14 户，70 余人。当地居民主要种植马铃薯、糜子、荞麦、玉米及蔬菜等。该村南部有一条县城通往长官庙的公路，但山势陡峭，无路到达墙体，交通不便。

四九　张沟门村长城 （6106263382101020049）

　　该段墙体位于长官庙乡长官庙村张沟门村（组）西南的山坡间，经过张沟门、长官庙、阳台村南。位于黄土沟壑区，山多为黄土山，黄土下有基岩。起于长官庙乡张沟门村东北 2 米，止于长官庙乡阳台村（组）东 10 米，全长 3553 米，东北—西南走向。起点坐标东经：108°00′33.88″，北纬：36°47′47.83″，高程：1377.2 米；止点坐标东经：107°58′51.96″，北纬：36°46′40.14″，高程：1412.0 米（图六三一）。

　　该段墙体整体保存差，其中保存差 87 米，消失 3466 米。依其保存状况分 5 个自然段。

　　第 1 段　起点至断点 1，长 2616 米，消失段。因山间道路、沟壑发育、坡地平整造成墙体消失。坡地上现种植有沙棘、槐树、杏树、桃树等经济树种，遍布杂草和耕地。长城沿线发现外绳纹、内麻点纹及弦纹、布纹等板瓦、筒瓦残片。

　　第 2 段　断点 1 至断点 2（特征点），长 52 米，保存差，东北—西南走向。墙体周边发现大量外绳纹、内麻点纹、弦纹板瓦和筒瓦残片。墙体外侧高出地表 1.7 米，内侧则与坡地地表齐平。夯层厚 0.08～0.11 米。墙体建在山体缓坡处，两侧均为坡地。特征点位于山腰处沟壑断面上，周边生有沙棘。

　　第 3 段　断点 2（特征点）至断点 3，长 66 米，消失段，东北—西南走向。因沟壑发育造成墙体消失。

　　第 4 段　断点 3 至断点 4，长 35 米，保存差，东北—西南走向。该段墙体因山腰修建土路时有破

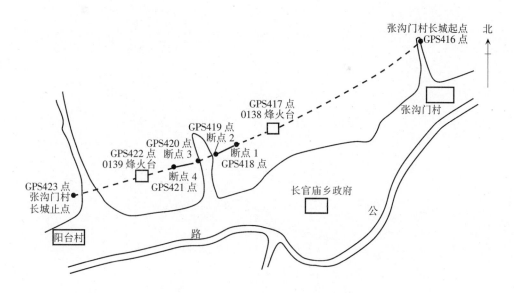

图六三一　张沟门村长城位置示意图

坏，外包夯层稍有残余，多为铲车推土破坏，可见的夯层厚 0.07~0.11 米。内侧为山腰处台地，外侧为坡地，杂草丛生，种有杨树、杏树、沙棘等植物。

第 5 段　断点 4 至止点，长 784 米，消失段，东北—西南走向。因道路建设、坡地平整、耕地开垦、房屋建设、沟壑发育等造成墙体消失。两点之间还有阳台村烽火台，该烽火台东北距断点 4 为 169 米。

该段墙体起点接杨庄村长城，止点接阳台村长城，西南 1.87 千米为长官庙村烽火台。该烽火台西南距阳台村烽火台 1.07 千米。

该段墙体所在的张沟门村有居民 20 余户，100 余人。当地居民主要种植马铃薯、荞麦等。墙体所在的山体南侧为吴起县城通往长官庙乡及庙沟乡的公路，山腰处为徒步上山的小路。

五〇　阳台村长城（610626382105020050）

该段墙体位于长官庙乡阳台村（组）境内，南临三道川及其支流庄子沟，三道川有多条支流汇入。墙体周围沟壑发育显著，地势起伏较大。起于长官庙乡阳台村阳台村（组）阳家沟东 10 米，止于长官庙乡阳台村阳洼村（组）北 800 米，全长 2735 米，东北—西南走向。起点坐标东经：107°58′51.96″，北纬：36°46′40.14″，高程：1412 米；止点坐标东经：107°57′09.60″，北纬：36°45′01.56″，高程：1540 米（图六三二）。

该段整体保存差，仅见保存 10 米墙体痕迹，余 2725 米墙体皆消失。分 2 个自然段。

第 1 段　起点至阳台村敌台，长 119 米，其中保存差 10 米，消失 109 米，东北—西南走向。起点处有一段已坍塌呈土堆状的墙体，长 10 米。该段墙体东侧为柏油公路，西侧为阳台村阳台村（组）村民住房，南有三道川，北侧为三道川的支流阳家沟。在沟壑发育、道路通行及修建房屋的影响下，自该段墙体至阳台村敌台之间的墙体消失。

第 2 段　阳台村敌台至止点（阳洼 1 号敌台），长 2616 米，消失段，东北—西南走向。由于墙体南侧三道川及上流庄子沟的影响，沟中阶地上道路的修建及沿川房屋的修建、土地的开垦致使此段墙

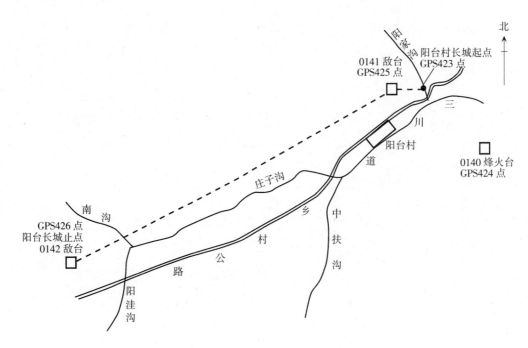

图六三二　阳台村长城位置示意图

体已不可见。

该段墙体经过的沿线遗物很少。

该段墙体起点北接张沟门村长城止点，止点南接阳洼长城起点，起点西南 120 米处为阳台敌台，东南 578 米处为阳台烽火台。

该段墙体所在的阳台村有居民 400 余人，其中阳台组有 80 多人。以农业为主要产业，副业为养殖业，种植谷子、马铃薯、玉米、荞麦等；养殖羊、马、驴等家畜。该段墙体所处的地区交通以乡村土路为主，路面弯度、坡度起伏均较大。

五一　阳洼村长城（610626382101020051）

该段墙体位于长官庙乡阳台村阳洼村（组）附近的山梁上，周围为梁峁沟壑地形。此段墙体经过地区的山坡上种植有沙棘、苜蓿和其他人工林，梁峁上被开垦为梯田。起于长官庙乡阳台村阳洼村（组）北 800 米，止于长官庙乡阳台村阳洼村（组）西南 1.2 千米，全长 2085 米，东北—西南走向。起点坐标东经：107°57′09.60″，北纬：36°46′01.56″，高程：1540 米；止点坐标东经：107°56′04.08″，北纬：36°45′28.02″，高程：1587 米（图六三三）。

该段墙体整体保存差，其中保存差 205 米，消失 1880 米。从现存墙体来看，构筑方法是先把山体铲削成立面，后用夯土包筑，夯层厚 0.06~0.13 米。依其保存状况分 4 个自然段。

第 1 段　起点（阳洼 1 号敌台）至阳洼 2 号敌台，长 500 米，消失段，东北—西南走向。因沟壑发育和开垦耕地等造成墙体消失。起点（阳洼 1 号敌台）西南 160 米处为阳洼遗存，500 米处为阳洼 2 号敌台。阳洼遗存处于一山峁的东侧，从其断面上可以看到夯层中夹杂有大量的绳纹瓦片，夯土层南北长 9 米，距顶部 3 米，推测此处原为一个敌台，后在平整土地的过程中被推平，现已看不出台体的痕迹。

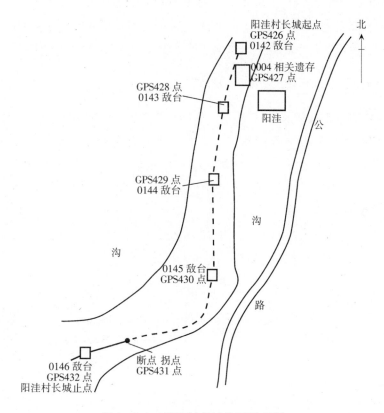

图六三三　阳洼村长城位置示意图

第2段　阳洼2号敌台至阳洼3号敌台，长415米，保存差5米，消失410米，东北—西南走向。阳洼2号敌台西南30米处有一段5米长的夯土墙，墙体剖面：底宽2.2、顶宽0.6、西高1.6、东高2.2米，夯层0.06～0.08米（图六三四）。西南106米处的废弃土路边缘发现有外饰绳纹、内饰菱格纹的瓦片。西南415米处为阳洼3号敌台，2号敌台和3号敌台分别位于两个南北相望的山峁顶部，现山峁顶部敌台周围均为耕地，两个山峁连接的低洼处坡面上现为退耕还林地。

第3段　阳洼3号敌台至阳洼4号敌台，长300米，消失段，东北—西南走向。两个敌台所处的山峁顶部为耕地，山坡上为荒地。阳洼4号敌台，根据1995年绘制的当地1∶50000地形图，敌台位于山峁顶部，但现已被推平为耕地。从周围散落瓦片的数量和散落的形状来看，位于其周围呈圆形向外辐射的地区，均有大量的绳纹瓦片。

第4段　阳洼4号敌台至断点（拐点），消失段，长670米，东北—西南走向。现为退耕还林地，种植有沙棘、桃树、杏树、杨树、榆树等。

断点（拐点）至止点（阳洼5号敌台），长200米，保存差，东北—西南走向。此段墙体目前仅存一道堑面，在断点（拐点）处上部可以看到夯土痕迹。墙体内侧现为耕地，外侧沟壑发育也在侵蚀墙体。

该段墙体沿线有较多外绳纹、内菱格纹的瓦片，以及少量明代的素面瓦片。

该段墙体起点东北接阳台村长城止点，止点西南接城墙村长城起点。起点处即为阳洼1号敌台，西南500米处为阳洼2号敌台，西南915米处为阳洼3号敌台，西南1215米处为阳洼4号敌台，断点、拐点西北200米处为阳洼5号敌台。

该段墙体所在的阳洼村有五六户，20多人。村中多剩下中老年人，年轻人外出打工。本地居民以农业为主，主要副业为养殖业，种植谷子、马铃薯、糜子、荞麦等；养殖羊、马、驴等家畜。该地为黄土高原沟壑山区，交通以乡村土路为主，路面弯度、坡度起伏均较大。

五二　城墙村长城（610626382105020052）

该段墙体位于长官庙乡阳台村城墙村（组）附近的山梁上，周围为梁峁沟壑地形。此段墙体经过地区的山坡上种植有沙棘、苜蓿和经济林等，梁峁上被开垦为梯田。起于长官庙乡阳台村城墙村（组）西北500米，止于长官庙乡阳台村城墙村（组）西北1.8千米，全长1600米，东南—西北走向。起点坐标东经：107°56′04.08″，北纬：36°45′28.02″，高程：1587米；止点坐标东经：107°55′04.86″，北纬：36°45′37.62″，高程：1635米（图六三五）。

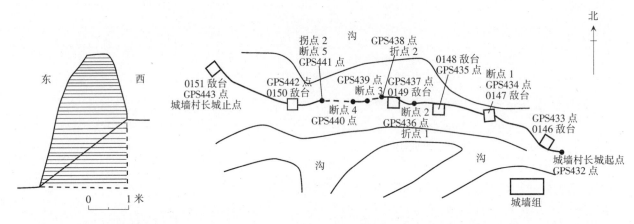

图六三四　阳洼村长城墙体剖面图　　　　　图六三五　城墙村长城位置示意图

该段墙体整体保存状况差，其中保存较差150米，保存差752米，消失698米。依其保存状况分9个自然段。

第1段　起点至城墙村1号敌台，长498米，保存差190米，消失308米，东南—西北走向。起点西北有35米段的墙体，保存差，在其断面上可以看到夯层厚度为0.08～0.14米，夯土层距现在路面的高度为2米。再向西北有155米的墙体没有发现夯土，仅余一道堌面，保存差，在其断面上可以看到夹杂的绳纹瓦片和沙石块。该段墙体位于一道山梁的南侧半山腰处，北倚山梁，南邻沟壑。现在墙体南侧紧邻一条废弃的土路，北侧的坡面上为荒草地。在起点西北190米处的地面上发现有一些菱格纹、麻点纹的瓦片。再向西北延伸308米则为城墙1号敌台，消失段，因修建道路、开垦耕地的破坏，墙体消失。

第2段　城墙1号敌台至断点1，长130米，消失段，东南—西北走向。因修建道路和开垦耕地造成墙体消失。

第3段　断点1至城墙3号敌台，长120米，保存差，东南—西北走向。其中断点1西北20米处为城墙村2号敌台。此段墙体沿山坡而上，墙体内外的山坡上种植有沙棘等植物。城墙2号敌台东侧的墙体顶宽0.2～0.6、底宽1.4、南侧高1.4、北侧高为1.8～3米。

第4段　城墙2号敌台至断点2（折点1），长60米，消失段，东南—西北走向。该段墙体自断点2（折点1）开始沿着山坡而下，现在山梁上为沙棘林地。

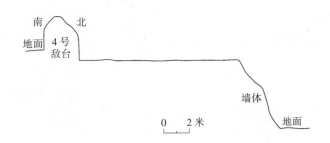

图六三六　城墙村长城墙体剖面图

第5段　断点2（折点1）至城墙村4号敌台，保存差，长40米，东南—西北走向。该段墙体经过的沿途散落有弦纹瓦片。城墙村4号敌台处墙体剖面：夯土墙顶宽1、底宽4、北侧高3.6、南侧高2.4米；墙体外侧的台宽13、堑高5.6、收分3.4米（图六三六）。西北270米处的剖面：夯土墙顶宽0.8、底宽2.3、南侧高1.2、北侧高3米；一道堑高3.5、收分2米，一层台宽12米；二道堑高3、收分1.6米，二层台宽12米。

第6段　城墙3号敌台至断点3（拐点1），长160米，消失段。城墙3号敌台西北80米处为折点2，处于山梁之间的崾崄处，此点沿山坡而上80米处为断点3（拐点1）。

第7段　断点3（拐点1）至断点4，长150米，保存较差，墙体在断点3（拐点1）处开始转为东北—西南走向。此段墙体顺一山梁顶部延伸，北侧有一道堑面，可见其防御方向在北方。断点3（拐点1）向西南延伸20米有一个宽3米的豁口。从其断面上看，墙体顶宽1、底宽3、北高1.6、南高3米，夯层厚度为0.1～0.12米。继而向西南方向延伸127米则至断点4。

第8段　断点4至断点5（拐点2），长40米，消失段，东北—西南走向。其处于两个山梁之间的连接处，因为开辟道路导致墙体消失。

第9段　断点5（拐点2）至止点，长402米，保存差，东南—西北走向。断点5（拐点2）西北92米处为城墙4号敌台，保存差。现墙体北侧为荒地，南侧为耕地，开垦耕地对墙体南侧的铲削破坏严重，现存墙体顶宽为0.4、底宽0.8米，从断面上看夯土部分高0.8米。在断点5（拐点2）西北72米处发现一个陶罐的上部及口沿的残片，外饰弦纹。城墙4号敌台西北15米处墙体上有一个3米宽的豁口，故墙体在这里断了3米。城墙4号敌台西北165米处的墙体上有一个宽3米的豁口，但是墙基部分还在。继而向西北242米到止点，墙体内外种植有沙棘、苜蓿等植物。城墙4号敌台西北270米处至止点，长140米，保存程度更差，存在得断断续续。这主要是因地处两山梁之间的崾崄处，有小路从墙体上通过以及开垦荒地造成的破坏等。

该段墙体起点东南接阳洼长城，止点西北接梨树掌长城。起点西北498米处为城墙1号敌台，648米处为城墙2号敌台，748米处为城墙3号敌台；断点5（拐点2）西北92米处为城墙4号敌台。

该段墙体所在的城墙村有20户，80余人。以农业为主，也从事养殖业，主要种植谷子、马铃薯、糜子、荞麦等；养殖羊、马、驴等家畜。墙体所在的黄土高原地区交通以乡村土路为主，路面弯度、坡度起伏均较大。

五三　梨树掌村长城（610626382101020053）

该段墙体位于长官庙乡白沟村梨树掌村（组）内，周围沟壑发育显著。起于长官庙乡白沟村梨树

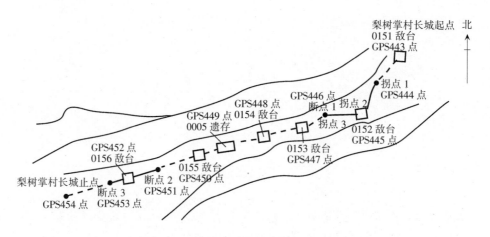

图六三七　梨树掌村长城位置示意图

掌村（组）东北1.5千米，止于长官庙乡白沟村梨树掌村（组）西南400米，全长1735米，东南—西北走向。起点坐标东经：107°55′04.86″，北纬：36°45′37.62″，高程：1635米；止点坐标东经：107°54′08.22″，北纬：36°45′09.36″，高程：1653米（图六三七）。

该段墙体整体保存差，其中保存较差621米，消失1114米。依其保存状况分4个自然段。

第1段　起点（梨树掌1号敌台）至断点1（拐点3），长640米，其中保存差559米，消失81米。起点（梨树掌1号敌台）至拐点2（梨树掌2号敌台），保存差，为东北—西南走向，长355米。拐点2（梨树掌2号敌台）至断点1（拐点3），保存差，墙体转为东—西走向，长285米。此段墙体以堑的形式存在，但后由于人为铲削、平整土地及道路通行的影响，堑面由二道到四道不等。堑面的堆积土中及台面上发现有多处散落有外绳纹内麻点纹的瓦片。起点（梨树掌1号敌台）处有四道堑，堑面及下侧台面长有荒草，坡下为一条宽5米的土路。梨树掌1号敌台的西侧由于南侧沟壑发育导致堑面消失81米。从起点（梨树掌1号敌台）西侧四道堑剖面来看：一道堑高10、收分4米，一层台宽10米；二道堑高8、收分3.5米，二层台宽8米；三道堑高8、收分3.5米，三层台宽8米；四道堑高6、收分3米。

第2段　断点1（拐点3）至断点2，长918米，消失段，东北—西南走向。因沟壑发育、人为开垦梯田造成墙体消失。梨树掌3号敌台至梨树掌4号敌台间既没有墙体，堑面也不可见，只是在梯田及小路都发现有外绳纹、内麻点纹的瓦片，因此判断梨树掌4号敌台至梨树掌5号敌台间原存长城墙体，后由于开垦耕地而消失，两者中间的山梁顶部为营盘梁遗址。

第3段　断点2至梨树掌6号敌台（断点3），长62米，保存差，东北—西南走向。此段墙体南10米处为一山梁，北为荒草地和耕地。墙体北侧有开垦的耕地，南侧为一宽10米的土路。

第4段　断点3至止点，长115米，消失段，东北—西南走向。因涧沟的发育及嵝崄处公路的通行等造成墙体消失。

该段墙体起点北接城墙长城，止点南接东涧长城。起点处即为梨树掌1号敌台，西南355米为梨树掌2号敌台，西南774米为梨树掌3号敌台，西南1.19千米为梨树掌4号敌台，西南1395米为梨树掌5号敌台，西南1.59千米为梨树掌6号敌台。

该段墙体所在的白沟村有居民500余人，其中梨树掌组有居民20户，90人。以农业为主，也有养殖业，种植谷子、马铃薯、玉米、荞麦等，养殖羊、马、驴等家畜。墙体所在的黄土高原地区交通以乡村土路为主，路面弯度、坡度起伏均较大。

五四　东涧村长城（610626382101020054）

该段墙体位于庙沟乡曾岔村东涧村（组），起点处即为来子涧沟，向西北有中梁、大树梁，以南北向的大小山梁为主，地势起伏很大。起于庙沟乡曾岔村来子涧沟西岸东涧村（组）东南95米，止于庙沟乡曾岔村大树梁西坡东涧村（组）西北200米，全长1509米，东南—西北走向。起点坐标为东经：107°54′08.22″，北纬：36°45′09.36″，高程：1653米；止点坐标为东经：107°53′19.44″，北纬：36°45′30.06″，高程：1693米（图六三八）。

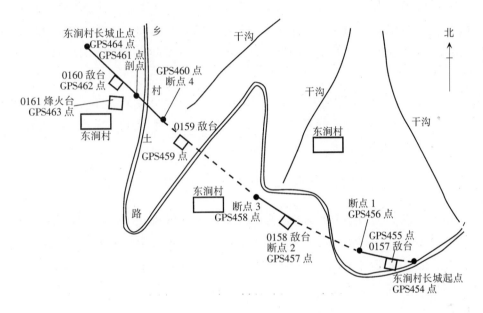

图六三八　东涧村长城位置示意图

该段墙体整体保存较差，其中保存较差长417米，保存差332米，消失760米。依其保存状况分6个自然段。

第1段　起点至断点1，长98米，保存差，其中起点至东涧1号敌台（拐点）呈东—西走向，在拐点处墙体转向东南—西北向。起点处为一崾崄，墙体仅以一道堑形式存在，堑北高2～3米，堑上台面为残高0.2米的土垄，堑面下为荒草地，南为宽6米的沙土路。路东为一山梁，梁顶已被开垦为梯田。台面顶部长有马轮刺、荒草。

第2段　断点1至东涧2号敌台（断点2）之间，长202米，消失段，东南—西北走向。因修路、开垦耕地、沟壑发育等造成墙体消失。

第3段　东涧2号敌台（断点2）至断点3之间，长120米，保存较差，东南—西北走向。此段墙体主要受到开垦农田的破坏，南侧已被开垦成耕地的低梁，因此墙体南高无法测量，北高2.4米。南侧台地上种有胡麻，北有一条宽3米的土路，路下坡面上长有杏树、马轮刺。墙体南侧的台地上发现有外绳纹、内麻点纹瓦片及陶器口沿。

第4段　断点3至东涧3号敌台，东南—西北走向，长350米，消失段。因修建房屋造成墙体被毁。

第5段　东涧3号敌台至断点4，长200米，保存差52米，消失148米。敌台西侧残存一段长52

米的墙体，保存差；再向西北148米延伸到达断点4，消失段。

第6段 断点4至止点，东南—西北走向，长539米，其中保存较差297米，差182米，消失60米。断点4处出现夯土墙，断面顶宽0.6、底宽2、高1.6米，夯层厚0.04~0.08米，墙体顶部及两侧发现有外绳纹、内麻点纹的瓦片；西北18米有宽2米的豁口，豁口西侧墙体长44米，顶宽1~1.6、南高2~2.8、北高2.2~3米，两侧荒草坡地；西北64米处因一宽36米的水冲沟将墙体冲断；西北100米处夯土墙长130米；西北230米有一宽6米豁口将墙体冲断；西北236米处夯土墙长31米；西北249米处为一沙土公路，因修建公路导致墙体消失16米；西北265米处至东涧4号敌台，长74米，墙体上发现有散落的瓦片，南侧为农田，北侧为缓坡荒草地。东涧4号敌台西北182米处为止点，其间墙体夯土墙不可见，绕大树梁南坡腰部仅可见一道堑，堑下的坡面上长有马轮刺、蒿草。

该段墙体起点东接梨树掌长城，止点西接西涧长城。起点西45米处为东涧1号敌台，西北300米处为东涧2号敌台，西北770米处为东涧3号敌台，西北1227米处为东涧4号敌台，东涧4号敌台南80米处为东涧5号敌台。

该段墙体所在的曾岔村有居民1000余人，其中东涧组有106人。以农业为主，也从事养殖业，种植有谷子、马铃薯、玉米、荞麦等，养殖羊、马、驴等家畜。墙体所在的黄土高原地区交通以乡村土路为主，路面弯度、坡度起伏均较大。

五五 西涧村长城（610626382101020055）

该段墙体位于庙沟乡曾岔村西涧村（组），起点处即为大树梁，向西北有墩儿梁，以南北向的大小山梁为主，地势起伏很大。起于庙沟乡曾岔村东涧村（组）西北200米大树梁西坡，止于庙沟乡曾岔村路掌村（组）营嶙岘东南300米，全长2134米，东南—西北走向。起点坐标东经：107°53′19.44″，北纬：36°45′30.06″，高程：1693米；止点坐标东经：107°52′05.16″，北纬：36°45′35.28″，高程：1608米（图六三九）。

该段墙体整体保存状况较差，其中保存差的部分长337米，消失1797米。依其保存状况分7个自然段。

第1段 起点（断点1）至断点2，长320米，消失段。此段墙体正处在嶙崄处，因沟壑发育及道路通行造成墙体消失。

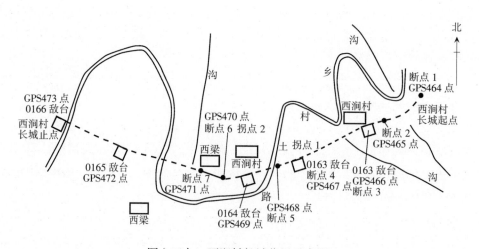

图六三九 西涧村长城位置示意图

第 2 段　断点 2 至西涧 1 号敌台（断点 3），长 101 米，其中保存差 76 米，消失 25 米，东北—西南走向。断点 2 处墙体保存差，南北两侧都为自山脚下发育上来的沟，两侧坡上长有马轮刺、蒿草。墙体比较低矮且有多处豁口，西 33 米处有一宽 20 米的水冲沟豁口内有一条小路通行，西 53 米处有一宽 5 米的豁口。

第 3 段　西涧 1 号敌台（断点 3）至西涧 2 号敌台（断点 4、拐点 1），长 553 米，消失段，西涧 1 号敌台西 146 米为公路。此段墙体南侧为深沟，北侧曾岔沟支流。

第 4 段　西涧 2 号敌台（断点 4、拐点 1）至断点 5，长 91 米，保存差，东北—西南走向。西涧 2 号敌台西与墙体相接。此段墙体南侧有一宽 3 米的土路沿墙顺坡而下，北侧为蒿草的坡地。墙体北侧高 0.5、南侧高度 2~2.5 米。

第 5 段　断点 5 至断点 6（拐点 2），长 455 米，消失段。因公路通行及居民修建房屋等造成墙体消失。

第 6 段　断点 6（拐点 2）至断点 7，长 170 米，保存差，东南—西北走向。此段墙体已经被修建的房屋严重破坏，顺坡西侧大涧沟，墙体已经坍塌呈低矮的土垄状，两侧有自山坡而下的水冲沟。在墙体两侧的坡面上发现有外绳纹、内麻点纹瓦片。

第 7 段　断点 7 至营嵝岘 1 号敌台（止点），长 444 米，消失段，东南—西北走向。断点 7 处大涧沟西 44 米原沿坡而上的墙体由于雨水冲刷而消失 91 米，但在坡面上发现外绳纹、内麻点纹的瓦片，西 135 米处为宽 7 米的沙土公路，西 392 米处为西涧 4 号敌台。自西涧 4 号敌台沿山坡向下西北 189 米处为宽 5 米的沙土路，路西即为营嵝岘 1 号敌台（止点）。

该段墙体沿线发现少量外饰绳纹、内饰麻点纹瓦片。

该段墙体起点南接东涧长城，止点北接营嵝岘长城。起点西 421 米处为西涧 1 号敌台，西北 974 米处为西涧 2 号敌台，西北 1.37 千米处为西涧 3 号敌台，西北 1940 米处为西涧 4 号敌台，西北 2.13 千米处为营嵝岘 1 号敌台。

该段墙体所在的曾岔村有居民 1000 余人，其中西涧组有 55 人。当地居民以农业为主，也从事养殖业，主要种植谷子、马铃薯、玉米、荞麦等；养殖羊、马、驴等家畜。由于地处黄土高原沟壑区，交通以乡村土路为主，路面弯度、坡度起伏均较大。

五六　营嵝岘长城（6106263821010200056）

该段墙体位于庙沟乡曾岔村路掌村（组）营嵝岘内，起点处即为大树梁，向西北有墩儿梁，以南北向的大小山梁为主，地势起伏很大。起于庙沟乡曾岔村路掌村（组）营嵝岘东南 290 米，止于庙沟乡曾岔村路掌村（组）营嵝岘西北 800 米，全长 1080 米，东南—西北走向。起点坐标为东经：107°52′05.16″，北纬：36°45′35.28″，高程：1608 米；止点坐标为东经：107°51′38.76″，北纬：36°46′01.62″，高程：1654 米（图六四〇）。

该段墙体整体保存较差，其中保存较差 260 米，差 479 米，消失 341 米。依其保存状况分 6 个自然段。

第 1 段　起点（营嵝岘 1 号敌台）至断点 1，长 113 米，消失段，东南—西北走向。因道路通行及开垦耕地造成墙体消失。

第 2 段　断点 1 至营嵝岘 3 号敌台（断点 2），长 165 米，其中保存较差 90 米，差 75 米，东南—西北走向。断点 1 西北 31 米处为营嵝岘 2 号敌台，至特征点 1 间墙体南北两侧都为耕地，墙体南侧高度基本不可见，北侧与下方耕地高差 3 米。特征点 1 与营嵝岘 3 号敌台（断点 2）墙体保存较差，营

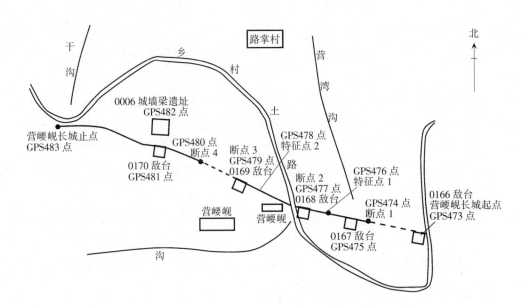

图六四〇　营嵝岘长城位置示意图

嵝岘 3 号敌台东南 73 米处墙体剖面：顶宽 1.2、底宽 4.2、南高 3.2、宽 1.6、北高 5.4、宽 1.4 米，夯层厚 0.05 ~ 0.08 米（图六四一）。墙体顶部有一条人为踩踏的宽 0.5 米的小路，南北侧为耕地。

　　第 3 段　营嵝岘 3 号敌台（断点 2）至营嵝岘 4 号敌台（断点 3），长 153 米，其中保存较差 81 米，差 54 米，消失 18 米，东南—西北走向。营嵝岘 3 号敌台（断点 2）西侧底部有一条沙土路穿过，使得墙体消失 18 米。继而墙体沿坡向上 54 米至特征点 2，保存差，墙体高度为 0.3 米，坍塌严重。墙体北侧有一条沿坡而上的土路，南侧有耕地，对墙体有严重的威胁。特征点 2 至营嵝岘 4 号敌台（断点 3）保存较差，长 81 米。特征点 2 西北 25 米处有一宽 4 米的豁口，一条小路贯穿墙体。墙体至营嵝岘 4 号敌台时已近城墙梁顶部，沿山梁北侧断续向上。

　　第 4 段　营嵝岘 4 号敌台（断点 3）至断点 4，长 191 米，消失段，东南—西北走向，沿墙体方向北侧山间土路通行及南侧沟壑发育造成墙体消失。

　　第 5 段　断点 4 至营嵝岘 5 号敌台，长 108 米，其中保存较差 89 米，消失 19 米，东南—西北走向。断点 4 处墙体北侧有宽 3 米的土路，靠近墙体有一条宽 1 米的小路沿墙根部而行；南侧为一东南—西北向发育的沟壑，西北 7 米处有一宽 3 米的豁口，西北 13 米处有一宽 1 米的小路贯穿墙体，西北 60 米处由于开垦耕地和盘山路绕行墙体消失 15 米。在墙体两侧发现有外绳纹、内麻点纹的瓦片。

　　第 6 段　营嵝岘 5 号敌台至止点，长 350 米，保存差，东南—西北走向。此段墙体由于开垦梯田对墙体有一定破坏作用。

　　该段墙体所经路线发现少量外绳纹、内饰麻点纹瓦片，以及器物残片等。另采集十字纹瓦当 1 件（图六四二）。

　　该段墙体起点南接西涧长城，止点北接李左湾长城 1 段长城。墙体起点处为营嵝岘 1 号敌台，西北 144 米处为营嵝岘 2 号敌台，西北 278 米处为营嵝岘 3 号敌台，西北 431 米处为营嵝岘 4 号敌台，西北 730 米处为营嵝岘 5 号敌台，西北 750 米处为城墙梁遗址。

　　该段墙体所在的曾岔村有居民 1000 余人，其中路掌组有 100 多人，营嵝岘有 4 户，约 20 人。当地居民以农业为主，也从事养殖业，主要种植谷子、马铃薯、玉米、荞麦等，养殖羊、马、驴等家畜。

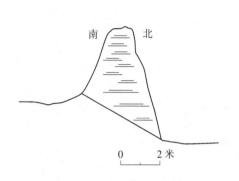

图六四一 营嵝岘长城墙体剖面图

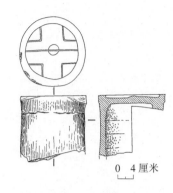

图六四二 营嵝岘长城附近采集的瓦当

五七 李左湾村长城 1 段 （610626382101020057）

该段墙体位于庙沟乡曾岔村李左湾村（组）附近的山梁上，周围为梁峁沟壑地形，起点西北 260 米处为曾岔村林沟梁，村前的沟壑为林沟。此段墙体经过地区的山坡上种植有沙棘、苜蓿和树木，梁峁上被开垦为层层的梯田。起于庙沟乡曾岔村李左湾村（组）东南 2 千米，止于庙沟乡曾岔村李左湾村（组）西南 1 千米，全长 2435 米，呈东南—西北走向。起点坐标东经：107°51′38.76″，北纬：36°46′01.62″，高程：1654 米；止点坐标东经：107°50′18.36″，北纬：36°46′44.22″，高程：1712 米（图六四三）。

该段墙体整体保存差，保存差 1134 米，消失 1301 米。依其保存状况分 12 个自然段。

第 1 段 起点至李左湾 1 号敌台，长 139 米，保存差 73 米，消失 66 米，东南—西北走向。起点至断点 1，消失段，长 34 米；断点 1 至断点 2，保存差，长 23 米，东南—西北走向，墙体的夯土墙内夹杂有绳纹瓦片，墙体北侧为荒坡地，墙体南侧紧邻一条便道；断点 2 至断点 3，消失段，长 32 米；断点 3 至李左湾 1 号敌台，保存差，长 50 米。此段墙体内、外均为荒草地。断点 1 处墙体底宽 2.8、顶宽 1、外高 2.2、内高 1.2 米（图六四四）。

第 2 段 李左湾 1 号敌台至断点 4，长 252 米，保存差，东南—西北走向。此段墙体顺山坡而下，在李左湾 1 号敌台西北 132 米处墙体断面上发现，距现今地面下 1 米处有 0.5 米厚的堆积层，里面夹杂有绳纹瓦片，推测为建筑遗址。

第 3 段 断点 4 至断点 5，长 32 米，消失段，因沟壑发育和修建道路造成墙体消失。

第 4 段 断点 5 至李左湾 2 号敌台，长 80 米，保存差，东南—西北走向。此段墙体顺山坡而上，其中断点 5 西北 40 米处有一道路通过将墙体冲断，从其断面上可以看到墙体内夹杂绳纹瓦片。

第 5 段 李左湾 2 号敌台至李左湾 3 号敌台，长 400 米，保存差 220 米，消失 180 米，东南—西北走向。李左湾 2 号敌台西北 100 米处为断点 6，保存差，墙体南侧为一条便道；断点 6 西北 120 米处为断点 7，此段墙体保存差，仅存墙基，墙体北侧为耕地，南侧紧邻一条便道，沿墙体内外地面上散落有大量外绳纹瓦片和少量的器物残片；断点 7 至李左湾 3 号敌台，消失段，长 180 米，东南—西北走向，因开垦耕地和修建道路造成墙体消失。

第 6 段 李左湾 3 号敌台至断点 8，长 250 米，消失段，东南—西北走向。因风雨侵蚀、沟壑发育和修建道路等造成墙体消失。

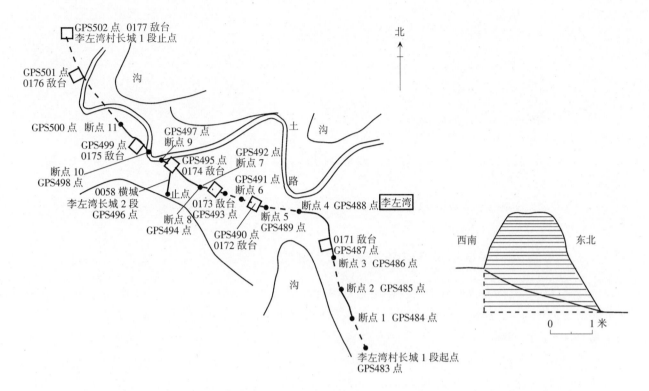

图六四三　李左湾村长城 1、2 段位置示意图　　　图六四四　李左湾村长城
1 段墙体剖面图

　　第 7 段　断点 8 至李左湾 4 号敌台，长 208 米，保存差 200 米，消失 8 米。由断点 8 向西北 40 米，外高 0.4～1 米，此处再向西北有一个 8 米宽的豁口，墙体消失；从豁口处向西北 160 米处为李左湾 4 号敌台，仅有痕迹可寻，墙体经过的山坡上种植有沙棘和苜蓿。

　　第 8 段　李左湾 4 号敌台至断点 9，长 249 米，保存差，东南—西北走向。墙体内外均为耕地，沿墙体散落有外绳纹及内麻点纹、布纹的瓦片。

　　第 9 段　断点 9 至断点 10，长 85 米，消失段，因沟壑发育和道路通过造成墙体消失。

　　第 10 段　断点 10 至李左湾 5 号敌台，长 140 米，保存差 30 米，消失 110 米，东南—西北走向。断点 10 西北有一段 30 米的墙体，保存差，处于沟壑之中，沟壑发育对其造成威胁；由此再向西北 110 米处为李左湾 5 号敌台，消失段，因沟壑发育和道路修建造成墙体消失。

　　第 11 段　李左湾 5 号敌台至断点 11，长 30 米，保存差，东南—西北走向。内外均为荒地。

　　第 12 段　断点 11 至止点，长 570 米，消失段。断点 11 西北 310 米为李左湾 6 号敌台，再向西北 260 米为止点。李左湾 6 号敌台西北 194 米处的台面边缘堆积有大量的绳纹瓦片。

　　该段墙体沿线发现大量外绳纹瓦片和少量的器物残片。

　　该段墙体起点东南接营嶙岘长城，止点西北接林沟梁长城。起点西北 139 米处为李左湾 1 号敌台，西北 503 米处为李左湾 2 号敌台，西北 903 米为李左湾 3 号敌台，西北 1.36 千米为李左湾 4 号敌台，西北 1.83 千米处为李左湾 5 号敌台，西北 2.17 千米处为李左湾 6 号敌台。

　　该段墙体所在的曾岔村共有 1000 余人，其中李左湾有 10 余户，60～70 人。当地居民以农业为主，也从事养殖业，主要种植谷子、马铃薯、玉米、荞麦等；养殖羊、马、驴等家畜。由于地处黄土高原沟壑区，交通以乡村土路为主，路面弯度、坡度起伏均较大。

五八　李左湾村长城2段（6106263821010020058）

该段墙体位于庙沟乡曾岔村李左湾山峰梁上，墙体周围被开垦为耕地。山梁周围为梁峁沟壑地形，梁峁上被开垦为梯田。起止于庙沟乡曾岔村李左湾山峰梁上，全长85米，北—南走向，起点坐标东经：107°50′46.38″，北纬：36°46′14.10″，高程：1714米；止点坐标东经：107°50′46.38″，北纬：36°46′11.58″，高程：1718米（图六四三）。

该段墙体保存差，其中保存一般长35米，消失50米。从现存的墙体来看，利用自然地势夯筑黄土墙，夯层厚度0.06~0.1米。

起点处位于李左湾4号敌台南侧的偏东部位，由此向南因开垦耕地的铲削破坏，墙体消失了50米；从消失处向南35米至止点，墙体保存一般，夯土墙高度在5米以上。

该段墙体垂直于李左湾长城1段（疑为障墙）。

五九　林沟梁村长城（6106263821010020059）

该段墙体位于庙沟乡曾岔村林沟梁村（组）附近的山梁上，周围为梁峁沟壑地形，起点西北260米处为曾岔村林沟梁村（组），村前有林沟。此段墙体经过地区的山坡上种植有沙棘、苜蓿和树木，梁峁上被开垦为梯田。起于庙沟乡曾岔村林沟梁村（组）东南250米，止于甘肃省元城镇吕沟咀村林沟梁村（组）斜梁子嵝岘，全长1780米，东南—西北走向。起点坐标东经：107°50′18.36″，北纬：36°46′44.22″，高程：1712米；止点坐标东经：107°49′11.30″，北纬：36°47′02.60″，高程：1674米（图六四五）。

该段墙体整体保存差，其中保存差611米，消失1169米。依其保存状况分8个自然段。

第1段　起点（林沟梁1号敌台）至断点1，长170米，保存差156米，消失14米，东南—西北走向。西北150米处一条土路将墙体冲断3米，从墙体的断面上可以看到明显的夯土层，宽2、残高1米，夯层厚度0.07~0.08米；土路西侧的坡面上散落有许多外绳纹、内麻点纹的瓦片。起点西北14米的地区被开垦为农田，故此处墙体消失；继而向西北156米处为断点1，此段墙体顺山坡而下，保存

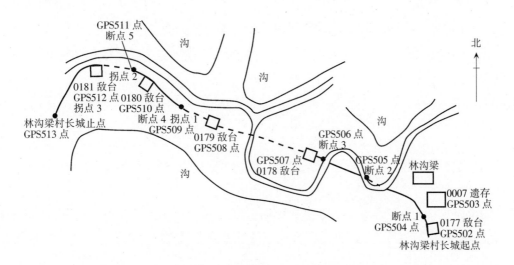

图六四五　林沟梁村长城位置示意图

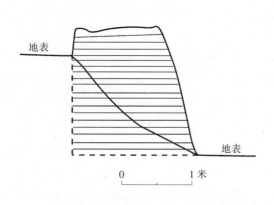

图六四六　林沟梁村长城墙体剖面图

差，现山坡上为荒草地。起点处北15米为林沟梁相关遗存。

第2段　断点1至断点2，长92米，消失段，东南—西北走向，因沟壑发育和村庄建设造成墙体消失。

第3段　断点2至断点3，长180米，保存差，东南—西北走向，此段墙体顺山坡而上，仅能见其通过的痕迹，现在山坡上被修筑为梯田。

第4段　断点3至林沟梁3号敌台，长513米，消失段，东南—西北走向。其中断点3向西北20米处为林沟梁2号敌台，现在此段的山坡上散落有许多外绳纹、内麻点纹瓦片。

第5段　林沟梁3号敌台至断点4（拐点1），长240米，消失段，东南—西北走向，因风雨侵蚀、开垦耕地和沟壑发育造成墙体消失。

第6段　断点4（拐点1）至断点5（拐点2），长130米，保存差，东南—西北走向。其中断点4（拐点1）西北100米处为林沟梁4号敌台，此段墙体西侧为耕地，东侧山坡上为沙棘林地；林沟梁4号敌台向西北30米处为断点5（拐点2），墙体在拐点2处开始变成东北—西南走向。断点5（拐点2）处的墙体底宽1.8、顶宽1.2、外高0.8、内高1.4米（图六四六）。

第7段　断点5（拐点2）至林沟梁5号敌台（拐点3），长310米，消失段。因开垦耕地、沟壑发育等造成墙体消失。

第8段　林沟梁5号敌台（拐点3）至止点，长145米，保存差，东北—西南走向。此段墙体顺一道山梁的南侧延伸，南侧高1米，北侧已与今地面持平；止点处有一条土路穿过，道路和附近的沟壑发育对墙体造成了破坏。从止点处的墙体断面夯土层看出，此段墙体的宽度为4米，夯层厚0.07～0.11米；夯层中还夹杂有外绳纹内麻点、布纹的瓦片。

该段墙体起点东南接李左湾长城1段，止点西北接甘肃省秦昭王长城。起点处为林沟梁1号敌台；西北462米处为林沟梁2号敌台，西北955米处为林沟梁3号敌台；断点4（拐点1）西北100米处为林沟梁4号敌台；断点5（拐点2）西南310米处为林沟梁5号敌台。

该段墙体所在的曾岔村有居民1000余人，其中林沟梁有20余户，140人。当地居民以农业为主，主要种植谷子、马铃薯、荞麦等。

第二节　战国秦长城单体建筑

吴起县战国秦长城沿线共发现单体建筑181座，其中敌台133座、马面10座、烽火台38座。

敌台

县境内的单体建筑中，敌台最多，均为夯土筑造而成，部分是以自然地势为基础，外面包以夯土，还有部分台体以黄土夯筑为主，中间夹杂有石块、陶片等，夯层较厚，大多约0.1米，最薄的夯层有0.04米，最厚可至0.16米。

敌台建立在墙体上，多是依墙而建。台体因风雨侵蚀以及沟壑发育等自然原因，还有开垦农田、开辟道路、修建房屋等人为原因，保存状况普遍较差，多已坍塌呈圆丘状，台体顶部或者平坦，或者被侵蚀成锥状；侧面大部分已经坍塌，裂缝或者豁口从顶面贯穿至底部，不少已经开辟出可以登临的小道；由于台体基本上均被现代人所利用，对台体的底部造成人为的破坏现象。

敌台大多顶面呈圆形或者不规则形，底部呈不规则形，剖面呈梯形、不规则形。平面尺寸集中在10米左右，保存较差的长3～5米，保存较好的则多在6米以上，个别可以达到40～50米；台体现存高度则集中在5米左右，保存较好的可以到6～8米，还有个别可以达到10米以上。

吴起县秦长城沿线某些敌台可以看到明显的被后代（宋或明）沿用的迹象，表现为外包夯层，以及夯土层中夹杂有早期陶片等。敌台上及周围多见外饰绳纹内饰麻点纹的板瓦、筒瓦残片，也有少量陶片、石块等。

陕西境内秦长城沿线的敌台间距较小，一般在300米左右，吴起县境内的敌台的间距并不统一，距离较近的只有100多米，大部分集中在200～400米，也有间距大于500米的情况。

马面

吴起县境内秦长城沿线马面较多，均建在墙体上，顶部与墙体平齐，向外凸出。平面呈方形或者圆形，剖面为梯形或者不规则形。马面的建设方式与墙体一致，均为夯土筑造，夯层集中在0.1米，最薄的可以有0.06米。

整体而言，马面保存较差，由于风雨侵蚀以及人为破坏等原因，造成表面剥落以及台体坍塌，其上还常见水冲、铲削、开挖等造成的洞穴、豁口、裂缝等。顶部的尺寸一般小于10米，底部则均在10米以上，也有长至20米左右的。高度基本上都是5米以下。

烽火台

吴起县境内烽火台数量较多，多位于墙体内侧，与墙体有一段距离。烽火台保存状况较差，多已坍塌呈圆丘状，保存较好的烽火台，还可以看出原来的形制。烽火台修建方式与墙体、敌台同，均为黄土夯筑而成，夯层厚度0.1米，最薄有0.06米。

从保存现状来看，平面呈不规则形、圆形，也有半圆形的，剖面也为不规则形、梯形等。顶部尺寸较小，多在5米以下，也有大于10米的；底部尺寸集中在10米以上，少量保存较好的可达24～35米；从高度上来看，普遍较为低矮，1～4米较多，5米以上较少，也有个别高至8米的。

烽火台周围发现的遗物以外饰绳纹内饰麻点纹的筒瓦、板瓦为主，另外还有少量陶片、石块等遗物，部分烽火台后代经过修缮和继续使用。

一　赫家沟村敌台（6106263521010 20002）

该敌台位于五谷城乡四河堡村赫家沟村（组）西南155米山体缓坡平整地带上，台体周围为耕地，西面与一条乡间土路距离32米。该地为山地沟壑区，较为陡峭。地理坐标为东经：108°31′49.50″，北纬：37°08′08.30″，高程：1734米。

该敌台整体保存差。因风雨侵蚀坍塌严重。台体上长有少量旱地植被，根系深入夯土层中，顶部竖立一根电线杆，对台体破坏严重。台体周围为耕地，村民平整土地对台基破坏严重。

敌台平面呈不规则四边形，剖面略呈不规则形，底东西3、南北4.5米，顶东西1.2、南北2.5米，残高1.8米，夯层厚0.09～0.12米（图六四七）。台体顶部及周围散落大量筒瓦、板瓦残片及少量器物残片。筒瓦外素面、内粗布纹，板瓦外绳纹、内麻点纹。

该敌台位于赫家沟村长城2段东侧，西距墙体8.3米。

二　深崾岘村 1 号敌台（610626352101020004）

该敌台位于薛岔乡杨兴庄村深崾岘村（组）西 53 米山顶上，赵家山长城 2 段之上，两侧紧邻耕地，东北为沟，东距油井 94 米，西北距油井 952 米，北距电线杆 135 米，西面有一条土路上山，两者间距 53 米。该地为山地沟壑区，较为陡峭。地理坐标为东经：108°31′02.10″，北纬：37°07′35.40″，高程：1786 米。

敌台整体保存差，坍塌呈低矮的土台状，东南断面有盗洞一个，直径 1.5、进深 1.3 米，此盗洞造成台体坍塌。台体底部、顶部因人为破坏较平整。

敌台平面略呈半圆形，剖面呈梯形，底东西长 51、南北宽 27 米，顶东西长 45、南北宽 22 米，高 4.05 米，夯层厚 0.05～0.12 米（图六四八）。周围散落少量外绳纹、内麻点纹瓦片。

该敌台位于赵家山长城 2 段墙体之上，西北距深崾岘敌台 2 号 195 米。

该敌台所处为黄土高原沟壑区，台体距离最近的盘山土路大致 53 米，交通不便。

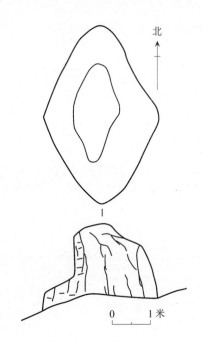

图六四七　赫家沟村敌台平、立面图

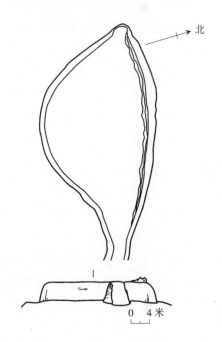

图六四八　深崾岘村 1 号敌台平、立面图

三　深崾岘村 2 号敌台（610626352101020005）

该敌台位于薛岔乡杨兴庄深崾岘村西 248 米山顶上，赵家山长城 2 段之上。南侧紧邻冲沟，西南侧下方有少量耕地。台体西南距中石油盘七接转站 761 米。该地为山地沟壑区，较为陡峭。地理坐标为东经：108°30′54.80″，北纬：37°07′37.00″，高程：1754 米。

敌台整体保存差。坍塌较为严重，呈圆丘状。南侧紧邻冲沟。台体上长满杂草。

敌台平面呈半圆形，剖面呈弧拱形，底长 15、宽 9、高 5.5 米，夯层厚 0.09～0.1 米（图六四九）。台体周围散落少量外绳纹、内麻点纹瓦片。

该敌台位于赵家山长城 2 段墙体之上，东南距深崾岘 1 号敌台 195 米。

四　满泉河村敌台（610626352101020006）

该敌台位于薛岔乡杨兴庄村满泉河村（组）南 58 米山顶上，台体东侧为缓坡，西侧为小圆峁，坡度陡峭。该地为山地沟壑区，较为陡峭。地理坐标为东经：108°30′40.44″，北纬：37°07′40.02″，高程：1728.4 米。

该台体整体保存较差，损毁严重，东侧被人为挖掘成 90°立坎，西侧已坍塌成斜坡状。由于台体处在山梁上，风雨侵蚀严重，土层普遍松动，加上杂草丛生，鼠洞、蚁穴大量存在，台体已是千疮百孔。

敌台平面呈不规则形，剖面呈弧拱形。底长 13、宽 9 米，顶边长 3 米，残高 5.8 米，夯层厚 0.07 ~ 0.1 米（图六五○）。

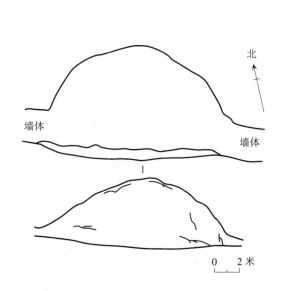

图六四九　深嵝岘村 2 号敌台平、立面图

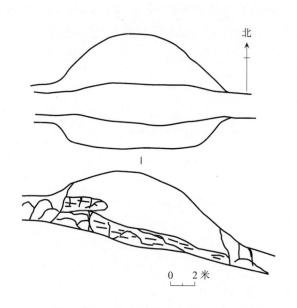

图六五○　满泉河村敌台平、立面图

该敌台位于满泉河村长城墙体上，东距深嵝岘村 2 号敌台 284 米。

该敌台所处为黄土高原沟壑区，交通不便。台体附近有一条乡村公路。

五　杨家沟村 1 号敌台（610626352101020013）

该敌台位于五谷城乡白草沟村杨家沟村（组）西北约 900 米山顶上，台体上有枸杞生长，东侧脚下为农田，西侧坡度陡峭。该地为山地沟壑区。地理坐标为东经：108°29′02.62″，北纬：37°06′52.02″，高程：1691.8 米。

敌台保存较差。由于雨水冲刷侵蚀，以及杂草的生长造成台体损毁严重。台体西侧已坍塌呈斜坡状，东侧呈 90°立坎。

敌台平面近似半圆形，剖面呈弧拱形，底南北长 13、东西宽 7.8 米，残高 2.2 米（图六五一）。台体外侧有两道堑。

该敌台位于杨家沟村长城 1 段上，东距杨家沟烽火台 142 米。

该敌台所处为黄土高原沟壑区，交通不便。附近有一条石子路。

六 杨家沟村 2 号敌台（610626352101020014）

该敌台位于五谷城乡白草沟村杨家沟村（组）东北约 800 米山梁上，台体北侧为深沟，东侧、南侧为缓坡。该地为山地沟壑区，沟壑坡度较为陡峭。地理坐标为东经：108°28′58.50″，北纬：37°06′44.90″，高程：1671 米。

敌台保存差，坍塌呈圆丘状。由于台体上杂草丛生以及许多鼠洞的存在，加上雨水冲刷、风力剥蚀，台体损毁严重。

敌台平面近似椭圆形，剖面呈梯形，底南北长 10.8、东西宽 5.8 米，顶南北长 5、东西宽 2.1 米，外西残高 3.8、内东残高 2.4 米（图六五二）。夯层不明显。台体上有少量绳纹瓦片。

该敌台位于杨家沟村长城 1 段上，东北距杨家沟村 1 号敌台 289 米。

该敌台所处为黄土高原沟壑区，交通不便。

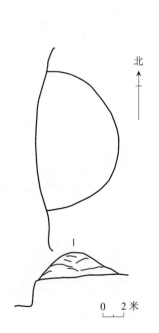

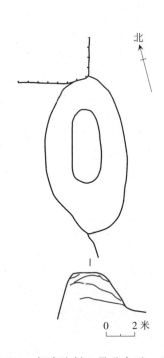

图六五一　杨家沟村 1 号敌台平、立面图　　　　图六五二　杨家沟村 2 号敌台平、立面图

七 杨家沟村 3 号敌台（610626352101020015）

该敌台位于五谷城乡白草沟杨家沟村东约 800 米处一深沟沟头。该地为山地沟壑区，较为陡峭，地理坐标为东经：108°28′55.60″，北纬：37°06′41.90″，高程：1643 米。

该敌台保存较差，东北侧被雨水冲成直立断面，脚下为深沟；南侧、西侧被人为铲削成直立断面；西侧脚下为农田，农田西侧为乡间土路，再向西为山体；北侧已坍塌呈缓坡状，其下为农田。一石子路自南向东绕过台体。

敌台为平面近似矩形，剖面略呈弧拱形，底东西长 7.3、南北宽 4 米，北侧残高 3.6、南侧残高 2.7 米，夯层厚 0.06～0.11 米（图六五三）。

该敌台位于杨家沟村长城 1 段上，东北距杨家沟村 2 号敌台 119 米。

该敌台所处为黄土高原沟壑区，一石子路自南向东绕过台体，交通不便。

八　杨家沟村 4 号敌台（610626352101020016）

该敌台位于五谷城乡白草沟村杨家沟村（组）东南约 819 米山坡上，为山地沟壑区。台体东侧、西侧因坍塌坡度尤其陡峭，北侧、南侧呈缓坡状。地理坐标为东经：108°28′51.70″，北纬：37°06′41.40″，高程：1674 米。

敌台保存较差，损毁严重，坍塌呈土梁状。东北侧脚下有枸杞生长，引起土层松动。西侧因夯土坍塌，十分陡峭。大量鼠洞、风雨的侵蚀使得台体损坏严重。

敌台平面呈不规则形，剖面呈弧拱状，底南北长 8.2、东西宽 7.5 米，残高 4.3 米，夯层厚 0.04 ~ 0.06 米（图六五四）。台体周围散落大量绳纹瓦片。

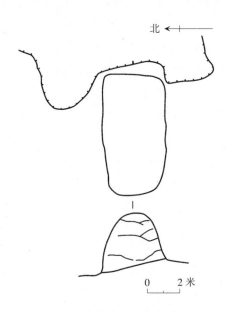

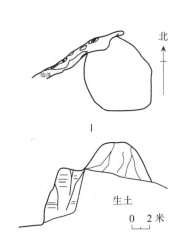

图六五三　杨家沟村 3 号敌台平、立面图　　　　图六五四　杨家沟村 4 号敌台平、立面图

该敌台为杨家沟村长城 2 段起点，东北距杨家沟村 3 号敌台 95 米。

该敌台处于黄土高原沟壑区，交通不便。

九　杨家沟村 5 号敌台（610626352101020017）

该敌台位于五谷城乡白草沟村杨家沟村（组）东南 1.34 千米山坡上，为山地沟壑区。台体东侧为荒地，西侧紧邻耕地台面，南端紧邻冲沟，东北距盘山土路最近为 345 米。地理坐标为东经：108°29′19.90″，北纬：37°07′03.80″，高程：1720 米。

敌台保存较差。台基西侧破坏严重，底部南北呈弧状，致使底部长度不详；顶部因风雨侵蚀、植物根系生长对其造成破坏，使得台体坍塌严重。

敌台平面呈不规则形，剖面呈梯形，底南北长 14.5、东西宽 4 米，顶东西 1.4 米，高 4 米，夯层厚 0.09 ~ 0.12 米（图六五五）。台体周围散落少量外绳纹、内麻点纹瓦片。

该敌台西侧紧贴杨家沟长城 2 段；北距杨家沟 4 号敌台 217 米。

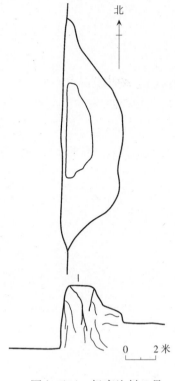

图六五五　杨家沟村5号
敌台平、立面图

该敌台处于黄土高原沟壑区，敌台东北距盘山土路最近为345米。

一〇　杨新庄村1号敌台（6106263352101020021）

该敌台位于薛岔乡杨新庄村林湾村（组）西北700米，周围为梁峁沟壑地，西侧为老虎沟，东侧为窨子沟，北侧90余米处为附近油井公司开辟的停车场，东北3公里处山梁上有两座坟丘，据当地老乡介绍，为将军墓（时代不明），南侧有开垦的农田。地理坐标为东经：108°28′51.60″，北纬：37°06′03.67″，高程：1732.1米。

敌台整体保存一般，目前可见两层台基与一个台体，在一层台基的东北角处有一个角楼。台体东侧与南侧保存较差，两侧的一层台基上均被开垦为农田，故对台体损坏较为严重；台体西侧底部有盗洞一处，深3.5米；北侧的二层台基上有围墙，坍塌严重。雨水冲刷造成台体剥落、坍塌，其中顶部东北角坍塌严重，在台体上形成堆土，台体顶部和台面上长有蒿草，以及动物洞穴。

敌台基座平面呈矩形，剖面呈梯形。一层台基北侧长58、高3.2米，西侧长45、高3米，东侧长45、高4.3米，南侧长34米，夯层厚0.12～0.16米；二层台基北侧长31、高2.2米，西侧长32、高3米，南侧长27.5、高3米，东侧长29、高3米；敌台底西侧长9.5米，东、南、北三侧长均为11米，顶东西长5.1、南北宽4.3、高7.8米；东北角楼底南北长15.5、东西宽12.3、内高2、外高6.6米（图六五六）。敌台以黄土夯筑为主，包含有破碎瓦片。基座和台体上残存外绳纹、内麻点纹瓦片，一层台基底部西南角的盗洞口处还散落甑、陶罐碎片及少量骨头。该敌台明代修缮沿用。

该敌台建立在杨新庄长城1段墙体起点南314米处的墙体上，并向墙体内侧凸出。台体南北两端墙体夯土部分已不存，台体建立在最上一道堑顶部上方的台面上。西南53米处为杨新庄村2号敌台。

该敌台位于山间，有柏油公路穿过，路面高低起伏较大。

一一　杨新庄村2号敌台（6106263352101020022）

该敌台位于薛岔乡杨新庄村林湾村（组）西南650米，敌台西侧为老虎沟，东侧为农田，再向东为窨子沟，西北方1公里处为长庆油田工作场地。地理坐标为东经：108°28′56.43″，北纬：37°05′59.64″，高程：1741.4米。

敌台整体保存较差，坍塌严重，呈土丘状。北侧有一洞穴，宽1.2、高1、深1米；南侧有一马铃薯窖，长2.5、宽1.2、深1.9米。南侧还有几座坟墓，是黄姓老乡家的祖坟，黄家每年的祭祀活动对此敌台也起了一定程度的破坏作用。敌台四壁有动物洞穴。

敌台平面呈不规则半圆形，中间较宽，两侧狭长，剖面呈不规则形，底最长处为17.4、最宽处为10米，顶最长处为12、最宽处为5.1米，东侧高4.5、西侧高7.6米，夯层厚0.1～0.11米（图六五七）。敌台周边散落有少量外绳纹、内麻点纹瓦片。

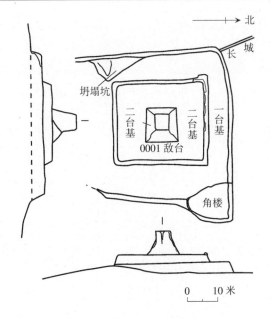

图六五六　杨新庄村1号敌台平、立面图

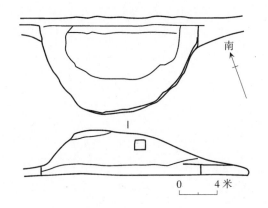

图六五七　杨新庄村2号敌台平、立面图

敌台位于杨新庄村长城1段墙体起点南410米墙体上，并向墙体内侧凸出，北距杨新庄村1号敌台53米，南距杨新庄村3号敌台206米。

该敌台所处为黄土高原沟壑区，交通不便。

一二　杨新庄3号敌台　（610626352101020023）

该敌台位于薛岔乡杨新庄村林湾村（组）西北600米山梁上，周边为黄土高原沟壑地貌，地势起伏较大。西侧水平约500米处为老虎沟，东侧水平约1千米处为窨子沟，南北两侧均与杨新庄长城2段墙体相连，但南侧向南9米处有沟壑发育。地理坐标为东经：108°28′7.94″，北纬：37°05′51.14″，高程：1722.3米。

敌台整体保存较差，东侧、西侧部分坍塌，主要是洞穴和蒿类植物生长对其造成的破坏。敌台南、北均与墙体相连，北侧墙体现存较完整，南侧墙体现已断裂。

敌台平面呈长条形，剖面呈不规则形，底南北长15.2、东西宽6.2～6.8米，顶南北长6.8、东西宽1.6米，东侧高3.6、西侧高6米（图六五八）。四周残存有外绳纹内麻点纹瓦片。

该敌台南、北两侧与杨新庄村长城2段墙体相连，位于杨新庄村长城2段墙体起点南189米墙体上，并向墙体内侧凸出。南距杨新庄村4号敌台255.5米，北距杨新庄村2号敌台206米。

一三　杨新庄村4号敌台　（610626352101020024）

该敌台位于薛岔乡杨新庄村林湾村（组）西南1.3千米的山梁上，周边为黄土高原沟壑地貌，地势起伏较大。敌台西侧底部紧靠一土路，东侧500米处有沟壑发育；东北侧为耕地。地理坐标为东经：108°29′04.13″，北纬：37°05′45.58″，高程：1704.6米。

敌台整体保存差，坍塌呈不规则形土台状。南、北均与墙体相连；东侧有动物洞穴并且有蒿类、沙棘等耐旱植物；东南侧自顶部到底部有冲水豁口，宽0.8、深0.5米；西侧坍塌严重，现已成一垂直面；北侧有一马铃薯窖，长2、宽1.5、深2米；台体顶部遭风雨侵蚀较严重，现已成不规则形状。

敌台平面略呈矩形，剖面呈梯形，底南北长 12、东西宽 8 米，顶南北长 2.8、东西宽 1.4 米，高 4.5 米，敌台西壁断面现高 7.8 米，夯层厚度 0.07 ~ 0.12 米（图六五九）。黄土夯筑而成，夯层中间也夹有石块、瓦片等。敌台四周残存有外绳纹内麻点纹瓦片和陶片。西北侧距地面 2.70 米处外露一块红砂石。

该敌台建立在杨新庄村长城 2 段墙体起点南 444.5 米墙体上，并向墙体内侧凸出。敌台北侧与墙体相连，其中敌台向北距杨新庄村 3 号敌台 255.5 米。

该敌台处于黄土高原沟壑区，交通不便。敌台西侧底部紧靠一土路。

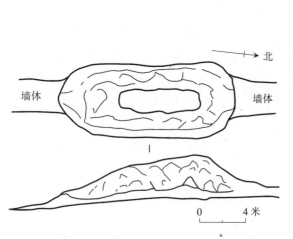

图六五八　杨新庄村 3 号敌台平、立面图

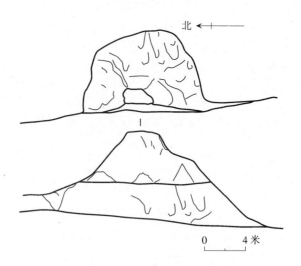

图六五九　杨新庄村 4 号敌台平、立面图

一四　杨新庄村 5 号敌台（610626352101020025）

该敌台位于薛岔乡杨新庄林湾村（组）西南 1.1 千米的山梁上，周边为黄土高原沟壑地貌，地势起伏较大。南、北两侧均与杨新庄长城 3 段墙体相连，且东北侧 22 米处有一个豁口，豁口外宽 12、内宽 5 米。地理坐标为东经：108°29′07.70″，北纬：37°05′39.87″，高程：1700.5 米。

该敌台整体保存差，东侧和南侧均有动物洞穴、蒿类植物等；西侧长有蒿草，底部紧靠一土路；北侧也有部分坍塌；敌台东北侧有一豁口，豁口外宽 12、内宽 5 米。顶部遭风雨侵蚀较重，并长满杂草。

敌台平面呈不规则形，剖面略呈梯形，底南北长 9、东西最大宽 5.8 米，顶南北长 2.5、东西宽 2 米，高 3.5 米，夯层厚 0.09 ~ 0.12 米（图六六〇）。台体底部四周残存有外绳纹内麻点纹瓦片。

该敌台建立在杨新庄村长城 3 段起点南 207 米墙体上，并向墙体内侧凸出，台体南、北两侧与杨新庄村长城 3 段墙体相连，北距杨新庄村长城 4 号敌台 207 米。

该敌台处于黄土高原沟壑区，交通不便。

一五　杨新庄村 6 号敌台（610626352101020026）

该敌台位于薛岔乡杨新庄村西沟村（组）西北 2 千米山梁上，周边为黄土高原沟壑地貌，地势起伏较大。敌台西南 400 余米处为一油井，东侧紧邻一土路，西侧有沟壑发育。地理坐标为东经：108°29′10.61″，北纬：37°05′26.64″，高程：1703.3 米。

敌台整体保存差，损坏严重，呈不规则形状土台。东侧有部分坍塌，并有动物洞穴和蒿类植物的生长，紧靠一土路；南侧向南 4 米有一豁口，宽 2.5 米；西侧为沟壑；台体南、北均与杨新庄长城 4 段相连；台体顶部遭风雨侵蚀较重，现呈不规则形状。

敌台平面呈不规则形，剖面呈弧拱形，底南北长 16.8、东西最大宽 10.3 米，顶南北长 4.5 米，高 5.6 米，夯层厚 0.1 ~ 0.12 米（图六六一）。四周散落有大量外绳纹内麻点纹瓦片。

该敌台位于杨新庄村长城 4 段墙体起点南 415 米处的墙体上，并向墙体内侧凸出，南距杨新庄村 7 号敌台 191 米，南距杨新庄村 8 号敌台 394 米。

该敌台所处为黄土高原沟壑区，交通不便。东侧紧邻一条土路。

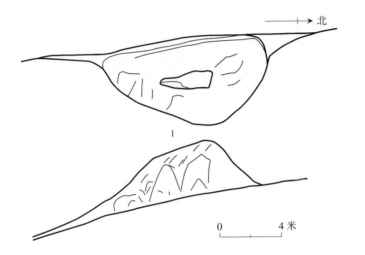

图六六〇　杨新庄村 5 号敌台平、立面图

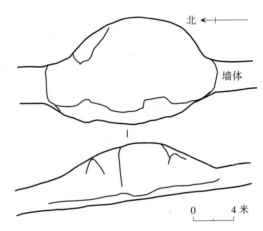

图六六一　杨新庄村 6 号敌台平、立面图

一六　杨新庄村 7 号敌台（610626352101020027）

该敌台位于薛岔乡杨新庄村西沟村（组）西北 1.7 千米山梁上，周边为黄土高原沟壑地貌，地势起伏较大。敌台西侧为老虎沟的一条支沟，东侧紧邻一片南北狭长的耕地，东南水平距离 200 米处为一油井，南、北两侧均与杨新庄长城 4 段墙体相连。地理坐标为东经：108°29′12.22″，北纬：37°05′21.16″，高程：1702 米。

该敌台整体保存差，损坏严重，东侧部分坍塌；南、北均与墙体相连，但现存墙体均破坏严重；顶部遭风雨侵蚀较重，现已成不规则形状。

敌台平面略呈椭圆形，剖面呈梯形，底南北长 8.8、东西宽 6.6 米，顶南北最大长 4、东西最大宽 1.6 米，东侧高 2、西侧高 5.3 米（图六六二）。敌台为黄土夯筑而成，夯层中包含有绳纹瓦片。四周散落有外绳纹、内麻点纹瓦片，还有红砂岩石块。

该敌台建立在杨新庄村长城 4 段墙体起点南 606 米处的墙体上，并向墙体内侧凸出，南 203 米处为杨新庄村 8 号敌台。

该敌台处于黄土高原沟壑区，交通不便。

一七　杨新庄村 8 号敌台（610626352101020028）

该敌台位于薛岔乡杨新庄村西沟村（组）西南 1.2 千米山梁上，敌台周围为梁峁沟壑地，西侧有沟壑发育，三道堑和墙体已有多处被冲断；东侧 50 米为一山梁，梁顶上有一长庆油田钻井场地，场地周边为农田。地理坐标为东经：108°29′13.68″，北纬：37°05′15.36″，高程：1678 米。

敌台整体保存差，坍塌严重，呈一小土丘状，周壁有蒿草、动物洞穴；西侧的三道堑台面皆已开垦为农田，由于水土流失，三道堑有多处为沟壑。

敌台平面呈圆形，剖面呈弧拱形，底南北长 9.7、东西宽 9.4 米，顶南北长 2.5、东西宽 2.3 米，东侧高 3.7、西侧高 5.8 米，夯层厚 0.09～0.11 米（图六六三）。台上及周边散落有一些外绳纹瓦片。

该敌台建立在杨新庄村长城 4 段止点北 76 米处的墙体上，并向墙体内侧凸出，北 203 米为杨新庄 7 号敌台。

该敌台处于黄土高原沟壑区，交通不便。敌台南 100 米处有一条柏油路。

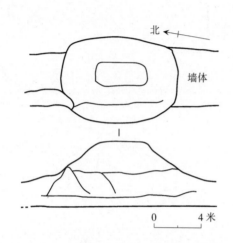 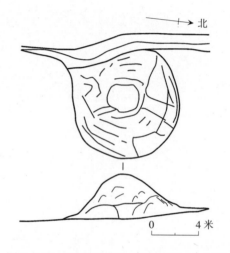

图六六二　杨新庄村 7 号敌台平、立面图　　　　图六六三　杨新庄村 8 号敌台平、立面图

一八　杨新庄村 9 号敌台（610626352101020029）

该敌台位于薛岔乡杨新庄村西沟村（组）西南 260 米的山梁上，周边为黄土高原沟壑地貌，地势起伏较大。敌台西侧有沟壑发育，南侧紧邻一崾崄，南、北两侧均与杨新庄长城 5 段相连。地理坐标为东经：108°29′10.98″，北纬：37°05′07.10″，高程：1691.3 米。

该敌台整体保存差，大部分坍塌，呈低矮的土堆状。台体上及周边均有动物洞穴，蒿类、沙棘等植物的生长以及风雨侵蚀，对台体均有所破坏；底部北 2 米处有一洞穴，宽 0.8、高 0.6 米，进深 1.5、内高 1 米；台体底部因开垦耕地损坏较为严重。

敌台平面呈不规则形，剖面呈弧拱形。底南北长 9、东西宽 5 米，南侧东西高差 1.4 米，北侧东西高差 0.2 米，夯层厚 0.07～0.1 米（图六六四）。黄土夯筑而成，夯层中包含有外绳纹瓦片。

该敌台建立在杨新庄村长城 5 段起点南 158 米处的墙体上，并向墙体内侧凸出，南、北两端与夯土墙体相连；敌台向南 196 米为杨新庄村 10 号敌台。

该敌台所处为黄土高原沟壑区，交通不便。

一九　杨新庄村 10 号敌台（610626352101020030）

该敌台位于薛岔乡杨新庄村西沟村（组）西南 375 米的山梁上，敌台东侧沟壑发育明显，西侧地区长满沙棘。地理坐标为东经：108°29′08.62″，北纬：37°05′00.87″，高程：1682.1 米。

该敌台整体保存差，呈不规则土台，顶部遭风雨侵蚀较重；南侧剥落严重，底部有一马铃薯窖，长1.5、宽1.4、深2米；西侧表面长满荒草；北侧表面部分坍塌，长有蒿类、沙棘等耐旱植物，并有一条土路，对敌台的损坏严重。

敌台平、剖面均呈不规则形，底南北长13、东西宽8米，顶长3、宽1米，东高1.4、西高4米，夯层厚0.07~0.1米（图六六五）。周围散有外绳纹、内麻点纹的瓦片和外绳纹的陶片。

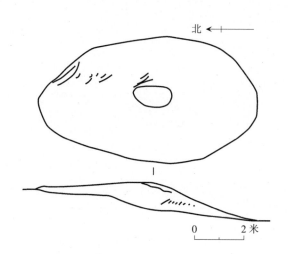

图六六四　杨新庄村9号敌台平、立面图

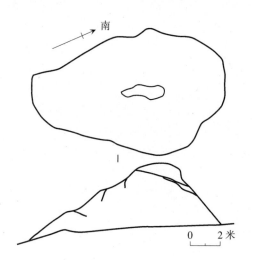

图六六五　杨新庄村10号敌台平、立面图

该敌台建立在杨新庄村长城5段起点南363米处的墙体上，并向墙体内侧凸出，南、北两端与夯土墙体相连；敌台北196米为杨新庄村9号敌台，南140米为杨新庄村11号敌台。

该敌台处于黄土高原沟壑区，交通不便。

二○　杨新庄村11号敌台（6106263521010020031）

该敌台位于薛岔乡杨新庄村西沟村（组）西南405米的山梁上，敌台周围为黄土高原沟壑区域，沟壑发育明显，敌台东、西两侧为耕地。地理坐标为东经：108°29′08.02″，北纬：37°04′56.85″，高程：1717.6米。

该敌台整体保存差，东侧与南侧因开垦耕地坍塌严重；西侧受雨水侵蚀，剥落严重；北侧面台体表面长满杂草，并有一条土路，对台体有一定损坏。

敌台平面略呈矩形，剖面呈梯形，底南北长11、东西宽4米，顶南北长3、东西宽1米，高3米，夯层厚0.07~0.1米（图六六六）。敌台表面上散有大量外绳纹、内麻点纹瓦片与红砂岩石块。

该敌台建立在杨新庄村长城5段起点南515米处的墙体上，南北两端与夯土墙体相连，并向墙体内侧凸出；敌台北距杨新庄村9号敌台336米，北距杨新庄村10号敌台140米，南距杨新庄村12号敌台150米。

该敌台处于黄土高原沟壑区，交通不便。

二一　杨新庄村12号敌台（6106263521010020032）

该敌台位于薛岔乡杨新庄村西沟村（组）西南500米的山梁上，敌台周围为黄土高原沟壑区域，沟壑发育明显，敌台东侧为耕地，西侧为一堑面。地理坐标为东经：108°29′09.99″，北纬：37°04′50.51″，高程：1717.8米。

该敌台整体保存差，东侧由于耕地开垦，被铲削掉了大半部分，坍塌严重；南部与墙体相连，上面长有荒草；西侧为一堑面，现开垦为耕地；北侧与墙体相连，长有荒草。顶部现残存三分之一，表面长有蒿草、沙棘等耐旱植物。

敌台平、剖面均呈不规则形，底南北长11.5、东西宽3.2、东高2.8、西高5米，夯层厚0.07～0.09米（图六六七）。

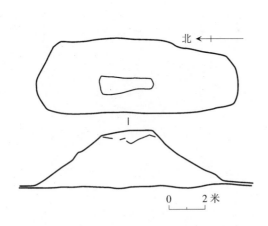

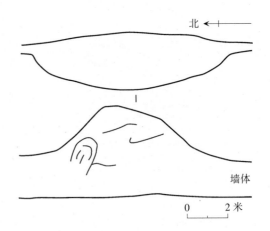

图六六六　杨新庄村11号敌台平、立面图　　　　图六六七　杨新庄村12号敌台平、立面图

该敌台建立在杨新庄村长城5段起点南676米处的墙体上，南北两端与夯土墙体相连，并向墙体内侧凸出；敌台北距杨新庄村11号敌台150米，南距杨新庄村13号敌台105米，南距杨新庄村14号敌台185米。

该敌台处于黄土高原沟壑区，交通不便。

二二　杨新庄村13号敌台（610626352101020033）

该敌台位于薛岔乡杨新庄村西沟组西南570米的山梁上，周围为黄土高原沟壑区域，沟壑发育明显。敌台西侧32米处为大车沟，东侧50米处为蹲山梁，周围多为耕地。地理坐标为东经：108°29′13.23″，北纬：37°04′46.95″，高程：1707.1米。

该敌台整体保存差，东侧面侵蚀严重，呈北高南低缓坡；南侧面坍塌严重，与地面几乎平齐，表面长有杂草；西侧面建在墙体上，由于开垦农田，表面被铲削并有较多剥落；北侧损坏严重，呈缓坡状，表面长有蒿草等。

敌台平面呈椭圆形，剖面呈弧拱形，底南北长10、东西宽6米，顶南北长1.8、东西宽1米，东高1、西高4.8米，夯层厚0.07～0.09米（图六六八）。

该敌台建立在杨新庄村长城5段起点南788.5米处的墙体上，南北两端与夯土墙体相连，并向墙体内侧凸出；敌台北距杨新庄村12号敌台105米，南距杨新庄村14号敌台80米，南距杨新庄村15号敌台309米。

该敌台处于黄土高原沟壑区，交通不便。

二三　杨新庄村 14 号敌台（610626352101020034）

该敌台位于薛岔乡杨新庄西沟村（组）西南 655 米山梁上，周围为黄土高原沟壑区域，沟壑发育明显。西南 120 米处为油井，东、西两侧均为耕地。地理坐标为东经：108°29′13.18″，北纬：37°04′44.48″，高程：1697.8 米。

该敌台整体保存差，北侧与墙体相连；东侧耕地对敌台底部造成了破坏；南侧长有沙棘、芦苇等耐旱植物；西侧由于雨水冲刷，变得凹凸不平，上面长有沙棘，底部堑面上有一马铃薯窖，长 2、宽 1.4、深 1.5 米。顶部长有沙棘、杂草，底部受耕地破坏。

敌台平面呈长条状，剖面呈弧拱形，底南北长 15、东西宽 4.6 米，顶南北长 8、东西宽 2 米，高 3 米，夯层厚 0.07 ~ 0.1 米（图六六九）。东侧散有少量绳纹瓦片。

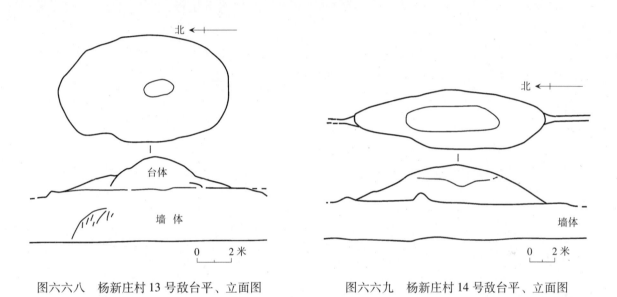

图六六八　杨新庄村 13 号敌台平、立面图　　　　　图六六九　杨新庄村 14 号敌台平、立面图

该敌台建在杨新庄村长城 5 段起点南 878.50 米处的墙体上，南端与夯土墙体相连，并向墙体内侧凸出；敌台北距杨新庄村 13 号敌台 80 米，南距杨新庄村 15 号敌台 229 米，南距杨新庄村 16 号敌台 400 米。

该敌台处于黄土高原沟壑区，交通不便。

二四　杨新庄村 15 号敌台（610626352101020035）

该敌台位于薛岔乡杨新庄村西沟村（组）西南 725 米的山梁上，周围为黄土高原沟壑区域，沟壑发育明显。敌台东侧紧靠西沟，西侧紧靠腰腰沟。地理坐标为东经：108°29′11.13″，北纬：37°04′37.83″，高程：1682.2 米。

该敌台整体保存较差，东侧表面脱落，长有蒿草和沙棘等植物，并有鼠穴；南侧有一马铃薯窖，长 2、宽 1、深 2 米，对台体损坏严重；西侧由于耕地开垦，被铲削呈垂直状，表面还有裂缝，脱落明显；北侧与墙体相连，并有一条土路。

敌台平面呈不规则形，剖面呈梯形，底南北长 12、东西宽 6 米，顶南北长 7.5、东西宽 2 米，西高 2.4 米，夯层厚 0.07 ~ 0.1 米（图六七〇）。敌台四周散有少量外绳纹瓦片。

该敌台建在杨新庄村长城 5 段起点南 1122.5 米处的墙体上，南北两端与夯土墙体相连，并向墙体内侧凸出；敌台北距杨新庄村 14 号敌台 229 米，南距杨新庄村 16 号敌台 198 米，南距杨新庄村 17 号敌台 304 米。

该敌台处于黄土高原沟壑区，交通不便。

二五　杨新庄村 16 号敌台 （610626352101020036）

该敌台位于薛岔乡杨新庄村西沟村（组）西南 780 米的山梁上，周围为黄土高原沟壑地区。敌台东侧紧靠西沟，西侧紧靠腰腰沟。地理坐标为东经：108°29′10.31″，北纬：37°04′37.01″，高程：1716.3 米。

该敌台整体保存差，顶部长有蒿草，风雨侵蚀严重，坑洼不平；东侧底部因农田开垦，遭到铲削，表面长有蒿草和沙棘；南侧有马铃薯窖，并散落有瓦片，长有沙棘等植物；北侧底部有一处盗洞，宽 1、高 1、深 2.5 米。

敌台平面呈三角形，剖面略呈梯形，底东西 14 米，东侧南北长 7.5、西侧南北长 17 米，顶南北长 2、东西宽 3 米，西高 11、东高 6 米，夯层厚 0.07 ~ 0.1 米（图六七一）。

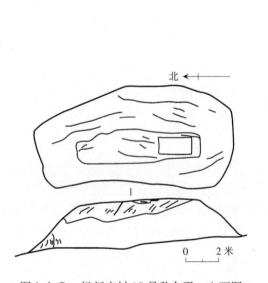

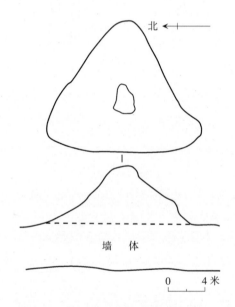

图六七〇　杨新庄村 15 号敌台平、立面图　　　　图六七一　杨新庄村 16 号敌台平、剖面图

该敌台建在杨新庄村长城 5 段起点南 1.31 千米处的墙体上，南、北两端与夯土墙体相连，并向墙体内侧凸出；敌台北距杨新庄村 15 号敌台 198 米，南距杨新庄村 17 号敌台 106 米，南距杨新庄村 18 号敌台 328 米。

该敌台处于黄土高原沟壑区，交通不便。

二六　杨新庄村 17 号敌台 （610626352101020037）

该敌台位于薛岔乡杨新庄村西沟村（组）西南 865 米山梁上，周围为黄土高原沟壑区。地理坐标为东经：108°29′11.76″，北纬：37°04′25.24″，高程：1686.6 米。

该敌台整体保存差，顶部长有杂草，西侧有一坍塌豁口；东侧底部因耕地而被铲削，左上部有一处严重坍塌；南侧长有杂草、沙棘，并且有一条小路；西侧面表面风化现象明显，大面积脱落，并且有动物洞穴；北侧坍塌严重，长满杂草。

敌台平面呈不规则状，剖面呈弧拱形，底南北长 15、东西宽 7 米，顶南北长 3、东西宽 1.2 米，西高 7、东高 4.4 米，夯层厚 0.07~0.09 米（图六七二）。

该敌台建在杨新庄村长城 5 段起点南 1.57 千米处的墙体上，并向墙体内侧凸出，南、北两端与夯土墙体相连；敌台北距杨新庄村 16 号敌台 106 米，南距杨新庄村 18 号敌台 222 米，南距杨新庄村 19 号敌台 640.6 米。

该敌台处于黄土高原沟壑区，交通不便。

二七　杨新庄村 18 号敌台 （610626352101020039）

该敌台位于薛岔乡杨新庄村西沟村（组）西南 915 米的山梁上，周围为黄土高原沟壑区域，西侧有沟壑发育。地理坐标为东经：108°29′08.65″，北纬：37°04′18.76″，高程：1660.3 米。

敌台整体保存较差，台体表面长有杂草，四周为耕地，底部被铲削严重；东侧呈缓坡状，有脱落现象，长有杂草；南侧脱落现象严重，有一条人为踩出的小路；西侧顶部坍塌严重，有裂缝，表面凸凹不平，风化脱落，并有多处动物洞穴；北侧表面有脱落现象，顶部坍塌有一豁口；底部被人为削铲。

敌台平面近呈矩形，剖面略呈梯形，底南北长 12、东西宽 10.5 米，顶南北 1.2、东西宽 2.1 米，西高 6、东高 5、南高 4、北高 6 米，夯层厚 0.07~0.09 米（图六七三）。敌台底部散有大量的绳纹瓦片和细绳纹陶片。

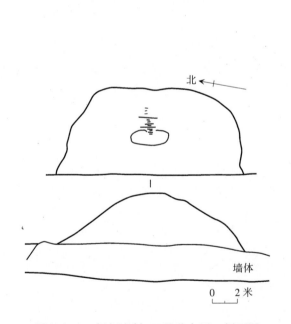
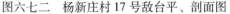
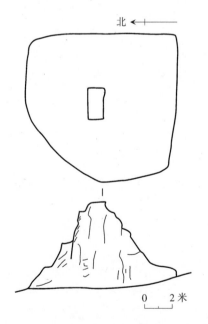

图六七二　杨新庄村 17 号敌台平、剖面图　　　图六七三　杨新庄村 18 号敌台平、立面图

该敌台建在杨新庄村长城 6 段起点南 131 米处的墙体上，并向墙体内侧凸出。台体南、北两端墙体夯土部分已不存，台体建立在最上一道堑的顶部；敌台北距杨新庄村 17 号敌台 222 米，南距杨新庄村 19 号敌台 418 米，南距杨新庄村 20 号敌台 672 米。

该敌台处于黄土高原沟壑区，交通不便。

二八　杨新庄村 19 号敌台 （610626352101020039）

该敌台位于薛岔乡杨新庄村西沟村（组）西南 1.03 千米山梁上，周围为黄土高原沟壑区域，沟壑发育明显。敌台周边长满沙棘、杂草等耐旱植物。地理坐标为东经：108°29′03.87″，北纬：37°04′04.97″，高程：1745.8 米。

该敌台整体保存较差，顶上散有少量瓦片，表面长满蒿草；东侧底部由于开辟土路，造成铲削明显，并且表面脱落，夯层明显；北侧表面呈缓坡状，长有蒿草，并有一条小路。

敌台平、剖面均呈不规则状，底南北长 9.5、东西宽 9.4 米，顶南北长 2、东西宽 1.8 米，西高4.7、东高 30 米，夯层厚 0.08 ~ 0.11 米（图六七四）。顶部散有少量瓦片。

该敌台建在杨新庄村长城 6 段起点南 549.60 米处的墙体上，南北两端与夯土墙体相连，并向墙体内侧凸出；敌台北距杨新庄村 18 号敌台 418 米，南距杨新庄村 20 号敌台 254 米。

该敌台所处为黄土高原沟壑区，交通不便。台体东侧底部有一条小土路。

二九　杨新庄村 20 号敌台 （610626352101020040）

该敌台位于薛岔乡杨新庄村西沟村（组）西南 1.3 千米的山梁上，周围为黄土高原沟壑区域，沟壑发育明显。敌台东侧为崾崄。地理坐标为东经：108°28′56.10″，北纬：37°03′58.75″，高程：1709.6 米。

敌台整体保存较差，表面长有柠条和杂草，东侧呈缓坡状，并长有蒿草、沙棘等；南侧表面脱落严重，并有数处动物洞穴，对台体有一定的破坏；西南侧底部被耕地铲削；北侧表面有动物洞穴，并且长有大片蒿草。

敌台平面呈不规则状，剖面呈梯形，底东西长 8、南北宽 6.5 米，顶东西长 3、南北宽 1.2 米，西高 2.8、东高 1.4、北高 2.6、南高 2.6 米，夯层厚 0.08 ~ 0.1 米（图六七五）。周围有大量外绳纹、内麻点纹瓦片。

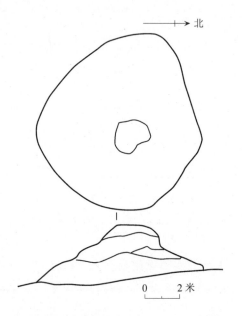

图六七四　杨新庄村 19 号敌台平、立面图

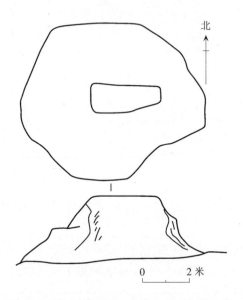

图六七五　杨新庄村 20 号敌台平、立面图

该敌台建在杨新庄村长城6段起点南833.6米处的墙体上，南、北两端与夯土墙体相连，并向墙体内侧凸出。敌台北距杨新庄村18号敌台672米，北距杨新庄村19号敌台254米，东南距双庙村1号敌台211米。

该敌台所处为黄土高原沟壑区，交通不便。

三〇 双庙村1号敌台（610626352101020041）

该敌台位于薛岔乡双庙村老庄村（组）西北1.5千米的山梁上，周围为黄土高原沟壑地区。地理坐标为东经：108°28′05.03″，北纬：37°03′53.03″，高程：1731.1米。

该敌台整体保存差，四周长有杂草、沙棘等植物。东侧侵蚀剥落严重；南侧面剥落明显，有多个植树坑；东南侧杂草丛生，并有一条小路；北侧也有数个植树坑，上半部有一个较大洞穴；敌台底部有一土路通过，土路所在的坡地上种植有沙棘。

敌台平面呈不规则状，剖面呈梯形，底东西长8、南北宽6.5米，顶长3、宽1.2米，西高2.8、东高1.4、北高2.6、南高2.6米，夯层厚0.08~0.1米（图六七六）。周围散有大量的外绳纹、内麻点纹瓦片和陶片。

该敌台建在双庙村长城1段起点南94米处的墙体上，南北两端与夯土墙体相连，并向墙体内侧凸出；敌台西北距杨新庄20号敌台211米，南距双庙村2号敌台800米。

该敌台所处为黄土高原沟壑区，交通不便。

三一 双庙村2号敌台（610626352101020042）

该敌台位于薛岔乡双庙村老庄村（组）西北800米山梁上，周围为黄土高原沟壑区域，沟壑发育明显。地理坐标为东经：108°28′48.34″，北纬：37°03′35.93″，高程：1738.1米。

该敌台整体保存差，东侧台面上长有蒿草，东38米处有一人工开垦的梯田对台体底部破坏严重，台体上长有沙棘、野草；西侧面台体因雨水冲刷顶部坍塌严重，并且有裂缝，底部为耕地；台体底部为耕地，敌台北侧底部被铲削。

该敌台平面呈不规则形状，剖面略呈梯形，底南北长19、东西宽11米，顶南北长3、东西宽2.4米，西高8、东高7米，夯层厚0.07~0.12米（图六七七）。周围有大量的外绳纹瓦片。

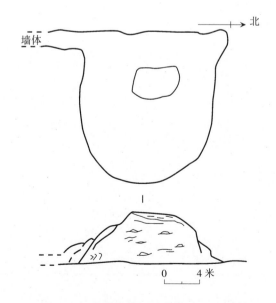

图六七六 双庙村1号敌台平、立面图

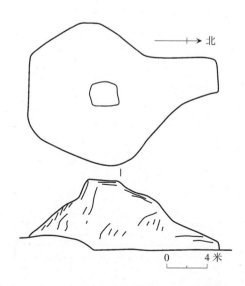

图六七七 双庙村2号敌台平、立面图

该敌台建在双庙村长城 1 段止点处的墙体上，台体北端墙体夯土部分已不存，台体建立在最上一道堑的顶部。敌台北距双庙 1 号敌台 800 米，南距双庙 3 号敌台 50 米，南距双庙 4 号敌台 135 米。

该敌台所处为黄土高原沟壑区，交通不便。

三二　双庙村 3 号敌台（610626352101020043）

该敌台位于薛岔乡双庙村老庄村（组）西北 710 米的山梁上，周围为黄土高原沟壑地区，沟壑发育明显。地理坐标为东经：108°28′48.15″，北纬：37°03′34.06″，高程：1742 米。

该敌台整体保存差，东部为耕地；南部有一条小路，并长有沙棘；西侧呈缓坡状，底部有人为铲削的痕迹；顶部有脱落现象，并且长满荒草，其中部有一个盗洞，深 1、宽 1 米。

敌台平面呈不规则状，剖面呈梯形，底南北长 23、东西宽 20 米，顶长 5.4、宽 2.8 米，西高 4、东高 7.5 米，夯层厚 0.1~0.12 米（图六七八）。底部散落大量的瓦片、红砂岩石块。

该敌台建在双庙村长城 2 段起点南 109 米处的墙体上，南北两端与夯土墙体相连，并向墙体内侧凸出；敌台北距双庙村 2 号敌台 50 米，南距双庙村 4 号敌台 85 米，南距双庙村 5 号敌台 152 米。

该敌台所处为黄土高原沟壑区，交通不便。

三三　双庙村 4 号敌台（610626352101020044）

该敌台位于薛岔乡双庙村老庄村（组）西北 640 米的山梁上，周围为黄土高原沟壑地区，沟壑发育明显。地理坐标为东经：108°28′49.17″，北纬：37°03′31.82″，高程：1737.8 米。

该敌台整体保存差，北侧为耕地，表面长满野草；东侧为耕地，台体表面长有蒿草、沙棘等植物；南侧为耕地，对台体表面有所损坏，夯层清晰可见；顶部有一棵大树，长有沙棘、蒿草等植物；底部的耕地也对台体产生破坏。

敌台平面略呈矩形，剖面呈梯形，底东西 15.5、南北 10 米，顶东西 3.4、南北 2 米，北侧高 4.7、南侧高 7.2 米，夯层厚 0.1~0.12 米（图六七九）。底部西南侧散落大量的外绳纹瓦片和红砂岩石块。

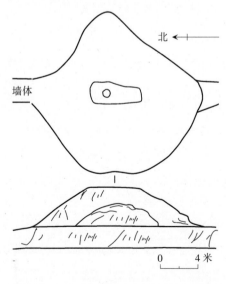

图六七八　双庙村 3 号敌台平、立面图

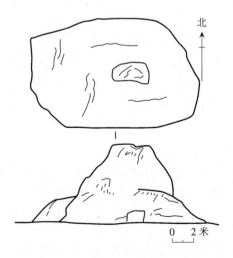

图六七九　双庙村 4 号敌台平、立面图

该台体建在双庙村长城 2 段起点南 143 米处的墙体上，并向墙体内侧凸出，敌台北距双庙村 3 号敌台 85 米，南距双庙村 5 号敌台 56 米，南距双庙村 6 号敌台 582 米。

该敌台所处为黄土高原沟壑区，交通不便。

三四　双庙村 5 号敌台（610626352101020045）

该敌台位于薛岔乡双庙村老庄村（组）西北 570 米的山梁上。敌台建在山坡中部，沟壑发育明显。敌台东、西两侧均为耕地，且东侧紧靠一水窖。地理坐标为东经：108°28′49.92″，北纬：37°03′29.22″，高程：1738.4 米。

该敌台整体保存差，南面呈缓坡状；西侧面上有一盗洞，周围还有坍塌现象；台北侧呈缓坡状，长满荒草；由于耕地底部被铲削，表面长有沙棘，对台体造成一定破坏；顶部的盗洞直通敌台底部。

敌台平面呈不规则形，剖面呈梯形，底南北长 15、东西宽 8 米，顶南北长 4.6、东西宽 2.6 米，西高 8.5、北高 3.3、南高 10.4 米，夯层厚 0.08~0.1 米（图六八〇）。黄土夯筑而成，夯层中夹有红砂岩石片。顶部和四周散有外绳纹、内麻点纹瓦片和陶片。

该敌台建在双庙村长城 2 段起点南 210 米处的墙体上，南北两端与夯土墙体相连，并向墙体内侧凸出。敌台北距双庙村 4 号敌台 56 米，南距双庙村 6 号敌台 526 米，南距双庙村 7 号敌台 732 米。

该敌台所处为黄土高原沟壑区，交通不便。

三五　双庙村 6 号敌台（610626352101020046）

该敌台位于薛岔乡双庙村老庄村（组）西北 300 米的山梁上，周围为黄土高原沟壑地区，沟壑发育明显。地理坐标为东经：108°28′46.54″，北纬：37°03′15.35″，高程：1699.6 米。

该敌台整体保存较差，表面长满蒿草，四周长有大量的杂草与沙棘。东侧底部有堆土，也有小路通向顶部；南部呈缓坡状，上面长有荒草；西侧由于公路通过，对敌台造成铲削，损坏严重；北侧呈缓坡状，并有一条小路通向台顶；底部有人工开挖的方形土坑一处，口长为 20 米。

敌台平面呈不规则形，剖面呈梯形，底南北长 11.5、东西宽 7 米，顶直径 2.2 米，北高 4.2、东高 4、南高 6 米，夯层厚度为 0.08~0.11 米（图六八一）。

该敌台位于双庙村长城 2 段起点南 736 米处的墙体上，并向墙体内侧凸出，敌台南北两端墙体的夯土部分与外侧下方堑都已不存；敌台北距双庙村 5 号敌台 526 米，南距双庙村 7 号敌台 206 米，南距双庙村 8 号敌台 426 米。另外，敌台东侧 15 米处有现代墓一座。

该敌台所处为黄土高原沟壑区，交通不便。

三六　双庙村 7 号敌台（610626352101020047）

该敌台位于薛岔乡双庙村老庄村（组）西北 100 米的山坡上，周围为黄土高原沟壑区域。敌台建在地势不平的山坡中部，沟壑发育明显。敌台东、西两侧均为耕地，且东侧紧靠一水窖，西南侧有一坑。地理坐标为东经：108°28′46.60″，北纬：37°03′07.77″，高程：1722.3 米。

该敌台整体保存较差，四周为耕地，台体上还有瓦片堆积，对台体有一定的破坏。东侧表面有脱落现象，底部有一水泥水窖；南侧东部有坍塌现象；西侧有动物洞穴。顶部长有杂草并部分坍塌；台底部由于开垦土地，有铲削的痕迹，但夯层明显。

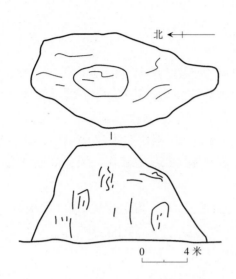

图六八〇　双庙村 5 号敌台平、立面图

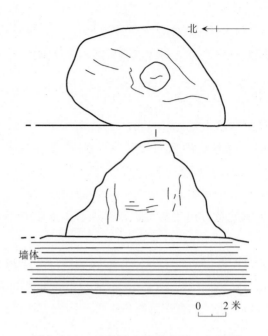

图六八一　双庙村 6 号敌台平、立面图

图六八二　双庙村 7 号敌台平、立面图

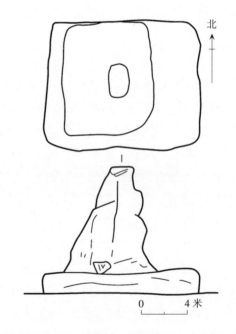

图六八三　双庙村 8 号敌台平、立面图

该敌台平面略呈椭圆形，剖面呈梯形，底南北 7.8、东西 4.5 米，顶长 2.9 米，高 4.5 米，夯层厚 0.07~0.1 米（图六八二）。顶部和四周耕地上散落少量绳纹瓦片。

该台体位于双庙村长城 2 段起点南 953.5 米的墙体上，并向墙体内侧凸出。敌台南北两端墙体的夯土部分与外侧下方堑都已不存。敌台北距双庙 6 号敌台 206 米，南距双庙 8 号敌台 220 米，南距双庙 9 号敌台 396 米。

该敌台所处为黄土高原沟壑区，交通不便。

三七　双庙村 8 号敌台（610626352101020048）

该敌台位于薛岔乡双庙老庄村（组）南 150 米的山坡上，所在地区沟壑发育明显，南侧 45 米处有一小庙。地理坐标为东经：108°28′51.84″，北纬：37°03′02.35″，高程：1709.7 米。

该敌台整体保存较差。台座因人为开垦耕地，损坏严重。台体表面由于风化脱落，凹凸不平；东侧上部有裂缝，上面长有沙棘；南侧建有一座庙，对敌台有一定的铲削破坏；北侧底部有盗洞，但洞深不明，中部有坍塌。四周的耕地均对台体有一定的破坏。

敌台平面略呈矩形，剖面呈梯形，台基东西 14.5、南北 11 米，台体底东西 8、南北 8.5 米，顶东西 1.8、南北 2.8 米，高 3 米，夯层厚度 0.07~0.09 米（图六八三）。敌台上及周边有少量绳纹瓦片。

该台体位于双庙村长城 2 段起点南 1181.5 米处的墙体上，并向墙体内侧凸出。敌台南北两端墙体的夯土部分与外侧下方堑都已不存。敌台北距双庙村 7 号敌台 220 米，南距双庙村 9 号敌台 176 米，南距双庙村 10 号敌台 467 米。

该敌台所处为黄土高原沟壑区，交通不便。

三八　双庙村 9 号敌台（610626352101020049）

该敌台位于薛岔乡双庙村老庄村（组）南 600 米的山梁上，建在地势不平的山坡上，沟壑发育明显。敌台西侧为梯田，约 150 米处为公路。地理坐标为东经：108°28′50.13″，北纬：37°02′56.38″，高程：1711.1 米。

该敌台整体保存较差，东侧面遭风雨侵蚀严重，表面长有蒿草、沙棘等植物；南侧有一土路穿过，对台体造成一定破坏；西侧底部由于农田开垦，造成铲削，表面脱落严重；北侧面顶部立有一个电线杆，并且长满荒草；底部四周长有大量的沙棘。

敌台平面呈不规则形状，剖面呈弧拱形，底部南北长 15、东西宽 11 米，西高 11.5、东高 4.6 米，夯层厚度 0.07~0.1 米（图六八四）。敌台上及周边可见少量瓦片。

该敌台建在双庙村长城 2 段起点南 1.36 千米处的墙体上，并向墙体内侧凸出。南、北两端与夯土墙体相连，北距双庙村 8 号敌台 176 米，南距双庙村 10 号敌台 291 米。

该敌台所处为黄土高原沟壑区，交通不便。

三九　双庙村 10 号敌台（610626352101020050）

该敌台位于薛岔乡双庙村老庄村（组）南 900 米的山梁上，建在地势不平的山坡中部，周围是黄土高原地区，沟壑发育明显。敌台东侧 3 米处有一沟壑，东北 27 米处有村民水窖 2 个。地理坐标为东经：108°28′54.72″，北纬：37°02′48.09″，高程：1694.5 米。

该敌台整体保存较差，表面有脱落现象，上面长有沙棘、蒿草；西侧呈缓坡状，底部长有沙棘；底部由于开垦耕地被铲削，上面长有杂草。

敌台平面呈不规则形状，剖面呈梯形，底部长 7、宽 6 米，顶东西长 1.8、南北宽 1 米，北高 2.6、东高 4.6 米，夯层厚 0.07~0.1 米（图六八五）。敌台上及周边可见少量绳纹瓦片。

该台体位于双庙村长城 2 段起点南 1.76 千米处的墙体上，并向墙体内侧凸出。敌台南北两端墙体的夯土部分与外侧下方的堑都已不存。敌台北距双庙村 8 号敌台 467 米，北距双庙村 9 号敌台 291 米。敌台向东 3 米处有一沟壑，宽 6、深 13 米。

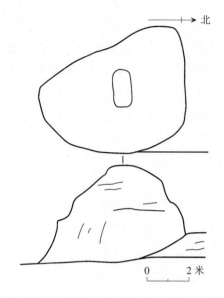

图六八四　双庙村 9 号敌台平、立面图　　　　　图六八五　双庙村 10 号敌台平、立面图

该敌台所处为黄土高原沟壑区，交通不便。

四〇　双庙村 11 号敌台（610626352101020051）

该敌台位于薛岔乡双庙村石咀沟村（组）南 60 米的山梁边上，周边地势起伏较大。台体东侧为农田，东距东面山梁 19 米。台体西侧外部所在三道堑下的二层台面上有一宽 3 米的南北方向的土路。台体北临一由西南向东发育的沟壑，沟壑南已临近敌台，台体北 65 米为双庙村石咀沟村村民住房，民户前为柏油公路。地理坐标为东经：108°28′58.39″，北纬：37°02′43.33″，高程：1672.7 米。

该敌台整体保存差，东半部分被当地居民开垦耕地时破坏，仅留西半部分；西侧的三道堑保存较好；北侧临一西南—东北向沟壑，均对台体造成一定破坏；南、北两侧墙体基本已不可见。台面上荒草生长，以及雨水冲刷等原因导致台体剥落。

敌台平、剖面均呈不规则形状，底南北长 5.1、东西宽 4.1 米，顶南北最大长 2.5、东西宽 1~2 米，东侧高 1.6、西侧高 4.6 米，夯层厚 0.07~0.1 米（图六八六）。四周残存有外绳纹、内麻点纹瓦片和陶片。

敌台建立在双庙村长城 3 段墙体起点西南 65 米处的墙体上，并向墙体内侧凸出，南距双庙村 12 号敌台 190 米。

该敌台所处为黄土高原沟壑区，交通不便。

四一　双庙村 12 号敌台（610626352101020052）

该敌台位于薛岔乡双庙村石咀沟村（组）南 250 米山梁的山腰上，周边沟壑发育。敌台东、南、西侧都有道路通行，东边有居民的房屋。敌台所在台面的最外沿为一条沟壑。地理坐标为东经：108°28′56.29″，北纬：37°02′38.03″，高程：1674 米。

该敌台整体保存差，坍塌呈土堆状。台体东侧有一浅沟，底部有一个小窑洞，宽 1.5、高 1.5、进深 3 米。在敌台东部有一南北向山梁西距敌台 11 米，且有一南北向小径自台体北部墙体与山梁相夹的农田上方延伸下来；敌台南面墙体由于人为开挖及沟壑发育而消失，台面南侧、西侧由于道路开辟已经被铲出一断面。敌台西侧的二层台面上有一宽约3米的南北方向土路。台体北与墙体相连，敌台与墙体相接处长满沙棘、荒草等，且有宽6～10米的水冲豁口，对台体破坏严重。

敌台平面呈不规则形状，剖面呈弧拱形，底南北最大长12.4、东西最大宽8米，顶南北最大长5、东西宽4米，东侧高5、西侧高8.5米，夯层厚0.07～0.1米（图六八七）。敌台四周残存外绳纹、内麻点纹瓦片和陶片。

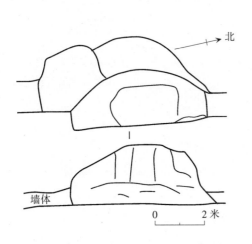

图六八六　双庙村11号敌台平、立面图

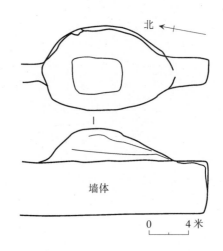

图六八七　双庙村12号敌台平、立面图

敌台位于双庙村长城3段起点以南255米处的墙体上，北侧与双庙村长城1段墙体相连，北距双庙村11号敌台190米，南距双庙村13号敌台380米。

该敌台所处为黄土高原沟壑区，交通不便。

四二　双庙村13号敌台（610626352101020053）

该敌台位于薛岔乡双庙村石咀沟村（组）东南650米的山梁上，周围沟壑发育明显，台体西侧堑面下为一道西北—东南向发育的大沟，东侧8米处为一南北向的山梁，东侧12米处为一条柏油公路。地理坐标为东经：108°29′06.44″，北纬：37°02′28.45″，高程：1684.9米。

该敌台整体保存差，剥落坍塌呈土丘状。台体东、北、南三面由于开垦农田对其造成很大破坏。台体西侧所在堑面下为一道西北—东南向发育的大沟，台体也因此而受影响；南北与墙体相连，但墙体基本已不可见，现存台体的台面上长有杂草，还有昆虫及动物洞穴，对台体的破坏较为严重。

敌台平、剖面均呈不规则形，底东西长5.4、南北宽4.9米，顶部残存不规则，东侧高1.6、西侧高2.8米（图六八八）。黄土夯筑而成，夯层中夹外绳纹、内麻点纹的瓦片，夯层厚度不详。敌台四周残存有外绳纹、内麻点纹瓦片。明代曾对此台体加以利用，夯土层中发现夹有秦代的陶片和瓦片。

敌台北侧与双庙村长城3段墙体相连，位于墙体起点南635米处的墙体上，并向墙体内侧凸出，北距双庙村12号敌台380米，南距双庙村14号敌台550米。

该敌台所处为黄土高原沟壑区，交通不便。

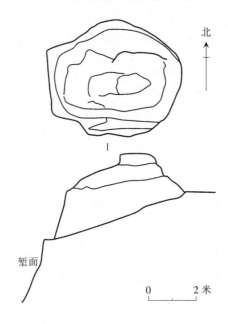

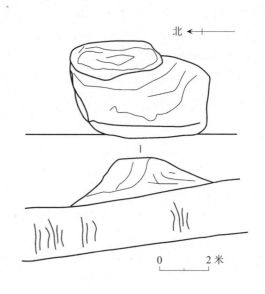

图六八八　双庙村 13 号敌台平、立面图　　　　　图六八九　双庙村 14 号敌台平、立面图

四三　双庙村 14 号敌台 （610626352101020054）

该敌台位于薛岔乡双庙村石咀沟村（组）东南 1 千米的山梁上，地处黄土丘陵沟壑发育地带，周围地势起伏较大。敌台东侧 14 米为一南—北向山梁，梁顶已被整平为农田。台体底部发现有红砂石片。台体东面有开垦的农田，台体西侧二层台为宽 6 米的南北向的公路，台体北 7 米有一当地居民所修的坟墓，敌台下三道堑由于修筑公路及开垦耕地破坏较为严重。地理坐标为东经：108°29′20.14″，北纬：37°02′17.88″，高程：1694.2 米。

该敌台整体保存差，有多处坍塌呈土丘状。东侧为农田，敌台与农田相接处已被铲削成一断面；南端与所在台面呈一缓坡状，相对高度很低；西侧台体正下方为柏油路，台体所在的堑面已被铲成一断面；北侧坍塌严重，有一条小径通至敌台内侧的农田；台面及台壁上长有杂草，对台体有很大的破坏。

敌台平面呈不规则形，剖面呈梯形，底南北长 5.8、东西宽 4 米，顶东西长 3.8、南北宽 1.6 米，东侧高 1、西侧高 2 米（图六八九）。敌台四周残存外绳纹、内麻点纹瓦片和陶片。

敌台位于双庙村长城 3 段起点南 1.19 千米的墙体上，并向墙体内侧凸出，北距双庙村 13 号敌台 600 米，南距双庙村 15 号敌台 1.11 千米。

该敌台所处为黄土高原沟壑区，因此交通不便。

四四　双庙村 15 号敌台 （610626352101020055）

该敌台位于薛岔乡双庙村石咀沟村（组）东南 1.20 千米的山梁上，周围沟壑发育明显，西侧、南侧均临沟，地形高低起伏大。一条本自西向东发育的沟行至本敌台时形成分别向东、南延伸的两条沟，使得敌台南侧的墙体完全破坏，敌台西侧正对沟口。东侧有一条南—北向山梁，山梁底部有南—北向的宽约 7 米的土路。地理坐标为东经：108°29′29.58″，北纬：37°01′42.27″，高程：1633.7 米。

该敌台整体保存较差，坍塌损坏呈不规则土台状。东侧台面及顶部长有茅草、沙棘及蒿类植物，对台体的破坏很严重；南侧有一宽 11~22 米的自西向东南发育的沟壑，沟底及沟面有荒草及动物洞穴，对台体危害很大；北侧受雨水冲刷坍塌严重，基本与台体所在的台面水平；西侧面被冲刷破坏坍塌严重。

敌台平面呈不规则形，剖面呈阶梯状，底长 9.4、宽 6 米，顶长 9.4、宽 2.8 米，东侧高 0.4~1.6、西侧高 4.2 米，夯层厚 0.09~0.11 米（图六九〇）。敌台四周散落有外绳纹、内麻点纹瓦片。

敌台位于双庙村长城 4 段起点南 278 米处的墙体上，并向墙体内侧凸出，南距双庙村 16 号敌台 265 米。

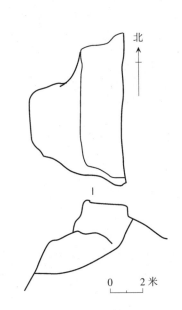

图六九〇 双庙村 15 号敌台平、立面图

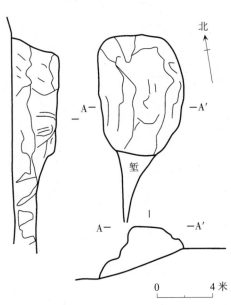

图六九一 双庙村 16 号敌台平、立、剖面图

四五 双庙村 16 号敌台 （610626352101020056）

该敌台位于薛岔乡双庙村石咀沟村（组）东南 1.4 千米山梁上，敌台地处黄土丘陵沟壑地带，北侧的墙体所在三道堑外缘由于雨水冲刷向内收缩，台体西侧下方的二层台面上长有杂草、沙棘及蒿类植物。台体东侧敌台所在的三层台面宽 19 米，其上长有杂草，三层台向上有高 3.8 米的台面。台体北侧为一长有荒草地的缓坡。西侧三道堑下为一南北向的沟壑。地理坐标为东经：108°29′22.58″，北纬：37°01′37.51″，高程：1732.7 米。

该敌台整体保存较差，坍塌呈土丘状。台体顶部及各个侧面剥落严重，呈不规则椭圆状。台面上长有茅草及蒿类植物，且有动物洞穴存在，对台体的破坏较为严重。台体周围长有沙棘、蒿类植物等。

敌台平面呈不规则形，剖面略呈梯形，底南北长 6.8、东西宽 6.8 米，顶南北长 5.2、东西宽 2.2 米，东侧高 1.4、西侧高 3.4 米，夯层厚 0.09~0.11 米（图六九一）。敌台四周散落有外绳纹、内麻点纹瓦片。

敌台南、北两侧与双庙村长城 4 段墙体所在三道堑相连，位于双庙村长城 4 段起点南 543 米处的墙体上，北距双庙村 15 号敌台 265 米，东距双庙村关 41.8 米，南距双庙村 17 号敌台 154 米。

四六 双庙村 17 号敌台 （610626352101020057）

该敌台位于薛岔乡双庙村石咀沟村（组）东南 1.56 千米山梁上，周围沟壑发育，地势起伏较大。

敌台北侧2米处有一由西向东北方向发育的宽14米的沟，西侧有一深8米的沟。敌台南侧有一宽8米的沟冲将墙体所在的三道堑冲毁，仅留二层台面。地理坐标为东经：108°29′20.50″，北纬：37°01′32.02″，高程：1717.8米。

该敌台整体保存差，坍塌损坏呈不规则状。南侧宽8米的沟将墙体所在的三道堑冲毁，仅留二层台面；西侧已被深8米的沟冲刷出一断面，台体被破坏，沟的开口处为公路所在，下为柏油路；北侧2米处有西—东北方向发育的宽约14米的沟；台体顶部及台体周围长满沙棘、杂草及蒿类植物，并且有动物洞穴存在，对台体的破坏较为严重。

敌台平面呈不规则形，剖面呈梯形，底南北长8.6、东西宽4米，顶部南北长4、东西宽2.6米，东侧高2、西侧高3米，夯层厚0.09~0.11米（图六九二）。台体中夹有红砂岩石块、瓦片，四周散落有外绳纹内麻点纹瓦片。

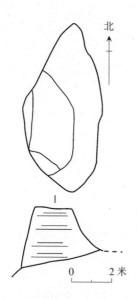

图六九二　双庙村17号敌台平、剖面图

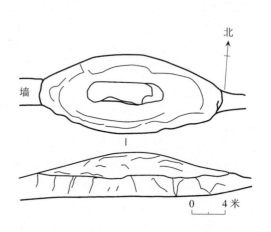

图六九三　双庙村18号敌台平、立面图

该敌台北侧与双庙村长城4段墙体所在三道堑相连，位于双庙村长城4段起点南697米处墙体上，并向墙体内侧凸出，北距双庙村16号敌台154米，东北距双庙村关160米，南距双庙村17号敌台103米。

四七　双庙村18号敌台（610626352101020058）

该敌台位于薛岔乡双庙村石咀沟村（组）东南1.65千米的山梁上，周围沟壑发育，地势起伏较大。地理坐标为东经：108°29′18.19″，北纬：37°01′29.29″，高程：1692.9米。

该台体整体保存差，东侧正对一条由北侧公路斜插向东的宽约6米的土路将敌台墙体破坏；南侧为一道由西向东发育的宽5~12米的沟；北侧下方为一条距敌台底部3米的柏油公路，公路向西延伸时将敌台西侧的墙体冲断；台体顶、底部长满草类植物。

敌台平面呈梭形，剖面呈弧拱形，底东西长22.2、南北宽9米，顶部东西长9.8、南北宽2米，北侧高4.6、南侧高5米，夯层厚0.08~0.11米（图六九三）。四周散落有外绳纹、内麻点纹瓦片，发现一块较为完整的秦代瓦。

该敌台建立在双庙村长城 4 段起点东南 800 米处的墙体上，并向墙体内侧凸出，北距双庙村 17 号敌台 103 米，西距双庙村 19 号敌台 141 米。

四八 双庙村 19 号敌台 （610626352101020059）

该敌台位于薛岔乡双庙村石咀沟村（组）东南 1.8 千米的山梁上，周围沟壑发育，地势起伏较大。北侧为农田，南侧为沟壑。西北 50 米处有电线杆。地理坐标为东经：108°29′12.66″，北纬：37°01′27.79″，高程：1711.6 米。

该敌台整体保存差，整体坍塌呈土丘状。南侧为一东—西向的宽约 20 米的沟壑，雨水冲刷使台体产生多处坑洼；西侧与敌台相接的地方有一小路通向北侧农田，小路上方为一高约 1 米的台地；北侧为农田，已将敌台北侧底部铲削成断面；台体顶部长满草类植物，各侧面上分布有动物洞穴。

敌台平面呈不规则形，剖面呈梯形，底东西长 11、南北宽 4.6 米，顶东西长 5、南北宽 2.6 米，北侧高 1.8、南侧高 2.2 米，夯层厚 0.07 ~ 0.11 米（图六九四）。台体周围散落有大量外绳纹、内麻点纹瓦片及陶片。

该敌台建立在双庙村长城 4 段起点南 941 米处的墙体上，并向墙体内侧凸出，东距双庙村 18 号敌台 141 米，敌台西距双庙村 20 号敌台 115 米。

四九 双庙村 20 号敌台 （610626352101020060）

该敌台位于薛岔乡双庙村石咀沟村（组）东南 2 千米的山坡上，四面为荒草坡地。地理坐标为东经：108°29′07.79″，北纬：37°01′26.67″，高程：1717.6 米。

该台体整体保存较差，坍塌成土丘形状。东侧为一缓坡，向东隐约有墙体的痕迹，但已无高度；南侧面上有一人为开挖的小洞，高 1.4、宽 1.8、深 0.8 米，现已被填回一部分；西侧与残存墙体相接，上密布昆虫及啮齿动物洞穴；北侧为农田，距离敌台 3 米处有两根电线杆所架电线通过；台体顶部长有沙棘、杂草及蒿类植物，各侧面上分布有昆虫及啮齿动物洞穴，对台体的破坏严重。

敌台平面呈不规则形，剖面呈梯形，底南北长 12、东西宽 10.8 米，顶东西长 4.5、南北宽 3.6 米，北侧高 2.6、南侧高 4.5 米，夯层厚 0.09 ~ 0.12 米（图六九五）。台体周围散落有大量外绳纹、内麻点纹瓦片及陶片。

该敌台建立在双庙村长城 4 段上，位于双庙村长城 4 段起点东南 1.56 千米，西距双庙村 21 号敌台 158 米，东距双庙村 19 号敌台 115 米。

五〇 双庙村 21 号敌台 （610626352101020061）

该敌台位于薛岔乡双庙村石咀沟村（组）南 2.2 千米的山梁上，周围为梁峁沟壑地形，梁峁上被开垦为梯田，沟壑内种植有沙棘和柠条等植物。地理坐标为东经：108°29′02.85″，北纬：37°01′23.91″，高程：1697.6 米。

该敌台整体保存较差，坍塌呈土堆状。东侧已被铲成缓坡；南侧底部有一电线杆，向南 11 米处有一道自东拐向西南的山梁，山梁与敌台间为农田，农田与敌台南侧所在台面相接处形成一断面；西侧被挖出若干小坑；北侧因开垦农田、开辟道路等台体多处坍塌。

敌台平面略呈菱形，剖面呈梯形，底东西长 19、南北宽 13.8 米，顶部南北长 2.4、东西宽 1.6 米，北侧高 5.6、南侧高 8.1 米，夯层厚 0.07 ~ 0.12 米（图六九六）。台体周围散落有大量外绳纹、内

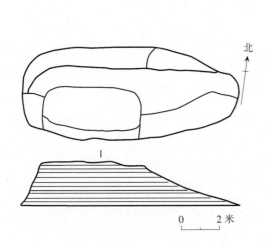

图六九四 双庙村 19 号敌台平、剖面图

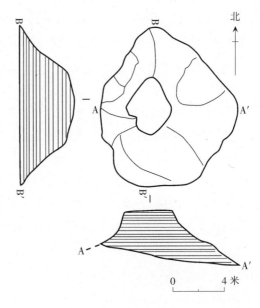

图六九五 双庙村 20 号敌台平、剖面图

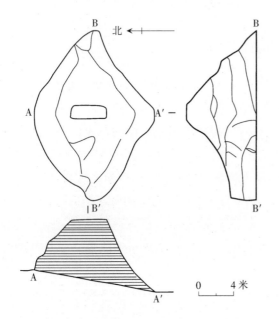

图六九六 双庙村 21 号敌台平、剖、立面图

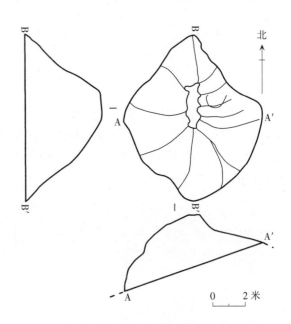

图六九七 双庙村 22 号敌台平、剖面图

麻点纹瓦片及陶片。

该敌台位于双庙村长城 4 段起点东南 1.21 千米的墙体上，并向墙体内侧凸出，东距双庙村 20 号敌台 158 米，南距双庙村 22 号敌台 110 米。

五一 双庙村 22 号敌台（610626352101020062）

该敌台位于薛岔乡双庙村石咀沟村（组）南 2.3 千米的山梁上，周围沟壑发育，地势起伏较大。在该敌台向西 20 米的斜坡上有高 6 米的堑面，四周有多条水冲沟。地理坐标为东经：108°29′00.99″，北纬：37°01′20.38″，高程：1666.7 米。

该台体整体保存差，现已坍塌呈土堆状。东侧山梁下沟壑发育对敌台造成破坏；北侧约 50 米处有一条东西向发育的沟壑，其发育对台体存在一定威胁。顶部长有柠条、沙棘及蒿类植物；台体上的昆虫及啮齿动物洞穴，加之雨水冲刷等，均对台体的破坏严重。

敌台平面呈不规则形，剖面呈弧拱形，底南北长 10、东西宽 8.5 米，西侧高 4.7、东侧高 1.8 米，夯层厚 0.08～0.11 米（图六九七）。台体周围散落大量外绳纹、内麻点纹瓦片及陶片。

该敌台建立在双庙村长城 4 段起点南 1.32 千米的墙体上，并向墙体内侧凸出，北距双庙村 21 号敌台 110 米，南距双庙村 23 号敌台 124 米。

五二　双庙村 23 号敌台（610626352101020063）

该敌台位于薛岔乡双庙村石咀沟组南 2.5 千米的山坡上，周围沟壑发育，地势起伏较大。台体北侧为一长满沙棘、柠条及蒿类植物的坡面，不远处为公路。地理坐标为东经：108°28′58.60″，北纬：37°01′17.06″，高程：1615 米。

该台体保存较差，坍塌呈不规则状，东侧 14 米外已经开辟为农田，农田与东侧山梁相接处有一土路；南侧为一西—东向沟，宽 18～26、深 9～13 米，沟壑发育对敌台北侧造成很大危害；西侧与墙体的残存部分相接，直至双庙村长城 3 段止点处；顶部及周围长有柠条、沙棘及蒿类植物，台体上有昆虫及啮齿动物洞穴。

敌台平面呈不规则形，剖面呈弧拱形，底南北长 6.6、东西宽 4 米，西侧高 2.5、东侧高 1.4 米，夯层厚 0.08～0.11 米（图六九八）。台体周围散落有大量外绳纹、内麻点纹瓦片。

该敌台建立在双庙村长城 4 段起点南 1.45 千米墙体上，并向墙体内侧凸出，北距双庙村 22 号敌台 124 米，西距雷坡村 1 号敌台 200 米。

五三　雷坡村 1 号敌台（610626352101020064）

该敌台位于薛岔乡雷坡村鸟湾村（组）东北 350 米的山坡上，所处的地区为梁峁沟壑地形，梁峁上被开垦为农田。地理坐标为东经：108°28′56.45″，北纬：37°01′16.72″，高程：1600.6 米。

该台体保存较差，现已坍塌呈一土堆状，东、西两侧墙体已消失不可见。因开垦农田，南半部分已被破坏，形成一断面；北侧为斜坡，坡底为公路。雨水冲刷、啮齿动物活动、植物生长等因素对敌台的危害很大。

敌台平面呈不规则形，剖面呈梯形，底南北长 9.3、东西宽 8.4 米，顶东西长 3、南北宽 2.7 米，北侧高 7.3、南侧高 4.6 米，夯层厚 0.08～0.12 米（图六九九）。周围散落大量外绳纹、内麻点纹瓦片。

该敌台建立在雷坡村长城 1 段起点西 200 米的墙体上，并向墙体内侧凸出，西南距雷坡村 2 号敌台 182 米，该敌台向西南 90 米处下方有一道堑，再向前堑消失。

五四　雷坡村 2 号敌台（610626352101020065）

该敌台位于薛岔乡雷坡村鸟湾村（组）东北 150 米的山梁上，敌台地处黄土高原梁状丘陵沟壑区，沟壑发育明显。西侧为一道南—北向沟壑，南侧有一宽 25 米的沟，沟内长满荒草，东侧 25 米处为一南—北向山梁，上为荒草地。地理坐标为东经：108°28′46.45″，北纬：37°01′08.19″，高程：1614.6 米。

该台体整体保存较差，现坍塌呈一土丘状。南、北两侧的墙体已不可见，主要受雨水冲刷、植物生长等的影响。南侧一宽 25 米由东向西发育的沟壑对敌台也有破坏。顶部长有杂草及蒿类植物，台体上有昆虫及啮齿动物洞穴，壁面凹凸不平。

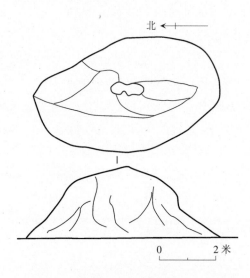

图六九八　双庙村 23 号敌台平、立面图

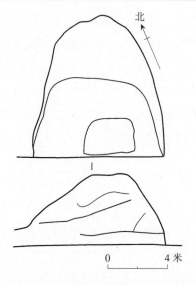

图六九九　雷坡村 1 号敌台平、立面图

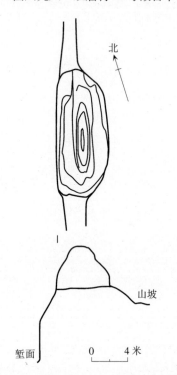

图七〇〇　雷坡村 2 号敌台平、剖面图

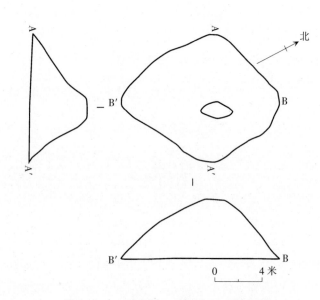

图七〇一　雷坡村 3 号敌台平、剖面图

　　敌台平面呈不规则形，剖面呈梯形，底南北长 14、东西宽 5.6 米，顶南北长 8、东西宽 1.8 米，东高 3.5、西高 2.6 米；西侧台基东西最宽 9.2 米，且台面高出西侧坡面约 2.2 米（图七〇〇）。顶部、台基及临近的坡面上散落大量外绳纹、内麻点纹瓦片及陶片。

　　该敌台建立在雷坡村长城 1 段起点西南 382 米处的墙体上，并向墙体内侧凸出，东北距雷坡村 1 号敌台 182 米，西南距雷坡村 3 号敌台 453 米。

五五　雷坡村 3 号敌台 (610626352101020066)

　　该敌台位于薛岔乡雷坡村鸟湾村（组）西南 300 米的山坡上，周边为黄土高原沟壑地貌，地势起伏较大。台体东侧 12 米处为一条柏油路通行，柏油路东沿紧靠一山梁；台体东、南、北有开垦的农田，西侧有一由西北向东南发育的沟壑。地理坐标为东经：108°28′40.51″，北纬：37°00′53.62″，高程：1663 米。

该敌台整体保存较差，呈不规则形土台。台体东、南、北侧的农田给台体带来了破坏作用，加之台体上的动物洞穴，以致其表面剥落严重。台体顶部长有柠条、杂草丛生。

敌台平面呈不规则四边形，剖面呈弧拱形，底南北长 12、东西宽 10.5 米，东高 4.8、西高 11.1 米，夯层厚 0.07 ~ 0.1 米（图七〇一）。台上以及底部四周发现有外饰绳纹、内饰麻点纹瓦片。

该敌台建立在雷坡村长城 1 段长城起点西南 835 米处的墙体上，并向墙体内侧凸出，西南距雷坡村 4 号敌台 454 米，东北距雷坡村 2 号敌台 453 米。

五六　雷坡村 4 号敌台（610626352101020067）

该敌台位于薛岔乡雷坡村鸟湾村（组）西南 1.10 千米的山峁上，位于黄土高原梁状丘陵沟壑区，周围沟壑发育明显，地势起伏较大。地理坐标为东经：108°28′36.90″，北纬：37°00′42.69″，高程：1714.6 米。

该台体整体保存较差，各侧面有多处坍塌，周边极不规整。东侧因平整农田，将其铲断成立面，且断面上有很多昆虫及啮齿动物洞穴以及多处水冲痕迹；南侧已有坍塌，下有一宽 3 米的土路；西侧有因开垦农田而形成的高 2.2 米的断面。顶部长有杂草及蒿类植物，台体上有动物洞穴，加上雨水冲刷等，台体已多处剥落。

敌台平面呈不规则形，剖面呈梯形，底南北长 20、东西宽 12.4 米，顶南北长 4.6、东西宽 2.6 米，北高 5.6、南高 3.6 米，夯层厚 0.08 ~ 0.1 米（图七〇二）。台顶部及周围台地上散落有外绳纹、抹弦纹、内麻点纹瓦片和陶罐残片。

该敌台建立在雷坡村长城 1 段起点西南 1.3 千米处的墙体上，并向墙体内侧凸出，东北距雷坡村 3 号敌台 454 米，西南距雷坡村长城 1 段止点 150 米。

五七　雷坡村 5 号敌台（610626352101020068）

该敌台位于薛岔乡雷坡村鸟湾村（组）西南 1.9 千米的山腰上，地处黄土高原梁状丘陵沟壑区，沟壑发育明显，敌台北侧不远处有一道宽 12 米由西向东发育的小沟。敌台南部为一宽 5 米的东西向的土路。东侧上部为一南北向山梁，至敌台处拐向西并消失。敌台所在的墙体仅留第三道堑面。地理坐标为东经：108°28′18.68″，北纬：37°00′21.31″，高程：1636.1 米。

该台体保存较差，坍塌呈不规则的土台状，南侧临一土路，与台体相接处形成一断面，壁面分布有昆虫及啮齿动物洞穴，对台体破坏严重；西侧呈土堆状，与一段现代土墙相接；北侧表面有多处水冲痕迹，且有不同程度的坍塌。台体顶部及侧面上长有沙棘、荒草及蒿类植物。

敌台平面呈不规则形，剖面呈梯形，底东西长 18、南北宽 9 米，顶东西长 3、南北宽 2 米，东高 5.9、西高 4.6 米，夯层厚度 0.07 ~ 0.09 米（图七〇三）。敌台上及周边可见少量瓦片。

该敌台建立在雷坡村长城 2 段起点西南 784 米的墙体上，并向墙体内侧凸出，东北距雷坡村 4 号敌台 934 米，西南距雷坡村 6 号敌台 172 米。

五八　雷坡村 6 号敌台（610626352101020069）

该敌台位于薛岔乡雷坡村鸟湾村（组）西南 2 千米的山腰上，位于黄土高原梁状丘陵沟壑区，北

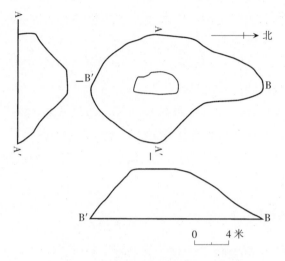

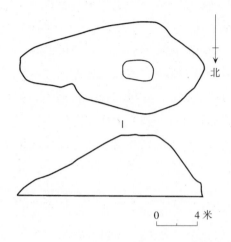

图七〇二　雷坡村 4 号敌台平、剖面图　　　　图七〇三　雷坡村 5 号敌台平、剖面图

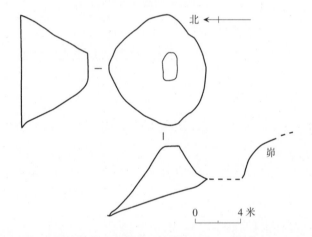

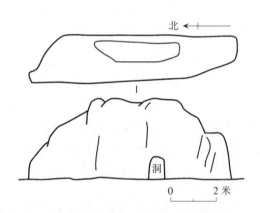

图七〇四　雷坡村 6 号敌台平、剖面图　　　　图七〇五　雷坡村 7 号敌台平、立面图

侧、西侧坡面下沟壑发育显著，向南 16 米处有一个高出敌台所在的台面 8 米的山峁。地理坐标为东经：108°28′11.38″，北纬：37°00′18.70″，高程：1675.8 米。

该台体保存较差，坍塌呈圆形土台状。南侧从顶部至底部有多处昆虫及啮齿动物洞穴，对台体破坏严重；东侧荒草丛生，坍塌严重；西侧已经坍塌呈土堆状；北侧面上多处剥落，有坍塌的小豁口。台面上长有沙棘、荒草及蒿类植物，昆虫及动物洞穴分布的也很多，对台体破坏严重。

敌台平面略呈圆形，剖面呈梯形，底东西长 9.4、南北宽 8.8 米，顶东西长 2.2、南北宽 1.4 米，南高 3、北高 5.8 米（图七〇四）。台顶部及周围散落有外绳纹、内麻点纹瓦片。

该敌台建立在雷坡村长城 3 段起点西 172 米的墙体上，并向墙体内侧凸出，东距雷坡村 5 号敌台 172 米，西南距雷坡村关 1.4 千米。

五九　雷坡村 7 号敌台（610626352101020070）

该敌台位于薛岔乡雷坡村周崾岘村（组）南 200 米的山梁上，周围为梁峁沟壑地形，沟壑中种植有沙棘、柠条等植物，梁峁上被开垦为梯田。地理坐标为东经：108°27′59.41″，北纬：36°59′23.40″，高程：1629.1米。

该台体保存较差，坍塌呈土堆状。南侧坑洼不平，有踩踏痕迹；西侧表面风化，有轻微脱落，底部有一盗洞，高1.6、宽1、深2.6米；北侧有马铃薯窖，长2、宽1、深1.8米；顶部损坏严重，有一土坑，长1.1、宽0.8、深0.3米。

敌台平、剖面均呈不规则形，底南北长9、东西宽2.6米，顶南北长3.5、东西宽0.8米，东高2.2、西高3.5米，夯层厚0.09~0.15米（图七〇五）。周围散有少量外绳纹瓦片和陶片。

该敌台建在雷坡村长城5段起点南214米处的墙体上，并向墙体内侧凸出。台体南、北两端墙体夯土部分已不存。台体建立在最上一道堑的顶部，南距雷坡村8号敌台588米。

六〇　雷坡村8号敌台（6106263521010200071）

该敌台位于薛岔乡雷坡村周嵲岘村（组）南550米的山梁上，周围为梁峁沟壑地形，沟壑中种植有沙棘、柠条等植物，梁峁上被开垦为梯田。地理坐标为东经：108°27′58.88″，北纬：36°59′06.34″，高程：1656.9米。

该敌台保存较差。顶部损坏严重；东侧长满杂草，脱落严重；南侧长满蒿草，并且受到农田开垦的破坏，表面坑洼不平；西侧表面风化脱落现象严重；北侧有铲挖痕迹。

敌台平面呈不规则形，剖面略呈梯形，底南北长6.7、东西宽6米，顶南北长3.8、东西宽2.6米，北高3、西高6、东高2、南高1.7米，夯层厚0.07~0.09米（图七〇六）。台周围散有少量外绳纹瓦片和陶片。

该敌台建在雷坡村长城5段起点南821米处的墙体上，并向墙体内侧凸出。台体南、北两端墙体夯土部分已不存。台体建立在最上一道堑的顶部，北距雷坡村7号敌台588米。

六一　薛岔村1号敌台（6106263521010200073）

该敌台位于薛岔乡薛岔村南沟村（组）南80米的山梁上，周围为黄土高原沟壑地貌，地势起伏较大。周围长有蒿草、沙棘、柠条等植物，沟壑发育明显，大部分地区为人工修筑的梯田。地理坐标为东经：108°28′00.06″，北纬：36°58′40.68″，高程：1671.6米。

该敌台保存较差，南侧有一小道；西侧三个水泥电线杆造成台体部分坍塌；顶部损坏严重，呈圆形；底部侵蚀严重。敌台表面及周边长满杂草，底部长有沙棘。

敌台平面呈不规则菱形，剖面呈弧拱形，底部南北长10.5、东西宽6.5米，顶为圆形，直径2.5米，北高2、东高5.5、西高4.1、南高3.8米，夯层厚0.07~0.11米（图七〇七）。周围散见绳纹瓦片和陶片。

该敌台建在薛岔村长城起点南76.5米处的墙体上，向墙体内侧凸出，南端与夯土墙体相连。台体北距雷坡村8号敌台858.5米，南距薛岔村2号敌台381.5米，南距薛岔村3号敌台448米。

六二　薛岔村2号敌台（6106263521010200074）

该敌台位于薛岔乡薛岔村南沟村（组）南380米的山梁上，西北侧为崖畔沟，西侧为南沟，周围为黄土高原沟壑地貌，地势起伏较大。有沟壑发育，以及梯田。墙体周围长有蒿草、沙棘、柠条等大量耐旱植物。地理坐标为东经：108°28′01.10″，北纬：36°58′32.13″，高程：1566.5米。

该敌台保存较差，呈长条形土台。东侧面杂草丛生；南侧长满沙棘等耐旱植物；西侧表面风化严

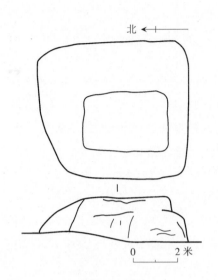

图七○六　雷坡村 8 号敌台平、立面图

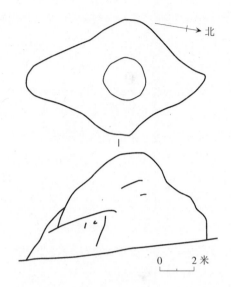

图七○七　薛岔村 1 号敌台平、立面图

重；北侧遭受风雨侵蚀和人为铲削，破坏严重；顶部被人为铲削平整。

该敌台平面呈长条形，剖面呈梯形，底南北长 6、东西宽 3.2 米，顶南北长 4.6、东西宽 1.8 米，北高 2.1、东高 1.5、西高 1.6、南高 1.2 米（图七○八）。底部周围散见绳纹瓦片。

该敌台建在薛岔村长城起点南 381.5 米处的墙体上，并向墙体内侧凸出，北端与夯土墙体相连。北距薛岔村 1 号敌台 381.5 米，南距薛岔村 3 号敌台 67 米，南距薛岔村 4 号敌台 128 米。

六三　薛岔村 3 号敌台 （610626352101020075）

该敌台位于薛岔乡薛岔村南沟村（组）南 450 米的山坡上，建在悬崖底部，两侧沟壑发育明显。

该敌台保存差，坍塌呈低矮的土堆状。台体两侧为沟壑。顶部损坏严重，现已呈尖状。底部侵蚀严重，与山体相连。

该敌台平、剖面均呈不规则形，由于两侧沟壑发育明显，现为断崖，具体数据无法测量。

该敌台为黄土夯筑而成，夯层厚度不详。敌台上及周边可见少量外绳纹、内麻点纹瓦片。

该敌台建于薛岔村长城起点南 448.5 米处，南、北两端墙体的夯土部分与外侧下方的堑都已不存。敌台向北 67 米为薛岔村 2 号敌台，向南 61 米为薛岔村 4 号敌台。

该敌台所处为黄土高原沟壑区，交通不便。

六四　薛岔村 4 号敌台 （610626352101020076）

该敌台位于薛岔乡薛岔村南沟村（组）南 510 米的山梁上，两侧沟壑发育明显。

该敌台整体保存差，表面均有严重脱落现象。顶部损坏严重，现已呈尖状。敌台底部侵蚀严重，与山体相连；南侧为沟壑。敌台四周的坡度较大。

该敌台平、剖面均呈不规则形，由于两侧沟壑发育明显，现为断崖，具体数据无法测量。

该敌台为黄土夯筑而成，夯层厚度不详。敌台上及周边可见遗物较少。

该敌台建于薛岔村长城南 509.5 米处的墙体上，现处于沟壑之中，南、北两端墙体的夯土部分与外侧下方堑已不存。敌台向北61米处为薛岔村3号敌台。

该敌台所处为黄土高原沟壑区，交通不便。

六五　薛岔村5号敌台（6106263352101020077）

该敌台位于薛岔乡薛岔村南沟村（组）南1.25千米的山梁上，四周长满杂草，西侧沟壑发育。地理坐标为东经：108°28′08.88″，北纬：36°58′01.86″，高程：1603米。

该敌台保存较差，现已坍塌呈低矮土丘状。敌台上长满沙棘等杂草，东侧面有许多鼠洞；西侧有沟壑发育，表面生长的沙棘以及台身的鼠洞等，均对台体造成一定的破坏。

该敌台平、剖面均呈不规则形，底南北长6.5、东西宽5米，顶南北长3、东西宽2米，北高0.5、东高1.3、西高1.6、南高2.2米，夯层厚0.07~0.11米（图七〇九）。底部周围散落一些绳纹瓦片和陶片。

该敌台建在薛岔村长城起点南1.25千米处的墙体上，并向墙体内侧凸出，南、北两端墙体夯土部分已不存。台体建立在最上一道堑的顶部。敌台向北743米为薛岔村4号敌台，向南距薛岔村6号敌台556米。

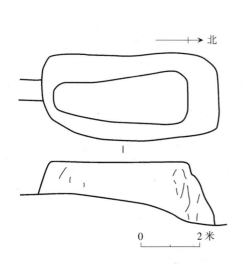

图七〇八　薛岔村2号敌台平、立面图

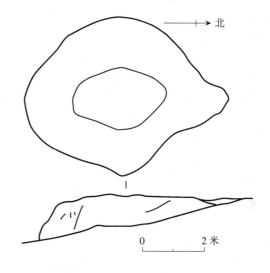

图七〇九　薛岔村5号敌台平、立面图

六六　薛岔村6号敌台（6106263352101020078）

该敌台位于薛岔乡薛岔村南沟村（组）南1.75千米的山顶，四周长满杂草，北侧有沟壑发育，西、南两侧均为人工铲削后形成的崖，东侧25米处有一大地坐标。地理坐标为东经：108°28′12.12″，北纬：36°57′42.94″，高程：1514米。

该敌台保存较差，表面因修路被铲削严重，现为低矮的长方形土台。东侧呈缓坡状，长有杂草，表面部分坍塌；南侧底部有一水池，紧邻吴延公路；西侧现已形成断面；北侧沟壑发育，对敌台有一定的侵蚀。

该敌台平面略呈矩形，剖面呈梯形，底东西3、南北2.2米，顶南北1.4、东西1.6米，东高0.8米（图七一〇）。台上及周边可见少量瓦片。

该敌台建在薛岔村长城起点南 1.81 千米处的墙体上，并向墙体内侧凸出，南、北两端墙体夯土部分与外侧下方堑已不存。敌台向北为薛岔村 4 号敌台，北距薛岔村 5 号敌台 556 米。

六七　柳沟村 1 号敌台　（610626352101020079）

该敌台位于薛岔乡南沟村柳沟组东南 1.25 千米的山梁上，周围为梁峁沟壑地形，东侧坡面下沟壑发育显著。地理坐标为东经：108°25′32.64″，北纬：36°55′41.82″，高程：1641 米。

敌台保存较差，现坍塌呈不规则形的土台状。东侧地势较缓，并因雨水冲刷坍塌形成一断面，上有动物洞穴；南侧表面长满沙棘等杂草，底部有一豁口，高 1、宽 1.4、深 1.2 米，壁面上有多处动物洞穴；西侧表面侵蚀严重，并有少量的动物洞穴存在；北侧表面长满杂草，并有脱落现象；顶部踩踏痕迹明显。

该敌台平、剖面均呈不规则形，底东西长 16.8、南北宽 12.6 米，顶部南北长 3、东西宽 3 米，北高 3.2、南高 5.4 米，夯层厚 0.05～0.1 米（图七一一）。台体北侧发现少量外绳纹、内饰麻点纹板瓦残片。

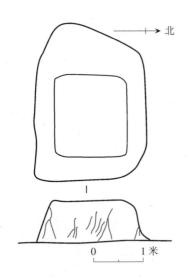

图七一〇　薛岔村 6 号敌台平、立面图

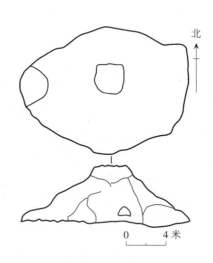

图七一一　柳沟村 1 号敌台平、立面图

该敌台建立在柳沟村长城起点西南 323 米处的墙体上，并向墙体内侧凸出，东北距柳沟村长城起点 323 米，西南距柳沟村 2 号敌台 195 米，西南距柳沟村 3 号敌台 740 米。

六八　柳沟村 2 号敌台　（610626352101020080）

该敌台位于薛岔乡南沟村柳沟村（组）南 750 米的山梁上，周围为梁峁沟壑地形。敌台向北 3 米的坡面下有沟壑发育；西侧 5 米处的沟壑发育也非常明显。地理坐标为东经：108°25′28.20″，北纬：36°55′36.00″，高程：1622 米。

该敌台保存较差，顶部表面长满杂草；东侧坍塌严重，底部开垦的耕地，对台体有铲削破坏；南侧表面长满沙棘等杂草；西侧台体表面因植物生长破坏严重，现坍塌呈低矮的土堆状，底部紧靠一小道，其对台体西侧造成一定破坏；北侧表面有脱落现象，台体底部与堑面相连。

该敌台平、剖面均呈不规则形，底南北长 6、东西宽 5.2 米，顶部南北长 2、东西宽 1.2 米，西高 3.2、东高1.6米，夯层厚0.05～0.07米（图七一二）。台体底部发现少量外绳纹、内麻点纹板瓦残片与陶片。

敌台建立在柳沟村长城起点西南518米的墙体上，并向墙体内侧凸出，东北距柳沟村1号敌台195米，西南距柳沟村3号敌台545米，西南距柳沟村4号敌台809米。

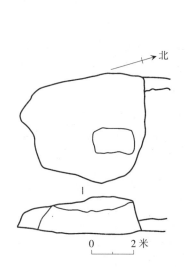

图七一二　柳沟村2号敌台平、立面图

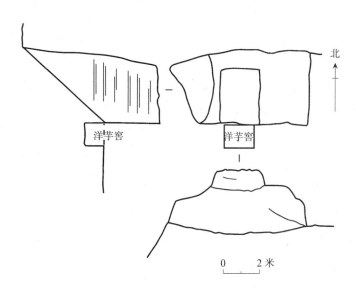

图七一三　柳沟村3号敌台平、剖、立面图

六九　柳沟村3号敌台（6106263352101020081）

该敌台位于薛岔乡南沟村柳沟村（组）西南1千米的山梁上，周围为梁峁沟壑地形，东、西两侧堑面下都有沟壑发育。地理坐标为东经：108°25′12.96″，北纬：36°55′24.66″，高程：1643米。

该敌台保存较差，东侧台面有一小道可通往顶部，表面长满蒿草，底部与开垦的农田相接；南侧底部有一马铃薯窖，深1、长1.6、宽1.2米；西侧表面风雨侵蚀严重，并长满杂草；南、北两侧均因开垦耕地而被铲削为断面；顶部表面长满杂草，呈不规则状。

该敌台平、剖面均呈不规则形，底北长7.6、南长5.8、南北宽4米，顶南北长3、东西宽2.2米，南高3、北高7.4米，夯层厚0.07～0.1米（图七一三）。底部和夯层中发现有少量外饰绳纹、内饰麻点纹板瓦残片。

敌台建立在柳沟村长城起点西南1.06千米的墙体上，并向墙体内侧凸出，东北距柳沟村2号敌台545米，西南距柳沟村4号敌台264米。

七〇　柳沟村4号敌台（6106263352101020082）

该敌台位于薛岔乡南沟村柳沟组西南1.5千米的山梁上，周围为梁峁沟壑地形，底部四周为耕地，东北侧面上长有槐树。地理坐标为东经：108°25′07.86″，北纬：36°55′18.30″，高程：1608米。

该敌台保存较差，现坍塌成不规则形的土台。敌台东侧因底部沟壑发育，现为缓坡，表面长有杂草，对台体有所破坏；南侧台体地势较低，紧邻一由南向北发育的沟壑；西侧台体坍塌严重，底部现为一断面，长满蒿草；北侧顶部有两处豁口，外侧长有大量的沙棘。台体顶部表面杂草丛生。

该敌台平、剖面均呈不规则形状，底东西9.8、南北10.2米，顶部南北4.4、东西2.8米，西高4.2、东高3.5米，夯层厚0.06～0.09米（图七一四）。台体西、南两侧的底部有少量外绳纹、内麻点纹板瓦残片和陶片。

该敌台建立在柳沟村长城起点西南 1.33 千米处的墙体上，并向墙体内侧凸出，东北距柳沟村 2 号敌台 809 米，东北距柳沟村 3 号敌台 264 米，西南距柳沟村长城止点 403 米。

七一　小木界村 1 号敌台　（610626352101020083）

该敌台位于薛岔乡郭畔村小木界村（组）东南 1.9 千米的山峁上，周围为梁峁沟壑地形。敌台南侧台面上长满沙棘，南侧 15 米处有一道梁；北侧有三道堑，一层台面上有土路通行，路下临沟壑。地理坐标为东经：108°23′59.22″，北纬：36°53′43.62″，高程：1640 米。

该敌台保存较差，雨水冲刷侵蚀造成台体部分坍塌及表面剥落，植物根系的生长也带来一定破坏作用。台体东、西两侧呈缓坡状与墙体相连；南、北两侧台面上长满杂草。

敌台平面略呈矩形，剖面略呈梯形，底东西长 10、南北宽 7 米，顶部东西长 4.5、南北宽 2.6 米，南高 1.3、北高 6 米，夯层厚 0.07 ~ 0.1 米（图七一五）。敌台所处的墙体底部夯土中夹有大量瓦片、红石块。台体附近发现有外绳纹、内麻点纹瓦片。

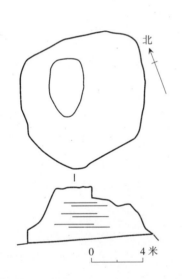

图七一四　柳沟村 4 号敌台平、剖面图

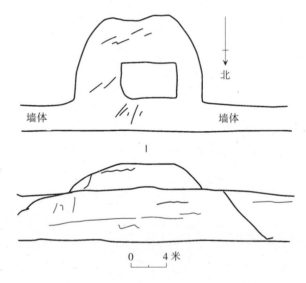

图七一五　小木界村 1 号敌台平、立面图

该敌台建在小木界村长城起点西南 194 米处的墙体上，台体两端与夯土墙体相连，东北距小木界村长城起点 194 米，西北距小木界村 2 号敌台 161 米，西北距小木界村 3 号敌台 342 米。

七二　小木界村 2 号敌台　（610626352101020084）

该敌台位于薛岔乡郭畔村小木界村（组）西南 1.84 千米的山峁上，周围为梁峁沟壑地形。台体西侧 17 米处有一道土梁，东侧有土路，土路下临沟壑。地理坐标为东经：108°23′51.00″，北纬：36°53′44.88″，高程：1651 米。

敌台保存较差，雨水冲刷侵蚀造成台体东侧坍塌严重，呈缓坡状，坍塌土上长有杂草，并且散落绳纹瓦片。台体四个侧面均有动物洞穴，对台体造成破坏。

敌台平面呈不规则形，剖面略呈梯形，南侧底长 8.5、东侧底长 10 米；顶呈不规则状，最长为 2 米；西侧面高 3 米；夯层厚 0.07 ~ 0.09 米（图七一六）。

该敌台建在小木界村长城断点 2 西北 84 米处的墙体上，并向墙体内侧凸出。台体两端墙体夯土部分不存。台体建立在最上一道堑的顶部。敌台东南距小木界村 1 号敌台 161 米，西北距小木界村 3 号敌台 181 米。

七三　小木界村 3 号敌台（610626352101020085）

该敌台位于薛岔乡郭畔村小木界村（组）西南 1.75 千米的山峁上，周围为梁峁沟壑地形。台体东、西两侧与小木界长城相连，南侧为一道梁，北侧为一山峁，西侧的崾崄处有一条土路通行，北侧 56 米处有一条土路，西侧山峁上有开垦的农田。

该敌台保存较差，雨水冲刷侵蚀造成台体垮塌严重。东侧、南侧有动物洞穴，给台体带来破坏作用；南、北、西三侧均有植树坑，给台体造成破坏；台体顶部和侧面杂草丛生。

敌台平、剖面均呈不规则形，底东西长 11.5、南北长 6 米，顶东西 2.5 米，南高 2.5 米，夯层厚 0.08 米（图七一七）。台体底部发现少量外绳纹、内麻点纹瓦片。

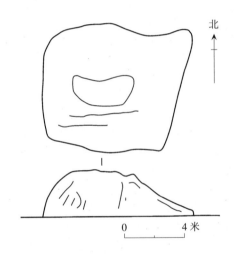

图七一六　小木界村 2 号敌台平、立面图

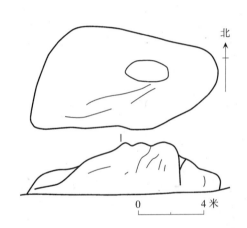

图七一七　小木界村 3 号敌台平、立面图

该敌台建在小木界村长城起点西南 194 米处的墙体上，并向墙体内侧凸出。台体南北两端墙体夯土部分已不存，东南距小木界村 1 号敌台 342 米，东南距小木界村 2 号敌台 181 米。

七四　贺阳湾村 1 号敌台（610626352101020086）

该敌台位于薛岔乡郭畔村贺阳湾村（组）东北 500 米的山梁上，周围为梁峁沟壑地形，东侧、南侧为沟壑，沟壑坡面上种植有沙棘、柠条和果树，梁峁上为开垦的农田。地理坐标为东经：108°22′19.06″，北纬：36°53′04.44″，高程：1613 米。

该敌台保存较差，南侧中间部位有一坑洞，内有柠条生长；西、北两侧的农田开垦对台体底部造成了破坏；周围及顶部有动物洞穴并且长有蒿类、柠条等植物，对台体造成破坏。

敌台平、剖面均呈不规则形，底东西长 7、南北宽 6 米，顶为圆形，直径为 1.5 米，西侧高 2.6、北侧高 3 米，夯层厚 0.07～0.09 米（图七一八）。台体底部散落有少量外绳纹、内麻点纹瓦片。

该敌台建在贺阳湾村长城起点西北 105 米处的墙体上，并向墙体内侧凸出。敌台向西北 394 米处为贺阳湾村 2 号敌台。

七五　贺阳湾村 2 号敌台（610626352101020087）

该敌台位于薛岔乡郭畔村贺阳湾村（组）东南 800 米的山梁上，周围为梁峁沟壑地形，东、西两侧的台面上为开垦的耕地，东北侧的沟壑为干湫子沟，沟内种植有沙棘、杏树和槐树。敌台向北 1.1 千米处的沟底有一村庄。梁峁上有开垦的农田。地理坐标为东经：108°22′12.00″，北纬：36°53′13.86″，高程：1627 米。

该敌台保存状况一般。台体东侧和西侧台面上开垦的耕地，对其底部造成了一定的破坏。台体西北侧坍塌严重，夯层清晰可见。侧面及顶部遭风雨侵蚀较重，动物洞穴以及植物丛生，对台体造成破坏。

敌台平面呈矩形，剖面呈不规则形，底边长 8.5 米，顶长 2.4、宽 1 米，南高 4.3、北高 6、西高 3.4 米，夯层厚 0.08～0.1 米（图七一九），夯层中夹杂有瓦片。台体底部散落有少量外绳纹、内麻点纹瓦片。

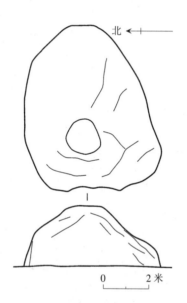

图七一八　贺阳湾村 1 号敌台平、立面图

图七一九　贺阳湾村 2 号敌台平、立面图

该敌台建在贺阳湾长城拐点 2 西北 104 米处的墙体上，并向墙体内侧凸出。台体东南、西北两端墙体夯土部分已不存，台体建立在最上一道堑的顶部。该敌台东南 394 米处为贺阳湾村 1 号敌台，敌台向西北 450 米处为贺阳湾村 3 号敌台。

七六　贺阳湾村 3 号敌台（610626352101020088）

该敌台位于薛岔乡郭畔村贺阳湾村（组）南 260 米的山梁上，周围为梁峁沟壑地形。敌台北、西、南三面均为开垦的耕地，东侧有沟壑发育。地理坐标为东经：108°22′02.64″，北纬：36°53′25.92″，高程：1618 米。

该敌台保存差，东侧坍塌严重，呈斜坡状，长有沙棘；台体西、南、北三面均为开垦的耕地，对台体底部造成了破坏；北侧面上有铲削痕迹。台顶遭受风雨侵蚀严重，杂草丛生，有昆虫及啮齿动物洞穴。顶部南侧有一个豁口，宽 2、进深 2.5 米。

该敌台平、剖面均呈不规则形，底东西长 13、南北宽 9 米，顶长 2.1、宽 1.6 米，东高 8 米，其余三面高均为 3.5 米，夯层厚 0.08~0.1 米（图七二〇）。台体周围农田里散落少量外绳纹瓦片。

该敌台建在贺阳湾长城拐点 4 西北 175 米处的墙体上，并向墙体内侧凸出。台体东南、西北两端墙体夯土部分已不存。台体建立在最上一道堑的顶部。敌台向西北 606 米处为贺阳湾村烽火台。

七七　李拜寺村 1 号敌台　（610626352101020090）

该敌台位于薛岔乡郭畔村李拜寺村西 200 米的山坡上，周围为梁峁沟壑地形，敌台北侧距坡下公路 108 米，距耕地 70 米，东北 195 米有村民房屋一栋，南侧 17 米处为山卯。地理坐标为东经：108°20′39.60″，北纬：36°54′41.76″，高程：1438 米。

该敌台保存差，坍塌成土堆状，周壁垮塌，凸凹不平。东侧表面为沙棘、柠条覆盖，植物根系的发育破坏了台体；西侧底部因开垦农田被破坏；北侧坍塌严重，底部为坍塌的土堆。台体上长有杂草。

敌台平、剖面呈不规则形，南侧底长 10、西侧底长 12.5 米，顶南北 1.6、东西 2 米，东高 3.6、西高 7.6 米，夯层厚 0.08~0.09 米（图七二一）。台上及周边可见少量外绳纹、内麻点纹瓦片。

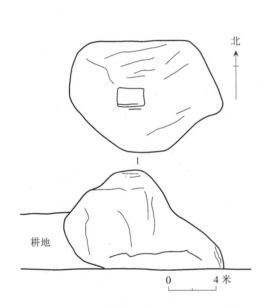

图七二〇　贺阳湾村 3 号敌台平、立面图

图七二一　李拜寺村 1 号敌台平、立面图

该敌台建立在李拜寺村长城止点东 842 米处墙体上，并向墙体内侧凸出，西距李拜寺村 2 号敌台 310 米。

七八　李拜寺村 2 号敌台　（610626352101020091）

该敌台位于薛岔乡郭畔村李拜寺村（组）西 500 米的山梁上，周围为梁峁沟壑地形。地理坐标为东经：108°20′26.74″，北纬：36°54′41.10″，高程：1422.4 米。

该敌台保存差，为不规则土台。顶部长有沙棘，并有大量昆虫及啮齿动物洞穴存在；东侧台面因植物生长遭破坏严重，现呈一垂直立面；南侧台体表面侵蚀严重，凹凸不平，底部为荒地，长满杂草；西南侧有一长 0.3、宽 0.15、深 0.6 米的洞；西侧台体呈缓坡状，表面长有沙棘、柠条和杂草；北侧敌台坍塌严重，现形成坡度较缓的坡面。

该敌台平、剖面均呈不规则形，底南侧长 3.4、北侧长 8、南北宽 6.2 米，顶南北 2、东西 4 米，南高 2、北高 3.6 米（图七二二）。敌台上及周边散见绳纹瓦片。

该敌台建立在李拜寺村长城止点东 532 米处墙体上，向墙体内侧凸出，东距李拜寺村 1 号敌台 310 米。

七九　瓦社村 1 号敌台（610626352101020093）

该敌台位于吴起镇西沟塔村瓦社村（组）东南 58 米的山梁上，北侧为山坡，坡度较陡。其下为杨青川，南侧为农田，再往南为山坡。该地为山地沟壑区，较为陡峭。地理坐标为东经：108°19′47.00″，北纬：36°54′41.10″，高程：1444.0 米。

该敌台保存较差，台体损毁严重，现状近似于四棱体，雨水冲刷的痕迹随处可见。台体杂草丛生、土层松动，东南侧经过人为铲削。

敌台平面呈不规则形，剖面呈梯形，底南北 2.8、东西 4.4 米，顶南北 2.4、东西 3 米，残高 1.9 米，夯层厚 0.06~0.11 米（图七二三）。台上及周边可见少量绳纹瓦片。

该敌台位于瓦社村长城墙体之上，东距瓦社村马面 434 米。

该敌台所处为黄土高原沟壑区，因此交通不便。

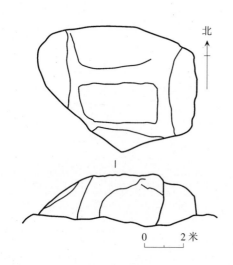

图七二二　李拜寺村 2 号敌台平、立面图

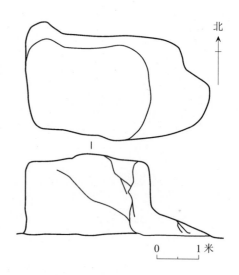

图七二三　瓦社村 1 号敌台平、立面图

八〇　瓦社村 2 号敌台（610626352101020094）

该敌台位于吴起镇西沟塔村瓦社村（组）南 171 米的山体缓坡上，东、西侧紧邻两条沟，北距吴起通往薛岔的公路 139 米，北距杨青川 119 米，北距沟边 16 米。地理坐标为东经：108°19′12.10″，北纬：36°54′50.50″，高程：1427 米。

该敌台保存较差。台体损毁严重，底周边不规整，凹凸不平。南侧与山体缓坡相连，北侧铲削较为严重。台体呈深褐色，长有苔藓及少量蒿类。

敌台平面呈不规则形，剖面略呈梯形，底东西长 20、南北宽 10.6 米，顶东西 5、南北 5.8 米，高 7 米（图七二四）。敌台周围有散落少量外绳纹、内麻点纹瓦片。

该敌台位于瓦社村长城墙体之上，东距瓦社村 1 号敌台 934 米，西距阳台村烽火台 985 米。

八一　刘砭村敌台（610626352101020104）

该敌台位于吴起镇刘砭村西北 3.2 千米的山体缓坡上，南侧紧邻盘山土路，西北侧有两道堑。该地为山地沟壑区，沟壑坡度较为陡峭。地理坐标为东经：108°14′51.00″，北纬：36°53′44.30″，高程：1513 米。

该敌台整体保存较差，顶部坍塌严重。台体呈圆丘状，南侧紧邻盘山土路，道路对南侧底部破坏严重；北侧有洞穴，长 0.35、宽 0.3、深 0.2 米。

敌台平面呈长条形，剖面呈梯形，底东西长 14、南北宽 5.6 米，顶东西 4.6、南北 2.1 米，高 4.2 米，夯层厚 0.06 ~ 0.14 米（图七二五）。西北侧散落大量绳纹瓦片。

该敌台建于刘砭村长城墙体上，东距西沟塔村 8 号烽火台 861 米。

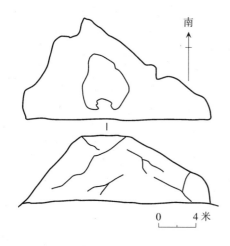

图七二四　瓦社村 2 号敌台平、立面图

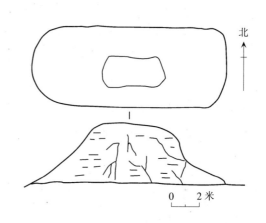

图七二五　刘砭村敌台平、立面图

八二　杨青村 1 号敌台（610626352101020105）

该敌台位于吴起镇杨青村西北 1.38 千米的山体缓坡上，北侧紧邻盘山土路。敌台周围为山地沟壑区，较为陡峭。地理坐标为东经：108°14′33.00″，北纬：36°53′45.20″，高程：1553 米。

该敌台整体保存较差，顶部坍塌严重。台体呈圆丘状，其上栽种的树木及树坑对台体造成破坏。北侧台基由于开辟道路而被破坏。

敌台平面呈椭圆形，剖面呈梯形，底东西 17、南北 9 米，顶东西 6.6、南北 5 米，高 4 米（图七二六）。敌台西北侧散落少量外绳纹、内麻点纹瓦片。

该敌台位于杨青村长城 1 段的起点处，东距刘砭村敌台 436 米。

八三　杨青村 2 号敌台（610626352101020107）

该敌台位于吴起镇杨青村西北 2.04 千米的山顶上，东距坡下的盘山土路 150 米，西侧距离坡下的盘山土路 92 米。该地为山地沟壑区，较为陡峭。地理坐标为东经：108°14′07.00″，北纬：36°53′

46.00″，高程：1541米。

　　该敌台整体保存较差，顶部坍塌严重，呈圆丘状。台体上长有少量植物，对台体造成一定破坏；北侧底部有盗洞一个，宽1.8、高1.2、深1.4米，对台基造成破坏。

　　敌台平面略呈椭圆形，剖面呈梯形，底东西长16、南北宽14米，顶直径4米，高5.4米（图七二七）。台体周围及顶部散落少量外绳纹、内麻点纹、布纹瓦片以及陶器残片。

　　该敌台建于杨青村长城1段墙体之上，东距杨青村1号敌台641米。

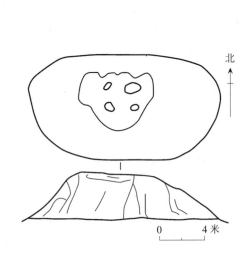

图七二六　杨青村1号敌台平、立面图

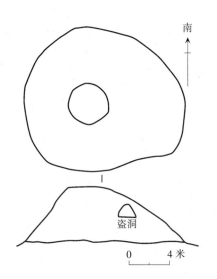

图七二七　杨青村2号敌台平、剖面图

八四　杨青村3号敌台（610626352101020108）

　　该敌台位于吴起镇杨青村西北2.1千米的山坡上。台体四周均为缓坡，其上植被覆盖良好，从坡底到坡顶依次为沙棘丛、大片杏树、苜蓿、野葡萄，地面蒿草茂密。地理坐标为东经：108°13′56.88″，北纬：36°53′43.14″，高程：1572.7米。

　　该敌台整体保存较差，东南侧靠顶部有一人为挖掘的洞穴；北侧坍塌呈缓坡状；顶部北侧有一因雨水冲刷形成的小沟。

　　敌台平面呈四边形，剖面呈梯形，底南北16、东西18.6米，顶南北4、东西6米，高10米，夯层厚0.06~0.1米（图七二八）。敌台周围可见少量外饰绳纹、旋纹瓦片。

　　该敌台位于杨青村长城2段上，向内凸出，东距杨青村2号敌台267米。

八五　杨青村4号敌台（610626352101020110）

　　该敌台位于吴起镇杨青村西北2千米的山坡上，正北方向的山坡脚下为乡村石子路，远方为两条南北走向的沟的交汇处，汇合后沟向正北方延伸。地理坐标为东经：108°13′41.60″，北纬：36°53′31.53″，高程：1515米。

　　该敌台整体保存较差，东侧坍塌严重已与地面齐平，南侧全部为枸杞覆盖，西侧已坍塌呈缓坡状。台体顶部从南向北倾斜呈缓坡，顶部栽种有树苗。台体上有较多动物洞穴，加之风雨侵蚀，均对台体造成破坏。

敌台平面呈矩形，剖面呈梯形，底南北长 9.8、东西长 13 米，顶南北长 4.5、东西长 5.2 米，高 5 米，夯层厚 0.07 ~ 0.1 米（图七二九）。敌台上及周边可见少量绳纹瓦片。

该敌台位于杨青村长城 2 段上，向内凸出，东南距杨青村烽火台 215 米。

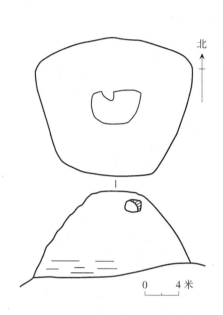

图七二八　杨青村 3 号敌台平、剖面图

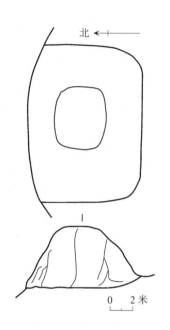

图七二九　杨青村 4 号敌台平、立面图

八六　中杨青村 1 号敌台（610626352101020111）

该敌台位于吴起镇中杨青村西北 1.85 千米的山坡上，南、东、西三面为山体缓坡地带，东北紧邻盘山土路，北距盘山土路 43 米。该地为山地沟壑区，较为陡峭。地理坐标为东经：108°13′09.00″，北纬：36°53′33.00″，高程：1530 米。

该敌台保存较差，东、西两侧台体坍塌较为明显；南侧有人为挖掘的两个洞，一直径为 1.5、进深 0.5 米，另一直径为 1.4、进深 0.6 米，并且紧邻栽满杨树、沙棘的山坡；东北紧邻盘山土路；西南角坍塌尤为严重；东北侧底部因修路被铲削；顶部也有部分坍塌，中间略低于四周。台体上有少量杂草以及动物洞穴。

敌台平面略呈方形，剖面呈梯形，底东西 19、南北 11 米，顶南北 4.8、东西 6 米，高 4 米，夯层厚 0.09 ~ 0.11 米（图七三〇）。台体周围散落少量外绳纹、内麻点纹瓦片。

该敌台位于中杨青村长城 1 段墙体上，西距中杨青村 2 号敌台 317 米。

八七　中杨青村 2 号敌台（610626352101020112）

该敌台位于吴起镇中杨青村西北 2 千米的山坡上。台体四周均为缓坡，其上植被覆盖良好，以沙棘为主，蒿草茂密。台体东、西两侧山坡下各有一条南—北走向的深沟，沟中有水。地理坐标为东经：108°12′56.33″，北纬：36°53′34.44″，高程：1565.2 米。

该敌台整体保存较差，因雨水冲刷，剥落严重；南侧因土层疏松，鼠洞较多，已坍塌呈台阶状；西侧靠近顶部有一因挖掘形成的缺口，长 1.5、高 1.5 米，缺口断面夯层暴露，断面上有雨水冲刷形成的

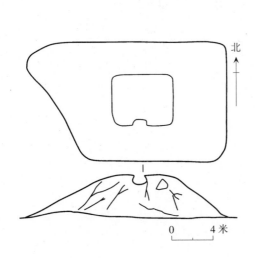

图七三〇　中杨青村1号敌台平、立面图　　　　图七三一　中杨青村2号敌台平、立面图

条条痕迹，底部有坍塌形成的缺口，长2、高1.6米。

敌台平面呈矩形，剖面呈梯形，底南北长9.8、东西长8.4米，顶南北长3.4、东西长3.4米，残高5.4米，夯层厚0.06~0.09米（图七三一）。周围散落少量外绳纹瓦片。

该敌台位于中杨青村长城2段之上，向内凸出。东距中杨青村1号敌台314米。

八八　石碑湾村敌台（610626352101020114）

该敌台位于吴起镇中杨青村石碑湾村（组）北1.06千米的山顶上，东距坡跟盘山土路73米，西北距洛河693米，周围为人造林地。该地为山地沟壑区，坡度陡峭。地理坐标为东经：108°12′22.57″，北纬：36°53′14.04″，高程：1485.5米。

该敌台整体保存较差，顶部坍塌严重，南侧为缓坡，北侧台面较陡。台体上生长大量蒿类，根系对夯土造成一定破坏。

敌台平面略呈椭圆形，顶部较平，剖面呈梯形，底东西23、南北15米，顶东西5.3、南北6.6米，高4.2米（图七三二）。底部周围及顶部散落少量外绳纹、内麻点纹瓦片。

该敌台位于石碑湾村长城1段墙体之上，东北距杨青村马面292米。

八九　城壕湾村1号敌台（610626352101020116）

该敌台位于吴起镇姚沟门村城壕湾村（组）西南190米处的山坡上，位于一条西南—东北向的冲沟沟头的东侧。台体四周均为缓坡，西侧脚下有一条南北走向深沟。地理坐标为东经：108°11′9.48″，北纬：36°52′46.88″，高程：1334.6米。

该敌台整体保存较差。台体东、南、北三侧均坍塌呈斜坡状；西侧有冲沟发育，坍塌严重，现仅存一半，塌土在台体西侧脚下堆成缓坡至冲沟底部；台体表面杂草丛生、鼠洞遍布，雨水冲刷痕迹明显，对台体造成损害。

敌台平面略呈矩形，剖面呈梯形，底南北长9.1、东西长8.8米，顶南北长1.5、东西长1.7米，

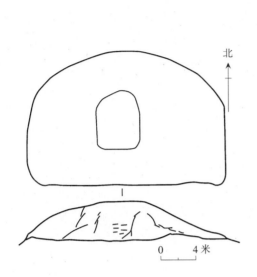

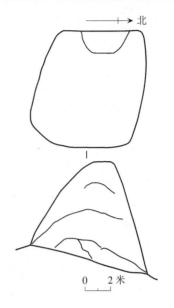

图七三二 石碑湾村敌台平、立面图　　　图七三三 城壕湾村 1 号敌台平、立面图

残高 6.3 米，夯层厚 0.06~0.1 米（图七三三）。周围可见少许外绳纹、内布纹瓦片。

该敌台位于城壕湾村长城 1 段上，向内凸出，西距城壕湾村 2 号敌台 324 米。

九〇 城壕湾村 2 号敌台（610626352101020117）

该敌台位于吴起镇姚沟门村城壕湾村（组）西南 590 米的山坡上，西侧紧靠一土路，北侧 45 米处为中国联通信号发射塔。台体北侧 11 米处为一冲沟，植物根系对台体造成破坏。地理坐标为东经：108°11′09.73″，北纬：36°52′40.92″，高程：1459.9 米。

该敌台整体保存较差。台体东侧底部有一人为挖的洞，高 0.7、宽 0.6、进深 0.8 米；南北两侧已坍塌成缓坡；西侧因修路被铲削成立面，雨水冲刷痕迹明显；北侧底部植物根系对其造成破坏。台体上布满鼠洞、蚁穴等。

台体平面近呈矩形，剖面呈梯形，底南北长 4.7、东西长 5.2 米，顶南北长 0.9、东西长 2.7 米，残高 2 米，夯层厚 0.07~0.1 米（图七三四）。周围可见少许绳纹瓦片。

该敌台位于城壕湾村长城 1 段上，向内凸出，西距城壕湾村 3 号敌台 130 米。

九一 城壕湾村 3 号敌台（610626352101020118）

该敌台位于吴起镇姚沟门村城壕湾村（组）西南 644 米的山峁顶部。该地为山地沟壑区，沟壑坡度较为陡峭。台体四周为山顶平整区，北距油井 143 米，东距联通信号塔 119 米，东南 207 米为正在修建的吴起县旅游景区小亭子，南 14 米有一东西向输电线路通过，西距盘山土路 201 米。南—北向的洛河从该山东侧流过，东—西向的三道川从该山南侧流过。地理坐标为东经：108°11′04.13″，北纬：36°52′41.89″，高程：1848.9 米。

该敌台整体保存差，东、西两侧台体坍塌严重，呈缓坡状；西侧有挖掘洞穴一个，宽 0.5、高 0.5、进深 0.4 米；北侧因种植树木铲削严重，暴露夯层明显；顶部坍塌严重，凹凸不平。台面上植物丛生。

敌台平面不规则形，顶部呈圆形，剖面呈梯形，底东西 17、南北 15.4 米，顶直径为 3.5 米，高 6 米，夯层厚 0.09~0.1 米（图七三五）。敌台周围散落有大量外绳纹、内麻点纹瓦片。

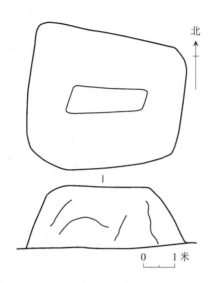

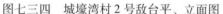

图七三四　城壕湾村 2 号敌台平、立面图

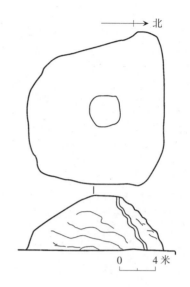

图七三五　城壕湾村 3 号敌台平、立面图

该敌台北部位于城壕湾村长城 1 段墙体上，南距城壕湾村长城 2 段 27 米，东距城壕湾村 2 号敌台 130 米。

九二　姚沟门村敌台 （610626352101020119）

该敌台位于吴起镇姚沟门村东 480 米的山坡上，南距三道川 213 米，距吴起县至长官庙乡的县乡公路 209 米。该地为山地沟壑区，坡度陡峭。地理坐标为东经：108°10′51.50″，北纬：36°52′34.71″，高程：1368.6 米。

该敌台整体保存差，东、西、南三侧为冲沟，对台基破坏较严重；顶部坍塌，遍布各种植物，其根系对夯土造成一定破坏；敌台上有一条羊肠小路南北向通过。

敌台平面呈不规则形，顶部较平，西侧较陡，剖面呈梯形，底南北长 11.6、东西宽 9.2 米，顶南北长 3、东西宽 2.9 米，高 6 米，夯层厚 0.05～0.11 米（图七三六）。敌台周围及顶部散落少量外绳纹、内麻点纹瓦片。

该敌台位于姚沟门村长城墙体之上，东距城壕湾村 3 号敌台 502 米。

九三　张沟门村敌台 （610626353201020137）

该敌台位于长官庙乡长官庙村张沟门村（组）东北 435 米的山体缓坡上，位于三道川北岸山体的南侧山腰。台体东 50 米有南—北向输电线路通过，四周为梯田式芦苇地，台体南 30 米为冲沟，东距梯田式沙棘林 11 米，东南距公路 116 米，距三道川 124 米。地理坐标为东经：108°00′40.99″，北纬：36°48′07.93″，高程：1408.7 米。

该敌台整体保存差。坍塌严重，四周坡面较为平缓，现呈馒头状。东侧遭受严重铲削，与墙体所在的堑齐平；东南部分略高；西、南两侧坍塌呈缓坡状；台体顶部坍塌呈不规则的椭圆形；台体上有少量沙蒿类植物和大量芦苇，以及少数动物洞穴。台体四周为梯田式芦苇地。

敌台平面呈不规则形，剖面呈梯形，底东西南北 10、9.6 米，顶南北 3、东西 3 米，高 2.6 米（图七三七）。敌台周围散落少量外绳纹、内麻点纹瓦片。

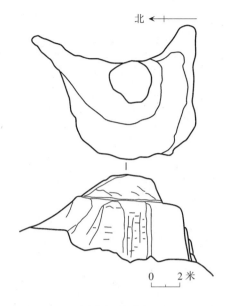

图七三六　姚沟门村敌台平、立面图

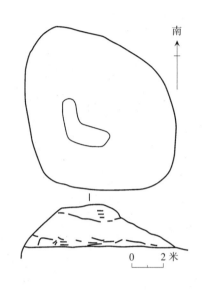

图七三七　张沟门村敌台平、立面图

该敌台东侧建立在阳庄村长城上。

九四　阳台村敌台（610626352101020141）

该敌台位于长官庙乡阳台村阳台村（组）西 25 米的山坡上，西侧为一道山梁坡地，南侧为三道川，东侧为阳家沟。东侧 25 米处有坡下阳台村阳台组，北侧 30 米处有沟壑发育。地理坐标为东经：107°54′06.42″，北纬：36°45′10.26″，高程：1665 米。

该敌台整体保存较差，现为不规则形的土台。东侧表面因长期风雨侵蚀而凹凸不平；南侧坡度较大；西侧台体较低；台体北侧呈一坡状；底部为一荒地，顶部中央有一圆形的洞，直径 0.8 米；台体各面及顶部表面长有的植物根系对台体破坏严重。

该敌台平、剖面均呈不规则形，底南北 8.9、东西 7.6 米，顶南北 3、东西 3 米，东高 2.8、西高 3.2 米，夯层厚 0.07 ~ 0.09 米（图七三八）。周围发现有外绳纹、内麻点纹瓦片。

该敌台建立在阳台村长城墙体起点西南 120 米的山坡上，东南 578 米为阳台村烽火台。

九五　阳洼村 1 号敌台（610626352101020142）

该敌台位于长官庙乡阳台村阳洼村（组）北 800 米的山梁上，周围为梁峁沟壑地形，南、北两侧为沟壑，沟壑坡面上种植有沙棘、柠条和果树；东侧正对三道川川道；台体周围梁峁上为开垦的农田。地理坐标为东经：107°57′09.60″，北纬：36°46′01.56″，高程：1540 米。

该敌台保存较差。台体两端的夯土墙已不存。南、北两侧的沟壑发育对敌台的侵蚀严重，西、南两侧大面积坍塌，顶部遭风雨侵蚀较重，周围及顶部有动物洞穴并且长有蒿类、柠条等耐旱植物，对台体有所破坏。

敌台平、剖面均呈不规则形状，底东西长 9.5、南北宽 4 米，顶为矩形，东西长 4、南北宽 1.5 米，西高 2、北高 2.2、东高 4 米，夯层厚 0.1 ~ 0.13 米（图七三九）。敌台底部散落有少量外绳纹、内麻点纹瓦片和陶豆残片。

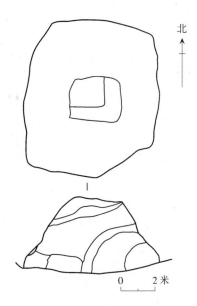

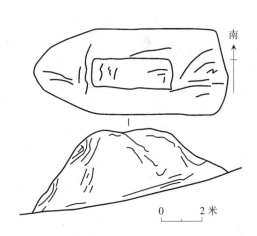

图七三八　阳台村敌台平、立面图　　　　　图七三九　阳洼村1号敌台平、立面图

该敌台建在阳洼村长城起点处的墙体上，台体两端的夯土墙已不存；该敌台西南160米处为阳洼村遗存，西南500米处为阳洼村2号敌台。

九六　阳洼村2号敌台　（610626352101020143）

该敌台位于长官庙乡阳台村阳洼村（组）北300米的山峁顶上，周围为梁峁沟壑地形。地理坐标为东经：107°56′58.20″，北纬：36°45′48.66″，高程：1586米。

该敌台保存较差。台体两端的夯土墙已不存。台体西侧大面积坍塌；西南侧底部有一个拱形洞，宽2、高1.4、进深2米，洞内有犁、耢等农具。敌台四周现为耕地，对台体的铲削破坏很大，且周围及顶部的动物洞穴以及蒿类、柠条等植物的根系，对台体也有所破坏。

敌台平面呈不规则形状，剖面为梯形，底南北长13、东西宽12米，顶为矩形，南北长5、东西宽4米，东侧高10.6米，夯层厚0.06～0.12米（图七四〇）。台体上及周围的农田里散落有外绳纹、内麻点纹的瓦片和陶片。

该敌台建在阳洼村长城起点西南500米处的墙体上，台体两端的夯土墙已不存；该敌台东北340米处为阳洼村遗存，西南415米处为阳洼村3号敌台。

九七　阳洼村3号敌台　（610626352101020144）

该敌台位于长官庙乡阳台村阳洼村（组）西南100米的山峁顶部，周围为梁峁沟壑地形。台体周围梁峁上为开垦的农田。地理坐标为东经：107°56′47.76″，北纬：36°45′37.50″，高程：1604米。

该敌台保存较差。台体两端的夯土墙已不存。西南侧有一个豁口，上宽3.5、下宽0.5、进深2米，豁口内长有柠条等植物。四周开垦耕地对台体的铲削破坏很大。台体表面有动物洞穴以及蒿类、柠条等耐旱植物，均对台体造成破坏。台体顶部遭风雨侵蚀较重。

敌台平面近呈圆形，剖面呈不规则形，底南北长9.5、东西宽8.5米，顶东西长2、南北宽1米，高5米，夯层厚0.1～0.15米（图七四一）。

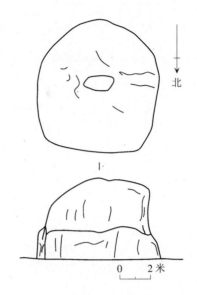

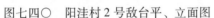

图七四〇　阳洼村 2 号敌台平、立面图　　　　图七四一　阳洼村 3 号敌台平、立面图

该敌台建在阳洼村长城起点西南 915 米处的墙体上，并向墙体内侧凸出，台体两端的夯土墙已不存。敌台东北 415 米处为阳洼村遗存，西南 300 米处为阳洼村 4 号敌台。

九八　阳洼村 4 号敌台（610626352101020145）

该敌台位于长官庙乡阳台村阳洼村（组）西南 400 米的山峁顶部，山峁周围为梁峁沟壑地形，台体周围梁峁上为开垦的农田。地理坐标为东经：107°56′38.76″，北纬：36°45′30.96″，高程：1609 米。

据村民反映，本地原存敌台，但由于近年开垦土地，台体被毁，在地表发现大量外绳纹，内麻点纹、布纹、菱格纹的瓦片和陶器残片。

该敌台理应建于阳洼村长城上，西南 875 米处为阳洼村 5 号敌台。

九九　阳洼村 5 号敌台（610626352101020146）

该敌台位于长官庙乡阳台村阳洼村（组）西南 1.2 千米的两个山峁之间的连接地带，东南、西北两侧为沟壑，紧邻台体的东南有一条土路经过，东北 1 千米处有民房和油井。山峁周围为梁峁沟壑地形，其上均为开垦的农田。地理坐标为东经：107°56′04.08″，北纬：36°45′28.02″，高程：1587 米。

该敌台整体保存较差，台体建在垴面顶部，四周因开垦耕地，对台体的铲削破坏很大。台体上部有动物洞穴并且长有蒿草、柠条等耐旱植物，对台体也有所破坏。台体顶部遭风雨侵蚀严重。

敌台平面呈不规则形，剖面为梯形，底长 10、宽 7.5 米，顶为椭圆形，长 4、宽 3 米，西南侧高 7.4 米，夯层厚 0.08～0.11 米（图七四二）。台体底部和周围的农田里均散落有少量外绳纹、内麻点纹瓦片和外绳纹陶片。

该敌台建在阳洼村长城止点处的墙体上，并向墙体内侧凸出，两端的夯土墙已不存，台体建在垴面顶部。敌台东北 870 米处为阳洼村 4 号敌台。

一〇〇　城墙村 1 号敌台（610626352101020147）

该敌台位于长官庙乡阳台村城墙村（组）西北 1 千米的山坡底部，南临沟壑，东侧为一片耕地，其余两侧为荒草地。周围为梁峁沟壑地形。地理坐标为东经：107°55′45.36″，北纬：36°45′34.38″，高程：1591 米。

该敌台整体保存较差，现坍塌呈驼峰状，两端的夯土墙已不存。东侧由于耕地，对台体底部造成破坏；南侧为沟壑，对台体侵蚀严重；北侧偏东有一人为开挖的洞，洞宽 1.2、高 1.5、进深 1.4 米；周围及顶部的动物洞穴和植物，均对台体造成破坏。台体顶部遭受到风雨侵蚀，一道豁口，豁口长 2.2、宽 1、深 0.8 米。

该敌台平、剖面均呈不规则形状，底长 9、宽 5 米，顶长 3、宽 1 米，东侧高 5、西侧高 3 米，夯层厚 0.08～0.11 米（图七四三）。底部周围散落有外绳纹、内麻点纹瓦片和陶片，北侧还发现有一些红色绳纹瓦片。

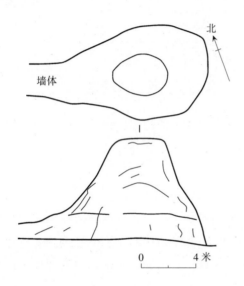

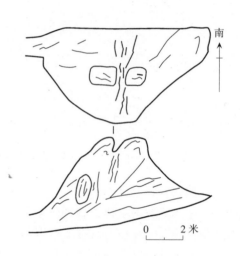

图七四二　阳洼村 5 号敌台平、立面图　　　　　图七四三　城墙村 1 号敌台平、立面图

该敌台建在城墙村长城起点西北 498 米处的墙体上，并向墙体北侧凸出。台体两端的夯土墙已不存，西北 150 米处为城墙村 2 号敌台。

一〇一　城墙村 2 号敌台　（610626352101020148）

该敌台位于长官庙乡阳台村城墙村（组）西北 1.2 千米的山坡上，南临沟壑，周围为荒坡地。台体所处地区为梁峁沟壑地形，沟壑内和山坡上种植有沙棘、柠条和树木。地理坐标为东经：107°55′39.06″，北纬：36°45′34.92″，高程：1620 米。

该敌台整体保存差，现呈土梁状。南面的沟壑发育侵蚀台体致使其坍塌严重。台体周围及顶部有动物洞穴及植物，对台体造成破坏。台体顶部遭风雨侵蚀较重。

敌台平面呈长条形，剖面为不规则形，底长 7.5、宽 2 米，顶长 3、宽 0.6～2 米，东侧高 2.8、西侧高 1.4、南侧高 2、北侧高 1.2 米，夯层厚 0.07～0.1 米（图七四四）。顶部散落有外绳纹、内麻点纹瓦片。

该敌台建在城墙村长城起点西北 648 米处的墙体上，并向墙体南侧凸出，台体西端的夯土墙已不存。敌台西北 100 米处为城墙村 3 号敌台。

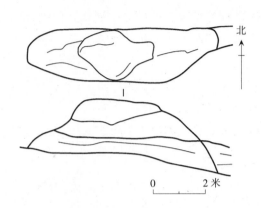

图七四四 城墙村2号敌台平、立面图

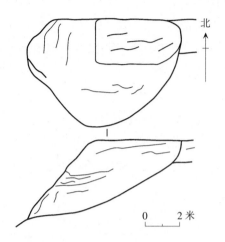

图七四五 城墙村3号敌台平、立面图

一〇二 城墙村3号敌台（610626352101020149）

该敌台位于长官庙乡阳台村城墙村（组）西北1.3千米的山坡上，西侧为一崾崄，崾崄中有土路通过。台体所处地区为梁峁沟壑地形，沟壑内和山坡上种植有沙棘、柠条和树木。地理坐标为东经：107°55′36.06″，北纬：36°45′35.70″，高程：1601米。

该敌台整体保存差，坍塌呈土堆状。台体周围及顶部均有洞穴，并且长有蒿类、沙棘等植物，均对台体造成破坏。台体顶部遭风雨侵蚀较重。

敌台平面和剖面均呈不规则形，底东西长9、南北宽6米，顶为矩形，长4、宽2.5米，南侧高3.7、西侧高4.4米（图七四五）。附近散落有外绳纹、内麻点纹瓦片。

该敌台建在城墙村长城起点西北748米处的墙体上并向墙体南侧凸出，台体东端与墙体相连，台体西端的夯土墙已不存。敌台西北442米处为城墙村4号敌台。

一〇三 城墙村4号敌台（610626352101020150）

该敌台位于长官庙乡阳台村城墙村（组）西北1.7千米的山梁顶部，南侧有一条小土路通过。台体所处地区为梁峁沟壑地形，梁峁上已被开垦为耕地，山坡上为荒坡地。地理坐标为东经：107°55′21.24″，北纬：36°45′36.42″，高程：1607米。

该台体整体保存差，已经坍塌呈土丘状。台体北侧上有一个高1.2米的豁口；台体周围及顶部有动物洞穴及植物，均对台体造成破坏。

该敌台平面呈不规则形，剖面为梯形，底东西长12、南北宽7米，顶东西长3.5、宽3米，南侧高5.5、北侧高6、东侧高3.8、西侧高2米，夯层厚度为0.09～0.1米（图七四六）。台体上及周边可见少量绳纹瓦片。

该敌台建在城墙村长城起点西北1.19千米处的墙体上，并向墙体南侧凸出。台体东、西两端与墙体相连，东南442米处为城墙3号敌台。

一〇四 梨树掌村1号敌台（610626352101020151）

该敌台位于长官庙乡白沟村梨树掌村（组）东北1.5千米的山峁上，周围为梁峁沟壑地形。敌台四周均为荒地，北侧下临三道堑，北侧坡下 80 米处有土路一条。东侧底部为荒地，并有沟壑发育。地理坐标为东经：107°55′04.86″，北纬：36°45′37.62″，高程：1635 米。

该敌台保存较差，现呈不规则形的土台状。东侧台体也较为平缓，底部为一断面；南侧台体坍塌严重，现为一断面；西侧呈一缓坡，有踩踏痕迹。敌台北侧底部坡下为荒地，坡高 6 米；顶面及侧面长满沙棘等杂草。

敌台平面呈不规则形状，剖面呈梯状，底南北 9、东西 10.4 米，顶南北 2、东西 3 米，北高 4、南高 3.2 米（图七四七）。西侧底部散落少量外绳纹、内麻点纹瓦片。

该敌台建立在梨树掌村长城起点处的墙体上，并向墙体东南侧凸出，西南距梨树掌村 2 号敌台 355 米。

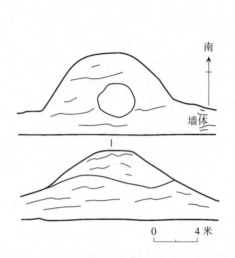

图七四六　城墙村 4 号敌台平、立面图

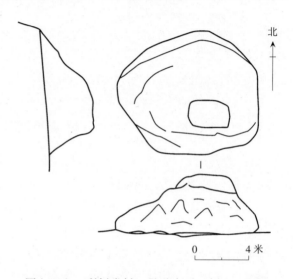

图七四七　梨树掌村 1 号敌台平、剖、立面图

一〇五　梨树掌村 2 号敌台（610626352101020152）

该敌台位于长官庙乡白沟村梨树掌村（组）东北 1 千米的山梁上，周围为梁峁沟壑地形。台体西侧为缓坡，北侧坡下 100 米处有一土路，西 450 米为湫沟湾村。地理坐标为东经：107°54′54.18″，北纬：36°45′30.18″，高程：1651 米。

该敌台保存较差，现呈不规则形土台状。东侧表面被杂草覆盖，并有昆虫及啮齿动物洞穴存在；东南侧长有柠条，对台体都有很大的破坏；南侧台体坍塌严重，现呈一断面；西侧台体呈缓坡状；北侧底部有一断面，高 3.2 米；顶部破坏严重，表面杂草丛生。

敌台平面为不规则形，剖面为梯形，底东西 18.8、南北 10 米，顶南北 3.2、东西 3.8 米，北高 11.4、南高 4 米，夯层厚 0.06～0.07 米（图七四八）。西侧底部散有外绳纹、内麻点纹板瓦残片。

该敌台建立在梨树掌村长城起点西南 355 米的墙体上，并向墙体东南侧凸出，东北距梨树掌村 1 号敌台（起点）355 米，西南距梨树掌村 3 号敌台 419 米。

一〇六　梨树掌村 3 号敌台（610626352101020153）

该敌台位于长官庙乡白沟村梨树掌村（组）东北 650 米的山梁上，周围为梁峁沟壑地形。敌台底部四周均为荒地，南侧 70 米处有沟壑发育，北侧 90 米坡下有一土路通过，北侧底部长满柠条和沙棘。地理坐标为东经：107°54′38.40″，北纬：36°45′27.46″，高程：1695 米。

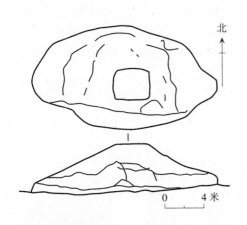

图七四八　梨树掌村 2 号敌台平、立面图

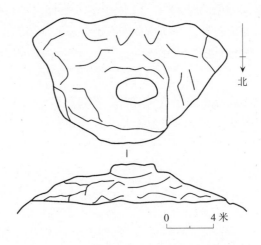

图七四九　梨树掌村 3 号敌台平、立面图

该敌台整体保存差，现为不规则形的土台。东侧台体呈缓坡状，有踩踏的痕迹；南侧台体坍塌严重，凹凸不平；西侧因风雨侵蚀而表面不平；北侧坍塌严重，表面不平；顶部破坏严重，现呈尖顶状。台体表面长满杂草。

敌台平、剖面均呈不规则形状，底南北 10.6、东西 16.4 米，顶东西 3.4、南北 2 米，西高 3、东高 3.6、东高 3、西高 3 米，夯层厚 0.07～0.09 米（图七四九）。周围散落外绳纹、内麻点纹板瓦残片。

该敌台建立在梨树掌村长城起点西南 774 米墙体上，东北距梨树掌村 2 号敌台 419 米，西距梨树掌村 4 号敌台 415 米。

一〇七　梨树掌村 4 号敌台（610626352101020154）

该敌台位于长官庙乡白沟村梨树掌组东北 200 米的山梁上，周围为梁峁沟壑地形，西侧为荒地，宽 16 米，荒地坡下为耕地。地理坐标为东经：107°54′24.00″，北纬：36°45′20.70″，高程：1713 米。

该敌台保存较差，表面杂草生长，并有动物洞穴存在。东侧呈缓坡状，有踩踏的痕迹；南侧坍塌严重，表面崎岖不平，底部为荒草地；西侧坡度较缓，表面长满蒿草；北侧因底部开垦耕地而坍塌严重，底部被铲削。

敌台平面呈不规则形状，剖面呈梯形，底南北 20.8、东西 9 米，顶东西 6.8、南北 7.4 米，北高 4.8、南高 4 米，夯层厚 0.07～0.09 米（图七五〇）。附近散有少量外绳纹、内麻点纹板瓦瓦片。

该敌台建立在梨树掌长城起点西南 1.19 千米的墙体上，并向墙体内侧凸出。敌台东北距梨树掌 3 号敌台 415 米，西南距梨树掌 5 号敌台 206 米。梨树掌 4 号敌台与梨树掌 5 号敌台间为营盘梁遗址。

一〇八　梨树掌村 5 号敌台（610626352101020155）

该敌台位于长官庙乡白沟村梨树掌村（组）西 50 米的山梁上，周围为梁峁沟壑地形，南、西、东底部均为荒地，北侧为耕地，东距村民房屋 50 米。地理坐标为东经：107°54′20.46″，北纬：36°45′14.52″，高程：1702 米。

该敌台整体保存差，东侧呈一缓坡状，表面长有杂草，底部为荒地；南侧面台体中部有部分坍塌，底部为荒地；西侧剥落严重，表面崎岖不平，底部因开垦耕地遭破坏；北侧现呈一垂直面，有多处水冲小沟，表面凹凸不平，底部为耕地。台体顶部及侧面表面杂草丛生，植物根系对其造成一定的破坏作用。

该敌台平、剖面均呈不规则形状，底南长13.2、西长14、东长17、北长10米，顶南北4.2、东西4.4米，东高6.2、西高8.2米，夯层厚0.06～0.07米（图七五一）。东侧底部散落少量外绳纹、内麻点纹瓦片。

该敌台建立在梨树掌村长城起点西南1.4千米的墙体上，西南距梨树掌村6号敌台191米，东北距梨树掌村4号敌台206米。

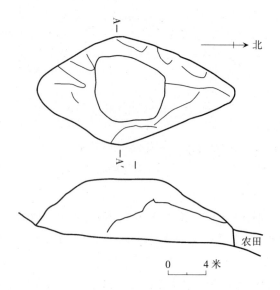

图七五〇　梨树掌村4号敌台平、立面图

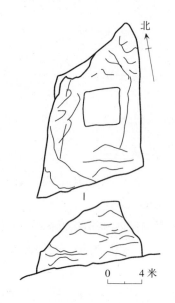

图七五一　梨树掌村5号敌台平、立面图

一〇九　梨树掌村6号敌台（610626352101020156）

该敌台位于长官庙乡白沟村梨树掌村（组）西南200米的嶙峋东北侧，周围为梁峁沟壑地形。敌台东侧约30米的坡下有土路通过，宽6米，西侧为来子涧沟，东有营盘梁。地理坐标为东经：107°54′13.86″，北纬：36°45′11.22″，高程：1682米。

该敌台整体保存较差，敌台东侧底部为一荒地，台体上有一踩踏形成的土路，表面长满杂草；南侧受风雨侵蚀严重，表面凹凸不平并长满杂草；西侧呈缓坡状；北侧因底部坍塌严重，有一豁口，宽1.8、高3.2、进深1.2米，底部为开垦的耕地。现存顶部及表面杂草丛生。

该敌台平面呈不规则形状，剖面呈梯形，底南北8.6、东西11.9米，顶南北2.8、东西4.4米，顶北高2.6、南高2.8米，东高1.8、西高2.4米（图七五二）。敌台上及周边可见少量绳纹瓦片。

该敌台建立在梨树掌村长城止点东北149米的墙体上，并向墙体东南侧凸出，东北距梨树掌村5号敌台191米。

一一〇　东涧村1号敌台（610626352101020157）

该敌台位于庙沟乡曾岔村东涧村（组）南180米的来子涧沟西侧山坡上。周围为梁峁沟壑地形，四周多为梯田。敌台西侧距坡下土路8米，路宽5米，距北侧东涧组村的民房80米。地理坐标为东经：107°54′06.42″，北纬：36°45′10.26″，高程：1665米。

该敌台整体保存较差，东侧呈缓坡状，台体上部长满杂草、沙棘，自中部往下因开垦耕地遭铲削破坏严重；南侧表面侵蚀严重，崎岖不平，底部台地为荒地并有一小土路通过；西侧上部长满杂草，底部有部分坍塌，西北侧有一小路可通台顶，底部紧邻一荒地；北侧因风雨侵蚀而崎岖不平，自中部有一坍塌的断面，底部紧邻一荒地；顶部及侧面杂草丛生，植物根系对台体破坏严重。

敌台平面呈不规则形状，剖面呈梯形，底西长 8、北长 9、东长 6.6、南长 11 米；顶南北 3.4、东西 4 米，北高 11.6、南高 5.4 米（图七五三）。敌台上及周边可见少量瓦片。

该敌台建立在东涧村长城起点 45 米处的墙体上，并向墙体内侧（南侧）凸出，西北距东涧村 2 号敌台 255 米，西北距东涧村 3 号敌台 725 米。

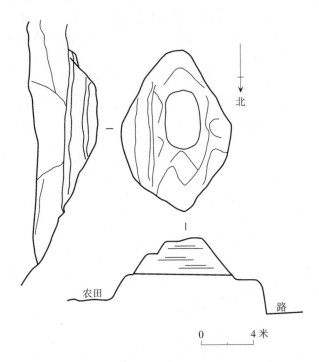

图七五二　梨树掌村 6 号敌台平、剖、立面图

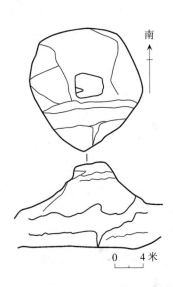

图七五三　东涧村 1 号敌台平、立面图

一一一　东涧村 2 号敌台（610626352101020158）

该敌台位于庙沟乡曾岔村东涧村（组）东南 200 米的山梁上，周围为梁峁沟壑地形，多开垦为梯田。敌台东侧 10 米处有一土路，路宽 8 米，东北侧 30 米处有一电杆。地理坐标为东经：107°53′58.44″，北纬：36°45′14.28″，高程：1697 米。

该敌台保存较差，台体东侧有部分坍塌，自中部有坍塌下来的堆土，底部临荒地；台体南侧呈缓坡状；西侧底部紧邻耕地，表面崎岖不平；北侧呈缓坡状，有一条小土路可直接通往顶部，对台体造成一定破坏；顶部及侧面杂草丛生，对台体造成一定的破坏作用。

该敌台平、剖面均呈不规则形状，底南北 19、东西 11.6 米，顶南北 6、东西 2.8 米，北高 4.9、南高 3.2 米，夯层厚 0.08 ~ 0.11 米（图七五四）。敌台上及周边可见绳纹瓦片。

该敌台建立在东涧村长城起点西北 300 米的墙体上，向墙体西南侧凸出，东南距东涧 1 号敌台 255 米，西北距东涧 3 号敌台 470 米。

一一二　东涧村 3 号敌台（610626352101020159）

该敌台位于庙沟乡曾岔村东涧村（组）北 290 米的中梁北部，周围为梁峁沟壑地形。敌台建在中梁北侧的底部，周边北、东、西均为沟壑发育区，且南、西、东三侧均长有杨树。地理坐标为东经：107°53′40.86″，北纬：36°45′20.10″，高程：1623 米。

该敌台保存较差，现为近似圆形的土台。东侧坡度较缓，中部及底部各有一个长 0.8、宽 0.6、深 0.3 米的洞；南侧表面崎岖不平；西侧有部分坍塌，底部有一豁口，长 1.3、宽 1、深 0.8 米；北侧坡度较大，呈一立面，底部为一荒地；顶部为近似的三角形，中央有一圆坑，直径为 0.9 米。顶部及侧面杂草丛生，对台体造成一定的破坏作用。

敌台平面近似圆形，剖面呈不规则形状，底南北 14.2、东西 10.6 米，顶南北 3、东西 4 米，北高 5.2、南高 3 米（图七五五）。东侧底部发现有外绳纹、内麻点纹板瓦残片。

该敌台建立在东涧村长城起点西北 770 米的墙体上，向墙体西南侧凸出，东南距东涧村 2 号敌台 470 米，西北距东涧村 4 号敌台 557 米。

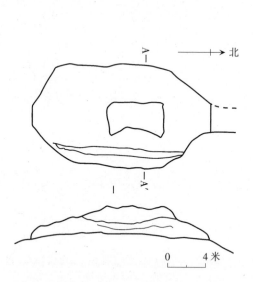

图七五四　东涧村 2 号敌台平、立面图

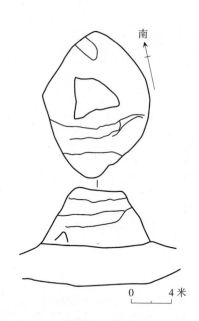

图七五五　东涧村 3 号敌台平、立面图

一一三　东涧村 4 号敌台（610626352101020160）

该敌台位于庙沟乡曾岔村大树梁山峁南端东涧村（组）北 20 米，周围为梁峁沟壑地形。敌台建在山梁的底部，四周多为开垦的梯田。敌台周边为沟壑发育区，南侧底部 25 米处为东涧组村民房舍。地理坐标为东经：107°53′24.30″，北纬：36°45′25.98″，高程：1711 米。

该敌台整体保存较差，东侧呈缓坡状；南侧遭风雨侵蚀严重，表面崎岖不平，中部有一洞，高 2、宽 2、深 2 米；西侧表面凸凹不平，长有沙棘；北侧坍塌严重，表面崎岖不平，底部紧邻一荒地，台面上有一豁口，高 1.3、宽 1.6、深 1.1 米；顶部为不规则形，顶部及侧面杂草丛生，对台体造成一定的破坏作用。

该敌台平、剖面均呈不规则形状，底南北 15.4、东西 20.4 米，顶部南北 3.2、东西 4 米，南高 7.2、北高 5.6 米，夯层厚 0.09～0.1 米（图七五六）。底部周围散落有外绳纹、内麻点纹板瓦瓦片。

该敌台建立在东涧村长城起点西北 1.23 千米的墙体上，东南距东涧村 3 号敌台 557 米，南距东涧村烽火台 80 米。

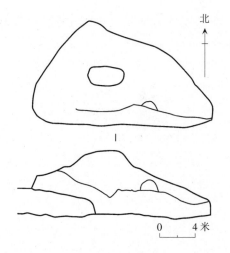

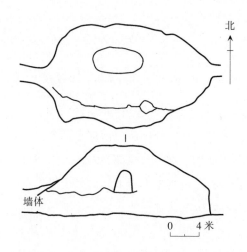

图七五六　东涧村4号敌台平、立面图　　　　图七五七　西涧村1号敌台平、立面图

一一四　西涧村1号敌台（610626352101020162）

该敌台位于庙沟乡曾岔村西涧村（组）东150米的大墩梁，周围为梁峁沟壑地形。敌台建在山梁上，四周多为开垦的梯田。周边均为沟壑发育区，西南侧146米处为一西涧组村民房舍，南侧40米处有沟壑发育。地理坐标为东经：107°53′06.18″，北纬：36°45′32.70″，高程：1686米。

该敌台保存较差，东侧表面中部长有柠条，现呈一断面，底部为耕地；南侧坍塌严重，顶部有一豁口，高6、宽1.7、深5米，底部因耕地被严重铲削；西侧台体坍塌严重，自顶部到底部有一断面，底部也被开垦为耕地、梯田；北侧上部坍塌严重，有一豁口，高2.4、宽1.7、深1.2米，底部紧邻一耕地。顶部为不规则形，顶部及侧面杂草丛生，对台体造成一定的破坏作用。

敌台平、剖面均呈不规则形状，底南北14.2、东西26米，顶南北3.6、东西7米，南高9.2、北高4.8米，夯层厚0.09~0.1米（图七五七）。

该敌台以黄土夯筑而成，南侧、西南侧的耕地上发现大量外绳纹、内麻点纹的板瓦瓦片。

该敌台建立在西涧长城起点西421米的墙体上，并向墙体南侧凸出。敌台西距西涧2号敌台553米，西距西涧3号敌台949米，西距西涧4号敌台1.52千米。

一一五　西涧村2号敌台（610626352101020163）

该敌台位于庙沟乡曾岔村西涧村（组）西南100米的小墩儿梁，周围为梁峁沟壑地形。敌台建在山梁顶部，四周多为开垦的梯田。敌台周边均为沟壑发育区，向北25米处有一电线杆，东北侧100米为曾岔沟，东南210米为深沟。地理坐标为东经：107°52′47.16″，北纬：36°45′37.38″，高程：1677米。

敌台保存较差，东侧呈缓坡状；西侧台体因开垦耕地被严重铲削，台体中部有脱落现象；北侧底部因开垦耕地而铲削严重，底部现为一立面，有堆土，底部为耕地。顶部为不规则形，顶部及侧面杂草丛生，植物根系对台体造成一定的破坏作用。

敌台平、剖面均呈不规则形状，底南北10.3、东西17.2米，顶南北2.8、东西4米，南高4.9、北高5.8米，夯层厚0.09~0.11米（图七五八）。黄土夯筑而成，夯层中夹杂有瓦片，顶部及周围散落有大量外绳纹内麻点纹瓦片。

该敌台建立在西涧村长城起点西北 974 米的墙体上，向墙体南侧凸出，东距西涧村 1 号敌台 553 米，西距西涧村 3 号敌台 396 米，西距西涧村 4 号敌台 966 米。

——六　西涧村 3 号敌台（610626352101020164）

该敌台位于庙沟乡曾岔村西涧村（组）东北 150 米的西梁上，周围为梁峁沟壑地形。敌台建在山梁顶部，四周为开垦的耕地。地理坐标为东经：107°52′33.42″，北纬：36°45′31.02″，高程：1723 米。

该敌台保存较差，四周都为农田。东侧台体坡度较缓；南侧因开垦耕地铲削严重，成一断面；西侧为一缓坡状，表面崎岖不平；北侧也因底部开垦农田而形成断面；顶部呈不规则形，顶部及侧面动物洞穴和杂草丛生，对台体造成一定的破坏作用。

敌台平、剖面均呈不规则形状，底南北 7.6、东西 8.8 米，顶南北 3、东西 2.8 米，南高 5、北高 5.8 米，夯层厚 0.09～0.11 米（图七五九）。顶部以及底部周围均发现大量外绳纹、内麻点纹板瓦瓦片。

该敌台建立在西涧村长城起点西北 1.37 千米的墙体上，东距西涧村 2 号敌台 396 米，西距西涧村 4 号敌台 570 米。

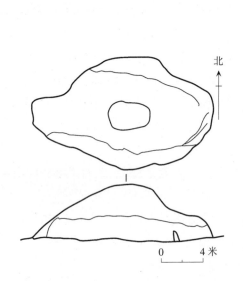

图七五八　西涧村 2 号敌台平、立面图

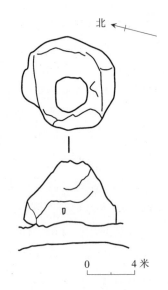

图七五九　西涧村 3 号敌台平、立面图

——七　西涧村 4 号敌台（610626352101020165）

该敌台位于庙沟乡曾岔村西涧村（组）西 400 米的山梁上，周围为梁峁沟壑地形。敌台建在山梁顶部，周边均为沟壑发育区。地理坐标为东经：107°52′11.34″，北纬：36°45′31.80″，高程：1687 米。

该敌台保存较差，顶部为不规则形，东侧坍塌呈缓坡状；南侧因长期风雨侵蚀而造成表面崎岖不平，底部紧靠一片荒地；西侧坍塌严重，自顶部到底部现为一断面，底部有堆土；北侧坍塌严重。顶部及侧面杂草丛生，植物根系对台体造成一定的破坏作用。

该敌台平、剖面均呈不规则形，底南北 12、东西 11 米，顶南北 2.8、东西 4 米，南高 3.6、北高 4.4 米，夯层厚 0.05～0.08 米（图七六〇）。顶部和底部发现大量外绳纹内麻点纹的瓦片。

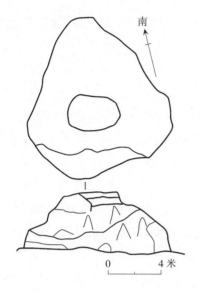

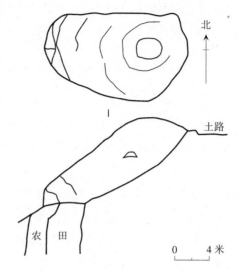

图七六〇　西涧村 4 号敌台平、立面图　　　　图七六一　营嶙岘 1 号敌台平、立面图

该敌台建立在西涧村长城止点东南 194 米的墙体上，东距西涧村 3 号敌台 570 米，西距营嶙岘 1 号敌台 194 米。

一一八　营嶙岘 1 号敌台（610626352101020166）

该敌台位于庙沟乡曾岔村营嶙岘村（组）东南 290 米，周围为梁峁沟壑地形。敌台建在山梁底部，周边均为沟壑发育区。敌台北、西、南三侧均为耕地，仅东面为荒地和土路，路宽 7 米。地理坐标为东经：107°52′05.16″，北纬：36°45′35.28″，高程：1608 米。

该敌台整体保存较差，东侧台体坡度较缓，底部为沙石土路；西侧依地势而建，现为一立面，坡度较大；南侧依地势而建，底部为耕地，表面凹凸不平；北侧底部为荒地，表面崎岖不平；顶部也为不规则形，顶部及侧面杂草丛生，植物根系对台体造成一定的破坏作用。

敌台平、剖面均呈不规则形状，底南北 9.8、东西 16.5 米，顶南北 2.4、东西 3 米，东高 10、西高 1.4 米（图七六一）。敌台上及周边可见少量绳纹瓦片。

该敌台建立在营嶙岘长城起点处的墙体上，西距营嶙岘 2 号敌台 144 米，东距西涧 4 号敌台 194 米。

一一九　营嶙岘 2 号敌台（610626352101020167）

该敌台位于庙沟乡曾岔村营嶙岘村（组）东南 150 米的山梁底部，周围为梁峁沟壑地形。敌台建于嶙崄处，四周为农田，西北 150 米为营嶙岘民户。地理坐标为东经：107°52′09.00″，北纬：36°45′38.40″，高程：1599 米。

该敌台保存较差，东侧呈缓坡状，表面剥落严重；南侧底部为荒草地；西侧遭风雨侵蚀严重，表面凹凸不平；北侧底部为耕地，台体与耕地相接处成一断面。顶部为不规则形，顶部及侧面杂草丛生，植物根系对台体造成一定的破坏作用。

敌台平、剖面均呈不规则形状，底南北 10.6、东西 19.6 米，顶南北 3.2、东西 6 米，东高 6、西高 7 米（图七六二）。西侧底部散落有外绳纹、内麻点纹板瓦残片。

该敌台建立在营嵝岘长城起点西北 141 米的墙体上，东南距营嵝岘 1 号敌台 141 米，西北距营嵝岘 3 号敌台 113 米。

一二〇 营嵝岘 3 号敌台 （610626352101020168）

该敌台位于庙沟乡曾岔村路掌村（组）营嵝岘东南 70 米的山梁底部，周围为梁峁沟壑地形。敌台建在山梁底部，四周多为梯田，周边均为沟壑发育区。敌台西侧的底部为公路，宽 6 米。东侧底部为荒地，北侧为耕地。西南侧 40 米处有一正在建设的村舍。地理坐标为东经：107°51′57.30″，北纬：36°45′41.70″，高程：1617 米。

该敌台保存较差，加之后期堆积的虚土，现已坍塌呈圆丘状。东侧坡度较缓；西侧因底部修筑土路而被铲削，现为一断面，路宽 7 米；北侧遭风雨侵蚀严重，表面崎岖不平，底部有一豁口，高 6.2、宽 5、深 3.3 米。顶部及侧面杂草丛生，植物根系对台体造成一定的破坏作用。

敌台平、剖面均呈不规则形状，底南北 13.3、东西 10.4 米，顶为圆形，顶径 2.4 米，西高 4、东高 6.9 米，夯层厚 0.05～0.1 米（图七六三）。北侧散落有外绳纹、内麻点纹瓦片。

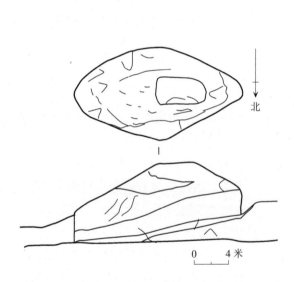

图七六二 营嵝岘 2 号敌台平、立面图

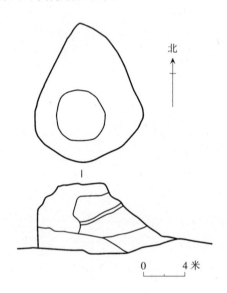

图七六三 营嵝岘 3 号敌台平、立面图

该敌台建立在营嵝岘长城起点西北 278 米的墙体上，向墙体西南侧凸出，东南距营嵝岘 2 号敌台 134 米，西北距营嵝岘 4 号敌台 153 米。

一二一 营嵝岘 4 号敌台 （610626352101020169）

该敌台位于庙沟乡曾岔村路掌村（组）营嵝岘西北 100 米的山梁上，周围为梁峁沟壑地形。敌台建在山梁顶部，四周有开垦的梯田。敌台南侧坡下为路掌组营嵝岘，南、东、西三侧均临荒地，北侧底部为耕地。地理坐标为东经：107°51′54.00″，北纬：36°45′45.06″，高程：1652 米。

该敌台保存较差，东侧坍塌呈缓坡状；南侧和西侧均遭风雨侵蚀严重，表面崎岖不平，底部为荒地；北侧坡度较大，底部有一断面，高 2 米，表面长有蒿草；顶部不规则，顶部及侧面杂草丛生，植物根系对台体造成一定的破坏作用。

敌台平、剖面均呈不规则形状，底部南北14、东西12.2米，顶部南北2.4、东西2.6米，西高5、东高6米（图七六四）。顶部散落有外绳纹、内麻点纹板瓦和筒瓦残片。

该敌台建立在营嶝岘长城起点西北431米的墙体上，并向墙体西南侧凸出，东南距营嶝岘3号敌台153米，西北距营嶝岘5号敌台299米。

一二二 营嶝岘5号敌台（610626352101020170）

该敌台位于庙沟乡曾岔村路掌村（组）营嶝岘西北400米的山梁顶部，周围为梁峁沟壑地形，四周有梯田。地理坐标为东经：107°51′47.40″，北纬：36°45′35.22″，高程：1701米。

该敌台整体保存差，现坍塌呈不规则形的土台状，东侧坡度较大，表面崎岖不平，长满杂草，底部因修路而被铲削；南侧坍塌成缓坡；西侧因开垦耕地，破坏严重，有一断面，断面高3米；北侧也由于开垦耕地破坏严重；顶部及侧面杂草丛生，植物根系对台体造成一定的破坏作用。

敌台平、剖面均呈不规则形，底南北6.2、东西15米，顶南北3.2、东西4米，南高3、北高5.8、东高6.4、西高1.4米（图七六五）。顶部及周围散落有大量外绳纹、内麻点纹板瓦、筒瓦残片和器物残片。

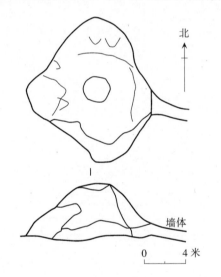

图七六四 营嶝岘4号敌台平、立面图

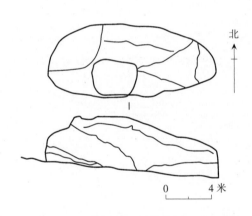

图七六五 营嶝岘5号敌台平、立面图

该敌台建立在营嶝岘长城起点西北730米的墙体上，并向墙体西南侧凸出，东南距营嶝岘4号敌台299米，西北距城墙梁遗址50米。

一二三 李左湾村1号敌台（610626352101020171）

该敌台位于庙沟乡曾岔村李左湾村（组）东南1.9千米的山峁上，周边为黄土高原沟壑地貌，地势起伏较大。台体东100米的嶝崄上有一条土路，嶝崄两侧为沟壑，东160米的山峁上有梯田，东北730米处的山腰上有一户人家。地理坐标为东经：107°51′33.36″，北纬：36°46′03.60″，高程：1673米。

该敌台整体保存差，东侧坍塌呈缓坡状，与墙体相连；南侧面坍塌严重，底部为农田；西侧底部被铲削成刀尖状，有一上宽1.1、下宽2、进深1.6米的豁口；北侧坍塌较为严重，形成一处豁口，上宽0.8、下宽3、进深1.5米，底部的道路对其造成一定程度的破坏，铲削台体上有动物洞穴，给台体带来了一定的破坏作用。

　　该敌台平面呈长条状，北侧剖面呈梯形，底东西长 16、南北长 4 米，顶东西长为 5、南北长 3 米，台体北高 3.8、南高 5.4 米，夯层厚 0.07 ~ 0.1 米（图七六六）。附近发现有外绳纹、内麻点纹瓦片以及器物口沿和红砂石块。

　　该敌台建在李左湾村长城 1 段上，并向墙体南侧凸出，台体东南距李左湾村长城 1 段起点 139 米，西北距李左湾村 2 号敌台 364 米。

一二四　李左湾村 2 号敌台（610626352101020172）

　　该敌台位于庙沟乡曾岔村李左湾村（组）东南 1.8 千米，周边为黄土高原沟壑地貌，地势起伏较大。台体东 100 米的嵋崄上有一条土路通行，嵋崄两侧为沟壑；台体北 230 米处为沟壑，1.5 千米处的山峁上有一油井。地理坐标为东经：107°51′20.10″，北纬：36°46′09.12″，高程：1662 米。

　　该敌台保存较差，呈土梁状。东侧底部有土路通行，底部距路面 2 米，当地村民开通土路对台体铲削破坏；南侧坍塌较为严重，有一宽为 0.5、高 0.6、进深 0.5 米的洞；北侧面有多处坍塌形成的豁口，并有铲削痕迹；台体顶部及北侧底部植有杏树。

　　敌台平面呈不规则长条状，剖面呈梯形，底长 12、宽 3 米，顶部长 5.5、宽 1 ~ 2.8 米，东高 3、南高 1.6、西高 1.6 米，夯层厚 0.07 ~ 0.09 米（图七六七）。附近发现有残存的外绳纹、内麻点纹瓦片。

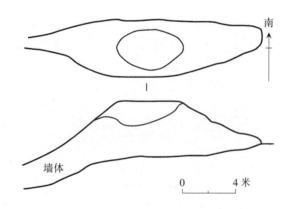

图七六六　李左湾村 1 号敌台平、剖面图

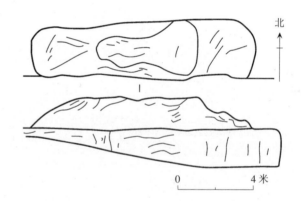

图七六七　李左湾村 2 号敌台平、立面图

　　该敌台建在李左湾村长城 1 段上，并向墙体南侧凸出，东南距李左湾村长城 1 段起点 503 米，东南距李左湾村 1 号敌台 364 米，西北距李左湾村 3 号敌台 400 米。

一二五　李左湾村 3 号敌台（610626352101020173）

　　该敌台位于庙沟乡曾岔村李左湾村（组）东南 1.5 千米的山峁上，周边为黄土高原沟壑地貌，地势起伏较大。台体北 800 米处有一村庄，西 164 米处有一条土路，南侧为农田及沙棘地，东 140 米的山腰处有土路，东侧山峁上为开垦的梯田。地理坐标为东经：107°51′04.74″，北纬：36°46′11.58″，高程：1678 米。

　　该敌台整体保存较差，台体东侧破坏严重，底部为农田，当地村民开垦农田时铲削了台体，形成一断面；东南侧底部有一个宽 0.8、进深 0.3、高 0.7 米的豁口；南侧坍塌呈缓坡状；西南侧有一个上宽1、下宽1.5、高1.4、进深1米的豁口；西侧为一片沙棘地；台体上长满杂草并且有动物洞穴，植物根系的生长和动物洞穴对台体有一定的破坏作用。

敌台平、剖面均呈不规则形状，底长11、宽9米，顶为圆形，径长2米，西高4.5、北高3米，夯层厚0.07~0.1米（图七六八）。附近发现大量的外绳纹、内麻点纹瓦片以及红砂石块。

该敌台建在李左湾村长城1段上，并向墙体南侧凸出，东南距李左湾村长城1段起点903米，东南距李左湾村2号敌台400米，西北距李左湾村4号敌台458米。

一二六 李左湾村4号敌台（610626352101020174）

该敌台位于庙沟乡曾岔村李左湾村（组）北1千米的山峁上，周边为黄土高原沟壑地貌，地势起伏较大。台体东北700米的山腰上有两户人家，台体南50米处为李左湾长城2段，台体西北402米山峁上有土路穿行。地理坐标为东经：107°50′46.38″，北纬：36°46′14.10″，高程：1714米。

该敌台整体保存较差，整体坍塌呈土堆状。台体东北侧剥落严重，顶部有一个豁口，上宽1、下宽2、进深1、高2米；台体南侧坍塌呈缓坡状，底部农田的开垦给台体带来了破坏作用；东南侧长有沙棘。

敌台平、剖面均呈不规则形状，底东西长14.5、南北长7.5米，顶为圆形，径3米，西高4.5、东高5米，夯层厚0.08~0.1米（图七六九）。台上散落外绳纹、内麻点纹瓦片，台体附近发现铁器残片。

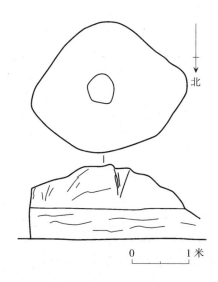

图七六八 李左湾村3号敌台平、立面图

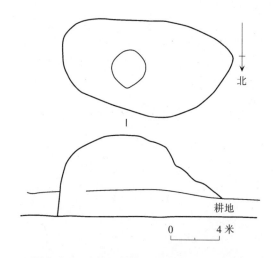

图七六九 李左湾村4号敌台平、剖面图

该敌台建在李左湾村长城1段上，并向墙体南侧凸出，东南距李左湾村长城1段起点1.36千米，东南距李左湾村3号敌台458米，西北距李左湾村5号敌台465米。

一二七 李左湾村5号敌台（610626352101020175）

该敌台位于庙沟乡曾岔村李左湾村（组）东北1千米，周边为黄土高原沟壑地貌，地势起伏较大。东北侧有一条土路，台体周围植有杨树。地理坐标为东经：107°50′33.48″，北纬：36°46′22.92″，高程：1680米。

该敌台整体保存较差，坍塌呈土堆状。台体东南、西北侧坍塌呈缓坡状与墙体相连，东北侧有一个上宽1、下宽3、进深3、高2.5米的豁口；东南侧长有沙棘；顶部长有一棵杨树，台面上杂草丛生。

敌台平面呈不规则状，剖面呈梯形，底南北长16.5、东西长9米，顶为圆形，径3.5米，东高4.2、西高3.2、南高3.4、北高2.6米，夯层厚0.1米（图七七〇）。周边散有外绳纹、内麻点纹瓦片。

该敌台建在李左湾村长城1段上，并向墙体东北侧凸出，台体东南距李左湾村长城1段起点1.83千米，东南距李左湾村4号敌台465米，西北距李左湾村6号敌台340米。

一二八　李左湾村6号敌台（610626352101020176）

该敌台位于庙沟乡曾岔村李左湾村（组）东北800米，周边为黄土高原沟壑地貌，地势起伏较大。台体东侧有土路通行，东100米为沟壑，500米的山峁上被开垦为农田；南10米处长有杨树；西侧的山峁上为开垦的农田。地理坐标为东经：107°50′25.86″，北纬：36°46′32.40″，高程：1681米。

该敌台整体保存较差，坍塌成土堆状。南侧坍塌成缓坡状，表面长有沙棘；西侧面有一个豁口，上宽1、下宽2.6、进深2、高2米，当地村民开垦农田时铲削了台体；台体顶部竖立一根水泥电线杆，还有一土坑；台体上长有杂草。

敌台平面呈不规则状，剖面呈梯形，底长14、宽10米，顶为圆形，径长3米，东高4.5、西高4.6米，夯层厚0.1～0.12米（图七七一）。台上及底部周边发现外绳纹、内麻点纹瓦片。

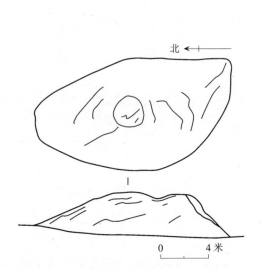

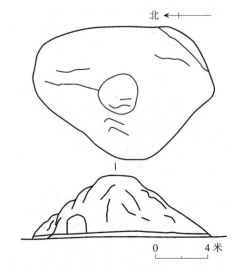

图七七〇　李左湾村5号敌台平、立面图　　　　图七七一　李左湾村6号敌台平、立面图

该敌台建在李左湾村长城1段上，并向墙体西侧凸出。台体旁边的墙体保存很差，仅见少量遗迹，东南距李左湾村长城1段起点2.17千米，东南距李左湾村5号敌台340米。

一二九　林沟梁村1号敌台（610626352101020177）

该敌台位于庙沟乡曾岔村林沟梁村（组）东南250米的山峁平台上，周边为黄土高原沟壑地貌，地势起伏较大。台体东南260米山腰处有一条土路，台体北1.2千米处有一村庄。地理坐标为东经：

107°50′18.36″，北纬：36°46′44.22″，高程：1712 米。

该敌台整体保存较差，台体整体坍塌呈土堆状。台体南侧有一个宽 2、进深 1.5 米的豁口，豁口距台底 1.3 米；台体顶部有两个深 0.4 米的坑，台体底部破坏严重，当地村民开垦农田时铲削了台体。台体上长满杂草，植物根系的生长和动物洞穴对台体有一定的破坏作用。

敌台平、剖面均呈不规则状，底东西长 14、南北长 9.5 米，顶为圆形，径长 2.5 米，高 4.5 米。台体坐落在山峁一平台上，平台呈不规则形，台体西侧距平台边 19 米，南侧距平台边 29 米，东侧距平台边 13 米，北侧距平台边 12 米。该敌台为黄土夯筑而成，夯层厚 0.07～0.08 米，夯窝清晰，直径为 0.1 米（图七七二）。台体附近发现少量外绳纹、内麻点纹瓦片。

该敌台为林沟梁村长城的起点，西北距林沟梁村 2 号敌台 462 米。

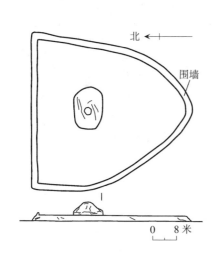

图七七二　林沟梁村 1 号敌台平、立面图

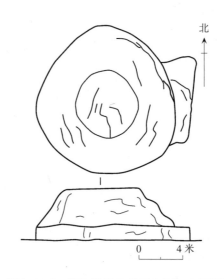

图七七三　林沟梁村 2 号敌台平、立面图

一三〇　林沟梁村 2 号敌台（610626352101020178）

该敌台位于庙沟乡曾岔村林沟梁村（组）东南 170 米山峁上，周边为黄土高原沟壑地貌，地势起伏较大。台体周围的山峁上有开垦的农田，在山腰和山梁上有土路。地理坐标为东经：107°50′01.86″，北纬：36°46′52.74″，高程：1722 米。

该敌台整体保存较差，坍塌呈圆土堆状。台体东侧落差相对较大，坍塌严重，形成一个上宽 1、下宽 4、高 3、进深 1 米的豁口，并且有动物洞穴。台体北侧坍塌形成一个大豁口，豁口上宽 1、下宽 3.5、高 3、进深 1 米。台体顶部长有杂草、沙棘，台体底部四周为农田，农田的开垦破坏了台体。

该敌台平、剖面均呈不规则状，底东西 13、南北 13 米，顶为圆形，径 6 米，南高 3.2 米，夯层厚 0.08～0.1 米（图七七三）。附近农田发现大量的外绳纹、内麻点纹瓦片、陶片，分布范围约 1 万平方米。

该敌台东南 462 米为林沟梁村 1 号敌台，东南 446 米为林沟梁村遗存，西北距林沟梁村 3 号敌台 493 米。

一三一　林沟梁村 3 号敌台（610626352101020179）

该敌台位于庙沟乡曾岔村林沟梁南 100 米，周边为黄土高原沟壑地貌，地势起伏较大。台体底部四周为开垦的农田，台体西侧的山坡上植有沙棘、柠条。地理坐标为东经：107°49′45.60″，北纬：36°47′02.70″，高程：1717 米。

该敌台整体保存较差，坍塌呈土堆状。台体东侧长有柠条，距底部 0.5 米处有两个洞，靠南侧的洞宽 0.5、高 0.4 米，靠北侧的洞宽 0.6、高 0.5、进深 0.4 米；西北侧坍塌严重；底部四周因开垦的农田破坏了台体；台体上长满杂草，植物根系的生长和动物洞穴对台体有一定的破坏作用。

敌台平、剖面均呈不规则状，底南北 17、东西 16 米，顶东西 5.6、南北 4.2 米，东高 4、西高 5 米，夯层厚 0.08～0.1 米（图七七四）。夯层中夹有绳纹瓦片。周围的农田里散有外饰绳纹、内饰麻点纹的瓦片及石块。

该敌台东南距林沟梁村长城起点（林沟梁 1 号敌台）955 米，东南 493 米为林沟梁村 2 号敌台，西北距林沟梁村 4 号敌台 340 米。

一三二　林沟梁村 4 号敌台 （610626352101020180）

该敌台位于庙沟乡曾岔村林沟梁西南 130 米，周边为黄土高原沟壑地貌，地势起伏较大。台体东南 170 米的嵝崄处有土路穿行，台体周围的山峁上有农田，农田的开垦不利于台体周边的水土保持，对台体的保存有一定隐患。地理坐标为东经：107°49′33.84″，北纬：36°47′07.44″，高程：1684 米。

该敌台整体保存较差，坍塌成土堆状。台体东南、西南、西北三侧底部为农田，开垦农田对台体带来了破坏作用；台体东北侧为一片沙棘地，长有槐树；南侧的植物根系生长发育破坏了台体；台体顶部有一个雨水冲刷形成的豁口，长 3、宽 2～3、深 0.2～0.5 米；台体上有动物洞穴，对其造成了破坏。

敌台平面呈不规则状，西南侧面呈梯形，西南底部长 16、东南底部长 11.5 米，顶部西南长 7.5、东南长 3 米，西南高 6.5、东南高 4.6 米，夯层厚度 0.08～0.1 米（图七七五）。东南侧地面散落外绳纹、内麻点纹瓦片。台体东南侧与墙体连接处散落红砂岩石块。

该敌台东南距林沟梁村长城起点（林沟梁 1 号敌台）1.3 千米，东南距林沟梁村 3 号敌台 340 米，西南 340 米为林沟梁村 5 号敌台。

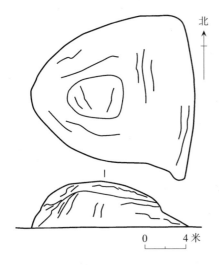

图七七四　林沟梁村 3 号敌台平、立面图

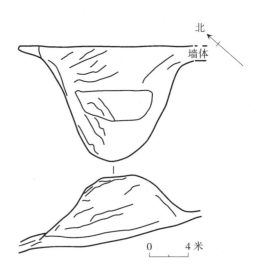

图七七五　林沟梁村 4 号敌台平、立面图

一三三　林沟梁村 5 号敌台（610626352101020181）

该敌台位于庙沟乡曾岔村林沟梁西 230 米的山腰，周边为黄土高原沟壑地貌，地势起伏较大。台体东 230 米的山坡处有羊肠小道，东北 260 米的山坡上有一条土路，台体南侧为沟谷地带，西、北两侧紧靠一山梁。地理坐标为东经：107°49′20.40″，北纬：36°47′06.72″，高程：1676 米。

该敌台整体保存较差，受到雨水冲刷、风蚀严重，造成台体剥落、坍塌。台体东侧底部有种树；西侧、北侧均坍塌呈缓坡状，北侧面上有一人为挖掘的豁口，高 0.5、宽 0.6、进深 0.4 米；台体北 3 米处有宽 8 米的沟壑发育，给台体带来潜在威胁；台体顶部和侧面长满杂草，植物根系的生长和动物洞穴对台体造成一定的破坏。

该敌台平面呈不规则状，南侧面呈梯形，底东西 8.5、南北 6.5 米，顶东西 6、南北 2.4 米，西高 2.2、东高 5.6、北高 2.6、南高 4 米，夯层厚 0.08～0.09 米（图七七六）。底部周围散布少量绳纹瓦片。

该敌台西南 145 米为林沟梁村长城止点，东北 340 米为林沟梁村 4 号敌台。

一三四　赫家沟村马面（610626352102020001）

该马面位于五谷城乡赫家沟村西南约 210 米的山梁上，东侧为农田，西侧因石子路通过使山梁中断。周边为山地沟壑区，沟壑纵横交错，坡度陡峭。地理坐标为东经：108°32′05.58″，北纬：37°08′25.02″，高程：1707.2 米。

该马面保存较差。由于雨水冲刷侵蚀，造成四周不同程度的剥落，北侧剥落最为严重，坍塌呈斜坡状。马面上沙棘较多，造成土层松动。另外，顶部东侧有人工挖掘的两个洞穴，宽 1 米，深度不详，直接对马面造成破坏，并加剧了雨水冲刷和风力剥蚀。

该马面台体平面呈椭圆形，剖面呈梯形，底东西 6.1、南北 8 米，顶东西 3、南北 2.8 米，东高 3、西高 1.6 米，夯层厚 0.09～0.1 米（图七七七）。

该马面建于郝家沟村长城上，西距赫家沟村敌台 146 米。

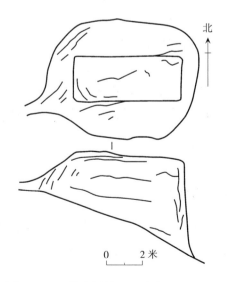

图七七六　林沟梁村 5 号敌台平、立面图

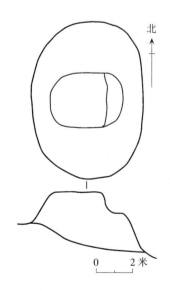

图七七七　赫家沟村马面平、剖面图

一三五 西沟村 1 号马面 （610626352102020008）

该马面位于五谷城乡四河堡村西沟村（组）西北约36米的山梁上，北侧为四道沟，周围为山地沟壑区，沟壑纵横交错，坡度陡峭。地理坐标为东经：108°29′37.11″，北纬：37°07′14.38″，高程：1737.5米。

该马面保存较差，坍塌呈圆丘状。周围由于平整农田，铲削了台体，以及雨水冲刷侵蚀等均导致马面四周有不同程度的剥落。南侧有一个人为挖成的洞穴，长0.9、宽1.4、高0.8米，顶部北侧有人工挖掘的两个洞穴，北侧一个洞穴长1.2、宽1、高0.8米，另一个洞穴长0.4、宽0.8、高0.7米。这三个洞穴对马面造成了极大破坏。

该马面平面呈椭圆形，剖面呈梯形，底东西12.1、南北7.3米，顶东西6、南北2米，外侧高6、内侧高1.8米（图七七八）。北侧山坡散落有外绳纹、内布纹瓦片。

该马面东距柳家湾村烽火台421米。

一三六 西沟村 2 号马面 （610626352102020010）

该马面位于五谷城乡四河堡村西沟村（组）南218米的山坡上，东侧为耕地，西侧紧邻盘山土路。周围为山地沟壑区，坡度陡峭。地理坐标为东经：108°29′24.30″，北纬：37°07′15.40″，高程：1726米。

该马面整体保存差，东侧由于扩展农田造成铲削严重，垂直于地面；西侧坍塌呈斜坡状。

马面平、剖面均呈不规则形，底东西11.8、南北10米，顶部坍塌严重，残存部分东西1.3、南北4.3米，内高1、外高8.1米（图七七九）。周围散落少量瓦片，外饰绳纹，内饰麻点纹。

该马面北距西沟村长城2段拐点168米。

一三七 西沟村 3 号马面 （610626352102020011）

该马面位于五谷城乡四河堡村西沟村（组）南386米的山坡上，东侧为荒地，西距盘山土路9米，东距油井62米。周围为山地沟壑区，坡度陡峭。地理坐标为东经：108°29′19.90″，北纬：37°07′03.80″，高程：1720米。

该马面整体保存差。南侧有东南—西北向输电线路一条，西侧坍塌呈斜坡状，顶部因风雨侵蚀加重了破坏，坍塌严重冲沟数条，表面长满杂草。

马面平面呈长条形，剖面呈不规则形，底东西7.4、南北14米，顶坍塌严重，残存部分东西1.4、南北2.5米，内高1、外高4.5米，夯层厚0.07~0.11米（图七八〇）。周围散落少量瓦片，外饰绳纹、内饰麻点纹。

该马面北距西沟村2号马面168米。

一三八 杨家沟村 1 号马面 （610626352102020018）

该马面位于五谷城乡白草沟村杨家沟村（组）西北约800米的山坡上，东侧为农田，西侧脚下为一南—北向深沟。周围为山地沟壑区，坡度陡峭。地理坐标为东经：108°28′51.20″，北纬：37°06′32.40″，高程：1658米。

该马面保存较差，由于东侧因开垦农田铲削呈90°立坎，现存马面呈半圆丘状。西侧脚下为三道堙，

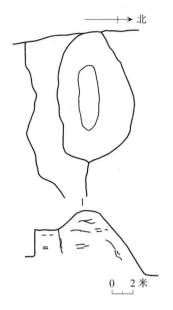

图七七八　西沟村1号马面平、立面图

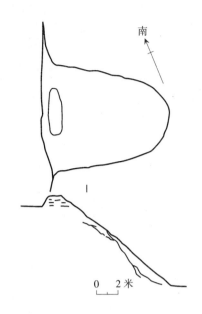

图七七九　西沟村2号马面平、立面图

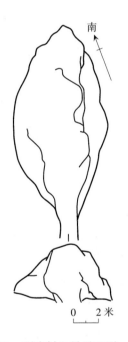

图七八〇　西沟村3号马面平、立面图

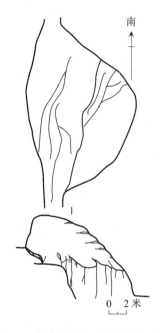

图七八一　杨家沟村1号马面平、立面图

其下临南—北走向的深沟，马面四周均有不同程度的剥落。

马面平面呈半圆形，剖面呈弧拱形，东西长12.4、南北长18.1米，内侧残高3.5、外侧残高8.8米，夯层厚0.06~0.11米（图七八一）。南侧地面上有大量的绳纹瓦片。

该马面紧贴杨家沟村长城2段，北距杨家沟村5号敌台187米，南距杨家沟村2号马面211米。

一三九　杨家沟村2号马面（610626352102020019）

该马面位于五谷城乡白草沟村杨家沟村（组）北约1.5千米的山坡上，东侧为农田，西侧脚下为南—北向深沟。周边为山地沟壑区，沟壑纵横交错，坡度陡峭。地理坐标为东经：108°28′52.60″，北纬：37°06′18.60″，高程：1681.0 米。

该马面整体保存较差。东侧因开垦农田被铲削为90°立坎，西侧因风雨侵蚀现呈阶梯状。台体上鼠洞较多，引起土层疏松。马面上大量杂草的生长，也对台体造成破坏。

平面呈半圆形，剖面呈梯形，底东西 8、南北 9.7 米，顶东西 2.2、南北 2.7 米，内侧高 2.2、外侧高 7.5 米，夯层厚 0.09 ~ 0.1 米（图七八二）。

该马面北距杨家沟村 1 号马面 211 米。

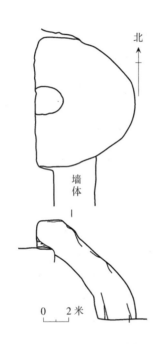

图七八二　杨家沟村 2 号马面平、立面图

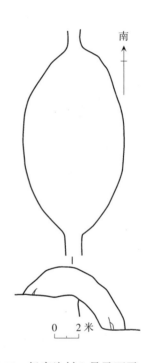

图七八三　杨家沟村 3 号马面平、立面图

一四〇　杨家沟村 3 号马面（610626352102020020）

该马面位于五谷城乡白草沟村杨家沟村（组）北约 1.6 千米的山坡上，现状呈南北向卧鲸状，东侧为农田，西侧脚下为南北向的深沟。周围为山地沟壑区，沟壑纵横交错，坡度陡峭。地理坐标为东经：108°28′52.57″，北纬：37°06′14.39″，高程：1688 米。

该马面保存较差。由于受到雨水的冲刷侵蚀，造成马面四周均有不同程度的剥落。东侧因开垦农田铲削台体；西侧受到风雨侵蚀最为严重，存在大量因雨水冲刷形成的小沟；马面上由于杂草生长引起土层松动，进一步加剧风雨侵蚀。

马面平面呈椭圆形，剖面呈弧拱形，底东西 8.3、南北 15 米，内侧残高 2.2、外侧残高 8 米（图七八三）。底部西侧散落少量瓦片。

该马面北距杨家沟村 2 号马面 118 米。

一四一　瓦社村马面（610626352102020092）

该马面位于吴起镇西沟塔村瓦社村（组）东南 1.11 千米的山坡上，南、西两侧紧邻沟，北距杨青川48米，北距吴起至薛岔的乡间公路62米。周围为山地沟壑区，沟壑纵横交错，坡度陡峭。地理坐标为东经：108°20′04.20″，北纬：36°54′44.00″，高程：1389米。

该马面保存较差，因雨水冲刷侵蚀导致坍塌严重，顶部因雨水侵蚀而有冲沟，现存马面呈不规则形。马面北侧有一个人为挖成的洞，长0.5、宽0.3米，进深不详。马面被蒿类植物及苔藓覆盖，并长有少量沙棘。植物根系生长对夯土层造成一定破坏。

马面平、剖面均呈不规则形，底东西7.7、南北5.6米，顶东西2、南北3.5米，高2.8米，夯层厚0.06~0.12米（图七八四）。马面所在的山坡上散落若干外绳纹、内麻点纹瓦片。

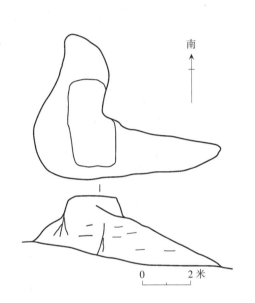

图七八四　瓦社村马面平、立面图

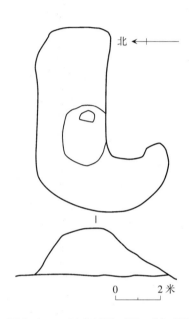

图七八五　杨青村马面平、剖面图

该马面东距瓦社村长城起点26米。

一四二　杨青村马面（610626352102020106）

该马面位于吴起镇杨青村西北1.63千米的山体缓坡地带，东、南两侧紧邻冲沟，南距盘山路50米。周围为山地沟壑区，沟壑纵横交错，坡度陡峭。地理坐标为东经：108°14′21.00″，北纬：36°53′43.00″，高程：1502米。

该马面整体保存较差，因雨水冲刷侵蚀坍塌严重。顶部因雨水侵蚀而有冲沟，呈不规则形。马面为蒿类植物及苔藓覆盖。

马面平面呈不规则形，剖面呈梯形，底东西长8、南北宽6米，顶东西长2.6、南北宽2米，高2米，夯层厚0.06~0.12米（图七八五）。马面所在的山坡上散落少量瓦片，外饰绳纹，内饰麻点纹。

该马面位于杨青村长城1段墙体之上，向北凸出，东距杨青村1号敌台252米，西距杨青村2号敌台389米。马面南侧50米处有盘山土路经过。

一四三　中杨青村马面（610626352102020113）

该马面位于吴起镇中杨青村2.05千米的山坡上，正北方向135米处为一东北—西南向的深沟，西北方向139米处为该沟与另一南—北向深沟的交汇处。周围为山地沟壑区，坡度陡峭。地理坐标为东经：108°12′31.98″，北纬：36°53′19.91″，高程：1463.7米。

该马面整体保存差，四周坍塌呈缓坡状。东北侧底部一角被铲削，此处黄土直接暴露；西侧底部也有一因雨水冲刷形成的缺口，长1.5、高1米；北侧因雨水冲刷形成缺口；西北侧底部也有一因雨水冲刷形成的缺口，长0.7、高0.6米。基座四壁剥落严重，多处黄土直接暴露。另外，对基座造成最大破坏的是西北侧底部的盗洞，洞口宽0.6、高0.84米。马面上种植数棵樟子松，亦对其造成破坏。

马面平面呈不规则形，剖面呈梯形。顶东西长4.3、南北长3米，底东西长10.2、南北长9.5米，残高4米。基座底部南北长25.8、东西长12.6米，高9米，夯层厚0.06~0.1米，顶部与墙体顶部齐平（图七八六）。周围散落大量绳纹瓦片。

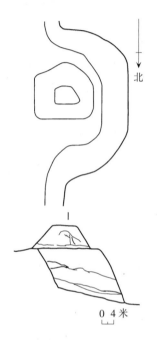

图七八六　中杨青村马面平、立面图

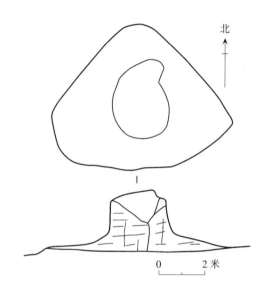

图七八七　赵家山村烽火台平、立面图

该马面建立在中杨青村长城2段上，向南凸出，西南距石碑湾村敌台292米。

一四四　赵家山村烽火台（610626352101020003）

该烽火台位于五谷城乡四河堡村赵家山村（组）北243米的山坡上，台体周围为荒地，东、西、北三面环沟，南距最近的盘山土路240米。周围为山地沟壑区，较为陡峭。地理坐标为东经：108°31′38.10″，北纬：37°07′53.20″，高程：1734米。

该烽火台整体保存差。因风雨侵蚀造成四面坍塌严重，呈不规则形，台体长有少量植被，根系深入夯土层中，对其造成一定破坏。北侧底部有盗洞一个，直径0.6米，进深不详。台体鼠洞较多。

该烽火台平面呈不规则形，剖面呈梯形，底东西7.8、南北6.1米，顶东西1.9、南北3.2米，残高3.5米，夯层厚0.1~0.13米（图七八七）。周围散落少量瓦片，外饰绳纹，内饰麻点纹。

该烽火台位于赫家沟长城2段东侧，西距赫家沟长城2段36米。

一四五　柳家湾村烽火台（610626353201020007）

该烽火台位于薛岔乡杨兴庄村柳家湾村（组）西南172米，柳家湾长城墙体南71米。台体北侧为缓坡，西距沟边18米，南距最近盘山土路5米。周围为山地沟壑区，较为陡峭。地理坐标为东经：108°30′09.30″，北纬：37°07′15.00″，高程：1740米。

该烽火台整体保存差，台体坍塌严重，呈圆丘状，台体上长满杂草。

该烽火台坍塌呈圆丘状，底东西6、南北5米，顶东西3、南北3.5米，高1.8米，夯层厚0.09~0.1米（图七八八）。

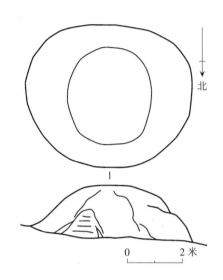

图七八八 柳家湾村烽火台平、立面图

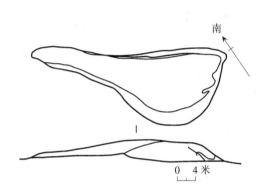

图七八九 西沟村烽火台平、立面图

该烽火台位于黄土高原沟壑区，但是南距最近盘山土路5米，因此交通比较便利。

一四六 西沟村烽火台（6106263352101020009）

该烽火台位于五谷城乡四河堡村西沟村（组）西202米的山顶上，台体周围由于开垦耕地，已经将土地平整，因此烽火台位于平整的土地上，南紧邻沟，南距油井384米，东距最近盘山土路约27米。周围为山地沟壑区，较为陡峭。地理坐标为东经：108°29′31.40″，北纬：37°07′16.90″，高程：1765米。

该烽火台整体保存差，因风雨侵蚀，四面坍塌严重。顶部呈不规则形，台体长有少量旱地植被，根系深入夯土层中，造成一定破坏。

烽火台平、剖面呈不规则形，底东西24、南北16米，顶东西23、南北11米，高4米（图七八九）。周围散落少量瓦片，外饰绳纹，内饰麻点纹。

该烽火台位于西沟村长城2段南侧，北距西沟村长城2段墙体26米。

该烽火台位于黄土高原沟壑区，但是台体东距最近盘山土路约27米，交通较为便利。

一四七 杨家沟村烽火台（6106263353201020012）

该烽火台位于五谷城乡白草沟村杨家沟村（组）北约400米的山峁上，台顶较小且较为平整。台体脚下为山坡，附近为山地沟壑区，沟壑纵横。地理坐标为东经：108°29′08.55″，北纬：37°06′53.88″，高程：1688.5米。

该烽火台整体保存较差，由于雨水冲刷和风蚀，地面以上1.5米的台体已经坍塌呈斜坡状，土层疏松。再往上3.8米的台体呈柱状，各侧均有不同程度的剥蚀，并存在较多裂缝。台体上鼠洞较多，顶部杂草丛生。

该烽火台平面略呈方形，剖面呈梯形，底部东西9.5、南北11.1米，台顶略呈方形，东西2.6、南北3米，高5.3米，夯层厚0.08~0.1米（图七九〇）。周围散落少量绳纹瓦片。

该烽火台西距杨家沟村1号敌台142米。

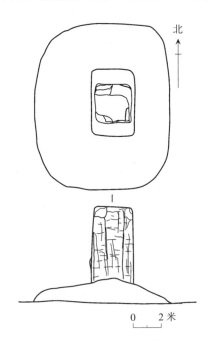

图七九〇　杨家沟村烽火台平、立面图

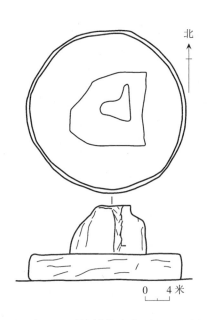

图七九一　雷坡村烽火台平、立面图

一四八　雷坡村烽火台 （610626353201020072）

该烽火台位于薛岔乡雷坡村周嵝岘村（组）东1.6千米的山梁上，周围为梁峁沟壑地形，沟壑中种植有沙棘、柠条等植物，梁峁上被开垦为梯田。地理坐标为东经：108°28′25.59″，北纬：36°58′39.72″，高程：1718米。

该烽火台整体保存较差，顶部损坏严重。东侧面长有杂草，中部有几个大小不一的洞穴；南侧面顶部有一个因雨水冲刷而形成的豁口，一直由顶部延伸至底部，宽2.4、深1米，上有台阶，推测为原有的登台通道；西侧面台基有部分坍塌，夯层明显，台体面上长满杂草，并有一处宽4.8、深1.8米的豁口；北侧面有一人为踩踏形成的小道，一直通往台顶。

该烽火台平面呈矩形，剖面呈梯形，底东西长13、南北宽12米，顶部东西长7.3、南北宽3.8米，高8米；台基高4.3米，夯层厚0.09~0.11米（图七九一）。底部周围散有外绳纹瓦片和陶片。

该烽火台位于雷坡村长城5段起点东南1.6千米处，西北距雷坡村长城5段止点629米。

一四九　贺阳湾村烽火台 （610626353201020089）

该烽火台位于薛岔乡郭畔村贺阳湾村（组）北100米的山梁上，所处的山梁台地上被开垦为耕地，山梁西侧为排子沟，东侧为中子沟，沟内因为退耕还林，种植沙棘、桃树和杏树等。地理坐标为东经：108°21′47.10″，北纬：36°53′39.72″，高程：1612米。

该烽火台整体保存较差，周围为农田，因此耕地开垦对台体底部造成了破坏。北侧有相距23米的两个洞，一洞宽0.7、高0.8、进深0.7米；另一洞宽0.4、高1.4、进深0.9米，洞内有一些绳纹瓦片和红砂石块。台体上长有柠条、蒿草等耐旱植物，还有昆虫及啮齿动物洞穴存在，均对台体造成破坏。台体顶部有一个长0.6、宽0.4、深0.6米的洞穴。

烽火台平面呈圆形，剖面为梯形，底直径8、顶直径6米，高北侧3、南侧4.2、东侧3、西侧2.3米，夯层厚0.08～0.11米（图七九二）。周围散落有绳纹瓦片，北侧洞内也堆放有绳纹瓦片和红砂岩石块。

该烽火台位于贺阳湾村长城断点西北306米处墙体西侧的山梁顶部，与墙体的垂直距离为30米。烽火台向东南606米处为贺阳湾村3号敌台。

一五〇　阳台村烽火台（610626353201020095）

该烽火台位于吴起镇西沟塔村阳台村（组）东南约401米的山坡上，台体脚下为山坡，周边为山地沟壑区。地理坐标为东经：108°18′30.70″，北纬：36°55′02.20″，高程：1506米。

该烽火台整体保存较差。由于雨水冲刷和风蚀，加上杂草生长坍塌严重，东侧已呈斜坡状。基座仅北侧存在。台体上雨水冲刷的痕迹明显，土层普遍松动，鼠洞大量存在。

烽火台平面形状不规则，剖面呈梯形，底南北7.8、东西5.4米，顶南北5.3米，残高1.9～2.5米；基座南北11.8、东西11.5米，残高2米，夯层厚0.06～0.10米（图七九三）。底部周围有少量绳纹瓦片。

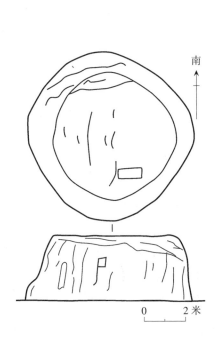

图七九二　贺阳湾村烽火台平、立面图

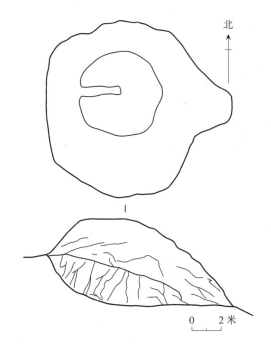

图七九三　阳台村烽火台平、立面图

该烽火台位于瓦社村长城内侧，东距瓦社村2号敌台142米。

一五一　西沟塔村1号烽火台（610626352101020096）

该烽火台位于吴起镇西沟塔村南98米的缓坡地带，四周均为山体缓坡地带，北距吴起通往薛岔的公路95米，北距西沟塔村98米，北距沟边41米，沟下紧邻杨青川。周围为山地沟壑区，较为陡峭。

地理坐标为东经：108°17′42.00″，北纬：36°55′02.40″，高程：1382 米。

该烽火台整体保存较差。台体坍塌呈圆丘状，尤其顶部坍塌严重，略呈圆形，四周与山体缓坡相连，南侧坍塌较为严重，与山体缓坡趋平。

烽火台平面近呈矩形，剖面呈梯形，底东西 8.1、南北 8.2 米，顶南北 2.3、东西 2.6 米，残高 4.5 米，夯层厚 0.06～0.1 米（图七九四）。周围散落少量瓦片，外饰绳纹，内饰麻点纹。

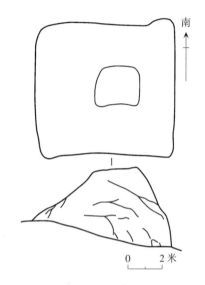

图七九四　西沟塔村 1 号烽火台平、立面图　　　　图七九五　西沟塔村 2 号烽火台平、立面图

该烽火台位于西沟塔山险中，东距阳台村烽火台 1378 米。

一五二　西沟塔村 2 号烽火台 （610626353201020097）

该烽火台位于吴起镇西沟塔村南 153 米的山坡上，东侧为山坡，山坡上生长着杏树、杨树。台体脚下为杨青川，附近为基岩山地，杨青川深深切入基岩形成较深的峡谷，因在基岩上流淌，河水冲刷微弱。地理坐标为东经：108°17′35.00″，北纬：36°54′58.32″，高程：1385.4 米。

该烽火台整体保存较差。由于雨水冲刷侵蚀和育林坑的存在，导致台体坍塌严重，大面积无植被，黄土暴露。台体上栽有桃树、杏树。

烽火台平、剖面均呈不规则形，底南北 20.4、东西 18.1 米，顶南北 7.5、东西 4.3 米，西侧残高 2.8、北侧残高 7.1 米，夯层厚 0.06～0.12 米（图七九五）。周围有少量绳纹瓦片。

该烽火台位于西沟塔山险中，东距西沟塔村 1 号烽火台 215 米。

一五三　西沟塔村 3 号烽火台 （610626353201020098）

该烽火台位于吴起镇西沟塔村东南 306 米的山坡上，台体脚下为山坡，北侧为杨青川，其余三面均被一冲沟环绕。杨青川为切入基岩形成较深的峡谷，地势陡峭。地理坐标为东经：108°16′46.20″，北纬：36°54′25.00″，高程：1378 米。

该烽火台整体保存较差，由于雨水冲刷和水土流失，造成台体坍塌严重。其上杂草丛生，加上较多鼠洞，造成台体土层松动、夯层剥落，加剧了风雨的侵蚀。

烽火台平面形状不规则，剖面呈梯形，底南北 20.6、东西 19 米，顶南北 6.6、东西 7.5 米，残高

6～8.2米，夯层厚0.06～0.1米（图七九六）。周围有少量绳纹瓦片。

该烽火台位于西沟塔山险中，东距西沟塔村2号烽火台1.1千米。

一五四　西沟塔村4号烽火台（610626353201020099）

该烽火台位于吴起镇西沟塔村南55米的缓坡地带。台体北侧紧邻杨青川河道南岸断崖，北距河道北岸吴起通往薛岔的柏油路39米，下方距杨青川29米。周围为山地沟壑区，坡度陡峭。地理坐标为东经：108°16′46.80″，北纬：36°54′24.00″，高程：1382米。

该烽火台整体保存较差，表面剥落严重，土层松软，顶部坍塌严重，东侧与山体缓坡相连，南侧与山体缓坡趋平台体，北侧紧邻杨青川河道南岸断崖。

烽火台平面形状不规则，剖面呈梯形，底东西19、南北6.2米，顶东西4、南北2.8米，残高5.2米，夯层厚0.07～0.1米（图七九七）。西南侧的底部堆积大量瓦片，外绳纹，内麻点纹、素面。

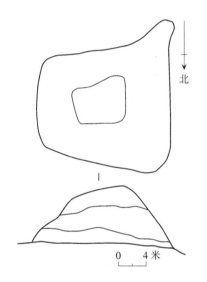

图七九六　西沟塔村3号烽火台平、立面图

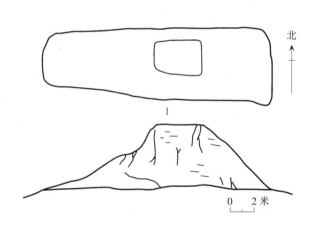

图七九七　西沟塔村4号烽火台平、立面图

该烽火台位于西沟塔山险中，东距西沟塔村3号烽火台416米。

烽火台北侧39米有吴起至薛岔的乡间柏油公路通过，交通较为便利。

一五五　西沟塔村5号烽火台（610626353201020100）

该烽火台位于吴起镇西沟塔村西北1.2千米的山坡上，其上生长大量蒿类植物。台体正北方为山坡，北侧脚下有一土路穿过接着转向东侧。东侧路边为一冲沟沟头，南侧山坡上有人为修建的台阶，并种有大片槐树。地理坐标为东经：108°15′59.71″，北纬：36°54′07.39″，高程：1478.6米。

该烽火台整体保存较差，由于雨水冲刷、杂草生长以及修路等原因，导致台体剥落严重。北侧、东侧台面呈90°立坎，台体顶部东侧有一个雨水冲成的缺口，东西长1、高1米，并使东侧形成一个小冲沟；西侧、南侧台体坍塌呈缓坡状，可沿着两侧攀至台顶。

烽火台平面形状不规则，剖面呈梯形，底南北9、东西13米，顶南北2.8、东西3.6米，残高4～5米，夯层厚0.06～0.11米（图七九八）。周围散落大量绳纹筒瓦残片、器物碎片。

该烽火台位于西沟塔山险中，西距西沟塔村6号烽火台330米。

一五六　西沟塔村 6 号烽火台（610626353201020101）

该烽火台位于吴起镇西沟塔村西 1.53 千米的山坡上，东南为沟壑，距沟边 60 米，西距盘山土路 66 米。周围为山地沟壑区，较为陡峭。地理坐标为东经：108°15′49.70″，北纬：36°54′00.30″，高程：1463 米。

该烽火台整体保存较差，整体呈圆丘状。顶部坍塌严重，中心略有凹陷。台体东侧坍塌呈缓坡状，西侧被铲削呈直角。

烽火台平面形状不规则，剖面呈梯形，底南北 9.1、东西 6 米，顶部南北 4.4、东西 3.2 米，残高 2.6 米，夯层厚 0.08～0.1 米（图七九九）。周围有少量瓦片堆积，外饰绳纹，内饰麻点纹、网格纹。

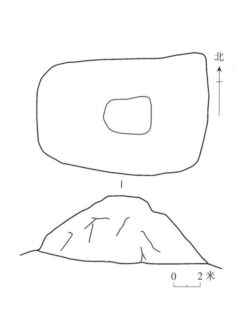

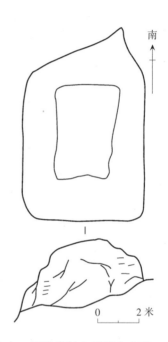

图七九八　西沟塔村 5 号烽火台平、立面图　　　　图七九九　西沟塔村 6 号烽火台平、立面图

该烽火台位于西沟塔山险中，东距西沟塔村 5 号烽火台 330 米。

该烽火台西距盘山土路 66 米，交通较为便利。

一五七　西沟塔村 7 号烽火台（610626353201020102）

该烽火台位于吴起镇西沟塔村西沟塔村（组）西北 1.87 千米的山坡上，北侧临一乡村土路。台体西北 6 米因土路分岔使山坡呈两级台阶状，西北侧 250 米处为一条北—南走向冲沟，东侧 121 米处亦为一条北—南走向的深沟。沟边生长有杨树、柳树。台体南侧脚下山坡上植被良好，有大面积杏树及蒿类生长。地理坐标为东经：108°15′41.54″，北纬：36°53′51.58″，高程：1460.7 米。

该烽火台整体保存较差，由于雨水冲刷和风蚀、杂草生长以及较多鼠洞的存在，台体坍塌严重。台体上顶部北侧为一条小路。台体顶部其余三侧有多条水冲小沟延伸至底部，并使台体顶部的西、南、东三侧各出现一个雨水冲成的缺口。因坍塌、缺口的存在，台体顶部除北面较直外，其余三面呈近似弧形。台体北侧脚下有因修路造成铲削的痕迹。

烽火台平面呈不规则形状，剖面呈梯形，底南北 10、东西 12 米，顶呈驼峰状，南北 4.4、东西 4

米，西南侧（斜）高 7 米，夯层厚 0.06 ~ 0.12 米（图八○○）。周围有大量绳纹瓦片。

该烽火台位于西沟塔山险中，东距西沟塔村 6 号烽火台 340 米。

一五八　西沟塔村 8 号烽火台 （610626353201020103）

该烽火台位于吴起镇西沟塔村 2.34 千米的山坡上。台体下方为一条西—东走向深沟的沟头，东侧下方山坡因两侧沟头侵蚀出现大面积裂缝，南侧为沟头一分支，沟里芦苇丛生。地理坐标为东经：108°15′22.51″，北纬：36°53′49.39″，高程：1451.8 米。

该烽火台整体保存较差，西南侧因坍塌呈缓坡状，可沿之登至台体顶部。由于一深沟溯源侵蚀至台体北侧脚，台体北侧坍塌严重，台体仅存一半。台体上鼠洞较多，对台体造成破坏。

烽火台平面形状不规则，剖面呈梯形，底南北 20.3、东西 12.5 米，顶部东西 2.4、南北 4.4 米，残高 6~8 米，夯层厚 0.06 ~ 0.12 米（图八○一）。周边发现大量外饰绳纹的瓦片和器物碎片。

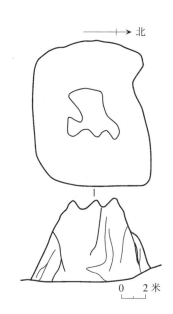
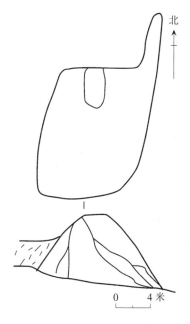

图八○○　西沟塔村 7 号烽火台平、立面图　　图八○一　西沟塔村 8 号烽火台平、立面图

该烽火台位于西沟塔山险中，西北距刘砭村敌台 470 米。

一五九　石碑湾村烽火台 （610626352101020115）

该烽火台位于吴起镇中杨青村石碑湾村（组）北 396 米的山坡上，西距洛河 398 米。台体周围栽种有大量树木，正上方有东北—西南向高压输电线路一条。该地为山地沟壑区，坡度较为陡峭。地理坐标为东经：108°11′51.85″，北纬：36°52′51.09″，高程：1373.1 米。

该烽火台整体保存较差，台体损毁较严重，顶部坍塌严重。台体呈圆丘状，西侧暴露夯层较明显。台体上长满杂草，植物根系的生长和动物洞穴对台体有一定的破坏作用。

该烽火台平面呈椭圆形，顶部凹陷，剖面呈梯形，底部东西 7.4、南北 7 米，顶直径 2.8 米，残高 2.6 米，夯层厚 0.1 ~ 0.12 米（图八○二）。台上及周边散见绳纹瓦片。

该烽火台位于石碑湾村长城 1 段墙体西南 1.78 千米，东北距石碑湾村敌台 1.97 千米。

该烽火台东侧60米处有上山小路一条。

一六〇　杨青村烽火台（610626353201020109）

该烽火台位于吴起镇杨青村西北1.85千米的南北走向深沟沟头边的烽火台。台体下方东、西两侧为冲沟。台体上长有沙棘、蒲公英等杂草。地理坐标为东经：108°13′47.01″，北纬：36°53′27.91″，高程：1505.4米。

该烽火台整体保存较差，因东、西两侧冲沟发育，台体坍塌严重，东侧因冲沟、雨水冲刷形成多处缺口，南侧因坍塌已与山坡齐平，西侧已成90°立坎，北侧呈缓坡状。台体上杂草丛生，土层松动，加剧了雨水对台体的冲刷侵蚀。

烽火台平面为矩形，剖面呈梯形，底南北10.6、东西7.3米，顶南北4、东西5.6米，残高4.2米，夯层厚0.08~0.15米（图八〇三）。西侧散落少量瓦片。

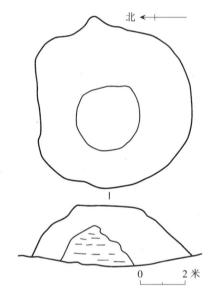

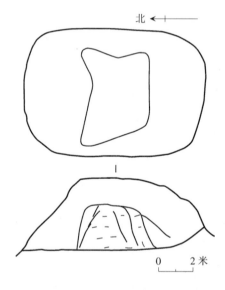

图八〇二　石碑湾村烽火台平、立面图　　　　图八〇三　杨青村烽火台平、立面图

该烽火台建于杨青村长城2段内侧，东距杨青村3号敌台577米。

一六一　宗砭子村1号烽火台（610626352101020120）

该烽火台位于吴起镇蔺砭子村宗砭子村（组）西170米的山坡上，三道川北岸山体的南侧山腰。台体四周为缓坡地带的杏树林，南距县城到长官庙的公路219米，南距三道川261米。该地为山地沟壑区，沟壑坡度较为陡峭。地理坐标为东经：108°09′05.24″，北纬：36°52′54.84″，高程：1370.3米。

烽火台整体保存一般，略呈圆丘状。东侧较为陡峭，其他面因坍塌较为平缓；西侧剥落暴露夯层；北侧有部分因塌陷已缺失；顶部坍塌略呈圆形。台体上有少量沙棘、蒿类植物，有动物洞穴和坍塌缺口。

烽火台平面略呈圆形，剖面呈梯形，底东西12.6、南北13.2米，顶部南北4、东西3.85米，南侧高 4.8、北侧高 2.6 米，夯层厚 0.09 ~ 0.1 米（图八〇四）。周围散落大量瓦片，外绳纹，内麻点纹、布纹、网格纹。在该烽火台南 180 米的盘山土路断面上有一不规则的灰坑，灰坑内有大量瓦片。瓦片外饰绳纹，内饰麻点、布纹等。灰坑距地面 1.6、底宽 2、口宽 5、高 3 米。

该烽火台即宗砭子山险的起点，西南距宗砭子村 3 号烽火台 581 米，西距宗砭子村 2 号烽火台 160 米。

一六二　宗砭子村 2 号烽火台（610626352101020121）

该烽火台位于吴起镇蔺砭子村宗砭子村（组）东 50 米的山体缓坡地带上，三道川北岸山体的南侧山腰，距山底 32 米，南紧邻三道川与白土沟交汇处。台体东、西、北为缓坡地带。北 5 米为上山的小路，南距县城到长官庙的公路 58 米，南距三道川 81 米。地理坐标为东经：108°08′58.39″，北纬：36°52′55.24″，高程：1332.7 米。

该烽火台整体保存差，采石铲削山体使得台体南侧与山体齐平，较为陡峭；西侧坍塌成缓坡；北侧有部分因塌陷已缺失；顶部人为平整得较为平整。台体上长满杂草，植物根系的生长和动物洞穴对台体造成一定的破坏。

烽火台平面呈不规则形，剖面略呈梯形，底南北 8.8、东西 7.3 米，顶部南北 2.7、东西 4.2 米，东侧高 3.55、北侧高 1.5 米，夯层厚 0.09 ~ 0.1 米（图八〇五）。周围有大量瓦片，外绳纹，内麻点纹、布纹、网格纹。

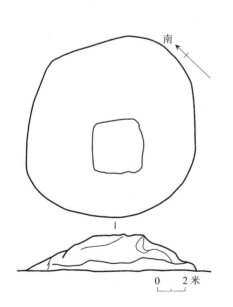

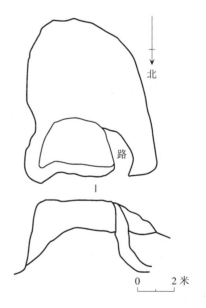

图八〇四　宗砭子村 1 号烽火台平、立面图　　　图八〇五　宗砭子村 2 号烽火台平、立面图

该烽火台位于宗砭子山险经过路段的中间，东距宗砭子村 1 号烽火台 160 米，东南距宗砭子村 3 号烽火台 410 米。

一六三　宗砭子村 3 号烽火台（610626352101020122）

该烽火台位于吴起镇蔺砭子村宗砭子村（组）南 406 米的山坡上，三道川南岸山坡上，台体脚下西、北、东三侧为一块农田环绕，南侧与山坡齐平。地理坐标为东经：108°08′43.77″，北纬：36°52′47.18″，高程：1419.7 米。

该烽火台整体保存较差，东、西、北三侧因剥蚀、坍塌、人为铲削等原因已呈90°立坎，脚下为一片农田环绕；东北侧靠近顶部有一雨水冲刷形成的缺口；南侧因坍塌，顶部已与台体南侧山坡齐平；西侧靠近顶部有一因雨水冲刷和坍塌形成的倒凸字形缺口，断面处夯层暴露明显，雨水冲刷痕迹明显。整个台体显得比较破碎，尤其是东侧因风雨侵蚀、土层松动，形成多处缺口。

烽火台平面为长条形，剖面呈弧拱形，底南北长 11.4、东西长 7.3 米，顶南北长 7、东西长 4 米，残高 5 米，夯层厚 0.06~0.11 米（图八〇六）。周围有大量外绳纹，内麻点纹、布纹、素面、弦纹瓦片及少量器物碎片。

该烽火台位于宗砭子村长城内侧，西北距宗砭子村 2 号烽火台 410 米。

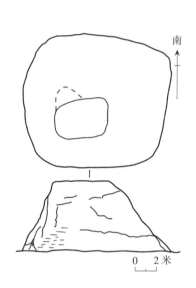

图八〇六　宗砭子村 3 号烽火台平、立面图　　　图八〇七　蔺砭子村 1 号烽火台平、立面图

一六四　蔺砭子村 1 号烽火台（610626353201020123）

该烽火台位于吴起镇蔺砭子村东 167 米的山体缓坡地带上，位于三道川北岸山体的南侧山腰。台体南紧邻东西向输电线路，四周为缓坡地带的梯田式杏树林，台体所在缓坡东、北、南三面临沟，仅西南角部分与山体相连，东距沟边 35 米，北距沟边 30 米，南距沟边 25 米，南沟下切至县城到长官庙的公路，公路南紧邻三道川。台体东距吴起县养殖有限责任公司 91 米。地理坐标为东经：108°07′55.18″，北纬：36°52′56.49″，高程：1436.4 米。

该烽火台保存较差，坍塌严重，略呈圆柱状，东北侧有部分因塌陷滑坡，西南角因坍塌缺失，北侧坍塌暴露夯层。因坍塌和铲削较为陡峭，顶部坍塌，呈椭圆形，较为平整。台体上长满杂草，植物根系的生长和动物洞穴对台体造成一定的破坏。

烽火台平面略呈圆形，剖面呈梯形，底东西 14、南北 12.3 米，顶部南北 3.8、东西 5 米，高 6.5 米，夯层厚 0.07~0.12 米（图八〇七）。周围散落有大量瓦片，外绳纹，内麻点纹、布纹、网格纹。

该烽火台位于宗砭子山险经过路段上，东距宗砭子村 2 号烽火台 1.62 千米。

该烽火台南距沟边 25 米，南沟下切至县城到长官庙的公路，交通较为便利。

一六五　蔺砭子村 2 号烽火台 （610626353201020124）

该烽火台位于吴起镇蔺砭子村延长油田蔺砭子村一处井区西北侧，南距三道川 167 米，距吴起县至长官庙乡的县乡公路 39 米，西距蔺砭子村最近住户 43 米。地理坐标为东经：108°07′26.75″，北纬：36°52′52.69″，高程：1297.7 米。

该烽火台整体保存较差，台体损毁严重，顶部坍塌严重。台体南侧因延长油田蔺砭子村 43 – 7 号井区建设被削掉三分之二，残存台体上生长少量沙棘及蒿类植物，其根系对夯土造成一定破坏。

烽火台台体平面呈半圆形，剖面呈梯形，底东西长 5、南北宽 2、高 1.8 米，夯层厚 0.1 ~ 0.12 米（图八〇八）。西侧 135 米处有大量外绳纹的瓦片及少量器物残片散落，面积约 2000 平方米。瓦片外饰绳纹、弦纹，内饰麻点纹。

该烽火台位于宗砭子村长城内侧，东距蔺砭子村 1 号烽火台 713 米。

烽火台南侧 39 米处为吴起县至长官庙乡的县乡公路，交通较为便利。

一六六　蔺砭子村 3 号烽火台 （610626353201020125）

该烽火台位于吴起镇蔺砭子村南侧缓坡地带上，东侧距蔺砭子村最近住户 15 米，南距三道川 173 米，距吴起县至长官庙乡的县乡公路 83 米。地理坐标为东经：108°07′15.49″，北纬：36°52′49.39″，高程：1321.6 米。

该烽火台整体保存较差，损毁严重，顶部坍塌严重。台体南侧因取土被削掉约三分之一，残存台体上生长少量沙棘及蒿类植物。附近村民竖立电视天线、挖掘台体等均对台体造成破坏。

烽火台平面呈圆形，剖面呈梯形，底东西长 5.5、南北宽 5.1 米，顶东西长 1、南北宽 1.8 米，台体高 3.5 米，夯层厚 0.1 ~ 0.12 米（图八〇九）。周围散落少量瓦片，外饰绳纹、弦纹，内饰麻点纹、布纹（图八一〇）。

该烽火台位于宗砭子村长城内侧，东距蔺砭子村 2 号烽火台 275 米。

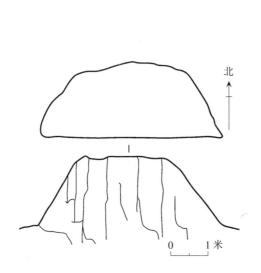

图八〇八　蔺砭子村 2 号烽火台平、立面图

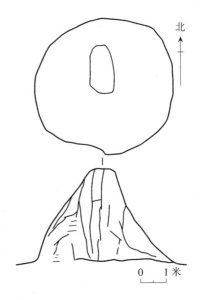

图八〇九　蔺砭子村 3 号烽火台平、立面图

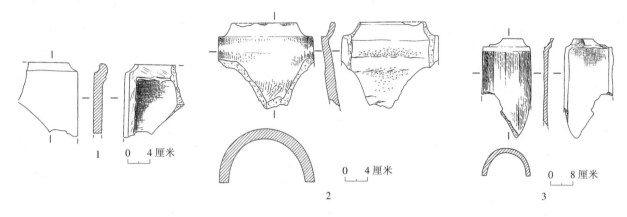

图八一〇　蔺砭子村 3 号烽火台附近采集的瓦片

该烽火台位于黄土高原沟壑区，但是南侧 83 米处为吴起县至长官庙乡的县乡公路，交通较为便利。

一六七　蔺砭子村 4 号烽火台（610626353201020126）

该烽火台位于吴起镇蔺砭子村西 119 米的山体南侧缓坡地带上，南距三道川 51 米，距吴起县至长官庙乡的县乡公路 45 米。紧邻台体北侧有东西向输电线路一条，西侧为冲沟。该地为山地沟壑区，较为陡峭。地理坐标为东经：108°06′37.76″，北纬：36°52′34.45″，高程：1331.2 米。

该烽火台整体保存较差，损毁、坍塌较严重，台体顶部有疑似后代修建的庙宇遗迹。该建筑用石条、石板筑成，现已坍塌，残存建筑平面呈长方形，高约 1.5 米，中部凹陷，深约 0.5 米。台体上生长少量沙棘及大量蒿类植物，植物根系生长及后人在台体顶部修建庙宇对台体夯土造成一定破坏。

烽火台平面近方形，剖面呈梯形，底东西长 19.2、南北宽 17.6 米，顶东西长 3.8、南北宽 6.4 米，北侧高 4.9、南侧高 10 米，夯层厚 0.06～0.11 米（图八一一）。周围散落大量瓦片，外饰绳纹，内饰麻点纹。

该烽火台为蔺新庄村长城起点，东距蔺砭子村 3 号烽火台 1.02 千米。

烽火台南侧 45 米处为吴起县至长官庙乡的县乡公路，交通较为便利。

一六八　石窑台村金堂口子烽火台（610626352101170127）

该烽火台位于长官庙乡齐桥村石窑台村（组）北 604 米的山顶平整地带，三道川北岸、二道川南岸。台体四周有围墙，围墙四周为缓坡地带，东侧缓坡与另一山体相连，栽有大量槐树，北侧山坡栽有大量沙棘，西侧缓坡长满蒿类植物，缓坡宽 3～20 米，下切金堂口子。金堂口子是二道川与三道川之间最短的距离。南侧缓坡达县城至长关庙公路，台体南距公路 653 米，南距三道川 859 米，南距石窑台村最近居户 604 米，西北 38 米处有东北—西南向输电线路通过，立有电线杆三根，北距二道川 989 米，东距最近盘山土路 324 米。地理坐标为东经：108°05′53.00″，北纬：36°52′41.93″，高程：1517.6 米。

该烽火台整体保存较差，四周围墙部分有坍塌。东围墙有呈倒三角形的一缺口，宽为 1.8、高 2.75 米；南围墙有三个缺口，一呈半圆形，直径为 1.7 米，另两个缺口中间仅隔长 3.1、内高为 0.5、外高2.8米；东侧缺口呈倒三角形，宽2.8、高1.69米；西侧缺口也呈倒三角形，宽2.6、高2米；北侧围墙墙根处贯穿有一直径为1.2米的盗洞，北围墙有部分暴露夯层；台体距南围墙2.4米，距东围墙5.4米。台体略呈方柱体，东、南、西三侧因坍塌已有缺失，东南侧因坍塌成一条沟，西侧有部分暴露夯层，北侧因塌陷已呈缓坡状。台体顶部坍塌呈不规则形，凹凸不平，西部略高于东部。

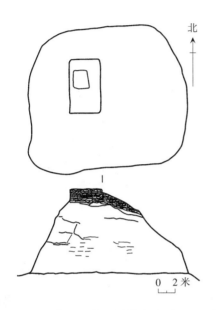

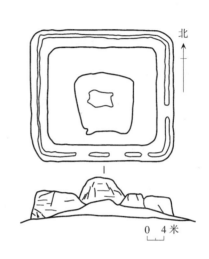

图八一一　蔺砭子村4号烽火台平、立面图　　　　图八一二　石窑台村金堂口子烽火台平、立面图

烽火台围墙为圆角方形，东西长34.6、南北宽30.6米，围墙内高为0.5~2.8、外高2.5~7.1、围墙底宽4~4.3、顶宽0.8~1.07米。烽火台平面略呈方形，剖面呈梯形，底部东西14.4、南北14.4米，顶部南北3.8、东西6米，高6.6米，夯层厚0.07~0.12米（图八一二）。四周散落有外绳纹及内麻点纹、布纹、网格纹瓦片。

该烽火台位于蔺新庄村长城经过路线上，东南距蔺砭子村4号烽火台980米。

一六九　齐砭子村烽火台（610626352101020128）

该烽火台位于长官庙乡齐桥村齐砭子村（组）北81米的山坡上，南距三道川河269米，距吴起县至长官庙乡的县乡公路96米。台体南侧为耕地，西侧紧邻冲沟，东侧及北侧山坡较高处为林地。地理坐标为东经：108°05′10.16″，北纬：36°52′00.82″，高程：1362.7米。

该烽火台整体保存较差，台体损毁、坍塌较严重，由于平整耕地对南侧台体切削严重，暴露明显的夯层；东侧植物根系生长及顶部树坑均对台体夯土造成一定破坏；西侧紧邻冲沟，坡度较陡；北侧与缓坡相连，坡度较缓。台体上长满杂草，植物根系的生长和动物洞穴对台体造成一定的破坏。

烽火台平面呈不规则形，剖面呈梯形，底东西长11.2、南北宽10米，顶部东西长4、南北宽2.4米，高6米，夯层厚0.1~0.14米（图八一三）。周围零星散落少量瓦片，外饰弦纹。

该烽火台位于蔺新庄村长城内侧，东距石窑台村遗存689米。

一七〇　槐树庄村烽火台（610626353201020129）

该烽火台位于长官庙乡齐桥村槐树庄村（组）北10米的山坡上，南距三道川200米。台体脚下为山坡，周围为山地沟壑区。地理坐标为东经：108°04′55.12″，北纬：36°51′51.30″，高程：1355.9 米。

该烽火台整体保存较差，东侧因雨水冲刷显得比较破碎；南侧因坍塌呈 90°立坎，断面处夯层明显并纵向开裂；西侧顶部因脚下一条北—南走向的冲沟发育，现已坍塌形成一较大缺口，缺口下方的台体成 90°立坎；北侧脚下有一小路可通顶部。台体顶部北高南低，呈缓坡状。

烽火台平面形状不规则，剖面呈梯形，底南北长 6.9、东西长 9 米，顶南北长 2.5、东西长 3.8 米，台体残高 7.5 米，夯层厚 0.06 ~ 0.1 米（图八一四）。周围有少量绳纹瓦片。

该烽火台位于蔺新庄村长城内侧，东距齐砭子村烽火台 521 米。

该烽火台位于黄土高原沟壑区，但是南侧不远处为通往长官庙乡的公路，较为便利。

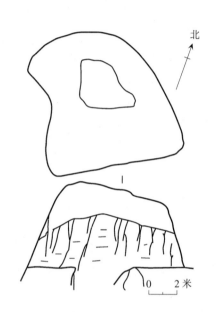

图八一三　齐砭子村烽火台平、立面图

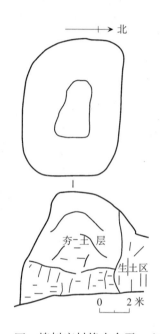

图八一四　槐树庄村烽火台平、立面图

一七一　高台村 1 号烽火台 （610626352101020130）

该烽火台位于长官庙乡齐桥村高台村（组）北 85 米的山体南侧缓坡地带，南距三道川河 242 米，距吴起县至长官庙乡的县乡公路 162 米。台体周围为荒山，东侧 6 米处有一条石子路，45 米处为冲沟；南侧 56 米处有少量耕地；西侧紧邻冲沟。地理坐标为东经：108°04′32.16″，北纬：36°51′35.75″，高程：1377.6 米。

该烽火台整体保存较差，台体损毁、坍塌较严重，北侧边缘有一条裂缝。台体上有大量蒿类植物及少量野生枸杞、榆树，植物根系生长对台体夯土造成一定破坏。

烽火台平面略呈矩形，剖面呈梯形，底东西长 14、南北宽 11.3 米，顶东西长 6、南北宽 4.2 米，南侧高 8、北侧高 4 米，夯层厚 0.05 ~ 0.1 米（图八一五）。周围零星散落少量瓦片，外饰绳纹。

该烽火台位于东距槐树庄村烽火台 439 米。

一七二　高台村 2 号烽火台 （610626352101020131）

该烽火台位于长官庙乡齐桥村高台村（组）北 113 米山体南侧缓坡地带上，南距三道川河 210 米，距吴起县至长官庙乡的县乡公路175米。台体周围为荒山，北侧有少量现代墓葬。地理坐标为东经：108°04′28.89″，北纬：36°51′32.28″，高程：1359.3米。

该烽火台整体保存较差，台体损毁、坍塌较严重，东侧、南侧较陡，南侧壁暴露明显夯层。台体上有大量蒿类植物及少量野生枸杞，植物根系生长对台体夯土造成一定破坏。

烽火台平面呈不规则形，剖面呈梯形，底东西10、南北11米，顶东西2.9、南北4米，南侧高5.5、北侧高2.2米，夯层厚0.06~0.11米（图八一六）。周围零星散落少量瓦片，外饰绳纹，内饰麻点纹。

该烽火台东距高台村1号烽火台131米。

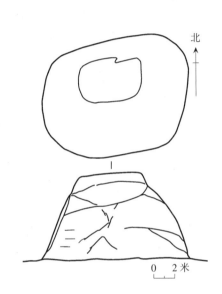
图八一五　高台村1号烽火台平、立面图

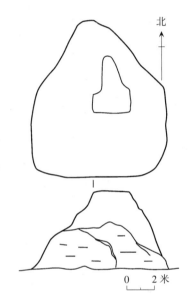
图八一六　高台村2号烽火台平、立面图

一七三　高台村3号烽火台（6106263521010120132）

该烽火台位于长官庙乡齐桥村高台村（组）北220米的山坡上，西侧紧邻冲沟，南距三道川河232米，距吴起县至长官庙乡的县乡公路119米。台体周围栽种有较多杏树、桃树。地理坐标为东经：108°04′24.75″，北纬：36°51′29.20″，高程：1397.9米。

该烽火台整体保存较差，台体损毁较严重，西侧紧邻冲沟，南侧、西侧坍塌严重，夯层暴露明显；台体上有大量蒿类植物及少量枸杞、榆树，台体上长满杂草，植物根系的生长和动物洞穴对台体造成一定的破坏。

烽火台平面呈不规则形，剖面呈梯形，底东西11.8、南北13.2米，顶部东西2.5、南北7.3米，台体南侧高8.4、北侧高2.6米，夯层厚0.08~0.11米（图八一七）。周围零星散落少量瓦片，外饰绳纹。

该烽火台东距高台村2号烽火台141米。

一七四　阳庄村烽火台（6106263532010120133）

该烽火台位于长官庙乡齐桥村阳庄村（组）西507米的山坡上，南距三道川213米。台体脚下为山坡，周围为山地沟壑区。地理坐标为东经：108°03′53.40″，北纬：36°51′08.58″，高程：1406.1米。

　　该烽火台整体保存较差，顶部东南因雨水冲刷形成一较大缺口。台体南侧较陡，其余各侧均已坍塌成缓坡，并可沿之上至顶部，尤其北侧因与山坡相连坡度很小。因自然坍塌，台体形成多处断面，断面处黄土暴露，加剧了风雨侵蚀。台体整体较破碎，土层普遍松动。

　　烽火台平面略呈矩形，剖面呈梯形，底南北长12.5、东西长10.5米，顶南北长3.8、东西长2.1米，高6米，夯层厚0.04~0.07米（图八一八）。周围有大量瓦片，以外绳纹、内布纹为主。

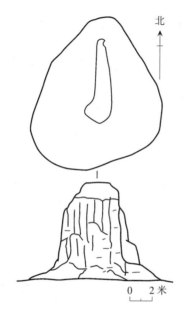

图八一七　高台村3号烽火台平、立面图

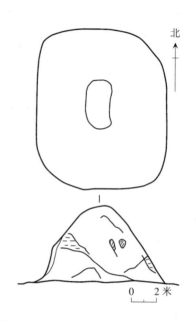

图八一八　阳庄村烽火台平、立面图

　　该烽火台东距高台村3号烽火台1.12千米。

一七五　柳庄村烽火台（610626353201020134）

　　该烽火台位于长官庙乡长官庙村柳庄村（组）北215米的山坡上，南距三道川136米。台体西侧临一南北向沟，东侧为山坡，周围为山地沟壑区。地理坐标为东经：108°01′47.94″，北纬：36°49′29.97″，高程：1400.6米。

　　该烽火台整体保存较差，因西侧一冲沟发育造成西侧台体坍塌严重，中间向内凹陷，形成一弧形断面，断面处雨水冲刷痕迹明显，夯层纵向开裂严重，断面处黄土暴露，加剧了风雨侵蚀。台体东侧为一通向山顶的土路。台体人为铲削严重，铲削台体近一半，并形成90°立坎。整个台体土层普遍松动，风雨侵蚀严重。台体顶部长有一棵杏树。

　　烽火台平面呈长条状，剖面不规则，底南北4.5、东西14米，顶南北2、东西4.7米，高6.8米，夯层厚0.07~0.11米（图八一九）。周围有大量瓦片，以外绳纹、内布纹为主。

　　该烽火台西南距梨树台村2号烽火台3.5千米。

一七六　梨树台村1号烽火台（610626353201020135）

　　该烽火台位于长官庙乡长官庙村梨树台村（组）东南243米的山坡上，南距山顶处油井315米，北距三道川 200 米，距通往长官庙乡的公路 220 米。台体脚下为山坡台地，较为平坦，有杏树和杂草。台地上挖有育林坑，育林坑中种植松树。周边为山地沟壑区。地理坐标为东经：108°01′28.23″，北纬：36°48′42.57″，高程：1458.4 米。

该烽火台整体保存较差，剥蚀严重，其上杂草丛生，台体表面大部分为浮土覆盖，顶部由于剥蚀不甚平坦，上有杏树、沙棘各一棵。台体所在的台地种植林木，对台体下部造成一定破坏。其损毁多为自然原因。

烽火台平面呈矩形，剖面呈梯形，底东西 15、南北 9 米，顶东西 8、南北 2.9 米，残高 7 米，夯层厚 0.07～0.11 米（图八二〇）。周围有少量瓦片，以外绳纹、内布纹为主。

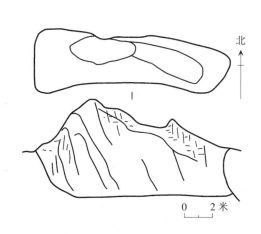

图八一九　柳庄村烽火台平、立面图

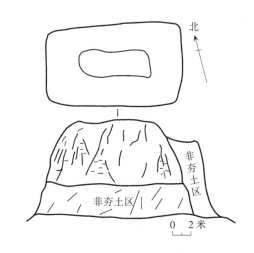

图八二〇　梨树台村 1 号烽火台平、立面图

该烽火台东北距柳庄村烽火台 3.5 千米。

一七七　梨树台村 2 号烽火台〔610626353201020136〕

该烽火台位于长官庙乡长官庙村梨树台村（组）东南 408 米的山坡上，西北距三道川 385 米。台体脚下为山坡，山坡上种植大量沙棘，杂草丛生。周围为山地沟壑区。地理坐标为东经：108°01′28.49″，北纬：36°48′34.82″，高程：1505.9 米。

该烽火台整体保存较差，剥蚀坍塌严重，由于铲削与风雨侵蚀等造成台体坍塌，现存残高 3.4 米。整个台体呈卧鲸状，顶部坍塌严重，有两处大的豁口，西北侧豁口宽 1.5、高 1、进深 1.3 米；东北侧豁口宽 3、高 1、进深 0～2 米。豁口处可见夯层。

该烽火台平、剖面形状均不规则，底南北长 12、东西长 7.7 米，残高 3.4 米，顶部支离破碎，数据无法测量，夯层厚 0.07～0.1 米（图八二一）。周围有少量瓦片，以外饰绳纹、内饰布纹为主。

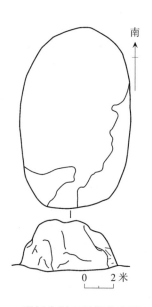

图八二一　梨树台村 2 号烽火台平、立面图

该烽火台北距梨树台村 1 号烽火台 241 米。

一七八　长官庙村烽火台（610626352101020138）

该烽火台位于长官庙乡长官庙村东北 105 米的山坡上，南距三道川 123 米，长官庙乡至庙沟乡的公路沿三道川北岸蜿蜒，台体周围栽种有较多杏树、桃树。周围为山地沟壑区，坡度陡峭。地理坐标为东经：107°59′49.34″，北纬：36°47′01.44″，高程：1420.8 米。

该烽火台整体保存较差，坍塌严重，台体东侧已经坍塌与山坡齐平；南侧较陡，多处黄土暴露，雨水冲刷痕迹明显。顶部呈北高南低的缓坡状，东北侧从顶部至底部形成一缺口；顶部南侧有一小路环绕，并从西侧通至台体脚下。台体上蚁穴密布，并生长有大片杂草。

烽火台平面呈椭圆形，剖面呈弧拱形，底东西 13.6、南北 9.8 米，顶东西 2.6、南北 3.1 米，高 6.7 米，夯层厚 0.08～0.12 米（图八二二）。周围零星散落少量外绳纹瓦片。

该烽火台西南距阳台村烽火台 1.07 千米。

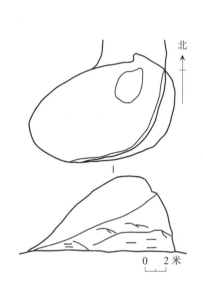

图八二二　长官庙村烽火台平、立面图

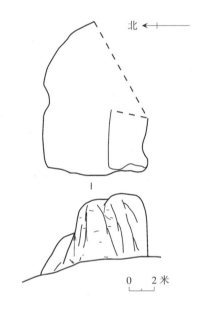

图八二三　阳台村 1 号烽火台平、立面图

一七九　阳台村 1 号烽火台（610626353201020139）

该烽火台位于长官庙乡阳台村东 333 米的山坡上，南距三道川 50 米。台体东侧临一南—北走向沟壑，周围为山地沟壑区。地理坐标为东经：107°59′11.80″，北纬：36°46′46.31″，高程：1420.5 米。

该烽火台整体保存较差，被人为铲削严重，铲削断面处黄土暴露，呈低矮的土堆状。台体东侧、西侧坍塌呈缓坡状；南侧因开垦农田受到严重铲削，呈 90°立坎；西侧脚下有一小路通至顶部；台顶为了竖立电线杆挖有一坑，基本上将台体顶部贯通。

烽火台平、剖面均不规则，底南北 8、东西 11.4 米，顶南北 2.6、东西 3.6 米，高 5.2 米，夯层厚 0.06～0.1 米（图八二三）。底部周围有零星外绳纹瓦片。

该烽火台东北距长官庙村烽火台 1.07 千米。

一八〇 阳台村2号烽火台（610626353201020140）

该烽火台位于长官庙乡阳台村东南600米的山峁上，周边均为沟壑发育区。北为三道川，西北正对三道川的支流阳家沟。地理坐标为东经：107°59′13.02″，北纬：36°46′30.60″，高程：1531米。

该烽火台整体保存较差，东侧因植物生长而造成破坏，坍塌严重；西侧表面因植物根系生长损坏严重，表面长有沙棘，靠近南端长有一棵榆树；南侧坍塌，呈缓坡状，与一段夯土墙体相连，台基底部有一洞，宽1、高0.8、深3米；北侧已坍塌，呈缓坡状，表面长满沙棘和杂草。顶部现为不规则尖耸状。

烽火台平面呈不规则形，剖面呈梯状，底南北10.4、东西6米，顶南北5.4米，东高3、西高4.2、北高1.2米，夯层厚0.08～0.13米（图八二四）。底部及周围散落大量外绳纹、内麻点纹瓦片。

该烽火台建立在阳台村长城墙体起点的东南侧，西北距阳台村长城墙体起点578米。

该烽火台位于黄土高原沟壑区，但是该台体的北侧三道川北岸有柏油公路穿过，交通较为便利，路面弯度变化较大。

一八一 东涧村烽火台（610626353201020161）

该烽火台位于庙沟乡曾岔村东涧村（组）大树梁山峁南20米，四周为农田。周围均为沟壑发育区，北侧30米处有两座风力发电机，东侧坡下90米处有土路通过。地理坐标为东经：107°53′24.66″，北纬：36°45′23.34″，高程：1706米。

该烽火台保存差，顶部为近似的圆形，表面长满沙棘等杂草；东侧上部长有马轮刺，底部因耕地开垦被铲削成一断面；南侧因风雨侵蚀而凸凹不平，昆虫及啮齿动物洞穴存在；西侧表面长有蒿草，底部为耕地；北侧表面长有杂草，表面崎岖。

烽火台平面近似圆形，剖面呈不规则形，底直径7.3米，顶直径2.5米，南高4.1、北高1.8米，夯层厚0.05～0.08米（图八二五）。东侧底部发现有外绳纹、内麻点纹板瓦残片。

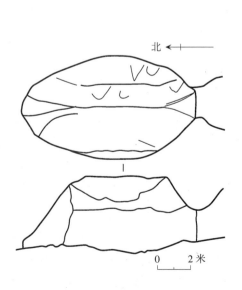

图八二四 阳台村2号烽火台平、立面图

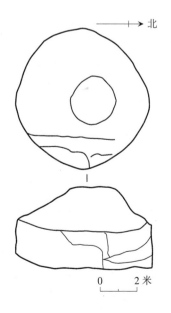

图八二五 东涧村烽火台平、立面图

该烽火台建立于东涧村长城墙体南侧，与墙体垂直距离为80米，北距东涧村4号敌台80米。

第三节 战国秦长城关堡

吴起县战国秦长城沿线的关堡共有4座，其中关3座，堡1座。

吴起县战国秦长城沿线的关堡保存程度较差，利用地形堑削来加强防御或形成关堡的围墙的迹象明显。在沿线所调查的相关遗存中，有数处建筑遗存，可能与关堡有关，但损毁严重，无法判断是否属于封闭性的关堡建筑，故归入相关遗存一类。

沿线关堡基本呈矩形或近似矩形，长宽在40～200米，规模较大。

一 西沟村堡 （6106263531102190001）

该堡位于五谷城乡四河堡村西沟村（组）南约900米，所在的缓坡脚下为石子路。地理坐标为东经：108°29′54.09″，北纬：37°06′47.36″，高程：1760.6米。周长442米，面积7000平方米。

该堡整体保存差，由于周围村民平整土地、修乡间土路等原因墙体不存，仅余四个夯土台体，现状皆呈圆丘状，分布在西北、东北、东南、西南四个角，西北角距西南角180米，西北角距东北角48米，东北角距东南角183米，东南角距西南角31米。

西北角台体底部东西长14、南北长11、高8米，夯层厚0.06～0.12米，东侧、南侧平缓，西侧、北侧陡峭，西南侧有柠条生长。

东北角台体底部东西长15、南北长10、高8米，夯层高0.07～0.11米，东侧、北侧较陡，西侧已与底面齐平，南侧呈缓坡状，东侧脚下种植有沙棘。

东南角台体底部东西长22、南北长12、高9米，夯层厚0.08～0.11米，其东南侧被人为挖成90°立坎。

西南角台体底部东西长17、南北长14、高11米，夯层厚0.1～0.14米，东侧为缓坡，其余三面陡峭直立，脚下为农田，顶上长有黄色野花和杂草，并有一盗洞，长1.5、宽1、深2.8米。

据当地老乡说，在角楼南侧250米处有一明代将军墓。根据墓碑记载，该墓年代为万历年间。墓碑已被吴起县文物管理所运走。

该堡西北距西沟村长城1段墙体止点1.07千米。

二 双庙村关 （6106263531101020002）

该关位于薛岔乡双庙村石咀沟村（组）东南1.45千米的山梁顶部，周围地势起伏大，沟壑发育显著。地理坐标为东经：108°29′23.92″，北纬：37°01′36.33″，高程：1738.5米。周长235米，面积5238平方米。墙体保存最高为4.4米。

该关整体保存差，为削铲山梁而成，整体破坏十分严重。关内仅存一敌台及一段45米的夯土墙。台体上长满杂草，植物根系的生长和动物洞穴对台体造成一定的破坏。

该关位于双庙村长城4段墙体内侧，北、西、东三面有堑，南面为一缓坡。关所在的最顶层台面：东侧长99、堑面高3米；西侧长94、堑高3.7米；北宽42、堑高3米；南侧无堑，东西宽72米。最顶层台面占地5238平方米，周长235米。关内残存夯土墙长45米，墙体与敌台相接处墙底宽2.5、顶宽1.6、高2米，夯层0.08～0.1米。敌台底部东西长10、南北宽6.4米；顶部东西长3.5、南北宽2

米；高 4.4 米（图八二六）。

该关内台面上散落有大量的外绳纹、内麻点纹的瓦片和陶片及器物口沿。

该关位于双庙村长城 4 段墙体内侧，西 41.80 米的墙体上为双庙村 16 号敌台。

该关所处为黄土高原沟壑区，因此交通不便。

三　雷坡村关（610626353101020003）

该关位于薛岔乡雷坡村鸟湾村（组）东南山峁顶部，周围地势起伏大。地理坐标为东经：108°27′50.47″，北纬：36°59′51.23″，高程：1715 米。周长 596 米，面积 20085 平方米。

该关建立在一个山峁上，原山峁形状为一不规则的条状，后由于平整土地，已经修成梯田。东侧为七级梯田，西侧为三级梯田。台体顶部有一个敌台，台体四周被削成断面。周围梯田上瓦片的散落范围东西最长 195、南北最长 103 米（图八二七）。

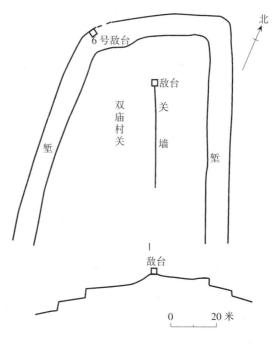

图八二六　双庙村关平、剖面图

该关内有一个敌台，底部东西 9.5、南北 6 米，顶部不规则，西高 2.4、东高 0.8 米，夯层厚 0.06~0.09 米（图八二八）。

关内台面上以及梯田上，均散落有大量外绳纹、内麻点纹的瓦片、少量石块、陶片等遗物。

该关位于雷坡村长城 3 段墙体东南侧，与雷坡村长城 3 段墙体垂直距离为 50 米。关北 900 米为雷坡村 6 号敌台，关南侧最下级梯田底部立有一通石碑，红砂岩须弥式碑座，花岗岩碑体。碑座长 0.75、宽 1.2 米，碑体高 0.8、厚 0.16 米。碑正面刻有文字："全国重点文物保护单位长城"。下面落款的三行文字为："中华人民共和国国务院　二〇〇一年六月二十五日公布　陕西省人民政府立"。

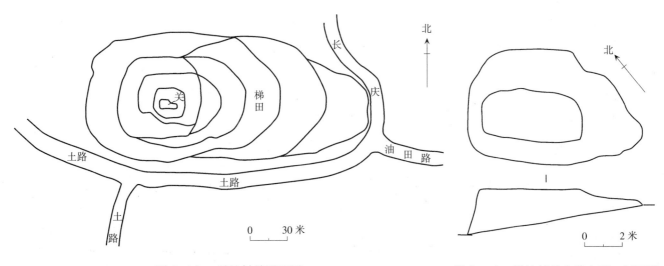

图八二七　雷坡村关平面图　　　　　　　图八二八　雷坡村关内敌台平、剖面图

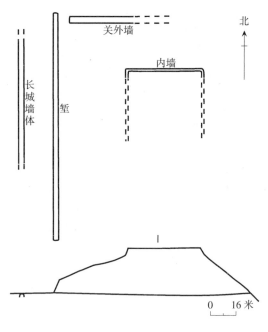

图八二九　薛岔村关平、立面图

四　薛岔村关（610626353101020004）

该关位于薛岔乡薛岔村南沟村（组）西55米的山峁上，周围地势起伏大，沟壑发育显著。关南边的斜坡上种植桃树。西边的山坡下有一条土路通过。地理坐标为东经：108°28′09.28″，北纬：36°58′07.71″，高程：1678米。

该关整体保存差，关址位于一个山峁上，由于退耕还林和种植果树，关址内现为耕地和果园，对关整体破坏十分严重，墙体多半不存。北侧长有杂草。西侧的山坡下有一条土路通过。南侧因雨水冲刷成一道坡面（图八二九）。

该关位于薛岔村长城墙体内侧，在山峁的北坡面上有两道铲削而成的墙。关平面呈不规则形，外墙东西长181米，墙体保存最高5米，宽4.50米，坡度18°；内墙长47、宽5米，内外墙水平相距39米，直线距离为45米。在关内未发现有历史设施，墙体夯层厚0.06~0.07米。

关内散落有外绳纹、内麻点纹瓦片和陶片，在外墙内侧的山坡上散布瓦片。关的具体面积和周长不详。

该关位于薛岔村长城墙体内侧。

该关位于黄土高原沟壑区，交通较为不便，但是关西边的山坡下有一条土路通过。

第四节　战国秦长城相关遗存

吴起县战国秦长城沿线共发现相关遗存7处。

沿线相关遗存都是建筑遗存，以现存状况看，部分遗存（阳洼遗存、营盘梁遗存、城墙梁遗存）有可能是封闭性的建筑，类似于关堡一类建筑，但均因损毁严重，保存差，无法认定为封闭性的关堡建筑。其余几处遗存大体可以认定为封闭性的建筑，但与沿线关堡规模相比偏小，因此归入相关遗存登录。

一　石碑湾村遗存（610626354199020001）

该遗存位于吴起镇中杨青村石碑湾村（组）北1.03千米的山体缓坡处，位于石碑湾村长城1段内侧，北距石碑湾村敌台32米，遗存所在地较为平整，其上栽种有大量树木，中心处修建有两座现代坟墓。地理坐标为东经：108°12′22.41″，北纬：36°53′12.28″，高程：1487.8米（图八三〇）。

该遗存整体保存状况差。南北35、东西27.4米，面积959平方米。该遗存目前仅存东侧、西侧及北侧部分夯土墙基，南城墙全部消失，现存墙基最高处 5 米，夯层的建筑方法是以自然地面为基础，对台地进行铲削，再进行夯筑；墙体为夯土土墙，夯层厚 0.08～0.1 米，土质疏松，夯土以黄土为主，呈灰黄色。遗存内部较平，与南侧缓坡相连，西北角有一豁口，宽 6、进深 4 米，呈缓坡状，疑似门道。

该遗存北侧发现较多的瓦片及少量器物残片，瓦片外饰绳纹、内饰麻点纹。推测为战国秦的建筑遗存，可能为当时的营堡。

该遗存处于黄土高原沟壑区，遗存北侧 58 米处有盘山土路一条，交通不便。

二　蔺新庄村遗存（610626354199020002）

该遗存位于长官庙乡齐桥村蔺新庄村（组）东 30 米的山坡脚下，位于蔺砭子村 4 号烽火台西侧 200 米处，周围栽种有大量树木。地理坐标为东经：108°06′32.17″，北纬：36°52′35.92″，高程：1271.2 米。

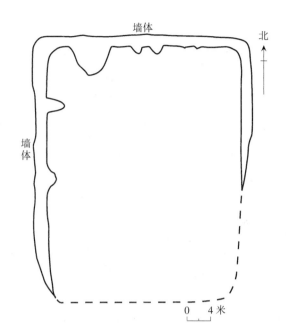

图八三〇　石碑湾村遗存平面图

该遗存整体保存状况差，现存只在遗存的南侧、西侧断面可以看见夯层。由于土层坍塌及树木生长，目前仅存西侧及南侧部分夯土墙基，北侧、东侧与山体齐平。南侧夯土墙由于开辟一小路而断开，断面因树木生长、风雨侵蚀等原因，现存部分仍不断剥落、坍塌；西侧有一疑似水井遗址，淤土层与其南侧紧邻的夯土层界限分明，水井北侧无夯层，水井遗址北侧因雨水冲刷形成一缺口，缺口北侧断面中间有一瓦片层，有大量瓦片夹在土中。

该遗存南北长 20.5、东西长 11.7 米，面积 240 平方米；中间因开辟小路使得遗存的墙体断开 4 米；现存墙基最高处 1.7 米，夯层的建筑方法是以自然地面为基础，对台地进行铲削，再进行夯筑墙体。

遗存内水井西侧断面中间有一瓦片层，内夹有大量瓦片，其中有两片瓦片可拼接，上有戳印，文字尚未识别，瓦片为外绳纹、弦纹，内素面。推测该遗存为战国—秦建筑遗存。

该遗存处于黄土高原沟壑区，但是南侧山坡脚下为通往长官庙乡的公路，交通方便。

三　石窑台村遗存（610626354199020003）

该遗存位于长官庙乡石窑台村北 130 米的山坡上，周围栽种有大量树木，东北距石窑台村金堂口子烽火台 820 米，蔺新庄村长城的内侧。地理坐标为东经：108°05′36.80″，北纬：36°52′14.73″，高程：1349.1 米。

该遗存整体保存差。目前仅南侧断面的东边可见夯层，断面因自然坍塌及人为铲削呈 90°立坎。断面下为农田，断面上长有杂草及若干株小树。

该遗存东西长 35.2、南北宽 15.5 米，面积 560 平方米。其中夯层南北长 7.5、东西长 16.4 米，夯层的建筑方法是以自然地面为基础，对台地进行铲削，再进行夯筑；墙体为夯土土墙。

该遗存断面上及南侧山坡上均发现较多的板瓦残片及少量器物残片。故推测该遗存为战国—秦建筑遗存。

该遗存处于黄土高原沟壑区，但是南侧山坡脚下为通往长官庙乡的公路，交通方便。

四 阳洼遗存 （610626354199020004）

该遗存位于长官庙乡阳台村阳洼村（组）西北 500 米的山峁上，周围为梁峁沟壑地，遗存东 450 米为三道川川道，东南 10 米处有一条宽 4 米的土路，东南的沟道内有柏油路。地理坐标为东经：107°57′05.76″，北纬：36°45′57.24″，高程：1562 米。

该遗存位于一山峁顶部平台的侧面上，遗存顶部的平台已被开垦为农田，遗存因被农田覆盖，具体面积不详。遗存所处平台的侧面上长满杂草，由于雨水冲刷侵蚀造成黄土剥落，有瓦片暴露。

该遗存的断面上暴露一处较大的瓦片堆积，长 9 米，散布外绳纹、内麻点纹瓦片。

该遗存东北 160 米处为阳洼 1 号敌台，西南 340 米为阳洼 2 号敌台。

该遗存位于黄土高原沟壑区，因此交通较为不便，遗存东南 10 米有一条宽 4 米的土路，东南的沟道内有柏油路。

五 营盘梁遗存 （610626354199020005）

该遗存位于长官庙乡白沟村梨树掌村（组）北 100 米的营盘梁上，周围沟壑发育显著。地理坐标为东经：107°54′22.36″，北纬：36°45′17.48″，高程：1706 米。

该遗存整体保存差。顶部现已不见夯土墙体及建筑遗迹，仅在遗存西北角与墙体相接处存在一小段夯土墙体。根据遗存内瓦片的散布范围，该遗存的分布范围东西最长 200、南北最长 75 米，面积最大可达 15000 平方米。顶部所在的台面南北最长 63 米，西侧下方有一层台面南北宽 12 米，上已被开垦为耕地（图八三一）。

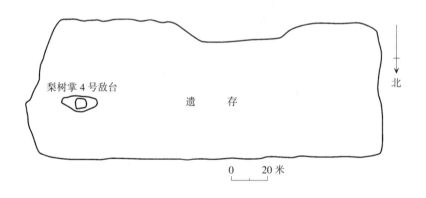

图八三一　营盘梁遗存平面图

该遗存所在台面的耕地内及外侧边缘上散落有大量外绳纹、内麻点纹的瓦片。推测该遗存应为秦长城墙体内侧的一驻军地。

该遗存位于紧靠墙体的墙体内侧，位于梨树掌 4 号敌台与梨树掌 5 号敌台之间的营盘梁顶部，北距梨树掌 4 号敌台 100 米，南距梨树掌 5 号敌台 120 米。

该遗存位于黄土高原沟壑区，因此交通较为不便。

六　营嶣岘村城墙梁遗存（610626354199020006）

该遗存位于庙沟乡曾岔村营嶣岘村（组）西北450米的城墙梁上，周围是黄土高原沟壑地貌，沟壑发育显著，并且周边多已开垦为梯田。地理坐标为东经：107°51′45.30″，北纬：36°45′58.33″，高程：1665米。

该遗存整体保存差。平面呈椭圆形，顶部现在已不见夯土墙体及建筑遗迹，根据遗存内瓦片的散布范围，该遗存的分布范围南北最长160、东西最长180米，面积最大可达12800平方米。遗存所在的顶部台地下侧为梯田（图八三二）。

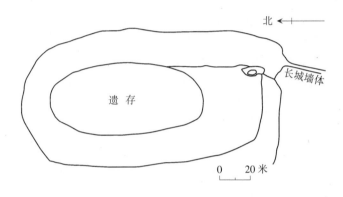

图八三二　营嶣岘村城墙梁遗存平面图

该遗存所在的台面的地表及外侧边缘散落有大量绳纹板瓦、筒瓦、陶器残片及石块，采集到一个完整的瓦当。据推测，该遗存应为秦长城墙体内侧的一驻军地。

该遗存紧靠墙体而建，位于墙体内侧，位于营嶣岘城墙梁顶部，东南距营嶣岘村5号敌台50米。

该遗存位于黄土高原沟壑区，因此交通较为不便。

七　林沟梁村遗存（610626354199020007）

该遗存位于庙沟乡曾岔村林沟梁村（组）东南240米的山峁上，周围为梁峁沟壑地，位于林沟梁长城东北侧，遗存东北150米的梁上有土路。地理坐标为东经：107°50′17.64″，北纬：36°46′46.08″，高程：1710米。

该遗存整体保存一般，四周有夯土围墙，中央有一烽火台，平面呈矩形，东西33、南北32米，面积1056平方米。遗存的西墙坍塌呈驼峰状，南墙保存相对较好，北墙处有一宽2.5米的豁口，推测为门，豁口距围墙东南角7.5米，北墙破坏较为严重（图八三三）。

该遗存的围墙为黄土夯筑而成，夯层厚0.06~0.08米，墙基夯层为0.08~0.12米；围墙底宽3.2~3.5、顶宽1~1.5、外高6.5~8、内高2.5~3米。遗存中的烽火台剥落坍塌，北侧面坍塌较为严重，烽火台上杂草丛生，南侧顶部有一洞穴，烽火台平面方形，底部边长为13、顶部边长为2.5、高8米。

烽火台周围散有外绳纹、内麻点纹瓦片，外素面、内布纹瓦片，烽火台夯层中夹有外绳纹、内麻点纹瓦片。

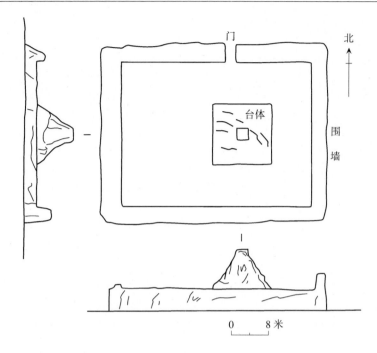

图八三三　林沟梁村遗存平、立面图

该遗存内杂草丛生，遗存周围为开垦的农田。

该遗存位于林沟梁长城东北侧，南距林沟梁 1 号敌台 16 米。

第八章　志丹县战国秦长城资源

志丹县位于延安市西北黄土高原，面积 3781 平方公里，总人口 13.4 万人。全县平均海拔 1093～1741 米，年平均气温 7.8℃，年平均降水 520 毫米，多集中在 7、8、9 三个月，无霜期 142 天。

志丹县商周时属戎狄之地，秦汉时为上郡高奴县，三国两晋时为匈奴占据，北魏置广洛县，属金明郡，隋代避炀帝讳，改称金明县，唐因之。宋设保安军，金置保安县，元、明、清、民国因之。1934 年改为赤安县，1936 年为纪念刘志丹烈士改为志丹县至今。

志丹县境内战国秦长城分布于本县西北境与吴起县交接的地方。长城在志丹县境内沿薛岔沟、杨青川和罗平川的分水岭延伸，全部为以前就已经发现并经此次调查证实。

志丹县秦长城资源的调查由张振峰、张海报、杨方方、赵志强、王世伟等完成，调查时间为 2009 年 4～5 月。

志丹县长城位于白于山南麓黄土沟壑区，前后均与吴起县长城相接，修建方式同于吴起县，采用上夯下堑形式的三道堑形制与吴起县相同。

该县秦长城全长 12768 米，呈东北—西南走向，由墙体、单体建筑（敌台）和相关遗存组成（图八三四）。

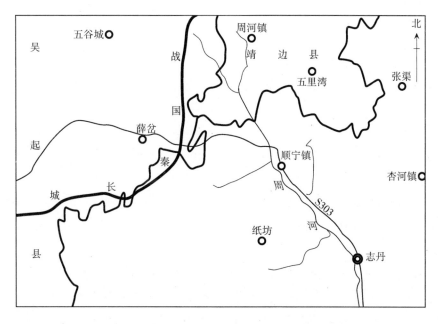

图八三四　志丹县战国秦长城位置示意图

该县长城保护机构为志丹县文物管理所。该机构是由文管所与保安革命旧址纪念馆两个单位合并组建的科级建制单位。2006 年初正式合并办公，现有在岗干部职工 20 人，所长白保荣；副所长张智元、李建翔。单位内部设股组 7 个（接待组两个、文物保护组、财务组、库房组、内保组、办公室）。

该县长城保护单位的机构、保护标志、保护范围、建设控制地带及记录档案目前均无。

第一节 战国秦长城墙体

志丹县战国秦长城的墙体长 12738 米，其中保存较差的部分长 1792 米，保存差的部分长 3023 米，消失部分长 7923 米。全部是山险墙，共分 7 段。

志丹县长城墙体前后与吴起县长城墙体相接，形制规模也与吴起县长城墙体中的山险墙——三道堑一致。

志丹县秦昭王、汉"故塞"长度统计表　　　　　　　　　　　　单位：米

志丹	保存较好	保存一般	保存较差	保存差	消失	小计
山险	0	0	0	0	0	0
河险	0	0	0	0	0	0
山险墙	0	0	1792	3023	7923	12738
石墙	0	0	0	0	0	0
土墙	0	0	0	0	0	0
消失段	0	0	0	0	0	0
总计	0	0	1792	3023	7923	12738

一 李畔村长城 1 段 （610625382105020001）

该段长城位于纸坊乡李畔村，西北与吴起县薛岔乡的大路沟相接，起于纸坊乡李畔村西北 1 千米，止于纸坊乡李畔村西 300 米，南—北走向，全长 1500 米。起点处坐标为东经：108°28′10.96″，北纬：36°57′45.37″，高程：1463.1 米；止点处坐标为东经：108°28′02.16″，北纬：36°56′36.27″，高程：1628.1 米。

该段长城整体保存状况差，现存墙体建立在山坡上，为下堑上夯，利用山坡的自然地势由低向高依次铲削成堑，最上一道堑的顶部为墙体的夯土部分。其中保存较差 13 米，保存差 185 米，消失 1302 米。依据其保存情况，分为 3 个自然段（图八三五）。

第 1 段 起点至李畔村 1 号敌台，长 660 米，消失段，北—南走向。该段墙体由于沟壑发育导致墙体消失。起点处为一临时工地，该段长城现是南北向两道山梁中间的一道狭窄的小山梁，山梁两侧均为狭窄的深沟。

第 2 段 李畔村 1 号敌台至李畔村 2 号敌台，长 340 米，其中保存较差 13 米，保存差 50 米，消失 277 米，北—南走向。李畔村 1 号敌台南与堑面相接，向南 50 米墙体保存差，并有一条土路穿过。向南 178 米有一段长 13 米的夯土墙，底宽 1～4、顶宽 0.5～2 米，西侧最高 6 米。再向南至止点墙体消失。

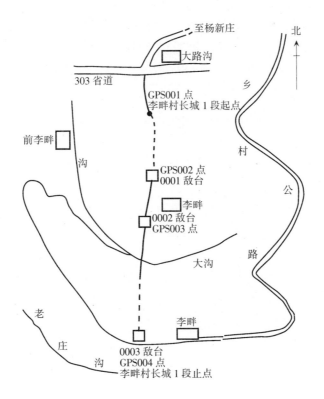

图八三五 李畔村长城 1 段位置示意图

第 3 段 李畔村 2 号敌台至止点（李畔村 3 号敌台），长 500 米，其中保存差 135 米，消失 365 米，北—南走向。李畔村 2 号敌台向南 135 米处是一处断崖，此段墙体断断续续，还有不少路段已被当地居民开辟成为饲养家畜的圈。之后再经过 365 米到达止点（即李畔村 3 号敌台），两点间由于沟壑发育导致墙体消失 365 米。

该段长城北接吴起县薛岔乡薛岔村长城，南接李畔村长城 2 段。起点南 660 米为李畔村 1 号敌台，南 1000 米处为李畔村 2 号敌台，南 1500 米处为李畔村 3 号敌台。

该段长城所在的李畔村有居民一百多户，四百余口，居民以农业为主。该地为黄土高原沟壑山区，多以乡村土路为主，山间有柏油公路穿过，路面高低起伏较大，交通较为不便。

二 李畔村长城 2 段（6106253821 05020002）

该段长城位于纸坊乡李畔村李畔村（组）与薛咀村（组）之间，起于纸坊乡李畔村李畔村（组）西 300 米，止于纸坊乡李畔村薛咀村（组）南 200 米，东北—西南走向，全长 1583 米。起点处坐标为东经：108°28′02.16″，北纬：36°56′36.27″，高程：1628.1 米；止点处坐标为东经：108°27′32.30″，北纬：36°55′56.58″，高程：1606 米（图八三六）。

该段长城整体保存状况差，其中保存较差 425 米，保存差 115 米，消失 1043 米。依据保存状况可以分为 9 个自然段。

第 1 段 李畔村 3 号敌台至断点 1 段，北—南走向，长 311 米，消失段。因为道路通行及沟壑发育墙体而消失。该敌台南侧有一条东西向的土路通过，土路南面是老庄沟，宽 286 米。

第 2 段 断点 1 至断点 2，北—南走向，长 262 米，保存较差。断点 1 向南 114 米处为老庄沟 1 号

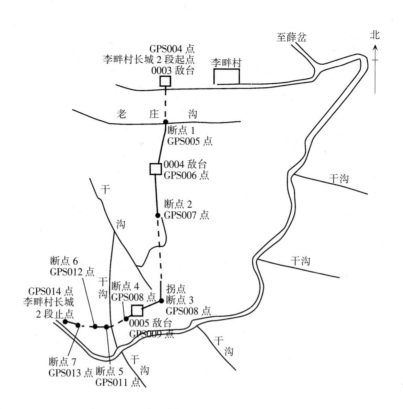

图八三六　李畔村长城 2 段位置示意图

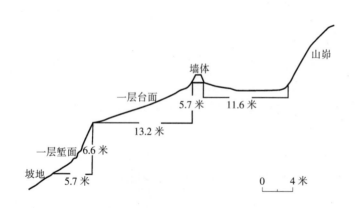

图八三七　李畔村长城 2 段墙体与堑剖面图

敌台，敌台向南 38 米处墙体底宽 1.6、顶宽 0.8 米，内高 1、外高 1 米；一层台高 5.4、宽 13.2 米；一道堑宽 5.7、高 6.6 米（图八三七）。该段长城北临老庄沟，东 10 米处是一道南北向的山梁，高 20 米，墙体与山梁之间呈一个凹槽面。墙体西侧下有一道堑，堑高 6~8 米。墙体由于风雨侵蚀已经坍塌呈土梁状。

第 3 段　断点 2 至断点 3（拐点），长 247 米，其中保存较差 15 米，消失 232 米，北—南走向。断点 2 处由于沟壑发育造成墙体消失 170 米，接着又由于开垦农田等原因造成墙体消失 62 米。接着在农田里可见的夯层长 15 米，其中包含有瓦片，农田里也有少量瓦片遗存。

第 4 段　断点 3（拐点）至老庄沟 2 号敌台，长 100 米，消失段，墙体在断点 3（拐点）处变成东—西走向，本段是由于沟壑发育以及开垦农田等原因造成的墙体消失。

第 5 段　老庄沟 2 号敌台至断点 4，东—西走向，长 80 米，保存差。

第 6 段　断点 4 至断点 5，长 120 米，其中保存差 35 米，消失 85 米，东—西走向。断点 4 南有宽 85 米北南向的沟壑造成墙体消失。

第 7 段　断点 5 至断点 6，长 28 米，保存较差，东—西走向。该段长城位于一山脊上面，高 2.8

米，夯层厚0.07~0.08米，墙体两侧已被开垦为农田，墙身上还有很多昆虫及啮齿动物的洞穴。断面上有一洞穴，宽1.2、高1.2、进深1.1米。

第8段　断点6至断点7，东—西走向，长315米，消失段。由于沟壑发育、农田开垦、道路修建等原因造成墙体消失315米。断点7向东20米处散落有大量绳纹、布纹瓦片及雷石等物。据当地居民称，此处曾有一敌台，2004年由于平整土地被铲削。

第9段　断点7至止点，长120米，保存较差。西北—东南走向，此处是一处山坡，其上有长达120米的两道堑，一层台宽25米，高1.6米，堑面上长有沙棘、蒿草等植物；二道堑两侧已被开垦为农田。

该段长城所经过的沿线遗物发现较少，有外饰绳纹、内饰布纹的瓦片。

该段长城北接李畔村长城1段，止点南接李畔村长城3段。李畔村3号敌台东南425米为老庄沟1号敌台，西南1千米处为老庄沟2号敌台。

该段长城所在地为黄土高原沟壑山区，多以乡村土路为主，山间有柏油公路穿过，路面高低起伏较大，交通较为不便。

三　李畔村长城3段（610625382105020003）

该段长城位于纸坊乡李畔村薛咀村（组）与纸坊乡李畔村崖窑湾村（组）之间，起于纸坊乡李畔村薛咀村（组）南200米，止于纸坊乡李畔村崖窑湾村（组）西南1.1千米处，东北—西南走向，全长3138米。起点处坐标为东经：108°27′32.34″，北纬：36°55′56.58″，高程：1606米；止点处坐标为东经：108°25′45.12″，北纬：36°55′03.99″，高程：1594米（图八三八）。

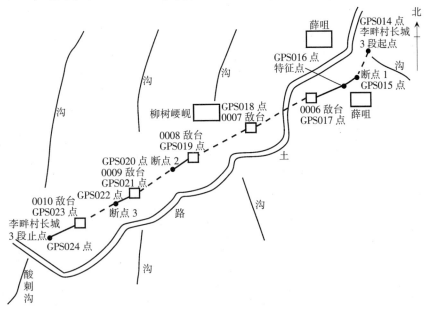

图八三八　李畔村长城3段位置关系示意图

该段长城整体保存状况差，其中保存较差355米，保存差167米，消失2616米。依据保存状况可以分为10个自然段。

第1段　起点至断点1，长198米，消失段。由于农田开发、道路修建等原因，墙体已完全消失。起点位于一崾崄处，有一条西北—东南走向的土路通过，路两旁皆已开辟为农田。该点以西的山坡上也已开垦为农田。此外山坡上还有几处沟壑，皆为由北往南发育。

第2段　断点1至特征点1，长154米，保存差，西南—东北走向。该段墙体为二道堑，第三道堑由于开垦农田的缘故，导致消失，堑面上长有荒草和沙棘等植物。

第3段　特征点1至薛咀敌台，长133米，其中保存较差107米，消失26米，东—西走向。该段墙体顶宽0.6~1.2、底宽3、内高1~1.5、外高2.2~3.5米，墙体外侧有三道堑，台面已开垦为农田，堑面上长有沙棘、荒草。三道堑之下为缓坡。

第4段　薛咀敌台至柳树嶙岘1号敌台，长430米，消失段。墙体和三道堑全部消失。薛咀敌台以西129米内是山坡，上有一道矮小的土墙，但未发现夯层。山脚下有一条南北走向的土路，土路西是一条宽114米的南北向沟壑。

第5段　柳树嶙岘1号敌台至柳树嶙岘2号敌台，长747米，消失段。该两点之间有两条沟，均自北向南发育，两沟之间是一处山梁，山梁上已被开辟为梯田，沟中长有绿树荒草。由于沟壑发育以及山梁上开发农田等原因导致原墙体消失。

第6段　柳树嶙岘2号敌台至断点2，长125米，保存较差，东北—西南向。该段虽然残存有夯土墙体，但三道堑全部消失。墙体南27~46米有一道山梁，山梁半腰处修有一条土路。

第7段　断点2至崖窑湾1号敌台，长603米，消失段。由于沟壑发育、农田开发、道路修建，导致墙体和三道堑完全消失。

第8段　崖窑湾1号敌台至断点3，长31米，保存较差，东北—西南向。墙南侧24米是一道山峁，两者之间有一条东西向土路，路宽9米；墙体之北是一条简易道路，道路北是梯田。

第9段　断点3至崖窑湾2号敌台，长612米，消失段。由于沟壑发育以及开辟土路的原因导致墙体和三道堑全部消失。

第10段　崖窑湾2号敌台至止点，长105米。其中保存较差92米，保存差13米，东北—西南走向。崖窑湾2号敌台西13米处有一段长达92米墙体，底宽2、顶宽1.6、高1~2.4米，夯层厚0.08~0.09米。墙体东侧27米处是山峁，两者之间是土路和田地，墙体西侧是缓坡，坡下是沟壑。

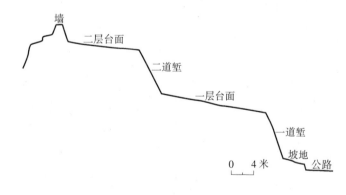

图八三九　李畔村长城3段墙体与堑剖面图

薛咀敌台南107米处墙体剖面：一道堑高8米，收分3米，一层台宽19.4、高差3米；二道堑高7.6米，收分4.2米，二层台宽13、高差1.2米；墙体夯土部分顶宽1.2、底宽3米；东高3、西高1.6米（图八三九）。

该段长城起点接李畔村长城2段，止点接吴起县薛岔乡南沟村柳沟长城。起点西南485米为薛咀敌台，西南915米为柳树嶙岘1号敌台，西南1.66千米为柳树嶙岘2号敌台，西南2.39千米为崖窑湾1号敌台，西南3.03千米为崖窑湾2号敌台。

该段长城所处为黄土高原沟壑山区，多以乡村土路为主，山间有柏油公路穿过，路面高低起伏较大，交通较为不便。

四　酸刺沟长城（610625382105020004）

该段长城位于金丁镇卜鱼沟村杀敌台村（组）酸刺沟，起于金丁镇卜鱼沟村杀敌台村（组）东北320米郭婆峁北坡，止于金丁镇卜鱼沟村杀敌台村（组）西南1千米的黑土疙瘩梁北坡，东北—西南走向，全长1503米。起点处坐标为东经：108°24′58.62″，北纬：36°55′09.00″，高程：1671米；止点处坐标为东经：108°24′23.28″，北纬：36°54′35.34″，高程：1651米（图八四〇）。

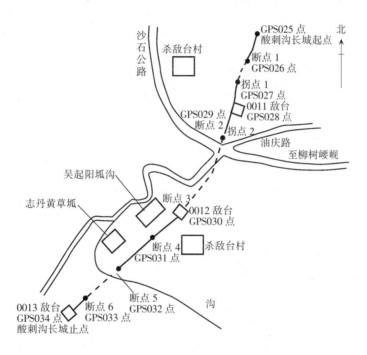

图八四〇　酸刺沟长城位置示意图

该段整体保存状况差，其中保存较差322米，差314米，消失867米。依保存状况分为8个自然段。

第1段　起点至断点1，长184米，其中保存较差34米，差150米，东北—西南走向。起点向西南有长34米的夯土墙，保存较差，墙体残高在0.5米以上，顶宽0.4米，墙体西侧为长有槐树的坡面，下临一沟。墙体内侧有一小路沿墙体方向向西南延伸，东侧为郭婆峁的山顶，墙体沿山峁北坡前行。34米处向西南150米至断点1，墙体保存差，下有一道堑，东18米外为东北—西南向山梁。

第2段　断点1至拐点1，长89米，其中保存较差25米，差34米，消失30米，东北—西南走向。断点1处一道堑消失，且由于道路通行及水冲沟的影响，夯土墙也不可见，墙体消失30米。断点1西南30米处出现一段残长25米的夯土墙，墙高约0.6米。再向西南至拐点1，夯土墙上出现多处水冲的豁口，墙体也变得低矮，长34米。

第3段　拐点1至断点2（拐点2），长134米，保存较差，近北—南走向，拐点1向南74米处为酸刺沟1号敌台。此段墙体上为夯土墙，下有三道堑到二道堑不等，墙体西侧底部有一条宽2米的土路，酸刺沟1号敌台西56米梁下为卜鱼沟村杀敌台组，村民修建的房屋将第一道堑破坏，由此点开始夯土墙下由三道堑变为二道堑。酸刺沟1号敌台北74米处夯土墙剖面：顶宽0.8、底宽2.5、西高2.6、东高1.6米，夯层厚0.08～0.09米（图八四一·1）。酸刺沟1号敌台处三道堑剖面：一道堑高

10、宽 5 米，一层台宽 8.6、高 4.3 米；二道堑高 6.2、宽 1.5 米，二层台宽 11.4 米；酸刺沟 1 号敌台高 5.6、夯土墙高 4 米（图八四一·2）。

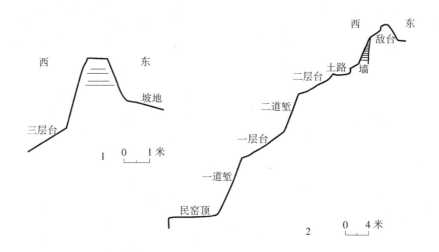

图八四一　酸刺沟长城墙体剖面图及墙体与堑剖面图

第 4 段　断点 2（拐点 2）至酸刺沟 2 号敌台（断点 3），长 521 米，消失段。由拐点 2 处变为东北—西南走向，由于沟壑发育冲刷、开垦农田、公路通行等原因造成墙体消失。

第 5 段　酸刺沟 2 号敌台（断点 3）至断点 4，长 51 米，保存较差，东北—西南走向。墙体北侧为开垦的农田，南侧有村民栽种的杏树、苹果树，墙体顶部有一条小路通行。墙体外高 1.5 ~ 2.6、内高 1 ~ 1.8、顶宽 0.3 ~ 1 米。

第 6 段　断点 4 至断点 5，长 223 米，其中保存较差 78 米，差 71 米，消失 73 米，东北—西南走向。该段墙体已经坍塌呈土垄状，时断时续。因农户修建院落、修路、耕种等消失 73 米；保存较差墙体高 0.5 米，呈土梁状；保存差 71 米墙体略高出地表，呈土垄状，濒临消失。墙体两侧为荒草坡地。

第 7 段　断点 5 至断点 6，长 243 米，消失段。此段墙体由于沟壑发育、盘山公路的通行而消失。

第 8 段　断点 6 至止点（黄草圿 1 号敌台），长 59 米，保存差，东北—西南走向。墙体以一道堑的形式存在，沿黑土疙瘩梁东坡而上。

该段长城起点接吴起县薛岔乡南沟村柳沟长城，止点南接黄草圿长城。起点西南 347 米处为酸刺沟 1 号敌台，西南 928 米为酸刺沟 2 号敌台。

该段长城所在的卜鱼沟村有居民 200 余人，当地居民以农业为主。该地为黄土高原沟壑山区，多以乡村土路为主，沿墙体有沙石公路，路面高低起伏较大。

五　黄草圿村长城（6106253821050200005）

该段长城位于金丁镇卜鱼沟村黄草圿村（组），起于金丁镇卜鱼沟村黄草圿村（组）北 500 米的黑土疙瘩梁北坡，止于金丁镇卜鱼沟村黄草圿村（组）西南 750 米。东北—西南走向，全长 1619 米。起点处坐标为东经：108°24′23.28″，北纬：36°54′35.34″，高程：1651 米；止点处坐标为东经：108°24′02.82″，北纬：36°53′49.08″，高程：1634 米（图八四二）。

该段长城整体保存状况较差，其中保存较差 551 米，差 672 米，消失 396 米。依其保存情况分为 11 个自然段。

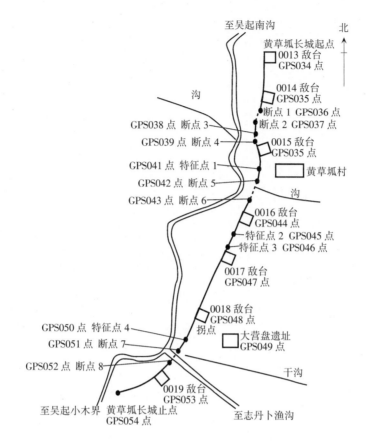

图八四二 黄草圪村长城位置示意图

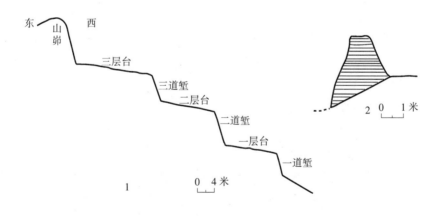

图八四三 黄草圪村长城三道堑及墙体剖面图

第1段 起点（黄草圪村1号敌台）至断点1，长139米，保存差，北—南走向。此段墙体以三道堑的形式存在，起点向南109米是黄草圪村2号敌台。此处可见明显的三道堑修筑方式，剖面测量得出：一道堑斜高4、一层台宽12米；二道堑斜高8、二层台宽13米；三道堑斜高6、三层台宽18米（图八四三·1）。墙体南有一道南北向山梁，台面和堑面上长有沙棘、茅草，散落有外绳纹、内麻点纹的瓦片。

第2段 断点1至断点2，长73米，消失段。此段墙体由于沟壑发育和铲削破坏而消失。

第 3 段　断点 2 至断点 3，长 146 米，其中保存差 141 米，消失 5 米，北—南走向。此段墙体基本以二道堑的形式存在。断点 2 南 72 米处原第一道堑消失。断点 2 南 87 米处有一条宽 5 米的土路将二道堑全部冲毁，墙体消失，由此向南 54 米至断点 3 东侧有一条由南向北发育的水冲沟。

第 4 段　断点 3 至断点 4，长 62 米，消失段。此段墙体正处在崾崄处，由于沟壑发育和公路通过而消失。

第 5 段　断点 4 至断点 5，长 182 米，保存差，北—南走向。断点 4 向南 80 米为黄草坬村 3 号敌台，南 126 米处为特征点 1，特征点 1 至断点 5 所在的堑面由于开垦耕地而被破坏。最上一道堑东 18 米为小营盘山梁，最上层台面上为开垦的农田，立有水泥电线杆和开挖的水窖。

第 6 段　断点 5 至断点 6，长 197 米，其中保存差 12 米，消失 185 米，北—南走向。断点 5 处由于黄草坬村民开挖的牲口圈墙体消失 12 米，接着有一段堑面，长 12 米，是该段唯一存在的墙体形式。接下来又是消失的墙体，一直到断点 6。此段墙体由于道路通行、村民修筑房屋等原因，导致墙体消失 173 米。

第 7 段　断点 6 至拐点（黄草坬村 6 号敌台），长 395 米，其中保存较差 324 米，保存差 71 米，北—南走向。断点 6 处开始出现夯土墙，断点 6 南 86 米为黄草坬村 4 号敌台，南 71 米为特征点 2，此点至特征点 3 之间由于沟壑发育夯土墙消失 71 米，但西侧下部三道堑保存完好，墙体保存差。特征点 3 南 23 米为黄草坬村 5 号敌台，该敌台南 144 米为黄草坬村 6 号敌台（拐点）。此段墙体大部分以上夯土墙下三道堑的形式存在，各层台面上都为开垦的耕地，墙体顶部长有荒草、沙棘，内侧有一条水冲的沟。

第 8 段　拐点（黄草坬村 6 号敌台）至特征点 4，长 127 米，保存差。该段墙体呈低矮的土梁状，夯土墙高 0.4 米。

第 9 段　特征点 4 至断点 7，长 86 米，保存较差，北—南走向。夯土墙内高 2、外高 3.5 米，墙体周围散落有外绳纹内麻点纹瓦片。

第 10 段　断点 7 至断点 8，长 81 米，其中保存较差 10 米，消失 71 米，东北—西南走向。断点 7 西南 21 米处公路边缘上，残存有一段长 10 米的夯土墙。余 71 米墙体因修路、沟壑发育等而消失。

第 11 段　断点 8 至止点，长 131 米，保存较差，东北—西南走向。断点 8 向西南 55 米处为黄草坬村 7 号敌台，两点间墙体西侧长满沙棘，种植有槐树、杨树。黄草坬 7 号敌台至止点间的墙体，外侧台地上长有苜蓿，内侧沿墙体方向有一条宽约 3 米的土路，因此造成夯土墙上有多处水冲的小豁口。黄草坬 7 号敌台西南 35 米处墙体剖面：底宽 2.8、顶宽 0.8、西高 3.2、东高 1.8 米，夯层厚 0.07～0.1 米（图八四三·2）。

该段长城沿线发现少量外饰绳纹、内饰麻点纹的瓦片残片。

该段长城起点接酸刺沟长城，止点接吴起县薛岔乡小木界村长城。起点处为黄草坬村 1 号敌台，南 109 米处为黄草坬村 2 号敌台，南 500 米处为黄草坬村 3 号敌台，南 885 米处为黄草坬村 4 号敌台，南 1.05 千米处为黄草坬村 5 号敌台，西南 1.19 千米处为黄草坬村 6 号敌台，西南 1.54 千米处为黄草坬村 7 号敌台。黄草坬村 4 号敌台所在的墙体的东南 107 米处为大营盘遗存。

该段长城所处的卜鱼沟村有居民 200 余人，以农业为主。该地为黄土高原沟壑山区，多以乡村土路为主，沿墙体有沙石公路，路面高低起伏较大。

六　刘庄村长城　（6106253821050020006）

该段长城位于金丁镇马莲崾岘村刘庄村（组），起于金丁镇马莲崾岘村刘庄村（组）东南 1 千米，止于金丁镇马莲崾岘村刘庄村（组）西北 300 米，东北—西南走向，全长 1173 米。起点处坐标为东经：108°23′40.26，北纬：36°53′39.78″，高程：1554 米；止点处坐标为东经：108°23′05.70″，北纬：36°53′33.84″，高程：1559 米（图八四四）。

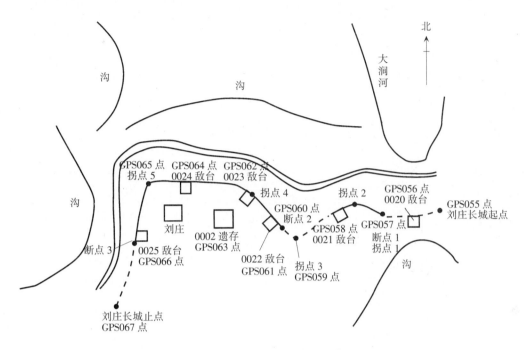

图八四四 刘庄村长城位置示意图

该段长城整体保存状况差，几乎一半消失，其中保存较差 106 米，差 545 米，消失 522 米。依其保存状况分为 6 个自然段。

第 1 段 起点至断点 1（拐点 1），长 132 米，消失段。起点处为大涧口崾岘，有沙石路通过。起点西南 92 米处为刘庄 1 号敌台，起点与刘庄 1 号敌台之间的墙体因为沟壑发育、开辟上山便道的原因消失。

第 2 段 断点 1（拐点 1）至拐点 2（刘庄 2 号敌台），长 106 米，保存较差，由拐点 1 处变为东南—西北走向。呈土梁状。

第 3 段 拐点 2（刘庄 2 号敌台）至拐点 3，长 130 米，消失段。两点之间呈东北—西南走向。墙体因开垦耕地和修建道路被破坏。

第 4 段 拐点 3 至拐点 4（刘庄 4 号敌台），长 326 米，其中保存差 272 米，消失 54 米，东南—西北走向。拐点 3 西北 54 米处为断点 2，此段墙体因雨水冲刷、开垦耕地而消失。断点 2 向西北 32 米处为刘庄村 3 号敌台。断点 2 至拐点（刘庄 4 号敌台），墙体保存差，墙体外侧堑面上为开垦的耕地，墙体内侧为荒坡地。刘庄 3 号敌台处的堑面剖面：一道堑高 9、收分 3、一层台宽 12 米；二道堑高 8、收分 3.5、二层台宽 7 米（图八四五）。

第 5 段 拐点 4（刘庄 4 号敌台）至断点 3，长 145 米，保存差，东北—西南走向。拐点 4 向西南 105 米处为刘庄 5 号敌台，再向西南 40 米处

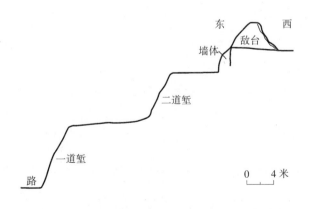

图八四五 刘庄村长城敌台与墙体、堑剖面图

断点 3，此段墙体保存差，墙体外侧为耕地，内侧为荒坡地。

第 6 段 断点 3 至止点，长 324 米，其中保存差 128 米，消失 206 米，东北—西南走向。断点 3 向西南有 86 米段的墙体因沟壑发育和村庄建设而消失，再向西南为 128 米保存差的墙体。从刘庄 6 号敌台（128 米墙体的止点）西北侧铲削断面上看，有一段长 14、宽 2.6 ~ 3、高 1.6 米的夯土层，夯层厚 0.1 ~ 0.11 米。再向西南 120 米至止点，因沟壑发育、修建道路而消失。

该段长城起点东北接吴起县小木界村长城，止点西南接马莲崾岘村长城。起点西南 92 米处为刘庄村 1 号敌台，断点 1、拐点 1 西北 106 米处为刘庄村 2 号敌台，断点 2 西北 32 米处为刘庄村 3 号敌台，刘庄村 3 号敌台西北 240 米处为刘庄村 4 号敌台，刘庄村 4 号敌台向西南 105 米处为刘庄村 5 号敌台，断点 3 西南 204 米处为刘庄村 6 号敌台。

该段长城所处的刘庄组现有 10 余户，60 余人，以农业为主。该地为黄土高原沟壑山区，多以乡村土路为主，路面弯度、坡度起伏均较大。

七 马莲崾岘村长城（610625382105020007）

该段长城位于金丁镇马莲崾岘村，起于马莲崾岘村刘庄村（组）西北 300 米，止于马莲崾岘村，东北—西南走向，全长 2222 米。起点处坐标为东经：108°23′05.70″，北纬：36°53′33.84″，高程：1559 米；止点处坐标为东经：108°22′19.56″，北纬：36°53′00.60″，高程：1615 米（图八四六）。

该段长城整体保存状况差，其中保存较差 20 米，保存差 1025 米，消失 1177 米。依其保存情况分为 16 个自然段。

第 1 段 起点至断点 1（拐点 1），长 156 米，消失段，东北—西南走向。起点处为一崾崄，两侧有沟壑发育，此段墙体消失，起点向前 54 米处的坡地上发现有大量的绳纹、布纹瓦片，怀疑此处原有一个敌台，但现已消失无存。

第 2 段 断点 1（拐点 1）至拐点 2（马莲崾岘村 2 号敌台），长 110 米，保存差，东—西走向。此段夯土墙体和三道堑的走向不平行，夯土墙向西行，外侧的三道堑随地势为西北走向，从马莲崾岘村 1 号敌台处开始夯土墙和三道堑又转为平行。马莲崾岘村 1 号敌台向西南 15 米处是拐点 2、马莲崾

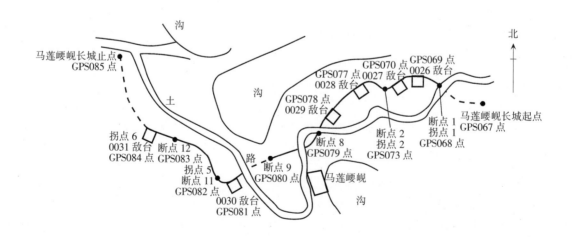

图八四六 马莲崾岘村长城位置示意图

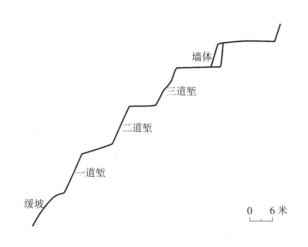

图八四七 马莲崾岘村长城墙体及三道堑剖面图

岘村2号敌台。

第3段 拐点2（马莲崾岘村2号敌台）至断点2，长92米，保存差，东北—西南走向。墙体内外为耕地。从马莲崾岘村2号敌台向西南的墙体外侧面上看，外侧包有0.5米宽的夯土，现存的夯土部分坍塌严重，夯层厚度为0.08～0.11米。

第4段 断点2至断点3，长28米，消失段。由于雨水冲沟导致墙体消失。从断点3向下的墙体侧面上看，外侧夯土部分已经垮塌，现存夯土高1.4米，下为堆土。

第5段 断点3至断点4（拐点3），长337米，其中保存差307米，消失30米，东北—西南走向，断点3向西南72米处发现有瓦片，夯土层也较为坚实细密，怀疑此处原应有一个敌台，现已消失。此处向西南225米处有一个30米宽的水冲豁口，造成墙体消失。断点3处的墙体剖面为：一层台宽7、一道堑高10、收分3米；二层台宽9、二道堑高10、收分4米；三层台宽15、三道堑高6、收分2米（图八四七）。

第6段 断点4（拐点5）至断点5，长60米，消失段。此段墙体因沟壑发育和沙石路通过而消失。

第7段 断点5至断点6，长55米，保存差。墙体底宽1.6、顶宽0.6、内高2、外高2.5米，夯层厚0.09～0.12米，墙体北侧坡地上种植有果树，南侧为开垦的耕地，从开耕对墙体破坏的断面上可以看到其夯层中夹杂有红砂岩石块。

第8段 断点6至断点7，长56米，消失段。此段墙体因沟壑发育和开垦耕地而消失。

第9段 断点7至拐点4（马莲崾岘村3号敌台），长20米，保存较差。南侧为耕地，西侧为荒坡地。

第10段 拐点4（马莲崾岘村3号敌台）至断点8，长218米，其中保存差201米，消失17米，东北—西南走向。拐点4、马莲崾崄村3号敌台向南有8米段的墙体因耕地破坏而消失；从消失处向西南140米处至马莲崾岘村4号敌台，马莲崾岘村4号敌台向前有一条便道通过，造成夯土墙消失9米。墙体内外为耕地。

第11段 断点8至断点9，长180米，其中保存差20米，消失160米。断点9向东北20米的断面上看到有20米长的夯土墙，余160米因开垦耕地和修路的破坏而消失。

第12段 断点9至断点10（马莲崾岘村5号敌台），长200米，消失段。由于沟壑发育和修建沙石路造成墙体消失。

第13段 断点10（马莲崾岘村5号敌台）至断点11（拐点5），长160米，保存差，东北—西南走向。该段墙体内侧为耕地，外侧为一条沙石路。

第14段 断点11（拐点5）至断点12，长125米，消失段。因沟壑发育和修建道路等原因而消失，其中断点11向西北40米处发现地面上散落有绳纹瓦片。从其正对沟壑的位置来看，此处应有一个敌台，但现在已没有痕迹可寻。

第 15 段　断点 12 至马莲崾岘村 6 号敌台（拐点 6），长 80 米，保存差，东南—西北走向。该段墙体内侧为耕地，外侧堞面上为荒坡地，种植有沙棘，新植有桃树。

第 16 段　马莲崾岘村 6 号敌台（拐点 6）至止点，长 345 米，消失段，拐点 6 处近呈南—北走向。该段墙体夯土墙消失，但下面的堞面还存在，墙体内侧为耕地，外侧为荒坡地。

该段长城起点东北接刘庄村长城，止点西南接吴起县贺阳湾村长城。起点西南 251 米处为马莲崾岘村 1 号敌台，该敌台西南 15 米处为马莲崾岘村 2 号敌台；断点 7 西南 20 米处为马莲崾岘村 3 号敌台，该敌台西南 148 米处为马莲崾岘村 4 号敌台；断点 9 西南 200 米处为马莲崾岘村 5 号敌台；断点 12 向西北 80 米处为马莲崾岘村 6 号敌台。

该段长城所处的马莲崾岘村有 10 余户，50 多人。以农业为主。该地为黄土高原沟壑山区，多以乡村土路为主，路面弯度、坡度起伏均较大。

第二节　战国秦长城单体建筑

志丹县战国秦长城沿线分布的单体建筑共有 31 座，全部是敌台，夯土筑成。

敌台建立在墙体之上，由于该县墙体均为三道堞形制的山险墙，敌台都是位于头道堞顶部的夯土墙体的内侧，外与堞面齐，整体与夯土部分的墙体形成一体。台体经过多年风雨侵蚀，大多呈不规则形。平面尺寸在 4.5 ~ 30 米，大多是在 6 ~ 10 米，过大或过小都是由于坍塌所致。高度在 1 ~ 8.1 米，靠墙内一侧的高度一般在 1 ~ 3 米，靠墙外一侧的高度都是从顶部直至最下层夯土，一般都在 3 ~ 8.1 米。

敌台平均间距约 400 米，与其他县区的秦长城相比，志丹县秦长城保存程度最好。

一　李畔村 1 号敌台（6106253521010200001）

该敌台位于纸坊乡李畔村北 200 米崾崄处，敌台周围为梁峁沟壑地形，北侧有一南北向狭长的山梁；东侧 26 米处是一道高大的山梁；西侧为一缓坡，缓坡已被开垦为农田，农田边缘有三个现代坟丘；南侧地势逐渐下降。地理坐标为东经：108°28′12.25″，北纬：36°57′11.82″，高程：1597.2 米。

该敌台整体保存较差。东侧地势较高，近处荒草丛生，并有一马铃薯窖，长 1.7、宽 1.3 米，远处也被开垦为农田；西侧地势较低，开垦农田对台体破坏严重；南、北两侧均长有荒草地。长期的雨水侵蚀造成台体表面剥落严重，台体顶部有裂缝；东、西两侧各分布有数条裂缝；东、西、南三侧台体表面均有多处动物洞穴。

该敌台平面呈不规则矩形，剖面呈梯形，底南北长 4、东西宽 2.2 米，顶东西长 1.4、南北宽 1.2 米，东侧高 3、西侧高 6.6 米，黄土夯筑而成，夯层厚 0.08 ~ 0.16 米（图八四八）。周边发现少量瓦片，明代对敌台曾加以利用。

该敌台建在李畔村长城 1 段起点南 660 米处的墙体上，南 340 米处为李畔村 2 号敌台。

二　李畔村 2 号敌台（6106253521010200002）

该敌台位于纸坊乡李畔村西 30 米的沟畔上，周围为梁峁沟壑地形，北侧有一条由西向东发育的沟壑，沟中遍布荒草绿树；东侧有一条很窄、仅容一人行走的小土路，再向东几十米有几户人家；东南侧是一打谷场；西侧是陡坡，坡上长有榆树、杨树等树木。地理坐标为东经：108°28′05.05″，北纬：

36°57′02.62″，高程：1581.5 米。

该敌台坍塌严重，呈不规则土台状。东侧有三个人为挖掘的洞穴，内存有柴草等杂物；西侧台体上有一人为挖掘的高 1.7、宽 2.8、进深 1.5 米的窑洞；北侧为一条由西向东发育的深沟，此沟已将堑面冲断，对台体的潜在威胁很大。台体顶部南侧长有一棵大树，有部分树根裸露之外，树旁边有一浅坑，残留有烧烤豆子的痕迹。

敌台平、剖面均呈不规则形，底南北长 15.2、东西宽 9.8 米，顶南北长 5.8、东西宽 2.8 米，西侧高 4.2、东侧高 3.2 米（图八四九）。敌台上及其附近有外绳纹、内麻点及布纹瓦片。

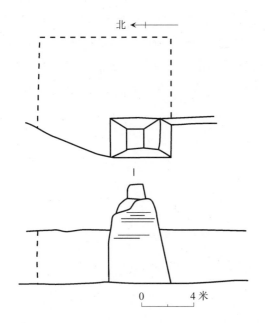

图八四八 李畔村 1 号敌台平、剖面图

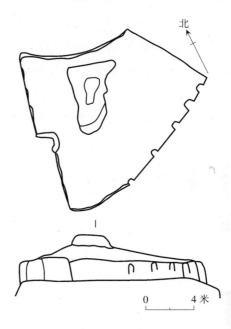

图八四九 李畔村 2 号敌台平、立面图

该敌台位于李畔村长城 2 段起点南 1 千米处的墙体上，北 340 米处为李畔村 1 号敌台，南 500 米处为李畔村 3 号敌台。

三 李畔村 3 号敌台（610625352101020003）

该敌台位于纸坊乡李畔村西 50 米的嵝崄处，台体北侧有由北向南的沟壑发育，沟内长有杨树、茅草等；西北侧长有一棵杨树，有一条土路自台体西侧经台体南侧向东延伸；西侧山峁上有梯田；南侧有一道东西向的宽 286 米的老庄沟。地理坐标为东经：108°28′02.16″，北纬：36°56′36.27″，高程：1628.1 米。

该敌台上有多处坍塌，东壁上有一高 2.2、宽 1.5、进深 1.4 米的洞穴；南侧中部有一长 7 米的豁口延至台底，台底有堆土，豁口内长有蒿草及沙棘，豁口距西边 3 米；北侧台面有多处剥落，台体外为宽 50 米的荒草地。顶部及各侧面长有沙棘、荒草及蒿类植物，对台体破坏严重。

该敌台平面呈不规则形，剖面呈梯形，底东西长 30、南北宽 14 米，顶东西长 14、南北向西侧宽 3.5、东侧宽 5.5、中间最窄处为 3 米，东侧高 3.2 米，敌台为黄土夯筑而成，夯层厚 0.08～0.11 米（图八五〇）。顶部及其附近散落有大量外绳纹、内麻点纹及布纹的筒瓦、板瓦残片。

该敌台建立在李畔村长城 1 段起点南 1.5 千米处的墙体上，北 500 米处为李畔村 2 号敌台，南侧

445 米为老庄沟 1 号敌台。

四 老庄沟 1 号敌台 （610625352101020004）

该敌台位于纸坊乡李畔村南 400 米老庄沟南面的山梁上，周围为梁峁沟壑地形，北侧 134 米处为东西向的老庄沟；东侧 60 米处有一道高 20 米的南北向山梁；西临两条 "丫" 字形的沟壑，大致由北向南发育，两沟相夹山峁上有梯田；北侧为呈缓坡状坡面，上有坍塌呈土垄状的墙体痕迹。地理坐标为东经：108°27′57.45″，北纬：36°56′20.43″，高程：1622 米。

该敌台整体保存情况较差，有多处坍塌，呈土堆状。敌台建立在墙体上，并向墙体东北侧凸出，南、北两端与墙体相接，南侧夯土墙保存较差，墙体西侧有一道堑存在，北侧墙体已坍塌呈土垄状。台体顶部及各侧面长有沙棘、荒草及蒿类植物，加上雨水冲刷，对台体有严重的破坏。

敌台平面呈不规则四边形，剖面呈梯形，底东西宽 10.6、南北长 14 米，顶部宽 2.5 米，东侧高 5.4、西侧高 4.5 米，黄土夯筑而成，夯层厚 0.05～0.07 米（图八五一）。顶部及其附近台地上散落有外绳纹、内麻点纹及布纹瓦片和陶器残片。

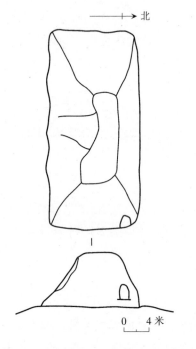

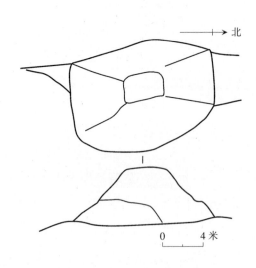

图八五〇　李畔村 3 号敌台平、立面图　　　　图八五一　老庄沟 1 号敌台平、立面图

该敌台建在李畔村长城 2 段起点南 425 米处的墙体上，北 445 米为李畔村 3 号敌台，西南 475 米处为老庄沟 2 号敌台。

五 老庄沟 2 号敌台 （610625352101020005）

该敌台位于纸坊乡李畔村老庄沟西南 900 米的山峁上，周围为梁峁沟壑地形，台体北侧、西侧都为沟壑，西南侧有一小山峁。地理坐标为东经：108°27′56.62″，北纬：36°56′07.63″，高程：1620.9 米。

该敌台整体保存情况较差，有多处坍塌，且由于开垦梯田，台体已被铲削呈半圆形土堆状。该敌台建立在墙体上，并向墙体东南侧凸出，台体东侧有四层台地；南侧与墙体相连，北侧墙体夯土部分已经消失，但仍残存4层台地，台地与敌台相接处形成高4米的断面，断面上有多处动物洞穴，对台体有较大的破坏。台体顶部及南、西两侧面长有沙棘、荒草及蒿类植物，断面上也分布有动物洞穴，对台体有严重的破坏。

敌台平面呈半圆形，剖面呈梯形，底南北长10、东西宽4米，顶长3.5米，高3.1米，黄土夯筑而成，夯层厚0.08~0.1米（图八五二）。顶部散布外绳纹、内麻点纹瓦片，台体下侧的农田间及田埂上也散落有大量的外绳纹、内麻点纹的瓦片和石块。

该敌台建在李畔村长城2段起点西南1千米的墙体上，东北475米处为老庄沟1号敌台，东北920米为李畔村3号敌台。

六　薛咀村敌台（610625352101020006）

该敌台位于纸坊乡李畔村薛咀村（组）西400米的山梁上，北侧有沟壑发育，并有因开垦耕地而铲削形成的断面；西侧底部为开垦的耕地；南侧为地势平缓的梯田。地理坐标为东经：108°27′15.24″，北纬：36°56′01.32″，高程：1673米。

该敌台整体保存较差，东侧因风雨侵蚀，表面剥落严重，底部有一洞，高0.9、宽0.7、进深1米；南侧因开垦耕地遭铲削破坏严重，表面崎岖不平；西侧坍塌成一断面，有裂缝；北侧为开垦耕地后铲削的断面，剥落严重，底部有坍塌的堆土；顶部长满杂草，中央有一圆形小洞，深0.2、直径为0.6米。

敌台平、剖面均呈不规则形，底东西长10.2、南北宽5.8米，顶东西长4.8、南北宽2.6米，南高3、北高8.1米。黄土夯筑而成，夯层厚0.07~0.08米（图八五三）。东侧底部发现有少量散落的绳纹、麻点纹瓦片。

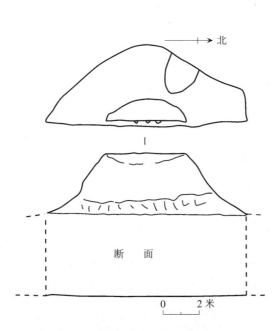

图八五二　老庄沟2号敌台平、立面图

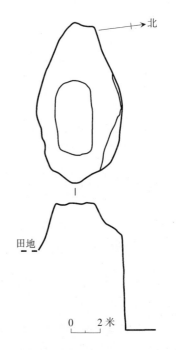

图八五三　薛咀村敌台平、剖面图

该敌台建在李畔村长城 3 段起点西北 485 米的墙体上，西距柳树崾岘村 1 号敌台 430 米，距柳树崾岘村 2 号敌台 1.18 千米。

七　柳树崾岘村 1 号敌台（610625352101020007）

该敌台位于纸坊乡李畔村柳树崾岘村（组）东南 400 米的黄土山梁上，周围为梁峁沟壑地形，位于两个山峁之间，北距北面山峁 11、南距南面山峁 16 米，东 8 米处有一水泥电线杆。地理坐标为东经：108°26′58.86″，北纬：36°56′00.42″，高程：1637 米。

该敌台整体保存较差，现坍塌呈椭圆形的土台，四周均有土路通过。东侧底部为荒地，台面上长满杂草，靠近南侧公路处由于人为铲削已形成一断面，底部有一个深 0.8、宽 1、长 1.6 米的马铃薯窖；南侧因道路建设取土，造成台体出现断面，对台体破坏严重；西侧底部也紧邻路面，处在两条道路的交汇处，道路对敌台造成一定破坏；北侧表面长满杂草，因长期风雨侵蚀，表面脱落严重，现已有部分坍塌。敌台顶部长满杂草。

敌台平面呈椭圆形，剖面呈梯形，底东西长 14、南北宽 8.1 米，顶东西长 3、南北宽 1.8 米，南高 5.2、北高 3.2 米，黄土夯筑而成，夯层厚 0.06～0.08 米（图八五四）。周边发现极少遗物。

该敌台建在李畔村长城 3 段起点西北 915 米的墙体上，东距薛咀村敌台 430 米，西距柳树崾岘村 2 号敌台 747 米。

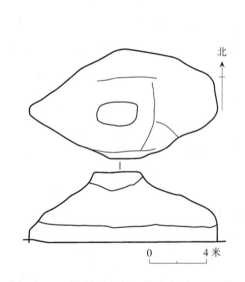

图八五四　柳树崾岘村 1 号敌台平、立面图

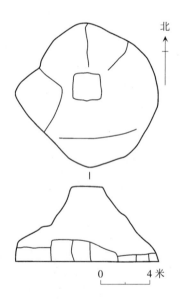

图八五五　柳树崾岘村 2 号敌台平、立面图

八　柳树崾岘村 2 号敌台（610625352101020008）

该敌台位于纸坊乡李畔村柳树崾岘村（组）西南 380 米的黄土山梁上，周围为梁峁沟壑地形，北侧底部有沟壑发育，北 32 米处有一电线杆；东侧底部紧邻一土路，路宽 10 米；西侧 18 米处有一山峁。地理坐标为东经：108°26′29.04″，北纬：36°55′58.56″，高程：1648 米。

该敌台整体保存较差，现坍塌为不规则形状的土台。敌台顶部长满杂草；东侧底部有部分坍塌，表面长满沙棘，底部有一条土路，土路外为坡地，下有沟壑发育；南侧铲削严重，底部筑路破坏了底部台地，底部台地与公路形成一断面；西侧呈缓坡状，表面遭风雨侵蚀剥落严重，并长满沙棘等杂草，中部有一豁口，高 1.5、宽 2.1、深 0.8 米，对敌台造成一定破坏；北侧底部与台地相接处有一断面，底部有坍塌的堆土，外有一土路，严重破坏了台体。

敌台平面呈不规则矩形，剖面呈梯形，底东西长 11.5、南北宽 11.6 米，顶南北长 2.4、东西宽 2.2 米，西高 6、东高 6.5 米。黄土夯筑而成，夯层厚 0.08~0.11 米（图八五五）。周围散落有少量外饰绳纹、内饰麻点纹的板瓦。

该敌台建在李家畔村长城 3 段起点西南 1.66 千米的墙体上，向墙体东南侧凸出，西距崖窑湾 1 号敌台 728 米，东距柳树嶂岘 1 号敌台 747 米、薛咀敌台 1.12 千米。

九　崖窑湾村 1 号敌台（610625352101020009）

该敌台位于纸坊乡李畔村崖窑湾村（组）东南 500 米的黄土山梁上，周围为梁峁沟壑地形。四周都为耕地，南侧 5 米处有土路通过，路宽 12 米。地理坐标为东经：108°26′02.46″，北纬：36°55′47.46″，高程：1643 米。

该敌台整体保存较差，现为不规则土台状。敌台顶部长满杂草；东侧受雨水冲刷，坍塌剥落严重，长有荒草、蒿类植物；南侧表面遭风雨侵蚀严重，并长满沙棘、杂草等耐旱植物，靠近东侧有一豁口，长 4、宽 3.1、深 1.4 米；底部紧邻一耕地，耕地所在台面下为沙石土路；西侧现已呈缓坡状，底部因开垦耕地铲削严重，紧邻一坡面耕地，并有动物洞穴存在；北侧因开垦农田有部分坍塌，与耕地相接处现有一断面，剥落严重。

敌台平、剖面均呈不规则形状，底东西长 19.3、南北宽 7.2 米，顶东西长 6.4、南北宽 2 米，北高 5.6、南高 3.6 米，黄土夯筑而成，夯层厚 0.07~0.08 米（图八五六）。顶部散落有少量外绳纹、内麻点纹的板瓦和陶器残片。

该敌台建在李畔村长城 3 段起点西南 2.39 千米的墙体上，西南距崖窑湾 2 号敌台 643 米，东北距柳树嶂岘 2 号敌台 747 米、柳树嶂岘 1 号敌台 1.45 千米。

一〇　崖窑湾村 2 号敌台（610625352101020010）

该敌台位于纸坊乡李畔村崖窑湾村（组）东南 900 米的黄土山梁上，周围为梁峁沟壑地形，北侧 30 米处有沟壑发育，西侧 13 米处有墙体存在，其间为耕地，东侧 10 米处也有沟壑发育，南侧 9 米有一条土路通过，路宽 12 米。地理坐标为东经：108°25′47.94″，北纬：36°55′42.42″，高程：1612 米。

该敌台整体保存较差，现为不规则土台状。东侧表面崎岖不平，顶部长有沙棘，底部为荒地；南侧表面遭风雨侵蚀严重，长满沙棘、杂草等耐旱植物，底部有一条小土路；西侧台体破损严重，有动物洞穴存在，底部为耕地，对敌台有一定破坏；北侧剥落严重，有多处水冲的小豁口，表面长满杂草并分布有大量的动物洞穴。敌台顶部长满杂草。

敌台平面呈不规则形状，剖面呈梯形，底部东西 10.6、南北 13.4 米，顶部南北 2、东西 3.2 米，北高 4.8、南高 4.4 米。台体为本地黄土夯筑而成，夯层厚 0.07~0.08 米（图八五七）。西侧发现散落有少量外绳纹、内麻点纹的板瓦。

该敌台建在李畔村长城 3 段止点东北 105 米的墙体上，东距崖窑湾 1 号敌台 643 米，距柳树嶂岘 2 号敌台 1.4 千米。

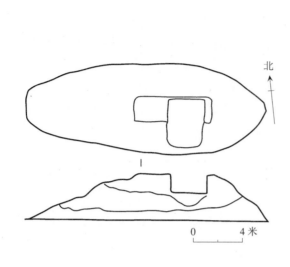

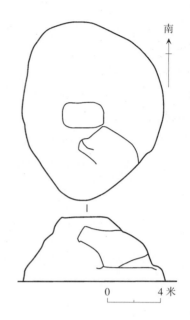

图八五六　崖窑湾村 1 号敌台平、立面图　　　　图八五七　崖窑湾村 2 号敌台平、立面图

一一　酸刺沟村 1 号敌台（610625352101020011）

该敌台位于金丁镇卜鱼沟村酸刺沟村（组）杀敌台东 50 米的郭婆峁西侧山梁上，周围为梁峁沟壑地形，西侧 3 米处有土路通过，路宽 2.5 米，向西 67 米处为卜鱼沟村酸刺沟组的一户民房。地理坐标为东经：108°24′55.50″，北纬：36°54′57.78″，高程：1659 米。

该敌台整体保存差，现为不规则形土台状。东侧表面剥落严重，长满杂草，底部接荒草坡地；南侧与墙体相连，表面遭风雨侵蚀而崎岖不平，并长满沙棘、杂草等耐旱植物；西侧台体受雨水冲刷，破损严重，底部有一土路，路宽 2.5 米，对台体有一定的损坏；北侧也与墙体相连，地势较缓，表面长满杂草。顶部为不规则形状的平面，表面长满杂草、茅草。

敌台平、剖面均呈不规则形状，底部东西 7、南北 11.3 米，顶部南北 5、东西 1.4 米，东高 2.4、西高 5.6 米。黄土夯筑而成，夯层厚 0.07 ~ 0.08 米（图八五八）。周围散落有少量外绳纹、内麻点纹的瓦片。

该敌台建在酸刺沟长城起点西南 347 米的墙体上，西南距酸刺沟 2 号敌台 581 米。

一二　酸刺沟村 2 号敌台（610625352101020012）

该敌台位于金丁镇卜鱼沟村酸刺沟村（组）杀敌台西南 300 米的山梁上，周围为梁峁沟壑地形，西南侧向南 13 米处为一山梁，山间有一宽 2.5 米的路，西南 67 米处为卜鱼沟村酸刺沟组的一户民房，西南 7 米处为苹果园。地理坐标为东经：108°24′42.60″，北纬：36°54′41.88″，高程：1616 米。

该敌台保存较差，现为不规则土台状。东侧表面长有柠条和杂草，因风雨侵蚀而脱落严重，底部为一荒地；南侧表面长满沙棘、杂草等耐旱植物，中部长有一棵柠条，底部有动物洞穴存在，对敌台有一定的损坏，台体上有多条雨水小冲沟，台体底部为开垦的农田，有一条小路通向台体西侧；西侧台体破损严重，表面崎岖不平，底部有一人工开挖的洞，高 1、宽 0.8、深 0.6 米；西南侧台体上长有数棵杏树，对敌台有一定破坏；北侧受雨水冲刷剥落严重，表面长满杂草，底部为农田，靠近东端台体底部台面已被破坏，成一断面，靠近西端台体底部台面还在，台面与下侧农田成一断面。

敌台平面呈不规则形状，剖面呈梯形，底东西20、南北14.4米，顶南北3.4、东西4.7米，东高5.5、西高6.6米。黄土夯筑而成，夯层厚0.07～0.08米（图八五九）。西、西南两侧发现散落有外饰绳纹内饰麻点纹的瓦片和陶器残片。

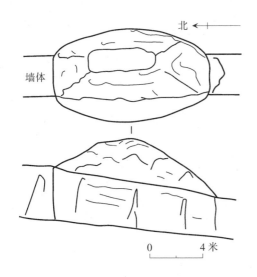

图八五八　酸刺沟村1号敌台平、立面图

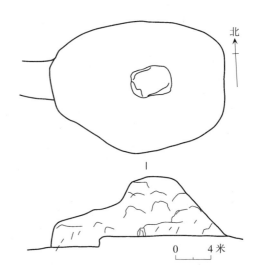

图八五九　酸刺沟村2号敌台平、立面图

该敌台建在酸刺沟长城起点西南928米的墙体上，东北距酸刺沟1号敌台581米，西南距酸刺沟长城止点黄草圪1号敌台525米。

一三　黄草圪村1号敌台（610625352101020013）

该敌台位于金丁镇卜鱼沟村黄草圪村（组）北500米的黑土疙瘩梁西坡上，周围为梁峁沟壑地形，东侧18米处有一山峁，北侧230米处有沟壑发育。地理坐标为东经：108°24′23.28″，北纬：36°54′35.34″，高程：1651米。

该敌台整体保存差，敌台东侧基本与地面持平，已坍塌呈缓坡状，表面崎岖不平，长满杂草；南侧与堑面相接，表面崎岖不平，并且有动物洞穴；敌台西侧受雨水冲刷剥落严重，有坍塌现象，现成一断面，断面底部直接与堑面相连，表面生长少量杂草和大量沙棘；敌台北侧表面因风雨侵蚀而脱落严重，底部与堑面相接，紧靠荒地。敌台顶部因北侧台体被铲削，现为三角形，表面长满杂草。

敌台平、剖面均呈不规则形状，底东西7.2、南北7.2米，顶南北2、东西2.4米，东高6、西高1.6米，夯层厚0.07～0.09米（图八六○）。顶部及西侧堑面上散有少量外绳纹、内麻点纹的板瓦残片。

该敌台建立在黄草圪村长城起点处的墙体上，南距黄草圪村2号敌台109米，南距黄草圪村3号敌台500米，南距黄草圪村4号敌台885米。

一四　黄草圪村2号敌台（610625352101020014）

该敌台位于金丁镇卜鱼沟村黄草圪村（组）北400米的黑土疙瘩梁西坡上，周围为梁峁沟壑地形，西侧215米处有土路通过，东侧40米处有一山峁。地理坐标为东经：108°24′，22.38″，北纬：36°54′

31.80″，高程：1654 米。

该敌台整体保存差，表面长有少量杂草。敌台东侧靠近顶部有数个人为开挖的长方形洞穴，高 1、宽 0.8、深 0.6 米，表面因风雨侵蚀而脱落严重，底部紧靠荒地；南侧台面坍塌凸凹不平；西侧台面坍塌严重，现成一断面，断面底部一直延伸至堑面，基本与地面持平，破损严重。台体北侧侵蚀严重，已坍塌，呈缓坡状，表面长满杂草。敌台顶部因人为踩踏损坏严重。

敌台平、剖面均呈不规则形状，底东西 6.2、南北 5.6 米，顶南北 3.6、东西 3 米，西高 5.1、东高 1 米，夯层厚 0.07 ~ 0.09 米（图八六一）。东侧台地及西侧堑面底部发现散布外绳纹、内麻点纹的板瓦残片。

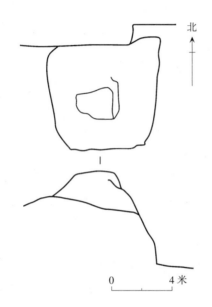

图八六〇　黄草峁村 1 号敌台平、立面图

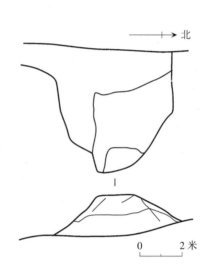

图八六一　黄草峁村 2 号敌台平、立面图

该敌台建在黄草峁村长城起点南 109 米的墙体上，北距黄草峁村 1 号敌台 109 米，南距黄草峁村 3 号敌台 391 米，南距黄草峁村 4 号敌台 776 米。

一五　黄草峁村 3 号敌台（610625352101020015）

该敌台位于金丁镇卜鱼沟村黄草峁村（组）北 100 米，周围为梁峁沟壑地形。敌台向东 18 米为山梁，中间为耕地，向南 12 米有水窖一座。地理坐标为东经：108°24′16.44″，北纬：36°54′20.76″，高程：1608 米。

该敌台整体保存较差，坍塌呈不规则形的土堆。台体东侧底部侧面现成断面，有裂缝纹，底部为坍塌的土堆；南侧面长有沙棘等杂草，坡度较缓，与农田相接；西侧表面长有大量沙棘，底部与堑面相接，表面分布动物洞穴，堑面现成一断面，凸凹不平并长满杂草；北侧表面长有柠条和沙棘，台面底部有裂缝；敌台顶部表面长有杂草，并立有一水泥电线杆。

敌台建立在最上一道堑顶部的墙体上，并向墙体东侧凸出。平、剖面均呈不规则形状，底边长东 4.2、西 10.8、南 7.2、北 9.4 米，顶边长东 2、西 3.6、南 2.6、北 3 米，西高 9.4、东高 3.4 米，夯层厚 0.05 ~ 0.08 米（图八六二）。周边发现极少遗物。

该敌台建在黄草峁村长城起点南 300 米的墙体上，北距黄草峁村 2 号敌台 391 米，南距黄草峁村 4 号敌台 385 米，南距黄草峁村 5 号敌台 550 米。

一六　黄草坬村 4 号敌台（610625352101020016）

该敌台位于金丁镇卜鱼沟村黄草坬村（组）南 300 米处的山梁上，周围为梁峁沟壑地形。敌台西侧有两道堑，堑台面现为耕地，宽 13 米，堑下 200 米外有一土路通过；东北 500 米有村民房屋一处。地理坐标为东经：108°24′17.22″，北纬：36°54′08.67″，高程：1601 米。

该敌台整体保存较差，坍塌呈不规则形的土台。东侧表面有脱落现象，并长有杂草，底部因耕种造成损坏；南侧坍塌严重，从顶部至底部有一处大的豁口，豁口高 3.6、顶宽 1.6、底宽 2.8、最大进深为 0.9 米；敌台西侧现呈一立面，表面长有大量沙棘，分布有动物洞穴；北侧呈缓坡状，因风雨侵蚀表面有多处水冲小豁口。

敌台平、剖面均呈不规则形状，底东边长 9.8、南边长 7、西边长 9.2 米，顶南北长 3.8、东西宽 2 米，东高 4、西高 6.6 米（图八六三）。南侧发现有外绳纹、内麻点纹的板瓦残片。

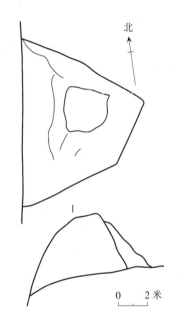

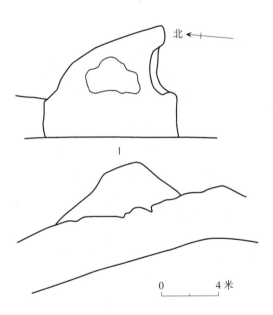

图八六二　黄草坬村 3 号敌台平、立面图　　　　图八六三　黄草坬村 4 号敌台平、立面图

该敌台建在黄草坬村长城起点南 885 米的墙体上，北距黄草坬村 3 号敌台 385 米，南距黄草坬村 5 号敌台 165 米，南距黄草坬村 6 号敌台 309 米。

一七　黄草坬村 5 号敌台（610625352101020017）

该敌台位于金丁镇卜鱼沟村黄草坬村（组）西南 480 米处的山梁上，周围为梁峁沟壑地形。敌台西侧台底为三道堑，东侧 19 米处为山梁。地理坐标为东经：108°24′15.54″，北纬：36°54′03.60″，高程：1624 米。

敌台整体保存差，东侧表面分布有动物洞穴，底部为一人为踩踏的小道，旁边又有沟壑发育，沟深 5.8 米；南侧坍塌严重，台体基本与地面持平；西侧现呈一断面，断面高 1.6、堑面高 8 米，因风雨侵蚀而崎岖不平；北侧台体部分坍塌，有人为开挖的树坑，宽 0.6、长 0.8、深 0.8 米，表面长有杂草，并有一条小路。

敌台平面呈不规则形,剖面略呈梯形,底东西5.2、南北5.8米,顶南北4.6、东西3.8米,高1.6米(图八六四)。东侧底部散落有外饰绳纹、内饰麻点纹的瓦片。

该敌台建在黄草圪村长城起点南1.05千米的墙体上,北距黄草圪村4号敌台165米,南距黄草圪村6号敌台144米,南距黄草圪村7号敌台493米。

一八 黄草圪村6号敌台 (610625352101020018)

该敌台位于金丁镇卜鱼沟村黄草圪村(组)西南630米处的山梁上,周围为梁峁沟壑地形。敌台东侧底部紧邻一埕台面耕地,向东23米处有一土路通过,路宽10米,西侧向西125米处有沟壑发育。地理坐标为东经:108°24′12.78″,北纬:36°53′59.46″,高程:1645米。

该敌台整体保存差,东侧因风雨侵蚀表面脱落严重,并长有柠条等耐旱植物;东南侧有一处马铃薯窖,宽1.2、深1、长1.8米;南侧表面遭侵蚀严重,崎岖不平,底部与堑面相连,因开垦耕地对台体底部造成破坏;西侧台体坍塌严重;北侧有裂缝,底部坍塌严重。台顶部因风雨侵蚀现呈三角形形状,表面长满杂草。

敌台平面呈不规则形状,剖面呈梯形,底边长北9.4、南8.4、东2.4、西7米,顶边长北3、西3.7、南4.2米,东高3.2、南高3.2米,夯层厚0.05~0.07米(图八六五)。周边发现少量瓦片。

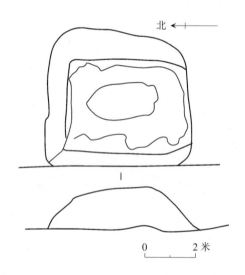

图八六四 黄草圪村5号敌台平、立面图

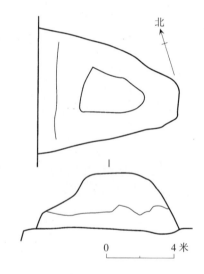

图八六五 黄草圪村6号敌台平、立面图

该敌台建在黄草圪村长城起点南1.19千米的墙体上,北距黄草圪村5号敌台144米,南距黄草圪村7号敌台349米。

一九 黄草圪村7号敌台 (610625352101020019)

该敌台位于金丁镇卜鱼沟村黄草圪村(组)西南1千米处的山梁上,周围为梁峁沟壑地形。敌台西侧堑面底部有一土路,东侧紧邻土路,路宽3米,路东侧有一宽40米的梯田。地理坐标为东经:108°24′03.18″,北纬:36°53′51.66″,高程:1633米。

该敌台整体保存差,台体东侧遭侵蚀严重,有部分坍塌,底部临一乡间小路;南侧有一条人为踩踏的小道可直通台体顶部,剥落严重;西侧坍塌严重,表面崎岖不平;台体北侧坡度较缓。敌台表面长满杂草。

敌台平面呈不规则形，剖面略呈梯形，底东西9.2、南北14米，顶南北4、东西2米，南高5.6、北高5.2米（图八六六）。周围散落有外绳纹内麻点纹的瓦片。

该敌台建在黄草圪村长城起点南1.54千米的墙体上，北距黄草圪村5号敌台493米，距黄草圪村6号敌台349米。

二〇 刘庄村1号敌台（610625352101020020）

该敌台位于金丁镇马莲崾岘村刘庄村（组）东南1千米，周围为梁峁沟壑地形，紧靠台体北侧面有一条土路穿行，台体南侧为一沟壑，台体东90米处为一崾崄，崾崄两侧为沟壑。地理坐标为东经：108°23′36.54″，北纬：36°53′38.64″，高程：1571米。

该敌台整体保存差，现已坍塌成一土堆。南侧临沟，沟壑发育给台体带来潜在的威胁；台体北侧面剥落坍塌严重，有一条土路通行，当地村民开通道路时铲削台体。台体上有动物洞穴，并且长满杂草、蒿类植物。

敌台平、剖面呈不规则形，底东西长6.5、南北宽4.5米，南侧高2、北侧距沟壑底部13米，夯层厚0.08~0.09米（图八六七）。附近散落有少量的外绳纹、内麻点纹瓦片。

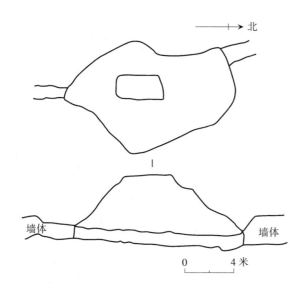

图八六六 黄草圪村7号敌台平、立面图

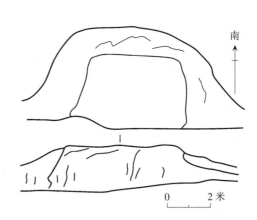

图八六七 刘庄村1号敌台平、立面图

敌台建在刘庄村长城起点西92米处，西北238米为刘庄村2号敌台，西南454米为刘庄村3号敌台。

二一 刘庄村2号敌台（610625352101020021）

该敌台位于金丁镇马莲崾岘村刘庄村（组）东南800米的山峁上，周围为梁峁沟壑地形。南侧10米处为一土路，20米处为一山峁，山峁顶部为开垦的农田；北侧山腰处为开垦的梯田，北面正对着一条沟壑。地理坐标为东经：108°23′32.22″，北纬：36°53′39.48″，高程：1605米。

敌台整体保存差，坍塌呈土堆状，北侧台面上有动物洞穴，紧挨农田，坍塌严重；顶部有一个雨水冲刷形成的豁口，宽1.8、进深1.5米；顶部及台面上长有杂草、蒿类植物，对台体带来破坏作用。

敌台平面呈不规则形，剖面呈梯形，底东西长 10、南北宽 5 米，顶东西长 2.2、南北宽 1.2 米，南高 1.6 ~ 2.4、东高 5.5 米，夯层厚 0.08 ~ 0.09 米（图八六八）。

台体及其周围散有少量的外绳纹、内麻点纹瓦片及红砂石块。

敌台建在刘庄村长城上，东南 238 米为刘庄村 1 号敌台，西南 216 米为刘庄村 3 号敌台。

二二　刘庄村 3 号敌台（610625352101020022）

该敌台位于金丁镇马莲崾岘村刘庄村（组）东南 400 米的山坡上，周围为梁峁沟壑地形，东、北侧为沟壑，东南 98 米处有一座现代坟墓，南侧为一道梁。台体底部周围为开垦的农田。地理坐标为东经：108°23′24.84″，北纬：36°53′37.56″，高程：1617 米。

该敌台保存状况差，现坍塌，呈土丘状。东侧落差较大，坍塌较严重，距顶部 1.2 米处坍塌部分长 4.5 米，底部为已开垦的农田，给台体带来破坏作用；东南侧底部有一人为挖掘的豁口，宽 0.8、进深 1.2 米。台体顶部长满蒿类植物并且有动物洞穴。

敌台平、剖面均呈不规则形，底南北长 11、东西宽 9 米，顶长 3、宽 1.5 米，南侧高 4.2、北侧高 2、东高 7.2 米，夯层厚 0.07 ~ 0.1 米（图八六九）。台体顶部及周围散落有少量的外绳纹、内麻点纹瓦片；南侧与墙体连接部位发现有红砂岩石块。

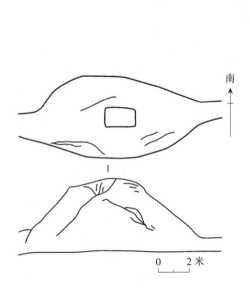

图八六八　刘庄村 2 号敌台平、立面图

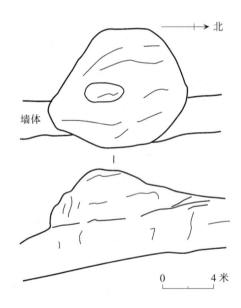

图八六九　刘庄村 3 号敌台平、立面图

敌台建在刘庄村长城上，东北 216 米为刘庄村 2 号敌台，454 米为刘庄村 1 号敌台，西北 240 米为刘庄村 4 号敌台，250 米为刘庄村相关遗存。

二三　刘庄村 4 号敌台（610625352101020023）

该敌台位于金丁镇马莲崾岘村刘庄村（组）东 195 米的山峁上，周围为梁峁沟壑地形。台体南侧 28 米的山峁顶部为刘庄相关遗存，台体底部四周为开垦的农田，东、北侧为沟壑发育，西 195 米处为一户人家。地理坐标为东经：108°23′18.18″，北纬：36°53′43.86″，高程：1639 米。

该敌台整体保存状况较差，台体东侧顶部坍塌严重，形成一个大的豁口，高 2.5、宽 6、进深 2

米，坍塌面上散有瓦片、红砂岩石块；西、北两侧距顶部 0.5 米处有人为铲削痕迹；台体有植物生长，植物根系给台体带来破坏作用。

敌台平、剖面均呈不规则形，底东西长 14、南北宽 6 米，顶东西长 4.5、南北宽 1.2 米，南侧高 1.4、北高 3、东高 7 米，夯层厚 0.08~0.1 米（图八七○）。台上散有外绳纹、内麻点纹及布纹瓦片及红砂石块。

该敌台建在刘庄村长城上，台体南侧 28 米的山峁顶部为刘庄村相关遗存，东南 240 米为刘庄村 3 号敌台，西南距刘庄村 5 号敌台 105 米。

二四　刘庄村 5 号敌台（6106253521010200024）

该敌台位于金丁镇马莲崾岘村刘庄村（组）东 65 米的山坡上，周围为梁峁沟壑地形，紧靠台体南侧面有两处现代坟墓，南 17 米处为一道梁，梁上长满沙棘、柠条；西 57 米处有一条土路，65 米处为一户人家；北 90 米有沟壑，110 米有一户人家。地理坐标为东经：108°23′14.22″，北纬：36°53′43.14″，高程：1619 米。

该敌台整体保存状况较差，东侧与墙体连接处有一个豁口，宽 2.20 米；西侧有动物洞穴，表面剥落，露出夯层；北侧坍塌较严重，台面上有裂缝，开垦农田给台体带来破坏作用。台体上长有蒿类植物，植物根系生长对台体造成破坏。

敌台平、剖面均呈不规则形，底东西长 9.5、南北宽 4.5 米，顶东西长 1.8、南北宽 1.2 米，北高 5、南高 3.2 米，夯层厚 0.06~0.11 米（图八七一）。敌台底部发现红砂石块，台体北侧的农田内发现外绳纹、内麻点纹瓦片。

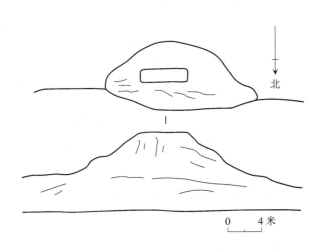

图八七○　刘庄村 4 号敌台平、立面图

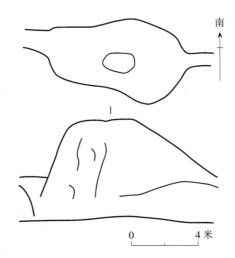

图八七一　刘庄村 5 号敌台平、立面图

该敌台建在刘庄村长城上，东北距刘庄村 4 号敌台 105 米，西南 244 米为刘庄村 6 号敌台。

二五　刘庄村 6 号敌台（6106253521010200025）

该敌台位于金丁镇马莲崾岘村刘庄村（组）南 105 米的山坡上，周围为梁峁沟壑地形。台体西侧为一条土路，西 70 米处有沟壑；南 143 米处为一崾崄，崾崄上有土路通行，崾崄两侧为沟壑；东侧 10

米的山梁上为农田。地理坐标为东经：108°23′07.68″，北纬：36°53′37.74″，高程：1574 米。

该敌台保存状况差，坍塌呈土梁状，台体西侧顶部有一个雨水冲刷形成的豁口，宽 2、深 1.5 米；西侧面上有一个人为挖掘的小洞，长 0.25、宽 0.2、进深 0.2 米；东侧面有动物洞穴；东侧面开垦农田时被铲削。

敌台平面呈不规则形，剖面呈弧形，底南北长 18、东西宽 5.5 米，顶南北长 3、东西宽 1 米，西高 3、东高 2.20 米，夯层厚 0.06 ~ 0.07 米（图八七二）。附近有外绳纹、内麻点纹瓦片。

敌台建在刘庄村长城上，东北 244 米为刘庄村 5 号敌台、349 米为刘庄村 4 号敌台。

二六　马莲嵝岘村 1 号敌台　（610625352101020026）

该敌台位于金丁镇马莲嵝岘村刘庄村（组）西 480 米。台体东、西两侧与墙体相连，东 480 米处为刘庄组，东面的嵝崄上有土路通行。地理坐标为东经：108°22′55.86″，北纬：36°53′33.00″，高程：1629 米。

该敌台保存差，坍塌呈土堆状，东侧底部与墙体连接处有一宽 4 米的豁口；西侧与墙体连接处有一宽 0.5 米的便道；北侧底部有开垦的农田，对台体造成了破坏；台体顶部凸凹不平，有动物洞穴；台面剥落严重，长有蒿类植物。

敌台平、剖面均呈不规则形，底东西长 9、南北宽 5 米，顶东西长 2、南北宽 1.2 米，南高 3 米，夯层厚 0.08 ~ 0.09 米（图八七三）。台上及底部周围散布外绳纹、内麻点纹瓦片。

敌台位于马莲嵝岘村长城起点西北 251 米墙体内侧，西南距马莲嵝岘村 2 号敌台 15 米。

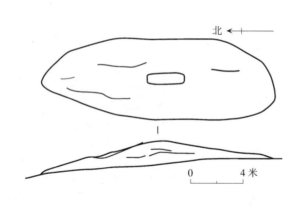

图八七二　刘庄村 6 号敌台平、立面图

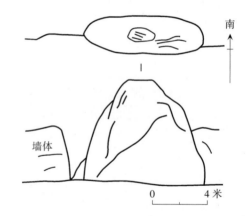

图八七三　马莲嵝岘村 1 号敌台平、立面图

二七　马莲嵝岘村 2 号敌台　（610625352101020027）

该敌台位于金丁镇马莲嵝岘村刘庄村（组）西 500 米。台体东、西两侧与墙体相连，东侧 18 米的山峁上有农田。地理坐标为东经：108°22′55.68″，北纬：36°53′32.40″，高程：1637 米。

该敌台保存情况较差。东侧底部有一人为开挖的洞，宽 1.4、高 1.4、进深 1.2 米，洞内夯层清晰；西侧有人为挖掘的土坑，开垦农田铲削了台体底部；北侧剥落坍塌严重，底部长有柠条。顶部有动物洞穴，并长满杂草。

敌台平面呈矩形，剖面略呈梯形，底边长 9 米，顶长 2、宽 1.5 米，东高 5 米，夯层厚 0.08 ~ 0.11

米（图八七四）。敌台附近发现外绳纹、内麻点纹瓦片。

该敌台位于马莲嶕岘村长城起点西南 266 米墙体内侧，东北距马莲嶕岘村 1 号敌台 15 米，西南距马莲嶕岘村 3 号敌台 698 米。

二八　马莲嶕岘村 3 号敌台（610625352101020028）

该敌台位于金丁镇马莲嶕岘村北 800 米，底部四周为农田。该敌台北 1.5 千米处为干湫子村，南 50 米有土路。地理坐标为东经：108°22′44.10″，北纬：36°53′16.50″，高程：1638 米。

该敌台保存情况较差，现呈圆形土台，南侧、西侧坍塌严重，从坍塌断面上能清晰地看到夯层；台体底部有开垦的农田，开垦农田时铲削了台体。台体上杂草丛生，长有蒿类植物、沙棘，顶部有多处人为挖掘的小坑。

敌台平面呈圆形，剖面呈不规则形。底直径 14、顶直径 3、高 8 米，夯层厚 0.05 ~ 0.12 米（图八七五）。台体附近的农田内散有外绳纹、内麻点纹瓦片。

该敌台位于马莲嶕岘村长城起点西南 964 米夯土墙体上，东北距马莲嶕岘村 2 号敌台 698 米，西南距马莲嶕岘村 4 号敌台 148 米。

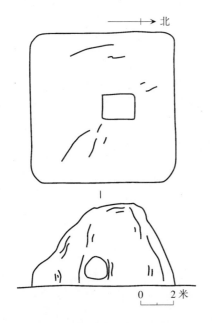

图八七四　马莲嶕岘村 2 号敌台平、立面图

图八七五　马莲嶕岘村 3 号敌台平、立面图

二九　马莲嶕岘村 4 号敌台（610625352101020029）

该敌台位于金丁镇马莲嶕岘村西 1 千米，周围为梁峁沟壑地形。台体东侧为一山峁，山峁上为农田；西侧底部有农田，再向外为沟壑，西面山峁上有开垦的农田。地理坐标为东经：108°22′42.48″，北纬：36°53′12.24″，高程：1615 米。

该敌台保存情况较差，坍塌呈土丘状。顶部有人为挖掘的小坑；西侧底部开垦的农田破坏了台体，在台面底部有一洞，洞穴内能看到台体底部夹杂有瓦片；北侧坍塌呈缓坡状，上面杂草丛生。台体上有多处动物洞穴。

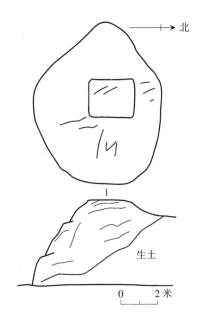

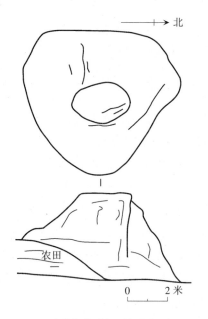

图八七六　马莲崾岘村 4 号敌台平、立面图　　　　图八七七　马莲崾岘村 5 号敌台平、立面图

敌台平、剖面均呈不规则形，底南北长 7、东西宽 8.5 米，顶南北长 2.5、东西宽 2 米，北高 4.8 米，夯层厚 0.07～0.12 米（图八七六）。台上散有外绳纹、内麻点纹瓦片及红砂岩石块。

该敌台位于马莲崾岘村长城起点西南 1.12 千米，东北距马莲崾岘村 3 号敌台 148 米，西南 450 米为马莲崾岘村 5 号敌台。

三〇　马莲崾岘村 5 号敌台（610625352101020030）

该敌台位于金丁镇马莲崾岘村西南 700 米山梁的西侧面上，周围为梁峁沟壑地形，东北 700 米为马莲崾岘村。台体西侧底部有土路通行，东侧为一山峁，山峁顶部长满沙棘、柠条，东侧山峁上有一道堑。地理坐标为东经：108°22′38.22″，北纬：36°52′56.76″，高程：1610 米。

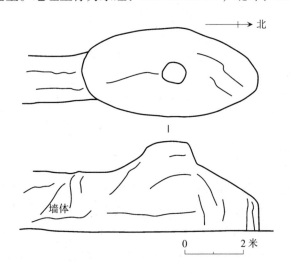

该敌台保存情况差，坍塌，呈不规则形，南、北两侧坍塌呈缓坡状与墙体相连。台体东、南、北侧底部为农田，开垦农田时铲削了台体；台体顶部有动物洞穴；台体上杂草丛生，植物根系生长给台体带来破坏作用。

敌台平、剖面均呈不规则形，底南北长 8、东西宽 7 米，顶部为椭圆形，最大径 3、最小径 2 米，东高 4.5、南高 2.2 米，夯层厚 0.07～0.08 米（图八七七）。敌台上及附近散有外绳纹、内麻点纹瓦片。

该敌台位于马莲崾岘村长城起点西南 1.56 千米，东北 450 米为马莲崾岘村 4 号敌台，西南 365 米为马莲崾岘村 6 号敌台。

图八七八　马莲崾岘村 6 号敌台平、立面图

三一　马莲嵝岘村 6 号敌台（610625352101020031）

该敌台位于金丁镇马莲嵝岘村西 100 米山梁的北侧面上，周围为梁峁沟壑地形。台体北侧底部有土路通行，向外为沟壑；南侧为农田，南 20 米为山梁，上有开垦的农田。地理坐标为东经：108°22′26.52″，北纬：36°52′52.56″，高程：1619 米。

该敌台保存情况差，坍塌呈土丘状。台体南侧开垦农田破坏了台体；北侧有道路通行；台体顶部有人为铲削痕迹，顶部杂草丛生。

敌台平面呈椭圆形，剖面呈不规则形，底东西 3、南北 6 米，北高 3 米，夯层厚 0.08～0.09 米（图八七八）。台体附近发现有绳纹瓦片，顶部发现有现代瓷片。

该敌台西北 345 米为马莲嵝岘村长城止点，东北 365 米为马莲嵝岘村 5 号敌台。

第三节　战国秦长城相关遗存

志丹县战国秦长城沿线共发现相关遗存 2 处。

一　大营盘遗存（610625354199020001）

该遗存位于金丁镇卜鱼沟村黄草坬村（组）西南 600 米处的大营盘山峁上，周围沟壑发育显著，现已开垦成梯田。遗存内现仅存一段夯土墙体，没有发现其他遗迹。地理坐标为东经：108°24′16.74″，北纬：36°53′56.70″，高程：1659 米。

遗存最顶层的中心台地北边的西端残存有一段夯土墙，长 8、顶宽 1.8、外高 4.6、内高 1 米。遗存内遗物的分布范围南北长 2085、东西宽 1450 米，在该范围内发现有大量的外绳纹、内麻点纹的板瓦及外绳纹、内布纹的筒瓦残片和陶缸残片、器物口沿等，也散落有大量的红砂岩石块。中心台地呈半月形，东西 53、南北 39 米。其东侧有二级台地，南侧有三级台地，西侧有四级台地，北侧东缘有四级台地。至中部时变为三级，其中西侧台地宽度从上往下依次为 30、11、13、13 米；东侧台地从上往下依次为 14、12、14 米。台地上都为开垦的耕地，在每级台地的边缘都散落有大量的瓦片和器物残片（图八七九）。

该遗存位于黄草坬村长城内侧，西南距黄草坬村长城墙体 107 米，正对黄草坬村 6 号敌台。

二　刘庄村遗存（610625354199020002）

该遗存位于金丁镇马莲嵝岘村刘庄村（组）东 198 米山峁上的一个椭圆平台上，周围为梁峁沟壑地形，地理坐标为东经：108°23′18.24″，北纬：36°53′41.28″，高程：1648 米。

该遗存位于山峁顶部，平面呈椭圆形，东西径长 45、南北径长 76 米（图八八○）。遗存内为开垦的农田。遗存东南有一豁口，为当地村民开挖的生产路。遗存南面的平台下有一马铃薯窖，平面为矩形，长 3、宽 1.4、深 1.4 米。

该遗存所在的农田田埂上散有外绳纹、内麻点纹瓦片以及石块。未发现其他遗迹。以所处的地理位置和遗物推测，其为长城内侧的一军事遗存。

该遗存位于刘庄村长城起点西北 694 米处墙体的内侧，北距刘庄村 4 号敌台 28 米。

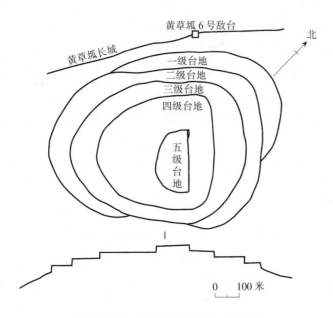

图八七九 大营盘遗存平、剖面图

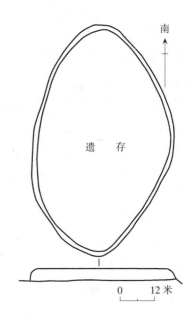

图八八〇 刘庄村遗存平、剖面图

小 结

一 战国秦长城的布设与结构特点

不论是战国秦还是统一秦乃至汉初,在长达百余年的时间段内,该长城作为在内陆的西北边防,其军事防御也呈现出与时代、作战对象、冷兵器时代兵器与作战方式相一致的特性。

(一)该长城并不布设在山脊部位

进入火器时代的明长城墙体,在山区环境下几乎全部布设在山脊上,相对而言处于冷兵器时代的秦昭王长城墙体则基本没有发现这种情况,其线路多数分布在山体一侧的山腰上,这和明长城分布特征形成明显的差异,应该和当时战国秦汉之际交战双方的战争形式和兵器有关。在此阶段,作为防御方农业民族的军队,以步兵为主,其远射兵器为弓弩,常规武器不外乎刀、枪、剑、戟一类的冷兵器,而进攻方的游牧民族军队,则以骑战为主,对阵的双方呈现出不同的特色。长城作为守方的防御体,最佳的防御效果莫过于将对方的骑兵有效地阻挡在山前地带,这样弓弩一类的兵器就可以在对方发起进攻处于上坡、速度慢的劣势时,将之有效地击退;倘若第一轮进攻时防线被突破,还可以后撤再组织防御,而进攻一方的骑兵在爬山过程中并没有明显的优势。

(二)沿线长城墙体上墩台分布密集,部分墩台分布在山顶

墙体上的墩台均依墙而建且高于墙体,山区处墩台的密度很大,间距小者有 50 米、80 米的,多数墩台之间的距离在 200 米左右,在地势稍微平缓的沙地、平原地带,分布要稀疏一些。山区地带的墩台一般设置在沟壑或谷道正对墙体的部分,或者设置在河道拐弯处以及多个河道交汇处,开阔的可视域能将沟壑或谷道内的动态尽收眼底。墩台的密度大,可能和战事形势趋紧有关,作为防守的一方,

两座墩台之间采用弓弩来守卫，能对进攻者进行有效的打击。该长城墙体上墩台间距 200 米左右，恰好相当于弓箭有效射程的 2 倍稍小，所以设计墩台间距应该是按照在相邻两墩台上相对射箭能将该段范围全置于射程之内的要求而定[1]。

沿线多数墩台周边发现大量的瓦片，瓦片内侧纹饰既有麻点纹也有布纹，即表明这些墩台上当年曾建有固定的有顶覆盖的建筑，也表明墩台屋面建筑的时代既有战国秦的、也有汉代前期的。分布在山顶的墩台不论是规模还是保存状况，均优于墙体上的墩台，墩台周边的瓦片中布纹瓦多于麻点纹瓦，我们推测建于山顶上的墩台当为汉代。墙体上的墩台有些属战国建造，有些应该为汉代添建或沿用修缮，只不过现在还不能将之一一甄别。

（三）长城沿线墙体存在大量汉代新建的现象

现今看到的长城墙体基本上呈现出较好的延续性，调查中发现，某些线段的墙体两侧分布有较多的瓦片，而有些线段则几乎不见瓦片，一般情况下，墙体保存较好的线段，瓦片分布的较少，墙体保存较差的线段瓦片分布的较多。在一些保存好的墙体夯层中发现夹含有布纹筒瓦残片的现象。于此，我们认为，战国秦长城墙体连续性很差，墙体上覆盖有板瓦筒瓦，墩台分布的较为疏散，经过汉代的修缮、新建，该长城呈现出我们面前的形态是墙体连续性好、墩台密布，就墙体而言，汉代时墙体上没有战国秦时期那样覆盖筒瓦板瓦的现象，这也表明，前后两个时代利用墙体时的防御方式完全不同，汉代时守城的将士可以在城墙上巡视防守，而战国时士卒并不在墙体上巡守，仅依靠墩台瞭望和防守，这或许与战国气候相对湿润、降水较汉初多有关[2]，也或许与前后两个时代的防御思想有关。

另外在该长城沿线还发现一种称之为"障墙"的现象。由于该长城并不沿山脊走向来布设其线路，一般被布设在山峁的腰部，这样在群山连绵的区域就会影响防守士卒的可视域，也会形成一些观察死角。为了解决这一困境，汉代在位置相对开阔、视线较好的长城墙体后侧山峁顶部，修建一道宽度大于墙体、长度十数米或再稍长的一段墙体，墙体或两端或一端夯建一座与之不相连接的墩台，这些墙体周边甚少见到瓦片一类的遗物，墩台周边能见到零星的筒瓦瓦片，瓦片有内布纹和内麻点纹之分。尤其是在甘肃境内该长城上，全线发现有 23 道障墙（土墙），其中环县 3 道、通渭 7 道、陇西 9 道、渭源 4 道，障墙均位于长城墙体的内侧。这些土墙一般是在长城墙体沿山腰翻过山梁经过崾崄时，在长城墙体背后山顶修建，走向基本与长城的墙体垂直，其现存的宽度与高度要大于城墙体，障墙的长度 30~80、底宽 5~10、高 2~4 米，所在位置山梁的高程 2000~2020 米。

如位于镇原县第三铺乡第三铺村长城湾社南 610 米山梁上的长城湾遗存，发现有两道土墙，位于第三铺村长城墙体内侧，西北距墙体 100 米。两道土墙处于山梁的顶部，形成交角，西南、西北望可视度达数公里。其宽度、高度要大于长城墙体。其所处的山梁顶部较平坦开阔，从视角上分析，在此处修建一座烽火台的话，周围很难完全顾及，所以其功用可能接近于烽火台，并且弥补了修建烽火台视角上不足的困惑。除此之外，在此土墙的周围发现有典型器物的残片。据此判断，此处可能还作为临时的休息、食宿、避风雨等场所。

由于在附近发现内布纹筒瓦，此类防御设施建造于汉初，调查时登高观察周边状况，可视域明显

---

〔1〕 有调查研究认为平坦地势处墩台间距在 210~240 米，符合当时之百丈（相当于 230 米）长度。参见彭曦：《战国秦长城等考察与研究》，西北大学出版社，1990 年。另外，关于明代弓箭射程要求小于战国，由于当时沿边均配有一定数量的火器，弓箭处于次要地位。参见于春雷：《陕西榆林明长城新发现"阳孤墩石碑"考》，《文博》2008 年 3 期。

〔2〕 陈业新：《两汉时期气候状况的历史学再考察》，《历史研究》2002 年 4 期。

优于在墙体上看到的景象，同时也可以即时地将观察到的敌情信息传递到远方，而站在墙体附近墩台上则达不到这一效果。

二　该长城的废弃、再沿用和破坏

该段长城直到汉武帝大规模出击匈奴后才彻底废弃，始于周赧王四十三年、秦昭王三十五年（前272年），止于武帝元朔二年（前127年），前后沿用将近150年。反击匈奴后"幕南无王庭"，匈奴浑邪王降汉后，于五郡故塞外设立属国，此时"故塞"就不再是作为重要的军事防线来使用，但依然是一条胡汉之间的界线。

西汉以后直至隋代，该长城一直处于废弃状态，隋代修筑从灵武到朔方的长城，部分段落与该长城重合，这样的段落存在于神木县西部、榆阳区、横山县和靖边县东部，因为调查过程中，在该地段没有发现或疑似的隋长城遗迹。明长城榆阳区中部麻黄梁镇十八墩至芹河乡黄沙碛墩30千米段直接和该长城分布线路重合。沿线一些墩台有明代沿用维修的迹象。

吴起县和志丹县战国秦长城墙体中山险墙部分是以"三道堑"形式为主，即沿山坡堑削出多级台阶状的堑，各台阶的宽和高不等，在最上一级平台的边缘上夯土筑墙，沿墙分布有敌台若干。这种形式的墙体在靖边白于山区也有少量存在，主要集中存在于吴起和志丹两县。现在看这些"三道堑"，依然是上部平坦，侧部壁立，适合防御。

结合陕西明二边长城的"铲削山险"到现在已是踪迹难觅来看，这种黄土质地的堑能否经历两千余年风雨而不圮坏是很值得怀疑的。调查时发现，这些堑都是顺着夯土墙体遗迹，并与之平行曲折蜿蜒，起伏于梁谷之间；而农民耕种的梯田，与"堑"有很大的相似之处，但这些"堑"与夯土墙体平行的线分布的现象与梯田大不一样。调查时也访问过当地的老者，均不知道这些梯田模样的堑形成于何时。

文献上和现场遗物都证明汉代的"故塞"就是沿用的该长城，所以我们现在看到的所谓秦昭王长城，其实大部分应该是经过汉代修缮或重修后遗留下的遗迹。

陕西省考古研究院田野考古报告 第68号

陕西省早期长城资源调查报告

下 册

陕西省考古研究院
西北大学文化遗产学院 编著

文物出版社

第二编

战国魏长城

陕西省境内的战国魏长城是秦魏战争的后期，魏国在黄河以西、洛河以东地区修建的防御秦国的军事设施，分布在今延安市、铜川市和渭南市等地。

本次调查的魏长城分布在富县、黄陵县、宜君县、黄龙县等地，分属四个区间，总长 36129.5 米。

	墙体（米）	单体建筑（座）	关堡（座）	相关遗存（处）	备注
富县	17912	1	0	4	自成一体
黄陵县	2523	3	0	7	与宜君县长城成一体
宜君县	9594.5	1	1	9	与黄陵县长城成一体
黄龙县	6100	2	0	0	为黄龙山南麓长城之一部分
总计	36129.5	7	1	20	

第九章　富县战国魏长城资源

富县位于延安市西南部，处于洛河中上游，属于典型的黄土高原丘陵沟壑地貌，境内川原相间，沟壑纵横。境内主要河流有洛河、葫芦河、牛武川等。县域总面积4182平方千米，总人口14.7万人。

富县位于北方游牧民族南下中原的通道上，历来是农业文明和游牧文明你来我往的拉锯地区，夏商时属戎狄之地，战国时先后隶属赵国、魏国及秦国，秦时设雕阴，汉置直路县。魏、晋匈奴等族入据后废县，十六国时期前秦设长城县，隶长城郡。西魏改为三川县，隋开皇三年（583年）分北部增设洛交县，唐武德元年（618年）在洛交县城设鄜州，三年在西部分置直罗县，宋降三川县降为镇并入洛交县。元至元四年（1267年）撤洛交、直罗二县，辖地划归鄜州。1912年废鄜州设鄜县。

1949年4月2日解放，1958年并入洛川县，1961年复设鄜县，1964年因"鄜"字生僻，改为富县至今。

参加富县长城资源调查的人员有李增社、张海报、唐海峰、储清磊、樊凡、许西红，调查时间为2009年7~8月。

富县战国魏长城分布在洛河两岸，从监军台开始沿洛河东岸分布，至洛河东侧支流牛武川汇入处向西越过洛河，沿洛河西侧支流秋家沟、任家台川南岸分水岭向西北延伸至张家塬。墙体主要在塬上及嶂峻处分布，为黄土夯筑而成，夯层厚度薄厚不一，清晰可辨，在陡峭的山体上少见，长城沿线少见建筑材料；单体建筑很少（图八八一）。

富县魏长城全长17912米，呈东南—西北走向，两端均不与其他长城相接。位于洛河东岸部分较短，呈南—北走向，沿洛河东岸分布；洛河西岸部分较长，呈东偏南—西偏北分布，沿任家台川南岸分水岭分布。富县长城由墙体、单体建筑和相关遗存组成，共有墙体8段、单体建筑1座、相关遗存4处。

富县长城过去曾被当做战国时张仪所筑的秦长城来对待，此次调查我们发现，此段长城和分布于榆林地区和延安北部的战国秦长城有着较大的差异，从防御方向看，体现出明显的自北方防御南方的意图；长城沿线不见秦长城那样习见的筒瓦和板瓦，沿线墩台甚少，而且墩台周边也少见遗物，个别地点墙体的夯层仅厚0.03、0.04米。据此我们分析此段长城为魏长城。调查认为富县长城并非秦上郡塞，但监军台遗存夯土墙的夯层中夹含麻点纹筒瓦，说明此地在秦魏之间可能存在反复易主的情况。

富县长城资源归属富县文物旅游局管理。该局局长是陈兰，性质为事业单位，编制7人，主管本县文物保护工作，兼管旅游开发。

长城沿线有一处保护标志，但保护范围和建设控制地带没有明确标示，也没有记录档案和专职保护机构与人员。

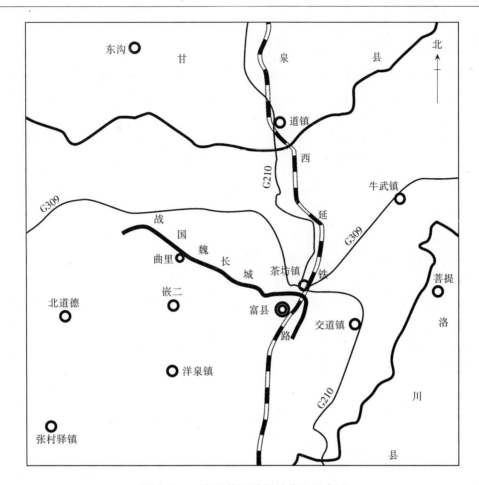

图八八一 富县战国魏长城位置示意图

富县魏长城长度统计表　　　　　　　　　单位：米

富县	保存较好	保存一般	保存较差	保存差	消失	小计
山险	0	0	0	0	0	0
河险	0	1290	0	0	0	1290
山险墙	0	124	180	565	1962	2831
石墙	0	0	0	0	0	0
土墙	0	0	1366	425	8314	10105
消失段	0	0	0	0	3686	3686
总计	0	1414	1546	990	13962	17912

第一节　战国魏长城墙体

富县战国魏长城墙体长 17912 米，共分 8 段。其中河险 1 段，长 1290 米，占全长的 7%；山险墙 1 段，长 2831 米，占全长的 15%；夯土墙 5 段，长 10105 米，占全长的 57%；消失 1 段，长 3686 米，占全长的 21%。

一　监军台村—圣佛峪村长城（610628382105020001）

该段长城位于监军台村至圣佛峪村间洛河东岸的山上。墙体西侧与富县县城隔洛河相望，起点处有乡间土路相通。起于城关镇监军台村东南1250米，止于城关镇圣佛峪村东北200米，西南—东北走向，全长2831米。起点处坐标为东经：109°22′46.92″，北纬：35°58′15.96″，高程：954米；止点处坐标为东经：109°22′58.02″，北纬：35°59′45.42″，高程：1052米（图八八二）。

该段墙体保存一般长124米，保存较差长180米，保存差长565米，消失长1962米。依据保存情况分6个自然段。

第1段　起点至断点1，长16米，其中保存一般长4米，消失12米，南—北走向。起点向北有4米长的墙体，保存状况一般，在其断面发现夯层，其中夹杂料礓石，厚度0.06～0.08米。墙体底宽5、高3米，位于监军台村西南的山坡上，东紧邻一条深8米左右的沟，沟上宽7～10、下宽约3米；此段墙北也有沟壑发育，造成墙体消失12米。

第2段　断点1至特征点1，长120米，保存一般，南—北走向。残存墙体大部分较高。断点1以北100米处取一剖面，顶宽1.6、底宽5米，东侧高6、西侧高4米（图八八三）。该段墙体地势高亢，东面紧邻宽7～10米的沟，墙体由于植物根系、动物洞穴等遭到破坏。

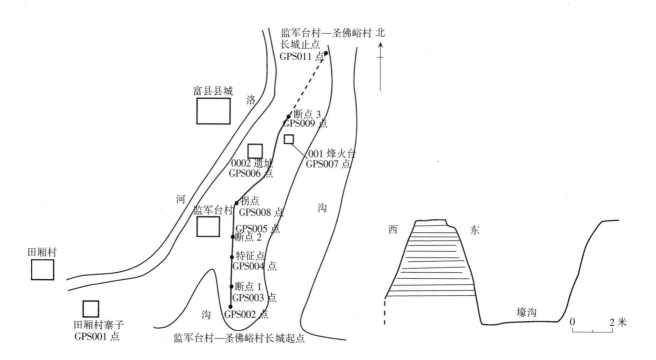

图八八二　监军台村—圣佛峪村长城位置示意图　　　图八八三　监军台村—圣佛峪村长城墙体剖面图

第3段　特征点1至断点2，长80米，保存差，南—北走向。该段墙体由于沟壑发育，山体上的夯土墙体破坏殆尽，仅留堑面。断点2处有宽约5米的豁口。

第4段　断点2至拐点，长365米，保存差，南—北走向。在山体表面已经找不到夯土痕迹，但堑面存在。该段墙体四周均为沟壑，东侧有一条土路可通往山顶。

第5段　拐点至断点3，长300米，其中保存较差180米，差120米，西南—东北走向。拐点向东北180米段的墙体保存状况较差，高3米。该段长城主要以三道堑的形式存在，拐点东北120米处的墙体堑面宽19米，西与富县县城隔河相望，东、北两侧临沟壑。由于沟壑发育、植物根系破坏等原因，造成墙体受侵蚀较严重，墙体再向东北有120米段保存差。

第6段 断点3至止点，西南—东北走向，长1950米，消失段，原因为风雨侵蚀、沟壑发育、修建道路和开垦耕地等。

该段长城采取堑山为障，并且在部分堑面上筑以夯土墙的形式，夯层厚0.06～0.08米。

长城起点西南1200米处为田厢村寨子，止点东北接圣佛峪村河险。

该段长城所处的监军台村共有180余户，圣佛峪村有100多户。当地居民主要种植小麦、玉米和各种果树。长城所在的地区位于黄土高原地带，有乡间土路通之，交通较为不便。

二 圣佛峪村河险（610628382107020002）

该河险地处黄土高原梁状丘陵沟壑区，两边为连绵起伏的山峰。起于城关镇圣佛峪村东北200米，止于城关镇山城塬村东南1200米，全长1290米，保存一般，呈东南—西北走向。起点处坐标为东经：109°22′58.02″，北纬：35°59′45.42″，高程：1052米；止点处坐标为东经：109°22′17.22″，北纬：36°00′10.14″，高程：955米（图八八四）。

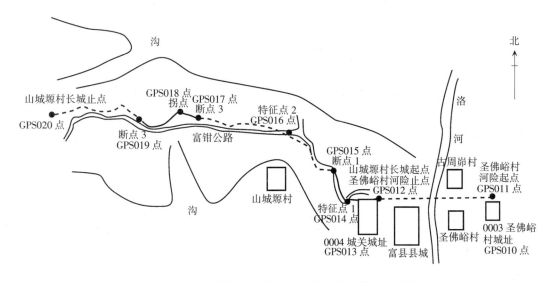

图八八四 圣佛峪村河险、山城塬村长城位置示意图

长城利用了洛河河道的险要，该河流为降水补给型河流，河床平坦，落差不大，两岸山峰起伏，不失为守卫疆土的天然屏障。

该河险起点东南接监军台村—圣佛峪村长城，止点西北接山城塬村长城。

圣佛峪村有100多户。当地居民主要种植小麦、玉米和各种果树。该河险所处地区现为富县县城，交通相对发达。

三 山城塬村长城（610628382101020003）

该段长城处于山城塬村东塬面边缘，夯土墙体也多在道路旁边。起于城关镇山城塬村东南1200米，止于城关镇罗家塬村东北500米，东北—西南走向，全长4191米。起点处坐标为东经：109°22′

17.22″，北纬：36°00′10.14″，高程：955 米；止点处坐标为东经：109°19′59.10″，北纬：36°00′01.20″，高程：1164 米（图八八四）。

该段长城保存差，大多消失。保存较差 546 米，消失 3645 米。依据保存情况分为 7 个自然段。

第 1 段　起点至特征点 1，长 1240 米，消失段，东—西走向。起点向西南原有 1240 米长的墙体为城关城址城墙，此城址据说为唐时修筑，但从形制看应为明代重修，故此处不见长城墙体。

第 2 段　特征点 1 至断点 1，长 130 米，保存较差，东南—西北走向。该段长城由于开辟道路以及植物根系破坏，受损比较严重。墙体南临沟壑，顶部已被野草覆盖，夯层不明显。墙体残高 3 米。

第 3 段　断点 1 至特征点 2，长 870 米，消失段，东南—西北走向，因沟壑发育以及开辟道路等原因所致。特征点 2 现为一处塬地边缘，东临石子路，西、南两侧均临沟壑。塬地上生长众多植被，周边发现有大量瓦片，以外素面、内布纹为主。该地可能有建筑基址。

第 4 段　特征点 2 至断点 2，长 750 米，消失段，东南—西北走向，因沟壑发育以及开辟道路等原因所致。

第 5 段　断点 2 至拐点，保存较差，长 56 米，东南—西北走向。该段墙体残高 1～3 米，东面临沟壑。由于沟壑发育和人为原因对墙体造成破坏较大，墙体夯层不明显。

第 6 段　拐点至断点 3 段，保存较差，长 360 米，东北—西南走向。该段墙体残高 1～3 米，墙体行至拐点转为东北—西南走向。该段墙体位于乡村土路边，顶部已被铲平，西为沟壑。由于沟壑发育、根系破坏等原因造成墙体破坏严重。墙体夯层不显，厚约 0.07～0.1 米。断点 3 处有一剖面，墙体顶宽 1、底宽 1.8 米，南高 2、北高 1.8 米，夯层厚 0.08～0.13 米。

第 7 段　断点 3 至止点，长 785 米，消失段，东北—西南走向。因沟壑发育及开辟道路原因所致。

该段长城的起点东北接圣佛峪村河险，止点西南接罗家塬村长城。

该段长城所处的山城塬村有居民 20 余户。当地居民主要种植小麦、玉米和各种果树。该段墙体位于黄土高原地带，起点处临洛河，止点处与富钳公路相邻，还有乡间土路通之，交通较为便利。

四　罗家塬村长城（610628382101020004）

该段长城处于罗家塬村北的塬面边缘，南临富钳公路，北临沟壑。起于城关镇罗家塬村西北 500 米，止于城关镇东太安村东 507 米，东南—西北走向，全长 1608 米。起点处坐标为东经：109°19′59.10″，北纬：36°00′01.20″，高程：1164 米；止点处坐标为东经：109°18′58.86″，北纬：36°00′24.72″，高程：1191 米（图八八五）。

该段长城保存差，几乎消失。保存较差长 60 米，消失长 1548 米。依据保存情况分为 2 个自然段。

第 1 段　起点至断点，保存较差，长 60 米，东南—西北走向。该段墙体北临沟壑，南临富钳公路。现存墙体底宽 1.2～2、顶宽 0.4～0.8、残高 0.4～2.5 米，夯层厚 0.08～0.09 米。沟壑发育、植物根系及开辟道路对墙体破坏较大。

第 2 段　断点至止点，消失段，长 1548 米，东南—西北走向。由于沟壑发育等原因导致墙体消失。

该段长城的起点东南接山城塬村长城，止点西北接东太安村长城。

该段长城所处的罗家塬村有居民 40 余户。当地居民主要种植小麦、玉米和各种果树。该段墙体位于富钳公路北侧，交通便利。

五　东太安村长城（610628382101020005）

该段长城位于东太安村东的塬面上，附近有富钳公路通行。墙体起于城关镇东太安村东 507 米，

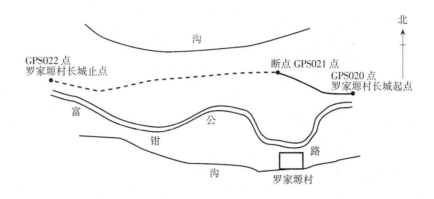

图八八五　罗家塬村长城位置示意图

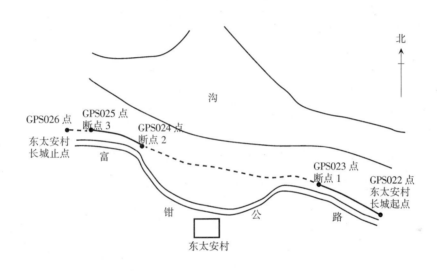

图八八六　东太安村长城位置示意图

止于曲里村东北 800 米，东南—西北走向，全长 2030 米。起点处坐标为东经：109°18′58.86″，北纬：36°00′24.72″，高程：1191 米；止点处坐标为东经：109°17′50.52″，北纬：36°01′02.28″，高程：1229 米（图八八六）。

该段墙体保存差，大多消失。保存较差 113 米，消失 1917 米。依据保存情况分 4 个自然段。

第 1 段　起点至断点 1，长 30 米，保存较差，东南—西北走向。由于沟壑发育、开辟道路等原因导致墙体遭受了很大破坏。断点 1 处墙体底宽 1.6、顶宽 0.8 米，西南高 1.6、东北高 3 米，夯层厚 0.06～0.1 米（图八八七）。

第 2 段　断点 1 至断点 2，长 1319 米，消失段，东南—西北走向。墙体由于沟壑发育、开垦果园、道路修

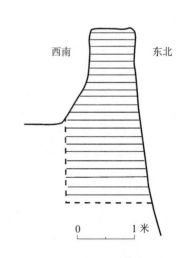

图八八七　东太安村长城墙体剖面图

建等原因而消失。

第3段　断点2至断点3段，长83米，保存较差，东南—西北走向。该段墙体残高2.8米，由于沟壑发育以及开辟道路的原因，墙体破坏很大。墙体夯层不明显。

第4段　断点3至止点段，长598米，消失段，东南—西北走向。本段墙体由于沟壑发育、开垦果园等原因而消失。

该段长城起点东南接罗家塬村长城，止点西北接曲里村—扶龙村长城。

该段长城所处的东太安村有居民100余户。当地居民主要种植小麦、玉米和各种果树。现存墙体附近有富钳公路通行，交通便利。

六　曲里村—扶龙村长城（610628382301020006）

该段长城经过的地区处于塬面边缘，起于曲里村东北800米，止于城关镇侯村东北551米，东南—西北走向，全长3686米。起点处坐标为东经：109°17′50.52″，北纬：36°01′20.28″，高程：1229米；止点处坐标为东经：109°15′42.00″，北纬：36°02′32.52″，高程：1264米（图八八八）。

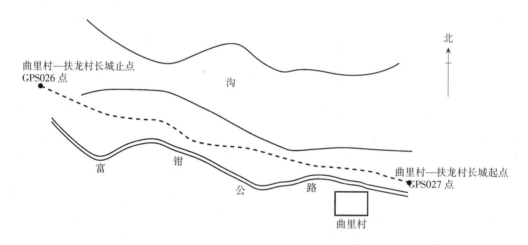

图八八八　曲里村—扶龙村长城位置示意图

该段长城由于雨水冲刷、沟壑发育等自然因素的破坏，现已完全消失。但根据其前后墙体的走向情况和前人的调查研究来看，长城应从两村间的塬上通过，走向应为东南—西北。

该段消失墙体应东南接罗家塬村长城，止点西北接侯村长城。

该段长城所处的曲里村有130余户。当地居民主要种植小麦、玉米和各种果树。该地段有富钳公路可以到达，交通便利。

七　侯村长城（610628382101020007）

该段长城位于侯村东，旁边有富钳公路通行，起于城关镇侯村东北551米，止于钳二乡王乐村东400米，东北—西南走向，全长1763米。起点处坐标为东经：109°15′42.00″，北纬：36°02′32.52″，高程：1264米；止点处坐标为东经：109°14′50.16″，北纬：36°02′10.98″，高程：1222米（图八八九）。

该段墙体保存差，损毁严重。保存较差长527米，差208米，消失1028米。依据保存状况分为12个自然段。

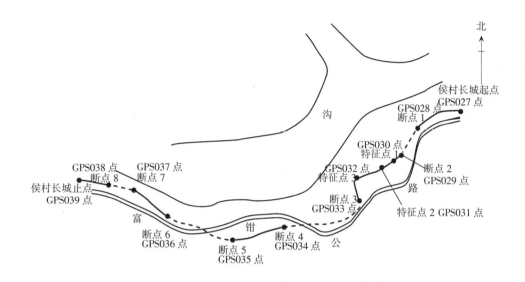

图八八九　侯村长城位置示意图

第 1 段　起点至断点 1，保存较差，长 136 米，东北—西南走向。该段墙体残高 3 米，西临沟壑，墙体由于开辟耕地等原因遭受了很大破坏。断点 1 处墙体由于开辟富钳公路被铲掉，墙体墙基宽 2.6、夯层厚 0.07 ~ 0.09 米。

第 2 段　断点 1 至断点 2，长 109 米，消失段，东北—西南走向。因沟壑发育以及开辟道路造成墙体消失。

第 3 段　断点 2 至特征点 1，长 60 米，保存差，东北—西南走向。该段墙体东临富钳公路，西、北临沟壑，沟壑发育及植物根系对墙体造成一定破坏。

第 4 段　特征点 1 至特征点 2，长 90 米，保存较差，东北—西南走向。该段墙体西临沟壑，东临富钳公路。特征点 1 向西南 30 米处立有"全国重点文物保护单位"碑。由于开辟公路及植物根系破坏等原因造成了墙体底部部分坍塌。

第 5 段　特征点 2 至特征点 3 段，长 58 米，保存差，东北—西南走向。墙体西临沟壑，东临玉米地，由于沟壑发育以及后代开辟农田，今所见墙体仅余残基。

第 6 段　特征点 3 至断点 3，长 60 米，保存差，西北—东南走向。该段墙体西临沟壑，东临玉米地，沟壑发育以及耕地开辟使墙体底部坍塌严重，夯层不显。

第 7 段　断点 3 至断点 4，长 714 米，消失段，东北—西南走向。该段墙体由于沟壑发育以及开辟道路而消失。

第 8 段　断点 4 至断点 5，长 135 米，保存较差，东北—西南走向。该段墙体四周为沟壑。沟壑发育、公路开辟以及植物根系对墙体造成破坏。断点 5 处墙体底宽 3、顶宽 1.7 米，夯土墙高 3、墙基高 3 米，夯层厚约 0.07 ~ 0.11 米（图八九〇·1）。

第 9 段　断点 5 至断点 6，长 120 米，消失段，东南—西北走向。该段墙体因公路开辟而消失。

第 10 段　断点 6 至断点 7，长 166 米，保存较差，东南—西北走向。该段墙体残高 2.8 米，西临沟壑，东临富钳公路，墙体夯层厚 0.07 ~ 0.12 米。墙体受到沟壑发育、公路开辟以及植物根系的破坏。

第 11 段　断点 7 至断点 8，长 85 米，消失段。该段墙体由于沟壑发育以及公路开辟而消失。

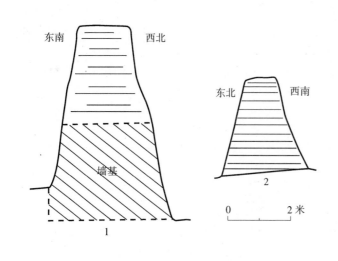

图八九〇 侯村长城墙体剖面图

第12段 断点8至止点，长30米，保存差，东南—西北走向。该段墙体残高1.8米，东为沟壑，西临富钳公路，由于沟壑发育以及开辟公路等原因，造成墙体土质疏松，夯层较为明晰。止点处剖面墙体底宽3、顶宽1米，夯土墙高2.8米，夯层厚0.07～0.12米（图八九〇·2）。

该段长城起点东北接曲里村—扶龙村长城，止点西南接王乐村长城。

该段长城所处的侯村有居民20余户。当地居民主要种植小麦、玉米和各种果树。墙体附近有富钳公路通行，交通极为便利。

八 王乐村长城
（610628382101020008）

该段长城处于王乐村南的塬面上，旁边有富钳公路通行，周围有沟壑发育。墙体起于钳二乡王乐村东400米，止于钳二乡王乐村西北200米，东南—西北走向，全长513米。起点处坐标为东经：109°14′50.16″，北纬：36°02′10.98″，高程：1222米；止点处坐标为东经：109°14′30.12″，北纬：36°02′19.08″，高程：1279米（图八九一）。

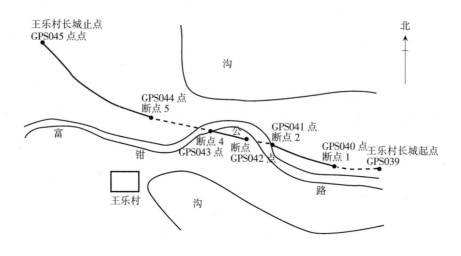

图八九一 王乐村长城位置示意图

该段墙体保存差，坍塌严重。保存较差120米，差217米，消失176米。依据保存状况分6个自然段。

第1段 起点至断点1，长120米，消失段，东—西走向。因沟壑发育以及开辟公路造成墙体消失。

第2段 断点1至断点2，长72米，保存差，东南—西北走向。该段墙体残高1～1.59米，南、北均临沟壑。墙体由于沟壑发育以及开辟道路等原因破坏很大，夯层不明显。

第3段 断点2至断点3，长35米，消失段，东南—西北走向。该段墙体由于沟壑发育以及开辟公路等原因而消失。

第4段　断点3至断点4，长120米，保存较差，东南—西北走向。该段墙体残高3.1、墙基宽3米，墙体夯层较为明晰，厚0.11～0.13米（图八九二·1）。因沟壑发育、开辟道路以及植物根系的破坏，墙体土质疏松，底部坍塌严重。断点4剖面处底宽3、顶宽1.8米，高2.4米，夯层厚0.08～0.16米（图八九二·2）。

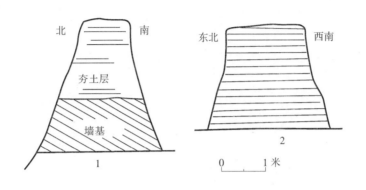

图八九二　王乐村长城墙体剖面图

第5段　断点4至断点5段，长21米，消失段，东南—西北走向，因开辟公路已经被冲断。

第6段　断点5至止点段，长145米，保存差，东南—西北走向。该段墙体东临富钳公路，由于开辟公路等原因对墙体破坏很大，现存墙体坍塌严重，夯层不显，厚0.08～0.11米。

该段长城起点东南接侯村长城起点。

该段长城所处的王乐村有居民140余户。当地居民主要种植小麦、玉米和各种果树。因为墙体处在塬面上，所以交通状况较为便利，墙体附近有富钳公路。

第二节　战国魏长城单体建筑

富县战国魏长城沿线现存单体建筑仅有1座烽火台。

一　监军台村烽火台（610628353201020001）

该烽火台位于监军台村东北1.3千米处的山顶台地上。台体顶部和底部周围的台地上新植有松树苗。所处的山顶台地东、西两侧临沟面山，北侧山下为洛河和富县县城，西南300米处为监军台村遗存。地理坐标为东经：109°22′46.20″，北纬：35°58′35.82″，高程：1104米。

台体四周有剥落坍塌的现象。由于风雨侵蚀，在台顶植树等原因造成台体顶部凹陷成坑；台体北侧有人为开挖的上台脚坑；台顶东北侧生长有一棵杜梨树，台体上下均被荒草和野生灌木植物覆盖。

台体损坏较为严重，平面呈圆形，剖面为梯形，底直径6.5米，顶直径5米，高2.2米，夯层厚0.06～0.08米（图八九三）。

该烽火台建在监军台村长城—圣佛峪村长城拐点东侧40米处的山顶台地上，西南距监军台村遗存300米。

该烽火台所处的监军台村有180余户。当地居民主要种植小麦、玉米和各种果树。该烽火台位于山顶台面上，交通不便。

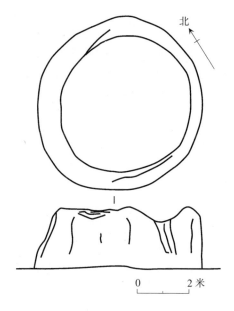

图八九三　监军台村烽火台平、立面图

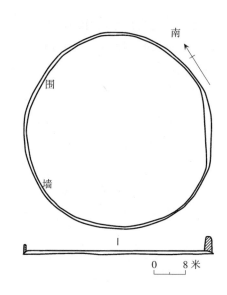

图八九四　田厢村寨子平、剖面图

第三节　战国魏长城相关遗存

富县战国魏长城沿线共发现相关遗存4处，有居住址1处，其他遗存3处。

一　田厢村寨子（610628354199170001）

该遗存位于洛阳乡田厢村东北400米处的山峁顶部，遗存范围内为一片槐树林，地面上杂草丛生，遗存中间竖有一座"中国电信"信号塔。遗存所处的山峁上植被覆盖良好，该山峁四面临山，山下的沟道中有道路和农田，东北侧有村庄，西北侧为洛河流经。地理坐标为东经：109°22′27.24″，北纬：35°57′25.38″，高程：1030米。

该遗存因雨水冲刷侵蚀墙体、栽种树木等原因，现整体保存状况较差。围墙因雨水冲刷侵蚀、人为破坏等原因，墙体剥落坍塌严重，而且存在多处大大小小的豁口。残存墙体上的植物根系生长对墙体造成了一定的威胁。

该遗存为直径50米的圆形，有围墙。现残存的围墙高低不齐，存在多处豁口，墙体底宽0.5~2、顶宽0.4~0.8、内高0.5~3.2、外高0.8~3.4米，夯层厚度为0.07~0.11米（图八九四）。

在该寨子的围墙夯层中夹杂有大量外素面、内布纹的瓦片，还有少量细陶片和石块。在该遗存内信号塔西侧堆有大量外素面、内布纹的瓦片、石块。根据遗存区内的遗物，推测为明代的一处建筑遗存。

该遗存东北1500米处为监军台村遗存。

该遗存所处的田厢村有100余户。当地居民主要种植小麦、玉米和各种果树。该遗存处于一山峁顶部，附近有山间土路可达其附近。

二 监军台村遗存（610628354199170002）

该遗存位于监军台村东北1千米处的山顶台地上，遗存范围内有新植的松树苗，并且杂草丛生。遗存所处的山顶台地东、南、西边均临沟面山，北面山下为洛河和富县县城。地理坐标为东经：109°22′34.68″，北纬：35°58′28.92″，高程：1088米。

该遗存范围内杂草丛生，开挖了许多植树坑，最上面的方形台中间凹陷，四周围墙高矮不齐，二层台面西侧低平处有车轮碾压的痕迹。

该遗存有三层台面，一、二层台面为堑削而成，堑面上有大量瓦片。三层台为方形，边长13.5、高1~1.2米；一层台和二层台平面略呈三角形，由东向西逐渐变窄。二层台东西长80、南北宽0~22、高0.5~2.4米；一层台东西长约12、南北宽0~57米。二层台地势由东向西变低逐渐与一层台重合（图八九五）。

该遗存范围内发现了大量外素面、内布纹的瓦片和少量陶器残片。推测其为明代的一处建筑遗存。

该遗存东北距监军台村烽火台300米。

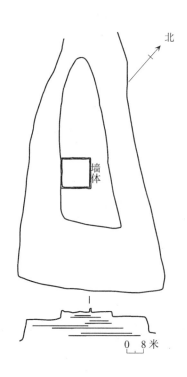

图八九五 监军台村遗存平、剖面图

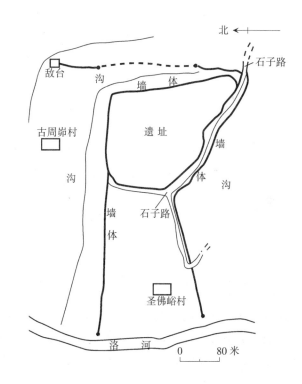

图八九六 圣佛峪村遗存平面图

三 圣佛峪村遗存（610628354199020003）

该遗存位于城关镇圣佛峪村东200米处的山顶台地上，现被开垦为苹果园。园内建有三座信号塔，有上山的沙石路可到达此区域。该遗存西侧山下为圣佛峪村，再向西可望见洛河和县城。地理坐标为东经：109°23′09.84″，北纬：35°59′36.06″，高程：1103米。

该遗存处于山顶平坦的台面上，当地村民在此处进行果园种植、建造房屋等活动对遗存造成了极大的破坏；修建的盘山砂石路和小土路穿过遗存所处的区域对其墙体造成了铲削破坏。遗存平面为不规则形，周长904米。残存的夯土墙长310、高3.2~6、夯层厚0.07~0.12米。从侧面上看，此段夯土墙并非一次夯筑而成，可能是分三次夯筑的（图八九六）。

该遗存在其核心区域的外围，沿山顶台地的边缘还有一段成弧形的夯土墙，对核心区域起包围保护作用，该段长城总长1009米，因沟壑发育、道咯通过等原因造成部分段夯土墙体消失不存，现存夯土墙体的长760.5、墙体高1.2~4、夯层厚0.04~0.13米。在遗存核心区的东北300米处有一个敌台，该敌台平面呈椭圆形，顶长3、宽1.2米，底部长6、宽3.5、台高4米；敌台下方为富县烈士陵园。在遗存核心区北侧沿一道缓坡而下，有一段呈东南—西北走向、长328米的夯土墙体，墙高1~1.5米，夯层厚0.08~0.1米。

在该遗存范围内，路面及苹果园周边的田埂上发现大量瓦片、瓦唇和陶器残片，瓦片的纹饰有外绳纹内麻点纹、外绳纹内布纹、外绳纹内素面和外素面内布纹几种，其中以外绳纹内麻点纹居多（图八九七）。根据遗存附近散落的遗物，推测其为战国时期的一处建筑遗存。

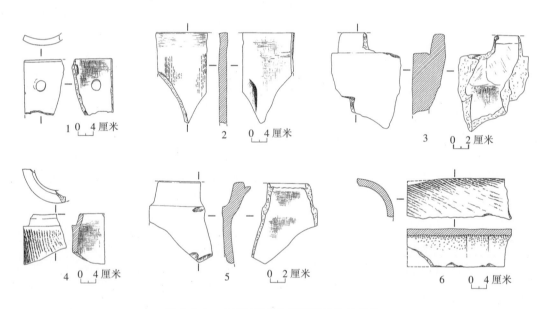

图八九七　圣佛峪村遗存附近采集的瓦片

该遗存西南2500米处为城关城址，与洛河隔河相望。

该遗存所处的圣佛峪村有100余户。当地居民主要种植小麦、玉米和各种果树。该遗存处于城关镇圣佛峪村东侧的山顶上，有上山的沙石路可达。

四　城关城址（610628354107120004）

该城址位于洛河西岸、城关镇西面的山梁上和沟道中，地势起伏较大。墙体周围的平坦地带多为果园，附近有山间土路可以通行。地理坐标为东经：109°21′43.86″，北纬：35°59′48.36″，高程：1122米。

该城址位于富县县城即城关镇西面的山上，跨越几道山梁和沟壑，现城址范围内由于果园种植、修建道路、建造房屋、沟壑发育、雨水冲刷等原因破坏，整体保存状况较差。

该城址位于城关镇西面的山上，从现存的形制上看，平面为不规则形，墙体总长4118.5米，其

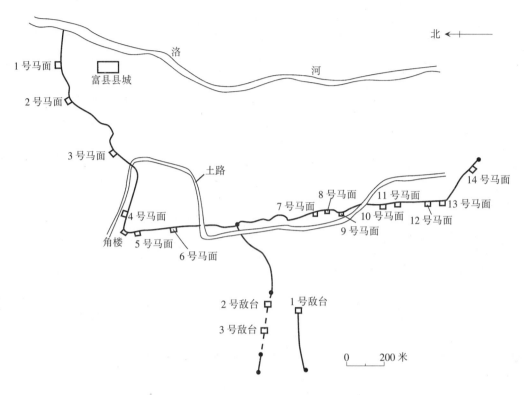

图八九八　城关城址平面图

中，因道路穿过、挖断墙体建造房屋等原因造成墙体完全消失 340 米，余下的 3778.5 米的墙体基本上连续存在，高 3～13、夯层厚 0.07～0.11 米（图八九八）。现存城墙体最北端由雷达站东北 300 余米处的山脚处顺山坡而上，该段夯土墙体连续存在，走向为东北—西南，长 980 米，墙体高 1.5～6、夯层厚 0.07～0.11 米。此后墙体走向转为东南—西北，拐点处因道路通过造成墙体消失 13 米，其后的夯土墙体连续存在 240 米至角楼，此段墙体高约 8 米，期间采集到一片外素面内

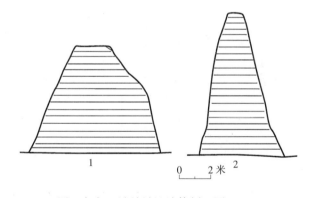

图八九九　城关城址墙体剖面图

布纹、带有瓦孔的瓦片。墙体从角楼转为西北—东南走向，此段墙体长度为 504.5 米，高约 7 米，角楼东南因人为挖断墙体建造房屋而造成墙体消失 27 米，房屋处的墙体断面顶宽 2、底宽 7.8、高 6 米；夯层厚度为 0.08～0.09 米（图八九九）。角楼东南因道路从墙体上纵穿造成有 30 米左右的墙体被铲成了两半。从铲削断面上可以看到，墙体内夹筑石块。此后的墙体转为西北—东南走向，长度为 210 米；此后又有 90 米段的墙体为西南—东北走向；然后墙体继续转为西北—东南走向，中间虽稍有转折，但方向变化不大，长度为 1081 米。

墙体起点西北 195 米处为 1 号马面，此处为墙体的一个拐点。该马面向墙体西北侧凸出，前端宽 2、后端宽 3、长 3、高 7 米。1 号马面西南 165 米处为 2 号马面，此处为墙体的一个拐点。该马面向墙

体凸出，前端宽1.5、后端宽4、顶长3、底宽4、高5米。该马面上散布外绳纹、内布纹的瓦片。2号马面西南390米处为3号马面。该马面向墙体西侧凸出，前端宽4、后端宽5、顶长3、底长5、高6米。3号马面西南413米处为4号马面。该马面向墙体西侧凸出，前端宽3~6、后端宽8、顶长4.2、底长5.5、高9米。4号马面西南70米处为角楼，此处为墙体的一个拐点。该角楼带有围墙，围墙平面呈梯形，南北长分别为12.5米、11米，东西长均为8.4米，围墙高度在1.5米左右。台体平面也为梯形，南北长分别为7米、8米，东西长均为5.4米，台体南侧高4、北侧高5米，夯层厚度为0.06~0.08米。该台体上散落有外素面（略带划痕）内布纹瓦片，夯层中夹杂有石块。角楼向南44.5米处为5号马面。该马面前端宽2~4、后端宽6、顶长7.5、底长9、高8米（图九〇〇·1）。该马面上散落有一些外素面、内布纹的瓦片，还有一些砖块。5号马面东南190米处为6号马面。该马面向墙体西侧凸出，南北宽4、东西顶长4、底长6、高7米。该马面上散落有瓦片、砖块和石块。6号马面东南780米处为7号马面。该马面向墙体西南侧凸出呈弧形，最大宽8、顶长6、底长8、高7米。7号马面西南55米处为8号马面。该马面向墙体西侧凸出，前端宽5、后端宽7、顶长10、底长19、高13米，夯层厚度为0.08~0.13米。8号马面东南60米处为9号马面。该马面前端宽10、后端宽16、顶长8、底长11、高10米，夯层厚度为0.07~0.11米。9号马面东南260米处为10号马面，10号马面南60米处为11号马面。这两座马面附近地形险峻，所以无法测量到具体的数据。11号马面向南146米处为12号马面。该马面前端宽2、后端宽5、顶长7、底长8、高11米。12号马面南50米处为13号马面。该马面呈弧形向墙体西侧凸出，前端宽12、后端宽13、顶长7.5、底长9、高10米。13号马面向东南210米处为14号马面。该马面前端宽2、后端宽6、顶长4.5、底长9、高4.5米。

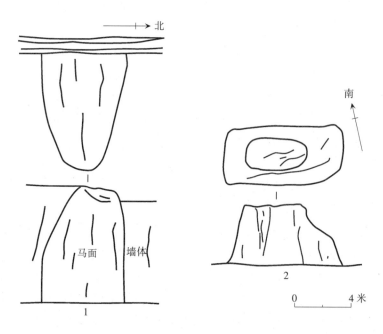

图九〇〇　城关城址5号马面与2号敌台平、立面图

　　6号马面南偏西约750米处为1号敌台。该敌台平面为不规则形，顶部南北长9、东西宽7.5米，底部南北长10、东西宽9米，台高8米，夯层厚度为0.08~0.1米。1号敌台东北135米处为2号敌台。该敌台与1号敌台处于同一道山梁上，从现存状况看，其间没有墙体相连。该敌台平面形制为椭圆形，顶长4.2、宽2米，底长8、宽4米，台高4米（图九〇〇·2）。2号敌台西北100米处为3号

敌台。该敌台顶长3、宽2米，底长6、宽4米，台体高5米，夯层厚度为0.07~0.12米。

在该城址的墙体和部分台体上散落有一些外素面、内布纹的瓦片，还有一些砖块和石块存在。从一些墙体的断面上也可以看到夯层中夹杂有外素面、内布纹的瓦片。据当地居民讲，此城址为唐代的尉迟敬德所修建，但现存城址处于山顶上的墙体明显高大，从其断面上可以看到夯层中夹杂有大量的外素面内布纹的瓦片。从墙体、马面的建制推测，该城址墙体明代应加以修缮利用。

该城址东北2500米处为圣佛峪村遗存，隔洛河而望。

该城址范围较大，跨越了城关镇西山、山城塬等村落，居民区比较分散，具体情况不详。当地居民主要种植小麦、玉米和各种果树。

第十章　黄龙县战国魏长城资源

黄龙县地处陕北黄土高原丘陵沟壑区，延安市东南部，是陕北黄土高原的南缘，黄龙山南麓就是关中平原的北缘，境内为黄龙山主体所在地，处黄土高原丘陵沟壑区。全境呈芭蕉扇形，以黄龙山脉主脊向东西两侧倾斜，北部缓坡，山顶浑圆；东南缘陡峭，岩石裸露；西部黄土梁塬；中部凸起，山峦叠嶂。境内泜水河、仕望河、石堡河、仙姑河均发源于黄龙山，以山脉走向形成天然分水岭，西侧水流注入洛河，东侧水流注入黄河。总人口 4.6 万人，区域面积 2752 平方千米，平均海拔 1100 米，属温带大陆性半湿润季风气候，年均降水量 602 毫米。无霜期长达 186 天。

黄龙县商代属鬼方，其后周人在此活动，春秋时一度为秦人占据，秦文公十年（前 756 年），在黄龙三岔东高山（今梁家山）附近建鄜畤，白翟部族也曾活动于此，晋桓公二十年（前 369 年）属晋，韩、赵、魏分晋后属魏。秦惠文王十年（前 328 年），魏纳上郡十五县归秦，黄龙遂属秦辖。秦统一中国后黄龙北部属上郡，东南部属内史。两汉时，黄龙属左冯翊。三国时，黄龙北部为匈奴区，东南部属魏的冯翊郡。西晋时，黄龙北部属羌胡，中部及东南部属雍州冯翊郡。后秦（384～417 年）时，黄龙中部和西北部属鄜城县、洛川县辖。北魏时，黄龙归北华州辖，北部、西部属敷城县，东北属义川县，东南部属夏阳县、郃阳县、澄城县。唐朝建立后，黄龙中部、西部属坊州鄜城县，西北部属鄜州洛川县，东北部属丹州义川县，南部属同州的韩城、郃阳、澄城三县管辖。北宋时，黄龙中部、西部属鄜城县、洛川县，东南属韩城县、郃阳县、澄城县三县，北部属宜川县。靖康元年（1126 年），金灭北宋后，黄龙为金人领地，地域和北宋相同。明朝时，黄龙被北部的延安府洛川县、宜川县和南部的西安府韩城、郃阳、澄城等县分而治之。清雍正三年（1725 年），鄜州升为直隶州后，黄龙隶鄜州管辖。民国年间，陕西省设黄龙山垦区办事处、黄龙山垦区管理局、黄龙设治局，始为县级建置。1947 年，成立黄龙县，归陕甘宁边区政府黄龙分区辖管。1958 年撤销黄龙县，辖地分别划归洛川、宜川、韩城等县。1961 年恢复黄龙县制至今。

黄龙县长城资源由牛新龙、张振峰、金迪、杨婷、陈探戈、李宁、赵学江等人进行调查，调查时间是 2009 年 10～11 月。

黄龙县战国魏长城分布于黄龙山南麓与渭南市澄城县交界处的范家卓子乡境内，由墙体和单体建筑筑成，共有墙体 5 段、单体建筑 2 座。墙体全长 6100 米，呈东—西走向，墙体夯土筑成，东、西两端接澄城县北线魏长城（图九〇一）。

黄龙县长城资源的保护机构为范家卓子乡的魏长城文物管理所，该所于 2005 年 7 月成立，隶属于黄龙县文体事业局。单位在编人员 2 名，所长为张文良，有保护标志（保护碑）1 通，但没有明确的保护范围及建设控制地带。

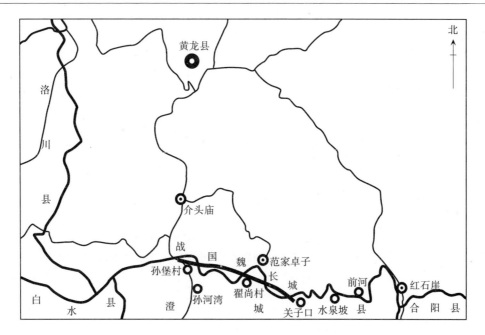

图九〇一 黄龙县魏长城位置示意图

第一节 战国魏长城墙体

黄龙县境内有战国魏长城五段：土墙 2 段，山险 1 段，河险 1 段，消失 1 段。全线长 6100 米，其中保存一般 1313 米，较差 940 米，差 280 米，消失 3567 米。

黄龙县境内的长城主要是沿着黄龙山南麓自东向西延伸，与澄城县境内长城交叉进行。

黄龙魏长城长度统计表　　　　　　　　　　　　　　　　　　单位：米

黄龙	保存较好	保存一般	保存较差	保存差	消失	小计
山险	0	580	0	0	0	580
河险	0	733	0	0	0	733
山险墙	0	0	0	0	0	0
石墙	0	0	0	0	0	0
土墙	0	0	940	280	293	1513
消失段	0	0	0	0	3274	3274
总计	0	1313	940	280	3567	6100

一 田河村长城（610631382101020001）

该段墙体位于黄龙山脉南的梁塬上，其北为田河，利用自然地势用黄土夯筑而成，起于范家卓子乡田河村东南 1000 米，止于范家卓子乡田河村南 150 米，全长 620 米，整体呈东南—西北走向。起点坐标为东经：109°54′08.82″，北纬：35°24′24.42″，高程：1044 米；止点坐标为东经：109°53′50.70″，

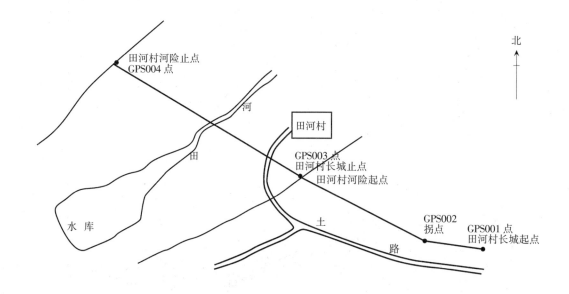

图九〇二　田河村长城、河险位置示意图

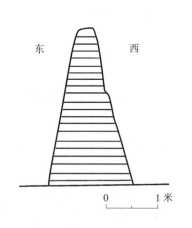

图九〇三　田河村长城墙体剖面图

北纬：35°24′40.98″，高程：1101 米（图九〇二）。

该段墙体两侧为梯田，保存较差，长 620 米，分为 2 个自然段。

第 1 段　起点至拐点，略呈东南—西北走向，长 160 米，墙体坍塌呈驼峰状，墙高 1～3 米，两侧为梯田。起点西北 80 米处剖面，底宽 1.8、顶宽 0.3、高 3 米，夯层厚 0.09～0.11 米（图九〇三）。

第 2 段　拐点至止点，东南—西北走向，长 460 米，墙体两侧为梯田。止点处断面底宽 5.1、高 2 米，夯层以上为 0.5 米的虚土，顶宽不明，夯层厚 0.09～0.13 米。断面北侧紧邻一条绕沟土路。

该段长城东接澄城县关则口村长城 2 段止点，西北接田河村山险起点。

该段长城所处范家卓子乡田河村有 80 多人，以农业为主，种植有玉米、小麦、花椒。墙体西侧有一条生产土路。

二　田河村河险（6106313821070020002）

该河险位于田河村，起于范家卓子乡田河村南 150 米，止于范家卓子乡田河村西北 200 米，全长 733 米，呈东南—西北走向。起点坐标为东经：109°53′50.70″，北纬：35°24′40.98″，高程：1101 米；止点坐标为东经：109°53′31.92″，北纬：35°24′54.84″，高程：1035 米（图九〇二）。

河险位于田河村，以田河为险，田河河床宽 60 米，东坡长 273 米，西坡长 400 米，坡度较陡。河西岸种植小麦。

此段墙体东接田河村长城段，西接石曲村长城。

三　石曲村长城（610631382101020003）

该段墙体位于黄龙山南梁塬上，起于范家卓子乡田河村西北200米，止于范家卓子乡石曲村北。墙体呈东南—西北走向，全长893米。起点坐标为东经：109°53′31.92″，北纬：35°24′54.84″，高程：1035米；止点坐标为东经：109°53′16.50″，北纬：35°25′19.98″，高程：1038米（图九〇四）。

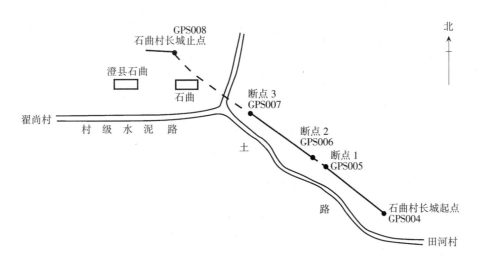

图九〇四　石曲村长城位置示意图

该段墙体整体保存差，其中保存较差320米，差280米，消失293米，依其保存状况分4个自然段。

第1段　起点至断点1，长320米，保存较差，东南—西北走向。仅见西侧夯层，东侧被梯田覆盖，墙高3米。断点1西紧邻一土路。断点1东南17米处墙体剖面，底宽3.5、顶宽2.6米，西高2.2、东高2.2米，夯层厚0.09～0.1米（图九〇五）。

第2段　断点1至断点2，消失93米，墙体因修筑梯田而消失。

第3段　断点2至断点3，长280米，保存差，东南—西北走向，有一条土路修筑在墙体上，墙体两侧为梯田。

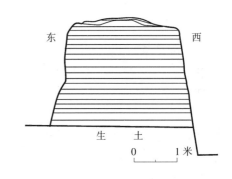

图九〇五　石曲村长城墙体剖面图

第4段　断点3至止点（拐点），消失200米，墙体因为修筑道路、修筑梯田、村庄建设而消失。

墙体为自然基础上用黄土夯筑而成，墙体中夹杂少量料礓石，夯层厚0.09～0.1米。

此段墙体东接田河村河险，西接澄城县翟尚村长城1段。

四　红罗义村山险（610631382106020004）

该山险位于红罗义村沟中，起于范家卓子乡红罗义村东南320米，止于范家卓子乡红罗义村西北210米，呈东南—西北走向，全长580米。起点坐标为东经：109°50′45.24″，北纬：35°25′55.86″，高程：1032米；止点坐标为东经：109°51′29.16″，北纬：35°24′02.88″，高程：1007米（图九〇六）。

山险利用红罗义自然沟壑、河为屏障，在较为平缓地带补夯土墙，墙体现均已残失，仅在公路穿

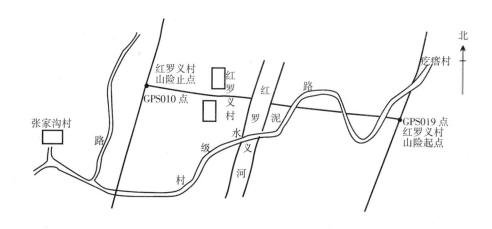

图九〇六　红罗义村山险位置示意图

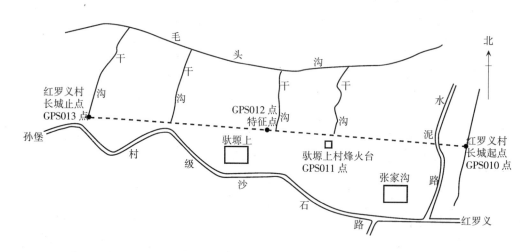

图九〇七　红罗义村长城位置示意图

过的断面上可见夯层。红罗义沟东坡长 323 米，西坡长 207 米，沟底小河宽 50 米，河两岸为断岩，小河常年有水。

此段墙体东接澄城县翟尚村长城 3 段，西接红罗义村长城。

五　红罗义村长城（6106313823 01020005）

此段墙体位于黄龙山南狭长梁塬与沟壑的结合地带，起于范家卓子乡红罗义村西北 210 米，止于范家卓子乡驮塬上村西北 1200 米。墙体走向东南—西北，全长 3274 米。起点坐标为东经：109°51′29.16″，北纬：35°24′02.88″，高程：1007 米；止点坐标为东经：109°48′42.90″，北纬：35°26′22.62″，高程：1132 米（图九〇七）。

该段墙体由于修筑梯田、沟壑发育、修筑道路的破坏，墙体整体消失。在起点西北 1550 米特征点处上部可见一层厚 0.11 米的夯层，夯层以下部分为高 2 米堑面。特征点位于毛头沟西梁塬最窄处的半山腰上。

此段墙体东接红罗义村山险，西接澄城县孙堡村长城 1 段。起点西北 1190 米处为驮塬上村烽火台。

第二节 战国魏长城单体建筑

一 驮塬上村烽火台 （610631353201020001）

该烽火台位于范家卓子乡红罗义村驮塬上组东北457米梁塬上，两侧为沟壑。地理坐标为东经：109°49′43.44″，北纬：35°26′13.02″，高程：1073米。

烽火台整体保存差，现已坍塌呈圆锥状。台体东侧坍塌严重，台体上有塄坎、裂缝；西侧风蚀严重，夯层模糊；北侧底部由于修梯田形成断面；南侧坍塌严重，呈不规则形状。

烽火台底径东西宽2.1、南北宽2.2米，高3.3米，夯层厚0.09~0.11米（图九〇八）。

烽火台位于红罗义村长城起点西北1190米处。

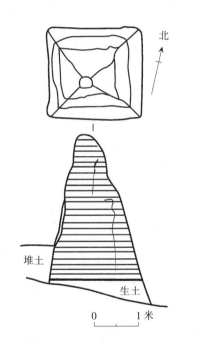

图九〇八 驮塬上村烽火台平、剖面图

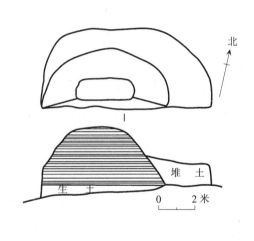

图九〇九 石月村烽火台平、剖面图

二 石月村烽火台 （610631353201020002）

该烽火台位于界头庙乡小峪村石月组东北350米，北、东两侧为深沟，沟深40米；西、南为耕地。地理坐标为东经：109°42′22.14″，北纬：35°27′10.92″，高程：1175米。

该烽火台整体保存差，现已坍塌呈不规则形土台。台体东侧被坍塌土覆盖，呈缓坡状；南侧被切削成断面，立面凸凹不平，断面上有若干动物洞穴；西侧南半部被切削成断崖；北侧被坍塌土覆盖。

烽火台平面呈不规则形，底东西7、南北3.6米，顶东西3.4、南北1米，高3.2米，夯层厚0.09~0.12米（图九〇九）。

烽火台东距澄城县孙堡村长城2段止点8900米。

第十一章　黄陵县战国魏长城资源

　　黄陵县位于陕西中部的延安市西南部，西与甘肃省正宁县以子午岭为界。位处洛河的支流沮河流域，面积 2288 平方千米，总人口 13 万人。境内沟壑纵横，川原相间。境内主要河流有洛河、沮河、葫芦河，发源于子午岭沮源关的沮水由西向东流经县境，地势西北高东南低，属暖温带大陆性季风气候，年降水量 563 毫米，年均气温 9.4℃。煤炭资源丰富。

　　黄陵县夏商时期属桥国领域，西周时期称白翟地，战国早期属魏国上郡，后期属秦国。西汉在黄陵县设翟道县，东汉为栒县，东晋设中部县，隋改内部县，唐复置中部县并设坊州，元代仍称中部县。1944 年改设黄陵县，因县北桥山有黄帝陵而得名。

　　参与黄陵县长城资源调查的有李增社、张海报、唐海峰、储清磊、樊凡、许西红等，调查时间为 2009 年 7~8 月。

　　黄陵县战国魏长城分布在本县南部，呈东西走向，墙体全长 2523 米，夯土筑成，东端没有与其他长城相接，西端接宜君县魏长城（图九一○）。

　　该县长城资源的保护机构为黄陵县旅游局。1996 年 5 月黄陵县旅游局与县外事办职能分离，正式成立黄陵县旅游局。2001 年设旅游文物局，正科级建制，财政全额拨款，是具有行政职能的事业单位，隶属县政府，负责全县的旅游文物工作。全局干部职工 11 人，李延平任局长，李丰任书记，副局长有牛文华、刘小玲。

　　该县长城的保护机构、标志、保护范围、建设控制地带和记录档案等均无。

黄陵县魏长城长度统计表

单位：米

富县	保存较好	保存一般	保存较差	保存差	消失	小计
山险	0	0	0	0	0	0
河险	0	0	0	0	0	0
山险墙	0	0	0	0	0	0
石墙	0	0	0	0	0	0
土墙	84	163	207	231	1838	2523
消失段	0	0	0	0	0	0
总计	84	163	207	231	1838	2523

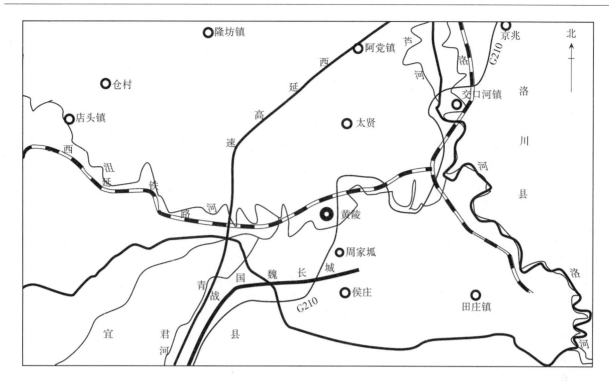

图九一〇　黄陵县魏长城位置示意图

第一节　战国魏长城墙体

黄陵县战国魏长城墙体全长 2523 米，共分 3 段。其中保存较好的部分长 84 米，保存一般的部分长 163 米，保存较差的部分长 207 米，保存差的部分长 231 米，消失部分长 1838 米。

一　周家圪村长城（610632382101020001）

该段长城处于桥山镇周家圪村东南约 1 千米处的山顶上，长城所在地为一处塬面边缘的平地。西临 210 国道，南北均为平地，东临沟壑，与桥沟村隔沟相望。起于桥山镇周家圪村东南 1 千米，止于侯庄乡韩庄东北 2.5 千米，东北—西南走向，全长 449 米。起点处坐标为东经：109°16′06.96″，北纬：35°33′48.79″，高程：1070 米；止点处坐标为东经：109°15′54.78″，北纬：35°33′36.48″，高程：1071 米（图九一一）。

该段长城基本上分布连续，植物根系生长、人为活动造成墙体破坏严重。其中保存一般 133 米，较差 30 米，差 219 米，消失 67 米。依据保存状况分 7 个自然段。

第 1 段　起点至特征点 1，长 20 米，保存差，东北—西南走向。起点处东、北方向为沟壑，此段墙体南、北两侧的台面上长满荒草，北侧台面上有种植的核桃树。

第 2 段　特征点 1 至断点 1，长 73 米，保存一般，东北—西南走向。该段墙体高 0.5~3、顶宽 0.2~2 米。断点 1 剖面处顶宽 2、底宽 3 米，南高 2.6、北高 3 米，夯层厚 0.05~0.09 米。墙体北侧台面上有一片墓葬区，其中一个盗洞内发现了一个完整的陶罐。

第 3 段　断点 1 至特征点 2（周家圪村墓地），长 24 米，其中保存一般长 15 米，保存差长 9 米。

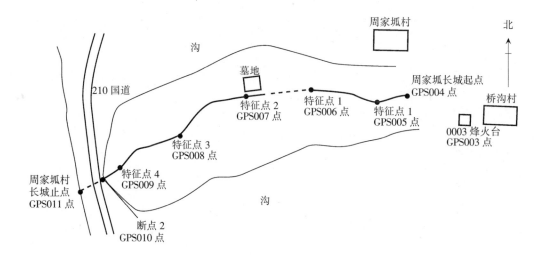

图九一一　周家圪村长城位置示意图

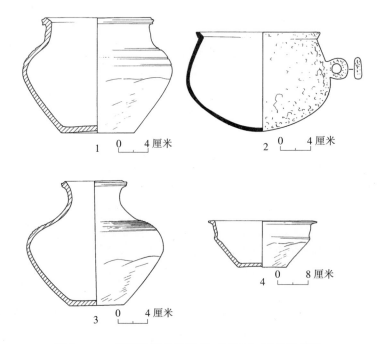

图九一二　周家圪村长城附近（墓地）采集的器物
1、3. 陶罐　2. 铁釜　4. 陶盆

东北—西南走向。其中可以分为：断点 1 向南行至 9 米处有一个豁口，但墙基部分仍在，保存程度为差，豁口内有两根水泥电线杆。由豁口处向西南 15 米处特征点 2（周家圪村墓地），此段墙体保存程度一般，南、北两侧的台地上种植核桃树，长有荒草和野果树。特征点 2 处的墙体北侧为周家圪村墓地，此地存有 10 余个被盗的墓坑，墓坑内及坑周围散有陶罐、陶片等。

第 4 段　特征点 2（周家圪村墓地）至特征点 3，长 190 米，保存差，东北—西南走向。该段墙体地面上仅存不足半米高的墙体痕迹，部分段从其南侧面上可见夯层，厚 0.05～0.08 米；紧邻墙体南侧有一条便道通过。

第 5 段　特征点 3 至特征点 4，长 30 米，保存较差，东北—西南走向。该段墙体顶部被植被所覆

盖。特征点4西北的台地上有几个盗洞，洞口散落有人骨和陶器残
片，在其中一个盗洞内发现有2个陶罐，陶盆残件、铁釜残件各1个
（图九一二）。

第6段 特征点4至断点2，长45米，保存一般，东北—西南走
向。该段墙体高度在1.6～3.2米，夯层厚0.05～0.13米；断点2剖
面处顶宽2、底宽3.4米，东高1.8、西高2.8米，夯层厚度为0.06
～0.13米（图九一三）。

第7段 断点2至止点，长67米，消失段，东北—西南走向。
墙体由于修建210国道而消失。

该段墙体止点西南接韩庄长城起点。

该段长城所处的周家坬村有30余户。当地居民以农业生产为主，主要种植小麦、玉米和各种果
树。该段长城处于塬面边缘处平地，西临210国道，交通较为便利。

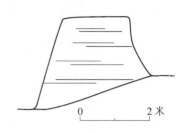

图九一三 周家坬村长城
墙体剖面图

二 韩庄村长城（610632382101020002）

该段长城处于侯庄乡韩庄村东北2千米处的塬面上，东临210国道，南北均为平地，西临深沟。
起于侯庄乡韩庄东北2.5千米，止于侯庄乡曹坬村东2.7千米，东—西走向，全长1693米。起点处坐
标为东经：109°15′54.78″，北纬：35°33′36.48″，高程：1071米；止点处坐标为东经：109°15′01.02″，
北纬：35°33′32.04″，高程：1020米（图九一四）。

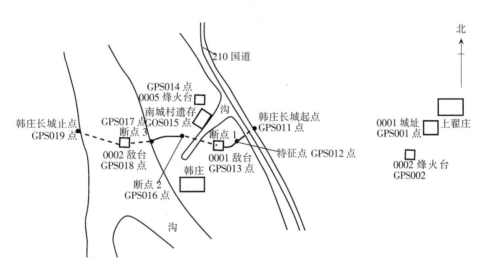

图九一四 韩庄村长城位置示意图

该段长城保存较差，其中保存较好84米，一般30米，较差35米，消失1544米。依据保存情况
分为5个自然段。

第1段 起点至特征点1，长30米，保存一般，东北—西南走向，墙体夯层厚0.04～0.1米，部
分段的墙体可见清晰夯窝，直径约为0.06米。从其断面上看，底部宽约4.5、顶部宽约1.5～2、残高
3.5米。该段墙体位于韩庄东北台地上，西临沟壑，东临210国道，墙体东侧已被开垦为小片玉米地，
由于雨水冲刷、植物根系和动物巢穴破坏等原因，现存墙体部分坍塌。

第 2 段　特征点 1 至断点 1（韩庄 1 号敌台），长 35 米，保存较差，东北—西南走向。该段墙体因雨水冲刷以及修建道路、开垦耕地而破坏。墙体西临沟壑，东临 210 国道，墙体东侧有田间小道从西侧通过，墙体周围生长有野枣树、椿树、槐树等。

第 3 段　断点 1（韩庄 1 号敌台）至断点 2，长 354 米，消失段，东南—西北走向。该段墙体因沟壑发育以及道路、农田开发而消失。断点 2 现位于玉米地中，据当地村民讲，在开垦为耕地之前，发现有夯土基层，并出土过大量古代箭头。

第 4 段　断点 2 至断点 3，长 84 米，保存较好，东北—西南走向。该段墙体位于玉米地中，保存较为完整，部分地段夯层暴露明显，厚 0.06～0.09 米。从墙体剖面上看，顶部宽约 5、底部宽约 9.5 米，南侧高约 3.8、北侧高约 5 米（图九一五）。该段墙体位于塬地上，西临沟壑，东临田间土路。该墙体下部由于开垦农田、开辟道路等人为原因，以及植物根系、动物洞穴等自然原因破坏较为严重，但上部保存较好，夯层明显均匀。

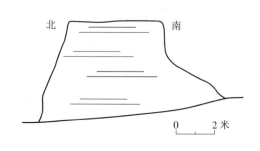

图九一五　韩庄村长城墙体剖面图

第 5 段　断点 3 至止点段，消失段，长 1190 米，东南—西北走向。因沟壑发育导致墙体消失。断点 3 向西南 488 米处为拐点（韩庄 2 号敌台），该敌台再向西北 702 米处为止点。

该段长城起点东北接周家坬长城，止点接曹坬村长城。起点西南 65 米处为韩庄 1 号敌台，西南约 150 米处为韩庄烽火台以及南城村遗存。断点 3 西南 488 米处为韩庄 2 号敌台。

该段长城所处的韩庄村有 50 余户。当地居民主要种植小麦、玉米和各种果树。该段长城处于塬面处，起点处东临 210 国道，附近有乡间土路，交通较为便利。

三　曹坬村长城（610632382101020003）

该段长城处于侯庄乡曹坬村东北 2.5 千米处的殿头山上，北距殿后 100 米，南接殿头山，东邻南城沟，西邻原 210 国道，墙体周围现为农田。起于侯庄乡曹坬村东 2.7 千米，止于侯庄乡曹坬村西北 2.3 千米，东南—西北向，全长 381 米。起点处坐标为东经：109°15′01.02″，北纬：35°33′32.04″，高程：1020 米；止点处坐标为东经：109°14′50.04″，北纬：35°33′40.02″，高程：1024 米（图九一六）。

该段长城整体保存较差，其中保存较差 142 米，差 12 米，消失 227 米。依据保存情况分 7 个自然段。

第 1 段　起点至断点 1，长 25 米，保存较差，东南—西北走向。该段墙体断面上夯层暴露明显，夯层厚 0.06～0.08 米。该段墙体位于曹坬村东北的台地上，东、南均临沟壑，西、北均为塬地，墙体西北与一条田间道路相邻，道路对墙体造成一定破坏。该段墙体上及周围遍布植被，因开垦农田、开辟道路及植物根系生长、动物巢穴而破坏、坍塌。

第 2 段　断点 1 至断点 2，长 100 米，其中保存较差 85 米，消失 15 米，东南—西北走向。断点 1 西北有 15 米段的墙体由于田间道路横穿而消失。消失处西北 58 米处为拐点 1，保存较差，东南—西北走向。此段墙体位于曹坬村东北塬地上，北临玉米地，南临一条乡间土路。墙体上及周围遍布植被，

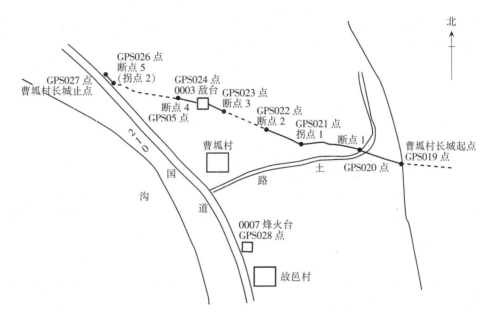

图九一六　曹圳村长城位置示意图

由于植物根系的破坏，墙体下部出现坍塌，残余部分可见夯层较薄，厚 0.05～0.1 米，断点 1 西北处剖面顶宽 2.5、底宽 3 米，北侧高 1.5、南侧高 0.8 米（图九一七）。拐点 1 处有一豁口，但墙基部分还存在，豁口宽约 2 米。拐点 1 至断点 2，保存较差，长 27 米，此时墙体转为东南—西北走向。现存墙体位于塬地上，从墙体断面上看，墙体上部已与现在的地面平齐，遍布植被。墙体因开垦农田、开辟道路、植物根系生长而严重破坏。在断点 1 处采集到五铢钱 1 枚。

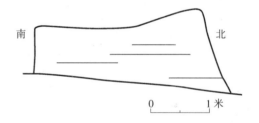

图九一七　曹圳村长城墙体剖面图

第 3 段　断点 2 至断点 3，长 52 米，消失段，东南—西北走向。此段墙体因开垦农田导致墙体消失。

第 4 段　断点 3 至曹圳村敌台，长 12 米，保存差，东南—西北走向。因开垦农地对墙体造成严重破坏，仅在台地边缘的断面上可见夯层。

第 5 段　曹圳村敌台至断点 4，长 10 米，保存较差，东南—西北走向。该段墙体顶宽 1.2、底宽 3、残高 1.8～2 米。该段墙体由于开垦农田造成破坏，断面上夯层暴露，墙体周围生长有野酸枣树、椿树、槐树、杜梨树等植物。

第 6 段　断点 4 至断点 5（拐点 2），长 160 米，消失段，东南—西北走向。墙体由于开垦耕地消失。

第 7 段　断点 5（拐点 2）至止点，长 22 米，保存较差，东南—西北走向。墙体行至断点 5（拐点 2）转为东南—西北向。现存夯土墙高 1.8～3、厚 0.04～0.09 米，墙体表面剥落疏松，东北侧为耕地，西南侧临原 210 国道。

该段墙体起点东南接韩庄村长城。止点接宜君县武家塬村—陈家圳村长城，起点东南 192 米处为曹瓬村敌台。

该段长城所处的曹瓬村有 60 余户。当地居民主要种植小麦、玉米和各种果树。该段长城西临原 210 国道，墙体周围有田间土路通行，交通较为便利。

第二节　战国魏长城单体建筑

黄陵县战国魏长城沿线共发现 3 座单体建筑，全部为敌台。

一　韩庄村 1 号敌台（610632352101020001）

该敌台位于侯庄乡韩庄村东北 2.5 千米处的山顶上，为一处塬面边缘的平地地带。台体东边隔沟与 210 国道相邻，南侧和西北侧有乡间土路通过，东侧下临沟壑，南侧与台体相距 60 米处的农田中有一高压电线杆。地理坐标为东经：109°15′54.18″，北纬：35°33′34.44″，高程：1080 米。

该敌台顶部遭风雨侵蚀较重，台体四周大面积坍塌，生长有野枸杞树、杜梨树、槐树等。台体东北侧与墙体相连，西南侧的夯土墙体现已无存。

敌台平面呈不规则形状，剖面为梯形。底部为不规则形，长 8、宽 3.5 米，顶为矩形，长 2、宽 0.5 米，高 5 米，夯层厚 0.08 ~ 0.10 米（图九一八）。敌台南侧底部发现一外素面、内布纹的筒瓦残片及少量外素面、内布纹瓦片。

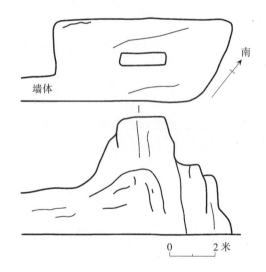

图九一八　韩庄村 1 号敌台平、立面图

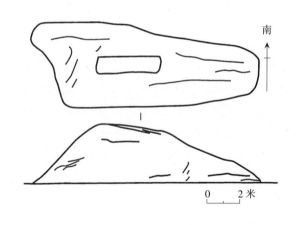

图九一九　韩庄村 2 号敌台平、立面图

该敌台建在韩庄村长城起点西南 65 米处的墙体上，西北约 150 米处为韩庄村烽火台以及南城村遗存，西南 926 米处为韩庄村 2 号敌台。

二　韩庄村 2 号敌台（610632352101020002）

该敌台位于侯庄乡韩庄村东北 1.5 千米处沟壑内的一平台上。台体被植被覆盖，周围沟壑纵横。地理坐标为东经：109°15′26.04″，北纬：35°33′24.66″，高程：1035 米。

该敌台整体保存较差，呈土梁状。台体上长满杂草，南侧有沟壑，给台体带来破坏作用。

敌台平面呈不规则形，剖面略为梯形，底东西14、南北5米，顶东西4、南北1米，北高3.5、南高3米（图九一九）。

该敌台建在韩庄村长城上，台体两端的墙体已不存，西北距韩庄村长城止点702米。

三　曹圢村敌台（610632352101020003）

该敌台位于侯庄乡曹圢村东北2.5千米处的殿头山上，北距殿后100米，南接殿头山，东临南城沟，西紧邻原210国道，台体周围为农田。地理坐标为东经：109°14′55.20″，北纬：35°33′35.34″，高程：1033米。

该敌台整体保存较差，敌台现位于农田中，开垦耕种对台体底部周围造成了破坏，台体断面上夯层暴露明显。南侧凹陷，底部有一高1.2、宽2米的洞。

敌台平面呈不规则形，剖面为梯形，底南北9、东西7.5～12米，顶部长6.5、宽2米，南高4.5米，夯层厚0.05～0.09米（图九二〇）。敌台南侧底部发现有外绳纹、内麻点纹瓦片。

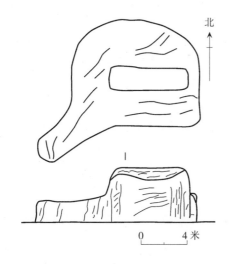

图九二〇　曹圢村敌台平、立面图

该敌台建在曹圢村长城止点西北192米处的墙体上。

第三节　战国魏长城相关遗存

黄陵县战国魏长城沿线共发现相关遗存7处，包括戍卒墓1处、居住址2处、其他类遗存4处。

一　上翟庄村城址
（610632354107190001）

该城址位于龙首乡上翟庄村南150米处的山坡台地上，北临210国道，西侧山下平坦的洼地中为农田。城址内有一排废弃的院落，院墙多为低矮

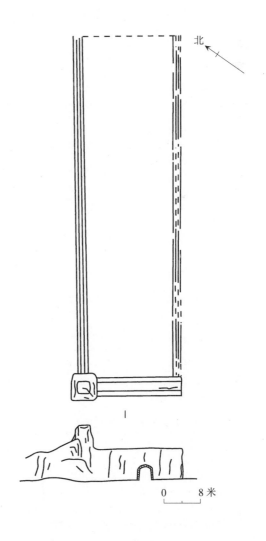

图九二一　上翟庄村城址平、立面图

的石砌围墙，现城址内杂草丛生，长有槐树等植物。地理坐标为东经：109°19′24.30″，北纬：35°35′54.00″，高程：823米。

城址平面呈长方形，西、南两侧围墙保存比较完整，南北长83、东西宽25米，面积2075平方米。墙体上被植被覆盖，植物根系生长对墙体造成破坏，北侧和东侧围墙基本无存。南侧围墙残高7、顶宽2、底宽4米，西侧围墙残高3.5、顶宽0.5、底宽1米。南墙正中为寨门所在，为石砌拱形门洞，门高3、宽3米．在门洞内的东侧面上有一个拱形洞，高1.8、宽1.5、进深2.5米。在寨子的西南角墙体之上残存有一个方锥形的角楼，顶宽3、底宽6、高5米（图九二一）。据当地村民讲，该城址为民国时期为打土匪而修筑的寨子。城址内发现有少量的外素面、内布纹的瓦片。

城址南面约50米处为上翟庄村烽火台。

城址所处的上翟庄有居民100多户。当地居民主要种植小麦、玉米和各种果树。

二　上翟庄村烽火台（610632354199170002）

该烽火台位于龙首乡上翟庄村南200米处的山顶上，北望210国道，西侧山下平坦的洼地中为农田。地理坐标为东经：109°19′21.96″，北纬：35°35′40.02″，高程：925米。

该烽火台整体保存状况较差。表面因长久的风雨侵蚀剥落坍塌严重，东侧有一个从上到下贯穿的豁口。

该烽火台西侧残存有部分台基。台基东西长5.5、南北宽3.5米，高2～5.8米；台体底部矩形，南北长4、东西宽3米，顶部为方形，边长1.5米；台体通高6米（图九二二）。台体为明代烽火台。

该烽火台北面约50米处为上翟庄遗存。

三　桥沟村烽火台（610632354199170003）

该烽火台位于桥沟村西北200米处，位于台地边缘的麦地中。台体北侧为麦地和果园，由于开垦农田把台体北部被劈掉大半；东、西、南三侧均为麦地，西部临沟壑，东临桥沟村通向黄陵县的村际

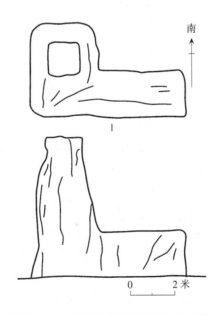

图九二二　上翟庄村烽火台平、立面图

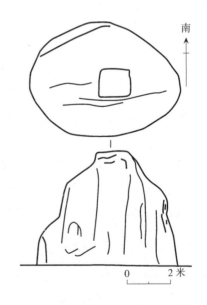

图九二三　桥沟村烽火台平、立面图

公路。地理坐标为东经：109°17′21.84″，北纬：35°34′20.76″，高程：1058 米。

该烽火台由于风雨侵蚀等自然原因导致烽火台损坏严重，北侧部分被铲削，其余存在一定程度的坍塌和洞穴，顶部生长有柏树等植被。

烽火台平面呈椭圆形，剖面呈不规则形，底东西长 6.5、南北宽 5 米，顶东西长 1.5、南北宽 1.2 米，南高 6.5 米，夯层厚 0.05～0.1 米，夯窝直径 0.05 米（图九二三）。底部周围发现少量外素面、内布纹瓦片，台体东北麦地里采集到外绳纹、内菱格纹的瓦片。推测该烽火台时代为明代。

四　周家圪村墓地（610632354103040004）

该墓地位于桥山镇周家圪村东南约 1 千米处的山顶上，为一处塬面边缘的平地。西临 210 国道，南北均为平地，东临沟壑，与桥沟村隔沟相望。地理坐标为东经：109°16′02.82″，北纬：35°33′47.58″，高程：1079 米。

该墓地位于山顶上的核桃园里，周家圪长城的北侧，现存十几个盗洞，使该遗存遭到严重破坏，部分盗洞内和洞口周围散有人骨及陶器等残片。

该墓地整体平面呈矩形，东西长 317、南北宽 20 米，面积 6340 平方米。盗洞内发现一些陶罐等遗物，可能为汉墓。

五　韩庄村烽火台（610632354199040005）

该烽火台位于侯庄乡韩庄东北 2.3 千米处台地上的农田之中，为塬面边缘处平地。地理坐标为东经：109°15′50.22″，北纬：35°33′35.70″，高程：1086 米。

烽火台底部因开垦农田造成铲削破坏，顶部风雨侵蚀等原因致使其形状不规则，台体整体呈土堆状。

烽火台平面为矩形，剖面为不规则形，底东西长 6、南北宽 5 米，顶部南北长 2、东西宽 1.2 米，高 4.5 米，夯层厚 0.05～0.08 米（图九二四）。台体南侧底部的夯层中夹杂有大石块。

周围农田及西侧南城村遗存内发现大量瓦片，以外绳纹、内素面以及外素面、内布纹为主。推测该遗存应为汉代烽燧。

该烽火台建在韩庄长城起点西北 200 米处的台地上，西距南城村遗存 15 米，东南与韩庄 1 号敌台隔沟相望，相距约 150 米。

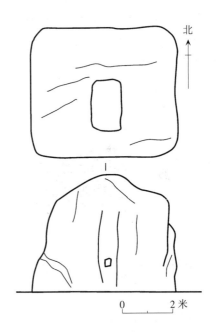

图九二四　韩庄村烽火台平、立面图

六　南城村遗存（610632354107040006）

该遗存位于桥山镇南城村南 2 千米处的电视塔周围，三面临沟，中心位置有一座电视塔及配套附属建筑物，周围为果园。

该遗存平面呈不规则形，中心位置修建大型电视塔及配套附属建筑物，以及村民进行果树种植时曾动用大型机械设备等，对遗存造成了一定程度的破坏。

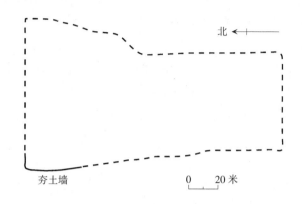

图九二五　南城村遗存平面图

　　该遗存东西最长 100、南北最长 200 米。在该遗存东侧发现了一段长 6、高 1.8 米的夯土断面，夯层厚 0.06～0.12 米；在其西侧台地北侧发现有一段 50 米长的夯土墙，墙高 1.4～1.6 米，夯层厚 0.07～0.10 米，夯层中夹杂有动物骨骼（图九二五）。

　　该遗存内遗物丰富，在台地边缘断面上夹杂有大量的瓦片、陶器残片，还有少量的绳纹砖块和石质建筑残件。瓦片的纹饰以外绳纹、内素面以及外素面、内布纹为主，还有少量外绳纹内麻点纹、外绳纹内布纹的瓦片。在遗存东侧台地的断面上发现一较为完整的动物纹饰瓦当和三片相同纹饰的瓦当残片、一片卷云纹瓦当残片（图九二六）。根据遗物推测，该遗存时代为汉代。

　　该遗存东 15 米处为韩庄村烽火台。

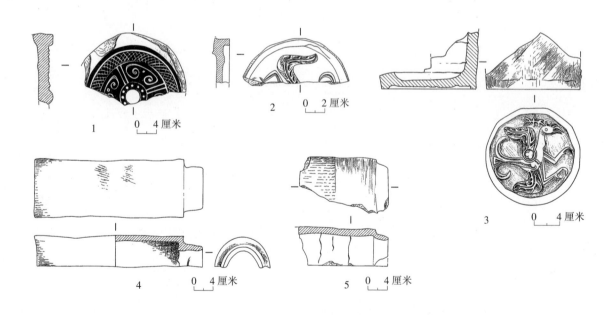

图九二六　南城村遗存附近采集的瓦当、筒瓦及其残片

1、2. 瓦当残片　3. 动物瓦当　4. 筒瓦　5. 筒瓦残片

七　故邑村烽火台（610632354199170007）

该烽火台位于故邑村北 500 米处，210 国道南侧台地边缘的玉米地中。台体北侧由于国道开辟铲去了一半台体，南面为玉米地，西面为果园。地理坐标为东经：109°14′38.16″，北纬：35°32′19.08″，高程：1058 米。

该烽火台由于风雨侵蚀、开辟道路等人为原因导致损坏严重，北侧部分被 210 国道破坏，其余部分均遭农田破坏，有一定程度的坍塌。

烽火台平面呈矩形，剖面略呈梯形，底长13、宽 9 米，顶东西长 4.5、南北宽 1.5 米，高7 米，夯层厚 0.07 ~ 0.14、夯窝直径约 0.09 米（图九二七）。在烽火台周边玉米地里采集到一块外素面、内饰布纹瓦残片，推测该烽火台时代为明代。

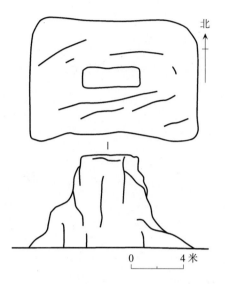

图九二七　故邑村烽火台平、立面图

第十二章　宜君县战国魏长城资源

宜君县地处关中盆地北缘和陕北黄土高原南缘，北邻延安市黄陵县，东接渭南市白水县，面积1531 平方千米，总人口 10 万人。全县地貌呈典型的黄土高原丘陵沟壑区，境内主要河流有洛河、清水河（西河）、雷塬河等。地势东北低西南高，东部和东北为破碎黄土高原，其余是黄土梁峁和土石山丘陵，平均海拔1395 米。自西向东的清水河为境内最大河流，全长 102.5 千米，发源于本县焦坪山区。气候属温热带，年平均气温 8.8 度。

宜君古属雍州幽地，秦隶内史辖，汉景帝二年（前 155 年）属左冯翊，三国魏文帝黄初元年（220 年），迁甘肃境内之泥阳县侨置，后废县，更名泥阳县，属北地郡。西晋因之，苻秦永兴二年（358 年）于故城设宜君护军。北魏太平真君七年（446 年）罢护军，始置宜君县，属雍州北地郡，因县西川有宜君水（今耀县沮河）故名。北魏孝庄帝永安元年（528 年），分北地郡置宜君郡，宜君县属之，兼设郡治。北魏又分故泥阳地置石保县（今宜君县西部，县东部原属中部县），隶东秦州（孝昌二年改名北华州）中部郡。西魏、北周均沿袭旧制。

隋开皇三年（583 年）撤宜君郡，并石保县入宜君县，属京兆郡；隋恭帝义宁二年（618 年）从京兆郡划出宜君、同官、华原三县，设置宜君郡，郡治华原（今耀县）。唐武德元年（618 年）改郡为州，宜君县隶宜州；贞观十七年（643 年），撤宜州废宜君县；贞观二十年（646 年）又置县，属雍州；永徽二年（651 年）又废县；龙朔三年（663 年）割中部、同官两县地，复置宜君县，并改属坊州；天宝十二载（753 年），分宜君县地置升平县。五代和北宋，宜君县属延安府坊州。金时，改永兴路为鄜延路，宜君县属鄜延路坊州。元代鄜延路改为延安路，宜君县属坊州；至元六年（1269 年），废坊州，改属延安路鄜州。明和清初，宜君县属延安府鄜州。民国初期，宜君县属陕西省榆林道，后废道，属陕西省第三行政督察专员公署（中间还改属第二行政督察专员公署）。1948 年宜君县初属陕甘宁边区黄龙分区，1950 年黄龙分区撤销后改属延安专区，后更名延安地区行署；1958 年宜君与黄陵合并为黄陵县；1961 年恢复宜君县制；1983 年宜君县划归铜川市管辖至今。

宜君县长城资源调查工作由张海报、樊凡、储清磊、唐海峰等完成，调查时间是 2009 年 8 月。

宜君县战国魏长城分布在该县北部，全长 9594.5 米，呈东北—西南走向，夯土筑成，东北接黄陵县魏长城，西南不与其他长城相接（图九二八）。

该县长城资源的保护机构为宜君县文体事业局。该机构成立于 1999 年 4 月，是主管全县文化文物旅游工作的职能机构，其主要职能是研究拟定全县文化文物旅游事业长期发展规划和年度发展计划，拟定全县文化体制、文物旅游体制的改革方案；落实文化、文物、旅游事业的经济政策，指导文化艺术单位及景点管理处的经营管理；规划文化文物旅游设施建设布局，综合管理全县的文化艺术事业、

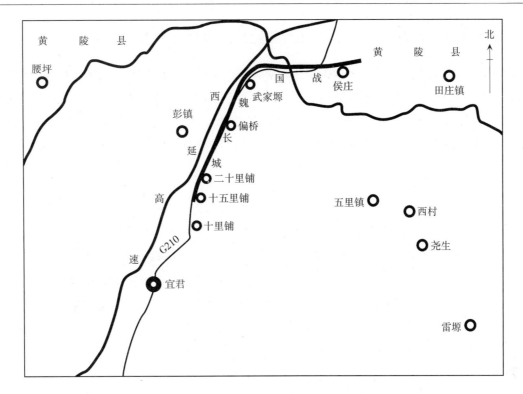

图九二八　宜君县战国魏长城位置示意图

文物保护利用、旅游开发等工作；指导协调各乡镇、各部门有关文化文物旅游方面的工作。局长由樊茂生担任，副局长为赵联强。

　　该县长城资源没有明确的专门的保护机构和保护标志，也没有明确的保护范围和建设控制地带，没有记录档案。

宜君县魏长城长度统计表　　　　　　　　　　　　　　单位：米

宜君县	保存较好	保存一般	保存较差	保存差	消失	小计
山险	0	0	0	0	0	0
河险	0	0	0	0	0	0
山险墙	0	0	0	0	0	0
石墙	0	0	0	0	0	0
土墙	0	749	1630.5	764	6451	9594.5
消失段	0	0	0	0	0	0
总计	0	749	1630.5	764	6451	9594.5

第一节　战国魏长城墙体

　　宜君县战国魏长城墙体全长 9594.5 米，共分 6 段，全部沿 210 国道分布。其中保存一般的部分长 749 米，保存较差的部分长 1630.5 米，保存差的部分长 764 米，消失部分长 6451 米。

一　武家塬村—陈家圿村长城　（610222382101020001）

该段墙体位于彭镇武家塬村西北 300 米处，紧邻 210 国道的台地边缘。墙体顶部现为农田，周围为道路以及沟壑等。起于彭镇武家塬村西北 300 米，止于王沟湾村西北 300 米，东北—西南走向，全长 2515.5 米。起点处坐标为东经：109°11′40.92″，北纬：35°32′04.68″，高程：1150 米；止点处坐标为东经：109°10′34.68″，北纬：35°31′00.96″，高程：1192 米（图九二九）。

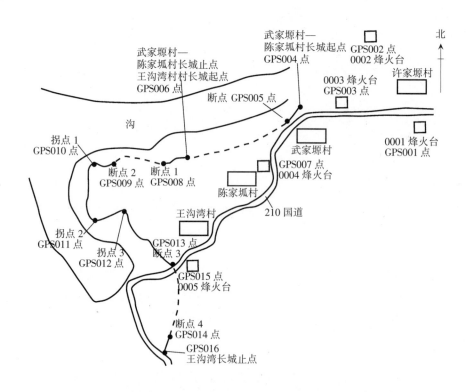

图九二九　武家塬村—陈家圿村长城、王沟湾村长城位置示意图

该段长城保存差，几乎消失。保存较差长 15.5 米，消失 2500 米。依据保存状况分为 2 个自然段。

第 1 段　起点至断点，长 15.5 米，保存较差，东北—西南走向。该段墙体顶宽 0.4、残高 1~2 米，在断面上可以看到依稀的夯层，厚 0.03~0.08 米，为宜君县境内最薄的一段，应该是早期长城代表。该段墙体因沟壑发育及 210 国道开辟造成墙体被劈掉一大部分，植物根系生长及啮齿动物洞穴使墙体上产生大量裂缝和洞穴。

第 2 段　断点至止点，消失段，长 2500 米，东北—西南走向。由于自然因素及人为因素导致该段墙体消失。

该段墙体起点接黄陵县曹圿村长城，止点西南接王沟湾村长城。

该段长城所处的武家塬村有 100 余户，陈家圿村有居民 100 余户。该地村民以农业生产为主，主要种植小麦、玉米和各种果树。

二　王沟湾村长城　（610222382101020002）

该段长城位于王沟湾村西北塬地上，西临沟壑，南临 210 国道。起于彭镇王沟湾村西北 300 米，止于彭镇偏桥村东北 800 米，东北—西南走向，全长 1112 米。起点处坐标为东经：109°10′34.68″，北纬：35°31′00.96″，高程：1192 米；止点处坐标为东经：109°10′30.96″，北纬：35°30′41.40″，高程：1177 米（图九二九）。

该段长城整体保存差，其中保存较差 345 米，差 285 米，消失 482 米。依据保存状况分 8 个自然段。

第 1 段　起点至断点 1 段，长 40 米，保存较差，东北—西南走向。夯土墙及墙基共高 3.5 米，位于塬面边缘的玉米地中，其下为沟壑，南端断面由于沟壑发育出露，东为塬面。墙体因受到沟壑发育、植物根系生长及开垦农田而破坏，底部坍塌，墙体上覆盖植被，以野酸枣树为主，夯层不明显。

第 2 段　断点 1 至断点 2，长 249.5 米，消失段，东—西走向。沟壑发育、开辟道路以及农业生产活动等原因造成墙体消失。

第 3 段　断点 2 至拐点 1，长 105 米，保存差，东—西走向。该段位于塬面边缘的农田中，西临玉米地，其下为沟壑。沟壑发育以及农田开辟对墙体造成很大破坏。

第 4 段　拐点 1 至拐点 2，长 180 米，保存差，北—南走向。该段墙体高 1.8、墙基高 2.6 米。该段墙体上植被较少，可见清晰夯层，厚 0.04～0.13 米。在拐点 1 的西南方发现一处仰韶时期灰坑遗迹，内部包含红陶、石块等。该段墙体受到沟壑发育以及农田开辟影响较大，底部有一定程度的坍塌。

第 5 段　拐点 2 至拐点 3，长 40 米，保存较差，西南—东北走向。该段墙体残高 2.5 米，其下为沟壑。墙体顶部与地面持平，已被开辟为玉米地，墙身上生长有大量植被，以野酸枣树、杜梨树、艾草为主。开辟农田以及植物根系生长导致墙体受损较为严重，有一定程度的坍塌。

第 6 段　拐点 3 至断点 3，长 217 米，保存较差，西北—东南走向。该段墙体位于塬地边缘的豆田中，下为沟壑。该段墙体夯层普遍较厚，厚 0.08～0.16 米，个别墙段夯层厚度可达 0.19～0.21 米，是宜君县境内最厚的一处。该段墙体顶部被开辟为玉米地，墙身长有野酸枣树、杜梨树等植被，对墙体造成一定破坏。

第 7 段　断点 3 至断点 4，长 232.5 米，消失段，北—南走向。由于被国道冲断，墙体已经消失。

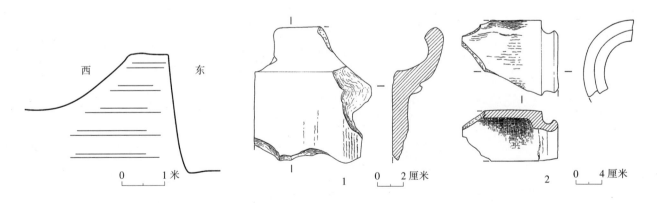

图九三〇　王沟湾村长城墙体剖面图　　　　图九三一　王沟湾村长城附近采集的瓦片

第 8 段　断点 4 至止点，长 48 米，保存较差，东北—西南走向。该段墙体残高 2.6 米，北临 210 国道，西临玉米地，东临一冲沟。由于开辟道路、农田开垦以及植被破坏，墙体坍塌严重，夯层厚 0.06～0.1 米。断点 4 西南 10 米处剖面墙体底宽 3、顶宽 1、西高 1.2、东高 2.6 米（图九三〇）。

该段长城断点3西北20米处发现大量瓦片堆积，有外绳纹内布纹、外素面内布纹、外绳纹内菱格纹等瓦片（图九三一）。

该段长城起点东北接武家塬村—陈家圪村长城，止点西南接偏桥村长城，止点西南600米处为偏桥村遗存。

该段长城所处的王沟湾村有居民七八十户。该地村民以农业生产为主，主要种植小麦、玉米和各种果树。

三　偏桥村长城（610222382101020003）

该段长城处于彭镇偏桥村南200米处，紧邻210国道的台地边缘，西、北临沟壑，东、南均为乡间土路。起于彭镇偏桥村东北800米，止于彭镇焦涧村东北500米，东北—西南走向，全长2316米。起点处坐标为东经：109°10′30.96″，北纬：35°30′41.40″，高程：1177米；止点处坐标为东经：109°09′51.60″，北纬：35°29′39.72″，高程：1195米（图九三二）。

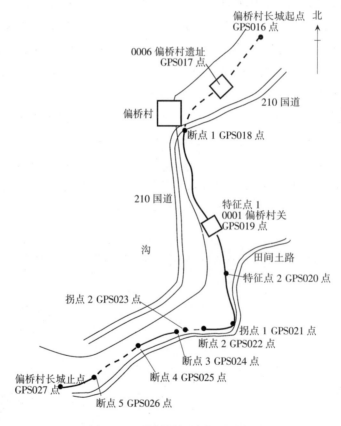

图九三二　偏桥村长城位置示意图

该段长城整体保存较差，其中保存一般长626米，较差560米，消失段长1130米。依据保存状况分为10个自然段。

第1段　起点至断点1，长1000米，消失段，东北—西南走向。由于修建道路、村庄建设和沟壑发育等因素造成墙体消失。

第2段　断点1至特征点1（偏桥村关），长150米，保存较差，西北—东南走向。在其断面上可以看到明显夯层，厚0.04～0.08米。断点1以南21米处剖面墙体底宽3、顶宽1、外高4、内高2.5

米（图九三三·1）。特征点1墙体外侧有两道堑，第一道堑台面宽9、高5米，第二道台面宽8米。该段墙体顶部及墙身被大量植被覆盖，故原来具体形制不清。由于年久失修、风雨侵蚀、沟壑发育以及开辟农田等人为原因，对墙体破坏较大，产生坍塌现象。现存墙体上洞穴较多、土质疏松。

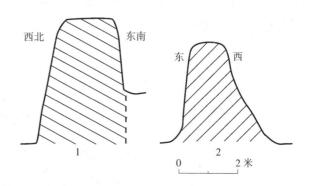

图九三三　偏桥村长城墙体剖面图

第3段　特征点1（偏桥村关）至特征点2，长60米，保存较差，西北—东南走向。该段墙体位于台地边缘。该段长城仅在断面上可见依稀夯层，厚0.06～0.09米。墙体上还生长有艾草等植物，使墙体不易察觉。植物根系、动物洞穴以及开垦农田等原因导致墙体土质疏松、洞穴较多。

第4段　特征点2至拐点1，长60米，保存较差，西北—东南走向。该段墙体位于台地边缘，顶部已被开垦为豆田，南临一土路。现存墙体顶部已经被开垦为豆田，墙身上几乎全部被植被覆盖；因开辟道路、农田等原因，使墙体受损，坍塌严重，断面上暴露夯层厚0.06～0.1、墙宽3.8米。

第5段　拐点1至断点2，长290米，保存较差，东北—西南走向。墙体残高1.5～3米。该段墙体位于台地边缘，东为农村土路，西临豆田，南为一片玉米地。该段墙体上生长有大量植被，以槐树为主，还有少量野酸枣树、杜梨树、艾草等。由于植物根系、动物洞穴破坏，加之开辟道路、农田的原因，使墙体受损，底部坍塌较为严重。

第6段　断点2至拐点2，长30米，消失段，东—西走向。该段墙体位于台地边缘，由于沟壑发育和道路开辟，已经消失。

第7段　拐点2至断点3，长50米，消失段，东北—西南走向。该段墙体位于台地边缘，西临沟壑，因沟壑发育以及人为破坏已消失，现仅见农田和道路。

第8段　断点3至断点4，长258米，保存一般，东北—西南走向。断点3西南240米处剖面顶宽1.6、底宽3、东高3米（图九三三·2）。该段墙体上遍种植被，以槐树为主，也有杜梨树、野酸枣树等。由于植被覆盖，墙体不易观察，植物根系破坏及开辟道路对墙体造成一定影响。

第9段　断点4至断点5，长50米，消失段，东北—西南走向。该段墙体位于台地边缘，由于沟壑发育以及修建土路等原因，已经消失，现仅见乡村土路及玉米地。

第10段　断点5至止点，保存一般，长368米，东北—西南走向。该段墙体西高3～5、东高0.1～3米。现存墙体上及周围生长有大量野生植被，以槐树为主。植物根系、动物洞穴的破坏及人类生产活动导致墙体底部有一定程度的坍塌。

该段长城起点东北接王沟湾村长城，止点西南接焦淆村长城。起点西南600米处为偏桥村遗存，断点1东南150米为偏桥村关。

该段长城所处的偏桥村有居民300余户。村民以农业生产为主，主要种植小麦、玉米和各种果树。该段长城西临210国道，墙体周围有田间土路通行。

四　焦淆村长城（610222382101020004）

该段长城位于彭镇焦淆村东北的塬面上，东、西均临沟壑。起于彭镇湫沟村焦淆村东北500米，止于彭镇湫沟村东北 286 米，东北—西南走向，全长 1104 米。起点处坐标为东经：109°09′51.60″，北纬：35°29′39.72″，高程：1195 米；止点处坐标为东经：109°09′32.04″，北纬：35°29′06.66″，高程：1178 米（图九三四）。

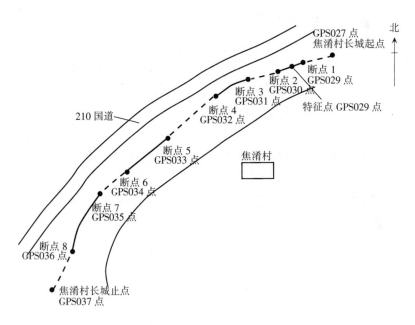

图九三四　焦涌村长城位置示意图

该段长城整体保存差，其中保存较差 78 米，差 377 米，消失 649 米。依据保存状况分为 10 个自然段。

第 1 段　起点至断点 1，长 97 米，消失段，东北—西南走向。该段墙体东、西均临沟壑，因沟壑发育以及开辟道路造成墙体消失，现见地表仅有植被，以杜梨树、槐树为主。

第 2 段　断点 1 至特征点，长 17 米，保存差，东北—西南走向。该段墙体南临玉米地，东下临乡间土路，西临沟壑，断点 1 向西南 9 米处有一宽 8 米的豁口，由于开垦玉米地铲掉 8 米长的墙体，仅剩墙基。现地表均为植被覆盖。

第 3 段　特征点至断点 2，长 120 米，保存差，东北—西南走向。该段墙体残高 1.4 ~ 2 米，从墙体断面上来看夯层不明显，厚 0.05 ~ 0.11 米。由于开垦农田造成墙体底部被铲削，坍塌严重。沟壑发育、开垦农田及墙体上生长的植被根系是造成墙体破坏的主要原因。

第 4 段　断点 2 至断点 3，长 253 米，消失段，东北—西南走向，因沟壑发育以及开辟玉米地而消失。

第 5 段　断点 3 至断点 4，长 78 米，保存较差，东北—西南走向。该段墙体残高 1.6 ~ 3 米，墙身生长有大量植被，以野酸枣树为主，仅在断面处依稀可见夯层，厚 0.05 ~ 0.09 米。农田开垦、植物根系破坏是墙体损坏的最重要原因。

第 6 段　断点 4 至断点 5，长 90 米，消失段，东北—西南走向。由于沟壑发育及农田开辟而消失。

第 7 段　断点 5 至断点 6，长 120 米，保存差，东北—西南走向。墙体残高 0.8 ~ 1 米，且被植被覆盖，因植被破坏以及种植庄稼导致墙体坍塌严重。夯层厚 0.08 ~ 0.09 米。

第 8 段　断点 6 至断点 7，长 55 米，消失段，东北—西南走向。墙体因开辟道路而消失。

第 9 段　断点 7 至断点 8，长 120 米，保存差，东北—西南走向。该段墙体残高 0.6 ~ 1.8 米，墙体东侧断面夯层清晰，厚 0.05～0.09 米。墙体上长满野酸枣树、杜梨树等，由于沟壑发育、农田开垦、道路开辟以及植物根系的破坏导致墙体坍塌严重。

第 10 段　断点 8 至止点，长 154 米，消失段，东北—西南走向。该段墙体由于沟壑发育、开辟道路及农田开垦等原因而消失。

该段长城的起点接偏桥村长城，止点接湫沟村长城，起点东南 130 米处为湫沟村烽火台。

该段长城所处的焦漪村有居民 10 余户。当地居民主要种植小麦、玉米和各种果树。

五　湫沟村长城（610222382101020005）

该段长城起点位于湫沟村东北的塬面上，东、西均临沟壑，西面山脚下为 210 国道。起于彭镇湫沟村东北 286 米，止于彭镇二十里铺东北 200 米，东北—西南走向，全线长 938 米。起点坐标为东经：109°09′32.04″，北纬：35°29′06.66″，高程：1178 米；止点坐标为东经：109°09′12.48″，北纬：35°28′40.26″，高程：1181 米（图九三五）。

该段长城整体保存较差，其中保存一般 123 米，较差 265 米，消失 550 米。依据保存状况可以分为 5 个自然段。

第 1 段　起点至断点，长 550 米，消失段，东北—西南走向。该段墙体由于沟壑发育以及开辟道路等原因消失，现见地表仅有植被，以玉米、槐树等为主。

第 2 段　断点至特征点 1，长 55 米，保存较差，东北—西南走向。该段墙体表面覆盖满植被，使墙体不易察觉。由于开垦农田、道路及植物根系的破坏造成墙体整体坍塌严重，存在大量孔隙。墙体东侧夯层较为明显，厚 0.04～0.05 米。

第 3 段　特征点 1 至特征点 2，长 123 米，保存一般，东北—西南走向。该段墙体残高 4、部分可达 5 米。墙体有一定程度的坍塌，但夯土部分较为清晰，厚 0.06～0.1 米。特征点 1 西南 20 米处剖面墙体底宽 5、顶宽 1.8、东侧高 4、西侧高 6.5 米（图九三六）。

第 4 段　特征点 2 至特征点 3，长 140 米，保存较差，东北—西南走向。该段墙体由于沟壑发育及开辟玉米地导致墙体损毁严重，仅余

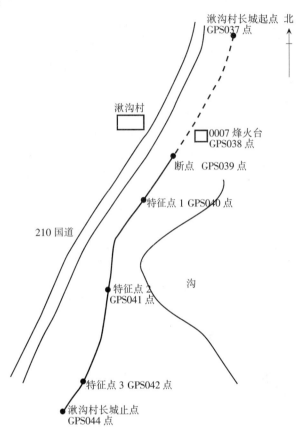

图九三五　湫沟村长城位置示意图

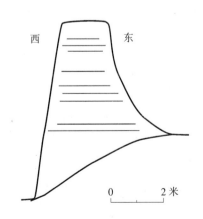

图九三六　湫沟村长城墙体剖面图

墙基。从出露的断面来看，土质中夹杂有少量石块及料礓石，夯层厚 0.06～0.09 米。

第 5 段 特征点 3 至止点，长 70 米，保存较差，东北—西南走向。由特征点 3 向西南 43 米处有一豁口，宽约 4 米。墙身上生长有野酸枣树、艾草等，顶部已被开垦为玉米地。从断面来看，夯层暴露清晰，厚 0.05～0.12 米。

该段长城的起点接焦涒村长城，止点接二十里铺长城。

该段长城所处的漱沟村有居民 10 余户。当地居民主要种植小麦、玉米和各种果树。

六 二十里铺村长城（610222382101020006）

该段长城起点位于二十里铺村东北的塬面上，东、西均临沟壑，西侧山脚下为 210 国道。起于彭镇二十里铺东北 200 米，止于彭镇二十里铺西南 1.4 千米，东北—西南走向，全长 1609 米。起点处坐标为东经：109°09′12.48″，北纬：35°28′40.26″，高程：1181 米；止点处坐标为东经：109°08′55.44，北纬：35°27′50.70″，高程：1200 米（图九三七）。

该段长城保存较差长 367 米，保存差长 102 米，消失段长 1140 米。依据保存情况分为 10 个自然段。

第 1 段 起点至断点 1，长 110 米，消失段，东北—西南走向。该段墙体由于沟壑发育以及开辟道路、开垦农田等原因消失，现地表仅有植被，以槐树为主。

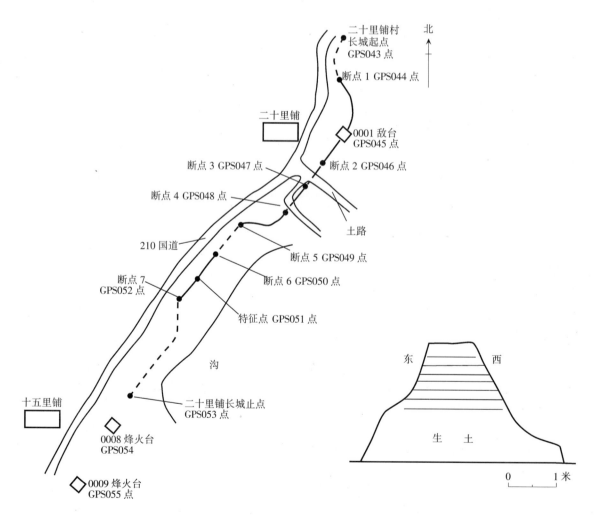

图九三七 二十里铺村长城位置示意图　　　　图九三八 二十里铺村长城墙体剖面图

第2段　断点1至二十里铺村敌台，长247米，保存较差，西北—东南走向。该段墙体以及顶部覆盖满植被，以槐树、酸枣树为主，使墙体不易察觉，由于开垦农田及开辟道路造成墙体整体坍塌严重，加之植物根系的破坏，使得墙体存在大量孔隙。断点1处墙体底宽4、顶宽1、高1~3米，夯层厚0.06~0.1米（图九三八）。

第3段　二十里铺村敌台至断点2，长273米，消失段，西北—东南走向。由于沟壑发育及开辟道路、农田等原因，导致原有墙体不存，现地面仅见玉米地、槐树、野酸枣树等。

第4段　断点2至断点3，长82米，保存差，东北—西南走向。该段墙体大部分被植被覆盖，不易察觉。断点2西南50米处有一断面，由于开辟土路致墙体坍塌严重，两侧呈缓坡状，顶上已被铲平，但夯土墙及墙基有所保存，夯土层高1.4、墙基高1、宽4米，夯层厚0.07~0.11米。断点3处墙体断面暴露，残高0.5~1.8、宽7米；夯层清晰，厚0.06~0.1米。

第5段　断点3至断点4，长35米，消失段，东北—西南走向。因开辟土路造成墙体消失。

第6段　断点4至断点5，长90米，保存较差，东北—西南走向。该段墙体长满植被，以野酸枣树、槐树为主，顶部也被开垦种植玉米等农作物。开辟道路及开垦农田造成墙体坍塌严重，并且由于植被生长茂盛，墙体坍塌严重。

第7段　断点5至断点6，长172米，消失段，东北—西南走向。由于开辟农田等原因造成墙体消失，现为玉米地。

第8段　断点6至特征点，长20米，保存差，东北—西南走向。该段墙体由于开垦农田的破坏而坍塌严重，加之茂盛植被覆盖，仅余墙基，几乎不见夯层。

第9段　特征点至断点7，长30米，保存较差，西北—东南走向。该段墙体由于农田开垦，坍塌较为严重，墙体上覆盖植被，夯层不显。

第10段　断点7至止点，长550米，消失段，西北—东南走向。由于开垦农田等原因造成墙体消失，现为玉米地。

该段长城的起点接湫沟村长城的止点，起点东南357米处为二十里铺敌台。

该段长城所处的二十里铺有居民30多户，以农业为主，种植小麦、玉米和各种果树。

第二节　战国魏长城单体建筑

在该县战国魏长城沿线仅发现1座敌台。

一　二十里铺村敌台（610222352101190001）

该敌台位于彭镇二十里铺村东南200米处的山顶上，四周已开垦为农田，西、南两侧现为玉米地，紧邻台体北侧有一条流水沟，东侧20米处为一苹果园，建有房屋。地理坐标为东经：109°09′17.52″，北纬：35°28′28.80″，高程：1241米。

台体因风雨侵蚀剥落，顶部东侧有一个近似矩形的坑，深1.5、宽2.8、长4米；南侧底部中央有一个盗洞，高1.6、宽2.4米，直伸到台体中央；北侧面坍塌凹陷，其余三面也有侵蚀剥落现象；顶部和底部周围生长有槐树、杜梨树、灌木和杂草。

该敌台平面呈矩形，剖面呈梯形，底边长8、顶边长7、高3米，夯层厚0.07~0.13米，台体底部墙高2.5米（图九三九）。

图九三九　二十里铺村敌台平、立面图

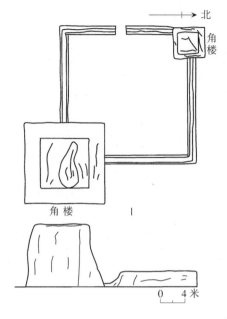

图九四〇　偏桥村关平、立面图

该敌台位于二十里铺村长城起点东南357米处的墙体上，依墙体东侧而建。

该敌台位于山顶上，西侧山下的公路为210国道，交通较为便利。

第三节　战国魏长城关堡

宜君县战国魏长城沿线发现1座关。

一　偏桥村关（610222353101170001）

该关位于彭镇偏桥村南200米处的山梁之上，周围为农田，东北角有中国联通公司修建的一座信号塔。附近有田间土路，北边山下的川道中有210国道穿过。地理坐标为东经：109°10′14.04″，北纬：35°30′05.16″，高程：1199米。

该关整体保存状况较差。平面略呈矩形，面积为560平方米，周长96米。现存东北角和西南角两座角台。角台顶部坍塌，西南角台体剥落尤为严重。东边围墙保存基本完整，南、西两边围墙上存在多处豁口，北侧围墙为植被覆盖。

该关东墙南北长28、顶宽0.8、底宽1.5、高2.5米，夯层厚0.09～0.13米；南墙东西长19、西墙南北长20、北墙东西长22.5米。西北角的角台平面呈矩形，底边长为5、顶边长为2.5、高5米；东南角的角台平面亦呈矩形，底边长13、顶边长8、高10米，顶部有一个长4、宽3米的水冲沟（图九四〇）。

该关位于偏桥村长城断点1东南150米处。

第四节　战国魏长城相关遗存

宜君县战国魏长城沿线共发现相关遗存9处。

一　许家塬村 1 号烽火台（610222354199170001）

该烽火台位于彭镇许家塬村南 250 米处的农田之中，附近有田间土路经过，北边与 210 国道相望。地理坐标为东经：109°12′38.64″，北纬：35°32′20.94″，高程：1127 米。

该烽火台受到侵蚀破坏严重，四周都有垮塌。台体南侧、东北角有从上到下贯穿的豁口，顶部及侧面上生长有槐树等植物，杂草丛生。

烽火台平面呈矩形，剖面呈梯形，底边长 10、顶边长 8、高 5 米，烽火台底部夯层较厚，上部夯层较薄，厚 0.08 ~ 0.13 米（图九四一）。周围的农田中散落有外素面、内布纹瓦片。推测其时代为明代。

该烽火台西北 416 米处为许家塬村 2 号烽火台。

二　许家塬村 2 号烽火台（610222354199170002）

该烽火台位于彭镇许家塬村西北 300 米处的农田之中，台体南、北、东三面为玉米地，西面为一片豆地，南边台地下面为一条乡间土路。地理坐标为东经：109°12′24.06″，北纬：35°32′35.04″，高程：1143 米。

该烽火台因开垦农田过程中对台体底部造成了铲削破坏，原来的形制已不存，现存平面呈矩形，剖面呈梯形，底东西 10、南北 9 米，顶东西 6.5、南北 1.5 米，高 5 米，夯层厚 0.06 ~ 0.14 米（图九四二）。夯层中夹杂有瓦片和红砂岩石块。烽火台底部散落有瓦片，大多数为外素面、内布纹，也有少量外绳纹、内布纹瓦片，推测其时代为明代。

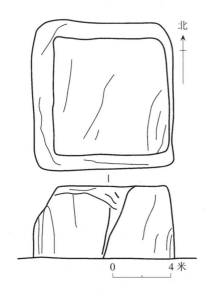 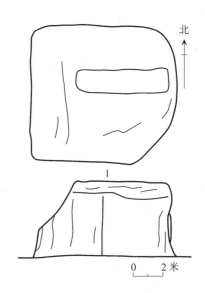

图九四一　许家塬村 1 号烽火台平、立面图　　图九四二　许家塬村 2 号烽火台平、立面图

该烽火台东南 416 米处为许家塬村 1 号烽火台，西南 650 米处为许家塬村 3 号烽火台。

三　许家塬村 3 号烽火台（610222354199170003）

该烽火台位于彭镇许家塬村西南 900 米处的农田之中，台体四周为玉米地，西南 15 米处立有一根水泥杆子，南侧即为 210 国道。地理坐标为东经：109°11′59.82″，北纬：35°32′25.80″，高程：1137 米。

该烽火台由于风雨侵蚀、农田建设等原因破坏严重。台体东南角有豁口从台顶贯穿到底部，宽 2.4、最大进深 2.8 米。台体北侧垮塌也较为严重，现明显向内凹陷。平面为矩形，剖面呈梯形，底边长 6、顶东西长 5、南北宽 3、高 4 米，夯层厚 0.07～0.1 米（图九四三）。

该烽火台东北 650 米处为许家塬村 2 号烽火台。

四　陈家圪村烽火台（610222354199170004）

该烽火台位于陈家圪村东南 100 米处，210 国道北侧台地边缘的苹果园中。地理坐标为东经：109°11′18.96″，北纬：35°31′41.16″，高程：1170 米。

该烽火台由于开垦农田和果园造成坍塌及损毁，顶部由于年代久远，风雨侵蚀等原因坍塌大半。台体底部坍塌呈缓坡状，顶部呈锥状。

烽火台平面呈方形，剖面呈不规则形，底边长 9 米，顶部坍塌严重，边长 1、高 8 米，夯层厚 0.08～0.12 米（图九四四）。烽火台附近有外素面、内布纹瓦片。推测其时代为明代。

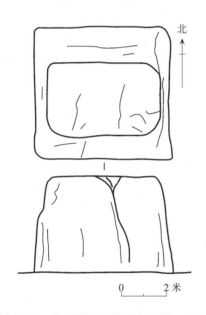

图九四三　许家塬村 3 号烽火台平、立面图

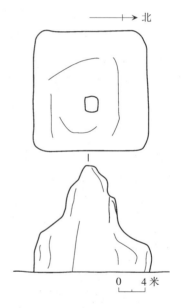

图九四四　陈家圪村烽火台平、立面图

该烽火台东南 800 米处为武家塬村—陈家圪村长城。

五　王沟湾村烽火台（610222354199170005）

该烽火台位于王沟湾村西北 200 米处，210 国道东南台地边缘的玉米地中。地理坐标为东经：109°10′42.42″，北纬：35°30′52.26″，高程：1190 米。

该烽火台由于开垦农田和果园造成坍塌及损毁，顶部坍塌，土质疏松，整体呈土堆状。

烽火台平面呈方形，剖面呈不规则形，底边长 12 米，顶部由于坍塌，边长 2、高 8 米，夯层厚 0.06～0.08 米（图九四五）。

烽火台周边的玉米地里有外素面、内布纹瓦片残片。推测其时代为明代。

该烽火台西南 750 米处为偏桥村遗存。

六　偏桥村遗存（610222354199170006）

该遗存位于彭镇偏桥村西北 100 米处的山坡上，遗存范围内现为玉米地和苹果园。附近有田间土路经过，东南方向约 150 米处为 210 国道。地理坐标为东经：109°10′23.34″，北纬：35°30′31.14″，高程：1169 米。

该遗存整体保存较差。由于风雨侵蚀、农田建设、修建道路等导致原来形制不存。

该遗存平面基本为矩形，但具体面积不详。

该遗存东侧残存有长 181 米的夯土墙，墙底宽 1~6、顶宽 0.5~3、高 1.5~7 米，夯层厚 0.04~0.1 米。东墙外还残存有一段长度为 52.5 米的夯土墙体，残高 1.8~3、底宽 2~3、顶宽 1~1.6 米，夯层厚 0.07~0.11 米。

该遗存内的果园中堆有大量的外素面、内布纹的瓦片。

该遗存位于偏桥村长城起点西南 600 米处，东北 750 米处为王沟湾村烽火台。

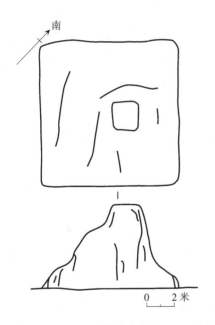

图九四五　王沟湾村烽火台平、立面图　　图九四六　湫沟村烽火台平、立面图

七　湫沟村烽火台（610222354199190007）

该烽火台位于彭镇湫沟村东北 200 米的山顶上，四周被开垦为农田，种植有玉米、大豆等作物。该台体西侧山下有 210 国道穿过。地理坐标为东经：109°09′36.24″，北纬：35°29′04.44″，高程：1225 米。

该烽火台整体损坏严重。由于受到长期风雨侵蚀造成台体四周坍塌，底部四周被开垦为农田，开垦耕地对台体底部造成了铲削破坏。

烽火台平面呈圆形，剖面为梯形，底直径 9、顶直径 2、高 6 米，夯层厚 0.06~0.1 米（图九四六）。周围散落有外绳纹内布纹、外绳纹内素面、外素面内布纹、外绳纹内菱格纹瓦片。

该烽火台位于焦涌村长城止点东南 130 米处。

八　十五里铺村 1 号烽火台（610222354199190008）

该烽火台建在城关镇十五里铺村东北 250 米处的山顶上，周围为玉米地，附近有田间土路经过，西侧山脚下有 210 国道穿行。地理坐标为东经：109°08′48.00″，北纬：35°27′20.82″，高程：1264 米。

该烽火台整体保存较差，台体坍塌，呈椭圆形土丘状，底部四周被开垦为农田，开垦耕地对台体底部造成了铲削破坏。

烽火台平面呈椭圆形，剖面为弧拱形，底长 14、宽 10 米，顶长 1.5、宽 1 米，高 5 米（图九四七）。台体底部散有外绳纹瓦片和外素面、内布纹的瓦片。

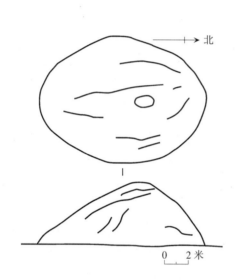

图九四七　十五里铺村 1 号烽火台平、立面图

图九四八　十五里铺村 2 号烽火台平、立面图

该烽火台南 1660 米处为十五里铺村 2 号烽火台．

九　十五里铺村 2 号烽火台（610222354199190009）

该烽火台位于城关镇十五里铺村东南 1.7 千米处的山顶上，四周被开垦为农田，种植玉米；台体北侧有一条小径通向台顶，东、北侧有一片民房，南边 200 米处有一个粮食储备库和几座民宅。地理坐标为东经：109°08′49.26″，北纬：35°26′14.64″，高程：1292 米。

该烽火台现被侵蚀剥落严重，顶部因风雨侵蚀直立成柱形，底部坍塌呈缓坡状，四周被开垦为农田，对其造成了铲削破坏。

烽火台平面呈圆形，剖面呈不规则形，底直径 13 米，顶长 3、宽 1～1.8 米，高 8 米，夯层厚 0.06～0.12 米（图九四八）。夯层中夹杂有布纹瓦片、料礓石。

该烽火台北 1.66 千米处为十五里铺村 1 号烽火台。

小　结

本次所调查的战国魏长城都是分段存在，不能相互连成一线，其所处地形显示这并不是因为年久毁坏而不能连接，而是当初修建的时候就是不相连接的。富县长城跨越洛河两岸，黄陵—宜君长城位于洛河西岸；黄龙长城所在系统是东至黄河，西接近洛河的；合阳—澄城长城是东至黄河西近洛河，且大体都是呈东—西走向。另外，魏长城体系中包括墙体、单体建筑和关堡，但是单体建筑和关堡却是非常之少，且分布没有一定规律。

魏长城的修建是处于当时秦魏两国势力对比的状况下，魏国根据防御需要修建的，和此后的秦汉长城和明长城不同，属于临时性修建的军事设施，并没有一套整体的规划，目的仅仅是阻断一些较大的通道而已。

战国后期秦魏两国在河西的争夺非常激烈，尤其是商鞅变法后，秦国国力得到快速的发展，遂逐步实施了挤压魏国在河西生存空间的举措，面对秦国咄咄逼人的态势，魏国开始修建长城来防御秦国。秦孝公元年（前361年）"魏筑长城自郑滨洛以北有上郡"[1]，魏国修建华阴长城以阻断渭南华阴的东西通道，并利用洛河天险作为秦魏界线。秦孝公十二年（前350年）秦国"东地渡洛"[2]，开始越过洛河，占有洛河以东土地。第二年，秦国就"东地至河"[3]，但直到惠文王六年（前332年），魏纳阴晋，阴晋更名宁秦。秦惠文王八年（前330年），魏国才"予秦河西之地"[4]。第二年，秦国"渡河，取汾阴、皮氏"[5]。第三年，"魏尽入上郡于秦"[6]。上述文献大体可以勾勒出秦国蚕食魏国的一幅路线图：公元前361年，秦魏分界为华阴长城、洛河至上郡；公元前350年，秦国势力越过洛河进入河西地区，秦魏多次在少梁争战；到公元前349年，秦国占领了河西地区北部；公元前332年，秦国突破华阴长城，占有阴晋，参照公元前325年张仪取陕，秦国的势力应该东达陕县一带；公元前330年，秦国向南进军进而占有河西南部地区；公元前328年，秦国又占有了整个上郡。至此，河西不复属魏。

魏国修筑长城的记载如下：魏惠王十年（前361年）"魏筑长城"[7]，梁惠成王十二年（前359年），龙贾率师筑长城于西边[8]，魏惠王"十九年（前352年），诸侯围我襄陵。筑长城，塞固阳"[9]。魏国在河西修建长城发生在其属于守势的时期，公元前350年秦魏间虽有征战，魏进入上郡于秦但秦国一直没有越过洛河，所以公元前361年和公元前359年两次修筑长城，都不在洛河以东。公元前361年所修为华阴长城，防线北至渭河，南至华山。而公元前359年所修应该是魏属上郡南界处，此时的泾河上游尚属义渠，魏上郡西接义渠，南接秦国，秦魏界线就在黄陵—宜君的长城一线，魏国的防线东至洛河，西至子午岭。公元前352年所筑长城，正是在秦国势力越过华阴长城之时、进

---

[1] 《史记·魏世家》，中华书局，1959年，1838页。
[2] 《史记·秦本纪》，中华书局，1959年，203页。
[3] 《史记·魏世家》，中华书局，1959年，1847页。
[4] 《史记·魏世家》，中华书局，1959年，1848页。
[5] 《史记·秦本纪》，中华书局，1959年，206页。
[6] 《史记·魏世家》，中华书局，1959年，1848页。
[7] 《史记·魏世家》，中华书局，1959年，1838页。
[8] 《水经注·济水》，王国维校本，卷7，上海人民出版社，1984年，255页。
[9] 《史记·魏世家》，中华书局，1959年，1845页。

入河西地区前夕，此时修筑黄龙山南麓长城和合阳—澄城南线长城，可以起到退守上郡与河西可保之地，筑城为固的目的；在富县还有一道魏长城，位于魏雕阴城南，横跨洛河两岸，截断南北通道。结合公元前333年和公元前330年秦魏两次在雕阴鏖战看，该长城修建时间下限应该是在公元前333年。秦东渡洛河进入河西站稳后，应该同时向南和北发展，故该长城修建时间上限当不早于公元前340年。该长城是魏国在黄河以西修筑的最后用于防守上郡的军事设施。

战国魏长城是分时段针对不同的情况需要修建而成的，在修建长城之前，并没有一个先期的整体规划，显示修建长城还是处于一种应急的状态。战国魏长城修建时间较早，属于早期长城的形态。此时长城呈段状分布于川道和垭口，相关附属建筑较少，尚未形成防御体系。

第三编
隋长城

　　隋长城是隋朝为了防御北方强敌突厥侵扰而修建的。由于隋长城堆土而筑的特殊建造方式，加之修建过程短促，其后又被明长城沿用，长期以来在陕北地区的田野调查中，没有发现隋长城的相关迹象。

　　经过此次调查，在陕西北部的神木县、靖边县和横山县分别发现隋长城遗存，包括墙体、单体建筑和关堡，在单体建筑或关堡周边发现一些建筑材料，使得我们对该地隋长城的有关状况有了初步的了解，这是此次调查的重要收获。

　　分布在三个县区的隋长城互不相连，但他们和战国秦长城或明长城之间总能发现一些相互关联的迹象，这表明在有些区段，这三个时期的长城有着后代修缮和沿用前代长城的过程，其中神木县麻家塔隋长城与战国秦长城相距很近，靖边县龙洲乡黄草坬村的隋长城墙体与明长城相交，定边段的隋长城东与明长城相交，西接宁夏盐池县隋长城。在能确认的隋长城沿线，发现的墩台外观多数呈圆形，明二边长城线路上发现的墩台有很大比例的圆形烽火台。一般而言，这些圆形的烽火台保存现状要好于矩形烽火台，我们推断这些圆形的烽火台应该是隋代遗留下来被明代修缮沿用的。

　　三段隋长城全长18394米，由墙体和单体建筑组成。这三段长城墙体都是堆土筑成，保存程度差。单体建筑为夯土筑成，但也圮毁严重，多数坍塌呈圆形土包状。

陕西省隋长城长度统计　　　　　　　　　　　　　　　　单位：米

隋长城	神木	靖边	定边	总计
河险	1750	0	0	1750
消失段	4750	0	0	4750
土墙	5020	3187	3687	11903
总计	11520	3187	3687	18394

陕西省隋长城单体建筑统计表　　　　　　　　　　　　　单位：座

单体	神木	靖边	定边	总计
敌台	3	10	2	15
烽火台	13	6	0	19
总计	16	16	2	34

第十三章　神木县隋长城资源

　　神木县隋长城的调查工作主要由任宝磊、黄永美、周惠清、祁远虎、白炳锋等完成，于春雷、牛新龙、张振峰、唐海峰、陈探戈、赵学江、金迪、杨婷、贺慧慧、李宁等也参与了该调查工作。

　　神木县隋长城是此次调查中首次发现的。长城墙体残长11520米，整体呈北—南走向，分布于窟野河西岸，北端起于麻家塔乡老龙池南岸，向南偏西越西沟到大柏油堡西南与明大边长城接近，在大柏油堡与柏林堡之间相交后又分开。沿线越过西沟以南的单体建筑是一些圆形墩台。

　　神木县秦长城位于明长城的以西、以北，隋长城和秦长城时有交叉。隋长城由墙体和单体建筑组成，墙体损坏严重，大部分都已经消失或濒于消失，残存段落也只有一线土垄或位于现地面以下部分可见；单体建筑大多坍塌成土堆或呈锥状，平面多呈圆形或不规则形。

　　神木县隋长城由神木县文物管理委员会办公室管理，为全民事业单位，行政隶属神木县文化局。共有人员18名，负责人先后有乔子荣、张裕福，目前由屈凤鸣主持工作。

　　该县没有专门的长城保护机构、保护标志、保护范围、建设控制地带及记录档案等。

第一节　隋长城墙体

　　神木县隋长城现存6段夯土墙体，墙体经粗夯堆筑，夯层不清晰，全长11520米，分布在神木县西部麻家塔乡和神木镇境内的窟野河西岸。其中麻家塔沟以北尚有部分墙体残存，麻家塔沟向南越过西沟后再向西南延伸，只有连成一线的烽火台而不见墙体。

　　隋长城残存墙体宽度在2.4~5米，高度在0.9~1.4米。

　　残存的隋长城墙体大部分段落与秦长城平行，其间曾有交叉。南部的隋长城烽火台线路与明长城大边相距不远。

神木县隋长城长度统计表
单位：米

神木	保存较好	保存一般	保存较差	保存差	消失	小计
山险	0	0	0	0	0	0
河险	0	0	0	0	1750	1750
山险墙	0	0	0	0	0	0

续表

神木	保存较好	保存一般	保存较差	保存差	消失	小计
石墙	0	0	0	0	0	0
土墙	0	0	0	1819	3201	5020
消失段	0	0	0	0	4750	4750
总计	0	0	0	1819	9701	11520

一　孟家马牙岔村长城1段

（610821382101110072）

该段长城位于麻家塔乡孟家马牙岔村东北3千米的窟野河西岸、常家沟南的山顶缓坡地带，紧邻盘山土路，两侧紧邻山体缓坡地带。墙体坍塌严重，略高于两侧山体缓坡。起于麻家塔乡孟家马牙岔村东北3千米处，止于麻家塔乡孟家马牙岔村东北1.65千米处，全长1161米，呈东北—西南走向。起点处坐标为东经：110°23′58.17″，北纬：38°55′36.24″，高程：1220.8米；止点处坐标为东经：110°23′24.28″，北纬：38°55′11.72″，高程：1206米（图九四九）。

该段长城整体保存差，其中保存差899米，消失262米。依据保存状况分为5个自然段。

第1段　起点至断点1，长473米，保存差，东北—西南走向。该段坍塌、剥落严重，夯层厚0.09～0.11米，少部分略高于两侧山体缓坡，可见最高处墙体高0.9、底宽5米。墙体因黄沙湮没、植被覆盖多已濒临消失。其上有大量料礓石。断点1断面可见明显夯土，剖面呈梯形，高0.9、底宽4.5米。墙体西紧邻小冲沟，东侧紧邻山体缓坡，墙体及缓坡上长满蒿类植物、大量柠条。

第2段　断点1至断点2，长186米，消失段，东北—西南走向。该段长城因黄沙湮没、人为栽种松树林、沟壑发育而消失。

第3段　断点2至断点3，长27米，保存差，东北—西南走向。该段长城墙体

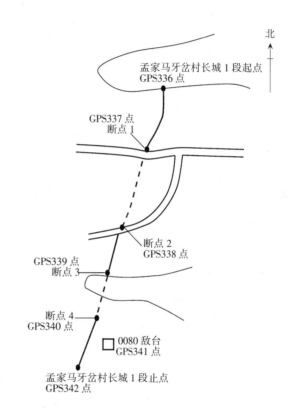

图九四九　孟家马牙岔村长城1段位置示意图

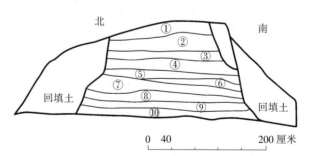

①～⑤夯土层，呈黄红色沙土，含少量料礓石，质较硬
⑥～⑩夯土层，为黄沙土，内含红胶泥，色五花，含大量料礓石，质坚硬，两侧回填土为黄沙土，土质松散，含极少料礓石。顶宽2.8、底宽4.7、高1.55米

图九五〇　孟家马牙岔村长城1段墙体剖面图

坍塌严重，因黄沙湮没、植被覆盖，濒临消失。墙体和墙体两侧的缓坡上长满蒿类植物、大量柠条。在该段作剖面：底宽4.7、顶宽2.8、高1.55米（图九五〇）。

第4段　断点3至断点4，长76米，消失段，东北—西南走向。因沟壑发育导致墙体消失。

第5段　断点4至止点，长399米，保存差，东北—西南走向。该段长城因黄沙湮没、植被覆盖，濒临消失。墙体和墙体两侧缓坡上长满蒿类植物、大量柠条。

这段长城北接淖泥沟村—孟家马牙岔村长城，南接孟家马牙岔村长城2段，墙体东侧11米有孟家马牙岔村1号敌台。

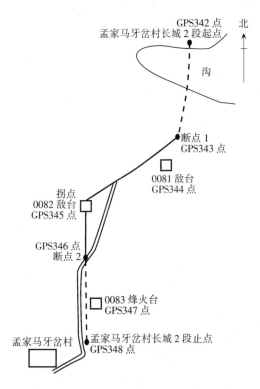

图九五一　孟家马牙岔村长城2段位置示意图

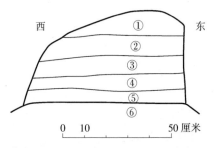

图九五二　孟家马牙岔村长城2段墙体剖面图

① 夯层厚0.13米，粗夯，红沙土，夹含料礓石
② 夯层厚0.12米，粗夯，红沙土，夹含料礓石
③ 夯层厚0.13~0.15米，粗夯，红沙土，夹含料礓石
④ 夯层厚0.15~0.21米，粗夯，红沙土，夹含料礓石
⑤ 夯层厚0.09~0.25米，粗夯，红沙土，夹含料礓石
⑥ 红沙土

二　孟家马牙岔村长城2段
（6108213821011110073）

该段长城位于麻家塔乡孟家马牙岔村东北山顶平整地带和山体缓坡上，总长1630米，起于麻家塔乡孟家马牙岔村东北1.65千米处，止于麻家塔乡孟家马牙岔村东北1.05千米处，全长1630米，呈东北—西南走向。起点处坐标为东经：110°23′24.28″，北纬：38°55′11.72″，高程：1206米；止点处坐标为东经：110°23′18.05″，北纬：38°54′24.39″，高程：1196米（图九五一）。

该段长城保存差，三分之二消失。其中保存差534米，消失1096米。依据保存情况分为4个自然段。

第1段　起点至断点1，消失段，长146米，东北—西南走向。由于沟壑发育导致墙体消失。

第2段　断点1至拐点，长363米，保存差，东北—西南走向。该段墙体因黄沙湮没、植被覆盖多已濒临消失，且墙体上有大量料礓石。断点1西南78米为孟家马牙岔村2号敌台。该段墙体两侧沟壑纵横，紧邻山体缓坡，墙体及缓坡上长满蒿类植物、大量柠条。

第3段　拐点至断点2，长171米，保存差，墙体行至此处转为北—南走向。因坍塌严重、黄沙湮没、植被覆盖，现仅剩一道土梁，濒临消失。墙体和墙体两侧缓坡上长满蒿类植物、大量柠条。在断点2北10米作剖面，墙体底宽0.9、高0.75米，夯层厚0.09~0.25米（图九五二）。红沙土粗夯。

第 4 段　断点 2 至止点，长 950 米，消失段，北—南走向。该段因水土流失、沟壑发育、盘山道路建设、风沙侵蚀和黄沙湮没等原因造成墙体消失。

该段长城北接孟家马牙岔村长城 1 段，南接孟家马牙岔村—沈家塔村长城，中间有孟家马牙岔村 2 号敌台、孟家马牙岔村 3 号敌台、孟家马牙岔村烽火台。

三　孟家马牙岔村—沈家塔村长城（610821382101110074）

该段长城位于窟野河西岸、神木县麻家塔乡孟家马牙岔村东北山顶平整地带和山体缓坡上，起于麻家塔乡孟家马牙岔村东北 1.05 千米处，止于麻家塔乡沈家塔村北 498 米处，全长 2229 米，整体呈北—南走向。起点处坐标为东经：110°23′18.05″，北纬：38°54′24.39″，高程：1196 米；止点处坐标为东经：110°23′17.88″，北纬：38°53′21.91″，高程：1123.1 米（图九五三）。

该段长城保存差，大多消失，其中保存差 386 米，消失 1843 米。依据保存状况分为 2 个自然段。

第 1 段　起点至断点，长 386 米，保存差，北—南走向。该段墙体因黄沙湮没、植被覆盖多已濒临消失，墙体高 0.8～1.4、底宽 2.4～4.5 米，墙体上有大量料礓石。断点西南 78 米为孟家马牙岔村 2 号敌台。墙体西缓坡为耕地，墙体及东缓坡上长满蒿类植物、大量柠条。

第 2 段　断点至止点（沈家塔村 1 号烽火台），长 1843 米，消失段，北—南走向。该段因水土流失、沟壑发育、盘山道路建设、风沙侵蚀等原因导致墙体消失。断点南 849 米处为沈家塔村 1 号烽火台，止点即沈家塔村 2 号烽火台。

这段长城北接孟家马牙岔村长城 2 段，南接沈家塔村长城，中间有沈家塔村 1 号烽火台、沈家塔村 2 号烽火台。

四　麻家塔沟河险（610821382107110075）

该段河险位于麻家塔乡沈家塔村北 498 米，两侧为河谷切成的断崖，紧邻断崖为河滩地。该段河险横跨麻家塔沟，起于麻家塔乡沈家塔村北 498 米处，止于麻家塔乡沈家塔村南 1.3 千米，全长 1750 米，北—南走向。起点处坐标为东经：110°23′17.88″，北纬：38°53′21.91″，高程：1123.1 米；止点处坐标为东经：110°23′30.14″，北纬：38°52′37.87″，高程：1142.3 米（图九五三）。

该段河险保存状况较差，因时间久远，两侧底部已经被村落开垦为村房，河川中有公路、村落、田地等人为建造的痕迹，河中有少量水流，不再险要。

五　沈家塔村长城（610821382301110076）

该段长城位于窟野河西岸、麻家塔沟南、麻家塔乡沈家塔村南山顶平整地带，全部消失。依据一线 6 座烽火台分布具体情况，判断起于麻家塔乡沈家塔村南 1.3 千米处，止于麻家塔乡雨则古梁村东 1.1 千米处，总长 2750 米，北—南走向。起点处坐标为东经：110°23′30.14″，北纬：38°52′37.87″，高程：1142.3 米；止点处坐标为东经：110°23′12.48″，北纬：38°50′54.42″，高程：1208.9 米（图九五四）。

该段长城北接麻家塔沟河险，南接雨则古梁村—贾家圪崂村长城。起点即沈家塔村 3 号烽火台，向南 328 米为沈家塔村 4 号烽火台，再向南 500 米为沈家塔村 5 号烽火台，再向南 452 米为沈家塔村 6 号烽火台，再向南 550 米为沈家塔村 7 号烽火台，止点即为雨则古梁村烽火台。

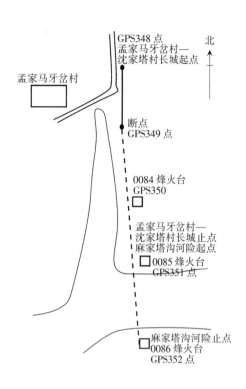

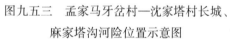

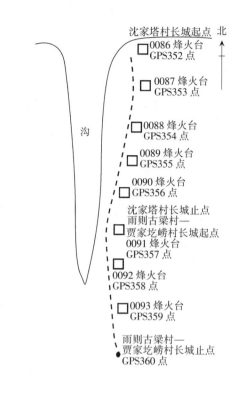

图九五三　孟家马牙岔村—沈家塔村长城、
麻家塔沟河险位置示意图

图九五四　沈家塔村长城、雨则古梁村—
贾家圪崂村长城位置示意图

六　雨则古梁村—贾家圪崂村长城（6108213823011110077）

该段长城位于窟野河西岸、麻家塔沟南、神木县麻家塔乡雨则古梁村东的山顶平整地带，由于后期破坏已经全部消失，起于麻家塔乡雨则古梁村东1.1千米处，止于麻家塔乡西沟村西北1.4千米处，总长2000米，呈北—南走向。起点处坐标为东经：110°23′12.48″，北纬：38°50′54.42″，高程：1208.9米；止点处坐标为东经：110°24′53.67″，北纬：38°49′44.70″，高程：1119.1米（图九五四）。

该段长城北接沈家塔村长城，起点为雨则古梁村烽火台，向南1000米为贾家圪崂村1号烽火台，再向南1000米为贾家圪崂村2号烽火台，再向南无法判断隋长城的存在与走向。

第二节　隋长城单体建筑

神木县隋长城沿线发现单体建筑16座，其中敌台3座、烽火台13座，多数台体平面形状不规则。

一　孟家马牙岔村1号敌台（6108213521011110080）

该敌台建于窟野河西岸、麻家塔乡孟家马牙岔村东北2千米处的山坡上。敌台周围为山体缓坡，长满柠条和蒿类等植物。山体缓坡两侧多沟壑发育，北侧151米处有沟壑，南侧189米处发育有沟壑。墙体所在的山坡西侧有一条环山土路。地理坐标为东经：110°23′29.14″，北纬：38°55′16.05″，高程：

1217.5 米。

该敌台整体保存差，损坏严重，略呈方形土台。台体南侧因雨水冲刷、昆虫洞穴等原因形成两个豁口；东侧因风雨侵蚀现凹凸不平。台体其他各面雨水冲刷痕迹明显。

平面呈不规则形，剖面近呈梯形，底东西长7.2、南北长7.2米，顶东西4、南北4米，高4.7米，夯层厚0.08～0.11米，夯窝直径为0.05～0.06米（图九五五）。

该敌台西南距孟家马牙岔村2号敌台413米，位于淖泥沟—孟家马牙岔村长城1段墙体内侧11米处。

二　孟家马牙岔村2号敌台（610821352101110081）

该敌台位于窟野河西岸的丘陵沟壑地带的山坡上，孟家马牙岔村东北1.85千米处，周围为山体缓坡，长满柠条和蒿类等植物。四周多沟壑发育。敌台东侧缓坡土壤沙化严重，西南200米处有一条环山土路。地理坐标为东经：110°23′18.45″，北纬：38°55′06.39″，高程：1229米。

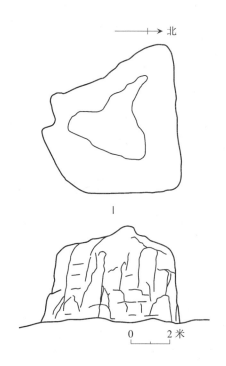
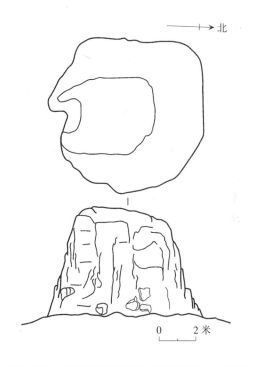

图九五五　孟家马牙岔村1号敌台平、立面图　　　图九五六　孟家马牙岔村2号敌台平、立面图

该敌台整体保存差，现近似圆形土台，周壁剥蚀严重。台体四周基本与地表垂直，不易攀登。

平面不规则，剖面呈梯形，底东西8、南北8.4米，顶东西4、南北4米，高5.6米，夯层厚0.08～0.12米（图九五六），夯层裸露明显。台体周围散落大量料礓石，未发现任何的瓦片。

该敌台西南距孟家马牙岔村3号敌台285米。

三　孟家马牙岔村3号敌台（610821352101110082）

该敌台位于窟野河西岸的丘陵沟壑地带的山坡上，麻家塔乡孟家马牙岔村东北1.5千米处。台体

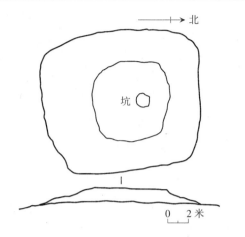

图九五七　孟家马牙岔村 3 号敌台平、剖面图

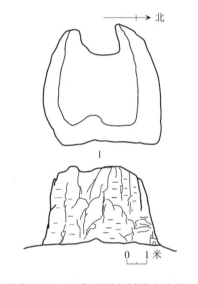

图九五八　孟家马牙岔村烽火台平、立面图

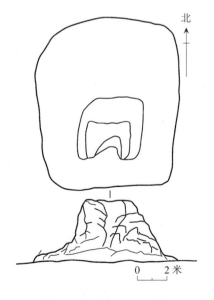

图九五九　沈家塔村 1 号烽火台平、立面图

周围为山体缓坡，东北侧和南侧与墙体相连，东北 26 米处有一条土路，西南 42 米处为坟地，西 122 米处发育有沟壑；西北侧土壤沙化严重。地理坐标为东经：110°23′10.18″，北纬：38°54′59.76″，高程：1225.8 米。

台体保存差，坍塌严重，呈圆丘状，略高出地表。台体西侧和西北侧因雨水冲刷、昆虫洞穴等原因塌陷严重，顶部有一直径 1.3、深 0.45 米的土坑，长满杂草。

敌台平、剖面均呈不规则形，底东西 15.5、南北 13.6 米，顶东西 7.6、南北 7.5 米，高 1.6 米（图九五七）。该台体为自然基础上黄土夯筑而成，夯层中夹杂有大量的料礓石和沙石，夯层已不清晰。

该敌台东北距孟家马牙岔村 2 号敌台 285 米。

四　孟家马牙岔村烽火台 （610821353201110083）

该烽火台位于窟野河西岸黄土高原丘陵沟壑地带的山体缓坡上，麻家塔乡孟家马牙岔村东北 1250 米处。地理坐标为东经：110°23′14.82″，北纬：38°54′41.11″，高程：1214.4 米。

台体南侧因雨水冲刷有坍塌现象；西南侧因雨水冲刷、昆虫洞穴等因素而有塌陷；东侧由于植物根系生长和雨水冲刷的破坏形成一个长 4、宽 1.2、进深 0.8 米的豁口；西侧因雨水冲刷和植物根系生长而形成一个长 2.4、宽 2.2、进深 1.6 米的豁口。

烽火台整体近呈圆丘状土台，平面呈不规则形，剖面呈梯形，底东西 6.2、南北 6.2 米，顶东西 5.2、南北 4.2 米，高 4 米，夯层厚 0.07～0.11 米（图九五八）。夯层中夹杂有大量的料礓石和沙石。烽火台周围散落大量的料礓石和陶器、瓷器残片。

该烽火台北距孟家马牙岔村 3 号敌台 594 米。

五　沈家塔村 1 号烽火台 （610821353201110084）

该烽火台位于窟野河西岸黄土高原丘陵沟壑地带的山坡上，在麻家塔乡沈家塔村北 1.25 千米处，所处的山顶植被稀疏，有沟壑发育。地理坐标为东经：110°23′25.88″，北纬：38°53′47.13″，高程：1146.2米。

台体保存差，东侧因农田用地而被铲削；北侧因植物根系生长而坍塌呈缓坡状；东南侧由于雨水冲刷和昆虫洞穴的破坏坍塌严重；西南侧因雨水冲刷而凹凸不平；南侧因雨水冲刷而形成一个宽1.6、长2.4、进深1.4米的豁口。

烽火台整体呈圆丘状，东侧和北侧有台基。平面近呈矩形，剖面呈梯形，底东西9.6、南北11米，顶东西3、南北2.4米，高4米，夯层厚0.06～0.09米（图九五九）。

该烽火台南距沈家塔村2号烽火台994米。

六 沈家塔村2号烽火台（610821353201110085）

该烽火台位于窟野河西岸黄土高原丘陵沟壑地带的山坡上，麻家塔乡沈家塔村北498米处。周围多沟壑发育，杂草丛生，东北侧为山体缓坡，长满蒿类植物。地理坐标为东经：110°23′17.88″，北纬：38°53′21.91″，高程：1123.1米。

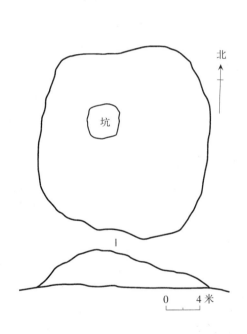

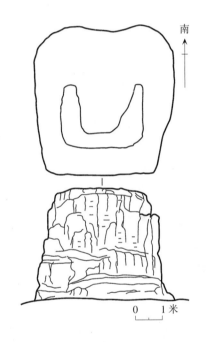

图九六〇 沈家塔村2号烽火台平、剖面图　　　图九六一 沈家塔村3号烽火台平、立面图

台体坍塌严重，呈圆丘状土堆。台体四周因为雨水冲刷、植物根系生长等原因而坍塌成缓坡，长满杂草；顶部因植物根系生长现凹凸不平，其西北侧形成直径为4米的土坑。

平、剖面均不规则，底东西21、南北23米，高4.5米（图九六〇）。夯层中夹杂有大量石块和料礓石，夯层已不清晰。

该烽火台南距沈家塔村2号烽火台994米。

七 沈家塔村3号烽火台（610821353201110086）

该烽火台位于窟野河西岸黄土高原丘陵沟壑地带的山坡上，麻家塔乡沈家塔村南1.3千米处，地理坐标为东经：110°23′30.14″，北纬：38°52′37.87″，高程：1142米。

该烽火台东侧和南侧的台基坍塌呈缓坡状。台体南侧剥落、坍塌严重形成一个大豁口,以至顶部坍塌成弓形,豁口宽 3、长 3.4、进深 3.5 米,豁口内长满杂草;北侧因为雨水冲刷而凹凸不平;东侧因为雨水冲刷、植物根系生长等原因而少有坍塌;西北侧坍塌形成一个宽 0.7 米的裂缝。雨水冲刷对台体的破坏严重。

烽火台底部呈四边形,西南侧、西侧和北侧有台基存在,顶部呈弓形。台体底东西长 5.4、南北长 5.6,顶南北长 2.4、东西长 3.2 米,高 4.2 米(图九六一)。该烽火台南侧散落大量的石块和陶器、瓷器残片。

该烽火台南距沈家塔村 4 号烽火台 328 米。

八 沈家塔村 4 号烽火台 (610821353201110087)

该烽火台位于窟野河西的黄土高原沟壑地带的山坡上,北距沈家塔村 1.5 千米。地理坐标为东经:110°23′35.23″,北纬:38°52′27.90″,高程:1157.8 米。

烽火台已经消失,东、西两侧有沟壑发育,周围杂草丛生。此处现有一座庙,底部用石块堆积而成圆柱状台基,周围散落大量的石块、残砖和陶器残片,附近有夯土裸露。经老乡证实,此处曾有一烽火台。

该烽火台北距沈家塔村 3 号烽火台 328 米。

九 沈家塔村 5 号烽火台 (610821353201110088)

该烽火台位于窟野河西岸黄土高原丘陵沟壑地带的山坡上,在麻家塔乡沈家塔村南 1.75 千米处。地理坐标为东经:110°23′23.32″,北纬:38°52′18.64″,高程:1144.8 米。

台体坍塌严重,整体呈圆丘状,台体及周围长满杂草。顶部由于雨水冲刷、植物根系生长等因素,现有一深 2、宽 4.2 米的大坑,并延伸至底部。

平面呈不规则形,剖面呈梯形,底东西 16.6、南北 16.2 米,高 5.5 米(图九六二)。夯层中夹杂有石块和料礓石,夯层已不清晰。周围散落大量的石块、残砖、陶器和瓷器残片。

该烽火台南距沈家塔村 6 号烽火台 452 米。

一〇 沈家塔村 6 号烽火台 (610821353201110089)

该烽火台位于窟野河西岸黄土高原丘陵沟壑地带的山坡上,麻家塔乡沈家塔村南 2 千米处。地理坐标为东经:110°23′25.39″,北纬:38°52′04.02″,高程:1151.7 米。

台体保存差,北侧因雨水冲刷和植物根系生长等因素坍塌呈缓坡状;南部剥落严重,从顶部坍塌至底部,形成一个长 2.8、宽 2、进深 0.8 米的豁口;西侧因雨水冲刷和植物根系生长而坍塌得凹凸不平;西南侧由于雨水冲刷出现一个裂缝;东侧坍塌痕迹也比较明显。

该烽火台平、剖面均呈不规则形,底东西 5.8、南北 5.6 米,顶南北 1、东西 2.4 米,高 3.6 米(图九六三)。夯层中夹杂有少量石块和料礓石,夯层裸露明显。烽火台北侧散落少量陶器残片。

该烽火台北距沈家塔村 5 号烽火台 452 米。

一一 沈家塔村 7 号烽火台 (610821353201110090)

该烽火台位于窟野河西岸黄土高原丘陵沟壑地带的山坡上,在麻家塔乡沈家塔村南 2.5 千米处。地理坐标为东经:110°23′21.02″,北纬:38°51′44.15″,高程:1105.6 米。

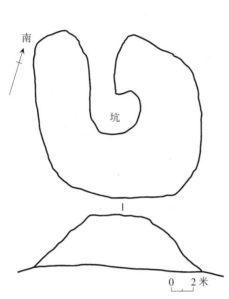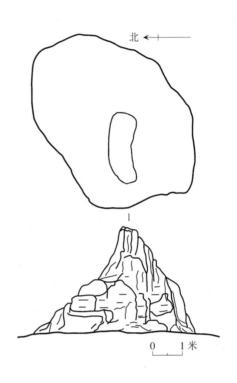

图九六二　沈家塔村5号烽火台平、剖面图　　　图九六三　沈家塔村6号烽火台平、立面图

该烽火台坍塌严重，保存差，北侧因雨水冲刷和植物根系生长等因素而凹凸不平；南部因雨水冲刷而剥落严重，形成一个宽2.6米的豁口；西侧因雨水冲刷和植物根系生长而稍有坍塌。台体雨水冲刷痕迹明显。

烽火台底部略呈椭圆形，顶部呈不规则形，底东西7.8、南北6.6米，顶南北2、东西2.6米，高3.2米，夯层厚0.07~0.09米（图九六四）。夯层中夹杂有大量沙石和料礓石。烽火台东侧的沟内散落有大量的陶器和瓷器残片。

该烽火台北距沈家塔村6号烽火台550米。

一二　雨则古梁村烽火台（610821353201110091）

该烽火台位于窟野河西岸黄土高原丘陵沟壑地带的山坡上，东北距神木镇雨则古梁村1.1千米。地理坐标为东经：110°23′12.48″，北纬：38°50′54.42″，高程：1208.9米。

台体坍塌严重。东侧因雨水冲刷和植物根系生长等因素而坍塌呈缓坡状；西南部因雨水冲刷、植物根系生长、昆虫洞穴等因素而坍塌，凹凸不平；西北侧因雨水冲刷而坑坑注注；西侧被雨水冲刷出诸多缝隙。

该烽火台底、顶部呈不规则形，底东西5.3、南北7.2米，顶南北5、东西3.2米，高5.8米，夯层厚0.06~0.11米（图九六五）。烽火台周围散落有大量的陶器和瓷器残片。

该烽火台南距贾家圪崂村1号烽火台1千米。

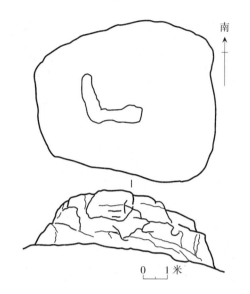

图九六四 沈家塔村7号烽火台平、立面图

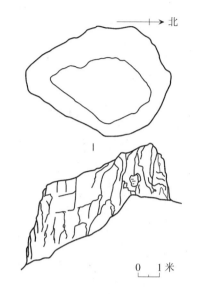

图九六五 雨则古梁村烽火台平、立面图

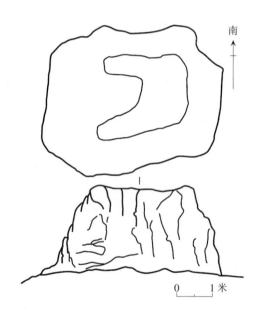

图九六六 贾家圪崂村1号烽火台平、立面图

一三 贾家圪崂村1号烽火台
（610821353201110092）

该烽火台位于窟野河西岸的黄土高原沟壑地带的山坡上，东南距神木镇贾家圪崂村268米。台体周围缓坡上杂草丛生，北386米处有一个庙，东南侧山坡上有农田，东343米处有乡村土路，南163米处发育有沟壑，沟内长有杨树，西21米处发育有沟壑。地理坐标为东经：110°23′06.81″，北纬：38°50′26.33″，高程：1180.9米。

台体保存差，坍塌严重，东侧因雨水冲刷和植物根系生长等因素而坍塌出一个宽1、进深1.2、长2米的豁口；南侧、北侧因雨水冲刷坍塌成缓坡状；西南侧因雨水冲刷、植物根系生长、昆虫洞穴等而坍塌，凹凸不平；顶部因雨水冲刷而凹凸不平。

台体呈不规则形，底东西5.2、南北4.2米，顶南北2.4、东西2.6米，高2.5米，夯层厚0.08～0.1米（图九六六）。

该烽火台东南距贾家圪崂村2号烽火台1千米。

一四 贾家圪崂村2号烽火台（610821353201110093）

该烽火台位于窟野河西岸的黄土高原沟壑地带的山坡上，神木镇贾家圪崂村西南50米，南距高架桥306米，西187米处发育有沟壑，周围杂草丛生，西侧为农业用地。地理坐标为东经：110°23′39.07″，北纬：38°49′52.21″，高程：1135.9米。

该烽火台已毁，其形制无法辨识。烽火台后经村民修缮，现存台体高约5、宽6米。

该烽火台西北距贾家圪崂村 1 号烽火台 1000 千米。

一五　新圪崂村 1 号烽火台（610821353201110094）

该烽火台位于西沟南的黄土高原丘陵沟壑地带的山坡上，神木镇新圪崂村西北 1.05 千米处。所处地区为山坡缓坡，杂草丛生。地理坐标为东经：110°24′23.56″，北纬：38°49′00.42″，高程：1117.9 米。

台体保存较差，台体及周围长满杂草，四周雨水冲刷痕迹明显。台体四周同地面基本垂直，难以攀登。西侧由于植物根系生长和雨水冲刷等因素而坍塌形成一个长 4.5、宽 3 米的大豁口，东侧和北侧少有坍塌。

烽火台呈不规则形，底东西 7.7、南北 6 米，顶南北 2、东西 0.6 米，高 4.2 米，夯层厚 0.06～0.08 米。

该烽火台南距新圪崂村 2 号烽火台 1.2 千米。

一六　新圪崂村 2 号烽火台（610821353201110095）

该烽火台位于西沟（灰昌沟）南的黄土高原丘陵沟壑地带的山坡上，神木镇新圪崂村西南 350 米处，周围杂草丛生，而且东侧有农业用地。地理坐标为东经：110°24′30.27″，北纬：38°48′20.45″，高程：1189.2 米。

该烽火台由台基和台体两部分组成，保存较差。台体西北侧有一棵柳树，严重损坏台体；南侧有一豁口，豁口内有一神龛，豁口宽 2、进深 1.5 米，原为登台所用；西侧由于雨水冲刷和风蚀原因而凹凸不平；北、东两侧也有雨水冲刷的痕迹。台基为夯筑而成，台体北侧略高于南侧。

烽火台台基呈圆形，直径 16 米，登步台基宽 4、高 2.4 米。台体呈不规则的圆柱状，底直径 6、顶直径 2.4、高 4 米。台体为黄土夯筑而成，夯土中夹杂大量的料礓石和沙石，夯层厚 0.06～0.08 米。

该烽火台北距新圪崂村 1 号烽火台 1.2 千米。

第十四章 靖边县隋长城资源

靖边县隋长城[1]分布在白于山北麓的东部，由墙体和单体建筑组成，共有墙体2段。墙体堆土筑成，全长3187米，呈东—西走向，东西两端均不与其他长城相接，沿线多能看到明代的烽火台和瓦片等遗物。单体建筑16座，夯土筑成。

靖边县隋长城此前曾被当做秦昭王长城对待，经过调查，发现秦昭王长城就在隋长城东边附近，呈北—南走向。在隋长城东端再向东就是秦昭王长城与明长城大边相交的段落，该段秦长城是否为隋代沿用尚不能判定；在隋长城西端再向西处，明长城拐向南行延伸，再向西没有发现长城遗迹，对于隋长城是继续沿明长城二边的走向分布还是继续向西延伸，尚不能判定（图三六二）。

靖边县隋长城调查由李恭、于春雷、王茂迎、方琳、杨帆、牛新龙、张振峰、唐海峰、陈探戈、赵学江、苏锦平等完成，调查时间为2009年7~9月。

靖边县隋长城行政隶属于靖边县文管办，负责人为李文海。该单位属事业性质，经费由财政提供。单位在编人员有13人。

该县的长城没有专职的保护机构、保护标志、保护范围、建设控制地带以及记录档案。

第一节 隋长城墙体

隋长城墙体全长3187米，共分2段，全部为土墙，为银湾村长城1段和银湾村长城2段。墙体宽度为4米，高度在0.8~2米。墙体本身为堆土筑成，在墙体顶部有夯筑部分，该部分为明代修建长城二边沿用隋长城时加筑其上而成的。

靖边县隋长城长度统计

单位：米

靖边	保存较好	保存一般	保存较差	保存差	消失	总计
山险	0	0	0	0	0	0
河险	0	0	0	0	0	0
山险墙	0	0	0	0	0	0
石墙	0	0	0	0	0	0

---

[1] 另外，龙州乡黄草圪至轮则壕段秦长城经解剖，其为堆土筑成，但墙体两侧散落大量绳纹瓦片，有可能该段为隋长城沿用秦长城。

续表

靖边	保存较好	保存一般	保存较差	保存差	消失	总计
土墙	0	0	0	1480	1707	3187
消失长城	0	0	0	0	0	0
总计	0	0	0	1480	1707	3187

一　银湾村长城 1 段（610824382101110006）

该段长城位于乔沟湾乡银湾村东南山顶缓坡地带，起伏变化不大。起于乔沟湾乡银湾马路壕村南422 米，止于靖边县乔沟湾乡银湾村南 560 米，呈东南—西北走向，全长 2050 米。起点处坐标为东经：108°53′17.54″，北纬：37°29′50.45″，高程：1678.4 米；止点处坐标为东经：108°51′56.91″，北纬：37°30′00.87″，高程：1618.5 米（图九六七）。

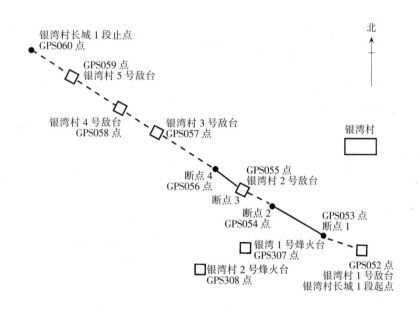

图九六七　银湾村长城 1 段位置示意图

该段长城整体保存程度差，其中保存差 357 米，消失 1693 米。因风雨侵蚀、植物生长等原因，坍塌剥落严重，现存墙体多呈鱼脊状和驼峰状，上有动物洞穴，生有沙棘、柠条、杂草。依据保存状况分为 5 个自然段。

第 1 段　起点（银湾村 1 号敌台）至断点 1，长 91 米，消失段，东南—西北走向。墙体因风雨侵蚀、植物生长、平整土地等而消失。

第 2 段　断点 1 至断点 2，长 329 米，其中保存差 279 米，消失 50 米，东南—西北走向。墙体因风雨侵蚀、植物根系生长等原因消失，现存墙体坍塌严重，多呈鱼脊状和驼峰状。墙体上生有沙棘、柠条、杂草，并有动物洞穴。断点 2 东南方

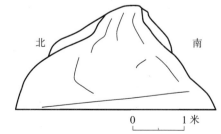

图九六八　银湾村长城 1 段墙体断面图

115 米取一剖面，底宽 4、顶宽 0.5 米，南残高 1.5、北残高 1 米，夯层厚 0.06～0.09 米（图九六八）。

第 3 段　断点 2 至断点 3（银湾村 2 号敌台），长 65 米，消失段，东南—西北走向。该段墙体的消失原因是风雨侵蚀、植物生长及人为取土造成的破坏。

第 4 段　断点 3（银湾村 2 号敌台）至断点 4，长 78 米，保存差，东南—西北走向。其中前 15 米墙体高出两侧地表 1 米左右，后 63 米墙体呈鱼脊状，濒临消失，上生有柠条、沙棘、蒿类等植物。

第 5 段　断点 4 至止点，消失段，长 1487 米，东南—西北走向。墙体因风雨侵蚀、沟壑发育、植物生长破坏、公路建设、开垦耕地等而消失。

该段长城起点为银湾村 1 号敌台，向西北 485 米为银湾村 2 号敌台，再向西北 438 米为银湾村 3 号敌台，再向西北 262 米为银湾村 4 号敌台，再向西北 550 米为银湾村 5 号敌台。银湾村 5 号敌台西距止点 315 米，止点接银湾村长城 2 段的起点。

该段长城所处的银湾村有居民 10 余户，当地居民主要种植马铃薯、玉米、荞麦等作物，经营养殖业。

二　银湾村长城 2 段（610824382101110007）

该段长城位于乔沟湾乡银湾村南的山梁上，顺山势而建。起于乔沟湾乡银湾村南 560 米，止于靖边县乔沟湾乡银湾村西南 728 米，呈东南—西北走向，全长 1137 米。起点处坐标为东经：108°51′56.91″，北纬：37°30′00.87″，高程：1618.5 米；止点处坐标为东经：108°51′19.79″，北纬：37°30′19.65″，高程：1615.9 米（图九六九）。

该段长城保存差，其中保存差 1123 米，消失 14 米。墙体由于雨水冲刷侵蚀，剥落严重，部分呈

图九六九　银湾村长城 2 段位置示意图

驼峰状。起点向西北 607 米处因开辟公路消失 14 米，路中有乔—榆输油管道里程桩，为断点。墙体底宽 4.8、顶宽 0.9、东高 1.8、西高 0.5 米，夯层厚 0.05 ~ 0.13 米（图九七〇）。

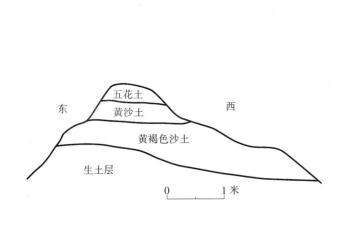

图九七〇　银湾村长城 2 段墙体剖面图

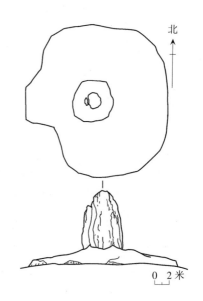

图九七一　银湾村 1 号敌台平、立面图

该段长城起点接银湾村长城 1 段止点，向西 20 米为银湾村 6 号敌台；南侧 90 米为银湾村 3 号烽火台；向西至 219 米处为银湾村 7 号敌台；至 419 米处为银湾村 8 号敌台；至 757 米处为银湾村 9 号敌台；至 1057 米处为银湾村 10 号敌台。

第二节　隋长城单体建筑

靖边县隋长城沿线的单体建筑有 16 座，包括敌台 10 座、烽火台 6 座，部分单体建筑经过明代重修。

隋长城单体建筑的平面大多呈圆形或不规则形，只有 4 座平面呈矩形。11 座单体建筑有底座，平面尺寸一般在 12 ~ 36 米；台体平面尺寸一般在 6 ~ 18 米，多为 12 米以下，只有 2 座平面尺寸大于 12 米，分别为 14 米、18 米，且没有底座，故推测可能是坍塌后形成。

一　银湾村 1 号敌台（610824352101110014）

该敌台位于乔沟湾乡银湾马路壕村南 422 米的自然山峁上，地处山地沟壑区，沟壑纵横。地理坐标为东经：108°53′17.54″，北纬：37°29′50.45″，高程：1678.40 米。

台体整体保存差，由圆形夯土基座和圆柱状台体两部分组成。基座东侧、南侧、北侧由于台体坍塌，呈斜坡状。台体坍塌成多棱柱状，南侧有裂缝，宽 0.1 米，高达顶部，几乎与该台体分离。台体南侧底部有人为挖掘取土的痕迹，北侧坍塌呈斜坡状。

夯土基座直径 22、高 2.4 米，基座南侧有两个豁口，南侧靠东豁口宽 4、高 2.1、进深 3 米，南侧靠西豁口宽 4、高 2.1、进深 1.8 米。台体平面呈圆形，剖面略呈梯形，底直径 6、顶直径 2.4、残高 8.2 米，夯层厚 0.05 ~ 0.12 米（图九七一），由黄土、黑垆土和料礓石夹杂夯筑而成。敌台的底部周边遍布陶、瓷片。

该敌台为银湾村长城1段的起点，东南距银湾村2号烽火台422米。

二　银湾村2号敌台（610824352101110015）

该敌台位于乔沟湾乡银湾马路壕村西南537米的山梁上，附近较为平坦。该地为山地沟壑区，沟壑纵横交错，沟底有村庄，较为平坦。地理坐标为东经：108°52′59.65″，北纬：37°29′56.86″，高程：1667.4米。

该敌台整体保存较差，坍塌呈圆丘状。台体有很多动物洞穴。

敌台平面呈圆形，剖面呈梯形，底直径23、顶直径6.5、高12米，夯层厚0.05～0.1米（图九七二），由黄土、料礓石夹杂夯筑而成。

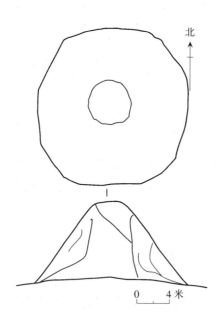

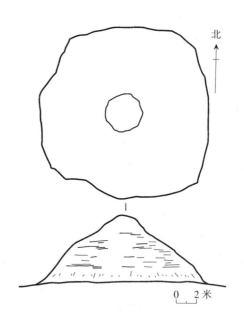

图九七二　银湾村2号敌台平、立面图　　　　图九七三　银湾村3号敌台平、立面图

该敌台位于银湾村长城1段上，东南距银湾村1号敌台485米。

三　银湾村3号敌台（610824352101110016）

该敌台位于银湾村南230米的山峁上，东侧、南侧坡度较缓，西侧、北侧坡度较为陡峭，坡底平坦，有村庄存在。该地处在山地沟壑地区。地理坐标为东经：108°52′45.48″，北纬：37°30′08.57″，高程：1646.5米。

该敌台整体保存较差，坍塌呈圆丘状，底周边不规整，台体有很多动物洞穴。

敌台平面呈圆形，剖面呈弧拱形，底部直径18、顶部直径4、高7.2米，夯层厚0.05～0.1米（图九七三）。黄土夯筑而成，夯层中夹杂有料礓石。

该敌台位于银湾村长城1段上，东南距银湾村2号敌台500米。

四　银湾村 4 号敌台（610824352101110017）

该敌台位于银湾村西南 333 米的山峁上。台体东、南两侧有水冲沟存在，西侧、北侧坡度较缓，坡底有乡村土路通行。该地处在山地沟壑区。地理坐标为东经：108°52′35.14″，北纬：37°30′08.93″，高程：1648.2 米。

该敌台建在方形夯土基座上，整体保存较差。由于雨水冲刷侵蚀，台体坍塌呈圆丘状，西侧有豁口，宽 4.2、高 3、进深 2.8 米。台基南侧底部有盗洞，宽 1.1、高 1.1、进深 8 米。

敌台方形基座边长 20 米，南高 3 米，西侧、北侧台基已经无存，东侧坍塌呈斜坡状。台体平面近呈圆形，剖面略呈锥形，底东西 8、南北 8 米，残高 3.4 米，夯层厚 0.05～0.1 米（图九七四）。夯层中夹杂有料礓石。

该敌台位于银湾村长城 1 段上，东南距银湾村 3 号敌台 262 米。

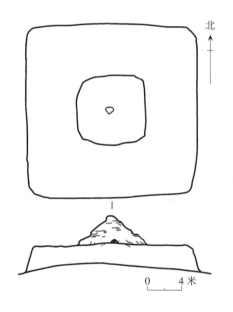

图九七四　银湾村 4 号敌台平、立面图

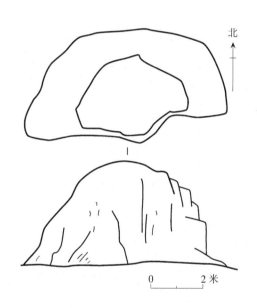

图九七五　银湾村 5 号敌台平、立面图

五　银湾村 5 号敌台（610824352101110018）

该敌台位于银湾村西南 520 米的山峁上。台体东侧、南侧为水冲深沟，直接对台体造成威胁，南侧沟边原有公路存在。西侧、北侧山坡较为平坦，山底有高速公路通行。地理坐标为东经：108°52′10.82″，北纬：37°30′00.94″，高程：1566.30 米。

该敌台整体保存差，东、南、北三侧均为水冲沟，坍塌呈不规则的土丘状，西侧为现代砖瓦窑的遗留，西侧 20 米处有陕西天然气管道，台体上栽有柠条。

敌台平、剖面呈不规则形，底东西长 8、南残高 4 米，其余坍塌呈斜坡状，夯层厚 0.05～0.14 米（图九七五）。黄土夯筑而成，夯层中夹杂有料礓石。

该敌台位于银湾村长城 1 段上，为该段长城的止点（银湾村长城 2 段的起点），西距银湾村 6 号敌台 335 米。

六　银湾村6号敌台（610824352101110021）

该敌台位于乔沟湾乡银湾村西南840米的山峁上。台基南侧有水冲沟，对台体造成威胁，台体东侧为山沟，沟底有包茂高速通行，南侧为山坡，坡度较为平缓，西侧为较为平坦的山梁。地理坐标为东经：108°51′57.28″，北纬：37°30′01.57″，高程：1625.9米。

该敌台建在方形夯土基座上，整体保存差。台基南侧靠东豁口宽3.2、高2.6、进深1.8米；南侧靠西豁口宽3、高2.6、进深3.4米；台体坍塌呈锥形，壁面斑驳，西侧高3米处有人为挖掘的洞口，宽1.3、高1.2、进深1米，台体底部有大量的坍塌土，呈斜坡状。

敌台台基东西20、南北17、南高3.4米，东、西、北三侧台基均无存；台体平面近呈圆形，剖面呈不规则锥状，底直径10、残高8.2米，夯层厚0.06～0.13米（图九七六）。黄土夯筑而成，夯层中夹杂有料礓石。

该敌台位于银湾村长城2段墙体东20米，东距银湾村5号敌台335米。

图九七六　银湾村6号敌台平、立面图

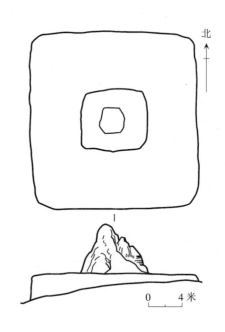

图九七七　银湾村7号敌台平、立面图

七　银湾村7号敌台（610824352101110022）

该敌台位于靖边县乔沟湾乡银湾村西704米山峁上。台体四周为山坡，坡度较为平缓，台体北侧为耕地。该地附近为山地沟壑区，沟壑纵横，坡度较缓。地理坐标为东经：108°51′53.23″，北纬：37°30′07.20″，高程：1623.5米。

该敌台建在方形夯土基座上，整体保存差。台基西、北侧坍塌呈斜坡状；台体周边垮塌严重，顶东南角垮塌，宽2.8、高3、进深2米。

方形基座东西长20、南北宽21、高3米。台体平面略呈矩形、剖面呈不规则形锥状，底东西8、南北7.4米，残高5.8米，夯层厚0.04～0.1米（图九七七）。夯层中夹杂黑垆土和料礓石。

该敌台位于银湾村长城2段上，南距银湾村6号敌台205米。

八　银湾村 8 号敌台（610824352101110023）

该敌台位于银湾村南 758 米的山梁上。台体东侧、西侧、北侧为耕地，南侧为山坡，坡度较缓。该地附近为山地沟壑区，沟壑纵横交错，土质为黄沙土。地理坐标为东经：108°51′45.98″，北纬：37°30′09.65″，高程：1623.1 米。

该敌台建在方形夯土基座上，坍塌严重，呈坟丘状，周边凸凹不平，台体上有多处动物洞穴。

方形台基东西长 22、南北 22 米，东高 1.4、南高 0.5 米，西、北两侧坍塌呈斜坡状；台体平面近呈圆形，底径 12 米，残高 4.6 米，夯层厚 0.05～0.1 米（图九七八）。黄土、黑垆土和料礓石夹杂夯筑而成。

该敌台位于银湾村长城 2 段上，西距银湾村 3 号烽火台 200 米。

九　银湾村 9 号敌台（610824352101110024）

该敌台位于乔沟湾乡银湾村西南 672 米的山峁上。台体附近较为平整，有耕地存在，台体南侧有长城墙体存在，顺着山势起伏，坡度较缓。该地所处为山地沟壑区，沟壑坡度较缓，土质为黄沙土。地理坐标为东经：108°51′32.52″，北纬：37°30′12.99″，高程：1624.90 米。

该敌台建在方形夯土基座上，整体保存差，台体坍塌，呈多棱柱状，东侧有豁口，宽 3、高 6、进深 1.3 米；西、南两侧坍塌呈斜坡状，底部有多处裂缝；周壁不平整。

方形台基边长 12 米，东高 1.2、北高 1.5 米；台体平面略呈圆形，剖面不规则，底直径 9 米，高 10 米，夯层厚 0.06～0.13 米（图九七九）。用黄土、黑垆土和料礓石夹杂夯筑。

该敌台建于银湾村长城 2 段上，东南距银湾村 8 号敌台 330 米。

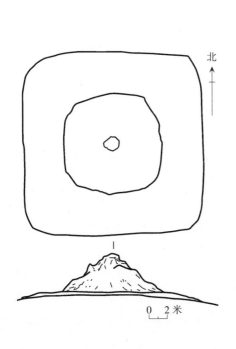

图九七八　银湾村 8 号敌台平、立面图

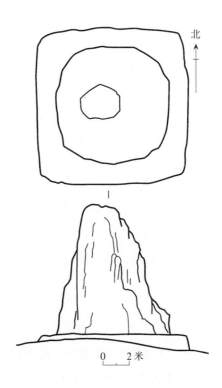

图九七九　银湾村 9 号敌台平、立面图

一〇　银湾村 10 号敌台（610824352101110025）

该敌台位于乔沟湾乡银湾村南 682 米的山峁上。台体南侧较为平坦，东侧、西侧、北侧较低，为缓坡。该地处在山地沟壑区，沟壑坡度较缓，土质为黄沙土。地理坐标为东经：108°51′22.70″，北纬：37°30′18.04″，高程：1621.90 米。

该敌台建在方形夯土基座上，整体保存差。台基南侧无存，北、西两侧台基坍塌呈斜坡状；台体整体垮塌严重，底部有大量坍塌土，坍塌处呈斜坡状。

方形台基边长 21 米，东高 2 米；台体平、剖面呈不规则形，底东西 10、南北 10 米，顶部呈尖状，高 6 米，夯层厚 0.06~0.13 米（图九八〇）。黄土、黑垆土和料礓石夹杂夯筑。

该敌台建于银湾村长城 2 段上，东距银湾村 9 号敌台 300 米。

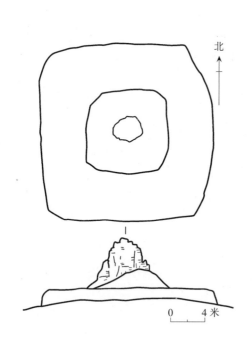

图九八〇　银湾村 10 号敌台平、立面图

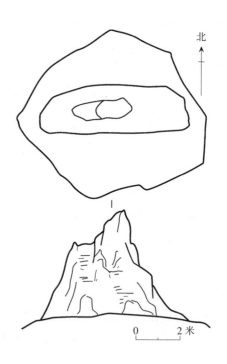

图九八一　银湾村 1 号烽火台平、立面图

一一　银湾村 1 号烽火台（610824353201110019）

该烽火台位于乔沟湾乡银湾村马路壕村西 150 米的山坡上。台体东侧为深沟，对台体直接造成威胁。其他各侧坡度较缓，西侧坡底较为平坦，有居民村庄和耕地存在，并有乡村土路通行，南侧为上坡走势，北侧有沟壑，坡度较缓。地理坐标为东经：108°53′31.90″，北纬：37°29′50.00″，高程：1664.3 米。

该烽火台整体保存差，坍塌呈不规则多棱状，周壁垮塌严重，四周有大量坍塌土，并有动物洞穴。

烽火台平、剖面均呈不规则形，底东西 7、南北 2.2 米，残高 5 米，夯层厚 0.07~0.15 米（图九八一）。黄土、黑垆土和料礓石夹杂夯筑。

该烽火台西南距银湾村 2 号烽火台 356 米。

一二　银湾村 2 号烽火台（610824353201110020）

该烽火台位于乔沟湾乡银湾村马路壕村西南 525 米的山峁上，山顶较为平整。台体西侧、北侧为山坡，坡度较为陡峭，坡底沟壑纵横。地理坐标为东经：108°53′27.62″，北纬：37°29′38.89″，高程：1708.1 米。

该烽火台整体保存差，台体东侧豁口宽 2.2、高 6、进深 1.2 米；南侧豁口宽 3 米，北侧坍塌呈斜坡状，底部有大量坍塌土。在该台体南侧 4 米处有信号发射塔，对台基造成破坏；台体上有人为涂画的痕迹。

烽火台由方形夯土基座和台体两部分组成，基座边长 27、高 1.3 米，其余各侧基座已经无存；台体平面近呈矩形，剖面呈不规则形，底南北 11、东西 10 米，顶东西 5、4 米，残高 7 米，夯层厚 0.05 ~ 0.12 米（图九八二）。黄土夯筑，夯层中夹杂有黑垆土和料礓石。

该烽火台东北距银湾村 1 号烽火台 356 米。

一三　银湾村 3 号烽火台（610824353201110026）

该烽火台位于乔沟湾乡银湾村西 800 米的山坡上。台体东、南侧坡度较缓，西侧坡度较为陡峭，北侧山坡坡底有耕地存在。地理坐标为东经：108°51′51.37″，北纬：37°30′04.70″，高程：1636.10 米。

该烽火台有方形夯土基座，整体保存较差，台基北侧已毁无存；台顶西侧有豁口，宽 3.2、高 3.3、进深 3 米；其西侧有人为挖掘洞口，宽 1.4、高 1.3、进深 3 米。

方形台基边长 36、高 1.1 米；台体平面略呈矩形，剖面呈梯形，底东西 9、南北 11 米，顶东西 5、南北 6 米，残高 7 米，夯层厚 0.06 ~ 0.13 米（图九八三）。黄土、黑垆土和料礓石夹杂夯筑。

该烽火台北距银湾村 6 号敌台 172 米。

一四　银湾村 4 号烽火台（610824353201110027）

该烽火台位于乔沟湾乡银湾村西梁村东北 40 米的山峁上。台体东侧、北侧为耕地，较为平坦，东

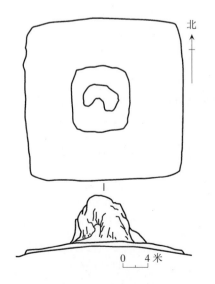

图九八二　银湾村 2 号烽火台平、立面图

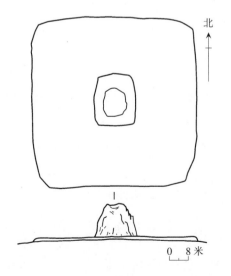

图九八三　银湾村 3 号烽火台平、立面图

侧、西侧山坡较为陡峭，沟底有村庄。地理坐标为东经：108°51′11.98″，北纬：37°30′27.74″，高程：1622.4 米。

该烽火台整体保存差，坍塌呈圆丘状，周壁呈斜坡状。台体上有啮齿动物洞穴。

台体平面近呈圆形，剖面呈弧拱形，底直径 14、顶直径 4、高 5.6 米，夯层厚 0.06～0.13 米（图九八四）。黄土夯筑而成。

该烽火台东南距银湾村 10 号敌台 382 米。

一五　银湾村 5 号烽火台（610824353201110028）

该烽火台位于乔沟湾乡银湾村西梁村西 691 米的山峁上，坡度较缓。台体东侧、南侧、北侧为坡耕地。该地处在山地沟壑区，沟壑纵横。地理坐标为东经：108°50′26.88″，北纬：37°31′00.66″，高程：1614.2 米。

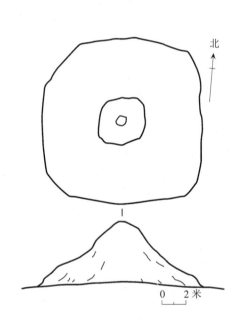
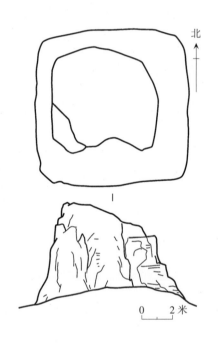

图九八四　银湾村 4 号烽火台平、立面图　　　　图九八五　银湾村 5 号烽火台平、立面图

该烽火台整体保存差，坍塌多棱柱状，西侧有两个豁口，西侧靠南豁口宽 3.2、高及进深 2 米，西侧靠北豁口宽 1.8、高 3、进深 1.9 米；南侧底部有人为挖掘小洞，宽 1.4、高 0.9、进深 1 米；北侧豁口宽 4、高 3、进深 3.2 米；东侧豁口宽 2.8、高 3、进深 2.4 米。

烽火台平、剖面均不规则，底直径 10、高 6.6 米，夯层厚 0.06～0.13 米（图九八五）。黄土、黑垆土夯筑。

该烽火台东南距银湾村 4 号烽火台 1200 米。

一六　银湾村 6 号烽火台（610824353201110029）

该烽火台建在乔沟湾乡银湾村西梁村西北 1.7 千米的小墩梁上，山顶较为平坦，坡度较缓。台体东侧附近有较深的水冲沟。附近沟壑纵横。地理坐标为东经：108°49′43.36″，北纬：37°31′23.95″，高程：1534.6 米。

该烽火台整体保存较差，东侧底部豁口宽 2.2、进深 1.3 米；南侧有裂缝，宽 0.4 米；西侧豁口宽 2.3、进深 1.4 米，西侧底部有盗洞，呈圆形，直径 0.6、深 4 米；北侧豁口宽 1.8、高 2、进深 1.4 米。

烽火台平面呈矩形，剖面呈梯形，底边长 8、顶边长 4、高 7.3 米，夯层厚 0.05 ~ 0.12 米（图九八六）。用黄土、红土和料礓石夯筑。

该烽火台东南距银湾村 5 号烽火台 1100 米。

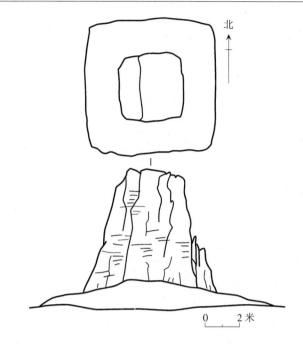

图九八六　银湾村 6 号烽火台平、立面图

第十五章　定边县隋长城资源

定边县位于榆林市最西端，地处黄土高原和鄂尔多斯荒漠草原的过渡地带，海拔 1303～1907 米，地形可分为南部白于山区丘陵沟壑区和北部毛乌素沙漠南缘风沙滩区两大类。南部白于山横亘东西，气候属中温带气候，具有"春季风沙，初夏旱，秋初阴雨，冬季寒"的特点，年均气温 7.9℃，是全省气温最低的县，平均降水量 329 毫米，无霜期 120 天。自然灾害频繁，干旱、风沙、霜冻最烈。河流均发源于白于山区。十字河、安川河系环河支流；石涝川和新安边川是洛河支流；红柳河为无定河上源。农作物主要有糜子、谷子、荞麦、黑麦、玉米、胡麻、芸芥、黄芥、甜菜等。

定边县在商周时属于戎胡之地，秦汉之际属上郡，十六国时属大夏国，隋唐属盐川郡、夏州，后属西夏，元代属陕西行省，明代属延绥镇西路，置有定边营等营堡，清设定边县，后隶属陕甘宁边区，1949 年后隶属榆林地区（市）。

之前的调查与研究认为该地应有隋长城，但认为其可能被明长城沿用。此次调查中在该县发现隋长城遗存，虽然墙体长度只有 3687 米以及敌台 2 座，但此发现属于早期长城调查中的重要发现。

定边县隋长城位于荒漠草原区，向西接宁夏回族自治区盐池县的隋长城，墙体全部为堆土筑成，土质含沙量很大。向东与明大边长城二道边重合，再向东可能被明大边长城沿用。当地居民没有意识到该长城的存在，使得该长城相对临近的明长城遭受到更严重的破坏（图九八七）。

对定边县隋长城的调查由段清波、于春雷、许慧君、贺慧慧、李宁、韩迎迎、纪浩、赵学智、郑小洲、白炳锋、李健、张强等完成的，调查时间为 2009 年 9 月、2010 年 6～7 月，前后共历时 14 天。

定边县隋长城属于定边县文物管理委员会办公室负责管辖，行政关系隶属于定边县文体事业局，该单位属副科级事业性质，经费由县财政提供。负责人为杨元璋，单位在编人员有 8 人。中级职称 2 人，初级职称 5 人。

该县关于长城的保护机构、保护标志、保护范围、建设控制地带及记录档案均无。

第一节　隋长城墙体

定边县隋长城墙体全长 3687 米，堆土筑成，不见明显的夯层，其中保存程度差的长 3628 米，消失部分长 59 米。

定边县隋长城底部宽度在 5～7 米，但这个宽度是墙体坍塌后的宽度，估计原本的宽度会小于这个数据；高度最高达 2 米。堆土筑成的墙体在自然因素的影响下很容易坍塌损坏，而不明显的夯层也是此前调查中难以辨认的原因，此次调查是根据地面隆起的线性形态和堆土中散乱的五花土来判断的。

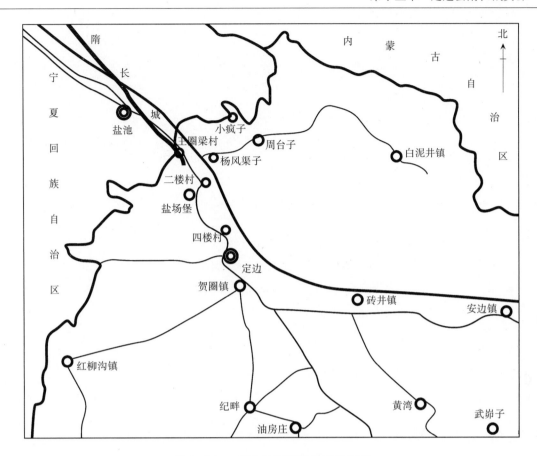

图九八七　定边县隋长城位置示意图

定边县隋长城长度统计表　　　　　　　　　　　单位：米

定边	保存较好	保存一般	保存较差	保存差	消失	小计
山险	0	0	0	0	0	0
河险	0	0	0	0	0	0
山险墙	0	0	0	0	0	0
石墙	0	0	0	0	0	0
土墙	0	0	0	3628	59	3687
消失段	0	0	0	0	0	0
总计	0	0	0	3628	59	3687

一　王圈梁村长城 1 段（610825382101110001）

该段长城位于周台子乡王圈梁村东南的风沙草滩地上，起于周台子乡王圈梁村东南 2.9 千米处，止于周台子乡王圈梁村东南 2.5 千米处。起点处坐标为东经：107°31′13.00″，北纬：37°42′05.00″，高程：1327 米；止点处坐标为东经：107°31′01.00″，北纬：37°42′16.00″，高程：1310 米（图九八八）。

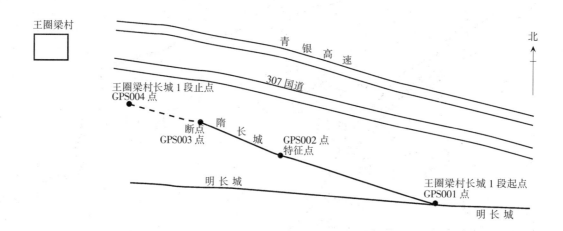

图九八八　王圈梁村长城 1 段位置示意图

该段长城起点处是明长城的敌台，隋长城由该点向西北方向延伸。由于人为挖掘、植物根系、昆虫洞穴、风沙侵蚀等原因造成墙体坍塌严重，呈略高于地表的土梁状。

该段长城全长 412 米，其中保存差 356 米，消失 56 米。整体为东南—西北走向。依据保存状况分为 3 个自然段。

第 1 段　起点至特征点，长 250 米，保存差，东南—西北走向。墙体南、北两侧都是荒地，北侧荒地附近有 307 国道，再往北有青（青岛）银（银川）高速，东边即为明长城。由起点向西北方向延伸，与明长城的间距越来越大。

第 2 段　特征点至断点，保存差，长 106 米，东南—西北走向。现状呈略高于地表的土梁状。特征点西北方向，墙体坍塌呈土梁状，顶宽 0.8、高 0.6 米。

第 3 段　断点至止点，东南—西北走向，长 56 米，消失段。由断点处往西北，由于人为取土挖掘，造成墙体断开。

该段长城起点处与明长城敌台交汇，西北接王圈梁村长城 2 段。

该段长城所在的王圈梁村有五百余人。该段墙体北边有 307 国道，再往北有青（青岛）银（银川）高速，交通较为便利。

二　王圈梁村长城 2 段（610825382101110002）

该段长城位于周台子乡王圈梁村东南的风沙草滩地上，起于周台子乡王圈梁村东南 2.5 千米，止于周台子乡王圈梁村东南 1.45 千米，全长 773 米，东南—西北走向。起点处坐标为东经：107°31′01.00″，北纬：37°42′16.00″，高程：1310 米；止点处坐标为东经：107°30′45.54″，北纬：37°42′33.66″，高程：1313 米（图九八九）。

该段长城整体保存差，利用自然地势用沙土堆筑而成，呈土梁状，未见夯层，两侧为草原，墙体上长有柠条、杂草等。东侧 40 米为明长城遗存。

该段长城起点东南接王圈梁村长城 1 段，止点西北接王圈梁村长城 3 段。

三　王圈梁村长城 3 段（610825382101110003）

该段长城位于风沙草滩地带，起于周台子乡王圈梁村东南 1.45 千米处，止于周台子乡王圈梁村东

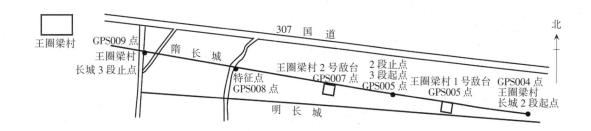

图九八九　王圈梁村长城 2、3 段位置示意图

南 900 米。全长 1210 米，东南—西北走向。起点处坐标为东经：107°30′45.54″，北纬：37°42′33.66″，高程：1310 米；止点处坐标为东经：107°30′16.00″，北纬：37°43′05.00″，高程：1315 米（图九八九）。

该段长城整体保存差，利用自然地势用沙土堆筑而成，未见夯层，两侧为草原，墙体上长有柠条、杂草等。依据保存状况可分为 2 个自然段。

第 1 段　起点到特征点，保存差，长 870 米，东南—西北走向。墙体残高 1 米。特征点 1 东南紧邻一土路，东距明长城 60、西距 307 国道 67 米。

第 2 段　特征点至止点，保存差，长 340 米，东南—西北走向。墙体高度在 1 米以下。墙体呈驼峰状，上面长满固沙植物。

该段长城起点东南接王圈梁村长城 2 段，止点西北接王圈梁村长城 4 段。

四　王圈梁村长城 4 段（610825382101110004）

该段长城位于风沙草滩地带，起于周台子乡王圈梁村东南 900 米处，止于周台子乡王圈梁村西北 425 米处，全长 1292 米，呈东南—西北走向。起点处坐标为东经：107°30′16.00″，北纬：37°43′05.00″，高程：1315 米；止点处坐标为东经：107°29′38.06″，北纬：37°43′40.50″，高程：1340 米（图九九〇）。

该段长城是自然基础上沙土堆积而成，其中保存差的部分长 1289 米，消失段长 3 米。依据保存状况分为 5 个自然段。

第 1 段　起点至断点，呈东南—西北走向，总长 407 米，其中保存差 404 米，消失 3 米。起点处南、北两侧是荒地，西边有一条南北向、宽 3 米的土路从隋长城的墙体穿过，在路西断面上做墙体剖面，底宽 12、顶宽 5、最高处达 1 米；从南到北有底宽 3 米的以黄沙土为主，夹杂红砂岩石碎片的土层；黄沙土层往北是宽 1.5、高 0.8 米红砂岩石碎末与碎片的土层；从这一土层往北是宽 7.5 米的花土层，花土层的北段上部有红砂岩石碎末和碎片，距下地表 0.3～0.6 米（图九九一）。断点往东 50 米处发现外绳纹、内布纹瓦片和陶器残片，可辨器形是陶罐。断点往东 80 米处开始墙体增高，最高处达 3 米。

第 2 段　断点至特征点 1，东南—西北向，长 90 米，保存差。该段墙体北边的荒地中有光缆，南边向日葵地中有两排电线杆。在特征点 1 处墙体底宽 7、顶宽 5、高 1 米。

第 3 段　特征点 1 至特征点 2，长 300 米，保存差，东南—西北走向。该段墙体在特征点 2 处有一

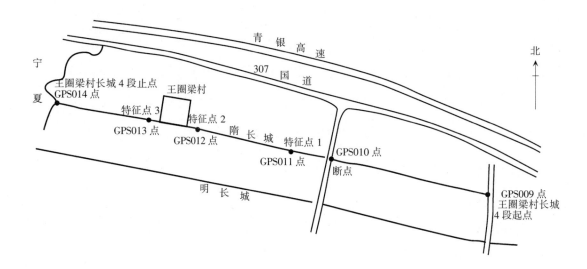

图九九〇   王圈梁村长城4段位置示意图

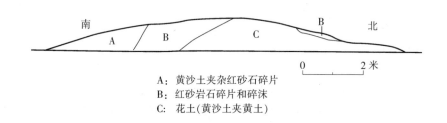

A：黄沙土夹杂红砂石碎片
B：红砂岩石碎片和碎沫
C：花土（黄沙土夹黄土）

图九九一   王圈梁村长城4段墙体剖面图

条南北向、宽5米的土路从墙体顶部穿过。由墙体花土层来看，特征点2往东380米处墙体顶部有一个猪圈，猪圈以东80米处有一盗洞。

　　第4段　特征点2至特征点3，长70米，保存差，东南—西北走向。该段墙体坍塌严重，基本与地表齐平。特征点3的墙体北边有民居，再往北是307国道和青（青岛）银（银川）高速公路的王圈梁收费站，南侧有信号塔。

　　第5段　特征点3至止点，长425米，保存差，东南—西北走向。该段墙体坍塌严重，基本与地表齐平。止于宁夏与陕西省定边县交界处，墙体南边多是高1.5米的凸起沙垄，距墙体79米处为明长城；北边有采石场，距307国道79米。在该点处进行地层钻探，距地表1.5米处开始出现0.3米的红土层，红土层之下有0.2米厚的淤土层，地表2米处见岩层。特征点3往西130米处墙体南侧地表裸露出100平方米的红砂岩石块，与钻探出的红土层一样。此地距离墙体20米，距明长城50米。

　　该段长城沿线发现有陶片和零星瓦片，瓦片为外绳纹内麻点纹。

　　该段长城与明长城近似于平行，起点与明长城相距45米，东南接王圈梁村长城3段。止点与明长城相距79米，西北接宁夏隋长城起点。

第二节　隋长城单体建筑

定边县早期长城沿线单体建筑只有2座敌台，坍塌严重，位于墙体之上。底部尺寸在10～12米，高3米。

一　王圈梁村1号敌台（610825352101110001）

该敌台位于周台子乡王圈梁村东南2.68千米处，周边地势较平坦。地理坐标为东经：107°30′48.90″，北纬：35°42′29.70″，高程：1314米。

该敌台整体保存差，现呈土丘状，四周被坍塌土覆盖，呈缓坡状。台体上杂草丛生，顶部有挖掘的痕迹。

敌台平面呈不规则形，剖面略呈梯形，底边长12、顶边长3、高3米（图九九二）。未发现夯土层，从保存现状推断，该敌台应为沙土堆筑而成。

该敌台西南侧紧靠隋长城，东北43米处为明长城。东南距王圈梁长城3段止点523米。

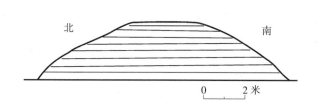

图九九二　王圈梁村1号敌台剖面图

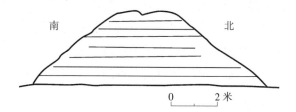

图九九三　王圈梁村2号敌台剖面图

二　王圈梁村2号敌台（610825352101110002）

该敌台位于周台子乡王圈梁村东南1.24千米处，周边地势较平坦。地理坐标为东经：107°30′26.10″，北纬：37°42′54.06″，高程：1316米。

该敌台整体保存差，呈不规则形土丘状，四面被坍塌土覆盖。台体上杂草丛生，台顶有挖掘过的痕迹。

敌台平面呈椭圆形，剖面呈梯形，底最大径10、高3米（图九九三）。未发现夯土层，从保存现状推断，该敌台应为沙土堆筑而成。

敌台东南距王圈梁村长城2段止点253米，北距307国道公路67米。

小　结

隋朝承祚短促，但在修筑长城上，也可谓不遗余力，短短三十七年间，见于记载的共有六次修筑长城，但其中四次明确记载历时仅有一旬、二旬而已。依据"令发丁三万，于朔方、灵武筑长城，东至河，西拒绥州，南至勃出岭，绵亘七百里。明年，上复令仲方发丁十五万，于朔方已东缘边险要筑数十城，以遏胡寇"[1]的文献记载，陕西境内的隋长城为开皇五年所建。此次修建隋长城西起宁夏灵武，向东延伸至陕西境内，中间曾经过内蒙古鄂托克前旗与宁夏盐池交界处。修建长达七百里的隋长城用时长短，文献中没有明确的记载，参考其他隋长城修建的时间，这道长城修建的时间长短大致也就是二旬左右。

这种仓促的节省民力的做法，导致隋长城不可能像战国秦长城或明长城那样做工精致，只有堆土修造才能快速建成，但堆土修筑的方法也使得长城更易受到侵蚀破坏。

隋长城与其他时代长城相比，特征非常明显，首先就是堆土筑成，其次就是沿线没有同时期的遗物，尤其是没有砖瓦一类的建筑材料遗留。

尽管隋长城的修建用时极短，并且都是堆土筑成，还没有庐屋一类的建筑（至少没有像样的建筑），但也是连绵一线，沿线分布有大量的单体建筑，起止地点及经过的地方明确，说明该长城也是修筑之前就有一个整体规划的。相对于没有预先计划的战国魏长城来说，虽然在微观的建筑方法上是落后的，但就整体的建筑过程来说确实远比魏长城成熟。在中国长城史上，隋长城，至少陕西隋长城是长城建筑成熟之后对新建筑方法的一种探索。

以前有研究者依据《延绥镇修边记》"缮塞为垣"的记载，认为明延绥镇大边长城部分是在隋长城基础上修缮而成的，但没有具体实证资料。虽然在榆阳区明长城调查过程中发现有明长城段落中包含有早期长城建筑遗存，但尚不能断定所包墙芯就是隋长城，因为墙芯的建筑工艺是夯土筑成，完全不同于其他地方的隋长城的建筑工艺。

对于隋长城，还有很多疑问，尚需做更多的工作和更深入的探索。

---

〔1〕《隋书·崔仲方列传》，中华书局，1959 年，1448 页。

结 语

一 本次调查的主要成果

通过调查得知，陕西省境内的早期长城资源包括战国魏长城、战国秦昭王长城、汉"故塞"和隋长城。其中，战国秦昭王长城遗留下的遗迹稍多，汉"故塞"即汉代对秦昭王长城的维修和沿用，而前所认为的"上郡塞"并不存在，"堑洛"长城的说法仍需进一步研究，合阳—澄城县南线长城属于战国魏长城，隋长城毁坏严重，只有少量遗迹残留。本次调查涉及陕西省全部秦昭王长城和汉"故塞"、部分战国魏长城和全部隋长城，全长 517685.6 米。

(一) 战国秦长城和汉"故塞"

陕西境内的战国秦长城是指秦昭襄王长城，而汉"故塞"即汉代对秦昭王长城的维修和沿用，也称河南故塞，或故河南塞，现在我们看到所谓的战国秦长城，是始建于秦昭襄王、经汉代修缮再建的遗存，本文以约定俗成的"战国秦长城"称之。

战国秦长城在陕西境内呈东北—西南走向。自神木县大柳塔镇贾家畔陕蒙交界处入陕西境，至吴起县庙沟乡大涧村陕甘交界处出陕西境，全线经神木、榆阳、横山、靖边、吴起、志丹等区县，线路总长 463161.1 米。

战国秦长城在陕西境内，大体沿毛乌素沙漠东侧和南侧边缘分布。具体线路是：沿牸牛川、窟野河西岸南下，再沿窟野河与秃尾河之间的分水岭向西南延伸。其后再沿秃尾河支流团团沟与喇嘛沟之间的分水岭向西南延伸至秃尾河东岸，越过秃尾河后经芦沟与红柳沟之间沙漠区域向西南延伸，越红柳沟在其南岸进入榆阳区境。

进入榆阳区后，沿红柳沟南岸向西偏南延伸，越过钵钵梁再沿头道河（常乐川）南岸向西南延伸，在红石峡处越过榆溪河，之后向西南延伸至无定河北岸后进入横山县境内。

进入横山县境内后，沿芦河西岸向南延伸入靖边县境。经瓦渣梁越过芦河向西南延伸，至龙州乡黄草圪与明大边长城相交两次后，向南沿芦河与大理河分水岭至天赐湾后折向西南，再沿芦河和延河的分水岭白于山脉向西偏南延伸进入吴起县境。

进入吴起县境内后，战国秦长城沿洛河和红柳河分水岭向西偏南延伸，越洛河支流薛岔沟进入志丹县境，再沿薛岔沟、杨青川的分水岭延伸，并再次进入吴起县境，转向西北延伸到杨青川南岸，沿南岸向西延伸到小桥嶂岘越过杨青川，再沿杨青川北岸向西延伸并越过洛河，继续沿洛河西侧支流三道川北岸向西南延伸，至长官庙乡阳洼村越过三道川，再沿洛河和泾河的分水岭向西偏北延伸，至庙沟乡曹儿畔大涧出境进入甘肃省境。

1. 墙体

墙体是长城的主要部分，经调查得知陕西境内战国秦长城墙体全长 463161.1 米。其中部分为之前已发现的成果，部分为此次调查新发现。另外，还有少部分线路情况不明。

墙体依据建筑类型、材质及保存状况可分为山险、山险墙、石墙、河险、土墙和消失段（线路不明段均按消失段计算）。调查显示，不同类型的墙体主要与不同的地质、地貌相关。在岩石山区，墙体主要是石墙和土墙；沙漠平坦地区则是夯土墙；而在白于山区则多是加工成三道堑的山险墙；在有河流的地方利用河流形成河险；在白于山区还有利用沟壑形成山险的情况。

（1）石墙主要分布于神木县秃尾河以东的山区，人们因地制宜地采用片石垒筑或土石混筑的方式修建长城，墙体两侧以片石叠加，中间加土填实；或中间墙体为大小不等的块石叠加构筑而成；或一侧为片石砌筑，另一侧为夯土墙。因地制宜，不拘一格。墙体底部宽度 2~5 米，现存高度最高达 2.2 米；片石厚度 0.02~0.14 米。

（2）夯土墙在全线均有分布，但主要集中分布在中部的沙漠地带，即秃尾河以西神木县部分、榆阳区、横山县和靖边县芦河以北部分。夯土墙墙体基本上是在沙地或土地上直接夯筑，底部宽度在 2~8 米，高度最高达 5.8 米。夯土以黄土为主，含沙量较大，夹杂有料礓石，部分墙体夯层间夹杂有一些外绳纹内麻点纹或内布纹瓦片。夯层厚度大部分为 6~11 厘米，只有极少段落夯层较薄，约 3 厘米。夯窝直径 6 厘米。

（3）山险墙主要分布在靖边、吴起、志丹三县的白于山区。战国秦长城中的山险墙是以"三道堑"[1]为特征的一类墙体。此类墙体修建在土质山坡上，最上是一道夯土墙，夯土墙外侧顺墙体向下呈台阶状铲削出 2~4 层的堑，加强攀爬的难度，以 3 层数量为多。最上层的夯土墙与单纯的土墙相比要窄小一些，底部宽度在 2~3 米，高度最高达 2.5 米。而在夯土墙最外侧堑的壁面每一层高度在 6~10 米，向上收分率基本为三分之一，每一层的堑台面宽度在 9~15 米，向外落差 1~3 米。夯土墙与外侧的堑一起构成山险墙，整体的宽度都在 30 米左右，高度也在 30 米左右。

（4）消失段是指墙体消失不存，并且也没有发现相关可以证明墙体存在的遗物。在人工修建的各类墙体中由于自然与人为的侵蚀与破坏，消失段现象普遍存在。消失段分布的地区多是环境变化比较大的区域，包括沙化区和沟壑发育区。

（5）山险与河险是指直接利用自然的山川和河流形成防御的形式，一般存在于陡峻的山沟或较大的河流区域。陕西战国秦长城跨越较大的河流有西拉木伦河、秃尾河、无定河和洛河，在跨越这些河流时，都是直接利用河险。山险分布在吴起县子午岭上，该地沟深且壁陡，也可直接利用。

2. 附属建筑

包括单体建筑与关堡。单体建筑是指建在墙体上或墙体附近的马面、敌台与烽火台，用以瞭望防守。关堡包括依墙而建的关和离墙而建的堡，用以屯兵居住。

（1）单体建筑

马面是依墙而建，位于墙体外侧的单体建筑。敌台是指骑墙而建或依墙而建，位于墙体内侧的单体建筑。马面和敌台的作用是瞭守防御。烽火台是指离墙而建的单体建筑，其作用是传递信息。

单体建筑由于年代久远，坍塌严重，已无法看出最初的形状，大部分平面形状呈椭圆形或圆形，

---

〔1〕"三道堑"是存在于靖边县、志丹县、吴起县等地秦昭王长城的现存状况特征，是将土质山坡堑削而成，堑削处未见有夯打痕迹。就"三道堑"本身而言，保存状况相对较好，遗迹现象明显，但结合明代长城之堑削二边经五百年风雨后已经没有任何痕迹遗留的情况，这样的土遗址恐怕并非两千余年前之秦汉时代所修建，此处存疑。

直径 3～8 米，高度最高达 4.5 米。其中依山险墙而建的敌台都位于墙体内侧，体量较小，直径多在 5 米以下，高度也较矮，一般不超过 3 米。单体建筑保存程度状况不一，在西部山区保存较多，中部沙漠区和东部山区多消失不存。据残存墩台看，马面和敌台的分布间距较小，多在 200 米左右。有少部分敌台和烽火台曾被明代沿用，改筑成方形墩台。

（2）关、堡

关是指依墙而建的封闭型建筑，堡是指离开长城修建的封闭性建筑。

关、堡平面呈矩形，长宽在 20～180 米，有 11 座的长宽尺寸在 40～70 米。墙体多残缺不全，大部分只剩下四个角或者更少，高度最高达 6 米，多在 3 米以下。

3. 遗物

在长城墙体沿线发现的遗物以残破瓦片为主，一般瓦片集中的地方即有附属建筑的地方。瓦片分布比较多的地方相对的长城保存状况就差一些，而在长城保存状况相对较好的地段，瓦片分布就较少。

瓦片分筒瓦和板瓦两类，筒瓦外表纹饰主要是绳纹，有不规整绳纹、规整绳纹，瓦口处加抹弦纹、环轮纹。另有素面和少量通体环轮纹。筒瓦内侧纹饰有麻点纹和布纹两种，麻点纹分为不均匀和整齐均匀两种，布纹有粗疏和细密两种。

板瓦外侧有绳纹、环轮纹和素面之分，内侧饰麻点纹、菱格纹、绳纹。

瓦当有圆瓦当和半圆瓦当之分，半圆瓦当为素面，圆瓦当有几何纹与卷云纹之别。

调查过程中在战国秦长城沿线还发现秦汉半两、铁锸、铜镞、铜削、铁削、铜匕首、铜杖头等遗物。在关堡及单体建筑周围还经常能看到一些绳纹陶片和素面陶片。

4. 战国秦长城与其他长城空间分布的关系

战国秦长城在陕北区域和隋长城、明长城均有不同程度的重合、沿用关系。

战国秦长城自内蒙古进入后，从东北向西南方向行进，神木县境内在明长城西北侧延伸，至榆阳区十八墩水库处与明长城相交后重合，至榆阳区黄沙碛墩与明长城分离。然后继续沿明长城西北侧行进，越无定河后再次与明长城相交。此后，秦长城分布于明长城的东侧，再向南延伸至靖边黄草垭与明长城两次相交，小段分布于明长城西北侧，由此向西南方向直至白于山区，皆分布在明长城的东南侧。

在神木县和靖边县境内，战国秦长城与隋长城均存在相互交叉的关系。总体看，除府谷县和吴起、志丹县没有发现明长城与战国秦长城、隋长城存在相互交叉的关系外，定边、靖边、横山、榆阳、神木境内，战国秦长城、隋长城和明长城之间存在后期修缮沿用和相互交叉的关系。也就是说，从战国到明代，上述地区适合修建长城的区域大体重合。

（二）战国魏长城

此次调查的战国魏长城主要是富县长城、黄龙县长城、黄陵县长城、宜君县长城，全长 36129.5 千米。

富县长城自成一体，不与其他长城相接。黄陵县长城西与宜君县长城相接，黄龙县西南段与澄城县魏长城相接，合阳县南段长城与澄城县长城相接。

富县长城从监军台开始沿洛河东岸分布，至洛河东侧支流牛武川汇入处向西越过洛河，沿洛河西侧支流秋家沟、任家台川南岸分水岭向西北延伸至张家塬，为东—西走向。墙体在塬上及嵝崄处为黄土夯筑而成，夯层厚度超过秦长城，清晰可辨。在陡峭的山体上基本采取堑山为障的形式。

黄陵县段长城分布在洛河西侧支流沮河及沮河支流清水河东南侧的土塬及山体上，向西南进入宜君县境。

宜君县段长城主要分布在洛河西侧支流清水河东侧的山梁和塬上，呈东北—西南走向。值得注意的是连接黄陵、宜君的210国道也跨越上述路线，长城遗迹及相关遗存也是紧靠210国道交叉分布的。

黄龙县段长城分布在黄龙山南麓，呈东—西走向。

魏长城也包括长城墙体和附属建筑两部分。

1. 墙体

魏长城都位于黄土沟壑区，墙体以夯土墙体为主，坍塌严重，村民耕种土地对墙体的破坏也非常严重。残存墙体基本呈鱼脊状或一侧依靠台地，底部宽度1.2～3米，顶部宽度可达0.4～1.8米，高度最高达3米。夯土土质为黄土，包含有料礓石，在富县长城夯层中夹杂有少量的外绳纹、内麻点纹瓦片。夯层厚度在0.04～0.16米，但大部分集中在0.06～0.1米。

2. 附属建筑

单体建筑共有7座，关堡1座。单体建筑分布间距较大，且没有规律。

3. 遗物

长城沿线遗物以残破瓦片为主，只有在附属建筑附近才有绳纹瓦片分布，其他墙体附近没有瓦片分布。瓦片分筒瓦和板瓦两种，外侧纹饰以绳纹为主，有少量素面；内侧纹饰有麻点纹、布纹和菱格纹等。在黄陵还发现动物（凤鸟）纹圆瓦当。另外，遗物还包括绳纹砖和五铢钱。

（三）隋长城

隋长城只在神木县、靖边县和定边县发现有遗迹残存，可确定线路段全长18394米，单体建筑34座。

神木、靖边、定边三处遗迹相互并未连接，间距较大。由于圮毁严重，三处遗迹也多濒临消失，只残留一线土垄断续延伸。墙体多没有清晰的夯层，以堆土筑成。神木段呈东北—西南走向，在沙地上直接筑成，土质含沙量较大，且包含有较多的料礓石，高0.8～1.4米，底部宽度2.4～4.5米。靖边段呈东—西走向，墙体下部为堆土，顶部有夯层，夯层厚0.06～0.09米；底宽4米，高度最高达2.8米。定边段呈东—西走向，墙体在沙石层上直接堆筑，土质为沙土，包含有大量的红色碎石；底部宽度达12米，高1米，鱼脊状；起点位于明长城大边上，止点西接宁夏隋长城。单体建筑均坍塌严重，有20座可辨形状为圆形，4座为矩形，11座坍塌呈不规则形，均为夯土筑成。

另外，在进行明长城资源调查时发现，神木县西瓟村东南300米处的西瓟烽火台平面为圆形，附近散落有一些残砖，宽17、厚5厘米，一面有斜行平行条纹，条纹宽3、深2厘米，相间1.2厘米。另外，神木县墩梁村西1千米处的墩梁烽火台，坍塌严重。台体北侧散落有砖，宽18.8厘米，厚6.5厘米，一面有绳纹。

在榆阳区麻黄梁十八墩调查时发现，该处明长城夯土内部还有一个墙芯部分。该墙芯夯层厚0.1～0.12米，夯土土质以黑沙土为主，质地细密、纯净、异常坚硬。墙芯底宽1.3、顶宽0.8、高1.8米。墙芯两侧外包夯土呈斜坡状，夯层厚0.1～0.16米，土质以黄沙土混杂料礓石夯筑而成，土质疏松。

在府谷二边一线和神木大边窟野河以东部分发现有许多圆形墩台，横山河口庙（芦河东岸）有一座圆形烽火台。

定边贺圈镇瓦渣梁长城断面显示为多次修建。瓦渣梁马面与墙体结构显示在修建马面时，墙体已经坍塌严重。

二　相关问题研究

（一）关于"堑洛"的研究

关于"堑洛"概念和性质，之前学术界认为是沿洛河修筑的长城，同时仍存在很多不同的观点，是战国秦长城研究中最受史家关注的问题之一。

1. 文献中有关"堑洛"的记载

关于"堑洛"的文献记载并不多见。

《史记·秦本纪》载："简公六年，令吏初带剑；堑洛，城重泉。"[2]

《史记·六国年表》载：简公七年"堑洛，城重泉。"[3]

《太平寰宇记》卷28《蒲城县下》载："《史记》孝公九年筑长城，简公二年堑洛。故云'自郑滨洛'，今沙苑长城是也。又按《三秦记》云：'在蒲城东南五十里'秦筑长城，即堑洛也。"

2. "'堑洛'长城说"的相关调查及研究成果

今人对秦简公"堑洛"性质较早作出判断的是史念海。史认为："'堑洛'的'堑'是掘的意思，这里所谓的'堑洛'是削掘洛河岸边的山崖。这是修筑长城的一种方法。"[4]

彭曦因之，并于1991～1993年先后三次沿洛河徒步考察，在大荔、蒲城、白水等县均发现堑洛遗迹，尤其以蒲城、白水最为丰富，进一步证实其关于"堑洛"长城的说法[5]。

陈平认为，尽管"堑洛"本身从字面看不含修筑长城的意义，似乎"也可能是一项水利工程"，但若考虑到它正处于秦、魏战国早、中期近百年军事对峙的分界线上，而所堑洛右岸断崖又正对着东面强敌魏军，近侧的烽燧、戍守城塞等军事防御工程也由东向西往秦国腹心延伸，把它确立为秦长城也是大体可以的[6]。

张文江等也因之，认为洛水流经大荔以北的河段过山沟处多，经平原处少，所以堑削处多、夯筑长城少。多处的洛水都是从河西崖底流过，土石崖陡峭，这绝非洛水长期冲刷所致，而应有古时人工堑削成分。在澄城、蒲城、白水交界处的三眼桥、坊家河、任村一带，长达十多里的洛水西岸全是如此。"堑洛"长城是秦国在失去河西地后退至洛水西岸，依洛水所筑的最后一道防线[7]。

聂新民也有类似的解释，认为"堑洛"是秦简公沿洛河西岸挖掘的堑壕，可能还把挖掘出的土夯筑于壕的西侧成垣垒。聂并未直接指出"堑洛"为长城，只是在所绘图上注明为"简公堑城"[8]。

（1）"堑洛"时间

《史记·秦本纪》载："简公六年，令吏初带剑；堑洛，城重泉。"[9]

〔2〕《史记·秦本纪》，中华书局，2011年，200页。

〔3〕《史记·六国年表》，中华书局，2011年，708页。

〔4〕史念海：《黄河中游战国及秦时诸长城遗迹的探索》，《中国长城遗迹调查报告集》，文物出版社，1981年。

〔5〕彭曦：《秦简公"堑洛"遗迹考查简报》，《文物》1996年4期。

〔6〕陈平：《关陇文化与嬴秦文明》，凤凰出版社，2004年。

〔7〕张文江：《渭南地区秦魏诸长城考辨》，《文博》2004年1期。

〔8〕聂新民、聂莉：《秦简公堑洛及相关的历史地理问题》，《秦文化论丛》第十一辑，2004年。

〔9〕《史记·秦本纪》，中华书局，1982年，200页。

《史记·六国年表》载："简公六年，令吏初带剑；简公七年，堑洛，城重泉。"[10]

由此，"堑洛"当在秦简公七年修建，即公元前408年，学者们也一致认同。

（2）"堑洛"背景

春秋末三家分晋后，秦魏对峙于河西。魏文侯任用李悝、吴起等改革，使魏变强，成为战国初期的军事强国。秦因厉、躁、简公、出子之不宁，政变多发，政局动荡，国力积弱，处中衰时期。自厉公十六年"堑河旁"始，秦转入战略防守时期。《史记·魏世家》记载：魏文侯十三年（前412年）"使子击围繁、庞，出其民"[11]。此二城在河西，所出之民应是古梁伯遗民和秦民。魏文侯十六年（前409年）"伐秦，筑临晋，元里"[12]。临晋，今大荔县；元里，今澄城县西南，亦秦河西地。魏文侯十七年（前408年）即秦简公七年，"魏西攻秦，至郑而还，筑雒阴，合阳"[13]。同年，秦亦"堑洛，城重泉"[14]。由以上战争形势不难看出秦与魏在河西的战争中，连年兵败失地，到简公七年失河西大部分土地而退守洛水西岸，依洛水固守[15]。

聂新民也对"堑洛"的背景做了解释。聂认为"堑洛"是秦简公沿洛河西岸挖掘的堑壕，与魏西长城同时修筑。这种双方夹洛河修筑长期对峙的防御工事体系，在先秦少见，出现这种情况是有特定的原因的。魏国修筑河西长城和魏国总战略是直接联系的。魏国主要是采取巩固西线、发展东线的战略，虽然魏国在河西取得巨大的进展，但魏国主要精力是放在东面，不断举伐中山、齐、郑、楚、宋、韩等国，所以在西面还是以巩固防守为主。而秦国采取守势，是因为秦简公面临着一股潜在的反击力量，这就是灵公旧部和公子连，黄河、洛水间的有利地形再加上背后有魏国的支持，使得这股力量有了赖以生存的条件，时刻给秦简公带来压力。因此这条对峙线既是秦魏之间的，又是简公、惠公与献公之间的防御线[16]。

不难看出，秦简公"堑洛"主要是在秦国无法占据河西地情况下，为了防止魏国进一步西进，沿洛河西岸修筑的防御工程。

（3）魏河西长城南、北端及走向

史念海经过考察认为，此条长城南端达到渭河以南华阴的华山北麓，北端达到白水以北的黄龙山下，实际就是要凭借这条长城堵塞住华山和黄龙山之间这个广阔的缺口，填补自然地形的不足[17]。

"堑洛"长城南端起于华山之下、华阴县东南小张村，东北行，越渭河，循洛河右岸西北行，至蒲城县北城南村越洛河，至大荔县长城村，再越洛河，仍循洛河右岸西北行，约止于白水县西北洛河侧畔[18]。

关于"堑洛"长城在渭河南岸的位置有不同的认识。从考古调查和相关研究成果来看，渭河南岸存在两条长城。

第一条是华阴县西顺长涧河北上过渭河的长城，中国社会科学院考古研究所陕西工作队史念海、

〔10〕《史记·六国年表》，中华书局，1982年，708页。

〔11〕《史记·魏世家》，中华书局，1982年，1838页。

〔12〕《史记·魏世家》，中华书局，1982年，1838页。

〔13〕《史记·魏世家》，中华书局，1982年，1838页。

〔14〕《史记·六国年表》，中华书局，1982年，708页。

〔15〕张文江：《渭南地区秦魏诸长城考辨》，《文博》2004年1期。

〔16〕聂新民、聂莉：《秦简公堑洛及相关的历史地理问题》，《秦文化论丛》第十一辑，2004年。

〔17〕史念海：《黄河中游战国及秦时诸长城遗迹的探索》，《中国长城遗迹调查报告集》，文物出版社，1981年。

〔18〕史念海：《洛河右岸战国时期秦长城遗迹的探索》，《文物》1985年11期。

陈孟冬、刘合心、张文江、夏振英、呼林贵等均认为此条长城是存在的，并做了相关论述，但是对此条长城性质学者们却有着截然不同的看法。中国社会科学院考古研究所陕西工作队史念海、陈孟冬、刘合心认为，此长城为魏长城。而张文江却认为是秦长城，并列出了两个理由：其一，华阴县西的长城滨长涧河西，是秦于公元前408年利用有利地形在渭南"堑长涧"，魏不会犯兵家之大忌，背水筑长城于长涧河西。其二，华阴县东的长城经过阴晋古城，该城是魏攻占河西的最后一战时，即公元前408年"伐秦至郑"时所筑，已为魏地，秦怎能于此时筑长城于此呢？所以，华阴县城东的长城才是魏长城，是魏国于公元前361年即秦孝公元年转入战略防守时所筑的"自郑滨洛"长城。夏振英、呼林贵等更进一步指出，这条长城虽被大家确定为魏长城，但在其前应是秦简公六年所修的"堑洛"长城的南端部分，魏长城在这一段沿用了秦长城[19]。

　　第二条长城是史念海所述位于华阴县城东的一条，由城南小张村起，逶迤东绕，或断或续，经战国时期的阴晋故城遗址（今华阴庙东北）跨沙渠河东北到渭河滩上。对于此条长城，史念海指出，是在渭河之南，距洛河尚远，无当于"堑洛"的意义。洛河右岸这段秦长城遗迹，诚然在洛河之滨，然而也不是和洛河岸平行，更不是沿洛河岸边从事铲削，使之陡峻难行，而是在岸上平地筑城，其走向与洛河相垂直。这不符合一般所谓"堑洛"的含义，但的确是一段秦长城[20]。对于史念海的观点，夏振英、呼林贵有着完全相反的看法，认为华阴县之东没有秦长城遗址可寻，更无跨"沙渠水"的长城遗址。《华阴县志》所讲的跨沙渠河的长城遗址实是把阴晋、定城和西汉京师仓城（即战国及秦时宁秦县城）遗址三者的部分残垣联系在一起了[21]。

　　3."堑洛"长城有关质疑

　　虽然学界有学者对于"堑洛"的性质研究提出了质疑，提出其为沿洛河修筑的长城的说法，并且提供了相关的理由和研究成果，但与此同时，有些仍存有不同的看法。

　　例如，瓯燕、叶万松在《"上郡塞"与"堑洛"长城辨》一文中，从三个方面对"堑洛"长城说进行质疑[22]。

　　第一，从字面解释上看，"堑洛"不含有筑长城之意。当然，用堑山的办法修筑山险墙也应是可以的。所以"堑洛"当解作挖掘、疏浚洛河，削整洛河两岸陡壁，使之有利于防御，但也可能是一项水利工程。如果说秦简公"堑洛"是修筑了一条长城，那么，秦厉公十六年（前461年）"堑河旁"、秦灵公八年（前417年）"城堑河濒"，难道都在黄河之滨修筑了长城？

　　第二，对《太平寰宇记》中有关"堑洛"记载进行了质疑。瓯燕、叶万松认为《太平寰宇记》中引《史记》云孝公九年筑长城，实为孝公元年魏筑长城，后人多已指出。简公二年堑洛，为六年或七年之误。故云"自郑滨洛"等，也应指魏长城，与堑洛无关。至于所引的《三秦记》，大约成书于汉魏时，今书已佚。清武威人张澍辑录成《辛氏三秦记》，有关"蒲城长城"条下载："长城在蒲城东五十里，秦筑长城（《舆地志》）。澍按：《寰宇记》秦孝公九年筑长城。简公二年堑洛。今沙苑长城是也。"可见《三秦记》并未将蒲城长城视为堑洛长城。《太平寰宇记》著于宋太平兴国年间，距秦简公

---

〔19〕　中国社会科学院考古研究所陕西工作队：《陕西华阴、大荔魏长城勘查记》，《考古》1980年6期；史念海：《黄河中游战国及秦时诸长城遗迹的探索》，《中国长城遗迹调查报告集》，文物出版社，1981年；陈孟冬、刘合心：《魏国西长城调查》，《人文杂志》，1983年6期；张文江：《渭南地区秦魏诸长城考辨》，《文博》2004年1期；夏振英、呼林贵：《陕西华阴境内秦魏长城考》，《文博》1985年3期。

〔20〕　史念海：《洛河右岸战国时期秦长城遗迹的探索》，《文物》1985年11期。

〔21〕　夏振英、呼林贵：《陕西华阴境内秦魏长城考》，《文博》1985年3期。

〔22〕　瓯燕、叶万松：《"上郡塞"与"堑洛"长城辨》，《考古与文物》1997年2期。

时已近一千四百年，记述、理解附会的错误在所难免，显然不能作为确定堑洛长城的依据。

第三，从文献中考证，认为一些学者推定的"堑洛"长城经由路线的某些地段与当时秦晋形势不甚符合。《史记·六国年表》载：秦简公二年（前413年），"与晋战，败郑（今陕西华县）下"。《史记·魏世家》载魏文侯十六年（前409年）"伐秦，筑临晋（今陕西大荔），元里"。魏文侯十七年（前408年）即秦简公七年，"西攻秦，至郑而还，筑雒阴（大荔西南），合阳"。郑、临晋、雒阴都在推定"堑洛长城"之西，尤其是临晋、雒阴，魏文侯已于公元前409年、公元前408年筑城，秦不可能公元前408年（简公七年）在其东筑长城而把魏国的两城包围在自己的领土范围内。

第四，虽然洛河右岸发现一些"长城"，但也不一定是"堑洛"长城。大荔境内发现的所谓的秦长城或是"秦筑高垒以临晋"的高垒。不过该秦高垒或长城应修于魏文侯十六年魏筑临晋之前，而不是秦简公七年"堑洛"。蒲城、白水的长城或是在魏长城的一部分。

史党社在《陕西渭南地区的秦魏长城及城址考察》一文中也对"堑洛"进行了质疑[23]。首先从长城的定义上对"堑洛"进行了质疑。他认为，从一般意义上讲，长城的主体是土石墙体，一个防御工程如果没有土石墙体，则是不能称为长城。因此从这个原则上讲，史、彭认为"堑洛"为修筑的长城，证据是薄弱的。

其次该文从以下三个方面对史念海所持"堑洛为长城说"进行质疑。第一，史所认为的"堑洛"的长城的起首处——华阴县小张村一带的所谓长城遗迹，已经被证明是阴晋故城的一段城墙遗迹。即使呼林贵等认为，华阴县城西的魏长城沿用了秦长城的起首段，也有待考证。第二，在今天洛河西岸、蒲城县钤铒镇东北，有两个城南村——北城南、南城南，史以为此乃长城由此经过的证据。关于城南村名的由来，也有可能是由晋城地名而来。因为，城南村位于今晋城东南。晋城一地，由来已久，相传为春秋时代晋公子重耳出亡于蒲所筑，或说晋国建立以防秦穆公。后世的晋城镇有内外两重城墙，若干年前遗址犹存，现今在村西北还有夯土城墙遗迹。另外，秦简公"堑洛"同时，还在此筑重泉城，地方也在晋城一带，很可能沿用了晋城城墙。所以，城南村之名也有可能是由晋城、重泉而来，而与长城无关。第三，史所举的实证材料偏少。在史所举的三种实证材料中，蒲城县平路庙乡阿坡村一段，只有三四百米，过于短促。在大荔县西北的党川村一带也有长城遗址，与蒲城县东南阿坡村的长城遗址隔河相望，史断定这两段长城本是一条长城，可以连接起来，而且本来就是秦长城，后来被魏长城利用。今天的大荔县西北党川村一带为向南凸出塬头的地貌，与西、南两个方向的地方有三四十米的高差，魏国利用这里的地势修筑长城，守卫河西地，已经断无可疑。但与秦长城的关系，还需要重新考虑。

通过对蒲城县东部蔡邓乡水电站、西头乡政府、龙池镇（钤铒乡今并入龙池镇）所属旧钤铒镇一带的三处地点进行踏查发现，洛河岸边与水电站南2千米的范围内，在洛河右岸台地与塬顶部，除了大量陶片外，并无任何修筑长城遗迹。发现的大量陶片，主要是细绳纹陶瓦、罐残片。依质地、花纹判断，应是较早时期的遗物。

在水电站南洛河岸边，并无明显的铲削迹象。但在洛河边上，有许多类似夯土的淤积层，若不仔细辨认，很容易会误以为是夯土而被看做长城的。但这种淤积层其实是由于雨水的冲击作用形成的，厚度约0.1米，又由于年代的久远，每层质地不同，留下了明显不同的风蚀痕迹。

据彭报道，在晋城—钤铒一带的上堡村一带有"堑洛"长城遗迹，晋城周围有烽燧遗迹。上堡

---

〔23〕　史党社：《陕西渭南地区的秦魏长城及城址考察》，《秦文化论丛》第十辑，2003年。

村，村名应为堡上村，彭笔误。堡上村位于晋城东南约 1.5 公里处，东边紧邻洛河。经调查发现，今堡上村一带没有发现长城遗迹。在村北的近现代坟地一带及靠近洛河处发现一段南北向的夯土墙体，长约 100 米，圆夯，夯层厚 0.06 ~ 0.1 米，夯窝直径 0.14 米，呈梅花状分布，排列十分整齐。在夯层中夹杂有其他时代的陶片以及两块秦砖，与文献中记载的"堑洛"并不是同时代的建筑，由此断定本段墙体并非"堑洛"遗迹，再依照地形判断，可能是历史上一要塞堡寨之类。

在洛河旁边发现大量陶片。据在西头、晋城、蔡邓乡采集的陶片标本来看，大部分是汉代以后的，也不利于"堑洛"作为长城的判断。

综上所述，对于秦简公"堑洛"性质的判断，学者们有着较大的分歧。把"堑洛"定义为长城，有利与不利的证据同时存在，但从现在调查情况来看，长城墙体遗存的发现还是较少，因此若说"堑洛"为长城遗址，还需要更多的证据来证明，这样才更有说服力。

（二）关于秦昭王长城与汉"故塞"

1. 秦昭王长城线路分布的思考

秦昭王长城是在灭掉义渠并占有了陇西、北地和上郡以后修建的。该长城有部分段落修建于山梁南坡或东坡，明显不利于防御北侧或西侧，这样的段落主要是分布在神木县北部㹀牛川、窟野河西岸和吴起县西南部三道川北岸。㹀牛川是窟野河上游一条支流，起源于内蒙古境内，向南流入陕西，秦昭王长城就分布在其西岸。按照地理遗迹长城的分布看，当时秦国位于长城东侧，西侧就是戎胡之地，但是长城所处地利明显有利于西侧。三道川是洛河西侧北数第三道支流，故名三道川，秦长城在该处主要沿河流北岸分布。按照地理地势看，长城位于三道川北岸，应该是北侧占尽地利，为防御南侧而修建，此前的调查研究也认为长城是在三道川南岸分布[24]，但经过详细调查，发现在三道川北岸分布有一线断续的夯土遗迹，夯土层厚度与夯筑方式等与其他处秦长城夯土一致，且沿线有较多的外饰绳纹、环轮纹，内饰麻点纹的瓦片。另外，在其他段落中，尤其是白于山上的段落，还有若干这样分布的小段长城，位于山体的东南坡，明显是西北侧占尽地利，但确实和两端长城都相连一线，尤其是其中有一些小的段落明显是为了省工省时，长城在山间一条直线相连，从某个凸出山峁的东南坡经过，将山峁置于长城西北侧。对于秦昭王长城出现这种分布走向情况的原因，作如下思考：

首先，秦国与西北诸族之间关系以和平为主。纵观统一前秦国整个历史，只有在秦穆公时代由于东方晋国的强大而无法东进，于是转而向西发展，"益国十二，开地千里，遂霸西戎"[25]。秦昭王时与西北戎人的关系也非常密切，这以义渠戎王经常出入秦国宫殿可知。所以秦国灭掉义渠后也再未见与西北的部族发生战争，统一后主要讨伐北方的匈奴，也并没有向西发展。

战国后期秦国的国策主要是针对山东六国远交近攻，主要精力在于向东方开疆拓土，所以和西北诸戎的关系是以和平为主的。

其次，秦国志在占有农耕区，而非游牧区。参考秦国历史，所攻占的地区基本都是农耕区，只有穆公时代的西戎十二国不详，但根据后来秦昭王长城的分布看，当在长城以东南，也是农耕区无疑。昭王时代占领的义渠地区，主要就是后来的陇西、北地、上郡等地，惠王时拔义渠"二十五城"，这也说明当时义渠已经是有固定居所的农耕民族。后来占有的巴蜀、统一的山东六国，无一例外是农耕

---

〔24〕　彭曦：《战国秦长城等考察与研究》，西北大学出版社，1990 年，197 页。

〔25〕　《史记·秦本纪》，中华书局，1982 年，194 页。

地区。就是后来蒙恬北逐匈奴开拓的地区，也都是适合农耕的地区，包括河南"新秦中"、阴山"北假中"。以秦国实力，秦始皇长城也终于没有像汉代一样修建到游牧区之地。由此可知，秦昭王长城就位于当时的农牧业分界线上。以现在的地形看，陕西段秦昭王长城西北正是毛乌素沙漠与其西南侧的盐碱荒滩区，基本不是适合农业生产的地区，长城东南则是比较适合农业生产的地区。

最后，秦国与西北诸邻实力悬殊。穆公时代即称霸西戎，后来统一山东六国也是一气呵成，其对匈奴的战争也只是用"三十万众"，就使匈奴"不敢南下牧马"。

当时秦国在强大实力的支撑下，所修长城又在农牧界线上，所以在某种程度上修筑长城只是为了标清秦国界线。西北游牧民族既不敢入侵掠夺财物，也不会越界扩张领地，所以秦昭王长城具有相当的政治边疆意义，弱化了长城的军事边疆的作用。这就可以解释为什么长城会有部分分布在山体的东南坡面上，让地利于对方。

2. 汉"故塞"沿用的证明

汉"故塞"是沿用了秦昭王长城，这一点在前人的研究中就有认识，此次调查在秦昭王长城沿线发现的大量汉初遗物与墙体夯层中夹杂的外饰绳纹、内饰布纹的瓦片，更证明了这种认识。

我们在秦昭王长城沿线发现并采集二十四枚"半两"钱，只有一枚是秦"半两"，其余都是汉代元狩五年之前通用的汉代"半两"钱。另外，沿线散落大量外绳纹、内布纹瓦片和卷云纹瓦当，以及十八枚铜镞，其中有八枚带有铁铤。

发现大量汉初使用的"半两"钱，说明汉初对于该长城的使用频繁程度甚至要大于战国与秦代。铁铤铜镞在秦代非常罕见，秦始皇陵的三个兵马俑陪葬坑总共出土数万枚铜镞，带有铁铤者只有数枚[26]。而在长城上发现八枚铁铤铜镞，按照"先中央后地方"的原则，说明这八枚铁铤铜镞应当出现在秦帝国之后，即应集中在汉代初期，进而揭示出汉代此地的军事活动相当频繁，驻军也应远多于战国及秦代。

汉代在该长城沿线的大量驻军，从另一个方面反映了汉初与匈奴的关系远比秦昭王至秦始皇时期紧张，史籍也多有记载。大量汉初钱币的发现，说明汉初长城沿线的商业远较以前发达，史载"昔和亲之论，发于刘敬。是时天下初定，新遭平城之难，故从其言，约结和亲，赂遗单于，冀以救安边境。孝惠、高后时遵而不违，匈奴寇盗不为衰止，而单于反以加骄倨。逮至孝文，与通关市，妻以汉女，增厚其赂，岁以千金，而匈奴数背约束，边境屡被其害"[27]。可知汉匈之间的关市是从汉文帝时期（前179～前157年）开始，至元光二年（前133年）马邑之谋失败，汉匈交恶，但匈奴"尚乐关市，嗜汉财物，汉亦尚关市不绝以中之"[28]。直至"自马邑军后五年（按：即元朔元年，公元前128年）之秋，汉使四将军各万骑击胡关市下"[29]。元朔二年（前127年）河套南部的关市才由于汉朝大力出击匈奴而结束。

3. 秦昭王长城的修建与结构特点

该段长城毕竟处于西北边疆一线，其军事防御的特性还是显而易见的。

---

〔26〕 在秦始皇兵马俑一号坑出土镞280簇（每簇约100枚），另有零散的10896枚，其中只有1枚铁镞和2枚铁铤铜镞，其余均是铜镞。参见陕西省考古研究所、始皇陵秦俑坑考古发掘队编著《秦始皇陵兵马俑坑一号坑发掘报告 1974～1984》（上），文物出版社，275页。

〔27〕《汉书·匈奴列传》卷94下，中华书局，1982年，3830页。

〔28〕《汉书·匈奴列传》卷94下，中华书局，1982年，3765页。

〔29〕《汉书·匈奴列传》卷94下，中华书局，1982年，3766页。

其一，长城连绵的墙体都没有位于山脊上，而是位于山体一侧的山坡上，上夯下堑，形成宽高均达 30 多米的三道堑工事，这样的工事在当时的条件下应当是"一夫当关，万夫莫开"。

其二，长城墙体上的墩台都是位于三道堑顶部夯土墙体部分上，其分布很能说明长城防御的特点，站在山区的每一个墩台上都能完全正视对面的一条沟道，或是一道山梁，而这样的沟道或山梁在当时都是被选择作为通道的理想位置，这应该是当时"当路塞"的一种表现形式。古代有一种称为"当路塞"的防御工事，见于《史记》与《汉书》的《匈奴列传》中，马邑之谋失败后，匈奴绝和亲，攻当路塞。《史记索隐》曰：苏林云："直当道之塞。"颜师古曰："塞之当行道处者。"很形象地说明这种边塞的作用与所处位置[30]。

其三，墙体上墩台的间距都是在 200 米左右，甚至更小，这和当时弓的射程有关。

弓与弩都是冷兵器时代的远射程武器，但它们的射程是不同的，古代统称的弓箭的射程标准"百步穿杨"是来自周代的说法："楚有养由基者，善射者也，去柳叶百步而射之，百发而百中之。"[31]以当时的度量计算，百步只相当于 115 米[32]，而这样射程仍能百发百中就算是射箭高手了。古语云："强弩之极，矢不能穿鲁缟"[33]，弩的射程战国时没有记载，在明代"凡弓箭强者行二百余步，弩箭最强者五十步而止，即过咫尺，不能穿鲁缟矣"[34]。则可知弓箭有效射程必然大大低于明代二百步。《明史》中关于弓弩射程的记载是"骑卒必善驰射枪刀，步兵必善弓弩枪。射以十二矢之半，远可到，近可中为程。远可到，将弁百六十步、军士百二十步；近可中，五十步。毂弩以十二矢之五，远可到，蹶张八十步、划车一百五十步；近可中，蹶张四十步、划车六十步"[35]。可知明代一般弩（蹶张）的有效射程（近可中）约 65.4 米，比弓箭射程要短一些，战国时代应该也是如此。但明代弓箭的有效射程（近可中）也仅五十步，约相当于 81.75 米。参照明代的规定，战国秦汉时期对普通军士的要求射程约为 115 米，命中率为"十二矢之半"，即 50%。

该长城墙体上墩台间距 200 米左右，恰好相当于弓箭有效射程的 2 倍稍短，所以设计墩台间距应该是按照在相邻两墩台上，将该段范围全置于有效射程之内的要求而定的[36]。

4. 秦昭王长城的废弃、再沿用和破坏

武帝时出击匈奴，致使匈奴远遁漠北，史称"幕南无王庭"。匈奴浑邪王降汉后，于五郡故塞外，设立属国，此时"故塞"就不再是作为重要的军事防线来使用，但依然是一条胡汉之间的界线。

西汉以后直至隋代，该长城都一直处于废弃状态，隋代修筑灵武到朔方的长城有部分段落与该长城重合，这样的段落可能存在于神木县西部、榆阳区、横山县和靖边县东部，因为调查过程中，在该地段没有发现确认与疑似的隋长城遗迹。明长城榆阳区中部麻黄梁镇十八墩至芹河乡黄沙碛墩 30000 米段直接和该长城分布线路重合。

---

[30] 有研究认为"当路塞"是指阻断通道的短小的墙体。参见景爱：《中国长城史》，上海人民出版社，2006 年。

[31] 《史记·周本纪》，中华书局，1982 年，165 页。

[32] 古代一步等于五尺，只是在秦始皇二十六年至汉武帝太初元年之间一步等于六尺。《史记·秦始皇本纪》曰："舆六尺，六尺为步。"与《史记·孝武本纪》秦汉一尺约 0.23 米，明代一尺约 0.327 米。参见陈梦家：《亩制与里制》，《考古》1966 年1 期。

[33] 《史记·韩长孺列传》卷 108，中华书局，1959 年，2861 页。《汉书·韩安国传》记："强弩之末，力不能入鲁缟。"

[34] 《天工开物·佳兵第十五》。

[35] 《明史·兵四》卷 92，中华书局，1982 年，2258 页。

[36] 有调查研究认为平坦地势处墩台间距在 210～240 米，符合当时之百丈（相当于 230 米）长度。参见彭曦：《战国秦长城等考察与研究》，西北大学出版社，1990 年。另外，关于明代弓箭射程要求小于战国，由于当时沿边均配有一定数量的火器，弓箭处于次要地位。参见于春雷：《陕西榆林明长城新发现"阳瓜墩石碑"考》，《文博》2008 年 3 期。

另外，依据上述对沿墙体一线墩台（敌台和马面）分布的结论看，陕西境内该长城全长 459000 米，应该有这样的墩台约 2295 座，而现在所存能看到遗迹的只有 365 座。照此计算，经历两千年的风雨后，已有大约 84.1% 消失，只残留下约 15.9%，可知夯土长城每百年的消失率约为 8.3%，照此大体可以推知长城当年概貌。

（三）瓦片分析

1. 战国魏长城沿线瓦片

魏西长城沿线瓦片分布整体较少，基本规律是在单体建筑（敌台、马面、烽火台）和关堡周围瓦片较多，而在长城沿线其他段落附近则没有分布；有的段落夯层中包含有极少的瓦片。

这些瓦片分筒瓦和板瓦两类，还采集到少量的瓦当。瓦片背面纹饰以绳纹为主，少量加饰抹断弦纹；内面纹饰有素面、绳纹、菱格纹、布纹和麻点纹。瓦当为圆瓦当，纹饰有动物纹和卷云纹。筒瓦和麻点纹的瓦片只在富县、黄陵等地长城有发现，在渭南黄龙山南麓长城没有发现，而黄龙山南麓长城是最没有争议的完全由魏国修建使用的长城，所以在魏长城瓦片分析中不采纳筒瓦和麻点纹的瓦片。

魏国特征的瓦片较少，全为板瓦，夹砂灰陶，胎体薄厚均匀。纹饰如下：

外侧纹饰：绳纹，有凌乱、稍整齐、整齐三类。

内侧纹饰：素面（用手抹光）、绳纹、小菱格纹、大菱格纹、布纹。

发展序列：根据外侧绳纹由凌乱渐次发展到整齐，内侧纹饰变化顺序由早及晚应为：素面—绳纹—菱格纹—布纹。

2. 战国秦长城沿线瓦片

秦昭王长城和汉"故塞"沿线及附属建筑周围散落的瓦片较多，还伴随有一些陶片、钱币和箭镞。另外，还有一些工具和饰物等。瓦片散落的基本规律是在单体建筑（敌台、马面、烽火台）和关堡周围瓦片较多，而在长城沿线其他段落附近较少；有的段落夯层中也夹杂有瓦片。

这些瓦片有筒瓦和板瓦两类，还采集到少量的瓦当遗物。瓦片背面（凸面）纹饰以绳纹为主，有少量的板瓦背面饰环轮纹；内面（凹面）饰素面、麻点纹、菱格纹和布纹。瓦当有素面半瓦当和几何纹、卷云纹圆瓦当。

筒瓦：拱宽约 16 厘米，拱高 10～13 厘米，通长 50 厘米左右，胎厚 0.7～2.2 厘米。

瓦唇：长短不均，最短 2 厘米，最长达 4.5 厘米。瓦唇与瓦体结合处内部有明显拐折，直线斜通。

颜色：泥质灰陶制成，呈浅灰色、深灰色、青色。

制作方式：泥条盘筑、泥片粘接，模制。

侧缘切口：外切（数量很少）、内切、垂直切。

外表纹饰：主要是绳纹，其发展序列由凌乱渐次到整齐；瓦口处加抹弦纹，渐瓦口处素面。

内侧纹饰：麻点纹（不均匀渐次发展到整齐均匀）、布纹（由粗疏发展到细密）。

板瓦：拱宽 40 厘米左右，拱高 10 厘米左右，通长 60 厘米，胎厚 0.7～2.2 厘米。泥质灰陶制成，颜色同筒瓦一致。

外侧纹饰：绳纹（从粗疏凌乱到比较整齐平行，初期纹饰能显示出陶拍拍面大小）、绳纹并瓦口处加抹弦纹（这种瓦口的弦纹后来演变成环轮纹）、绳纹并瓦口部分饰素面、环轮纹。

内部纹饰：麻点纹（从不整齐到整齐）、绳纹、菱格纹（较大）、布纹。另外，还有麻点纹、布纹、菱形、方格纹同时出现在同一块瓦片上的情况。

侧缘切口：内切。

对秦昭王长城及汉"故塞"瓦片进行时代上的先后排序，依据瓦片同一类纹饰的整齐程度和装饰情况、整个瓦做工造型的精致与美观以及制作工艺的发达程度。

筒瓦，外侧纹饰：凌乱绳纹—整齐绳纹—瓦口处加抹弦纹或瓦口处抹成素面；内侧纹饰：不整齐麻点纹—整齐均匀麻点纹—布纹。

板瓦，外侧纹饰：粗疏凌乱绳纹—整齐平行绳纹—绳纹瓦口处加抹弦纹、环轮纹、素面—环轮纹或素面。

内侧纹饰：不整齐麻点纹—整齐麻点纹—布纹或较大菱格纹。

3. 沿线所发现的秦至西汉时期瓦片特征

对于此线长城的遗物的采集，瓦片占据标本的大多数，且发现各个地域和时代的瓦片工艺、纹饰等都具有不同的特点。沿线发现的瓦片大体分为两类：一类为外饰绳纹，内饰麻点纹；另一类为外饰绳纹或环轮纹，内饰布纹或菱格纹。前者类型的瓦片在秦雍城遗址[37]和秦始皇陵有大量发现，而同遗址中，后者类型的瓦片在秦始皇陵极少出现[38]，但在汉长安城遗址[39]和汉代各帝陵有大量发现，据此可以判定外饰绳纹、内饰麻点纹是秦瓦的典型特征；外饰绳纹或环轮纹，内饰布纹或菱格纹应是汉代瓦片的特征。在调查过程发现，此线的部分墙体或单体建筑夯层中夹杂有明显的两层上述两种类型的瓦片，说明：其一，汉初曾经对秦昭王时期修筑的长城加以修缮进而利用；其二，后代对这段长城至少进行过两次修缮，第一次将具有秦特征的瓦片加入夯层，第二次将具有汉特征的瓦片加入夯层。

在黄龙山南麓魏长城发现瓦片没有内饰麻点纹的，在富县长城及黄陵—宜君长城发现有内饰麻点纹的瓦片。另外在山西夏县禹王城（即战国时魏国都城安邑）遗址出土的战国时期瓦片中也没有发现有内饰麻点纹的瓦片，据此可知，魏长城沿线多为外饰绳纹，内饰素面、绳纹、菱格纹和布纹的瓦片，而内饰麻点纹的瓦片是魏国放弃河西、上郡后秦国的瓦片，在黄陵发现的动物纹瓦当与秦雍城遗址出土同类瓦当极相似，应该也是秦国物品。

与此同时，内饰麻点纹的瓦片在秦昭王长城大量存在，也证明是秦国瓦的代表纹饰，而同时期内，第二类纹饰在魏长城发现，而后汉初在中原地区的汉长安城遗址以及各帝陵的大量发现，说明这种内饰布纹和菱格纹制瓦风格，起源于三晋地区，而后传入中原，进而广泛使用。

4. 结论

瓦，产生于山东六国，后传到秦国。最初纹饰就是外饰绳纹、内饰绳纹或素面，但这种素面只是简单地以手抹光，与隋唐以后的素面不同。内侧纹饰后来在三晋和秦国分别发展为布纹和麻点纹，而外侧纹饰则没有多大变化，只是绳纹越来越整齐而已。菱格纹应该是楚地的一种特色，因为安邑没有菱格纹，但在河西却有，而汉代则大行其道，与布纹同样广泛应用，但后来菱格纹的消失，仿佛说明这种局部的文化特征并不适合推广。

从各类纹饰瓦的造型与制作工艺看，战国时山东诸国明显要比秦国发达，在同一过程中及其后的一段时间内，是各种工艺相互交叉学习影响的时代，麻点纹、菱格纹和布纹同时出现在一片瓦上，就能说明这种学习和影响是在短时间内兴起的。

---

〔37〕 陕西省考古研究院：《陕西秦汉考古五十年综述》，《考古与文物》2008 年 6 期。

〔38〕 陕西省考古研究院、秦始皇兵马俑博物馆编著：《秦始皇帝陵园考古报告》（2001～2003），文物出版社，2007 年，209 页。

〔39〕 刘庆柱、李毓芳、张连喜：《汉长安城北宫的勘探及南面砖瓦窑的发掘》，《考古》1996 年 10 期。

在调查过程中，发现战国魏长城附近瓦片麻点纹和布纹均有分布，夯土中夹杂的麻点纹瓦片则显示该地在魏筑长城之前曾为秦所有。

（四）陕西省早期长城的保存现状

陕西是全国保存不同历史时期长城遗迹最多的省份之一，拥有战国、秦、汉、隋等各时期的长城遗址，素有"长城天然博物馆"之称。

1. 保存现状

陕西省现存的早期长城资源多处在毛乌素沙漠与陕北黄土高原的过渡地带，在神木县、榆阳区、横山县，长城沿线以风沙地貌为主，周边多为风沙草滩，风力较大是其显著特征；在靖边县、志丹县、吴起县，长城沿线为黄土丘陵沟壑区，沟壑纵横，水土流失严重。

本次调查涉及陕西省秦昭王长城和汉"故塞"、战国魏长城和隋长城，全长 517685.6 米，其中现存墙体 11669 米，占 21.6%；河险 9998 米，占 1.9%；消失 396018.6 米，占 76.5%。目前，陕北长城不容乐观的现状主要由自然和人为两方面因素造成。其中，自然因素包括地震、山体滑坡、洪灾、流沙、风雨侵蚀、植物生长、啮齿动物破坏等；人为因素则很复杂，主要包括交通及其他工程建设、居民的生产生活活动、不当开发利用、不按原状修缮等方面。自然因素造成的破坏历经时间较长、进程较慢，而人为因素才真正对长城造成毁灭性的破坏。在调查中还发现，由于保护意识淡漠和政府管理缺失，人为破坏长城的现象在近年来呈上升趋势。主要表现在：长城沿线现多已经开发成为耕地，常常会有大段的长城被夷平作耕地或行人之道、田埂的现象；一些烽燧、城障破坏较为严重，具体形制已无法辨认；墙体脚下千疮百孔的大小洞随处可见；低矮、残断的墙体零散孤立于荒郊野外；砖石结构的"墩"上都存在大面积拆除痕迹等。

2. 长城的建造方法及工程特性

秦汉长城的修筑充分考虑了因地制宜、就地取材的原则，长城所经区域周围的材质只要适合修筑长城就会被采用，因此所处地理环境不同，秦汉长城所用建筑材料也不一样。陕北地区保存的秦汉长城从构筑方式上来看基本上可以分为两大类：一类为片石垒筑，一类为土质夯筑。有学者推测长城在跨越河道即河险处，应修有木质的栅栏，但由于年代久远现在已没有遗迹可见。

片石垒筑长城基本上位于神木县，如在神木县特牛川西岸的山梁上大量的秦汉长城段落就以片石垒筑的形式存在着。秦汉长城之所以在此处选择这种构筑方式，是与附近的自然环境分不开的，一方面，由于河水冲刷及河道下切，造成山体开裂崩塌，特牛川沿岸的河床上、山脚下的片石、碎石随处可见；另一方面，神木县受沙漠化影响较严重，沙土不易于用来夯筑，这就造成了长城墙体材质的变化。其实至今当地居民还有用片石修筑房屋的习惯，长城用片石垒筑，内侧再填碎石或土石混合物砸实，既保证了墙体的坚固又做到了省时省力，充分显示了古代劳动人民的智慧与创造力。

在榆阳区、横山县、靖边县、志丹县和吴起县，长城多为土质夯筑，其中榆阳区与横山县由于距毛乌素沙漠较近，长城多位于沙漠或沙漠草滩之中，墙体夯土中含沙量较大，部分墙体还直接用褐色沙土夯筑。长城进入志丹县和吴起县后，出现夯土墙体与三道堑（愣坎）并存的情况，其中三道堑在吴起县薛岔乡马蹄梁至五谷城乡石嘴村为代表[40]。三道堑的修筑方法采用向下铲削山体缓坡的方式，

---

[40]　延安地区文物普查队：《延安地区战国秦长城考察简报》，《考古与文物》1990 年 6 期。

加高了山坡上屏障的高度，更便于抵御对方的进攻。

3. 影响长城现状因素分析

提起长城人们就会想到明代长城中雄伟壮观，保存完好的八达岭、居庸关、嘉峪关等长城区段，其实在很多地方长城大部分建在山间和荒漠之中，经历了千百年的风吹日晒和雨水侵蚀，许多土墙已经坍塌消失。早期长城中的秦汉长城由于年代久远加之自然及人为原因破坏，幸存下来的就为数更少。长城墙体多呈"土垄状"断续分布，一些敌台、烽火台类单体建筑坍塌也比较严重，正如彭曦所形容的呈卧鲸状。但秦汉长城部分区段由于远离居住点，受人为影响较小，还依稀可以看出秦汉长城当时的形貌。

（1）自然因素

① 风蚀

风蚀是造成土遗址毁坏的主要破坏因素，不仅剥蚀地表、使地面夯土遗迹的外表逐渐颓平，同时也可能造成建筑物的坍塌。大于 5 米/秒的夹沙风对遗址的破坏最大，陕北干旱地区尤其是秦汉长城一线，处于毛乌素沙漠边缘地带，多风沙，千百年来风沙对土遗址的吹蚀打磨作用不可避免。

风蚀可分为迎面吹蚀、底面潜蚀和反向掏蚀三种[41]。迎面吹蚀主要是由粗颗粒的正面打磨造成，千百年来不断的打磨，对遗址的吹蚀作用强度之大是可想而知的。风沙流携带的含沙量随高度呈指数下降，贴地层的含沙量可达 70% 以上，底面潜蚀往往将夯土建筑基础掏空，倾斜甚至倒塌。当风沙遇到土遗址后，由于地形突变，就会引起贴地层的气流分离，形成涡流，在土遗址基础部位形成二次流，对基础造成极强的侧蚀和磨蚀，造成墙基凹进或沿墙体层层剥离的状况。

② 雨水冲刷

由于陕北地区黄土大都有湿陷性，水是造成夯土长城的重要破坏因素。受季风气候影响，陕北地区的降雨多集中在七、八、九三个月，暴雨或连阴雨过后，本来十分坚硬的夯土建筑就会被浸得十分松软，很容易造成夯土建筑的大面积坍塌。位于山坡上的长城墙体两侧或一侧由于雨水冲刷还会形成较深的冲沟，对墙体基础部分破坏严重。

③ 温差

我国北方地区地面昼夜温差较大，长期处于急剧变化的气温之中。横山县年极端最高气温 38.4℃，极端最低气温 −29℃，温差变化大必然导致土遗址墙体的频繁涨缩，在风蚀、雨侵的共同作用下，造成墙体开裂、出现裂隙、泥皮脱落等现象。

④ 植物生长

植物生长过程中根系的发育对夯土类建筑影响较大，尤其是深根系的植物，加速了长城本体的损毁速度。

⑤ 鼠穴

位于耕地附近的长城段落容易受到鼠类洞穴的破坏。

（2）人为因素

① 耕地破坏

一些耕地紧邻长城墙体，逐年的耕种及拓荒使得临近的长城墙体越来越低矮，个别烽火台甚至被耕地包围，已铲削成了小土丘。

---

〔41〕　赵宇、何淑芬、崔鹏：《用固体力学化学理论研究岩土的力学化学行为》，《自然灾害学报》2002 年 11 期。

② 道路破坏

一些小路直接从长城墙体上经过，多年的踩踏、碾压使墙体上出现豁口。部分较宽的乡村道路紧邻墙体，更有甚者还直接穿墙而过将长城墙体截断。进出车辆的震动及剐蹭也不时地威胁着长城的安全。

③ 取土破坏

长城上的夯土坚硬致密，一些村民为了修打谷场、铺路、垫房基地等等，直接从长城上取土，将墙体及烽火台挖断或推平。

④ 生产、生活破坏

陕北地区历来有住窑洞的习俗，个别窑洞直接开挖在长城墙体之上。另外，搭建的羊棚猪圈有的也以长城墙体为依托，居民的日常生产、生活对长城造成破坏可想而知。

⑤ 盗掘

长城沿线一些敌台、烽火台类建筑由于酷似墓葬的封土堆，由此引来的盗掘现象十分严重。在调查过程中发现，只要是保存较高大的敌台、烽火台甚至稍高一点的小段长城墙体，都会有盗洞存在。盗洞多挖于敌台、烽火台底部，基本与地面平行或斜向下，一般直径在 1～2 米，严重者进深可达 6～7 米，这造成了夯土建筑的快速开裂，甚至坍塌。

⑥ 建设性破坏

在调查过程中可以发现一个很明显的现象，即越靠近城镇及村庄的长城保存状况越差，远离人类居住点的边远山区长城保存状况则相对较好。随着经济的发展，城镇面积越来越大，城镇的扩张使本来就保存不佳的长城破坏更加严重，甚至造成长城墙体长距离的消失。另一方面，由于陕北地区蕴藏着丰富的煤炭、石油、天然气等矿产资源，随着经济发展开采步伐的加快，越来越多的企业及人员进入以前很少有人涉足的山区内部，一些采油采矿企业缺乏文物保护意识，在钻探油井及修路过程中对长城造成的破坏也比较严重。

历经两千多年的风雨侵蚀，如今保存下来的陕西早期长城已实属不易。长城体量巨大，作为露天文物不可避免地会受到自然环境的影响，目前也没有办法将长城这样大体量的文物完全封闭式地保护起来。自然因素造成的破坏往往历经时间较长、进程较慢，而人为因素对长城造成的破坏往往是瞬间的、毁灭性的，如修路、垦荒、油田建设等等，瞬间就可以将长城截断或推平。经过调查也可以发现一个明显的规律，秦汉长城保存状况相对较好的段落多位于地势险峻、人力不易到达的地区；而在地形平缓、城镇村庄密集的地区，秦汉长城则保存较差，甚至出现了长距离的消失段。正如中国长城学会副会长、著名古建筑专家罗哲文说："相比于自然界的吞噬，人类的破坏似乎来得更加赤裸和残忍。"与自然破坏因素不同只要加强管理正确引导，人为破坏长城的事件是完全可以避免的，因此要想保护好长城首先要加强管理，制止人为因素对长城的破坏。

一 神木县乔岔滩乡堡寨子西墙墙体（北—南）

二　神木县大柳塔镇贾家畔村长城墙体（北—南）

三　神木县大柳塔镇特麻沟村长城 1 段墙体（东南—西北）

四　神木县大柳塔镇特麻沟村长城 2 段墙体（东—西）

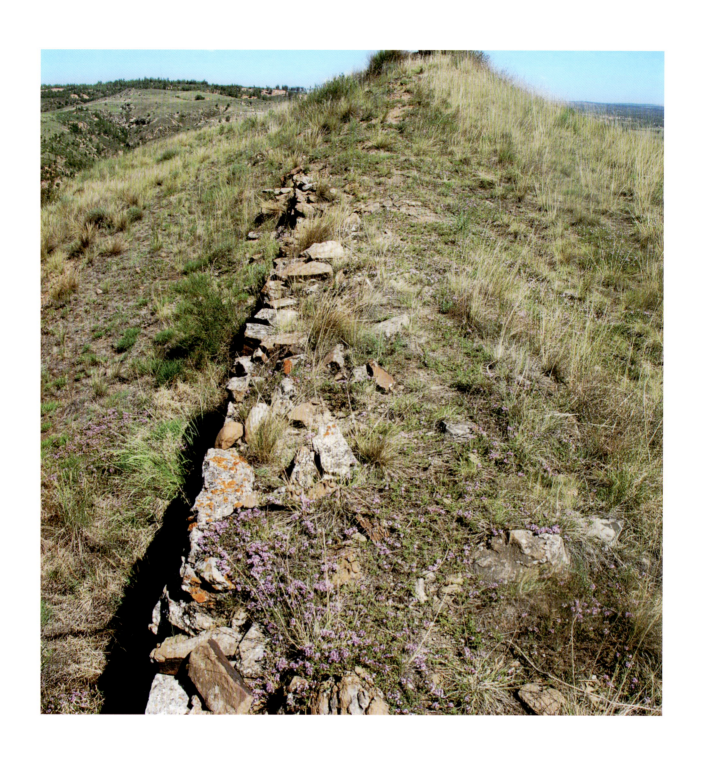

五　神木县大柳塔镇特麻沟村长城 3 段墙体（南—北）

六　神木县大柳塔镇陈洞沟村长城墙体（北—南）

七　神木县大柳塔镇杨旺塔村长城 1 段墙体（北—南）

八　神木县大柳塔镇油房梁村长城墙体包石（北—南）

九　神木县孙家岔镇刘城崄山村长城 1 段墙体（西北—东南）

一〇　神木县孙家岔镇平士梁村长城 1 段墙体断面（西北—东南）

一一 神木县麻家塔乡王家沟村边墙梁长城 3 段墙体（北—南）

一二　神木县麻家塔乡王家沟村边墙梁长城 4 段墙体（北—南）

一三　神木县麻家塔乡王家沟村边墙梁长城 5 段墙体断面（西北—东南）

一四　神木县神木镇瓜地渠村长城 2 段墙体（局部）

一五　神木县神木镇三道沟村 4 号敌台夯层中夹杂的瓦片

一六　神木县高家堡镇团团沟村 2 号敌台（东—西）

一七　神木县高家堡镇团团沟村 2 号敌台夯层中夹杂的瓦片

一八　神木县高家堡镇团团沟村 5 号敌台（北—南）

一九　神木县高家堡镇南圪崂村 1 号敌台（北—南）

二〇　神木县高家堡镇南圪崂村 3 号敌台（南—北）

二一　神木县高家堡镇喇嘛沟村 2 号敌台（南—北）

二二　神木县高家堡镇喇嘛沟村 4 号敌台附近散落的遗物

二三　神木县店塔镇上石拉沟村 2 号烽火台（西—东）

二四　神木县店塔镇碾房湾村陈家沟岔烽火台（西—东）

二五　神木县麻家塔乡老虎沟畔村烽火台（东—西）

二六　神木县神木镇瓜地渠村 2 号烽火台（北—南）

二七　神木县神木镇三道沟村 1 号烽火台（东—西）

三一　榆阳区麻黄梁镇吴家窑子村团窝梁长城特征点 4 至特征点 3 之间的墙体（南—北）

三二　榆阳区麻黄梁镇吴家窑子村团窝梁长城墙体（北—南）

三三　榆阳区麻黄梁镇杜家窑子村长城特征点 3 至特征点 4 之间的墙体（南—北）

三四　榆阳区麻黄梁镇柳巷村长城 1 段墙体（西南—东北）

三五　榆阳区麻黄梁镇柳巷村长城1段特征点1墙体断面（东北—西南）

三六　榆阳区麻黄梁镇柳巷村长城2段特征点5墙体（西南—东北）

三七　榆阳区麻黄梁镇柳巷村长城3段特征点3墙体（北—南）

四一 榆阳区麻黄梁镇二墩村长城特征点 4 墙体（西南—东北）

四二　榆阳区牛家梁镇石峁村长城墙体断面（西—东）

四九　榆阳区红石桥乡古城界村长城 2 段墙体（东—西）

五○　榆阳区红石桥乡古城界村长城 2 段墙体（西—东）

五一　榆阳区红石桥乡井界村长城 2 段特征点 6 墙体（东—西）

五二　榆阳区红石桥乡井界村长城 2 段特征点 6 墙体断面（北—南）

五九　榆阳区红石桥乡古城界村 1 号敌台（东—西）

六〇　榆阳区红石桥乡古城界村 3 号敌台（东北—西南）

六一　榆阳区红石桥乡古城界村 5 号敌台（西南—东北）

七一　榆阳区巴拉素镇张家湾村遗址墙体断面（南—北）

七二　榆阳区红石桥乡古城界城址南墙墙体

七六　横山县波罗镇康梁村长城特征点4墙体（东—西）

七七　横山县波罗镇康梁村长城敌台附近的墙体断面（西—东）

七八　横山县波罗镇康梁村长城墙体（东—西）

七九　横山县横山镇无定河河险远景（北—南）

八〇　横山县横山镇东峁村长城墙体（东北—西南）

八一　横山县横山镇东邬村长城墙体（东北—西南）

八二　横山县横山镇城山村长城
　　　墙体（北—南）

八三　横山县横山镇城山村长城
　　　墙体夯层

八四　横山县赵石畔镇石庙沟村长城墙体（东—西）

八五　横山县赵石畔镇郭家湾村长城墙体（东南—西北）

八六　横山县赵石畔镇郭家湾村长城墙体中夹杂的瓦片

八九　横山县塔湾镇响水塘村长城远景（西南—东北）

九〇　横山县塔湾镇响水塘村长城墙体（东南—西北）

九一　横山县塔湾镇阎渠村长城墙体（西南—东北）

九二　横山县塔湾镇阎渠村长城墙体断面（南—北）

九三　横山县塔湾镇石克峁村长城1段远景（西北—东南）

九四　横山县塔湾镇石克峁村长城1段墙体断面（南—北）

九五　横山县塔湾镇石克峁村长城 2 段附近采集的瓦片

九六　横山县塔湾镇四里岇村长城墙体（东北—西南）

九七　横山县塔湾镇杜新庄村长城墙体夯层

九八　横山县塔湾镇杜新庄村长城特征点附近采集的瓦片

九九　横山县塔湾镇清河沟村长城 1 段墙体（东—西）

一〇〇　横山县塔湾镇清河沟村长城 1 段墙体夯层

一〇一　横山县塔湾镇清河沟村长城 2 段墙体夯窝

一〇二　横山县波罗镇康梁村敌台（北—南）

一〇三　横山县横山镇沙窝庄村敌台（东—西）

一〇四　横山县横山镇城山村敌台（东—西）

一〇五　横山县赵石畔镇石庙沟村1号敌台（东—西）

一〇六　横山县赵石畔镇石庙沟村2号敌台（南—北）

一〇七　横山县塔湾镇响水塘村 2 号敌台（西南—东北）

一〇八　横山县塔湾镇芦沟村 2 号敌台（南—北）

一〇九　横山县塔湾镇阎渠岔村敌台（北—南）

一一〇　横山县塔湾镇清河沟村 1 号敌台（西—东）

一一一　横山县塔湾镇清河沟村 2 号敌台（西北—东南）

一一二　横山县塔湾镇清河沟村 3 号敌台（东南—西北）

一一三　横山县横山镇李家洼村烽火台（西—东）

一一四　横山县横山镇高家峁村1号烽火台（东—西）

一一五　横山县横山镇高家峁村2号烽火台（西北—东南）

一一六　横山县横山镇李新庄村烽火台（西—东）

一一七　横山县赵石畔镇桃梨塌村烽火台（南—北）

一一八　横山县塔湾镇响水塘村1号烽火台（西南—东北）

一一九　横山县塔湾镇响水塘村2号烽火台（南—北）

一二〇 横山县横山镇城山村关远景
　　　（西南—东北）
一二一 横山县横山镇城山村关附近
　　　散落的瓦片

一二二　横山县塔湾镇清河沟村 1 号关北墙远景（东南—西北）

一二三　横山县塔湾镇清河沟村 2 号关与清河沟村长城 3 段远景（西北—东南）

一二七　靖边县杨桥畔镇草沟村长城 2 段墙体（南—北）
一二八　靖边县杨桥畔镇草沟村长城 2 段墙体断面
一二九　靖边县龙洲乡黄草圪村长城远景（西南—东北）

一三〇　靖边县龙洲乡黄草坬村长城墙体（东北—西南）

一三一　靖边县龙洲乡轮则壕村长城墙体（东北—西南）

一三二　靖边县龙洲乡轮则壕村长城墙体（西南—东北）

一三三　靖边县龙洲乡轮则壕村长城墙体断面

一三五　靖边县乔沟湾乡大湾村长城墙体断面

一三六　靖边县天赐湾乡张家坬—谷家畔长城墙体（西南—东北）

一三七　靖边县天赐湾乡张家坬—谷家畔长城附近采集的遗物

一四四　靖边县新城乡湫沟村长城远景（东南—西北）

一四五　靖边县新城乡李家崾岘村长城墙体（西南—东北）

一四六　靖边县中山涧乡榆树台村长城 1 段墙体夯层

一四七　靖边县中山涧乡榆树台村长城墙体（东—西）

一四八　靖边县中山涧乡白天赐村长城墙体（北—南）

一四九　靖边县中山涧乡白天赐村长城墙体（东南—西北）

一五〇　靖边县中山涧乡白天赐村长城墙体剖面

一五一　靖边县周河镇老坟嵷岘村长城 3 段墙体（东北—西南）

一五二　靖边县杨桥畔镇草沟村 8 号敌台（东南—西北）

一五三　靖边县乔沟湾乡刘涧村敌台（南—北）

一五四　靖边县天赐湾乡前山村 1 号敌台（东南—西北）

一五五　靖边县杨米涧乡柠条湾村 4 号敌台（东北—西南）

一五六　靖边县杨米涧乡碾道湾村 1 号敌台（西北—东南）

一五七　靖边县大路沟乡柴家湾村 7 号敌台（西北—东南）

一五八　靖边县新城乡湫沟村 3 号敌台（东南—西北）

一五九　靖边县新城乡湫沟村 5 号敌台（西南—东北）

一六〇　靖边县新城乡湫沟村 12 号敌台（西南—东南）

一六一　靖边县新城乡湫沟村 13 号敌台（北—南）

一六二　靖边县新城乡黑龙沟村 3 号敌台（南—北）

一六三　靖边县中山涧乡榆树台村 2 号敌台（西—东）

一六五　靖边县中山涧乡榆树台村 4 号敌台（东—西）

一六六　靖边县杨米涧乡双圪塔村烽火台（西—东）

一六七　靖边县新城乡湫沟村 1 号堡远景（西北—东南）

一六八　靖边县周河镇老坟崾岘村堡南侧墙体夯层

一六九　靖边县乔沟湾乡银湾村长城 1 段墙体（东南—西北）

一七三　靖边县乔沟湾乡银湾村 1 号敌台（南—北）

一七四　靖边县乔沟湾乡银湾村 2 号敌台（西—东）

一七五　靖边县乔沟湾乡银湾村 2 号烽火台（西—东）

一七六　靖边县乔沟湾乡银湾村 6 号敌台（西南—东北）

一七七　靖边县乔沟湾乡银湾村 8 号敌台（东—西）

一七八　靖边县乔沟湾乡银湾村 9 号敌台（西—东）

一七九　吴起县五谷城乡赫家沟村长城 1 段墙体（北—南）

一八〇　吴起县五谷城乡赫家沟长城 1 段远景（东北—西南）

一八一　吴起县五谷城乡赫家沟村长城 2 段墙体（西南—东北）

一八二　吴起县薛岔乡赵家山村长城1段
　　　　墙体（东北—西南）
一八三　吴起县薛岔乡赵家山村长城1段
　　　　附近散落的瓦片

一八四　吴起县薛岔乡赵家山村长城 2 段墙体（北—南）

一八五　吴起县薛岔乡满泉河村长城远景（东南—西北）

一八六　吴起县五谷城乡西沟村长城 1 段墙体（西—东）

一九〇　吴起县五谷城乡杨家沟村长城 2 段墙体（北—南）

一九一　吴起县薛岔乡杨新庄村长城 2 段墙体（北—南）

一九二　吴起县薛岔乡杨新庄村长城 4 段墙体（北—南）

一九九　吴起县薛岔乡雷坡村长城 2 段远景（北—南）

二〇〇　吴起县薛岔乡雷坡村长城 3 段墙体与三道堑远景（西—东）

二〇一　吴起县薛岔乡雷坡村长城 5 段墙体（北—南）

二〇二　吴起县薛岔乡贺阳湾村长城堑面底部堆积的瓦片

二〇三　吴起县薛岔乡贺阳湾村长城堑面底部出土的瓦片

二〇七　吴起县吴起镇中杨青村长城 1 段墙体（东南—西北）

二〇八　吴起县吴起镇中杨青
村长城 1 段附近的保
护碑

二〇九　吴起县吴起镇姚沟门
村长城墙体（东北—
西南）

二一三　吴起县庙沟乡东涧村长城断点 4 和 4 号敌台之间的墙体（东—西）

二一四　吴起县庙沟乡西涧村 2 号敌台和与断点 5 之间的墙体远景（西—东）

二一五　吴起县庙沟乡营嶐岘长城墙体与敌台远景（东南—西北）

二一六　吴起县庙沟乡营嵝岘长城营嵝岘 2 号敌台与 3 号敌台之间的墙体（西北—东南）

二一七　吴起县庙沟乡李左湾村长城 1 段断点 3 与李左湾 1 号敌台之间的墙体（东南—西北）

二一八　吴起县庙沟乡李左湾村长城 2 段墙体（西北—东南）

二一九　吴起县五谷城乡杨家沟村 3 号敌台（西—东）
二二○　吴起县薛岔乡杨新庄村 2 号敌台（东—西）
二二一　吴起县薛岔乡杨新庄村 8 号敌台（东—西）

二二二　吴起县薛岔乡杨新庄村 16 号敌台（南—北）

二二三　吴起县薛岔乡双庙村 4 号敌台（西—东）

二二四　吴起县薛岔乡双庙村 4 号敌台西南角堆积的瓦片

二二五　吴起县薛岔乡双庙村 8 号敌台（西—东）

二二六　吴起县薛岔乡柳沟 1 号敌台（南—北）
二二七　吴起县薛岔乡贺阳湾村 1 号敌台（西—东）
二二八　吴起县薛岔乡贺阳湾村 2 号敌台（西北—东南）

二三二　吴起县长官庙乡阳洼村 2 号敌台（西北—东南）

二三三　吴起县长官庙乡阳洼村 3 号敌台（东北—西南）

二三四　吴起县庙沟乡东涧村 1 号敌台（南—北）

二三五　吴起县庙沟乡西涧村 2 号敌台（南—北）

二三六　吴起县庙沟乡营嶬岘 1 号敌台（南—北）

二三七　吴起县庙沟乡营嶬岘 4 号敌台（南—北）

二四一　吴起县薛岔乡雷坡村烽火台（北—南）

二四二　吴起县长官庙乡阳台村烽火台（东—西）

二四三　吴起县吴起镇西沟塔村 1 号烽火台（北—南）

二四四　吴起县吴起镇西沟塔村 4 号烽火台（南—北）

二四五　吴起县庙沟乡东涧村烽火台（南—北）

二四六　吴起县薛岔乡双庙村关远景（西—东）

二四七　吴起县薛岔乡双庙村关墙体（北—南）

二四八　吴起县薛岔乡双庙村关附近的敌台（北—南）

二四九　吴起县薛岔乡雷坡村关堑面（北—南）

二五〇　吴起县庙沟乡林沟梁村遗存远景（西北—东南）

二五四　志丹县纸坊乡李畔村长城 3 段柳树嶙岘 2 号敌台附近的墙体（东—西）
二五五　志丹县金丁镇酸刺沟长城至酸刺沟 1 号敌台之间的墙体（北—南）

二五六　志丹县金丁镇酸刺沟长城至酸刺沟 1 号敌台之间的墙体（东—西）

二五七　志丹县金丁镇黄草坬村长城黄草坬村 4 号敌台附近的墙体（北—南）

二五八　志丹县金丁镇黄草垭村长城黄草垭村 5、6 号敌台之间的墙体（南—北）

二五九　志丹县金丁镇刘庄村长城拐点 4 与刘庄村 5 号敌台之间的墙体（东北—西南）

二六七　志丹县纸坊乡崖窑湾村 2 号敌台（西—东）

二六八　志丹县金丁镇酸刺沟村 2 号敌台（北—南）

二六九　志丹县金丁镇黄草坬村 3 号敌台（东—西）

二七○　志丹县金丁镇黄草坬村 6 号敌台（南—北）

二七一　志丹县金丁镇刘庄村 3 号敌台（南—北）

二八五　富县城关镇山城塬村长城墙体（北—南）

二八六　富县城关镇罗家塬村长城墙体（东南—西北）

二八七　富县城关镇东太安村长城断点 2 至断点 3 之间的墙体（西北—东南）

二八八　富县城关镇东太安村长城墙体夯层

二八九　富县城关镇侯村长城保护碑（南—北）

二九〇　富县城关镇侯村长城断点 4 至断点 5 之间的墙体（西南—东北）

二九四　富县城关镇圣佛峪村遗存远景（东—西）

二九五　富县城关镇圣佛峪村遗存内的堆积物

二九六　富县城关镇城关城址城墙远景（西北—东南）

二九七　富县城关镇城关城址远景（西南—东北）

二九八　富县城关镇城关城址城墙墙体

二九九　富县城关镇城关城址城墙上采集的遗物

三〇〇　黄陵县桥山镇周家㟙村长城墙体（东南—西北）
三〇一　黄陵县桥山镇周家㟙村长城墙体断面（西南—东北）
三〇二　黄陵县侯庄乡韩庄村长城墙体（南—北）

三〇三　黄陵县侯庄乡韩庄村长城墙体夯层

三〇四　黄陵县侯庄乡曹抓村长城墙体（西北—东南）

三〇五　黄陵县侯庄乡韩庄村1号
　　　敌台（东南—西北）
三〇六　黄陵县侯庄乡韩庄村1号
　　　敌台附近散落的遗物

三〇七　黄陵县侯庄乡韩庄村2号敌台（北—南）

三〇八　黄陵县侯庄乡曹㹠村敌台（东—西）

三〇九　黄陵县侯庄乡曹瓜村敌台南侧洞穴

三一〇　黄陵县龙首乡上翟庄村烽火台（北—南）

三一四　宜君县彭镇武家塬村—陈家呱村长城墙体（东—西）

三一五　宜君县彭镇武家塬村—陈家疙
　　　　村长城墙体（南—北）

三一六　宜君县彭镇武家塬村—陈家疙
　　　　村长城墙体夯层

三一九　宜君县彭镇偏桥村长城墙体（西北—东南）

三二〇　宜君县彭镇二十里铺长城墙体（西南—东北）

三二一　宜君县彭镇偏桥村关2号角楼与东墙墙体（东北—西南）

三二二　宜君县彭镇许家塬村2号烽火台（西—东）

三二三　宜君县彭镇陈家洼村烽火台（西—东）

三二四　宜君县彭镇湫沟村烽火台（西—东）

三二五　宜君县城关镇十五里铺 2 号烽火台远景（北—南）

三二六　田野勘测调查现场

三二七　田野勘测调查现场

三二八　田野勘测调查现场

三二九　田野勘测调查现场
三三〇　田野勘测调查现场

三三一　田野勘测调查现场

三三二　田野勘测调查现场

三三三　田野勘测调查现场

三三七　陕西早期长城调查专家研讨会现场

三三八　陕西早期长城调查专家研讨会现场

三三九　陕西早期长城资源调查资料国家级验收会现场

编 后 记

陕西省早期长城资源包括战国秦长城、汉故塞、战国魏长城和隋长城，在国家启动早期长城资源调查的 2009 年之前，我们除对战国秦长城、战国魏长城有所了解外，对汉故塞和隋长城则完全不甚清楚，不知道汉故塞和隋长城的基本走向、结构和布局，不知道他们的防御体系和特征。即使是了解相对较多的战国秦昭王长城，也还有相当多的线段情况不甚清楚。对于战国魏长城，虽说已有一些了解，但线路走向、区域分布、时代特征以及防御体系等仍有相当多彼此驳杂的见解，这些都在不同程度上影响到关于长城的相关研究以及长城保护。

一　调查过程中的一些思考

两年多以来，我们主要是通过关注长城类遗存及分布区域的特性、长城沿线发现的内布纹筒瓦和内麻点纹筒瓦的属性、墙体的防御方向等问题来推进调查与研究的。现在回想起来，期间经历过的苦闷和彷徨仍然历历在目。

1. 关于长城类遗存调查的特殊性

长城资源调查的特殊性在于它不同于一般的大型遗址，在大型遗址范围内有许多可资判断其时代属性的遗物，而早期长城沿线遗物很少，不具备相对准确判断其时代的条件，即使能采集到一些砖瓦遗物，但其类别的单一性和分布区域的边远性，也使得我们很难区分出他们的时代。按说，不同时代的夯土形态应该有其大致的时代性特征，这从夯土发生、发展过程中应该能看出这种时代性来，构成夯层的工具大小和夯层的结构、薄厚之间有对应的关系。比如，从早期的一般踩踏，到小棍夯，再到小棍集束夯，再发展到战国秦汉时期的直径不到 10 厘米的金属夯，大约到唐宋出现直径 20 厘米左右的石质夯具，至迟到西夏及以后再出现需多人操作的大型夯具，从理论上讲，从早期到后代，夯土建筑的夯层存在从不清楚到清楚的过程，夯层的厚度存在从薄到厚的演变历程，但这种理论上的演变轨迹在实践中却存在着不确定性，尤其是在长城遗址上，即使是同一时代的长城夯土，区域之间、同一段落的上下夯层之间也有较大的变化。也就是说，现阶段的田野考古学调查水平，还不具备仅仅依据夯层的结构和厚度来判断夯土遗存时代的能力。

不同时代的长城总是出于一定的防御需求而修建的，那么判断长城的防御方向是有关长城资源调查过程中很重要的一项，尤其是在对战国秦昭王长城、存在争议的富县战国长城的调查中，防御方向是判断其国别属性的重要依据，但我们从过去的调查成果中很少能够看到这方面的内容。

因地制宜是历代长城修建过程中普遍遵循的一项原则，这涉及长城分布区域的环境变迁、构建长城墙体的材料等。不同区域环境中线路布设特征也涉及不同时代兵器组合与作战方式，比如为什么早期长城墙体线路一般设在山体的半山腰,而明长城的墙体线路设在山脊上,这些在过去田野调查中则很少提及。

长城资源调查过程中还有一个难点,就是对前后时代沿用的长城其时代属性的判断。战国之后的历代长城,多数分布在北方地区的农牧交错地带,后代沿用前代长城的现象屡见不鲜,那么就存在如何从墙体走向与结构、单体建筑位置与结构、沿线能够采集到很少的遗物资料等来判断其时代的问题。

2. 从战国秦长城到汉故塞调查的思考过程

带着上述的一系列疑问我们开始了田野调查,调查是从吴起县的战国秦昭王长城开始的。2009年4月5日,一行二十多人的调查队在到达吴起县的第二天就前往五谷城乡和薛岔乡。我们沿着黄土山区的盘山公路蜿蜒前行,在山脚仰望山顶的单体建筑时,我对盘踞在山巅保存状况很好、体量雄伟高大的方形墩台能够分布在战国秦长城沿线生出深深的疑问。此前明长城资源调查的经验告诉我,此类台体不是战国时期的,其不可能在历经两千多年的岁月后还能保持如此的形态,而只有宋代或明代才有这种可能。到达目的地后,于春雷带领参加调查的队员进行调查程序和要求的讲解,我则在附近沿着墙体查看,那座高大的墩台内侧是一块经过平整过后的田地,田埂和田地中随处可见板瓦、筒瓦,筒瓦的外侧纹饰为粗绳纹和细绳纹,内侧既有大量的麻点纹,但也有丰富的布纹。在战国秦长城沿线发现丰富的布纹筒瓦实则出乎预料,因为在秦始皇陵园建筑遗址考古发掘中,发现内侧为布纹的筒瓦少之又少,内城南墙的发掘中只有不到10片,这和大量的麻点纹筒瓦之间形成鲜明的对比。虽说当时还不清楚这种风格的瓦及技术发源地是哪里,但我感觉到应不是战国秦文化固有的特征。

正当我在四处查看时,走来一位热心的老乡,与杨新庄村林湾组村民黄岐忠简单地攀谈过后,他告诉我这片属于他家的耕田上过去曾出过一些文物,包括钱币、箭头等,好奇心使我迫不及待地随他来到山腰的家中,看到的文物确实使我眼前一亮,钱币中有战国秦半两、汉半两以及榆荚半两,箭镞是铁铤铜镞。我知道在秦兵马俑坑数万件铜镞中也仅发现5枚铁铤,汉半两以及榆荚半两能在这里被发现,意味着这道所谓的战国秦长城可能并不是过去认为的时代仅仅是战国这么简单。

对战国秦昭王长城的认识是在包括翌年对甘肃战国秦长城的调查中不断深化、丰富形成的,尤其是后来在好几处长城墙体的夯层中均发现麻点纹筒瓦和布纹筒瓦后,更坚信这道长城是经过战国秦、秦、汉代,并且汉代至少经过两次修缮、新建和利用才形成的。而形成这种认识正是始于到达吴起县第二天的际遇,至今我还能依然清晰地记得在农家小院给同学们讲解文物时的情形,也还能回味出农家臊子面的味道。

3. 内布纹筒瓦和战国秦、战国魏、汉故塞长城

战国秦长城沿线发现为数甚多的内布纹筒瓦。内麻点纹筒瓦是战国秦文化的主要特征,通过对凤翔雍城遗址出土物的了解,可以确定其出现始于战国早期;而从汉景帝阳陵和汉武帝茂陵建筑遗址中瓦的特征可以判断出,此时麻点纹已逐渐退出历史舞台,代之而起的是一统天下的内布纹筒瓦。而对于内布纹的筒瓦,通过对山西、河南地区战国遗址的考察,我们认为其应该发源于魏国,最早在侯马的战国遗址中发现,时代也是战国早期。此后这种工艺随着魏国的西进,被传播到关中东部和关中北部,在河西的魏长城沿线以及魏国经营的城址中留下他们的痕迹。到秦统一时期,这种工艺技术被魏国地区的工匠带到关中的秦始皇陵。秦统一期间,内布纹筒瓦在秦地得到相对广泛的应用和传播,和内麻点纹一起构成该时段遗址中建筑材料的主要面貌。理论上说,内布纹筒瓦在战国秦昭王长城沿线出现的时间早于秦统一。

内布纹筒瓦的技术源流基本清楚后,我们也就明白《史记》和《汉书》中"故塞"所指,即对战

国秦长城的再利用，只不过这道长城，在汉代经历过至少两次的再建、修缮，直到武帝彻底击退匈奴之前，一直是汉匈之间的边界线。

内布纹筒瓦技术在陕西的传播线路搞清楚后，我们也就对分布在富县、黄陵、宜君三县的长城属性有了明确的认识，过去曾有学者认为他们是战国秦时张仪修造的"上郡塞"，但沿线发现的内布纹瓦片特征、较薄的夯层以及向南防御的特性，都显示它们应该是战国魏长城。

关中北部魏长城的属性确认后，我们逐渐明白，战国长城并不是我们习以为常的连续性"高墙"，尤其是在山区，它只是在一些通道、关口修建墙体，辅以墩台来构筑其防御体系。我们也明白早期长城墙体没有修筑在山脊上，是受冷兵器杀伤效能的制约，使得防御方能够在第一波战斗失利后足以有时间退守山脊再组织防御。

4. 关于隋长城

发现并弄清楚隋长城的线路走向和体系特征是我们此次调查的一个重点，也是一个难点。过去在陕西北部一直没有发现隋长城的迹象，虽然榆林市文物研究所20世纪80年代曾经解剖过榆阳区十八墩附近的明长城墙体，发现明长城墙体中包有土质土色及夯层均和明长城不同的墙体，隐约感觉被包裹的墙体可能是隋长城，但一直没有直接的证据。

因为有明长城、战国秦长城（包括汉故塞）调查的经历，我们对长城沿线发现的各种瓦有了丰富的认识，调查时我们在一些墩台、关堡类的遗址中，发现了一些特征既不同于战国汉、也不同于明代的瓦。这些瓦烧成的温度高，颜色发青，筒瓦内侧的布纹清晰精细，外侧的绳纹纤细，而明代此类瓦烧成温度一般，颜色发灰，瓦体较厚，内侧多数为素面，瓦体较大。因为该地区再没有其他时代修建长城的记载，我们合理地推断此类建筑材料应该是隋长城沿线的遗物。

隋长城调查过程中最困难的是如何辨认墙体的特点。早在2007年，我们在明长城调查过程中，于靖边县银湾和黄草沟分别发现和明长城墙体相交的时代不明的一些墙体，这些墙体夯层相对散乱或者不清，墙体保存的高度也较低，附近发现一些平面呈圆形的墩台，也发现在一些高地上或山顶上，分布着和明长城墩台并存的低矮的墩台，而在一些沙漠荒原地带，也能看到明显的呈带状走向、低矮的墙状迹象，解剖时发现这些墙体内没有明显的夯层，但土层中的土质又夹含有五花土，当时我们以为这可能是战国秦长城。2009年在该地的调查中，我们仔细地研究了战国秦长城的线路走向，加之对沿线筒瓦特征的掌握，又专程前往宁夏盐池和内蒙古鄂托克前旗交界处，对该段隋长城进行考察。我们发现在明长城的外侧，平行分布着低矮的、稍高于地面的一道矮墙，墙体不见明显的夯层，但在构成矮墙的土层中发现五花土，这些特点和靖边县的同类墙体构造特征一致，遂判断此类墙体应该就是隋开皇五年（585年）司农少卿崔仲方组织三万民工在两旬之间修建的长七百里的隋长城。

5. 关于前后时代沿用的思考

白于山以北陕北地区历代长城的分布遵循着一条基本原则，就是长城沿黄土山区的北边缘和毛乌素沙漠的东南边缘布设，在农牧交错分布的区域，故后代沿用前代长城的机会就比较多，在现场调查中如何分辨不同时代的长城着实令人困惑。

在靖边县、横山县、榆阳区和神木县，既能看到明显的战国秦长城、汉故塞、隋长城和明长城，也能看到它们或平行或相交的情形。但是，在有的区域，比如现榆阳区明长城镇北台附近，完全看不到明长城之前的历代长城，但却能在明长城附近采集到麻点纹筒瓦；在榆阳区十八墩水库附近，既能采集到麻点纹筒瓦，也能看到被包裹在明长城墙体内的类似统万城墙体夯层的墙体，还能看到和明长城墙体上的敌台相距一两米、非战国秦的墩台。我们认识到该区段的历代长城沿用的情况比较普遍，部分区段的隋长城是在之前的战国秦和汉故塞的基础上再修缮利用而成的，部分区段的明长城是在战国、汉或隋代长城的基础上建造而成的。能逐步将它们一一剥离出来而进行深入的剖析，正是基于我们对不同时代长城墙体构造、不同时代遗物和防御方向等方面综合考虑的结果。

二　调查报告的编写

五支调查队、三十多位人员参加的调查在 2009 年冬天来临前结束，随后转入室内资料整理。参与田野调查的有陕西省考古研究院李恭、李增社、于春雷，西北大学段清波及技术人员牛新龙、张振峰、唐海峰，西北大学硕士研究生张海报、黄永美、杨帆、方琳、樊凡、赵学江、金迪、杨婷、杨丙君、陈探戈、贺慧慧、李宁、赵德文、赵戈，陕西师范大学硕士研究生吕强、刘亮、赵志强、王晓博、祁远虎、周慧清、褚清磊、王世伟、任宝磊、杨芳芳、王茂迎，中国文化遗产研究院许慧君，渭南市文物局杨健、唐兴虎、禹超。

2010 年 5 月调查成果通过省级验收，2011 年 5 月通过国家级验收。国家级验收通过后，我们即开始了本报告的编写工作，经过前后几次的修订和完善，终于可以付梓出版。

本报告是所有参与调查和整理者的集体成果。

本报告包括前言、正文三编（十三章）和结语三大部分。此次长城资源调查是一次空前的由国家层面组织的专题调查，其资料的丰富性和完善性是前所未有的。正是考虑到这一点，本报告在编写之初，我们觉得有必要将田野调查中看到的一切如实呈现出来，以供各方面人士的参考。

报告的主体内容是在长城资源调查登记表的基础上经过重新编排和修订形成的，李恭、张振峰、牛新龙、同杨阳、马乐、樊凡、王欣亚、刘晓媛、朱晨露等先后参与了文字修订和数据校核工作；段清波、于春雷、李恭完成了前言、各章节的综述部分以及结语；文中的线图分别由牛新龙、张振峰、唐海峰、祁远虎、金迪、方琳等绘制，由唐海峰转换成数字化格式；照片由张海报、任宝磊、杨丙君、赵志强、杨帆等拍摄，段清波、于春雷、李恭、张振峰承担了本报告编写的组织工作。本报告的部分内容参考了参与调查的硕士研究生张海报、任宝磊、杨丙君、赵志强等同学毕业论文的相关成果。

陕西早期长城资源调查项目能够顺利开展，本报告能够按计划编写完成，是因为有以下机构、领导和朋友对我们全程支持和无私帮助。

感谢陕西省文物局赵荣局长、副局长刘云辉以及周魁英、赵强等先生对本项目始终如一的关心和支持；感谢我此前工作长达二十年的陕西省考古研究院，感谢前院长焦南峰、现院长王炜林以及其他同事对我的信任，在我回到母校执教后，仍将这个项目交由我具体组织完成；感谢西北大学社科处、文化遗产学院的同事及朋友，在项目实施过程中给我们提供全方位的支持；感谢调查所涉及的长城沿线宜君、富县、黄陵、吴起、志丹、靖边、横山、榆阳、神木等县区文物部门的领导和朋友，为我们提供了有益的指导和帮助；当然我们也不会忘记，陕西师范大学西北环发研究院和历史文化学院的相关导师们，为我们调查队输送了有担当、负责任和训练有素的研究生，正是他们的加入，才使得调查能够如期完成；感谢陕西师范大学历史文化学院的艾冲教授对本报告的审阅，您的学养保证了本报告的质量。同时，也要感谢文物出版社总编辑葛承雍先生对本书出版给予的大力支持。

　　本报告希望尽可能地将调查资料详细客观地予以公布，在此基础上形成的相关认识，由于我们能力所限，可能存在不当或者错误的地方，行文中也难免会出现一些疏漏不足之处，敬请各位阅者指正。

　　此次调查工作是由国家文物局统一部署，由陕西省文物局领导，陕西省考古研究院、西北大学文化遗产学院共同组织实施完成。

段清波

2014 年 10 月 21 日